Informatik aktuell

Herausgeber: W. Brauer
im Auftrag der Gesellschaft für Informatik (GI)

N. Gerner   H.-G. Hegering   J. Swoboda (Hrsg.)

Kommunikation in Verteilten Systemen

ITG/GI-Fachtagung
München, 3.–5. März 1993

Springer-Verlag
Berlin Heidelberg New York
London Paris Tokyo
Hong Kong Barcelona
Budapest

Herausgeber

Nina Gerner
Siemens-Nixdorf Informationssysteme AG
Otto-Hahn-Ring 6, W-8000 München 83

Heinz-Gerhard Hegering
Leibniz-Rechenzentrum München
Barerstraße 21, W-8000 München 2

Joachim Swoboda
Lehrstuhl für Datenverarbeitung
Technische Universität München
Arcisstraße 21, W-8000 München 2

CR Subject Classification (1992): A.0

ISBN-13:978-3-540-56482-9   e-ISBN-13:978-3-642-78091-2
DOI: 10.1007/978-3-642-78091-2

Satz: Reproduktionsfertige Vorlage vom Autor/Herausgeber

33/3140-543210 – Gedruckt auf säurefreiem Papier

Vorwort

Der Rechner am Arbeitsplatz ist bereits weitgehend eine Selbstverständlichkeit. Durch Vernetzung und zunehmend multimediale Eigenschaften entwickeln sich verteilte Systeme von Rechnern zu einer breit nutzbaren Infrastruktur der Informations- und Kommunikationstechnik. Die Verschmelzung dieser Gebiete, traditionell der Datenverarbeitung und der Fernmeldetechnik, hat sich in der Reihe der Tagungen "Kommunikation in Verteilten Systemen (KiVS)" schon frühzeitig angekündigt - und zu einer rasanten Entwicklung geführt. So ist es sicher keine Zufälligkeit, daß die KiVS auf dem Gebiet der Kommunikationstechnik zu einer der größten wissenschaftlichen Fachtagungen im nationalen Bereich heranwuchs.

Die KiVS'93 ist die 8. Tagung in ihrer Reihe und findet nach Berlin, Aachen, Stuttgart und Mannheim erstmals in München statt. Die Tagungen werden von dem Fachausschuß "Kommunikation und Verteilte Systeme" durchgeführt. Der Fachausschuß gehört sowohl der GI (Gesellschaft für Informatik) als auch der ITG an (Informationstechnische Gesellschaft im Verband Deutscher Elektrotechniker, VDE). Für die Durchführung der Veranstaltung in München ist die ITG verantwortlich.

Auf dem Gebiet der Kommunikation in Verteilten Systemen nehmen die Teilgebiete der Multimedia-Kommunikation und des Netzmanagements eine Schlüsselrolle in der Aktualität ein. Multimedia-Kommunikation steht in Wechselwirkung mit zahlreichen anderen Teilgebieten wie Hochgeschwindigkeitsnetzen und -protokollen, der Synchronisation der einzelnen Medien oder geeigneten Referenzmodellen multimedialer Kommunikation. Für das Netzmanagement stehen insbesondere Fragen einer integrierten Lösung für heterogene Netze an.

Die Fachtagung soll Gelegenheit zu einem konstruktiven Dialog zwischen Forschern, Entwicklern, Planern und Anwendern aus Universitäten, Forschungseinrichtungen, Industrie, Netzverwaltung und -betrieb bieten. Das Tagungsprogramm, dessen schriftliche Beiträge in diesem Tagungsband vorliegen, umfaßt wesentliche Teilgebiete wie

- Anwendungen in Büro, Fertigung und Anlagen
- Netzdienste und Wissenschaftsnetze
- Private und Intelligente Netze
- Integriertes Management heterogener Netze
- Multimedia- und Hochgeschwindigkeitskommunikation
- Architektur Verteilter Systeme
- Kommunikationsprotokolle und formale Beschreibungstechniken
- Leistungsanalyse.

Die Herkunft der Beiträge verteilt sich zu
- 59% auf Universitäten und Hochschulen
- 30% auf Industrie und Unternehmen
- 11% auf Großforschungseinrichtungen und Behörden.

Abschließend möchten wir uns bei all denen bedanken, die zu der Fachtagung und zu diesem Tagungsband beigetragen haben. Hierbei sind vor allem die Autoren zu nennen, die mit der Qualität ihrer Beiträge die Grundlage dieses Buches bilden. Aber auch eine große Anzahl eingereichter und sehr qualifizierter Beiträge, die nicht aufgenommen werden konnten, haben diese Tagung mitgeprägt; deren Autoren gilt unser Dank und Bitte um Nachsicht. Den Mitgliedern des Programmausschusses sei für die Begutachtung der zahlreichen Beiträge und für ihre Mitwirkung bei der Zusammenstellung des Tagungsprogramms gedankt. Neben der Geschäftsstelle der GI hat insbesondere die Geschäftsführung der ITG mit Herrn Dr.-Ing. V. Schanz durch flexible Lösungsmöglichkeiten zum Gelingen der Tagung wesentlich beigetragen. Dem Springer-Verlag danken wir für die professionelle Produktion dieses Tagungsbandes. Die Mitarbeit von Frau Lieselotte Heckmann war bei Planung und Durchführung der Tagungsorganisation eine sehr große Hilfe, wofür sich der Verantwortliche besonders herzlich bedanken möchte.

München, im Dezember 1992

Nina Gerner
Heinz-Gerhard Hegering
Joachim Swoboda

Inhaltsverzeichnis

Hochgeschwindigkeitskommunikation

Leistungsanalyse

Anwendungen

Wissenschaftsnetze

Architektur Verteilter Systeme

Kommunikationsprotokolle

Intelligente Netze

Formale Beschreibungstechniken I

Multimedia-Kommunikation

Formale Beschreibungstechniken II

Preisträger

Politische Rahmenbedingungen für die künftige Entwicklung der Informations- und Kommunikationstechnik in Europa

Franz ARNOLD
Mitglied der Geschäftsleitung
CAP debis Software und Systeme

Einleitung

Während etwa bis 1983 die Rahmenbedingungen für die Telekommunikation im wesentlichen national geprägt waren, werden sie seit 1984 in zunehmendem Maße von der Europäischen Gemeinschaft gesetzt. Die Europäische Kommission wächst in die Rolle eines europäischen Regulierers hinein. Die Gesamtentwicklung wird gekennzeichnet durch den Übergang der Telekommunikation von einem staatlich geprägten Ausnahmemarkt zu einem normalen Wettbewerbssektor und einer starken Internationalisierung der gesamten Aktivitäten.

1. Die Rolle der EG-Kommission

Im Art. 155 der Römischen Verträge sind drei Funktionen für die EG-Kommission vorgesehen:

- Der Motor der Europäischen Telekommunikationspolitik;

- Der Regulierer sowohl der klassischen Fernmeldeverwaltungen (TOs) als auch der privaten Anbieter von Telekommunikations-Netzen, -Diensten und -Geräten;

- Die "Watchdog"-Funktion hinsichtlich der Anwendung der allgemeinen Bestimmungen der Römischen Verträge (z.B. Kartellrecht).

2. Die Aktivitäten der EG-Kommission

2.1 Die erste Phase

Am 17. Dezember 1984 verabschiedete die Kommission ein Programm, das fünf Hauptlinien umfaßte:

- Die Koordinierung der künftigen technischen und betrieblichen Entwicklung der Telekommunikation

  Stichworte: Digitalisierung
  ISDN
  Mobile Kommunikation (GSM)
  Breitband (RACE)

- Maßnahmen zur Entwicklung eines europaweiten Marktes für Endgeräte und TK-Geräte
  Hierfür war die Entwicklung gemeinsamer Standards Voraussetzung (ETSI)

- Die Förderung vorwettbewerblicher und prenormativer R&D (Definition des RACE-Programms)

- Die Förderung der Einführung moderner Telekommunikation in den schwach entwickelten Gebieten (STAR-Programm)

- Die Entwicklung einer gemeinsamen Position der EG-Staaten gegenüber der Außenwelt.

2.2 Die zweite Phase

30. Juni 1988
Grünbuch der EG

- Liberalisierung des gesamten Gerätemarkts einschließlich Endgeräte

- Liberalisierung aller TK-Dienste mit vorübergehender Ausnahme des öffentlichenTelefondienstes und der Übertragungsnetz-Infrastruktur

- Trennung von Regulierung und Betrieb

- Open Network Provision (ONP)

- Schaffung von ETSI

- Volle Anwendung des Wettbewerbsrechts auf den TK-Sektor.

Diese allgemeinen Ziele wurden durch eine Reihe von Richtlinien umgesetzt:

Tabelle 1

Major Directives [1]

Commission Directive of 16th May 1988 on competition in the markets in telecommunications terminal equipment (88/301/EEC, OJL 131/73, 27.05.88)

Council Directive of 29th April 1991 on the approximation of the laws of the Member States concerning telecommunications terminal equipment, including the mutual recognition of their conformity (91/263/EEC, OJL 128/1, 23.06.91)

Council directivo of 17th September 1990 on procurement procedures of entities operating in the water, energy, transport and telecommunications sectors (90/531/EEC, OJL 297/1, 29.10.90)

Commission Directive of 28th June 1990 on competition in the markets for telecommunications services (90/388/EEC, OJL 192/10, 24.7.90)

Council Directive of 28th June 1990 on the establishment of the internal market for telecommunications services through the implementation of open network provision (90/387/EEC, OJL 192/1, 24.07.90)

Council Directive of 5th June 1992 on the application of open network provision to leased lines [2]

Proposal for a Council Directive on the application of open network provision to voice telephony [2]

Proposal for a Council Directive on the mutual recognition of licenses and other national authorizations for telecommunications services including the establishment of a Single Community Telecommunications License and the setting up of a Community Telecommunications Committee [3]

---

[1]   Table 1 does not include a number of related Directives and Decisions e.g. the Council Directives in the field of radiocommunications frequencies concerning the pan-European digital mobile communications systems and the Council Decisions in the field of numbering. In total, since 1984 some 35 Directives, Decisions, Regulations, Recommendations and Resolutions related to telecommunications have been adopted.

[2]   Not yet published

[3]   To be submitted shortly

Das Grünbuch zur Satelliten-Kommunikation

- Wettbewerb beim Raumsegment

- Direkterwerb (Direkt Access) von Wettbewerbern der TOs zum Raumsegment bei Eutelsat

- Liberalisierung der Erdfunkstellen

- Freigabe aller Arten von TK-Diensten über Satelliten.

Am 6. September 1991 veröffentlichte die Kommission ihr generelles Vorgehen zur Anwendung der Wettbewerbs-Regel auf den TK-Sektor mit der Annahme von Leitlinien zur Anwendung des Wettbewerbsrechts.

In ihrer Regulierer-Funktion arbeitet die EG-Kommission zweigleisig:

- Einerseits überwacht die Generaldirektion IV auf einer Fall-zu-Fall-Basis die Einhaltung der Bestimmungen, die eine Beschränkung des Wettbewerbs verbieten (Art. 85 Röm.- Vertrag), und verfolgt Mißbräuche marktbeherrschender Positionen.

- Andererseits erläßt die Kommission Richtlinien auf der Grundlage des Art. 90 (3) der Röm. Verträge.

Weiteres Vorgehen:

Im Grünbuch wurde für 1992 die Überprüfung des Telefondienst-Monopols angekündigt. Ein internes, bisher in der EG-Kommission noch nicht verabschiedetes Papier der Generaldirektion XIII und IV sieht vor:

- Die Liberalisierung des zwischenstaatlichen Telefonverkehrs in der EG

- Die völlige Liberalisierung der Nutzung von "Corporate Networks"

- Die völlige Liberalisierung jedweder Satellitendienste

Über das Inkrafttreten und die Randbedingungen (z.B. europäische Lizenzen etc.) besteht noch keine Klarheit.

Es ist auch ein Grünbuch zur mobilen Kommunikation angekündigt. Neben den gerade im Mobilbereich sehr lebhaften ETSI-Aktivitäten sollen generelle Regeln

- zu Form und Inhalt von Lizenzen

- zur Art der Vergabe von Frequenzen (z.B. Verkauf etc.)

- zur Frage europäischer Lizenzen

verabschiedet werden.

3. Zur "Postreform II"

- Ausgangslage

  Hemmnisse:

  - Abhängigkeit der Telekom vom Bund bezüglich Eigenkapital-
    ausstattung

  - Rechtliche Unsicherheiten bezüglich Aktivitäten im Ausland

  - Unzureichende Flexibilität des öffentlichen Dienstrechts

- Lösungsansatz

  Umwandlung der Telekom in eine Aktiengesellschaft
  Änderung des Art. 87 GG notwendig

- Politische Positionen hinsichtich der Änderung des Grundgesetzes

- Mögliches Kompromiß-Modell (siehe Bild 1).

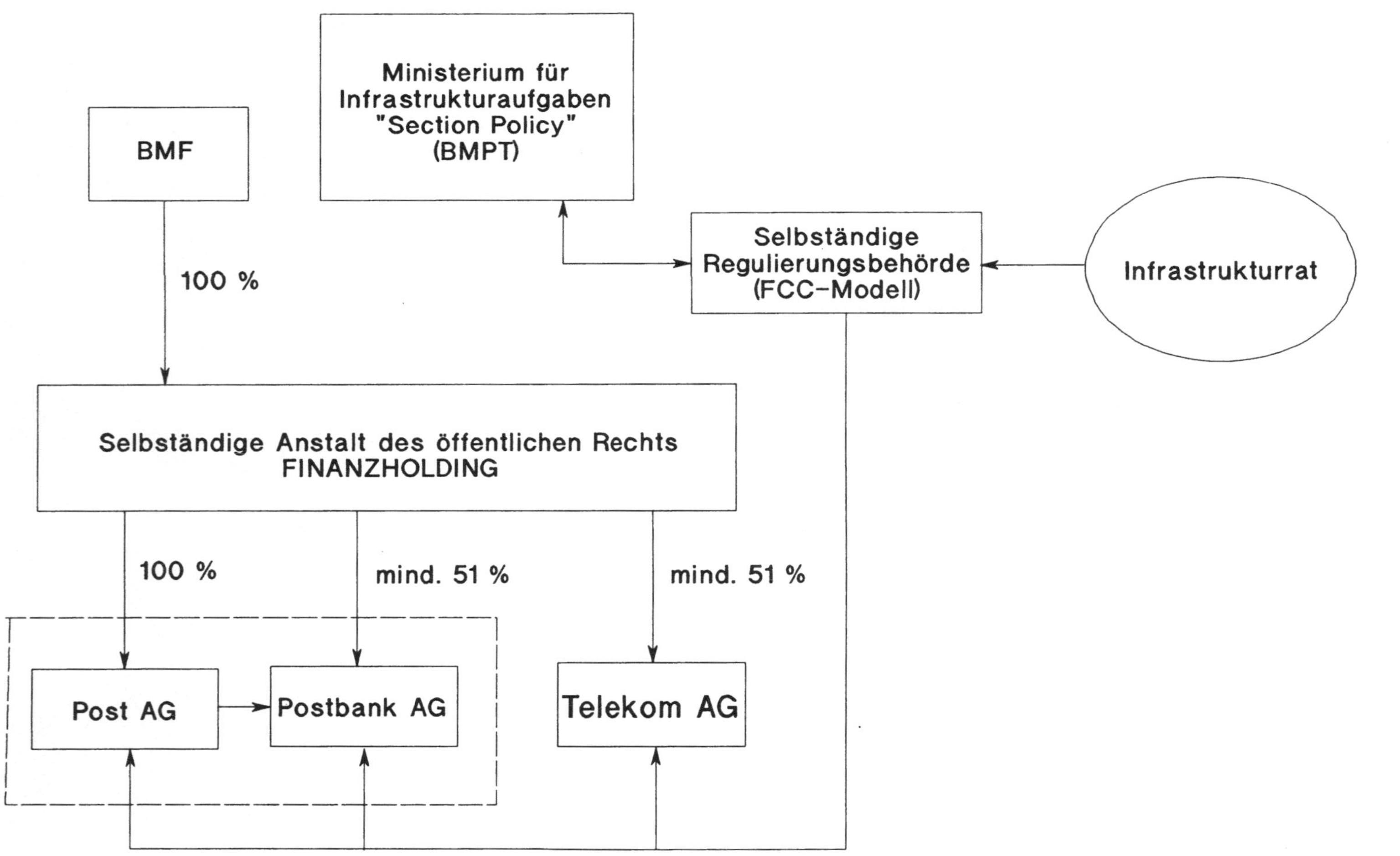

BMF
Ministerium für Infrastrukturaufgaben "Section Policy" (BMPT)
Selbständige Regulierungsbehörde (FCC-Modell)
Infrastrukturrat
100 %
Selbständige Anstalt des öffentlichen Rechts FINANZHOLDING
100 %
mind. 51 %
mind. 51 %
Post AG
Postbank AG
Telekom AG

Das Zusammenwirken
von Informations- und Kommunikationstechnik
(Kurzfassung)

Oswald Fundneider
Siemens AG, Homannstr. 55,
8000 München 70

1. Einleitung

Information ist ein wichtiger "Rohstoff" unserer Gesellschaft, der in vielen Fällen erst durch das Zusammenwirken der Informations- und Kommunikationstechnik effizient erschlossen werden kann. Wie international verbreitet, wird im folgenden unter "Informationstechnik" Informations*verarbeitungs*technik und unter "Kommunikationstechnik" Informations*übermittlungs*technik, die technische Umsetzung der Telekommunikation, verstanden. Dies ist eine Präzisierung der Begriffe über den Sprachgebrauch der ITG hinaus, der die Kommunikationstechnik bereits als Teilmenge der Informationstechnik versteht. Zu betonen ist auch, daß im folgenden vom Zusammenwirken von Techniken die Rede ist. Dies heißt nicht, daß damit auch die Märkte und die sie bedienenden Industrien zusammenwachsen. Jede der Industrien wird von beiden Techniken Gebrauch machen.

2. Zunehmende Nutzung der Kommunikationstechnik durch die Informationstechnik

Die *Informationstechnik* begann mit "alleinstehenden" Rechnern, vom Abacus, über mechanische Rechner zu elektronischen Rechnern, die sich schnell zu Großrechnern (Hosts) entwickelten, zu denen Terminals mit Hilfe der Kommunikationstechnik über relativ langsame Datenfernverarbeitungsnetze Zugang bekamen. Dann wurden bei Bedarf die Zentralrechner zu Rechnernetzen vermascht.

Die dramatischen Fortschritte der Mikroelektronik ermöglichten es, alle zwei bis drei Jahre die doppelte Rechenleistung bei gleichem Preis und zugleich eine enorme Miniaturisierung zu bieten: Als Folge erschienen Kleinrechner auf dem Markt, die in immer kleiner und leistungsfähiger werdenden Ausprägungen (mittlere Datentechnik, Minirechner, Workstations, Personalcomputer, Laptops) ihren Siegeszug antraten. Bald folgte deren Vernetzung mittels schneller Local Area Networks (LAN) in Verbindung mit "Hubs, Routers und Bridges" und, als Ergänzung dazu, zentralisierte Server bzw. Zugang zu Zentralrechnern. Municipal oder Metropolitan Area Networks (MAN) und breitbandigere Wide Area Networks (WAN) ermöglichten schließlich die Vernetzung der LANs über den Teilnehmerbereich hinaus.

Schon stoßen diese Netze, trotz ihrer Übertragungskapazität im Mbit/s-Bereich, an ihre Grenzen: Die schnell wachsende, kostengünstige Rechnerleistung und Speicherkapazität haben ständig wachsende Kommunikationsansprüche zur Folge, diese werden verstärkt durch die sich allmählich verbreitenden bildorientierten Multimedia-Anwendungen (u.a. mit farbigen Grafiken, Festbildern, Bewegtbildern). Der asynchrone Transfermodus (ATM) ist das neue, ausreichend leistungsfähige, inzwischen auch für die Vernetzung im

Teilnehmerbereich entdeckte Übermittlungsprinzip für diese Kommunikationsengpässe. Neben der benötigten Leistungssteigerung ermöglicht der ATM auch die Vereinheitlichung der Kommunikationswelt, da er in der Lage ist, alle Informationsarten im gleichen Netz zu übermitteln.

Alle diese Beispiele verdeutlichen, wie sehr moderne Informationsverarbeitungssysteme auf Informationsübermittlung angewiesen sind. Im folgenden wird gezeigt, daß andererseits moderne Kommunikationsnetze ohne *netzinterne* Informationsverarbeitungsfunktionen nicht mehr denkbar sind.

3. Zunehmende Nutzung der Informationstechnik in Kommunikationsnetzen

Auch die *Kommunikationstechnik* begann zunächst ohne die "andere" Technik: mit "informationsverarbeitungs-freien" (rechnerfreien) Netzen. Den Telegraphie-Netzen folgten zunächst handvermittelte Telefonnetze, dann (immer noch rechnerfreie) elektromechanische Telefonnetze mit automatischer Wahl, die heute noch in vielen Ländern im Betrieb sind. Bald folgten leitungs- und paketvermittelnde Spezialnetze für Datenübermittlung, die sich intern bereits auf Rechner abstützten. Schließlich begann der breite Einzug von ausfallsicherer (redundanter) Informationstechnik in die Telefon- und Übertragungsnetze.

Inzwischen macht man bei den Kommunikationsnetzen von der Informationsverarbeitung sowohl in Einrichtungen von Netzbetreibern wie in privaten Netzelementen (z.B. Server), umfangreich Gebrauch. Programmgesteuerte Rechner sorgen in allen modernen Netzen für die Knotensteuerung (Verbindungsfunktionen, Betriebs- und Wartungsfunktionen), sie bieten den Benutzern zunehmende Netzintelligenz (Beispiele: virtuelle private Netze; "automatischer Rückruf bei besetzt") und ermöglichen den Betreibern ein effizienteres Netzmanagement. Natürlich ist Informationsverarbeitung auch für die Verwaltungsaufgaben des Netzbetreibers (Netzplanung, Rechnungsstellung usw.) nicht mehr zu entbehren.

Besonders intensiv wird die Informationstechnik im Rahmen des in den Grundzügen standardisierten Konzeptes des "Intelligenten Netzes" (IN) genutzt, das eine Konzentration von besonders anspruchsvollen "Intelligenzfunktionen" in eigenen Netzelementen (Service Control Points) vorsieht, und das die rasche, flexible Einführung zusätzlicher Leistungsmerkmale zum Ziel hat. Die heute bereits immens hohe Übermittlungskapazität von ATM begünstigt eine solche Intelligenz-Verteilung.

In manchen Fällen nehmen sich programmgesteuerte Rechner auch der zu übermittelnden Information an, so in herkömmlichen Paketvermittlungsnetzen (z.B. nach CCITT-Empf. X.25), wo die Pakete normalerweise "software-gesteuert" vermittelt werden. Andere Beispiele sind Maildienste, Protokolladaptionen, Dienstübergänge (z.B. zwischen Teletex und Telex) oder Verschlüsselung (u.a. bei Mobilfunk), bis zur rechnergestützen "on-line"-Sprachübersetzung für Telefonverbindungen.

Der Trend bei den öffentlichen Kommunikationsnetzen geht, weg von den kostenaufwendigen, dienstespezifischen Netzen, hin zu diensteintegrierenden Netzen: In einem erstern Schritt zum ISDN (für Schmalbanddienste), das in Deutschland bald flächendeckend verfügbar ist, in einem weiteren Schritt zum intelligenten ATM-basierten Breitband-ISDN, das neben den Schmalbanddiensten auch Breitbanddienste bieten kann.

4. Das Zusammenwirken von Informations- und Kommunikationstechnik im Teilnehmerbereich

Informationsverarbeitung trägt zunehmend auch im *Teilnehmerbereich* dazu bei, die Kommunikation effizienter und komfortabler zu machen. Einfache Beispiele finden sich schon in den rechnergestützen Funktionen der Komfort-Telefone und Faxgeräte (Rufnummernspeicher, Wahlwiederholung usw.). Das Zusammenwirken von Informationstechnik und Kommunikationstechnik im Teilnehmerbereich kann noch viel weiter gehen: Stichworte dazu sind "computer supported telecommunication applications" (CSTA), wofür bereits Standards existieren, und "intelligente Informationssysteme". CSTA ist im privaten Bereich das Gegenstück zum IN-Konzept im öffentlichen Bereich.

Ein Beispiel dafür ist die Kopplung von Informationssystemen und Nebenstellenanlagen im Finanz- und Versicherungswesen, sodaß bei Telefonaten mit Kunden automatisch die aktuellen Kunden-Kenndaten am Bildschirm des Bearbeiters sichtbar werden, bei Bedarf der einschlägige Schriftverkehr abgerufen werden kann und wesentliche Teile des Telefongesprächs (in Sprachform) kundenspezifisch abgespeichert werden können. Auch im Hotelgewerbe ist die Kopplung von Hotelcomputer und Nebenstellenanlage schon weit verbreitet; der Computer kann auf diese Weise u.a. die Gesprächsgebühren in die Hotelrechnung einbeziehen, Weckaufträge übernehmen und Zimmertelefone freigeben und sperren. Ein weiteres Beispiel sind verfeinerte, elektronische Teilnehmerverzeichnisse, die - branchenunabhängig - z.B. das "Wählen" per Namen oder per Organisationseinheits-Bezeichnung ermöglichen.

In Zukunft *werden Multimedia-Anwendungen* zunehmend wirtschaftlicher werden, d.h. Anwendungen, bei denen mehrere Informationsarten (Daten, Text, Grafiken, Sprache, Audio, Fest- und Bewegtbilder) kombiniert werden. Vor allem die Bildverarbeitung und -übermittlung erfordert dann leistungsfähigere Prozessoren und breitbandigere Übertragungswege. Multimedia-Einrichtungen werden nicht nur mehrere Informationsarten, sondern auch mehrere gleichzeitig aktive Kommunikationsverbindungen beherrschen müssen. Mit Hilfe geeigneter Server können auch Video-Konferenzen vom Arbeitsplatz aus über solche Multimedia-Terminals abgewickelt werden.

Auch die Kommunikationsnetze werden sich diesen neuen Anforderungen zu stellen haben. Der ATM ist mit seiner Breitbandigkeit, Bitratenflexibilität und Multiplexfähigkeit dafür eine fast ideale Antwort. Unabhängig von den Multimedia-Anwendungen ist eine ATM-basierte Infrastruktur, wie schon erwähnt, als einheitliches Basisnetz (backbone network) für existierende Spezialnetze, z.B. Host-Terminal-Netze, LANs und Nebenstellenanlagen-Netze, attraktiv.

5. Ausblick

Ein stetig engeres Zusammenwirken von Informationstechnik und Kommunikationstechnik, ergänzt um Breitbandigkeit, mehr Kommunikations-Intelligenz, leistungsfähigeres Netzmanagement und mehr Mobilität wird die leistungsfähige Infrastruktur für die Informationsgesellschaft von morgen ermöglichen, in der der wirtschaftliche Erfolg mehr denn je vom effizienten Zusammenwirken von Informations- und Kommunikationstechnik abhängt.

Tuning und Versionsverwaltung im Performance Management

Robert Valta   Hubert Uebelacker

Thomas Kaiser

Leibniz-Rechenzentrum   TU München

Barerstraße 21   Arcisstraße 21

W-8000 München 2   W-8000 München 2

e-mail: valta@lrz.lrz-muenchen.dbp.de

Zusammenfassung

Dieser Beitrag versucht, für einen bestimmten Teilbereich des Netzmanagements, das Performance Management und hier insbesondere für das Netztuning, einen praktischen Lösungsansatz zu erarbeiten. Um ein in der Praxis einsetzbares Tuningsystem aufbauen zu können, sind Arbeiten in zwei Bereichen notwendig. Aufbauend auf den Erfahrungen eines Netzbetreibers müssen aussagekräftige Performance-Kenngrößen definiert werden. Weiterhin muß ein Versionsbegriff für Netzkonfigurationen eingeführt werden, der es erlaubt, neben aktuellen Netzkonfigurationen auch Daten über vergangene bzw. zukünftige (d.h. in Planung befindliche) Netzkonfigurationen verfügbar zu machen. Für beide Bereiche werden Lösungsansätze vorgestellt und darauf aufbauend die Architektur eines Tuningsystems entworfen. Zuletzt wird der Stand der Arbeiten aufgezeigt.

1 Aufgaben und Probleme des Netztunings

Netzmanagement hat sich in den letzten Jahren von einer betriebsorientierten Tätigkeit in Rechenzentren zu einem anspruchsvollen und intensiv betriebenen Forschungsbereich innerhalb des Gesamtgebietes „Kommunikation" entwickelt. Die zunehmenden Forschungsaktivitäten dokumentieren sich in zahlreichen Veröffentlichungen und Veranstaltungen, sowie verstärkten Anstrengungen der Hersteller auf diesem Gebiet, die über die bisher praktizierte Bereitstellung von Managementwerkzeugen hinaus nun globalere Ansätze verfolgen. Auch innerhalb der Standardisierung wird intensiv im Bereich Netzmanagement gearbeitet, sowohl im Umfeld von SNMP, als auch in der OSI-Standardisierung. Einen Überblick über den Stand der Technik gibt z.B. [Garbe91].

[ISOMan89] legt als Aufgaben des Performance Managements die Bereiche Messen, Meßsteuerung, Analysieren und Tunen fest. **Messen** und **Meßsteuerung** werden bereits ausführlich in der Normung behandelt. In [ISOPerf90] werden Verfahren und Prinzipien vorgeschlagen, wie Performance Management in OSI-Umgebung durchgeführt werden soll. Weiterhin gibt es zahlreiche Veröffentlichungen, die sich mit der Problematik der Leistungsmessung in Netzen beschäftigen. Als Beispiele seien etwa [Joyce87] und [Snodgrass88] genannt.

Der Bereich der **Analyse** beschäftigt sich mit der Auswertung der durch die Messungen gewonnenen Daten. Diese Auswertung erfolgt stets vor dem Hintergrund eines Betriebsziels. Dies ist auch der Grund dafür, warum es für die Analyse keine generelle, sondern nur individuelle Vorgehensweisen gibt, die an die zu überwachenden Netze und ihre Betriebsziele angepaßt sein müssen. Das Analyseproblem läßt sich dabei wie folgt beschreiben: Vorgegeben sind Betriebsziele (ein stark vereinfachtes Betriebsziel wäre: minimale Antwortzeiten bei vorgegebenen maximal zulässigen Kosten), sowie ein Kommunikationsnetz, bestehend aus einer Menge von Objekten mit statischen und dynamischen Attributen und den zwischen den Objekten bestehenden Beziehungen. Während die statischen Attribute konstante und längerfristig gleichbleibende Eigenschaften repräsentieren, werden durch die dynamischen Attribute die veränderlichen Eigenschaften der Objekte modelliert. Dies sind insbesondere Eigenschaften, die durch die innerhalb des Netzes ablaufenden Kommunikations- und Verarbeitungsvorgänge verändert werden, wie typischerweise Zähler. Die zu einem Zeitpunkt vorhandene Menge von Objekten mit ihren statischen Attributen und ihren Beziehungen bezeichnen wir dabei als **Netzkonfiguration**.

Der Analysevorgang hat nun die Aufgabe zu überprüfen, ob für eine gegebene Netzkonfiguration die gesetzten Betriebsziele erreicht werden, beziehungsweise wie weit die gemessene Leistung von den Betriebszielen abweicht.

Unter **Tuning** versteht man den auf die Analyse aufbauenden Versuch, durch Änderung der Netzkonfiguration die Leistung in Hinblick auf die gesetzten Betriebsziele zu verbessern. Nach jeder Änderung ist dabei der Erfolg oder Mißerfolg durch erneute Analyse zu überprüfen. Der Tuningvorgang läßt sich somit als Regelkreis darstellen (Abb. 1). Dabei muß berücksichtigt werden, daß sich die Netzkonfiguration **außerhalb** des Tuningvorgangs häufig ändern wird, denn auch andere Funktionsbereiche wirken auf die Netzkonfiguration ein. Beispiele hierfür sind Konfigurationsänderungen durch Fehlerbehebung, Einsatz neuer Produkte und Funktionen, Ausbau des Netzes, Erweiterung des Benutzerkreises, Änderung des Benutzerverhaltens, etc. Jede dieser Änderungen kann die Leistung beeinflussen und sollte deshalb innerhalb der Verifikation von Tuningmaßnahmen berücksichtigt werden. Der Tuningvorgang gestaltet sich dabei umso schwieriger, je komplexer die Netzkonfiguration und je ungenauer die Betriebsziele definiert sind.

Für manche Umgebungen existieren Methoden und Werkzeuge, die den Tuningvorgang unterstützen. Dies ist beispielsweise dann der Fall, wenn Benutzerkreis und Anwendungen fest definiert sind. Ein Beispiel sind Kommunikationsnetze, die Benutzern den Zugriff auf zentrale Transaktionssyteme (Buchungssysteme, Auskunftssysteme) ermöglichen. [Terplan92] gibt einen guten Überblick über Techniken und Produkte zur Leistungsanalyse in derartigen Netzen.

Besondere Schwierigkeiten bereitet das Problem des Netztunings dagegen in offenen, LAN-basierten Kommunikationsnetzen mit folgenden charakteristischen Eigenschaften:

- Das betrachtete Kommunikationsnetz ist als Verbund lokaler Netze realisiert. Oft wird dabei dabei zur Kopplung der lokalen Netze ein Backbone-Netz verwendet.
- Die Nutzerschaft ist offen, das heißt der Zugang zum Netz steht jedem Angehörigen der nutzungsberechtigten Organisationen, wie zum Beispiel Institutsmitarbeitern, frei. Dem Betreiber sind zwar die nutzenden Organisationen, nicht aber die ein-

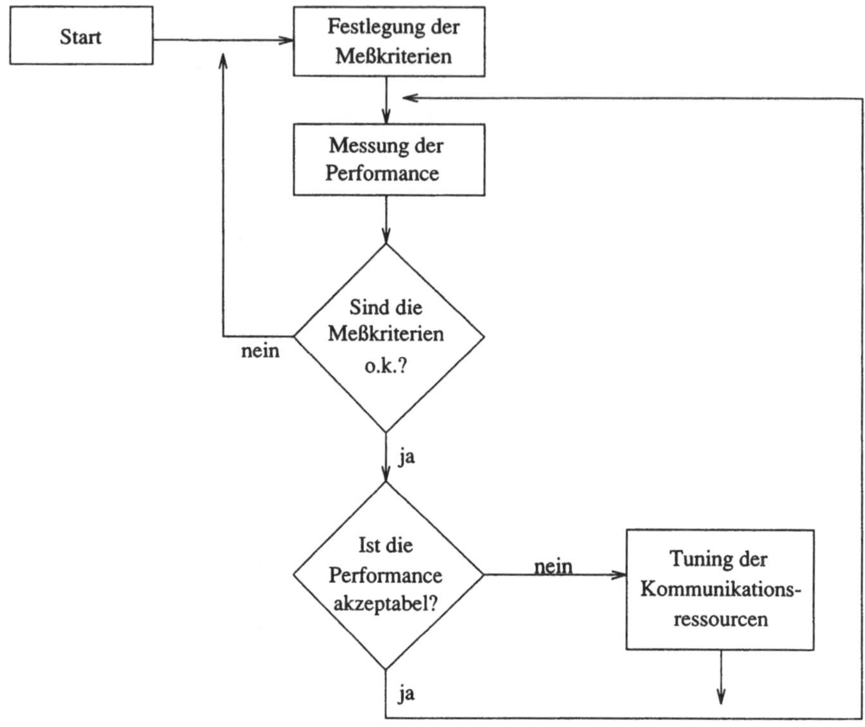

Abbildung 1: Regelkreis in einem Tuningsystem (aus [ISOPerf90])

zelnen Nutzer bekannt.

- Die Art der Nutzung des Netzes ist ungeregelt und den Benutzern selbst überlassen. Insbesondere ist die Nutzungsart dem Betreiber nicht bekannt.

Derartige Netze finden sich besonders häufig in Hochschulumgebungen, wobei es die oben aufgeführten Eigenschaften dieser Netze sehr schwierig machen, exakte Betriebsziele festzulegen oder Aussagen über die Leistungsfähigkeit des Netzes zu gewinnen. Dies hat folgende Gründe:

- Die in solchen Umgebungen verfügbaren Meßdaten liegen nur systembezogen vor und geben keine Auskunft über das aktuelle Performance-Verhalten eines gesamten Netzes oder größerer Teile davon. Daraus ergibt sich die Forderung, Verfahren zu entwickeln, die zur Bestimmung markanter Performance-Werte, im folgenden **Kenngrößen** genannt, in einem (Teil-)Netz beitragen.
- Die Ergebnisse eines Analysevorgangs beziehen sich immer auf die Netzkonfiguration, die zum Zeitpunkt der Messung aktuell war. Da Netzkonfigurationen sich ändern, wird hier häufig von verschiedenen **Netzversionen** gesprochen, die zeitlich aufeinander folgen und durch Konfigurationsänderungen ineinander übergehen.

Derzeit gibt es aber keinen adäquaten Versionsbegriff für das Netztuning, beziehungsweise für das Netzmanagement. Damit ist auch keine rechnergestützte Behandlung verschiedener Konfigurationsversionen und der mit ihnen assoziierten Performance-Daten möglich.

An dieser Stelle setzt nun dieser Beitrag an und zeigt Lösungsansätze auf. Zuerst wird versucht, ausgehend von den Erfahrungen, die beim Betrieb eines großen Ethernets am *Leibniz-Rechenzentrum* (LRZ) in München gewonnen wurden, markante Kenngrößen zu definieren, die dem Betreiber eine einfache Beurteilung der Leistungsfähigkeit seines Netzes erlauben. Darauf aufbauend wird der Versionsbegriff mit dem Ziel diskutiert, die definierten Performance-Kenngrößen verschiedenen Netzversionen zuordnen zu können. Beides zusammen mündet in den Entwurf einer Architektur für ein im realen Netzbetrieb einsetzbares System zur Unterstützung von Tuningmaßnahmen, wie es in Kapitel 4 beschrieben wird.

2 Performance-Kenngrößen für ein LAN aus Betreibersicht

Performance Management ist in offenen LAN-Umgebungen oft nur „Mangelmanagement", d.h. erst im Fall von sehr schlechter Performance, also Beeinträchtigung des Betriebs, werden korrigierende Maßnahmen ergriffen. Eine Ursache hierfür ist, daß dem Betreiber bei komplexen offenen Netzen oft keine aussagekräftigen Werte vorliegen, die eine rasche und zuverlässige Beurteilung der aktuellen Leistung seines Netzes ermöglichen. Damit wird natürlich auch eine Tuningmaßnahme, wie im vorherigen Abschnitt beschrieben, zu einem aufwendigen, riskanten und nur sehr schwer verifizierbaren Vorgang. Deshalb soll in diesem Kapitel die Problematik der Kenngrößen diskutiert werden. Es werden zunächst die Anforderungen an die Kenngrößen aufgestellt und dann verschiedene Verfahren, wie sie am LRZ eingesetzt werden oder geplant sind, vorgestellt.

2.1 Anforderungen an Kenngrößen

Im folgenden sollen die aus Betreibersicht notwendigen Anforderungen an Kenngrößen skizziert werden. Grundlegende Anforderungen sind:

- Sie müssen eine gewisse Aussagekraft über „Netzeigenschaften" aufweisen. Ein Beispiel hierfür ist die Verwendbarkeit als Grundlage künftiger Planungen.
- Sie müssen in verschiedener Granularität vorliegen und insbesondere auch den unterschiedlichen Nutzergruppen angepaßt sein (einfache, überschaubare Größen für Nicht-Experten, detaillierte Größen für den Tuning-Experten). Entsprechend sollen Kenngrößen bei Bedarf die Beurteilung der Leitungsfähigkeit einzelner Systeme, einer Teilmenge von Systemen, von Teilnetzen oder des Gesamtnetzes ermöglichen. Aus Kenngrößen niedriger Granularität sollen „höherwertige" Kenngrößen ableitbar sein.
- Aus den Kenngrößen sollten Aussagen über die aktuellen Werte von Quality-of-Service-Parametern (QoS-Parameter) ableitbar sein. Der Unterschied der Kenngrößen zu QoS-Parametern [Neumair91] liegt dabei in einer unterschiedlichen Sichtweise. So definieren die QoS-Parameter Anforderungen, die von einem Benutzer an den Diensterbringer gestellt werden, während Kenngrößen Parameter sind, die der Betreiber zur Beurteilung der Leistungsfähigkeit seines Netzes benutzt. Im Idealfall würden QoS-Parameter als Kenngrößen verwendet (z.B. die Antwortzeit in Netzen

mit Transaktionsanwendungen). Dies ist jedoch, wie im vorigen Abschnitt gezeigt, in bestimmten Netzumgebungen nur schwer möglich.

- Die Kenngrößen müssen robust gegenüber Fehlern sein, die während ihrer Ermittlung im Kommunikationsnetz auftreten. Das heißt, daß ein Fehler die Kenngröße entweder nicht beeinflußt und der Wert so interpretiert werden kann, als ob nie ein Fehler aufgetreten wäre oder aber aus der Kenngröße auf das Vorhandensein eines Fehlers geschlossen werden kann. Die Kenngröße eignet sich dann auch für die Netzüberwachung zur Erkennung von Fehlersituationen.
- Kenngrößen, die für verschiedene Netzversionen ermittelt wurden, müssen miteinander vergleichbar sein.
- Der Aufwand zur Kenngrößenermittlung soll möglichst klein sein. Das gilt insbesondere für den zur Ermittlung notwendigen Datenverkehr auf dem Netz und die Belastung der abgefragten Netzkomponenten. Auf keinen Fall sollte durch die Kenngrößenermittlung die Leistungsfähigkeit des Netzes beeinträchtigt werden.
- Der Aufwand zur Speicherung der Kenngrößen muß gering sein, insbesondere wenn für Langzeitanalysen sehr viele Kenngrößen für viele Netzversionen gespeichert werden sollen.

Der folgende Abschnitt zeigt grundlegende Mechanismen, wie Kenngrößen ermittelt werden können.

2.2 Klassifizierung von Kenngrößen

Die Ermittlung der Kenngrößen basiert auf den statischen und dynamischen Attributen der Netzobjekte. Beispiel für ein statisches Attribut eines Routers-Interfaces ist die Kapazität des Übertragungsmediums, für ein dynamisches Attribut die Anzahl der empfangenen Bytes (Zählerattribut).

Die Attribute dienen als Grunddaten und bilden die unterste Ebene einer zu entwickelnden Kenngrößenhierarchie. Charakteristisch für solche Grunddaten ist, daß sie in jedem Falle objektbezogen sind, wobei als zwei grundlegende Arten von Objekten Systeme (Endsysteme, Kommunikationskomponenten) und Segmente unterschieden werden können:

- Systemattribute liefern Informationen aus der Sicht eines Systems, z.B. Interface-Daten (wie viele Pakete wurden empfangen ?).
- Segmentattribute liefern Informationen aus der Sicht eines Segments, z.B. Verkehrsdaten (wer kommuniziert mit wem ?).

Unter einem Segment verstehen wir dabei ein Teil-LAN ohne verkehrsseparierende Netzkomponenten.

Der Zugriff auf die Grunddaten kann erfolgen

- bei dynamischen Systemattributen durch Zugriff auf die Objekte mittels eines Managementprotokolls, z.B. SNMP, wobei die Attribute Bestandteil der sog. Internet-MIB ([RFC1213]) sind.
- bei dynamischen Segmentattributen durch Zugriff auf Analysewerkzeuge. Solche Analysewerkzeuge können realisiert sein durch spezielle Komponenten an einem Segment (Analysatoren) oder spezielle Softwarepakete auf Endsystemen, z.B. **NNStat** ([Braden91]). Zunehmende Bedeutung gewinnt hier die sogenannte rmon-MIB ([RFC1271]), die einen Zugriff auf Analysedaten mittels SNMP erlaubt.

- bei statischen Attributen durch Zugriff auf Informationen über die Objekte, die in einer Konfigurationsdatenbank abgelegt sind.

Derzeit stellt sich in heterogenen Netzen das Problem, daß auf die vorhandenen Grunddaten nicht in einheitlicher Weise zugegriffen werden kann und Syntax und Semantik der Grunddaten verschiedener Protokollwelten sehr verschieden sind. Dieses Problem kann gelöst werden durch Schaffung einer einheitlichen, protokoll- und herstellerunabhängigen Festlegung von performance-relevanter Managementinformation, wie sie in [Neumair92] vorgeschlagen wird.

Die Bildung von Kenngrößen aufbauend auf die Grunddaten bzw. bereits ermittelte Kenngrößen, kann nach folgenden Prinzipien erfolgen:

- Komprimieren über der Zeit;
- Komprimieren über Systemgrenzen hinweg;
- Komprimieren über Schichtgrenzen hinweg.

Komprimieren umfaßt dabei sowohl so einfache Operationen wie die Selektion bestimmter Kenngrößen aus einer vorgegebenen Menge als auch komplexe statistische Berechnungen. Der folgende Abschnitt zeigt einige Kenngrößen, die derzeit am LRZ eingesetzt bzw. in Vorbereitung sind.

2.3   Beispiele für die Ermittlung von Kenngrößen

Dieser Anschnitt zeigt Beispiele für Kenngrößen und entsprechende Verfahren zu ihrer Gewinnung, die derzeit im praktischen Einsatz sind, bzw. die auf ihre Eignung für die Leistungsbewertung in realen Betrieb untersucht werden.

Systemspezifische Mittelwerte

Der einfachste Weg zur Herleitung von Kenngrößen ist die Bildung von Mittelwerten über dynamischen Attributen innerhalb eines Systems. Basierend auf Zählern der Internet-MIB lassen sich damit Leistungsdaten wie z.B. Paketraten an einzelnen Interfaces oder der Durchsatz auf IP-Ebene berechnen. Wegen der großen Anzahl der zur Verfügung stehenden Informationen muß die Menge der Grunddaten eingeschränkt werden:

- Es werden alle wichtigen aktiven Netzkomponenten, z.B. Brouter, mittels SNMP abgefragt. Beschränkt man sich auf Informationen über die Interfaces, so ist die dadurch verursachte Netzlast gering.
- Die Auswertung der Interface-Daten beschränkt sich auf Attribute wie „Bytes in/out", „Pakets in/out" und „Errors in/out".

Obwohl nur systemspezifische Daten abgefragt werden, sind neben Aussagen über die einzelnen Systeme auch Aussagen über die an den Interfaces angeschlossenen Segmente oder Leitungen ableitbar (z.B. durchschnittliche Netzlast oder Anteil fehlerhafter Pakete an der Gesamtzahl der Pakete).

Eine einfache Erweiterung ist die Zusammenfassung dieser Mittelwerte über verschiedene Systeme hinweg zu Mittelwerten für das gesamte Netz (z.B. die Anzahl der pro Zeiteinheit von den Routern gerouteten IP-Pakete, basierend auf dem Attribut *ipForwDatagrams*).

Lastprofile

Für jedes dynamische Attribut kann statt der oben beschrieben Mittelwertbildung auch ein Lastprofil ermittelt werden. Derartige Profile geben den dynamischen Verlauf von Attributwerten wieder und werden graphisch meist als Stripchart dargestellt. Gegenüber der Mittelwertbildung liefern Lastprofile sehr viel detailliertere Informationen, die z.B. für das Erkennen von Fehlersituationen verwendet werden können. Da die Profile aus einer je nach Zeitintervall und Meßhäufigkeit sehr umfangreichen Sequenz von Werten bestehen, ist der Speicheraufwand sehr groß. Außerdem ist ein Vergleich von Profilen verschiedener Netzversionen nicht einfach durchzuführen. Profile sind daher als Kenngröße für längerfristige Leistungsmessungen nicht verwendbar und werden nur in Ausnahmefällen eingesetzt (z.B. zur gezielten Analyse des Datenverkehrs bei bekannten Fehlersituationen an bestimmten Komponenten oder Segmenten).

Matrix - Verfahren

Bei diesem Verfahren wird eine Liste der Verkehrsbeziehung in den LAN-Segmenten vorausgesetzt. Trägt man die Verkehrsbeziehungen als Matrix auf, kann man aus Eigenschaften der Matrix Kenngrößen gewinnen. So ist bei Dominanz der Diagonalen der Verkehr hauptsächlich lokal. Eine Strategie zur Positionierung separierender Netzkomponenten (Router, Bridges) kann versuchen, die Diagonale so groß wie möglich zu machen. Der Betrag der Matrix ist dabei der Betrag aller Verkehrsbeziehungen. Das Verfahren kann auf einzelne Segmente oder Gruppen von Segmenten angewendet werden. Die Gesamtmatrix ergibt sich dabei aus der Addition der Matrizen der Einzelsegmente.

Da in den Matrizen lokale und überregionale Verkehrsbeziehungen dargestellt werden, können aufbauend darauf Maßnahmen zur Umstrukturierung des Netzes beurteilt werden. Aus Betreibersicht ist diese Information sehr interessant, insbesondere wenn keine Benutzerprofile bekannt sind, die bei der Planung des Netzes ausgewertet werden können.

3   Der Versionsbegriff im Tuning

Kapitel 2 zeigt, daß ein direkter Zusammenhang zwischen Meßdaten und dem zum Zeitpunkt der Meßwertbildung vorherrschenden Randbedingungen besteht. Netzbetreiber sprechen bei diesen Randbedingungen oftmals intuitiv von bestimmten Netzversionen, denen tuningspezifische Kenngrößen zugeordnet werden. Im folgenden sollen nun die Problematik der Netzversion für den Bereich des Netztunings diskutiert und Lösungsvorschläge präsentiert werden. Darauf aufbauend wird untersucht, ob Ergebnisse auf andere Funktionsbereiche übertragen werden können.

3.1   Eigenschaften eines Versionsbegriffs am Beispiel des Netztunings

Die intuitive Verwendung des Begriffs der Netzversion wirft sofort die Frage auf, welche Mechanismen diesen Begriff im Netztuning prägen. Dabei läßt sich festhalten, daß „Netzversion" als Oberbegriff zur Beschreibung eines bestimmten Netzzustands verwendet wird. In diesen Zustand fließen beispielsweise folgende Informationen ein:

- Konfigurationsdaten, die verändert wurden, um eine Leistungsverbesserung zu erzielen.
- Die grundsätzliche Netztopologie, die zum Zeitpunkt der Messung vorherrscht.
- Meßdaten, beziehungsweise Kenngrößen, die diesen Zustand charakterisieren.

Der Versionsbegriff im Tuning ist stark von Änderungsaspekten geprägt. Tuningmaßnahmen führen dabei in diesem Anwendungsszenario zu neuen Netzversionen. Im Netztuning können sich zwei verschiedene Netzversionen aber nicht nur durch die ausgeführten Änderungen an Konfigurationsparametern unterscheiden. Es können auch während des Tunings Änderungen aufgetreten sein, die mit den Tuningmaßnahmen keine direkte Verbindung haben, jedoch die Leistungsdaten und Kenngrößen erheblich beeinflussen z.B. Änderung des Benutzerverhaltens (Abb. 2).

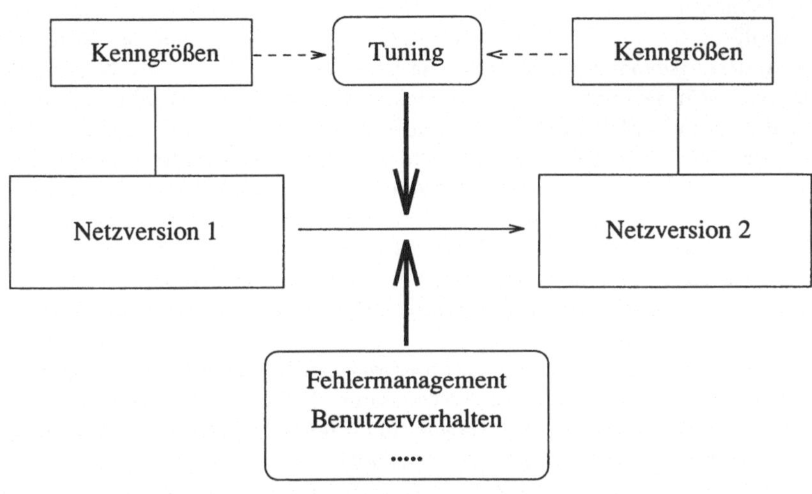

Abbildung 2: Versionen und Tuningmaßnahmen

Es führen jedoch nicht alle Änderungen an vorhandener Managementinformation zu neuen Netzversionen. Ändert sich beispielsweise die Gebührenordnung für die Bereitstellung einzelner Dienste in einem Netz, so wird innerhalb des Netztunings nicht von einer neuen Netzversion gesprochen werden. Die Änderung hat somit keine Relevanz. Dies läßt den Schluß zu, daß ein Versionsbegriff im Netzmanagement offensichtlich stark anwendungsorientiert auftritt. Hier liegt auch die grundsätzliche Problematik, einen vordefinierten Versionsbegriff aus anderen Bereichen der Informatik –wie beispielsweise aus dem Software-Engineering– zu übernehmen. Zusammenfassend kann zum jetzigen Zeitpunkt folgendes festgehalten werden:

- Versionsbegriff und Änderungsbegriff stehen in direktem Zusammenhang.
- Relevante Änderungen können im Netztuning klassifiziert werden in
  - Tuningmaßnahmen, also direkte Änderungen an performancerelevanter Information und
  - Änderungen, die nicht im Zusammenhang mit den Maßnahmen stehen, aber Einfluß auf die der Version zugeordneten Performance-Daten haben.
- Nicht alle Managementinformationen spielen für einen Versionsbegriff im Netztuning eine Rolle.
- Nicht jede Änderung an Managementinformation führt automatisch zu einer neuen Netzversion.

Im folgenden soll versucht werden, die Problematik weiter zu klassifizieren und prototypische Lösungsvorschläge zur Festlegung eines Versionsbegriffs anzugeben.

3.2 Lösungsansätze zur Festlegung einer neuen Version im Netztuning

Der vorausgegangene Abschnitt macht deutlich, daß ein Versionsbegriff nur eine verwaltungstechnische Reaktion auf das Auftreten von Änderungen sein kann. Er spielt dabei nur die Rolle eines Verwaltungswerkzeugs, um innerhalb der den Rechnernetzen eigenen Änderungsdynamik nicht völlig die Übersicht zu verlieren. Im Netztuning wird der Versionsbegriff benutzt, um Änderungen, wie beispielsweise Tuningmaßnahmen zu dokumentieren und mit Hilfe dieser Dokumentation den Erfolg der Tuningmaßnahmen zu verifizieren. Im allgemeinen ist aber die alleinige Dokumentation der Änderungen nicht ausreichend. Vielmehr müssen die Änderungen innerhalb der gültigen und relevanten Randbedingungen dargestellt werden. Randbedingungen im Bereich des Netztunings können beispielsweise Zeitpunkt der Meßwerterfassung, Meßmethode, personenbezogene Informationen über den verantwortlichen Netzverwalter, sowie Topologie- und Konfigurationsinformationen sein. Auch hier wird sofort deutlich, daß diese Randbedingungen sehr anwendungsabhängig sind.

Nun soll die Frage untersucht werden, unter welchen Bedingungen im Netztuning von einer neuen Netzversion gesprochen werden kann. Aufgrund des schon skizzierten engen Zusammenhangs zwischen Netzversion und Änderung kann diese Problematik auf folgende zwei grundsätzliche Fragen zurückgeführt werden.

- Welche Managementinformationen prägen die Netzversion?
- Welche Änderungen an diesen Informationen sind relevant, das heißt führen zu einer neuen Version?

Aufgrund der teilweise äußerst heterogenen Anforderungen, die sich aus den verschiedenen Funktionsbereichen ergeben, wird deutlich, daß für das Netzmanagement nicht a priori gesagt werden kann, wann bei einem bestimmten Netzzustand von einer neuen Netzversion gesprochen wird. Vielmehr muß eine Festlegung flexibel und anwendungsorientiert erfolgen. Deshalb ist es auch nicht sinnvoll, im Netzmanagement von *dem* Versionsbegriff zu sprechen. Andererseits besteht aber diesbezüglich von Anwenderseite her ein Bedarf.

Ein praktikabler, das heißt in der Betreiberwelt einsetzbarer Lösungsvorschlag, liegt in der Bereitstellung eines frei konfigurierbaren Modells, mit dessen Hilfe jeweils ein anwendungorientierter Versionsbegriff vom Anwender definiert werden kann. Um dabei eine generische Anwendbarkeit zu gewährleisten, müssen durch die Konfigurierung folgende Fragen beantwortet werden:

- Welche Managementinformationen gelten im jeweiligen Anwendungsfall als prinzipiell wichtig (relevant)? Das heißt, welche Managementinformationen werden für eine Interpretation der Kenngrößen benötigt. Diese Fragestellung kann weiter differenziert werden und führt zu den nachfolgenden Fragen:
  - o Welche der als wichtig deklarierten Managementinformationen sind Managementinformationen, die durch Tuningmaßnahmen verändert werden, also primär ausschlaggebend, daß es zur Erzeugung einer neuen Version kommt?
  - o Welche Information ist Kontextinformation, beschreibt also die Randbedingungen, die zur Auswertung der Tuningmaßnahmen notwendig sind?

- Welche Änderungen an diesen Informationen spielen für den jeweiligen Versionsbegriff eine Rolle?
  Das hat zur Folge, daß nicht nur die Veränderung von tuningrelevanten Parametern zu neuen Netzversionen führen können, sondern daß es daneben auch Kontextinformationen gibt, deren Änderungen ebenfalls diesbezüglich berücksichtigt werden müssen. Dieser Zusammenhang wurde in dieser Art in [Uebelacker91] erstmals beschrieben.
- Auf welche verschiedenen Arten soll auf das Auftreten von Änderungen reagiert werden?

Die Beantwortung dieser Fragen kann nur von der Anwendungsseite her erfolgen. Dabei erweist es sich schon innerhalb eines kleinen Funktionsbereichs wie dem Netztuning als sehr schwer, a priori –also ohne die spätere Anwendung im Detail zu kennen– die vorhergehenden Fragen zu beantworten. Zur Entwicklung einer prototypischen Lösung für das Netztuning ist deshalb folgendes Vorgehen notwendig:

- Die prinzipielle Vorauswahl der relevanten Managementinformation muß in enger Zusammenarbeit mit den Anwendern erfolgen.
- Es müssen variable Möglichkeiten bereitgestellt werden, um auf Änderungen an diesen Informationen den Anforderungen entsprechend reagieren zu können.

Abschließend kann gesagt werden, daß es einen generischen, anwendungsunabhängigen Versionsbegriff für das Netzmanagement wohl nicht geben wird. Vielmehr müssen dem Betreiber anwendungsorientierte Vorgehensschemata zur Verfügung gestellt werden, mit denen er seinen Versionsbegriff selbst definieren kann. Eine exemplarische Umsetzung dieser Strategie anhand der speziellen Anforderungen im LRZ erfolgt dazu im nachfolgenden Kapitel.

4 Die Realisierung eines Tuningsystems

Basierend auf die in den beiden vorherigen Kapiteln aufgezeigten Konzepte und Lösungsansätze soll beschrieben werden, wie die konzipierte Tuning-Umgebung in die Realität umgesetzt werden kann. Bei dieser Umsetzung werden die speziellen Anforderungen des LRZ berücksichtigt. Zunächst wird die Gesamtarchitektur des Systems erläutert, darauf aufbauend auf die einzelnen Bausteine und ihre Schnittstellen eingegangen.

4.1 Architektur des Tuning-Systems

In der Architektur des Tuningsystems (Abb. 3) werden folgende Teilkomponenten unterschieden:

- Die Versionsverwaltung, die der Speicherung und Verwaltung verschiedener Netzversionen dient. Diese stützt sich auf eine Netzdatenbank ab, in der die aktuelle Konfiguration eines Netzes abgelegt ist.
- Die Kenngrößenbestimmung, die die performance-relevanten Kenngrößen ermittelt und diese bestimmten Versionen in der Versionsdatenbank zuordnet. Das Meßsystem selbst ist in eine Netzmanagementplattform eingebettet und benutzt deren Funktionen für den Zugriff auf die Meßpunkte.
- Die Tuningapplikation, die das Zusammenspiel obiger Bausteine mit dem Benutzer regelt.

In den folgenden Abschnitten werden die einzelnen Bausteine näher charakterisiert und der Stand der praktischen Arbeiten aufgezeigt.

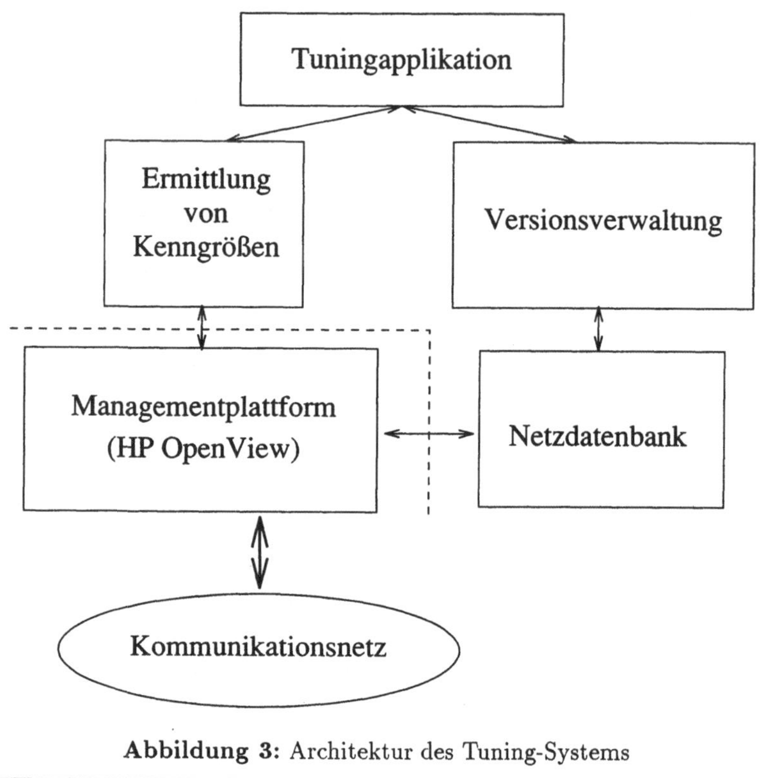

Abbildung 3: Architektur des Tuning-Systems

4.2 Versionsverwaltung und Netzdatenbank

Wie festgestellt wurde, spielt Konfigurationsinformation im Netztuning eine zentrale Rolle. Zur Bereitstellung dieser Information wird in LRZ-Umgebung eine Netzdatenbank verwendet. Diese dient der Speicherung der aktuellen Netzkonfiguration, sowie organistorischer Information bezüglich der einzelnen Netzkomponenten. Wesentliche Informationseinheiten sind dabei Komponenten, physische Ports (Schnittstellen), logische Ports (Adreßinformation) und Leitungen. Der Implementierung liegt als theoretische Grundlage die Modellierung eines Kommunikationsnetzes als *Geschichteter Attributierter Graph* [Valta91] zugrunde. Die Implementierung wurde unter Verwendung des Datenbanksystems *ORACLE* durchgeführt. Die Netzdatenbank ist an die Managementplattform gekoppelt, so daß ein Informationsaustausch erfolgen kann.

Die vorhandene Netzdatenbank unterstützt keine Versionen. Alle Änderungen werden überschreibend durchgeführt und auf alte Netzkonfigurationen und den zu ihnen gehörenden Daten kann nicht mehr zugegriffen werden. Die Aufgaben der zu integrierenden Versionsverwaltung können nun gemäß den in Kapitel 3 beschriebenen Anforderungen wie folgt zusammengefaßt werden:

- Neben der jeweils aktuellen Netzkonfiguration müssen auch historische Netzkonfigurationen einschließlich der zu ihnen gehörenden anwendungsspezifischen Daten (z.B. gemessene Performance- Kenngrößen) gespeichert werden. Darüberhinaus sollte es auch möglich sein, künftige, das heißt in Planung befindliche Netzkonfigurationen zu dokumentieren. Letztere Anforderung geht aber über die Tuningproblematik hinaus und wird derzeit von uns nicht behandelt.
- Die Änderungen, die von einer Netzversion zur anderen führen, müssen dokumentiert werden. Eine Dokumentation mittels *Snapshots* ist dabei nicht ausreichend.
- Es müssen Dienste bereitgestellt werden, um die verschiedenen Versionen verwalten und benutzen zu können.

Unter Berücksichtigung dieser Anforderungen wurden folgende Designentscheidungen getroffen:

- Alle Einträge in die Datenbank werden mit einem Zeitstempel und einer Versionsnummer versehen. Es wird eine zentrale Versionstabelle eingerichtet, durch die jedes Datenbankobjekt eindeutig einer Netzversion zugeordnet werden kann. Anfragen an die Datenbank bezüglich bestimmter Versionen werden mittels der Versionstabelle in Anfragen nach Objekten mit einem Zeitstempel und einer Versionsnummer umgewandelt, wobei dieser Zeitstempel innerhalb des zur Version gehörenden Zeitintervalls liegen muß.
- Die Änderungen an der Datenbank, die den Übergang von einer alten zu einer neuen Version wiedergeben, werden gespeichert, indem alle Änderungen in *Log*-Dateien gespeichert werden. Dies erfolgt mittels regulärer Ausdrücke, die den zur Manipulation verfügbaren Grunddiensten entsprechen. Das Format dieser Ausdrücke sieht wie folgt aus:

```
Funktion Objekt1 [Objekt2] [Parameter] Zeitstempel
```

Nachdem nun die grundsätzlichen Mechanismen zur Dokumentation vorgestellt wurden, stellt sich die Frage, welche Änderungen letztendlich zu neuen Versionen führen. Kapitel 3 macht deutlich, daß hier flexible Möglichkeiten bereitgestellt werden müssen:

- Der Benutzer will eine neue Version explizit erzeugen. Eine entsprechender Dienst wird bereitgestellt.
- Der Benutzer will, daß bei bestimmten Änderungen der aktuellen Konfiguration automatisch eine neue Netzversion erzeugt wird. Dabei ist nicht ausgeschlossen, daß dies auch bei Änderungen erfolgt, die nicht durch den Benutzer, sondern durch Managementapplikationen verursacht werden. Denkbar sind hier Szenarien, in denen sich die von der Managementanwendung ermittelten Kenngrößen signifikant ändern.
- Der Benutzer will, daß bei Änderungen der aktuellen Netzkonfiguration eine neue Version erzeugt wird, wobei er selbst diesen Schritt bestätigen muß.
- Der Benutzer will zwar die Dokumentation von Änderungen, spricht in diesem Zusammenhang aber nicht von einer neuen Version.

Zur Realisierung dieser Möglichkeiten werden folgende Dienste bereitgestellt:

- Erzeugen einer neuen Version;
- Löschen einer Version (darf nicht auf die aktuelle angewendet werden);
- Vergleich verschiedener Versionen;
- Erzeugen, Löschen, Verwalten von Versionsdiskriminatoren, die festlegen, ob und wann automatisch neue Versionen erzeugt werden sollen und ob dabei eine Bestätigung des Benutzers eingeholt werden soll.

Derzeit wird der Entwurf weiter verfeinert und die Erweiterung der bestehenden Implementierung vorbereitet.

4.3 Ermittlung von Kenngrößen

Bei der Bestimmung von Kenngrößen können zwei grundsätzliche Fälle unterschieden werden:

- Kenngrößen der aktuellen Version werden durch die Meßalgorithmen des Kenngrößenmoduls bestimmt. Diese stützen sich auf Meßpunkte in den realen Komponenten ab.
- Kenngrößen künftiger Versionen werden durch Einsatz eines Planungs- und Simulationssystems bestimmt. Diesen Fall wollen wir hier nicht weiter betrachten.

An den Baustein zur Bestimmung der Kenngrößen sind folgende Anforderungen zu stellen:

- Gemäß Kapitel 2 müssen verschiedene Kenngrößen bzw. Algorithmen unterstützt werden. Da die Auswahl und Festlegung sinnvoller relevanter Kenngrößen erst durch längeren praktischen Einsatz erfolgen kann, müssen die Algorithmen leicht veränderbar sein.
- Die Algorithmen müssen topologieunabhängig sein, das heißt, es sollte keine eigene algorithmen-spezifische Topologiedatenbank aufgebaut werden müssen. Vielmehr beziehen die Algorithmen ihre Daten aus der Versionsdatenbank und werden über für sie relevante Änderungen der Konfiguration informiert.

Die Algorithmen sollen als Anwendung innerhalb einer Managementplattform entwickelt werden. Am LRZ werden seit längerer Zeit im Rahmen einer Kooperation Produkte der OpenView-Architektur von Hewlett-Packard eingesetzt. Auf der Basis der OpenView-Entwicklungsumgebung (Network Management Server V2.0) wurde bereits ein Prototyp einer Performance-Applikation entwickelt [Gadorosi91]. Durch Definition sogenannter *Metric Objects* (Objekte, die Messungen repräsentieren) können statistische Meßwerte über dynamischen Attributen ermittelt werden. Die Messungen werden von einem sogenannten Objektmanager realisiert, der für die Verwaltung der Meßobjekte zuständig ist und als Meßpunkte SNMP-Variablen beliebiger Komponenten benutzt. Ein entprechender Objektmanager wurde auch für Informationen entworfen, wie sie von Analyse-Software wie **NNStat** geliefert wird ([Mithani91]). In einem nächsten Schritt soll diese Anwendung verbessert und auf die seit Mai 92 im Einsatz befindliche neue Version 3.1 von OpenView portiert werden.

Um die Eignung von Matrix-Verfahren zu untersuchen, wurde eine Applikation entwickelt, die die an den Interfaces von Broutern anliegende aktuelle Last in Realzeit graphisch anzeigt [Geiger92]. Dadurch wird eingeschränkt das Beobachten von Verkehrsflüssen möglich ohne auf Analysedaten aus den einzelnen Segmenten zurückgreifen zu müssen.

5 Zusammenfassung und Ausblick

In diesem Beitrag wird versucht, eine System zu entwerfen, das dem Betreiber eines Kommunikationsnetzes eine zuverlässige Beurteilung und Verbesserung der Leistungsfähigkeit seines Netzes erlaubt. Hierzu werden für die Bereiche der Kenngrößenermittlung und der Versionsverwaltung Lösungsansätze aufgezeigt. Dabei gilt jedoch zu beachten, daß gewisse komplexere Verfahren der Kenngrößenermittlung zunächst auf den Erfahrungen beim Betrieb eines großen lokalen Netzes beruhen. Eine Vertiefung und Konsolidierung der Verfahren ist jedoch nur möglich, wenn eine entsprechende Umgebung bereitsteht, wie sie in Kapitel 4 entworfen wird. Die nächsten Schritte werden sich daher auf die dort aufgezeigten Implementierungsschritte konzentrieren.

Angedeutet, aber nicht weiter vertieft, wurde die Notwendigkeit, Netzplanungssysteme in ein Netzmanagementsystem zu integrieren. Dadurch wird eine Erweiterung des derzeitigen Versionsbegriffs, der nur lineare Fortschreibung unterstützt, notwendig hin zu parallel existierenden künftigen Netzversionen.

Danksagung

Das Papier entstand im Rahmen von Arbeiten des Münchner Netzmanagement Teams, einer von Prof. Dr. H.-G. Hegering geleiteten Forschungsgruppe, die sich aus wissenschaftlichen Mitarbeitern der Münchener Universitäten und des Leibniz-Rechenzentrums zusammensetzt. An dieser Stelle möchten wir uns bei dem gesamten Forschungsteam, insbesondere bei Herrn Bernhard Neumair, für wertvolle Diskussionsbeiträge bedanken.

Literatur

[Braden91] R.T. Braden, A.L. DeSchon: *NNStat: Internet Statistics Collection Package*, Release 3.0, USC / Information Sciences Institute, Marina del Rey, California, 1991

[Gadorosi91] H. Gadorosi: *Entwurf und Implementierung eines Systems zur Erfassung von Leistungsdaten für das Rechnernetz des LRZ*, Diplomarbeit, Technische Universität München, 1991

[Garbe91] K. Garbe: *Management von Rechnernetzen*, Teubner-Verlag, 1991

[Geiger91] A. Geiger, R. Köhler: *Erfassung und Darstellung von Interfacedaten von Routern* , Fortgeschrittenenpraktikum, Technische Universität München, 1992

[ISOMan89] *ISO, Information Processing - Open Systems Interconnection - Basic Reference Model Part 4: Management Framework*, 1989

[ISOPerf90] *ISO, Information Processing - Open Systems Interconnection - Performance Management Working Document, Sixth Draft, N4981*, 1990

[Joyce87] J. Joyce et al.: *Monitoring Distributed Systems*, ACM Transactions on Computer Systems, Vol. 5, No. 2, May 1987, p. 121-150

[Mithani91] C. Mithani: *Entwurf und Implementierung eines Objektmanagers für Verkehrsdaten unter HP OpenView*, Diplomarbeit, Technische Universität München, 1991

[Neumair91] B. Neumair: *Die Problematik des Quality of Service aus der Sicht des Performance Management*, GI/ITG-Fachtagung *Kommunikation in verteilten Systemen*, Mannheim, Februar 1991; Informatik-Fachberichte 267, Springer-Verlag, p. 421-435

[Neumair92] B. Neumair: *Towards an Integrated Performance Management: an Object-Oriented Approach*, IFIP/IEEE International Workshop on Distributed Systems: Operations and Management (DSOM'92), München, Oktober 1992.

[RFC1213] *Management Information Base for Network Management of TCP/IP-based internets: MIB-II*, RFC 1213, März 1991

[RFC1271] *Remote Network Monitoring Management Information Base*, RFC 1271, November 1991

[Snodgrass88] R. Snodgrass: *A Relational Approach to Monitoring Complex Systems*, ACM Transactions on Computer Systems, Vol. 6, No. 2, May 1988, p. 157-196

[Terplan92] Terplan, C.: *Communication Networks Management (2nd ed.)*, Prentice-Hall, 1992.

[Uebelacker91] H. Uebelacker: *Ein Modell zur Erfassung zeitbehafteter Information im Netzmanagement*, Workshop: Entwicklungstendenzen in Rechnernetzen, Ausgewählte Beiträge Band 1, Technische Universität Dresden, 1991

[Valta91] R. Valta: *Design Concepts for a Global Network Management Database*, in: Proc. of the IFIP TC6/WG6.6 Second International Symposium on Integrated Network Management, Washington, März 1991; North-Holland, p. 777-788

Einsatz der Inductive Modeling Technology zur Netz- und Komponenten-Modellierung im Netzmanagement

Sebastian Abeck

Münchner Netzmanagement Team

TU München – Institut für Informatik

Postfach 20 24 20, W-8000 München 2

`E-Mail:  abeck@informatik.tu-muenchen.dbp.de`

Martin Leischner *

DETECON Deutsche Telepost Consulting GmbH

Projekt Digitale Mobilkommunikation

Postfach 18 02 05, W-5300 Bonn 1

Zusammenfassung

Durch Management-Plattformen, die in letzter Zeit zunehmend an Bedeutung gewonnen haben, wurde die software-technische Basis für die Realisierung von integrierten Netzmanagement-Lösungen gelegt. Auf den Plattformen müssen jetzt die Konzepte zur Netz- und Komponentenmodellierung, wie sie von verschiedenen Standardisierungsgremien, z.B. der International Organization for Standardization oder dem Internet Activity Board, entwickelt wurden, in die Praxis umgesetzt werden.

Wir gehen in diesem Beitrag näher auf die Modellierungsproblematik im Netzmanagement ein und stellen eine Technologie vor, die uns bei der Lösung dieses Problems unterstützt: die Inductive Modeling Technology (IMT), die innerhalb der Management-Plattform SPECTRUM von Cabletron eingesetzt wird. Die aus dem Model Based Reasoning hervorgehende IMT ist eine objektorientierte Modellierungstechnologie, die neben dem Datenaspekt auch den Funktionsaspekt des zu modellierenden Gegenstands zu beschreiben erlaubt.

Wir zeigen die Möglichkeiten dieser Technologie, wie sie für ein integriertes Netzmanagement gebraucht wird, am Beispiel der Netz- und Komponentenmodellierung auf. So machen wir einen Vorschlag, wie die komplexen OSI-Konzepte zur Informationsmodellierung systematisch auf die Bestandteile von IMT abgebildet werden können. Zudem skizzieren wir auf der Basis von IMT ein Vorgehen zur Modellierung von Netzkomponenten als Grundlage zur Komponentenintegration in die Management-Plattform.

---

*Wechsel zu DETECON im September 1992

1 Die Modellierungsproblematik im Netzmanagement

Für das Netzmanagement ist die Modellierung der realen Welt, hier des zu managenden Kommunikationsnetzes, von elementarer Bedeutung. Folgende Fragen sind in diesem Zusammenhang zu lösen (siehe auch Abb. 1):

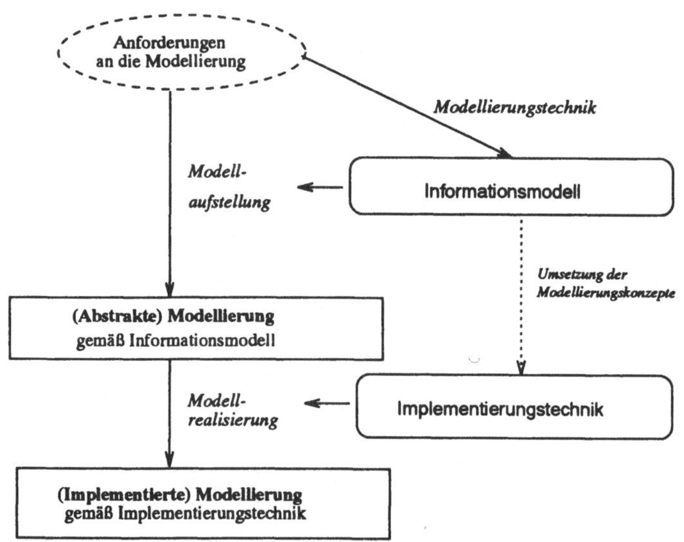

Abbildung 1: Die Modellierungsproblematik im Überblick

1. Welches Informationsmodell soll der Modellierung zugrunde gelegt werden (*Modellierungstechnik*)?

2. Was muß im Netzmanagement modelliert werden (*Modellaufstellung*)?

3. Wie läßt sich die Modellierung geeignet „auf den Rechner" bringen (*Modellrealisierung*)?

Im folgenden werden wir auf diese Teilprobleme näher eingehen.

1.1 Modellierungstechnik

Durch ein Informationsmodell wird vorgeschrieben, wie management-relevante Information beschrieben werden soll. In heterogener Umgebung stellt die Festlegung eines herstellerübergreifend akzeptierten Informationsmodells eine grundlegende Voraussetzung zur Erzielung eines integrierten Netzmanagements dar.

Momentan stehen zwei sehr unterschiedliche Ansätze in der Diskussion: das Informationsmodell der ISO ([ISO 10165]) und das von dem Internet Activity Board (IAB) im Zusammenhang mit dem SNMP-Management ([RFC 1155]). Es existieren zahlreiche Arbeiten, die diese Ansätze ausführlich und verständlich beschreiben und gegenüberstellen (z.B. [HEGE 91], [ROSE 91]). Wir wollen hier keinen erneuten Versuch unternehmen, die Vor - und Nachteile dieser Ansätze wiederzugeben. Unsere Meinung diesbezüglich ist, daß das einfache IAB-Informationsmodell für die unteren Schichten zur Beschreibung der von einer Komponente bereitzustellenden Information sicherlich ausreicht. Für komplexer strukturierte Information, wie z.B. den *Support Objects* im Zusammenhang mit den Systems Management Functions oder dem ebenfalls von einem Informationsmodell zu beschreibenden Managementwissen, muß dem mächtigeren, objektorientierten ISO-Informationsmodell der Vorzug gegeben werden. Nach unserer Einschätzung ist somit das IAB-Informationsmodell nur eine Zwischenlösung; das ISO-Informationsmodell wird in Zukunft immer größere Verbreitung finden. Im folgenden konzentrieren wir uns daher auf die Modellierungskonzepte des ISO-Informationsmodells.

1.2   Modellaufstellung

Nach der Frage der Modellierungstechnik muß geklärt werden, *was* mit dieser Technik beschrieben werden soll. Die ISO und andere Standardisierungsinstitutionen haben bereits eine Reihe von Objektkatalogen ([ISO 10165-5], [ISO TP-MO], [FORUM 90]) aufgestellt, die eine erste Ansammlung herstellerübergreifender Managementinformation bilden. Sicherlich steht dieser Prozeß der Festlegung konkreter Managementinformation erst am Anfang, da spezifische Anforderungen von Management-Funktionsbereichen noch nicht berücksichtigt sind.

Im Zusammenhang mit diesen Festlegungen sind zwei Objektkataloge von besonderer Bedeutung:

1. **Generic Managed Objects** ([ISO 10165-5])

   Dieser Katalog wurde von der ISO auf der Grundlage des OSI-Referenzmodells erstellt. Durch die GMOs wird dem Management eine globale, aus OSI-Systemen, Protokollinstanzen und Protokollverbindungen bestehende Netzsicht auf das Rechnernetz ermöglicht.
   Diese Objekte bilden die Basis für sämtliche weitere von der ISO festgelegte Managementinformation zu den einzelnen Protokollschichten und nehmen daher eine besondere Stellung ein

2. **MIB-Festlegungen zu Netzkomponenten** ([RFC 1213], [MIB REP])

   Von der IAB wird im Rahmen des SNMP-Managements zu verschiedenen Komponenten (Repeater, Hub, Bridge, ...) die von diesen über SNMP zugreifbare MIB-Information definiert. Diese um herstellerspezifische Information erweiterten MIB-Festlegungen sind momentan die einzige herstellerübergreifend verfügbare Managementinformation und im Rahmen der Komponentenmodellierung natürlich zu berücksichtigen.

1.3 Modellrealisierung

Ein wesentlicher Kritikpunkt, der an das ISO-Informationsmodell gerichtet wird, betrifft den im Vergleich zu dem IAB-Informationsmodell höheren Implementierungsaufwand. Während sich die einfachen IAB-Konzepte direkt auf die Datenstrukturen von Programmiersprachen abbilden lassen, stellen hier die objektorientierten Prinzipien des OSI-Informationsmodells weitaus größere Anforderungen. Unserer Meinung nach können sich diese für komplexere Managementaufgaben adäquaten Konzepte nur dann durchsetzen, wenn geeignete Implementierungstechniken zu ihrer Umsetzung gefunden werden. Wir meinen, daß die im folgenden beschriebene *Inductive Modeling Technology*, abgekürzt IMT, hierfür einen geeigneten Ansatz darstellt.

2 Nutzung von IMT zur Implementierung von OSI-Objektbeschreibungen

Die ISO hat mit den *Guidelines for the Definition of Management Information* ([ISO 10165-4]) eine Beschreibungssprache für Managementinformation festgelegt. Ziel dieser Sprache ist es, den Inhalt einer *Management Information Base*, die *Managed Objects*, in einheitlicher Weise zu beschreiben. Dies geschieht in Form sogenannter *Templates*, die den syntaktischen Rahmen zur Beschreibung verschiedener Aspekte von Managementinformation bieten. Templates gestatten es hierbei, zum einen Datenstrukturen, etwa die Typen und Werte von Attributen eines Managed Objects, formal exakt zu fassen, und zum anderen funktionale Eigenschaften von Managed Objects sowie dynamische Beziehungen zwischen Managed Objects informell – in Form von natürlichsprachlichen Kommentaren – zu beschreiben.

Ausgehend von den Überlegungen im vorhergehenden Kapitel stellt sich damit die Aufgabe der Implementierung des OSI-Informationsmodells als Umsetzung der mit Hilfe von Templates beschrieben OSI-Informationsstrukturen in entsprechende Strukturen der Implementierungsumgebung dar. Die Abbildung der Attribut-Templates in entsprechende Datenstrukturen der Implementierungsumgebung kann hierbei im allgemeinen problemlos erfolgen. Die Umsetzung der in den Templates beschriebenen dynamischen Eigenschaften der OSI-Objekte verlangt jedoch ausgefeilte funktionale Modellierungskonzepte in der Implementierungsumgebung. Die in üblichen Programmiersprachen, wie etwa C oder C++, bereitgestellten Mittel sind hierfür zu allgemein. Sie unterstützen keine effektive, d.h. auf die spezielle Struktur der OSI-Templates abgestimmte, Implementierungsmethodik. In IMT glauben wir, einen Modellierungsansatz gefunden zu haben, der hervorragend geeignet ist, die in den OSI-Templates beschriebenen Strukturen systematisch in eine Implementierung umzusetzen.

Wir werden nun kurz die wesentlichen Konzepte von IMT vorstellen, um dann anhand einiger Beispiele zu zeigen, wie die Umsetzung (= Implementierung) von OSI-Objektbeschreibungen in entsprechende IMT-Strukturen erfolgen kann.

2.1 Wesentliche Konzepte von IMT

IMT ist eine objektorientierte Modellierungstechnologie, die sich besonders dazu eignet, dynamische Abläufe in verschiedensten Anwendungsbereichen zu modellieren. So wurde die IMT beispielsweise bei der NASA für ein Diagnosesystem im Rahmen des Space Shuttle Projekts eingesetzt. Die logischen Grundkonzepte von IMT wurden vom Massachusetts Institute of Technology entwickelt und lassen sich dem Bereich des *Model Based Reasoning* ([SHEP 90]) zuordnen.

Das wesentliche Element von IMT ist der *Modelltyp*, der im objektorientierten Paradigma dem Konzept einer Klasse entspricht. Die Modelltypen stehen hierbei in einer Vererbungshierarchie, wobei ein Modelltyp von einem oder mehreren Basismodelltypen abgeleitet sein kann (Mehrfachvererbung).

Ein Modelltyp besteht aus einem Datenteil, der durch eine Liste von Attributen gegeben ist, sowie einem funktionalen Teil, der durch *Inference Handler* repräsentiert wird. Ein Inference Handler besteht in seinem Kern aus einem Stück Programmkode, der die Funktionalität des Inference Handlers implementiert.

Die typische Aufgabe eines Inference Handlers besteht darin, seine Umgebung zu überwachen und in Abhängigkeit von Änderungen der Umgebung bestimmte Aktionen auszulösen. Hierzu wird ein Inference Handler mit Ereignissen der Umgebung, wie z.B. dem Überschreiten eines bestimmten Wertes eines Attributs (Schwellwert) oder dem Kreieren eines neuen Objekts, verknüpft. Tritt nun ein derartiges Ereignis ein, so wird der dazugehörige Inference Handler aktiviert. Er wertet das Ereignis aus und kann in Abhängigkeit vom Ergebnis seinerseits Aktionen auslösen, die regulierend auf die Umgebung zurückwirken (etwa eine Fehlerursache beheben). Er kann aber auch das Ergebnis an einen anderen Inference Handler zur Weiterverarbeitung übergeben.

Beziehungen zwischen Objekten werden in IMT mit Hilfe von *Relationen* modelliert. Regeln legen hierbei fest, welche Objekte miteinander in Beziehung gesetzt werden können.

2.2 Abbilden von OSI-Modellierungskonzepten auf IMT

Abb. 2 zeigt die prinzipielle Vorgehensweise bei der Abbildung von OSI-Konzepten zur

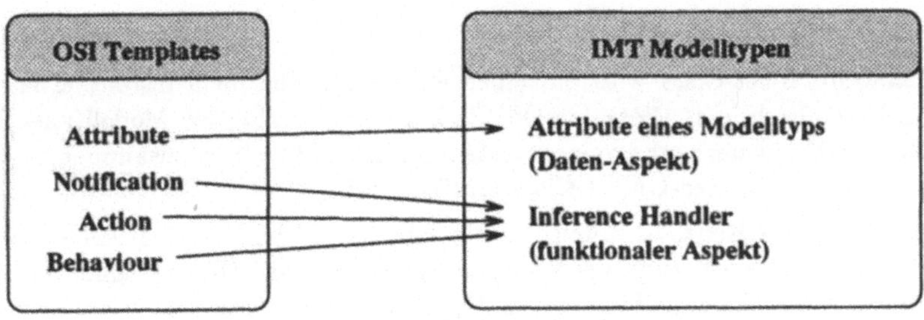

Abbildung 2: Prinzipielle Vorgehensweise

Informationsmodellierung auf IMT:

- Attribute, die den Datenteil einer Managed-Object-Class darstellen und mit Hilfe des Attribute-Templates beschrieben werden, werden direkt auf entsprechende Attribute von IMT-Modelltypen abgebildet.

- Funktionale Konzept, die in OSI informell beschrieben werden, werden auf Inference Handler abgebildet, die dann eine Implementierung der entsprechenden Funktionalität darstellen. Da in IMT auch eine objektorientierte Strukturierung der Inference Handler unterstützt wird, können die in Form von Inference Handlern bereits implementierten Funktionalitäten wiederverwendet werden.

Managed-Object-Class-Beschreibungen können gemäß ISO mit Hilfe sogenannter Packages strukturiert werden, die eine Zusammenfassung von Objektmerkmalen nach inhaltlichen Gesichtspunkten erlauben. Abb. 3 zeigt, wie sich diese Package-Strukturierung durch das in IMT bestehende Konzept der Mehrfachvererbung abbilden läßt: Jedes Package

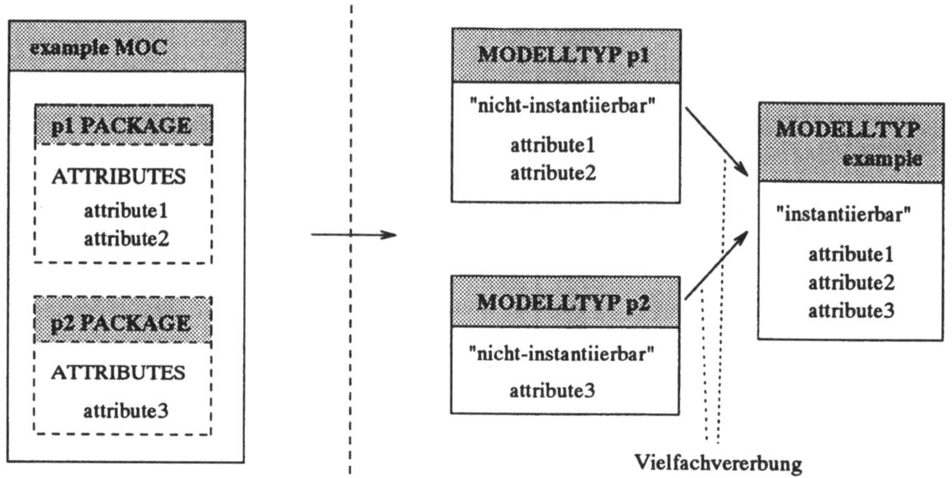

Abbildung 3: Abbildung von OSI Managed-Object-Class-Templates auf IMT

einer Managed-Object-Class wird auf einen entsprechenden nicht-instantiierbaren Modelltyp in IMT abgebildet. Diese den OSI-Packages entsprechenden Modelltypen werden nun mittels Vielfachvererbung zu einem instantiierbaren Modelltyp zusammengesetzt, der dann die gesamte Managed-Object-Class repräsentiert.

Das wesentliche OSI-Konzept, durch das die eindeutige Identifikation von Objekten in einer MIB realisiert wird, stellt der Containment-Baum dar. Dieser Namensbaum wird mit Hilfe von Name-Binding-Templates definiert, durch die festgelegt wird, aus welchen Klassen (Subordinate Object Classes) die Objekte stammen müssen, die ein Objekt einer gegebenen Managed-Object-Class (Superior Object Class) enthalten darf.

In IMT ist diese Information auf eine entsprechende Regel der Relation 'Contains' abzubilden (s. Abb. 4). Die Menge aller in der Relation 'Contains' beinhalteten Regeln stellt

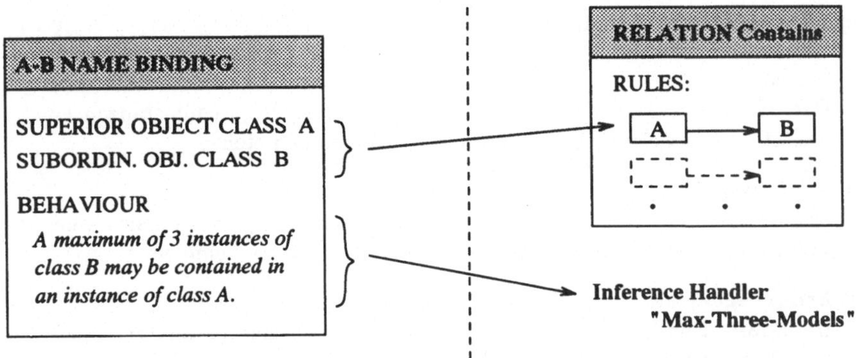

Abbildung 4: Abbildung des OSI-Name-Binding-Templates auf IMT

dann die Umsetzung des OSI-Containment-Baumes in eine IMT-Implementierung dar.

Ein OSI-Name-Binding-Template kann darüberhinaus zusätzliche, einschränkende Eigenschaften an die Containment-Relation in Form von Behaviour-Definitionen enthalten. Die Umsetzung dieser Beschreibung verlangt in einer Implementierung die Kodierung entsprechender Kontrollfunktionalitäten. Mit IMT kann diese Art der Funktionalitäten auf sehr elegante Weise mit Hilfe von Inference Handlern realisiert werden.

3 Netzmodellierung mittels IMT

Ausgehend von den Generic Managed Objects der ISO haben wir in Spectrum ein systemübergreifendes, generisches Netzmodell implementiert ([MAIE 92]). Dieses setzt sich zusammen aus

- der Beschreibung von Kommunikationssystemen mit Objekten wie Instanz, SAP, Protokollmaschine, Anwendungsprozeß und

- einer systemübergreifenden Beschreibung, die Beziehungen zwischen Systemen bzw. Elementen von Systemen beschreibt. Beispiele sind etwa Verbindungen und Links zwischen Instanzen oder im Zusammenhang mit dem Anwendungsmanagement die Beziehungen zwischen Anwendungsprozessen.

3.1 OSI-Views

Die Benutzeroberfläche von Spectrum muß für die Darstellung von logischen Objekten erweitert werden. Diese Aufgabe beinhaltet zum einen das Definieren von neuen Views, da logische Objekte nach anderen Kriterien strukturiert werden als die momentan in Spectrum unterstützten Objekte, zum anderen die geeignete Visualisierung der Objekte in den Views. Da die Strukturierung der Managementinformation in Anlehnung an das OSI-Referenzmodell erfolgte, verwenden wir im folgenden die Bezeichnung "OSI-Views".

Beispiele von OSI-Views sind:

- System-View
  Der System-View enthält die Information, welche Protokollinstanzen ein System besitzt und in welchen Beziehungen diese zueinander stehen.

- Application-View
  Der Application-View zeigt, aus welchen Anwendungsprozessen sich eine Applikation zusammensetzt und in welchem Zustand sich diese befinden.

- End-to-End-View
  Der End-to-End-View zeigt die Abbildung einer logischen Verbindung (z.B. zwischen zwei Anwendungsprozessen) auf den physischen Weg durch das Netz, durch den diese Verbindung realisiert wird.

3.2 Zur Implementierung der OSI-Views

Die Implementierung von OSI-Views gliedert sich in drei Teile (siehe Abb. 5):

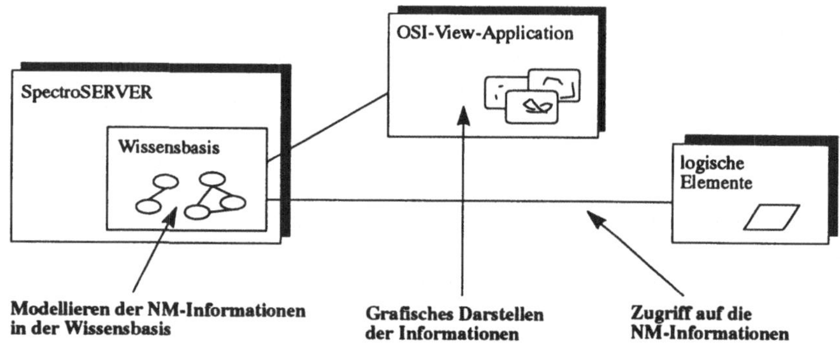

Abbildung 5: OSI-Views in Spectrum

1. dem Zugriff auf die Netzmanagement-Informationen.

2. der Modellierung der Netzmanagement-relevanten Informationen in der Wissensbasis

3. der graphischen Darstellung der Informationen für den Benutzer durch eine eigene Applikation, im weiteren OSI-View-Application genannt.

3.2.1 Zugriff auf die Netzmanagement-Informationen

Der Zugriff auf die zu verwaltenden Netzressourcen erfolgt über einen speziellen Agenten, der sie überwacht und steuert. Der Agent muß zum einen Informationen über die

Ressource abfragen, und zum anderen diese Informationen, in der Regel über ein standardisiertes Protokoll wie SNMP, an das Netzmanagementsystem weiterleiten.

Bei der Implementierung eines Agenten für logische Objekte sind folgende Fragestellungen zu berücksichtigen:

- Welche Informationen sind für das Management von Bedeutung?

- Welche Aktionen zur Manipulation der logischen Objekte werden benötigt?

3.2.2 Modellierung der Netzmanagement-Information

Die Modellierung logischer Objekte in der Wissensbasis gliedert sich in mehrere Schritte:

Zuerst muß mit Hilfe eines speziellen Werkzeuges, dem sog. Model Type Editor (MTE) ein neuer Modelltyp definiert werden, der durch seine Attribute den Zustand der realen Ressource beschreibt. Dieser wird von verschiedenen Basis-Modelltypen abgeleitet, wie etwa einem Modelltypen, der den Entwickler beschreibt, einem Modelltypen, der sämtliche privaten MIB-Definitionen des Agenten enthält und einem Modelltypen, der die gemeinsamen Eigenschaften aller logischen Objekten beschreibt.

Anschließend kann das funktionale Verhalten des Modelltypen durch neue Inference Handler erweitert werden. Dadurch kann festgelegt werden, wie eine Instantiierung dieses Modelltyps auf bestimmte Ereignisse oder erreichte Zustände reagieren soll. Bei der Implementierung von Inference Handlern ist darauf zu achten, daß diese möglichst hoch in der Modelltyp-Vererbungshierarchie eingebettet werden, damit sie durch Vererbung möglichst vielen Modelltypen zugänglich sind.

Um die Zusammenhänge des neuen Modelltyps zu den bereits bestehenden zu beschreiben, können mit dem MTE neue Relationen definiert werden, bzw. vorhandene Relationen mit neuen Regeln ergänzt werden.

3.2.3 Graphische Darstellung von logischen Objekten

Da die logischen Objekte nach anderen Gesichtspunkten strukturiert werden als z.B. die geräteorientierten Objekte, müssen zunächst neue Views implementiert werden. Anschließend muß für jeden Modelltypen, der in diesen Views angezeigt werden soll, dessen graphische Representation festgelegt werden.

Für die Erweiterung von Spectrum mit logischen Views muß eine eigene Applikation implementiert werden, die diese Views realisiert. Dazu stehen zwei leistungsfähige C++-Programmierschnittstellen, die SpectroSERVER API und die View API, zur Verfügung. Die SpectroServer API ermöglicht der Applikation einen schreibenden und lesenden Zugriff auf die Informationen in der Wissensbasis. Die View API erleichtert das Einbinden der neuen Views in die bestehende Oberfläche des SpectroGRAPH.

4 Komponentenmodellierung mittels IMT

Eines der Projekte des Münchner Netzmanagement Teams befaßt sich mit der Integration von Hubs verschiedener Hersteller in Spectrum. Abb. 6 gibt einen Überblick über das Projekt, das wir im folgenden beschreiben werden.

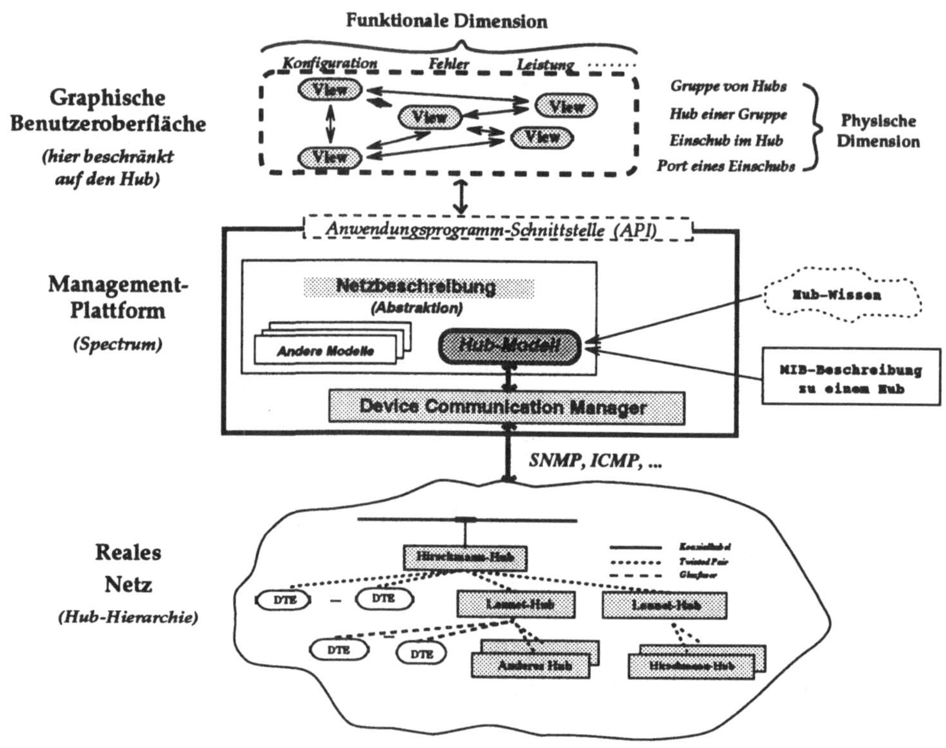

Abbildung 6: Integration von Hubs

4.1 Bedeutung von Hubs in heutigen Netzkonfigurationen

Der Hub wird in heutigen Netzkonfigurationen als zentrales Koppelelement eingesetzt und erlaubt einen sternförmigen Netzaufbau. Es können verschiedene Medien, über entsprechende Einschubkarten in einem Hub integriert werden. Einschubkarten mit erweiterter Funktionalität wie z.B. Bridge-, Router-, Gateway- bis hin zu Managementfunktionen machen einen Hub zu einer mächtigen Kommunikationskomponente im Netz. Aufgrund seiner zentralen Position kann der Hub umfangreiche Managementinformation über Teile des Netzes zu Verfügung stellen. Diese Information muß in einem integrierten Managementsystem verfügbar gemacht werden, um wichtige Managementaufgaben zu erfüllen.

4.2 Der Integrationsprozeß

Zur Zeit integrieren wir Hubs von verschiedenen Herstellern (z.B. Lannet und Hirschmann)
in die Managementplattform Spectrum. Hierzu steht eine komplette Entwicklungsumgebung zur Verfügung, die eine Integration beliebiger Netzkomponenten in das Managementsystem unterstützt. Durch das Konzept der IMT lassen sich damit die Geräte darstellen,
überwachen und steuern. Die Integration ist dabei unabhängig von spezifischen Eigenschaften einzelner Hersteller, d.h. der auf IMT basierende Ansatz bewältigt das Problem
der Heterogenität.

Am Anfang des Integrationsprozesses muß zuerst die benötigte Managementinformation
zur Verfügung gestellt werden. Hierzu wird eine in ASN.1-Syntax vorliegende MIB-
Beschreibung des Hubs unter Zuhilfennahme eines MIB-Compilers in die Datenbank
eingelesen, um weitere Managementinformation erweitert und mit Funktionalität versehen, wobei Vererbungsmechanismen eingesetzt werden. Dieses Gesamtobjekt bildet ein
sogenanntes „abstaktes Hub-Modell". Bei der Beschreibung des realen Netzes in dem
Netmodell von Spectrum werden Instanzen des abstrakten Hub-Modells gebildet. Diese
Instanzen werden während des Netzbetriebes mit unterschiedlicher Information gefüllt
wird, z.B. aus den Funktionsbereichen des Leistungs-, Fehler- oder Konfigurationsmana-
gements.
Der zweite Schritt des Integrationsprozesses ist die Darstellung der Netzmanagementin-
formation in einer übersichtlichen und informativen Art und Weise. Hierzu steht eine
graphische Benutzerschnittstelle zur Verfügung, die die Information mittels Views von
unterschiedlichen Standpunkten darzustellen gestattet.

4.3 Status unserer Hub-Modell-Implementierung

Wir haben elementare Modelle für einen Hirschmann-Hub und einen Lannet-Hub implementiert. Der Prozeß der Implementierung wurde auf beide Produkte in gleicher Weise
angewendet, was die Hersteller-Unabhängigkeit des Ansatzes demonstriert. Momentan
stellt das implementierte Hub-Modell folgende Funktionalität zur Verfügung:

- Zugriff auf alle MIB-Variablen über SNMP-Agenten, die sich in den Hubs befinden.

- Implementierung gewisser Grundfunktionalität (z.B. automatische Generierung von
  Modellen zu Einschubkarten des Hubs; Erzeugung von Reports).

- Flexible View-Hierarchie zur Darstellung von MIB-Variablen von Hubs gemäß den
  Anforderungen, die von einem Benutzer des Managementsystems gestellt werden.
  Dabei werden folgende zwei Strukturen berücksichtigt: eine *funktionale* Struktur,
  die die MIB-Variablen nach ihrer Zugehörigkeit zu Funktionsbereichen strukturiert
  und eine *physische* Struktur, die die Variablen nach ihrer Zugehörigkeit zu physischen Ebenen organisiert, wie Hub-Gruppe, Hub-Komponente, Einschubkarte und
  Port.

Wie wir weiter unten beschreiben, werden die Hub-Modelle gegenwärtig in einem heterogenen Netz eines großen Netzbetreibers eingesetzt.

4.4 Test der Hub-Modelle in realer Umgebung

Es ist offensichtlich, daß ein geeignetes Feedback vom Netzbetreiber nötig ist, um das bislang bestehende Hub-Modell zu verbessern. Deshalb testen wir unser Hub-Modell bei den Bayerischen Motoren-Werken (BMW), die Betreiber eines heterogenen Netzes sind. BMW setzt Workstations, Netzkomponenten und Terminal Server verschiedener Hersteller ein. Das komplette Netz besteht aus ungefähr 2000 Geräten. Die Netzarchitektur schließt ein Backbonenetz (X.25, HfD) und einige LANs, die über das Backbone verbunden sind, mit ein (siehe Abb. 7).

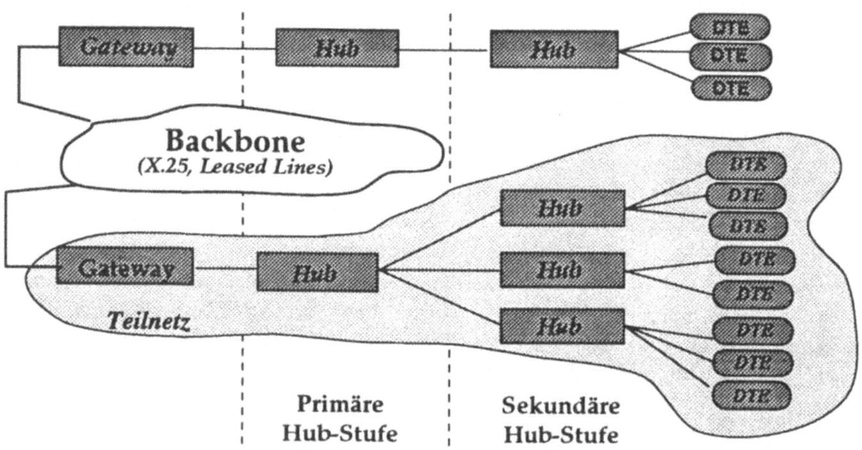

Abbildung 7: Ausschnitt aus dem Kommunikationsnetz von BMW

Das von uns entwickelte und implementierte Hub-Modell ist in diesem Umfeld ein erster Vorschlag, der gegenüber der bisherigen Managementlösung grundlegende Vorteile aufweist. Es gibt einige Punkte, in denen das Modell noch erweitert wird, sobald konkrete Anforderungen seitens des Netzbetreibers gestellt werden ([MNM HUB]). Die View-Hierarchie sollte an den Benutzer angepaßt sein, d.h. jeder Benutzer kann wie gewünscht arbeiten und adäquat in der View- Hierarchie navigieren. Zweifellos muß die existierende MIB (und somit der auf dem Hub laufende Agent) verbessert werden, da mit der bislang bereitgestellten Information nicht sämtliche Managementanforderungen erfüllt werden können. Ein anderes, in Zukunft zu lösendes Problem besteht in der Migration vom Komponentenmanagement zum Netzmanagement. Es ist notwendig, jede Komponente im richtigen Umfeld zu behandeln, da die Komponenten kooperieren und hierdurch zwangsläufig netzübergreifende Beziehungen entstehen.

4.5 Konkrete funktionale Erweiterungen

Wie zuvor angedeutet, besteht die Notwendigkeit, die Funktionalität des existierenden Hub-Modells zu erweitern. Allgemein ist es notwendig, eine Managementplattform an das zu managende Netz anzupassen. Im folgenden stellen wir drei der Grundfunktionen dar, die einem Netzoperateur zur Verfügung stehen müssen, um die im täglichen Netzbetrieb anfallenden Aufgaben lösen zu können.

4.5.1 Autotopology

Eine wesentliche Anforderung des Netzbetreibers BMW besteht darin, die Hub-Topologie des Netzes automatisch durch das Managementsystem ermitteln zu lassen. Diese Aufgabe ist nicht trivial, da die Standard-Managementinformation keinen direkten Zugriff auf diejenige Information erlaubt, die hierzu nötig ist. Eine detaillierte Beschreibung dieses Problems findet sich in [RFC 1271].

Im folgenden wird kurz die grundlegenden Idee der Autotopology erklärt: Üblicherweise enthalten Komponenten der Bitübertragungsschicht wie Hubs oder Repeater keine direkte Topologie-Information. Jedoch beinhalten die SNMP-MIBs dieser Komponenten genügend Rohinformation, um die HUB-Topologie zu ermitteln, d.h. festzustellen, ob an einem Hub-Port ein weiterer Hub oder ein Endsystem angeschlossen ist. Hierzu sendet die Managementstation ein Multicast- oder Broadcast-Frame zuerst in das Segment, an dem es angeschlossen ist. Daraufhin bestätigen alle aktiven Geräte im Segment diesen Frame mit einem neuen Frame, welcher ihre eigene MAC-Adresse enthält. Die Managementstation kennt dadurch alle aktiven Geräte im Segment. Als nächstes benötigt man die Information, welches Gerät an welchem Hub-Port erkannt wurde. Mit den gefundenen MAC-Adressen (alle die auf den Broadcast-Frame geantwortet haben) werden hierzu die Source-Adress-Tabellen aller Geräte im Segment durchsucht. Dabei sind die Adressen von Interesse, die nur an einem Port aufgetreten sind.

4.5.2 Konsistente und effiziente Konfiguration

Für die Akzeptanz einer Managementplattform ist es sehr wichtig, den Operateur bei der Netzkonfiguration ausreichend zu unterstützen. Es gibt Anforderungen wie die Darstellung von Konfigurations-Schemata mit Anfangswerten (z.B. Netmask, Community, Teil der IP-Adresse) oder das Einfügen von Werten aus der Geräte-MIB.

Eine weitere zur Konfiguration zu zählende Aufgabe ist das sog. **Discovery**. Bislang wird dieser Funktion vielfach noch nicht genügend Beachtung geschenkt. Es ist eine sehr unerfreuliche Situation für einen Operateur, falls er alle Geräte manuell erfassen muß.

4.5.3 Intelligentes Monitoring

In erster Linie sind einfache Techniken nützlich, wie selektives Überwachen von MIB-Variablen mit individuellen Schwellwerten oder bedingtes Pollen. Falls die Verbindung zu einer Netzkomponente verloren gegangen ist, gibt es keinen Grund die dahinterliegenden Geräte weiter zu pollen, da diese sowieso nicht erreichbar sind. Ein damit direkt verknüpftes Problem besteht darin, die aus der vorher erklärten Situation entstehenden Fehlermeldungen zu unterdrücken.

5 Ausblick

Wir haben in diesem Papier mit der Inductive Modeling Technology eine Modellierungs- und zugleich Implementierungstechnik vorgestellt, die unserer Meinung nach einen Lösungsansatz für die bestehende Modellierungsproblematik im Bereich Netzmanagement darstellt.

Die aktuelle Entwicklung im Bereich der Netzmanagement-Plattformen macht deutlich, daß neben dem eigentlichen Problem des Netzmanagements zunehmend das Problem der Software-Erstellung, also das *Software-Engineering* in den Vordergrund tritt. Im Bereich des Software-Engineering hat sich aus verschiedenen Gründen, wie z.B. die bessere Modularisierbarkeit oder die bessere Wiederverwendbarkeit der Software, der objektorientierte Ansatz durchgesetzt. Aus ganz anderen Gründen verfolgt die ISO den objektorientierten Ansatz zur Modellierung von Managementinformation: das Vererbungsprinzip erlaubt einfach eine bessere Strukturierung der Managementinformation, wie im Vergleich zum nicht-objektorientierten Internet-Informationsmodell deutlich wird.

Die IMT vereint quasi beide Vorteile des objektorientierten Ansatzes. Die bessere Modellierung von Managementinformation wird durch die Objektorientierung der Modelltypen erreicht; eine Managed Object Class wird auf einen entsprechenden Modelltypen in IMT abgebildet. Die Objektorientierung aus der Sicht des Software-Engineering spiegelt sich hingegen in der Vererbbarkeit der Inference Handler wider. Inference Handler sind Stücke von Programmcode, die jeweils eine gewisse Managementfunktionalität implementieren; sie können geerbt und somit wiederverwendet werden.

Einen besonderen Vorteil, den wir in der IMT sehen, wollen wir an den Schluß dieses Papiers stellen. Die IMT ist nicht nur ein Konzept, sie ist auch eine durch Werkzeuge unterstützte Entwicklungstechnologie, mit der die von uns aufgeworfenen Probleme im Netzmanagement-Bereich nicht nur auf dem Papier angegangen werden können. So wurden mit Hilfe dieser Technologie von uns bereits die *OSI-GMO-Library* realisiert und verschiedene Netzkomponenten mit geringem Aufwand in ein Netzmanagementsystem integriert.

Danksagung

Das Papier entstand im Rahmen von Arbeiten des Münchner Netzmanagement Teams, einer von Prof. Dr. H.-G. Hegering geleiteten Forschungsgruppe, die sich aus wissenschaftlichen Mitarbeitern der Münchner Universitäten und des Leibniz-Rechenzentrums zusammensetzt. An dieser Stelle möchten wir uns bei dem gesamten Forschungsteam für wertvolle Diskussionsbeiträge bedanken.

Literatur

[FORUM 90]   OSI / Network Management Forum, *Forum Library of Managed Object Classes, Name Bindings and Attributes*, 1990.

[HEGE 91]   Heinz-Gerd Hegering, „How to find Significant Management Information in a Heterogeneous Network Environment", Joint SAIEE/CSSA International Symposium on Network Management, University of Pretoria, Republic of South Africa, Mai 1991.

[ISO 10165]   ISO, *Information Processing - Open Systems Interconnection - Management Information Services - Structure of Management Information, Part 1 - 6*, Mai 1992.

[ISO 10165-4]   ISO, *Information Processing - Open Systems Interconnection - Management Information Services - Structure of Management Information - Part 4: Guidelines for the Definition of Managed Objects*, August 1991.

[ISO 10165-5]   ISO, *Information Processing - Open Systems Interconnection - Management Information Services - Structure of Management Information - Part 5: Generic Management Information*, Mai 1992.

[ISO TP-MO]   ISO, *Information Processing - Open Systems Interconnection - Elements of Management Information Related to OSI Transport Layer Standards*, April 1991.

[MAIE 92]   Rainer Maierhofer, „Entwurf eines generischen Netzmodells und dessen Realisierung in einem integrierten Netzmanagement-System", Diplomarbeit, TU München - Institut für Informatik, November 1992.

[MIB REP]   IAB, *Definitions of Managed Objects for IEEE 802.3 Repeater Devices*, Internet Draft, Juli 1992.

[MNM HUB]   Münchner Netzmanagement Team, *Anforderungen an die Integration von Hubs in Spectrum*, November 1992, Interner Bericht (von den Autoren erhältlich).

[RFC 1155]   M.T. Rose und K. McCloghrie, „Structure and identification of management information for TCP/IP-based internets", RFC 1155, IAB, Mai 1990.

[RFC 1213]   K. McCloghrie und eds. Rose, M.T., „Management Information Base for network management of TCP/IP-based internets:MIB-II", RFC 1213, IAB, March 1991.

[RFC 1271]   S. Waldbusser, „Remote network monitoring management information base", RFC 1271, IAB, November 1991.

[ROSE 91]   Marshall T. Rose, „Network Management is Simple: You just need the "Right" Framework", Proc. 2nd International Symposium on Integrated Network Management, Washington D.C., April 1991.

[SHEP 90]   John W. Sheppard und William R. Simpson, „Incorporating Model-Based Reasoning in Interactive Maintenance Aids", In *Proceedings of the IEEE Integrated Diagnostic Symposium*, S. 1238–1242, IEEE, Januar 1990.

Generische Modellierung von Kommunikationsressourcen für das Leistungsmanagement

Bernhard Neumair
Institut für Informatik, Technische Universität München
Postfach 20 24 20, D-8000 München 2
e-mail: `neumair@informatik.tu-muenchen.dbp.de`

Zusammenfassung

Integriertes Netzmanagement in heterogener Umgebung benötigt als Basis *einheitliche* und *bedarfsorientierte* Information über die Komponenten eines Kommunikationsnetzes, die derzeit noch nicht in ausreichendem Umfang vorhanden ist. In diesem Beitrag wird deshalb eine Methode entwickelt, mit deren Hilfe vereinheitlichte Information für ein integriertes Leistungsmanagement gewonnen werden kann. Dazu wird zuerst ein Beschreibungsmodell für die Leistungscharakteristika von Ressourcen definiert, das einen an den Anforderungen der Leistungsüberwachung orientierten top-down-Ansatz verfolgt und damit unabhängig von konkreten Kommunikations- und Managementarchitekturen bzw. Komponenten ist. Dieses Modell wird anschließend dazu verwendet, einheitliche, leistungsbezogene Managementinformation abzuleiten, die eine Verfeinerung von generischen Klassen von Ressourcen liefert. Diese Klassen sind dann als Informationsbasis für integrierte Anwendungen aus dem Bereich des Leistungsmanagements geeignet. Am Ende des Beitrags wird an Beispielen gezeigt, wie die vereinheitlichte Managementinformation auf konkret vorhandene, standardisierte und damit zwischen offenen Systemen kommunizierbare Information abgebildet werden kann.

1   Einführung

Netzmanagement umfaßt die Bereiche Planung, Konfigurierung, Steuerung, Überwachung, Fehlerbehebung und Verwaltung in Rechnernetzen. Ziel des Netzmanagements ist es, Netzbenutzer und Netzbetreiber während Planung und Betrieb eines Kommunikationsnetzes zu unterstützen, um eine gewünschte Güte der Kommunikation zu gewährleisten ([Hege 91a]). Der Gesamtkomplex dieser Aufgaben wird in die sogenannten *Funktionsbereiche* Konfigurationsmanagement, Leistungsmanagement, Fehlermanagement, Abrechnungsmanagement und Sicherheitsmanagement eingeteilt. Aufgabe des Leistungsmanagements ist dann die Überwachung des Leistungsverhaltens des Kommunikationsnetzes und seiner Komponenten, die Sammlung statistischer Daten und ein eventuelles Eingreifen in den Kommunikationsablauf zur Verbesserung der Leistungscharakteristik. Bei dieser Aufgabe können folgende Aspekte unterschieden werden ([ISO N6306]):

- **Messen:** Überwachung der Kommunikationsvorgänge zur Ermittlung von Daten, die für die Beurteilung des Leistungsverhaltens geeignet sind

- **Meßsteuerung**: Initialisierung und Modifikation der Messungen in entfernten Systemen (z.B. Setzen von Schwellwerten zur Erzeugung von Alarmen)

- **Analyse**: Auswertung der ermittelten Daten zur Gewinnung von Aussagen über das Leistungsverhalten

- **Tuning**: Anpassung von Ressourcen, um das Leitungsverhalten des Netzes zu verbessern (z.B. Modifikation von Konfigurationsparametern oder Neuverteilung des Netzverkehrs).

Größen, die zur Beurteilung des Leistungsverhaltens zu messen und zu analysieren sind, sind z.B. die **Auslastung** von Komponenten (zur Erkennung von Engpässen), der **Durchsatz** von Ressourcen, die **Netzlaufzeit** von Daten und die sogenannte **Dienstgüte** („Quality-of-Service").

Voraussetzung für diese Messungen und ihre Auswertung in **heterogener Umgebung** ist eine syntaktische und semantische Vereinheitlichung der zugrundeliegenden Information[1]. Die syntaktische Vereinheitlichung ermöglicht den Austausch der Daten zwischen Systemen mit sog. Managementprotokollen, die semantische Vereinheitlichung erlaubt die integrierte Analyse und Korrelation von Daten aus heterogenen Systemen.

Dieses Ziel wird derzeit im Rahmen der Netzmanagement-Standardisierung u.a. von der ISO und dem IAB (Internet Activity Board) verfolgt. Es wurden **Informationsmodelle** für das Netzmanagement entwickelt und darauf aufbauend konkrete Information genormt. Beide Ansätze definieren eine Virtualisierung der Ressourcen für das Netzmanagement in Form sogenannter **Managementobjekte**. Managementobjekte stellen die Abstraktion der Charakteristika von Ressourcen dar, auf denen das Netzmanagement operiert.

Im Modell der IAB ([RFC 1155]) stellen die Managementobjekte allerdings nur *einfache oder zusammengesetzte (tables, sequences) Variable* dar, während die ISO einen vollständig *objektorientierten Ansatz* ([ISO 10165-1]) verfolgt. Die auf der Basis dieser Informationsmodelle definierten Managementobjekte sollen Information über die modellierten Ressourcen für *alle* Bereiche des Netzmanagement zur Verfügung stellen, deren Anforderungen naturgemäß sehr unterschiedlich und teilweise noch unbekannt ([Hege 91b]) sind. Es wurde folglich bei der Definition meist ein *bottom-up-Ansatz* von den Ressourcen aus verfolgt, d.h. es wurde primär Information genormt, die sich einfach zur Verfügung stellen läßt[2] und weniger die, die von den Anwendungen tatsächlich benötigt wird. Die entstehende genormte Managementinformation ist sowohl funktionsbereichsneutral als auch als Resultat aus der unabhängigen Arbeit *verschiedener* Normungsgremien meist spezialisiert auf bestimmte Kommunikationsarchitekturen (aber nicht auf bestimmte Hersteller oder Implementierungen!) und sehr uneinheitlich[3] (s. Abb. 1). Eine semantische Integration der Information ist im Gegensatz zur syntaktischen Integration, die bereits weit fortgeschritten ist (s. z.B. [RFC 1214]) und einen weitgehend unbeschränkten Austausch der Managementinformation zwischen Systemen erlaubt, noch nicht in ausreichendem Umfang erfolgt.

Für **integrierte Managementanwendungen**, also Anwendungen, die ressourcenübergreifende und einheitliche Information benötigen, ergeben sich folgende Probleme:

- Da eine Vereinheitlichung über Ressourcen und unterschiedliche Informationsmodelle hinweg erforderlich ist, um ein Gesamtbild des Netzes zu erhalten, müssen die

---

[1]Dies gilt natürlich auch für die meisten anderen Funktionen des Netzmanagements
[2]dies fördert auch einfache Implementierungen und damit eine schnelle Verbreitung
[3]siehe Beispiel in Abschnitt 5.1

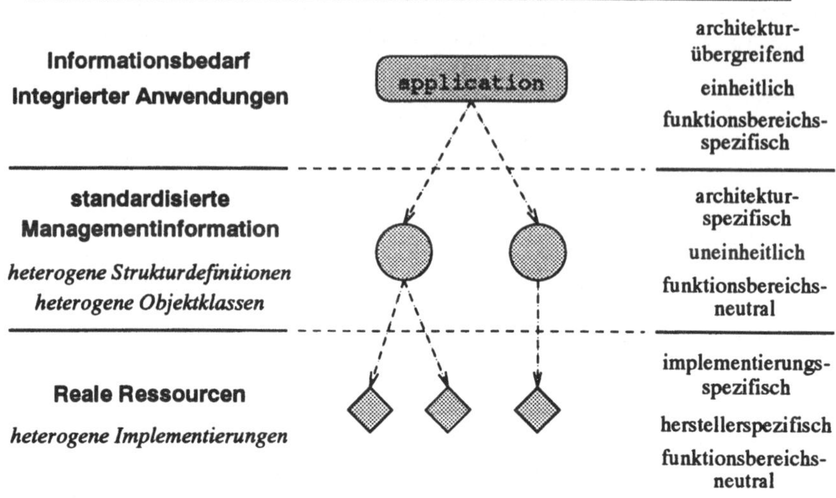

Abbildung 1: Aktuelle Schichtung der Information im Netzmanagement

notwendigen Abbildungen in den Anwendungen erfolgen. Dies führt zum einen zu einer erheblichen **Komplexität** der Implementierungen und verhindert die **Vergleichbarkeit** der Daten (z.B. für den Netzadministrator) aus verschiedenen Anwendungen, wenn die Abbildungen nicht identisch gewählt wurden.

- Nach der Standardisierung neuer Managementobjekte müssen alle Anwendungen **modifiziert** werden, die diese Objekte unterstützen sollen, auch wenn die definierte Information nur in einer höher abstrahierten Form benötigt wird. (Im Zeitraum von März 91 bis Mai 92 sind z.B. 22 Internet-Standards (*Request for Comment – RFC*) mit insgesamt mehr als 700 Seiten Umfang erschienen, die sich ausschließlich mit der Definition neuer Managementobjekte beschäftigen.)

- Durch den geringen Abstraktionsgrad der Information der Managementobjekte wird in den Anwendungen eine **umfangreiche Vorverarbeitung** nötig. (Es werden z.B. häufig Zähler wie „octetsSent" angeboten, die erst nach einer Umwandlung in „Raten" wie „octetsPerSecond" aussagekräftig sind.)

Die derzeit existierende Informationsbasis ist also für integrierte Anwendungen nicht adäquat. Dies führt dazu, daß derzeit nur sehr wenige wirklich integrierte Anwendungen existieren. Da diese Situation für Netzbetreiber nicht akzeptabel ist, wird im folgenden ein Ansatz zur Definition einer adäquaten Informationsbasis für das Leistungsmanagement vorgestellt.

2 Überblick über den Lösungsansatz

Die im vorigen Abschnitt angedeuteten Probleme legen es nahe, zwischen den standardisierten Managementobjekten und den integrierten Managementanwendungen eine

Schicht anzuordnen, die **vereinheitlichte** und **bedarfsorientierte Managementin-formation** enthält, mit der die Anforderungen der einzelnen Funktionsbereiche und die Notwendigkeit der Abstraktion von der Heterogenität der Ressourcen berücksichtigt werden (s. Abb. 2). Durch diese Schicht wird erreicht:

- Durch die Vereinheitlichung wird eine **Abschottung** der Anwendungen von den **verschiedenen Informationsmodellen** und von **unterschiedlichen Objekt-definitionen** für Ressourcen erreicht, die aus der Sicht integrierter Anwendungen gleiche Eigenschaften haben. (Beispielsweise sind die Objektdefinitionen für ISO-TP-Verbindungen und TCP-Verbindungen sehr unterschiedlich, obwohl sie durch ein integriertes Leistungsmanagement weitgehend gleich behandelt werden könn-ten.) Daraus resultiert eine verringerte Komplexität der Anwendungen. Da diese nur die einheitliche Information verwenden, sind sie weitgehend unabhängig von der Definition neuer Objekte und außerdem die von verschiedenen Anwendungen ermittelten Werte einfacher korrelierbar.

- Eine **Anreicherung** der Information um Basisdaten, die in standardisierten Ob-jekten nicht enthalten, aber aus anderen Quellen (Expertenwissen, spezielle Werk-zeuge, Produktspezifikationen) gewinnbar ist, ist möglich.

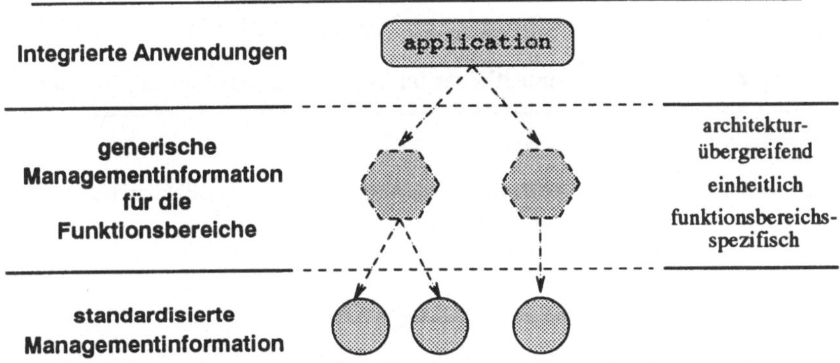

Abbildung 2: Architekturelle Einordnung der vereinheitlichten Information

Um die notwendige bedarfsorientierte Information zu gewinnen, muß im Gegensatz zum erwähnten bottom-up-Ansatz ein **top-down-Ansatz** verwendet werden. Ausgangspunkt sind dabei Modelle, die die Charakteristika von Kommunikationsressourcen längs der Anforderungen der Anwendungen eines Funktionsbereichs beschreiben und damit die Grundlage für **vollständige** und **adäquate** Managementinformation darstellen. (Basis hierfür sind bestehende generische Netzmodelle.) Aus diesen verfeinerten Modellen wird anschließend die Managementinformation abgeleitet, die den Anwendungen in Form von generischen Objekt(klass)en zur Verfügung gestellt wird, die im Vergleich zu existieren-den generischen Managementobjekt(klass)en um funktionsbereichsbezogene Information erweitert sind.

In den folgenden Abschnitten wird die Konstruktion eines Modells zur Gewinnung von Information für das **Leistungsmanagement** dargestellt. Die beschriebenen Schritte sind (s. Abb. 3):

- Auswahl der für die Zwecke eines integrierten Leistungsmanagements zu modellierenden Ressourcen, d.h. Auswahl eines generischen Netzmodells, das als Verfeinerungsbasis geeignet ist (siehe Abschnitt 3),

- generische, d.h. architektur- und protokollunabhängige Beschreibung der Leistungscharakteristika dieser Ressourcen in einer Form, die für eine integrierte Leistungsüberwachung geeignet ist, anhand einer Analyse des Informationsbedarfs des Leistungsmanagements (Abschnitt 4) und

- Ableitung konkreter leistungsbezogener Managementinformation aus der Beschreibung der Leistungscharakteristika (Abschnitt 5).

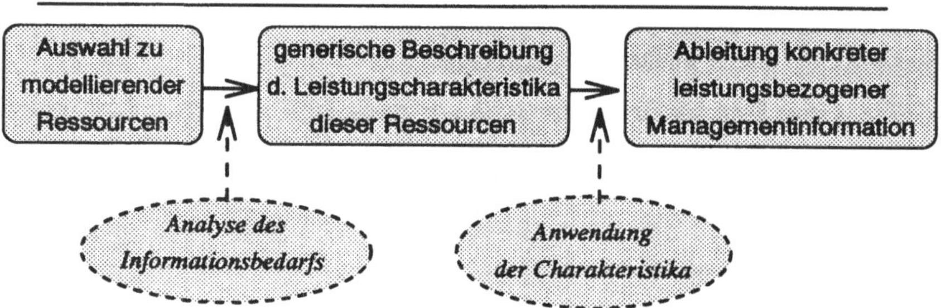

Abbildung 3: Konstruktion einheitlicher Information für das Leistungsmanagagement

In einem weiteren Abschnitt wird die Abbildung der vereinheitlichten Information auf standardisierte Managementobjekte angedeutet.

3 Generische Modellierung der Ressourcen

Im folgenden Abschnitt wird die grundlegende Modellierung der Kommunikationsressourcen beschrieben, die anschließend um die leistungsbezogene Managementinformation erweitert wird.

Dabei wird naheliegenderweise das objektorientierte Modellierungsparadigma verwendet, da es weithin akzeptiert ist und dadurch die Abbildung auf die (objektorientiert definierte) standardisierte Managementinformation vereinfacht wird.

Zuerst ist also die Frage zu klären, aus welchen Klassen von Kommunikationsressourcen heterogene Netze aufgebaut sind und insbesondere, welche Ressourcen für das Leistungsmanagement von Bedeutung sind. Dabei dürfen nur Ressourcen modelliert werden, die nicht spezifisch für eine Kommunikationsarchitektur, einen Protokollstack oder einen Hersteller sind.

Als Basis können hierfür die **generischen Managementobjektklassen** herangezogen[4] werden, wie sie von der ISO in [ISO 10165-5] definiert wurden, da sie speziell als Oberklassen für weitere Verfeinerungen dienen sollen. Diese spiegeln die im OSI-Referenzmodell

---

[4]Die Wahl dieses Modells aus der Vielzahl vorhandener Netzmodelle kann hier nicht näher dargelegt werden. Für eine genauere Diskussion dieser Klassen siehe z.B. [ScClHo 92].

festgelegte Architektur für geschichtete Kommunikationssysteme wider. Da sich dieses Modell aber auf andere existierende Kommunikationsarchitekturen (z.B. die „Internet-Architektur") abbilden läßt (s. [Hals 92]), eignen sich die Klassen für ein architekturübergreifendes Management.

Beispiele für modellierte Ressourcen sind Verbindungen (`singlePeerConnection`), Protokollmaschinen, die verbindungsorientierte oder verbindungslose Protokolle abwickeln (`clProtocolMachine` bzw. `coProtocolMachine`) oder die sogenannten Dienstzugangspunkte (`sap`).

Aus diesen Klassen wird für die Erweiterung um leistungsbezogene Information eine Auswahl getroffen, um das Basismodell möglichst einfach (s.o.) zu halten. Dies ist möglich, da z.B. einige der definierten Klassen (bzw. deren Instantiierungen) als reine „Containerobjekte" (z.B. „`subsystem`") bzw. die Unterscheidung in 2 verschiedene Arten von SAPs für das Leistungsmanagement ohne Bedeutung sind und damit diese Klassen nicht mit leistungsbezogener Information erweitert werden müssen. Die Klasse „`clAssociation`" wurde zusätzlich aufgenommen, um die in Abhängigkeit von den Empfängern unterschiedlichen Leistungscharakteristika der verbindungslosen („connectionless") Kommunikation zu modellieren.

Abb. 4 gibt einen Überblick über die Objektklassen, die im folgenden als Basis für leistungsmanagementspezifische Verfeinerungen verwendet werden. Die Abbildung gibt gleichzeitig einen Überblick über die möglichen „Enthaltenseinsbeziehungen" (*containment*) von Objekten dieser Klassen.

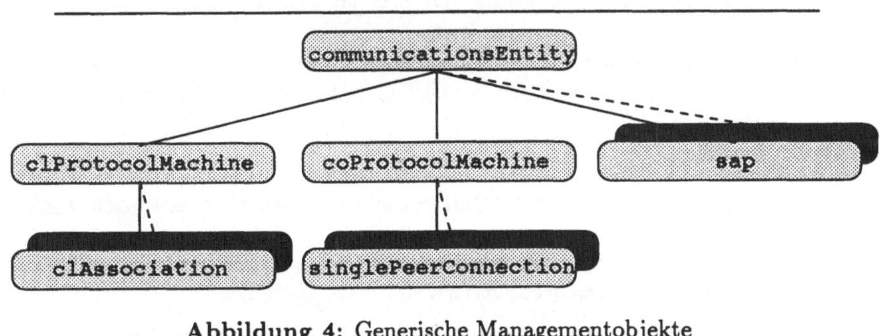

Abbildung 4: Generische Managementobjekte

4 Modellierung der leistungsbezogenen Charakteristika von Ressourcen

Im folgenden Abschnitt wird gezeigt, wie eine **generische Modellierung** der Leistungscharakteristika von Kommunikationsressourcen mit Hilfe eines **top-down-Ansatzes** erfolgen kann. Dazu werden zuerst (hier nur beispielhaft) die Anforderungen abgeleitet und nach einer Einschränkung auf dienstbezogene Charakteristika ein **generisches Modell** in Form einer Menge von generischen Größen für diese Eigenschaften entwickelt. Anschließend wird das Modell angewendet und damit die leistungsbezogene Managementinformation abgeleitet, mit der die im vorigen Abschnitt skizzierten generischen Klassen verfeinert werden.

4.1 Anforderungen des Leistungsmanagement an die zugrunde-liegende Information

Die Anforderungen können hier nur auszugsweise anhand einiger allgemeiner Funktionen[5], die in der Einleitung erwähnt wurden, angedeutet werden:

- *Lastüberwachung*: hierfür notwendig sind Informationen zur aktuellen Belastung, die Anforderungsrate und die Kapazität von Ressourcen wie z.B. Verbindungen, Protokollmaschinen etc.

- *Durchsatzmessung*: neben dem aktuellen Durchsatz ist der Grenzdurchsatz nötig, um eine Bewertung vornehmen zu können (Auslösung von Alarmen etc.)

- *Messung der Nachrichtenlaufzeit*: die Laufzeit ist vor der maximal tolerierbaren Laufzeit zu bewerten, die als wesentlicher Parameter der Dienstgüte verhandelt wird und dem Netzmanagement zusätzlich zur aktuellen Laufzeit zugänglich sein muß

- *Dienstgütemessung*: Neben den bereits erwähnten Zeitgrößen, Verbindungsaufbau- und -abbauzeiten sind die maximal tolerierbaren Störungsraten wesentliche Parameter der Dienstgüte, deren Einhaltung u.U. zu überwachen ist.

Ein Abgleich mit der standardisierten Managementinformation zeigt, daß speziell Werte zur Kapazität von Ressourcen und zur Dienstgüte bisher meist nicht berücksichtigt wurden.

4.2 Auftragsbezogene und funktionsbezogene Charakteristika

Im ersten Schritt der Definition der generischen Leistungscharakteristika ist zu klären, wie die Eigenschaften der Ressourcen strukturiert[6] werden sollen.

Das OSI-Referenzmodell ist geprägt von einer hierarchischen Anordnung von Diensterbringern, die jeweils die Dienste der unmittelbar darunterliegenden Schicht an semantisch genormten Schnittstellen, den sog. *„service-access-points (SAPs)"* nutzen und innerhalb ihrer Schicht über ein Schichtenprotokoll kommunizieren.

Diese architekturelle Festlegung der Außenbeziehungen von Ressourcen mit ihrer Umgebung in Dienstschnittstellen und Protokollschnittstellen wird für die Strukturierung der leistungsbezogenen Information übernommen und führt zur **getrennten Modellierung auftragsbezogener und funktionsbezogener Charakteristika**. Da die oben genannten Anforderungen größtenteils auftragsbezogen[7] sind, werden im folgenden nur diese Eigenschaften behandelt.

---

[5]Diese Funktionen werden in den meisten Arbeiten zu diesem Bereich (s. z.B. [SiSa 91] als Kernfunktionen des Leistungsmanagements genannt.

[6]In den bisher standardisierten Objekten erfolgt keine Strukturierung der Gesamtmenge der Attribute, was den Überblick und die Interpretation kompliziert.

[7]und nicht funktionsbezogen wie z.B. Fenstergrößen oder Retransmission-Timer etc.

4.3 Generische Leistungscharakteristika eines Dienstnehmer-Diensterbringer-Verhältnisses

Um eine möglichst weitgehende Vereinheitlichung der auftragsbezogenen Leistungsinformation zu den Ressourcen zu erreichen, werden hier **generische Größen** eingeführt, die sowohl von der **Art der Aufträge** als auch von den **beteiligten Ressourcen** unabhängig sind. Sie beschreiben ganz allgemein die leistungsrelevanten Größen, die aus Interaktionen zwischen Dienstnehmern und Diensterbringern gewonnen werden können. Sie sind an den Schichtgrenzen beobachtbar wie z.B. die Übergabe eines Auftrags[8] (daraus kann z.B. die Anforderungsrate abgeleitet werden) oder die Meldung über Beendigung eines Auftrags (daraus ableitbar: Durchsatz).

In einem weiteren Schritt werden diese Größen für die verschiedenen Auftragsarten weiter verfeinert und auf die Ressourcen bezogen.

Die im vorigen Abschnitt genannten Informationsanforderungen der Funktionen resultieren in der Behandlung der Größen **Belastung (Füllung), Kapazität, Anforderungsrate, Durchsatz, Grenzdurchsatz und Bearbeitungszeit**. Dies sind genau die Größen, die in der Verkehrstheorie zur Charakterisierung einer „Funktionseinheit" (s. z.B. [JeVa 87, BeGa 92]) verwendet werden, was ihre Verwendung im generischen Modell rechtfertigt. Auf die Angabe exakter Definitionen kann hier deshalb verzichtet werden.

Um einerseits eine „*online*"-Überwachung von Ressourcen und entsprechende frühzeitige Reaktionen zu ermöglichen, andererseits aber auch einige Ergebnisse der Verkehrstheorie (z.B. die Little'sche Formel, s.u.) praktisch nutzbar zu machen, sind zu den Größen Füllung, Anforderungsrate, Durchsatz und Bearbeitungszeit sowohl *kurzfristig*[9] *gemittelte* („aktuell" (akt.)) als auch *langfristig gemittelte* Werte („mit.") als pragmatische Näherung für die Erwartungswerte vorzusehen.

Durch die Einführung der **Störungsrate** ($\frac{Anzahl\ der\ gestörten Aufträge}{Gesamtzahl\ der\ Aufträge}$) und der max. Bearbeitungszeit wird eine Einbindung der Dienstgüteparameter („QoS-Parameter") in das Modell und ihre Überwachung durch des Netzmanagement ermöglicht. Der Begriff der Dienstgüte wird zwar in den Normen zu den Schichtdiensten durchgängig verwendet[10], hat aber noch keinen Eingang in das Netzmanagement gefunden. (Abb. 5 gibt einen Überblick über die eingeführten Leistungscharakteristika.)

4.4 Dienstklassen zu den Ressourcen

Die im vorigen Abschnitt eingeführten generischen Leistungscharakteristika sind nun, wie erwähnt, noch vollkommen unabhängig von konkreten Diensten bzw. Dienstklassen. Zu ihrer Konkretisierung sind nun die zu betrachtenden Dienste festzulegen, die über die beobachteten Aufträge angefordert werden. Das OSI-Referenzmodell und die verwandten Kommunikationsarchitekturen kennen generell verbindungsorientierte, verbindungslose und (zum Teil) transaktionsorientierte Kommunikationsformen, die sich in unterschiedlichen Dienstgruppen an den Dienstgrenzen widerspiegeln. Diese Aufteilung wird zur Definition der Dienstklassen übernommen. Im folgenden werden nur die Dienste, die sich auf verbindungsorientierte Kommunikation beziehen, beispielhaft weiter behandelt.

---

[8] Verpflichtung einer Instanz zur Erbringung eines Dienstes durch eine andere Instanz

[9] Eine exakte Festlegung des Zeitraums ist auf der generischen Ebene nicht möglich, da er z.B. von den Betreiberzielen abhängt, also von den Anwendungen zu definieren ist.

[10] Eine Zusammenstellung findet sich in [Neum 91].

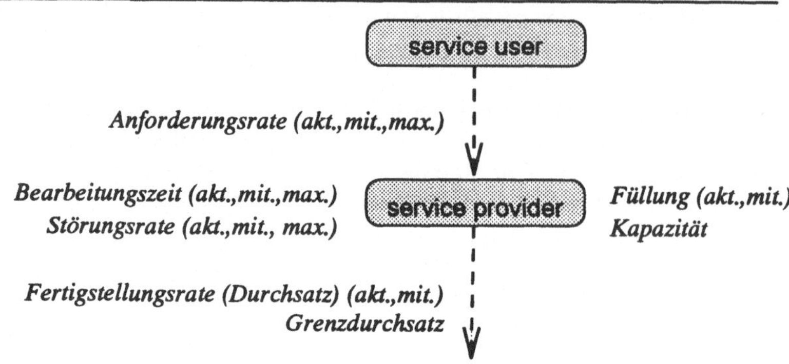

Abbildung 5: Leistungscharakteristika eines Dienstnehmer-Diensterbringer-Verhältnisses

Für die verbindungsorientierte Kommunikation lassen sich nun u.a. die Dienstklassen „Verbindungsmanagement" und „Datenübertragung" unterscheiden. Werden die obigen generischen Begriffe auf Aufträge zu diesen Dienstklassen bezogen, erhalten sie eine (jeweils unterschiedliche) konkrete Semantik. Die Bearbeitungszeit für einen Auftrag zur Dienstklasse Verbindungsmanagement entspricht dann z.B. der Verbindungsaufbauzeit (*connection establishment delay*), während die Bearbeitungszeit für einen Auftrag zur Dienstklasse Datenübertragung der Übertragungszeit für eine Dateneinheit (*transit delay*) entspricht. Neben diesen Klassen, die sich auf die einzelnen Phasen der Kommunikation beziehen, ist auch noch der Gesamtdienst „verbindungsorientierte Kommunikation" zu berücksichtigen. Die Bearbeitungszeit bezieht sich dann z.B. auf die Gesamtdauer einer Verbindung, der Begriff Füllung auf die Zahl simultan aufgebauter Verbindungen.

Die Anwendung der in Abb. 5 zusammengefaßten Leistungscharakteristika eines allgemeinen Dienstnehmer-Diensterbringer-Verhältnisses auf die verschiedenen Dienstklassen liefert damit also Leistungsgrößen, die zur Verfeinerung der generischen Klassen verwendet werden können. Da sie auf einer einheitlichen Basis generischer Größen systematisch abgeleitet wurden, ohne konkrete Kommunikationsarchitekturen oder Protokolle zu berücksichtigen, sind sie geeignet, die Informationbasis für integrierte Anwendungen aus dem Bereich des Leistungsmanagements zu bilden.

5 Ableitung generischer leistungsbezogener Managementinformation

Im folgenden wird an einigen Beispielen gezeigt, wie die obigen, durch Anwendung der generischen Größen auf konkrete Dienstklassen erhaltenen Größen den in Abschnitt 3 skizzierten generischen Klassen zugeordnet werden. Damit wird dann konkrete, leistungsrelevante Managementinformation zu diesen Klassen eingeführt.

Dabei soll angedeutet werden, wie:

- durch die Verwendung von **Beziehungen** zwischen den **generischen Größen** über die standardisierten Größen hinausgehende zusätzliche Information **einfach**, d.h. ohne weitere Analyse der standardisierten Klassen gewonnen,

- die Dienstgüteparameter in die Managementinformation integriert werden können und

- durch die aus der Verwendung der generischen Größen resultierende Vereinheitlichung eine Abstraktion von den unterschiedlichen standardisierten Namen für Attribute mit gleicher Semantik erreicht werden kann.

5.1 Leistungsgrößen für den Gesamtdienst „verbindungsorientierte Kommunikation"

Wesentliche Leistungscharakteristika von Protokollmaschinen, die verbindungsorientierte Protokolle abwickeln, sind Werte, die sich (wie z.B. die Anzahl der aktuell aufgebauten Verbindungen) auf die behandelten Verbindungen insgesamt beziehen.

Diese Werte können, wie in Abschnitt 4.4 erwähnt wurde, systematisch hergeleitet werden, indem die generischen Leistungscharakteristika aus Abschnitt 4.3 (siehe Abb. 5) auf den Gesamtdienst „verbindungsorientierte Kommunikation" bezogen werden.

Auf der Basis dieser Begriffe können dann konkrete leistungsrelevante Attribute zur generischen Klasse `coProtocolMachine` eingeführt werden. Die folgende Auflistung beschreibt beispielhaft einige Werte anhand der generischen Charakteristika, von denen sie abgeleitet wurden:

- *Anforderungsrate*: Anzahl der an der Protokollmaschine eingetroffenen Verbindungsaufbauwünsche (pro Zeiteinheit)

- *Füllung und Kapazität*: Anzahl der aktuell bestehenden Verbindungen bzw. maximal mögliche Anzahl simultan bestehender Verbindungen, die für die Protokollmaschine zulässig ist.

- *Bearbeitungszeit*: Die mittlere Verbindungsdauer ist i.a. für Planungszwecke von Bedeutung, kann aus den derzeit standardisierten Informationen aber nicht oder nur sehr aufwendig abgeleitet werden. Unter Verwendung der „Little'schen Formel"[11] kann allerdings aus den generischen Größen für die mittlere Füllung und die mittlere Anforderungsrate eine Näherung ermittelt werden. Eine weitere Anwendung der Formel liefert mit der Kapazität einen ersten Anhaltspunkt für die maximale Anforderungsrate, die für Überwachungszwecke von Bedeutung ist.

- *Störungsrate*: bezieht sich auf das Verhältnis von Verbindungen, die nicht durch den Dienstnehmer abgebaut wurden, zur Gesamtzahl aufgebauter Verbindungen. Die max. Störungsrate entspricht dem QoS-Parameter *Transfer Failure Probability* ([ISO 8072]).

Neben der Ableitung zusätzlicher Werte liefert die ausschließliche Verwendung von generischen Größen die oben erwähnte Vereinheitlichung. Um die derzeitige Uneinheitlichkeit zu zeigen, sind in Tabelle 1 die zu den generischen Größen *Füllung*, *Kapazität* und *Anforderungsrate* gehörigen Attribute[12] zusammengestellt, wie sie in [RFC 1214], [ISO 10733]

---

[11]Definition und Voraussetzungen der Formel finden sich z.B. in [Walr 88]
[12]Teilweise wird die Ableitung von Raten aus Zählern unterstellt

und [ISO 10737] für verbindungsorientierte Protokollmaschinen zu den Protokollen *TCP*, *X.25 PLP* und *ISO TP* definiert werden.

5.2 Leistungsgrößen für den Teildienst „Datenübertragung"

Wichtig für Ermittlung von Engpässen sind häufig Daten zu Verbindungen aus den unteren Schichten des OSI-Modells wie z.B. Werte zum aktuellen und maximalen Durchsatz. Diese Größen werden erhalten, wenn die generischen Leistungscharakteristika auf die Dienstklasse Datenübertragung angewandt werden. Sie können dann dazu verwendet werden, leistungsrelevante Managementinformation zur generischen Klasse `singlePeerConnection` abzuleiten.

Wie im Abschnitt 5.1 werden im folgenden einige der erhaltenen Größen aufgelistet.

- *Durchsatz*: Die mittleren und aktuellen Raten der übertragenen Dienstnehmerdaten (Oktette bzw. Pakete)

- *Grenzdurchsatz, max. Bearbeitungszeit, max. Störungsrate*: Diese Größen entsprechen den QoS-Parametern *Throughput, Transit Delay* und *Residual Error Rate* ([ISO 8072]).

- *mit. Füllung, Kapazität*: Die Übertragung dieser generischen Größen auf die vorliegende Dienstklasse liefert Werte zu den im Mittel bzw. maximal in Übertragung befindlichen Oktetten bzw. Paketen. Diese Werte sind typischerweise in heterogener Umgebung nur sehr schwierig zu gewinnen. Mit Hilfe der Littleschen Formel können aber aus mit. Durchsatz, Grenzdurchsatz und mit. und max. Bearbeitungsdauer (unter den oben genannten Voraussetzungen) Anhaltspunkte gewonnen werden, die z.B. erste Hinweise auf Konfigurationsfehler bei Fenstergrößen[13] geben.

6 Abbildung und Implementierungsaspekte

Um die generische Managementinformation für Anwendungen praktisch nutzbar zu machen ist noch zu klären, wie sie unter Verwendung der standardisierten Managementinformation oder sonstiger (evtl. spezialisierter) Werkzeuge in verteilter Umgebung gewonnen werden kann. In vorigen Abschnitt trat z.B. häufiger der Fall auf, daß aus einem standardisierten Attribut des Typs „Zähler" eine „Rate" herzuleiten war. Allgemein kann die Abbildungsvorschrift für eine generische Größe u.a.

- ein einfacher *Verweis* auf ein semantisch äquivalentes standardisiertes Attribut,

- eine *Berechnungsvorschrift* auf der Basis standardisierter Managementinformation (und evtl. zusätzlichem Expertenwissen) oder

- ein Aufruf einer *speziellen Funktion* zur Ermittlung der Größe sein. (Damit wird auch die Migration zu einem integrierten Netzmanagement erleichtert, da z.B. der Austausch des Aufrufs einer spezialisierten Funktion gegen den Aufruf einer standardisierten „Systems Management Function" für die Anwendung nicht sichtbar ist.)

---

[13]Diese Größen beeinflussen u.U. erheblich die Leistung des Netzes, wie zahlreiche Arbeiten (z.B. [HeMa 91] oder [Schw 87] zeigen.

Auf Detailprobleme dieser Abbildungen soll hier nicht näher eingegangen werden (s. dazu [Neum 92]), sondern an Beispielen die Vorteile des Vorgehens herausgearbeitet werden.

Beispiel

1. Tabelle 1 zeigt an Beispielen, welche der in [RFC 1214], [ISO 10733] und [ISO 10737] standardisierten Attribute verwendet werden können, um die in Abschnitt 5.1 skizzierten generischen Größen für verbindungsorientierte Protokollmaschinen abzuleiten.

   Dabei wird die bestehende Heterogenität und die durch die Verwendung der generischen Größen mögliche Vereinheitlichung sichtbar.

Generische Größe	Namen der zur Ableitung verwendbaren standardisierten Attribute		
	tcp	x25PLE	coProtocolMachine
Füllung	tcpCurrEstab	logicalChannel-Assignments[14]	openConnections
Kapazität	tcpMaxConn	maxActiveCircuits	maxConnections
Anforderungsrate	tcpActiveOpens	callAttempts	localSuccessfulConnections
	tcpAttemptFails		localUnsuccessfulConnections

Tabelle 1: Standardisierte Attribute zu Protokollmaschinen

2. Die Überwachung von Bridges oder Broutern ist wegen der zentralen Anordnung dieser Komponenten innerhalb der Topologie eines Netzes ein wichtiger Bestandteil des Leistungsmanagement. In [RFC 1286] wurde deshalb Managementinformation speziell für diese Klassen von Komponenten genormt. Im Beispiel soll gezeigt werden, wie die genormten Attribute zu verwenden sind, um den Durchsatz der vermittelnden Instanz, die den zentralen Bestandteil der Bridge darstellt, zu gewinnen und vor dem Grenzdurchsatz zu bewerten.

   Die Instanz kann als generische Ressource vom Typ `communicationsEntity` modelliert werden. Die aktuelle Situation ist aus der Sicht der Leistungsüberwachung unbefriedigend, da in [RFC 1286] keine Größe vorgesehen ist, aus der die Belastung bzw. der Durchsatz der Bridge direkt ablesbar ist. Die relevanten Größen liegen nur in Form von Zählern vor, die sich isoliert auf die einzelnen Ports beziehen (`dot1dTpPortInFrames`, `dot1dTpPortInDiscards`, `dot1dTpPortOutFrames`).

   Die Anzahl der von der vermittelnden Instanz erhaltenen bzw. weitergereichten Frames ist deshalb durch

$$\sum_{port=1}^{dot1dBaseNumPorts} (dot1dTpPortInFrames(port) - dot1dTpPortInDiscards(port))$$

   bzw. durch

$$\sum_{port=1}^{dot1dBaseNumPorts} dot1dTpPortOutFrames(port)$$

   zu berechnen. Daraus kann durch periodische Abtastung und Differenzbildung[15] der generische Wert *Durchsatz* abgeleitet werden.

---

[15]Dies wird in offener Umgebung z.B. durch die Standards [ISO 10164-11] und [RFC 1271] unterstützt.

Ein erster Anhaltspunkt für den *Grenzdurchsatz*, für den in [RFC 1286] ebenfalls **keine Information** vorgesehen ist, kann z.B. den Spezifikationsdaten der Bridges (z.B. [Reti 89]) („*Transfer Rate*") entnommen werden. Die Abbildungsvorschrift kann ausgehend von diesen Daten so formuliert werden, daß in Abhängigkeit vom Attribut `sysDescr` (s. [RFC 1213]) die korrekten Werte für die generische Größe *Grenzdurchsatz* zu den installierten Bridges zur Verfügung gestellt werden.

Vorteil des Vorgehens ist nun, daß Anwendungen nur auf die **generischen Größen** *Durchsatz* und *Grenzdurchsatz* zugreifen müssen, um die integrierte Leistungsüberwachung von Bridges (und anderen Ressourcen) durchzuführen. Dadurch werden bestimmte Details wie z.B. das standardisierte Attribut `dot1dTpPortInDiscards`, dessen Name und Semantik spezifisch für den Filterprozeß beim „bridging" zwischen LAN-Segmenten (Broadcast-Netzen) ist, vor den Anwendungen **verschattet**. Durch das Fehlen eines Wertes für den *Grenzdurchsatz* in der standardisierten Managementinformation ist es derzeit notwendig, diese Größen innerhalb der Anwendung aus anderen Quellen abzuleiten, wodurch in den Anwendungen auch Spezifika bestimmter **Ressourcen** (der Bridge-Typen) zu berücksichtigen sind. Durch die Einführung der generischen Größen und der entsprechenden Abbildungsvorschriften bleiben die Auswirkungen der Einführung neuer Bridges auf die Ebene beschränkt, in der die Abbildung der generischen Größen durchgeführt wird, die Anwendungen werden (im Gegensatz zur aktuellen Situation) nicht berührt.

Implementierungsaspekte

Da die Definition der generischen Managementinformation objektorientiert erfolgt, ist es möglich, die Infrastruktur von *Managementplattformen* (s. [Herm 91]) wie z.B. die *Communications Infrastructure* des *HP OpenView Network Management Server* ([HPOV 90]) zu nutzen, um den Anwendungen den Zugriff auf die generischen Größen zu ermöglichen und die Abbildung auf standardisierte Managementinformation bzw. den verschatteten Aufruf von Spezialfunktionen zu realisieren. Dazu werden zu den generischen Klassen und ihren leistungsbezogenen Größen sogenannte *Object Managers* implementiert, die beim Zugriff einer Anwendung auf eine generische Größe in Abhängigkeit von der „tatsächlichen" (standardisierten) Klasse der Ressource die entsprechende Abbildung ausführen.

7 Zusammenfassung

Es wurde ein Modell vorgestellt, mit dessen Hilfe *einheitliche* und *bedarfsorientierte Managementinformation* für integrierte Anwendungen aus dem Bereich des Leistungsmanagement definiert werden kann. Der *top-down-Ansatz* orientiert sich an den Anforderungen der Leistungsüberwachung und führt zu Information, die von konkreten Kommunikations- bzw. Managementarchitekturen und Ressourcen *unabhängig* ist. Diese ist also insbesondere auch dazu geeignet, eine einheitliche Sicht auf die derzeit von unterschiedlichen Standardisierungsgremien in einer Vielzahl von Managementobjekt(klass)en genormte Information zur Verfügung zu stellen.

Dadurch wird die *Komplexität* der Anwendungen *reduziert*, da die Abbildungen auf die heterogene standardisierte Information nicht mehr in den Anwendungen selbst durchgeführt werden müssen, die Möglichkeiten zur *Korrelation* der Ergebnisse verschiedener

Anwendungen *verbessert*, da die Informationsbasis einheitlich ist, und die *Abhängigkeit* der Anwendungen vom Fortgang der Standardisierungsarbeiten *verringert*. Letzteres vereinfacht auch die Migration zu einem offenen integrierten Netzmanagement. Die Vereinheitlichung befreit Netzadministratoren von der Notwendigkeit, sehr spezialisierte Information zu interpretieren.

Durch die Verwendung von Ergebnissen aus der Verkehrstheorie auf der Ebene der einheitlichen Information wird eine *einfache* Erweiterung der Basisinformation gegenüber der standardisierten Information um zusätzliche leistungsbezogene Größen ermöglicht. Das Modell ermöglicht auch eine einsichtige Integration der Dienstgüteparameter in die Managementinformation, die derzeit noch nicht gegeben ist.

Danksagung

Die beschriebenen Arbeiten wurden erstellt im Rahmen des Projekts „Netzmanagement in offenen, heterogenen Systemen", das an der Technischen Universität München in Zusammenarbeit mit der Siemens AG durchgeführt wird. Beim Leiter des Projekts, Prof. Dr. H.–G. Hegering, und seinen Mitarbeitern, insbesondere bei S. Abeck und R. Valta, möchte ich mich für wertvolle Anregungen während der Entstehung der Arbeit bedanken.

Literatur

[BeGa 92]   Dimitri Bertsekas und Robert Gallager, *Data Networks*, Prentice-Hall, Zweite Auflage, 1992.

[Hals 92]   Fred Halsall, *Data Communications, Computer Networks and Open Systems*, Addison-Wesley, Dritte Auflage, 1992.

[Hege 91a]   Heinz-Gerd Hegering, „How to find significant management information in a heterogeneous network environment. (Invited paper)", In *Proceedings of the Joint SAIEE/CSSA International Symposium on Network Management. Pretoria, Republic of South Africa*, Mai 1991.

[Hege 91b]   Heinz-Gerd Hegering, „Die Problematik einer Management Information Base (MIB) für ein integriertes Netzmanagement", *Informatik – Forschung und Entwicklung*, Oktober 1991.

[HeMa 91]   B. Heinrichs und P. Martini, „Telefax-Kommunikation über lokale Netze", In W. Effelsberg, H.W. Meuer und G. Müller (Hrsg.), *Proceedings der GI/ITG-Fachtagung Kommunikation in verteilten Systemen, Mannheim*, S. 349–362, Springer, 1991.

[Herm 91]   James Herman, „Open Distributed Systems Management", *Network Monitor*, 6(2), Februar 1991.

[HPOV 90]   „HP Open View Network Management Server Programmers Guide", Manual E1090, 2nd edition, Hewlett Packard, Oktober 1990.

[ISO 10164-11]   „Information Technology – Open Systems Interconnection – Systems Management – Part 11: Workload Monitoring Function", DIS 10164-11, ISO/IEC, Februar 1992.

[ISO 10165-1]   „Information Technology – Open Systems Interconnection – Structure of Management Information – Part 1: Management Information Model", IS 10165-1, ISO/IEC, August 1991.

[ISO 10165-5]   „Information Technology – Open Systems Interconnection – Structure of Management Information – Part 5: Generic Management Information", DIS 10165-5, ISO/IEC, Mai 1992.

[ISO 10733] „Information Technology – Telecommunications and information exchange between systems – Elements of Management Information related to OSI Network Layer Standards", DIS 10733, ISO/IEC, November 1991.

[ISO 10737] „Information Technology – Telecommunications and information exchange between systems – Elements of Management Information relating to OSI Transport Layer Standards", DIS 10737, ISO/IEC, Dezember 1991.

[ISO 8072] „Information Processing Systems – Open Systems Interconnection – Transport Service Definition", IS 8072, ISO, 1986.

[ISO N6306] „Information Technology – Open Systems Interconnection – Systems Management – Performance Management Working Document – Seventh Draft", WD N6306, ISO/IEC, Dezember 1991.

[JeVa 87] Eike Jessen und Rüdiger Valk, *Rechensysteme – Grundlagen der Modellbildung*, Springer, 1987.

[Neum 91] B. Neumair, „Die Problematik des Quality of Service aus der Sicht des Performance Management", In W. Effelsberg, H.W. Meuer und G. Müller (Hrsg.), *Proceedings der GI/ITG-Fachtagung Kommunikation in verteilten Systemen, Mannheim*, S. 421–435, Springer, 1991.

[Neum 92] B. Neumair, „Towards Integrated Performance Management: an Object-Oriented Approach", In *Proceedings of the IFIP/IEEE International Workshop on Distributed Systems: Operations & Management*, Oktober 1992.

[Reti 89] Retix, *Local Bridge Installation Guide – RetixGate Bridge Models 2244 and 2255*, Februar 1989.

[RFC 1155] M. Rose und K. McCloghrie, „Structure and Identification of Management Information for TCP/IP-based Internets", RFC 1155, IAB, Mai 1990.

[RFC 1213] K. McCloghrie und M. Rose, „Management Information Base for Network Management of TCP/IP-based internets: MIB-II", RFC 1213, IAB, Maerz 1991.

[RFC 1214] L. LaBarre, „OSI Internet Management: Management Information Base", RFC 1214, IAB, April 1991.

[RFC 1271] S. Waldbusser, „Remote Network Monitoring Management Information Base", RFC 1271, IAB, November 1991.

[RFC 1286] E. Decker, P. Langille, A. Rijsinghani und K. McCloghrie, „Definitions of Managed Objects for Bridges", RFC 1286, IAB, Dezember 1991.

[ScClHo 92] B. Schott, A. Clemm und U. Hollberg, „An ISO/OSI based Approach for Modelling Heterogeneous Networks", In *Proceedings of the 4th Int. Conf. on Information Networks and Data Communication, Helsinki*, S. 293–311, Maerz 1992.

[Schw 87] Mischa Schwartz, *Telecommunications Networks - Protocols, Modeling and Analysis*, Addison-Wesley, 1987.

[SiSa 91] Martin Siegel und Klaus Sauer, „Efficient Network Management for a Highly Distributed System", In *Local Communication Systems: LAN and PBX II, Proceedings*, S. 421–431, 1991.

[Walr 88] Jean Walrand, *An Introduction to Queueing Networks*, Prentice-Hall, 1988.

Charakteristika neuer E-Mail-Dienste und -Architekturen

Uwe Hübner, Frank Richter
TU Chemnitz, Fachbereich Informatik/Rechenzentrum

November 1992

1 Einführung

Traditionelle E-Mail-Systeme sind dafür bekannt, daß auch mit vergleichsweise bescheidenen Kommunikations-Ressourcen (z.B. über Telefon-Wählleitungen) eine brauchbare Dienstqualität erreichbar ist.

Erste Erfahrungen belegen, daß sich dies signifikant ändern wird, wenn man die wesentlichen Entwicklungsrichtungen von E-Mail-Systemen verfolgt:

- Multimedialer Inhalt

- Anbindung an einen Verzeichnisdienst (X.500)

- Entfernte Mail-Nutzer-Agenten

Neben diesen Hauptrichtungen ist das hier betrachtete Gebiet durch eine Reihe weiterer Entwicklungen gekennzeichet:

- längerfristige Koexistenz unterschiedlicher Protokolle (X.400, Internet-Mail)

- verstärkte Nutzung von Multicast-Mechanismen (Verteilkommunikation, Net-News ...)

- erhöhte Anforderungen an Authentizität und Vertraulichkeit

- Übergänge zu anderen Diensten (Fax, Sprache)

- Nutzung referenzierter Informationen (ohne diese selbst in der E-Mail zu übertragen)

- Nutzung der E-Mail durch neue Nutzerschichten mit wenig computerspezifischen Kenntnissen (Anforderungen an die Benutzerfreundlichkeit der Oberflächen steigen)

Bereits qualitative Überlegungen lassen eine starke Zunahme des Ressourcenbedarfs für E-Mail-Dienste erwarten, da sich mehrerer Entwicklungen überlagern (Nutzeranzahl, Nutzungsintensität, Multimedia, ...).

Erste Erfahrungen zeigen, daß mit den neuen Multimedia-Möglichkeiten die Mail-Umfänge mindestens um den Faktor 30 steigen werden. Das wird sich sowohl auf die Übertragungskapazitäten als auch auf den Speicherbedarf der Knotensysteme auswirken.

Die Anzahl der Nutzer von E-Mail wird sich erhöhen. Wir erwarten, daß in naher Zukunft fast alle wissenschaftliche Mitarbeiter E-Mail benutzen werden, etwa 70% der Informatik-Studenten nutzen diesen Dienst bereits jetzt recht intensiv.

Optimistische Beobachter hoffen, daß sich mit den oben angedeuteten Entwicklungen der hohe Verbreitungsgrad und die Nutzungsintensität des Fax-Dienstes auf E-Mail überträgt (wer für die Bereitstellung der Kommunikationsresourcen verantwortlich ist, befürchtet dies wohl eher).

In diesem Beitrag soll versucht werden, anhand einiger im Routineeinsatz befindlicher Neuerungen beim E-Mail-Dienst quantitative Anhaltspunkte für diese Entwicklung zu bekommen; daneben sollen die Einflüsse einiger Architektur-Alternativen gezeigt werden.

Die nachfolgend betrachteten Komponenten von E-Mail-Systemen wurden (für nicht-kommerzielle Anwendungen) größtenteils kostenfrei zu Verfügung gestellt; an dieser Stelle sei den zahlreichen Implementatoren gedankt.

Eine Eigenentwicklung stellen die verwendeten Hilfsmittel zu Gewinnung der quantitativen Aussagen dar.

In diesem Rahmen sollen keine hypothetischen Referenzarchitekturen betrachtet werden, sondern die durch vielerlei Einflüsse geformten Zustände und Gegebenheiten in der Praxis.

2   Stand der Technik

Die nicht-proprietären E-Mail-Architekturen (und nur um solche soll es hier gehen) werden derzeit durch zwei Vertreter repräsentiert:

- Internet-Mail (SMTP ...)

- .X.400-MHS

Die Terminologie lehnt sich an die entsprechenden ISO/CCITT-Standards an. [1]

---

[1] Das soll keine Bevorzugung ausdrücken; das ISO-Referenzmodell offener Systeme fand auch eine breitere Akzeptanz und Anwendung als die konkreten Protokolle darin.

Je nach Umfang der Kommunikation (und anderen nichttechnischen Randbedingungen) kann der Betrieb lokaler Gateways zwischen X.400 und SMTP in Erwägung gezogen oder diese Funktion als externe Dienstleistung genutzt werden.

Im lokalen Bereich dominieren typischerweise die Internet-Protokolle (zumindest im universitären Umfeld). Im Weitverkehrsbereich ist die Situation heterogener, so daß sich folgende Konstellation ergibt:

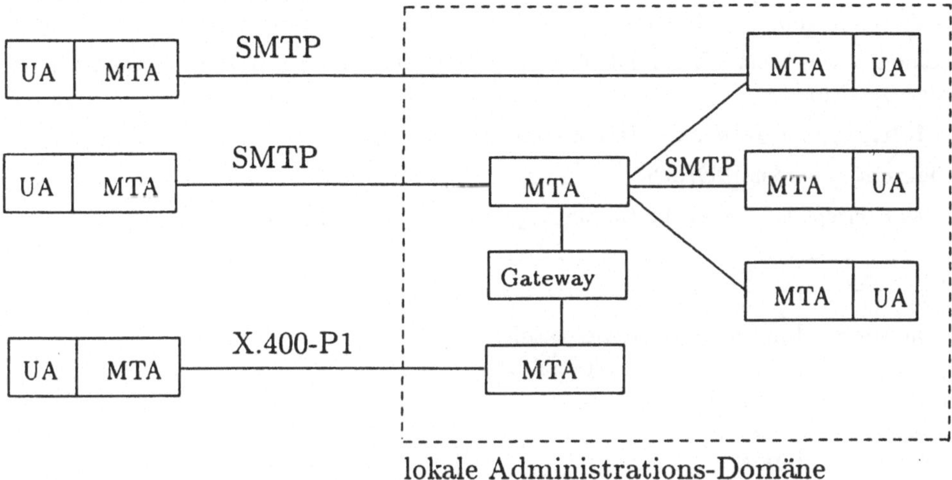

lokale Administrations-Domäne

UA - User Agent
MTA - Message Transfer Agent

Anmerkung: Oft ist der Ziel-MTA direkt über einen einheitlichen Netzdienst (z.B. IP) erreichbar, trotzdem wird man häufig wegen der einfacheren Administration zwischengeschaltete MTAs ("Mail Exchanger") nutzen.

Als lokale Gatewaylösungen (X.400 - SMTP) wurden bzw. werden von uns folgende Produkte erfolgreich eingesetzt:

- **Mailway** - entwickelt von INRIA (Frankreich); Nutzung bis Ende 1991

- **PP** - entwickelt am University College London, der X.400-Teil basiert auf ISODE, Nutzung als SMTP/X.400-Gateway der TU Chemnitz seit Anfang 1992 (monatlicher Durchsatz ca. 17000 Mails / 80 MB, davon ca. 4500 Mails / 30 MB externer Verkehr, Tendenz steigend).

Das PP-Paket soll in ISODE vollständig integriert werden und dürfte dann (wie die übrigen ISODE-Anwendungen) den Charakter einer X.400-MHS-Referenzlösung erhalten.

3 Multimedia-Mail

Multimedia-Mail als wesentlicher neuer Dienst in lokalen und weltweiten Datennetzen ist praktikabel geworden durch eine geeignete Hardwareausstattung der Workstations (Rechenleistung, Audio, hochauflösende Bildschirme, Scanner ...).

Experimentelle und proprietäre Lösungen gibt es eine ganze Reihe, dies ist aber für eine Kommunikation ohne vorherige Absprachen und Abstimmungen kaum akzeptabel.

Eine aussichtsreicher Kandidat für den *de-facto*-Standard auf diesem Gebiet ist unter der Bezeichnung

Multipurpose Internet Mail Extensions (MIME)

bekannt geworden [BOR92].

Das Konzept beinhaltet die Einführung neuer Typen und Subtypen:

Basistyp	Subtypen (Auswahl)
text	plain, richtext
multipart	mixed, alternative, parallel
message	rfc822, partial, external-body
image	jpeg, gif
audio	basic
video	mpeg
application	octet-stream, postscript, oda
x-...	(bilateral vereinbart)

Mit der Einführung neuer Inhaltstypen ist die Forderung bzw. die Möglichkeit verbunden, mehrere unterschiedliche Teile (mit unterschiedlichen Inhaltstypen) in einer Mitteilung zu verschicken (`mixed`). Damit wird gegenüber der getrennten Verschickung (wie heute oft üblich) ein besseres Verhältnis von übertragener Nutz- zu Verwaltungsinformation erreicht; für den Nutzer ist die Handhabung ebenfalls bequemer.

Einen Spezialfall stellt die Übertragung des gleichen Informationsinhalts in unterschiedlichen Repräsentationen dar (`alternative`). Auf diese Weise wird erreicht, daß eine Mitteilung von UAs mit unterschiedlichen Fähigkeiten vernünftig ausgewertet werden kann. [2]

Das Gegenstück zur Versendung mehrerer Inhaltsteile in einer Mitteilung stellt die Aufteilung einer Nachricht auf mehrere separat transportierte Einheiten dar. Dies wird aus zwei Gründen praktiziert:

- Einige Transportsysteme begrenzen den Umfang der transportierten Mail-Nachrichten (aus historischen Gründen oder als Versuch einer "fairen" Verteilung von Ressourcen).

---

[2] Besser als die Mitteilung
*** Postscript not implemented ! ***
ist die Darstellung einer ASCII-Approximation.

- Mit steigender Mail-Länge steigt ebenfalls die Wahrscheinlichkeit von Abbrüchen (Leitungsüberlastung, Geräteausfälle). Im Unterschied zu Filetransferprotokollen (FTAM, FTP) besitzt SMTP (derzeit) keine Mechanismen zum Wiederaufsetzen nach solchen Situationen; die gesamte Nachricht muß wiederholt werden.

Die neuen Inhaltstypen müssen geeignet kodiert werden, damit die von den Transportsystemen gesetzten Bedingungen erfüllt werden:

Kodierung	Erläuterung	Anwendung für SMTP
base64	24 Bit → 32 Bit	Binärdaten (Audio, Bilder)
quoted-printable	Hex-Darstellung, wo notwendig	Texte mit Umlauten
7bit	Inhalt genügt 7-Bit-Forderung	ASCII-Texte

Das folgende Beispiel zeigt den Aufbau einer Nachricht:

```
To:  ...
MIME-Version: 1.0
Content-Type: multipart/mixed; boundary=PART.103.27077.saturn.705940.1
From: ...

--PART.103.27077.saturn.705940.1
Content-type: text/richtext
Content-Transfer-Encoding: quoted-printable

Deine Frage: <bold>Wie funktioniert MetaMail ? </bold><nl> m=F6chte
ich im folgenden beantworten. <nl>In der folgenden <italic>Referenz
</italic> findest Du eine Graphik zur PP-Struktur.<nl>

--PART.103.27077.saturn.705940.1
Content-type: audio/basic
Content-Description: Nutzung von MetaMail
Content-Transfer-Encoding: base64

/n/+/n7++/98//5+fn7+/n7/fn/.+fv7+fn79/3/9fv//f/7+fP5+fvt9/v7

.....

--PART.103.27077.saturn.705940.1
Content-type: message/external-body;
        access-type=ANON-FTP; site="ftp.tu-chemnitz.de"; mode="binary";
        directory="/pub/documentation"; name="PP.ps";

Content-type: application/postscript

--PART.103.27077.saturn.705940.1--
```

Diese Nachricht besteht aus Text mit Sonderfunktionen, einem Audio-Teil und einer Referenz auf ein Postscript-File in einem FTP-Archiv (ein MIME-unkundiger UA stellt die Nachricht dann auch wie hier abgebildet dar).

Der Mail-UA ist ein geeigneter Ansatzpunkt bei der Verfügbarmachung höherwertiger Dienste, da die restliche Infrastruktur weitgehend beibehalten werden kann (abgesehen von den noch zu behandelnden quantitativen Aspekten).

Die bekannteste Implementierung ist **metamail** [BOR91].

Dabei handelt es sich um eine Erweiterung für nahezu alle verbreiteten Mail-UAs (Berkeley mail, mh, elm, xmh, xmail, mailtool, emacs rmail, emacs VM, ...).

Einen Eindruck von der Oberfläche des UAs **elm** mit Multimedia-Erweiterung gibt der folgende Bildschirmausschnitt wieder:

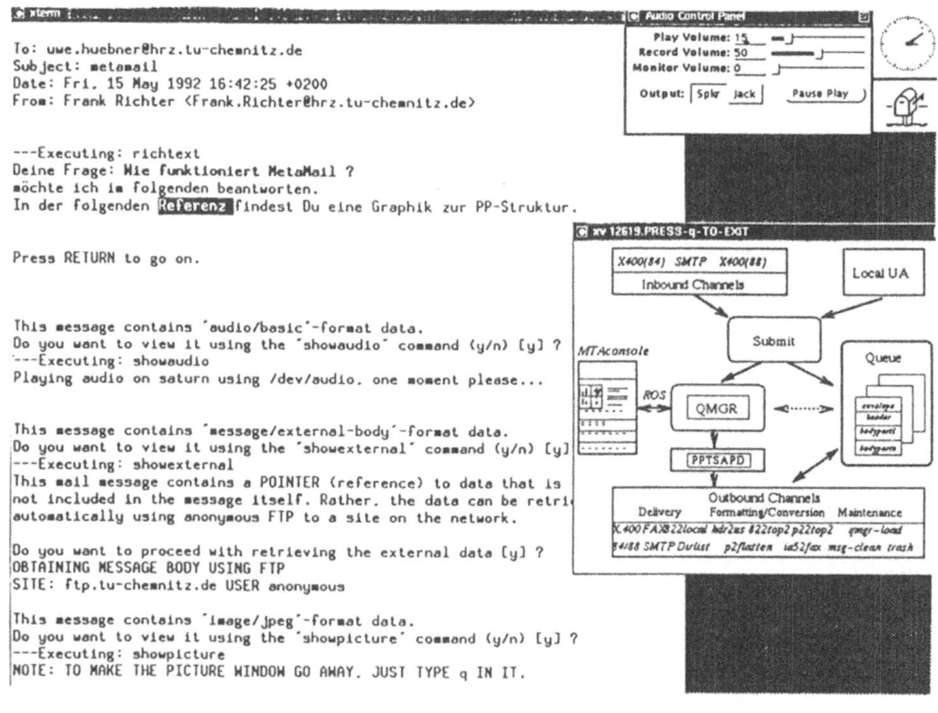

In **metamail** wird die Einführung neuer Inhaltstypen sehr flexibel durch eine *mailcap*-Beschreibung (*mail capabilities*) erreicht. Dabei definiert man externe Präsentationsprogramme für Informationstypen, die der Mail-UA nicht selbst handhaben kann (z.B. `showaudio`, `showpicture`, ...).

Mit den folgenden *mailcap*-Einträgen wird beispielsweise festgelegt, daß Bildinhalte im `jpeg`-Format mittels **xv** und alle anderen Formate durch das Programm **showpicture** präsentiert werden.

```
image/jpeg; xv %s
image/*; showpicture %s
```

Natürlich hat diese flexible Konfigurierbarkeit auch ihre Schattenseiten:

- Bei extensiver Einführung "nutzerdefinierter" Mailtypen tritt eine Segmentierung der Mail-Nutzergemeinde ein, die man durch eine Orientierung auf offene Standards ja gerade vermeiden wollte.

- Die Präsentation empfangener Post läuft oft auf einen automatischen Aufruf von Bearbeitungs- bzw. Darstellungsprogrammen hinaus, die nicht unmittelbar zum Mail-System gehören; dies ist ein potentielles Sicherheitsproblem.

Ein brauchbarer Kompromiß ist die Festlegung auf möglichst wenige global verwendbare Mailtypen (für Bildinformationen sei auf [KAT91] verwiesen) und eine Ergänzung um Typen, die nur lokal zugelassen sind.

Die Interoperabilität zur X.400-Welt ist durch geeignete Abbildungsvorschriften herstellbar [MIL92], dabei sind folgende Gesichtspunkte relevant:

- Mehrfach-Wandlungen (Internet - X.400 - Internet) sind leider nicht unüblich, hier muß verhindert werden, daß es zu Informationsverlusten kommt.

- die Handhabung von Inhaltstypen, die dem X.400-UA unbekannt sind, ist wesentlich problematischer als bei Internet-UAs; letztere stellen die ASCII-Teile und die Typinformation (als ASCII-Text) korrekt dar, der Rest führt zumindest nicht zu funktionalen Problemen und kann z.B. als Datei abgespeichert und möglicherweise außerhalb des Mail-Systems behandelt werden.

- Eine Koordinierung mit den ODA-Entwicklungen (Office Document Architecture), die ganz ähnliche Ziele und Funktionen bieten, ist wünschenswert [RSB91].

Die folgende Übersicht enthält die zu transportierende Datenmenge für eine Testnachricht in den verfügbaren Repräsentationen (Spalten 2/3: ohne Protokoll-Overhead, 4/5: mit Overhead der zwei verbreitetsten Mail-Transportprotokolle). Die höheren Werte für SMTP sind durch die Textrepräsentation der Nachrichtenköpfe und die 7-bit-Kodierung der Daten verursacht.

1 Inhaltstyp	2 Bytes	3 relativ	4 X.400	5 SMTP
ASCII	2200	1,00	1,23	1,25
Richtext (Umlaute,...)	2300	1,04	1,28	1,31
Postscript	28000	12,8	13,1	13,1
G3-Fax (100 dpi)	32000	14,5	14,8	19,6
Sprache (G.711)	1200000	550	551	730

Anmerkung: Als Testnachricht diente die erste Seite dieses Beitrags; die Werte für X.400 (außer ASCII) sind rechnerisch ermittelt worden.

Weiterhin wurde die Verteilung der Mail-Umfänge ermittelt:

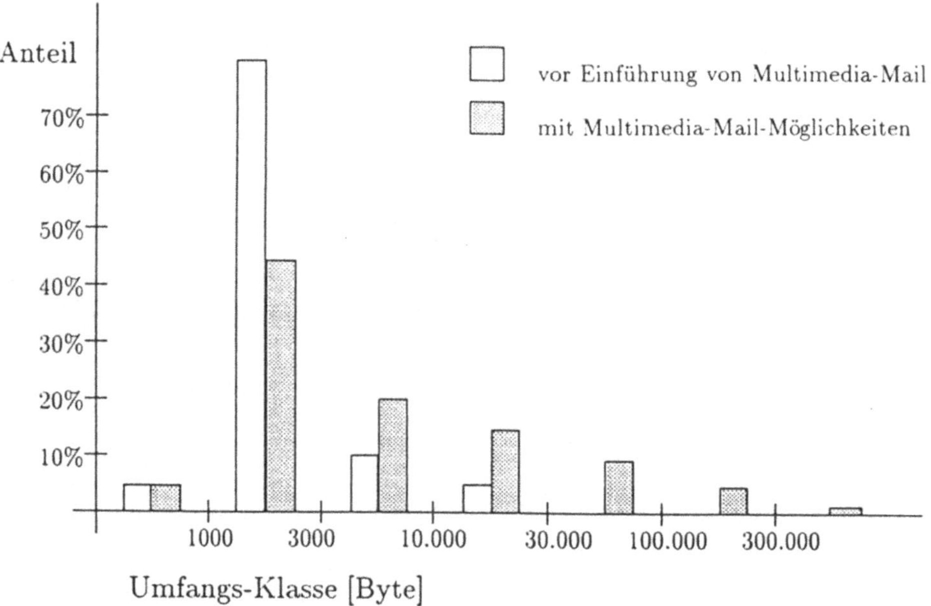

Anmerkung: Bei Nutzung der Aufteilungsmöglichkeiten (partial) ergibt sich im Bereich großer Umfänge ein anderes Bild.

4 Entfernte Mail-UAs

Historisch hat sich die Architektur des Nutzerzugangs in drei Etappen entwickelt:

1. Der UA befindet sich (üblicherweise zusammen mit dem MTA) auf einem (oder wenigen) zentralen System(en). Vom Arbeitsplatz des Anwenders aus besteht ein Terminalzugang (telnet, PAD) zu diesem zentralen System.

Nachteile sind:

- die ungewohnte (und meist als unkomfortabler empfundene) Umgebung,

- die fehlende Benachrichtigungsmöglichkeit über eingegangene Post,

- ein umständlicher Zugriff auf lokale Ressourcen während der Mail-Bearbeitung.

2. Der UA befindet sich zusammen mit dem MTA im Arbeitsplatzrechner; dies ist sicherlich (für den Anwender) ein Fortschritt; verbleibende Probleme sind:

- temporär ausgeschaltete oder aus anderen Gründen nicht verfügbare Rechner führen zu erhöhter Netzbelastung durch erfolglose Zustellversuche und (wenn dieser Zustand andauert) zum Verlust von Nachrichten.

- der Administrationsaufwand,

- teilweise findet überflüssiger Informationstransfer statt; das betrifft den Transport von Multimedia-Teilen zu Endsystemen, die diese gar nicht ausgeben können oder Nachrichten, die (ungelesen) weitergeleitet werden. [3]

3. Ein erfolgversprechender Lösungsansatz besteht darin, daß man UA und MTA räumlich trennt, d.h. der UA kann sich in beliebiger Entfernung auf einem anderen System als der MTA befinden. Wichtig ist dabei, daß auch an dieser Stelle standardisierte Protokolle Verwendung finden.

Kandidaten für diese Aufgabe sind:

- IMAP2 - Interactive Mail Access Protocol (in der Fassung von RFC1176 [CRI90]. Erweiterungen zur Behandlung von MIME-konformen Nachrichten sind in [CRI91] definiert.

  Es ist etwas unklar, ob sich dieser Ansatz oder der (ambitioniertere) Ansatz IMAP3 [RIC91] durchsetzen wird.

- Seit längerer Zeit gibt es Protokolle, die nur für das Abholen von Mail vorgesehen sind (Post Office Protocol [BUT85],[ROS88]); Implementierungen gibt es hauptsächlich für PCs (beispielsweise als Bestandteil des bekannten ka9q-Pakets).

- X.400-P3, P7, P7+ [HAR91a]
  Von den funktionellen Möglichkeiten her sind enge Parallelen zu IMAP2/3 zu erkennen.

  Die Herstellung verläßlicher Implementierungen mit guten Durchsatzeigenschaften wird sicherlich durch die Einigung auf einen "Simple OSI Stack - SOS" [HAR92] wesentlich befördert; dieser Vorschlag stellt eine vereinfachte Funktionalität für die Schichten 5 und 6 dar, die exakt auf die Bedürfnisse der Anwendungs-Dienstelemente *Association Control*, *Reliable Transfer* und

---

[3] "Werbesendungen", die man an Hand von Absender oder *Subject*-Feld als solche identifiziert gehören ebenfalls in diese Kategorie

Remote Operations abgestimmt ist. In den Schichten 1-4 wird man neben ISO-COTS/CLTS auch TCP/IP-Infrastrukturen nutzen können.

Ein grundsätzliches Problem ist die Authentifizierung des Mail-Nutzers (bzw. des UA). Mit der primär als Vorteil betrachteten Möglichkeit, daß einem Benutzer von verschiedenen, nicht vorab benannten Rechnern der E-Mail-Zugriff eingeräumt wird, handelt man sich das Problem ein, daß es ohne Authentifizierung leicht möglich ist, fremde Post zu lesen, zu modifizieren oder Post mit falschem Absender zu schicken.

Zur Lösung dieses Problems gibt es folgende Ansätze:

1. Der Benutzer muß sich am Beginn jeder Nutzung des entfernten UAs mit Nutzername und Paßwort authentifizieren.

2. Aus Rechnername und Nutzerkennzeichen auf dem System mit dem Remote-UA wird ermittelt, ob eine Berechtigung vorliegt; das ist die bekanntermaßen nicht besonders sichere Methode der Berkeley-r-Utilities (rlogin usw.). Dies kann vertretbar sein, da ja SMTP und (heute gebräuchliche) X.400-P1-Implementierungen auch keine wesentlich besseren Möglichkeiten zur Authentifizierung enthalten.

3. Nutzung eines externen Authentifizierungsdienstes (z.B. auf **Kerberos**-Basis).

Die Untersuchung der Eigenschaften und ein Vergleich mit der Variante "UA beim MTA" erfolgte mit der UA-Implementierung **pine** [SIE92], die bei gleicher Oberfläche beide Möglichkeiten bietet.

Als wichtigster Vorzug der "Remote-UA-Variante" entfallen die relativ langen Verzögerungszeiten beim Aufrufen/Beenden der UA-Sitzung; ein lokaler UA liest bzw. aktualisiert dabei den gesamten Inhalt des jeweiligen Nachrichtenspeichers (MS - Message Store).

	MS-Inhalt 20 kbyte	MS-Inhalt 400 kbyte
Startup lokaler UA	0,5s	6s
Startup remote UA	1s	1s

Anmerkung: Die hier angegebenen MS-Umfänge sind die ermittelten Durchschnittswerte ohne/mit Multimedia-Mail; der lokale UA greift mittels NFS über Ethernet auf den MS zu.

Im Vergleich der absolut zu übertragenden Nachrichtenmengen zwischen MTA/MS und UA wirken folgende Einflußgrößen:

1. Bei einer Anzahl Nachrichten (oder Teilen von *multipart*-Nachrichten) braucht der Nachrichteninhalt überhaupt nicht zum UA transportiert zu werden, weil der Empfänger an Absender, *Subject*-Feld o.ä. entschieden hat, daß die betreffenden Nachrichten weiterzuleiten (10%) oder zu vernichten (5%) sind.

2. Es kann auch vorkommen, daß sich jemand die Nachricht mehrmals anschauen möchte. In diesen Fällen kommt eine in IMAP2/3 empfohlene Cache-Strategie zur Wirkung, d.h. die Nachricht wird im Normalfall (ungestörter UA-Betrieb) nur einmal zum UA übertragen.

Ein qualitativer Vorzug der Remote-UA-Protokolle (gegenüber dem direkten Manipulieren eines lokalen MS) ist die zuverlässige Behandlung von Nachrichten die während einer UA-Sitzung eintreffen; dies war bei einigen "traditionellen" UAs kritisch.

Ein hier nur erwähnter Aspekt ist die Herstellung von Real-Time-Kanälen zwischen UA und MTA zur Präsentation von Bewegtbildern oder ähnlichen speicheraufwendigen Informationen, so daß beim UA keine hohen Speicherforderungen entstehen.

5 Anbindung an einen Verzeichnisdienst (X.500)

Die Anbindung an einen Verzeichnisdient ist für X.400 wie auch für Internet-Mail sinnvoll und wünschenswert. Dafür steht das globale X.500-Directory zur Verfügung, in dem weltweit mehr und mehr Daten zu Personen, Einrichtungen und Kommunikationsdiensten verzeichnet werden.

Mögliche Ansatzpunkte:

- MTA:
  Ersatz für derzeit von Hand auszuführende Administrationsaufgaben, z.B. Aktualisierung der Mail-Routing-Informationen [HAR91b]

- UA:

  1. Bestimmung der Zieladresse aus nutzerfreundlichen (leicht zu merkenden) und möglicherweise unvollständigen Informationen.
  2. Unterstützung bei der Beschaffung referenzierter Informationen.
  3. Bereitstellung von Zusatzinformationen über den Absender (dies kann auch als referenzierte Information betrachtet werden). [4]

In der praktischen Nutzung befindet sich derzeit nur die Bestimmung der Zieladresse beim UA mit Directory-Hilfe; dies ist aber sicher auch der Ansatzpunkt mit dem größten Nutzen.

In [WIC92] wird Grundlage für eine Erweiterung des UAs **elm** um den Directory-Zugriff beschrieben, diese Lösung ist implementiert und wird praktisch genutzt.

Für den UA **mh** ist eine derartige Ergänzung ebenfalls realisiert [ROS92].

Die neue Fähigkeit wird dem Nutzer in Form einer neuen Syntax für die Zielangabe zur Verfügung gestellt:

---

[4]Eine populäre Anwendung ist die Darstellung eines Bildes des Absenders

```
to: [Max Mueller, TU Chemnitz]
```

Die zugehörige Mail-Adresse wird im Directory gesucht.

Eine breite Anwendung dieser an sich sehr nützlichen Möglichkeit stößt derzeit noch auf folgende Schranken:

1. Die gegenwärtig existierenden Directory-Pilotprojekte sind noch recht unvollständig mit Daten gefüllt.

2. Die Unterstützung für unscharfe Suchkriterien und bei Fehlern ist noch dürftig.

3. Die verwendete Schnittstelle zum Directory (`libdsap`) legt einen Betrieb des DUA (Directory User Agent) auf dem gleichen System nahe.

Die hier verwendete DUA-Lösung setzt auf ISODE/QUIPU auf und hat einen respektablen Resourcenbedarf (20 MB Programmkomponenten, 1 MB Directory-Datenabbild). Der Administrationsaufwand ist derzeit noch nicht genau quantifizierbar.

Zur Umgehung der dritten Einschränkung ist eine ähnliche Vorgehensweise wie beim "Remote MHS-UA" sinnvoll. Das Directory-Zugriffsprotokoll ist recht komplex, u.a. durch die Möglichkeit von Verweisen auf mehrere DSA (Directory System Agent). Der DUA muß nicht auf jedem Endsystem betrieben werden, sondern nur noch auf wenigen "Directory-Zugriffsknoten".

Hinsichtlich des Protokolls von dort zu den Endystemen gibt es folgende Vorschläge:

- Directory Assistance Protocol (DASP) [ROS91]: Export des Directory-Nutzerinterfaces auf einem TCP-Stack.
  Der Umsetzer zwischen dem komplexen Directory-Zugriffsprotokoll und DASP wird als *Directory Assistent* bezeichnet. der Kommandovorrat (Klient → Server) entspricht dem des DISH-Programms (*directory shell*).

- DIXIE [HOW91]: Vereinfachung und Umsetzung des Directory-Zugriffsprotokolls auf einen UDP/TCP-Protokollstack mit den Operationen:
  `READ, SEARCH, LIST, MODIFY, MODIFYRDN, ADD, REMOVE, BIND.`

- Lightweight Directory Browsing Protocol (LDBP) [YEO92]: nicht auf TCP-Stack beschränkt; Protokollelemente sind in ASN.1 definiert, statt BER (Basic Encoding Rules) wird ein Satz von *Simple Encoding Rules* genutzt.

Für diese Vorschläge existieren Klienten- und Serverimplementierungen. Konkrete Betriebserfahrungen mit einer Einbindung dieser Protokolle in Mail-UAs liegen hierzu noch nicht vor.

6 Folgerungen

Die behandelten Architekturelemente sind hier noch einmal im Zusammenhang dargestellt:

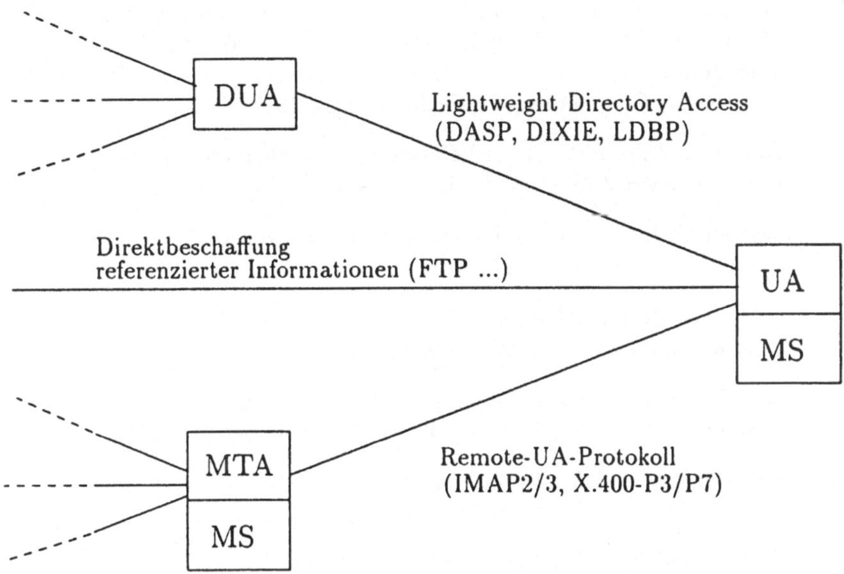

Eine Schwierigkeit der zukünftigen Entwicklung liegt darin, daß die drastisch gestiege-
nen Durchsatzforderungen (und auch die Möglichkeiten neuerer Übertragungstechni-
ken) eigentlich nach einem anderen Protokolldesign in den Schichten 2 bis 4 verlangen
[HEH89]. In operationellen Netzen kann man aber gerade diese Teile nicht so einfach
kurzfristig austauschen.

Auch angesichts neuer Möglichkeiten ("Multimedia-Konferenz in Echtzeit") wird die
elektronische Post einen hohen Stellenwert behalten, weil sie keinen durchgehend einheitlichen Transportsystem-Stack erfordert und daher am einfachsten die Schranken
zwischen verschiedenen Transportsystemen (TCP, ISO-TP0, ISO-TP4 ...) überwinden
kann. Die Entwicklung wird dabei in zwei Richtungen verlaufen:

- Auf hohen Datendurchsatz optimierte Protokolle für den Transfer zwischen
  MTAs,

- Client-Server-Protokolle für den Zugriff vom UA zu MTA/MS und Directory;
  dabei stehen kurze Reaktionszeiten, Standardisierung und nicht unmäßig hohe
  Ressourcenforderungen auf der Client-Seite im Vordergrund.

Literatur

[BOR91]   Borenstein,N.: Metamail Documentation.
           Bell Communications Research, 1991

[BOR92]   Borenstein,N.;N.Freed: MIME (Multipurpose Internet Mail Extensions).
           Mechanisms for Specifying and Describing the Format of Internet Mes-
           sage Bodies.
           Request for Comments 1341, Bellcore, June 1992

[BUT85]   Butler,M.;J.Postel;D.Chase;J.Goldberger,J.K.Reynolds: Post Office Pro-
           tocol - Version 2. Request for Comments 937, ISI, Feb. 1985

[CRI90]   Crispin,M: Interactive Mail Access Protocol - Version 2.
           Request for Comments 1176, Aug. 1990

[CRI91]   Crispin,M: Internet Message Body Extensions to IMAP2.
           Internet Draft, Univ. of Washington, Dec. 1991

[HAR91a]   Hardcastle-Kille,S.E.: PPMS - The PP Message Store: Overall Design.
           Resarch Note RN/91/5, University College London, Feb. 1991

[HAR91b]   Hardcastle-Kille,S.E.: PP Use of Directory.
           Resarch Note RN/92/14, University College London, Dec. 1991

[HAR92]   Hardcastle-Kille,S.E.: The Simple OSI Stack.
           Internet Draft, Mar. 1992

[HEH89]   Hehmann,D.B.;M.G.Salmony;H.J.Stüttgen: High Speed Transport Sy-
           stems for Multi-Media-Applications.
           in: H.Rudin, R.Williamson (Eds.): Protocols for High-Speed Networks,
           Elsevier, 1989

[HOW91]   Howes,T.;M.Smith,B.Beecher: DIXIE protocol specification.
           Request for Comments 1249, Aug. 1991

[KAT91]   Katz,A.;D.Cohen: A File Format for the Exchange of Images in the In-
           ternet.
           Internet Draft, November 1991

[MIL92]   Miles,R.S.;S.Thompson;M.T.Rose: Mapping MHS/RFC-822 Message
           Bodies.
           Internet Draft, March 1992

[RIC91]   Rice,R.: Interactive Mail Access Protocol - Version 3.
           Request for Comments 1203, Dec. 1991

[ROS88]   Rose,M.T.: Post Office Protocol - Version 3.
           Request for Comments 1081, TWG, Nov. 1988

[ROS91]   Rose,M.T.: Directory Assistance Service.
Request for Comments 1202, Feb. 1991

[ROS92]   Rose,M.T.: The Little Black Book - Mail Bonding with OSI Directory
Services.
Prentice Hall, Englewood Cliffs, 1992

[RSB91]   Rosenberg,J.;M.Sherman;A.Marks;J.Akkerhuis: Multi-Media Document
Translation: ODA and the EXPRES Project.
Springer, New York, 1991

[SIE92]   Siebel,M.;M.Crispin;L.Lundblade: Pine Technical Notes - Version 2.4.
University of Washigton, Mar. 1992

[WIC92]   Wickham,G.: The characteristics of the X.500 Directory Interface for
locating and extracting the entries of individuals.
CISRO, Mar. 92

[YEO92]   Yeong,W.;T.Howes;S.Hardcastle-Kille: Lightweight Directory Browsing
Protocol. Network Working Group, OSI-DS 26, Feb. 92

Verteilter X.500 Directory Service: Entwicklungsstand, Anwendungen und Tendenzen

Mansour Farghaly, Atlas Kommunikationsberatungsgesellschaft, München
Peter Pawlita, Siemens Nixdorf Informationssysteme AG, München

Kurzfassung:

Das verteilte X.500 Directory ist ein intelligentes einheitliches Kommunikationsverzeichnis und damit ein Kernbaustein in Büro-,Tele- und Datenkommunikation und Verteilter Verarbeitung. Vorliegender Beitrag beschreibt Grundeigenschaften, Entwicklungsstand,Entwicklungs- und Anwendungstendenzen sowie Nutzen des X.500 Directory. Er erläutert die wichtige Rolle des Directory für eine funktionierende organisationsinterne und -externe Kommunikation, für die problemlose Verteilung von Services im Netz u.a. für die Verteilte Verarbeitung, als Integrationsmedium in der Kommunikation, sowie als Mittel zur Herabsetzung von Netzbetriebskosten. Als Beispiel für den "State-of-the-art" der Entwicklung dient die Directory-Entwicklung DIR von Siemens Nixdorf, die auch technologische Basis des X.500 Directory im Distributed Computing Environment DCE der OSF ist.

1. Einordnung des verteilten X.500 Directory

Das X.500 Directory ist einer der wenigen Kommunikationsbausteine, der für eine größere Vereinheitlichung in Kommunikationsnetzen sorgt; er wirkt damit der permanent steigenden und immer weniger beherrschbaren Vielfalt in den Netzen entgegen. Bisher führt die Vielfalt der Kommunikationsformen und Netze dazu, daß in steigendem Umfang und an verschiedenen Orten Kommunikationsadressen angehäuft werden - in sog. "Directories" ("Ádreßbüchern" bzw. "Teilnehmerverzeichnissen"). Teilnehmer von Kommunikations- und Computernetzwerken nutzen in der Praxis ständig nebeneinander **verschiedene** Directories; Beispiele sind öffentliches Telefonbuch, Branchen- und Firmentelefonbuch, Abteilungstelefonlisten, Telefonregister im Taschenkalender oder Notebook Computer, Directories in Electronic Mail-Systemen (z.B. UNIX®1)-Mail), Server-Verzeichnisse in verteilten Computersystemen, usw.. Nachteilig ist: diese Directories sind meist anwendungsspezifisch, häufig redundant (d.h., gleiche Objekte treten in mehreren Directories auf) und inkonsistent, veralten schnell ("Adreßdatenfriedhöfe"), und unterstehen unterschiedlichen Verantwortlichen. Geeigneter und kostengünstiger ist statt dessen **ein** einheitliches intelligentes und standardisiertes **Kommunikations- und Eigenschaftenverzeichnis**, das verteilte X.500 Directory.
Ein Directory dient dazu, Informationen über Objekte und deren Eigenschaften zu speichern, zu verwalten und netzweit abrufbar zu halten, sowie Namen von Objekten auf netzwerkgerechte Namen bzw. Adressen abzubilden. Objekte sind z.B. Länder, Firmen, Organisationseinheiten, Personen, Computer, Drucker, Dateien, Programme oder Services. Im Prinzip ist ein Directory ein hierfür ausgelegtes Datenhaltungssystem.Oft bezeichnet man ein Directory als intelligentes "elektronisches Telefonbuch" wegen seiner Ähnlichkeit zu einem Telefonbuch; in letzterem findet man zu Namen von Personen oder Firmen/Organisationen deren Telefonnummern im Netz. Die Eigenschaften eines Directory gehen aber deutlich über ein solches hinaus, wie weiter unten gezeigt wird.

Wichtige **Anforderungen** an ein universelles verteiltes Directory aus Benutzer- und Betreibersicht sind und lagen bei der DIR-Entwicklung (vgl. Abschnitt 5) zugrunde:
- Grundeigenschaften
- Auslegung als verteiltes Datenhaltungssystem mit großem Datenumfang
- Verhalten aus Benutzersicht wie lokales Directory, d.h., Verbergen der realen verteilten Struktur gegenüber dem Benutzer ("Single directory image")

- flexible Datenstruktur
- Portabilität bzw. Verfügbarkeit auf mehreren Plattformen
- Eigenschaften aus Anwendungssicht
  - Eignung für verschiedene Anwendungen
  - Unterstützung benutzerfreundlicher Namensgebung
  - Unterstützung bei verschiedenartigen Suchabfragen
  - (einheitliche) Zugangsberechtigungen und -prüfung
- Offenheit: Konformität zum X.500 Standard, genormtes API (Application Program Interface)
- Betriebseigenschaften
  - leichte Administrierbarkeit
  - Verträglichkeit mit vorhandenen Netzen
  - hohe Verfügbarkeit (durch hohe Verteilbarkeit, Replikation).

Ein Directory, das diese genannten Anforderungen erfüllt,
- sichert ständige netzweite Verfügbarkeit, Aktualität und Konsistenz der Informationen (wenige kurzzeitige Inkonsistenzen im Vergleich zu der Gesamtzahl der Objekte werden bei Update-Vorgängen toleriert), und stellt Informationsänderungen nur jeweils an einer Stelle sicher
- verbirgt die reale Komplexität des verteilten Systems
- fördert die offene und weltweite Kommunikation auf Basis von OSI
- wirkt als Integrationsfaktor für unterschiedliche Services, Anwendungen, Organisationseinheiten, usw. (vgl. Abschnitt 8)
- führt zu Kosteneinsparungen bei den Netzbetriebskosten: der Aufwand für Erstellung und Pflege eines einzigen Adreßverzeichnisses ist wesentlich geringer als der übliche Aufwand in bestehenden Rechnernetzen, wo sämtliche Informationen über alle zulässigen Partner in jedem Rechner komplett gespeichert sind
- ist eine wichtige Voraussetzung für eine funktionierende interne und externe Kommunikation einer Organisation, z.B. einer Firma. Kommunikationsbeziehungen werden dabei nicht vorgeneriert, sondern spontan nach dem Prinzip von "Angebot und Nachfrage" gebildet. Vom Arbeitsplatz soll man auf alle Informationen und Informationsträger innerhalb einer Organisation zugreifen können, vorbehaltlich entsprechender Berechtigung.

Client-Server-Struktur des verteilten X.500 Directory
Entsprechend Standard beruht die technische Struktur des Directory Service auf dem "Client-Server-Prinzip" (**Bild 1**). Den Zugang zum Directory Service liefert der sog. **Directory User Agent** DUA, ein Anwendungsprozeß im Client-Rechner. Den eigentlichen Service stellt der **Directory System Agent** DSA auf dem Server-Rechner zur Verfügung.Die Trennung von Client und Server ermöglicht leichtes Einbringen neuer Clients und Rückwirkungsfreiheit bei Rechneraustausch oder Ortswechsel des Servers. DUA und DSA arbeiten mittels "Directory Access Protocol" dap zusammen. Der Directory Service ist für den Einsatz in größeren, komplexen Netzwerken konzipiert; in solchen liegt die Gesamtheit der Directory-Informationen in der Regel nicht auf einem einzigen Rechner (Beispiel: es ist praktisch unmöglich, alle Telefonteilnehmer weltweit auf nur einem Rechner zu führen). Dadurch wird der Directory Service zu einem **verteilten Service** mit mehreren DSAs (**Bild 2**); die miteinander verbundenen DSAs bilden einen logischen "X.500 DSA Backbone". Die Kommunikation zwischen den DSAs erfolgt mittels "Directory System Protocol" dsp.

Bild 2 zeigt das Zusammenspiel der Instanzen bei einem verteilten Directory mit 2 Standorten genauer. Eine Anwendung greift mit Hilfe des Directory-Zugriffsbausteins (DUA) auf DSA A und dessen Adressenbestand zu, z.B., um die Mailadresse eines Teilnehmers im X.400 Mail Service abzurufen. Enthält der DSA A die gewünschte Information nicht, wird die Anfrage mit standardisierten Mechanismen an andere DSA mit der gewünschten Information, z.B. an DSA B, weitergegeben.

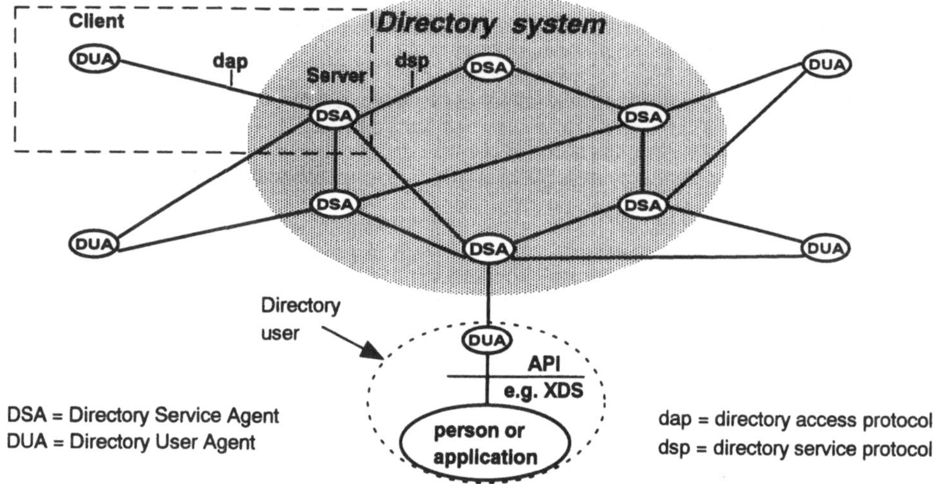

Bild 1: Logisches Funktionsmodell des Directory

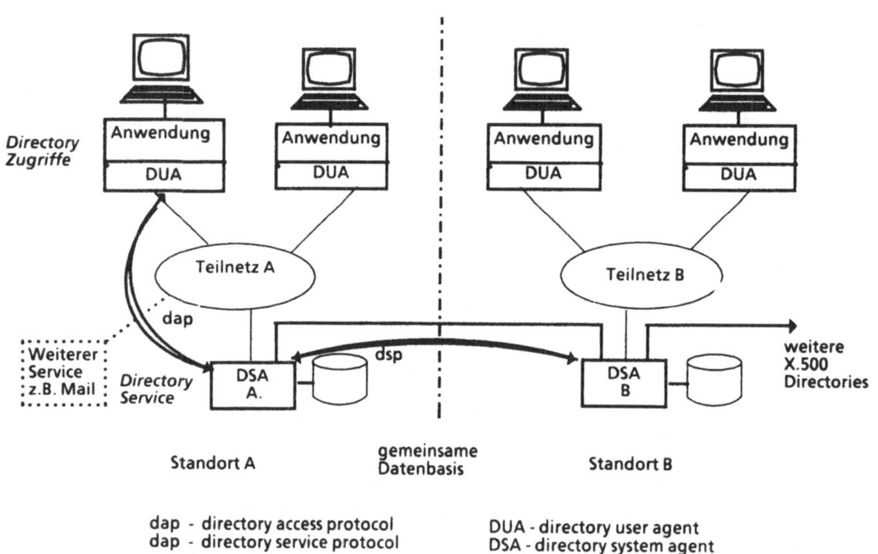

Bild 2: Zusammenarbeit von Instanzen beim verteilten Directory Service

2. Prinzipielle Anwendungen und Nutzen

X.500 Directories bieten viele prinzipielle Einsatzmöglichkeiten (**Bild 3**). Insbesondere bringt ein einziges Kommunikationsverzeichnis für mehrere Services eine Aufwandsreduktion bei Verzeichniserstellung und -pflege und vereinfacht die Bedienung. Prinzipielle Anwendungen und deren Nutzen sind wie folgt:

Büro- und Telekommunikationsanwendungen:
- Electronic Mail (X.400). Hierbei liefert der Directory Service Mail-Adressen und Verteilerlisten für die Dokumentübermittlung; damit wird der Gesamtvorgang einschließlich Wahlnummernzugriff papierlos. Für weltweiten Mail-Verbund ist die Nutzung weltweit zusammenarbeitender X.500 Directories quasi ein "Muß".Directory-Nutzung durch Mail wird z.B. in /BIBE 89, DATA 92/ behandelt.
- als Baustein in integrierten Office Automation-Paketen wie z.B. OCIS ®2), die neben Directory und Mail meist noch weitere verteilte Büroanwendungen bieten, wie Print Service, File Service, Datenbank-Service. Besonders vorteilhaft ist dabei die Mehrfachnutzung eines Directories für mehrere Dienste
- weitere Telecom-Dienste neben Mail, wie Telefax, Teletex und Telex; der Nutzen ist dabei ähnlich wie bei integrierten OA-Paketen (Mehrfache Nutzbarkeit, Papierlosigkeit des Gesamtvorgangs); zusätzlich lassen sich leichter Nachrichten über alternative Dienste bzw. Routen versenden. Bei Siemens Nixdorf wird das Directory bereits durch den Fax-Service TEA in SINIX ® 1) genutzt.
- Telefonie, z.B. computergestütztes Telefonieren; dabei nutzt man ein jederzeit aktuelles Directory an Stelle rasch veraltender Telefonbücher, z.B. bei TELAS/ PAWL 91/
- Vorgangsbearbeitung: dabei werden Objekte und Ressourcen im Directory beschrieben und über das Directory auffindbar gemacht.

TK - Anwendungen von Directories beschreiben u.a. /KIVS 89, OVUM 91/.

Datenkommunikations-Anwendungen:
- Verteilte Verarbeitung, z.B. mit dem OSF DCE , vgl. Abschnitt 6
- OSI-Anwendungen, wie z.B. FTAM (Filetransfer), EDI, ggfs. auch OSI-TP-Anwendungen, usw.. Vorteilhaft sind dabei die Nutzbarkeit eines standardisierten Service und potentielle Mehrfachnutzung
- Netzmanagementanwendungen; hierbei können für das Netzmanagement interessierende Objekte im Directory abgelegt werden
- als optionales Kommunikationsverzeichnis mit OSI-konformer Adressierung in existierenden Datennetzen, wie z.B. TRANSDATA®2) von SNI.

Anwendungen außerhalb von Computervernetzungen:
- Einsatz in PBX-Systemen, z.B. für Adressen von Teilnehmern
- Einsatz als DB für baumorientierte Strukturen, z.B. Organigramme
- Einsatz als beliebiges Auskunftsystem, z.B. für Telefonauskunft.

Alternativ wären aufwendige eigene Datenhaltungsysteme zu realisieren.
Betreiber von Directories bzw. Directory - Anwendungen können sein:
- Organisationen, die ein "Corporate Directory" betreiben
- mehrere autonome Organisationen, die ein gemeinsames Directory betreiben
- Diensteanbieter, die einen X.500 Service betreiben, z.B.
  . VAN (Value Added Network)-Service-Betreiber, z.B. für Electronic Mail
  . Telecom-Gesellschaften, z.B. als Online telephone oder Videotex directory.

3. X.500 Standard und Grundeigenschaften des verteilten X.500 Directory

Der Directory Standard nach X.500
Der Directory Service ist ein zentraler "Building Block" des OSI-Modells und bietet einen Service der Schicht 7. Der Directory Standard ist technisch gleichwertig in den CCITT Recommendations der Serie X.500 und in ISO IS 9594 festgelegt.

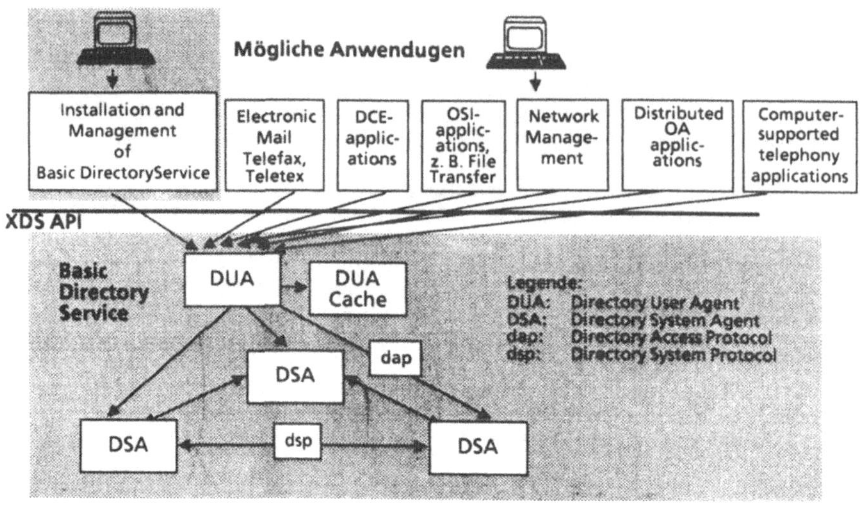

Bild 3: Anwendungen eines Verteilten Directory Service, z.B. von DIR

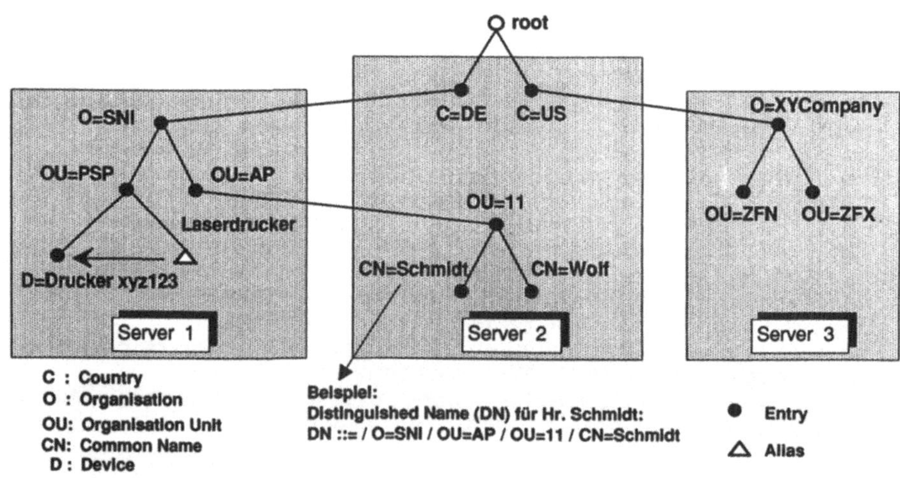

Bild 4: Directory Information Tree (DIT), prinzipielles Beispiel

Grundlegende logische Informationsstrukturen:
Der Standard definiert die Anordnung der Informationen in der Directory-Datenbasis ("**Directory Information Base**" DIB) in Form einer logischen hierarchischen Baumstruktur, den sog. "**Directory Information Tree**" DIT (**Bild 4**). Diese ermöglicht eine eindeutige Namensgebung, ohne daß sich die Directory-Administratoren untereinander absprechen müssen.
Wichtige Eigenschaften des X.500 Standard mit bisherigem Stand von 1988 sind :
- Directory verteilbar auf mehrere Rechner
- streng hierarchisches Datenmodell (DIT, wie oben beschrieben)
- Unterstützung dezentraler Datenabfrage.Trotz übergreifender gemeinsamer Datenstruktur wird der Auskunftsdienst "vor Ort" auf mehreren Rechnern unabhängig voneinander erbracht. Sollte der angesprochene Teildienst eine Auskunft nicht erbringen können, so stellt dieser auf Wunsch transparent für den Benutzer interne Nachfragen bei anderen DSAs. Damit ist das Directory eine stark verteilte Anwendung mit eher lose gekoppelten Teilsystemen.
- Datenmodell:**Objekte** der realen Welt wie Personen, Organisationseinheiten, Geräte, Prozesse, usw., werden in einen Baum von **Entries** der Modellwelt des Directory - Datenmodells abgebildet. Aufgrund der strengen Hierarchie besitzen alle Entries einen eindeutigen Namen, den sogenannten **Distinguished Name**. Dieser ergibt sich durch Pfadverfolgen von der Wurzel des Baumes aus. Beispielsweise hat der "Laserdrucker" den Distinguished Name "/ DE / SNI / PSP / Drucker xyz123". Aufgrund der Baumstruktur läßt sich jedes Entry und damit jedes Objekt eindeutig identifizieren; das Directory läßt auch mehrere Objekte gleichen Namens (z.B. "Laser printer") unter verschiedenen Entries zu.
- Die Entries beinhalten eine beliebige Menge von **Attributen** (**Bild 5**). Mögliche Attributtypen sind z.B. Name, Telefonnummer, usw., mit jeweils 1 oder mehreren Werten ("recurring attributes", z.B. bei mehreren Telefonnummern einer Person)(**Bild 5**).Einige Attributtypen, wie z.B. Mail-, Telefon- und Telefaxnummern, sind bereits standardisiert; für FTAM erwartet man eine Standardisierung.
- Verschiedene Mechanismen zum Wiederauffinden der Informationen:
    - look up, d.h. gezielte Nachschlagfunktionen für Einträge (vergleichbar einer Abfrage der "weißen Seiten" im Telefonbuch)
    - Suche mittels "Filtern",analog den "gelben Seiten"im Branchentelefonbuch
    - "Schmökern" in der Datenhaltung ("browsing")
- Volle Flexibilität der Datenstruktur des Directory durch Festlegung im sog. "Directory Schema" (Struktur- und Inhaltsbeschreibung des jeweiligen Datenbaumes). Dieses sorgt bei Aktualisierung der Daten für die Einhaltung der hierarchischen Namensstruktur sowie dafür, daß Objekten die festgelegten Attribute und syntaktisch richtige Attributwerte zugeordnet werden.
- komfortables Navigieren im DIT durch Angabe selbsterklärender Benennungen oder sogenannter Alias-Einträge, also alternativer Namen eines Eintrages. Dies ermöglicht eine benutzerfreundliche Namensgebung (z.B."Laserdrucker" statt "Drucker xyz123").
- Weiterreichen von Anfragen: findet der angesprochene DSA die gewünschte Information nicht in seinem Datenbestand, so stehen 3 Mechanismen für die weitere Behandlung der Anfrage zur Verfügung:
    - "Referral": der angesprochene DSA gibt die Anfrage an den assoziierten DUA zurück zusammen mit einem Verweis, welcher DSA alternativ anzusprechen ist. Die automatische Weitergabe wird mit Hilfe des Directory Access Protocol (dap) abgewickelt.
    - "Chaining": der angesprochene DSA leitet die Anfrage mit Hilfe des Directory System Protocol (dsp) direkt an einen anderen DSA weiter
    - "Multi-Casting": der DSA gibt die Anfrage mittels dsp direkt an mehrere DSA weiter.
- Unterstützung von Objektgruppen, mit einem gemeinsamen Gruppen - Entry für alle Objekte (nützlich z.B. für Verteilerlisten)
- Authentisierung, d.h. Prüfung von Zugangsberechtigungen mittels Name und Paßwort des Benutzers, um unbefugte Zugriffe zu verhindern

- Spezifikation als Service (die einzige standardisierte zugehörige Programm-schnittstelle mit Namen "XDS" stammt von X / Open / XOPE 91 /).

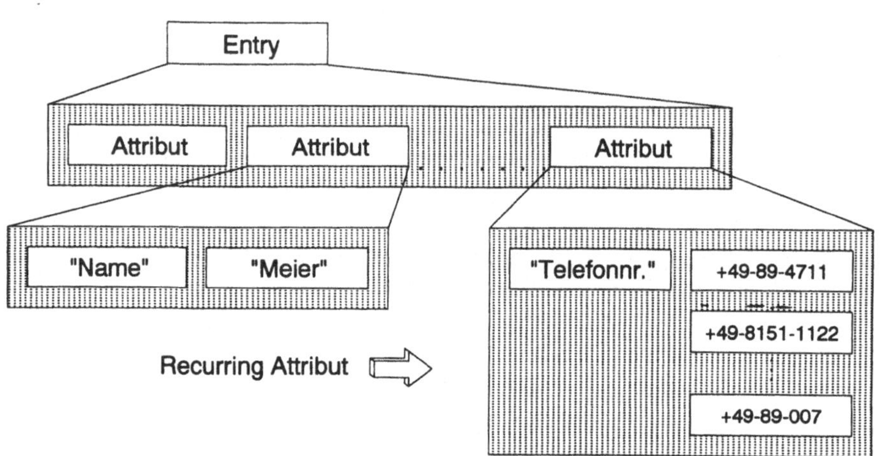

Bild 5: Aufbau eines Entry nach X.500

4. Die Weiterentwicklung des X.500 Standard

Die erste und derzeit noch gültige Fassung wurde 1988 gemeinsam von der ISO und CCITT verabschiedet. Diese legte die grundlegenden bereits skizzierten Eigen-schaften eines Directory fest. Viele zu standardisierende Bereiche wurden 1988 aufgrund des Standardisierungsumfanges bewußt ausgeklammert. Die Verabschiedung der für 1992 geplanten Fortschreibung des X.500-Standards verschiebt sich in das Jahr 1993. Dieser (nunmehr "93er Standard") enthält voraussichtlich folgende **neuen** Punkte, vgl. auch / FANT 92 /:
- Erweiterung des Informationsmodells, d.h. Festlegung von Art und Umfang der administrativen und Benutzerdaten im Directory. Da das Directory eine Datenablage darstellt, werden einfacherweise auch die administrativen Daten, wie z.B. Verweise auf andere DSAs mit deren Teilbäumen, genauso wie Benutzerdaten selber abgelegt. Für diese sogenannten "Arbeitsattribute" haben bereits existierende Produkte bisher intern eigenständige Festlegungen getroffen. Die Standardisierung ist ein wichtiger Schritt zur Vereinheitlichung und damit zu weitergehender Interoperabilität.
- Verbesserung der verteilten Administrationskonzepte, d.h. die Möglichkeit, das Management eines Teilbaumes eines DIT mit mehreren DSAs auf eine geeignete Organisation zu übertragen. Explizit lassen sich administrative Einflußbereiche mit Zuständigkeit für bestimmte administrative Aufgabengebiete definieren.
- Umfangreiche Berücksichtigung von Zugriffsrechten (Access Control). Ein Zugriffsrecht kann von einem einzelnem Attributwert (z.B. der privaten Telefonnummer von Mitarbeiter Schmidt) bis zu einem Unterbaum (die privaten Telefonnummern aller Mitarbeiter in der Abteilung AP 11) festgelegt werden, d.h., die Granularität des Zugriffsschutzes ist fein einstellbar. Auch die Art des erlaubten Zugriffes ist einstellbar und nach Muster entsprechender Mechanismen in Netzwerk-Dateisystemen aufgebaut .

- Behandlung von Replikationen durch zusätzliche Protokolle (dies war 1988 noch nicht im Umfang des Standards, in den Fehlermeldungen aber schon berücksichtigt!). Replikationen sind von größtem Einfluß auf die Performance eines Directory-Systems. Dabei werden Teile des Datenbestandes als Kopie von denjenigen DSAs vorgehalten, die die Abfragen sonst innerhalb des DSA-Netzwerkes weiterreichen müßten
- Das Schema, d.h. die Beschreibung von Struktur und Inhalt des Datenbaumes, ist erstmals vollständig formalisiert. Damit läßt es sich wie andere Daten auch austauschen und Schemaänderungen lassen sich effektiv verteilen. Ein übergreifendes Schema (System-Schema) kann von lokal zuständigen Administrationen für den eigenen Bereich verfeinert (Subschema) und damit auf lokale Gegebenheiten "zugeschnitten" werden.
- Volle Aufwärtskompatibilität alter und neuer Protokolle ist gegeben. Die existierenden Protokolle wurden nicht verändert. Statt dessen sind neue Protokolle hinzugekommen. Damit ergibt sich ein unkomplizierter Migrationsweg von Produkten entsprechend 88er zum 93er Standard.

Generell läßt sich feststellen, daß X.500(88) die Benutzersicht eines Auskunftssystemes betont hatte, während die neueren Festlegungen nunmehr aus der Sicht des Administrators interne Vorgänge definieren.

Trotz oder gerade wegen der vielen neuen Möglichkeiten kann man den neuen Festlegungen jedoch nicht vollkommen vorbehaltlos gegenüberstehen.

Der 93er X.500-Standard bietet im Detail äußerst umfangreiche Möglichkeiten, die gerade in ihrer Kombination eine enorme Komplexität besitzen.

Einmal ist da der sehr hohe Aufwand bei Produktentwicklung und Qualitätssicherung sowie eine hohe innere Komplexität der Produkte mit entsprechendern Schwierigkeiten bei der Produktstabilisierung und dann natürlich beim Produkteinsatz.

So ist z.B. der Bereich der Zugriffsrechte durch seine umfangreichen Möglichkeiten alleine bereits ein komplexes Feld. Die Zugriffsrechte für ein Attribut können an unterschiedlichen Stellen und damit mehrfach im DIT hinterlegt sein. Der wirksame Zugriffsschutz ergibt sich dann aus einer Kombination der einzelnen Schutzangabe sowie einer zusätzlichen Priorisierung der einzelnen Rechte relativ zueinander. Diese komplexe Ermittlung kann sehr leicht unübersichtlich werden, ein Aspekt, der wiederum der praktischen Erreichbarkeit von Sicherheit abträglich ist.

Andererseits können im praktischen Einsatz die neuen Möglichkeiten zu komplexen Wechselwirkungen führen. So kann z.B. durch ungeschickte Vergabe von Zugriffsrechten ein enormer Performanceverlust auftreten weil die Überprüfung der Zugriffsrechte nach dem Finden des jeweiligen Eintrages zusätzliche Datenzugriffe im (i.a. verteilten) DIT nach sich ziehen können.

Kurz angesprochen wurden bereits die "Alias-Namen", die Verweise auf andere Einträge im Datenbaum darstellen. Diese alternativen Kurznamen stellen sich bei einem ersten Blick als benutzerfreundliche Alternativen zu den hierarchischen Namensstrukturen dar. Auf den zweiten Blick haben jedoch auch nach den 1993er Festlegungen Aliase (weiterhin) ihre Tücken. So muß ein Alias vom Benutzer gepflegt werden, d.h. das Directory garantiert nicht, daß ein Alias nach der Einrichtung weiterhin auf irgendeinen sinnvollen Eintrag verweist: wird z.B. ein Alias namens "Zuständiger Redakteur" auf einen Entry "John Smith" gesetzt, letzterer verläßt jedoch die Firma und es gibt eine Neueinstellung namens "John Smith" im gleichen Bereich, so weist der Alias tatsächlich auf einen falschen Eintrag.

Da Aliase, wie auch normale Entries, nach X.500 globale Informationen darstellen, ist es vielfach ebenfalls Aufgabe eines Administrators, die Aliase zu verwalten. Mit einem Alias wird somit die Administration nicht einfacher, sondern tatsächlich komplexer, da ein Alias zusätzlich manuell überwacht werden muß.

Folgende wichtigen Themen werden auch im 93er Standard noch offen bleiben:

- Für den effektiven Einsatz ist eine Kostenkontrolle durch den Benutzer sowie auch des Netzbetreibers notwendig (z.B. durch Budgetierung der Directory-Verwendung), weil einzelne Suchfragen bei entsprechender Verteilung der Daten enorme Kosten verursachen können. Eine Kostenkontrolle ist bisher in X.500 jedoch nicht vorgesehen.
- Der Standard sieht auch keine Möglichkeit vor, interne Abrechnungdaten zu ermitteln, so daß Daten für die praktisch wichtige Einsatzoptimierung des verteilten Datenbestandes fehlen.
- X.500 berücksichtigt bisher nur den westlichen Kulturkreis. Auf die Problematik eines sprachenübergreifenden namensbasierten Auskunftdienstes z.B. auch im arabischen oder chinesischen Sprachraum geht der Standard bisher nicht ein.

Organisatorisch fehlt es noch an Festlegungen für das Directory-Schema. Der X.500-Standard alleine bietet keine Grundlage für die Zusammenarbeit von weltweit verteilten Systemen. Hier fehlen noch viele Voraussetzungen sowie entsprechende nationale und internationale Absprachen über die Detailstruktur von übergreifenden Auskunftssystemen, die auch teilweise bereits entstehen /INTE 91/. 1993 wird es außer den besprochenen Verfeinerungen des X.500-Standards auch einen größeren praktischen Einsatz von X.500-basierten Directories im Bereich der PC-Netzwerke geben.

Ein Fazit: Es ergibt sich insgesamt ein differenziertes Bild. Einmal wird sich mit dem Einsatz eines Directory nach X.500 die heutige Situation in großen Netzwerken deutlich zum Besseren wandeln; die bessere Information über Netzteilnehmer und Netzdienste wird die generelle Akzeptanz von elektronischen Medien zum Datenaustausch deutlich verbessern. Andererseits ist für die profunde Auswahl und den effektiven Einsatz solcher Produkte ein spezielles, vielfach noch fehlendes Know-how notwendig. Manche für die Praxis wichtige Festlegungen müssen sich erst noch entwickeln. 1993 wird voraussichtlich das erste Jahr sein, in dem X.500 als eigenständiges Thema breitere öffentliche Aufmerksamkeit gewinnen wird.

5. Directory-Entwicklungsstand am Beispiel des Directory von Siemens Nixdorf

Der von der Siemens Nixdorf Informationssysteme AG entwickelte X.500 Directory Service DIR ist als universeller Basisbaustein für die Kommunikation und als Produktlinie auf allen Mainline-Plattformen konzipiert. DIR.X ist ablauffähig auf allen SINIX-Modellen bis SINIX 5.4, im OSF DCE (vgl. Abschnitt 6), auf BS2000®2) sowie als Client auf MS-DOS ®4)/Windows 3.x .
Die DIR-Produktlinie unterstützt zum einen die in Abschnitt 3 genannten Funktionen des X.500 Standard von 1988. **Zusätzlich** enthält DIR.X folgende Leistungen, die für den praktischen Directory-Einsatz erforderlich sind, aber im Standard nach bisherigem Stand nicht oder nur unvollkommen berücksichtigt waren:
- Standardisiertes API, wie von X/Open für XPG4 vorgesehen (ab DIR V3)
- qualifizierte Authorization/Access Control. DIR.X unterstützt einen Zugriffsschutz auf Objekt-/Attributebene mit 3 Sicherheitsklassen
- Shadows (Kopien): von häufig benutzten "Master-Informationen", die auf einem anderen als dem assoziierten Default DSA liegen, können auf letzterem Kopien angelegt und automatisch aktualisiert werden (kürzere Zugriffszeiten, weniger Zugriffe, damit Senkung der Nutzungskosten). Die Shadows werden periodisch oder administratorgesteuert auf den Stand der Master-Informationen gebracht; eine vorübergehende Inkonsistenz vernachlässigbar weniger Daten im Vergleich zur Gesamtzahl wird dabei toleriert.
- Cache im Client-Rechner für häufig abgefragte Objekte, mit automatischem Überschreiben, wenn diese eine Zeitlang nicht benutzt werden
- entfernte Administration
- variable Namens- und Attributstrukturen, zur Nutzung des Directory auch außerhalb üblicher "Land/Stadt/Organisation/Suborganisation"-Strukturen
- erweiterte Baumbehandlungsfunktionen, z.B. für ganze Teilbäume.

DIR.X ist in der Programmiersprache C realisiert. Es arbeitet auf C-ISAM- und INFOR-MIX ®3)-Datenbanken. Für entfernte Operationen wird der (ebenfalls von CCITT und ISO standardisierte) Remote Operations Service ROS verwendet.
Nach einer Untersuchung der Londoner Software- und Consultingfirma Logica Ltd. im Auftrag der EG ist DIR.X eines von lediglich zwei Produkten, die die von der EG geforderten Kriterien für Ausschreibungen erfüllen; Anschlußtests an den DFN- und PARADISE-Netzen (vgl. Abschnitt 7) sind im Gange.

Als **SNI-Standardanwendungen** von DIR sind hier exemplarisch genannt die folgenden Anwendungen von DIR-X V2.1: MAIL-X (unterstützt Mail Service nach X.400), PRINT-X (Print service), FILE-X (Ablageservice), OCIS ®2) (Office Communication and Information Systems, d.h. ein integriertes Office automation package), TEA-FAX (Faxanschluß in SINIX).
Auch für DIR in BS2000 und MS-DOS/Windows sind entsprechende Anwendungen geplant. Als "Fenster" zum DIR-Inhalt existiert ferner ein prototypischer Abfrage-baustein "UIDS" (User Interface for Directory Service") mit MOTIF-Oberfläche. UIDS unterstützt Informationsabruf (analog zur Suche in den weißen bzw. gelben Seiten des Telefonbuchs), Schmökern und Veränderungen in der Datenbasis.

Aus dem Gesagten geht hervor, daß die Einsatzmöglichkeiten von Directories beachtlich über die eines "elektronischen Telefonbuchs" hinausgehen ("verteiltes intelligentes elektronisches Kommunikationsverzeichnis").
Die wichtigsten **Vorteile** eines hochentwickelten verteilten X.500 Directory, z.B. auf Basis der DIR-Produktlinie von Siemens Nixdorf, sind:
- konsistentes Kommunikationsverzeichnis statt unabhängiger einzelner Adress--verzeichnisse auf den einzelnen Rechnern
- dadurch erheblich reduzierter Administrationsaufwand
- zentrale Verwaltung von Zugriffsrechten
- X.500-Konformität und standard-konformes API (XDS/XOM von X/Open),
- weltweiter Zugriff auf X.500-konforme Directories
- Verfügbarkeit auf verschiedenen Plattformen.

Zur konsequenten **Weiterentwicklung** der DIR-Produktfamilie sind u.a. geplant: Realisierung des X.500 Standard von 1993, Weiterentwicklung der Administrations-oberfläche, Unterstützung weiterer Anwendungsprofile, Bereitstellung auf weiteren Plattformen.

Weitere Directory - Realisierungen:
Neben DIR von Siemens Nixdorf sind weitere Directory - Entwicklungen bekanntge-worden, u.a. von Data General, Hewlett Packard, ICL, Marben, NCR, OSIware, Retix, Wollongong.
Die Realisierungen unterscheiden sich insbesondere in bezug auf Zielsetzung, Ein-satzfähigkeit standalone/integriert, Directory-Verteilbarkeit, Funktionalität als ver-teiltes System (caching, replication), Plattformen, Konformität zum Standard, Unterstützung des API XDS, Funktionsumfang der Suchfunktionen, usw..
Eine in Universitätsumgebung häufig eingesetzte Realisierung ist "QUIPU" des University Collage, London, die im Rahmen des ISODE packages verfügbar ist.

6. Der Directory Service im Distributed Computing Environment DCE der OSF

Directory-Funktionen sind auch eminent wichtig für Verteilte Verarbeitung. Distributed Computing Environment DCE der Open Software Foundation OSF ist ein Paket mit herstellerunabhängigen Produkten und Services für eine Client-Server-strukturierte Verteilte Verarbeitung. Erste Produkte werden seit Anfang 1992 von OSF und im Laufe des Jahres 1992 von mehreren Lizenznehmern (unter anderem SNI) auf UNIX- und anderen Computerplattformen angeboten. DCE wird sich wahrscheinlich als Marktstandard für Verteilte Verarbeitung durchsetzen / BIDL 91 /.
Der "DCE Naming Service" beinhaltet die Directory-Funktionen im DCE. Er ist eine Schlüsselkomponente des DCE-Pakets, zum einen als eigenständiger Service für An-

wendungen und als notwendige Komponente für andere DCE Services (Remote procedure call RPC, Security und Distributed file system), die ein zuverlässiges, sicheres und performantes Adressverzeichnis voraussetzen. Er liefert die Adressen für ortstransparente Zugriffe auf Server und Anwendungen. Die DCE Naming Architecture baut konzeptuell auf "cells" auf, die untereinander durch einen globalen X.500-Directory Service verknüpft sind. Der DCE Naming Service umfaßt daher

- einen globalen (X.500 Directory) Service nach X.500-Konventionen, der aus dem Siemens Nixdorf Produkt **DIR.X** abgeleitet ist, und
- einen "cell naming service", d.h. ein lokales "Telefonbuch" innerhalb einer "cell"; eine "cell" ist eine abgegrenzte lokale Domäne mit hoher Konnektivität, großer Vertrauenswürdigkeit (Sicherheit) und einheitlichem Namensraum.

Der globale X.500 Directory Service ist der umfassendere; er ermöglicht die **Verteilung** des Directory, die Zugriffe auf entfernte Directories, sowie die **Verbindung** von cells untereinander. Der von Digital Equipment realisierte cell naming service ist dagegen für die häufige Suche nach Adressen innerhalb einer lokalen cell konzipiert. Naming Anwendungen können entsprechend **Bild 6** beide Services über die gleiche, von X/Open genormte Schnittstelle XDS ansprechen.

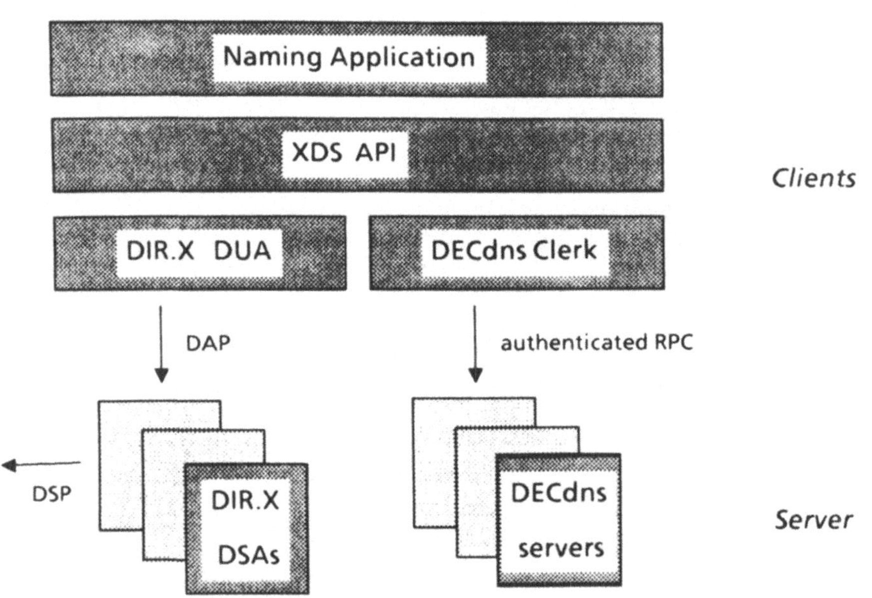

Bild 6: Zusammenhänge des Naming innerhalb DCE

Das Mapping der Aufrufe an der XDS-Schnittstelle auf DUA und DECdns clerk geschieht wie folgt: im XDS-Baustein entscheidet ein "Schalter" auf Basis lokal gehaltener Information, ob eine Anfrage innerhalb der cell zu beantworten ist oder nicht. Im ersten Fall wird der XDS-Aufruf als Aufruf des lokalen DECdns Server, im zweiten Fall als DUA-Aufruf an den X.500-DSA-Server weitergeleitet. Das Clerk-Server-Protokoll beruht dabei auf dem DCE RPC mit Authentisierung.

Der Naming Service hat eine **zentrale Bedeutung** für DCE, da er die Verteilung von Services im Netz ermöglicht und quasi die reale Komplexität des verteilten Systems gegenüber den Anwendungen verbirgt. Die OSF liefert das Directory DIR von Siemens Nixdorf auf den drei Betriebssystemplattformen AIX, OSF/1 und UNIX 5.4.

Verschiedene Hersteller werden das X.500 Directory des DCE auf ihre Systeme portieren. Die Abstammung von DIR.X als gemeinsamer Quelle bietet hervorragende Voraussetzungen für rasch funktionierendes heterogenes Interworking. Siemens Nixdorf bietet das DCE X.500 Directory mit zusätzlichen Funktionen auch als Standardprodukt an, zuerst als DIR.X V3.0 auf SINIX; dieses enthält auch das genormte dsp-Protokoll sowie die genormte XDS-Schnittstelle.

7. Realisierungs- und Einsatzaspekte

Der Aufbau eines produktiven Directory-Systems beinhaltet technische sowie organisatorische Aspekte, die eine Vielzahl von Fragestellungen nach sich ziehen. Wegen langfristiger Bedeutung und Nutzwert eines einheitlichen Kommunikationsverzeichnisses für den Anwender empfiehlt sich eine sorgfältige Planung von DIT und Verteilungsstrukturen, ggfs. in Verbindung mit einer Kommunikationsanalyse. Zu beachten sind Flexibilität, Wachstumsstrategie, verfügbare Standards und Kosten. Nach Auswahl der Hard- und Software ergeben sich folgende typische Schritte:

DIT - Design
Ein wichtiger erster Schritt ist die Festlegung der Soll-Struktur des DIT. Dieses ist eigentlich ein rein organisatorischer Schritt, da Directory-Produkte an dieser Stelle eine große Flexibilität bieten. Heutzutage gibt es für Europa noch keinerlei Festlegungen in diesem Bereich, weil der Einsatz von Directories sich noch in einem frühen Stadium befindet. Internationale Festlegungen existieren ebenfalls noch nicht. Empfehlungen für Strukturen finden sich jedoch als "Anregung" in der 93er Version des Standards (**Bild 7**).
Generell sollte man zu flache Strukturen vermeiden, so daß bei Wachstum der Datenmenge keine Umorganisation notwendig wird. Einhergehend mit der Struktur werden die zu speichernden Daten selbst durch die Festlegung sogenannter **Objektklassen**, d.h. der Festlegung der Attribute pro Eintrag, definiert. Diese lassen sich auch um benutzerdefinierte Attribute ergänzen. Die Objektklassen sind im Standard bereits vorgegeben, jedoch ist eine Auswahl diverser optionaler Attribute zu treffen. Die Zuständigkeiten für Änderungen an DIT-Struktur und -Inhalt sind durch entsprechende organisatorische Richtlinien eindeutig zu regeln; Uneindeutigkeiten führen auch zu Fehlern im Directory-Datenbestand selbst.

Verteilung der Datenbestände
Ist eine zentrale Speicherung unzweckmäßig, so läßt sich der DIT über verschiedene DSAs verteilen. Für die Verteilung sind aus Kostengründen Netzgegebenheiten (z.B. LAN-WAN-Übergänge), lokale organisatorische Gegebenheiten (Verfügbarkeit entsprechender DSA-Trägersysteme), sowie Performanceaspekte zu berücksichtigen.

Einrichtung und Betreiben einer Directory - Administration
Egal wie benutzerfreundlich die X.500-Software auch zu sein vermag, so ist das X.500-Gebiet in sich komplex und erfordert eine Betreuung der Benutzer sowie eine fachmännische Organisation im Hause. Da ein Directory erst ab einer gewissen "kritischen Masse" eingesetzt wird, sind entsprechende Organisationseinheiten meistens schon existent, müssen sich jedoch erst einmal mit den neuartigen Gegebenheiten des Directory befassen. Die Aufgabengebiete der DSA-Administration sind kurz umrissen:

- Datenadministration
  . Einrichtung/Überwachung/Aktualisierung der Directory - Daten, Einrichtung/Überwachung/Aktualisierung des Directory - Schemas, der verwendeten Objektklassen, eventuelle Ergänzungen der Standard-Objektklassen, sowie Festlegung der gespeicherter Attribute, sowie evtl. Definition eigener Attribute
  . Überwachung der Zugriffsrechte sowie existierender Security-Mechanismen.
  . Optimierung der Netzverwendung durch Verteilung des Datenbestandes, Kopienvorhaltung (Replikationen) im Netz,
  . Absprache mit anderen Datenadministrationen, z.B. für den Interworking - Fall mit externen oder internen Anwendern.
- Migration von Anwendungen und Daten:
  . Überführung von Verzeichnisdaten aus Fremdsystemen (z.B. E-MAIL-Adressen, firmen-lokale Telefonbücher, ...),
  . Technische Begleitung bei der Einführung von zusätzlichen Directory-basierenden Diensten wie etwa elektronisches Firmentelefonbuch, FTAM - Daten im Directory, ...
- Beratungsdienst
  . Unterstützung in der Einführungsphase sowie als laufende Benutzerunterstützung für Probleme verbunden mit dem Zugriff auf Directory- Daten.
- Durchführung der Verordnungen des Bundesdatenschutzgesetzes (bei gespeicherten Personaldaten)
  . Versand von Speicherungsmitteilungen.
  . Änderung/Löschung von Personaldaten im Directory bei Verarbeitung der eingegangenen Änderungsmeldungen

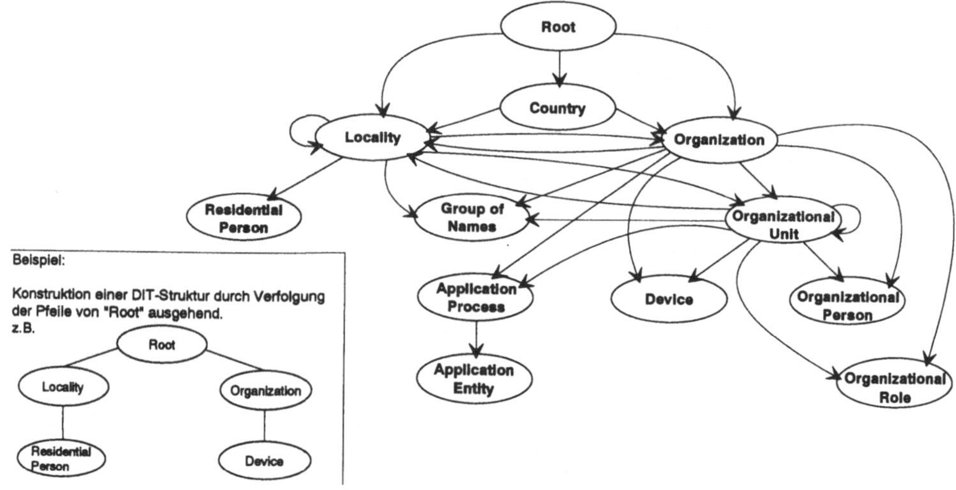

Bild 7: Empfohlene DIT-Struktur nach X.500 (1993)

Anwendungsbeispiele aus der Praxis
Vollständige Kommunikationslösungen bestehen aus Directory Service, z.B. DIR, plus Standardanwendungen der Hersteller oder Anwendungsprogrammen der Kunden oder Softwarehäuser.

Dominierend mit über 90 Prozent der Einsätze von DIR.X auf SINIX ist Mail nach X.400, das durch die Standardanwendungen MAIL-X und OCIS unterstützt wird. Ein praktisches Nutzungsbeispiel für DIR durch MAIL ist der in /PAWL92/ beschriebene unternehmens- und weltweite X.400- Verbund innerhalb von Siemens Nixdorf. Über organisationsübergreifende Einsätze von X.500 Directories im DFN- bzw. PARADISE - Netz berichten die Beiträge / GOOD 93 / bzw. / SCHR 92 /.

8. Zusammenfassung und Perspektiven

Netzweite Kommunikationsverzeichnisdienste (directory services) sind wichtig, um Services und -Partner netzweit und komfortabel ansprechen zu können. Das X.500 Directory ist ein **einheitliches intelligentes Kommunikationsverzeichnis** und damit ein **Kernbaustein moderner Kommunikationsinfrastrukturen**.
Seine Bedeutung ist wie folgt zusammengefaßt:
- Der X.500 Directory Service bietet wichtige gemeinsame Funktionen für die bestehenden Kommunikationsdienste, mit
  - sofortiger großer Bedeutung für Mail nach X.400, weil unmittelbare Verbesserungen in Akzeptanz und Betriebsaufwand zu erzielen sind
  - Nutzbarkeit für viele weitere Telecom- und OSI-Dienste; er ist ein Herzstück der OSI-Kommunikation, wird vermutlich neben FTAM und X.400 der meistgenutzte OSI-Standard sein und auf allen wichtigen Systemplattformen zur Verfügung stehen
- Das X.500 Directory besitzt eine mittel- und langfristig hohe Bedeutung als Integrationsfaktor in der Kommunikation und damit als strategische Komponente für Anwender. Es fördert als Katalysator die weltweite externe sowie interne Kommunikation, z.B. durch unternehmensweite Directories. In / OVUM 91/ wird X.500 auch als "Koordinator für die frühere Vielfalt an Directories" bezeichnet. Datenbestände in globalen Directories sind Produktivfaktoren für effektive Kommunikation und werden zum strategischen Dateninvestment einer Organisation.
- Der DCE Naming Service ist neben RPC die wichtigste Komponente für Verteilte Verarbeitung mit DCE, da er notwendig für die problemlose Verteilung von Services im globalen Netz ist
- Generell steigt die Bedeutung des Directory mit Größe und Vielfalt der Netzinfrastruktur. Ab einer bestimmten "kritischen Masse" führt die Nutzung des Directory zu verringerten Netzbetriebskosten, Synergieeffekten im Netz und erhöhter Transparenz für die Benutzer.

Das X.500 Directory übt eine starke **Integrationswirkung** auf die Kommunikation aus und wirkt damit kontrapunktiv zur dzt. wachsenden Divergenz der Netzteile:
- es ersetzt als universelles Directory mehrere vonander unabhängige, dedizierte Directories, z.B. Mail- und Telefonverzeichnisse
- es bewirkt als verteiltes Directory eine Integration verteilter bzw. unabhängiger Organisationseinheiten durch Dienstleistungen für den internen, organisationsübergreifenden oder weltweiten Computerverbund
- es integriert verschiedene Anwendungen (vgl. Abschnitt 2), wie
  - Büroanwendungen (X.400 Mail und andere Services)
  - DV-Anwendungen, wie z.B. Verteilte Verarbeitung
  - Telekommunikationsanwendungen
  - OSI-Anwendungen (FTAM, EDI, ...)
- es integriert verteilte lokale Zellen in OSF DCE-Konfigurationen
- es integriert Objekte und deren Eigenschaften in einer Datenbasis
- es integriert heterogene Systeme aufgrund der Verfügbarkeit auf verschiedenen Computerplattformen.

Der verteilte X.500 Directory Service ist ein Kernstück moderner Informationstechnologie und seine potentiellen Einsatzgebiete gehen über telefonbuch-äquivalente Anwendungen weit hinaus. Er wird für viele Telecom- und OSI-Dienste und Verteilte Verarbeitung genutzt werden. Insbesondere Mail und DCE werden kürzerfristig als **Motor** für die rasche Ausbreitung und Nutzung des Directory wirken. Zusammenfassend ergeben sich folgende **Tendenzen**:

- **wenige** Produkte bzw. Realisierungen haben einen Stand erreicht, der einen risikolosen Betrieb eines universellen verteilten X.500 Directory ermöglicht. Erste Erfahrungen mit der DIR-Produktlinie von Siemens Nixdorf sind positiv.
- allgemeine Entwicklungstendenzen gehen in Richtung Realisierung des 93er Standard, Vermehrung der Plattformen und Anwendungen, Zusammenarbeit mit Komponenten in existierenden Umgebungen (z.B. Datenaustausch mit bestehenden E-Mail-Adressbüchern, Verbesserung der Administrierbarkeit, Entwicklung regelrechter Directory-Auskunftssysteme.
- Der 93er Standard läßt einen erheblichen Schub an zusätzlicher Funktionalität, aber auch erheblichen Realisierungsaufwand erwarten; dies kann auch zu weiteren Teilrealisierungen des Standard führen
- Die Zahl der Plattformen mit Verfügbarkeit von X.500 Directories wird rasch steigen, die Zahl der Directory-Anbieter wird vermutlich zunehmen
- den Marktdurchbruch von X.500 Directories erwartet man etwa in 2 Jahren.
- Im Mittelpunkt des Interesses der Anwender werden vorläufig die Realisierung von Anwendungen, Einführungsstrategien, Wirtschaftlichkeitsfragen und Migration vorhandener Adreßverzeichnisse stehen.
  Die Einführung eines produktiven X.500 Directory bedeutet für den Anwender den Aufbau von Know-how und einer Directory-Administration.
- ebenso wie Information heute als "vierter Produktivfaktor" gesehen wird, werden Directories für viele Organisationen zu einem wichtigen Produktivfaktor und damit Directory-Daten zu einem strategischen Investment.

Am Ende der sicherlich evolutionären Entwicklung des verteilten X.500 Directory steht die Vision eines einzigen weltweiten verteilten Directories.

® Warenzeichen:
1) SINIX ist das UNIX ® der Siemens Nixdorf Informationssysteme AG. UNIX ist ein eingetragenes Warenzeichen der UNIX System Labs. Inc.
2) eingetragenes Warenzeichen der Siemens Nixdorf Informationssysteme AG
3) INFORMIX ® ist ein eingetragenes Warenzeichen der Informix Software Inc.
4) MS-DOS ® ist ein eingetragenes Warenzeichen der Microsoft Corp.

Literatur

BIBE 89   Biber,A., X.500 Directory - elementarer Baustein einer zukünftigen OSI-Infrastruktur, Datacom (1989), Heft 1, 72 - 76

BIDL 91   Bidlingmaier,K., Pawlita,P., Distributed Computing Environment DCE - ein Meilenstein in der verteilten Verarbeitung, Datacom (1991), Heft 8, 74-77

CCIT 88   CCITT Recommendations of the X.500 series (1988) / ISO 9594

CCIT 92   CCITT Recommendations of the X.500 series (1992) / ISO 9544

DATA 92   München, Datacom-Verlag, Bergheim 1992 Mail-Forum '92,

GOOD 93   Goodman, D., Paradise: The international R&D X.500 pilot, Proc. KIVS 93

INTE 89   Internet, RFC 1107, Plan for Internet directory services, Sollins, K.R. 1989 July

INTE 92   Internet, RFC 1309, Technical overview of directory services using the X.500 protocol, Weider, C.; Reynolds, J.K., 1992 March

INTE 91   Internet, RFC 1255, Naming Scheme for c = US., North American Direct.Forum, Sept.91

KIVS 89   Beiträge der Sitzung "Directory Service in Telekommunikationsnetzen", in: Kühn, P. (Hrsg.), Proc. Kommunikation in verteilten Systemen, Stuttgart 1989, 509ff

LOOS 93   Loose,G. Fantou,P.,X.500:die Neuigkeiten des 92er Standards (unveröff.), München' 92

OVUM 91   Ovum Ltd., X.500 and the Electronic Directory, London 1992

PAWL 91   Pawlita,P.,Computergestütztes Telefonieren - ein aussichtsreiches Konzept verteilter DVA-PBX-Systeme, Proc. KIVS, Mannheim 1991 (Informatik- Fachberichte 267), 335-347

PAWL 92   Pawlita,P.,X.500 Directory:Entwicklungsstand, Anwendungen und Bedeutung als Integrationsfaktor in der Kommunikation, Proc. 7. SAVE-Frühjahrstagung, Bonn 92,1413 ff

SCHI 92   Schill, A., Namensverwaltung in verteilten Systemen, PIK 15 (1992) Heft 1/92, 11-21

SCHR 93   Schröder, R.: Das DFN-Directory - Erfahrungen aus dem Pilotbetrieb (unveröff.), DFN-Verein, Berlin 1992

SNI 90   Siemens Nixdorf Informationssysteme AG, DIR-X (SINIX) - Verteilter Directory Service für offene Systeme nach internationalen Standards, 1989, Best.-Nr. U6232-J-Z142-2

XOPE 91   X/Open Company Ltd.,API to Directory Services (XDS),Reading'91

PARADISE: THE INTERNATIONAL R&D X.500 PILOT

D. Goodman
Department of Computer Science
University College London
Gower Street
London WC1E 6BT

1 PARADISE Overview: Introduction & Goals

The PARADISE project is a pilot international directory service which started under the umbrella of the EUREKA COSINE project. The activity has been led by UCL who have been at the forefront of X.500 activity since 1988. Through its involvement in ES-PRIT projects THORN and INCA, University College London (UCL) pioneered work on distributed directories, and in 1988 developed QUIPU, a complete implementation of the X.500 standard. QUIPU was subsequently deployed extensively throughout Europe, North America and Australia to pilot the Directory in operation.

The other organisations involved in the COSINE project were:

- University of London Computer Centre (ULCC), the service provider

- X-Tel Services, a software company based in Nottingham

- PTT Telecom, the Netherlands became involved as did both Telecom Finland and PTT Switzerland.

The project began on 1 November 1990 and finished on 31 December 1992. However, there was a recognised requirement, both technically and from a strategic point of view, that the PARADISE project should carry on for at least another eighteen months.

2 Realisation Status

The role of PARADISE is to co-ordinate the activities of the various European national X.500 pilots and to provide a central operational X.500 Directory service connecting not only Europe but the rest of the world as well. The project has five principal aims.

2.1 Providing a central service

The architecture of the X.500 Directory is hierarchical, and is usually described as an (inverse) tree, with countries at the top, then organisations, organisational units and people fanning out below them. Right at the top, above the level of the countries, is the root of the tree. The way that the Directory works is that each node in the tree has to know how to find all the nodes beneath it. Each DSA (Directory System Agent) contains a small part of the global Directory information; but it must also know where to find the rest of that information and how to reach it. One of the PARADISE central services is to run the DSA which is the root node of the global Directory tree, and acts as the sorting house for information immediately below it in the tree. Technically, the root DSA acts as a kind of North star, a reference point to all the country DSAs, while at the same time acting as co-ordinator to ensure that none of them get lost.

Running and maintaining the central server on a SUN 4/330 has been the operational thrust of the project: a configuration DSA acting as the *root* node of the X.500 Directory, providing replication and relaying services to 30 countries worldwide representing a total of over one million entries across international X.25, IXI, Internet and Janet (UK) networks.

Replication was not included in the 1988 version of the X.500 standard, but was one of the main additions in 1992. However, despite this the designers of the QUIPU software incorporated an interim solution for replication in order to enhance operational performance and without which a large scale pilot would be severely hampered. All but one of the 30 top level DSAs are QUIPU, and so this proprietary solution is workable. The way that replication works is that a certain portion of DIT knowledge is held by each DSA, so that frequent operations can be made as efficient as possible. Generally a QUIPU DSA will have knowledge of all peer and superior DSAs.

The relay service is required to enable DSAs with single protocol stacks - either X.25 or TCP/IP - to relay enquiries between DSAs operating over different stacks. Even in a pure OSI environment, there is still a requirement to relay between CONS and CLNS services. Currently for an average month, the central DSA performs over 30,000 operations. This figure is bound to increase, and it will be necessary to consider upgrading the current SUN server.

PARADISE also provides a central DUA (Directory User Agent), which is an interface intended for inexperienced users, providing a simple introduction to browsing and making directory enquiries, as well as interactive account management. This other server running on a SUN 4/470 provides Directory Enquiries, *de* and the Interactive Directory Manager, *idm*. Both of these are publically available interfaces accessible to users with any terminal type, and has enabled a far greater cross-section of users to familiarise themselves with the Directory than was previously possible. In addition to this central service, a large number of national X.500 pilots are running both services locally, which has the advantage of lower costs and in some cases use of local language for interface commands.

At the moment, because the Directory has only recently emerged out of an experimental phase, the quality and quantity of data to be found in the Directory can be disappointing. Taking electronic mail users alone, only a small percentage of the total number of potential entries possible exist in the Directory, as for the most part potential users have been hesitant about getting involved.

The project has also set up and managed the locality=Europe node which has been used for supranational organisations such as the European Space Agency and the European Commission as well as several ESPRIT and VALUE projects. The helpdesk fields over 300 calls a month, and maintains the project info-server document store.

2.2 Developing enabling tools and guidelines

The project has designed and developed both the *de* and *idm* software, and been responsible for responding to user feedback and Directory developments. Both these tools as well as being available at the pan-European level have also been distributed and deployed at both the national and local levels.

Three papers on metrics relating to the evaluation of implementations (DSA and DUA) as well as the quality of pilot services were distributed and have been used in some of the VALUE X.500 pilots.

A probe to assess the availablility of national and international DSAs has been developed and deployed across the community providing an indicator of service levels. The probe runs from a number of different DSA sites and attempts to bind on a regular basis (eg every six hours) to a pre-configured list of DSAs, across as many network connections as possible. The results from this activity are then analysed to provide a topography of DSA availability across a number of different network communities. When the individual probe figures are collated with those from other probe sites, an overall picture of the distributed network can be drawn. A problem with this approach is the large number of calls made to the probed DSA, which can have consequences on the operational service.

The COSINE/Internet Naming Guidelines have provided the basis of international agreement on naming in the Directory, which have been adopted throughout the pilot

2.3 Monitoring and Conformance

At the start of the project there was a single implementation in use; the project has enabled the integration of five more products, through near-conformance testing and suites of interworking tests, and maintains a watch on product development with feedback to users and vendors alike.

2.4   Stimulating Awareness

In November 1990 there were eight European countries with X.500 pilots: at December 1992 over 25 European countries were participating in PARADISE. Whilst these initiatives need to be directed at the national level, the project has stimulated a strong interest, focus and awareness in the Directory through its four six-monthly international reports, press releases, user guides to the services provided, quarterly co-ordination meetings with national pilot representatives as well as numerous national and international presentations and demonstrations, such as Esprit Conference Week and the JENC. The project has also freely made available its software and reacted positively to requests for enhancements.

2.5   Looking to the Future

The group of PTOs (Netherlands, Finland, Switzerland) have provided an important liaison with other European and North American service providers through a questionnaire, and their representation at ETSI/EWOS and the NADF. This has ensured that the research network community and the PTOs are fully aware of each other's interests and plans.

The project concluded with a report on the evolution of the X.500 standard and the consequences of the X.500 (92) standard for the pilot service.

3   Growth Aspects

The international Directory can be said to have begun at ESPRIT Conference Week in November 1988 which saw the first demonstration of a distributed OSI network. The six DSAs involving five organisations in the UK, Norway, the United States and Australia contained a directory tree of no more than 10,000 entries. Four years later the global directory has over 400 DSAs, involving more than 2000 organisations and contains in excess of one million entries across 30 countries.

At the beginning of the PARADISE project, there were eight European countries involved, with at least half of them relying on voluntary, unfunded efforts to get pilot activity progressing. As the first phase of the PARADISE project came to an end, there were 25 European countries involved including several from Eastern Europe. Half of those national pilots, in addition to running the master DSA for their country, are also providing public access interface services to enable a broad community of users to access the Directory. To bolster the activities in the European Community member states the CEC (Commission of the European Communities) has recently supported its VALUE programme for X.500 services to ensure that national networks are able to develop a well-supported infrastructure which will give increased quality of service and continuity in the future. X.500 is still too naive a technology, unproven in the eyes of the non-academic community, and as such will not be able to be put on a self- supporting commercial footing until at least 1995.

The largest X.500 pilot in Europe is that in the UK. The reason for this is that the JNT has provided funding for each of the 55 universities in the UK to be given a SUN server and has been responsible for facilitating the growth of the UK academic pilot. With the help of funding from VALUE, it is hoped to broaden the scope of the UK pilot to encourage non-academic organisations to come under its umbrella. Different countries have evolved divergent policies on increasing their national Directory subtrees. Whereas the UK reflects a policy of having at least one DSA per organisation, most other European pilots have a few strategic DSAs acting as hosts to a number of remote sites. One of the apparent strengths of distributed directories is that data management can be managed locally. This means that each organisation is responsible for the collecting and updating of its own data - either on its own DSA or participating in the pilot on a backbone DSA. There is some work to be done in convincing organisations to take a responsible attitude and that a key factor in the usefulness of a directory lies in the quality of its knowledge.

Outside Europe, the most significant Directory activity is to be found in the United States through the Internet White Pages Pilot run by Performance Systems International and the North America Directory Forum. It is noteworthy that in the United States, there is far greater involvement in X.500 piloting from the commercial sector as well as government agencies, such as the Department of Defense and NASA. Brazil has recently joined the pilot, whereas Australia and Japan have been actively involved for some time. One of the benefits of PARADISE, and its global coordinating function, is to focus world attention on what is happening in Europe.

As the global directory approaches its critical mass, there is a general feeling that, given a push in the right direction, the Directory service will become so attractive and indispensable to users that organisations will be clamouring to learn how to run DSAs and usage statistics will go soaring through the roof.

There is no clearly evolved strategy in any country as to how to go about handling this phenomenon, and it will be an important role of PARADISE in the future to co-ordinate this function.

4   X.500 Products

One of the stated goals of the COSINE project was "to create a market-pull for OSI products". By implication one of the goals of the PARADISE project is to create a market-pull for X.500 products. To date, this task has been severely hampered by the lack of available implementations, even at the stage of pre- production or field testing. As the project progresses the situation is markedly improving: the third PARADISE International Report (May, 1992) reviewed products from over twenty manufacturers. Whilst not all of them are yet available for commercial release, most of them have been field-tested, and put through some initial interworking tests either in-house or through EurOSInet.

Six categories of X.500 software vendors can be identified through the listing below:

- public domain software (QUIPU);

- software houses who specialise in communications software and OSI-based consultancy and related services (E3X, Marben, OSIware, System Wizards, Wollongong, X- Tel);

- system integrators who provide practical corporate solutions (Control Data, Soft-Switch);

- equipment manufacturers who supply office automation systems, and include an X.500 component as part of an integrated OSI solution for proprietary platforms (Alcatel, Bull, Digital, HP, ICL, SNI, Unisys);

- vendors who supply building blocks for OEMs (ISODE Consortium, Retix, VTT);

- service providers, who have either developed X.500 software for their own internal use with possible plans for commercialisation (France Telecom, Telia), or those who have targetted specific markets and have developed products around a marketing strategy (BT).

The PARADISE pilot has been labelled (amongst other things) QUIPUcentric: it is up to vendors and users to come forward with non-QUIPU implementations to rectify this imbalance.

5 Service Providers

A critical requirement in the original tender for the PARADISE contract was that there should be at least one major service provider organisation involved. The rationale for this was that, however well the international pilot proceeded, eventually X.500-based Directory services would be offered by the PTOs. The R&D community which had been responsible for developing and piloting X.500 technology also is one of the largest potential user groups. To ensure that as smooth a transition as possible should be effected, it was hoped that service provider participation in such a pilot liaison role would provide the catalyst to bilateral recognition of perspectives and requirements between the two communities.

The three companies involved, PTT Telecom, the Netherlands, PTT Telecom, Switzerland and Telecom Finland, all of whom are involved in the ETSI (European Telecommunications Standards Institute) group on the Directory, which, together with a similar EWOS (European Workshop on Open Systems) group have worked on specifications of the protocol and distributed operation capabilities of the Directory so that interworking between systems can occur. These documents have helped define the Directory A-profiles and F-profiles for Europe.

At present the PTOs in Europe use the TPH28 protocol to electronically connect directory assistance operators to the directory systems of other national PTOs (within Europe only) in order to obtain telephone numbers. TPH28 is fairly simple by comparison with X.500, and is well-established for operator-based enquiries. However, in September 1991, it was decided by the CEPT 51 Group (Conference Europeene des administrations des Postes et des Telecommunications) that enhancements to the protocol would be discontinued in favour of concentrating on applying X.500 for electronic telephone directory enquiry systems. Few disagree that there is an urgent need for directory services, and that in principle, X.500 offers the standards and the technology to make these services available. And yet, from the perspective of very large scale services, the present X.500 standards are inadequate. In the context of this background, the troika of PTTs in PARADISE sought to evaluate the position of European service providers with regard to X.500. This investigation was carried out by means of a large questionnaire with some follow-up interviews. During the course of 1991, over 20 service providers were approached, most of whom responded. The questionnaire addressed a wide range of X.500 issues which included:

- technical aspects

- commercial feasibility

- acceptance of the standards

- experience with products

- the relation of X.500 to TPH28

The processing of the responses was directed to clarify the image of X.500, and to analyse what should be done in order to accelerate the introduction and the acceptance of X.500. In general, the conclusions were:

- although European service providers are very interested in X.500 developments, only some had developed some degree of technical competence: the majority had not;

- there was a lot of confusion about the quality and feasibility of X.500 services;

- X.500 was accepted as the standard for directories. The 1992 version was considered to offer more than the 1988, particularly for access control and distributed entries;

- the stability of the standard was considered to be a major problem. Many wanted to delay action until the standard is more stable; however, there was a common belief that an X.500 service will need to be started in the future;

- experience with implementations was very limited: only five products were mentioned more than once in response to a question on awareness;

- most did not see a market demand for X.500 services, nor did they believe that potential users are educated about X.500;

- X.500 was primarily seen as an added extra to a base service like X.400. There appeared to be little faith that X.500 could be operated as a stand-alone commercial service. The lack of charging and accounting mechanisms was mentioned several times as a problem preventing the potential operation of a commercial service;

- many suggested that an X.500 service operators' group was necessary for Europe.

The overall picture was of a concensus of slowly but steadily increasing interest concerned about commercial feasibility, raising user awareness, the stability of the standard as well as the need for a broader product base. What is being done and what can be done in the future to take this position a few steps further?

The PARADISE survey was directed towards the Value-Added Service departments of the PTOs: many of the research departments of these same companies are actively involved in national pilots participating in PARADISE with a view to gaining operational X.500 experience. The much-sought after transition from the TPH28 protocol is proceeding with the specification of an experimental protocol, TPH500, which is intended to bridge the gap to full X.500 migration. The objectives of TPH500 are:

- to access the use and effectiveness of the X.500 systems in providing international operators with on- line access to other participating PTO's public databases;

- to indicate the effectiveness of the X.500 systems providing on-line access to distant PTO's public databases directly by customers;

- to identify the need for other more flexible services in the future;

- to access the possibilities of interworking with non-European PTOs;

- to compare the costs and service levels of TPH500 with those of TPH28.

The formation of the NADF (North America Directory Forum) in 1990 generated a lot of interest in Europe. The NADF is an open collection of organisations which offer, or plan to offer, public directory services based on X.500 in North America. The group has defined service and schema definitions, as well as software tools, with the goal of implementing interconnected public directory services, starting in 1992. It is increasingly felt that there should be an EDF (European Directory Forum), which would be a peer association to the NADF, and would seek to achieve similar goals through the PTOs in Europe. Such a group would rely on technical input from ETSI/EWOS and the experience of the PARADISE pilot, and would initially need to reach agreements on technical, operational and commercial interest among its members. There would also have to be a close relationship with any Eurescom (European Institute for Research and Strategy in Communications) projects. Based in Heidelberg, Eurescom is just over a year old, and at the moment is owned by 23 public network organisations, though the number is increasing. An EDF is seen as an ideal building block in establishing public X.500-based directory services by the mid-1990s.

6 Distributed System Aspects

6.1 Security

The CEC VALUE programme is funding a project to look at security services in OSI applications which is creating a lot of interest amongst potential users of the Directory. PASSWORD (Piloting Authentication and Security Services Within OSI for the R&D community) consists of three national consortia (France, Germany and the United Kingdom), each with their own security toolkits and suite of OSI applications (X.400(88), X.500, ODA and FTAM). The project hopes to pilot these secure applications during the course of 1993 using the X.500 Directory to store public key certificates.

The X.500 Directory Service has two important aspects of the OSI security services needed:

- security services require the ready distribution of certain data items associated with the sender or receiver of information;

- access control over information in the Directory.

The X.509 Authentication Framework defines the basis for the provision of authentication services by the Directory to its users and the Directory service itself. It can usefully be applied because this is the place from which communicating peers can obtain knowledge on each other. The recommendation describes two levels of secure authentication: a simple one, using passwords as identity verification, and a strong one involving certificates. It is a major advantage of such systems that certificates may be held within the Directory as attributes, and may be freely communicated as other Directory information.

Strong authentication is based on the concept of digital signatures. After the digital signature of a *token* is calculated, the token is then sent from A to B, quoting a *certification path* of a chain of cross-certificates and a user certificate. In this way, a digital signature can prove both the integrity of the token and its origin.

As implementations of Directory services, the British and German consortia will use QUIPU, and the French UCOM.X 500. As the Directory itself enables users to access confidential information, and to modify data entries *on line*, authentication procedures for access control are of paramount importance. Moreover, as the X.500 model enables the chaining of an operation request through a set of Directory servers, the authorisation access control mechanism must be designed in such a way that subverting an intermediate server does not open the access to the whole network.

The project is incorporating strong authentication into each of its Directory services implementations, and will authenticate users to the Directory User Agents. These will then invoke the appropriate routines to authenticate themselves to the DSAs, to ensure that the appropriate access and modification facilities are provided. As the Directory service is distributed, and DSAs may need to refer to others, there will be an automatic invocation of the DSA-to-DSA authentication under chaining.

6.2   DSA Interworking

It is often believed that if a product passes standards' conformance tests, it will necessarily interoperate in a network environment with any other product that passes similar tests. Unfortunately, this is rarely the case: comparing conformance test results with true interoper-ability is like comparing chalk and cheese. Testing can be carried out in a number of different ways and interpret-ations of standards vary considerably. Using products in a real, multi-vendor, multi-protocol network - running heavy traffic and subject to many random events - is very different to running the same product in a test laboratory. And, critically, the interoperability requirements that really matter to users may not be those checked in conformance tests. To overcome these discrepancies both vendors and users are required to devote considerable time and resources to understanding the issues.

The incompatibilities in the implementations of the X.500 standard are documented elsewhere. However, irrespective of whether these differences are large or small, the result is some breakdown in the transmission of information. To alleviate these problems, conformance testing and standards promotion organisations have appeared. Notably, these are:

- COS (Corporation for Open Systems International) in the United States;

- SPAG (Standards Promotion and Application Group) in Europe;

- POSI (Promoting Conference for OSI) in Japan.

These bodies were formed to develop uniform interpretations of standards and, most importantly, to test and certify vendor products for compliance with these interpretations. However, no two conformance-test organisations take the same approach. There are no standards for testing standards; each has adopted a set of protocol profiles and testing methodologies that reflect local biases. Nevertheless, COS, SPAG and POSI are being attracted to the idea of collabotrating on standard profiles and testing procedures for OSI products.

But even if profiles from conformance test houses do match, users still can not be certain that products will truly interoperate because these tests will not reflect the real-world environment in which a product will operate. There are three levels of interoperability testing:

- theoretical conformance, when the vendor's technical design document is compared to the definitions of the X.500 standard;

- test sequences that check the product operates in accordance with the standard. Each function is tested in isolation using specialised equipment. Obviously these tools and the tests will vary between one test house and another;

- *bilateral* interoperability. This checks that a product will interoperate with another vendor's product. These tests may simply evaluate isolated protocols, but often products that operate adequately in a single protocol environment fail when multiple protocols are used. *Full-suite* testing aims to overcome this, and is now provided over major conformance test networks such as EurOSInet in Europe, OSIcom in Australia and OSInet in the United States.

EurOSInet is the present forum within Europe for vendors to establish interworking testing for their products. It meets every month to agree testing procedures and methodologies. The principle of establishing test DSAs with on-going availability for limited interworking has the value of allowing vendors to test latest releases against other vendors' upgrades, and is one which is being considered for future PARADISE interoperability planning.

The PARADISE project is currently addressing the problems of interoperability across the three levels described above:

- near-conformance testing through the PTT Research Laboratory in Groningen who were involved in the CTS2 project on equipment developed by Danet. The tests are aimed mainly at in-depth testing for the correct use of DAP and Directory Service. DSP has not been covered yet, due to the complex matter of configuring DSAs for testing;

- practical interworking testing using a simple script, which has been the basis of the first interworking report and has focussed on simple testing of non-QUIPU DSAs from a QUIPU DUA. There is clearly a need to diversify this activity, and it is hoped that future reports will cover multi-lateral testing;

- metrics' proformas which establish a broad, operationally-biased set of criteria in which products can be assessed.

PARADISE has produced a set of metrics for the pilot to define some guidelines by which DSA (and DUA) products can be measured. Although an X.500 DSA may conform to specifications in the standard, protocol conformance is not in itself the hallmark of a usable implementation. A DSA ought to be able to:

- perform operations within a reasonable time;

- offer good throughput of queries;

- handle a reasonable volume of data;

- provide some sort of access control if modification operations are provided;

- finally, a DSA and its data must be manageable.

Whilst it is difficult, and not particularly meaningful, to compare one DSA with another, it is possible to pose a series of questions which will allow a user to determine whether a particular X.500 implementation is suitable for their requirements. One of the final sections contains questions relating to replication and access control, which are to be described in the 1992 standard, but have already been implemented in many 1988-based products.

The metrics documents for both DSAs and DUAs will evolve when there is greater familiarity with more products and more cross- fertilisation of ideas between developers.

6.3   Multiple Administrative Domains

Because European national pilots to date have only involved single service providers, the PARADISE project has not needed to tackle the key issue of accommodating multiple service providers in the Directory. However this is crucial to allowing competition in Directory service provision, which is paramount for the success of the global pilot which needs to expand considerably from its current academic base and be commercially attractive to the PTOs.

At present the European DIT is quite small and is neatly divided into national domains, where there are single national nodes coordinating all X.500 pilot sites. The issue of multiple adminitrative Directory management domains (ADDMDs) arises when more than one service provider wishes to provide services at the national (or local) level across the whole of that domain (such as c=DE) and to cooperate with other service providers acting in that domain as part of the global DIT. For example, organisation A may wish to provide services for the R&D community, organsiation B to the IT industry and organisation C to the whole business community. The problems are:

1. Each of the service providers may wish to cover the whole of the domain (c=DE), and so effectively there will be three country level nodes. There is every reason to believe that many service providers will not wish to be limited by national borders, and wish to offer services in other national namespaces thus complicating the issue even further;

2. For different reasons, each of the service providers may have some parts of their Directory sub-trees which will remain private to their own client base; whereas another part will wish to be visible in the national namespace of the global DIT. The service providers will have to make the public namespace parts of their Directory subtrees accessible to each other's clients;

3. Directory B may contain an entry which is registered in both Directory A and C; Directory A may have an entry in Directory C but not B; Directory C will have many entries which certainly are not part of either Directory A or B. In all these cases, a user is not concerned which service provider has the information, only that it can be found and that it can be presented in an intelligible form. This requires the different ADDMDs to share information about the knowledge they have.

These issues are being addressed in North America by the NADF, and require addressing for Europe - both for the technology and the strategy at the national and the pan-European/global level. Much of the required technology to scale the present pilot will require software developments that go beyond the scope of the X.500 standard, which does not adequately address these operational issues. It will also require close adherence to centrally-agreed guidelines for the consistent development and management of DITs locally, nationally and internationally across the pilot.

7 Future Requirements

One of the goals of the PARADISE project was that at the end of 1992, COSINE would be in a position to tender for a self- financing commercial service. In this respect, PARADISE (not surprisingly) failed. Now it appears that this situation will not be realistic until at least 1995; at that point, even if the hypothesis is wrong, there will be clear indications which way X.500 in Europe is progressing.

The reasons why the Directory services have been unable to run without central support funding and which will need to be addressed before a self-sustaining service can be considered are the following:

7.1 Directory Profile

The overwhelming academic bias of the Directory participants. This will have changed in the latter half of 1993 with the commencement of the VALUE X.500 initiatives which have a much greater commercial bias, but by the end of 1992 these new pilots will still be new and inexperienced. By 1995, these pilots will have come to fruition.

7.2 Market Place

Although there were six X.500 implementations in the pilot in 1992, most of them had only been operational for under a year, and were not yet considered "proven". By 1995, there are likely to be between 12 and 20 products available and a plethora of different DUA interfaces.

7.3 Quality of Service

In many pilots DSA availability, which is highly dependent on networks as well as local management of the DSA, will only become acceptably consistent towards the end of 1992.

7.4 Quality of Data

Although during the course of the PARADISE project, the number of objects represented in the pilot had increased fivefold, this still only represented a small percentage of the European research community. As such data coverage and richness, outside the IT community, is very sparse and frustrating. This is a "chicken and egg" situation because the Directory service will only get used by groups of people (eg computer scientists) who are well-represented collectively in the Directory, and have a good chance of resolving their Directory enquiries. To involve other groups requires considerable persuasion or a more consolidated strategic approach to data gathering which in turn demands resources.

7.5 OSI Applications

One of the principal motivations for creating an X.500 Directory was to integrate other OSI applications, such as X.400 and FTAM. An important development is the use of the X.500 Directory for MHS routing. This did not really start until late 1992.

7.6 Accounting Mechanisms

Little progress has been made on accounting mechanisms for X.500 which would be acceptable to the major service providers. To date this has not been a problem because the principal service providers in Europe have been the national networks who have been happy to offer such services free. Charging end-users is not particularly complicated and can be achieved on the basis of registration of accounts, management of accounts or on a scale of tariffs for per-entry enquiries. However, because of the mechanism of X.500, which may involve several distributed operations across several different administrative domains to resolve a single enquiry, the accounting mechanism between administrative domains (service providers) is extremely complicated, but is crucial to the PTOs providing massive Directories involving large volumes of traffic.

7.7 Market Research

Lack of perception of the requirements of future X.500 Directory users.

7.8 X.500 Awareness

Partly due to the efforts of PARADISE, large scale awareness of X.500 only really started to appear during 1992, but is increasing considerably as commercial vendors "catch up".

7.9   PTOs

With a few exceptions, the pilot lacked major service provider participation outside the national network organisations. During 1993, the European PTTs will form their own association to investigate providing X.500 services. As a consequence, by 1995, there should often be several competing X.500 service providers in each country (including the national network organisations) as well as some large multi-nationals providing their own supra-national X.500 Directories. Because of this fundamental change in the models of both the national and international pilots the model of the PARADISE central service should become redundant, to be replaced both by technology and multi-lateral agreements.

8   Conclusions & Outlook

Piloting X.500 started in the research community in 1988. The end of this beginning is rapidly approaching, as the efforts of implementors and standards makers alike visibly bear fruit. Even with the coming completion of the 1992 standard, many technical issues still need to be resolved along the path to a fully- scaled, commercially-based global network. The success of PARADISE, the COSINE international Directory pilot, has been to how how X.500 can work in an operational environment.

There are no global telephone directories. There are no global postal directories. There are no generally available organistional directories. What the X.500 technology provides is the potential to create the infrastructure for all those things to happen and more. For the corporate user the advantages of the electronic OSI Directory are threefold:

- it can solve the problems associated with finding MHS addresses, both within an organisation or in the wider world;

- eventually it can replace both the internal telephone book, and the external telephone book for white and yellow page services;

- it can be used as a tool for marketing and sales, which in conjunction with the rapidly growing interest in EDI, could transform the way that business transactions are carried out before the end of the century.

Companies, both large and small operating within network communities, now need to anticipate their requirements, understand their motivations, and budget for the expected commitment: the what, the why and the wherefore. And then, once the building blocks of the network Directory have been put in place, the dream of an electronic world map of people can become a reality.

Resource Allocation for Packet Data Traffic on ATM: Problems and Solutions

Tom Worster & Wolfgang Fischer
Siemens AG, OEN ZL S Ref 1.
P.O.Box 700073, W-8000 Munich 70

Simon P. Davis
Roke Manor Research Ltd.
Romsey, SO51 0ZN, UK

Abstract

ATM networks are supposed to transport all sorts of information covering voice and video with a wide variety of coding schemes and bandwidth requirements, and a wide spectrum of data from low-rate interactive applications through LAN/MAN interconnection up to high resolution animation graphics and graphics data base browsing. Despite many proposals made to date, some problems remain in providing a resource allocation and congestion control scheme suitable for all these services, particularly those with high peak bit rate or unpredictable burstiness.

In this paper we examine some of the resource allocation techniques currently under discussion in the literature from the point of view of carrying packet data services. Not only is the traffic handling performance studied but we also compare the complexity and cost of their implementations.

The proposed techniques fall into three categories: 1 - connection level bandwidth allocation, 2 - burst level bandwidth allocation and 3 - burst level buffer allocation. These particular techniques demonstrate a trade-off between the traffic performance and the complexity of implementation. From the efficiency of traffic handling point of view it is shown that the three techniques have their own areas of efficiency; namely the techniques 1, 2 and 3 are efficient when the access bit rate is restricted respectively to a small, modest or large proportion of the network trunk bit rates.

1. Introduction

The Asynchronous Transfer Mode ATM has been defined by CCITT to be the target solution for switching, and multiplexing in future Broadband-ISDN networks.

These networks are supposed to transport all sorts of information covering voice, video with a wide variety of coding schemes and bandwidth requirements, and a wide spectrum of data from low-rate interactive applications through LAN/MAN interconnection up to high resolution animation graphics and graphics data base browsing.

It is widely accepted that ATM is not ideally suited to all of these applications, however, it is seen as a compromise that supports them all to a reasonable degree. ATM helps to avoid a proliferation of expensive service-specific networks which are too inflexible to cope with changing user needs and rapid introduction of new services. For specific traffic characteristics particular techniques may have to be used to optimize the transfer via ATM. In this paper we will concentrate on the ways that data can be handled more efficiently in an ATM network.

The authors feel that data communication, especially LAN and MAN interconnection, with an increasing tendency to high speed will be the major application for ATM networks, at least in the first introduction phase. Broadband telecommunication services such as video will only come later once boradband access and video and multimedia terminals are widely available .

There is however, a tremendous need for nationwide and world-wide data communication like electronic mail or LAN interconnection, as shown by a large number of existing corporate and scientific data networks whose services are well received by their users. Also the popularity of Fax demonstrates the potential for a data network as wide and dense as the current telephone network.

ATM is a packet oriented technique. In most cases data applications are supported very well by packet oriented techniques. Consequential, it is widely perceived that ATM must be well suited to data communication. However, this is not the case as will be shown very clearly in section 3 of this paper. The main reason for this is that conventional data networks use large buffers to cope with statistically occurring congestion situations. Combining these techniques with the ATM network used to carry real-time services is rather difficult.

2. Data applications for ATM networks

Analyzing the communications behaviour of existing data applications reveals a large variety of traffic characteristics. Traffic patterns depend to a large extent on the type of application used. What all these traffic patterns have in common, however, is their highly unpredictable nature which makes it very difficult to characterize them by means of a reasonable set of parameters. Nevertheless, in this section we attempt to identify the most important data applications communicating via a future ATM network.

Since as a long-term perspective the ATM networks shall replace most of the existing wide area data networks we will not only encounter traffic which relies on a broadband network, but also traffic which today is still carried in narrowband networks, either switched or on a leased line basis.

Access to an ATM network will be by means of a large number of different interfaces due to the required interface compatibility between the B-ISDN and existing networks. In the long term, however, applications will use access rates as high as is cost-effective which means that a data network with volume-oriented tariffs relatively independent of the transmission speed would be very attractive.

The following list of data applications is certainly not complete, but we think that it contains the most important ones which are currently supported by existing networks and the ones which are most likely to become relevant from the beginning of the ATM introduction.

- **Low-rate interactive data** is the typical terminal-host traffic arising from keystrokes on a keyboard and the responses from the host. Peak bit rates are determined by the local access network, traffic patterns are very bursty with gaps between packets ranging from milliseconds to hours. Mean bit rates can hardly be defined. Delay requirements (i.e., requirements for short average delays and delay variations) are modest.

- **Workstation to remote file server** traffic consists of occasional large software downloads and intermittent periods of activity consisting of many small file transfers.

- **Electronic mail** is an application which is extremely popular in scientific networks. It is characterized by the transfer of small files containing memos or notes. It is typically uni-directional with bit rates depending on the access interface used. Gaps between messages are usually very large. Delay requirements are very lenient.

- **Data base browsing** is characterized by very small amounts of data from the customer to the data base computer (like for low-rate interactive traffic) and bursts containing the amount of data to fill a screen. These data can be alpha-numeric (amount: a few kilobytes) or graphical (amount: up to several megabytes for high resolution graphics). Delay requirements are moderate. Distribution of the database over various locations increases the burstiness of the traffic since peak bit rates remain the same while the mean bit rate for each connection is reduced by the distribution.

- **Animation graphics** can be a very demanding application when high resolution moving images are transmitted in real time. Traffic from the host generating these graphics is characterized by very long bursts with high bit rates (up to tens of Mbit/s). Delay requirements are stringent.

- **Software download** is characterized by large amounts of data in one direction and acknowledgements in the opposite direction (only very small amount of data). Bit rates are depending on the access interface used. Delay requirements are lenient.

The type of terminal and of the network access has an influence on the bearer service supported on top of ATM, and in turn the traffic characteristics. The following classes of bearer services are again only a small selection of all possible scenarios, but they will be representative for the spectrum which we will find in ATM networks.

- **X.25-like services** with low delay and bit rate requirements (bit rates up to 2 Mbit/s), connection oriented service. Applications: low-rate interactive data, electronic mail, software download, data base browsing, ...

- **Frame Mode Bearer Service (FMBS) or Frame Relay (FR)** with modest delay requirements and bit rates dependant on the technology of individual implementations (e.g. 1.5/2 Mbit/s or 34/45 Mbit/s), connection oriented service. Applications: similar to X.25-like services but faster, LAN interconnection.

- **LAN/MAN interconnection** by means of LAN/MAN -ATM gateways with modest to high delay and bit rate requirements (up to 140 Mbit/s at present   and potentially much higher in the future), connection oriented and connectionless service. Applications: all above mentioned.

- **Multiplexed ATM traffic on Virtual Path Networks** is a likely scenario for virtual private networks where the users have many ATM terminals. The private network manager is then responsible for users' quality of service and so can perhaps increase link bandwidth utilisation.

Approximate characterization of data traffic is through the peak bit rate and the ratio of peak to mean bit rate, called the burstiness, measured over a connection duration (to be on the safe side, assume the entire busy period, e.g., 3 hours in the morning). The variability of burst and pause durations is also important.

3. Resource allocation schemes

In ATM networks two kinds of allocatable resources carry the traffic: the bandwidth of links (be they transmission lines or links internal to a switching node) and the buffer space used by the multiplexers feeding these links. We focus on one link and its controller which is responsible for managing the link's bandwidth and its multiplexer's buffer space. It is the controllers job to prevent overload (i.e. congestion) by allocating its resources to individual users according to the user's stated requirements.

The controller may allocate resources on one of two possible levels: the connection level or the burst level. Using connection level allocation, the controller allocates resources, if available, to an offered connection which remain allocated until the connection is cleared down. Alternatively, an established connection can have its resource allocation dynamically controlled at the burst level by using signalling between terminal and controller at the beginning and end of the burst purely for the purpose of allocating resources. Congestion is controlled at the two levels by rejecting (i.e. blocking) respectively offered connections and offered bursts. The challenge in designing the controllers is, while maintaining reasonable complexity, to maximise the utilisation of the resources while providing a satisfactory quality of service to all users.

One immediate advantage of either accepting a burst (and then guaranteeing insignificant cell loss and a certain delay) or rejecting it is that this performance characteristic fits better to the quality of service requirements of the bursty data user than simply a cell level network performance guarantee. However, it is the gain in link utilisation over connection level controls that really motivates this approach.

In the following we consider four possible operation modes for the controller: connection level controls, allocating bandwidth according to requested bit rate, and burst level controls which allocate buffer space according to requested end-to-end flow control window size.

3.1 Link bandwidth allocation

3.1.1 Connection level bandwidth allocation

refers to the technique of allocating (reserving) network resources at connection set-up time based on the requested bit rate of the source. When small buffers are used in the network and we therefore ignore the effect of buffering source bursts in network queues (i.e. the queues are considered as being only there to absorb jitter introduced by previous switching nodes in the network) then we can forget about buffer allocation since it is proportional to the bandwidth allocation.

Peak bit rate reservation (PBRR) is the simplest example of this type of resource allocation and is suitable for constant bit rate traffic such as PCM voice. PBRR is not however suitable for bursty data traffic since utilisation of the allocated bandwidth is equal to the average source activity, which can easily be under 1%.

Statistical multiplexing (i.e. statistical sharing of the link bandwidth) can be incorporated when the source specifies its bit rate variability. The "Sigma Rule" [Wall] is an example of this approach. Statistical multiplexing of link bandwidth performs reasonably efficiently for traffic with low peak bit rates and low bit rate variance (e.g. silence suppressed voice) but link utilisation drops for data traffic with higher burstiness and higher peak bit rates. The reason is that the probability of burst level congestion has to be low enough so that the cell loss guarantee is maintained. Restricting the probability of burst congestion means limiting the number of accepted connections so that the probability of the aggregate bit rate exceeding the link rate is very small (of the order of the cell loss probability). This can lead to a low mean utilisation of the link for higher peak bit rates and higher burstiness. For homogeneous on-off sources the cell loss probability is easy to

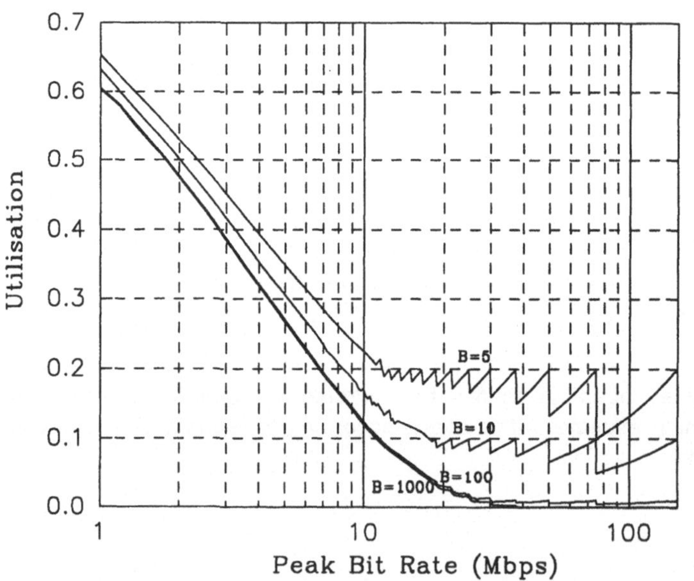

Fig. 1

The limits of Statistical Multiplexing

It is possible to calculate the loss probability when multiplexing homogeneous sources onto a pipe using a small buffer. Here the maximum utilisation of a 150 Mbit/s pipe with cell loss probability maintained under 10^{-10} is shown as a function of the offered connections' peak bit rate and burstiness.

calculate for the small network buffer model (i.e. loss probability = $E\{(X-C)^+\}/E\{X\}$ where X is the aggregate arrival process, C is the link capacity and $(.)^+$ truncates a function to be non-negative.) The drastic effect on bandwidth utilisation as the peak bit rate increases can be seen in Fig. 1. For example, no more than twenty six 10 Mbit/s connections with a burstiness of 10 can be carried on a 150 Mbit/s link while keeping the cell loss probability under 10^{-10}, this is a mean utilisation of 17.3%.

The critical parameter here is the ratio of peak bit rate to multiplexed pipe bit rate. One obvious brute force solution is therefore to install bigger pipes e.g. 622 Mbit/s or 2.5 Gbit/s. This retains simplicity in resource allocation but only improves link and switch utilisation where there is sufficient traffic to load up the pipe, otherwise it reduces utilisation through over-dimensioning. The approach is also not a safe long term strategy; network efficiency relies on future users and terminals *not* moving to higher peak bit rates. Partitioning of network bandwidth into peak rate controlled Virtual Path networks of course brings back the same old problems.

If buffers are used with the possibility of buffering source bursts in the network, the calculation of the cell loss probability for a heterogeneous traffic mix is very difficult and not possible in real time without using inefficient simplifications. Moreover, to calculate the cell loss one needs to know the distribution of burst and pause durations for all sources, which can be neither known nor policed accurately.

3.1.2 Burst Level bandwidth allocation.

The Fast Reservation Protocol

The Fast Reservation Protocol (FRP) [BOT] is an in-call parameter modification scheme. This means that the user can negotiate temporary changes in bandwidth with the network during the course of the call.

The protocol is based on the reservation of bit rate in each Network Element along the predefined connection for the duration of each burst of information. It can also be applied to stepwise negotiated VBR sources where the user can negotiate a change in the bit rate to match the changing requirements of the source. In this way the agreed bit rate can increase or decrease in predefined steps.

FRP is a connection oriented statistical multiplexing technique based on burst level negotiation between the user and the network. The user must communicate with the Connection Acceptance Control (CAC) functions on call set-up in order to decide a maximum bit rate for the call throughout its duration. The network will use this information in order to guarantee a maximum burst level blocking probability.

The protocol makes use of the source terminals to buffer data when the network can not support the burst in order to increase throughput efficiency.

The end-to-end burst level blocking probability is an easier network performance parameter to achieve than the Cell Loss Ratio (CLR). The CLR for ATM networks is required to be of the order of 10^{-9} whereas the burst level blocking probability can be set to around 10^{-4} because it does not affect cell loss and most user applications will not perceive blocking up to a few tens of milliseconds.

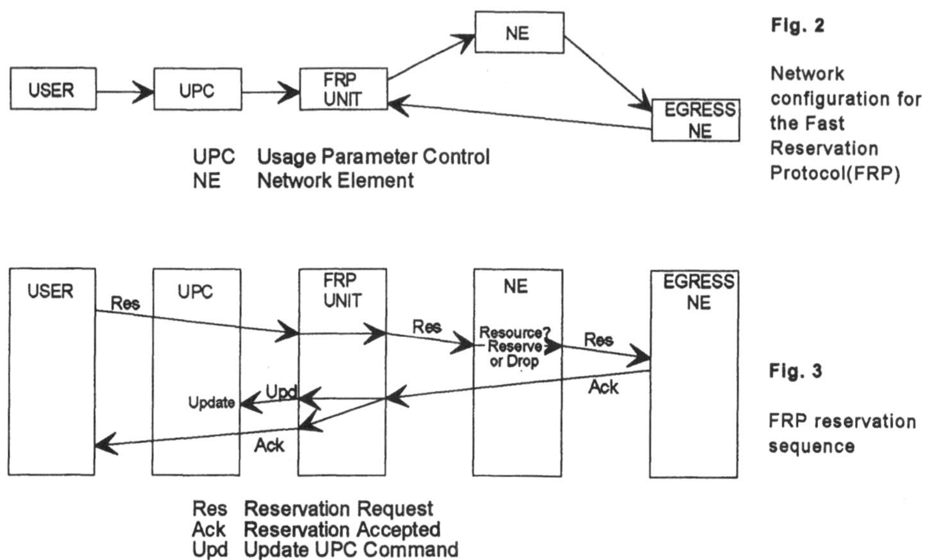

Fig. 2

Network configuration for the Fast Reservation Protocol(FRP)

Fig. 3

FRP reservation sequence

Fig. 2 shows the network reference configuration for a FRP call. The user communicates with the network via the Usage Parameter Control (UPC) function and the FRP unit. The UPC, sometimes called the Policing function, is responsible for protecting the network from traffic above the negotiated parameters.

Fig. 3 shows a simplified message sequence diagram for the reservation process. When the user's terminal wishes to send a burst of information, it sends a reservation request cell containing the value for the required bandwidth to the FRP unit. The request cell is then sent on to each Network Element (NE) in turn.

Every NE checks to see if the extra bandwidth is available. If it is available the resource is reserved by the NE and the reservation request is passed on unchanged. If the resource is not available then the reservation request is turned into a negative acknowledgement and sent on to the next NE.

In this way the cell is passed on through the network until it reaches the last NE in the path before the destination user. This element is termed the "egress NE" and is responsible for sending a positive acknowledgement back to the user if the reservation was successful, passing a negative acknowledgement back if the reservation failed.

For a positive acknowledgement, the FRP unit will update the UPC function with the parameters associated with the new bit rate and send an acknowledgement back to the user who is then able to send the burst of data. If a negative acknowledgement is received by the FRP unit then it is passed back to the user who may then try again later; any reservations made in NEs along the path automatically time out.

On completion of the burst, the user sends a release message to the FRP unit which in turn notifies all the NEs of the release of the extra bandwidth and updates the UPC function.

The actual protocol is more complicated in that it involves validation of messages and time-outs to protect against the loss of protocol cells.

In order to implement such a scheme a purely hardware solution must be adopted. This will ensure that each NE can perform its resource allocation and release within one cell cycle.

Another potential problem with the protocol is the lack of information the user receives when a negative acknowledgement is sent by the network. A modification to the protocol that helps to get around this problem is to reserve the available bandwidth if the requested bandwidth is not available. The user may then decide to transmit at this lower rate or to try again later.

The advantage of burst over connection level statistical multiplexing is that the performance target is an upper limit of burst blocking probability of say 10^{-4} as compared to an upper limit of cell loss probability of 10^{-10}. This simplifies the connection acceptance, perhaps bringing it into the realms of traditional traffic engineering, at the same time as increasing the statistical multiplexing efficiency. Both these advantages disappear, however, as the peak bit rate increases. Fig. 4 shows the efficiency of the FRP in a form that can be compared with connection level statistical multiplexing shown in Fig. 1, the improvement is clearly not very big. In any case, the FRP uses network bandwidth efficiently only when the peak bit rate of a connection is small compared to the network link bit rates.

Another disadvantage is that the bandwidth is reserved from reception of a reservation request and has to remain unused until the request is confirmed (which

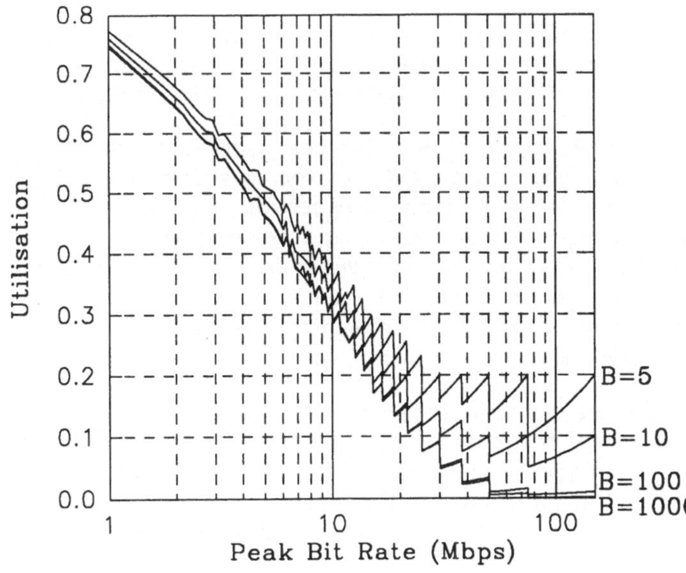

Fig. 4

The limits of statistical multiplexing with the FRP.

For a homogenous traffic sources the blocking probability of the FRP can be calculated using the Erlang blocking formula. This eample shows the maximum utilisation of a 150Mbps link when the blocking probability is maintained under 10^{-4} - the improvement over Fig. 1 is not particularly good.

takes at least one round trip delay) and the source begins transmitting. The mean time to transmit a burst must be large compared to the round trip delay in order to achieve a reasonable bandwidth utilisation. At broadband access speeds this is very unlikely.

To address this problem the FRP/IT (FRP with immediate transmit, as opposed to FRP/DT - delayed transmit - as described above) has been proposed [BOT]. In this version the request cell is transmitted immediately followed by the data burst. If the request has to be rejected at a network node then that node has to delete the burst before the burst causes any trouble i.e. at the switch input controller. If the request is to be processed immediately then each input controller must be aware of the reservation state of every output link - a distributed information problem requiring a not insignificant communications protocol. If the reservation state of the output link is located at the output controller or centrally then the data burst must be buffered at the switch input while the request is processed. This buffering function is complex and expensive since it must queue ATM VCs individually and handle many bursts in parallel.

The attractive implementation simplicity of the FRP/DT has therefore been lost in the FRP/IT.

3.2 Window/Buffer Allocation

Data communications networks often use a window based end-to-end flow control mechanism where the receiver specifically acknowledges to the transmitter the receipt of data packet. The so-called window is a restriction on the transmission of data into the network: the transmitter is not allowed to have sent more than a certain amount of unacknowledged data (i.e. the window size) into the network. As the acknowledgements are received by the transmitter it 'rotates' its window and resumes transmitting.

With such systems, the window size puts a limit on the amount of data in transit within the network from that connection. Reserving a full window's worth of cell spaces in each link controller's buffer will then prevent loss due to congestion.

In order to operate a network with real-time services using connection level bandwidth allocation and open-loop flow control (i.e. source shaper and policer) and other data services using end-to-end window flow controls, FIFO scheduling of the cell slots on a link is not adequate. A scheduling scheme must be used that provides real-time services with their required delay/jitter performance while at the same time using buffers big enough to store the windows of the data source. Various possibilities are available from delay priorities to precise division of the link bandwidth using hierarchical round robin scheduling [KKK].

A simple compromise is to use a link controller composed of say two queues at the multiplexer feeding a link, a small one for real-time traffic and a large one for bursty data traffic. The service strategy in these queues need not be defined; the requirements of cell sequence integrity and that the connections each receive a fair division of the bandwidth are adequate. This might imply that, for the data services' queue, per VC queues and round robin service could be used but it is yet not clear if such complexity is necessary. If the connections are policed at the network inlet to ensure that they adhere to their allocated window then FIFO service may be adequate since the link bandwidth will be fairly divided between the connections but over a longer time period than with round robin service.

In order not to have large buffers within the switching fabric, the only bottle-neck at a network node should be at the output link. In which case the link controller, with its large buffers and complex scheduling, should be fed by a switch with no bottle-necks. This is difficult to provide since the buffer's memory (a few megabytes) must have an access speed of the link rate times the number of inputs on the switching element (say 16 inputs at 150 Mbit/s making 2.4 Gbit/s memory access speed).

Placing the large buffers, perhaps with round robin schedulers, at switch inputs might be easier, however, this would require flow control from output links (or their buffers) to the input schedulers.

3.2.1 Connection level buffer/window allocation

Efficient utilisation of the link bandwidth requires the use of windows the size of the delay-bandwidth product (this window size is denoted W_0 bytes) and accepting enough connections so that the total mean rate is nearly the link rate. For extremely bursty traffic that is transferring on average a 10 Mbyte file every quarter of an hour on a 150Mbit/s access line the activity is 0.0006, so to achieve a mean utilisation of about 90% 1500 such connections need to be accepted. If the link controller allocates each connection buffer space for the duration of the connection then it requires 1.4 Gbytes total buffer space. Burst level window/buffer allocation is probably more for using end-to-end flow control to provide network congestion control.

3.2.2 Burst Level buffer/window allocation

It is possible to engineer a buffer/window allocation scheme for the ATM network by using the same principle as the FRP except that instead of reserving bandwidth at every link along the connection, buffer space at each link multiplexer is reserved. This technique has a number of advantages over other proposals at the cost of more complex switching and scheduling.

Simple allocation. The simplest in-call window/buffer allocation scheme is one where a link controller allocates a fixed amount, W bytes, of its buffer to every request up to the limit of the buffer size B bytes. On receiving acknowledgement of allocation the source begins data transfer using a window of size W bytes. The allocation is cancelled either by the source directly or by a time-out started when the connection stops transmitting.

Although this approach can be improved (see below) it achieves a very large saving in memory at link controllers compared with connection level allocation. It also demonstrates the main advantage of the buffer/window reservation over the FRP which can be explained as follows. The round trip delay may be much larger then the burst duration and therefore the buffer can be allocated for much longer than the source needs it. This is an inefficient use of memory but, if the buffer is big enough so that the number of connections with allocated buffers is large, then the probability of at any time at least one of the connections having data in the buffer is also large. Therefore the link will be efficiently utilised. In this way the in-call buffer/window allocation scheme trades-off memory utilisation against link utilisation.

This approach has been analysed in [DOSH1] for short file transfers (mean size 8kbytes on 45Mbit/s access lines, i.e. 1.43ms average transfer time on an idle network) and a large round trip delay (minimum buffer allocation duration of 150ms) and shows reasonable performance. The utilisation and mean transfer delay for three buffer sizes are shown: 2, 3 and 4Mbytes. The window allocated is set to 16kbytes so that 128, 192 and 256 windows can be simultaneously allocated.

Allocation according to request. If the source only has one small file to transfer, i.e. a file smaller than the bandwidth-delay product, then there is no need to allocate a window larger than the size of the file. The simple allocation scheme above can be improved by incorporating a specification of the desired window size in the reservation request. The source may request a window size up to a maximum derived from the bandwidth-delay product and the link controllers on the connection's path reserve that much buffer for the connection. If less buffer than the requested window is free then what remains could be allocated or the request could be blocked. Allocating the remaining buffer means that the amount allocated has to be indicated in the acknowledgement.

Adaptive allocation. When the data of J connections are actively being transmitted through a multiplexer onto a r_L Mbit/s link then the bandwidth given to each connection is reduced to r_L/J by the scheduler so the minimum window size per connection necessary to keep the link fully utilised is W_0/J. This fact is the motivation behind adaptive buffer/window allocation procedures. The controller responds to requests for windows based on an estimate of the current load state of the link - in general smaller windows are allocated at higher link loads. This scheme is adaptive in the sense that the allocation adapts to the load state of the link.

The actual load on the link (i.e. J) is difficult to know, not least because it is changing very rapidly, so an estimate has to suffice. The number of currently reserved windows N can provide a good and up-to-date estimate of J.

One method [DOSH2], [DOSH3] specifies a set of thresholds on the current total buffer allocation and corresponding window sizes to be provided when the allocation exceeds the respective thresholds. For instance if $W_0 = 512$kbytes and the controller has 8Mbytes total buffer then it might be programmed to allocate 512kbytes windows if the total buffer allocation is no more than 2Mbytes and 256kbytes windows otherwise. [DOSH2], [DOSH3] demonstrate that this simple method adapts adequately and is reasonably efficient, including under overload, in addition to its saving of memory.

In [HKM] a more elaborate allocation procedure is proposed where a connection will be allocated a window size of $W_0/(J_N+1)$, where J_N is calculated from N and knowledge of mean round trip delays and mean burst durations. (A connection requesting a window smaller than $W_0/(J_N+1)$ will obviously be allocated with its request.)

Adaptive window controls. The above adaptive window allocation schemes could be considered as unfair in that some connections have large windows and others small depending on when they made the requests. This is unfair if the allocation lasts much longer than the data transfer, which is quite likely. Furthermore, if the connections with the large windows cancel their reservation the remaining connections are left with their small windows, under-utilising the links. In some cases it may therefore be advantageous to implement window resizing through communication between network elements and the users. This method is sometimes known as reactive congestion control.

The allocation of buffer space big enough to contain an entire window of data is clearly safe in that it unconditionally avoids cell loss due to congestion. A proposal in [MMRSW] shows that using an adaptive window size the necessary buffer allocation per connection grows as the square root of the bandwidth-delay product.

3.3 Comments and comparisons

Bandwidth allocation techniques, whether they are applied at the connection level or at the burst level, suffer from badly decreasing link utilisation as the sources' peak bit rates grow relative to the link rates. In other words, the cost of transferring one bit across the network increases with the peak bit rate and there are two

	Bandwidth Reservation	Buffer Reservation
Connection Based	+ Simple to implement + Low delay - Only efficient for low bit rate connections - Requires source traffic shaper to allow mean rate policing - problem of connection splitting	-- Monstrous network node buffer requirements
Burst Based	+ Better link efficiency + Low network cell loss + Only peak rate policing - Delay - Extra switch complexity - Efficiency depends on burst size and network delay - Efficiency decreases with increasing peak rate	+ Very high link utilisation + No cell loss + Easy policing - High delay in moderate to heavy load - Very complex switch design - Requires windowing transport protocol - Fairness problem
	- Requires new standardised in-band signalling protocol	
Burst Based with immediate transmit	+ Lower delay + Efficiency insensitive to network delay - Much more switch complexity	+ Lower delay + Smaller buffers - More switch complexity

Summary Table of pros and cons of the various techniques

reasons why this is undesirable. Firstly it makes it difficult to introduce new broadband services - if the new fast picture transfer service costs 50 times as much as the old slow one (because its peak bit rate is 50 times higher) it may prove difficult to sell the service. More important though is that a connection with burstiness 100 and peak rate 100 Mbit/s, which cannot be statistically multiplexed, may easily be divided into 100 connections each of burstiness 100 and peak rate 1 Mbit/s which receive a lower tariff per bit because the network thinks it can statistically multiplex these connections, not realising that the connections are not statistically independent. This problem called connection splitting cannot be resolved by policing, it is necessary to organise the network, services and tariffs so that connection splitting brings no advantages to the user.

Connection level bandwidth allocation is difficult to apply efficiently to bursty data services because its area of efficiency covers only low bit rate, low burstiness connections.

Burst level bandwidth allocation extends the area of efficiency to cover some data services, e.g. current LAN peak bit rates (10 Mbit/s) on ATM networks using 622 Mbit/s links. The associated disadvantages are increased signalling traffic and increased complexity in link control.

Buffer/window allocation techniques can be engineered to maintain high link utilisation up to any access rate. The inefficiency now lies in utilisation of buffer space but if memory is cheap - that doesn't matter. The disadvantages are the increased complexity of the muliplexer's scheduling, the requirements for very special switching fabrics without bottle-necks and, of course, the large memory requirements.

4. Standardisation

Since all the resource allocation techniques discussed here operate on a link-by-link basis the protocols they use need to be standardised. CCITT is at present far from standardising anything except PBRR, no agreement has been reached even on the specification of bit rate variability necessary for call level statistical multiplexing. The FRP has been proposed and is currently under discussion in CCITT. Although many issues influence the standardisation process, thorough traffic and performance studies suitable for a comparative evaluation of the available techniques are obviously an important first step. The efficiency of the coexistence of several resource allocation techniques should also be evaluated before exclusively standardising any method.

5. Conclusion

We have presented an overview of the current international discussion on resource allocation mechanisms for the efficient transport of data traffic via ATM networks. We have shown that without further measures ATM is not so well suited to data transfer as is often believed. However, some of the approaches described appear to be promising with a trade-off involved between transmission link utilization and control complexity.

Identifying a best option is impossible without an accurate cost analysis and this depends critically on the individual network operator's situation and its perceived market requirements. If efficient utilisation of link bandwidth is not important, due perhaps to predominance of local calls or cheap gigabit transmission technology, then one might choose peak bit rate reservation or call level statistical multiplexing. If however the capital and operational costs (which will be passed on to the user) were much lower with high network utilisation then a network operator using FRP would have a competitive advantage. And then if the customers wanted to transmit at broadband speeds the burst level buffer/window allocation would be preferable.

It is now a matter of further study and standardisation of these mechanisms before it will be possible to operate cost effective ATM networks when there is a substantial traffic load of data in these networks.

References

[BOT] Boyer and Tranchier, A reservation principle with application to the ATM traffic control, Computer Networks and ISDN Systems 24 (1992) 321-334.

[DOSH1] Doshi, Performance of in-call buffer window reservation / allocation scheme for short intermittent file transfers over broadband packet notworks, Preprint

[DOSH2] Doshi and Heffes, Performance of an in-call buffer window reservation / allocation scheme for long file transfers, IEEE J. on Selected Areas in Commun., Vol. 9, No. 7, Sep 1991.

[DOSH3] Doshi and Heffes, Overload performance of an adaptive, buffer-window allocation scheme for a class of high speed networks, in *Teletraffic and Datatraffic in a Period of Change*, Jensen and Iversen (eds.), pp441-446, Elsevier, 1991. (proc. ITC13, Copenhagen, June 1991).

[FGH] W. Fischer, E.-H. Goeldner, N. Huang: The Evolution from LAN/MAN to Broadband ISDN. *Proc. ICC '91*, paper 39.3, Denver, Co., June 1991.

[HKM] Hahne, Kalmanek and Morgan, Fairness and congestion control an a large ATM data network with dynamically adjustable windows, in *Teletraffic and Datatraffic in a Period of Change*, Jensen and Iversen (eds.), pp867-872, Elsevier, 1991. (proc. ITC13, Copenhagen, June 1991).

[KKK] Kalmanek, Kanakia and Keshav, Rate controlled servers for very high-speed networks, Proc. GLOBECOM 90, Dec. 1990, pp12-20

[MMRSW] Mitra, Mitrani, Ramakrishnan, Sery, and Weiss, A unified set of proposals for control and design of high speed data networks, Proc. 7th ITC Specialist Seminar, paper 12.4, Morristown, New Jersey, Oct 1990.

[WALL] E. Wallmeier, A connection acceptance algorithm for ATM networks based on mean and peak bit rates, Int. J. of Digital and Analog Commun. Systems, vol. 3, pp143-153 (1990).

Vergleich von Algorithmen zur Verbindungsannahme in ATM-Netzen

Rainer Siebenhaar und Thomas Bauschert

Lehrstuhl für Kommunikationsnetze
Technische Universität München
Arcisstr. 21, 8000 München 2
e-mail: rainer@lkn.e-technik.tu-muenchen.de

Zusammenfassung

Um die Möglichkeiten der zukünftigen ATM-Netze voll auszunutzen, soll bei der Annahme von Verbindungen mit variabler Bitrate nicht mehr die Spitzenbitrate, sondern nur noch eine niedrigere Bitrate reserviert werden. Dies wird durch statistisches Multiplexen ermöglicht. Dadurch lassen sich mehr Verbindungen über einen ATM-Link führen als bei Anwendung der Spitzenbitratenreservierung.

In diesem Beitrag werden drei unterschiedliche Verbindungsannahmealgorithmen verglichen, die als Anmeldeparameter die mittlere Bitrate, die Spitzenbitrate und teilweise auch die mittlere Burstlänge verwenden. Untersucht wird, welcher Algorithmus die beste Ausnutzung eines ATM-Links bietet, ohne dabei die Anforderungen bezüglich Zellenverlust und Zellenverzögerung zu verletzen. Die Einhaltung dieser *Quality of Service* Anforderungen wurde mit Hilfe umfangreicher Simulationen eines einzelnen ATM-Multiplexers sowie eines einfachen ATM-Netzes überprüft.

1 Einführung

Die Grundlage für zukünftige Breitband-ISDN Netze wird der asynchrone Transfer Mode (ATM) bilden. Bei ATM werden die Informationen in Paketen fester Länge (Zellen) mit 48 Byte Nutzdaten und 5 Byte Steuerinformation übertragen. Im Gegensatz zum synchronen Zeitmultiplex-Verfahren (STM) sind ATM-Netze sehr flexibel bezüglich der verfügbaren Bitraten für Verbindungen. Diese Flexibilität bieten zwar auch herkömmliche paketorientierte Multiplexverfahren wie X.25, jedoch entstehen hier durch große Laufzeitschwankungen Probleme bei der Übermittlung kontinuierlicher Bitströme. Das ATM-Verfahren weist diese Nachteile nicht auf und stellt somit in Zukunft ein neues Übertragungsverfahren dar, das es ermöglicht, Verbindungen mit unterschiedlichsten auch zeitlich veränderlichen Bitraten gleichzeitig zu übertragen.

Der Annahmealgorithmus hat die Aufgabe, bei jedem neuen Verbindungswunsch zu prüfen, ob bei Annahme der neuen Verbindung die Verbindungsqualität (Quality of Service) aller Verbindungen noch gewährleistet ist. Dazu ist der Algorithmus für jeden Link entlang des ausgewählten Weges auszuführen. Bei Anwendung der Spitzenbitratenreservierung, die in der Einführungsphase von ATM vorgesehen ist, wird lediglich untersucht, ob die Summe der Spitzenbitraten der einzelnen Verbindungen einen gewissen Grenzwert überschreitet oder nicht. Bei einer Überschreitung wird der neue Verbindungswunsch abgelehnt. Da Verbindungen mit zeitlich veränderlicher Bitrate (VBR-Verkehr) ihre Spitzenbitrate unter Umständen selten erreichen, wird die reservierte Bandbreite nur teilweise ausgenutzt. Die gesamte Netzauslastung ist daher bei einem hohen VBR-Anteil sehr gering. Es wird daher derzeit untersucht, inwieweit durch andere Annahmeverfahren die Netzausnutzung bei Beibehaltung der Verbindungsqualität erhöht werden kann. Unter Verbindungsqualität sind hierbei die Anforderungen bezüglich Zellenverzögerung und Zellenverlust zu verstehen.

Die Annahmealgorithmen sollen so einfach sein, daß sie im Netzknoten für hunderte von Verbindungen in Echtzeit ausgeführt werden können. Zudem muß die Annahmeentscheidung auf überprüfbaren Anmeldeparametern beruhen, um eine Überschreitung der angemeldeten Werte feststellen zu können (Usage-Parameter-Control).

Drei neuere Algorithmen, die diese Anforderungen erfüllen werden in diesem Artikel genauer untersucht. Sie berechnen aus der mittleren Bitrate, der Spitzenbitrate und teilweise auch aus der mittleren Burstlänge einer Verbindung eine äquivalente Bitrate für jede einzelne Verbindung oder für die Summe aller Verbindungen auf einer Verbindungsleitung.

Der weitere Aufbau des Artikels gestaltet sich folgendermaßen: Abschnitt 2 stellt die drei untersuchten Annahmealgorithmen vor und in Abschnitt 3 werden die Algorithmen in Abhängigkeit von verschiedenen Parametern rechnerisch verglichen. Abschnitt 4 zeigt die Ergebnisse umfangreicher Simulationen eines Multiplexers und eines einfachen Netzes zur Überprüfung der Praxistauglichkeit der Algorithmen. Abschnitt 5 faßt die Ergebnisse zusammen.

2 Beschreibung der ausgewählten Algorithmen

Die ausgewählten Verbindungsannahmealgorithmen versuchen, mit Hilfe einfacher Formeln die effektiv von einem heterogenen Verbindungsgemisch benötigte Bandbreite möglichst genau zu bestimmen. Dabei wird entweder die äquivalente Bitrate jeder einzelnen oder aller Verbindungen berechnet. Die ausgewählten Algorithmen sind:

- **IBM-Algorithmus** von Roch Guérin und anderen [Gue91], [Ahm90]

- **Sigma-Regel** von E. Wallmeier und C. M. Hauber [Wal91], [Wal90]

- **Cost-Algorithmus** aus dem COST 224 Abschlußbericht [Rob91].

2.1 Übersicht über die untersuchten Algorithmen

Für die Herleitung der drei Algorithmen wird ein vereinfachtes Knotenmodell verwendet, das aus nur einem Pufferspeicher mit endlicher Größe besteht, der im FIFO-Modus mit konstanter Bitrate ausgelesen wird. Die Beschränkung auf einen einzelnen FIFO-Speicher ist bei einem ATM-Koppelvielfach mit Ausgangspufferung legitim, da hier für jeden Ausgang ein FIFO-Speicher vorhanden ist. Eingangsseitig münden zunächst beliebig viele Verbindungen in den FIFO-Pufferspeicher (heterogenes Verkehrsgemisch). Es können alle ankommenden Zellen sofort in den Speicher übernommen werden. Wenn der Puffer voll ist, gehen ankommende Zellen verloren. Die Grundstruktur des Knotenmodells ist in Abbildung 1 dargestellt.

Die Puffergröße x ist in den derzeit verfügbaren Switcharchitekturen durch die Integrationsdichte beschränkt und beträgt maximal etwa 100 ATM-Zellen pro Ausgang. Dies beschränkt gleichzeitig auch die durch Pufferung bedingte maximale Verzögerung der ATM-Zellen in einem Netzknoten. Dadurch müssen vom Annahmealgorithmus nur noch die Quality of Service Anforderungen bezüglich des Zellenverlustes erfüllt werden.

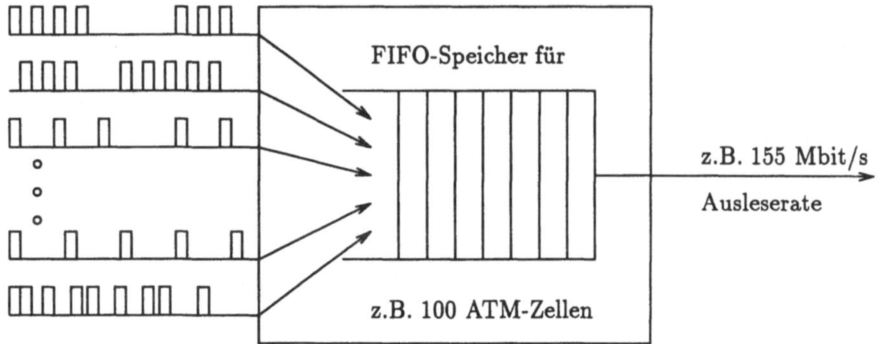

Abbildung 1: Grundstruktur des Knotenmodells

Obwohl die drei Algorithmen alle von ähnlichen Voraussetzungen ausgehen, unterscheiden sie sich in Herleitung und Struktur erheblich. Dadurch ist ein Vergleich nicht ganz einfach durchzuführen. Eine vergleichende Übersicht über die Grundlagen und Besonderheiten der Algorithmen ist in Tabelle 1 dargestellt. Die untersuchten Algorithmen sind in den folgenden Abschnitten einzeln detailliert erklärt.

	IBM-Alg.	**Sigma-Regel** [1]	**Cost-Alg.**
Ansätze bei der Herleitung	1.Fluid-Flow Ansatz 2.stat. Bitratenvert.	stationäre Bitratenverteilung	Näherung der Simulationsergebnisse
Quellenmodell	On/Off Quelle	Allgemeine Quelle	On/Off Quelle
Klasseneinteilung	keine	CBR und VBR	CBR und VBR
Anmeldeparameter	Auslastung $\rho_i = \frac{m_i}{p_i}$, Spitzenbitrate p_i oder Varianz σ_i^2, mittl. Burstlänge b_i	mittlere Bitrate m_i, Spitzenbitrate p_i oder Varianz σ_i^2	mittlere Bitrate m_i, Spitzenbitrate p_i oder Varianz σ_i^2
Weitere Parameter	Puffergröße x Verlust $\ln(1/P_{Loss})$	$C_{II}, q(c)$ $C(P_{Loss}), C(Q^*)$	
Pufferspeicher	beliebig	60-100 ATM-Zellen	100 ATM-Zellen
P_{Loss}	beliebig	10^{-5} und 10^{-10}	10^{-5} bis 10^{-9}
Bruttolinkrate	beliebig	Beispiele für 155Mbit/s	beliebig
Lastgrenze	100% der Nettorate	85-95% der Nettorate	100% der Nettorate
Mittlerer Zellenverlust	für Gesamtverkehr gemittelt	für jede Verbindung individuell	für Gesamtverkehr gemittelt

Tabelle 1: Übersicht der Algorithmen

---

[1] Die angegebenen Werte für die Pufferspeichergröße, die Verlustwahrscheinlichkeit und die Bruttolinkrate beziehen sich auf vorhandene Beispiele. Für beliebige andere Konstellationen lassen sich die Parameter jedoch mit einem Computerprogramm berechnen.

2.2 IBM-Algorithmus

Der IBM-Algorithmus [Gue91] verwendet zwei unterschiedliche analytische Ansätze zur Bestimmung der äquivalenten Bitrate der Gesamtheit aller Verbindungen eines einzelnen ATM-Links. Der erste Näherungsansatz zur Bestimmung der äquivalenten Bitrate basiert auf dem *Fluid-Flow* Modell. Hierbei wird die Summenbitrate der gemultiplexten Verbindungen als ein kontinuierlicher Bitstrom betrachtet, dessen Stärke sich entsprechend dem Zustand eines zugrundeliegenden zeitkontinuierlichen Markov-Prozesses ergibt. Dieser Markov-Prozeß entsteht durch die Überlagerung endlich vieler On/Off Markov-Quellen. Zur Bestimmung der äquivalenten Bitrate C^* benötigt man zuerst einen Ausdruck, der die Verteilungsfunktion des Pufferinhalts als Funktion der Verbindungsparameter und der Bedienrate des Puffers angibt. Die anschließende Berechnung der zur Garantie der Verlustwahrscheinlichkeit erforderlichen Bedienrate aus diesem Ausdruck ist nur numerisch mit iterativen Verfahren möglich. Diese theoretische Bitrate ist die Bitrate C^*.

Für den Fall, daß nur eine einzelne On/Off Markov-Quelle i den Puffer speist, existiert eine Näherungslösung für die äquivalente Bitrate C_i^* [Gue91]:

$$C_i^* \simeq \frac{\alpha b_i(1 - \rho_i)p_i - x + \sqrt{[\alpha b_i(1 - \rho_i)p_i - x]^2 + 4x\alpha b_i\rho_i(1 - \rho_i)p_i}}{2\alpha b_i(1 - \rho_i)} \tag{1}$$

wobei $\alpha = \ln(1/P_{Loss})$. Die Puffergröße ist x, p_i ist die Spitzenbitrate, $\rho_i = m_i/p_i$ ist die Quellenauslastung und b_i ist die mittlere Burstlänge der Quelle.

Die Überlagerung von N beliebigen On/Off Markov-Quellen läßt sich unter Vernachlässigung der Auswirkungen des statistischen Multiplexens für VBR-Verkehr die äquivalente Bitrate des Gesamtverkehrs als einfache Summation der einzelnen äquivalenten Bitraten angeben:

$$C^* = \sum_{i=1}^{N} C_i^* \tag{2}$$

wobei C_i^* der Wert aus Gleichung (1) für eine einzelne Quelle i mit $i = 1, 2, ..., N$ ist. Außer in Fällen, bei denen die äquivalente Bitrate einzelner Verbindungen nahe an der mittleren Bitrate liegt wird die äquivalente Bitrate durch die Näherungen weit überschätzt. Darum wird ein zweiter Ansatz benötigt, der den Effekt des statistischen Multiplexens berücksichtigt.

Dieser zweite Ansatz basiert auf der stationären Bitratenverteilung des Ankunftsprozesses. Er berücksichtigt den Effekt des statistischen Multiplexens, läßt aber dafür den Ausgleichseffekt des Puffers außer Betracht. Bei diesem Ansatz wird der Wert C^{**} der äquivalenten Bitrate so gewählt, daß die stationäre Summenbitrate der Verbindungen den Wert C^{**} nur mit einer Wahrscheinlichkeit kleiner als P_{Loss} überschreitet. Dies begrenzt die Pufferüberlaufwahrscheinlichkeit sicher auf P_{Loss}. Für C^{**} muß also gelten:

$$P(X > C^{**}) \leq P_{Loss} \tag{3}$$

wobei X die augenblickliche Summenbitrate der Verbindungen ist. Die Verteilungsfunktion von X erhält man aus der stationären Verteilung der zugrundeliegenden Markov-Kette, die durch Überlagerung der einzelnen On/Off Markov-Quellen entsteht. Im allgemeinen Fall mit inhomogenen Quellen ist die exakte Berechnung von C^{**} jedoch schwierig. In Fällen, bei denen die Auswirkungen des statistischen Multiplexen von Bedeutung sind, kann die Verteilung der stationären Bitrate aber meist mit guter Genauigkeit durch eine Gauß-Verteilung [Joo89], [Sch88] angenähert werden. Die Annahme der Gauß-Verteilung erlaubt die Anwendung von Standardverfahren, um das obere Ende der

Bitratenverteilungsfunktion abzuschätzen. Der Wert für C^{**} berechnet sich dann näherungsweise zu:

$$C^{**} \simeq m + \alpha'\sigma \quad \text{mit} \quad \alpha' = \sqrt{-2\ln(P_{Loss}) - \ln(2\pi)} \tag{4}$$

wobei m die mittlere Summenbitrate und σ die Standardabweichung der Summenbitrate ist. Die Berechnung von m und σ erfolgt jeweils durch Summation aus den verbindungsindividuellen Werten:

$$m = \sum_{i=1}^{N} m_i \quad \text{und} \quad \sigma^2 = \sum_{i=1}^{N} \sigma_i^2. \tag{5}$$

Für Verbindungen mit einer augenblicklichen Bitrate X_i, Mittelwert m_i und Spitzenbitrate p_i gilt stets die folgende Ungleichung für die Varianz der Bitrate:

$$\sigma_i^2 = E(X_i^2) - (E(X_i))^2 \leq E(p \cdot X_i) - (E(X_i))^2 = p_i \cdot m_i - m_i^2 = m_i \cdot (p_i - m_i) \tag{6}$$

Diese obere Schranke $m_i \cdot (p_i - m_i)$ entspricht für On/Off-Verbindungen sogar dem exakten Wert der Varianz. Dadurch ist die Berechnung von C^{**} aus den Anmeldeparametern ρ_i und p_i der einzelnen Verbindungen möglich.

Die Kombination der beiden Ansätze erfolgt durch Minimumbildung. Die äquivalente Bitrate C ergibt sich so zu:

$$C = \min\left\{ m + \alpha'\sigma, \quad \sum_{i=1}^{N} C_i^* \right\} \tag{7}$$

wobei die Parameter sind in den Gleichungen (1), (2) und (4) definiert.

2.3 Sigma-Regel

Der zweite untersuchte Algorithmus ist die Sigma-Regel [Wal91], [Wal90]. Der Algorithmus erfordert eine Aufteilung der zu übertragenden Verbindungen in zwei Klassen. Klasse I enthält Verbindungen, die entweder konstante Bitrate haben oder die aufgrund ihrer Bitrate nicht zum statistischen Multiplexen geeignet sind. Klasse II enthält Verbindungen, die sich zum statistischen Multiplexen eignen. Verbindungen der Klasse I wird die Spitzenbitrate p zugewiesen. Die verbleibende Bitrate

$$c = C(Q^*) - \sum_{Klasse I} p_i \tag{8}$$

wird benutzt, um Verbindungen, die zum statistischen Multiplexen geeignet sind (Klasse II), zu übertragen. Hierbei ist $C(Q^*)$ die maximal belegbare Bandbreite auf einem Link, so daß die Zellenverlustwahrscheinlichkeit aufgrund von *Cell Level Congestion* [2] kleiner als Q^* ist. Statistisches Multiplexen von Verbindungen der Klasse II geschieht jedoch nur solange die für Klasse II Verbindungen zur Verfügung stehende Bandbreite c größer als ein fester Wert C_{II} ist. Ist $c < C_{II}$ so wird für alle Verbindungen der Klasse II ebenfalls die Spitzenbitrate reserviert. Verbindungen der Klasse II müssen je nach Version der Sigma-Regel bestimmte Bedingungen an die Parameter m_i und p_i erfüllen. Im Beispiel wurden die Bedingungen der Version c) aus [Wal91] verwendet:

$$0,1 \leq \frac{m_i}{p_i} \leq 0,5 \quad \text{und} \quad 64 \, \text{kbit/s} \leq p_i \leq 6,144 \, \text{Mbit/s}. \tag{9}$$

---

[2] Cell Level Congestion berücksichtigt die Verluste, die bei Anwendung der Spitzenbitratenreservierung durch gleichzeitig ankommende Zellen auftreten.

Betrachtet wird ein Link, der von $N-1$ Verbindungen belegt ist, und der eine neue Verbindung aufnehmen soll. Es wird angenommen, daß die Verbindungen nicht korreliert sind. Die Spitzenbitraten der Verbindungen sind p_i, die mittleren Bitraten sind m_i mit $i = 1, 2, ..., N$. Der Annahmealgorithmus sieht dann folgendermaßen aus [Wal91]:

- Wenn die Summe der Spitzenbitraten aller N Verbindungen einschließlich der neu hinzukommenden Verbindung kleiner oder gleich $C(P_{Loss})$ ist, d.h. wenn:

$$\sum_{i=1}^{N} p_i \leq C(P_{Loss}) \tag{10}$$

wird die Verbindung angenommen. Dabei ist $C(P_{Loss})$ die Bandbreite auf dem Link die maximal genutzt werden kann, so daß die gesamte Zellenverlustwahrscheinlichkeit (durch *Cell* und *Burst Level Congestion*) kleiner als P_{Loss} ist. In der praktischen Anwendung wird $C(P_{Loss})$ meistens mit $C(Q^*)$ gleichgesetzt (85-95% der Nettolinkbitrate).

- Wenn die für Klasse II Verbindungen zur Verfügung stehende Bitrate c statistisches Multiplexen zuläßt, d.h. wenn

$$c \geq C_{II} \tag{11}$$

gilt und die zum Multiplexen der Verbindungen benötigte Bandbreite kleiner als c ist, wenn also zusätzlich

$$q(c) \cdot \sqrt{\sum_{KlasseII} \sigma_i^2} + \sum_{KlasseII} m_i + \max_{KlasseII} p_i \leq c \tag{12}$$

gilt, dann wird die Verbindung ebenfalls angenommen. Die Werte der Parameter C_{II} und $q(c)$ sind von der Definition der Klasse II, von der Verlustwahrscheinlichkeit P_{Loss}, der Puffergröße x und von $C(Q^*)$ und $C(P_{Loss})$ abhängig. Sie werden durch ein aufwendiges iteratives Berechnungsverfahren bestimmt. Für die beschriebene Version mit einer Obergrenze für Klasse II von $p = 6,144\ Mbit/s$ ergeben sich folgende Werte:

$$C_{II} = 75\ \text{Mbit/s} \quad \text{und} \quad q(c) = 8,5 + 75/c$$

Für kleinere Obergrenzen ergeben sich entsprechend andere Werte.

Der Algorithmus benutzt drei Verbindungsparameter, die bei Anmeldung einer neuen Verbindung festgelegt werden müssen. Die Parameter sind die mittlere Bitrate m_i, die Spitzenbitrate p_i und eine obere Schranke σ_i^2 für die Varianz der Verteilung der augenblicklichen Bitrate X_i. Für die praktische Implementierung des Algorithmus ist die Verwendung einer oberen Schranke für die Varianz sinnvoll, weil deren exakte Angabe bei der Anmeldung nicht möglich ist und ihre Einhaltung auch nur schwer überprüft werden kann. Im folgenden Abschnitt werden zwei Obergrenzen für die Varianz vorgestellt, die abhängig von der Art der Verbindung Anwendung finden.

Zum einen wird als Obergrenze für die Varianz von On/Off Quellen wieder Gleichung (6) verwendet:

$$\sigma_i^2 = m_i \cdot (p_i - m_i).$$

Hierdurch reduziert sich die Anmeldung und Überwachung auf zwei Parameter. Für Datenverbindungen ist dies sicher eine gute Vereinfachung.

Für VBR-Verbindungen, für die eine Gauß-Näherung der Summenbitrate nicht exakt zutrifft, ist es hingegen günstiger einen anderen Ansatz zu wählen. Hier werden Mittelwert und Varianz einer Gauß-verteilten Hülle der Bitratenverteilungsfunktion verwendet.

2.4 Cost-Algorithmus

Der dritte untersuchte Algorithmus ist ein im COST 224 Abschlußbericht [Rob91] vorgeschlagener Annahmealgorithmus, der sich besonders durch seine einfache Struktur und einen linearen Ansatz auszeichnet. Linear bedeutet hier, daß die Bandbreitenzuweisung einer Verbindung unahbhängig von der Verkehrszusammensetzung ist. In Wirklichkeit ist diese lineare Abhängigkeit im allgemeinen Fall natürlich nicht gegeben. In einem begrenzten Parameterbereich gilt die Linearität jedoch näherungsweise. Dies läßt sich bei Betrachtung der Annahmegrenzen für Mischungen aus zwei oder drei Verkehrsklassen erkennen. Die Grenzen verlaufen hier in großen Teilbereichen so nahe an den entsprechenden linearen Näherungen, daß diese sehr gut verwendet werden können. Auf dieser Tatsache basiert der Algorithmus.

Die Bestimmung der äquivalenten Bitrate einer Verbindung, die sich zum statistischen Multiplexen eignet, erfolgt nach folgender empirisch abgeleiteter Formel:

$$\begin{aligned}
C_i &= 1,2 \cdot m_i + 60 \cdot \sigma_i^2 / C_0 \quad \text{für} \quad P_{Loss} = 10^{-9} \\
C_i &= 1,1 \cdot m_i + 35 \cdot \sigma_i^2 / C_0 \quad \text{für} \quad P_{Loss} = 10^{-5}
\end{aligned} \tag{13}$$

wobei C_0 die Nettolinkkapazität ist. Die Varianz σ^2 kann wie bei den anderen Algorithmen auch durch eine *worst-case* Abschätzung für On/Off-Quellen aus der mittleren Bitrate m und der Spitzenbitrate p berechnet werden (Gleichung (6)):

$$\sigma_i^2 = m_i \cdot (p_i - m_i)$$

Verbindungen die zum statistischen Multiplexen geeignet sind, müssen dabei folgende Bedingungen an den Parameterbereich erfüllen:

$$0,05 \leq \frac{m_i}{p_i} \leq 0,5 \quad \text{und} \quad 15 \leq \frac{C_0}{p_i} \leq 1000. \tag{14}$$

Verbindungen die diese Bedingungen nicht erfüllen werden wie CBR-Quellen behandelt und es wird die Spitzenbitrate reserviert. Die benötigte Gesamtbitrate aller Verbindungen auf einem Link ergibt sich dann wieder durch einfache Summenbildung:

$$C = \sum_i C_i \tag{15}$$

Die Parameterwerte in Gleichung (13) und (14) sind vorläufige und gerundete Werte, die noch einer genaueren Überprüfung bedürfen. Die Werte der beiden Faktoren im Gleichung (13) verändern sich für den Bereich $10^{-9} \leq P_{Loss} \leq 10^{-5}$ etwa linear mit $\log(P_{Loss})$ zwischen den oben genannten Grenzwerten.

3 Vergleich der Algorithmen

Der Vergleich der drei Algorithmen soll klarstellen, welcher Algorithmus die Möglichkeiten des statistischen Multiplexens am besten ausnutzt. Hierzu werden die Algorithmen auf verschiedene Verkehrszusammensetzungen mit unterschiedlichen Verkehrsparameter angewendet. Untersucht wird, welcher Algorithmus für ein gegebenes Verkehrsgemisch am wenigsten Übertragungsbandbreite reserviert.

In der graphischen Darstellung der Ergebnisse in den Abbildungen 2, 3, 4 und 5 wird die benötigte Bandbreite (äquivalente Bitrate) aller Verbindungen auf einem Link in Abhängigkeit von verschiedenen Parametern einer einzelnen Verbindung dargestellt. Die Parameter sind die mittlere Bitrate, die Spitzenbitrate und die Varianz der Bitrate einer

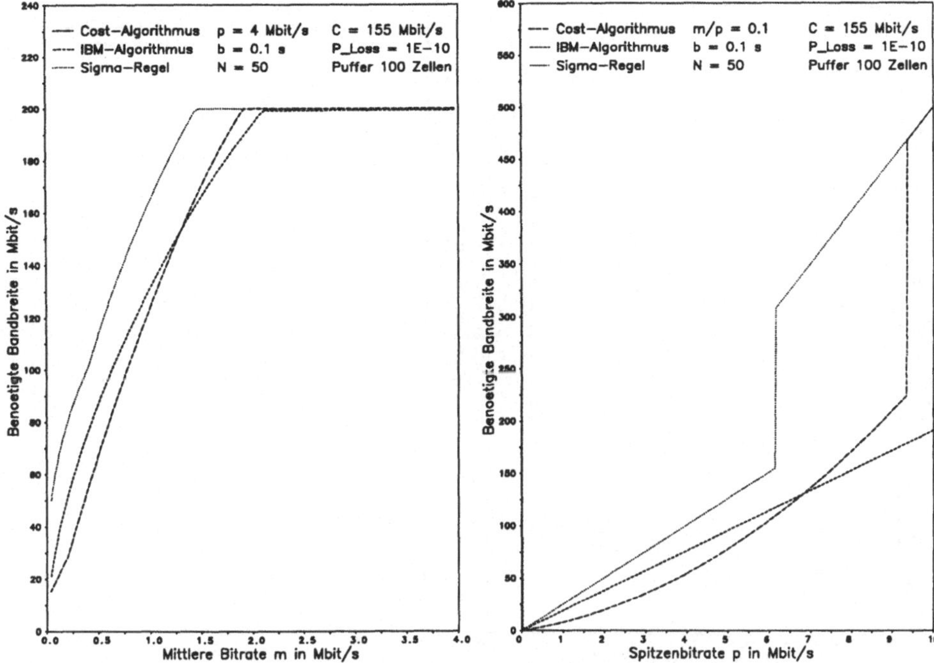

Abbildung 2: Abhängigkeit der benötigten Gesamtbandbreite aller Verbindungen von der mittleren Bitrate m_i einer Verbindung

Abbildung 3: Abhängigkeit der benötigten Gesamtbandbreite aller Verbindungen von der Spitzenbitrate p_i einer Verbindung

Verbindung sowie die Anzahl der gemultiplexten Verbindungen. Im Beispiel wurde ein homogenes Verkehrsgemisch aus 50 On/Off Verbindungen mit einer mittleren Burstlänge von 0,1 Sekunden auf einem 155 Mbit/s Link bei einer erlaubten mittleren Verlustwahrscheinlichkeit von 10^{-10} und einer Puffergröße von 100 ATM-Zellen betrachtet. Dieses Beispiel entspricht bis auf die Puffergröße dem Beispiel aus [Gue91]. Aufgrund fehlender Parameter für $P_{Loss} = 10^{-10}$ wurde beim Cost-Algorithmus $P_{Loss} = 10^{-9}$ verwendet. Ein lineares Extrapolieren der Parameter auf $P_{Loss} = 10^{-10}$ ist zwar möglich, ergibt aber in den Abbildungen keinen sichtbaren Unterschied.

In Abbildung 2 wird bei konstanter mittlerer Burstlänge die mittlere Silencedauer so variiert, daß sich die entsprechende mittlere Bitrate ergibt. Dabei erkennt man, daß der Sigma-Algorithmus generell mehr Bandbreite reserviert als die anderen Algorithmen. Bei Verkehr mit geringer mittlerer Bitrate ($\hat{=}$ hoher Burstiness wegen p_i konstant 4 Mbit/s) weist der Cost-Algorithmus am wenigsten Bandbreite zu. Bei Verkehr mit höherer mittlerer Bitrate ($\hat{=}$ geringerer Burstiness) bietet der IBM-Algorithmus die beste Bandbreitenausnutzung. Abbildung 3 hingegen zeigt ein quasi lineares Verhalten der Sigma-Regel und des IBM-Algorithmus bezüglich der Spitzenbitrate, wobei bei der Sigma-Regel bei $p_i = 6,144$ Mbit/s das Umschalten auf Spitzenbitratenreservierung deutlich erkennbar ist. Nur der Cost-Algorithmus zeigt bezüglich der Spitzenbitrate ein stark nichtlineares Verhalten. Auch hier ist jedoch das Umschalten auf die Spitzenbitratenreservierung klar erkennbar. Das stark nichtlineare Verhalten bezüglich der Spitzenbitrate ist durch die Abhängigkeit von der Nettolinkbitrate C_0 in Gleichung (13) bedingt. Deutlich erkennbar wird das unterschiedliche Verhalten auch in Abbildung 4. Die Sigma verwendet

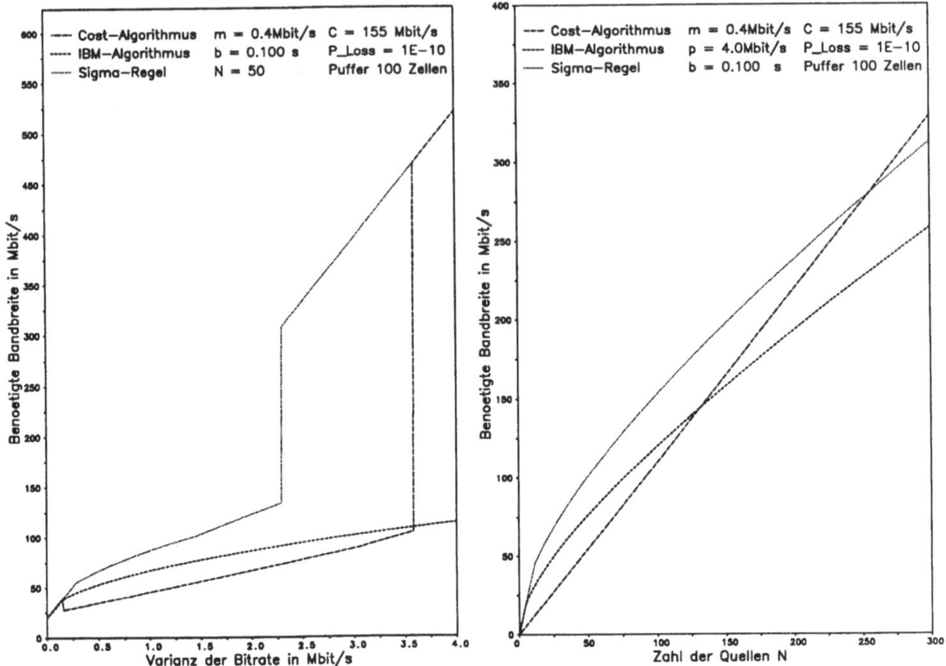

Abbildung 4: Abhängigkeit der benötigten Gesamtbandbreite aller Verbindungen von der Varianz der Bitrate einer Verbindung

Abbildung 5: Abhängigkeit der benötigten Gesamtbandbreite aller Verbindungen von der Anzahl N der Verbindungen

nur begrenzt statistisches Multiplexen und auch der IBM-Algorithmus verwendet bei hohen Werten der Varianz wieder Spitzenbitratenreservierung. Bei einer Varianz von etwa $0,3$ Mbit/s sinkt beim IBM-Algorithmus sogar die äquivalente Bitrate mit steigender Varianz, weil die Klasseneinteilung auf einer Spitzenbitrate p_i basiert, die durch Inversion der Näherungsformel $\sigma_i^2 = m_i \cdot (p_i - m_i)$ bestimmt wird. Für die Berechnung der benötigten Bandbreite wird hingegen direkt die Varianz verwendet. Bei der Untersuchung der Abhängigkeit von der Anzahl der gemultiplexten Verbindungen zeigt sich, daß die benötigte Bandbreite beim Cost-Algorithmus linear wächst. Hier wird also eigentlich gar nicht statistisch gemultiplext, sondern einfach nur generell eine feste Bitrate pro Verbindung reserviert, die kleiner ist als die Spitzenbitrate. Werden nur wenige Verbindungen mit variabler Bitrate gemultiplext, so können hierdurch Probleme entstehen.

Insgesamt gesehen zeigen die Algorithmen doch ein recht unterschiedliches Verhalten. Mit den folgenden Simulationen soll nun festgestellt werden, ob die Bitratenreservierung bei allen Algorithmen ausreicht oder nicht.

4 Simulationen

4.1 Annahmen für die Simulation

Um zu überprüfen, ob die Bandbreitenreservierung mit den Annahmealgorithmen auch die gewünschte Verbindungsqualität sicherstellt, wurden Simulationen eines einzelnen Multiplexers und eines einfachen Netzes aus bis zu fünf verketteten Multiplexern durchgeführt.

Diese wurden mit GPSS-Fortran auf UNIX-Rechnern implementiert.

Als Quellenmodell dienten On/Off Quellen mit geometrisch verteilten Burst- und Silencelängen sowie konstantem Zwischenzellenankunftsabstand innerhalb eines Bursts. Die Puffergröße b im Multiplexer beträgt 100 ATM-Zellen (ca. 40 kbit). Wenn die Pufferbelegung diesen Wert erreicht, gehen ankommende Zellen verloren. Um statistisch signifikante Ergebnisse bei erträglichen Rechenzeiten zu erhalten, wurde die erlaubte Zellenverlustwahrscheinlichkeit P_{Loss} auf 10^{-5} erhöht.

4.2 Simulation eines Multiplexers

Untersucht wurde hierbei, bei welcher Mindestausleserate des Multiplexers der mittlere Zellenverlust aller Verbindungen kleiner als P_{Loss} ist. Das Simulationsprogramm erlaubt die Verwendung von bis zu drei unterschiedlichen Verbindungsklassen. Die durch Simulation bestimmte erforderliche Bandbreite ist zusammen mit den durch Berechnung ermittelten Kurven der drei Algorithmen für $P_{Loss} = 10^{-5}$ in Abbildung 6 und 7 dargestellt. Die anderen Parameter entsprechen denen aus Abbildung 2 und 3.

Bei den Simulationen wurde die mindestens notwendige Ausleserate zur Einhaltung der Zellenverlustwahrscheinlichkeit bestimmt. Liegt diese höher als die Lastgrenze in Tabelle 1, so wird das Verkehrsgemisch abgelehnt. Bei kleineren Werten sind die Untersuchungen äquivalent zu einem Multiplexer der mit 155 Mbit/s ausgelesen wird und bei dem die Differenz zwischen der benötigten Bandbreite und der Lastgrenze durch CBR-Verkehr

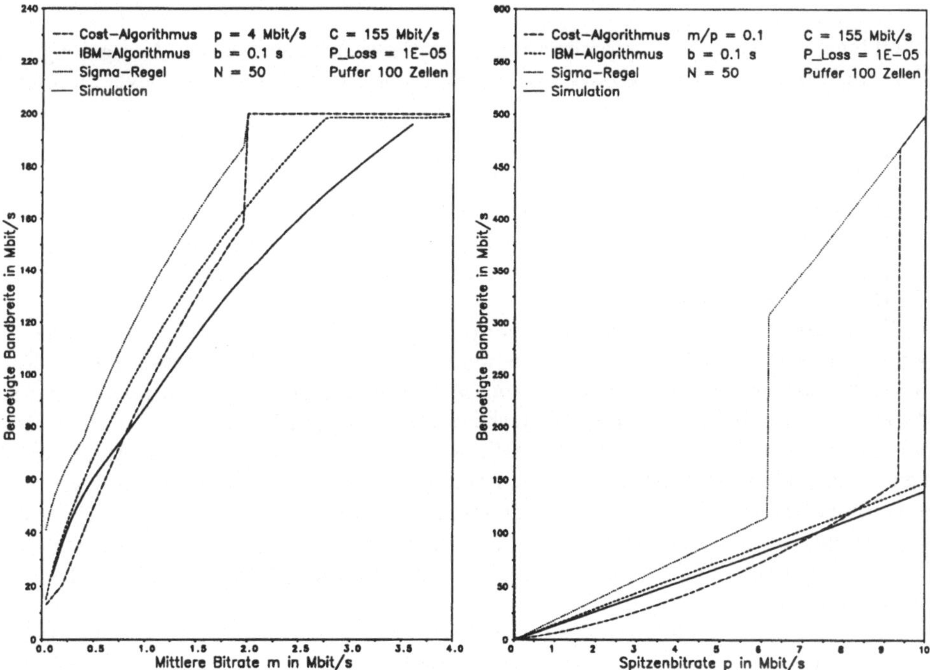

Abbildung 6: Abhängigkeit der äquivalenten Summenbitrate und der Simulationsergebnisse von der mittleren Bitrate m_i der einzelnen Verbindung

Abbildung 7: Abhängigkeit der äquivalenten Summenbitrate und der Simulationsergebnisse von der Spitzenbitrate p_i der einzelnen Verbindung

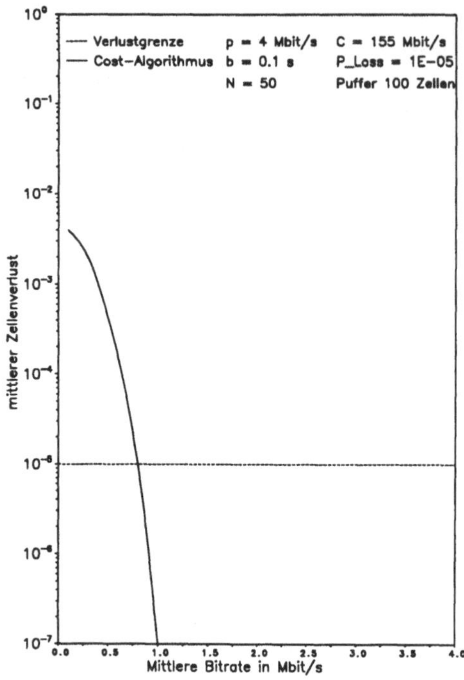

Abbildung 8: Durch Simulation ermittelter mittlerer Zellenverlust bei Anwendung des Cost-Algorithmus in Abhängigkeit von der mittleren Bitrate der einzelnen Verbindung

belegt ist. Lediglich bei der Sigma-Regel sind benötigte Bandbreiten unter 75 Mbit/s nicht realistisch, da in der angeführten Version mindestens 75 Mbit/s zum statistischen Multiplexen vorhanden sein müssen. Anderenfalls erfolgt hier normalerweise Spitzenbit-ratenreservierung. Da das Verhalten der Sigma-Regel jedoch stets unkritisch ist, wurde die Sigma-Regel für den Vergleich so modifiziert, daß statistisches Multiplexen auch für $C_{II} < 75$ Mbit/s verwendet wird.

Es ist deutlich zu sehen, daß die Algorithmen generell den realen Bandbreitenbedarf wegen der *worst-case* Betrachtungen in weiten Bereichen deutlich überschätzen. Nur bei stark burstartigem Verkehr mit $p_i/m_i > 5$ unterschätzt der Cost-Algorithmus den Bedarf. Würde die Bandbreite entsprechend diesem Algorithmus reserviert, so treten dabei unerlaubt hohe mittlere Zellenverluste bis etwa 1% auf. Der Cost-Algorithmus eignet sich also in dieser Form nicht zur Bandbreitenreservierung von Verbindungen mit einer Burstiness von $p_i/m_i > 5$. In Abbildung 8 ist der durch Simulationen ermittelte Zellenverlust bei Anwendung des Cost-Algorithmus in Abhängigkeit von der mittleren Bitrate dargestellt. Die Überschreitung des zulässigen Grenzwertes für den Verlust ist deutlich zu erkennen.

Wenn man den Cost-Algorithmus außer Betracht läßt, so reserviert der IBM-Algorithmus generell weniger Bandbreite als die Sigma-Regel, obwohl die Struktur der Gleichungen 4 und 12 ähnlich ist. Der wesentliche Unterschied zeigt sich bei den Ge-wichtungsparametern von σ. Bei der Sigma-Regel ist dieser Parameter wesentlich höher gewählt, um mehr Sicherheit ist Extremsituationen zu erreichen. Bei allen Simulationen hat der IBM-Algorithmus jedoch nie zu wenig Bandbreite reserviert.

4.3 Simulation eines einfachen Netzes

Die bisher bekannten simulativen Untersuchungen zu Annahmealgorithmen beschränken sich weitgehend auf einen einzelnen Multiplexer. Wichtig ist aber die Betrachtung ganzer ATM-Netze um Ergebnisse für die Gesamtverzögerung bzw. den gesamten Verlust zu erhalten. Mathematische Analysen und simulative Untersuchungen hierzu wurden an der Universität Stuttgart durchgeführt [Ebe91], [Kro92]. Dabei werden jedoch schwerpunktmäßig die Verzögerungen und nicht die Verluste betrachtet.

Die im Rahmen der vorliegenden Arbeit durchgeführten Simulationen von verkoppelten Multiplexern sollen Aufschluß über das Verlustverhalten der Multiplexer bei einer geänderten Zellenstromcharakteristik geben. Infolge der Pufferung in den Multiplexern ist die Einhaltung der angemeldeten Verbindungsparameter in den nachfolgenden Multiplexerstufen eventuell nicht mehr gewährleistet.

Zur Klärung dieser Fragen wurden Simulationen mit verschiedenen Netzarchitekturen bestehend aus drei oder fünf Multiplexern durchgeführt. Ein Beispiel mit drei Multiplexern ist in Abbildung 9 dargestellt. Die in den Abbildung 10 dargestellten Ergebnisse beziehen sich auf eine äqivalente Verkettung von fünf Multiplexern.

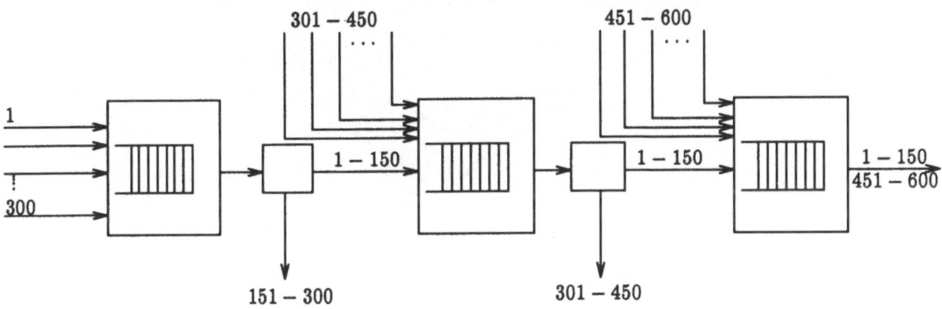

Abbildung 9: Modell für die Simulation eines einfachen Netzes aus drei Multiplexern

Jeder Multiplexer wird mit einem Gemisch aus 300 homogenen Verbindungen beaufschlagt. Die einzelnen Verbindungen haben eine Spitzenbitrate von $p_i = 2\,\text{Mbit/s}$ und eine mittlere Bitrate von $m_i = 0,2\,\text{Mbit/s}$. Die Verbindungen mit den Nummern 1 – 150 laufen durch alle fünf Multiplexer. Außerdem liegen an jedem Multiplexer weitere 150 Verbindungen als Querverkehr an, d.h. die Verbindungen werden am Eingang des Multiplexers erzeugt und nach dem Multiplexer wieder aussortiert, also durch leere ATM-Slots ersetzt.

Bei den Untersuchungen wird jeweils die Verteilungsfunktion der Pufferbelegung der einzelnen Multiplexer betrachtet. Die Ergebnisse für eine Simulationsdauer von $5 \cdot 10^8$ Zellen und einer mittleren Burstlänge von 10 ms sind beispielhaft in Abbildung 10 dargestellt.

Die entstehenden Zellenverluste sind in der Abbildung bei der Pufferbelegung $x = 101$ dargestellt, da der Puffer nur 100 Zellen groß ist. Es zeigt sich, daß sich die Pufferbelegungen der Multiplexer nicht wesentlich unterscheiden. In allen Fällen ist bei großen Pufferspeicherbelegungen ein leichtes Ansteigen der Wahrscheinlichkeit erkennbar. Ein leicht unterschiedliches Zellenverlustverhalten in aufeinanderfolgenden Multiplexern ist zwar zu erkennnen, da die Verluste aber immer innerhalb weniger (ca. 1-5) Verlustphasen auftreten, läßt sich kein allgemeines, statistisch signifikantes Verhalten ableiten.

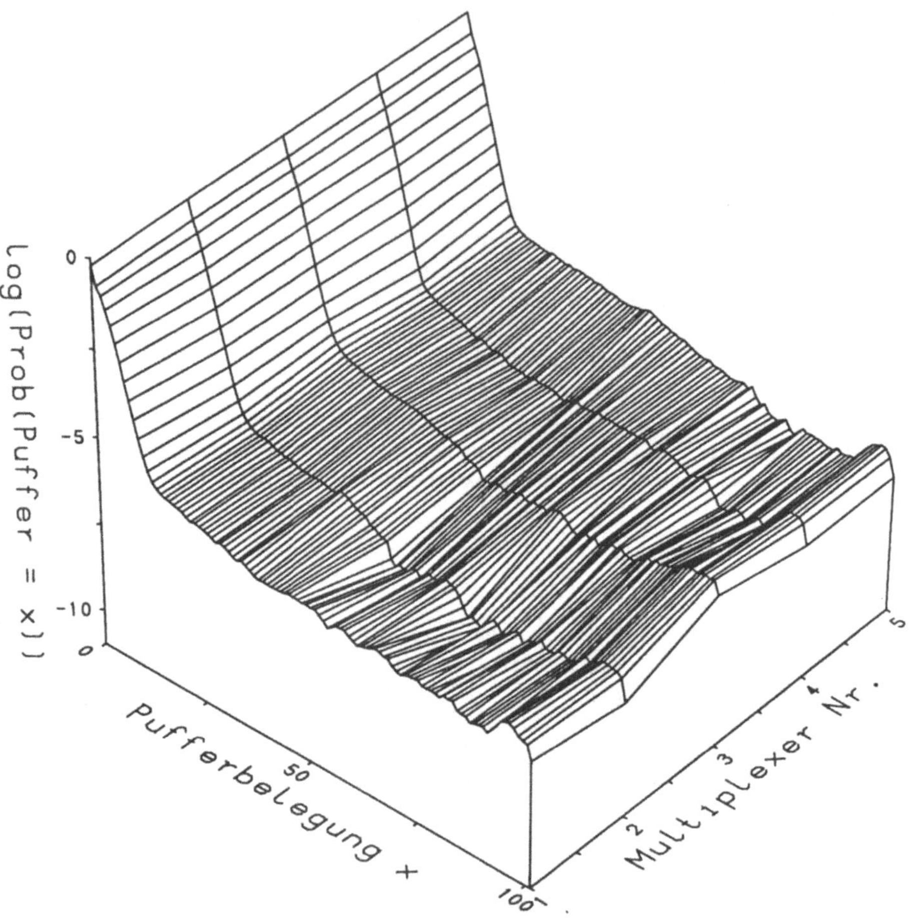

Abbildung 10: Verteilungsfunktion der Pufferbelegung für fünf verkettete Multiplexer bei jeweils 300 Verbindungen mit $p_i = 2\,\text{Mbit/s}$, $m_i = 0,2\,\text{Mbit/s}$, einer mittleren Burstlänge von 0,01 Sekunden und einer Simulationsdauer von $5,0 \cdot 10^8$ Zellen.

Untersuchungen der Zeitpunkte des Auftretens der Zellenverluste zeigen, daß die Zellenverluste sehr gehäuft innerhalb weniger Phasen stattfinden. Bei den Simulationen traten beispielsweise (fünfter Multiplexer in Abbildung 10) alle 65 Zellenverluste innerhalb eines Zeitraums von 800 Zeitschlitzen auf. Dies entspricht einer momentanen Verlustwahrscheinlichkeit von etwa 8%, wobei die mittlere Verlustwahrscheinlichkeit über die gesamte Simulationszeit weit unter der Verlustgrenze von 10^{-5} liegt.

Die genaue Betrachtung der Zellenverluste in Abbildung 10 zeigt außerdem, daß die Zellenverluste innerhalb eines Multiplexers zwar stark korreliert sind, daß aber zwischen den einzelnen Multiplexern keine Korrelationen erkennbar sind. Die einzelnen Zellenverlustphasen weisen keinerlei zeitliche Überlappungen auf.

Diese Ergebnisse stellen die Zusammenhänge sicher nur beispielhaft dar. Sie sind auch statistisch nicht abgesichert. Hierzu bedarf es noch weiterer Untersuchungen. Sie weisen dennoch deutlich auf folgende Probleme hin:

- Langfristig gemittelte Zellenverlustwahrscheinlichkeiten sind nicht geeignet, da die Zellenverluste sehr selten, aber stark gehäuft auftreten.

- Beim Auftreten von Zellenverlusten sind meist mehrere aufeinanderfolgende Zellen einer Verbindung betroffen.

- Über alle Verbindungen gemittelte Zellenverlustwahrscheinlichkeiten sind nicht geeignet, um die Einhaltung der *Quality of Service* für einzelne Verbindungen sicherzustellen, da die Zellenverluste nicht gleichmäßig auf alle Verbindungen verteilt sind.

- Zwischen den einzelnen Multiplexern sind keine Korrelationen und keine Veränderungen des Verlustverhaltens nachweisbar.

5 Zusammenfassung der Ergebnisse

Die vorliegende Untersuchung vergleicht drei ATM-Verbindungsannahmealgorithmen bezüglich ihrer Resourcenausnutzung. Die Einhaltung der zugesicherten Verbindungsqualität wird durch intensive Simulationen eines Multiplexers und einer Kette von Multiplexern überprüft.

Hierbei erweist sich der Algorithmus, der im Cost 224 Abschlußbericht dargestellt wird, als unzureichend, um die Einhaltung der zugesicherten Verbindungsqualität sicherzustellen. Bei einer hohen Burstiness der Verbindung wird der Bandbreitenbedarf unterschätzt. Zudem ist die Abhängigkeit von der Nettobitrate des ATM-Links nicht verständlich. Um in allen Fällen eine sichere Entscheidung herbeizuführen, bedarf der Algorithmus einer Änderung.

Die Sigma-Regel stellt die Einhaltung der Verbindungsqualität in allen Fällen sicher. Generell weist sie noch gewisse Sicherheitsreserven auf, die auf Berücksichtigung stengerer Anforderungen an die *Quality of Service* zurückzuführen sind. So garantiert der Algorithmus für jede Verbindung individuell die Einhaltung der Zellenverlustwahrscheinlichkeit. Normalerweise wird dagegen nur die über alle Verbindungen gemittelte Verlustwahrscheinlichkeit betrachtet. Außerdem ist auch im *worst-case* Fall noch eine Sicherheitsreserve einkalkuliert.

Der IBM-Algorithmus bietet in allen Bereichen eine gute Kombination aus Leitungsausnutzung und Sicherheit. In *worst-case* Fällen sind jedoch keine Sicherheitsreserven mehr vorhanden. Bei den durchgeführten Simulationen war die Einhaltung der mittleren Zellenverlustwahrscheinlichkeit aber immer sichergestellt. Zudem bietet der Algorithmus durch die direkte Abhängigkeit von der erlaubten Verlustwahrscheinlichkeit und der Puffergröße auch die größte Flexibilität. Problematisch ist die Abhängigkeit von der mittleren Burstlänge, da diese vom Benutzer nur schwer vorhergesagt werden kann. Ein weiteres Problem stellt außerdem deren Überwachung dar. Ebenso problematisch ist die im Algorithmus vorgeschlagene Umrechnung für On/Off Quellen ohne negativ exponentiell verteilte Burst- und Silencelängen mit Hilfe der zweiten Momente der Längenverteilungen, da auch sie in der Praxis kaum durchzuführen ist.

Die zur Untersuchung des Verhaltens netzinterner Vermittlungsknoten durchgeführten Simulationen an einem einfachen Netz aus verketteten Multiplexern zeigen neue Probleme auf. Durch die Pufferung in den Multiplexern wird die Zellenstromcharakteristik des Verkehrs geändert. Nach dem ersten Multiplexer entsprechen die vom Benutzer angegebenen und durch die Policingfunktion überwachten Werte nicht mehr genau den realen Werten.

128

Ein Einfluß der veränderten Zellenstromcharakteristik auf nachfolgende Multiplexer ist zwar erkennbar, es läßt sich jedoch anhand der untersuchten Beispiele kein allgemeine Abhängigkeit nachweisen. Deutlich wurde nur, daß die Verluste in den einzelnen Multiplexern stark gehäuft auftreten. Durch diesen Häufungseffekt ist es vermutlich nicht ausreichend, nur die über lange Zeit gemittelte Zellenverlustwahrscheinlichkeit zu betrachten, sondern die Einhaltung der Zellenverlustwahrscheinlichkeit muß in kurzen Zeitintervallen ebenso sichergestellt sein. Abhilfe kann hier eventuell die Einbeziehung von Verkehrsmessungen in die Verbindungsannahmeentscheidung schaffen.

Literatur

[Ahm90] H. Ahmadi, R. Guérin, „ Bandwidth allocation in high-speed networks based on the concept of equivalent capacity", *7'th ITC Spec. Sem. Morristown*, 1990.

[Ebe91] M. Eberspächer, „Mathematische Analyse der Durchlaufzeiten in ATM-Netzen", *Diplomarbeit am Institut für Nachrichtenvermittlung und Datenverarbeitung der Universität Stuttgart*, März 1991.

[Gue91] R. Guérin, H. Ahmadi, M. Naghshineh, „Equivalent capacity and its application to bandwidth allocation in high-speed networks", *IEEE Journal on Selected Areas in Communications*, vol. 9, no. 7, pp. 968-981, September 1991.

[Joo89] P. Joos, W. Verbiest, „A statistical bandwidth allocation and usage monitoring algorithm for ATM networks", *Proceedings of the ICC'89, Boston*, paper 13.5, pp. 415-422, 1989.

[Kro92] H. Kröner, M. Eberspächer,T. H. Theimer,P. J. Kühn, U. Briem, „Approximate analysis of the end-to-end delay in ATM networks", *Proceedings of the IEEE Infocom 1992*, pp. 978-986, Florence, May 1992.

[Rob91] J. W. Roberts, „Performance evaluation and design of multiservice networks", *COST 224 Final Report for COST 224 Seminar*, pp. 34-44, Paris, 14-16 October 1991.

[Sch88] F. C. Schoute, „Simple decision rules for acceptance of mixed traffic streams", *Proceedings of the 12th Int. Teletraffic Congress*, paper 4.2A.5, pp. 771-777, Turin, 1988.

[Wal90] E. Wallmeier, "A connection acceptance algorithm for ATM networks based on mean and peak bit rates", *International Journal of Digital and Analog Communication Systems*, vol. 3, pp. 143-153, 1990.

[Wal91] E. Wallmeier, C. M. Hauber, „Blocking probabilities in ATM pipes controlled by a connection acceptance algorithm based on mean and peak bit rates", *Queueing, Performance and Control in ATM (ITC-13 Workshops)*, Elsevier Science Publishers B.V. (North-Holland), pp. 131-142, 1991.

***

Der besondere Dank der Autoren gilt Herrn Hauber, Herrn Dr. Wallmeier und Frau Hofstetter von der Siemens AG in München für die hilfreichen Anregungen und Diskussionen sowie für die Bereitstellung von zusätzlichen Parametern und Unterlagen.

Isochrone Kanäle im DQDB-MAN:
Verbindungssteuerung und Fehlertoleranz

Ralf Widera[*], Jörg Eberspächer
Lehrstuhl für Kommunikationsnetze
Technische Universität München

Zusammenfassung

Im DQDB-MAN ist neben dem Paketdienst ein isochroner Dienst vorgesehen. Nach einer kurzen Einführung in DQDB wird zuerst die Verbindungssteuerung im fehlerfreien Fall dargestellt. Die notwendigen Steuer- und Verwaltungs-Funktionen werden verschiedenen Instanzen zugeteilt und logisch miteinander verknüpft. Möglichkeiten zur zentralen und dezentralen Verbindungssteuerung werden diskutiert und die Prinzipien der Signalisierung skizziert.

Anschließend wird gezeigt, wie die Funktionalität der verschiedenen Instanzen zu erweitern ist, um eine fehlertolerante Steuerung zu erreichen, so daß im Netz auftretende Fehler nicht unbedingt zum Abbruch aller isochronen Verbindungen führen. Dazu werden einige exemplarische Fehlerfälle dargestellt und Lösungsmöglichkeiten vorgeschlagen.

1 Einführung

Metropolitan Area Networks (MAN) haben eine wachsende Bedeutung im Bereich der öffentlichen und privaten Kommunikationsnetze. Von IEEE sind unter der Bezeichnung DQDB (Distributed Queue Dual Bus) eine Netztopologie und ein zugehöriges Zugriffsprotokoll standardisiert worden [IEE90]. Neben einem Paketdienst[1], der schon vollständig standardisiert ist, ist auch ein isochroner, durchschaltevermittelter Dienst[2] vorgesehen, der den Zugriff auf synchrone Kanäle mit einer Bitrate von n $\times$ 64 kbit/s regelt (bei ETSI in der Standardisierungsphase, [ETS92], dort Constant Bit Rate Service – CBR – genannt). Für letzteren sind entsprechende Schnittstellen festgelegt und auch der eigentliche Datenaustausch bereits definiert worden. Allerdings sind bei der Verbindungssteuerung noch einige Punkte offen und es fehlen Konzepte zur Fehlerbehandlung.

Eine wichtige Anwendung von MANs ist neben der Vernetzung von LANs die Kopplung von digitalen Nebenstellenanlagen, ISDN-Terminals und anderen isochronen (End-) Systemen. DQDB unterstützt mit dem isochronen Dienst solche Anwendungen und ermöglicht auch die Nutzung als Backbone im öffentlichen Netz. Abb. 1 zeigt eine Beispielkonfiguration.

DQDB ist eine Netzarchitektur, die auf zwei unidirektionalen Bussen (A und B) basiert. In Kopfstationen (HOB_A, HOB_B) werden laufend leere Slots erzeugt, bestehend aus 1 Byte Zugriffssteuerfeld, 4 Byte Header und 48 Byte Nutzlast, die zum jeweiligen Busende umlaufen, wo sie im Gegensatz zu einer Ringarchitektur (z.B. FDDI-2, [FDD90]) vernichtet werden. Die Slots sind in einen 125 μs langen Rahmen integriert und werden

---

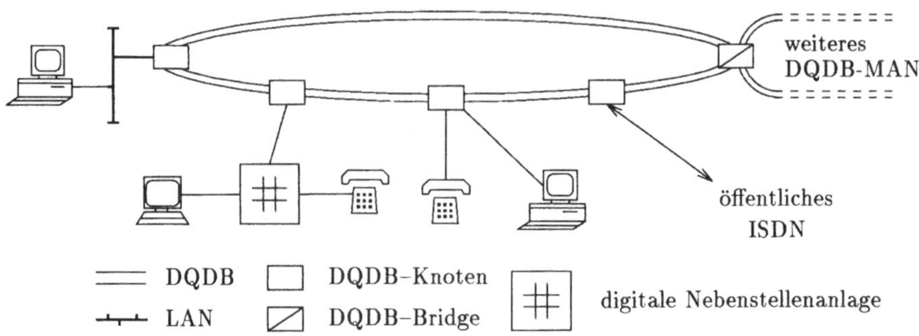

Abbildung 1: DQDB-Netz Prinzipschaubild

durch einen Virtual Channel Identifier (VCI) gekennzeichnet. Im Zugriffssteuerfeld ist ein Bit zur Unterscheidung von zwei Dienstklassen vorgesehen, so daß ein hybrider Netzbetrieb ermöglicht wird: der asynchrone Paketdienst und der isochrone Dienst. Die auf dem Netz zur Verfügung stehende Bandbreite wird dynamisch auf beide Dienstklassen verteilt. Um eine ausschließliche oder übermäßige Nutzung durch eine Klasse zu verhindern, müssen daher Kontrollmechanismen vorgesehen sein, die die Bandbreitenaufteilung steuern (Bandbreiten-Manager). Der Zugriff auf die isochronen DQDB-Slots wird von speziellen Funktionseinheiten, den VCI-Servern, gesteuert.

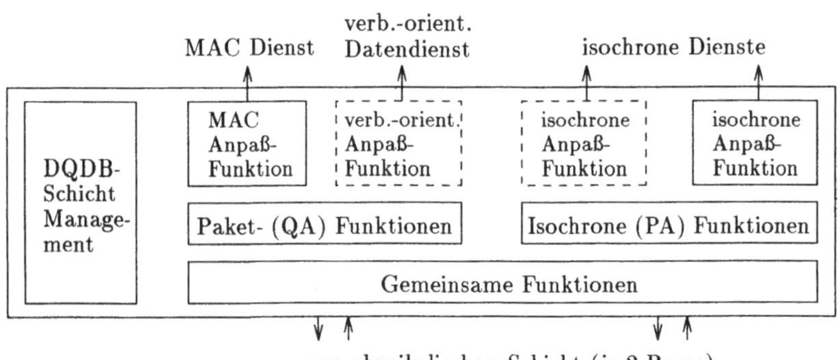

Abbildung 2: DQDB-Knoten Prinzipschaubild

Abb. 2 zeigt die Funktionsübersicht der DQDB-Schicht in einem Knoten. Man sieht die Einordnung der isochronen Dienste zu den übrigen Funktionen im Knoten. Für jede isochrone Verbindung gibt es eine eigene isochrone Anpaßfunktion, die dem jeweiligen Verbindungsendpunkt zugeordnet ist. Im DQDB-Management werden die Funktionen untergebracht, die für die DQDB-interne Kanalzuteilung und Verbindungssteuerung inklusive der Fehlerbehandlung zuständig sind. Die verschiedenen Instanzen tauschen untereinander Meldungen nach dem Layer Management Protokoll aus. Für den Meldeverkehr zu anderen Knoten wird der QA-Dienst verwendet, so daß für die Signalisierung des isochronen Dienstes kein weiterer Dienst eingeführt werden muß.

2 Verbindungssteuerung – Normalbetrieb

In diesem Abschnitt wird auf die notwendigen Schritte zur Verbindungssteuerung eingegangen. Dabei wird angenommen, daß keine Fehler im Netz auftreten.

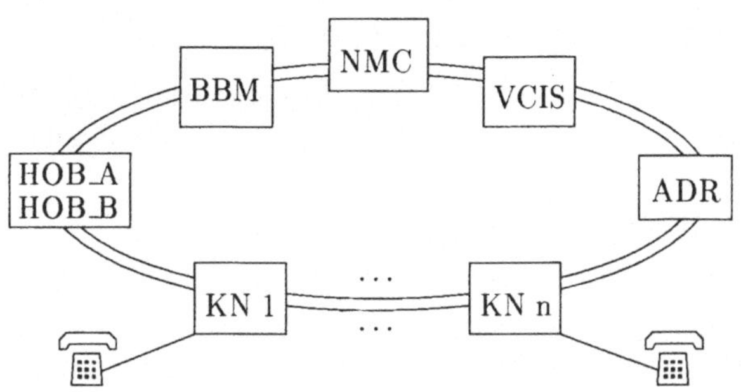

KN Netzknoten

Netzknoten mit besonderen
Steuerfunktionen:

HOB_A, HOB_B
Kopfstation Busse A, B
BBM Bandbreitenmanager
VCIS VCI–Server
NMC Netz Management Center
ADR Adreßtabellen

Abbildung 3: Instanzen für den isochronen Dienst

In Abb. 3 ist eine Übersicht der für den isochronen Dienst benötigten Instanzen zu sehen. Die Plazierung der Instanzen am Netz ist hier willkürlich gewählt worden. Sie können prinzipiell überall im Netz lokalisiert und insbesondere auch in einem Knoten vereint sein. Im Abschnitt 2.6 wird die Plazierung der Instanzen aus dem Gesichtspunkt einer zentralen oder dezentralen Verbindungssteuerung behandelt, im Abschnitt 3.2.1 aus dem Gesichtspunkt der Fehlertoleranz.

2.1 Bandbreiten-Manager

Wie in jedem Hybrid–System ist auch im DQDB die Verteilung der Bandbreite auf die unterschiedlichen Klassen ein zentrales Problem. Die Zuteilung von Bandbreite an die eine Klasse führt zwangsweise zu einer Benachteiligung der anderen hinsichtlich der Dienstqualität, wie Blockierungswahrscheinlichkeit beim isochronen Dienst bzw. Transferzeiten von Nachrichten beim Paketdienst. Deshalb ist eine Instanz notwendig, die die Bandbreitenzuteilung kontrolliert und verhindert, daß eine Klasse die zur Verfügung stehende Bandbreite übermäßig stark nutzt.

Diese Aufgabe übernimmt der Bandbreiten-Manager BBM. Er hat zu entscheiden, ob eine Verbindung mit ihrer gewünschten Bandbreite noch zugelassen werden kann oder wegen Überschreitung der zulässigen Bandbreite abgelehnt werden muß. Die verbleibende Bandbreite kann automatisch für QA-Verkehr genutzt werden.

Für die Zuteilung aus dem „*Pool*" der insgesamt zur Verfügung stehenden Bandbreite gibt es zwei separate Grenzwerte. Um neben der globalen Beschränkung der isochronen Bandbreite auch für jeden Knoten individuelle Grenzen festlegen zu können (lokale Beschränkung), wird im BBM zum einen die gesamte durch PA-Verkehr belegte Bandbreite, zum anderen auch die von einzelnen Knoten bereits belegte Bandbreite gespeichert. Die aktuellen Werte dürfen die eingestellten Grenzen nicht überschreiten.

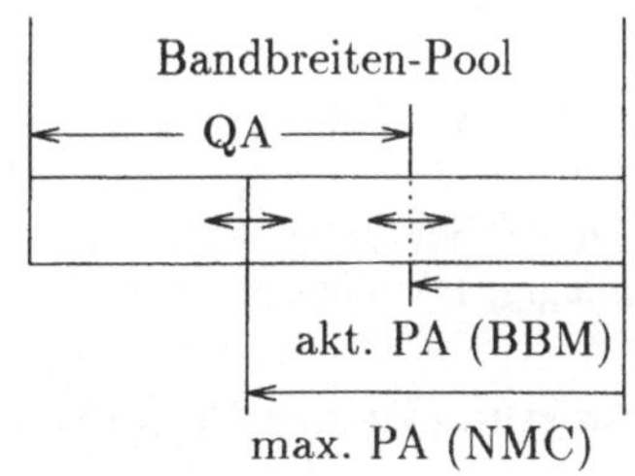

Abbildung 4: Aufteilung des Bandbreiten-Pools

Abb. 4 zeigt schematisch die Bandbreitenaufteilung auf die zwei Klassen QA- und PA-Dienst. Die Grafik ist auf die globale und die lokale, individuelle Bandbreitenbeschränkung anwendbar. Um einer neuen Verkehrssituation gerecht zu werden, können die Grenzen für den maximalen PA-Anteil durch das Netzmanagement verändert werden. Bis zu diesen Grenzen kontrolliert der BBM die Größe des aktuellen PA-Anteils.

2.2 VCI-Server und Verfahren zur Slotbelegung

Nach der Annnahme einer Verbindung durch den Bandbreiten-Manager BBM muß der Zugriff auf die DQDB-Slots gesteuert werden. Hierfür gibt es grundsätzlich zwei verschiedene Methoden [ETS92], [Hor92]:

- Gemeinsame Belegung von PA-Slots — *„composite slot switching"*

- Exklusive Belegung von PA-Slots — *„dedicated slot switching"*

Die Steuerung der Slot–Belegung erfolgt in beiden Fällen durch den VCI-Server VCIS. Für jeden Verbindungswunsch werden vom VCIS bestimmte Kennwerte ausgewählt, die allen beteiligten Instanzen mitgeteilt werden.

Beim ersten Verfahren teilen sich je nach Bandbreitenbedarf mehrere Verbindungen einen Slot. Dieser wird entsprechend der payload-Größe in 48 Oktette unterteilt, auf die über eine Kombination aus VCI- und Offset-Wert einzeln zugegriffen werden kann. Mit dem VCI wird ein Slot identifiziert; der Offset-Wert bestimmt die Oktettposition innerhalb des Slots [IEE90]. Im weiteren wird dieses Verfahren deshalb auch V/O-Belegung genannt. Jeder Slot wird innerhalb des $125\ \mu s$ Rahmens einmal gesendet. Damit weist ein Kanal, der 1 Oktett pro Slot belegt, eine Übertragungsrate von 64 kbit/s auf. Die entsprechende Bitrate des gesamten Slots beträgt 48×64 kbit/s ≈ 3 Mbit/s. Um unterschiedliche Bandbreiten zu erhalten, werden einer Verbindung ein oder mehrere Paare aus VCI und Offset zugeteilt. Da der VCI-Wert in *jeder* Kombination mit enthalten ist, sind auch Paare mit unterschiedlichen VCIs möglich. Damit sind als Bitraten alle Vielfachen von 64 kbit/s möglich.

Beim zweiten Verfahren wird einer Verbindung nur *ein* VC zugeteilt; dieser dann aber vollständig belegt [ETS92], [Hor92]. Um auch hier unterschiedliche Bitraten zu erhalten, wird die Frequenz, mit der die VCs von der jeweiligen Kopfstation erzeugt werden, über zwei Kennwerte M und N eingestellt. Im weiteren wird dieses Verfahren deshalb auch M/N-Belegung genannt. Für die Kopfstation (HOB) gilt: Generiere M Slots mit dem gleichen VCI alle N Rahmen. Zur Vereinfachung der Verwaltung sind nicht alle Werte für M und N zugelassen. Für M = 1 sind die Werte N = 2, 4, 8, 16 und 48 erlaubt, für M = 2 nur N = 3 und für M > 2 nur N = 1. Mit M $\leq$ 2 sind die folgenden Datenraten möglich: 64, 192, 384, 768, 1536 und 2048 kbit/s. Diese werden als Basisdatenraten betrachtet, aus denen alle übrigen gewünschten Datenraten zusammengestellt werden können. In einem solchen Fall einer „zusammengesetzten" Verbindung, werden gleichzeitig, aber unabhängig, PA-Slots mit dem *gleichen* VCI mit zwei oder mehr Basisdatenraten erzeugt.

Bewertung beider Verfahren:

- Bei beiden Belegungsverfahren läßt sich die Bitrate r mit folgender Formel darstellen: $r = x/y \cdot z \cdot 64$ kbit/s, d.h.: in x Slots alle y Rahmen werden z Oktette von einer Verbindung belegt. Dabei sind x, y, z:

Art	x	y	z	Bemerkung
V/O	1	1	1 .. 48	evtl. mehrfach, falls der Platz im Slot nicht (Bitrate $>$ $48 \times 64\,$kBit/s) oder nicht mehr (Slot bereits durch eine andere Verbindung teilweise gefüllt) ausreicht
M/N	M	N	48	evtl. mehrfach bei einer zusammengesetzten Verbindung

- Bei der M/N-Belegung sind auch für höherbitratige Verbindungen (z.B. 2 Mbit/s) nur wenige Kenngrößen zu verwalten, zumindest solange nur Basisbandbreiten benötigt werden. Der geringe Tabellenumfang im BBM und VCIS ist vor allem bei der Fehlerbehandlung und Rekonfiguration (Abschnitt 3.4) von Vorteil. Im Fall der

V/O-Belegung sind z.B. für eine 2 Mbit/s–Verbindung 32 Wertepaare aus VCI und Offset notwendig, falls nicht mehrere in einem VC hintereinanderliegen.

- Weil bei der M/N-Belegung immer gewartet wird, bis ein Slot vollständig belegt werden kann, kommt es bei Verbindungen mit niedriger Bitrate zu Verzögerungen im Millisekundenbereich (Paketierverzögerung). Im Fall der V/O-Belegung treten dagegen nur mittlere Verzögerungen von der Dauer eines DQDB-Rahmens auf (125 μs).

- Bei der V/O-Belegung kann die PA-Bandbreite in vielen Fällen nicht effektiv genutzt werden. Einerseits wird für den isochronen Dienst Bandbreite nur in Stufen von ungefähr 3 Mbit/s reserviert. Andererseits werden auch beim Beenden von Verbindungen „Leerplätze" in vorher voll ausgenutzten VCs entstehen, die erst bei einem neuen Verbindungswunsch wieder aufgefüllt werden können.

- Im Fall der M/N-Belegung kann der gerufene Anschlußknoten die Bitrate der gewünschten Verbindung aufgrund der bisher im Standard festgelegten Layer-Management-Meldung nicht feststellen. In dieser wird nur der jeweilige VCI für Hin– und Rückkanal mitgeteilt, nicht aber die Frequenz, mit der der VC erzeugt wird [3]. Solange die Verbindung von einem Netzmanagement-Zentrum aufgebaut wird, ist das nicht von Bedeutung. Wird aber eine Verbindung von einem Anschlußknoten durch die Teilnehmersignalisierung aufgebaut, ist eine Kontrollmöglichkeit der Bitrate einer Verbindung im gerufenen Knoten wünschenswert. Dazu muß im Protokoll die Meldung um einen Frequenzparameter erweitert werden [Wid92].

2.3 Adreßtabellen

Im DQDB-Netz werden unterschiedliche Adreßarten verwendet. Neben den MAC-Adressen für den Paketdienst müssen in einem hybriden DQDB-Netz zusätzlich die Adressen für den isochronen Dienst verwaltet werden. Dies sind sogenannte *„connection end point identifier"* (cep_id), die dem jeweiligen Endpunkt einer isochronen Verbindung zugeordnet sind. Die Signalisierung der Schicht 3 bedient sich der ISDN-Adressierung.

Beim Verbindungsaufbau muß die ISDN-Adresse in die entsprechende DQDB-Adresse (cep_id) umgewandelt werden. Dies erfolgt sinnvollerweise in der Netzschicht. Anschliessend muß nach der Lage der betroffenen Netzknoten jeweils der Bus zum Senden und zum Empfangen ausgewählt werden. Diese Umsetzung wird von der DQDB-Schicht vorgenommen. Insgesamt sind also zwei Tabellen notwendig.

Die Adreßtabellen können in einer zentralen Instanz gehalten werden, an die die übrigen Knoten jeweils ihre Anfragen richten, oder von den Knoten selbst verwaltet und nach einem bestimmten Algorithmus aktualisiert werden.

2.4 Slot-Erzeugung in der Kopfstation

Die Kopfstation ist dafür verantwortlich, die Slots mit der gewünschten Frequenz und Regelmäßigkeit zu erzeugen. Dabei wird auch das Zugriffssteuerfeld für den jeweiligen Dienst (QA oder PA) eingestellt. Die notwendigen Parameter werden beim Verbindungsaufbau festgelegt und der Kopfstation in einer Layer-Management-Meldung übermittelt.

Bei der V/O-Belegung sendet die Kopfstation pro Rahmen jeden PA-VCI einmal. Bei der M/N-Belegung variiert die Frequenz der Slots. In diesem Fall werden jeweils 48 Rahmen zu einer Rahmengruppe zusammengeschlossen, da sich spätestens dann das Belegungsmuster wiederholt (64 kBit/s Verbindung: Frequenzparameter N = 48). Die

---

[3] Bei der V/O-Belegung dagegen ist die Frequenz immer $1/125\mu$s = 8 kHz, so daß aus der Zahl der VCI/Offset-Kombinationen die Bitrate berechnet werden kann.

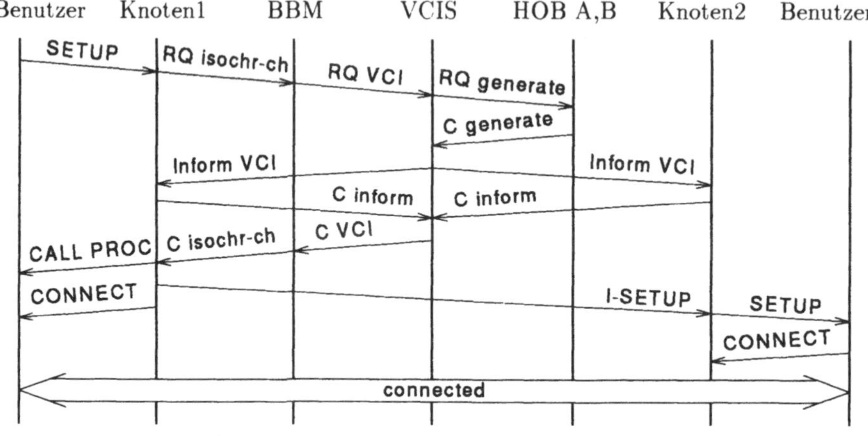

Abbildung 5: Ablauf beim Verbindungsaufbau (vereinfacht)

Aufteilung der mit unterschiedlicher Frequenz zu sendenden VCIs auf die Positionen in der Rahmengruppe ist Aufgabe der Kopfstation. Bedingt durch unregelmäßiges Auftreten von Slots mit einem bestimmten VCI (schlechte Positionierung) kann sich die Verzögerung beim Paketieren bis auf das Doppelte erhöhen. Vor allem bei 2 Mbit/s-Verbindungen gibt es mehrere Möglichkeiten zur Positionierung [ETS92].

2.5 Funktionsabläufe

Abb. 5 zeigt einen beispielhaften Verbindungsaufbau. Es wurde jeweils nur der fehlerfreie Fall angenommen (also z.B. keine Blockierungen berücksichtigt) und die Schichten eines Knotens zusammengefaßt dargestellt. Insbesondere ist in der Netzschicht im Knoten auch die Funktion des Vermittlungs-Servers angenommen [4]. Die beiden Kopfstationen haben die gleiche Funktionalität und werden in einer Einheit dargestellt. Mit *Benutzer* sind die angeschlossenen isochronen Endsysteme gemeint (PBX, ISDN-Terminal). Als Signalisierungs-Protokoll in der Benutzer-Netz-Schnittstelle kommt CCITT Q.931 zur Anwendung.

Nach dem Empfang einer SETUP Meldung in der Netzschicht des Anschlußknotens wird ein isochroner Kanal vom Bandbreiten-Manager (BBM) angefordert. Nach der Überprüfung der Bandbreitenauslastung wird die Verbindung entweder abgelehnt (in Abb. 5 nicht enthalten) oder es wird eine Anforderung an den VCI-Server (VCIS) geschickt, Kennwerte entsprechend den Parametern der Verbindung auszuwählen. Diese Werte werden den beiden Kopfstationen und den betroffenen Knoten bekanntgemacht. Die Meldung an die Kopfstationen kann bei der V/O-Belegung gegebenenfalls wegfallen, wenn nämlich kein neuer VC belegt, sondern nur ein bereits benutzter weiter gefüllt wurde. Das Weiterreichen des SETUP erfolgt über eine interne SETUP Meldung (I-SETUP). In der Netzschicht im Zielknoten wird wieder ein SETUP erzeugt. Mit der CONNECT-Meldung wird der Verbindungsaufbau abgeschlossen.

Die Vorgänge beim Verbindungsabbau sind im wesentlichen symmetrisch zu denen beim Verbindungsaufbau. Ausgehend von einer DISCONNECT Meldung, die von der gerufenen wie von der rufenden Seite kommen kann, wird eine Meldung an den Bandbreiten-

---

[4] Diese Funktion kann natürlich auch von einem zentralen Vermittlungs-Server übernommen werden, an den die einzelnen Knoten ihre Anfragen richten.

Manager geschickt, den isochronen Kanal und die von ihm belegte Bandbreite freizugeben. Die notwendigen Meldungen werden wieder vom VCIS an die Knoten und die Kopfstationen geschickt. Zuletzt schickt die auslösende Seite die DISCONNECT Meldung weiter an die Gegenseite. Dies geschieht ähnlich wie bei beim SETUP über eine interne I-DISCONNECT Meldung. Erst am Zielknoten wird wieder ein DISCONNECT erzeugt. Damit ist die isochrone Verbindung gelöst [Wid92].

2.6 Verbindungssteuerung zentral/dezentral

Für die Plazierung und Realisierung der für die Verbindungssteuerung zuständigen Instanzen (Bandbreiten-Manager BBM und VCI-Server VCIS) am Bus sind grundsätzlich zwei verschiedene Methoden denkbar:

- Zentrale Steuerung: Jede Instanz ist nur einmal am Bus vorhanden, bzw. von mehreren aus Fehlertoleranzgründen vorhandenen Instanzen ist nur eine aktiv.

- Dezentrale Steuerung: In jedem Knoten sind die Funktionen BBM und VCIS vorhanden, so daß der Zugriff auf den Bus eigenständig gesteuert werden kann.

Ein Problem bei der dezentralen Steuerung ist die konsistente Zuteilung der Verbindungskennwerte (VCI und Offset). Aufgrund der Menge der für die Verbindungskennwerte möglichen Werte (Größenordnung 10^6), ist eine dezentrale VCI-Zuteilung ähnlich der MID-Page-Verwaltung beim QA-Dienst [IEE90] nicht möglich.

Um zu vermeiden, daß ein Knoten in Unkenntnis der insgesamt bereits belegten isochronen Bandbreite durch die Annahme einer neuen Verbindung den Paketdienst unzulässig beschneidet, müßte jeder Knoten einen Anteil an der gesamten, zur Verfügung stehenden isochronen Bandbreite besitzen und nur auf diesen zugreifen dürfen. Damit ist allerdings ein Ausgleich in der isochronen Bandbreitennutzung von einem Knoten zum anderen nicht möglich.

Im folgenden werden in Anlehnung an [Kun91] zwei Verfahren vorgeschlagen, die auf einer gemischt zentralen/dezentralen Steuerung basieren.

- Verwaltung mit statischem, lokalem Bandbreiten-Pool und Überlauf auf die zentrale Steuerung — VSPU

- Verwaltung mit dynamischem, lokalem Bandbreiten-Pool — VDP

In jedem Fall wird die Verwaltung eines Teils der normalerweise zentral verwalteten Bandbreite und der dazugehörigen Verbindungskennwerte in die Knoten selbst verlagert. Dabei wird beim Hochfahren des Netzes die lokal verwaltete Bandbreite auf Null gesetzt. Erst beim Betrieb werden mit entsprechenden Layer-Management-Meldungen den Knoten lokale Bandbreite und ein Kontingent von VCI-Werten zugeteilt. So wird verhindert, daß für zwei verschiedene Verbindungen von zwei dezentralen Instanzen der gleiche VCI gewählt wird. Bei mehr als 10^6 möglichen Werten stehen auch im ungünstigsten Fall (nur 64 kbit/s–Verbindungen) genügend VCIs für die einzelnen Knoten zur lokalen Verwaltung zur Verfügung.

Die Obergrenze für die lokal verwaltete Bandbreite ist gleich der Obergrenze für den isochronen Anteil, den ein Knoten auch beim zentralen Management beanspruchen darf (vgl. Abschnitt 2.1). Der Bandbreitenanteil, der jetzt von einem Knoten verwaltet wird, steht für Verbindungswünsche der zentralen oder der lokalen Verwaltung anderer Knoten nicht mehr zur Verfügung. Allerdings kann der vom jeweiligen Knoten nicht genutzte Anteil der lokal verwalteten Bandbreite weiterhin von QA-Paketen belegt werden.

Beim ersten Verfahren, VSPU, wird jedem Knoten vom zentralen Management eine gewisse Anzahl von Kanälen im voraus zugeteilt, die dieser dann selbst verwalten kann

(Bandbreiten-Management, Zuteilung der Verbindungen zu einzelnen VCs). Reichen die lokal verwalteten Kapazitäten nicht aus, erfolgt ein Überlauf auf die Resourcen im zentralen Management. Diese unterliegen natürlich wieder vollständig der zentralen Verwaltung.

Als Variante zur obigen Methode wird beim zweiten Verfahren, VDP, die lokal verwaltete Bandbreite zwischen zwei Grenzwerten gehalten. Geht die lokal freie Bandbreite unter eine bestimmte Grenze, wird vom zentralen Management die Zuteilung von mehr zentral verwalteter Bandbreite angefordert. Umgekehrt wird bei zuviel lokal freier Bandbreite ein Teil in den zentralen Pool zurückgestellt. Damit muß während des Verbindungsaufbaus in keinem Fall auf die zentralen Resourcen zurückgegriffen werden.

Die Prozesse im lokalen und zentralen Management (BBM, VCIS) können fast identisch ausgeführt werden. Durch einen internen Schalter wird festgestellt, ob der Prozeß lokale oder zentrale Daten verwaltet. Im Knoten mit der zentralen Verwaltung existieren somit gegebenenfalls zwei Prozesse, einer für die lokalen, einer für die zentralen Daten.

Bei der M/N-Belegung entsteht kein zusätzlicher Bandbreitenverschnitt, da die PA-Slots *immer* vollständig von einer Verbindung belegt werden. Bei der V/O-Belegung ist zwar auch eine lokale Verwaltung möglich, aber es können dann bei *jedem* Knoten, der Bandbreite selbst verwaltet, teilweise gefüllte VCs entstehen. Dies hat eine schlechte Ausnutzung der PA-Bandbreite zur Folge.

2.7 Punkt-zu-Mehrpunkt Betrieb (Multicast)

Im asynchronen Bereich ist unter DQDB ein Mehrpunkt-Betrieb (Multicast) möglich, gesteuert durch die MAC Adresse, in der ein Bit für die Umschaltung auf Multicast-Adressen reserviert ist. Die Sendemeldung für MAC-Pakete erlaubt es, diese auf beiden Bussen gleichzeitig abzuschicken, um alle Empfänger zu erreichen. Beim isochronen Dienst ist ebenfalls ein Multicast-Betrieb realisierbar. Dazu muß allerdings gegebenenfalls auf beiden Bussen eine Verbindung aufgebaut werden. Der Bandbreiten-Manager muß dies berücksichtigen, wenn er über Annahme oder Ablehnung einer Verbindung entscheidet. Zur Vereinfachung sollten bei Multicast nur „unidirektionale" 1:N Verbindungen zugelassen werden [Wid92].

2.8 Verhandlungsphase beim Verbindungsaufbau

Beim Verbindungsaufbau werden dem gerufenen Knoten mit einer Layer-Management-Meldung (OPEN_CE_ICF, [IEE90]) die Verbindungskennwerte mitgeteilt (je nach Belegungsverfahren VCI und Offset). Dabei kann es vorkommen, daß die geforderte Bandbreite einer Verbindung nicht mit den im Knoten vorhandenen Resourcen übereinstimmt. Hier ist es wünschenswert, beim Verbindungsaufbau über die Bandbreite verhandeln zu können, und einen Konsens in allen beteiligten Knoten zu erreichen. Beim Verhandeln muß vor allem der Fall betrachtet werden, daß die Resourcen eines Knotens *überschritten* werden. Deshalb wird im vorgeschlagenen Verfahren die maximale Bandbreite genommen, mit der alle Knoten einer Verbindung einverstanden sind, und werden die Verbindungskennwerte entsprechend ausgewählt.

Dazu melden die Knoten, die mit der gewünschten Bandbreite nicht einverstanden sind, ihre maximal mögliche Bandbreite an das Verbindungsmanagement zurück. In der Regel werden dies nicht alle beteiligten Knoten sein, so daß es notwendig ist, eine in einem Knoten bereits etablierte Verbindung nachträglich zu ändern. Daß eine Änderung aufgrund einer Verhandlungsphase auftrat, kann der Knoten dadurch feststellen, daß eine Untermenge der ursprünglichen Kennwerte übermittelt wird. Das Verbindungsmanagement wählt das Minimum von allen zurückgemeldeten Bandbreiten aus. Um zu vermeiden, daß die Bandbreite immer wieder geändert wird, ist dieses Verfahren je Verbindungswunsch nur einmal möglich. Nach einem erfolglosen Verhandlungsversuch wird eine Verbindung als nicht vermittelbar abgelehnt. Im Fall von Multicast wird die Verbindung mit den verbleibenden Knoten etabliert. Bei der M/N-Belegung ist die in Abschnitt 2.2 erwähnte Protokollerweiterung um einen Frequenzparameter erforderlich, damit der Knoten die gewünschte Bandbreite feststellen kann, und so die Verhandlungsphase erst möglich wird.

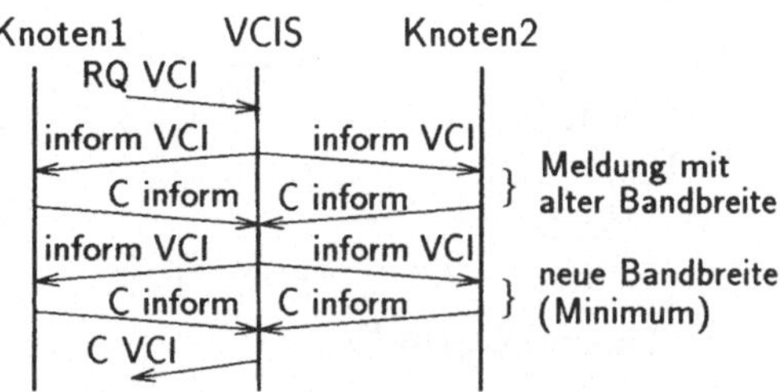

Abbildung 6: Erweiterung des Verbindungsaufbaus bei Verhandlung über die Bandbreite.

3   Fehlerbehandlung beim isochronen Dienst

In den vorigen Abschnitten wurde angenommen, daß das DQDB-Netz fehlerfrei und im Zustand *„looped"* ist. Um einen zuverlässigen Netzdienst zu erhalten, müssen auch Fehlerzustände im Netz abgefangen werden können. Für den Paketdienst sind dazu bereits im Standard [IEE90] die notwendigen Funktionen beschrieben. Allerdings fehlen vergleichbare Konzepte noch für den isochronen Dienst. In diesem Abschnitt werden die auftretenden Probleme erläutert und Lösungen vorgeschlagen.

3.1   Fehlerarten und Anforderungen bei deren Behandlung

An die Fehlerbehandlung im isochronen Dienst wird die Anforderung gestellt, daß in allen Fehlerfällen so viele bestehende isochrone Verbindungen wie möglich aufrecht erhalten werden. Um auf den Grundfunktionen des DQDB-Netzes aufbauen zu können, wird die Fehlerbehandlung erst nach der topologischen Rekonfiguration gestartet, wenn auch der Paketdienst bereits wieder möglich ist. Die Zeit der topologischen Rekonfiguration ist im wesentlichen durch die Laufzeit von Timer_H bestimmt Diese hat nach dem Standard einen Defaultwert von 5 Sekunden (Timer_H_PERIOD). Damit die Fehlerbehandlung überhaupt sinnvoll wird, ist hier ein Kompromiß zu finden, der sowohl eine stabile topologische Rekonfiguration des Netzes sichert, als auch die Unterbrechung der isochronen Verbindungen so kurz wie möglich hält (Größenordnung 100 Millisekunden).

In Abb. 7 sind einige exemplarische Fehler im Netz herausgegriffen:

- doppelter Leitungsbruch an einer Stelle

- doppelter Leitungsbruch an mehreren Stellen, Inselbildung

- Ausfall eines Knotens (mit oder ohne Sonderfunktionen wie BBM und VCIS)

Die Bilder zeigen jeweils den Zustand nach der topologischen Rekonfiguration des DQDB-Netzes, in dem der Paketdienst bereits wieder möglich ist. Der Ausfall einer Kopfstation ist nicht eigens aufgeführt, da bei der Verlegung der Kopfstation die Auswirkungen auf den isochronen Dienst die gleichen sind wie bei einem Leitungsbruch. Einfache Leitungsbrüche werden wie doppelte Leitungsbrüche behandelt.

Abb. 7 (a) zeigt den intakten Zustand eines DQDB-Netzes mit zwei Netzknoten KN1 und KN2, über die eine bidirektionale Verbindung zwischen zwei Endeinrichtungen bestehen möge. KN1 erreicht KN2 über Bus A, und KN2 den Knoten KN1 über Bus B.

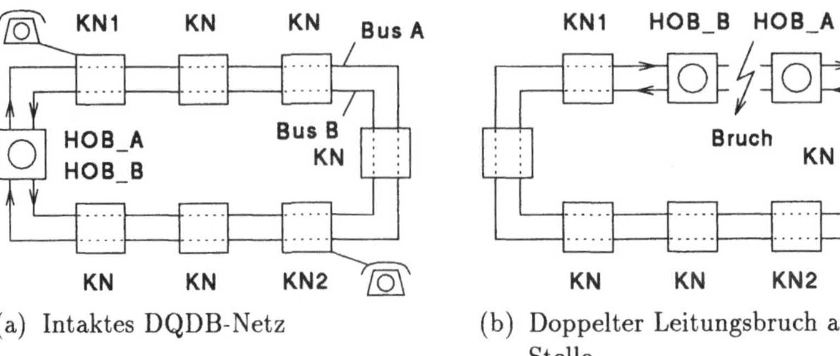

(a) Intaktes DQDB-Netz

(b) Doppelter Leitungsbruch an einer Stelle

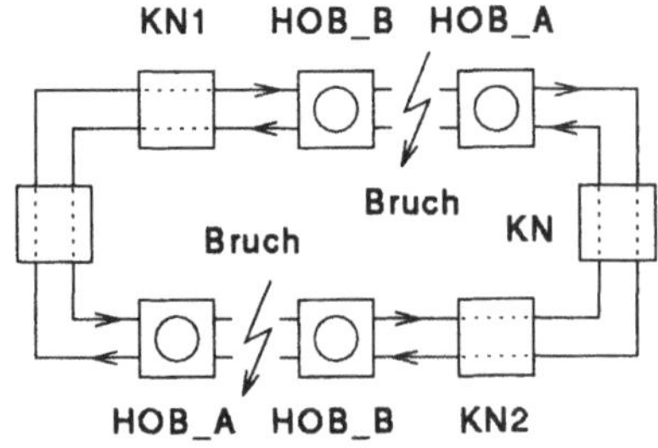
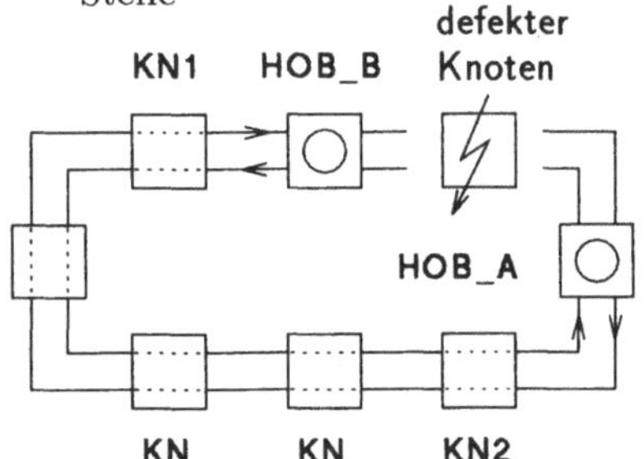

(c) Doppelter Leitungsbruch an mehreren Stellen, Inselbildung

(d) Ausfall eines Knotens (mit oder ohne Sonderfunktionen wie BBM, VCIS)

Abbildung 7: Darstellung verschiedener Fehlerfälle

Bei doppelten Leitungsbrüchen an einer Stelle ist zu prüfen, ob nach der topologischen Rekonfiguration bei einigen Verbindungen die Zuordnung der Sende- und Empfangsrichtung zu den Bussen vertauscht werden muß. Beim Beispiel in Abb. 7 (b) war vor dem Bruch Knoten 2 von Knoten 1 aus über Bus A erreichbar. Nachdem aber die HOB-Funktion zu einem anderen Knoten gewandert ist, muß nun stattdessen auf Bus B gesendet werden. Bei symmetrischen Verbindungen (gleiche Bandbreite für Hin- und Rückkanal) ist das Vertauschen der Sende- und Empfangsrichtung kein Problem. Bei asymmetrischen Verbindungen ist zu beachten, daß bei einer Busvertauschung eine Bandbreitenverschiebung zu Lasten eines Busses auftritt. Dabei kann es vorkommen, daß die maximal erlaubte isochrone Bandbreite für einen Bus überschritten wird und deshalb eine Verbindung nicht rekonfiguriert werden kann und abgebrochen werden muß [5].

Doppelte Leitungsbrüche an zwei oder mehr Stellen wie in Abb. 7 (c) haben andere weitere Auswirkungen auf den isochronen Dienst. Es ist einsichtig, daß durch die Inselbildung nicht mehr alle Verbindungen aufrecht erhalten werden können — Knoten 2 ist von Knoten 1 aus nicht mehr erreichbar. Dies ist allerdings bei einer Inselbildung nicht das einzige auftretende Problem. Normalerweise ist im hybriden DQDB für den isochronen Dienst jede Sonderfunktion wie BBM und VCIS zur Vermeidung von Konsistenzproblemen nur einmal aktiv vorhanden. Im Fall der Inselbildung muß dafür gesorgt werden, daß die isochronen Funktionen in *beiden* Teilnetzen vorhanden sind (siehe Abschnitt 3.2).

Wenn ein Knoten mit einer Sonderfunktion ausfällt, wie in Abb. 7 (d) dargestellt, muß diese an anderer Stelle bereitgestellt bzw. aktiviert werden („Neuplazierung"). Fällt ein „normaler" Knoten aus, wird dieser üblicherweise in den Bypasszustand geschaltet. Es müssen keine weiteren Aktionen eingeleitet werden.

---

[5] Derartige Verbindungen sind de facto schon durch den Fehler unterbrochen. Mit „Abbrechen" ist hier und im folgenden das aktive Bereinigen der beteiligten Tabellen (BBM, VCIS, Knoten, HOBs) gemeint.

3.2 Neuplazierung der Steuerfunktionen

Bei der Neuplazierung der Instanzen BBM und VCIS sind zwei Fälle zu unterscheiden:

- Eine Instanz fehlt im Netz (bzw. in einem Teilnetz).

- Eine Instanz ist zweifach im Netz vorhanden.

Fehlt aufgrund von Inselbildungen oder wegen des Ausfalls des Knotens mit der jeweiligen Funktion eine isochrone Instanz, muß sich diese in einem anderen Knoten neu plazieren. Da in der Regel zu diesem Zeitpunkt bereits einige PA-Verbindungen existieren, wurden in den Instanzen schon Tabellen mit den Verbindungsparametern und -kennwerten aufgebaut. Diese sind jetzt nicht mehr erreichbar, so daß dafür gesorgt werden muß, daß die Tabellen auch in solchen Fehlersituationen weiter verfügbar sind.

Nach Inselzusammenlegungen und bei Fehlern in Knoten kommt es vor, daß eine Instanz zweimal aktiv im Netz vorhanden ist. Damit können die isochronen Steuerinstanzen nicht mehr eindeutig adressiert werden. Die oben erwähnten Tabellen müssen wieder auf einen konsistenten Stand gebracht werden.

Im folgenden werden Verfahren vorgeschlagen, die eine Neuplazierung der Steuerinstanzen vornehmen und eine konsistente Tabellenhaltung ermöglichen. Die tatsächliche Tabellenbearbeitung ist Gegenstand des Abschnitts 3.4.

3.2.1 Prinzip der Schatten-Instanzen

Um die Tabellen auch nach einem Fehlerfall im Netz verfügbar zu haben, werden sogenannte Schatten-Instanzen eingeführt, die den gesamten Meldungsverkehr der Verbindungssteuerung mitverfolgen, aber keine nach außen wirksamen Aktionen ausführen. Beim Ausfall der aktiven Instanz oder wenn nach Inselbildungen in einem Teilnetz keine aktive Instanz vorhanden ist, wird eine der Schatten-Instanzen als künftig aktive ausgewählt.

Um zu gewährleisten, daß auch jeder Knoten die Meldungen mitverfolgen kann, werden die Meldungen in QA-Paketen an eine spezielle Multicast-Adresse auf beiden Bussen gesendet. Auf diese Weise werden die Tabellen mehrfach im Netz erzeugt, so daß im Fehlerfall darauf zurückgegriffen werden kann. Für die Zahl der Schatten-Instanzen gibt es keine feste Richtlinie. Prinzipiell können die Instanzen in jedem Netzknoten untergebracht sein. Es kann aber jeweils nur eine zentrale Instanz im Netz aktiv sein, d.h. es gibt nur einen BBM und einen VCIS. Davon sind eventuell vorhandene, dezentrale Instanzen nicht betroffen, da diese die ihnen übergebenen Resourcen eigenständig verwalten.

3.2.2 Neuplazierung nach der Position der Kopfstation für Bus A

Bei diesem Verfahren bestimmt die Position der Kopfstation für Bus A (HOB_A) die Plazierung der isochronen Steuerinstanz, d.h. die Funktionen HOB_A, BBM und VCIS werden in einem Knoten zusammengefaßt. Da durch die topologische Rekonfiguration gewährleistet ist, daß es immer nur einen HOB_A gibt, ist gesichert, daß es auch die jeweilige Instanz (in jedem Teilnetz) genau einmal gibt.

Der große Vorteil bei diesem Verfahren ist, daß keine neuen Zustands-Automaten und keine zusätzliche Signalisierung zur Verteilung der isochronen Steuerfunktionen notwendig sind. Die Rekonfigurationsvorgänge sind im Standard [IEE90] ausführlich spezifiziert und führen in jedem Fall wieder zu einem stabilen Netzzustand mit *einem* HOB_A. Allerdings setzt dieses Verfahren voraus, daß die Funktionalität für die Instanz(en) in jedem Knoten gegeben ist, der auch HOB_A werden kann. Da es bei den isochronen Instanzen nur darauf ankommt, daß eine aktive im Netz vorhanden ist, wird es häufiger zu einer Neuplazierung kommen als notwendig (in allen Fällen eines Leitungsbruchs ohne Inselbildung).

3.2.3 Geographische Neuplazierung

Der Unterschied zum oben dargestellten Verfahren besteht darin, daß die Plazierung der aktiven, isochronen Instanzen nicht an die Position des HOB_A gebunden ist. Stattdessen wechselt bei einer Neuplazierung die erste *abwärts* vom HOB_A liegende Schatten-Instanz in den aktiven Zustand. Bei diesem Verfahren ist es nicht mehr erforderlich, daß alle Knoten die Funktionalität für die isochronen Instanzen besitzen. Die Instanz wandert jetzt auch nicht mehr bei jeder Rekonfiguration mit dem HOB_A mit. Allerdings muß für die Plazierung eine eigene Verwaltung aufgebaut und eine entsprechende Signalisierung definiert werden (z.B. neues Management-Oktett M3 [Wid92]).

3.3 Inselauflösung und Auswirkungen auf die Kopfstationen

Die bei der Inselbildung auftretenden Probleme wurden bereits in den Abschnitten 3.1 und 3.2 behandelt. Beim isochronen Dienst treten im DQDB allerdings auch bei der Auflösung von Inseln Probleme auf.

Ursache dafür ist, daß die Tabellen im BBM und VCIS in den Teilnetzen eigenständig verwaltet wurden und nicht aufeinander abgestimmt sind. Deshalb können zwei verschiedene Verbindungen die gleichen Verbindungskennwerte haben (VCI und Offset). Dies kann beim unkontrollierten Vereinigen der Teilnetze dazuführen, daß Verbindungen unzulässig zusammengeschaltet werden. Es ist also erforderlich, die Tabellen des isochronen Dienstes bereits vor dem Vereinigen der Netze zu bearbeiten und für einen konsistenten Stand zu sorgen. Es gelten dabei folgende Anforderungen:

- Frühzeitig den Paketdienst im Gesamtnetz ermöglichen.
- Die in den Teilnetzen bestehenden Verbindungen solange wie möglich aufrechterhalten.
- Soviele Verbindungen wie möglich in das Gesamtnetz übernehmen.
- Beim Vereinigen der Teilnetze höchstens eine kurze Unterbrechung der Verbindungen zulassen.

Um die Tabellen der Teilnetze auf einen konsistenten Stand bringen zu können, ist ein Informationsaustausch im Gesamtnetz notwendig. Ist der Paketdienst wieder im Gesamtnetz möglich, können darüber die für den isochronen Dienst erforderlichen Meldungen für die Inselzusammenlegung ausgetauscht werden (wie alle PA-Signalisierungen durch QA-Pakete übertragen werden).

Dazu werden neue Zustände in den Kopfstationen eingeführt: Wenn eine Kopfstation den Fehler im abgehängten Leitungsanschluß als behoben erkennt, deaktiviert sie sich normalerweise nach dem IEEE-Protokoll, so daß wieder alle Slots über den Knoten weitergereicht werden. Um genau das zu vermeiden, wird in den normalen Ablauf eine neuer Zustand eingefügt. Dieser Zustand wird durch den noch nicht benutzten Wert „11" im HOB-Subfield (HOBS) auf dem Netz signalisiert. In diesem Zustand werden nur QA-Slots über das Busende in der einen Kopfstation an den Busbeginn in der anderen weitergereicht. Damit sind der QA-Dienst und der PA-Signalisierungsverkehr möglich, aber die PA-Verbindungen bleiben noch auf die Teilnetze beschränkt. Da die Kopfstationen bei Verlassen dieses Zustands ihre Funktion einstellen, heißen sie „transiente" Kopfstationen. Abb. 8 zeigt eine graphische Darstellung der Vorgänge.

Nach der Behebung eines Leitungsbruchs, bei der keine Inselauflösung vorliegt, sind keine besonderen Aktionen in den Kopfstationen vorzunehmen. Dies ist der Fall, wenn auf beiden Bussen ein vorhandener „*Default Slot Generator*" DSG[6] signalisiert wird, der

---

[6]Im Knoten, der den DSG enthält, befinden sich im fehlerfreien Netz HOB_A und HOB_B.

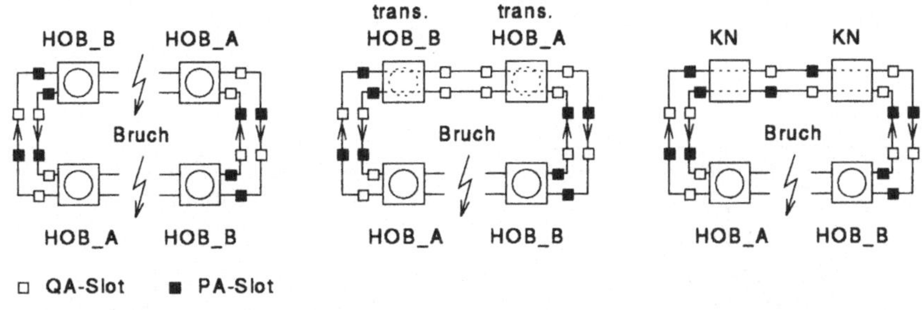

Abbildung 8: Weiterreichen der QA-Slots bei transienten Kopfstationen.

genau einmal im Netz existiert. In diesem Fall werden *keine* QA-Slots weitergereicht. So wird verhindert, daß diese endlos im Netz bleiben, da hier keine weitere Kopfstation vorhanden ist, in der die Slots am Busende vernichtet würden.

Da die Aufteilung der Bandbreite auf QA– und PA–Dienst in den Teilnetzen verschieden sein wird, kann es in den transienten Kopfstationen beim Weiterreichen der QA-Slots zu Slotverlusten kommen, wenn auf dem einen Netz mehr Slots ankommen, als auf dem anderen abgeschickt werden können. Deshalb melden die transienten Kopfstationen die für sie maximal mögliche QA-Bandbreite an die busaufwärts liegende Kopfstation. Die Kopfstationen erhalten damit die erforderliche Information, für die Zeit der Rekonfiguration die dem Paketdienst zur Verfügung gestellte Bandbreite so auszuwählen, daß es in den transienten Kopfstationen weder zum Aufstau noch zum Verlust von QA-Paketen kommen kann. Die restliche QA-Bandbreite wird durch Slots mit einem nicht verwendeten VCI (z.B. dem Wert 0) belegt.

Parallel zum Weiterreichen der QA-Pakete werden die Steuerfunktionen neu plaziert. Von der neuen aktiven Instanz werden alle am Netz vorhandenen Tabellen aus Instanzen, die in den Schattenzustand wechselten, abgefragt. Mit diesem Wissen können die isochronen Verbindungen rekonfiguriert werden. Dabei werden zwar die neuen Kennwerte den Knoten und Kopfstationen mitgeteilt, aber erst nach abgeschlossener Tabellenbearbeitung aktiviert, wenn zeitgleich auch die Teilnetze endgültig vereinigt werden können [Wid92].

3.4 Abläufe in den Instanzen

Nach Veränderungen des Netzzustandes, beim Auftreten von Fehlern oder deren Behebung, muß anhand der Tabellen in den Steuerinstanzen BBM und VCIS kontrolliert werden, ob die isochronen Verbindungen weiter mit ihren aktuellen Kennwerten bestehen bleiben können. Gegebenenfalls sind die notwendigen Aktionen einzuleiten. Der Bandbreiten-Manager BBM steuert dabei den VCI-Server VCIS, da die Bandbreitenbeschränkung wie beim normalen Verbindungsaufbau beachtet werden muß. Bei der Bearbeitung der Tabelle im BBM sind folgende Fälle zu unterscheiden:

1. Verbindung weiter möglich ohne Buswechsel (gegebenenfalls müssen die neuen Kopfstationen nach einer Inselauflösung in Kenntnis der Kennwerte gesetzt werden).

2. symmetrische Verbindung, Buswechsel erforderlich.

3. asymmetrische Verbindung, Buswechsel erforderlich.

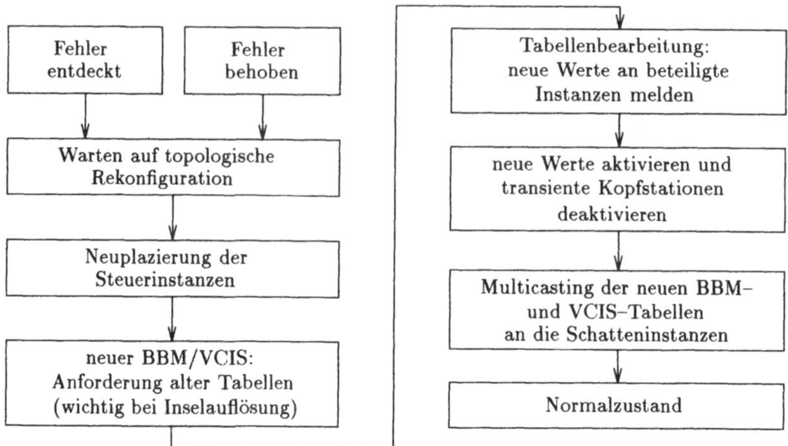

Abbildung 9: Übersicht über die Fehlerbehandlung

4. Verbindung nicht mehr möglich wegen Bandbreitenbeschränkung (kann nur bei Inselauflösungen, die indirekt eine Bandbreitenhalbierung auf dem Netz implizieren, und bei asymmetrischen Verbindungen, bei denen ein Buswechsel erforderlich ist, auftreten).

5. Verbindung nach Inselbildung unterbrochen.

6. Verbindung nach Inselbildung vollständig in anderer Insel.

Jede Verbindung in der Tabelle wird vom BBM in einen der obigen Fälle eingeordnet mit unterschiedlichen Auswirkungen auf die verschiedenen Instanzen (Kopf- und Knotenstationen). Bei genauerer Betrachtung reduzieren sich die Fälle auf zwei Kategorien: die Verbindung ist weiterhin möglich (1-3) oder sie muß abgebrochen werden (4-6). Auch wenn wie im Fall 1 keine Änderungen erforderlich sind, müssen die betroffenen Instanzen trotzdem von den Kennwerten in Kenntnis gesetzt werden, da diese die internen Tabellen neu aufbauen [Wid92].

Bei Inselauflösungen müssen auch die Tabellen der anschließend nicht mehr aktiven Instanzen bearbeitet werden (Abschnitt 8). Die Verbindungen, die beibehalten werden können, werden an die bereits aufgebaute Tabelle in der neuen aktiven Instanz angehängt. Die Verbindungen in der Tabelle in der aktiven Instanz werden dabei indirekt bevorzugt, da sie als erste auf die Einhaltung der Bandbreitenbeschränkung geprüft werden.

3.5   Genereller Ablauf der Fehlerbehandlung

In Abb. 9 ist eine Übersicht über die Fehlerbehandlung dargestellt. Die einzelnen Komponenten, die in den obigen Abschnitten erläutert wurden, sind hier in ihrem Zusammenhang zu sehen.

4   Zusammenfassung

In diesem Beitrag wurden einige Steuerungsaspekte behandelt, die bei der Realisierung des isochronen Dienstes im DQDB-MAN eine Rolle spielen. Für die Verbindungssteuerung wurden effiziente Verfahren vorgestellt und mehrere Alternativen miteinander verglichen.

Mit den beschriebenen Verfahren ist es möglich, das DQDB-Netz im Hybrid-Betrieb zu nutzen und isochrone Verbindungen unabhängig von einem Netzmanagement aufzubauen.

Bei der Netztopologie der *unidirektionalen* Busse ist zu berücksichtigen, daß immer *beide* Busse notwendig sind, um von einem Knoten aus jeden anderen zu erreichen. Insbesondere bei der Fehlerbehandlung führt dies dazu, daß nach einem einfachen Leitungsbruch bei einem Teil der Verbindungen die Senderichtung gewechselt werden muß.

Bei den vorgestellten Verfahren zur Fehlerbehandlung wurde diesen Besonderheiten des DQDB-Netzes Rechnung getragen. Dazu wurde die Funktionalität, die für den isochronen Betrieb im fehlerfreien Fall benötigt wird, entsprechend erweitert und bei den Steuerinstanzen Redundanz hinzugefügt. Die Fehlerbehandlung wurde in einzelne Teilschritte zerlegt, die der Reihe nach abgearbeitet werden. Je nach Fehlerart können davon auch einige entfallen. Alle Fehlerfälle werden mit der Maßgabe behandelt, daß soviele isochrone Verbindungen wie möglich beibehalten werden. Allerdings gibt es immer Verbindungen, die nicht mehr möglich sind und abgebrochen werden müssen.

Die Verfasser danken Herrn Bernhard Edmaier für hilfreiche Diskussionen und zahlreiche Hinweise.

Literatur

[ETS92] ETSI Technical Committee NA5, "Draft ETS Support of existing services with guaranteed Constant Bit Rate and specified Transfer Delay on MANs", *Draft ETS "CBR"*, Jan. 1992.

[FDD90] ANSI X3T9.5, "FDDI Hybrid Ring Control (HRC)", *Draft Proposed American National Standard*, May 1990.

[Hor92] G. Horn, "A Layered Concept for a Constant Bit Rate Service on a MAN", wird veröffentlicht in *Proc. EFOC/LAN '92*, Paris, Juni 1992.

[IEE90] "Distributed Queue Dual Bus (DQDB) Subnetwork of a Metropolitan Area Network (MAN)", *IEEE Draft Standard 802.6*, Oct. 1990.

[Kun91] T. Kunikyo, H. Yamauchi, T. Nakaji, E. Fujisawa, T. Kaji, "Self-Healing Multimedia LAN Connecting Distributed PBX", *IEICE Transactions*, vol. E 74, No. 9, pp. 2677–2686, Sept. 1991.

[Wid92] R. Widera, „Isochrone Kanäle im DQDB-MAN: Verbindungssteuerung und Fehlerbehandlungsverfahren", *Diplomarbeit am Lehrstuhl für Kommunikationsnetze der TU München*, Juli 1992.

Entwurf eines parallelen Transportprotokolls

Torsten Braun
Institut für Telematik
Universität Karlsruhe
Postfach 6980, Zirkel 2
W-7500 Karlsruhe
Telefon: 0721 608-3982
Fax: 0721 606097
E-mail: braun@telematik.informatik.uni-karlsruhe.de

Martina Zitterbart[*]
IBM Research Division
Thomas J. Watson Research Center
P.O. Box 704
Yorktown Heights, NY 10598, U.S.A.
Telefon: 001 914 784-6952
Fax: 001 914 784-6219
E-mail: zit@watson.ibm.com

Kurzfassung

Heutige Kommunikationssubsysteme können die Leistungsfähigkeit, wie sie von modernen Anwendungen in Gigabit-Netzwerk-Umgebungen gefordert werden, kaum erbringen. Ein vielversprechender Ansatz, Kommunikationssubsysteme hoher Leistungsfähigkeit zu realisieren, besteht in der Verwendung von Multiprozessorarchitekturen für die Protokollverarbeitung [1, 2]. Basierend auf den Erfahrungen aus der Analyse des Hochgeschwindigkeitsprotokolls Xpress Transfer Protocol (XTP) und den Ergebnissen detaillierter Leistungsuntersuchungen an einer Implementierung auf einer Multiprozessorarchitektur werden Vorschläge hinsichtlich des Entwurfs von parallelen Transportprotokollen entwickelt. Diese Vorschläge führen zum Entwurf eines neuen parallelen Transportprotokolls, welches im wesentlichen durch die Dekomposition in einzelne modulare Protokollautomaten mit einem Minimum an notwendigen Interaktionen untereinander gekennzeichnet ist, um die Parallelverarbeitung effizienter zu unterstützen.

1. Einführung

Hochleistungs-Kommunikationssubsysteme werden einerseits wegen den sich neu entwickelnden Anwendungen, welche hohe Leistungen in Form von Durchsatz und Verzögerungen usw. erfordern, und andererseits durch die Entwicklung von Hochgeschwindigkeitsnetzen in den Gigabit/s-Bereich benötigt. Heutige Kommunikationssubsysteme sind kaum in der Lage, die neuen an sie gestellten Anforderungen zu erfüllen.

Die Gründe für die Leistungsprobleme sind mannigfaltig, sie lassen sich nicht auf ein einzelnes Problem in Kommunikationssubsystemen reduzieren. Viele Faktoren wie Protokollentwurf, Implementierungsarchitektur, Architektur des Arbeitsplatzrechners, Betriebssystem usw. beeinflussen die Leistungsfähigkeit. Lösungen müssen verschiedene Faktoren integrierend berücksichtigen. In der Vergangenheit wurden jedoch verschiedene Forschungsbereiche wie Protokollentwurf und Implementierungsarchitekturen meist isoliert voneinander betrachtet und ohne gegenseitigen Einfluß verfolgt.

Eine der wenigen Ausnahmen ist das XTP-Projekt [3] (XTP: Xpress Transfer Protocol), wo Aspekte des Protokollentwurfs zusammen mit dem Entwurf der Implementierungsplattform behandelt werden. Eine wesentliche Eigenschaft von XTP ist dessen Spezifikation als eine Menge erweiterter endlicher Automaten (extended finite state machines, FSMs) [4]. Dieses Konzept macht XTP besonders attraktiv für parallele Implementierungen sowohl in Software als auch in Hardware (VLSI), wie es ursprünglich im XTP-Projekt geplant war.

---

[*]1992 von der Universität Karlsruhe (Institut für Telematik) beurlaubt

Basierend auf den Erfahrungen mit diversen Protokollimplementierungen (OSI-Protokolle und XTP) [5] auf Transputernetzen [6] wird ein neuartiger Entwurf eines parallelen Protokolls entwickelt. Das wesentliche Kennzeichen besteht in der Spezifikation modularer Protokollautomaten, um einen hohen Parallelitätsgrad zu ermöglichen. Die Synchronisation zwischen Automaten einer Instanz ist auf ein Minimum reduziert, zur Kommunikation zwischen Automaten in unterschiedlichen Instanzen existieren für jeden Automatentyp spezielle Protokolle. Die Protokollarchitektur eignet sich zur direkten Abbildung auf eine Multiprozessorarchitektur. Eine speziell auf die Anforderungen der Protokollarchitektur zugeschnittene hybride Multiprozessorarchitektur wurde bereits entworfen.

Dieser Beitrag diskutiert in Kapitel 2 nach einem kurzen allgemeinen Abschnitt über XTP dessen Eignung für eine parallele Implementierung. Kapitel 3 beschreibt die mit einer parallelen XTP-Implementierung gesammelten Erfahrungen sowie einige Verbesserungsvorschläge hinsichtlich einer effizienter implementierbaren parallelen Protokollarchitektur. In Kapitel 4 werden die Eigenschaften und Konzepte des neu entworfenen Transportprotokolls erläutert, Kapitel 5 beendet den Beitrag mit einer Zusammenfassung.

2. XTP: Ein Protokoll mit paralleler Struktur

XTP [7] ist ein Hochgeschwindigkeitsprotokoll mit Funktionalitäten der Schichten 3 und 4 gemäß dem OSI-Basisreferenzmodell. Diese Integration der Transport- und Vermittlungsschicht wird auch oft als *transfer layer* bezeichnet. XTP wurde entworfen, um den Anforderungen von zukünftigen Realzeit-, Multi-Media- und verteilten Anwendungen in heterogenen Hochgeschwindigkeitsnetz-Umgebungen zu genügen. XTP unterstützt verschiedene Adressierungsmechanismen wie IP- und OSI-Adressen. Mehrere XTP-Implementierungen auf verschiedenen Implementierungsplattformen wurden bereits realisiert oder entworfen [8, 9, 10, 11, 12, 13]. Die Entwicklung von XTP ist ein Teil des Protocol Engine-Projekts, in dem VLSI-Bausteine zur Leistungssteigerung der Protokollverarbeitung und zu effizienteren Netzwerkankopplungen entwickelt werden [14].

XTP bietet Multicast und unterstützt verbindungslose sowie verbindungsorientierte Dienste. Diverse Protokollmechanismen, die von anderen Hochgeschwindigkeitsprotokollen wie Delta-t [15], NETBLT [16] und VMTP [17] eingeführt wurden, sind in XTP integriert, um effizient in Netzen mit hohem Bandbreiten-Verzögerungs-Produkt arbeiten zu können. Flußkontrolle wird durch Übertragungsratenkontrolle unterstützt, Verbindungen können implizit aufgebaut werden, Fehlerbehandlung und Flußkontrolle sind auswählbar, und die Übertragungswiederholung kann selektiv erfolgen.

Die parallele Protokollverarbeitung wird in XTP durch die Aufteilung in mehrere Automaten unterstützt. Am Institut für Telematik der Universität Karlsruhe wurde XTP auf der Basis der Spezifikation der Version 3.4 auf Transputernetzen implementiert. Die Version 3.4 stellt die aktuellste Version dar, die eine vollständige Spezifikation dieser Automaten beinhaltet. In den folgenden Abschnitten wird die Eignung der Aufteilung der Protokollautomaten im Hinblick auf eine parallele Implementierung diskutiert.

2.1. Das Konzept der parallelen XTP-Automaten

Die XTP Spezifikation Version 3.4 [4] beschreibt elf Automaten mit jeweils unterschiedlichen Aufgaben. Die meisten Automaten werden für jeden Kontext erzeugt, wobei ein Kontext den Zustand einer unidirektionalen Ende-zu-Ende-Verbindung beschreibt. Im wesentlichen sind dies Automaten, welche in Endsystemen angesiedelte Funktionen durchführen. Automaten für Router-Funktionen werden für jede Route erzeugt. Die Automaten kommunizieren über Ereignisse und kooperieren über gemeinsamen Daten, z.B. Kontextinformation. Zustandsübergänge werden durch signalisierte Ereignisse (Netzwerk-, Zeitgeber-, interne und externe Ereignisse) ausgelöst, sind aber auch vom Inhalt der aktuellen Kontextinformation abhängig. Die elf Automaten können folgendermaßen klassifiziert werden:

- Verbindungsverwaltung
  Der Kontext-Manager (*context manager state machine*, CMSM) wird für eine neue Verbindung erzeugt und aktiviert die anderen Automaten des generierten Kontexts. Der sichere Verbindungsabbau erfolgt in Zusammenarbeit mit den Automaten WCSM (*write close state machine*) und RCSM (*read close state machine*).

- Austausch von Benutzerdaten
  OSM (*output state machine*) sendet Informationspakete, d.h. Benutzerdaten, an das Netz. Außerdem führt der Automat die Flußkontrolle auf Senderseite durch und entscheidet, ob vom Empfänger Kontrollpakete angefordert werden müssen. RACSM (*rate control state machine*) unterstützt OSM bei der Übertragungsratenkontrolle. Die Informations- und Kontrollpakete auf der Empfängerseite werden von ISM (*input state machine*) überprüft und die Benutzerdaten werden über RSM (*reader state machine*) an den XTP-Benutzer übergeben.

- Austausch von Kontrollinformationen
  CSSM (*control send state machine*) erzeugt und formatiert Kontrollpakete und konkurriert mit OSM um den Zugriff auf das Netzwerk. Die Aktivitäten von CSSM werden durch andere Protokollautomaten ausgelöst, wenn diese das Senden von Kontrollpaketen erfordern. SSM (*sync state machine*) führt den synchronisierenden Handshake durch, der Kontrollaktivitäten zwischen Endsystemen synchronisiert und die Paketumlaufzeit schätzt.

- Vermittlung und Wegewahl
  Der Host-Routen-Manager (*host route manager*, *HRM*) überwacht die aktiven Routen eines Endsystems. ROSM (*router state machine*) führt Wegewahl- und Vermittlungsfunktionen durch und tauscht Routenbezeichner aus.

2.2. Unterstützung paralleler Implementierungen

XTP stellt neben SNR [18] eines der wenigen Protokolle dar, das Parallelität bereits in seiner Spezifikation unterstützt. Standardprotokolle unterstützen Parallelität in der Regel nicht und können deshalb nur mit erheblichem Aufwand auf parallelen Architekturen implementiert werden. Meistens ist eine detaillierte Protokollanalyse erforderlich, um die innewohnende Parallelität zu extrahieren. Im Hinblick auf parallele Implementierungen besitzt XTP folgende **Vorteile**:

- Parallele Protokollautomaten
  XTP unterstützt eine parallele Implementierung durch die Spezifikation mehrerer parallel arbeitender Protokollautomaten, welche nahezu direkt auf eine Multiprozessorarchitektur abgebildet werden können.

- Integration von Transport- und Vermittlungsschicht
  Diese Kombination reduziert zum einen den durch geschichtete Kommunikationsarchitekturen verursachten Overhead, zum anderen wird Parallelverarbeitung unterstützt, weil damit die fließbandartige Struktur geschichteter Architekturen vermieden werden kann und ein höherer Parallelitätsgrad bei der Bearbeitung einzelner Pakete ermöglicht wird. Außerdem können redundante, d.h. in verschiedenen Schichten mehrfach vorkommende, Protokollfunktionen, reduziert werden.

- Trennung von Sender und Empfänger
  XTP trennt deutlich zwischen Funktionen zum Senden und Empfangen von Paketen. Beide Protokollteile können nahezu unabhängig voneinander arbeiten, was insbesondere bei der Behandlung von Duplex-Verkehr wichtig ist. Der Automat OSM ist für die meisten Funktionen beim Senden von Paketen verantwortlich, die Empfänger-Pipeline wird durch RSM und ISM gebildet. Die Behandlung von Duplex-Verbindungen wird weiterhin durch das Aufspalten einer Verbindung in zwei Simplex-Verbindungen vereinfacht. Beide Endsysteme benutzen unterschiedliche Kontexte für jede Richtung, was eine voneinander unabhängige und parallele Verarbeitung der beiden Datenflußrichtungen erleichtert.

- Unterschiedliche Pakete für Benutzerdaten und Kontrollinformation
  Die Unterscheidung von Protokolldateneinheiten in Informationspakete, die hauptsächlich aus Benutzerdaten bestehen, und in Kontrollpakete, welche Kontrollinformationen, z.B. für Flußkontrolle oder Quittierungszwecke, enthalten, erleichtert die parallele Bearbeitung von Benutzerdaten und Kontrollinformation dadurch, daß Kontrollfunktionen und Funktionen zur Generierung von Benutzerdateneinheiten nicht auf dieselben Datenstrukturen zugreifen müssen. Mit CSSM ist in XTP ein eigener Protokollautomat für die Erzeugung von Kontrollpaketen vorgesehen, der parallel zu den für die Verarbeitung von Benutzerdaten verantwortlichen Automaten arbeiten kann.

- Feste Paketformate
  Feste Paketformate vereinfachen die Parallelverarbeitung von einzelnen Paketfeldern, weil deren Positionen unabhängig voneinander sind und daher verschiedene Funktionen auf relevante Felder ohne aufwendige Analyse der Datenstrukturen zugreifen können. In früheren Versionen von XTP bestanden Kontroll- und Informationspakete aus einem Kopf und einem längeren Anhang, wodurch jedoch die Position des Anhangs in einem Informationspaket von der Länge der Benutzerdaten abhing. In der aktuellen XTP-Version 3.6 [19] besteht der Anhang nur noch aus einer Prüfsumme, so daß der Zugriff auf die anderen Paketfelder erleichtert wird.

Die oben erläuterten Eigenschaften von XTP sind besonders hilfreich für die leistungsfähige parallele Implementierung von XTP auf Multiprozessorarchitekturen, wie z.B. Transputernetzen. Die gesammelten Erfahrungen mit mehreren parallelen Implementierungen, auch von OSI-Protokollen, bestätigen dies ebenso [5]. Sie zeigen jedoch auch, daß die Spezifikation von XTP einige *Nachteile* enthält, die effizientere parallele Software-Implementierungen verhindern. In diesem Zusammenhang sollte aber auch erwähnt werden, daß der Entwurf von XTP wesentlich von der Absicht einer späteren Implementierung in VLSI beeinflußt wurde. Im folgenden sind einige wesentliche Punkte aufgeführt, die zum Erzielen effizienter paralleler Implementierungen verbessert werden müssen. Kapitel 3 diskutiert einen Entwurf, welcher Verbesserungen für diese Punkte beinhaltet.

- Phasenabhängige Aktivitäten
  Die meisten Protokollautomaten sind nur während bestimmter Phasen einer Verbindung aktiv, d.h. Verbindungsaufbau, -abbau oder Datentransfer, was zu keiner Verbesserung während einer einzelnen Phase führt. Beispielsweise ist CMSM im wesentlichen nur während des Auf- und Abbaus einer Verbindung aktiv. Nur sechs der elf Automaten (CSSM, SSM, RACSM, OSM, ISM und RSM) sind an der Protokollverarbeitung während der Datentransferphase beteiligt. RACSM ist nur einer kleiner Automat und sollte eher in OSM integriert werden. RSM ist im wesentlichen nur für die Kooperation der Empfangsseite mit dem XTP-Benutzer zuständig.

- Lastausgleich zwischen Protokollautomaten
  Während der Datentransferphase sind hauptsächlich zwei Protokollautomaten (OSM auf der Sendeseite und ISM auf der Empfangsseite) an der Protokollverarbeitung beteiligt,

während der Rest der Automaten nur sehr gering belastet ist. Im wesentlichen wird ein Leistungsgewinn durch die nebenläufige Verarbeitung der Sender- und Empfängeraktivitäten ermöglicht. OSM formatiert zu sendende Informationspakete, führt die Flußkontrolle des Senders durch, ist an der Übertragungsratenkontrolle beteiligt und fordert Kontrollpakete vom Empfänger der Partnerinstanz an. ISM bearbeitet sowohl Kontroll- als auch Informationspakete und löst abhängig von den Ergebnissen der Überprüfung der empfangenen Pakete Aktionen auch in anderen Automaten aus.

- Eng gekoppelte Verarbeitung von Kontroll- und Benutzerdatenfunktionen
  Die Benutzung unterschiedlicher Dateneinheiten für Benutzerdaten und Kontrollinformation spiegelt sich nicht in konsequent getrennten Protokollautomaten für die Bearbeitung der beiden Pakettypen wider. Beispielsweise muß ISM sämtliche Pakettypen bearbeiten, ist aber gleichzeitig an Kontrollaufgaben wie Quittierung, Fluß- und Übertragungsratenkontrolle beteiligt. ISM veranlaßt abhängig von den Ergebnissen der Überprüfung der angekommenen Pakete, daß CSSM entsprechende Kontrollpakete generiert und formatiert.

- Abhängigkeiten zwischen Protokollautomaten
  Der bidirektionale Nachrichtenfluß zwischen einigen Protokollautomaten beeinträchtigt die Parallelität wesentlich, wenn nach dem Versenden von Ereignissen an andere Automaten auf deren Antworten oder Ergebnisse gewartet werden muß. Dadurch wird ein paralleles Arbeiten der Automaten verhindert. Ein wichtiges Beispiel für gemeinsam benutzte Datenbasen sind die Kontextinformationen, welche den Zustand einer Verbindung beschreiben. Zumindest auf Teile dieser zentralen Datenbasis müssen einige Automaten zugreifen können, so daß der Zugriff darauf durch mehrere Automaten seriell erfolgen muß, was schließlich eine Sequenzialisierung der Protokollverarbeitung zur Folge hat.

3. Kriterien zum parallelen Protokollentwurf

3.1. Erfahrungen und Analyse einer parallelen XTP-Implementierung

In [8] wurde eine parallele XTP-Implementierung auf Transputernetzen (s. Abb. 1) vorgestellt, die auf der Spezifikation der parallelen Protokollautomaten der XTP Version 3.4 beruht. Die Struktur der XTP-Automaten wurde dazu auf Transputerprozesse abgebildet [20], d.h. die Protokollautomaten wurden als Prozesse implementiert. Aus Effizienzgründen wurden zum Teil vor der Abbildung auf Prozesse mehrere XTP-Automaten zu einem Produktautomaten zusammengefaßt. Jeder resultierende Prozeß ist in der Lage, auf einem beliebigen Prozessor abzulaufen.

Die Signalisierung der Ereignisse erfolgt durch asynchronen Nachrichtenaustausch zwischen Prozessen. Transputerprozesse kommunizieren jedoch über synchrone Kanäle nach dem Rendezvouskonzept. Asynchrone Kommunikation wird durch sogenannte Warteschlangenprozesse ermöglicht, welche die direkte, synchrone Kommunikation zwischen den beiden beteiligten Prozessen entkoppeln. Die Kommunikationsschnittstelle der Prozesse wurde derart entworfen, daß beliebige Transputernetzkonfigurationen möglich sind, wobei insbesondere die Tatsache, daß Transputer nur vier Kommunikations-Links besitzen, den Entwurf beeinflußte.

Weil das Konzept der Transputer keine gemeinsamen Speicherbereiche vorsieht, verwalten spezielle Speicherverwalterprozesse den Zugriff auf einen logisch globalen Speicher für Kontroll- und Informationspakete. Der globale Speicher wird dabei durch den lokalen Speicher eines ausgezeichneten Transputers realisiert. Aufwendige Datenkopiervorgänge werden damit vermieden. Kontextdaten sind soweit möglich auf die einzelnen Prozesse verteilt und werden, wenn erforderlich, aktualisiert.

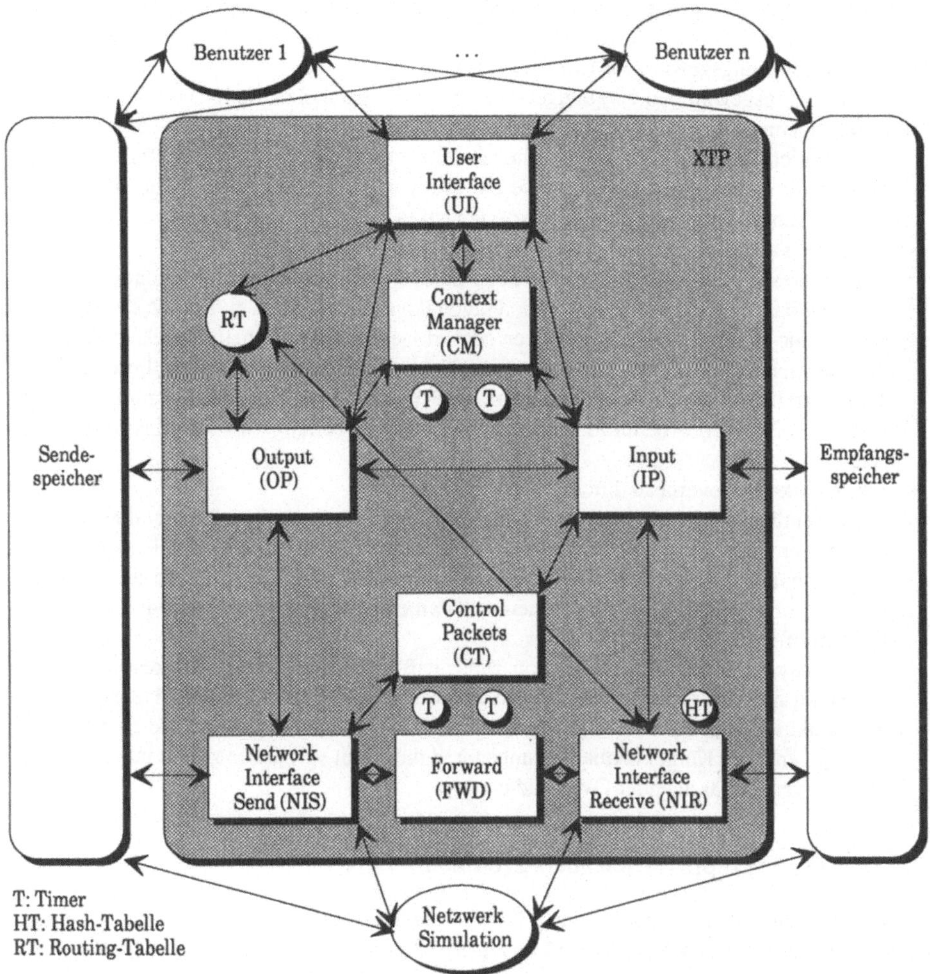

Abb. 1: Parallele XTP-Implementierung auf Transputern

Der Prozeß CM bearbeitet den Automaten CMSM, CT ist für den Austausch von Kontrollpaketen zuständig, FWD führt Wegewahl und Vermittlungsfunktionen aus und UI ist an der Terminierung von Verbindungen beteiligt und übernimmt die Kooperation mit dem XTP-Benutzer. Der Austausch von Benutzerdaten wird durch die Sender-Pipeline bestehend aus OP und NIS bzw. durch die Empfänger-Pipeline mit NIR und IP bearbeitet.

Die parallele Implementierung erreicht auf Transputern des Typs T414 eine Leistung von über 1000 Paketen/s in beiden Übertragungsrichtungen bei Duplex-Verkehr. Mit Code-Optimierungen, effizienterem Compiler und leistungsfähigeren Multiprozessorarchitekturen sollen zukünftig noch höhere Leistungen erzielt werden. Ausführliche Leistungsuntersuchungen [21] an der Implementierung führen zu interessanten Resultaten und Rückschlüssen hinsichtlich paralleler Protokollverarbeitung:

- Leistungsgewinn durch parallele Verarbeitung des Senders und des Empfängers
  Für Duplex-Verkehr wurde durch die parallele Verarbeitung von Funktionen des Senders und des Empfängers ein hoher Leistungsgewinn im Vergleich zur Implementierung auf

einem Prozessor festgestellt. Sender- und Empfängerfunktionen beeinflussen sich gegenseitig kaum.

- Höherer Leistungsgewinn auf Empfängerseite
  Der Leistungsgewinn auf Empfängerseite ist bei der parallelen Implementierung im Vergleich zu einer Konfiguration, bei der alle XTP-Prozesse auf genau einem Prozessor laufen, deutlich höher als der entsprechende Leistungsgewinn auf Senderseite. Dies liegt hauptsächlich daran, daß die Prozesse auf Empfängerseite meist unidirektional kommunizieren, d.h. es entstehen keine Wartezeiten auf eventuelle Rückmeldungen.

- Teilweise parallele Verarbeitung von Kontroll- und Benutzerdaten
  Ein weiteres wichtiges Ergebnis besteht darin, daß die Verarbeitung von Kontrollpaketen - speziell das Generieren und Formatieren von Kontrollpaketen (vgl. Kap. 2.2) - teilweise parallel zur Verarbeitung empfangener oder zu sendender Informationspakete durchgeführt werden kann. Der zusätzliche Aufwand zum Formatieren von Kontrollpaketen kann durch Parallelität um ca. 50 % reduziert werden. Kontrollpakete werden zum Teil auch vom Prozeß NIS bearbeitet, der ebenfalls an der Bearbeitung von Informationspaketen beteiligt ist.

- Kommunikationsoverhead durch Nachrichtenaustausch
  Ein wesentlicher Overhead in dieser parallelen Implementierung wird durch den zusätzlichen Kommunikationsaufwand verursacht. Bis zu 25 % der Prozeßlaufzeiten werden für die Kommunikation aufgewendet. Die Kommunikation ist notwendig, um die einzelnen Prozesse miteinander zu synchronisieren, Parameter und Ergebnisse auszutauschen und Kontextinformation zu aktualisieren.
  Eine Analyse der Kontextinformation zeigt, daß auf die meisten Daten der Kontextinformation nur von einem oder wenigen Prozessen zugegriffen wird, so daß die Anzahl der zu aktualisierenden Daten gering bleiben kann. Trotzdem wird durch die verbleibenden notwendigen Kontextaktualisierungen und die damit verbundene Kommunikation ein nicht zu vernachlässigender Overhead erzeugt.

3.2. Entwurfskonzepte für parallele Protokolle

Aus den Ergebnissen der Analyse der XTP-Protokollautomaten und der Leistungsuntersuchung der entsprechenden Multiprozessor-Implementierung werden die folgenden Verbesserungsvorschläge bzw. Konzepte für den Entwurf eines parallelen Transportprotokolls entwickelt:

- Auslagern sämtlicher Kontrollfunktionen von der Bearbeitung von Benutzerdaten
  Ein vielversprechender Ansatz zur Erhöhung der Parallelität besteht in der vollständig parallelen Verarbeitung von Kontroll- und Informationspaketen und damit in der Entkopplung von Kontrollfunktionen und Benutzerdaten bezogenen Funktionen. Die Verarbeitung von Benutzerdaten ist oft der kritische Pfad in der Protokollverarbeitung, weshalb versucht werden sollte, so viele Kontrollfunktionen wie möglich von der Behandlung der Benutzerdaten abzuspalten.
  Dies kann durch völlig voneinander unabhängige Protokollautomaten für jeden Pakettyp erfolgen. Auch Funktionen wie Quittierung und Übertragungswiederholung sollten von der regulären Bearbeitung von Benutzerdaten in spezielle Automaten mit separaten Dateneinheiten ausgelagert werden. Um diese Auslagerung zu unterstützen, erscheint es nicht sinnvoll, Felder im Paketkopf von Benutzerdaten zur Auswahl und Steuerung von Kontrollfunktionen, wie z.B. Quittierungen, zu verwenden. Benutzerdatenpakete sollten deshalb nur absolut notwendige Felder zur Beschreibung der Benutzerdaten enthalten.

- Modularer Protokollentwurf

  Um zu vermeiden, daß die Bearbeitung der Kontrollfunktionen einen neuen Engpaß verursacht, können die Kontrollfunktionen zusätzlich unterteilt werden, um weitere Parallelverarbeitung zu ermöglichen. Gerade in Hochgeschwindigkeitsnetzen mit hohem Bandbreiten-Verzögerungs-Produkt gewinnen neuartige und meist aufwendigere Fluß- und Staukontrollverfahren und -strategien zunehmend an Bedeutung. Parallele Implementierbarkeit setzt einen orthogonalen Entwurf von Kontrollfunktionen mit geringen Interaktionen voraus, welcher durch eine deutliche Aufteilung des Protokolls in unterschiedliche Protokollfunktionen erfolgen kann. Beispielsweise kann die Übertragungsratenkontrolle unabhängig von der Quittierung durchgeführt werden.

  Die Dekompostion eines Protokolls in eindeutig voneinander abgegrenzte Einheiten erlaubt einen modularen Protokollentwurf. Mit der erzielten Modularität können einzelne Protokollfunktionen einfacher ausgewählt werden. Mechanismen, Strategien sowie Parameter der Protokollfunktionen sind unabhängig selektierbar. Insbesondere eine flexible und dynamische Konfiguration von Protokollen [22] wird hierdurch wesentlich vereinfacht.

- Benutzung lokaler Ressourcen

  Um einen hohen Parallelitätsgrad zu erreichen, sollten alle parallel ausgeführten Funktionen, wenn möglich, lokale Ressourcen anstatt globaler Ressourcen verwenden, z.B. verschiedene anstatt gemeinsame Kontrollpakete für die einzelnen Kontrollfunktionen. Damit werden Zugriffskonflikte zwischen parallelen Implementierungseinheiten reduziert.

- Reduzieren der Signalisierung von Ereignissen

  Gerade in Hochgeschwindigkeitsnetzen mit hohem Bandbreiten-Verzögerungs-Produkt ist eine global einheitliche Sicht verschiedener Endsysteme auf den Zustand der Verbindung kaum zu erreichen, auch wenn Kontrollinformationen für jedes gesendete oder empfangene Paket ausgetauscht werden. Als Alternative bietet sich der periodische Austausch von Kontrollinformation an. Als Konsequenz daraus erscheint in bestimmten Fällen auch die interne periodische Signalisierung zwischen Protokollautomaten einer Instanz sinnvoll, was schließlich eine Reduzierung des Kommunikationsaufwands zwischen parallelen Automaten erlaubt. Für den zusätzlichen Kommunikationsaufwand bei einer parallelen Protokollimplementierung bildet die Signalisierung von Ereignissen einen wesentlichen Faktor.

- Verteilung von Verbindungszustandsdaten

  Zusammmen mit der Dekomposition eines Protokolls in parallel ausführbare Einheiten sollten auch Verbindungzustandsdatenbasen verteilt werden. Global gültige Zustandsdaten sind, soweit möglich, zu vermeiden, weil dadurch entweder die mögliche Parallelität wegen Zugriffskonflikten auf gemeinsame Speicherbereiche beeinträchtigt werden kann oder der Kommunikationsaufwand durch das Aktualisieren verteilt gehaltener Zustandsdaten stark anwachsen kann. Falls eine vollständige Verteilung der Zustandsdaten nicht vermeidbar ist, besteht außerdem die Möglichkeit, in einer Implementierung den Zustandsdatenaustausch zwischen Protokollautomaten mit dem Signalisieren von Ereignissen zu verbinden, sofern die Änderung der Zustandsdaten nur bei bestimmtem Ereignissen relevant ist.

4. Entwurf eines Protokolls für ein paralleles Transportsubsystems

Unter Berücksichtigung der diskutierten Erfahrungen und Ergebnisse wurde ein neues Transportprotokoll entworfen, das sich besonders für Implementierungen auf parallelen Architekturen eignet. Das Protokoll hat nicht nur die Funktionalität konventioneller Transportprotokolle, vielmehr werden auch Funktionen der Sicherungs- und Vermittlungsschicht übernommen, d.h. das Protokoll bietet die Funktionalität eines Transportsubsystems zwischen Medienzugangs- und Transportdienstschnittstelle.

Eine wesentliche Eigenschaft des Protokollentwurfs ist die Aufteilung der Protokollfunktionen auf mehrere Protokollautomaten, wobei für jede Kontrollfunktion sowie für die Benutzerdaten bezogenen Funktionen ein solcher Automat zur Verfügung steht. Ein weiterer Entwurfsaspekt, der hier im folgenden aber nicht näher diskutiert wird, ist die Eignung des Transportsubsystems für zellenbasierte Netze wie DQDB oder ATM, d.h. Breitband-ISDN. Diese Thematik wird in [23] ausführlicher behandelt.

4.1. Aufteilung in modulare Protokollautomaten

Bei dem neuen Transportsubsystem sind für alle Kontrollfunktionen und Benutzerdaten verarbeitenden Funktionen separate Protokollautomaten vorgesehen. Automaten derselben Instanz synchronisieren sich und kooperieren mittels Nachrichtenaustausch. Die Protokollarchitektur besteht aus zwei Typen von Automaten:
- Automaten für Interaktionen mit Nachbarschichten (Schnittstellenautomaten)
- Automaten mit Partnerautomaten in der Partnerinstanz (Protokollautomaten)

4.1.1. Schnittstellenautomaten

Die Interaktionen mit dem Transportdienstbenutzer bzw. mit dem unterliegenden Netzwerk werden durch spezielle Automaten unterstützt. Diese Schnittstellenautomaten sind lediglich zur lokalen Kommunikation innerhalb eines Systems notwendig. Sie haben im Gegensatz zu den im folgenden Abschnitt beschriebenen Protokollautomaten keinen Automaten in der Partnerinstanz, mit dem sie kommunizieren.

Der Automat an der Transportdienstschnittstelle tauscht mit dem Transportdienstbenutzer Transportdienstdateneinheiten aus. Er löst auf vom Transportdienstbenutzer empfangenen Transportdienstdateneinheiten die in den entsprechenden Protokollautomaten erforderlichen Aktionen aus bzw. schickt auf Anforderung der Protokollautomaten Transportdienstdateneinheiten an den Transportdienstbenutzer. Außerdem ist dieser Automat an den Aktionen zu einer ordnungsgemäßen Terminierung einer Verbindung beteiligt.

An der Schnittstelle zwischen Transportsubsystem und unterliegendem Netzwerk kontrolliert ein weiterer Schnittstellenautomat das Senden von Protokolldateneinheiten der Protokollautomaten.

4.1.2. Protokollautomaten

Die Kommunikation zwischen verschiedenen Protokollinstanzen erfolgt durch die direkte Kommunikation zwischen einzelnen Protokollautomaten, d.h. es wird jeweils ein individuelles Protokoll zwischen Automaten in unterschiedlichen Instanzen abgearbeitet. In Abb. 2 sind einige der Protokollautomaten dargestellt. Jede Kommunikationsbeziehung besitzt ein eigenes Protokoll und spezielle Dateneinheiten. Das Multiplexen von Protokolldateneinheiten verschiedener Automaten wird damit vermieden, so daß Synchronisationspunkte zwischen Automaten derselben Instanz minimiert werden.

Die Kontrollfunktionen sind so entworfen, daß sie möglichst unabhängig von den Benutzerdaten bezogenen Funktionen arbeiten, indem der Austausch der Verbindungsdaten vollständig vom Austausch der Benutzerdaten entkoppelt ist. Quittungen und der Austausch der Verbindungszustandsdaten zwischen Instanzen werden nicht durch gesendete oder empfangene Benutzerdatenpakete sondern periodisch oder durch explizite Anforderungen und Fehlersituationen veranlaßt. Die Protokolle der im folgenden beschriebenen Automaten besitzen, falls erforderlich, ihre eigenen Fehlerbehebungsmechanismen und Zeitgeber. Die meist sehr aufwendige Zeitgeber-Verwaltung kann so auf mehrere Protokollautomaten verteilt werden.

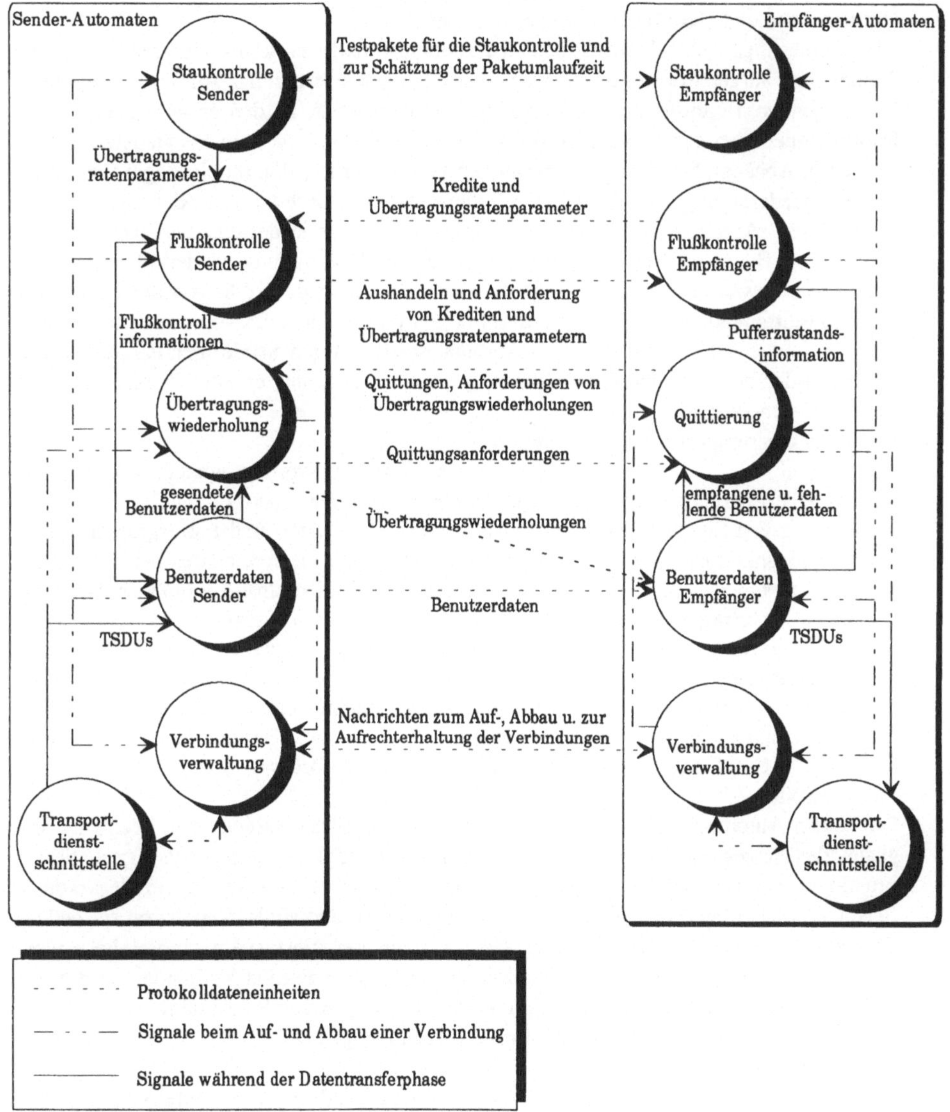

Abb. 2: Parallele Protokollarchitektur

- Verbindungsverwaltung
  Der Automat für die Verbindungsverwaltung verwaltet die gesamte Duplex-Verbindung. Er ist für den Aufbau, die Aufrechterhaltung und den ordnungsgemäßen Abbau der Ver-

bindung verantwortlich. Der Automat benutzt Handshake-basierte oder implizite Verbindungsaufbauverfahren entsprechend dem geforderten Dienst. Außerdem muß er die eindeutige Benutzung von Verbindungsidentifikatoren überwachen.

- Benutzerdatentransfer
  Die beiden Automaten zum Benutzerdatenaustausch senden und empfangen Benutzerdaten. Die wesentlichen Aufgaben sind Segmentieren/Reassemblieren, Adressierung, Formatierung und Analyse von Benutzerdateneinheiten.

- Quittierungen und Übertragungswiederholungen
  Die Quittierungs- und Übertragungswiederholungsfunktionen können ebenfalls in zwei Automaten aufgeteilt werden. Der Übertragungswiederholungs-Automat empfängt Quittungen vom Quittierungs-Automat der Partnerinstanz, an den er aber auch selbst Informationen über gesendete oder quittierte Daten sendet. Übertragungswiederholungen werden in Abhängigkeit von den Quittungen vorgenommen, d.h. die Strategie für Übertragungswiederholungen (z.B. selektive Übertragungswiederholungen oder Go-back-N) ist in diesem Automaten realisiert. Vom Automaten, der in derselben Instanz für das Senden von Benutzerdaten zuständig ist, erhält der Übertragungswiederholungs-Automat dazu in gewissen Abständen Informationen über gesendete, d.h. von der Partnerinstanz zu quittierende Daten. Außerdem initiiert er die Freigabe des von quittierten Daten belegten Speichers. Der Quittierungs-Automat sendet an den Sender der Partnerinstanz negative oder positive Quittungen abhängig von den Ergebnissen der Überprüfung des Benutzerdaten-Empfängers.

- Fluß- und Übertragungsratenkontrolle
  Für die Fluß- und Übertragungsratenkontrolle existieren zwei Automaten, d.h. je einer für jede Übertragungsrichtung. Die Automaten steuern den Übertragungsfluß durch die Auswertung von Signalen der Partnerinstanz wie z.B. Fenster- und Puffergrößen sowie Übertragungsratenparameter. Zur Übertragungsratenkontrolle vereinbaren beide Partnerinstanzen geeignete Übertragungsratenparameter. Der Flußkontroll-Empfänger-Automat kann z.B. Übertragungsratenparameter oder Fenstergrößen entsprechend des augenblicklichen Verkehrs oder des verfügbaren Empfangsspeicherplatzes dem Flußkontroll-Sender-Automaten der Partnerinstanz mitteilen. Dieser steuert dann den Datenfluß, indem er dem für das Senden von Benutzerdateneinheiten verantwortlichen Automaten derselben Instanz entsprechende Parameter mitteilt. Er kann außerdem neue Kredite vom Flußkontroll-Empfänger-Automaten der Partnerinstanz anfordern.

- Staukontrolle
  Die beiden Automaten steuern den Datenfluß unter Berücksichtigung von Feedback-Signalen des Netzes oder der Partnerinstanz, indem anhand der empfangenen Signale Stausituationen erkannt und Übertragungsparameter anderer Automaten beeinflußt werden. Beispiele solcher Feedback-Signale sind Verzögerungen und Umlaufzeiten von speziellen Testpaketen, Zwischenankunftszeiten, Stauanzeigen der Netzwerkzugangseinheit oder der Transitsysteme. Aufgrund der Vielzahl der möglichen Feedback-Signale und der zu erwartenden aufwendigen Berechnung und Abschätzungen von Stausituationen erscheint ein separater Automat für die Staukontrolle gerechtfertigt.

- Jitter-Kontrolle
  Der Jitter-Kontroll-Automat unterstützt die Aufrechterhaltung von Zeitbeziehungen innerhalb eines Datenstroms, wie sie beispielsweise in Videoanwendungen gefordert werden. Dies kann z.B. durch die Übertragung von Zeitstempeln durch den Sender-Automaten erfolgen. Der Empfänger in der Partnerinstanz sorgt dann für die zeitlich korrekte Auslieferung der Benutzerdaten an den Transportdienstbenutzer.

- Wegewahl und Vermittlung
  Der Automat führt in Transitsystemen Funktionen zur Weiterleitung, Wegewahl und Routen-Verwaltung durch.

Die Dekomposition des Protokolls in Protokollautomaten erlaubt neben der effizienteren Parallelverarbeitung durch die erzielte Modularität der Protokollautomaten eine einfachere und flexiblere Konfigurierbarkeit bzw. Anpaßbarkeit an unterschiedliche, sich eventuell dynamisch ändernde Anforderungen durch Anwendungen bzw. Eigenschaften der Netzwerke. In Abhängigkeit davon können bestimmte Strategien, Mechanismen oder Parameter eingestellt werden. Konfigurationsaspekte von Transportprotokollen werden in [22] ausführlicher behandelt.

4.1.3. Datenformate

Die Protokollautomaten besitzen spezielle Adressen, welche Erweiterungen der Instanzenadresse darstellen. Dazu werden einfache Bitfelder (*fsm*-Feld, s. Abb. 3a) benutzt, wobei jedes Bit einen Automatentyp repräsentiert. Dieses Adressierungsschema erlaubt auch die Mehrfachadressierung von Automaten, d.h. ein Automat kann durch Setzen der entsprechenden Bits in der Automatenadresse eine Protokolldateneinheit an mehrere Automaten der Partnerinstanz schicken. Die Mehrzahl der Kommunikationsbeziehungen besteht aber zwischen Automaten gleicher Funktionalität.

Die Protokolldateneinheiten (Abb. 3a) bestehen generell aus einem allgemeinen Paketkopf und einem für jeden Automatentyp spezifischen Teil. Der allgemeine Teil des Paketkopfs umfaßt Adressen, Verbindungsidentifikatoren, Typ-Felder, Längeninformation und ein Feld für die Lebenszeit des Pakets. Der automatenspezifische Teil für die Benutzerdaten (Abb. 3b) enthält einen speziellen Kopf mit zusätzlichen Längeninformationen, Sequenznummern sowie einem variablen Teil für die eigentlichen Daten.

a)

router (4 bytes)	fsm (2)	type (2)	ttl (2)	cells (2)	source and destination address (12)	data (n * 4)	checksum (4)

b)

total_length (4)	length (4)	sequence (4)	reserved (8)	user data (m * 4)

Abb. 3: Datenformate

Unter Benutzung des IP-Adressierungsformats reicht für den gesamten Kopf eines Benutzerdatenpakets, d.h. für den allgemeinen und den speziellen Kopf, eine ATM-Zelle aus. Kontrolldateneinheiten haben in der Regel die Länge von einer oder zwei ATM-Zellen und eignen sich deshalb ebenfalls für die Übertragung in zellenbasierten Netzen. In Netzen mit größeren Übertragungseinheiten, z.B. FDDI, können mehrere Kontrollpakete in einer Übertragungseinheit zusammengefaßt werden.

4.2. Kooperation der Protokollautomaten einer Instanz

Die Kooperation einiger wesentlicher Protokollautomaten bei einer unidirektionalen Datenübertragung ist in Abbildung 2 dargestellt. Die Kommunikation zwischen Automaten einer Instanz ist auf ein Minimum reduziert und so gestaltet, daß sie während der Datenübertragungsphase nur unidirektional abläuft.

Verbindungsaufbau und -abbau

- Der Verbindungsverwaltungs-Automat initialisiert die Automaten bei einer neuen Verbindung und deaktiviert diese wieder beim Abbau.
- Beim Verbindungsabbau muß der Verbindungsverwaltungs-Automat in Zusammenarbeit mit den Übertragungswiederholungs-/Quittierungs-Automaten und dem Automaten an der Transportdienstschnittstelle dafür sorgen, daß alle zuvor übergebenen Daten gesendet und quittiert werden.

Flußkontrolle

- Die Flußkontrolle auf der Senderseite steuert den Benutzerdaten-Sender durch die ausgehandelten Flußkontrollparameter bzw. den vom Staukontroll-Automaten erhaltenen Signale. Der Benutzerdaten-Sender kann gegebenenfalls neue Kredite anfordern.
- Auf Empfängerseite muß der Benutzerdaten-Empfänger dem Flußkontroll-Automaten Informationen über den aktuellen Pufferzustand mitteilen. Letzterer berechnet aus diesen Informationen neue Parameter für den Flußkontroll-Automaten auf der Senderseite der Partnerinstanz.

Übertragungswiederholungen und Quittierungen

- Der Benutzerdaten-Sender übergibt die Kontrolle über einmal gesendete Daten an den Übertragungswiederholungs-Automaten, der dann für eventuell erforderliche Übertragungswiederholungen verantwortlich ist.
- Der Benutzerdaten-Empfänger informiert den Quittierungs-Automaten periodisch über korrekt angekommene bzw. unmittelbar über fehlende Benutzerdaten und gegebenenfalls empfangene Übertragungswiederholungen.

4.3. Implementierung

Die Spezifikation des parallelen Transportsubsystems wurde direkt in eine prototypische Implementierung auf Transputerbasis umgesetzt [24]. Ähnlich wie bei der diskutierten XTP-Implementierung werden die aus den Automaten resultierenden Prozesse auf Prozessoren einer geeigneten Prozessorkonfiguration abgebildet. Die Prozesse werden über virtuelle Kanäle miteinander verbunden, welche auf Softwarekanäle oder Transputer-Links abgebildet werden. Die globalen Speicher für zu sendende oder empfangene Benutzerdaten werden durch den Prozessoren gemeinsam zugängliche Speicher realisiert. Erste Untersuchungen deuten auf wesentlich höhere Leistungsdaten im Vergleich zu Implementierungen entsprechender Protokolle wie XTP hin. Spezialisierte Hardwareeinheiten für besonders zeitkritische Funktionen wie Prüfsummenberechnung, Zeitgeber- und Pufferverwaltung sollen Softwarerealisierungen ersetzen. Die Kombination von Universal- und Spezialprozessoren resultiert in einer hybriden Multiprozessorarchitektur, welche eine hohe Leistungsfähigkeit bei gleichzeitiger Flexibilität garantiert.

5. Zusammenfassung

Dieser Beitrag behandelte den Entwurf eines parallelen Transportsubsystems, der wesentlich durch die Analyse der XTP-Protokollarchitektur sowie aus Erfahrungen und Ergebnissen einer parallelen XTP-Implementierung auf Transputern beeinflußt wurde. Neben der Eignung des Transportsubsystems für zellenbasierte Netze besteht der wesentliche Entwurfsaspekt in der Aufteilung der Protokollinstanz in modulare, weitgehend unabhängige und daher parallel ausführbare Protokollautomaten. Der Entwurf sieht für alle Kontrollfunktionen und für die Benutzerdaten verarbeitenden Funktionen separate Protokollautomaten vor. Die Synchronisation zwischen Protokollautomaten einer Instanz wird durch den Einsatz spezieller Protokolle für die Kommunikation zwischen Protokollautomaten verschiedener Instanzen reduziert. Das entworfene parallele Transportsubsystem wird derzeit auf einer hybriden Multiprozessorarchitektur implementiert, wobei Transputer als Universalprozessoren eingesetzt werden und besonders zeitkritische Protokollfunktionen durch spezielle Hardwareeinheiten realisiert werden sollen.

Referenzen

[1]   Zitterbart, M.
      Funktionsbezogene Parallelität in transportorientierten Komunikationsprotokollen
      VDI Verlag, Reihe 10: Informatik/Kommunikationstechnik, Nr. 183

[2]   Zitterbart, M.
      High Speed Transport Components
      IEEE Network Magazine, Vol. 5, No. 1, Januar 1991, S. 54-63

[3]   Chesson, G.
      The Evolution of XTP
      3rd IFIP WG 6.4 Conference on High Speed Networking, Berlin, 18.-22. März 1991,
      S.15-24

[4]   Protocol Engines Inc.
      XTP Protocol Definition
      Revision 3.4, 17. Juli 1989

[5]   Zitterbart, M.
      *Parallel Protocol Implementations on Transputers - Experiences with OSI TP4, OSI
      CLNP, and XTP*
      IEEE Workshop on the Architecture and Implementation of High Performance Communication Subsystems, Tucson, Arizona, U.S.A., 17.-19. Februar 1992

[6]   INMOS Ltd.
      The Transputer Databook
      2nd edition 1989, Redwood Burn Ltd, Trowbridge.

[7]   Strayer, W.T.; Dempsey, B.J.; Weaver, A.C.
      XTP: The Xpress Transfer Protocol
      Addison-Wesley Publishing Company, 1992

[8]   Braun, T.; Zitterbart, M.
      A Parallel Implementation of XTP on Transputers
      16th Annual IEEE Conference on Local Computer Networks, Minneapolis, Minnesota,
      U.S.A., 14.-17. Oktober 1991, S. 321-329

[9]   Diot, C.; Roca, V.
      XTP/KRM Implementation on a Transputer Network
      16th Annual IEEE Conference on Local Computer Networks, Minneapolis, Minnesota,
      U.S.A., 14.-17. Oktober 1991, S. 310-320

[10] Heinrichs, B.
      XTP Specification and Parallel Implementation
      International Workshop on Adavanced Communications and Applications for High
      Speed Networks, München, 16.-19. März 1992, S. 77-84

[11] Miloucheva, I.; Rebensburg, K.
      *XTP Service Classes and Routing Strategies for an Integrated Servcices Broadband
      Environment*

International Workshop on Adavanced Communications and Applications for High Speed Networks, München, 16.-19. März 1992, S. 231-240

[12] Mitchell, R. J.; Saulnier, E. T.; Orlovsky, M.C.
A Partitioned Implementation of the Xpress Transfer Protocol
16th Annual IEEE Conference on Local Computer Networks, Minneapolis, Minnesota, U.S.A., 14.-17. Oktober 1991, S. 301-309

[13] Simoncic, R.; Weaver, A. C.; Colvin, M. A.
Experience with the Xpress Transfer Protocol
15th Annual IEEE Conference on Local Computer Networks, Minneapolis, Minnesota, U.S.A., 30. September - 3. Oktober 1990, S. 123-131

[14] Schwaderer, W. D.;
XTP in VLSI: Protocol Decomposition for ASIC Implementation
15th Annual IEEE Conference on Local Computer Networks, Minneapolis, Minnesota, U.S.A., 30. September - 3. Oktober 1990, S. 249-252

[15] Watson, R. W.:
The Delta-t Transport Protocol: Features and Experience
Rudin, H.; Williamson, R. (Hrsg.): Protocols for High Speed Networks, Elsevier Science Publishers B. V. (North Holland), IFIP, 1989, S. 3-18

[16] Clark, D. D.; Lambert, M. L.; Zhang, L.:
NETBLT: A High Throughput Transport Protocol
Proceedings of the ACM SIGCOMM '87, Stowe, Vermont, U.S.A., August 1987, S. 353-359

[17] Cheriton, D. R.; Williamson, C. L.:
VMTP as the Transport Layer for High-Performance Distributed Systems
IEEE Communications Magazine, Vol. 27, No. 6, Juni 1989, S. 37-44

[18] Sabnani, K.; Netravali, A.; Roome, R.
Design and Implementation of a High Speed Transport Protocol
IEEE Transactions on Communications, Vol. 38, No. 11, November 1990, S. 2010-2024

[19] Protocol Engines Inc.
XTP Protocol Definition
Revision 3.6, PEI 92-10, 11. Januar 1992

[20] Schörk, A.
Parallele Realisierung von XTP auf Transputern
Diplomarbeit, Universität Karlsruhe, Oktober 1990

[21] Weber, Th.
Untersuchung und Adaption des XTP-Protokolls auf Transputer-Netzen
Diplomarbeit, Universität Karlsruhe, Juli 1991

[22] Zitterbart, M.; Stiller, B.; Tantawy, A.
A Model for Flexible High-Performance Communication Subsystems
IBM Research Report, RC 17801, Februar 1992, erscheint in: Journal of Selected Areas in Communications, 1993

[23] Braun, T.
A Parallel High Performance Transport System for Metropolitan Area Networks
5th IEEE Workshop on Metropolitan Area Networks, Taormina, Italien, 10.-13. Mai 1992, erscheint in: Computer Communications, 1993

[24] Schmidt, C.
Entwurf eines Transportsystems auf der Basis paralleler Automaten
Diplomarbeit, Universität Karlsruhe, Juli 1992

Connection Oriented Data Service in DQDB

Peter Martini, Georg Werschmann
Dept. of Math. and Comp. Science
University of Paderborn, Germany
e-mail: martini@uni-paderborn.de

Abstract

The DQDB standard accepted by the IEEE Standards Board in 1990 is incomplete in the sense that it does not specify details of isochronous service and connection oriented data service. In this paper, we discuss the performance of a protocol which has been studied in all meetings of IEEE 802.6 since 1991. The Guaranteed Bandwidth (GBW) protocol for Connection Oriented Data Service turns out to be a very promising candidate for variable bit rate communication with predictable bandwidth requirements.

1. Introduction

In December 1990, the IEEE Standards Board accepted a standard specifying a "Distributed Queue Dual Bus (DQDB) Subnetwork of a Metropolitan Area Network (MAN)", [2]. DQDB has been tailored to the requirements of service integration. However, the only service fully specified is the Connectionless (CL) Packet Service to be used by the Logical Link Control, [3]. As far as two additional services (Isochronous Service and Connection Oriented (CO) Data Service) were concerned the standard was not ready for implementation.

When it comes to studying advantages of DQDB, simple interworking with ATM based B-ISDN may be mentioned in the first place. Sometimes, DQDB is even called "Shared Medium ATM", [6], or "ATM-Bus". However, interworking with B-ISDN is not as simple as it may seem when studying payload field length only:
- B-ISDN does not support CL service
- DQDB does not support CO variable bit rate traffic

The discussion in this paper is restricted to connection oriented communication in DQDB. Therefore, we do not comment on how to provide CL service across a CO network. Instead, we study properties of a protocol which was recently proposed for CO data service in DQDB. This protocol is tailored to the requirements of variable bit rate (VBR) traffic requiring bandwidth guarantees.

2. Bandwidth Allocation in DQDB

In this paper, we assume that the reader is familiar with the DQDB medium access control protocol. For a more detailed description the reader is referred to numerous conference proceedings and journals. Additionally, the standard is easily available from the IEEE customer service. It should be noted that the final version of the DQDB standard is identical to Draft 15 (Oct. 1990). It should also be noted that a PAR (Project Authorization Request) for a "Maintenance Document" was accepted by the IEEE standards board in autumn 1992.

2.1. Basic Characteristics of DQDB

In order to carry both (connectionless, bursty) data and fixed-bandwidth traffic the DQDB protocol is a time slotted protocol where transmission is based on fixed length slots. The slot size has been adjusted to the value chosen by CCITT for B-ISDN: 48 byte. Additionally, each slot contains a 5 byte header for address and status information. In DQDB, there are two classes of slots: "Queued arbitrated" (QA) slots are used for connectionless service and for CO data service, "pre-arbitrated" (PA) slots are used for isochronous service. PA slots and QA slots are distinguished by a dedicated bit in the slot header.
The name "DQDB" already summarizes the most important characteristics of this network: Medium access is controlled by a distributed queue and the topology used is a dual bus with unidirectional transmission on each bus.

2.2. Connectionless Service

For CL service, bandwidth is dynamically allocated from the pool of available bandwidth. Basically, DQDB is a reservation protocol, i.e. stations transmit and accept requests for transmission. These requests are served according to a FIFO strategy.
By counting requests of stations downstream on the bus to be used, each station keeps track of its position in the distributed queue. Of course, stations need not care about transmission of requests of upstream stations: these stations can use the free slots before any downstream station has a chance to do so. Thus, activity of upstream stations is noted by busy slots only.
In case of light load, there is only a small number of outstanding requests and there is a large number of free slots which may be used for transmission. Therefore, DQDB allows (almost) immediate access in case of light load. In case of heavy load, the distributed queue makes DQDB work like a round-robin strategy.

2.3. Isochronous Service

Isochronous service is to be used by applications requiring periodic, recurring bandwidth. Applications to be mentioned in this context include low to medium bandwidth compressed digital video, i.e. 384 kbit/s to 44.2097 Mbit/s. It should be noted that there are two types of compressed digital video information, namely constant bit rate / variable image quality; and variable bit rate / constant image quality. The isochronous service to be defined by IEEE 802.6 is intended to meet the requirements for constant bit rate / variable image quality users. Additional applications include voice transmission, multi-service support (eg. video and bursty data) and multimedia applications.

According to the DQDB standard, isochronous service is to be provided by use of PA slots. It is up to the management to make sure that PA slots are generated according to the requirements of isochronous connections established.

During the plenary meeting of IEEE 802 in November 1992, the 802.6 working group reached consensus on a document specifying isochronous service. After including some modifications, the "isochronous document" was moved for a working group letter ballot, i.e. it will be sent to all voting members of 802.6.

According to the base document finished in 1990, isochronous connections use specific bytes in specific PA slots. Meanwhile, IEEE 802.6 decided that "composite slots" are unacceptable for several reasons, eg. difficulties for bridging. Instead, pre-arbitrated bandwidth now is allocated in the form "M slots every N frames" where a frame is a structure repeated at 125 µs intervals and where M and N may be constrained for simplicity. For a 64 kbit/s (eg. voice) channel this means using 1 slot in 48 frames, i.e. transmitting 48 bytes of information at 48 • 125 µs = 6 ms intervals. Byte-interleaved transmission where different bytes could belong to different connections is no longer possible.

Obviously, isochronous service is connection oriented. One of the characteristics is that it wastes bandwidth if the source of traffic is not really isochronous (eg. variable bit rate video). In a certain sense, isochronous service belongs to the STM world which, of course, is still alive in the ATM world.

In addition to connection oriented isochronous service, 802.6 is working on a connection oriented service which allows both statistical multiplexing and use of bandwidth momentarily not needed by a specific connection.

2.4. Connection Oriented Data Service

The DQDB standard as described in [2] includes general statements about a connection oriented data service. In fact, one of the Project Authorization Requests (PARs) approved when finishing the base standard was a PAR on the specification of this service and how to provide it.

Recently, the Guaranteed Bandwidth Access Protocol (GBW) was proposed as an enhancement of Distributed Queueing which may be used for allocating guaranteed but not fixed amounts of bandwidth to support applications such as real-time data, and compressed voice and video. This protocol is able to enhance the availability as well as the efficiency of the network in that allocated bandwidth when not used is available to other services. In this sense, the GBW proposal allows operation similar to synchronous transmission in FDDI, cf. [7].

Firstly, it was somewhat unclear what PAR the GBW proposal belonged to. After some discussion, in Nov. 1991 the 802.6 group decided to undertake this work in the context of the CO PAR. The reason was quite obvious: CL service by its very nature does not guarantee delivery.

The purpose of the GBW Protocol is to allow guaranteed bandwidth nodes to transmit at higher priority on a DQDB. However, a guaranteed bandwidth node may only transmit up to a given number of segments per time unit (its bandwidth guarantee). This bandwidth is available for any total traffic using QA slots at low priority. Of course, the sum of bandwidth allocations cannot exceed the bandwidth available in QA slots.

The basic idea of the GBW protocol is to shape the traffic before it is included in the distributed queue at high priority. This way, peak rates are controlled by a mechanism similar to the "Leaky bucket" algorithm. For a complete description of the GBW protocol the reader is referred to the working document [1] which summarizes the state of the CO Data Service definition as seen in March 1992. It is available from the IEEE customer service. As an annex, this document includes an updated description of the GBW protocol.

If a station using the GBW protocol wants to transmit at high priority then it has to buy a permit for each slot. The price of each permit is called "cellcost". We need two additional parameters to make the protocol work:

- "income" is the regular income which may be booked for each slot (free or busy) passing on the bus.

- "creditmax" is the maximum amount of money which may be saved. Savings above that level are subject to 100 % income tax, i.e. they are forbidden for the sake of reduction of burstiness.

The GBW protocol allows "multiple outstanding requests", i.e. high priority requests may be transmitted before the segment related to the previous request has been transmitted. This does not cause any problems if the bandwidth is not overbooked.

The parameters of the GBW protocol can easily be determined by the network management. For our studies described below we do not allow to save permits for high priority transmission during low utilization periods. Thus, the natural choice of parameters is as follows:

- income: x (where x denotes the bandwidth required)
- cellcost: 155 (equal to the bandwidth in the network)
- creditmax: $\lceil$ cellcost/income $\rceil$ • income

As an example: If income is chosen as 31 then the station books 31 for each slot passing on the bus. Starting from zero, a prospective sender must wait $155/31 = 5$ slots until it has enough money to buy a high priority request resulting in a free slot arriving on the reverse bus. Thus, the bandwidth guaranteed to the station is exactly "31 Mbit/s out of 155 Mbit/s". In addition, it may transmit at priority 0.

Bandwidth balancing has to be disabled for high priority transmission. Otherwise, high priority transmission does not work at all, cf. eg. [10].

3. Simulation Study of the Guaranteed Bandwidth Protocol

In [4] we compared the performance of the GBW protocol to the "Modified Bandwidth Balancing Protocol" (MBWB) proposed in [9]. It turned out that GBW outperforms MBWB by far in terms of reaction times: Both GBW and MBWB may be used for bandwidth allocation but MBWB requires considerable convergence times after load changes. Thus, inactive senders becoming active again suffer from considerable delays until they finally get the bandwidth required.

In this paper we continue this study for additional scenarios. In contrast to the results included in [4] we now show results for several high priority sources simultaneously active.

3.1. Simulation Environment

The results presented in this paper have been obtained by simulation using an enhanced version of ATLAS, [8]. ATLAS was originally developed by P. Davids (davids@informatik.rwth-aachen.de) at the Aachen Univ. of Technology.
The real system time studied is 5.1 seconds corresponding to the generation of almost 2 million slots. Measurements started after 1 second.

3.2. The Base Scenario

We assume a scenario where 10 stations are attached to a 32 kilometer DQDB operating at 155 Mbit/s. More precisely: we assume that stations are spaced equidistantly with a distance of 6 slot times between consecutive stations. Station 1 is assumed to be located at the head of the bus, station 10 is assumed to be located at the end.
Additionally, we assume a "dummy station" located at the end of the bus. This station is needed as the destination for slots transmitted by the most downstream of the 10 stations studied in our simulation. Obviously, without the dummy station at the end of the bus it would not make sense to study the arrival process of station 10. In the following, we distinguish two scenario classes:

a) "HHHLLLLHHH"
   3 stations at each end of the bus transmit at high priority (GBW)
   4 stations in the middle of the bus transmit at low priority

b) "LHLHLHLHLH"
   Alternating priorities. High priority nodes use the GBW protocol

It should be noted that we study access to one bus only. The reverse bus is simulated for request transmission.

3.3. Traffic Sources

The traffic sources used for our simulations have been derived from the sources used in [9].

3.3.1. Low Priority Traffic (L-Sources)

We assume Poisson arrivals of fixed length packets (20 segments each). Different load is achieved by different interarrival times of packets.
Low priority traffic uses priority 0 in DQDB. The BWB_MOD is set to 8.
Of course, it could be argued that some kind of "bursty" sources could be more realistic for the performance analysis of DQDB. However, it should be noted that we are not interested in performance characteristics of low priority traffic. Instead, we study packet delays for high priority traffic, i.e. L-sources are only needed for "background traffic".

3.3.2. High Priority Traffic (H-Sources)

High priority traffic is generated by variable bit rate (VBR) sources characterized by alternating silence and busy periods: Busy periods are fixed length (16 ms) intervals with isochronous arrivals of fixed length packets: one packet after 31 slots on the bus. Busy periods are separated by idle periods which we assume to have exponentially distributed length with an average of 16 ms.
High priority traffic uses priority 2 in DQDB. Bandwidth Balancing is disabled.

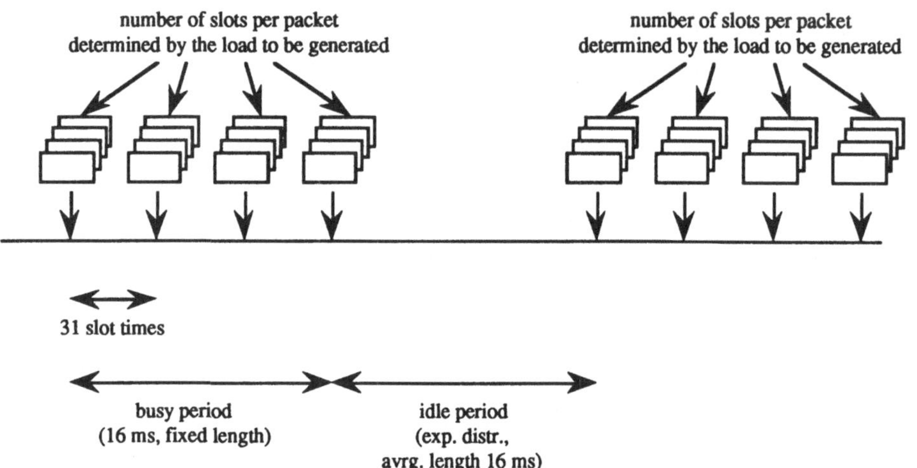

Fig. 1 Variable Bit Rate Traffic

3.4. Impact of Low Priority Traffic

In this section we assume each H-source to generate 15 Mbit/s during busy periods. This is achieved by generating 3-segment-packets. The parameters of the GBW protocol are chosen as follows: income = 15; cellcost = 155; creditmax = 165. This means peak rate allocation.

3.4.1. H-Sources at the End of the Bus

According to the assumptions described above, the total average VBR load in the "HHHLLLLHHH"-scenario is 6 • 7.5 Mbit/s = 45 Mbit/s. With all H-sources simultaneously busy, the load is 90 Mbit/s.
Firstly, we study a scenario with heavy load: We assume the load generated by L-sources to be 50 % of the total bandwidth, i.e. 0,5 • 155 Mbit/s. The total average load is 122.5 Mbit/s where 45 Mbit/s is generated by H-sources and 77.5 Mbit/s by L-sources.
Next we study a scenario with light overload where we assume low priority load to be 75 % of the total bandwidth, i.e. 0,75 • 155 Mbit/s = 116,25 Mbit/s. The total average load (including VBR traffic) now is 161,25 Mbit/s.
For this scenario, the priority mechanism has to make sure that high priority transmission is free from packet loss and that delays are small. Of course, loss of

low priority packets cannot be avoided. Therefore, it does not make sense to study delays of low priority packets for this scenario.

Finally, we assume that low priority traffic tries to use 99 % of the total bandwidth. Obviously, this is a scenario with overloaded senders for low priority traffic acting like saturated senders. Load generation characteristics, i.e. Poisson arrivals, are irrelevant for these stations using all available slots.

Figure 2 shows both the average and maximum packet delays for high priority traffic for the scenarios described above. Results for low priority traffic are not shown because they do not make any sense for the overload scenario and would have required different scaling for the heavy load scenario: in this case, average packet delays for L-sources were between 1.17 ms and 1,41 ms.

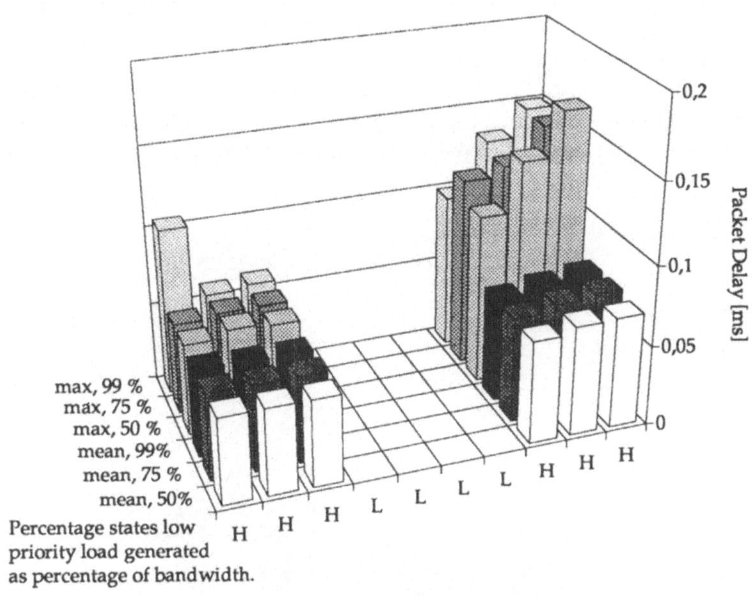

Fig. 2 Impact of Low Priority Traffic (HHHLLLLHHH)

The results make clear that average packet delays are not affected by varying load at low priority. Of course, for many applications maximum delays and percentiles are much more important than mean values. However, Fig. 2 clearly shows that maximum values are insensitive to low priority traffic.

Fig. 2 also makes clear that maximum packet delays increase along the bus. The reason is that it takes longer for downstream stations to make all stations know that they want to transmit, i.e. reservation times may be longer. To a certain extent this also holds for mean values (this can be seen in graphical representations with different scaling). However, since all values are very small this observation cannot justify a new fairness discussion. Additionally, this effect could easily be avoided by slightly increasing income for downstream stations.

Finally, it should be noted that the large maximum value for the station at the head of the bus at 99 % low priority load is due to peculiarities in the load model:

Our random number generation resulted in some very small idle times where the station had no chance to get enough income to allow request transmission at high priority immediately after changing to the next busy period. This effect will also be seen in several scenarios below where the random number generation was exactly the same.

3.4.2. Alternating Priorities

The scenarios studied here are similar to the scenarios with H-sources at the end of each bus. The main differences are
- different number of H-sources
- different mixture of stations along the bus
It should be noted that the average high priority load is 37.5 Mbit/s instead of 45 Mbit/s because this scenario includes 5 H-sources only. Similarly, due to the additional L-source the load generated by each L-source is reduced when compared to the HHHLLLLHHH scenario.
Fig. 3 shows the results obtained. Basically, the results confirm the observations made in Fig. 2. Due to the more regular distribution of high priority sources the slightly increasing delays for downstream stations are somewhat more obvious.

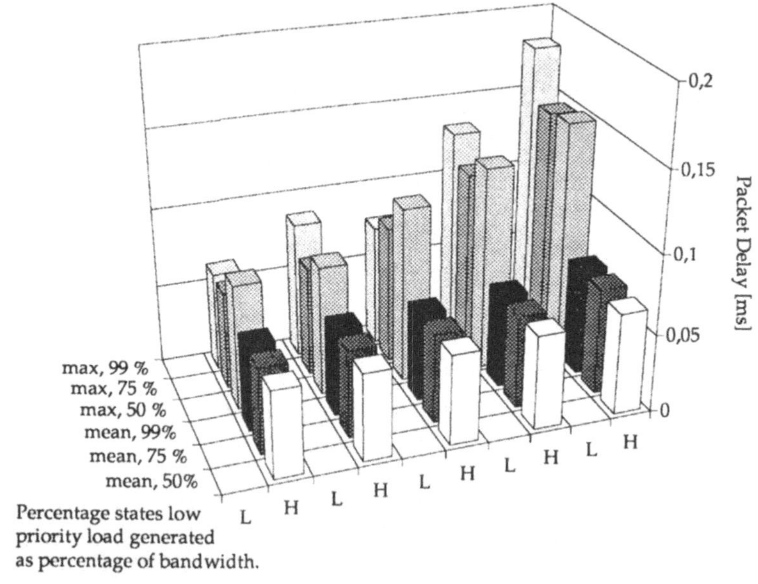

Fig. 3 Impact of Low Priority Traffic (LHLHLHLHLH)

3.5. Impact of High Priority Traffic

In this scenario, we study a system with heavy overload, i.e. low priority sources act like saturated senders. We already studied scenarios with light VBR load in section 3.4. where we assumed 3-segment-packets (average data rate: 7.5 Mbit/s). With 6 H-sources in the HHHLLLLHHH scenario, the total average VBR load is 45 Mbit/s. In the LHLHLHLHLH scenario it is 37.5 Mbit/s.

For a scenario with moderate variable bit rate load, H-sources are assumed to generate 4-segment-packets, i.e. the average VBR load generated by each H-source is increased to 10 Mbit/s. With cellcost unchanged, both income and creditmax have to be increased: Income must be increased because of the higher bandwidth to be allocated and creditmax must always be at least $\lceil$cellcost/income$\rceil$ • income. Since we do not allow additional savings during periods of low utilization we set income to 20 and creditmax to 160.

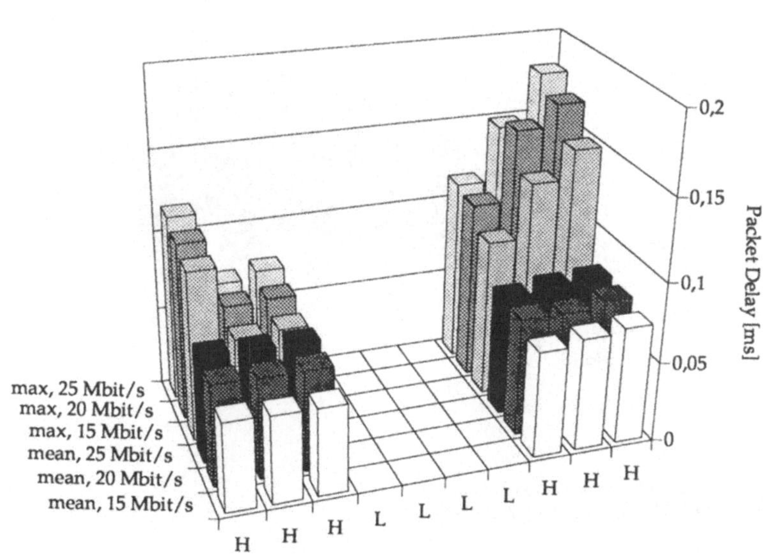

Data rate states load generated by
each H-station during busy periods.

Fig. 4 Impact of High Priority Load (HHHLLLLHHH)

Finally, we study a scenario with heavy VBR load. We assume 5-segment-packets resulting in an average load of 12.5 Mbit/s for each H-source. It should be noted that the data rate is twice as high in busy periods. Thus, with 6 H-sources in the HHHLLLLHHH scenario simultaneously active, the total VBR load is 150 Mbit/s.

Of course, the GBW parameters again have to be adjusted to the new bandwidth requirement. We choose income = 25 (peak rate allocation) and creditmax = 175. The figures 4 and 5 show the results obtained for the two different scenarios studied in this paper. Obviously, packet delays are only slightly affected by different load at high priority. It should be noted that the results shown are packet delays and that higher load is reached by longer packets. Therefore, larger delays could have been expected for heavier load. On the other hand, the GBW protocol allocates additional bandwidth to these sources since they have higher "income".

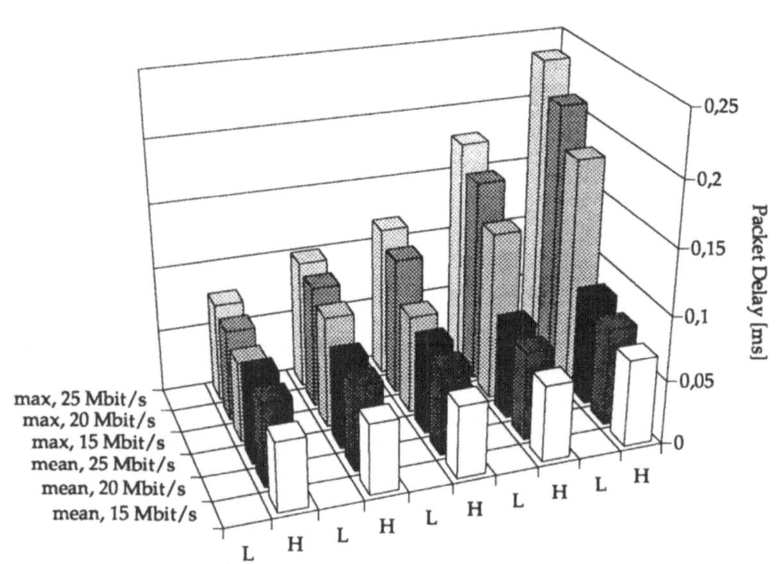

Data rate states load generated by
each H-station during busy periods.

Fig. 5 Impact of High Priority Load (LHLHLHLHLH)

3.6. Impact of Bus Length

In all scenarios studied above, we noted slightly increasing average packet delays along the bus. We also noted considerably increasing maximum packet delays. This effect was also noticed in different scenarios described in [4]. In this section, we study the impact of bus length in a comparison of results for 10 km, for 32 km, for 65 km and for 131 km. For the HHHLLLLHHH scenario we assume 4-segment packets, i.e. we study networks where each source generates 20 Mbit/s during busy periods. In contrast to this, we assume 5-segment packets for the LHLHLHLHLH scenario. The results are shown in figure 6 and figure 7.

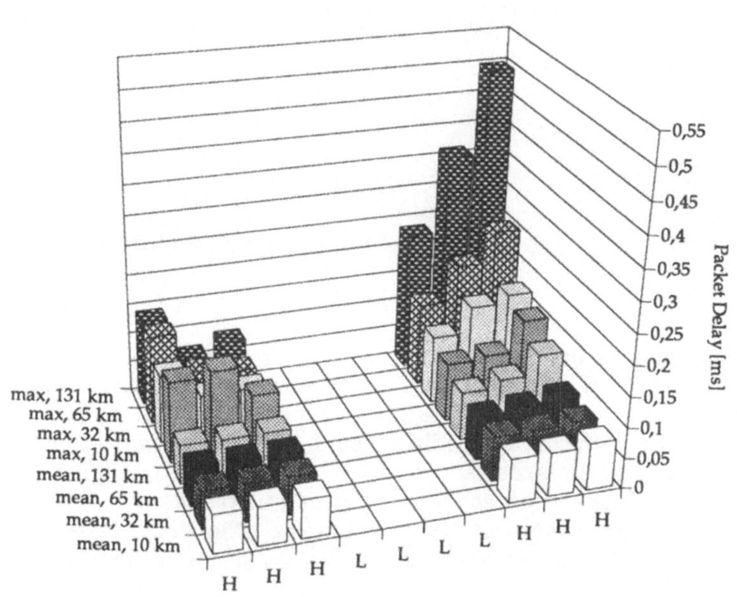

Fig. 6   Impact of Bus Length (HHHLLLLHHH)

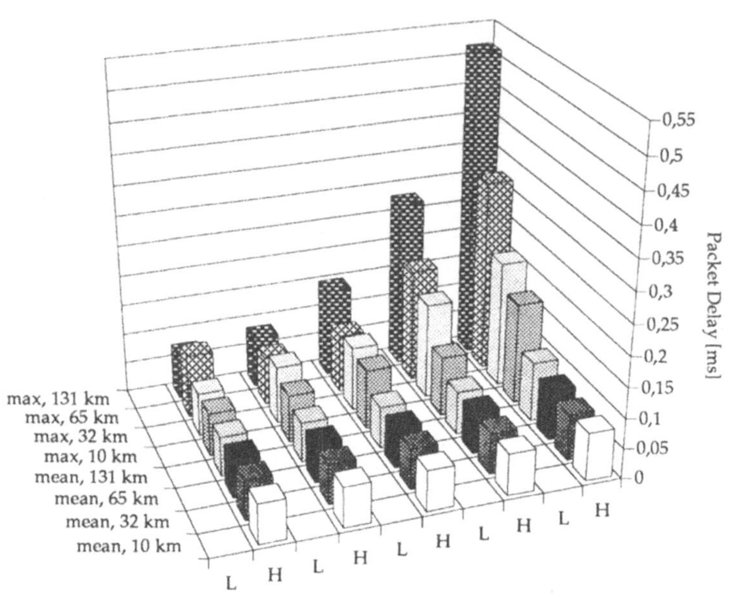

Fig. 7 Impact of Bus Length (LHLHLHLHLH)

The simulation results make clear that even for an extremely large bus (131 km) the mean values of packet delays remain more or less the same. In contrast to this, maximum values (and 95 % or 99 % percentiles not shown in this paper) are considerably affected by medium length. The reason may easily be explained: in the worst case it takes one round trip delay until a high priority request transmitted by the station at the end of the bus results in a free slot. This time increases with the length of the bus. On the other hand, even the maximum values for the 131 km bus are so small that most applications would not notice the difference.

It should be noted that fairness in terms of throughput is not an issue here. In contrast to the connectionless service studied in papers like [5] bandwidth for high priority transmission is allocated and guaranteed. Therefore, request transmission is controlled in a totally different way and there is no use of a "bandwidth balancing modulus" resulting in fairness for high priority transmission. It has already been mentioned above that bandwidth balancing <u>must</u> be disabled for high priorities.

4. Conclusion and Further Work

In this paper we have studied the Guaranteed Bandwidth Protocol which has recently been proposed for bandwidth allocation in DQDB. Many applications requiring bandwidth guarantees also require small delays. Therefore, the connection oriented data service should be based on a bandwidth allocation mechanism which is able to guarantee both bandwidth and small response time. Additionally, this mechanism must be able to adjust bandwidth allocation to short-term variations. For variable bit rate traffic this means that bandwidth not used (but guaranteed) is offered to connectionless traffic.
There can be no doubt that the GBW protocol is an extremely promising candidate for connection oriented data service in DQDB. It should be considered as an important alternative to isochronous service. For certain applications, isochronous service may even be replaced by CO data service controlled by the GBW protocol. It should be noted that the GBW protocol does not require any changes to the DQDB standard. It only requires rules (strictly enforced) which make high priority senders use the service provided by DQDB in a specific way.
The most important advantage of DQDB may be seen in the adjustment of slot size to the values chosen by CCITT for ATM-based B-ISDN. This enables interworking between B-ISDN and DQDB on a cell-to-slot and slot-to-cell basis, respectively. At first sight interworking from ATM-based B-ISDN to DQDB seems to be no problem at all. However, the ATM world can efficiently support variable bit rate traffic requiring small delays. The DQDB protocol accepted in 1990 does not support this kind of traffic which will be very important in the age of multi-media systems. The GBW protocol described and discussed above currently seems to be the most promising solution.
Further work on CO service in DQDB includes the specification of a draft standard which requires further clarifications to working document [1]. Additional studies are necessary on the following points:

* service requirements of variable bit rate video
  The GBW protocol may be "tuned" for specific applications but prospective users have not yet joined the standardization effort.

* guaranteed delays
  In its current form, the GBW proposal only guarantees bandwidth. It may easily be shown that for an infinite user population delays may be infinitely large. This problem can be fixed in several ways to be studied.

* mean rate control
  In November 1992, IEEE 802.6 accepted a proposal presented by Peter Martini that requires the GBW protocol to include mean rate control (in addition to peak rate control) to allow for statistical multiplexing.

In close cooperation with different partners, our group at the University of Paderborn will continue to contribute to the standardization effort of 802.6.

However, our main interest is in studies of end-to-end performance in scenarios where heterogeneous networks including ATM-based B-ISDN are interconnected by interworking units (IWUs). In this context, it should be noted that a slightly modified version of the GBW protocol has also been proposed for Generic Flow Control in ATM. In fact, the original proposal was for ATM.

Acknowledgements

This work has been supported by the Deutsche Forschungsgemeinschaft (DFG). Future activities aiming at the design and implementation of an Interworking Unit between ATM (including a connectionless server) and DQDB is also supported by the Commission of the European Communities under a contract of the RACE project 2032 COMBINE.
The simulation studies presented in this paper have been supported by the Hewlett-Packard Laboratories, Bristol, England by providing early information on the GBW protocol and by providing equipment for running the simulations. In particular, the authors would like to thank P. Baker and M. Spratt for their valuable support.

References

[1] Budrikis Z.L., "Working Document for IEEE 802.6 CO Services Standard, " Contribution to the IEEE 802.6 Working Group, March 1992

[2] IEEE Standards for Local and Metropolitan Area Networks: Distributed Queue Dual Bus (DQDB) Subnetwork of a Metropolitan Area Network (MAN), 802.6-1990

[3] International Standard ISO 8802-2, Information Proc. Syst. - Local Area Networks, Part 2: Logical Link Control

[4] Martini P., Werschmann G., "Real-time Communication in DQDB - A Comparison of Different Strategies," Proc. of the "17th Annual Conference on Local Computer Networks", IEEE Computer Society 1992, pp. 446 - 453

[5] Martini P., "The DQDB Protocol. What about fairness?," Proc. of GLOBECOM'89, IEEE 1989, pp. 8.7.1. - 8.7.5.

[6] Mollenauer J.F., Presentation at the 5th IEEE Workshop on Metropolitan Area Networks, May 1992

[7] Ross F.E., "An Overview of FDDI: The Fiber Distributed Data Interface," IEEE J. on Select. Areas in Commun., Vol. SAC-7, No. 7, Sept. 1989, pp. 1043 - 1051

[8] Rümekasten M., "ATLAS Reference Manual", Working Document of RACE project 2032 COMBINE, Document ID COMBINE/UPB/WP1/003/01, March 1992

[9] Spratt M., "Bandwidth Allocation in IEEE 802.6 Using Non Unity Ratio Bandwidth Balancing", Proc. of ICC' 91, IEEE, 1991

[10] van As, H., "Performance Evaluation of the Bandwidth Balancing in the DQDB MAC Protocol," 8th Annual EFOC/LAN Conference, Munich, June 1990, pp. 231 - 239

Zur Modellierung und Analyse von Kommunikationsnetzen mit niedrigfliegenden Satelliten

Axel Böttcher, Axel Jahn[1], Erich Lutz und Markus Werner

DLR Oberpfaffenhofen
Institut für Nachrichtentechnik
D-8031 Weßling *

[1]zugleich Fernuniversität Hagen, Lehrgebiet Nachrichtentechnik

Zusammenfassung. In den letzten Jahren werden weltweit Kommunikationssysteme mit niedrigfliegenden Satelliten entwickelt. Bis zur Einführung solcher Systeme sind noch viele Fragen zu klären. Die vorliegende Arbeit befaßt sich mit der Dimensionierung der nötigen Übertragungsverbindungen. Zu diesen gehören die Funkstrecken von den mobilen Teilnehmern zum Satelliten und von den Satelliten in öffentliche Netze sowie direkte Verbindungen zwischen Satelliten. Da von der Kanalzahl pro Satellit die benötigte Leistung und somit die Masse und die Kosten der Satelliten abhängen, ist die Dimensionierung dieser Netzelemente sehr kritisch. Zu diesem Zweck wird ein formales Modell für die betrachteten Netze angegeben. Ein Verfahren zur Kapazitätsbestimmung unter Einhaltung von Randbedingungen wird beschrieben, und zwei Netzkonstellationen werden mit seiner Hilfe beispielhaft ausgewertet.

1 Einleitung

Um weltweite persönliche Mobilkommunikation zu ermöglichen, sind in jüngster Zeit verschiedene Konzepte auf der Basis von Satelliten in niedrigen Erdumlaufbahnen, sog. LEO-Satelliten (Low Earth Orbits), vorgestellt und untersucht worden. Ortsfeste und mobile Teilnehmer nutzen als Dienste hauptsächlich Telefonie, aber auch Datenübertragungsdienste wie Fax, Dateitransfer, etc.[1]

Aus dem bestehenden Kommunikationsbedarf und seiner weltweiten Verteilung sowie aus der Art und Qualität der anzubietenden Dienste ergeben sich für die sinnvolle technische Realisierung Anforderungen und Randbedingungen, deren Erfüllung im Rahmen einer anwenderorientierten Systementwicklung zwingend ist. Wesentliche Parameter sind dabei die Anzahl der Satelliten und Gateways (feste Bodenstationen), die zur Weitergabe und Vermittlung von Signalen dienen, sowie Art und Anzahl der verschiedenartigen Nachrichtenverbindungen im Netz.

* Diese Arbeit wurde im Auftrag der ESTEC unter Vertrag Nr. 9732/91/NL/RE durchgeführt.

Beispiele für konkrete Anforderungen sind die Einhaltung einer Schranke für die mittlere Verzögerung bei der Sprachkommunikation zweier Teilnehmer oder die Einhaltung einer zulässigen Blockierwahrscheinlichkeit innerhalb des Netzes bei gleichzeitig möglichst niedrigen Systemkosten.

Vom Vernetzungsgrad hängen die Alternativen bei der Wegesuche (Routing) und somit die Möglichkeiten für eine günstige Verkehrsverteilung (geringe Verzögerungszeiten und Blockierwahrscheinlichkeit) ab. Außerdem beeinflußt er die Flexibilität des Netzes bei Verbindungsausfällen. Ein höherer Grad an Vernetzung kann durch eine größere Anzahl an Netzknoten (d.h. Satelliten und Gateways) und/oder Nachrichtenverbindungen erreicht werden. Dies führt insgesamt zu höheren Systemkosten, einerseits durch vermehrte Betriebskosten für die Bereitstellung größerer Kapazitäten, und andererseits durch höhere Fixkosten bei der Konstruktion und Plazierung von Gateways und Satelliten. Deshalb ist die Optimierung des Gesamtsystems eine der zentralen Aufgaben in der Anfangsphase der Systemplanung.

Die diesem Beitrag zugrunde liegende Studie wurde für die europäische Weltraumorganisation ESA durchgeführt und stellt einen Ansatz zur Modellierung und nachrichtentechnischen Leistungsanalyse von LEO-Satellitennetzen dar. Im folgenden werden zunächst die Struktur solcher Netze und ein daraus abgeleitetes mathematisches Modell vorgestellt. Auf diesem Modell baut die prinzipielle Vorgehensweise bei der Untersuchung und Bewertung verschiedener Netzkonfigurationen auf. Schließlich werden numerische Ergebnisse für ausgewählte Beispiele vorgestellt und interpretiert. Die beschriebene Analyse bildet die Grundlage für eine Kostenoptimierung, die letztlich die Basis für eine anwenderorientierte Systemrealisierung schafft.

2 Netzkonfigurationen und Modellierung

In diesem Abschnitt werden grundlegende Elemente und Konfigurationen von LEO-Satellitennetzen betrachtet, im Anschluß daran wird die formale Modellierung erläutert.

Elemente der betrachteten Netze sind Kommunikationssatelliten auf niedrigen, polaren oder inklinierten Erdumlaufbahnen (Orbits) mit Umlaufzeiten von einigen Stunden; als Netzknoten übernehmen sie Übertragungs- und Vermittlungsfunktionen. Im allgemeinen befinden sich mehrere Satelliten mit einem gleichmäßigen Phasenversatz auf einem Orbit. Der Zugang zu bestehenden öffentlichen Netzen wird durch ortsfeste Bodenstationen gewährleistet. Neben ihrer Schnittstellenfunktion führen sie die Vermittlungs- und Managementaufgaben durch. Knoten des Gesamtnetzes sind schließlich auch die Terminals und Datengeräte der mobilen und festen Teilnehmer als Quellen und Sinken des Kommunikationssystems.

Die Vernetzung dieser Knoten erfolgt durch Nachrichtenverbindungen verschiedener Art:

- **MULs (Mobile User Links)** Verbindungen zwischen Satelliten und mobi-

len Teilnehmern, die sich zu einem bestimmten Zeitpunkt in der Bedeckungszone eines Satelliten befinden und über ihn kommunizieren.

- **GWLs (Gateway Links)** Verbindungen zwischen Satelliten und Gateways,
die innerhalb der Bedeckungszone eines Satelliten liegen; GWLs werden – vor
allem im Zusammenhang mit geostationären Satelliten – auch als "Feeder-
Links" bezeichnet.
- Verbindungen im **PSTN/PDN (Public Switched Telephone Network/
Public Data Networks)** Gesamtheit existierender Telefon- und Daten-
netze, die ortsfesten Teilnehmern über die Gateways die Kommunikation
mit Benutzern des LEO-Satelliten-Netzes erlauben.
- **ISLs (Inter-Satellite Links)** Verbindungen zwischen Satelliten, wobei sowohl aufeinanderfolgende Satelliten desselben Orbits als auch Satelliten benachbarter Orbits in Betracht kommen. ISLs werden gegenwärtig hinsichtlich ihrer technischen Umsetzung und ihrer Kosten untersucht. Ihr Einsatz
in LEO-Satellitensystemen ist optional.

Der von mobilen und festen Teilnehmern generierte Verkehr muß über die im
Kommunikationsnetz vorhandenen Verbindungen zum Bestimmungsort transportiert werden. Eine zentrale Aufgabe ist dabei die Wegewahl (Routing). Verfügt
ein LEO-Satellitennetz über ISLs, so kann der Nachrichtenverkehr zwischen Teilnehmern in verschiedenen Bedeckungszonen (Fernverkehr) über Inter-Satelliten-
Verbindungen transportiert werden. Im Zusammenwirken mit der vorhandenen
terrestrischen Infrastruktur ist somit eine Veringerung der Zahl von weltweit erforderlichen Gateway-Stationen möglich; theoretisch ist ein einziges Gateway
ausreichend, um vollständige Erreichbarkeit zu gewährleisten. Sind hingegen
keine ISLs vorhanden, so muß der gesamte Fernverkehr über bestehende öffentliche Netze abgewickelt werden. Voraussetzung dafür ist, daß jeder Satellit zu
jedem beliebigen Zeitpunkt Kontakt mit mindestens einem Gateway hat. Die
genannten Konfigurationen sind in Bild 1 dargestellt.

Eine sinnvolle Realisierung eines auf LEO-Satelliten gestützten Kommunikationsnetzes wird zwischen solchen extremen Alternativen liegen. Für die Optimierung von Konfiguration und Vernetzung bietet sich eine computergestützte
Analyse und Bewertung auf der Grundlage einer geeigneten mathematischen
Modellierung an.

Ziel der Arbeit ist die Bestimmung der Verbindungskapazitäten unter Einhaltung der Randbedingungen, d. h. Gewährleistung kontinuierlicher globaler
Konnektivität sowie Einhaltung von zulässiger Blockierwahrscheinlichkeit und
Verzögerungszeit. Es soll dabei von einem anwenderorientierten Standpunkt aus
das Netz dimensioniert werden, d.h. ausgehend von einer durch Marktstudien
festgestellten Nachfrage soll das Kommunikationsnetz so ausgelegt werden, daß
der weltweit auftretende Verkehr durch die gewählte Konfiguration bedient werden kann. Die Konfiguration des Netzes (Anzahl und Plazierung der Netzelemente) bestimmt die Kosten für die Erstinstallation und für den Betrieb des Systems.
Ein Dienstanbieter ist nun in der Lage, Investitionskosten und Betriebskosten
mit den zu erwartenden Einnahmen zu vergleichen.

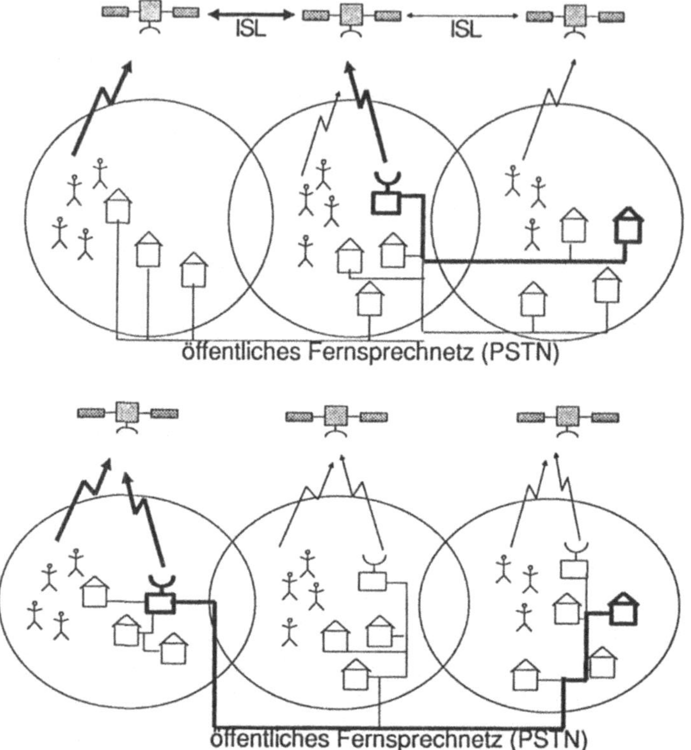

Bild 1. Mögliche Netzkonfigurationen; oben mit ISLs, unten ohne ISLs. Eine Verbindung zwischen einem mobilen und einem ortsfesten Teilnehmer ist beispielhaft hervorgehoben.

2.1 Das Netzmodell

Nun wird ein formales, graphentheoretisches Modell [2] zur Beschreibung der betrachteten Netze für einen festen Zeitpunkt angegeben. (Die Berücksichtigung der Zeitvarianz von Netztopologie und Nachrichtenverkehr erfolgt bei der Netzanalyse und wird später erläutert.) Es besteht aus folgenden Komponenten:

1. n Satelliten $s_1, \ldots, s_n$.
2. n Verkehrsquellen $m_1, \ldots, m_n$, wobei m_i alle mobilen Teilnehmer repräsentiert, die über Satellit s_i kommunizieren.
3. n Knoten $f_1, \ldots, f_n$ in der Ausleuchtzone der Satelliten. Der von diesen Knoten generierte Verkehr beschreibt die Gesamtheit des PSTN-Verkehrs von und zu dem Satellitennetz. Die Schnittstellen zu dem LEO-Netz bilden die Gateway-Stationen in den einzelnen Bedeckungszonen der Satelliten. Die Knoten f_i sind untereinander voll vermascht. Dies bedeutet u.a. auch, daß jeder PSTN-Teilnehmer von jedem Gateway direkt erreicht werden kann.

Zur Beschreibung des gesamten Verkehrs zu einem festen Zeitpunkt dient eine Verkehrsmatrix T der Dimension $2n \cdot 2n$. Sie hat folgende Gestalt:

$$
T : \quad
\begin{array}{c|c|c}
 & m_1,\ldots\ldots,m_n & f_1,\ldots\ldots,f_n \\
\hline
\begin{array}{c} m_1 \\ \cdot \\ \cdot \\ \cdot \\ m_n \end{array} & t_{m_i m_j} & t_{m_i f_j} \\
\hline
\begin{array}{c} f_1 \\ \cdot \\ \cdot \\ \cdot \\ f_n \end{array} & t_{f_i m_j} & \begin{array}{c} 0 \\ \text{(dieser Verkehr muß} \\ \text{nicht betrachtet werden)} \end{array}
\end{array}
$$

Dabei beschreiben die Matrixelemente t_{ij} den Verkehr zwischen je zwei Knoten i und j in Erlang (E). Der Verkehr zwischen festen Teilnehmern f_i und f_j wird in dieser Betrachtung nicht berücksichtigt, da er über das vorhandene PSTN abgewickelt wird. Die Matrix T wird symmetrisch, falls ausschließlich Sprachkommunikation über Vollduplexkanäle angenommen wird.

Die Gesamtheit der Verbindungen zwischen den genannten Netzknoten läßt sich durch eine ebenfalls symmetrische Verbindungsmatrix C der Dimension $3n \cdot 3n$ beschreiben. Diese Matrix hat folgende Gestalt:

$$
C : \quad
\begin{array}{c|c|c|c}
 & m_1,\ldots\ldots,m_n & f_1,\ldots\ldots,f_n & s_1,\ldots\ldots,s_n \\
\hline
\begin{array}{c} m_1 \\ \cdot \\ \cdot \\ \cdot \\ m_n \end{array} & \begin{array}{c} 0 \\ \text{(keine direkten Verbindungen} \\ \text{zwischen mobilen Teilnehmern)} \end{array} & 0 & E \\
\hline
\begin{array}{c} f_1 \\ \cdot \\ \cdot \\ \cdot \\ f_n \end{array} & 0 & \begin{array}{c} 1 \\ \text{(voll vermascht)} \end{array} & c_{f_i s_j} \\
\hline
\begin{array}{c} s_1 \\ \cdot \\ \cdot \\ \cdot \\ s_n \end{array} & E & c_{s_i f_j} & \begin{array}{c} c_{s_i s_j} \\ \text{(ISLs)} \end{array}
\end{array}
$$

Dabei bezeichnet $E = (e_{ij})$ die Einheitsmatrix, d. h. $e_{ij} = 1$ für $i = j$ und $e_{ij} = 0$ für $i \neq j$. Die $c_{s_i s_j}$ beschreiben Verbindungen mit ISLs, und die $c_{s_i f_j}$ bzw. $c_{f_i s_j}$ legen fest, ob ein Satellit Verbindung zu einem Gateway in seiner Ausleuchtzone (nur für $i = j$) hat. Für das Beispiel von Bild 2 ergibt sich folgende Verbindungsmatrix:

$$C = \begin{pmatrix}
0\,0\,0:0\,0\,0:1\,0\,0 \\
0\,0\,0:0\,0\,0:0\,1\,0 \\
0\,0\,0:0\,0\,0:0\,0\,1 \\
\cdot\,\cdot\,\cdot\quad\cdot\,\cdot\,\cdot\quad\cdot\,\cdot\,\cdot \\
0\,0\,0:1\,1\,1:1\,0\,0 \\
0\,0\,0:1\,1\,1:0\,0\,0 \\
0\,0\,0:1\,1\,1:0\,0\,1 \\
\cdot\,\cdot\,\cdot\quad\cdot\,\cdot\,\cdot\quad\cdot\,\cdot\,\cdot \\
1\,0\,0:1\,0\,0:0\,1\,0 \\
0\,1\,0:0\,0\,0:1\,0\,1 \\
0\,0\,1:0\,0\,1:0\,1\,0
\end{pmatrix}$$

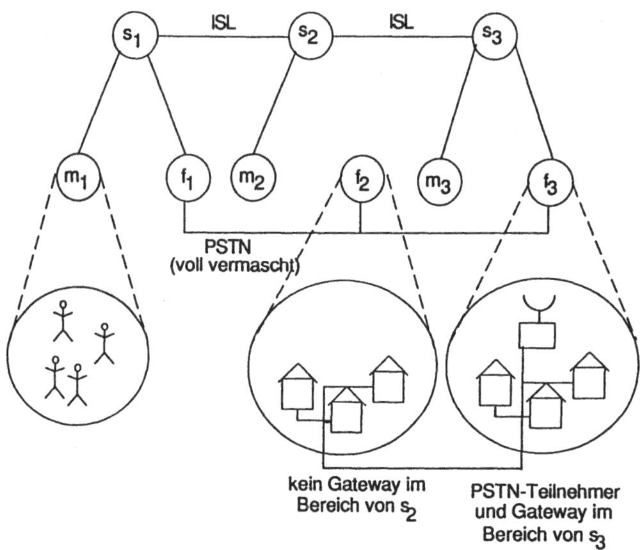

Bild 2. Beispielkonfiguration zur Erläuterung der Verbindungsmatrix

3 Bewertung der Leistungsparameter von LEO-Netzen

Aufgrund der Relativbewegungen zwischen den Satelliten, Gateways und den mobilen und festen Teilnehmern ist sowohl die Netzkonfiguration (Schalten von ISLs, unterschiedliche GWs in der Ausleuchtzone) als auch die Netzbelastung durch den zu transportierenden Nachrichtenverkehr (Tag-/Nacht-Zonen, unterschiedliche Besiedlungsdichten) mehrfach zeitabhängig. Um diese Zeitvarianz zu berücksichtigen, werden jeweils mehrere aufeinanderfolgende Zeitpunkte betrachtet (ein zeitlicher Abstand von zehn Minuten hat sich dabei als ausreichend erwiesen). Aus allen untersuchten Zeitpunkten innerhalb einer Umlaufdauer können dann "worst-case"–Ergebnisse für die Auslegung von Verbindungsstrecken extrahiert oder auch zeitliche Mittelwerte für die Verzögerung und die Auslastung einzelner Verbindungen berechnet werden. Dazu müssen für jeden Untersuchungszeitpunkt die Verbindungselemente festgelegt und die Verkehrsströme berechnet werden. Diese Vorgänge sowie die nachfolgende Auswertung des Netzverhaltens wurden in einem Computerprogramm automatisiert. Die prinzipielle Vorgehensweise bei der Netzanalyse für einen Zeitpunkt soll anhand des Flußdiagrammes in Bild 3 näher erläutert werden.

Ausgangspunkt ist die Vorgabe einer Satellitenkonfiguration, die durch die Bahnhöhe bzw. Umlaufzeit, durch die Anzahl und Inklination der Orbits sowie durch die Anzahl und Phasung der Satelliten auf den Orbits beschrieben wird. Mit diesen Informationen können die Ausleuchtzonen bei gegebenem minimalem Elevationswinkel für die Verbindung zu den Satelliten in Abhängigkeit von der Zeit berechnet werden. Bild 4 zeigt eine so ermittelte Bedeckung der Erde zu einem bestimmten Zeitpunkt am Beispiel der später verwendeten Konfiguration "LEONET". Es bleibt zu erwähnen, daß sich die Ausleuchtzonen für die mobilen Benutzer von denen für die GWs wegen einer unterschiedlichen Antennengeometrie i.a. unterscheiden.

Hinsichtlich des Nachrichtenverkehrs wird die Anforderung zugrundegelegt, die für das Jahr 2001 prognostizierte Zahl von 1 Mio. Mobilfunkteilnehmern in diesem System bei einem Verkehrwert von 20 mE/Benutzer in Hauptverkehrszeiten mit einer Blockierwahrscheinlichkeit von 5% bedienen zu können. Die Gesamtzahl der Teilnehmer verteilt sich nach Tabelle 1 auf die Landmassen der Erde [3].

Region	prozentualer Anteil	Nutzeranzahl
Nord Amerika	25%	250.000
Europa	25%	250.000
Asien	20%	200.000
Süd Amerika	10%	100.000
Afrika	10%	100.000
Australien/NZ	10%	100.000

Tabelle 1. Regionale Verteilung der für das Jahr 2001 prognostizierten Zahl von einer Million LEO-Satelliten-Benutzern.

Die Verkehrsströme werden nach Regionen entsprechend einer regionalen Verkehrsflußmatrix aufgeteilt (vgl. Tabelle 2), wobei Verkehr außerhalb der Landmassen (maritim, aeronautisch) vernachlässigt wird. Eine zu Tabelle 2 leicht unterschiedliche Verkehrsflußmatrix mit sieben Regionen und stärkerem Verkehr

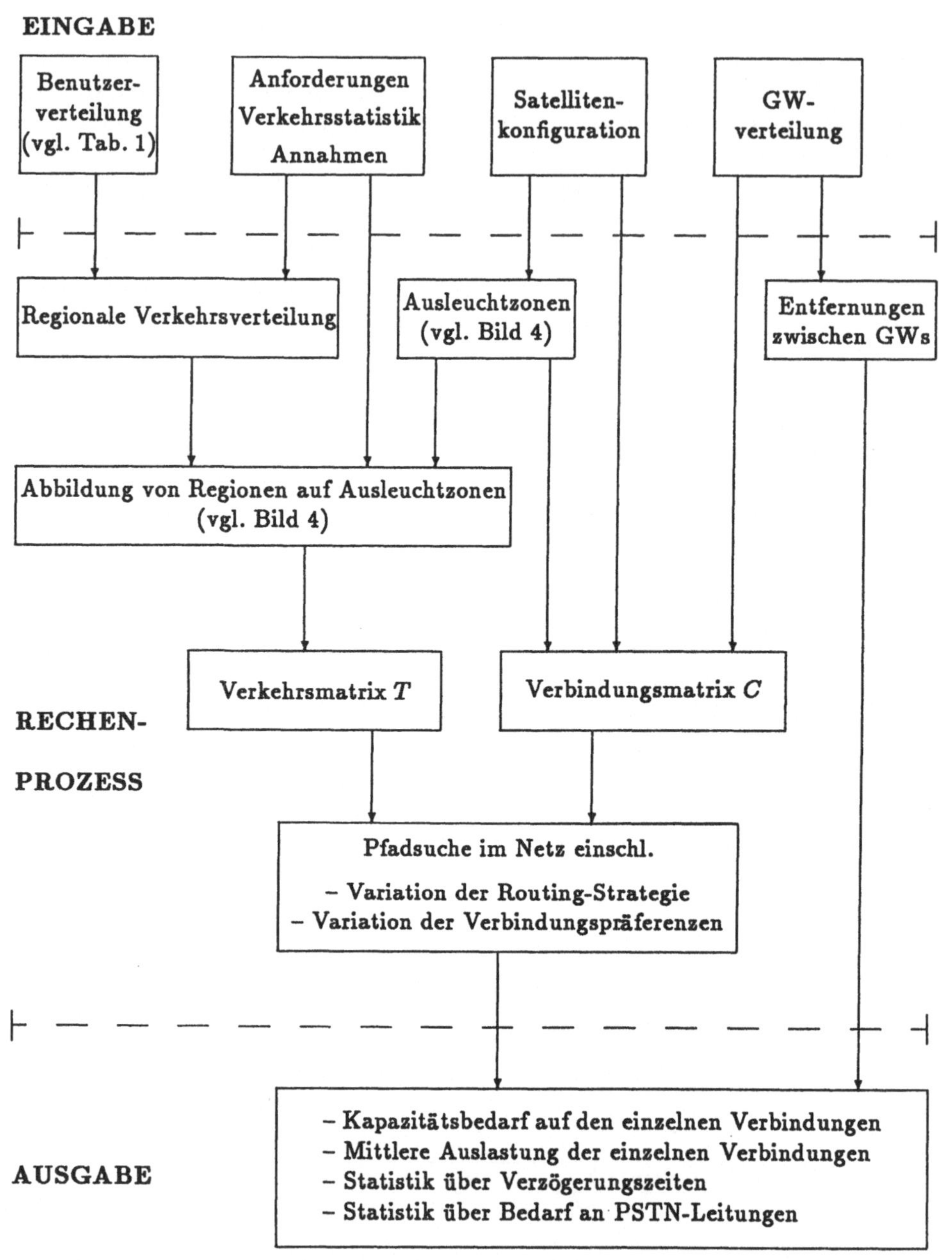

Bild 3. Schematische Darstellung der Vorgehensweise bei der Netzanalyse

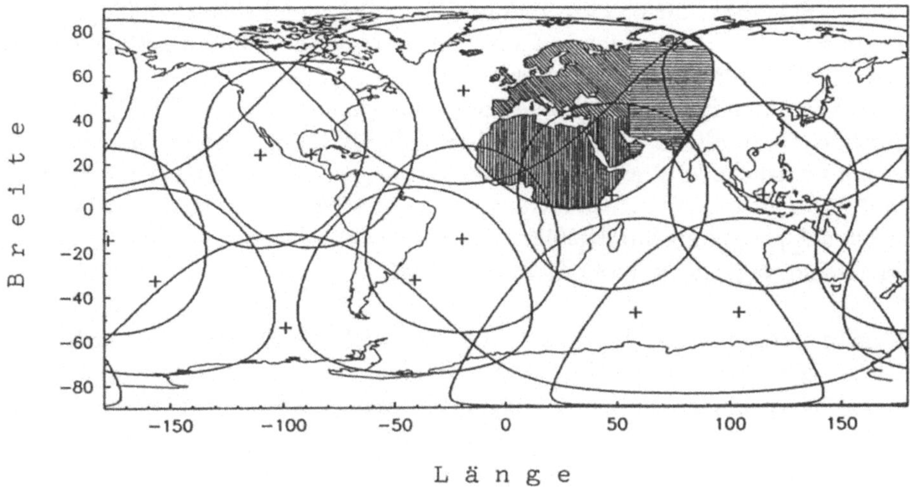

Bild 4. Momentane Bedeckung der Erde für die Konfiguration LEONET.

	N.Amerika	Europa	Asien	S.Amerika	Afrika	Australien
N.Amerika	4122 E	194 E	194 E	145 E	97 E	97 E
Europa	194 E	4122 E	194 E	145 E	145 E	48 E
Asien	194 E	194 E	3298 E	39 E	78 E	155 E
S.Amerika	145 E	145 E	39 E	1746 E	39 E	19 E
Afrika	97 E	145 E	78 E	39 E	1746 E	19 E
Australien	97 E	48 E	155 E	19 E	19 E	1765 E

Tabelle 2. Regionale Verkehrsflüsse in Erlang.

in Nord-Amerika findet man in [4]. Außerdem wird zwischen zwei Arten von
Benutzerverbindungen — mobil-ortsfest und mobil-mobil — unterschieden. Mit
der Annahme, daß 10% der Benutzer mobil sind, ergibt sich ein Verhältnis der
Verbindungen von (mobil-ortsfest : mobil-mobil) = 18:1.

Für die weitere Netzanalyse werden die Verkehrsströme anteilsmäßig je nach
Bedeckung der regionalen Landmassen durch die Ausleuchtzonen den einzelnen
Satelliten zugeteilt. Dieses Abbilden von Regionen auf Ausleuchtzonen ist in
Bild 4 durch die Schraffuren angedeutet. Als Ergebnis erhält man somit eine
auf die spezifische Konfiguration zugeschnittene Verkehrsmatrix T. Zusammen
mit der Vorgabe einer bestimmten Gateway-Verteilung ist auch die Angabe der
Verbindungsmatrix C möglich.

Das Ziel ist nun, den entstehenden Verkehr unter Einhaltung der Randbedingungen (Schranken für Laufzeit und Blockierwahrscheinlichkeit) an die jeweiligen Bestimmungsknoten zu führen. Gesucht werden Pfade durch das Netz zwischen allen Quellknoten i und Zielknoten j mit $t_{ij} > 0$. Aus der Verbindungsmatrix C geht hervor, daß für die Quell- und Zielknoten (mobile und ortsfeste Teilnehmer) immer $c_{ij} = 0$ gilt, d. h. daß keine direkte Verbindung besteht. Als Kriterium für die Pfadsuche wird eine Kostenfunktion angesetzt mit dem Ziel, den "billigsten" Pfad für den Nachrichtentransport auszuwählen. Die Suche wird mit dem Dijkstra-Algorithmus durchgeführt [5]. Auf der Basis verschiedener Kostenfunktionen sind folgende *Routing-Strategien* möglich:

1. ISLs werden immer bevorzugt, d.h. den PSTN-Verbindungen werden hohe und den ISLs niedrige Kosten zugewiesen.
2. PSTN-Verbindungen werden immer bevorzugt, d.h. den ISLs werden hohe Kosten und den PSTN-Verbindungen niedrige zugewiesen.
3. Wenn ISLs nötig sind (z.B. wenn nicht jeder Satellit ein Gateway sieht), wird es wünschenswert sein, die vorhandenen ISL-Kapazitäten zu benutzen und den restlichen Verkehr durch das öffentliche Telefonnetz zu transportieren.
4. Es wird grundsätzlich die Verbindung mit der kürzesten Verzögerungszeit ausgewählt.
5. Im Falle einer konstanten Kostenfunktion für alle Verbindungen erhält man den Pfad mit den geringsten Verbindungsabschnitten.

Bei der programmtechnischen Realisierung wurden die ersten drei Routing-Strategien berücksichtigt. Der beschriebene Algorithmus liefert die im "worst-case" benötigten Kapazitäten in Erlang für die verschiedenen Netzverbindungen

- mobiler Teilnehmer – Satellit,
- Gateway – Satellit,
- Satellit – Satellit (ISL),
- im öffentliches Telefonnetz (PSTN),

wobei die PSTN-Verbindungen zusätzlich je nach Leitungslänge in Gruppen unterteilt sind. Außerdem wird für alle Verbindungarten jeweils die mittlere Auslastung berechnet, so daß auch die Berechnung der im Zeitmittel benötigten Verbindungskapazitäten möglich ist.

Für die Netzdimensionierung ist die Angabe der maximal erforderlichen Kanäle auf den verschiedenen Strecken von Bedeutung. Die Kanalzahlen werden nach der Erlang-B-Formel [6] berechnet

$$B = \frac{\frac{A^K}{K!}}{\sum_{m=0}^{K} \frac{A^m}{m!}}$$

(B: Blockierwahrscheinlichkeit; K: Anzahl der Kanäle; A: Verkehr in Erlang). Außerdem werden aus allen Punkt-zu-Punkt-Verbindungen die mittlere und maximale Verzögerungszeit im Netz ermittelt.

4 Anwendung und Ergebnisse

In diesem Abschnitt wird die vorgestellte Methode am Beispiel zweier Konzepte für LEO-Netze demonstriert. Das erste Konzept ist IRIDIUM von Motorola, mit 77 Satelliten[2] in ca. 760 km Höhe [7]. Zum Vergleich wird eine Konstellation LEONET mit 15 Satelliten in ca. 6390 km Höhe herangezogen [3]. Die wichtigsten Systemparameter sind in Tabelle 3 zusammengefaßt. Bei IRIDIUM verfügt jeder Satellit über ISLs zu sechs seiner Nachbarn. Dabei müssen zu bestimmten Zeiten teilweise Verbindungen umgeschaltet werden. Bei LEONET sind permanente ISL-Ringe möglich, und zwar sowohl innerhalb jedes Orbits, als auch orbitübergreifende Verbindungen, wenn jeder Satellit über vier ISLs verfügt. Es wurden Konstellationen mit variierender Gatewayanzahl untersucht und jeweils die benötigten Kanäle berechnet. Die Gatewaypositionen wurden möglichst realitätsnah gewählt, z.B. in hochindustrialisierten Ballungsgebieten. Die Ergebnisse sind in den Bildern 5 bis 7 zusammengefaßt. Dabei werden jeweils die ersten drei der oben genannten Routing-Strategien verglichen.

Bild 5 zeigt die benötigte Kanalkapazität für die Übertragung *Satellit-Gateway*. Diese Kapazität nimmt mit steigender Anzahl an Gateways ab. Bei LEONET ist jedoch ab fünf Gateways fast keine Abnahme mehr festzustellen. Eine Abhängigkeit von der Routing-Strategie ist kaum festzustellen.

Bild 6 zeigt die je ISL benötigte Kapazität. Auch diese Kapazität nimmt mit steigender Anzahl an Gateways (d.h. wegen des höheren Vernetzungsgrades) ab, sofern nicht der gesamte Verkehr über ISL transportiert werden soll. Der Abfall ist bis zu drei Gateways im gesamten Netz sehr stark. Ab acht Gateways kann das System LEONET sogar völlig ohne Intersatelliten-Verbindungen auskommen, da hier alle Satelliten zu jeder Zeit mindestens ein Gateway sehen und den entstehenden Verkehr ins öffentliche Netz vermitteln können. Bei IRIDIUM ist dies wegen der kleineren Bedeckungszonen aber auch wegen der geringeren Überlappung der Bedeckungszonen erst bei über 50 Gateways möglich. Dabei wären teilweise auch Gateways in abgelegenen Gebieten, wie z.B. der Südsee notwendig.

Bei IRIDIUM ist die benötigte ISL-Kapazität wegen des feinmaschigen ISL-Netzes weniger stark abhängig von der Routing-Strategie. Da die Anzahl der Gateways geringer ist als die Anzahl der Satelliten, ist trotz des engen ISL-Netzes viel Verkehr durch das öffentliche Fernsprechnetz zu leiten. Dabei ist ein Großteil der zur Verfügung gestellten ISL-Kapazität nicht genutzt, weil sich die Satelliten über Gebieten mit niedrigem Verkehrsaufkommen befinden. Das Konzept bietet also kaum Spielraum für eine Netzoptimierung durch Routing-Vefahren.

In Bild 7 ist die benötigte Menge interkontinentaler PSTN-Leitungen dargestellt. Routet man den Verkehr bevorzugt über das PSTN, bleibt die Anzahl der benötigten Weitverkehrsverbindungen weitgehend konstant. Interessant ist hierbei, daß Iridium eine höhere PSTN-Kapazität benötigt als LEONET. Es kann bei einer genügend großen Anzahl von GWs auf die Benutzung des PSTN

---

[2] neueren Veröffentlichungen zufolge wird die IRIDIUM-Konstellation mit 66 Satelliten in 6 Orbits von Motorola weiterverfolgt

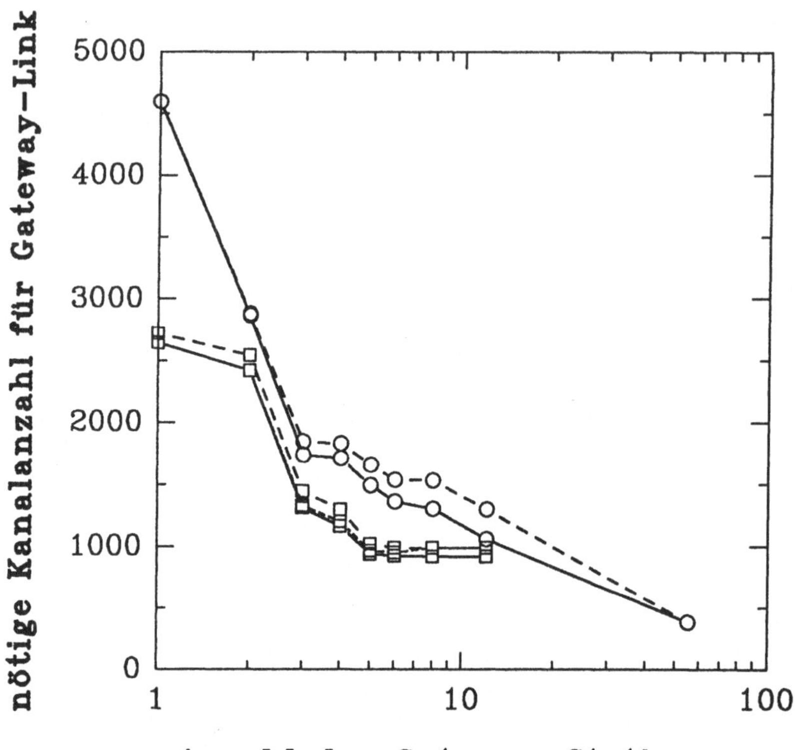

Bild 5. Benötigte Kapazität an Sprachkanälen je Satellit für die Verbindungen zu den Gateways

☐:   Konstellation LEONET

o: Konstellation IRIDIUM

Routing-Verfahren:

1. ——— bevorzuge ISLs

2. – – – – bevorzuge PSTN-Verbindungen

3. - - - - - bevorzuge ISLs bis zu der Kapazität, die auch im Fall 2.(bevorzuge PSTN) benötigt wird; leite den Rest über PSTN.

für Weitverkehr zwischen einzelnen Satellitenbedeckungszonen verzichtet werden. Hier benötigt IRIDIUM wiederum eine wesentlich größere GW-Zahl. Bei einer kleinen GW-Zahl und Routing über das PSTN läßt sich etwa die Hälfte der ISL-Kanäle einsparen gegenüber dem Fall, bei dem ISLs unbedingt bevorzugt werden, die Zahl der benötigten PSTN-Kanäle vervierfacht sich aber. Wenn beim Vorschlag LEONET ISLs nur benutzt werden bis zur minimal erforderlichen Kapazität, die man sowieso für Routing über das PSTN benötigen würde, so sind nur etwa 10% mehr ISL Kanäle nötig gegenüber dem Fall, bei dem PSTN unbedingt bevorzugt wird. Die Anzahl der PSTN-Verbindungen läßt sich aber drastisch auf ca. 30% verringern. Hier zeigt sich am deutlichsten der Einfluß verschiedener Routing-Strategien. Es bleibt noch zu erwähnen, daß bei IRIDIUM je

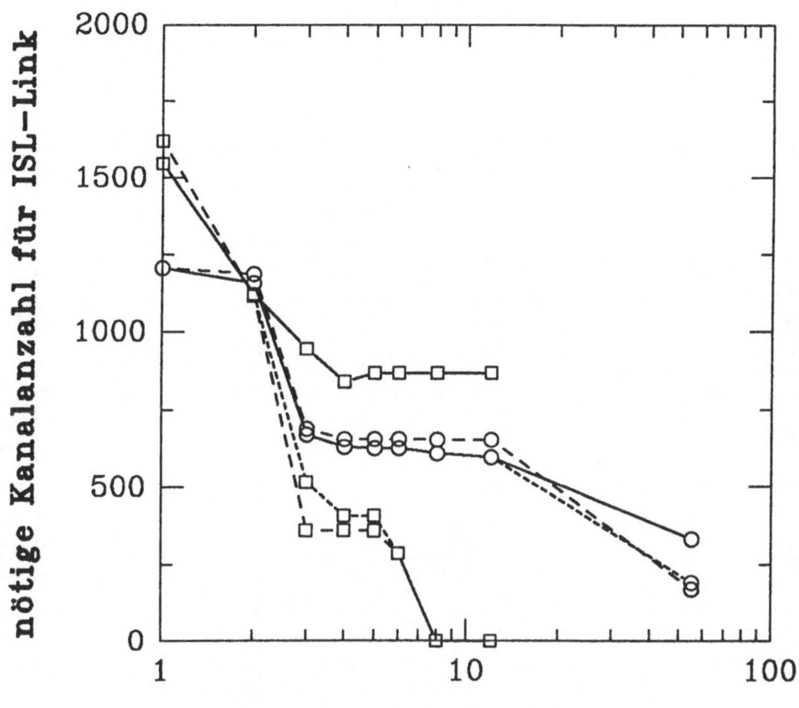

Bild 6. Benötigte Kapazität für ISLs je Satellit
□:   Konstellation LEONET
o: Konstellation IRIDIUM
Routing-Verfahren:
1. ———————   bevorzuge ISLs
2. – – – –   bevorzuge PSTN-Verbindungen
3. - - - - -   bevorzuge ISLs bis zu der Kapazität, die auch im Fall 2.(bevorzuge PSTN)
benötigt wird; leite den Rest über PSTN.

Satellit ca. 380 und bei LEONET ca. 990 Voll-Duplex-Kanäle (unabhängig von
der Routing-Strategie) zu mobilen Nutzern vorzusehen sind.

Zur endgültigen Beurteilung müssen auf dieser Basis die jeweiligen Systemkosten berechnet werden. Dazu ist u. a. noch eine Bilanz der elektrischen Leistung der jeweiligen Satelliten nötig. Auf die hier nicht eingegangen werden kann
(vgl. [3]). In Tabelle 3 werden beispielhaft drei Konfigurationen verglichen. Einmal IRIDIUM mit 12 Gateways und den geplanten sechs ISLs je Satellit. Zum
anderen zwei Alternativen für LEONET mit sechs bzw. 12 Gateways und vier
bzw. keinen ISLs. Die mittleren Verzögerungszeiten und die benötigten Leistungen liegen bei den LEONET-Konstellationen wegen der höheren Orbits höher als
bei IRIDIUM, jedoch bewegen sich die Werte durchaus noch in einem vernünf-
tigen Rahmen. Die gesamte ins All zu transportierende Masse bei IRIDIUM ist
aber deutlich größer als bei LEONET.

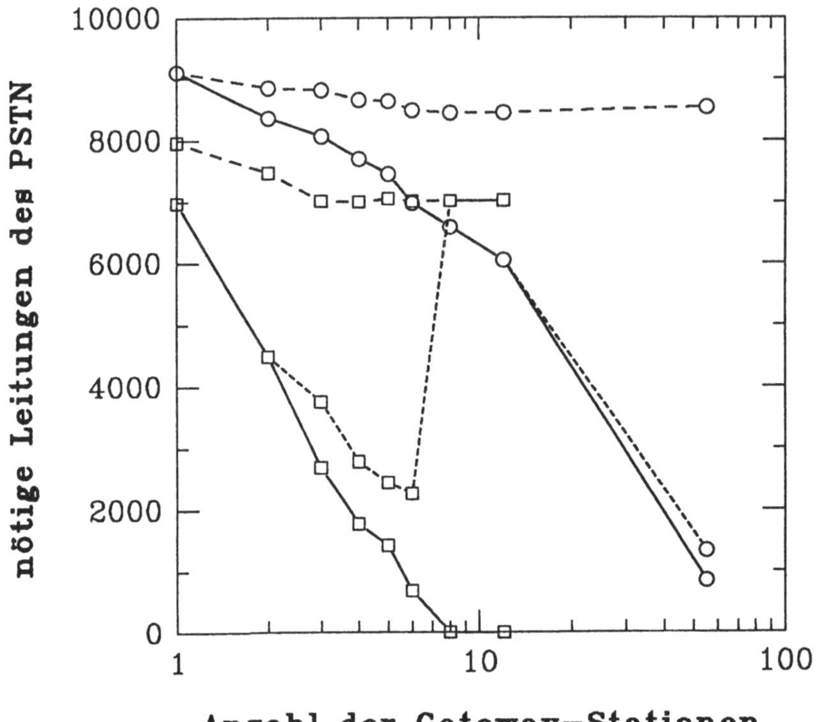

Bild 7. Benötigte Anzahl an PSTN-Leitungen im weltweiten Netz für den Weitverkehr. Routing-Verfahren:

□:   Konstellation LEONET

o: Konstellation IRIDIUM

1. ———   bevorzuge ISLs

2. – – – –   bevorzuge PSTN-Verbindungen

3. - - - - -   bevorzuge ISLs bis zu der Kapazität, die auch im Fall 2.(bevorzuge PSTN) benötigt wird; leite den Rest über PSTN.

5   Zusammenfassung

Es wurde eine Vorgehensweise zur Dimensionierung der Verbindungselemente von LEO-Netzen beschrieben. Die Leistungsfähigkeit wurde am Beispiel des IRIDIUM-Systems im Vergleich zu einem System LEONET mit deutlich weniger Satelliten demonstriert. Es konnte gezeigt werden, daß je nach Konstellation verschieden hohe Anforderungen an die Netzkomponenten gestellt werden müssen. Aufbauend auf den hier präsentierten Ergebnissen können genaue Kosten-/Nutzenanalysen der Systeme durchgeführt werden. Eine Gesamtbeurteilung der Systeme ist dadurch möglich. Die Installation eines Systems mit weniger Satelliten auf höheren Umlaufbahnen kann nach diesen groben Überlegungen durchaus kostengünstiger sein als IRIDIUM.

Konstellation	IRIDIUM 12 GWs 6 ISLs	LEONET 6 GWs 4 ISLs	LEONET 12 GWs 0 ISLs
ISLs — zwischen Orbits	2	2	-
ISLs — Innerhalb eines Orbits	4	2	-
Sytemparameter:			
Anzahl der Satelliten	77	15	15
Anzahl der Orbits	7	3	3
Inklination der Orbits	90°	54°	54°
min. Elevationswinkel	10°	20°	20°
min. Elevationswinkel für GWs	5°	5°	5°
Höhe	775 km	6438 km	6438 km
Ergebnisse:			
benötigte Kanäle — MULs	382	990	990
(20 mErl, — ISL	596	286	0
worst case) — GWL	1061	955	990
PSTN Leitungen, — 10.000	1223	409	1496
Länge in km — 15.000	135	58	189
(5 mErl) — 20.000	25	15	55
Spitzenleistung — MULs (1.6 GHz)	102 W	372 W	372 W
pro Satellit — ISL (23 GHz)	4.7 W	13.3 W	0
(20 mErl.) — GWL (20 GHz)	2.3 W	1.9 W	2.0 W
mittlere Leistung — MULs (1.6 GHz)	4 W	30.9 W	30.9 W
pro Satellit — ISL (23 GHz)	0.06 W	1.6 W	0
(5 mErl.) — GWL (20 GHz)	0.04 W	0.16 W	0.16 W
max. Ausbreitungsverzögerung	179 ms	265 ms	198 ms
mittlere Ausbreitungsverzögerung	49.4 ms	100 ms	77 ms

Tabelle 3. Vergleich verschiedener Netzkonfigurationen

Literatur

1. E. Lutz: "Land mobile satellite communications systems and services", Proc. of the International space year conference, München, 1992, S. 51-55
2. F. Harary: "Graphentheorie", Oldenbourg-Verlag, München, 1974
3. A. Böttcher, A. Jahn, U. Fiebig, E. Lutz, B. Schmidt, M. Werner: "User-Oriented Low Earth Orbit Satellite Networks", ESA Studie Nr.: 9732/91/NL/RE, Work Packages 120 & 220 Report, 1992
4. Y.S. Lee, A.E. Atia, D.S. Ponchak: "Intersatellite link application to commercial communications satellites", COMSAT techn. review, Vol. 18, Herbst 1988.
5. C.H. Papadimitriou, K. Steiglitz: "Combinatorial optimization: algorithms and complexity". Prentice-Hall, Englewood Cliffs, NJ. 1982
6. L. Kleinrock: "Queueing Systems", Vol. I, J. Wiley & Sons Inc., New York, 1975
7. "Technical characteristics of a personal communication mobile satellite system", CCIR Dokument Nr.: US IWP 8/14-52, 1990

Adaptive load sharing with on-line gradient estimating in network environments

Stanislaw Ciereszko
Institut für Betriebssysteme
und Computerkommunikation
Technische Universität Dresden
D-08027 Dresden

Ulrich Hofmann
Institut für Computerwissenschaften
und Systemanalyse
Universität Salzburg
A-5020 Salzburg
e-mail:1hofmannu@edvz.uni-salzburg.ada.at

Abstract

A computer network provides the means for load sharing between processors. Most optimal load sharing (LS) algorithms for distributed systems require information about the sensitivity of the performance measure with respect to job flows. This information is generally difficult to obtain for real-time applications, due to the absence of closed-form expressions for performance as a function of flows. In this paper we present a method for estimating the mean response time gradients used in our LS-algorithm, based on a technique known as perturbation analysis (PA). Experimental results included demonstrate the adaptivity of the LS-algorithm to changing workload.

1 Introduction

Workstation environments have been in use for more than a decade now. The cost/performance ratio of workstations has shown a dramatic improvement over the past few years. This trend will probably continue in the near future and it is expected that large capacity memory chips (64-256 Mb) and more advanced RISC processors capable of delivering hundreds of MIPS and/or MFLOPS will be available at a low price. Currently, many computing professionals have personal workstations for research, software development, and engineering applications. These powerful stations are considered mostly private resources under the control of their users. However, in order to provide access to common resources and to enable information exchange, these private resources are interconnected by one or more local area networks to form an integrated processing environment. Such workstation-based distributed systems have increasingly replaced large multi-user computer systems. Because high speed networks (with speed in the 80-100 Mb/s range) and high performance network interfaces are already emerging, efforts to use efficiently this excess computing capacity are currently being undertaken.

1.1 Motivation

The *total processing capacity* of such an environment can be very large. The capacity of distributed systems used in industry or research departments is often comparable to that of several large supercomputers.

An analysis of the *usage pattern* of such distributed capacities shows that a large portion of the capacity is not utilized. For example, Theimer and Lantz [ThL89] reported that one-third of all machines were typically idle in a similar environment; Nichols [Nic87] reported that 50-70 workstations were typically idle during the day in an environment with 350 workstations total; and the measurements from Douglis and Ousterhout [DoO87] show 66-78% of all workstations idle on average. In results from Mutka and Livny [MuL91] the workstations were available more than 75% of the time observed. These capacities were available not only during the evening hours and on weekends, but during the busiest times of normal working hours. We expect this low load level to become more pronounced as faster processors (>10 MIPS) and multiprocessor workstations come to the market in the next few of years.

When workstations are not used by their owners, they can be sources of cycles for *users who want additional cycles*. In a typical workstation environment, three groups of workstation owners can be identified. The casual users are the first group. A casual user performs highly interactive tasks such as word processing, and electronic mail. He rarely, if ever, takes advantage of the full power of his workstation. Sporadic users run non-interactive tasks of short durations such as compilations. These users form the second type of workstation owners. For short periods of time, such an owner fully utilizes the workstation he owns. As with the workstation of a casual user, the workstation of a sporadic user is only utilized when attended by its owner. The last group consists of those workstations owners who for long periods of time have computing demands that are beyond the computing power of their workstations. Unlike the two other groups, the throughput of these frustrated users is limited by the power of their workstations. They often claim that their productivity could be significantly enhanced if they could access the unused computing capacity of workstations owned by casual and sporadic users.

The benefit of remotely executing programs is also due to *offloading tasks from the older, slower workstations* to the newer, faster ones. For example, to TeX a 20-page document on an otherwise unloaded Sun-2 requires appromaxitely 240 s, but only 100 s on an otherwise unloaded Sun-3, 150 s on a Sun-3 that already has a load average of 50% (as measured by CPU utilization) and 200 s on a 75% loaded Sun-3.

Some types of *applications* can make use of idle CPU cycles in a very effective way. The user of a CAD package needs fast responses when a design is modified and the effect of the modification must be calculated immediately before moving to the next step. Under such circumstances, it is only prudent to have CPU-intensive calculations performed on remote, idle workstations while the full power of the user's workstation is dedicated to the graphics and display functions. Furthermore, CPU-intensive algorithms, simulation packages, and scientific computations which may require hours or days of computation provide another justification for taking advantage of idle workstations instead of investing in high-costly mainframes or supercomputers.

Many interesting *parallel and distributed algorithms* require distributed scheduling facilities that distribute these tasks among processors to speedup the execution by taking advantage of system computation abilities and resources. A cluster of workstations can be used as a parallel machine to run parallel applications [Kle90], [Stu88], [MuL91]. Kleinrock and Korfhage [KlK89] examined the response time for a model of a distributed program which executes on a cluster of workstations, where the workstations alternate between intervals of availability and non-availability. Other researchers have developed applications specifically for exploiting workstation capacity. 'Optimistic make' is a facility for the V-System that has been implemented to take advantage of idle workstations. 'Make' is a tool used primarily to create up-to-date executable programs from their source files. 'Optimistic make' is identical in functionality to 'make', however the file system is monitored for out-of-data file, and idle workstations are used to bring the files up-to-date. Parallel 'make' exhibits coarse grain parallelism. More tightly coupled parallel algorithms have also been successfully run on workstation clusters [ChS88], [FiM87]. For instance, a number of parallel optimization algorithms, such as branch-and-bound, mathematical programming, are well suited to run in this environment. Unfortunately, scheduling schemes developed for (shared memory) multiproces-sors, such as those studied in [SqN91] do not apply to more loosely coupled distributed systems since they schedule at too fine a granularity (the communication delays are substantial even in a high speed network).

Livny and Melman [LiM82] have shown that in a system of n independent processors modeled as M/M/1 systems [Kle75], the condition in which a job is waiting for service at one processor while another processor is idle occurs 70% of the time for traffic intensities (the ratio of arrival rate to service rate) ranging from 0.5 to 0.8. This idle-while-waiting probability (or probability of load sharing success) indicates the possibility of reducing the average process delay. With a global load sharing strategy for a distributed system, the occurrence of this probability can be reduced and, consequently, the overall performance can be improved (a M/M/N coupled queue provides perfect sharing in this case).

These and other motivating examples show that while many workstation-based distributed systems (WDS) have the potential to deliver enormous computing capacity, often rivalling that of the most powerful supercomputers, much of their capacity is generally untapped because of the inability of WDS system software to efficiently share computing resources among workstations. To make fullest use of this capacity, distributed schedulers must be developed that are appropriate to the unique features of these systems.

1.2 General architecture of load sharing systems

There is a considerable amount of conflict in the literature concerning the terminology used to describe the attributes of LS systems. To be able to order research in this area, several classification criteria have been proposed. For detailed information to this topic see [För89], [CaK88], [WaM85], [BaW88].

Each properly-designed LS system is composed of a decision-making body (policy), and an executive and supporting body (mechanisms). A LS policy can be described as the problem of deciding *when* to move *which* process *where*. The decision body is called a LS facility. The lower level system facilities, structured as separate policy and mechanism modules, can be regarded as a conceptually singular mechanisms for use by a higher level LS system facility. The executive mechanism is referred to as a process migration facility, which is responsible for moving a process from its source environment to the destination and resuming its execution on the new computer. As (optional) supporting mechanisms can be viewed a collection facility, which gathers the local load data and/or communication pattern, and mechanisms needed to preserving predictability of service, e.g., eviction or preemptive priority allocation mechanism (see Fig.1.1).

We present below general functional aspects of load sharing (LS) facilities.

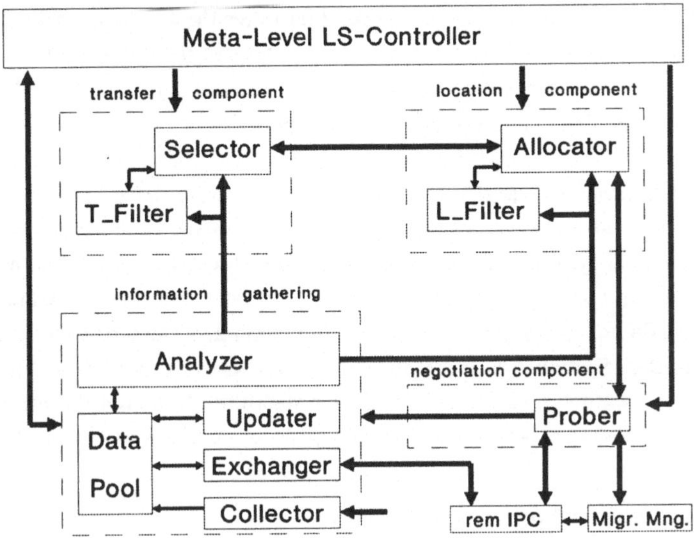

Fig. 1.1 The logical structure of the LS system in a distributed system

The LS facility contains following basic components: *information gathering*, *transfer* and *location*, and *negotiation*. Recalling Fig.1, these components perform the when, which, and where functions. These four parts cooperate to perform load sharing in a distributed system.

1) *Information gathering component*

The information gathering component is responsible for collecting load information, exchanging workload with other computers, updating the load base, and analyzing gathered information. It decides what information the transfer and location policies need in order to make their decisions (e.g., what load index), and the way such information is to be made available to the decision-makers. It also activates other components when it finds that some computers are overloaded, or some are underloaded.

2) *Transfer component*

The process transfer (selection) component determines which process or team (a team consists of several processes which share some resources) is eligible for migration based on the load information and/or communication pattern. Optional, based on a given detection scheme (filter), only these processes are selected to transfer, that are suitable for remote execution.

3) *Location component*

Location component determines to which node a process selected for transfer should be sent. The destination computer can be selected based on information gathered from other computers and/or based on negotiation. Incorporating of a filter component [MuL91] possible.

4) *Negotiation component*

The negotiation component is used for cooperation (after the LS server makes a decision) between overloaded nodes and underloaded nodes to reserve the necessary resources for the transferring process, thus preventing needless transfers that turn an underloaded node into an overloaded one. Note that not all LS facilities use negotiation.

Load sharing in distributed systems was studied extensively during the past few years. There are a number of approaches and solutions to this problem. Performance evaluation methods used by researchers can be divided into three areas, namely measurements, simulation modeling and analytical modeling. For a survey of recent, most interesting results in this area see [Cie92].

The organization of this paper is as follows. In section 2, we describe the system and the proposed algorithm. Section 3 describes the perturbation analysis method used for estimating the performance measure gradients needed in our algorithm. Section 4 discusses the results obtained from simulation experiments. Section 5 gives the conclusions of this paper.

2 System description and problem formulation

2.1 System model

We consider a distributed computer system that consists of N host computers and a communication network interconnecting the hosts. We shall assume that the communication network under consideration is of a multiaccess type, e.g., Ethernet or Ring configurations. Multiple classes of jobs arrive at each host according to a time-invariant Poisson process, but the service distribution is arbitrary, generally different for each class. Moreover, each class arrival process may be subject to a simple threshold-based form of admission control: a parameter K_i is associated with class i, for i=1,2,...,m, and if the total queue length upon arrival of a class i customer is equal to or exceeds K_i then the job is rejected. Note that we allow $K_i=\infty$ for classes we wish to unconditionally accept. For the sake of simplicity, we model each host as a single-server queueing system (i.e., all resources and queues in a host are lumped into a single-server model). We shall use the notation $M/G/1/(K_1,...,K_m)$ to represent such a system with m classes, and let $\lambda^{(i)}$, for i=1,2,...,m, be the rate of the class i Poisson arrival process. The service times for class i jobs are independent identically distributed random variables with distribution G_i, for i=1,2,...,m.

2.2 Load sharing policy

Although our analysis applies to general M/G/1/(K_1,...,K_m) host model, we shall concentrate

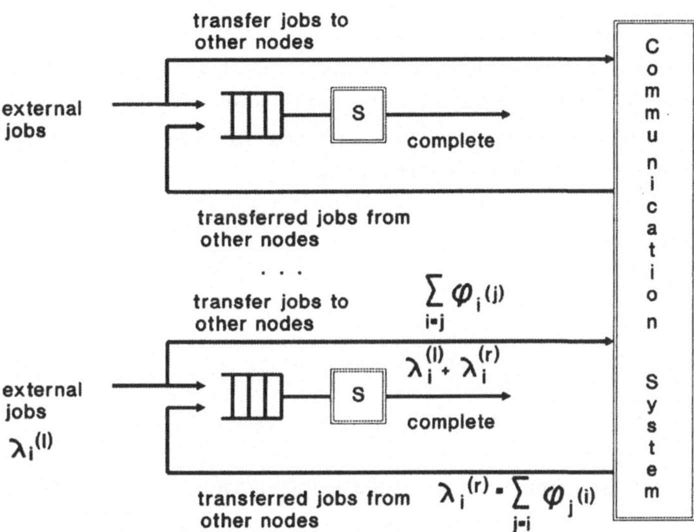

Fig. 2.1 System model

on the M/G/1/(∞,K) case, where class 1 is always accepted. This particular model is of significant practical interest as it arises in load sharing problems for distributed computer systems (see [TaT85], [KiK90], [PST88] as follows. There is a network of processing nodes and jobs are submitted to various nodes. To achieve load sharing over nodes of different service capacities and utilizations, a job submitted to node i is served locally only if the current job backlog does not exceed a threshold K_i; otherwise, it is sent to another node j with some probability p_{ij}. To avoid loops and excessive delays, when such a job arrives at j it is unconditionally accepted. Thus, node j may be modeled as an M/G/1/(∞,K_j) system, where class 1 consists of all jobs transferred to j from other nodes (remote jobs), the aggregate arrival stream being approximated by a Poisson process. A load sharing problem consists of controlling the thresholds K_j and routing probabilities p_{ij}, $i \neq j$ so as to minimize the overall job system time (or other performance measures).

The described threshold policy contains thresholds which require fine-tuning in a changing system environment. We wish to choose threshold values so as to reduce the mean response time of a job in the system. Let $\lambda_i^{(l)}$ and $\lambda_i^{(r)}$ be the throughput of local and remote jobs respectively at host i. Let also $f_i(\lambda_i^{(l)},\lambda_i^{(r)})$ and $g(\lambda^{(r)})$ denote the mean queue length at node i and the communication network respectively, where $\lambda^{(r)} = \sum_{i=1}^{N} \lambda_i^{(r)}$. The mean response time E[R] of a job in the system is given by the following formula [HeT89]:

$$E[R] = [\sum_{i=1}^{N} f(\lambda_i^{(l)}, \lambda_i^{(r)}) + g(\lambda^{(r)})] / \lambda \tag{2.1}$$

where $\lambda = \sum_{i=1}^{N} \lambda_i$.

Let $\phi_i(j)$ denote the flow of jobs originating at host i and processed at host j. Obviously, $\phi_i(i) = \lambda_i^{(l)}$ and $\sum_{j \neq i} \phi_i(i) = \lambda_i^{(r)}$ (Fig. 2.1). For given values of K_i's, the steady state flows $\phi_i(j)$'s can be computed. However, it may not be possible to compute integer K_i's for arbitrary values of $\phi_i(j)$'s. We ignore this consideration and treat $\phi_i(j)$'s as non-negative real variables. The optimization problem (P) can be formulated as follows:

MINIMIZE   E[R]
with respect to
        $\phi_i(j)$'s,
subject to
        $\sum_{j=1}^{N} \phi_i(j) = \lambda_i$,   i=1,2,...,N,
        $\phi_i(j) \geq 0$,   i=1,2,...,N.

Note that problem (P) is very similar, in form, to the multicommodity flow problem in networks [Gal77].

Let $\delta_{i,j}$ denote the Kronecker delta function (i.e., $\delta_{i,j}=1$ for i=j, and $\delta_{i,j}=0$ otherwise). Necessary conditions for the optimal solution of problem (P) can be derived from the Kuhn-Tucker conditions [Lue73] as follows. For all j's,

$$\partial f_j / \partial \phi_i(j) + (1 - \delta_{i,j}) \partial g / \partial \phi_i(j) \begin{cases} = C_i, & \text{for } \phi_i(j) > 0 \\ \geq C_i, & \text{for } \phi_i(j) = 0 \end{cases} \tag{2.2}$$

where C_i is some constant (Lagrange multiplier). This is true for each host computer i, i=1,2,...,N. Note that $(1-\delta_{i,j})$ has been introduced since local jobs do not experience communication delay. The derivative $\partial f_j / \partial \phi_i(j)$ represents the incremental delay incurred for jobs processed at host j due to the job flow from host i to host j. The derivative $\partial g / \partial \phi_i(j)$ represents the incremental delay incurred at the communication server for jobs originating at host i but transferred for remote service to host j. Relation (2.2) indicates that from host i's point of view the incremental delay incurred for jobs processed at host j, due to the flow from host i to host j, should be equal for all j if there is a positive job flow from host i to host j. On the other hand, if there is no job flow from host i to host j, the incremental delay should be no less than the above value.

Using relation (2.2), we develop a distributed optimization algorithm that solves problem (P). This algorithm is a modification of the work by Gallager [Gal77]. In this algorithm each host compares its own incremental delay to the minimum incremental delay of the other hosts to determine whether to increase or decrease its threshold parameter. The algorithm is iterative in nature and the threshold at each host is updated at each iteration. Initially, each host i sets K_i to some arbitrary value. At each iteration of the algorithm, host i executes the following algorithm.

<u>Algorithm 2.2</u>

1) Host i computes the incremental delay information $\partial f_i / \partial \phi_i(i)$ and $\partial f_i / \partial \phi_j(i)$ for j=1,2,...,N and j≠i. It reports the incremental delay information, due to jobs originating at a host j≠i but transferred for remote service at host i, to every host j, j=1,2,...,N.

2) Using the incremental delay information

$$\partial f_j / \partial \phi_i(j) + \partial g / \partial \phi_i(j) \tag{2.3}$$

reported by every host j≠i, host i computes the quantity

$$A(i) = \min_{j \neq i} \{ \ \partial f_j / \partial \phi_i(j) + \partial g / \partial \phi_i(j) \ \}. \tag{2.4}$$

3) Host i compares its own incremental delay to the minimum incremental delay reported by the other hosts:

if $\partial f_i / \partial \phi_i(i) > A(i) + c$ then $K_i := K_i - 1$,
if $\partial f_i / \partial \phi_i(i) < A(i) - c$ then $K_i := K_i + 1$,
else $K_i := K_i$,

where c is a non-negative constant, which can be added to prevent a change in threshold due to a slight imbalance to the incremental delays. It has been shown in [LeT87], that c=0 is acceptable.

In order to implement the above algorithm, the incremental delay information at each host must be computed. We shall assume that the delay incurred due to the transfer of jobs through the communication network does not depend on the job transfer rate and that it has mean $1/\mu_c$. Therefore, the incremental delay due to the job transfer is $\partial g / \partial \phi_j(i)=1/\mu_c$. Consequently, there are two types of incremental delays; namely, those which are due to local job flow (i.e. $\partial f_i / \partial \phi_i(i)$) and those which are due to remote job flow (i.e. $\partial f_j / \partial \phi_i(j)$). Incremental delays of the former category are affected by the integer threshold constraints, since local job flow is directly controlled by the threshold parameter. On the other hand, we assume that incremental delays of the latter category are not affected by the integer threshold constraints.

As can be easily seen from relation (2.2), the incremental delay due to local job flow corresponds to the derivative of the mean queue length with respect to the throughput of local jobs (since $\phi_i(i)=\lambda_i^{(l)}$ and Q_i represents the mean queue length at host i):

$$\partial f_i / \partial \phi_i(i) = \partial Q_i / \partial \lambda_i^{(l)} \tag{2.5}$$

Similarly, the incremental delay due to remote job flow corresponds to the derivative of the mean queue length at host j with respect to the arrival rate of remote jobs $\lambda_j^{(r)}$:

$$\partial f_j / \partial \phi_i(j) = \partial Q_j / \partial \lambda_j^{(r)} \tag{2.6}$$

There are some difficulties in applying the Algorithm 2.2 to optimize the performance of such a distributed computing system, in real time, using only data available from the system. First, the exact values of the functions $\{f_i(\lambda_i)\}$ and their derivatives $\{\partial f_i / \partial \lambda_i\}$ are generally unknown and must be estimated. To further complicate matters, the external arrival rates $\{\lambda_i\}$ may be unknown, and hence the job arrival rates, $\{\lambda_i^{(l)}\}$ and $\{\lambda_i^{(r)}\}$, are unknown. To optimize performance in such a setting therefore requires techniques for estimating a gradient with respect to an unknown arrival rate, i.e., from sample path information.

3 Gradient estimation using Perturbation Analysis approach

Several approaches have recently appeared for stochastic gradient estimation based on observation of a single sample path, either from actual data of the system in operation or from simulation. Specifically, perturbation analysis (PA, see [Ho87], [Sur89]) and the likelihood ratio (LR, see [ReW86], [HeT89]) methodology both accomplish this task under certain conditions. Some of the basic relative advantages and limitations of these approaches have been investigated; for an overview, see [Sur89]. Briefly, LR gradient estimators are easy to implement and are unbiased under fairly general conditions. However, they are of limited applicability if the system has no simple regenerative structure; this is because the variance of LR estimates in this case tends to increase with the duration of the observed sample path. By comparison, infinitesimal perturbation analysis (IPA) estimators are also easy to implement,

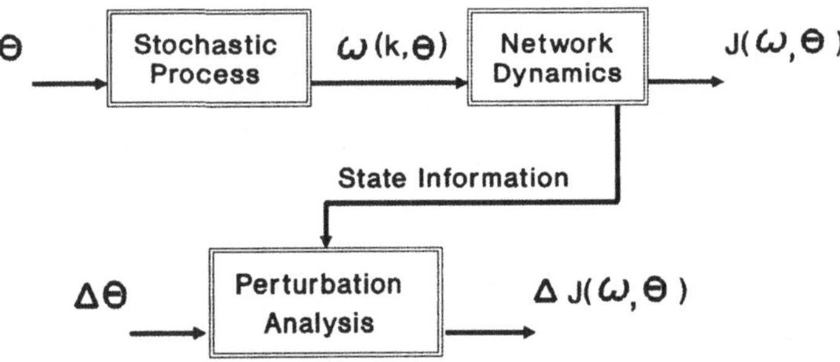

Fig.3.1 Perturbation analysis framework

and have lower variance which decreases with the sample path length. However, their applicability is limited by more stringent conditions than those of the LR approach [Ho87], [Cao85]. At the expense of some additional complexity, the absence of such conditions may be overcome by the smoothed PA (SPA, see [GoH87]), the extended PA (EPA, see [HoL88]) and, in some cases, the finite PA (FPA, see [Cao87]).

3.1 Perturbation Analysis framework

A specific stochastic realization of the discrete event system (DES, e.g., a distributed computing system) dynamics is driven by a vector of random variables $\omega(k,\theta)$, which represent the random effects involved in the evolution of the system (in computer simulation, ω is a sequence of uniformly distributed random numbers on $[0,1]$ from which we can generate other arbitrarily distributed random numbers), where k is an event counter ($k=1,2,...$) for the entire system and θ is a specified parameter vector (a decision parameter vector, $\theta \in$?). Given some performance measure L, its value for a given realization may be expressed as $L(\omega,\theta)$. The function of PA in this context is to estimate the sample path sensitivity $\Delta L(\omega,\Delta\theta)$ given a perturbation $\Delta\theta$, while the stochastic realization is observed.

If 0 is of dimension n, then a simulation or direct observation-based approach would require $(n+1)$ stochastic experiments to evaluate $\Delta L(\omega,\Delta\theta)$ (one nominal and n separate perturbed sample paths). With PA method, however, this information is obtained from a single observation interval.

3.2 PA-estimators

Our goal is to use the PA approach in order to develop unbiased estimators for $\partial Q_i / \partial\lambda_i^{(1)}$ and $\partial Q_i / \partial\lambda_i^{(r)}$, $i=1,2,...,m$, in the $M/G/1/(\infty,K_i)$ systems.
Let L_i be the mean response time of jobs in the ith queue, and let γ_i be the throughput of the i-th queue. Since Q_i represents the mean queue length of the i-th queue, by Little's law

$$Q_i = \gamma_i L_i$$

and we get

$$\partial Q_i / \partial\lambda_i^{(1)} = L_i \, \partial\gamma_i / \partial\lambda_i^{(1)} + \gamma_i \, \partial L_i / \partial\lambda_i^{(1)} ,$$
$$\partial Q_i / \partial\lambda_i^{(r)} = L_i \, \partial\gamma_i / \partial\lambda_i^{(r)} + \gamma_i \, \partial L_i / \partial\lambda_i^{(r)} .$$

Because of the mathematical complexity we do not present now the derivation of above gradient estimators; for details see [GCP91] and [Cie92]. Instead, we give both PA-estimators, for L_i-derivatives, in algorithmic form based on events observed along a sample path. We define these events as follows:
a_i: an arrival of either class (class 1: remote jobs, class 2: local jobs) when $s_i=0$ (actual queue length),
a^j $(j=2,...,K_i)$: an arrival of either class when $1 < s_i = j - 1 < K_i$,
a^K: an arrival of class 1 when $s_i \geq K_i$,
D^{K-1}: a departure of either class causing the queue length to change from K_i to K_{i-1}, and it is such that the next arrival is of class 2,
d_l^{K-1} $(l=1,2)$: the same as D^{K-1}, but the next arrival is of class 1,
K-quitting: a $K_i \rightarrow K_i-1$ transition (an D^{K-1} or d_l^{K-1} event).

<u>Algorithm 3.1</u> - PA algorithm for $\partial L_4 / \partial \lambda_i^{(r)}$

1) Whenever an event a_1 or D^{K-1} occurs, set

$A := 0.$

2) Otherwise, whenever events a^j ($j=2,...,K_i$), a^K or d_l^{K-1} ($l=1,2$) occur, set

if queue size is less than K_i before this event

then $\gamma_i := \lambda_i^{(r)} + \lambda_i^{(l)},$

else $\gamma_i := \lambda_i^{(r)},$

$A := A + x / \gamma_i,$

$B := B + A$

where x is the (observed) time between two successive events.

3) When the observation period ends after the nth departure, the PA derivative estimate is

$[\partial L_4 / \partial \lambda_i^{(r)}]_{PA} = B / n.$

<u>Algorithm 3.2</u> - PA algorithm for $\partial L_4 / \partial \lambda_i^{(l)}$

1) Whenever an event a_1 or D^{K-1} occurs, set

$A := 0.$

2) Otherwise, whenever events a^j ($j=2,...,K_i$) or a^K occur, set

if queue size is less than K_i before this event

then $\gamma_i := \lambda_i^{(r)} + \lambda_i^{(l)},$

$A := A + x / \gamma_i,$

else $A := A$

$B := B + A$

where x is the (observed) time between the most recent arrival or K-quitting, whichever is latest, and the current arrival time.

3) When the observation period ends after the nth departure, the PA derivative estimate is

$[\partial L_4 / \partial \lambda_i^{(l)}]_{PA} = B / n.$

From these algorithms and two last terms, for computing of queue length derivatives, we can easily obtain all values we need in the load sharing algorithm (Algorithm 2.1).

4 Experiments

We conducted several simulation experiments to observe the performance of the proposed load sharing policy. We have simulated a distributed system described in section 2, with 10 host computers (modeled as M/M/1/(∞,K) systems) which can be easily expanded to a system with m hosts.

We present simulation examples for a particular set of system parameters. However, we have observed similar results for a wide range of system parameters. All hosts have the same job processing rate $\mu_i=1.0$ (jobs/s), $i=1,...,10$. The average communication delay of a job is assumed to be 0.1 (jobs/s).

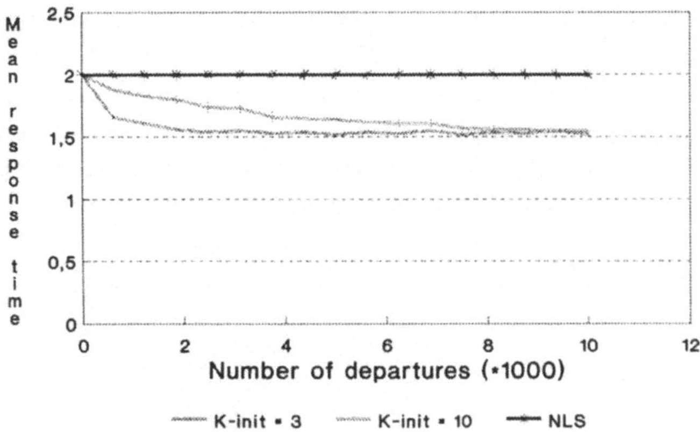

Fig. 4.1 Behavior of the Algorithm 2.2 in a static system environment

Fig.4.1 shows the average response time of a job in the system of 10 hosts with the same utilization u_i=0.5. The two curves correspond to different initial threshold values. The solid curve is derived for initial values K_i^{init}=3, for i=1,...,10, while the dotted curve is derived for

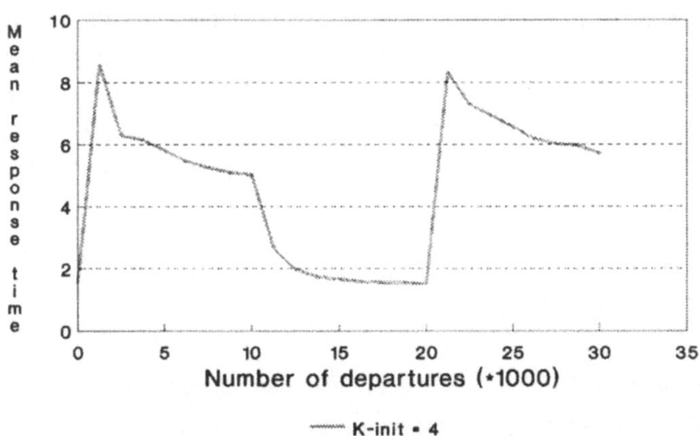

Fig. 4.2 Behavior of the Algorithm 2.2 under fluctuating workloads

initial threshold values K_i^{init}=10, for i=1,...,10. As we can expect the system with the larger initial threshold values converges slower. This is due to the fact that the optimal thresholds are usually small values [ELZ86]. A comparison is made with a system with no load sharing at all (NLS), where all the hosts are modeled as M/M/1 systems with utilization 0.5.

In our next experiment (Fig. 4.2), we study the performance of the Algorithm under fluctuating loads (i.e., job arrival rate). For the first 10000 arrivals the utilization of hosts 1 to 6 is 1.2. The other hosts have the utilization 0.5. The arrival rate is then reduced to 0.8 jobs/s, for the first 6 hosts, and maintained constant for the next 10000 arrivals. The load is brought to the original level after 20000 arrivals from the beginning of system operation. As it turns out from the simulation results, the algorithm adapts smoothly to a change of increasing or decreasing workload. After a short transient time the average response time converges to the value we had observed for the corresponding system in a static environment.

5 Conclusions

We have considered the problem of load sharing in distributed computer systems in order tominimize the mean response time of jobs. One reason why optimal load sharing algorithms have not yet been very popular in practical systems is that they are based on knowledge of performance measure gradients, and few methods exist to estimate such quantities simply, efficiently, and in real time, without having to make restrictive assumptions about the workload characteristics. In this paper, we have shown how the perturbation analysis technique can be used for this purpose. We have used PA estimates based on the measurements taken from the system, to implement a distributed minimum response time load sharing algorithm on simulated system. Through simulation experiments, we have verified that the algorithm is able to achieve nearly optimal load sharing (in a minimum response time sense) for several different cases, and that it is able to adapt to large changes in the distributed system. It is interesting to notice that the overhead of exchanging gradients between the hosts of the distributed system is small, since the gradients are not instantaneous information such as queue lengths. When the system environment changes over time the algorithm can run in the background so that it can track the system variation in a quasi-static manner.

References

[BaW88] K.M.Baumgartner, B.W.Wah, "A Global Load Balancing Strategy For A Distributed Computer System", Proc. Workshop on the Future Trends of Distributed Computing Systems in the 1990s, Hong Kong, 1988.

[CaK88] T.Casavant, J.Kuhl, "A Taxonomy of Scheduling in General-Purpose Distributed Computing Systems", IEEE Trans. Software Eng., vol.14, pp.141-154, Feb.1988.

[Cao85] X.R.Cao, "Convergence of parameter sensitivity estimates in a stochastic experiment", IEEE Trans. Autom. Control, vol.30, pp.834-843, 1985.

[Cao87] X.R.Cao, "First order perturbation analysis of a simple multiclass finite source queue", Performance Evaluation, vol.7, pp.31-41, 1987.

[ChS88] D.R.Cheriton, M.Stumm, "The Multi-Satellite Star: Structuring Parallel Computations for a Workstation Cluster", Distributed Computing, 1988.

[Cie92] S.Ciereszko, "Design alternatives of adaptive load sharing servers in distributed systems", Technischer Bericht, Institut für Betriebssysteme und Computerkommunikation, Technische Universität Dresden, 1992.

[DoO87] F.Douglis, J.Ousterhout, "Process Migration in the Sprite Operating System", Proc. 7th Int. Conf. Distributed Computing Systems, Berlin, pp.18-25, Sept.1987.

[ELZ86] D.L.Eager, E.D.Lazowska, J.Zahorjan, "Adaptive Load Sharing in Homogeneous Distributed Systems", IEEE Trans. Software Eng., vol.12, pp.662-675, May 1986.

[FiM87] R.Finkel, U.Manber, "DIB - A Distributed Implementation of Backtracking", ACM Trans. Programming Languages and Systems 9(2), pp.235-256, 1987.

[För89] C.Förster, "Adaptive Allocation of Computational Requirements to Heterogeneous Networks", Kommunikation in Verteilten Systemen, N.Gerner, O.Spaniol (eds.), Springer-Verlag, pp.324-337, Berlin, 1989.

[Gal77] R.G. Gallager, "A minimum delay routing algorithm using distributed computation", IEEE Trans. Commun., vol.25, pp.73-85, Jan. 1977.

[GCP91] W.B.Gong, C.G.Cassandras, J.Pan, "Perturbation Analysis of a Multiclass Queueing System with Admission Control", IEEE Trans. Autom. Control, vol.36, no.6, pp.707-723, June 1991.

[GoH87] W.B.Gong, Y.C.Ho, "Smoothed (conditional) perturbation analysis of discrete event dynamic systems", IEEE Trans. Autom. Control, vol.32, no.10, pp.858-866, 1987.

[HeT89] P.Heidelberger, D.Towsley, "Sensitivity Analysis from Sample Paths using Likelihoods", Management Science, vol.35, no.12, pp.1475-1488, Dec. 1989.

[Ho87] Y.C.Ho, "Performance evaluation and perturbation analysis of discrete event dynamic systems", IEEE Trans. Autom. Control, vol.32, no.7, pp.563-572, 1987.

[HoL88] Y.C.Ho, S.Li, "Extensions of infinitesimal perturbation analysis", IEEE Trans. Autom. Control, vol.33, no.5, pp.427-438, 1988.

[KiK90] C.Kim, H.Kameda, "Optimal Static Load Balancing of Multi-class Jobs in a Distributed Computer System", Proc. 10th Int. Conf. Distributed Computing Systems, Paris, 1990.

[Kle75] L.Kleinrock, "Queueing Systems Volume 1: Theory", New York: Wiley, 1975.

[Kle90] L.Kleinrock, "On Distributed Systems Performance", Computer Networks and ISDN Systems (20), pp.209-215, 1990.

[KlK89] L.Kleinrock, W.Korfhage, "Collecting Unused Processing Capacity: An Analysis of Transient Distributed Systems", Proc. 9th Int. Conf. Distributed Computing Systems, Newport Beach, California, June 1989.

[LeT87] K.Lee, D.Towsley, "An optimal threshold-based load balancing algorithm for quasi-static environments", Tech. Report, Depart. of Comp. and Inform. Syst., Univ. of Massachusetts, 1987.

[LiM82] M.Livny, M.Melman, "Load Balancing in Homogeneous Broadcast Distributed Systems", Proc. ACM Computer Network Performance Symposium, pp.47-55, 1982.

[MuL91] M.W.Mutka, M.Livny, "The available capacity of a privately owned workstation environment", Performance Evaluation (12), pp.269-284, 1991.

[Nic87] D.Nichols, "Using Idle Workstations in a Shared Computing Environment", Proc. 11th ACM Symp. on Operating System Principles, 1987.

[PTS88] S.Pulidas, D.Towsley, J.A.Stankovic, "Imbedding Gradient Estimators in Load Balancing Algorithms", Proc. 8th Int. Conf. Distributed Computing Systems, pp.482-490, 1988.

[ReW86] M.I.Reiman, A.Weiss, "Sensitivity analysis for simulation via likelihood ratios", Proc. 1986 Winter Simulation Conf., pp.285-289, 1986.

[SqN91] M.S.Squantale, R.D.Nelson, "Analysis of Task Migration in Shared-Memory Multiprocessor Scheduling", Proc. 1991 ACM SIGMETRICS Conf. Measurement and Modeling of Computer Systems, San Diego, California, May 1991.

[Stu88] M.Stumm, "The design and implementation of a decentralized scheduling facility for a workstation cluster", Proc. 2nd IEEE Conf. Computer Workstations, pp.12-22, March 1988.

[Sur89] R.Suri, "Perturbation analysis: The state of the art and research issues explained via the G/G/1 queue", Proc. IEEE, vol.77, no.1, pp.114-137, 1989.

[ThL89] M.M.Theimer, K.A.Lantz, "Finding Idle Machines in a Workstation-Based Distributed System", IEEE Trans. Software Eng., vol.15, no.11, pp.1444-1457, 1989.

[WaM85] Y.T.Wang, R.J.T.Morris, "Load Sharing in Distributed Systems", IEEE Trans. Comput., vol.34, pp.204-217, Mar. 1985.

Leistungsbewertung eines FDDI-Workstation-Clusters

Ralf Wittenberg
Universität Paderborn
Fachbereich 17
Warburger Str. 100
W-4790 Paderborn
e-mail: wit@uni-paderborn.de

In diesem Beitrag wird die Leistungsfähigkeit des *Fiber Distributed Data Interface* (FDDI) in einem Hochgeschwindigkeits-Workstation-Cluster untersucht. Dabei werden volle Puffer und daraus resultierende Paketwiederholungen berücksichtigt, anstatt die Leistungsdaten nur über am Empfänger ankommende Pakete zu ermitteln. Dazu wird ein klassischer Fenstermechanismus einer höheren Protokollebene eingesetzt. Der gewählten Fenstergröße wird hierbei eine besondere Bedeutung zukommen.

1 Einleitung

Im lokalen Bereich haben Netze mit Datenraten bis zu 10 Mbit/s einen weiten Verbreitungsgrad gefunden. Anfang der 80er Jahre haben die Arbeiten an Hochgeschwindigkeitsnetzen mit Datenraten ab 100 Mbit/s begonnen. Die Entwicklung ist derzeit von der Standardisierung von Protokollen für Höchstgeschwindigkeitsnetze, immer mehr kommerziell verfügbaren Produkten und den ersten kommerziellen Anwendungen gekennzeichnet.

Bisher waren lokale Hochgeschwindigkeitsnetze (HSLANs) vor allem als Backbone-Netze, d.h. zur Kopplung langsamerer vorhandener Netze, gedacht. Mit der zunehmenden Leistungsfähigkeit von Workstations und der Entwicklung neuer Anwendungen, wie z.B. die Einbeziehung von Video und Audio, wird immer mehr auch der Direktanschluß von Workstations an HSLANs interessant. Für FDDI, dem ersten kommerziell verfügbaren HSLAN, werden neben Backbone-Komponenten zunehmend auch FDDI-Karten für den Direktanschluß von Workstations angeboten.

Es gibt inzwischen eine Reihe von Leistungsanalysen für das FDDI-Protokoll. Viele dieser Untersuchungen berücksichtigen keine besondere Einsatzumgebung und zeigen beispielsweise allgemeine Eigenschaften von FDDI im Hochlastfall ([DYK88],[JAI91]). Einige für diese Arbeit wichtige Ergebnisse dieser Untersuchungen sind in Kapitel 2 zusammengestellt. Andere vorliegende Untersuchungen betrachten FDDI in einer Backbone-Umgebung (vgl. z.B. [WEL90]).

In diesem Beitrag soll die Leistungsfähigkeit von FDDI bei Einsatz in einem Hochgeschwindigkeits-Workstation-Cluster untersucht werden. Die Abbildung 1 zeigt ein solches Szenario. Die von neuen Workstations zu erwartende Last unterscheidet sich deutlich von der Last eines Backbones, da der am FDDI-Backbone-Netz ankommende Laststrom bereits durch die geringe Datenrate des lokalen Netzes (LAN) gebremst wurde. Auf der anderen Seite wird in einem Workstation-Cluster nicht nur die Generierung der Last, sondern natürlich auch die Verarbeitung der Last am Empfänger beschleunigt. Außerdem ist in einem Workstation-Cluster eine andere Art von Last zu erwarten als im Backbone. Während in einem Backbone der Filetransfer dominiert, ist das Paging zwischen den Clients und dem Server die wichtigste Verkehrsart im Workstation-Cluster (vgl. Kapitel 3.1).

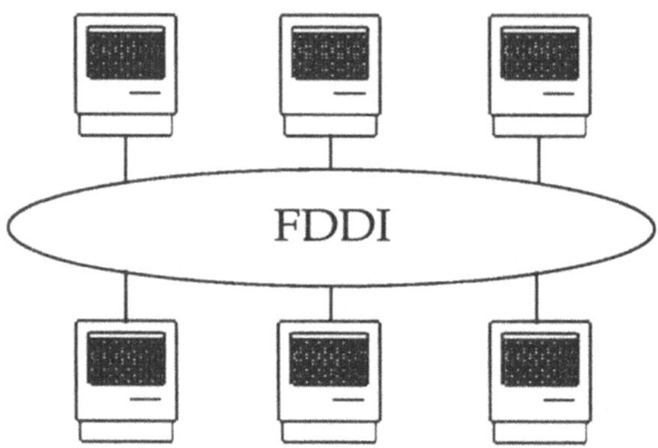

Abbildung 1: FDDI-Workstation-Cluster

Wie sich bei früheren Untersuchungen (vgl. [MAR91]) gezeigt hat, können Paketverluste bei der Leistungsbewertung von Medienzugangsprotokollen, auch wenn es sich um Hochgeschwindigkeitsnetze handelt, nicht vernachlässigt werden.

Leistungsanalysen, die Paketverluste nicht berücksichtigen und die Leistungsdaten nur über die korrekt empfangenen Pakete berechnen, verfälschen das Ergebnis und führen zu zu guten Ergebnissen. Geht bei der Übertragung einer Paging-Seite ein Paket verloren, muß dieses wiederholt werden, bevor der Empfänger die Seite verwerten kann. Aber auch bei der Berechnung von Mittelwerten über einzelne Pakettypen entsteht ein Fehler, weil das wiederholte Paket eine über dem Durchschnitt liegende Verzögerung aufweisen wird. Außerdem ist zu beachten, daß durch Paketwiederholungen in Folge von Paketverlusten die Last im Netz steigt und sich auch dadurch andere Leistungsdaten ergeben können.

Deshalb wird in dieser Arbeit ein klassischer Fenstermechanismus verwendet, der die Übertragung aller Pakete durch Paketwiederholungen sicherstellt.

2 FDDI

Die Entwicklung von FDDI begann 1982 beim American National Standards Institute (ANSI). Heute ist FDDI in weiten Teilen standardisiert und es werden von verschiedenen Anbietern FDDI-Produkte verkauft. Da es bereits eine Reihe von Veröffentlichungen zu FDDI gibt, soll in diesem Beitrag auf eine Beschreibung des FDDI-Protokolls verzichtet werden. Einen Überblick über FDDI findet der interessierte Leser z.B. in [ROS89].

In mehreren Veröffentlichungen ist gezeigt worden, daß die Wahl der *operative Target Token Rotation Time* (T-Opr) einen direkten Einfluß auf die Leistungsfähigkeit eines FDDI-Netzes hat. Sevcik und Johnson [SEV87] haben gezeigt, daß sich aus T-Opr Schranken für die mittlere und maximale Tokenrotationszeit ableiten lassen. Es ergibt sich eine mittlere Tokenrotationszeit, die kleiner als T-Opr ist. Maximal kann die Rotationszeit auf zweimal T-Opr ansteigen. Diese Eigenschaft kann bei Echtzeitanforderungen an die synchrone Übertragung von FDDI dazu genutzt werden, sich aus der Anwendung ergebende Zeitschranken zu erfüllen.

Die Wahl von T-Opr wirkt sich sowohl auf den maximal erreichbaren Durchsatz, als auch auf die maximale Antwortzeit aus. Dykeman und Bux [DYK87], [DYK88] diskutieren den Einfluß von T-Opr auf den maximalen Durchsatz. Sie betrachten dabei auch mehrere Prioritätsklassen und stellen einen Algorithmus zur Abstimmung der FDDI-Parameter vor. Jain [JAI91] betrachtet neben dem maximal erreichbaren Durchsatz auch die maximale Antwortzeit. Während ein kleines T-Opr kurze maximale Antwortzeiten garantiert, kann mit einem höheren T-Opr ein höherer maximaler Durchsatz erzielt werden.

3 Das Simulationsmodell

Für die im folgenden dargestellten Ergebnisse wurde ein Workstation-Cluster mit 20 Stationen angenommen. Dabei handelt es sich um einen Server und 19 Diskless Clients. Wie ihr Name schon sagt, haben die Clients keine eigene Festplatte, sondern bekommen ihre Daten durch Paging vom Server. Die Medienlänge beträgt 2000 Meter und die Stationen sind gleichmäßig über den FDDI-Ring verteilt. An allen Stationen zusammen wird eine mittlere Last von 60 Mbit/s generiert. Diese Last sollte für ein Hochgeschwindigkeitsnetz wie FDDI mit einer nominellen Datenrate von 100 Mbit/s kein Problem darstellen. In Kapitel 4.3 wird die Last auf bis zu 90 Mbit/s gesteigert, um das Verhalten von FDDI unter hoher Last zu untersuchen.

Bei einem Simulationslauf wurden jeweils 80 Sekunden Realzeit des Netzes "nachgespielt". Ein solcher Simulationslauf dauert je nach Auslastung des Rechners zwischen 3 und 5 Stunden.

Zur einfacheren Modellierung eines FDDI-Workstation-Clusters wird das Modell einer Station in 4 Teilmodelle aufgeteilt, die in Abbildung 2 dargestellt sind. Jede Workstation besteht aus den gleichen Teilmodellen. Unterschiede zwischen verschiedenen Workstations, z.B. zwischen Client und Server, werden durch unterschiedliche Lastraten (im Lastgenerator) und unterschiedliche Bedienraten (im Empfangsmodell) modelliert.

Die von einer Workstation generierte Last wird im Modell vom Lastgenerator erzeugt. Dabei werden drei Verkehrsarten unterschieden. Die am Lastgenerator generierten Pakete werden durch das Modell der Flußkontrolle bearbeitet bevor sie - wenn es die Flußkontrolle zuläßt - zum FDDI-Medienzugang gelangen. Auf der Sendeseite werden keine Pakete vernichtet, da diese von der Workstation gespeichert würden, wenn sie sich noch nicht auf der FDDI-Controllerkarte speichern lassen.

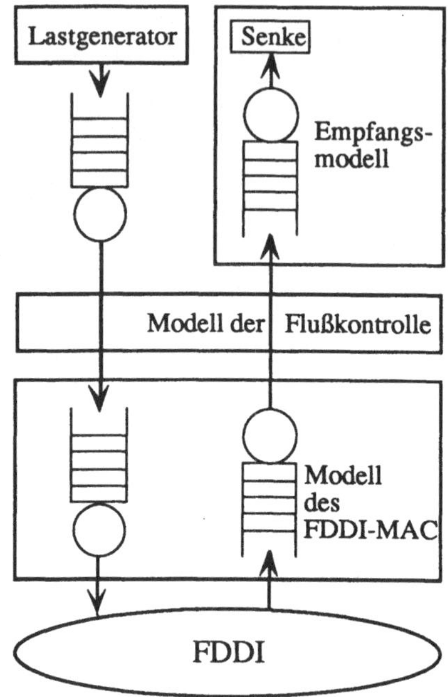

Abbildung 2: Stationsmodell mit integrierten Puffern

Die an einer Workstation ankommende Last wird erst von der Flußkontrolle und dann von einer Empfangskomponente bearbeitet. Diese Komponente beinhaltet einen Puffer mit einer Größe von 128 Kbyte, der mit einer konstanten Bedienrate geleert wird. Für einen Server nehmen wir eine Rate von 50 Mbit/s an; für einen Client eine niedrigere Rate von 10 Mbit/s. Dieser Serviceprozeß kann als die interne Bearbeitung durch die Workstation angesehen werden. Selbst wenn man berücksichtigt, daß es sich bei den modellierten Workstations um neue Hochleistungs-Workstations handelt, ist die angenommene Bedienrate eine sehr optimistische Annahme. Bei Hochgeschwindigkeitsnetzen sind heute nicht die Netze selbst der Engpaß, sondern entweder der Übergang zu langsameren Netzen (vgl. z.B. [GUM92]) oder die höheren Protokollebenen der direkt an das Hochgeschwindigkeitsnetz angeschlossenen Endgeräte.

Der FDDI-Medienzugang [ANSI87] wurde möglichst exakt modelliert, wobei auch der für die dynamische Verteilung des Mediums vorgesehene Timermechanismus genau nachgebildet wurde. Auf der Sende- und Empfangsseite ist auf FDDI-Ebene jeweils ein Puffer mit einer Größe von 128 Kbyte vorgesehen. Auf der Empfangsseite müssen die dort ankommenden Pakete verworfen werden, wenn beide auf der Empfangsseite vorhandenen Puffer voll sind. Je nach Lastart werden die verlorenen Pakete dann durch die Flußkontrolle wiederholt.

3.1 Das Lastmodell

Um die Last an einer Hochleistungs-Workstation mit Direktanschluß an ein Hochgeschwindigkeitsnetz zu modellieren, kann man nicht auf Meßergebnisse in einer solchen Umgebung zurückgreifen, da sich diese Anwendungen erst in einiger Zeit verbreiten werden. Statt dessen ist es notwendig, einen Blick auf heutige, konventionelle Workstation-Cluster zu werfen. Es stellt sich dann die Frage "Welche Unterschiede wird es bei Hochgeschwindigkeits-Workstations geben ?"

Das Lastmodell umfaßt die folgenden Verkehrsarten: interaktiven Verkehr (IV), remote procedure calls (RPC) und Paging. Die verwendeten Lastarten sind für Workstation-Cluster charakteristisch, wie eine bei SUN Microsystems in Mountain View durchgeführte Messung zeigt. Dort hat Gusella [GUS90] Messungen in einem konventionellen Workstation-Cluster durchgeführt. Auch die in der Tabelle 1 angegebene Verteilung der drei Verkehrsarten folgt den genannten Messungen.

	Anteil an den Paketen [%]	Anteil an den Daten [%]
interaktiver Verkehr	15	0,2
RPC	35	2,4
Paging	50	97,4

Tabelle 1: Anteil der Verkehrsarten am Gesamtverkehr

Der interaktive Verkehr und die RPCs werden durch Pakete mit fester Länge und exponentiellen Zwischenankunftszeiten modelliert. Die interaktiven Pakete haben eine Länge von 32 Byte; die RPC-Pakete sind 144 Byte lang. Der Server generiert bei beiden Verkehrsarten genausoviel Last, wie alle seine Clients zusammen.

Die Entwicklung der letzten Jahre zeigt, daß die Größe der Seiten, die beim Paging gehandelt werden, zunimmt. Deshalb gehen wir beim Paging von einer Seitengröße von 16 Kbyte aus, die zwar größer ist als heute üblich, aber bei zukünftigen, leistungsfähigeren Workstations sicherlich erreicht wird. Die Seiten teilen wir auf vier Pakete mit einer Informationsfeldlänge von 4 Kbyte auf. Alle Pakete einer Seite stehen zum gleichen Zeitpunkt zur Verfügung. Die Zwischenankunftszeit zwischen zwei aufeinanderfolgenden Seiten ist exponentiell verteilt. Auch hierbei entspricht die am Server generierte Last der Summe der an den einzelnen Clients generierten Last.

Bei einer Gesamtlast von 60 Mbit/s generiert somit der Server 30 Mbit/s und jeder Client im Mittel knapp 1,6 Mbit/s an Last.

Das Lastmodell sieht keine Prozeduren für Paketwiederholungen bei der Übertragung verlorener Pakete vor. Dies ist bei den Generierungsraten für den IV und für die RPCs berücksichtigt. Beim Paging ist es nicht möglich, die Paketwiederholungen bei den Generierungsraten zu berücksichtigen, da sich der Verlust eines Paketes auf die Verzögerung der gesamten Seite auswirkt. Es ist also notwendig, Paketwiederholungsmechanismen im Simulationsprogramm vorzusehen. Dafür wird im Modell der Flußkontrolle ein klassischer Fenstermechanismus, der sich an den LLC-Standard (Logical Link Control) anlehnt, nachgebildet.

3.2 Modell der Flußkontrolle

Für die beiden Verkehrsarten IV und RPC, die zusammen weniger als drei Prozent der Daten ausmachen, wird keine Flußkontrolle durchgeführt, da es sich um die Übertragung einzelner Pakete handelt und dafür keine Verbindungen zwischen den Stationen aufgebaut werden sollen. Bei beiden Verkehrsarten handelt es sich entweder um regelmäßig generierte Meldungen oder um Anwendungen, bei denen der Anwendungsprozeß den Verlust eines Paketes merkt. Somit sind hier auch in real existierenden Workstation-Clustern keine entsprechenden Mechanismen vorgesehen. Deshalb reicht es für die Simulation aus, Paketwiederholungen für den zweiten Fall in den Lastraten zu berücksichtigen.

Für den Paging-Verkehr wird jeweils zwischen zwei Stationen, zwischen denen ein Seitenaustausch vorgesehen ist, ein klassischer Fenstermechanismus eingesetzt. Dafür muß jeweils eine logische Verbindung aufgebaut werden und die Stationen müssen für jede Verbindung Sende- und Empfangsfenster verwalten.

Es sei daran erinnert, daß die Größe des Sendefensters den Datenfluß bestimmt. Ist das Sendefenster so groß, daß es nie voll ausgenutzt wird bis die Quittung für das erste Paket des Fensters ankommt, findet eine kontinuierliche - durch den Fenstermechanismus nicht verzögerte - Übertragung statt. Hingegen können bei kleinem Fenster Wartezeiten auf die Quittung entstehen, in denen das Sendefenster bereits voll ausgeschöpft wurde und deshalb nicht weiter gesendet werden darf. In der hier vorgestellten Untersuchung wird die Größe des Sendefensters variiert. Die Größe des Empfangsfensters ist im Gegensatz dazu fest auf 1 gesetzt, da ein Go-back-N-Mechanismus eingesetzt wird, der immer genau auf ein Paket wartet. Der eingesetzte Go-back-N-Mechanismus ist gegenüber dem klassischen Verfahren etwas modifiziert; er arbeitet wie das im LLC-Standard [ISO89] als Typ II beschriebene Verfahren.

Die Flußkontrolle muß in einem Workstation-Cluster natürlich nicht auf Protokollebene 2b stattfinden, sondern kann auch auf Ebene 3 oder 4 stattfinden. Dabei ist es durchaus denkbar, daß der gleiche Mechanismus von einem Transportprotokoll durchgeführt wird. Auswirkungen auf die hier vorgestellten Simulationsergebnisse hätte dieses allerdings nicht.

4 Ergebnisse

4.1 Vergleich der Lastarten

Die Abbildung 3 zeigt den Einfluß der Sendefenstergröße auf die mittlere Paketverzögerung getrennt nach Paging und RPCs. Als Paketverzögerung wird hierbei die Zeit vom Generieren des Paketes durch den Lastgenerator bis zur Ankunft am Empfangsmodell bezeichnet. Diese Zeit entspricht der Verzögerung durch die Flußkontrolle. Auf eine Darstellung der Verzögerung für den interaktiven Verkehr wurde verzichtet, da diese und die Verzögerung für die RPCs fast identisch sind. Der einzige Unterschied wird durch die unterschiedlich langen Pakete hervorgerufen. Bei dieser Simulationsreihe wurde eine Gesamtlast von 60 Mbit/s erzeugt. Der Timer für das Go-Back-N wurde auf 100 ms und T-Opr auf 10 ms gesetzt.

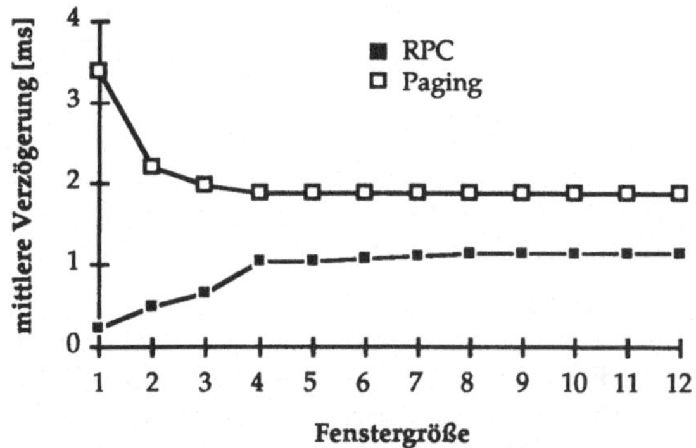

Abbildung 3: mittlere Paketverzögerungen

In der Abbildung sieht man einen deutlichen Unterschied zwischen den RPCs und dem Paging: Während die Verzögerungszeiten für IV und RPCs bis zu einer Sendefenstergröße von 8 zunehmen, sinken die Verzögerungen für die Paging-Pakete. Bei größeren Sendefenstern verhalten sich beide Lastarten konstant.

Das hier beschriebene Verhalten der unterschiedlichen Lastarten läßt sich mit den unterschiedlichen Flußkontrollmechanismen erklären. Eine tatsächliche Flußkontrolle wird nur für das Paging durchgeführt, d.h. die Sendefenstergröße gilt auch nur für diese Verkehrsart. Bei einem kleinen Sendefenster wird das Paging gebremst, da eine Seite mit 4 Paketen gleichzeitig generiert wird, aber nicht zusammen in das Sendefenster paßt. Mit der Seitengröße ist auch das Verhalten zu erklären, daß die Abnahme der Verzögerungszeiten bei einem Sendefenster von 4 Paketen aufhört, bzw. bis 8 Pakete (= 2 Seiten) nur noch geringe, in der Darstellung nicht mehr sichtbare Auswirkungen hat. Wenn das Paging durch das Sendefenster gebremst wird, können die beiden anderen Verkehrsarten diesen Nachteil der Paging-Pakete für sich nutzen. Die interaktiven und RPC-Pakete finden einen leereren Sendepuffer am FDDI-Medienzugang vor, da dort maximal soviel Paging-Pakete sein können, wie das Sendefenster groß ist.

Das eben beschriebene Verhalten der Paging-Pakete bei unterschiedlichen Fenstergrößen läßt sich auch an der Zusammensetzung der Paging-Verzögerung erkennen: Bei einem kleinen Sendefenster werden die Paging-Pakete hauptsächlich oberhalb der Flußkontrolle verzögert. Im Gegensatz dazu besteht diese Verzögerung bei einem Sendefenster ab Größe 8 nicht mehr und der Hauptanteil an der Gesamtverzögerung entsteht dann im FDDI-Sendepuffer. Wenn an einer Station mehrere Paging-Pakete gleichzeitig auf den FDDI-Medienzugang warten können, nimmt diese Anzahl auch an den anderen Stationen zu, so daß die Umlaufzeit des Tokens steigt. Damit steigt sogar die mittlere Zeit bis das erste Paket aus einem Sendepuffer gesendet werden kann.

Hier sei darauf hingewiesen, daß sich die hier genannten Fenstergrößen aus der Seitengröße im Lastmodell ergeben. Würden die Seiten dort nicht auf 4, sondern beispielsweise auf 6 Frames verteilt, würden sich die gleichen Effekte voraussichtlich bei Fenstergrößen von 6 bzw. 12 ergeben. Schlußfolgerungen für die Parameterwahl in realen FDDI-Netzen sind unbedingt auf die dort zu erwartende Last zu übertragen.

Die - auch bei größerem Fenster - höhere mittlere Verzögerungszeit für Paging-Pakete im Vergleich zu den RPC-Paketen ergibt sich durch die Übertragung ganzer Seiten: Es werden jeweils vier Pakete gleichzeitig generiert, die natürlich nicht gleichzeitig bedient werden können. Das letzte Paket einer Seite hat also immer eine höhere Verzögerung als das erste Paket und es wird über die Verzögerung aller Pakete einer Seite gemittelt. Im Gegensatz dazu gibt es bei den anderen beiden Verkehrsarten nur "erste" Pakete.

Das sich die Ergebnisse bei Fenstergrößen über 4 nur geringfügig und über 8 nicht ändern, liegt die Vermutung nahe, daß auch ein größeres Sendefenster nicht ausgenutzt wird. Der FDDI-Medienzugang ist in diesem Fall so schnell, daß bis zum Erhalt des Tokens maximal 2 Seiten erzeugt werden. Die Abbildung 4 bestätigt diese Vermutung. Die 99%-Percentile der Auslastung des Sendefensters zeigt zwischen 4 und 8 eine kaum darstellbare Zunahme, ab 8 ist die Auslastung konstant.

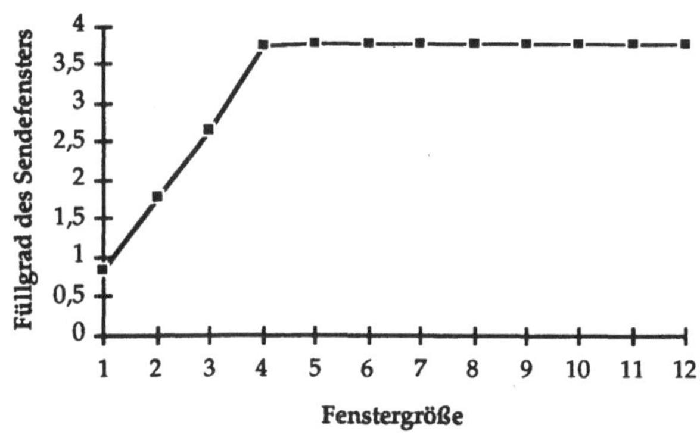

Abbildung 4: 99%-Percentile des Sendefensters

Wie oben beschrieben, besteht ein Zusammenhang zwischen der Fenstergröße und der Tokenrotationszeit. Ferner haben auch andere Untersuchungen ergeben, daß die Wahl von T-Opr einen Einfluß auf die Leistungsdaten hat (vgl. Kapitel 2). Deshalb soll im nächsten Abschnitt der Einfluß des Parameters T-Opr, der eine Schranke für die mittlere Tokenrotationszeit darstellt, untersucht werden.

4.2 Einfluß von T-Opr

Die Abbildungen 5 und 6 stellen die Paketverzögerungen für RPCs und Paging für verschiedene Werte von T-Opr dar. Auf eine Darstellung für den interaktiven Verkehr wurde - wie schon im letzten Abschnitt - verzichtet, da sich die Ergebnisse auch hier analog zu denen für die RPCs verhalten. Die Simulationen wurden mit den T-Opr-Werten 0,5, 1, 5 und 10 ms durchgeführt. In den Abbildungen werden jeweils nur die Ergebnisse für 1 und 5 ms gezeigt, da bei Werten über 5 ms keine Veränderungen mehr feststellbar sind und die Abweichungen zwischen 0,5 und 1 ms so gering sind, daß sie in den Abbildungen nicht darstellbar sind.

Die bei diesem Vergleich gewählten kleinen T-Opr-Werte von 0,5 und 1 ms konnten nur auf Grund der geringen Ausdehnung eines Workstation-Clusters verwendet werden. Bei einem Einsatz von FDDI über größere Entfernungen müßte T-Opr wegen der dann höheren Ringlatenz entsprechend größer gewählt werden.

Die Verkehrsarten ohne Flußkontrolle (IV und RPCs) profitieren - hauptsächlich bei großen Sendefenstern - von einem kleinen T-Opr. Durch eine kleine Schranke werden die anderen Stationen, die mehrere große Pakete (Paging-Verkehr) zu übertragen haben, gebremst und die kleinen Pakete (IV und RPC) bekommen schneller das Senderecht. Hierbei ist zu berücksichtigen, daß beim Paging immer vier Pakete gleichzeitig generiert werden, die bei kleinem T-Opr nicht gleichzeitig übertragen werden können. Entsprechend nimmt die mittlere Verzögerung für die Paging-Pakete bei Steigerung des T-Opr-Wertes von 1 ms auf 5 ms ab.

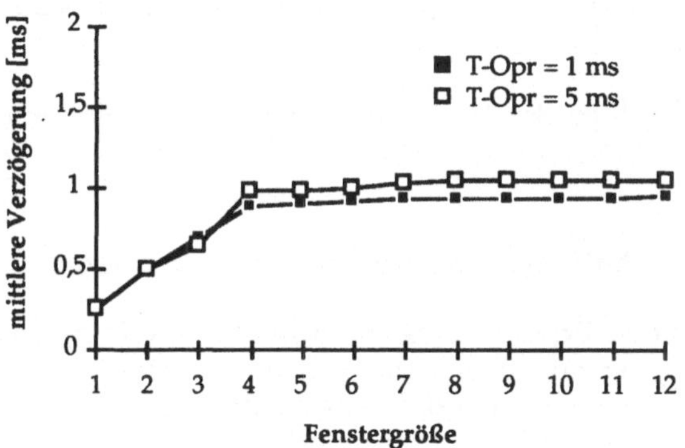

Abbildung 5: Einfluß von T-Opr auf die RPCs

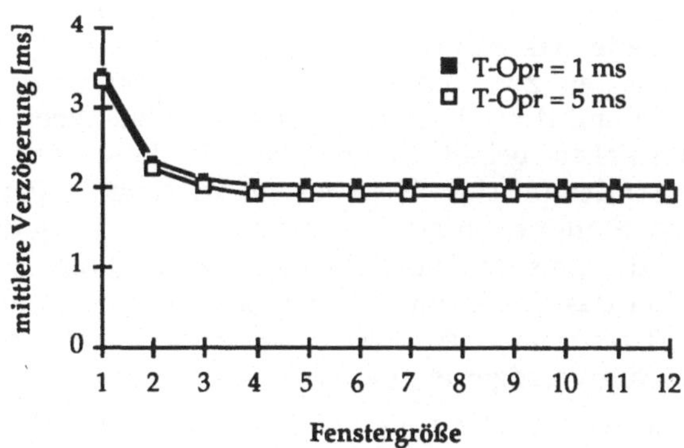

Abbildung 6: Einfluß von T-Opr auf die Paging-Pakete

Auch wenn in den Abbildungen 5 und 6 Unterschiede zwischen den Paketverzögerungen bei verschiedenen T-Opr-Werten feststellbar sind, so muß doch gesagt werden, daß diese Unterschiede als eher gering einzuschätzen sind.

Den Anwender eines Workstation-Clusters interessiert es in der Regel nicht, wie lange die einzelnen Paging-Pakete im Mittel verzögert werden. Für ihn ist die Zeit, die für die Übertragung einer ganzen Seite gebraucht wird, schon eher ein Anhaltspunkt für die Leistungsfähigkeit seines Rechnersystems. Die Verzögerung einer ganzen Seite entspricht der Verzögerung des letzten Paketes einer Seite, welches natürlich mehr Zeit für die Übertragung benötigt als das erste Paket. In Abbildung 7 ist die mittlere Verzögerung ganzer Seiten für verschiedene Werte von T-Opr dargestellt.

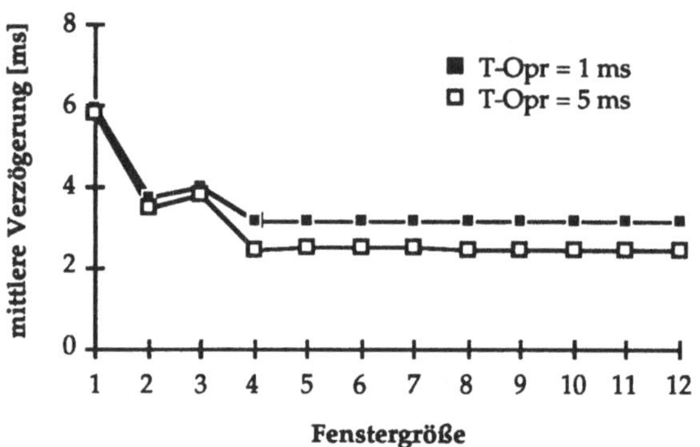

Abbildung 7: Verzögerung ganzer Seiten

Bei Betrachtung dieser Ergebnisse fallen zwei Dinge auf: Erstens der "Knick" bei 3, d.h. der Anstieg der mittleren Verzögerung von Seiten bei dem Übergang von einem kleineren zu einem größeren Fenster. Zweitens ist die Verbesserung bei der Seitenverzögerung durch die Wahl von T-Opr = 5 ms gegenüber den kleinen Werten deutlicher, als bei den Paketverzögerungen. Bei der Seitenverzögerung kann eine Verbesserung um bis zu 23 Prozent festgestellt werden, während bei einzelnen Paketen maximal 10 Prozent erreicht werden.

Sowohl bei einer Fenstergröße von 2 als auch bei 3 wird für die Übertragung der vier Pakete einer Seite das Senderecht von FDDI zweimal benötigt. Bei der kleineren Größe werden zweimal je zwei Pakete der Seite übertragen. Im anderen Fall werden erst drei, dann ein Paket gesendet. Wenn eine Station das Senderecht für drei Pakete behält, sammeln sich in dieser Zeit an den anderen Stationen weitere Sendewünsche. Diese führen zu einer längeren Übertragung durch die anderen Stationen (dadurch wieder mehr Sendewünsche an den Stationen, usw.) und damit im Endeffekt zu einer längeren Tokenrotationszeit als wenn die Station das Token nur für das Senden von zwei Paketen behält. Durch die höhere Tokenrotationszeit wird das letzte Paket einer Seite unnötig verzögert, wodurch die Verzögerung der gesamten Seite steigt.

Auch der andere Effekt beruht auf den unterschiedlichen Tokenrotationszeiten. Bei größerem T-Opr kann eine Station im Mittel zwar mehr Pakete senden, wenn sie das Senderecht bekommt, jedoch muß sie auf dieses Recht im Mittel auch länger warten, da auch die anderen Stationen mehr Pakete gleichzeitig senden. Die ersten Pakete einer Seite müssen also länger auf die Übertragung warten, während die letzten Pakete von dem längeren Senderecht profitieren und schneller übertragen werden. Dadurch ist die Verbesserung der Verzögerungszeiten bei ganzen Seiten deutlicher als wenn über die unterschiedlichen Auswirkungen auf die vier Pakete einer Seite gemittelt wird.

Dieser Vergleich zwischen den Verzögerungen einzelner Seiten-Pakete und ganzer Seiten zeigt, daß es zur Beurteilung der Leistungsfähigkeit eines Protokolls in Hinblick auf eine bestimmte Verkehrsart nicht immer ausreicht, einzelne Pakete zu betrachten. Statt dessen sollte eine Analyse zusammengehörige Nachrichten auch als solche auffassen. Fast die gesamte Fachliteratur beurteilt jedoch die Leistungsfähigkeit von Kommunikationssystemen anhand von Paketverzögerungen.

Bisher hat sich gezeigt, daß eine Last von 60 Mbit/s von einem mit FDDI vernetzten Workstation-Cluster ohne Probleme bewältigt wird und bei Einsatz eines Fenstermechanismusses die Sendefenstergröße ab einer bestimmten Größe keinen Einfluß mehr auf die Paketverzögerung hat, obwohl z.B. im LLC-Standard Fenstergrößen bis 127 vorgesehen sind. In den hier vorgestellten Untersuchungen ergaben sich ab einer Fenstergröße von 8 keine Veränderungen mehr. Die hier festgestellte Zahl ist jedoch vom Lastmodell abhängig und läßt sich nicht verallgemeinern.

Bei diesen Überlegungen ist ferner zu bedenken, daß bisher keine Paketverluste aufgetreten sind. Wenn der im Programm vorgesehene Paketwiederholungsmechanismus für verlorene Pakete benutzt werden muß, ist auch bei größeren Fenstergrößen mit unterschiedlichen Leistungsmerkmalen zu rechnen.

4.3 Leistungsfähigkeit bei hoher Last

In diesem Kapitel soll die Leistungsfähigkeit des FDDI-Workstation-Clusters bei höherer Last untersucht werden. Die Gesamtlast wird von 60 Mbit/s ausgehend schrittweise bis 90 Mbit/s gesteigert. Dabei wird der Anteil der einzelnen Lastarten an der Gesamtlast nicht verändert. Für T-Opr wurde ein Wert von 10 ms gewählt, da sich kleine T-Opr-Werte schlecht auf den maximal erzielbaren Durchsatz auswirken (vgl. Kapitel 2). Dieser T-Opr-Wert hat ferner den Vorteil, daß er für die wichtigste Verkehrsart in einem Workstation-Cluster, das Paging, günstig ist (vgl. Kapitel 4.2). Im folgenden werden auch nur die Ergebnisse für diese Verkehrsart dargestellt, weil für den interaktiven Verkehr und die RPCs die gleichen Entwicklungen bezüglich Verzögerung und Durchsatz gemessen wurden.

Die Abbildung 8 zeigt die mittlere Verzögerung der Paging-Pakete für unterschiedliche Gesamtlasten. Bis zu einer Last von 85 Mbit/s ergibt sich immer das gleiche Bild wie schon in Abbildung 3: Ab Größe 4 für das Sendefenster sind die Verzögerungen nahezu konstant. Eine höhere Gesamtlast führt wegen der besseren Auslastung des Netzes nur zu den erwarteten etwas höheren mittleren Verzögerungen.

Eine Gesamtlast von 90 Mbit/s (vgl. Abbildung 9) ergibt ein anderes Bild: Mit zunehmenden Fenstergrößen steigt die Paketverzögerung wieder drastisch an. Die besten Ergebnisse zeigen sich für eine Fenstergröße von 5. Bis zu einer Größe von 13 steigen die Verzögerungen nur geringfügig an; danach kommt es zu einer drastischen Erhöhung der Verzögerungen. Hierbei ist die logarithmische Darstellung in Abbildung 9 zu berücksichtigen, durch die die Zunahme geringer wirkt als sie tatsächlich ist. Ab einer Größe von 17 scheint sich die Verzögerung auf einem hohen Niveau einzupendeln, jedoch sind die für diese Fenstergrößen ermittelten Werte - wie sich gleich noch zeigen wird - nicht mehr aussagekräftig.

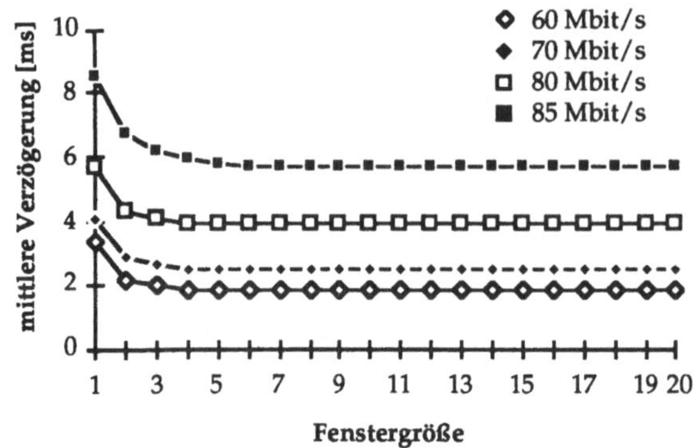

Abbildung 8: Einfluß der Last auf die Paging-Pakete

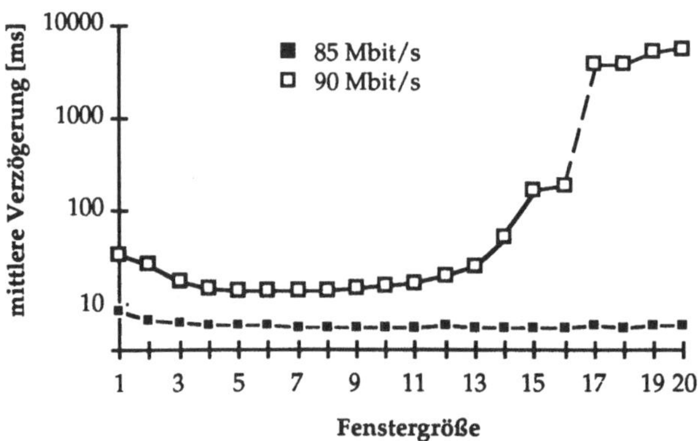

Abbildung 9: Verzögerung der Paging-Pakete bei hoher Last

Eine Erklärung für dieses Verhalten des Workstation-Clusters kann man in Abbildung 10 finden. Dort sind die Anzahl der Paketwiederholungen und die Anzahl der tatsächlich am Empfänger ankommenden Pakete für 90 Mbit/s Last aufgetragen. Während es bei einer Last von 85 Mbit/s nur zu Paketwiederholungen von maximal 0,08 Prozent kommt und alle Pakete korrekt übertragen werden, gibt es Fenstergrößen, die bei einer Last von 90 Mbit/s zur Überlastung des Netzes führen. Die Folge ist ein Rückgang des Anteils der empfangenen (und damit korrekt übertragenen) Pakete an den generierten Paketen auf unter 15 Prozent. Damit sinkt der vom Netz erbrachte Durchsatz unter 13,5 Mbit/s. Bis zu einer Fenstergröße von 13 werden auch bei 90 Mbit/s Last noch alle Pakete am Empfänger abgeliefert. Es kommt dabei schon zu einzelnen Paketwiederholungen. Diese steigen zwischen den Fenstergrößen 16 und 17 drastisch an und erreichen bei Größe 17 einen Wert über 80 Prozent. Gleichzeitig sinkt der Anteil der am Ziel angekommenen Pakete von über 90 auf unter 30 Prozent.

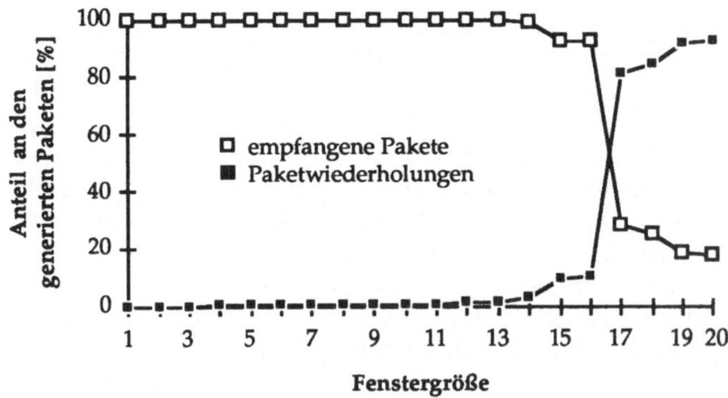

Abbildung 10: Auswirkungen der Paketverluste bei einer Last von 90 Mbit/s

Der eingesetzte Fenstermechanismus wiederholt bei einem Paketverlust eine ganze Reihe aufeinanderfolgender Pakete. Dabei werden maximal soviel Pakete wiederholt, wie durch das Sendefenster bereits abgefertigt wurden. Es ergibt sich der Kreislauf, daß ein großes Sendefenster zu zusätzlicher Last auf dem Netz und damit zu einer weiteren Verzögerung von anderen Paketen und weiteren Paketverlusten führt. Diese führen wieder zu weiteren Paketwiederholungen und Verlusten. Die Konsequenz ist eine Überlastung des Netzes.

Es stellt sich also heraus, daß kleine Fenstergrößen (wenn auch mit hohen Verzögerungszeiten) in der Lage sind, eine Last von 90 Mbit/s zu bewältigen, während größere Fenster zur Überlast und geringem Durchsatz führen.

Ausblick

Dieser Beitrag bewertet das FDDI-Protokoll als Netzwerk für die direkte Verbindung von Hochleistungs-Workstations unter Einbeziehung eines klassischen Fenstermechanismusses. Es zeigt sich, daß FDDI für den Einsatz in Workstation-Clustern geeignet ist und selbst eine Last von 90 Mbit/s korrekt übertragen wird, wenn die Fenstergröße des Sendefensters richtig gewählt wird.

Für unterschiedliche Verkehrsarten erscheinen unterschiedliche Fenstergrößen sinnvoll. Während für Verkehrsarten mit einzelnen Paketen (RPCs und interaktiver Verkehr) kleine Sendefenster günstig sind, ist es für das Paging zweckmäßig, wenn das Fenster mindestens alle Pakete einer Seite gleichzeitig aufnehmen kann. Ein interessantes Ergebnis ist, daß sich Fenstergrößen, die größer als die Paketanzahl für eine Seite sind, kaum auf die Verzögerungen von Paketen auswirken, solange alle Pakete korrekt übertragen werden. Fenstergrößen, die mehr als zwei Seiten gleichzeitig aufnehmen können, zeigen in diesem Fall sogar keine Auswirkungen mehr.

Erst wenn es zu Paketverlusten und dadurch zu Paketwiederholungen kommt, spielt die Größe des Sendefensters auch bei großen Fenstern eine Rolle: Obwohl z.B. LLC Typ II Fenstergrößen bis zu 127 vorsieht, zeigt sich, daß der Einsatz größerer Fenster keine Vorteile bringt und sogar problematisch sein kann, da die großen Fenster zur Überlastung des Netzes führen können. Auf der anderen Seite bringen größere Fenster aber auch keine Vorteile, da die größeren Fenster bei korrekter Übertragung nicht genutzt werden.

Die Untersuchung von Workstation-Clustern ist mit den hier vorgestellten Ergebnissen noch nicht abgeschlossen. Vielmehr ist diese Arbeit die Grundlage für viele weitere Fragestellungen: So soll das Lastmodell um weitere Komponenten, z.B. für Filetransfer und Echtzeitkommunikation, ergänzt werden. In die Untersuchung sollen auch Flußkontrollmechanismen mit dynamischen Timern und Fenstern, wie sie z.B. in [JAC88] vorgeschlagen werden und auch als LLC Typ IV im Gespräch sind [IEEE91], einbezogen werden. Ferner soll die Analyse für heterogene Szenarien, in denen z.B. die neuen "schnellen" mit konventionellen "langsamen" Workstations zusammenarbeiten, fortgesetzt werden. Neben der Analyse von FDDI ist auch eine Untersuchung anderer Medienzugangsprotokolle, wie z.B. DQDB, geplant.

Referenzen

[ANSI87]   "FDDI Token Ring Media Access Control (MAC)", American National Standard for Information Systems X3.139, ANSI, 1987

[DYK87]   D. Dykeman, W. Bux, "An Investigation of the FDDI Media-Access Control Protocol", Proc. of EFOC/LAN '87, S. 287-293, Basel 1987

[[DYK88]   D. Dykeman, W. Bux, "Analysis and Tuning of the FDDI Media Access Control Protocol", IEEE Jornal on Selected Areas in Communications, Vol. 6, No. 6, S. 997-1010, Juli 1988

[GUM92]   M. Gumbold, P. Martini, R. Wittenberg, "Temporary Overload in High Speed Backbone Networks", Proceedings of IEEE INFOCOM '92, S. 2280-2289, IEEE 1992

[GUS90]   R. Gusella, "A Characterization of the Variability of Packet Arrival Prozesses in Workstation Networks", Report No. UCB/CSD 90/612,University of California, Berkley, Dezember 1990

[IEEE91]   "Information processing systems - Local area networks, Part 2: Logical Link Control, Working Draft 1.0: High Speed Transfer Service and Protocol, Type 4 Operation", IEEE 802.2, 91/6, 1991

[ISO89]   "Information processing systems - Local area networks, Part 2: Logical Link Control", International Standard ISO 8802-2, First edition 1989

[JAC88]   V. Jacobsen, "Congestion Avoidance and Control", Proc. ACM SIGCOMM '88, S. 314-329

[JAI91]   R. Jain, "Performance Analysis of FDDI Token Ring Networks: Effect of Parameters and Guidelines for Setting TTRT", IEEE LTS,Vol. 2, No. 2,S. 16-22, Mai 1991

[MAR91]   P. Martini, R. Wittenberg, "Performance Evaluation of FDDI, What about Packet Loss ?", Proceedings of 16th Annual Conference on Local Computer Networks, S. 18-23, IEEE 1991

[ROS89]   F. E. Ross, "Fiber Distributed Data Interface - An Overview", Proc. of the 14 th Conference on Local Computer Networks, IEEE, 1989, S. 5-8

[SEV87]   K. C. Sevcik, M. J. Johnson, "Cycle time properties of the FDDI token ring protocol", IEEE Trans. on Software Enineering., Vol. SE-13,No. 3, S. 376-385, März 1987

[WEL90]   Th. Welzel, P. Martini, S. Rudloff, "Performace Analysis of FDDI and Multiple Token Ring Backbones in a Mixed Traffic Environment", in High Speed Local Area Networks II, A.Danthine, O. Spaniol (Editors), S. 53-68, North-Holland, IFIP 1990

Autodynamische Steuerung eines verteilten Fertigungssystems

Holger Gründer, Martin Mähler, Thomas Hanschke *

Johann Wolfgang Goethe-Universität
Fachbereich Informatik
6000 Frankfurt am Main

* IBM Werk Mainz
Hechtsheimer Straße 2
6500 Mainz

Dieser Artikel beschreibt die prototypische Realisierung einer Fertigungslinie für den Zusammenbau von Magnetplattenspeichern unter der verteilten Entwicklungsumgebung DAE/MLS. Im Mittelpunkt steht die autodynamische Steuerung dieser weitgehend automatisierten Linie über die Regulierung der eingegebenen Werkstücke (Inputsteuerung). Zur Ermittlung des aktuell notwendigen Bestandes werden die Liniendaten aufbereitet und mit Hilfe der Mittelwertanalyse untersucht. Es zeigt sich, daß das zugrundeliegende mathematische Modell die Linie realistisch beschreibt und eine erfolgreiche Steuerung im Sinne der Erreichung der Betriebsziele ermöglicht.

1. Einleitung

Die rechnerintegrierte Fertigung (CIM - Computer Intergrated Manufacturing) ist die angestrebte Gesamtlösung aller Problemstellungen der betrieblichen Informationsverarbeitung (vgl. [CIBM89, CARC89]). Ein wichtiger Baustein des CIM-Konzeptes, die Materialflußsteuerung von Fertigungslinien, ist Gegenstand des vorliegenden Beitrags. Dabei untersuchen wir eine konkrete Fertigungslinie.-

Die Firma IBM produziert und montiert in ihrem Mainzer Werk Festplattenspeicher und deren Zubehörteile für Großrechenanlagen. Zu diesem Zweck wurden verschiedene computerintegrierte Produktionslinien gemäß ihres konzipierten und optimal berechneten „Linienbauprogramms" eingerichtet. Während des Linienbetriebs zeigt sich jedoch, daß die dem Linienkonzept zugrundeliegenden Daten allzu oft nicht der Wirklichkeit entsprechen. Zum Beispiel entzieht sich der Produktionsfaktor „menschliche Arbeitskraft" einer genauen mathematischen Beschreibung. Zudem entsprechen Leistungsvermögen, Zuverlässigkeit und Qualität gelieferter Maschinen, Ersatzteile, Rohstoffe und halbfertiger Erzeugnisse nicht immer den Angaben ihrer Hersteller. Chemische, mechanische und phototechnische Prozesse hängen darüberhinaus von Bedingungen ab, die ständigen Schwankungen unterworfen sind (z. B. Temperatur, Staubanteil in der Luft).

Daher stellt die Schwankungsbreite der einzelnen Linienparameter die Verwirklichung der Produktionsziele, wie z.B. die Realisierung eines bestimmten Durchsatzes oder die Einhaltung eines vorgegebenen Mindestverhältnisses von Ertrag zu Bestandskosten in Frage.

Gesucht ist deshalb ein Steuerungskonzept, daß unter Wahrung der Produktionsziele automatisch Veränderungen beim Linienverhalten bemerkt und darauf mit geeigneten Gegenmaßnahmen reagiert.

Der Vorhalt redundanter Linienbausteine (zusätzliche Puffer oder Maschinen) für „Flaschenhälse", die nach einer Verschlechterung der Parameter zugeschaltet werden können, ist eine mögliche Strategie. Sie ist aber nur begrenzt anwendbar, da der Ort des Engpasses ebenso schwankt wie dessen Intensität. Im ungünstigen Fall wäre Redundanz erforderlich, die jede denkbare Verschlechterung berücksichtigt. Dies ist wegen der damit verbundenen hohen Fixkosten nicht durchführbar.

Ebenso schwierig ist die mathematische Analyse und Berechnung von Folgen eines solchen direkten Eingriffs in die Fertigungslinie während der Laufzeit. Wegen der hohen Komplexität der Zusammenhänge und Abhängigkeiten innerhalb der Linie müßte quasi das Linienbauprogramm komplett neu berechnet werden. Die daraus resultierenden neuen Erkenntnisse kämen entweder zu spät, als daß sie noch etwas bewirken könnten, oder wären wegen der begrenzten Hardware-Alternativen nicht umsetzbar.

Der letztgenannte Aspekt führt zur Idee, das Verhalten der Produktionslinie über die Eingabemenge an Produktionsteilen zu regulieren. In Abhängigkeit der Liniendaten, die während der Fertigung erfaßt werden, wird die zur Erreichung eines vorgegebenen Durchsatzes (produzierte Teile pro Zeiteinheit) erforderliche Anzahl an Werkstücken in die Linie geschleust. Der Steuerungspunkt ist damit auf die erste Arbeitszelle/Maschine beschränkt. Bei einer Verschlechterung der signifikanten Produktionsdaten kann der geplante Durchsatz natürlich nur dann gehalten werden, wenn durch nicht hundertprozentige Auslastungsplanung der Maschinen eine „implizite" Redundanz vorgesehen ist. Für den Fall der Annäherung an die Sättigung der Linie, d. h. durch eine Bestandserhöhung kann der Durchsatz immer weniger gesteigert werden, ändert sich das Produktionsziel. Übergeordnetes Ziel der Inputsteuerung ist dann nicht mehr das Erreichen des angestrebten Durchsatzes, sondern die Beschränkung der Bestandskosten gemäß eines Kostenfunktionals, das die durch die Bestandserhöhung entstehenden zusätzlichen Kosten zum Mehrerlös in Beziehung setzt.

Die bisherige Strategie, der Linie alle von ihr angeforderten Teile zur Verfügung zu stellen, führt häufig dazu, daß für den noch zu erreichenden Durchsatz zu viele Teile in der Linie sind.
Eine andere Methode, den Ingenieur vor Ort entscheiden zu lassen, wann neue Teile eingeschleust werden, führt nur zu mäßigem Erfolg. Komplexe Fertigungslinien lassen sich nur schwer überschauen. Zudem ist ein sinkender Durchsatz am Linienende nicht immer durch eine Inputerhöhung auszugleichen. Ein wichtiges noch zu erwähnendes Nebenziel aller Strategien ist die Einhaltung eines festgelegten Mengenverhältnisses verschiedener, in derselben Linie gefertigter Produkte, zueinander. Dieses Verhältnis, auch als Produktmix bezeichnet, soll unabhängig vom gerade geltenden Ziel unter allen Umständen erreicht werden.

Als Berechnungsmodell für den nötigen Bestand an Produktionsteilen in der Linie (auch WIP - Work in Process genannt) dient die von Reiser und Lavenberg [RELA80] entwickelte Mittelwertanalyse. Als Testumgebung für die entwickelte Steuerung fungiert eine mittels Distributed Automation Edition/Material Logistics System (DAE/MLS) aufgebaute Fertigungslinie, in der lediglich die Werkzeugmaschinen simuliert werden, während die Restumgebung einer realistischen Linie entspricht.

2. Der Steuerungsansatz

2.1 Überblick

Zur Demonstration der Wirkungsweise und Effektivität einer speziellen Fertigungssteuerung ist es notwendig, eine geeignete Testumgebung aufzubauen. Die bereits im Kapitel Einleitung erwähnte Inputsteuerung und Bestandskontrolle wird dabei wie folgt realisiert (siehe dazu Abbildung 1):
Ein Kontrollprogramm erhält die in einer Fertigungsanlage entstehenden aktuellen, nichtdeterministischen Bearbeitungszeiten und Bearbeitungsresultate: „Gut, Nacharbeit oder Schrott". Die eingehenden Datenströme werden mittels geeigneter Verfahren zur Zeitreihenanalyse

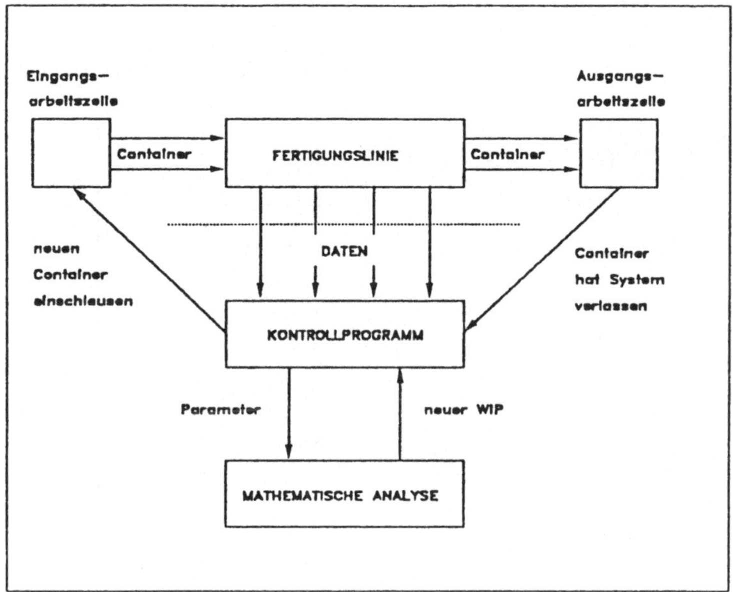

Abbildung 1. : Steuerungsansatz

aufbereitet und anschließend von einem mathematischen Analyseprogramm ausgewertet. Das Analyseprogramm berechnet aufgrund der jeweils neu eintreffenden Daten den zur Erreichung eines vorgegebenen Durchsatzes nötigen Bestand an Produktionsteilen in der Fertigungslinie. Das Kontrollprogramm sorgt nun dafür, daß der ermittelte Bestand bis zur erneuten Bestandsberechnung konstant in der Linie gehalten wird.

2.2 Die Fertigungslinie

Die untersuchte Produktionslinie besteht aus acht Arbeitszellen, gekennzeichnet durch Rechtecke (vergleiche Abbildung 2). Jede Arbeitszelle entspricht genau einer Bedienstation (tool) und bearbeitet genau ein Teil zu einer Zeit. Jeder Arbeitszelle ist genau eine Eingangs- und eine Ausgangswarteschlange zugeordnet, in der Werkstücke, die in ihrer Gesamtheit als Container bezeichnet werden, auf Bearbeitung oder Weitertransport warten. Den Warteschlangen wird eine genügend große Kapazität unterstellt. Die Abarbeitungsdisziplin einer jeden Warteschlange ist First Come First Served (FCFS).
Es werden zwei verschiedene Produkttypen (Typ1, Typ2) produziert. Der Fertigungsfluß der unterschiedlichen Produkttypen ist durch die Pfeilverbindungen zwischen den Arbeitszellen dargestellt. An den Arbeitszellen INSPECTION und TEST sind Verzweigungen des Fertigungsflußes möglich. An diesen Stellen entscheidet sich, ob Werkstücke "gut" sind, oder ob sie nachgearbeitet (reworked) oder als Schrott (scrap) ausgesondert (rejected) werden müssen. Der prozentuale Anteil jedes Resultats an der Gesamtzahl der der bearbeiteten Werkstücke wird als Übergangsrate bezeichnet. Die Prozentzahl der guten Teile ist der sogenannte Yield. In der Fertigungslinie werden die Übergangsraten gemäß einer zunächst festen Voreinstellung durch gleichverteilte Zufallszahlen erzeugt. Die Bearbeitungszeiten der einzelnen Werkstücke (Container) an den Arbeitszellen sind dabei exponentiell verteilt mit Parameter μ_{ir} für Arbeitszelle i und Produkttyp r. Diese Festlegung ist notwendig, da die Bearbeitung der Werkstücke im Testbetrieb simuliert wird. Die Annahme exponentiell verteilter Bedienzeiten erscheint akzeptabel, da im Produktionsprozeß gewöhnlich

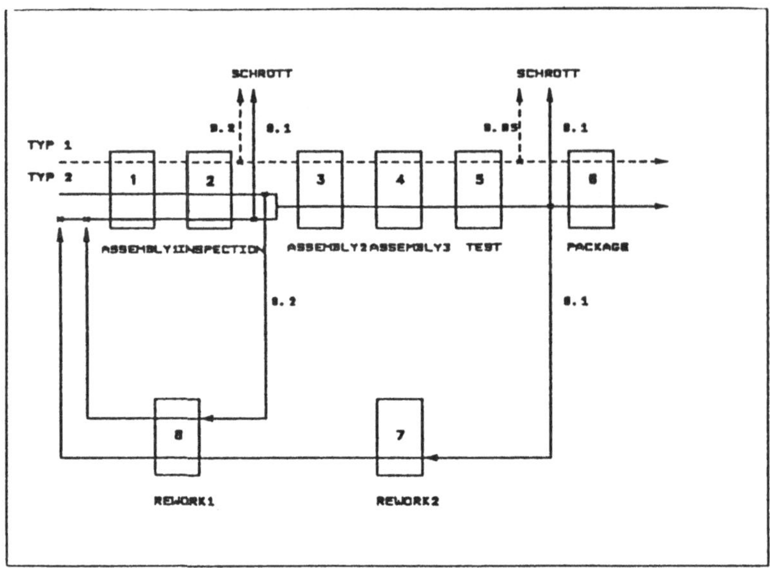

Abbildung 2. : Fertigungslinie

leicht schwankende Bearbeitungszeiten auftreten, die von relativ langen Zeiten bedingt durch Mitarbeiterausfall, Pausenzeiten, Verklemmungen oder Maschinenrüstzeiten durchsetzt sind.

2.3 Das Kontrollprogramm

Die vorliegende Produktionslinie wird als geschlossenes Warteschlangensystem verstanden, in dem die Containerzahl konstant gehalten wird. Am Linienanfang und am Linienende werden Hilfsarbeitszellen (Eingangsarbeitszelle und Ausgangsarbeitszelle) eingeführt, durch die neue Container in das System eingeschleust werden, wenn ausgesonderte oder fertig bearbeitete das System verlassen.

2.4 Die mathematische Analyse

Als Verfahren zur Ermittlung des jeweiligen Bestandes an Produktionsteilen in der Linie dient die von Reiser und Lavenberg [RELA80] entwickelte Mittelwertanalyse, eine Methode zur exakten Analyse geschlossener Warteschlangennetze mit Produktformlösungen. Zur Aufbereitung der Produktionsliniendaten wurden verschiedene Zeitreihenverfahren angewendet.

2.4.1 Die Mittelwertanalyse

Gewöhnlich wird die Mittelwertanalyse bei gegebenem Warteschlangennetz mit festen Übergangsraten und Bearbeitungszeiten zur Berechnung des Durchsatzes für eine vorgegebene Last (Anzahl Kunden) eingesetzt. Zur Liniensteuerung wird jedoch nicht mehr die Kundenanzahl (Containerzahl) vorgegeben, sondern der Durchsatz. Anhand der aktuellen Liniendaten berechnet die Mittelwertanalyse den zum Erreichen eines vorgegebenen Durchsatzvektors notwendigen Bestand an Containern in der Linie. Abbildung 3 zeigt einen Testlauf der Mittelwertanalyse für die zuvor beschriebene Produktionslinie. Der Algorithmus iteriert über die Gesamtzahl der Container und berechnet dabei sukzessive die Durchsätze für beide Produkttypen (λ_1 und λ_2) für jeden Populationsvektor (Verteilungsvektor $\underline{k}$) der beiden Produkttypen. Die Durchsatzvorgabe für die beiden Produkttypen ist (50,20). Dieser Durchsatzvektor wird erstmals bei einem Bestandsvektor

$\underline{k}$	$\lambda_1(\underline{k})$	$\lambda_2(\underline{k})$	$\underline{k}$	$\lambda_1(\underline{k})$	$\lambda_2(\underline{k})$
(0,0)	0.0000	0.0000	(2,4)	22.611	39.560
(1,0)	20.551	0.0000	(1,5)	11.364	49.551
(0,1)	0.0000	17.638	(0,6)	0.0000	59.597
(2,0)	35.163	0.0000	(7,0)	71.079	0.0000
(1,1)	17.751	15.235	(6,1)	61.155	9.0371
(0,2)	0.0000	30.635	(5,2)	51.161	18.092
(3,0)	46.061	0.0000	(4,3)	41.093	27.170
(2,1)	30.938	13.405	(3,4)	30.948	36.275
(1,2)	15.594	26.913	(2,5)	20.722	45.411
(0,3)	0.0000	40.544	(1,6)	10.408	54.583
(4,0)	54.484	0.0000	(0,7)	0.0000	63.798
(3,1)	41.111	11.964	(8,0)	74.831	0.0000
(2,2)	27.584	23.995	(7,1)	65.697	8.3528
(1,3)	13.887	36.104	(6,2)	56.505	16.717
(0,4)	0.0000	48.307	(5,3)	47.253	25.095
(5,0)	61.172	0.0000	(4,4)	37.939	33.491
(4,1)	49.185	10.800	(3,5)	28.561	41.908
(3,2)	37.085	21.645	(2,6)	19.114	50.349
(2,3)	24.861	32.541	(1,7)	9.5958	58.819
(1,4)	12.504	43.498	(0,8)	0.0000	67.322
(0,5)	0.0000	54.525	(9,0)	78.012	0.0000
(6,0)	66.599	0.0000	(8,1)	69.553	7.7636
(5,1)	55.739	9.8415	(7,2)	61.046	15.533
(4,2)	44.792	19.711	(6,3)	52.489	23.311
(3,3)	33.751	29.616			

Abbildung 3. : Testlauf Mittelwertanalyse

von (6,3) als Ergebnis der Analyse realisiert. Für weitergehende Betrachtungen zur Mittelwertanalyse sei zum Beispiel auf [BOLC89] verwiesen.

2.4.2 Die Zeitreihenverfahren

Die Mittelwertanalyse ist, abgesehen von Rechenungenauigkeiten, die im Darstellungsbereich der Rechenanlage bzw. der Programmiersprache begründet liegen, ein exaktes mathematisches Instrument zur Berechnung geschlossener Produktformnetze. Ihre Ergebnisse hängen nicht von Schätzwerten, Zufallszahlen, Rundungen oder Approximationen ab, sondern einzig von den Daten, die ihren Berechnungen zugrundeliegen. Aus diesem Grund haben die Daten und die Art und Weise der Erhebung dieser Daten aus der Fertigungslinie entscheidenden Einfluß auf die Berechnung des Bestandes.
Die Bearbeitungszeiten und Übergangsraten, die zur Bestimmung des Bestandes herangezogen werden, sind im laufenden Betrieb zeitabhängigen, zufälligen Schwankungen unterworfen. Wegen

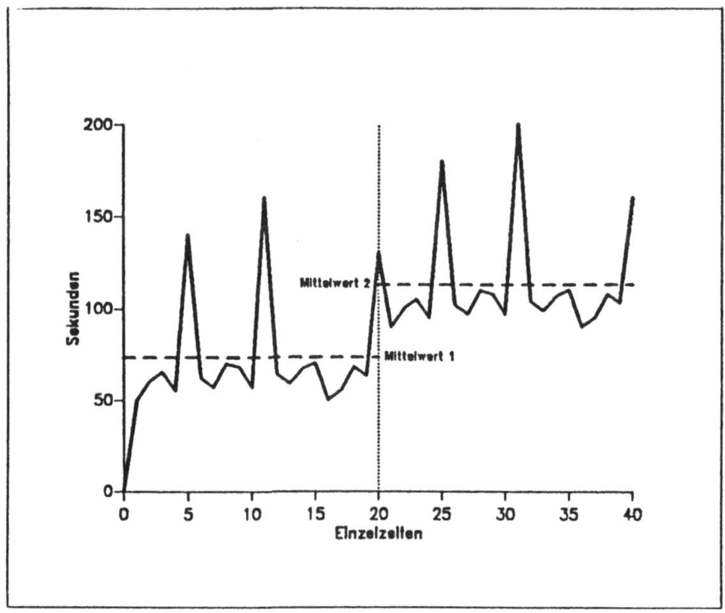

Abbildung 4. : Die Zeitreihenanalyse

dieser Schwankungen ist es notwendig, Stichproben der erfaßten Daten zu ziehen, um diese anschließend auszuwerten. Die Auswertung der Daten soll Aufschluß über deren Änderungsverhalten geben. Ziel ist die Unterdrückung nebensächlicher Änderungen, während signifikante Änderungen erkannt werden sollen (Vergleiche Abbildung 4). Zur Implementierung wurden drei ohne großen Aufwand realisierbare Verfahren ausgewählt: Gleitender Durchschnitt, exponentielle Glättung mit festem und dynamischem Gewichtungsparameter. Theoretische Betrachtungen zu diesen Verfahren findet der Leser in [HART85]. Praktische Erfahrungen mit den einzelnen Verfahren werden in [GRUE91] beschrieben.

2.5 Die Implementierung unter DAE/MLS

2.5.1 Allgemein

Kernstück der zum Aufbau der Fertigungslinie verwendeten Software ist das IBM - Produkt DAE (vgl. dazu [DAE1, DAE2]) und seine für die Materialflußsteuerung in einer Fertigungslinie vorgesehene Komponente Material Logistics System [MLSM]. Distributed Automation Edition ist ein Datenkommunikationssystem zur Verwaltung von Produktionsdaten und zur Kommunikation zwischen Geräten auf lokalen und entfernten Knoten in einem dezentralen verteilten System. DAE ist ein "System Enabler", d. h. es stellt Funktionen und Schnittstellen zur Verfügung, die eine Softwareplattform zur Anwendungsprogrammierung bilden. Darüberhinaus fungiert DAE als Ressourcenverwalter, indem es Daten, Netzwerk und Geräte für den Anwender verfügbar macht.

2.5.2 Distributed Automation Edition (DAE)

DAE setzt sich aus insgesamt vier Softwarekomponenten zusammen (Vergleiche Abbildung 5):

1.   Communication System/2 (CS/2) bildet die Basis aller DAE-Komponenten. Es stellt dem Anwender Basisfunktionen und Hilfsmittel zur Geräteanbindung, Dateiverwaltung, Kommu-

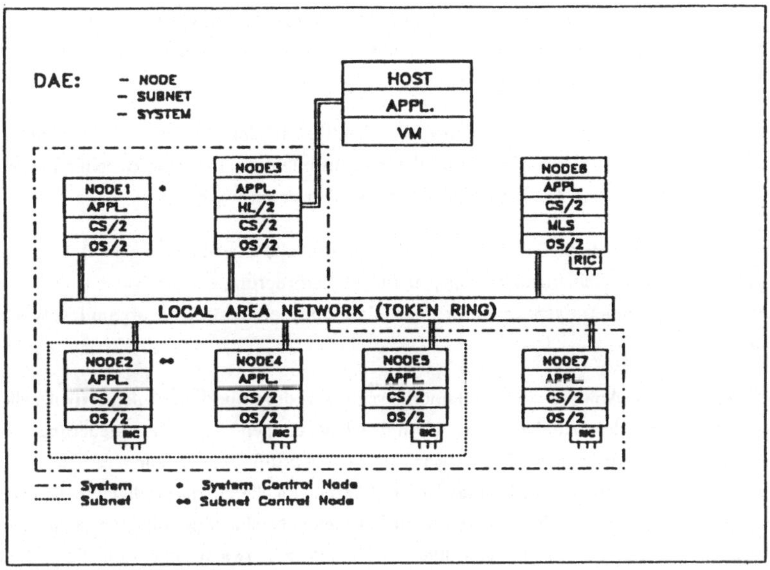

Abbildung 5. : DAE - System, Subnet, Node

nikation und zur Erstellung von Anwendungsprogrammen im Fertigungsbereich zur Verfügung. Grundlage von CS/2 sind die IBM Betriebssysteme OS/2 und VM. Bei der Installation von DAE in einem Netzwerk, muß die Komponente CS/2 auf jedem Netzwerkknoten verfügbar sein.

2. Host Link/2 (HL/2) dient zur Verbindung zwischen auf CS/2 basierenden Anwendungsprogrammen und Anwendungsprogrammen auf IBM - Hostsystemen.

3. Material Logistics System (MLS) stellt Funktionen zur Konfiguration von Fertigungseinrichtungen und zur Materialflußsteuerung zur Verfügung. Desweiteren bietet MLS Möglichkeiten zur Dateiverwaltung (Library Management).

4. Communication Protocol Programs/A (CPP/A) unterstützen den Datenaustausch zwischen CS/2 Anwendungen und externen Geräten, Steuerungen, Instrumenten, etc..

2.5.3 Material Logistics System

Material Logistics System ist ein Softwareprodukt zur Kontrolle und Überwachung einer Produktionslinie und des Materialflußes innerhalb dieser Linie. Dabei kommen dem MLS spezielle Aufgaben zu:

* Analyse von Containerbewegungen (Routing)

* Zuweisung von Containern an Arbeitszellen oder Lager

* Verwaltung der Daten in der Linie befindlicher Container

* Überwachung der Arbeitszellen und Verwaltung der Arbeitszellendaten

* Überwachung der Bewegungssysteme und Verwaltung der Daten

MLS besteht aus drei Moduln, die in eigenen Tabellen ständig ein logisches Abbild der Linie (Prozeßflußangaben, Warteschlangenlängen, Statuscodes ...) unterhalten (vergleiche Abbildung 6). Die MLS-Moduln sind als voneinander unabhängige Prozesse unter DAE - CS/2 realisiert:

- Das Work Cell Status Module (WCSM) bildet die Schnittstelle des MLS zu den Arbeitszellen der verwalteten Produktionslinie. Es ist für die Kommunikation mit den Arbeitszellenprogrammen und die Verwaltung der Daten aller Arbeitszellen verantwortlich.

- Das Movement System Interface (MSI) bildet die Schnittstelle des MLS zu den Bewegungssystemen (Förderbänder, Schienenfahrzeuge, manuelle Beförderung ...). Es wickelt die Kommunikation mit den Steuerungsprogrammen der Bewegungseinrichtungen ab und verwaltet deren Daten.

- Der Scheduler führt die Analyse von Containerbewegungen durch und weist den Arbeitszellen Container zu. Unter der Analyse von Containerbewegungen wird die Steuerung von Containern durch die Linie anhand fest vorgegebener Prozeßflußpläne verstanden.
  Der Begriff Scheduler (MLS-Bezeichnung) ist irreführend, da die einzig intelligente Komponente darin besteht, Container der am wenigsten belasteten Nachfolgearbeitszelle zuzuweisen (falls Alternativen bestehen). Ein übergeordnetes "scheduling", etwa bezogen auf die gesamte Linie, findet nicht statt. Der Steuerungsmechanismus bezieht sich also nur auf die lokale Beziehung zwischen zwei benachbarten Arbeitszellen.

Neben den bisher vorgestellten Werkzeugen zur Verwaltung einer Produktionslinie muß die Produktionslinie selbst noch implementiert und an das MLS adaptiert werden. Für die Linienbausteine Arbeitszellen, Arbeitszellen mit Verzweigungen, Eingangsarbeitszelle, Ausgangsarbeitszelle und Bewegungssystem werden verschiedene Programme benötigt. Jeder dieser Bausteine wurde als ein aus zwei Prozessen bestehendes System realisiert. Der erste Prozeß simuliert die Bearbeitung (zufällig lange Suspendierung) und die Bearbeitungsresultate (zufälliges Ergebnis gemäß einer Voreinstellung), während der andere Prozeß ankommende bzw. abgehende Container verwaltet.

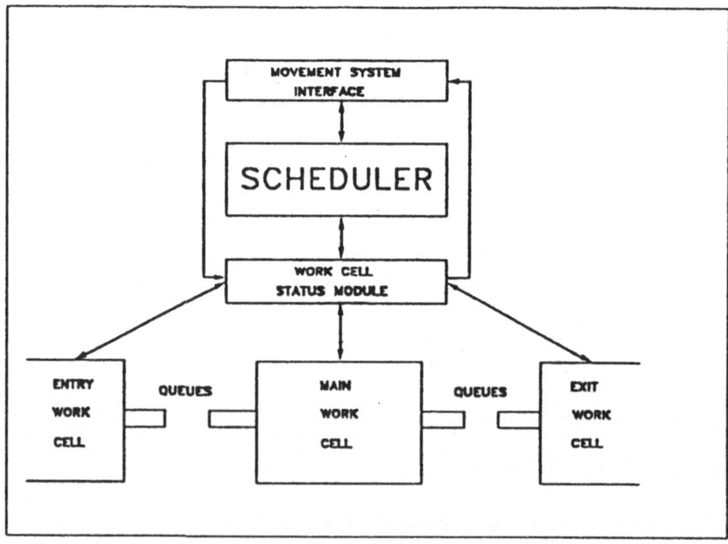

Abbildung 6. : Die drei MLS - Moduln

2.5.4 Implementierung des Kontrollprogramms

Wie bereits erwähnt, unterhalten die MLS-Moduln ständig sämtliche Daten über die Vorgänge innerhalb der Produktionslinie. Diese Daten werden den Moduln jeweils bei Fertigstellung eines Containers durch eine Arbeitszelle in Form von Nachrichten mitgeteilt.

MLS bietet die Möglichkeit, einem vordefinierten Programm Kopien aller dieser sogenannten Container Completed (CC) - Nachrichten zuzuschicken. Diese auch als Claims bezeichneten Kopien ermöglichen dem Anwender die Auswertung aktueller Liniendaten. In unserem Modell ist das Kontrollprogramm der Empfänger der Claims.

Jeder Claim enthält Angaben über die Arbeitszelle und den gerade bearbeiteten Container. Zu diesen Daten zählen unter anderem:

- Name der Arbeitszelle

- Containernummer

- Bezeichnung des Produkttyps

- Bearbeitungszeit (Completion Time)

- Resultat der Bearbeitung (NACHARBEIT, SCHROTT, GUT)

Aufgrund dieser Daten ermittelt das Kontrollmodul mit Hilfe der oben erwähnten Zeitreihenanalyse die augenblicklich geltenden Mittelwerte der Bearbeitungszeiten und Übergangsraten in Abhängigkeit von Arbeitszelle und Produkttyp.

Das Kontrollprogramm startet die Produktionslinie, indem es der Eingangsarbeitszelle den Auftrag erteilt, einen bestimmten Anfangsbestand (z.B. 6 Container vom TYP1 und 3 Container vom TYP2) in die Linie einzusteuern. Der Bestand an Containern in der Linie wird fortan konstant gehalten. Kommt von der Ausgangsarbeitszelle die Meldung (Claim), daß ein Container das System verlassen hat (ausgesondert oder fertig bearbeitet), wird die Eingangsarbeitszelle sofort veranlaßt einen neuen Container gleichen Typs in die Linie einzubringen.

Von den Arbeitszellen gehen nun ständig Claims beim Kontrollprogramm ein. Wenn jeweils eine bestimmte Anzahl Claims eingetroffen ist, wird mit den augenblicklichen, aufbereiteten Daten der Prozeß „Mittelwertanalyse" angestoßen. Ebenfalls mitgeliefert wird der zu realisierende Durchsatzvektor.

Die Mittelwertanalyse berechnet auf der Basis der neu eingetroffenen Daten den nun zur Erreichung des angestrebten Durchsatzes notwendigen Bestand (vgl. Abbildung 3) und teilt ihn dem Kontrollprogramm durch eine Nachricht mit. Dieser neue Bestand wird nun vom Kontrollprogramm konstant in der Linie gehalten. Dazu werden entweder zusätzliche Container eingeschleust oder im Fall einer Bestandsverminderung abgehende Container nicht durch neue ersetzt.

Die geschilderte Vorgehensweise wiederholt sich dann in regelmäßigen Abständen.

2.5.5 Das Programm zur Parameterstörung

Die Bearbeitungszeiten und -resultate werden in den Arbeitszellen als Zufallswerte gemäß festgelegter Ausgangsparameter erzeugt. Um nun den Steuerungsmechanismus für schwankende, nichtdeterministische Werte testen zu können, ist es erforderlich, die Parameter, zu denen die Zufallszahlen erzeugt werden, zu stören.

Dies geschieht mittels eines speziellen Prozeßes, der interaktiv neue Parameter erhält und diese über eine Nachricht den jeweiligen Arbeitszellenprozessen mitteilt. Die Arbeitszellenprozesse durchlaufen vor jeder neuen Containerbearbeitung ein „nichtblockierendes Empfangen", bei dem entweder die neuen Parameter empfangen werden oder wie gewohnt fortgefahren wird.

3. Tests, Ergebnisse und Bewertungen

Zur Bewertung der eingeführten Inputsteuerung wurden umfassende Testläufe mit der aufgebauten Produktionsumgebung durchgeführt. Zur Demonstration der Ergebnisse haben wir ein konkretes Beispiel aus der Menge des folgenden Testspektrums ausgewählt.

3.1 Einflußgrößen

Die Versuche haben gezeigt, daß der Anwender der Inputsteuerung über Steuerungsparameter erheblichen Einfluß auf das Verhalten der Linie ausüben kann. Zu diesen Parametern zählen:

- Das Produktionsziel (Gewährleistung der Durchsätze, Realisierung des Produktmixes, Durchsatzmaximierung, Kostenminimierung, ...)

- Das Abbruchkriterium, falls das geforderte Produktionsziel nicht erreicht werden kann (sekundäres Ziel)

- Die Durchsatzvorgabe

- Die Wahl des Verfahrens zur Zeitreihenanalyse und dessen Parameter

- Die Wahl des mathematischen Analyseverfahrens (z. B. Mittelwertanalyse)

- Der Anfangsbestand an Containern in der Linie und die Länge der Vorlaufzeit bis zum ersten Start der Analyse

- Die Länge der Intervalle zwischen zwei Neuberechnungen des Bestandes

Selbstverständlich sind nicht alle aufgezählten Einflußgrößen frei variierbar. Einige hängen wesentlich von der Beschaffenheit der zugrundeliegenden Linie und der betriebswirtschaftlichen Orientierung des Unternehmens ab.

3.2 Die Parameterauswahl

Das primäre Produktionsziel ist die Erreichung eines gegebenen Durchsatzvektors von 50 Stück pro Stunde von TYP1 und 20 Stück pro Stunde von TYP2. Sollte dieser Vektor nicht mehr realisierbar sein, ist das sekundäre Ziel die Erreichung des vorgegebenen Verhältnisses der Produkttypen zueinander von 2,5 : 1. Als Zeitreihenverfahren fungiert die exponentielle Glättung mit dynamischem Gewichtungsparameter, die sich experimentell als das beste der betrachteten Verfahren herausstellte. Die Fertigungslinie wurde mit einem Anfangsbestand von 6 Containern von TYP1 und 3 Containern von TYP2 gestartet. Die Mittelwertanalyse wurde nach Eingang von jeweils 25 Claims aktiviert.

3.3 Die Ergebnisse

Nach jedem Verlassen eines Containers wurde der Bestand und der Durchsatz für beide Produkttypen aufgezeichnet. Zudem wurden die von der Mittelwertanalyse errechneten Durchsätze, bei denen das Verfahren jeweils abbrach, notiert. Diese Durchsätze entsprechen im allgemeinen nicht genau den gemachten Durchsatzvorgaben, da sie auf Basis der aktuellen Liniendaten ermittelt werden und der Bestandsvektor nur diskret verändert werden kann. Nachdem 100, 200 und 380 Container das System verlassen hatten, wurden mittels des Störprogramms die Parameter, zu denen Bearbeitungszeiten und Bearbeitungsresultate in den einzelnen Arbeitszellen generiert werden, ver-

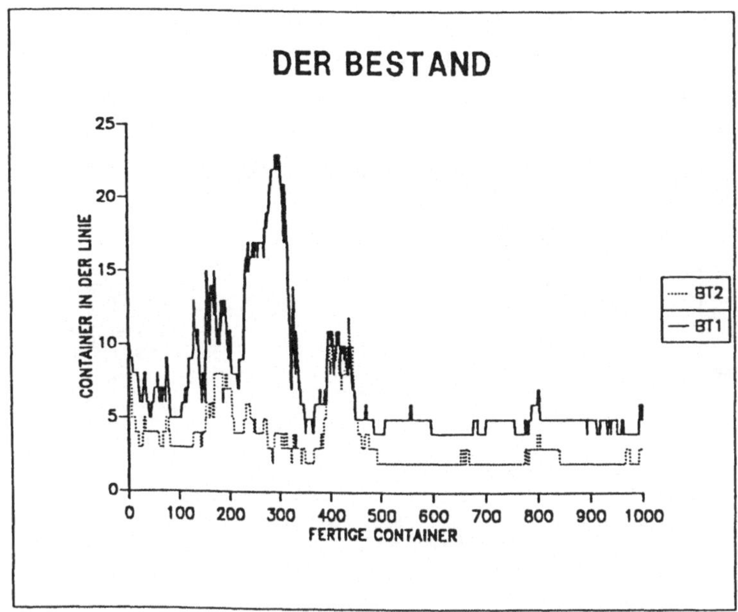

Abbildung 7. : Die Entwicklung des Bestandes

schlechtert (längere Zeiten und höhere Schrott- und Nacharbeitsraten). Entsprechend wurden die Parameter bei 280 und bei 440 fertig produzierten Containern verbessert bzw. wieder auf die ursprünglichen Werte zurückgesetzt.

Abbildung 7 zeigt die aus der Inputsteuerung resultierende Entwicklung des Bestandes während der ca. 18 stündigen Laufzeit der Linie. Deutlich zu erkennen sind die durch die „Parameterverschlechterungen" verursachten Anstiege des Containerbestandes und die nach dem jeweiligen „Verbessern" oder Rücksetzen der Werte eingetretene Normalisierung. Die Steuerung reagiert also auf eintretende Schwankungen in der Fertigungslinie durch Bestandserhöhungen bzw. -verminderungen. Die Abbildungen 8 und 9 zeigen die tatsächlich erzielten Durchsätze TD1 und TD2 für die beiden Produkttypen. Die Kurven RD1 und RD2 beschreiben die von der Mittelwertanalyse berechneten Durchsätze. Sie schwanken intensiv, weil bei einer rechnerischen Erhöhung des diskreten Bestandes keine kontinuierlichen Werte erzielt werden. Die Abbildungen zeigen, daß sich die aus der Linie erhaltenen Daten derart signifikant veränderten, daß der angestrebte Durchsatz von (50,20) selbst rechnerisch nicht mehr zu erreichen ist (bei ca. 250-280 fertigen Containern für TYP2). Die Diskrepanz zwischen den tatsächlich gemessenen Werten und den errechneten Werten (beim Durchsatz) wird durch den Overhead in der Linie verursacht. Dieser Overhead kommt durch Kommunikations- und Tabellenberichtigungszeiten (DAE und MLS) zustande, die nicht in die Bestandsberechnungen durch die Mittelwertanalyse einfließen, da sie in den Bearbeitungszeiten nicht berücksichtigt sind. Die Abbildungen 10 und 11 sind eine Gegenüberstellung der Durchsätze bei konstant gehaltenem bzw. durch die Inputsteuerung angepaßtem Bestand. Die Kurven TD1 2 und TD2 2 zeigen die Durchsätze beider Produkttypen bei Steuerung der Linie nach dem gezeigten Verfahren. Die Kurven TD1 1 und TD2 1 zeigen den gleichen Versuch bei konstantem Bestand.

3.4 Folgerungen

Die Gesamtheit der Versuche zeigte, daß sich das Linienverhalten mit der Mittelwertanalyse mathematisch modellieren läßt.

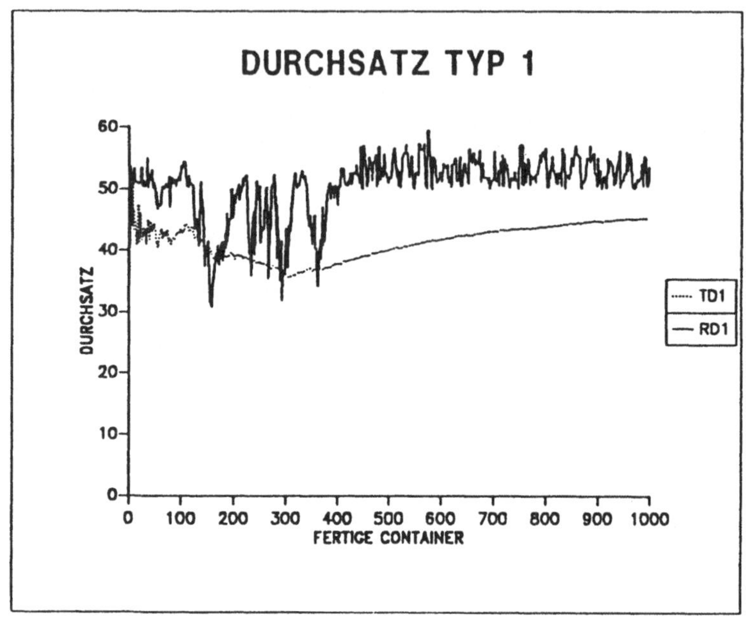

Abbildung 8. : Durchsatz TYP1

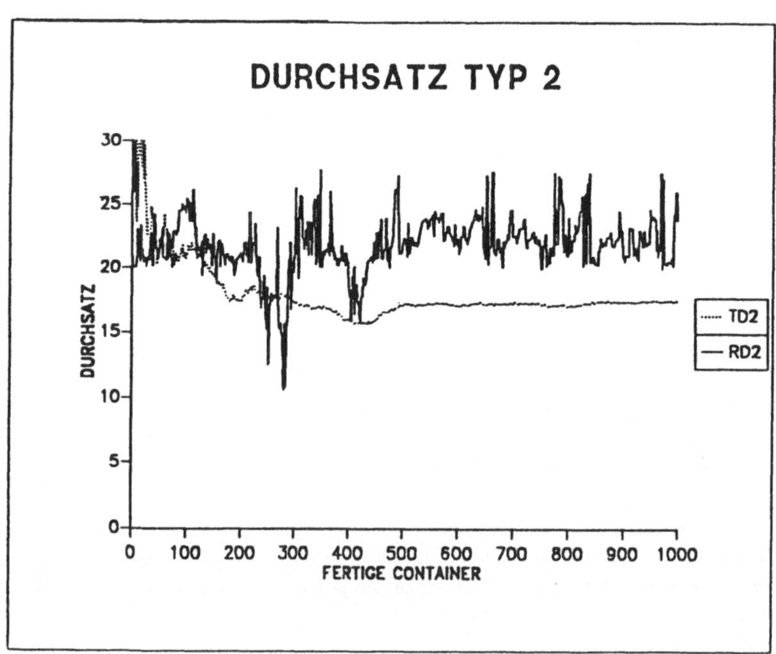

Abbildung 9. : Durchsatz TYP2

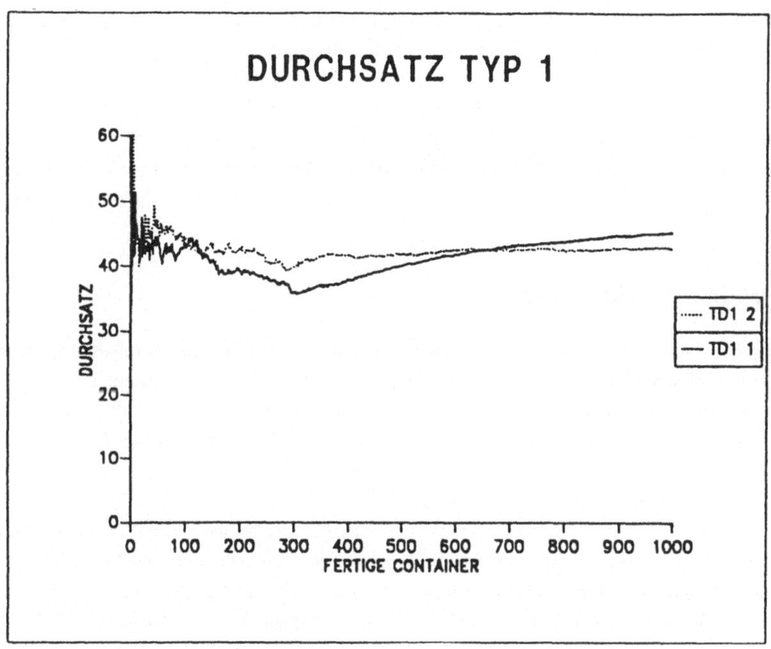

Abbildung 10.   :   Vergleich der Durchsätze TYP1

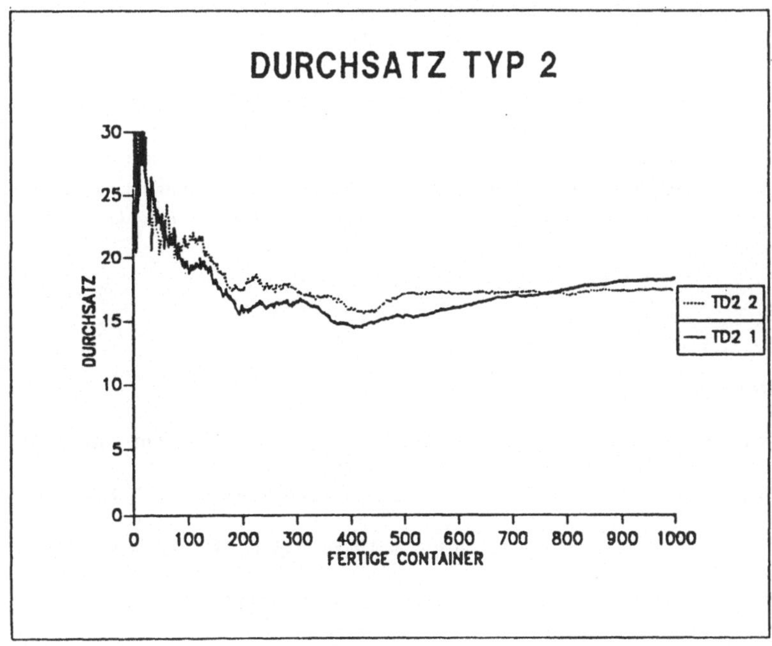

Abbildung 11.   :   Vergleich der Durchsätze TYP2

Produktionslinien mit konstantem Bestand sind nicht in der Lage Veränderungen im Linienverhalten zu bemerken und auszugleichen. Die entwickelte Inputsteuerung hingegen, die Ergebnisse lassen diesen Schluß zu, ist in der Lage, auf Störungen der Parameter mit adaptiven Bestandsveränderungen zu reagieren. Die Produktionsziele, wie Durchsatzrealisierung und Einhaltung des Produktmixes, werden durch die Inputsteuerung besser verwirklicht als mit konstantem Bestand. Große Durchsatzschwankungen über längere Zeiträume werden, soweit der Sättigungsgrad der Linie es zuläßt, durch die Inputkontrolle am Linienanfang vermieden oder zumindest gemildert.

4. Zusammenfassung

Es wurde eine Form der Liniensteuerung entwickelt und untersucht, die durch Kontrolle des Bestandes am Linienanfang versucht, ein festgelegtes Produktionsziel einzuhalten. Diese sogenannte Inputsteuerung verzichtet auf Eingriffe in die Linie und entlastet damit von Problemen der technischen Umsetzbarkeit und der mathematischen Beherrschbarkeit solcher Eingriffe.

Zur Demonstration des Steuerungsverhaltens wurde eine einfache Modellinie unter DAE/MLS aufgebaut. Die Linie beinhaltet eine Vielzahl realer Problemstellungen, sodaß aussagekräftige Resultate aus ihr gewonnen werden konnten. So brachten die Versuche an dieser Modellinie zum Teil erstaunliche Ergebnisse. Trotz relativer Unsicherheiten durch die Verteilungen von Bearbeitungszeiten und Übergangsraten pendelt sich das „Warteschlangensystem Fertigungslinie" bemerkenswert schnell auf ein stabiles Niveau ein.

Das mathematische Modell erlaubt eine gute Beschreibung des verteilten Fertigungssystems. Dadurch wird ein besseres Verständnis der komplexen Vorgänge innerhalb der Fertigungslinie ermöglicht. Auf der Grundlage dieses Modells ist die vorgestellte Inputsteuerung in der Lage, auf Veränderungen in der Linie angemessen zu reagieren, um die Einhaltung der Betriebsziele sicherzustellen.

Wegen der hohen Komplexität der Thematik ist die hier beschriebene Realisierung nur ein erster Ansatz zur Untersuchung des dargelegten Steuerungskonzeptes. Mögliche Erweiterungen sind daher in der Betrachtung alternativer Berechnungsverfahren (z. B. Bard-Schweitzer-Algorithmus; siehe [BOLC89]), anderer Steuerungsziele oder des Linienverhaltens bei Prioritäten denkbar. Daneben ist für den Einsatz in der Produktion eine verbesserte Visualisierung der Linienvorgänge wünschenswert.

Referenzen

[BOLC89] **Bolch, Gunter.** *Leistungsbewertung von Rechensystemen.* Teubner, Stuttgart 1989.

[CARC89] *CIM Architecture - Computer Integrated Manufactoring.* IBM Publikation 1989.

[CIBM89] *CIM in IBM - Computer Integrated Manufactoring.* IBM Publikation 1989.

[DAE1] *Architektur.* IBM Plant Floor Series. Distributed Automated Edition.

[DAE2] *Anwendungsprogrammierung.* IBM Plant Floor Series. Distributed Automated Edition.

[GRUE91]   Gründer, Holger. *Autodynamische Steuerung von Fertigungssystemen unter DAE/MLS*. Diplomarbeit, J.W.Goethe-Universität Frankfurt am Main, Fachbereich Informatik 1991.

[HART85]   Hartung, Joachim. *Statistik*. R. Oldenbourg, München 1985.

[MLSM]   *Material Logistics Systems Manual*. IBM Plant Floor Series. Distributed Automated Edition.

[RELA80]   Reiser, M.; Lavenberg, S.S.. *Mean-Value Analysis of Closed Multichain Queuing Networks*. Journal of the ACM, Vol. 37, No. 2, pp. 313-322, April 1980.

<u>Secure Communication for Train Control</u>

Claudia Chudoba, Dr. Bernd X. Weis, Dietrich Zeller
Alcatel SEL Research Centre, ZFZ/SE1
Lorenzstr. 10
D-7000 Stuttgart 40

1.   Introduction

In this paper we will elaborate on specific aspects of security as related to safety in an environment where safety is the major concern - train control systems.

There are German and European initiatives dealing with the problem of how to perform train control based on radio links to trains [1]. The radio system has to support the following service groups:

*   safety relevant communications, i.e. train control (see figure 1.1),
*   railway specific non safety relevant communications, i.e. verbal communications between train engineer and train control centre, disposition of trains, diagnostics, maintenance, customer service (see figure 1.1),
*   public communications to and from the train, i.e. public telephony (see figure 1.2).

A radio system for train control as discussed in the DIBMOF-Project (Dienste Integrierender Bahn-Mobilfunk) of the German Railway Authority will be based on the European GSM standard [2], but modifications on top of the standard GSM systems will be necessary to ensure the specific security and safety requirements (see figure 1.1). For railway specific services a 4 MHz band in the 900 MHz band has been reserved.

The train control system uses messages to exchange information between train and train control centre. Therefore, the main tasks are to make sure that

(1)   data integrity is ensured,
(2)   the communicating entities are clearly authenticated,
(3)   incorrectly transmitted messages are detected,
(4)   messages arrive at their destination via different network paths and at different times within predefined time periods,
(5)   as many messages as possible receive their destination.

The main aspects of a train control system and the corresponding safety and security requirements are depicted in figure 4.1.1 .

Requirements (1) and (2) are clearly problems which are tackled with cryptographic methods. Requirement (3) is a problem of coding theory. Requirement (5) is listed for obvious reasons. Requirement (4) arises from the possibility of fading channels in the GSM radio link from a base transceiver station (BTS) to the train and vice versa. A multi-path, multi-time protocol in the GSM network as well as a frequency selective

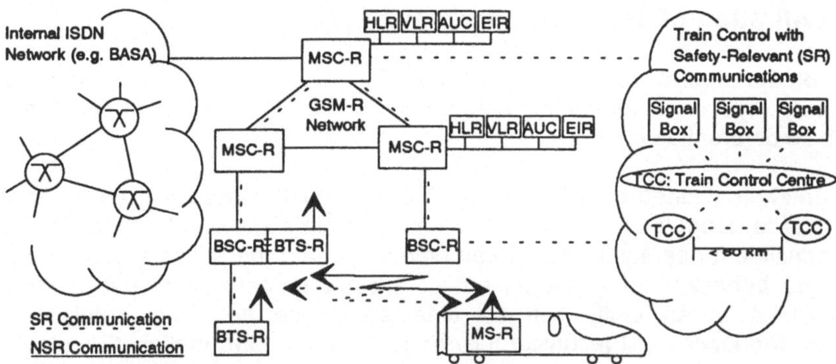

<u>Figure 1.1:</u>   Railway internal communications: Safety relevant (SR) and non-safety relevant (NSR) services (for abbreviations see 2.)

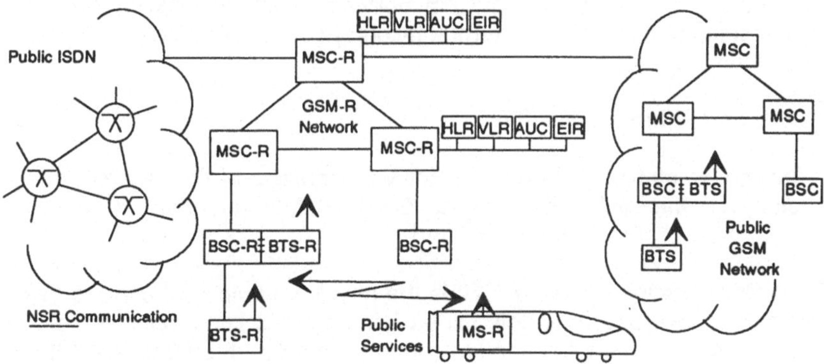

<u>Figure 1.2:</u>   Public communications (for abbreviations see 2.)

protocol will considerably reduce the probability that inter- and disrupted as well as fading channels do jeopardize communication between train control centre and train. The requirements are that

*   any train is covered by at least two BTSes,
*   several messages are sent via topologically and chronologically different disjoint paths to the BTSes,
*   the messages from BTSes to train are sent on different carriers because of frequency selective fading.

In this paper we present

*   cryptographic mechanisms and key management procedures for requirements (1) and (2),
*   suitable error detection mechanisms (3), and
*   a system architecture including protocols for requirements (4) and (5).

A major concern for the development of such a system is its qualifiability i.e. that the validity and the functionality of the implementation are subject to a rigorous conformance and qualification test procedure.

2. Definition of Terms and Abbreviations

Safety of the operation and the dependability of the operation of train control systems are system attributes that are on one hand connected but on the other hand have to be differentiated. [3]

- Safety is defined as the certainty that the effect of occurring errors does not lead to dangerous situations, i. e. safety is the absence of danger. The basic principle for safety in the railway environment is the fail-safe behaviour. Fail-safe behaviour of a component or system entity means that errors in or failures of an entity can be detected or do not have safety relevant consequences. All technical failures and also human malfunction shall have an effect towards the safe side, e.g. the train is slowed down or stopped.

- Dependability is that property of a system that allows reliance to be justifiably placed on the service the system delivers. A dependable system is prone against impairments (faults, errors, failures) as well as reliable and reasonably often available.

GSM Terms and Abbreviations ([2])

- The mobile station (MS) (or MS-Railway) consists of the physical equipment used by the subscriber to a GSM PLMN to gain access to the telecommunications services offered.

- The Base Station System (BSS) is the physical equipment used to give radio electrical coverage to a determined geographical zone called a cell, and to contain the equipment needed to communicate with MS attached to the same. Functionally, a BSS is subdivided in turn into a control function carried out by the base station controller (BSC) and a transmitting function carried out by the base transmitter station (BTS), which are the transmission equipment radio electrical covering each cell.

- The Mobile Service Switching Centre (MSC) is a switching centre that holds all the switching functions needed for mobile located in an associated geographical area, called an MSC area.

- The Home Location Register (HLR) is a data base used for the management of mobile subscribers.

- The Visitor Location Register (VLR) is the functional unit that dynamically stores subscriber information, such as location area, when the subscriber is located in the area this VLR is in charge of.

- The Authentication Centre(s) (AUC) is in charge of providing the authentication key used for authorizing the subscriber access to the associated GSM .

- The Equipment Identity Register(s) (EIR) is in charge of handling Mobile Station Equipment Identity included with each Mobile Station.

3. Threats to a Railway Communication System and possible Measures against them

The basic configuration for the transmission of data for train control is a communication context that exists between a computer system in a train (terminal/end system A) and a computer system (terminal/end system B) in the train control centre (figure 4.1.1). The transmission of train control messages will take place via a communication system that provides certain communication channels. In our considered system, a main part of the communication path will lie in a radio system that is based on the European GSM standard [2]. This system offers a circuit-switched communication that uses radio paths and line transmission (figure 1.1).

Threats that impair the communication between two end systems can influence either the end systems itself or can have an effect on the communication path. In the following the threats that can occur on the communication path are identified and classified. The threats specific for the transmission of train control messages and the security services and security functions necessary in a system to tackle with the threats are described and possible countermeasures are introduced.

3.1. Relevant threats for the transfer of train control messages

In general there are three categories of threats:

- passive attacks,
- active attacks,
- random or unintentional falsifications.

Passive attacks take place without alteration of the transmitted information and without influence on the operation of the communication system. They occur intentionally and with the aim to gain information. Passive attacks can be prevented via suitable security procedures. The main threat relevant for train control is:

Monitoring the transmitted data: A listener gains access to data or an information and can use it for her/his purposes. In the railway environment this could be listening to the distribution of encryption keys in the case of symmetric encryption procedures.

Via active attacks the transmitted data is altered and the communication process is influenced. Active attacks can practically not be prevented but have to be detected in a safe system. The threats in this category are:

Repetition or delay of a train control message: The receiver can thus be irritated or induced to carry out a wrong action.

Insertion or deletion of a train control message: The receiver can be lead to a wrong behaviour.

Modification of a train control message: The attacker modifies data in a 'reasonable' way, so that the receiver can not detect the modification.

Boycott of the communication system: If the amount of inserted or deleted data is too big or real-time oriented data are delayed too long, the whole communication can thus be boycotted.

Masquerade: An attacker masquerades himself as a legal user of the system to get information or to trigger actions, to gain certain privileges that enable the attacker to harm the system.

Random or unintentional falsifications can be:

Misrouting of information: Within a network, information can get on a wrong path when during connection establishment a connection is made to a wrong user or e.g. if in a packet switched network data packets are routed in an exchange to a wrong path. Train control messages destined for another train could reach a specific train.

Transmission errors: Transmission errors arise from influences that have an effect on the communication path. They can lead e.g. to bit errors, burst errors, bit slips.

Software errors: Software packages can contain errors, that lead to a faulty reaction of the system or to a modification of the data.

Hardware errors: Hardware failures can lead to a modification or deletion of the transmitted data, e.g. through breakdown of the communication channel.

3.2. Security services and security procedures

A safe/secure system must offer security services to counteract the described threats. These security services are realized in a communication network via specific security procedures. The security procedures use mechanisms of cryptography, specific coding schemes, communication protocols and an appropriate system design.

The following security services [4] and functions have been identified for implementation in the system for the transfer of train control messages:

Data confidentiality: The messages are protected in a way that they can not be read in clear text by a not authorized third person.

Data integrity: With this services it can be recognized if data have been deleted, inserted, modified or repeated.

Authentication of the communication partners: It is ensured that the partners that establish a communication relationship are really the persons or entities they claim to be.

Authentication of the data origin: It is proven who is the originator of the data.

The following table gives an overview on the different types of threats, the necessary security services to ward off the threat and the security procedures that have to be implemented in the communication system.

Threat	Security Service/ Security Function	Security Measure
Monitoring of data	Data confidentiality	Cryptography
Repetition or delay of messages	Data integrity	Cryptography, Channel coding, Comm. protocols
Insertion or deletion of messages		
Modification of messages		
Boycott of the communication system	Redundancy of system entities	System design
Masquerade	Authentication of communication partners	Authentication procedures, Cryptography
Misrouting of messages	Authentication of data origin	
Transmission errors	Data integrity	Cryptography, Channel coding, Comm. protocols
Software errors		
Hardware errors		

Table 3.1: Threats, necessary security service and possible security procedures

4. Security Concept for the Transmission of Train Control Messages

4.1. Architecture

In the following the security measures described in chapter 3 are build into the general concept for secure communication with respect to the application train control. The concept and the location of the security measures within the communication system is shown in figure 4.1.1. The basic idea is that the certification of the security/safety of the system, as it is demanded by the railway operators, can be restricted to a security kernel. For this purpose an interface has been introduced between the security kernel and the communication system that is used for the transmission of the information.

Within the security kernel, by definition none of the described threats will occur and the certification of the secure operation and fail-safe behaviour has to be proven to the railway authorities for the security kernel only. Within this kernel the railway-specific secure communication link is guarantied on an end-to-end basis and the safety is monitored. Error detection procedures relevant to safety and e.g. procedures and protocols to monitor the availability of the communication channel and the delivery of the train control messages correct for place and time are located here. The error detection procedures are used for the provision of data integrity. They ensure that undetected errors in a train control message are almost impossible. For this purpose the use of a specific cryptographical code - the message authentication code (MAC) - is proposed which is described in more detail in the following section.

All system components that have to face the described threats can be found below this interface; these are the transmission and switching equipment of the communication system inclusive the GSM-radio system as part of the transmission path. The parts of the system that are located outside the security kernel are not subject to a rigorous security certification procedure by the railway operator. Within this part, measures intended to increase the dependability of message transmission, e.g. implementation of error correction procedures ideally suited for the error characteristics of the radio link, introduction of redundancy by double radio coverage and suitable planning of the network structure are foreseen. Some of these aspects are discussed in section 4.3 .

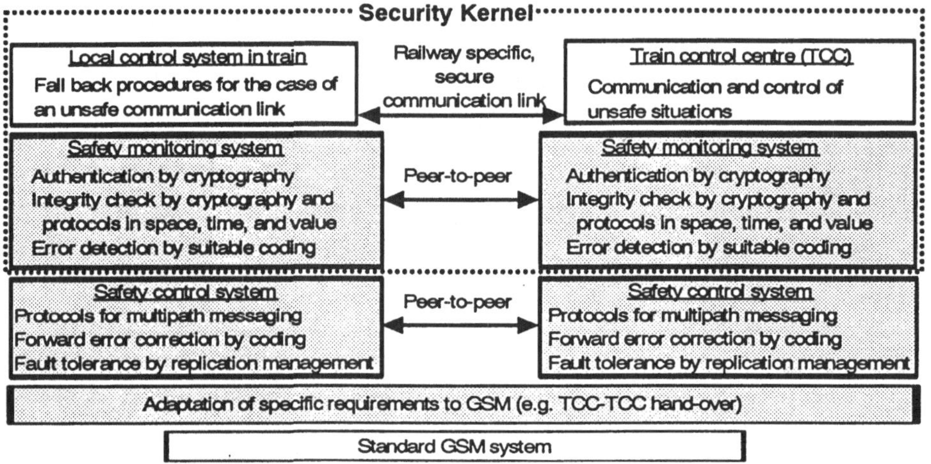

<u>Figure 4.1.1:</u> Architecture of railway specific, secure communication based on GSM

4.2. Cryptography

4.2.1. Reason for Use of Cryptography

As pointed out above the safety relevant train control communication uses a communication network that is also for public use. This introduces the need to separate the different classes of users of the telecommunication infrastructure.

In terms of security, what is needed is an authentic and integrity guaranteeing communication link between a train control centre responsible for a rail cut and the on board control computers of a trains within such a cut. Because the mechanisms to provide this secure link should not lie within the communication network for cost and validation reasons, the only possible way to achieve it, is to use cryptographic mechanisms. The use of cryptographic mechanisms implies of course the introduction of means to manage these mechanisms (e.g. key management) [5].

4.2.2. Characterization of Cryptography

The goals of cryptography are to provide confidentiality and/or authenticity/integrity of data in transmission or in storage.

The means to achieve these goals are cryptographic algorithms. Examples are for instance encipherment algorithms, to code data in a way that is not intelligible to entities not knowing the algorithm, and message authentication codes (MAC) which add to data a sort of checksum. MACs can only be generated or checked by entities knowing the respective algorithms (or keys to mark distinctly the communication specific instantiations of the algorithm), and have the property that entities not knowing the algorithm (or key) aren't able to change data and MAC in a way that leads to another valid pair [6].

Most cryptographic algorithms are depending on a parameter - the key - to mark distinctly the communication specific instantiation of the algorithm. The knowledge or possession of currently valid keys is tantamount to the ability to execute the algorithms. Thus a logical separation between authorized and not authorized entities can be achieved by a suitable distribution of the keys to the authorized ones. Thus, the problem of providing confidentiality or authenticity it transferred to the problem of key management i.e. the problem of secure distribution, secure storing and secure invalidation of keys.

Cryptography alone can not solve the problem of replay. For instance in railway application the cryptograpically secured information "speed up to 200 km/h" could be intercepted by an attacker and used in a wrong context e.g. ahead of a sharp turn if there are no other precautions against this threat. The solution of this problem is that sender and receiver have agreements or follow protocols that allow to discover such replays. For this, it is necessary that the transmitted data are carrying information to allow to decide if they are valid or not. This can be done explicitly by adding information like sequence numbers or time stamps or implicit by changing the cryptographic keys frequently so that the decision can be done with respect to the actuality of the used keys.

4.2.3. Message Authentication Code for Transmission Error Detection

Safety requires not only that data in transmission is protected against deliberate alteration or replay of data but also of unintentional alteration caused by fault or radio jamming. The detection of this unintentional alteration can be made by block codes . There is a great variety of such codes to suit to individual error distribution characteristics of channels [7]. The effect is that probable error patterns will be detected with 100% certainty less probable errors with probability of approximately $1 - 2^{-m}$ where m is the size in bits of the redundancy added by the block coding.

The situation in railway application is that mechanisms should not be tailored to special channel characteristics but should be general requiring only one safety proof for all the possible channels. For this situation it seems a good solution to use MAC block coding, not only for security but also for error detection, because the situation requires that the coding should be in such a way, that no error distribution leads to an expectation of undetected errors greater than 2^{-m} , where m is again the size of the redundancy. There are several arguments that MACs have this property under the realistic assumption that the sender transmits sequences of different messages (code words). One argument is that by definition [6] a MAC has the property that there should be no alteration to data and corresponding MAC that leads to another valid pair with a higher probability than other alterations.

4.2.4. Form of Train Control Datagrams

A datagram has fields to carry the control information used by the application but also has to carry implicit or explicit information about the sender, receiver, destination location and the time so that the receiver is able to check the validity of the datagram. This is necessary because the validity of the control information is depending from the time varying state of the rail cut, from the location within the cut, the special train configuration and the authenticity of the sender. A MAC is appended to the above described fields to secure them against alteration or to carry some of the actuality check information implicitly.

4.2.5. Key Management

The required key management for use of cryptographic mechanisms like MACs depends on the application. In the following, some requirements coming from the specific application are given.

*   The number of train control centres and trains equipped are envisaged to be 100 respectively 2000.

*   Communication links are point to point from train control centre to train and vice versa. Train to train communication isn't provided but centre to centre communication is needed. This restriction of possible links allows to reduce the amount of key material to be exchanged.

*   The authenticity of the peer communication partners must be ensured by cryptographical means to the respective receivers.

*   Key storage within control centres can be considered as physical secure because only a very limited group of railway staff has access and the buildings are guarded by the authorized staff.

*   The situation within trains is quite different. The only protection measures are locks. Therefore a key management should be in a way that theft of cryptographic keys or devices can't influence the safety of other trains.

*   The use of on-line key exchange centres should be avoided because it imposes communication overhead and the need for a new infrastructure.

*   The bandwidth of the communication channels is very limited so that only a minimal amount of additional data fields to allow for actuality check should be necessary. This leads to the requirement that key exchange should be as frequent as possible and at least should take place each half an hour or when a train is entering a new rail cut handled by another rail control centre (remark: half an hour is more than the average duration of stay within a cut).

The above stated requirements can be met by a key exchange scheme that exchanges - in advance of operation of a centre or a train - individual keys between the trains and the corresponding train control centres (see figure 4.2.1). These keys will be used in operation as key exchange keys to exchange session keys which will be used to generate the actual MACs. In addition the key exchange keys will allow a mutual authentication of peer communication partners i.e. individual train and responsible train control centre. The total number of keys to be exchanged is in practice magnitudes less then the maximum number of 100*2000/2 = 100000. Thus the scheme is feasible for implementation and operation.

Corruption of keys within trains will only affect the safety of the respective train. This safety threat is comparable to threats like mounting bombs on the respective trains and therefore the use of the cryptographically secured communication links don't impose greater safety threats than the already existing ones.

Authenticity can be established with the assumption that the individual keys are only known to the individual train - centre communication pairs and with protocols using this knowledge that allow the peer partners to prove each other its authenticity. Figure 4.2.2 shows a possible protocol to establish authentic session keys which are used for cryptographic integrity protection with MAC. If C is masquerading as A or B he is not able to compute KSab because he doesn't knows KKab. Therefore B or A will detect the masquerading because his communication partner isn't able to create messages with correct MAC.

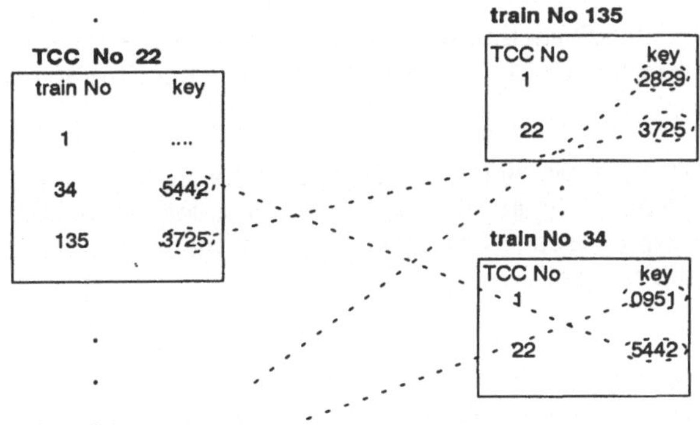

Figure 4.2.1: Individual key encrypting keys for each pair train control centre - train

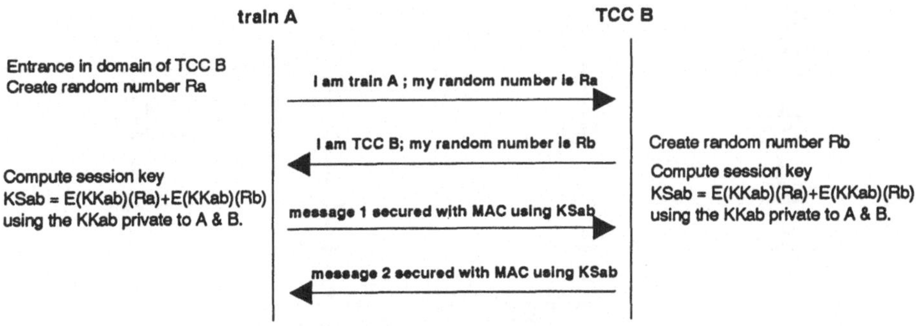

Figure 4.2.2: Authentic session key exchange followed by secure communication

4.3. Dependability of the Communication System

4.3.1. Multi-message system

4.3.1.1. Methods employed

In an environment with dominating safety requirements it appears to be insufficient to transmit a message just once for any security measures as described in the previous sections will not guard the system against message loss. For many reasons a message may get lost and undisrupted service is endangered. Even though there will be fall back procedures to ensure system safety which might be - in the case of railways - to stop all trains. However, for a transport enterprise this is not necessarily desirable for customers expect safe as well as reliable and dependable service provision.

Hence, to ensure a safe and undisrupted schedule it is necessary to maintain control over the train at essentially all times. This implies that a minimum of messages should be lost or unrecoverably corrupted on the transmission path and that messages arrive at the receiver in due course.

Thus, to increase the probability that a message arrives at the receiver essentially two aspects have to be considered represented here by methods A and B.

Method A:

Messages are sent via different, disjoint paths through the network. An example is given in figure 4.3.1a where message M is duplicated in a message server (messages M_1 and M_2) and messages M_1 and M_2 are routed over different paths to the train.

Method B:

Messages are sent at different times T and T' through the network with no restriction on the paths. An example is given in figures 4.3.1a and 4.3.1b where message M is duplicated in a message server (messages M_1 and M'_1) and message M_1 is sent immediately at time T while message M'_1 is delayed for some time (T' - T).

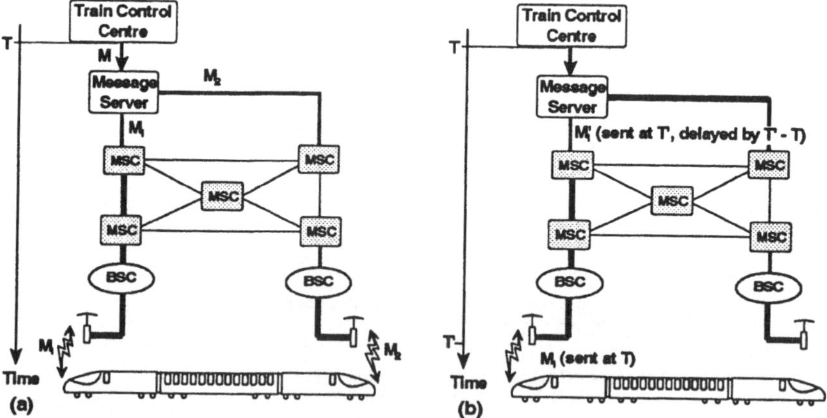

<u>Figure 4.3.1:</u> Messages sent via different routes (a) and sent at different times (b)

4.3.1.2.　Topologically different, disjoint paths

The requirement for sending messages over several, topologically different and disjoint paths arises essentially from the following aspects. Information / command delivery from / to the train via messages should be as independent as possible from

*   the current state of the network, i.e. the interruption of one network link,
*   the break-down of transmission equipment, i.e. a base station or a base transceiver station,
*   the current state of one air link, i.e. deep fades on one air link due the local, topographical environment e.g. in curves, under bridges or in tunnels should not disrupt communication form/to the train.

The requirement of topologically different, disjoint paths to the train has implications on the structure and the functionality of the network, which will be discussed in section 4.3.2 .

4.3.1.3.　Chronologically different paths

Sending information / commands via chronologically different paths allows delivery even in the case when there is a time limited disruption of the communication links to the train. Causes of a time limited disruption of the links are

*   network congestion due to extensive traffic e.g. in the surroundings of a railway station,
*   short-time interruption of the air link e.g. due to lightnings and thunderstorms, or other bad weather conditions,
*   short-time fades of the air link due to unfavourable topological conditions.

4.3.2. Double radio coverage of trains

Double radio coverage for the trains is sufficient since further redundancy apparently would not increase reliability for topological reasons (see figure 4.3.2). Thus, any train has to be covered by at least two base stations or base transceiver stations, respectively. In addition further requirements are to be satisfied.

(1)   The train control centre is connected to at least two main switching centres or base stations (see figure 4.3.1).
(2)   Adjacent base transceiver stations must be connected to different base station controller to ensure that the break-down of one base station controller still allows to maintain a communication link to the train.

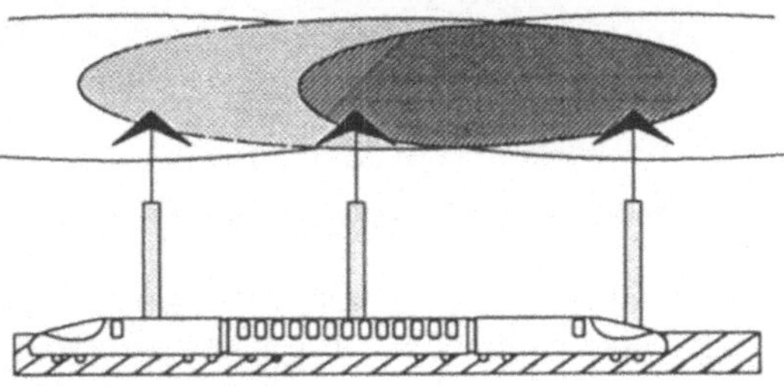

Figure 4.3.2: Double coverage of trains

The planning task is therefore as follows:

> The tracks are covered by N base transceiver stations which are to be controlled by M base station controllers. Assign the base transceiver stations to base station controllers such that

M is minimal and

(1)   the m-th base station controller is connected to $1 \leq N'_m \leq N_m$ BTSs with N_m the maximum number of BTSs which can be connected to a BSC, and

$$\sum_{m=1}^{M} N'_m = N \quad \text{where } N'_m \leq N_m$$

(2)   adjacent base transceiver stations are connected to different base station controllers.

It is evident that other optimization objectives can be pursued, e.g. the minimization of cable length or a minimization of cost which is a combination of both objectives mentioned above.

The task at hand can be formulated as a graph-theoretical problem (cp. [8]). Define the base transceiver station as nodes. If the coverage areas of two base transceiver stations overlap, introduce an edge between these two nodes (see figures 4.3.3a, b). This will result in a graph G.

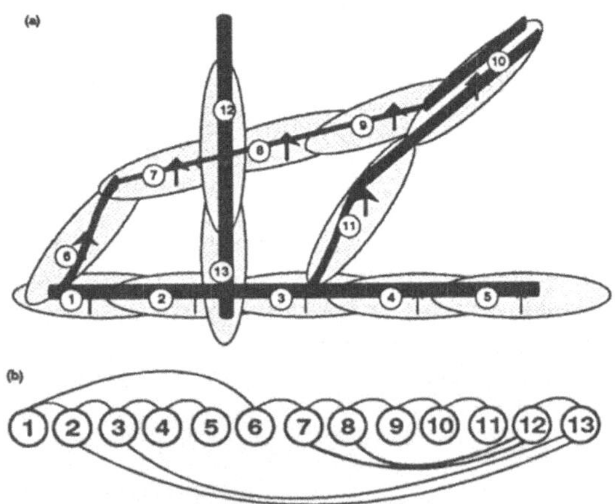

<u>Figure 4.3.3:</u> Example of
          (a) base transceiver station configuration (b) corresponding graph G

To further the elaboration of this problem M-partite graphs are introduced. A M-partite graph is a graph whose node set is partitioned into M subsets - called partitions - which are mutually disjoint. In addition, the nodes of a partition are mutually not adjacent. Hence, the task can now be described as follows (for an example see figure 4.3.4).

Find M partitions P_m of the graph G where

M is minimal

with the cardinality constraint $1 \leq \mu(P_m) \leq N_m$, $1 \leq m \leq M$.

Consequently, the main switching centre and base station controller interconnection network has to follow the same rules. But, the main switching centre can serve quite a few base station controllers and hence, beside structural issues cost issues become a major design aspect. However, a typical network structure satisfying the requirement (2) from above is given in figure 4.3.5.

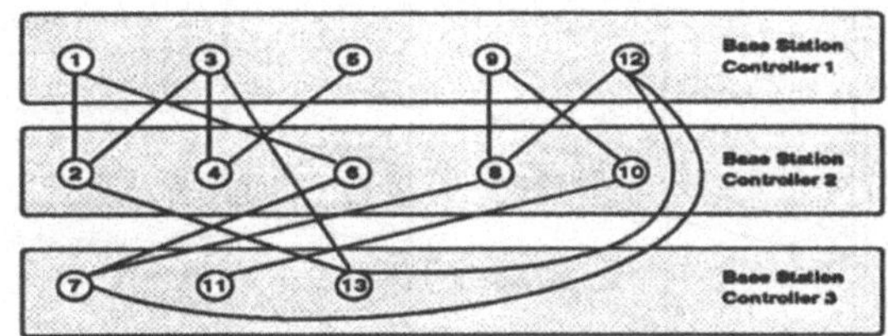

Figure 4.3.4: Example of a 3-partite graph G where $N_m = 5$

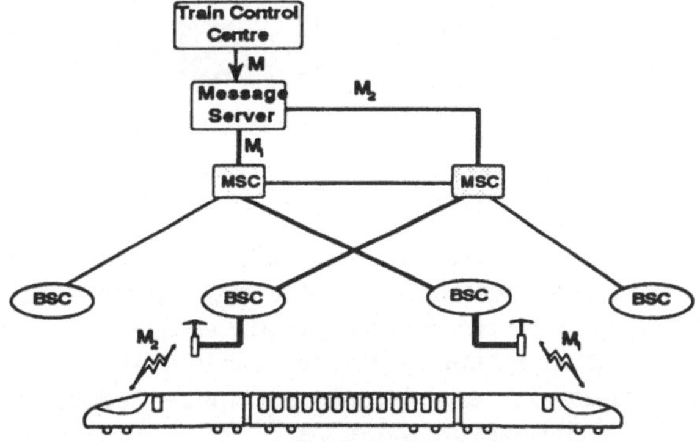

Figure 4.3.5: Network structure for multi-path messaging

4.3.3. Protocols

The protocols for messages sent via topologically and chronologically different paths are actually very simple. A proposal is shown in figure 4.3.6. If the message loss rate of a communication link is P the message loss rate will drop to P^4 , e.g. from 10^{-2} to 10^{-8}.

Further, in the case of undisrupted communication links four messages will arrive at the train. Of course, these message will be compared to each other to make sure that the message contents is not corrupted. Finally, the messages received are retransmitted back to the message originator as an acknowledgement. The retransmitted messages are either the full messages as received of just a characteristic of the message which can be generated by cryptographical means. On both sides checks against the other messages are performed. If the result is satisfactory, the message is accepted and further processed. It is evident, that all procedures are time supervised and if an acceptable result is not achieved in the given time frame very specific safety fall back procedures are initiated.

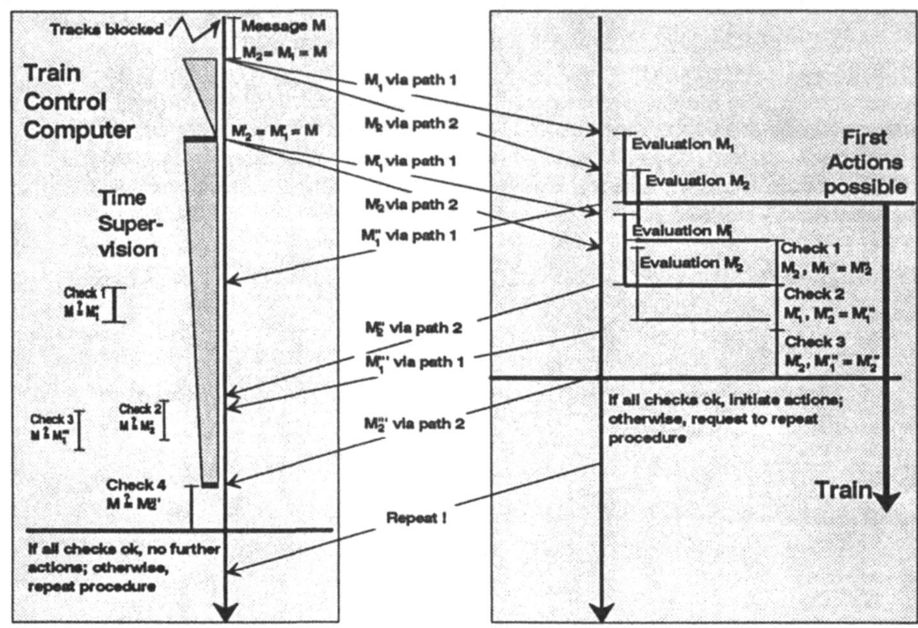

Figure 4.3.6: Message flow

5.   Conclusion

In this paper a concept for a radio system with a specific application has been presented. The major tasks - system safety, security and dependability - have been identified and solutions pointed out. System security as a basis for system safety can be achieved with cryptographical methods. System dependability is strongly depended on the geographical environment and influenced by topological means and protocols adapted to the network structure.

References

[1]   L. Wehner: Europäische Signal- und Telekommunikationstechnik. Signal + Draht 82 (1990) 1/2
[2]   ETSI: GSM 01.02   "GENERAL DESCRIPTION OF A GSM PLMN"
[3]   A. Avizienis, J. Laprie: Dependable Computing: From Concepts to Design Diversity. Proceedings of the IEEE, Vol. 74, No. 5, May 1986
[4]   ISO/OSI 7498/2: Security Architecture
[5]   D. Gerberick: Cryptographic Key Management. SIGSAC Review, 1990
[6]   D. Davies, W. Price: Security for Computer Networks. Wiley & Sons, 1989
[7]   R. Blahut: Theory and Practice of Error Control Codes. Addison-Wesley, 1984
[8]   E. Horowitz, S. Sahni: Fundamentals of Computer Algorithms. Springer, 1978

jointXwork -
Konzepte Multimedialer Telekooperationsprodukte

Kilian Golm

Anna Tóth-Kischkat

Sietec Berlin, Bereich Kommunikationstechnik

Ziele

Im Rahmen des von der DETECON, einer Beteiligungsgesellschaft der DBP Telekom, geförderten BERKOM Programms ist von der Sietec, Bereich Kommunikationstechnik, im Projekt Joint Editing (JE) ein Konferenzmodell entwickelt worden, das mehreren Teilnehmern das gemeinsame und gleichzeitige Bearbeiten von Dokumenten erlaubt. Es stützt sich auf die Standards UNIX und X11 und ist damit rechnerunabhängig. Die Integration von multimedialen Komponenten im WAN Umfeld wurde durch den Einsatz von B-ISDN in ATM-Technik unterstützt.

Schon bei diesem Pilotprojekt wurde großer Wert auf folgende Qualitätsmerkmale gelegt:

- eine benutzerfreundlichen Oberfläche
- die leichte Bedienbarkeit des Systems
- die Wirklichkeitsnähe des Konferenzmodells
- die Realisierung des Arbeitsvorganges ohne Medienbrüche
- die Möglichkeit Farbbilder zu integrieren

Das Projekt Joint Editing hat die Machbarkeit und die Vorteile des gemeinsamen, simultanen Arbeitens auf räumlich weit auseinanderliegenden, vernetzten Rechnern nachgewiesen. Das JE-System ist eine Breitband-ISDN Applikation, die auch im Ethernet eingesetzt werden kann.

Die Erfahrungen aus dem Pilotprojekt Joint Editing haben zu einer Abstraktion der Ziele geführt. Mit einem universellen Produktansatz wird nun ein breit angelegtes kooperatives Arbeitsplatzkonzept - **jointXwork** - entwickelt.

- Die genannten Qualitätsmerkmale werden voll erhalten.

- Die B-ISDN Technik wird künftig auch für Fernverbindungen nicht vorausgesetzt.

- **jointXwork** wird von der gemeinsam zu nutzenden X-Applikation entkoppelt.

Der Funktionsumfang von Joint Editing wird in dem Produkt **jointXediting**, das modular das DTP-System FrameMaker auf **jointXwork** aufsetzt, erhalten und ergänzt.

- **jointXediting** macht das Desktop-Publishing-System FrameMaker verteilt nutzbar. Anwender können so auch in der Gruppe weiterarbeiten, wie sie es allein gewohnt waren.

- **jointXediting** setzt den FrameMaker modular auf **jointXwork** auf und ist damit versionsunabhängig.

Einordnung in die Kommunikationslandschaft

Allgemeines

jointXwork ist über UNIX und X11 netzwerkfähig, ermöglicht kooperatives Arbeiten über X-Window-Sharing und koordiniert es mit Hilfe eines Konferenzmodells. Es ist als Client-Server-Architektur realisiert. **jointXwork** verhält sich gegenüber der X-Applikation (X-Client) als Server, und gegenüber dem Anwenderterminal (X-Server) als Client. Die Prozesse laufen auf einem zentralen UNIX-Rechner ab, auf dem auch die Datenhaltung erfolgt. Die Netzanbindung erfolgt über die TCP/IP Schnittstelle von X11. **jointXwork** wird als Basis in Verbindung mit einer X-Applikation genutzt.

Es gibt z. Z. noch keine gültigen Standards für synchrone Konferenzen und kooperatives Arbeiten. Die Sietec ist jedoch im Rahmen der BERKOM Arbeitskreise

Multimediale Teledienste an der Entwicklung entsprechender Standards beteiligt, und wird **jointXwork** kompatibel halten.

Parallel zu den Daten wird auch Ton übertragen. Die Audiointegration für Teilnehmer, die über ISDN verbunden sind, wird über die Schnittstelle S_0 realisiert .

Konferenzteilnehmer, die über das Netz mit der Zentrale verbunden sind, können sich beliebiger Hardware bedienen (PCs, Workstations, X-Terminals), solange gewisse Grundanforderungen (z. B. kompatibler X-Server, Bildschirmmaße etc ...) erfüllt sind. Daraus folgt, solange ein UNIX-Rechner im System existiert, auf dem **jointXwork** installiert ist, können sogar PCs an einer Konferenz teilnehmen.

jointXwork hat eine graphische Oberfläche. Alle konferenzbezogenen Aktionen werden über ein Menue gesteuert. Die Benutzeroberfläche entspricht dem OSF/Motif Styleguide.

Netzverbindungen

Die Netzverbindungen im **jointXwork**-System basieren auf der TCP/IP Protokollfamilie, einem Industriestandard, der auf allen gängigen UNIX-Rechnern zur Verfügung steht.

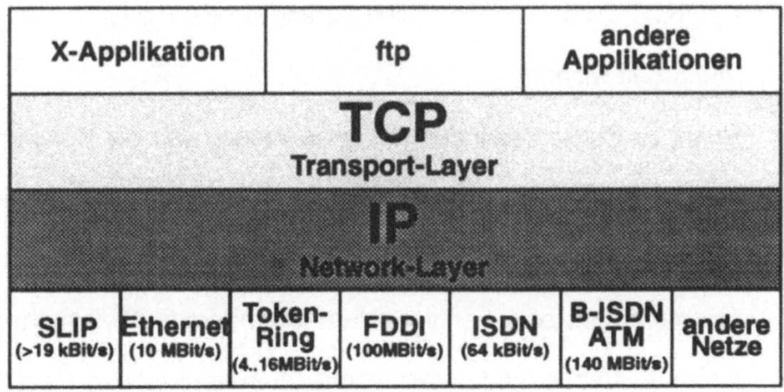

Bild 1: Datenkommunikation von jointXwork

Durch Verwendung dieses Standards ist es möglich, **jointXwork** auf unterschiedlicher Netzwerk-Hardware zu nutzen, so z.B. serielle Schnittstellen (SLIP), Ethernet, Token-Ring, FDDI, Schmalband-ISDN und Breitband-ISDN in ATM-Technik.

Durch die Unterstützung der seriellen Schnittstelle, können prinzipiell auch Verbindungen über schnelle Modems realisiert werden. Flüssiges Arbeiten ist schon mit Schmalband ISDN, also ab 64 kBit/s möglich.

Für die Übertragung von Audio- und Videodaten wird zukünftig das XTP-Transportprotokoll an Bedeutung gewinnen, da es einen effizienten Austausch großer Datenmengen auf schnellen Netzen erlaubt, was gerade im Videobereich erforderlich ist.

Leitlinien

Bei der Realisierung von **jointXwork** wurden Erfahrungen aus dem Pilotprojekt Joint Editing gezielt umgesetzt.

- Die Realisierung von Shared Windows - das applikationsgebundene Versenden von Bildschirmfensterinhalten - reicht nicht (Shared Screens - das Verschicken kompletter Bildschirminhalte - dann natürlich erst recht nicht).
- Homogene Hardware vorauszusetzen reicht nicht.
- Die Integration einer parallelen Sprachverbindung ist für die reibungslose Zusammenarbeit wichtig.
- Punkt zu Punkt Verbindungen herzustellen, also die Kooperation zweier Teilnehmer zu gewährleisten reicht nicht, Mehrpunktverbindungen sind notwendig.
- Es macht keinen Sinn, mit ständig neuen Applikationen den Markt zu fluten. Zusammenarbeit zwischen verteilten Anwendern muß vielmehr auf der Basis von offenen Systemen, und bereits verbreiteten Applikationen realisiert werden.

Effektive Zusammenarbeit erfordert die Synchronisation der Beiträge der verschiedenen Mitarbeiter. Daher wurde für **jointXwork** ein Konferenzmodell entwickelt, das sich am Alltag orientiert und die Arbeitweise am runden Tisch abbildet.

Ein System, das einem möglichst großen Kreis von Mitarbeitern die Zusammenarbeit ermöglichen soll, muß eine heterogenen Systemlandschaft (HW und SW) unterstützen und sich an gängigen Standards orientieren.

Die Unterstützung der Datenkonferenz durch zusätzliche akustische Kommunikation hilft Mißverständnisse vermeiden.

Zwei Teilnehmern eine Kooperation zu ermöglichen, ist zwar in vielen Fällen ausreichend und macht schon so manch ein Hin- und Herfaxen zu Abstimmungszwecken überflüssig. Es ist jedoch auch oft genug nötig, den Kreis der Teilnehmer zu erweitern. Das System beschränkt sich deshalb nicht auf Punkt zu Punkt Verbindungen.

Die Akzeptanz von Gruppenarbeitsplätzen hängt wesentlich davon ab, ob der Benutzer in seiner gewohnten Umgebung weiterarbeiten kann. Er wird sich dagegen sträuben, sich selbst und alle seine Mitarbeiter auf z. B. ein neues Textverarbeitungssystem umzustellen.

Bei der Entwicklung von **jointXwork** wird großer Wert auf die Erhaltung der Arbeitsumgebung der einzelnen Nutzer gelegt. Es macht außerdem wenig Sinn, nur um Kooperation zu ermöglichen, ein weiteres DTP-System zu entwickeln. Viel effizienter auch aus Entwicklungssicht ist daher die Konzentration auf Kernkompetenzen, z. B. aus den Bereichen UNIX, X-Windows, ISDN. Die Tabellenkalkulation an sich dürfen andere erfinden, hier soll sie nur mehreren Personen gleichzeitig zur Verfügung gestellt werden.

jointXediting aus Nutzersicht

Bevor die technische Architektur des Systems betrachtet wird, wird analysiert, wie es sich dem Benutzer darstellt. **jointXwork** ist die Basis, auf der verschiedene X-Applikationen aufgesetzt werden. **jointXwork** vervielfältigt und strukturiert gemeinsame Arbeit. Eine Beschreibung der gemeinsamen Arbeit wird am Beispiel der verteilt genutzten Applikation FrameMaker gegeben.

jointXediting ermöglicht mehreren Personen das gemeinsame, verteilte und koordinierte Erstellen bzw. Bearbeiten von Dokumenten. Die Bearbeitung eines Dokuments erfolgt interaktiv. Jede Aktion innerhalb eines Dokuments oder im Verwaltungsrahmen wird allen Teilnehmern gleichzeitig dargestellt. Die Aktionen, die auf einer Datei ausgeführt werden können, entsprechen der Funktionalität der zugrundeliegenden X-Applikation. Das Standardprodukt, hier FrameMaker bleibt dabei in jeder Beziehung – Bedienung, Funktionsumfang und Dateiformat – erhalten.

Das sieht dann praktisch so aus:

- Auf jedem an einer Konferenz beteiligten Bildschirm erscheinen die Arbeitsfenster der gemeinsam genutzten Applikation. Alle daran vorgenommenen Modifikationen werden vervielfältigt und bei allen Teilnehmern simultan auf dem Bildschirm dargestellt.

- Zusätzlich erscheint bei Verbindungsaufbau ein Fenster, über das die Konferenz gesteuert wird. Die hierfür bereitgestellten Funktionen lehnen sich an Moderationsstrukturen einer realen Konferenz an.

Arbeitskreisstruktur

Es gibt Arbeitskreise, und im Rahmen dieser Arbeitskreise Konferenzen.

Für jeden Arbeitskreis wird ein Dateiverzeichnis eingerichtet. In diesem Verzeichnis werden alle für den Arbeitskreis relevanten Dokumente zentral gehalten.

Die Teilnehmer eines Arbeitskreises werden, mit verschiedenen Rechten versehen, in einer Teilnehmerverwaltung geführt.

An einer Konferenz müssen nicht alle in der Teilnehmerverwaltung vorgesehenen Mitarbeiter gleichzeitig mitwirken. Sie können sich sukzessive hinzuschalten, oder auch -

sogar wenn sie für den Arbeitskreis nicht vorgesehen waren - angerufen und für die Dauer der aktuellen Konferenz hinzugezogen werden.

In der jeweiligen Konferenz wird dann gemeinsam die X-Applikation - also hier der FrameMaker - genutzt. Versionskonflikte werden durch die zentrale Datenhaltung vermieden.

Administration

Der Arbeitskreis und seine Teilnehmereinträge werden auf dem Konferenzrechner eingerichtet bzw. gelöscht. DemArbeitskreis kann hierbei ein Passwort zugeordnet werden, was sie zu einem geschlossenen Arbeitskreis macht. Das Dokumentenverzeichnis und eine Liste der Teilnehmer werden angelegt.

Die Teilnehmer werden mit verschiedenen Rechten ausgestattet.

- Sie können als Zuschauer ohne Modifikationsrecht sein.

- Sie erhalten als Mitarbeiter alle Rechte, die sie zu aktiver Mitarbeit am Dokument befähigen.

- Sie erhalten als potentielle Moderatoren prinzipiell das Recht, Konferenzen im Rahmen des jeweiligen Arbeitskreises zu moderieren.

Das Recht, eine Konferenz zu moderieren beinhaltet folgende Befugnisse:

- Das Recht auf Modifikation des Dokumentes wird mehr oder weniger restriktiv vom Moderator gesteuert

- Er kann Teilnehmerattribute für die Dauer der Konferenz verändern.

- Er kann nicht im Arbeitskreisverzeichnis vorgesehene Teilnehmer für die Dauer einer Konferenz aufnehmen.

Der Zugang zu Funktionen der Administration des Arbeitskreises erfolgt mit Passwort-Legitimation.

Konferenzsablauf

Während einer aktuellen Konferenz existiert genau ein aktiver Moderator. Nur ein potentieller Moderator kann eine Konferenz starten. Er ist dann der aktive Moderator. Seine Rolle kann er während der Konferenz einem anderen potentiellen Moderator übertragen.

Er steuert den Konferenzablauf über kontrollierte Schreibrechtvergabe. Hierfür stehen ihm vier Verfahren zur Verfügung:

- Das Schreibrecht (der Token) wird explizit vom Moderator vergeben.

- Der Token wird explizit von einem Teilnehmer an den anderen Teilnehmer weitergereicht.

- Der Token wird explizit angefordert und zurückgegeben.

- Der Token wird implizit durch Mausaktionen genommen.

Der Moderator kann die Moderationsform wählen und auch während der Konferenz wechseln.

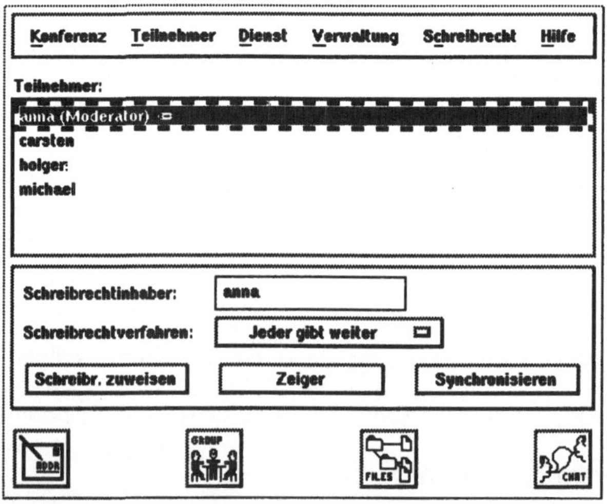

Bild 2: Benutzeroberfläche / Konferenzsteuerung

Die Fenster zur Ablaufsteuerung, die Fenster des FrameMaker und die zur Arbeit geöffneten Dokumente unterliegen dem jeweiligen Window Manager des einzelnen Teilnehmers, der so in seiner gewohnten Umgebung weiterarbeiten kann. Gleiche Anordnung der FrameMaker-Fenster aller Teilnehmer wird jedoch erzwungen um Mißverständnissen vorzubeugen. Die Zusammenarbeit mit den gängigen Window Mangern mwm, twm und olwm wird hierbei garantiert.

Funktionen

Während der Konferenz stehen den Teilnehmern verschiedene Funktionen zur Erleichterung der gemeinsamen Arbeit zu Verfügung.

Zeigefunktion

Es gibt eine 'Zeigefunktion', die das Zeigen auf bestimmte Textstellen oder Objekte (sogenannte Points of Interest) ermöglicht.

Dialog-Fenster (Chatbox)

Es gibt ein Dialog-Fenster, in dem Teilnehmer einer Konferenz Notizen machen können, die alle Teilnehmer sehen. Diese Diskussionsbeiträge gehen nicht in das bearbeitete Dokument ein. Die Chatbox ist also eine zusätzliche Kommunikationshilfe.

Pausenfunktion

Über eine Pausetaste wird den Teilnehmern temporäres Verlassen der Konferenz ermöglicht. Die Verbindung wird hierbei nicht abgebaut.

Online Hilfe

Eine Hilfsfunktion, die Benutzerprobleme während der Arbeit lösen hilft, ist in die Benutzeroberfläche integriert.

Dateiverwaltung

Eine Dateiverwaltung ermöglicht die Verwaltung aller persönlichen und in den Arbeitskreis eingebrachten Dateien ohne Medienbrüche. Sicherheitsaspekte wurden bei der Konzeption berücksichtigt.

Ein zentrales Dateienverzeichnis ist auf dem Konferenzrechner eingerichtet. Alle hier abgelegten Dateien verbleiben im Besitz des sie einbringenden Teilnehmers. Er kann weiterhin nach dem UNIX Mechanismus die Zugriffsrechte der anderen Teilnehmer bestimmen.

Darüber hinaus können die Arbeitskreisverzeichnisse an sich vor fremdem Zugriff geschützt werden.

Die Verwaltung der Dokumente (Dokumententransport, löschen und kopieren von Dokumenten, etc.) ist einfach benutzbar, und kann parallel zu der Dokumentenkonferenz durchgeführt werden.

Das Drucken von Dokumenten ist auf allen an der Konferenz beteiligten Rechnern möglich.

Audio

Die Tonübertragung wird parallel zur Datenübertragung über den zweiten ISDN B-Kanal, oder über TCP/IP durch Paketübertragung realisiert. Während einer Konferenz existiert also eine integrierte Sprachverbindung. Die Teilnehmer haben so die Möglichkeit, systemgestütze Audiokonferenzen abzuhalten.

Video

Die digitale Bewegtbildübertragung zur Realisierung von integrierten Videokonferenzen ist konzeptionell vorgesehen. Netze mit Übertragungsraten ab 2 MBit/s in Kombination mit Kompressionsverfahren (JPEG, MPEG) oder leistungsfähige Breitband-

Netze (z.B. ATM, VBN) ermöglichen eine gute Qualität der Videoübertragung. Die Videoübertragung wird beispielsweise für die Verwirklichung einer kooperativen Röntgendiagnostik von vielen Ärzten gewünscht.

Systemarchitektur

Nach der Beschreibung der Funktionalität des Systems, nun zur technischen Realisierung. Schwerpunkt der **jointXwork**-Plattform ist die Entwicklung eines X-Servers (Joint X Server) und die Integration der Komponente zur Audio-Kommunikation.

jointXwork unterstützt das gleichzeitige Behandeln von Dokumenten an räumlich verteilten, vernetzten, graphikfähigen X-Arbeitsplätzen.

Das System ist offen, es wird eine Client-Server-Architektur vorgesehen.

Der Joint X Server (JXS), ist von der Zielapplikation entkoppelt und verhält sich gegenüber der Applikation auf der X11-Protokollebene wie ein „echter" X-Server. Damit sind auch andere X11-Applikationen leicht integrierbar.

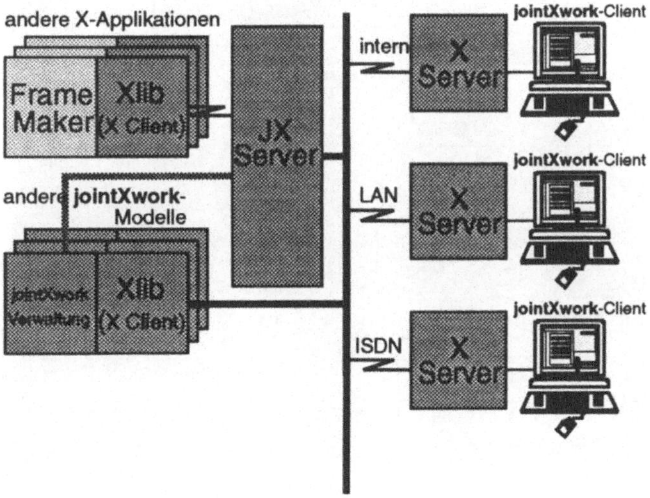

Bild 3: Architektur des jointXwork

Systemstruktur

jointXwork besteht aus einer Reihe von unabhängigen UNIX-Prozessen, die miteinander in Verbindung stehen. Die Gesamtübersicht über die Prozesse von **jointXwork** zeigt drei verschiedene Ebenen: die Arbeitskreis-Ebene, die Konferenz-Ebene und die Teilnehmer-Ebene. Die Prozesse der übergeordneten Ebenen stehen jeweils mit einem oder mehreren Prozessen der darunterliegenden Ebenen in Verbindung. Dies bedeutet, daß es in einem Arbeitskreis mehrere Konferenzen gleichzeitig geben kann, und daß an jeder Konfernz mehrere Teilnehmer beteiligt sein können.

Die Aufgaben der Komponenten (Prozesse) werden im folgenden stichwortartig beschrieben.

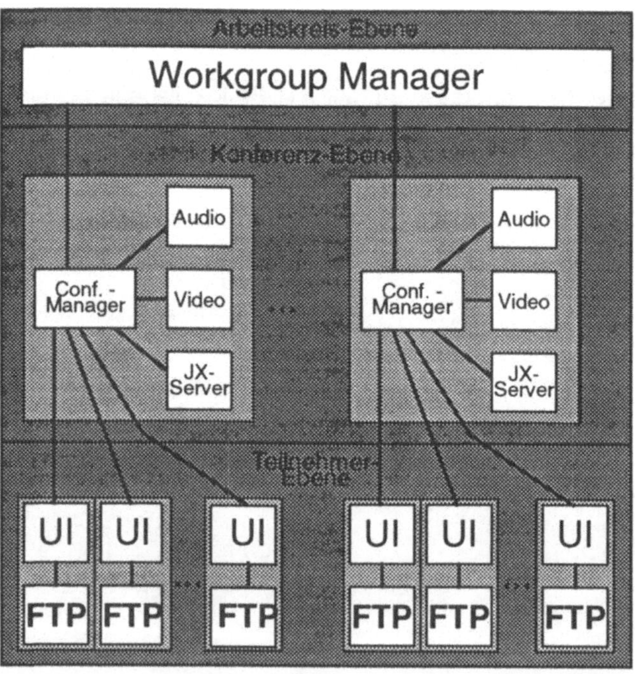

Bild 4: Gesamtübersicht über die jointXwork-Prozesse

jointXwork-Workgroup Manager (WgM)

Der Conference Manager bietet das allgemeine Modell eines Arbeitskreises, welches das kooperative Arbeiten in aufeinanderfolgenden Konfernzen steuert und verwaltet. Er verwaltet die Arbeitskreise, die Konferenzen aller Arbeitskreise und die Adreßliste der Teilnehmer. Er startet die anderen **jointXwork**-Komponenten auf dem **jointXwork**-Server und regelt Zugriffsrechte. Er hält Verbindung zu den Komponenten Connect, UI und Control.

jointXwork-Conference Manager (CM)

Der **jointXwork**-CM steuert den Ablauf einer Konfernz und koordiniert die übrigen für die Konfernz benötigten Komponenten (JX-Server, UIs und Audioprozesse). Er ist die konferenzspezifische Verwaltungskomponente und stellt die Verbindung zwischen den Teilnehmer-UIs und dem JX-Server dar. Er regelt:

* An- und Abmelden von Teilnehmern
* Vergabe des Tokens und Ändern des Tokenvergabeverfahrens
* Wechsel des Moderators

JX-Server (JXS)

Der JX-Server stellt die Verbindung zwischen der X-Applikation und den X-Servern auf der Ebene des X-Protokolls her. Auf Grund der Verwendung dieses Standards können relativ leicht neben dem FrameMaker auch andere X-Applikationen benutzt werden.

* Verteilter X-Server, stellt sich der Applikation gegenüber als X-Server dar und den Teilnehmer-X-Servern als X-Client
* Verteilt die X-Requests der Applikation an alle Teilnehmer-X-Server
* Faßt die Eingaben der Teilnehmer zu einer Antwort an die Applikation zusammen

- Ist verantwortlich für die Einhaltung des X-Protokolls

- Nimmt ggf. Umsetzungen innerhalb der Protokollelemente vor

jointXwork-Connect-Prozeß (Connect)

Er ist der Anmeldeprozeß für **jointXwork**-Teilnehmer und fragt Benutzernamen und ggf. Passwort ab, die vom WgM geprüft werden

jointXwork-Userinterface (UI)

Es existiert für jeden Teilnehmer ein UI, also eine graphische Benutzeroberfläche (Motif) des **jointXwork**-Systems. Es bietet dem Benutzer Zugang zum **jointXwork**-System unter einer Benutzeroberfläche, die folgende Funktionalitäten integriert:

- Arbeitskreisverwaltung, Adreßverwaltung, Dateiverwaltung, Konferenzsteuerung, Chatbox, Audiosteuerung

jointXwork-Audio (Audio)

Die Audio-Komponente wird durch den **jointXwork**-CM in das System integriert. Sie steuert die Sprachübertragung und läuft auf dem Benutzerrechner ab.

jointXwork-Video (Video)

Die Video-Komponente wird ebenfalls durch den **jointXwork**-CM in das System integriert. Sie steuert die Videoübertragung und läuft auf dem Benutzerrechner ab.

Perspektiven / Schlußbemerkungen

Bei zunehmender Dezentralisierung von Betriebs- und Verwaltungseinheiten wächst die Notwendigkeit zu verstärkter, medienübergreifender Kommunikation.

- Schnelle, abstimmungsreiche Informationsverarbeitung wie im Verlagsgewerbe,

- intensive Gruppenarbeit wie bei der industriellen Konstruktion, und auch

- das Multimediale Verwaltungsbüro der Zukunft

Sie alle brauchen neue Formen der Kooperation um die wachsenden räumlichen Distanzen zu überbrücken.

jointXwork - Die Konzepte Multimedialer Telekooperationsprodukte haben sich entwickelt aus den Erfahrungen des BERKOM Projektes Joint Editing entwickelt. Sie eröffnen neue Bereiche für die simultane, rechnergestützte Zusammenarbeit.

Datenkommunikationsverbund Dreiländereck Deutschland-Polen-CSFR

D. Reichel
Hochschule für Technik und Wirtschaft
Zittau/Görlitz (FH)
Theodor-Körner-Allee 16
O-8800 Zittau

1 Einleitung

Die politische Wende in Europa eröffnete den neuen Bundesländern auf wissenschaftlich-technischem Gebiet bislang ungeahnte Möglichkeiten. Gleichzeitig erwuchsen aus der veränderten Situation aber auch neue Aufgaben. Ein Beispiel für eine derartige Konstellation stellt das hier vorgestellte Projekt "Datenkommunikationsverbund Dreiländereck Deutschland-Polen-CSFR" dar.

Das Vorhaben, das sowohl vom Bundesministerium für Forschung und Technologie (BMFT) als auch vom Sächsischen Staatsministerium für Wissenschaft und Kunst (SMWK) gefördert wird, ist der Kategorie "Internationaler Pilotprojekte" zuzuordnen.

2 Ausgangssituation

Die Ausgangssituation im Jahre 1990 war dadurch gekennzeichnet, daß Polen und die CSFR ebenso wie die ehemalige DDR die politische Wende vollzogen hatten. Wirtschaftlich erfolgten die Entwicklungen in Polen und der CSFR jedoch gegenüber der ehemaligen DDR infolge der Währungsunion und der Wiedervereinigung Deutschlands sehr unterschiedlich. Die Universitäten und Hochschulen in den neuen Bundesländern hatten nun ebenfalls Zugang zu den Förderprogrammen des Bundes bzw. es wurden spezielle Förderprogramme des Bundes und der neuen Bundesländer aufgelegt. Zu den bedeutendsten Vorhaben dieser Art zählt der Anschluß der Universitäten und Hochschulen in den neuen Bundesländern an das WIN [1]. In sehr kurzer Zeit konnte durch großes Engagement des DFN-Vereins, insbesondere der Geschäftsstelle des DFN-Vereins, dieses ehrgeizige Ziel termingerecht und mit voller Funktionalität erreicht werden. Die Hochschule für Technik und Wirtschaft Zittau/Görlitz (HTW Zittau/Görlitz), die auf diesem Wege ebenfalls den Anschluß an das WIN erhielt, pflegt seit vielen Jahren die wissenschaftliche Kooperation mit Universitäten in den benachbarten Regionen Schlesien und Böhmen. Auch nach der Wende wurde diese Zusammenarbeit fortgesetzt bzw. konnte auf ein höheres Niveau gesetzt werden. Beispielhaft sei das Gebiet des Umweltschutzes genannt, der in der Region des Dreiländereckes Deutschland-Polen-CSFR eine große Bedeutung hat.

Aus diesem Umfeld heraus erwuchs der Projektvorschlag für einen Datenkommunikationsverbund "Dreiländereck Deutschland-Polen-CSFR".

3   Ziele des Projektes

Die Ziele des Projektes stellen sich aus unterschiedlichen Positionen unterschiedlich dar, ergänzen sich aber zu einem Gesamtziel des Vorhabens. Aus der Sicht des DFN-Vereins dient das Vorhaben dem Ziel, die Voraussetzungen, die mit dem Pilotprojekt zum Aufbau einer Datenkommunikationsinfrastruktur für Wissenschaftseinrichtungen in den neuen Bundesländern geschaffen wurden, in einem Anwendungsprojekt weiterzuentwickeln.

Für die am Projekt beteiligten wissenschaftlichen Einrichtungen bestehen die Ziele des Projektes darin, daß zwischen den Einrichtungen

- der Austausch von Informationen über electronic mail,
- die gegenseitige Übertragung von Forschungsergebnissen aus gemeinsamen Forschungsprojekten und
- die gemeinsame Nutzung verteilter Ressourcen

ermöglicht wird.

Mit der Realisierung des Vorhabens werden darüberhinaus für Wissenschaftler in Polen und in der CSFR die vom DFN angebotenen Dienste unter den jeweiligen Bedingungen bereitgestellt:

. Nutzung des Info-Systems und des Konferenz-Systems des DFN
. Electronic mail (einschließlich der Gateway- und Relay Dienste) [2]
. Zugang zu Datenbanken (X.29, TELNET) (bei entsprechenden Konditionen)
. File-Transfer (FTP, FTAM).

Weiterhin entstehen mit dem Vorhaben in Polen und der CSFR Referenzlösungen für Datenkommunikations-Strukturen in diesen Ländern. Für die HTW Zittau/Görlitz fallen außerdem Erfahrungen auf dem Gebiet internationaler Pilotprojekte der Datenkommunikation an, die in weitere diesbezügliche Vorhaben eingebracht werden können.

4   Projekt - Partner

An dem Projekt sind folgende wissenschaftlichen Einrichtungen beteiligt:

- Deutschland:
    . HTW Zittau/Görlitz (Projektverantwortlicher)
    . DFN-Geschäftsstelle
- Polen:
    . Technische Universität Breslau (Wroclaw)
    . Außenstelle Hirschberg (Jelenia Gora) der TU Breslau
    . Außenstelle Hirschberg der ökonomischen Akademie Breslau
    . Schlesische Technische Universität Gleiwitz (Gliwice)
- CSFR:
    . Technische Universität Reichenberg (Liberec).

Über diese Einrichtungen bestehen Verbindungen zu den Gremien der nationalen Netzwerk-
Organisationen:

CSFR:	FESnet	
	(Federal Education and Scientific net)	[3]
Polen:	NASK	
	(Naukowa Akademicka Siec Komputerowa)	[4]
	(Academic Network in Poland)	
	POLPAK	
	(öffentliches Paketvermittlungsnetz Polens)	

5   Förderung des Projektes

Förderung einzuwerben (im weitesten Sinne, d.h. nicht nur Fördermittel sondern auch Bereitstellung von Know-how, logistische Hilfen und nicht zuletzt auch Ermutigungen in schwieri-
gen Projektphasen), war eine Fähigkeit, die in den neuen Bundesländern kurzfristig erlernt
werden mußte. Das Ergebnis dieser Bemühungen mündete in einem Vertrag mit dem DFN-
Verein und der Förderung durch das Bundesministerium für Forschung und Technologie
(BMFT). Das Projekt hat eine Laufzeit von Oktober '91 bis September '93 und weist ein
Volumen in Höhe von 708.526,- DM auf.

Im wesentlichen werden aus diesem Betrag finanziert:
- Geräteausstattungen (X.25-Technik, Servertechnik und Modems)
- Internationale Mietleitungen
- Personal- und Reisekosten

zum Anschluß der Universitäten Breslau und Reichenberg.

Die für die geplanten wissenschaftlichen Ziele des Vorhabens darüberhinaus notwendige Einbeziehung der Standorte Gleiwitz und Hirschberg mußte anderweitig finanziert werden. Hierfür
erhielt das Projekt einen Förderzuschuß vom Sächsischen Staatsministerium für Wissenschaft
und Kunst in Höhe von 17.690,- DM. Damit waren vorerst die wichtigsten Voraussetzungen
abgesichert.

6   Konzept

Das Konzept für die Realisierung des Vorhabens setzt direkt auf die Erfahrungen auf, die mit
dem Projekt ERWIN [1] gesammelt werden konnten. Basis bildeten die im DFN-Verein angewendeten Telekommunikationstechnologien:

Demnach betreibt jedes Rechenzentrum seine eigene X.25-Untervermittlungstechnik. Die
Leistungsfähigkeit und Ausstattung der Vermittlungstechnik richtet sich im wesentlichen nach
der Größe der anzuschließenden Universität und nach den funktionalen Anforderungen. Ein
weiteres Merkmal besteht in der Verbindung der Vermittlungstechnik über internationale
Mietleitungen und Modems sowie in einem zentralen Netzmanagement (s.Bild 1).

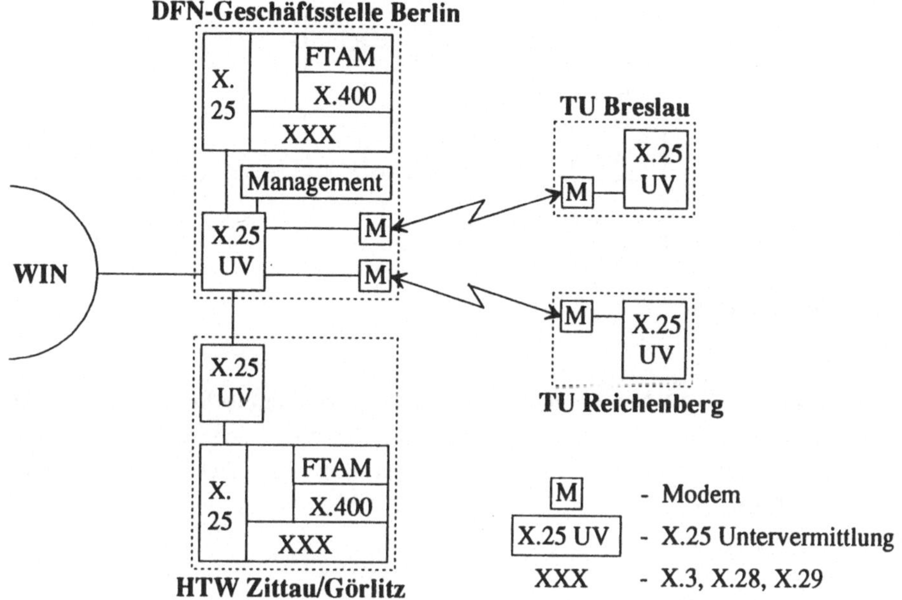

Bild 1:   Gesamtkonzept

Ein späterer Übergang vom bzw. zum jeweiligen nationalen Wissenschaftsnetz (NASK bzw. FESnet) zum bzw. vom Datenkommunikationsverbund Dreiländereck ist offenzuhalten und zu unterstützen. Zum Konzept des Projektes gehört ferner die Nutzung des DFN-Dienstangebotes. Hierbei sind allerdings die Einschränkungen zu berücksichtigen, die für kostenpflichtige Dienste gelten:

. Teilnahme am privaten Weitverkehrs-Datennetz "X.25-Wissenschaftsnetz (WIN)"
. E-Mail (X.400)
. Dialog (X.3, X.28, X.29)
. Filetransfer (FTAM)
. entfernte Jobverarbeitung (RJE)
. Gatewaydienste zu INTERNETs, EARN/BITNET,
. Informationssystem
. Konferenzsystem
. Directory Service (X.500)
. sowie der Übergang zu IXI.

Die Realisierung der dezentral erbrachten Dienste E-Mail, Dialog und Filetransfer erfolgt auf einem Kommunikationsserver, der an der HTW Zittau/Görlitz für die Nutzer in Polen und in der CSFR installiert ist (s.Bild 2).

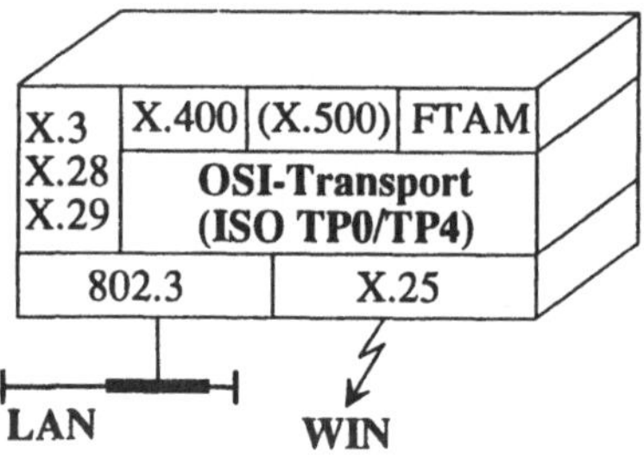

Bild 2:   Serverstruktur

Begründungen für die in Bild 1 dargestellten Leitungsführungen werden im Abschnitt 7 gegeben. Ferner ist zu beachten, daß sich derzeit die Situation im WIN durch die Errichtung einer entsprechenden Infrastruktur in den neuen Bundesländern ändert, einschließlich der Installation eines neuen WIN-Knotens in Leipzig.

7   Technische Realisierung

Die Umsetzung des o.g. Konzeptes führte zu Problemstellungen, für die entsprechende Lösungen gefunden werden mußten. Grundsätzlich wurde dabei von dem Prinzip ausgegangen, eine Lösung zu finden, die in der zur Verfügung stehenden Zeit und unter den gegebenen Umständen sicher realisierbar ist, aber eventuellen Weiterentwicklungen nicht als unüberwindbares Hindernis im Wege stehen würde.
Folgende Sachverhalte waren als derartige Problemstellungen zu behandeln:
- Konfiguration der Vermittlungstechnik
- Kommunikationskanäle zwischen Deutschland und Polen bzw. der CSFR
- Dienste
- X.25-Adressierung
- X.400-Adressierung einschließlich Routing
- IP-connectivity.

7.1   Konfiguration der Vermittlungstechnik

Bei der Wahl der Vermittlungstechnik gab die Maßgabe, daß auch die Untervermittlungen in Breslau und Reichenberg vom zentralen Management in Berlin aus erreichbar sein sollten, den Ausschlag dafür, ebenso wie im Projekt ERWIN den SWITCH-2000 einzusetzen. Die Konfiguration der zwei Switches wurde einmal durch die über das Projekt finanzierbare Übertragungskapazität (9,6 Kbps) der internationalen Kommunikationskanäle bestimmt und andererseits wurde die Konfiguration durch die lokalen Verhältnisse und Absichten in Breslau und Reichenberg geprägt (s. Bild 3 und 4).

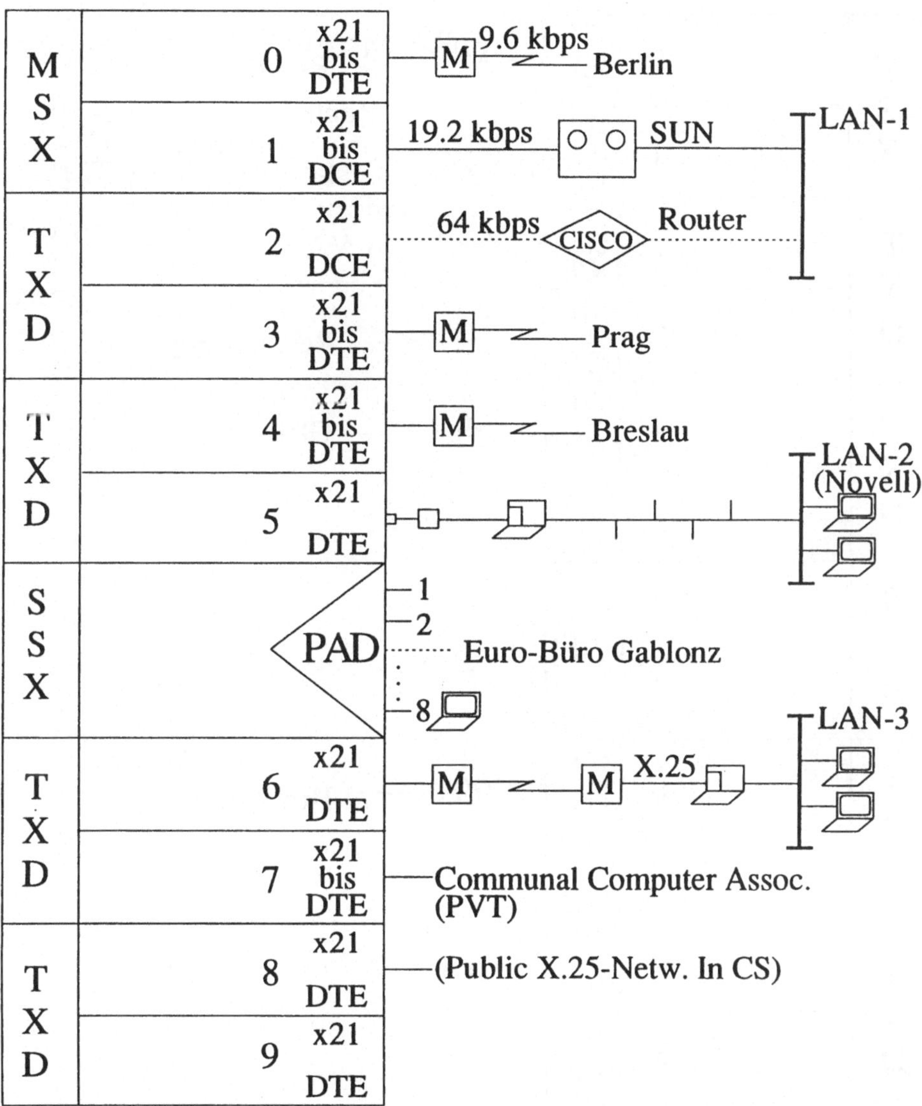

Bild 3:   SWITCH-Konfiguration (Reichenberg)

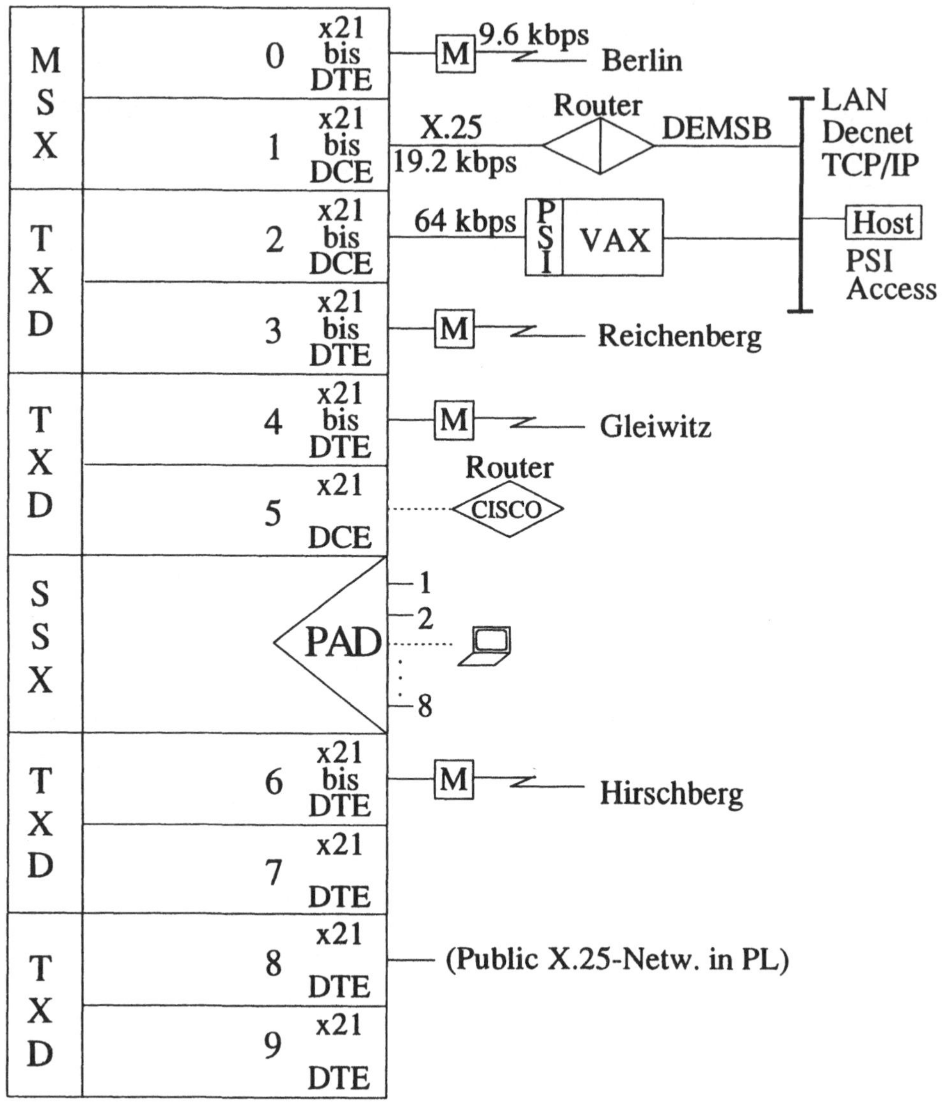

Bild 4: SWITCH-Konfiguration (Breslau)

Anmerkungen zu Bild 3 und 4:

Die Ports 0 realisieren die Verbindung mit dem WIN. Multiprotokoll-Router sind gewünscht, aber z.Zt. noch nicht vorhanden (Kosten und COCOM-Bestimmungen behindern die Beschaffung). In Polen und in der CSFR wurden durch verschiedene Firmen (z.B. DEC, IBM,...) sogenannte akademische Initiativen gestartet. Daraus resultieren Installationen von Equipment (zu besonderen Konditionen). Diese Installationen bestimmen dort z.Zt. wesentlich die Ausstattungen an den Universitäten.

Die Ports 3 und 4 realisieren darüberhinausgehende Verbindungen zu weiteren Orten (z.B. Prag, Gleiwitz) bzw. eine eventuelle spätere Querverbindung (Breslau - Reichenberg). An der PAD besteht in der Startphase die Möglichkeit, unkompliziert von einem PC aus erste Verbindungen herzustellen.

Am Port 6 sind Außenstellen der Universitäten angeschlossen (Breslau - Hirschberg bzw. innerhalb der Stadt Reichenberg). In Reichenberg ist am Port 7 ein Anschluß zu einer kommunalen Einrichtung vorgesehen. An der PAD (Reichenberg) bzw. über das Port 6 (Breslau) sind Anschlüsse von Büros der Kommunalgemeinschaft "EUROREGION NEISSE" e.V. vorgesehen. Das Port 8 ist reserviert für einen Anschluß an das jeweilige nationale X.25-Netz. In Polen sind weiterhin die Orte Gleiwitz und Hirschberg einzubeziehen.

Gleiwitz	:	Schlesische Technische Universität
Hirschberg :	-	Außenstellen der TU Breslau und der ökonomischen Akademie Breslau sowie
	-	vorgesehener Anschluß des Büros der Kommunalgemeinschaft "EUROREGION".

Für beide Orte wurden Untervermittlungen kleinerer Leistung NanoTURBO/NanoPAD ausgewählt. Diese Geräte lassen eine softwaremäßige Konfigurierung der Ports zu. Die Konfiguration dieser zwei Geräte ist im Bild 5 dargestellt. Sie besitzen jeweils einen Port zur Verbindung mit Breslau, X.21 bis - Ports zum Anschluß von PC's (X.25) bzw. lokaler oder entfernter LAN's. In Hirschberg ist zusätzlich der Zugang des Büros der EUROREGION NEISSE über die PAD vorgesehen.

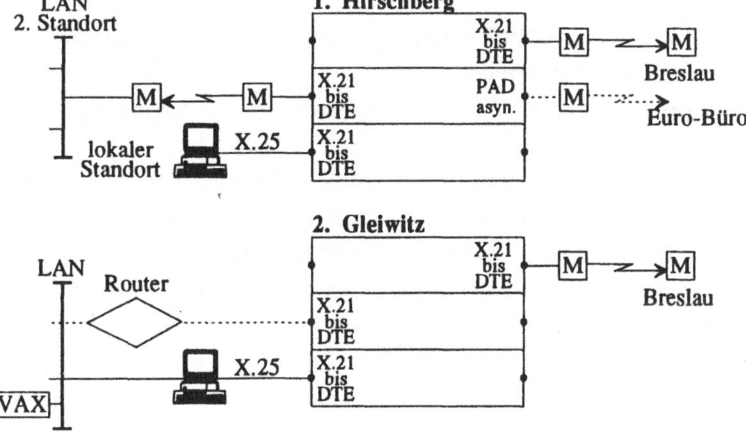

Bild 5:   Vermittlungs-Konfiguration (Gleiwitz und Hirschberg)

7.2 Internationale Kommunikationskanäle

Bei der Wahl der Kommunikationskanäle mußte einerseits von realen Erfordernissen während der Projektlaufzeit aber im wesentlichen vom zur Verfügung stehenden Budget ausgegangen werden. So wurde eine Übertragungskapazität von 9,6 kbps angesetzt. Als Übertragungsmedium standen von Anfang an Mietleitungen der DBP Telekom zur Debatte. Überdenkenswert wurde dieser Entschluß, als die Gebührenanteile für derartige Lösungen bekannt wurden, die im Zielland (Polen bzw. CSFR) anfallen. Die Kostenstruktur ist im Bild 6 wiedergegeben:

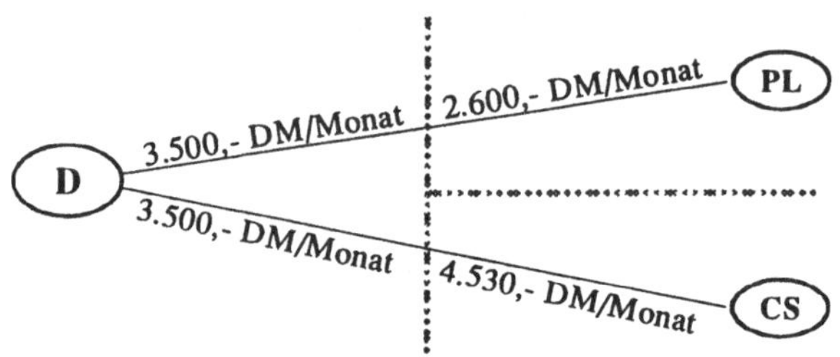

Bild 6:   Kostenstruktur für internationale Mietleitungen (9,6 kbps)
           (Stand: Mai 1992)

Demnach ergibt sich ein Gesamtbetrag von 14.130,- DM/Monat bzw. 169.560,- DM/Jahr. Dieser hohe Betrag war Anlaß, alternative Angebote zu bewerten:
Dafür kamen Datenkommunikationsanschlüsse über direkten Satellitenzugang in Betracht. Technisch gesehen stellt diese Lösung eine interessante Alternative dar und man kann bereits heute aus Angeboten mehrerer Anbieter wählen. Charakteristisch für die Preisgestaltung von Satellitenzugängen ist folgende Struktur:

1. Volumenunabhängiger Teil
   - einmalige Anschlußgebühren (Satelliten-Antenne und Inneneinrichtung)
   - monatliche Grundgebühren
2. Volumenabhängiger Teil
   - Dieser volumenabhängige Tarif ist meist gestaffelt nach Volumina und sinkt mit zunehmender übertragener Datenmenge.
   - Weiterhin werden verbilligte Tarife für Nachtzeiten und Wochenenden angeboten.

Der große Nachteil besteht (speziell für Universitäten) in der volumenabhängigen Tarifierung dieser Angebote. Sollten diesbezügliche Änderungen eintreten, könnten in derartigen Fällen Satellitenverbindungen interessante Alternativen zu Mietleitungen werden.
Mit der Entscheidung für internationale Mietleitungen ist auch z.Zt. der zwangsläufige Einsatz von Modems festgelegt. Diese seit langem erprobte Technik bereitet keine technischen Probleme. Schwierigkeiten entstehen allerdings dann, wenn in einem Partnerland noch keine allgemeine Post-Zulassung für eine bestimmte Klasse von Modems vorliegt. So erfolgten z.B. in der CSFR bisher Zulassungen für Modems mit 9,6 kbps nur im Einzelfallverfahren. Für das vorliegende Projekt bedeutet das, daß das Zulassungs-Verfahren durchlaufen werden mußte.

Eine Voraussetzung dafür ist u.a., daß ein Exemplar des vorgesehenen Modem-Typs den Behörden in der CSFR zur Prüfung bereitgestellt werden mußte. Dafür ist allerdings bei den Zollbehörden der BRD und der CSFR der Export- bzw. Import-Vorgang abzuwickeln. Dieser Vorgang kann einer Firma gegen Gebühren übertragen werden oder man eignet sich diese speziellen Kenntnisse an und erledigt den Export selbst. Im vorliegenden Projekt wurde der letzte Weg gewählt. Entsprechend zum Projekt ERWIN wurden Modems ALPHA 2 eingesetzt. Im Zusammenhang mit den Übertragungswegen spielte auch die Wahl der Endpunkte der physischen Übertragungswege eine Rolle. Dabei muß hier wegen der erfolgten Entscheidung für Mietleitungen nicht auf die Besonderheiten von Satellitenverbindungen eingegangen werden, z.B. Ort der festen Erdfunkstelle und Übergang zum WIN, das Verbot des Aufstellens von Satelliten-Antennen auf denkmalgeschützten Gebäuden, Lizenzverfahren im Zielland,... .

Allgemein können folgende Aussagen getroffen werden:

der Endpunkt eines (internationalen) physischen Übertragungskanales
- ist besonders geeignet für die Installation von Accountingsystemen,
- spielt eine große Rolle in Bezug zu den angeschlossenen nationalen Verbindungsstrukturen,
- hat u.U. Einfluß auf Informationslaufwege und damit auch u.U. auf Laufzeiten,
- hat u.U. Einfluß auf Belastungen einzelner Übertragungskanäle und -einrichtungen.

Im vorliegenden Projekt wurde dem Kriterium "definierter Punkt für Accounting zwischen dem WIN und Polen bzw. der CSFR" das höchste Gewicht zugeordnet. Damit ergab sich die Festlegung, daß die internationalen Mietleitungen von Reichenberg bzw. Breslau beide in der Geschäftsstelle des DFN-Vereins in Berlin, Pariser Straße 44 enden.
Die resultierende Topologie ist in Bild 7 dargestellt.

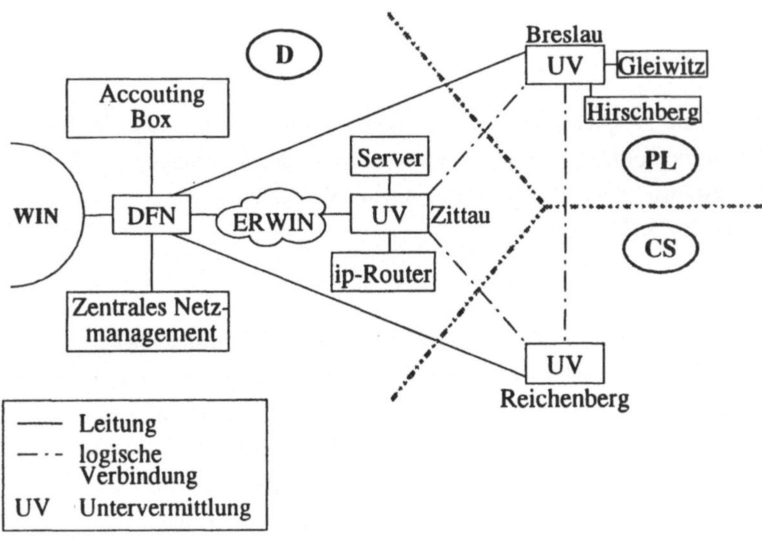

Bild 7:   Topologie der Kommunikationswege

7.3 Dienste

Die Dienste, die den Partnern in Polen und in der CSFR mit dem Projekt zur Verfügung stehen, werden an unterschiedlichen Orten bereitgestellt:
- direkt im Endnutzerbereich stehen im Rahmen dieses Projektes bereit:
  - LAN - X.25 - Gateway
  - Dialog (XXX)
  - PAD
- in der DFN-Geschäftsstelle
  - INFO - System
  - Konferenzsystem
  - evtl. INTERNET-Dienste (Routing)
  - der Übergang zu IXI
  - zentrales Netz-Management
- bei Relayes/Gatewayes
  - weltweiter "X.400"-Dienst
  - "X.400-IP"-Dienst
  - "X.400-EARN"-Dienst
- an der HTW Zittau/Görlitz
  - Electronic Mail (X.400)
  - FTAM
  - INTERNET-Dienste (TELNET, FTP, NAME-Server-Dienste)
    (bis Internetdienste direkt von Polen und der CSFR über die DFN-Geschäftsstelle geroutet werden bzw. dort eigene Router vorhanden sind)
  - X.400-SMTP-Gateway

7.4 X.25 - Adressierung

Ausführlich sind die Möglichkeiten der Adressierung mit ihren Vor- und Nachteilen in [5] dargelegt. Demnach werden zwei prinzipielle Varianten der Verbindung von Einrichtungen eines zentral- bzw. osteuropäischen Landes mit dem WIN untersucht:
- X.25-Subnetz - X.25-Subnetz
  oder
- DTE - Netz.

Ziel sollte es in jedem Fall sein, daß die Auswirkungen der Adreßumstellung bei einem späteren direkten Anschluß dieser Länder an IXI minimal bleiben. Bei der Variante Subnetz-Subnetz bliebe der Endnutzer von Adreßumstellungen verschont, da jedem Land bereits sein eigener DNIC (Data Network Identification Code) gemäß X.121 zugeteilt würde.
Die DTE-Netzwerk-Verbindungsart kann sehr leicht realisiert werden, indem die DTEs in Polen und in der CSFR WIN-Subadressen erhalten, denen entsprechende IXI-Adressen zugeordnet werden können. Bei einem späteren direkten Zugang dieser Länder zu IXI müssen allerdings die IXI-Adressen durch die Nutzer vollständig geändert werden.

Die relativ guten Erfahrungen, die in dem Projekt ERWIN mit der Variante DTE-Netzwerk gesammelt wurden, gaben den Ausschlag dafür, im vorliegenden Projekt ebenfalls diesen Weg zu gehen. An der Untervermittlung in der Geschäftsstelle der DFN-Vereins wurden folgende X.25-Adressen vergeben:

> Für Polen: 45050335800...45050335899
>
> Für CSFR :   45050335900...45050335999.

Die technisch mögliche Bildung der entsprechenden IXI-Adressen muß noch um die Klärung der formal rechtlichen Nutzung ergänzt werden.

7.5   X.400 - Adressierung

Gemäß X.400 ist es vorgesehen, daß jedes Land seine Top-Domaine besitzt. Innerhalb einer Top-Domaine können dann ein oder mehrere X.400-Systeme administriert werden (öffentlich bzw. privat). Ähnlich wie seinerzeit in Deutschland, als der DFN-Verein den E-Mail-Dienst einrichtete, ohne daß ein öffentliches X.400-System in Betrieb war, ist die Situation in Polen und in der CSFR:

In Polen existiert ein öffentliches X.25-Paket-Netz: POLPAK.In der CSFR ist das Unternehmen EUROTEL mit dem Aufbau eines X.25-Paket-Netzes beschäftigt. In beiden Ländern existiert aber noch kein öffentliches und ebenso noch kein privates X.400-System.Um die Einrichtungen nicht in die Top-Domaine "DE" zu integrieren, sind eigene Top-Domaines notwendig. Die X.400-Adreßstruktur, die für das vorliegende Projekt in Polen benutzt wird, ist in Bild 9 dargestellt.

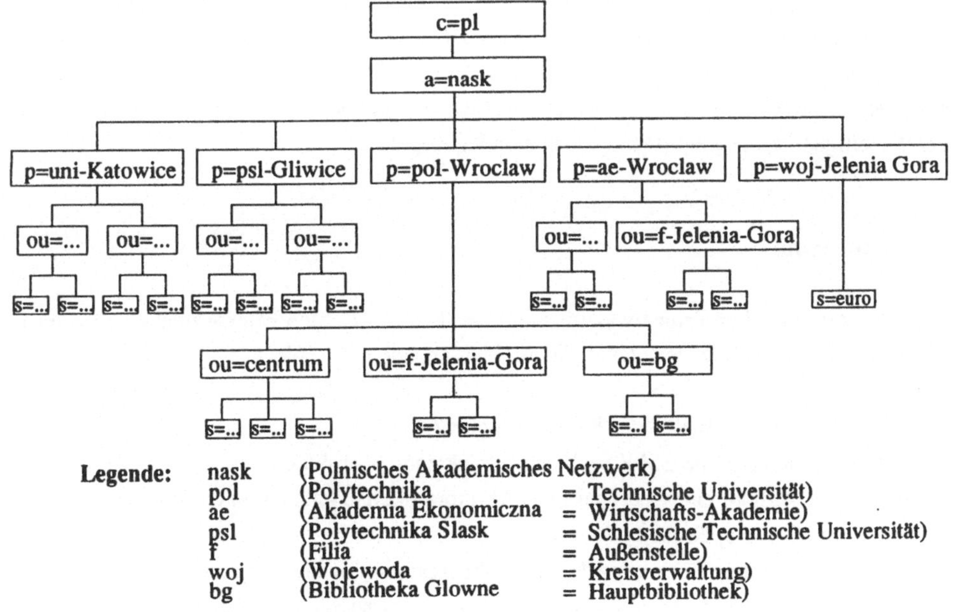

Legende:
nask	(Polnisches Akademisches Netzwerk)	
pol	(Polytechnika	= Technische Universität)
ae	(Akademia Ekonomiczna	= Wirtschafts-Akademie)
psl	(Polytechnika Slask	= Schlesische Technische Universität)
f	(Filia	= Außenstelle)
woj	(Wojewoda	= Kreisverwaltung)
bg	(Bibliotheka Glowne	= Hauptbibliothek)

Bild 9:   X.400 Struktur in Polen

In der CSFR laufen zum Zeitpunkt der Manuskripteinreichung noch die Abstimmungen, die sich aus der Teilung des Landes ergeben. Der Vorschlag für die X.400-Struktur in der CSFR ist in Bild 10 dargestellt.

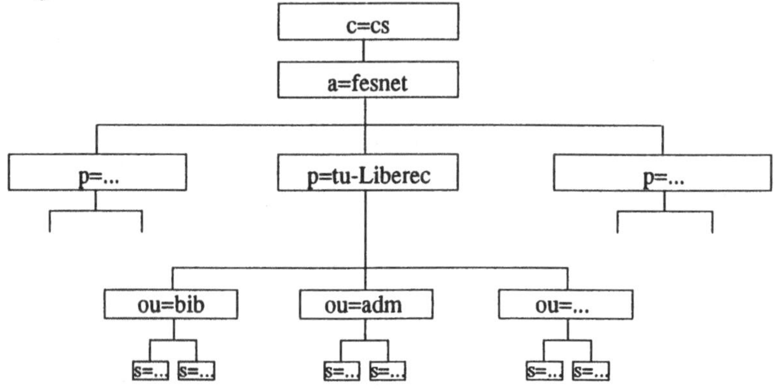

Legende: fesnet (Förderales Netzwerk für Bildung und Wissenschaft)
          bib (Bibliothek)
          adm (Verwaltung)

Bild 10: X.400 - Struktur in der CSFR

7.5. IP - connectivity

Schwierigkeiten bestehen z.Z. auf dem Gebiet der IP-connectivity: Sowohl aus finanziellen Gründen als auch wegen noch geltender COCOM-Bestimmungen war es nicht möglich, IP-Router für Polen und die CSFR über das Projekt bereitzustellen. Die existierenden diesbezüglichen Bedürfnisse werden vorerst anderweitig abgesichert: In der ersten Phase erfolgt das Routing über den Router der HTW Zittau/Görlitz. In Polen sollen zusätzlich PC-Router eingesetzt werden. In der CSFR ruhen die Hoffnungen auf der Realisierung des FESnet, das in der derzeitigen Fassung ein IP-Backbone zum Konzept hat.

8   Probleme

Trotz des erfolgreichen Projektverlaufes und der damit erreichten Effekte bleiben doch noch einige offene Fragen bzw. Probleme, die nur kurz angedeutet werden:

- Wie geht es nach Abschluß des Projektes weiter?
- Verfügen Polen und die CSFR nach dem Projektende über Ablösevarianten?
- Gelingt der Aufbau eines Europäischen Multiprotokoll-Backbone unter Einbeziehung der Mittel- und Osteuropäischen Länder?
- Wie wird die weitere Lockerung der COCOM-Bestimmungen erfolgen?
  (z.B. für den Import von Equipment und für den Zugang zu Super-Computern in Westeuropa)

Die Lösung dieser Probleme wird sowohl von den jeweiligen nationalen Entwicklungen (z.B. wirtschaftliche Lage, Überwindung des ererbten "Religionskrieges" OSI versus IP) aber auch von der Fähigkeit Europas in dieser Frage abhängen.

9 Zusammenfassung

Der Beitrag berichtet über praktische Erfahrungen in einem Projekt, das ein erfreuliches Beispiel für das Wirken nationaler Bemühungen auf europäische Aufgabenstellungen darstellt. Zu hoffen bleibt, daß die gewählte Lösung Paßfähigkeit sowohl zu den nationalen Konzepten in Polen und in der CSFR als auch zu kommenden europäischen Strukturen besitzt. Es erfüllt mit gewisser Genugtuung, daß mit diesem Projekt ein bescheidener Beitrag für die Länder Mittel- und Ost-Europas auf ihrem Weg zu internationaler Konnektivität geleistet werden konnte.

Literatur

[1] FRIEDL,G. ; HOFFMANN,G. "Wie funktioniert ERWIN?"
DFN-Mitteilungen, Heft 26/27, S. 11 - 14

[2] WOEHLBIER,H. "Übersicht über Basis- und Gatewaydienste"
(Internes Informationsmaterial für X.400 - Administratoren)
Dez. 1991

[3] GRUNTORAD,J. Project FESnet
(Entwurf)
Prag, Sept. 1991

[4] JANYSZEK,J. "Academic Network in Poland - international connections today and in future"
(Arbeitspapier)
Wroclaw, Okt. 1991

[5] HOFFMANN,G. Propasal for connection of East European research institutions to the X.25 infrastructure WIN of the German Research Network-Technical Approach
(Arbeitspapier)
Berlin, Nov. 1991

Y-NET: Ein europäischer OSI-Kommunikationsverbund im Rahmen von ESPRIT

Holger Wosnitza, Frank Fassbender
CoCoNet GmbH
Himmelgeister Str. 37
D-W-4000 Düsseldorf 1

Email: X.400: G=holger;S=wosnitza;O=sp1;P=y-net;A=dbp;C=de;
RFC-822: holger.wosnitza@sp1.y-net.dbp.de

Nach einem Überblick über Ursprung, Ziele, Nutzerkreise von Y-NET und Verbindungen zu anderen Electronic Mail (Email)-Netzen und -Diensten wird ein Erfahrungsbericht über den Aufbau eines privaten europäischen X.400-Netzes und dessen Integration in bestehende heterogene Strukturen in Europa sowie über die Zusammenarbeit der am Y-NET beteiligten kommerziellen X.400-Produkte gegeben.

Der Y-NET OSI-Kommunikationsverbund

1991 wurde der X.400-Dienst des OSI-Kommunikationsverbundes Y-NET im Rahmen von ESPRIT IES (Information Exchange System) eingerichtet. Y-NET besteht aus zehn OSI-Knoten , Service Points (SPs) genannt. In jedem EG-Mitgliedsland mit den Ausnahmen Luxemburg und Irland wurde ein SP errichtet und stellt die Y-NET-Dienstleistungen zur Verfügung. Luxemburg und Irland werden vom belgischen bzw. britischem SP versorgt. Die Koordination und das Management erfolgt durch den zentralen Y-NET Management Unit (YMU) in Brüssel.

Land	MTA	SP Betreiber	Start
Belgien	SNI	Sema Group Belgium	Oktober 91
Deutschland	SNI	CoCoNet/Siemens Nixdorf	April 91
Dänemark	Bull	Jutland Telephone	Juli 91
Frankreich	Bull	INRIA	April 91
Griechenland	Bull	Helenic Esprit Club	Dezember 91
Großbritannien	SNI	Level-7 Ltd	November 91
Irland	SNI		in Planung
Italien	Olivetti	Teleo SpA	Mai 91
Niederlande	Olivetti	SURFnet	Oktober 92
Portugal	Bull	Sevatel	November 91
Spanien	Bull	Sema Group Spain	August 91

Tabelle 1: Übersicht aller Y-NET Service Points

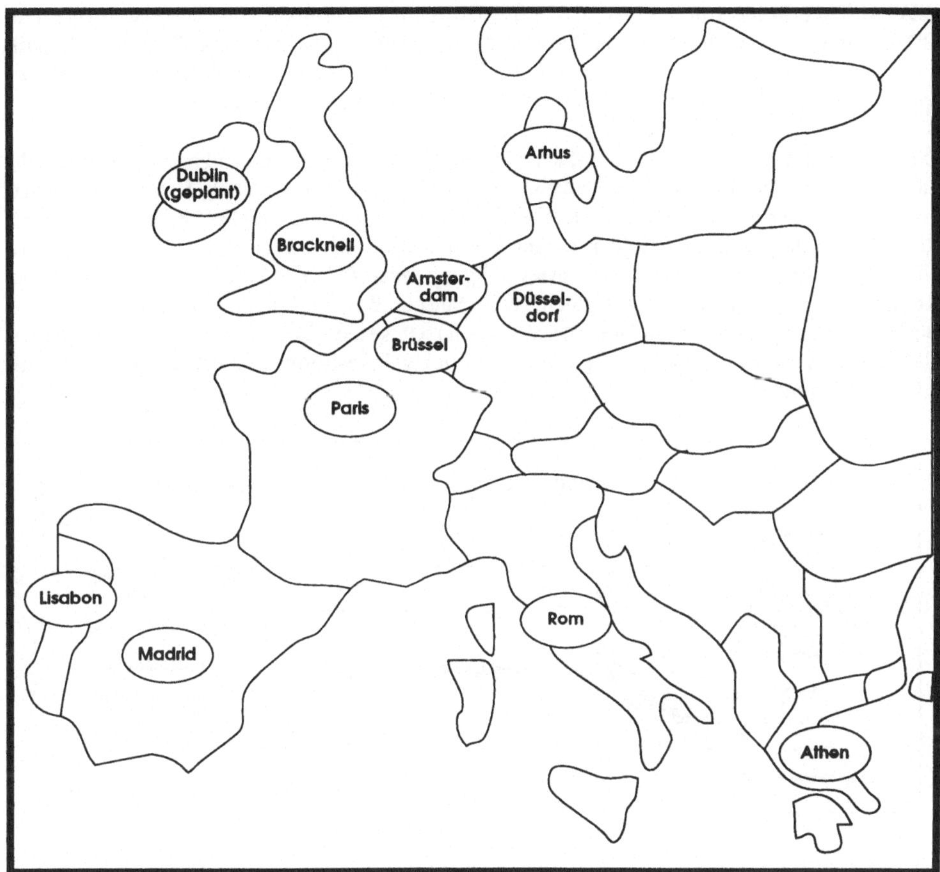

BILD 1: Standorte aller Y-NET Service Points

Bei den Service Points handelt es sich um einen Verbund unterschiedlicher X.400-Systeme, welche die Y-NET-Dienste liefern. Die Kosten für den laufenden Betrieb von Y-NET trägt ESPRIT IES, während die erforderlichen Systemkomponenten (Hardware, Software) von den europäischen EDV-Herstellern Bull, Olivetti und SNI kostenlos für die gesamte Projektdauer zur Verfügung gestellt werden. Für die benötigten X.25-Verbindungen zwischen den einzelnen Y-NET-Knoten wird die International-X.25-Infrastructure (IXI) als X.25-Backbone-Netzwerk genutzt.

Das Y-NET Dienstangebot

Innerhalb von vier Jahren soll eine pan-europäische OSI-Infrastruktur etabliert werden, die neben Electronic Mail (X.400) auch File-Transfer-Access-and-Management (FTAM) und Directory Service (X.500) bietet:

Diese OSI-Infrastruktur bildet die Grundlage für weitere Telematik-Dienste basierend auf Austauschstandards, wie Electronic Data Interchange (EDI), Electronic Data Interchange for Administration Commerce and Transport (EDIFACT) und Office Document Architecture (ODA). EDI bezeichnet den Austausch strukturierter Daten zwischen Informationssystemen und

EDIFACT die Reihe von internationalen Standards für den Aufbau von Handelsdokumenten. ODA hingegen ermöglicht so den Austausch von Dokumenten mit Text, Bild und Graphik zwischen heterogenen Systemen. Sämtliche Dokumente können unter Beibehaltung der ursprünglichen Struktur auf der Empfängerseite weiterverarbeitet werden.

Die Hauptzielgruppe für das Y-NET-Dienstangebot bilden alle kleinen und mittleren Unternehmen (KMU), die bisher keine Möglichkeit haben, auf OSI-Produkte in ihrem Hause zugreifen zu können. Somit spielt bei allen angebotenen Diensten die Zugangsmöglichkeit eine besondere Rolle. Im Vordergrund steht hierbei der einfache zeilenorientierte Dialog mit dem jeweiligen Y-NET-Dienst. Hierzu benötigt der Benutzer lediglich einen PC mit Modem und handelsübliche Kommunikationsprogramm sowie einen Telefonanschluß in Verbindung mit einer DATEX-P Benutzerkennung (network user identification NUI). Diese technische Infrastruktur ist nahezu in allen Büros vorhanden, so daß häufig keine zusätzlichen Investitionen für den Y-NET-Anschluß erforderlich sind.

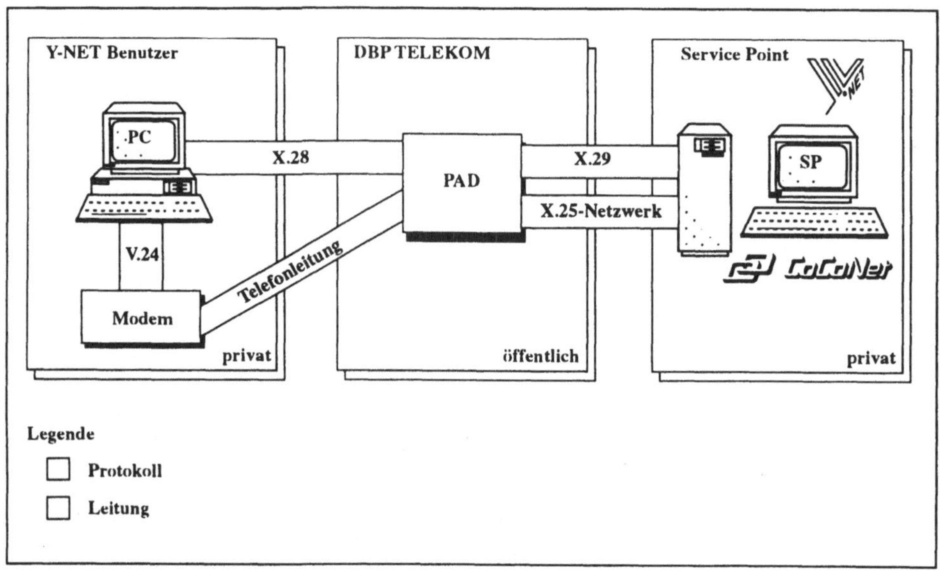

Bild 2: Anschlußmöglichkeit eines PCs über DATEX-P (20F)

Der Y-NET X.400 Electronic Mail Dienst

Der Y-NET X.400-Dienst gliedert sich in die beiden Komponenten

- Interpersonal Messaging (IPM-)Dienst:
  Zustellung und Versand von interpersoneller Mitteilungen und

- Message Transfer (MT-)Dienst:
  Übermittlung und Weiterleitung von empfangenen Nachrichten angeschlossener X.400-Systeme

Der IPM-Dienst stellt dem Teilnehmer (direkter Benutzer) auf dem Service Point eine Mailbox mit einer X.400-Adresse bereit, über die er Mitteilungen senden, empfangen, weiterleiten und beantworten kann. Eine Menge weiterer Funktionen ermöglichen dem Benutzer:

- die einfache Verwaltung von Empfängern mittels Kurznamen,
- Erstellung eigener Verteilerlisten,
- Übersichten über eingegangene oder abgesendete Mitteilungen,
- Anforderung von Zustellbestätigungen oder Antworten sowie
- Transfer binärer Daten innerhalb von Mitteilungen.

Um den Gebrauch des IPM-Dienstes so einfach wie nur möglich zu gestalten, hat die YMU mit Einverständnis der EG-Kommission und nach einer öffentlichen Ausschreibung die amerikanische Firma TRANSEND mit der Entwicklung eines speziellen Terminalprogrammes beauftragt.

Die Dokumentation sowie alle Schriftwechsel sind in der Landessprache verfaßt, auch telefonische Hilfeleistungen scheitern nicht an Sprachbarrieren. Hierdurch können Mißverständnisse deutlich reduziert werden. Darüber hinaus ist das SP-Personal gut mit den nationalen Kommunikationsvoraussetzungen vertraut.

Der MT-Dienst ist für die Betreiber privater X.400-Systeme vorgesehen. Diese können ihr vorhandenes X.400-System an den Service Point anschließen und somit einerseits alle direkten Y-NET-Benützer in Europa erreichen und andererseits das Routing von Y-NET nutzen. Die Vergabe und Reservierung von PRMD Namen erfolgt in diesen Fällen nicht durch Y-NET, sondern weiterhin durch die jeweilige nationale Institution.

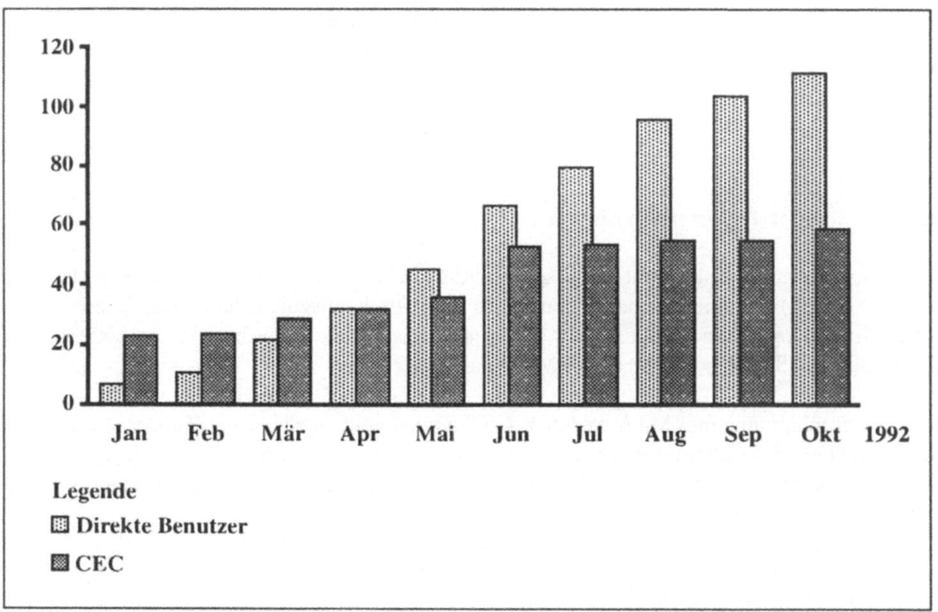

Bild 3: Benutzerentwicklung

Bis Dezember 1992 wurden in der Bundesrepublik Deutschland bereits über 180 Mailboxen - davon 60 für Projektleiter der EG-Kommission (CEC) und 10 für das NOU-Personal - eingerichtet. Über 20 OSI-Systeme von privaten Institutionen wurden an den SP angeschlossen. EG-weit sind über 800 Y-NET-Benutzer registriert und über 60 private X.400-Systeme angeschlossen dabei ist besonders von kleinen Unternehmen mit weniger als 50 Angestellten ein großes Interesse zu verzeichnen.

Erfahrungen aus dem X.400 Verbund - Interworking

Es ist selbsterklärtes Ziel von Y-NET, das Interworking von OSI-Produkten verschiedener Hersteller zu beweisen. Die zehn europäischen SPs nutzen zwar nur drei unterschiedliche X.400-Produkte, jedoch wurden beispielsweise in der BRD bereits über 20 PRMDs an die SPs angeschlossen, die weitere OSI-Produkte auf den verschiedensten Rechnersystemen nutzen.

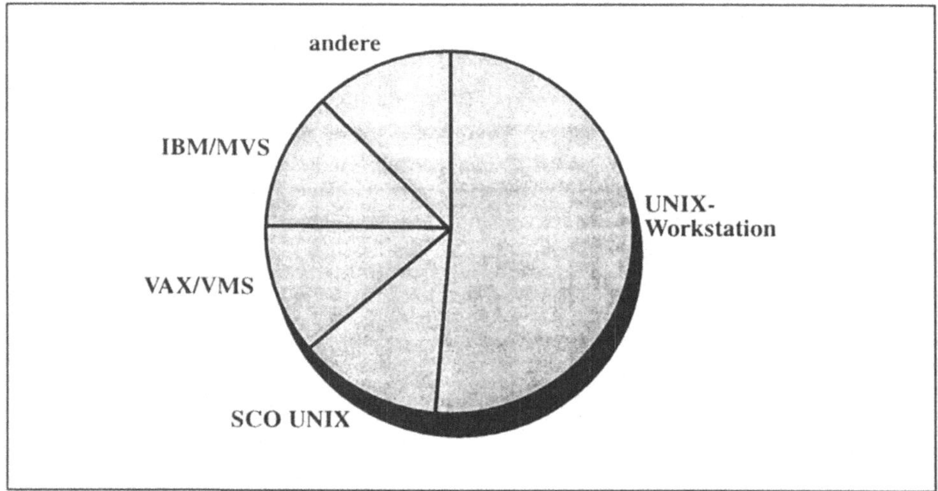

Bild 4: Eingesetzte Systemplattformen

Zum Anschluß eines X.400 Systems ist sehr wichtig, die technischen Daten der Message Transfer Agents (MTA) in einer einheitlichen Form schriftlich auszutauschen. Bei telefonischer Übermittlung entstehen immer wieder Mißverständnisse über Schreibweise (groß/klein) oder Darstellung (ASCII/hexadezimal) der MTA-Parameter.

Bei der Anschaltung eines MTA an den Y-NET-Knoten muß zunächst die Kooperation auf den OSI-Schichten 3-5 sichergestellt werden. Dort auftretende Probleme beruhen zum größten Teil auf Tippfehlern o.ä.. Einige Schwierigkeiten wurden jedoch durch die eingesetzten Systeme selbst bereitet, beispielsweise
- konnte ein Produkt keine X.25 Adressen mit gerader Ziffernzahl anwählen,
- wurden TPDUs der Transportklasse 0 als 8kb groß erkannt und ihre Annahme vom Partnersystem verweigert,
- verlangten einige Implementationen den Austausch eines SSAP's, obwohl standardmäßig nur der TSAP Austausch vorgesehen ist.

Häufiger Fehler auf Ebene 7 ist der falsche Austausch von MTA-Name und -Passwort. Er läßt sich im Trace der Sitzungsschicht erkennen und durch geeignete Konfigurationsänderungen beheben.

Mit allen angeschlossenen MTAs werden dann Anschalttests durchgeführt. Dazu werden Nachrichten ausgetauscht, die die Funktionalitäten

- Versenden von binären und ASCII Texten innerhalb einer Nachricht
- Mehrerer Empfänger pro Nachricht
- Setzten und Erkennen der Attribute Vertraulichkeit, Wichtigkeit und Antwort erbeten
- Weiterleiten von Mitteilungen
- Korrekte Erzeugung von (Nicht-) Zustellbarkeitsberichten.

Auch hier gibt es verschiedene Einschränkungen: Einige MTAs akzeptieren keine Probe-Nachrichten, verschiedene User Agents können keine Nachrichten mit mehrteiligem Inhalt, binären Nachrichtenteilen oder weitergeleiteten Mitteilungen verarbeiten.

Inter-Networking

Y-NET verfügt über Verbindungen zu anderen Email-Diensten in Europa, sowohl auf X.400-Basis als auch unter anderen Protokollen.

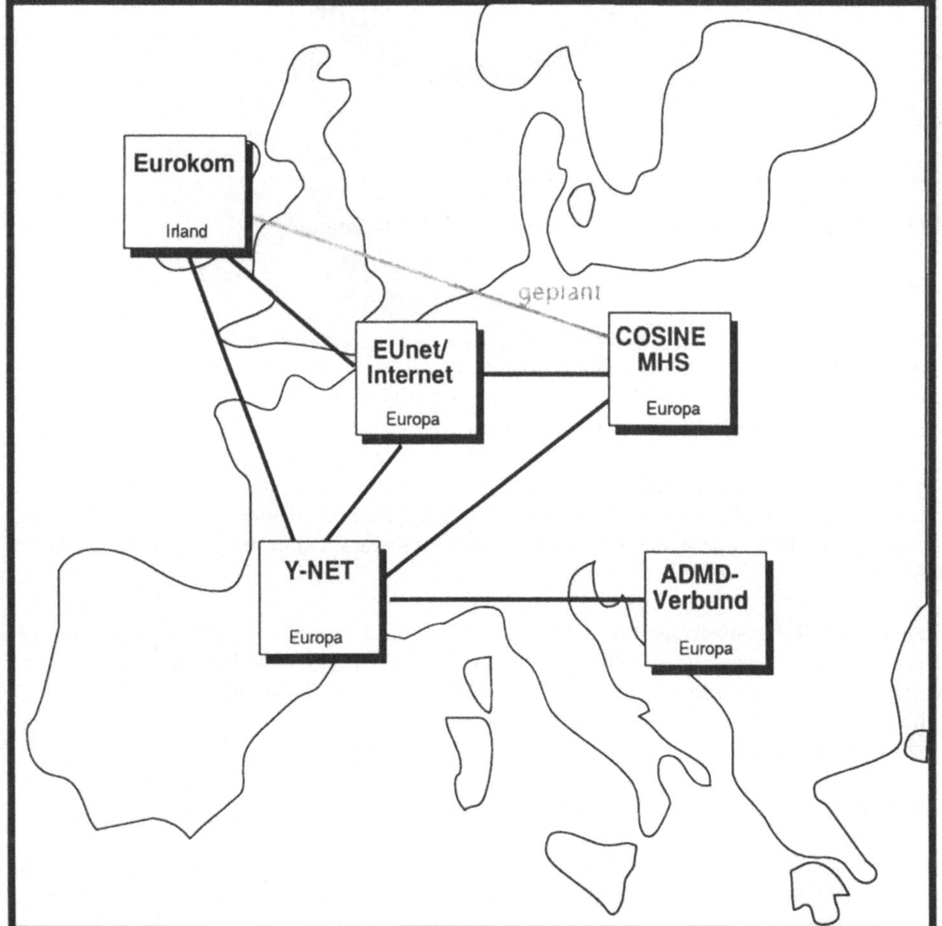

Bild 5: E-Mail Dienste in Europa

Der Nachrichtentransfer erfolgt zu einem Drittel zu anderen Y-NET-Knoten. Die direkt angeschlossenen PRMDs und das DFN/COSINE Netz machen jeweils ein Viertel des Volumens aus.
Weniger als ein Sechstel der Nachrichten werden über Gateways in andere E-Mail-Welten
geschickt.

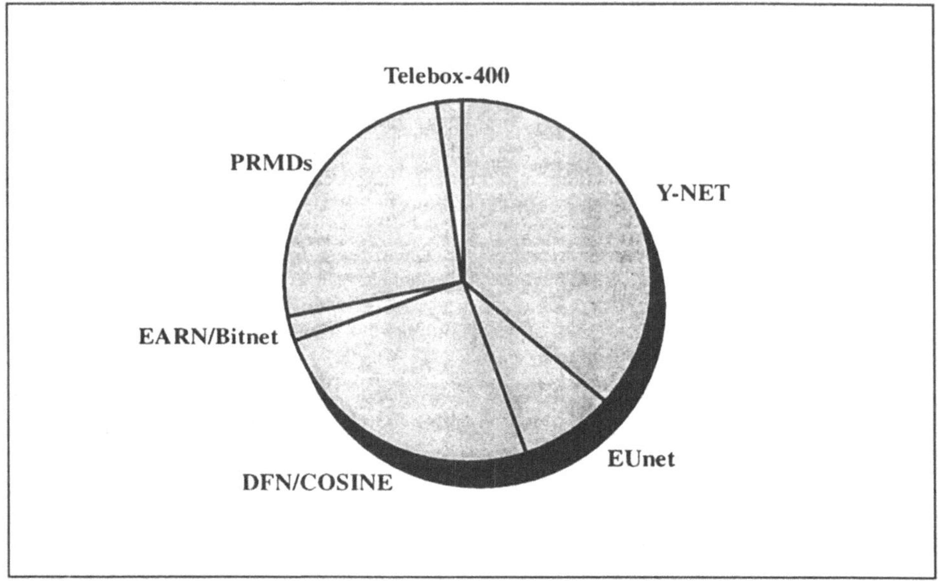

Bild 6: Nachrichtenaufkommen des deutschen Y-NET-Knotens

COSINE MHS

Alle Service Points sind mit einem Well Known Entry Point (WEP) des RARE/COSINE-MHS
verbunden. Die an die Y-NET-Knoten angeschlossenen PRMDs sind den WEP Administratoren
bekannt, Nachrichten an diese PRMDs werden über den Y-NET MTA geroutet. Somit sind diese
von den COSINE-MHS Teilnehmern erreichbar.

Die Anbindungen der SPs an die nationalen WEPs verlief meistens ohne Schwierigkeiten, wenn
auch zunächst nicht alle Interoperability-Tests erfolgreich durchlaufen werden konnten. Wichtig
für die offizielle Freigabe der nationalen Übergänge war, daß keine Informationsverluste
auftreten.

Gemäß eines Rahmenvertrages zwischen RARE und der EG sollte ursprünglich der gesamte
internationale Verkehr ausschließlich über das COSINE MHS erfolgen, was aufgrund der
Routing-Probleme auch naheliegend ist. Da Y-NET eine höhere Dienstgüte (Quality of Service)
anbietet, war eine Ausnahme möglich.

Verbindung zum europäischen ADMD-Verbund

Alle Service Points sind mit Ausnahme von Griechenland, in dem noch kein öffentliches X.400-
Netz vorhanden ist, an den öffentlichen Versorgungsbereich (ADMD) ihres jeweiligen Landes
angeschlossen.

Land	ADMD-Name	Datum der Verbindung
Belgien	RTT	März 92
Bundesrepublik	DBP	Juni 92
Dänemark	DK400	Dezember 92
Frankreich	ATLAS	Juni 92
Griechenland	-	sobald verfügbar
Großbitannien	GOLD 4000	Januar 92
Italien	MASTER 400	November 91
Niederlande	400 NET	geplant für November 92
Portugal	MASTERGOLD	geplant für 93
Spanien	MENSATEX	geplant für 93

Tabelle 2: Verbindungen zu europäischen ADMDs

Als besonders schwierig stellte sich das Routing von Mitteilungen heraus, als zusätzlich eine Verbindung zum europäischen ADMD-Verbund gewährleistet werden sollte. Die MTAs der europäischen ADMD-Dienste benutzen bis zum Juni 1992 leider einen Filter, das verhindert, daß Nachrichten, die aus einer anderen Nation stammten an die ADMD übergeben werden können. So war es beispielsweise nicht möglich eine Nachricht, die auf dem französischen SP erstellt wurde, an den deutschen SP weiterzuleiten, damit sie dort an die deutsche ADMD (Telebox-400) übergeben wurde.

Die Tabelle 2 gibt Aufschluß über die Verbindungen von Y-NET zu nationalen Versorgungs-bereichen. Sämtliche Verbindungen wurden gemäß den Interoperability Tests (IOTs) der öffentlichen Dienstanbieter und den von der YMU festgelegten IOTs getestet.

Leider gibt es in der Bundesrepublik immer noch Konnektivitätseinschränkungen für private OSI-Bereiche, deren MTA nicht direkt mit der ADMD verbunden sind, da Y-NET, wie auch das Deutsche Forschungsnetz ein privates Netz auf Basis von PRMD/PRMD-Kopplungen ist. Somit können Benutzer angeschlossener X.400-Systeme zwar Teilnehmer des Telebox-400-Dienstes erreichen, leider aber nicht vice versa.

EUnet/Internet

In diesem Abschnitt sind die Ergebnisse von Interoperability-Tests zwischen direkten Y-NET-Benutzern und Benutzern anderer Email-Dienste, die nicht auf dem X.400-Standard basieren, zusammengefaßt. Da Y-NET ein weiterer Schritt zu einem globalen europäischen MHS darstellt, ist gerade die Konnektivität zu bestehenden Diensten ein wichtiger Aspekt. Besonders aus Sicht der Email-Benutzer sind folgende Aspekte wesentlich:

- Adressierung
- reiner Nachrichtentext im IA5-Format
- binäre Daten
- direkte Weiterleitung von Nachrichten
- Nachrichtenversand mit mehreren Body Parts und
- X.400-Nachrichtenattribute.

Der zentrale Y-NET Gateway zwischen X.400 und SMTP (Simple Mail Transport Protocol) zum EUnet wird von INRIA in Paris betrieben.

Y-NET möchte für seine direkten Benutzer die Adressierung von Internet-Benutzern mit einer RFC-822-Adresse (wie z.B. agr@coconet.de) so einfach wie nur möglich gestalten. Daher bietet es die Möglichkeit, eine Nachricht direkt an das Y-NET Gateway zu senden und den eigentlichen Adressaten mittels dem eigen hierzu eingerichteten DDA-Feld zu spezifizieren. Darüber hinaus kann aber auch direkt auf eine eingegangene Nachricht geantwortet werden oder selbst die Umformung einer RFC-822-Adresse in eine X.400-Adresse vorgenommen werden. Die implementierte Routing-Strategie muß hierzu eine Default-Funktionalität beinhalten, nämlich Nachrichten zu einem Ausweich-MTA zu versenden, falls der Adressat lokal unbekannt ist. Somit versenden alle Service Points Nachrichten mit lokal unbekannten Empfängeradressen zum Y-NET Gateway in Paris. Dieses hat Zugriff auf die Routing-Tabellen des Internet und kennt zudem die PRMDs des COSINE MHS sowie der französischen ADMD und kann daher entscheiden, ob eine Nachricht in einem anderen Netz zustellbar ist oder nicht.

Im folgenden wird die Funktionalität des Y-NET Gateway zum EUnet beschrieben:

Bei der Konvertierung RFC-822 --> X.400 werden folgende Nachrichtenattribute von RFC-822 auf entsprechende X.400-Nachrichtenattribute abgebildet:

Date, From, Sender, Reply-To, To, Subject, Cc, Bcc, Message-Id, In-Reply-To,

Bei der Abbildung von X.400 --> RFC-822 werden nur die X.400-Nachrichtenattribute (Element of Service) betrachtet, die auch im Y-NET-Kern (vgl. BM-92) enthalten sind. Von den P1-Dienstelementen werden unterstützt:

Submission Time Stamp Indication,
Multi Destination Delivery,
Disclosure of Other Recipients,
Subject,
Priority,
Autoforwarded Indication

Bei der Abbildungen von P2-Dienstelementen nach RFC-822 werden unterstützt:

IP-Message Identification,
Originator Indication,
Primary and Copy Recipients Indication,
Expiry Date Indication,
Reply Date Indication,
Importance,
Sensitivity Indication,
Reply Request Indication als Kommentar nach der Adresse,
Typed Body (gleich Forwarded IP-Message oder IA5-Text),
Multi-part Body (falls gleich Forwarded IP-Message oder IA5-Text).

Sämtliche Body Parts einer X.400-Nachricht werden auf der SMTP-Seite in einen Nachrichtentext zusammengefaßt. Weitergeleitete Nachrichten werden mit einem Kommentar zu Beginn und am Ende gekennzeichnet. Anstelle eines binären Body Parts wird ein kurzer Kommentar eingefügt. Es sei an dieser Stelle erwähnt, daß Zustellbestätigungen vom Gateway generiert werden und nichts über die Zustellung der Nachricht beim Empfängersystem aussagen.

EuroKom

Der Zugang zu EuroKom erfolgt über ein X.400 Gateway in Irland, der mit dem englischen
Service Point verbunden ist.

Das EuroKom X.400 Gateway befindet sich seit Januar 1992 im Probebetrieb. Intensive Tests
zwischen Y-NET und EuroKom-Benutzern haben gezeigt, daß sämtliche X.400-
Nachrichtenattribute, die in /ENV-88/ als obligatorisch gekennzeichnet sind, vom EuroKom
Gateway in entsprechende Textzeilen umgeformt werden. Zusätzlich kann der EuroKom-
Benutzer feststellen, welche Route die Nachricht durchlaufen hat. Hierzu werden ihm sämtliche
PRMDs, d.h. die Trace-Informationen im P1-Protokoll, angezeigt, deren MTA die Nachricht
weitergeleitet haben. Enthält eine X.400-Nachricht mehrere Nachrichteninhalte (body part) vom
Typ IA5-Text, also reinen Text, so werden diese zu einem Textblock verbunden. Im Gegensatz
zum EUnet werden X.400-Nachrichten, die binäre Daten enthalten, nicht an die adressierten
EuroKom-Benutzer zugestellt. Allerdings wird dem Absender eine Nicht-Zustellbestätigung
zugesendet, die ihn darüber informiert, daß die Konvertierung der Daten aufgrund eines Verbotes
nicht vorgenommen wurde.

EARN/Bitnet

Bitnet/EARN wird in Deutschland über das DFN Gateway erreicht, zur Zeit wird geprüft, ob die
Einrichtung eines eigenen Gateways notwendig ist.

Ausblick

Während der vierjährigen Laufzeit des Y-NET-Projektes wird erwartet, daß die Dienste und
Möglichkeiten, die Y-NET bietet, unentbehrlich für die Gemeinschaft der Europäischen For-
schung werden. Als weiteres Resultat wird angestrebt, generell die Akzeptanz von offenen
Systemen in Europa zu fördern. Alle Ziele werden nicht losgelöst sondern in Diskussion und
Kooperation mit europäischen Organisationen, wie EEMA, EurOSInet, OSITOP, OSTC und
nicht zuletzt RARE angestrebt.

Danksagung

Für die konstruktive Kritik während der Erstellung dieses Beitrages möchten wir uns bei den
Mitgliedern der deutschen Y-NET NOU, besonders aber bei Oliver Stach und Kirsten Unterder-
weide, bedanken.

Literaturverzeichnis

/BM-92/   C. Berrino, D. Manuello, Y-NET - The Esprit pan-European community
OSI network, 3rd Joint European Networking
Conference, Innsbruck, Computer Networks and ISDN Systems
25, 554-560, Elsevier Science Publishers B.V., Oktober 1992

/BW-92/   U. Blank, H. Wosnitza, Europaweite Datenkommunikation für Forschung
und Entwicklung, telekom praxis 10/92, 20-24,
Fachverlag Schiele & Schön, Berlin, Oktober 1992

/ENV-88/   CEN/CENELEC, Adopted European Standard ENV 41201 Revised,
Private Message Handling System; User Agent and Message
Transfer Agent; Private Management Domain to Private
Management Domain; Brussels, August 1988

/Fas-92/   F. Fassbender, Electronic Mail in Europe, Advanced Materials,
VCH Weinheim, November 1992

/Gro-92/   E. Gronert, Electronic Mail auf Standardbasis - Telebox-400
erfreut sich wachsendem Zuspruch, PC-Netze 6, DATACOM
Verlag Bergheim, Juni 1992

/NOU-91/   NOU Deutschland, Benutzerhandbuch, Version 1.0, CoCoNet
GmbH, September 1991
NOU Deutschland, Anschlußmöglichkeiten, Version 2.0,
CoCoNet GmbH, Dezember 1991

/Wos-92a/H. Wosnitza, Electronic Mail im OSI-Kommunikationsverbund
Y-NET, DATACOM, DATACOM-Verlag Bergheim, Januar 1992

/Wos-92b/H. Wosnitza, Aufbau und Integration eines europaweiten
X.400-Verbunds, OSI Forum auf der Networld´92,
Tagungsunterlagen, Zürich, Juni 1992

Möglichkeiten und Perspektiven der Hochgeschwindigkeitskommunikation im deutschen Wissenschaftsbereich

Vortragender: T. Baumgarten

1.   Einleitung

Der Vortrag gibt die Ergebnisse einer Expertengruppe des DFN zum Thema "Hochgeschwindigkeitskommunikation für die Wissenschaft" /HDN-TF/ wieder, deren Aufgabe es war, den Stand der Technikologie zu bewerten, Entwicklungslinien für die Zukunft aufzeigen und Kooperationsmöglichkeiten zu erkunden.

Der Vortrag ist in die Kapitel: Anwendungen, Endgeräte und LANs, WAN-Strukturen, Protokollarchitektur und Vorgehen untergliedert.

2.   Anwendungen

2.1.   Überblick

Der Anwenderbedarf im DFN-Umfeld orientiert sich an technischen Möglichkeiten und den darauf aufbauenden Technologien. Insbesondere ermöglichen neue Übertragungsstrategien und die schrittweise Integration von multimedialen Informationstypen in die traditionelle Computerwelt die Erschließung neuer Anwenderbereiche. Schwerpunkte der Entwicklung im wissenschaftlichen Bereich liegen in der Einführung neuer Nutzungsformen von Workstations durch den Zugriff auf Spezialressourcen und in der kooperativen Arbeit mit anderen Partnern.

Der Bedarf für ein Hochgeschwindigkeitsdatennetz ist dabei durch die wachsenden End-to-end-Übertragungsanforderungen und mehr noch durch die Multiplexanforderungen bei der überregionalen Verbindung lokaler Netze vorhanden.

2.2.   Anwendungsszenarien

Neue Anwendungen: Der rasant steigende Bedarf an Rechenleistung erfordert eine wesentliche Steigerung der vorzuhaltenden Rechenkapazitäten. So werden z. B. im Bereich der Klima- und Umweltforschung zur Zeit Modelle gerechnet, die Rechner der GFLOPS-Klasse erfordern und deren Datenverarbeitung und -produktion bei etwa 1 - 2 Terabyte pro Rechner und Jahr liegen. Zur Abdeckung der wissenschaftlichen Anforderungen (höhere Auflösung, Kopplung von Modellen etc.) ist eine Steigerung der Rechnerleistung um mindestens den Faktor 100 (wünschenswert Faktor 1000, d.h. TFLOPS- Systeme) erforderlich. Die Datenverarbeitung und -produktion wird bei solchen Systemen im Bereich 10 bis 100 Tera Byte pro Jahr liegen. Solche Anforderungen lassen sich – voraussichtlich in einigen Jahren – nur mit sehr teuren Supercomputern (MPP-Systeme) erfüllen, die im Preis und im Leistungsvermögen deutlich über heutigen Höchstleistungsrechnern liegen und aus Kostengründen (50-100 Mio. DM) nur an einigen wenigen Standorten verfügbar sein werden. Ein akzeptabler Zugang zu diesen Ressourcen läßt sich nur mit breitbandigen Leitungen erreichen, die den aus den erhöhten Nutzeranforderungen entstehenden Bedarf an Datenaustausch bewältigen können.

Zugriff auf Spezialressourcen: Mit der Einführung von wesentlich leistungsfähigeren - aber auch sehr teuren - und daher nicht überall verfügbaren massiv-parallelen Prozessoren (MPP-Systemen) wird die Aufteilung von Anwendungen in rechenintensive, parallel zu verarbeitende Bereiche und in Teile, die durch die herkömmlichen Vektorrechner bearbeitet werden, zur sinnvollen Nutzung der Ressourcen notwendig. Ein Austausch der Zwischenergebnisse dieser verteilten Anwendung erfordert Verbindungen zwischen dem lokalen Hochleistungsrechner und dem entfernten MPP-System, die lokalen Kanalkopplungen vergleichbar sind.

Visualisierung/Video: Immer mehr gewinnt die Visualisierung der Ergebnisdaten an Bedeutung. Der Zugang von der Workstation zu den Visualisierungsystemen, die auf Hochleistungsworkstations bzw. Minisupercomputer laufen, erfolgt zur Zeit im wesentlichen über das X-Window Protokoll; d.h. die Workstation fungiert lediglich als "intelligentes" Graphikdisplay. Die Netzbelastung einer X-Anwendung liegt zwar lediglich im Bereich von 100 Kb/s bis 1 Mb/s, jedoch nimmt die Zahl der graphisch-orientierten Anwendungen erheblich zu. Der Übergang von der 2D- zur 3D-Graphik, vom Einzelbild zu Bildsequenzen (Video, Einführung von HDTV) und höhere Auflösung der Bilder oder weitere Farbinformationen, führen dazu, daß die Übertragung von Bildern bzw. Bildsequenzen weit höhere Bandbreiten im Netzbereich erfordern, als derzeit angeboten werden.

Kooperative Arbeit: Das kooperative Bearbeiten von Problemen durch Personen verschiedener Einrichtungen stellt neue Anforderungen an die Kommunikationsdienste: Neben den herkömmlichen und bereits häufig angewendeten Kommunikationsmöglichkeiten wie Telefon, Telefax, E-Mail, Filetransfer etc. werden immer mehr Kommunikationselemente aus dem Bereich des Conferencing gefordert. Solche Dienste wie z.B. das simultane Versenden von Bildern/Bildsequenzen an mehrere Workstations/Systeme (Multicasting), das Bearbeiten dieser Bilder/des Videos, der (parallele) Austausch ergänzender Kommentare mit Integration von Sprache, Bild und Text werden neue Arbeitsformen ermöglichen aber auch breitbandige Leitungen benötigen. Weitere Szenarien sind im HDN-Projektplan Version 3.0, Kap. 2 /HDN-Plan/ beschrieben.

2.3. Werkzeuge für verteilte Anwendungen

Die Übergänge zwischen den beschriebenen, unterschiedlichen Anwendungsbereichen sind teilweise fließend. Dabei wird deutlich, daß verteilte Anwendungen durch Kommunikations- UND Informationsaspekte charakterisiert sind und daß zu ihrer Entwicklung nicht nur ein einzelner Dienst benötigt wird, sondern eine Menge von aufeinander abgestimmten Bausteinen. Für den Kommunikationsbereich können derartige Bausteine z.B. OSI-Anwendungsdienste und -dienstelemente sein.

Im Informationsbereich bewirkt der Schritt von der vorwiegend textlichen Information zur multimedialen Information eine viel größere Nutzerakzeptanz bei unterschiedlichsten Anwendungen. Natürlich erfordert dieser Schritt umfassende Vereinbarungen zur Strukturierung, Präsentation, Übertragung und Synchronisation von multimedialen Informationen. Diese Vereinbarungen müssen die Grundlage für die Gestaltung solcher informationsspezifischen Bausteine wie Editoren für multimediale Dokumente, Werkzeuge zur Kompression / Dekompression und Soft- und Hardwarekomponenten für die multimediale Ein- und Ausgabe und unterschiedliche Datentransformationen (u.a. analog/digital) sein.

Es ist eine nur kooperativ zu lösende Aufgabe der Gegenwart und der Zukunft, Anwendungsumgebungen zu schaffen, die derartige Bausteine für den Kommunikations- und Informationsbereich enthalten. Ansätze dazu gibt es z.B. im OSF-Bereich mit der DCE-Entwicklung.

2.4. Neue Kommunikationsdienste

Der Einsatz von wissenschaftlichen und hauptsächlich kooperativen Anwendungen mit neuen Kommunikationsanforderungen wie isochronen Datenströmen mit konstanten Verzögerungen zwischen den Informationseinheiten, Mehrpunktverbindungen und zeitlicher Synchronisation zwischen Datenströmen kann nur durch neu zu entwickelnde isochrone Anwendungsdienste und entsprechende Erweiterungen in der gesamten Kommunikationshierarchie umgesetzt werden. Weiterhin stellt die Speicherung von digitalisierten Multi-Media-Informationen neue Anforderungen an verteilte Datenbanken und Archivsysteme. Für diese neue Generation von verteilten Anwendungen müssen für den wissenschaftlichen Bereich entsprechende Konzepte erarbeitet und prototypisch implementiert werden, wobei nach Möglichkeit Werkzeuge für verteilte Anwendungen (siehe 2.3.) verwendet werden sollen. Es zeichnet sich ab, daß Schwerpunkte dabei Dienste wie Multimedia-Mail, verteilte Bearbeitung multimedialer Dokumente, entfernter Zugriff auf Informations-, Recherche- und Archivsysteme und evtl. Bildfernsprechen und Videokonferenzen sein werden.

2.5. Zusammenfassung

Aus Anwendungssicht lassen sich aus den bisherigen Betrachtungen folgende Grundaussagen ableiten:

a) Steigende Rechnerleistungen bringen direkt ein proportionales Anwachsen des Datenvolumens mit sich;

b) Die Verteilung von Anwendungen auf Spezialrechner erfordert Verbindungen, die in ihrer Leistungsfähigkeit mit Kanalkopplungen vergleichbar sein müssen;

c) Der Übergang von der alphanumerischen zur graphischen (X-Window) und schrittweise zur multimedialen Arbeitswelt bringt ein steigendes Datenvolumen im Einzel- und im allgemeinen Fall.

3. Endgeräte und Lokale Netze

3.1 Bedeutung der lokalen Kommunikationsformen

Die Kommunikationsformen werden durch die lokale Kommunikation geprägt. Diese begründet die Anforderungen, die an die Weitverkehrskommunikation gestellt werden. Daraus resultieren auch Vorgaben für die höheren Protokolle eines Weitverkehrshochgeschwindigkeitsnetzes.

3.2 Endgeräte und lokale Netze

Die fortschreitende Entwicklung im Rechnerbereich zu immer höheren Prozessorleistungen macht zweierlei deutlich: die Leistungsfähigkeit von Zentralrechnern steht mit einem Zeitversatz von einigen Jahren auch am Arbeitsplatz zur Verfügung, das I/O-Verhalten der Systeme wurde über Jahre hinweg nicht entsprechend verbessert. Diese Versäumnisse sind inzwischen erkannt und werden nachhaltig beseitigt, so daß FDDI-Anschlüsse an Arbeitsplatzrechnern demnächst üblich und HiPPI (800 Mb/s)-Anschlüsse nicht mehr ungewöhnlich sein werden. Die Anpassung der I/O-Leistung an die Prozessorleistung erfordert dieses. Damit ist der Bedarf für höhere Geschwindigkeiten im Netzbereich zwingend, es ist derzeit jedoch noch offen, welche Netztechnologie für welche Anwendungen die effektivste Lösung erwarten läßt.

Endgeräte arbeiten nicht unmittelbar am Hochgeschwindigkeitsdatennetz, sondern werden über lokale Netze wie Ethernets, FDDI oder Ultranets angeschlossen. ATM kann bei geeigneter Entwicklung der Komponentenpreise in lokalen Systemen Bedeutung erlangen.

Netzanschlüsse der Endgeräte: HDTV benötigt (unkomprimiert) 3 bis 4 Gb/s. Für Bewegtbilddarstellungen (1280 x 1280 x 16 Bit Farbe und 30 Bilder/sec) ist eine Transferrate von 0.8 Gb/s erforderlich. HiPPI (800 Mb/s) steht heute für Mainframes und Framebuffer zur Verfügung, zukünftig sind auch für Workstations ähnlich leistungsstarke Interfaces zu erwarten.

CPU: Supercomputer bieten heute mindestens 1 GFlop; zu erwarten ist, daß Hochleistungsworkstations ca. 1995 ebenfalls 1 GFlop Leistung erbringen (Faktor: 100 zu heute). Zur Verdeutlichung: Eine Workstation mit 1 BIPS und einem Anschluß mit 1 Gb/s hat zur Bearbeitung eines Datagrams von 100 Byte eine "processing time" von 800 Instruktionen, bevor das nächste Datagram einläuft (TCP/IP-Implementierungen brauchen (ohne checksum) teilweise weniger als 100 Instruktionen).

I/O Verhalten und Einfluß der Blockung : Die bestehende und kommende Situation wird unter anderem durch folgende Punkte beschrieben:

a) Memory-Memory Transfer über ULTRANET zwischen einem Host mit BMC-Kanal (4.5 MByte/s) und einer SUN-Workstation erreicht knapp 4.5 MByte/s. Beim Transfer von der Platte reduziert sich die Übertragungsrate annähernd auf die Geschwindigkeit, um von der Platte in das lokale Memory zu kopieren.

b) Bei Übergang von der Binärdatenübertragung auf "coded files" wird über Ethernet und ULTRANET nur ca. 1 Mb/s Transferrate erreicht.

c) Bei interaktiven Anwendungen (z.B. Windowsysteme in einer Client/Server Umgebung) werden pro Interaktion relativ wenig Daten übertragen (bis ca. 8 KByte). Wird z.B. mit einer Blockung von 2 KByte über Ethernet, FDDI und Ultranet übertragen, werden gleichermaßen ca. 1 Mb/s Transferrate erreicht. Bei 1 MByte Blockgröße erreicht Ultranet hingegen ca. 200 Mb/s.

d) Über FDDI wird durchaus 30 Mb/s mit mittleren Workstations erreicht.

e) Endgeräte entwickeln sich bzgl. Prozessorgeschwindigkeit, Bus- bzw. Kanalgeschwindigkeit in die Richtung, daß 1 Gb/s-Anschlüsse adäquat genutzt werden können. Entwicklungsbedarf besteht für die Geschwindigkeitserhöhung der Massenspeicherzugriffe. Hier ist durch RAID (Redundant Array of Inexpensive Disks) mit deutlichen Verbesserungen binnen kurzer Zeit zu rechnen.

f) Hohe Ein-/Ausgaberaten werden bei Endgeräten derzeit nur mit großen Blockgrößen erreicht (Ausschöpfung der Transaktionsrate des Gerätes). Dies steht aus heutiger Sicht einem Einsatz von ATM- und MAN-Techniken mit einer Zellengröße von 53 Byte entgegen. Die Architektur eines "cell based interface" muß bzgl. der Leistungsfähigkeit bedacht werden. Durch die Entwicklung und den Einsatz von speziellen Prozessoren für die Netzwerk I/O dürfte diese Aufgabe sicherlich gelöst werden.

g) Gute Implementierungen von herkömmlichen Kommunikationsprotokollen sind für den Hochgeschwindigkeitsbereich geeignet. CRAY hat eine TCP/IP-Implementierung für 600 Mb/s Transferrate verfügbar.

3.3. Hierarchische Versorgung

Leistungsfähige Vernetzungslösungen lassen sich im Grundsatz nur bei Einsatz einer homogenen Netzwerktechnologie erzielen. Übergänge zwischen heterogenen Netzwerktechnologien können leicht Engpässe bilden, dies umso leichter, wenn dabei Geschwindigkeitsanpassungen erforderlich werden. So wird z.B. für FFOL auch eine Transferrate in Übereinstimmung mit der "payload rate" der SDH-Technik verlangt, also z.B. bei STM-1: Rahmen 155.52, payload rate 149.76 Mb/s.

Server- und Client-Systeme sollten entsprechend ihrem Verkehrsaufkommen in homogenen Netzstrukturen organisiert werden. Gängig sind die Lösungen Ethernet, Token Ring und FDDI für lokale Vernetzungslösungen (Institut einer Hochschule z. B.). Zuwachsraten sind in dem Betrachtungszeitraum (bis 1995) vornehmlich für FDDI zu erwarten, da leistungsfähige Arbeitsplatzrechner heute bereits die Kapazität eines Ethernets füllen.

Ein Wechsel zwischen den Netzwerktechnologien ist dann erforderlich, wenn Randbedingungen (z.B. Zugang in öffentliche Netze) erfüllt werden müssen oder nach anderen Kriterien (z.B. ein FDDI-Anschluß statt mehrerer Ethernetanschlüsse an einen Host) optimiert werden muß. Die Vorschläge für zukünftige Entwicklungen zielen hier aber auf angepaßte Transferraten.

Bei der Zusammenschaltung unterschiedlicher Netzwerktechnologien sind auch Verfahren sinnvoll, bei denen der Sender eine Blockgröße bei der Übertragung wählt, die der Empfänger möglichst direkt aufnehmen kann.

Hochgeschwindigkeitsdatennetze machen nur Sinn, wenn auch eine hohe Transfergeschwindigkeit darüber erzielt werden kann. Steuerungsmechanismen zur effizienten und fairen Nutzung, wie "Congestion Control" und 'Bandbreitengarantie', sind für ATM-MAN-Netze noch nicht standardisiert.

Beim Übergang in ATM- und MAN-Netze müssen diese Blockgrößen auf 48 Byte Nutzinformation fragmentiert werden. Welche Durchsatzverluste und Probleme mit der Staukontrolle damit verbunden sein werden, ist noch weitgehend unbekannt.

3.4. Kopplung zwischen Netzen verschiedener Basistechnik

Elementare Probleme der Kopplung von Netzen verschiedener Basistechnik scheinen gelöst oder durch bereits laufende Entwicklungen - für die bereits bekannten Basistechniken - lösbar zu sein. Problematisch ist, diese Kopplungen nicht zu Engpässen des Kommunikationssystems werden zu lassen. Hier spielen Fragen wie Kompatibilität der Partnersysteme (Endsysteme), Art und Transferverhalten der Anwendung (z.B. Synchronität von Multi-Media-Datenströmen) und Leistungsfähigkeit der Komponenten eine besondere Rolle. Darüberhinaus erscheint es wichtig, die Schnittstellen so zu präzisieren, daß die Einhaltung der korrekten Funktion und festgelegter Gütekriterien im Betrieb nachweisbar wird, z.B. auch damit die Leistung an Netzschnittstellen Gegenstand von Verträgen werden kann.

4.　　　WAN-Strukturen

Gegenwärtig werden im Hochgeschwindigkeitsbereich von der DBP/Telekom (DBPT) als Regeldienste VBN und 2 Mb/s-Mietleitungen angeboten. Darauf aufsetzend können Video- und Datenkommunikation durchgeführt werden. Daneben gibt es begrenzte Pilotversuche: BERKOM in Berlin, MAN/DQDB-Netze in München und Stuttgart, und den Wirkbetrieb des 2 Mb/s-WIN des DFN-Vereins.

Im Jahre 1993 beabsichtigt DBPT mit dem Pilotprojekt VISYON (Variable Intelligente SYnchrone Optische Netze) die Einführung der SDH-Technik im Ortsnetz zu beginnen (z.B. in NDS, NRW). Über Synchrone Multiplexterminals (SMT) sollen Teilnehmeranschlußschnittstellen bis 155 Mb/s mit G.703-Schnittstelle zur Verfügung gestellt werden. Die Ortsvermittlungsstellen werden anfangs über 155 Mb/s-Ringe (später 622 Mb/s, STM-4) miteinander verbunden.

Die bisher recht guten Erfahrungen mit den DQDB-Projekten (nicht nur in Deutschland) können 1993 zu weiteren DQDB/MAN-Vernetzungen führen. Die nach außen hin sichtbaren Schnittstellen (z.B. Ethernet) bieten dem Nutzer eine technisch einfache und von den im "Inneren" verwendeten Komponenten entkoppelte Möglichkeit der regionalen HDN-Vernetzung. So plant beispielsweise das Berliner Landesamt für Datenverarbeitung ein entsprechendes Projekt.

Die ersten "lokalen" ATM-Vermittler werden 1993 angeboten. Neben der ATM-Schnittstelle werden auch die üblichen Routerschnittstellen am ATM-Vermittler bereitgestellt. Daneben arbeiten Hersteller auch an der Bereitstellung einer ATM-Schnittstelle am Rechner.

Gegen Ende 1993 plant DBPT, das im Jahre 1992 ausgeschriebene ATM-Pilotprojekt (Phase 1) an drei Standorten (Berlin, Köln, Hamburg) mit festgeschalteten Verbindungen (ATM-CrossConnectoren) und Nutzung der ATM-Klasse A zu beginnen.

Ende 1994 wird der ATM-Pilotversuch der DBPT selbstgewählte Verbindungen für die ATM-Klasse A ermöglichen (Phase 2). Die bereits 1993 durchgeführte Verbindung von MAN-Inseln über feste Leitungen wird 1994 über ATM-Vermittler möglich werden (festgeschaltete oder selbstgewählte Verbindungen a la VBN - noch nicht durch Zellvermittlung über virtuelle Kanäle!).

Unter Umständen wird 1994 auch bereits ein "Connectionless Broadband Data

Services" (CBDS) angeboten. CBDS wird anfangs auf MAN-Technik basieren, später aber auch mit ATM-Technik angeboten werden (Allerdings ist die Diskussion über Unterschiede SMDS-CBDS noch nicht abgeschlossen. Wenn hier Unterschiede eingeführt werden, dürfte es zumindest zu Verzögerungen bei der Einführung kommen, was die Zukunftsaussichten von MAN/DQDB in Vergleich mit ATM verschlechtern wird). Die SDH-Technik wird in den Folgejahren zunehmend in der Fläche verfügbar. Die Vermittlungseigenschaften der von DBPT verwendeten ATM-Vermittler werden in den Jahren 1995/96 zunehmend den geplanten Umfang (Unterstützung von virtuellen Kanälen, Unterstützung von weiteren AAL-Klassen) erreichen. "Flächendeckend" wird ATM von DBPT aber kaum vor 1996/97 angeboten werden.

Schlußfolgerungen

Die Einführung der SDH-Technik durch die DBP-Telekom kann als gesichert angesehen werden. Es handelt sich im Prinzip um eine Leistung, die dem Monopolbereich zuzuordnen ist, obwohl es Merkmale gibt, die später auch unter den Wettbewerb fallen können. Der Monopolist schafft damit ein Übertragungswegenetz, das für die zukünftigen Bandbreitenanforderungen geeignet ist und die Übertragungskapazitäten flexibler und wirtschaftlicher nutzt (vereinfachtes Multiplexen/Demultiplexen bei der SDH Technik, einfacherer Zugriff auf niedrigere Hierarchieebenen). Erst durch den Einsatz von Vermittlern (Router, X.25 Vermittler, MAN/DQDB-Komponenten, ATM-Vermittler) wird das SDH-Übertragungssystem zu einem Wählnetz erweitert.

Die Einführung der ATM-Technik bei DBPT kann als gesichert angesehen werden. Langfristig werden alle heutigen Sprach- und Kommunikationsdienste darin integriert werden (ATM=B-ISDN). Allerdings ist der ATM-Einsatz eine Wettbewerbsleistung, deren Angebotsumfang auch durch die sich entwickelnde Nachfrage bestimmt wird.

Die langfristige Verbreitung von MAN neben ATM ist aus heutiger Sicht schwer zu beurteilen. Technisch hat MAN/DQDB gegenüber ATM einen zeitlichen Vorlauf von 2-3 Jahren. Da der MAN-Dienst gegenüber den Nutzern z.Z. über übliche LAN/WAN-Interfaces (Ethernet, 2 Mb/s-G.703, ...) und auf Dauer wahrscheinlich über übliche lokale Router als "Teilnehmerschnittstelle" angeboten wird, bedeutet ein gegebenenfalls sinnvoller Austausch der "inneren" MAN-Technik durch ATM-Technik für den Nutzer keine Umorientierung auf ein völliges Neuland.

Inwiefern sich Frame Relay in Europa zwischen X.25-Netzen einerseits und MAN/ATM-Netzen andererseits etablieren wird, ist schwer einschätzbar.

Der DFN-Verein sollte so früh wie technisch möglich (1993) mit lokalen ATM-Testbeds (mindestens zwei) beginnen. Zum Umfang solcher Projekte sollte neben deren Verknüpfung über gemietete Leitungen (2 Mb/s, 34 Mb/s) auch die Anbindung an den ATM-Versuch von DBPT und die Verbindung mit anderen europäischen ATM-Projekten gehören.

Der DFN-Verein sollte weitere MAN-Vernetzungen vorantreiben. Die Technik scheint nach den bisherigen Erfahrungen ausreichend stabil zu sein. Die Verknüpfung mit ATM-Vernetzungen ist im weiteren zeitlichen Verlauf mit großer Wahrscheinlichkeit möglich. Ob und wie MAN und ATM im DFN langfristig nebeneinander bestehen werden, kann noch nicht endgültig abgeschätzt werden - dazu sind die technischen und wirtschaftlichen Parameter noch zu unklar.

Der Übergang in den Gigabitbereich ist erst in der zweiten Hälfte der Dekade zu erwarten.

5.   Protokollarchitektur

Im folgenden werden die Eigenschaften der Ebenen 1+2 des OSI-Referenzmodells zusammenfassend als Basistechnik (BT) und die Ebenen 3+4 zusammenfassend als Transportsystem (TS) bezeichnet. Das 2 Mbps-WIN WIN stellt die WAN-Infrastruktur dar. Im lokalen Bereich gibt es heute und auch in Zukunft eine Vielzahl von Basistechniken), die in starkem Maße TCP/IP als Transportsystem benutzen.

5.1.   Zukünftige Entwicklungen der Basistechniken

Im WAN- und MAN-Bereich werden oberhalb von 2 Mb/s Frame Relay, MAN (DQDB) und ATM eine Rolle spielen. ATM ist die allgemein akzeptierte Lösung für B-ISDN und wird auch oberhalb von 155 Mb/s in den anderen SDH-Hierarchien zum Einsatz kommen. Inwieweit Frame Relay und MAN (DQDB) eine wirkliche Marktbedeutung (neben ATM) bekommen, ist heute nicht abzuschätzen. Technisch ist eine Koexistenz möglich.

Im LAN-Bereich werden weiterhin sehr viele verschiedene Basistechniken zum Einsatz kommen. Neben den "klassischen" LANs (Ethernet, FDDI, Token Ring), X.25-Strukturen und S-ISDN spielen zunehmend neue LAN-Technologien (HIPPI, Ultranet) eine Rolle. Auch die oben genannten WAN/MAN-Technologien und hier insbesondere ATM werden im LAN-Bereich zukünftig verwendet werden.

5.2.   Zukünftige Entwicklungen der Transportsysteme

Im Grundsatz können auf (fast) allen Basistechniken (fast) alle Transportsysteme aufgesetzt werden; die Sinnhaftigkeit variiert allerdings. Ausgangspunkt im DFN-Bereich ist der Bedarf für Datenkommunikation mit ihren zugehörigen Transportsystemen. Aktuell spielen hier drei Transportsysteme eine Rolle: TCP/IP, TP4/CLNP,

TP0/X.25. Zumindest im LAN-Bereich ist TCP/IP vorherrschend, was im wesentlichen eine Frage der Produktverfügbarkeit und der aufsetzenden Anwendungen und nicht eine Frage der Funktionalität ist.

Alle drei Transportsysteme sind von ihrer technischen Kapazität her gesehen mindestens im mittleren HDN-Bereich für konventionelle Datenkommunikation einsetzbar. TCP/IP und TP4/CLNP (im folgenden CL-TS genannt) sind technisch weitgehend identisch und unterscheiden sich hauptsächlich in Produktreife und Marktdurchsetzung. Die Marktdurchsetzung von TP0/X.25 (im folgenden CO-TS genannt) ist im WAN-Bereich zumindest in Europa sehr groß. Produktreife und Marktdurchsetzung von TP0/X.25 und TP4/CLNP sind im LAN-Bereich noch ähnlich gering.

Von den Anwendungen der Datenkommunikation her betrachtet, gibt es im HDN-Bereich sowohl für CO-TS als auch für CL-TS bevorzugte Szenarien. Für kurze Interaktionen (Remote Operations, Directory-Anfragen) ist vor allem wegen der inhärent großen Speicherfähigkeit eines HDN CL-TS ein technisch adäquates Transportsystem; für längere Interaktionen (Datentransfer) ist konzeptionell ein CO-TS sinnvoller.

Sowohl CL-TS als auch CO-TS haben zu hohen Bandbreiten hin mit ihren jetzigen technischen Inkarnationen sicherlich Grenzen der Anwendbarkeit; wo jeweils diese technischen Grenzen liegen, ist noch nicht genau klar. Diese Grenzen sind wahrscheinlich jeweils technisch (aber auch marktmäßig) etwas verschieden gelagert.

Zwar zeigen Untersuchungen, daß das eigentliche Netzprotokoll nur in verhältnismäßig geringem Umfang für die Performance und die oftmals auftretenden Durchsatzbegrenzungen verantwortlich ist. Den überwiegenden Ausschlag für den Durchsatz geben die Güte der Implementierung, die Hardware, das Kommunikationsinterface und die Kommunikationsarchitektur (Bus, Prozessor). Insofern können verbesserte Implementierungen und Parameteradaptionen der verfügbaren Protokolle sicherlich noch manche Bandbreitenerhöhung an die Anwendungen durchreichen.

Gleichwohl kann man davon ausgehen, daß alle zur Zeit gängigen Netzprotokolle (X.25, DoD-IP, ISO-IP, SNA, ...) in Bereichen sehr hoher Bandbreite keine adäquaten Kommunikationsprotokolle mehr darstellen werden. Die Entwicklung neuer Netzprotokolle (Light Weight Protocols: Express Transfer Protocol (XTP), Versatile Message Transaction Protocol (VMTP), ...) und deren international vereinbarte Durchsetzung werden zunehmend an Bedeutung gewinnen. Der HDN-Bereich erfordert insgesamt die Erweiterung des Transportsystems in zwei Richtungen: Im Bereich sehr hoher Durchsatzraten werden neue Transportsysteme für Datenkommunikation notwendig (Beispiel XTP). Für Anwendungen außerhalb der klassischen Datenkommunikation (Audio, Video) müssen andere Transportsysteme zum Einsatz kommen, die v.a. die synchrone Kommunikation unterstützen.

Die Verbindung von unterschiedlichen Transportsystemen wird im BERKOM-Referenzmodell behandelt. In zukünftigen Multi-Media-Anwendungen wird es sinnvoll sein, in einer Gesamtkommunikation mehrere Teilanwendungen parallel und in Reihenfolge ablaufen zu lassen. Diese Teilanwendungen werden völlig unterschiedliche Anforderungen an das darunter liegende Transportsystem stellen. Dadurch wird es notwendig werden, zwischen Diensten und Protokollen in einer Gesamtanwendung beliebig zu wechseln und je nach Bedarf der Anwendung Dienstgüten vom Transportsystem anzufordern, wie z.B. Synchronität oder Asynchronität, verbindungslose oder verbindungsorientierte Kommunikation, Multicasting, diverse Quality-of-Service Parametrisierungen (Fehlerkorrekturen, Flußkontrolle, ...).

Gerade der Aspekt der Wahl verschiedener Transportsysteme wird sich auch auf die Architektur des Kommunikationsnetzes, also auf die des WIN, auswirken.

5.3. Schlußfolgerungen

HDN-Anwendungen erfordern verschiedene Transportsysteme: synchron, asynchron, verbindungslos, verbindungsorientiert. Wie eingangs erwähnt, können die meisten Basistechniken grundsätzlich verschiedene Transportsysteme bedienen, das gilt u.a. für ATM, aber auch für MAN/DQDB. Der Betrieb paralleler Transportsystemumgebungen wird gegenüber einer homogenen Struktur Zusatzkosten verursachen.

Der DFN-Verein sollte den Piloteinsatz unterschiedlicher neuartiger Basistechnik unterstützen. Dabei sollte der Schwerpunkt auf ATM als Technik des zukünftigen Kernnetzes des DFN-Vereins liegen. Welche Rolle eventuell MAN (DQDB) als regionaler Verteiler des WAN-ATM-Netzes spielen wird, ist z.Z. nicht einzuschätzen. Im Bereich der Transportsysteme sollten sowohl CO-TS als auch CL-TS als Zugang zum (ATM-) Netz unterstützt werden. Der Einsatz und die Integration neuer Transportsysteme für Datenkommunikation (z.B. XTP) und für synchrone Kommunikation sollten ebenfalls unterstützt werden.

6. Vorgehen

Kosten der Hochgeschwindigkeitskommunikation

Kosten für Hochgeschwindigkeitskommunikation entstehen für Endgeräte, lokale Netze, regionale und überregionale Netze, Systemplanung und Netzintegration, Netzmanagement, Werkzeuge für Anwendungen und Anwendungen.

Neben den überwiegenden Leitungskosten fallen Entwicklungskosten an. Entwicklungsaufgaben stellen sich in der Systemplanung, Erprobung und Bewertung von Komponenten und Netztechniken, im Netzmanagement, in der Bereitstellung von

Werkzeugen für die Anwendungen und in den eigentlichen Anwendungen. Abschätzungen der tatsächlichen Kosten sind sehr ungenau, jedoch ist klar, daß die finanziellen Möglichkeiten des DFN-Vereins durch ein flächendeckendes HDN bei weitem überstiegen werden.

Vorgehen

Aus den genannten technischen und wirtschaftlichen Gründen ist ein flächendeckendes Hochgeschwindigkeitsdatennetz nicht kurzfristig realisierbar. Zugleich ist sichtbar, daß in den USA, Japan und Großbritannien Wissenschaftler wichtige Erfahrungen im Einsatz von Hochgeschwindigkeitsdatennetzen zu sammeln beginnen. In den USA sollen 1993 122,5 Mio. $ für den Aufbau des "National Research and Education Network" aufgewendet werden, das in den Bereich bis 1 Gb/s reichen wird. Die Komponenten für die Einrichtung von Hochgeschwindigkeitsdatennetzen werden in wachsendem Umfang am Markt verfügbar. Unter diesen Umständen erscheint es vordringlich, deutschen Wissenschaftlern wenigstens in regionalen Gruppen das Arbeiten mit der Hochgeschwindigkeitsdatenkommunikation zu ermöglichen. Es sollen daher etwa 5 regionale Testbeds für die Hochgeschwindigkeitskommunikation eingerichtet werden, die in koordiniertem Vorgehen die verfügbaren Komponenten und Integrations-/Managementmethoden einsetzen und wichtige Anwendungen entwickeln und erproben. Dabei ist darauf zu achten, daß für die Anwender möglichst bald betriebstüchtige Infrastrukturen entstehen. Mit diesem Vorgehen können bereits vorhandene regionale Strukturen genutzt und dadurch der Anteil der Leitungskosten deutlich gesenkt werden. Für die Verbindung der regionalen Testbeds wird in dieser Phase das WIN eingesetzt, das dem geplanten Ausbau zu höherer Leistung (2/34 Mb/s) unterzogen wird. Die Regionen für die Testbeds sind nach Qualität der Anwender, technischer Erfahrung, innovativer Nutzung und Beteiligung der Regionen an den Kosten auszuwählen. Es wird erforderlich sein, daß der Bundesminister für Forschung und Technologie in der Pilotphase auch gewisse Investitions- und Netzbetriebskosten übernimmt; ein Verfahren zur Übernahme der Betriebskosten in ordentliche Haushalte der benutzenden Einrichtungen ist erforderlich.

Eine erfolgreiche Regionalisierung des Aufbaus der Hochgeschwindigkeitsdatenkommunikation setzt die Einrichtung einer zentralen Systemplanungsgruppe des DFN-Vereins voraus, die die regionalen Vorhaben definiert und koordiniert in Hinblick auf größtmöglichen Gesamtnutzen für die Wissenschaft, mit dem Ziel der Einrichtung einer flächendeckenden Hochgeschwindigkeitsinfrastruktur. Diese Gruppe muß intensiv mit entsprechenden Projekten im Ausland zusammenarbeiten, woran die regionalen Vorhaben ebenfalls zu beteiligen sind.

Eine entscheidende technische Rolle spielt das Netzmanagement beim Aufbau eines Hochgeschwindigkeitsdatennetzes auf heterogener Basistechnik. Der DFN-Verein muß baldmöglichst klären, welche Voraussetzungen hier geschaffen werden müssen und erforderlichenfalls durch Aufträge Kompetenz aufbauen und Entwicklungen veranlassen.

Bei diesem Vorgehen dürften die folgenden Kosten entstehen:

— Investitionen und Betriebskosten für Endgeräte und lokale Netze. Aus den schon genannten Gründen werden diese Kosten nicht als HDN-Kosten veranschlagt.

— Investitionen und Betriebskosten für regionale Netze einschließlich der LAN-Übergänge und der Übergänge in die überregionale Versorgung. Hier dürften je regionalem Testbed einmalige Kosten von etwa 2 Mio. DM und Leitungskosten von etwa 2 Mio. DM/Jahr entstehen. Dazu kommen Personalkosten und andere laufende Kosten von etwa 0,5 Mio. DM/Jahr.

— Jährliche Entwicklungskosten von etwa 11,5-15 Mio. DM, von denen zentrale Systemplanung und Netzmanagemententwicklung etwa 1,5 Mio. DM und Erprobung und Bewertung von Komponenten und Netztechniken, Entwicklung von Anwendungswerkzeugen und Entwicklung von beispielgebenden Anwendungen etwa 10 bis 13,5 Mio. DM ausmachen dürften.

Diese Kosten werden vom Bundesministerium für Forschung und Technologie, von den Bundesländern und den Wissenschaftseinrichtungen getragen. Einige der Kosten ändern während des Projektes ihren Charakter und gehen von Pilotierungskosten mit hohem technischwissenschaftlichen Ergebnis in Regelbetriebskosten über.

Es müssen alle Wege genutzt werden, um die Kosten mit anderen zu teilen, vgl. Abschnitt 7. Das gilt auch für die Ausnutzung der internationalen Zusammenarbeit.

Kooperation mit dem industriellen Bereich

Die Zusammenarbeit mit den Anbietern von Kommunikationsdiensten, z.B. der Deutschen Bundespost/Telekom, und der Industrie ist aus technischen und aus wirtschaftlichen Gründen eine wesentliche Eigenschaft des Projektes "Hochgeschwindigkeitsdatennetz"

In Deutschland sind im Leistungsbereich von 34 bis 155 Mb/s die Pilotprojekte zu MAN/DQDB, FDDI, der geplante ATM-Feldversuch und das BERKOM-Versuchsnetz zu nennen. Es ist ein wichtiges Ziel bei der Durchführung des Projektes, jede unnötige Diskrepanz zwischen der kommenden allgemeinen Entwicklung und dem Projekt zu verhindern. Hieran hat die Wissenschaft selbst größtes Interesse, um ihre eigenen Investitionen auf künftige Infrastrukturen übertragen zu können. Daher ist eine enge Zusammenarbeit technischer Art eine Voraussetzung für den Erfolg des Vorhabens. Zugleich sind die genannten Partner an technischen Ergebnissen des Projektes interessiert: Systemplanung, Erprobung von Komponenten, Netzmanagement, Anwendungsprofile, Betriebserfahrungen, usw..

Die Zusammenarbeit mit den Anbietern von Kommunikationsdiensten und der Industrie ist außerdem aus wirtschaftlichen Gründen unabdingbar. Es lassen sich zwar augenblicklich nur rohe Vorstellungen bzgl. der Kosten des Projektes entwickeln. Hierzu ist zu bemerken, daß es keine gesicherten Preise oder auch nur Kalkulationsgrundlagen für Hochgeschwindigkeitsnetze gibt, da der Nutzungsumfang allgemein nur schwer schätzbar ist und die Amortisationszeiten für die Investitionen Gegenstand unternehmensstrategischer Entscheidungen sind. Es kann davon ausgegangen werden, daß besondere Forschungs- und Entwicklungskosten, die für die Erschließung der Hochgeschwindigkeitskommunikation durch Wissenschaftseinrichtungen anfallen, aus dem Haushalt des Bundesministeriums für Forschung und Technologie gedeckt werden.

Wegen der besonderen Höhe der anfallenden laufenden Kosten ist in jedem Fall sorgfältig zu prüfen, in welchem Umfang diese Kosten mit anderen geteilt werden können. Über den direkten Erfahrungsgewinn aus Aufbau und Betrieb des Hochgeschwindigkeitsdatennetzes hinaus muß die Fokussierungswirkung durch ein sehr innovatives Kommunikationsprojekt gesehen werden. Das Hochgeschwindigkeitsnetz kann das Testfeld für die vielen Ansätze für neue Kommunikationstechnik und neue Kommunikations- und Interaktionsformen werden, z.B. im Gebiet der multimedialen Benutzeroberflächen, die von konventionellen Netzen nicht ausreichend gestützt werden, aber für die Entwicklung des Rechnergebrauchs eine erstrangige Bedeutung haben. Die informationstechnische Industrie wird außerdem eine fortgeschrittene Nutzerschaft brauchen, die neue Produkte frühzeitig erprobt.

Aus dem bereits genannten technischen Interesse heraus könnten die Anbieter von Kommunikationsdiensten als Mitbetreiber eines solchen Netzes infrage kommen. Die Deutsche Bundespost Telekom hat bisher erklärt, daß sie mittelfristig nicht bereit ist, sich in Hinblick auf den technischen Gewinn an den Kosten eines Pilot-Hochgeschwindigkeitsdatennetzes zu beteiligen.

Wirtschaftsunternehmen könnten als Mitbenutzer eines Hochgeschwindigkeitsdatennetzes auftreten. Erkundigungen des DFN-Vereins bei jeweils einem Großunternehmen der Elektronik, des Maschinenbaus und der Versicherungswirtschaft waren erfolglos. Daß augenblicklich noch keine Nachfrage nach Hochgeschwindigkeitsnetzen in der Wirtschaft ersichtlich ist, berechtigt übrigens nicht zu der Folgerung, daß Hochgeschwindigkeitsnetze von der Wirtschaft nicht vorteilhaft eingesetzt werden können. Man vergleiche dazu Prognosen, die Anfang der 50er Jahre über den Bedarf an Computern in der Wirtschaft gemacht wurden. Auch hier ist das neue Instrument ohne Abwägung des Bedarfs geschaffen worden, und in der Nutzung haben Wissenschaftseinrichtungen eine hervorragende Rolle gespielt.

Es ist mehrmals angeregt worden, neben der Deutschen Bundespost Telekom auch die Deutsche Bundesbahn, die Elektrizitätswirtschaft, die Gas- oder Ölversorgung dafür zu gewinnen, auf der eigenen Infrastruktur Hochgeschwindigkeitsleitungen zu installieren und an das HDN abzugeben. Nach dem jetzigen ordnungsrechtlichen Stand ist eine solche Möglichkeit aber nicht gegeben.

Empfehlung

Die HDN-Arbeitsgruppe empfiehlt dem DFN-Verein, das Projekt "Hochgeschwindigkeitsdatenkommunikation" unverzüglich auf der Grundlage der von der Geschäftsführung und der Arbeitsgruppe erarbeiteten Planungen zu beginnen.

Damit kann sich der in der Abbildung dargestellte zeitliche Verlauf ergeben:

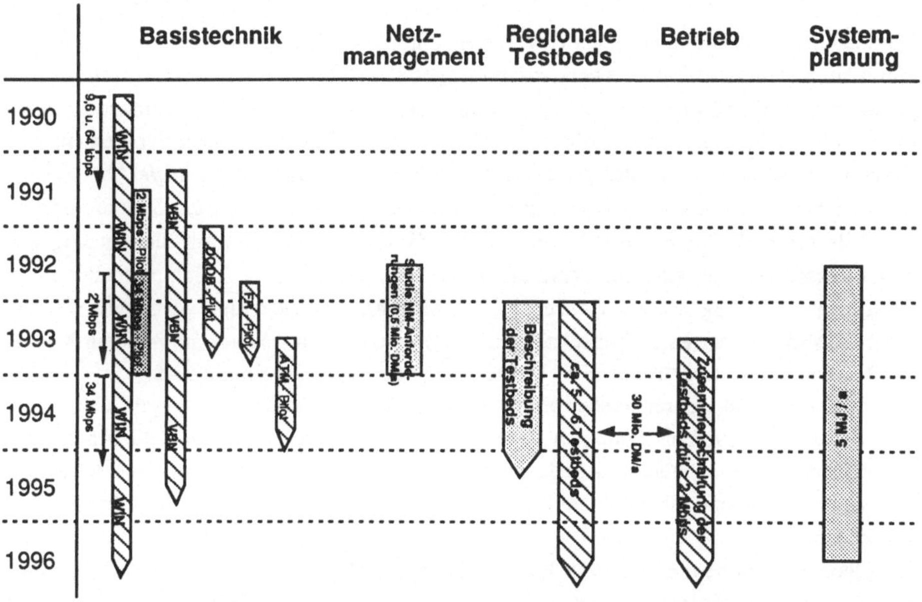

Literatur

/HDN-TF/	Hochgeschwindigkeitsdatenkommunikation für die Wissenschaft, Bericht einer Expertengruppe des DFN-Vereins, DFN-Bericht Nr. 68, September 1992
/HDN-Plan/	„HDN – Projektplan", Entwicklung eines Hochgeschwindigkeitsdatennetzes (HDN) im DFN, Version 3.0, November 1991

Dezentrale Ablaufsteuerung
in Verteilten Systemen

Andreas Winckler
Universität Stuttgart
Institut für Parallele und Verteilte Höchstleistungsrechner (IPVR)
Breitwiesenstr. 20 - 22, W - 7000 Stuttgart 80
email: winckler@informatik.uni-stuttgart.de

Kurzfassung

Das Ziel der Anwendung verteilter Systeme ist, autonome, räumlich getrennte Einheiten, die durch ein Kommunikationsnetzwerk zusammengeschlossen sind, effizient zu nutzen. Aufträge, die in verteilten Systemen bearbeitet werden, bestehen aus einzelnen voneinander abhängigen Teilschritten, zu deren Bearbeitung unterschiedliche Ressourcen benötigt werden.

Trotz der Dezentralisierung der genutzten Ressourcen ist vielfach die *zentrale* Ablaufsteuerung solcher Aufträge üblich: Ein zentraler Auftragskoordinator ist für die Synchronisation der Teilschritte zuständig. Vorteile, die verteilte Systeme im Hinblick auf die Nutzung verteilter Ressourcen, Leistung und Fehlertoleranz bieten, werden dadurch nicht ausgenutzt.

Im folgenden Beitrag soll ein Konzept für *dezentrale* Ablaufsteuerung vorgestellt werden: Jeder Netzknoten, der einen Teilschritt bearbeitet, initiiert von sich aus auf anderen Knoten die Bearbeitung weiterer Teilschritte, die von dem bearbeiteten abhängig sind.

Dieses Konzept hat weitreichenden Einfluß auf die Kommunikation im System: Gegenüber zentraler Ablaufsteuerung kann sich - abhängig von der Auftragsstruktur - die Anzahl der ausgetauschten Meldungen stark reduzieren. Darüber hinaus verteilen sich die Meldungen im System, der potentielle Kommunikationsengpaß beim zentralen Auftragskoordinator wird vermieden.

Im folgenden werden die in diesem Konzept benötigten Synchronisationsmechanismen dargestellt und Aspekte der dezentralen Fehlerbehandlung und der Lastbalancierung aufgrund der Erfahrungen diskutiert, die mit der Implementierung des Konzepts im System *Dipsi* am IPVR gemacht wurden.

1 Einleitung und Problemstellung

Verteilte Systeme, also der Zusammenschluß autonomer Einheiten (Rechner, Speichermedien, Maschinen,...) über ein Kommunikationsnetzwerk, sind derzeit Inhalt verschiedenster Forschungsprojekte. Gemeinsames Ziel ist die effiziente Ausnützung vorhandener Ressourcen durch

- gemeinsame Nutzung teurer und/oder auf ihre Aufgabe stark spezialisierter Ressourcen, deren wirtschaftliche Auslastung durch einen Benutzer alleine nicht gegeben ist,

- Vermeidung von Konflikten und daraus resultierenden Wartezeiten bei der Belegung gemeinsam genutzter Ressourcen durch geeignete Lastverteilungsstrategien und Kooperation der beteiligten Einheiten,
- Erhöhung der Ausfallsicherheit durch redundante autonome Komponenten des verteilten Systems.

Client-Server-Architekturen haben sich weithin etabliert: Auftraggeber (Client) und Bearbeiter (Server) sind (räumlich) getrennt, und die Bearbeiter stehen nicht nur einem Auftraggeber zur Verfügung.

Aufträge, die in verteilten Systemen bearbeitet werden, bestehen aus einzelnen voneinander abhängigen Teilschritten. Die Teilschritte werden verschiedenen Bearbeitern im System zur Bearbeitung übergeben. Die Synchronisation der Teilschritte, d.h. die Steuerung des Auftragsablaufs, ist Aufgabe des *Auftragskoordinators*.

In vielen verteilten Systemen ist trotz der dezentralen Systemarchitektur die Ablaufsteuerung *zentral* organisiert: *Ein* Auftragskoordinator ist verantwortlich für die korrekte Abarbeitungsreihenfolge der Teilschritte, die zusammen den Auftrag bilden. Dadurch gehen Vorteile verloren, die verteilte Systeme im Hinblick auf die Nutzung verteilter Ressourcen, Leistung, Verfügbarkeit und Fehlertoleranz bieten. Ein Ausfall oder die Überlastung des Koordinators verhindern oder verzögern die Bearbeitung verschiedener Teilschritte des Auftrags auf anderen verfügbaren Ressourcen.

Der im folgenden vorgestellte Ansatz für *dezentrale* Ablaufsteuerung mit dem Ziel, die Vorteile verteilter Verarbeitung weitergehend zu nützen, führt die Client-Server-Idee weiter: Statt den Ausführungszustand jedes Teilschritts eines Auftrags zum zentralen Auftragskoordinator zu melden, untersucht jeder Bearbeiter selbst, ob durch eine Zustandsänderung des gerade bearbeiteten Teilschritts Vorbedingungen für die Ausführung weiterer Teilschritte erfüllt werden. Der „Server" wird dann zum „Client", er gibt die Ausführung solcher Teilschritte in Auftrag.

Dezentrale Ablaufsteuerung macht den im System anfallenden Kommunikationsaufwand im wesentlichen abhängig von der Anzahl der Beziehungen der Teilschritte eines Auftrags untereinander und nicht mehr – wie im zentralen Fall – hauptsächlich von der Anzahl der Teilschritte eines Auftrags. In den meisten Fällen sinkt dadurch der Kommunikationsaufwand. Die dezentrale Ablaufsteuerung sorgt außerdem für eine räumliche Entzerrung des Kommunikationsflusses, wodurch der mögliche Kommunikationsengpaß beim zentralen Auftraggeber vermieden wird.

Einige Anwendungsbeispiele der dezentralen Ablaufsteuerung zeigen, daß in verschiedenen Anwendungsbereichen, wie z.B. Fertigung und Verwaltung, dieses Konzept mit Erfolg eingesetzt wird (siehe Kapitel 3.3). In der Client-Server-Welt der vernetzten Rechnersysteme hat es bisher jedoch noch keine weite Verbreitung gefunden: Es werden zwar externe Dienste von „Servern" in Anspruch genommen, aber das Programm, das die Dienstaufrufe enthält, steht während seiner gesamten Laufzeit unter der Kontrolle des gleichen Prozesses. Erheblich weitergehende Ansätze für die Anwendung dezentraler Ablaufsteuerung finden sich in Programmiermodellen für Parallelrechner auf der Basis von [1].

Allerdings werden auch in Rechnernetzen die von den Netzknoten benötigten Voraussetzungen für systemweite Kooperation in Zukunft zunehmend geschaffen [2], so daß sich die Anwendungsmöglichkeiten dezentraler Ablaufsteuerung erheblich erweitern werden.

Das vorgestellte Konzept ist in *Dipsi,* einem Programmpaket für die verteilte Bearbeitung von Aufträgen, am Institut für Parallele und Verteilte Höchstleistungsrechner (IPVR) der Universität Stuttgart implementiert worden. Verschiedene Anwendungen verteilter Auftragsbearbeitung im LAN wurden unter *Dipsi* realisiert und getestet. Daneben läßt sich *Dipsi* auch zur Simulation der verteilten Bearbeitung einsetzen, was die Untersuchung weiter Parameterbereiche vereinfacht.

Der Beitrag gliedert sich in folgende Abschnitte: Nach der Einführung des Auftragsmodells in Kapitel 2 wird in Kapitel 3 das Konzept der dezentralen Ablaufsteuerung vorgestellt, gegen das der zentralen Ablaufsteuerung abgegrenzt und an einigen Anwendungsbeispielen erläutert. Kapitel 4 beschreibt die Auswirkungen dezentraler Ablaufsteuerung speziell im Hinblick auf den Kommunikationsaufwand und auf Kommunikationsprotokolle für die Fehlerbehandlung und die Lastbalancierung. Der Beitrag schließt mit zusammenfassenden Bemerkungen in Kapitel 6.

2 Das Auftragsmodell

Aufträge sind - abhängig von der Betrachtungsebene - einerseits atomare Ausführungseinheiten und andererseits eine Ansammlung voneinander abhängiger Teilschritte [4-9,12]. Ein *Auftraggeber* (Client) ist nur am Gesamtergebnis des Auftrags interessiert, für ihn ist der Auftrag atomar. Aus der Sicht des *Auftragskoordinators* im System besteht der Auftrag jedoch aus einer Vielzahl voneinander abhängiger Teilschritte. Der Auftragskoordinator tritt den Bearbeitern gegenüber seinerseits als Auftraggeber auf, der einen aus seiner Sicht atomaren Teilschritt zur Bearbeitung weitergibt. Dieser hierarchische Zusammenhang ist in Abbildung 2-1 dargestellt.

Alle folgenden Überlegungen bewegen sich innerhalb *einer* solchen Hierarchieebene: Ein Auftrag besteht aus Teilschritten, welche als atomare Ausführungseinheiten angesehen werden.

Der *Ablaufplan* eines Auftrags enthält Informationen über den Kontrollfluß, d.h. über Abhängigkeiten zwischen Teilschritten [12]. Diese Abhängigkeiten lassen sich durch Vorbedingungen für einen Zustandsübergang formulieren: Teilschritt B darf/muß nur dann in Zustand Z_b übergehen, wenn Teilschritt A Zustand Z_a erreicht hat. Gleichwertig zu dieser Formulierung sind „Vorrangrelationen" in [5] und andere aus dem Bereich des Operations Research und der Ablaufplanung bekannte Auftragsmodelle und Netzpläne [7,8,10]. Vorbedingungen können auch aus einer logischen Verknüpfung mehrerer Teilbedingungen bestehen.

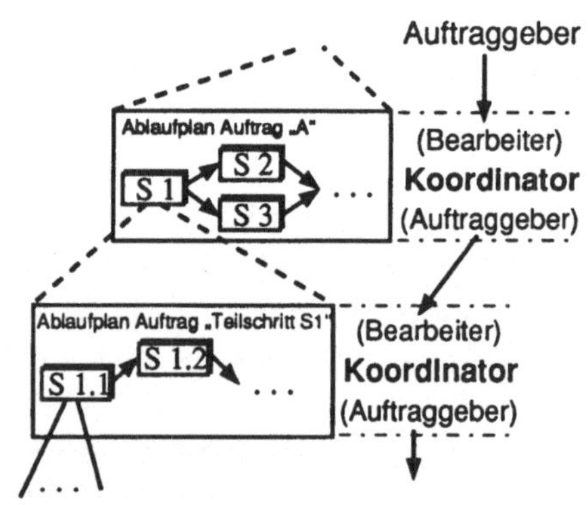

Abb. 2-1: Hierarchie der Auftragsbearbeitung

Die wesentlichen Zustände eines Teilschritts sind in Abbildung 2-2 in der Reihenfolge dargestellt, in der sie durchlaufen werden.

Mögliche von der Anwendung abhängige weitere Übergänge in den Zustand „abgebrochen" sind hier zur besseren Übersichtlichkeit nicht dargestellt. Ähnliche Darstellungen der Zustandsautomaten sind aus Transaktionssystemen bekannt [3,8].

Bei dem hier verwendeten Zustandsmodell sind Vorbedingungen, die vom Bearbeitungszustand anderer Teilschritte des gleichen Auftrags abgeleitet werden, nur auf die Zustände „ausführbar" und „abgebrochen" erlaubt. (Der Zustand „abgebrochen" kann allerdings auch durch Fehler bei der Bearbeitung erreicht werden).

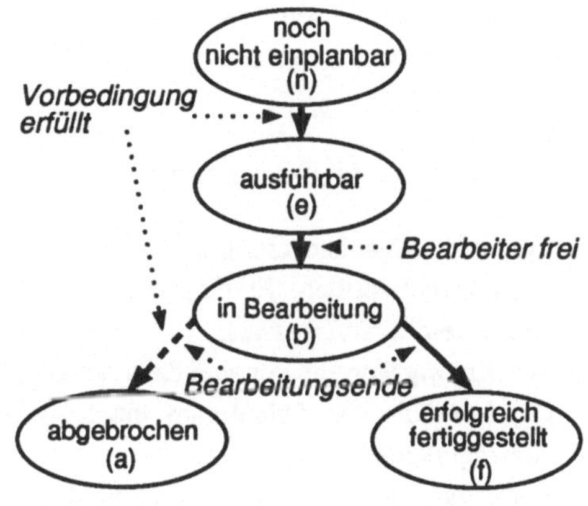

Abb. 2-2: Teilschritt-Bearbeitungszustände

Für die graphische Repräsentation von Teilschritt-Abhängigkeiten im Arbeitsplan ist folgende Darstellungsweise gewählt: Voneinander direkt abhängige Teilschritte sind durch einen Pfeil verbunden. Der Zustand am Pfeilfuß kennzeichnet die (Teil-) Vorbedingung, die erfüllt sein muß, damit der Teilschritt an der Pfeilspitze in den dort angegebenen Zustand übergehen kann. Ein Beispiel ist in Abbildung 2-3 gezeigt.

Hier besagt z.B. die dritte genannte Vorbedingung, daß Teilschritt S4 nur dann in den Zustand „ausführbar" gehen darf, wenn sowohl Teilschritt S2 als auch S3 den Zustand „erfolgreich fertiggestellt" erreicht haben.

Transitive Abhängigkeiten, also solche zwischen Teilschritten über andere Teilschritte (S4 hängt über S2 implizit von S1 ab), werden nicht dargestellt.

Mit der Auftragserteilung durch den Auftraggeber ist die Vorbedingung für die Ausführung all der Teilschritte erfüllt, die nicht direkt vom Ausführungszustand anderer Teilschritte abhängen (*„Start-Schritte";* im Beispiel nach Abbildung 2-3: Teilschritt S1). Ein Auftrag gilt als vollständig bearbeitet, wenn die Vorbedingung für den Teilschritt „Ende" (ein logischer Teilschritt, der keine Ressourcen benötigt) erfüllt ist.

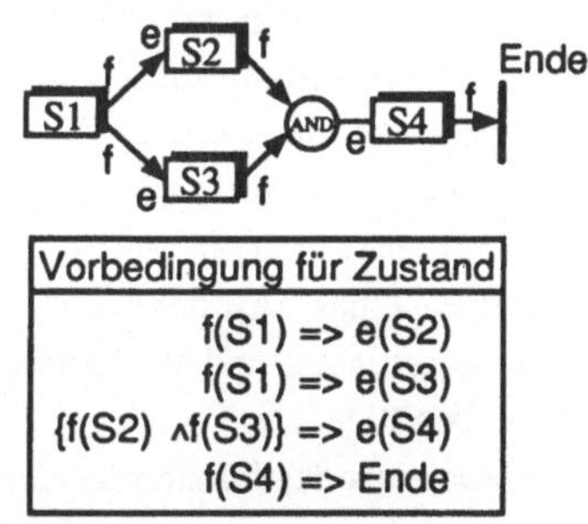

Vorbedingung für Zustand
$f(S1) => e(S2)$
$f(S1) => e(S3)$
$\{f(S2) \wedge f(S3)\} => e(S4)$
$f(S4) => Ende$

Abb. 2-3: Darstellung von Teilschritt-Abhängigkeiten

3 Ablaufsteuerung

Aufgabe des Auftragskoordinators ist die Synchronisation der Teilschritte: Aus den Informationen über den Bearbeitungszustand von Teilschritten muß ermittelt werden, welche anderen Teilschritte durch die Erfüllung von Vorbedingungen in welchen Zustand übergehen dürfen/müssen. Das bedeutet, daß der Koordinator Zustandsinformationen empfängt und auswertet, Teilschritte zur Bearbeitung an geeignete Bearbeiter vermittelt und seinerseits Zustandsinformationen weitergibt.

3.1 Zentrale Ablaufsteuerung

Bei *zentraler* Ablaufsteuerung ist genau ein Auftragskoordinator für alle Teilschritte eines Auftrags verantwortlich. Er empfängt und wertet Zustandsinformationen bezüglich aller Teilschritte eines Auftrags aus.

Für den Auftragskoordinator sind dazu notwendig:

- Die Kenntnis des Ablaufplans eines Auftrags, d.h. der auftragsinternen Teilschritt-Abhängigkeiten.
- Kenntnisse der Systemkonfiguration oder Zugang zu einem entsprechenden Adreßverzeichnis, um geeignete Diensterbringer im System ansprechen zu können.
- Die Fähigkeit zur Interpretation der Zustandsinformationen.

3.2 Dezentrale Ablaufsteuerung

Dezentrale Ablaufsteuerung basiert auf der Idee, daß Bearbeiter Zustandsinformationen bezüglich eines Teilschritts, den sie gerade bearbeiten, nicht zu einem zentralen Auftragskoordinator senden, sondern lokal auswerten. Sie stellen fest, welche Teilschritte des Auftrags von dem momentan bearbeiteten Teilschritt abhängig sind und initiieren selbständig die Bearbeitung solcher Teilschritte auf geeigneten Bearbeitern im System bzw. senden Zustandsinformationen an die Bearbeiter dieser Teilschritte, wenn entsprechende Teilbedingungen erfüllt sind.

Jeder Bearbeiter muß in einem solchen System die oben angegebenen Fähigkeiten und Kenntnisse eines Auftragskoordinators haben. Netzknoten, die als Bearbeiter, als Auftragskoordinator und als Auftraggeber auftreten, werden *"Agenten"* genannt.

Agenten benötigen:

- die Kenntnis des für sie relevanten Ausschnitts aus dem Ablaufplan eines Auftrags: Alle Abhängigkeiten zwischen einem Teilschritt, der bearbeitet werden kann und anderen Teilschritten des Auftrags müssen dem Agenten entweder bekannt sein oder jeweils mit einem Teilschritt, den der Agent zur Bearbeitung erhält, bekannt gemacht werden.
- Kenntnisse der Systemkonfiguration (oder Zugang zu einem entsprechenden Adreßverzeichnis), damit jeder Agent in seiner Eigenschaft als Auftraggeber in der Lage ist, einen geeigneten Diensterbringer im System anzusprechen,
- die Fähigkeit, den Ablaufplan und die lokalen (und evtl. von außerhalb eintreffenden) Zustandsinformationen zu interpretieren.

Die Überprüfung, ob eine Vorbedingung für die Ausführung eines Auftrags erfüllt ist, ist Aufgabe der Auftragskoordinator-Komponente im Agenten. Grundsätzlich muß die Überprüfung an zwei Stellen erfolgen:

a) *"Ausgangsbedingung"*: Jeder Bearbeitungszustand eines Teilschritts kann Vorbedingung für andere Teilschritte des Auftrags sein. Daher muß der Bearbeiter eines Teilschritts bei jeder Zustandsänderung überprüfen, welche anderen Teilschritte von dem momentan bearbeiteten Teilschritt abhängen.

b) *"Eingangsbedingung"*: Die Vorbedingung zur Ausführung eines Teilschritts kann aus mehreren Teilbedingungen bestehen. Daher muß die Überprüfung aller Teilbedingungen vor der Bearbeitung des Teilschritts erfolgen. Diese Überprüfung muß von dem Agenten vorgenommen werden, der den Teilschritt bearbeiten wird.

Den Zustand „ausführbar" nach Abbildung 2-2 nimmt ein Teilschritt also wegen b) nur auf einem Agenten ein, der diesen Teilschritt bearbeiten kann. Wegen der (räumlichen) Trennung der Agenten, die eine Teilbedingung für einen Zustandsübergang des Teilschritts erfüllen und denen, die bearbeiten, empfiehlt sich hier eine Erweiterung des Zustands-Übergangs-Diagramms von Abbildung 2-2: Ein Teilschritt kann auf einem Agenten, der eine Teilbedingung erfüllt, nach der „Ausgangsbedingungen" in a) maximal den Zustand „aus lokaler Sicht ausführbar" einnehmen. Dies ist in Abbildung 3-1 verdeutlicht.

Ein Agent wird diesen Zustand dem potentiellen Bearbeiter des Teilschritts zusammen mit der Begründung für den Zustand als „Start-Anweisung" übermitteln (Beispiel für den Auftrag nach Abbildung 2-3: A_2, der Bearbeiter von S2, sendet an A_4 die Start-Anweisung „la(S4) wegen f(S2)"). Auf dem Bearbeiter nimmt der Teilschritt den Zustand „ausführbar" an, wenn durch entsprechende Start-Anweisungen bekannt ist, daß alle Teilbedingungen erfüllt sind (d.h. im Beispiel, wenn auch die Start-Anweisung „la(S4) wegen f(S3)" von A_3 vorliegt).

Nach einigen Anwendungsbeispielen für zentrale und dezentrale Ablaufsteuerung im folgenden Abschnitt werden in Kapitel 4 verschiedene Auswirkungen dezentraler Ablaufsteuerung auf die Kommunikation zwischen beteiligten Systemknoten, die Fehlertoleranz und die Lastbalancierung beschrieben.

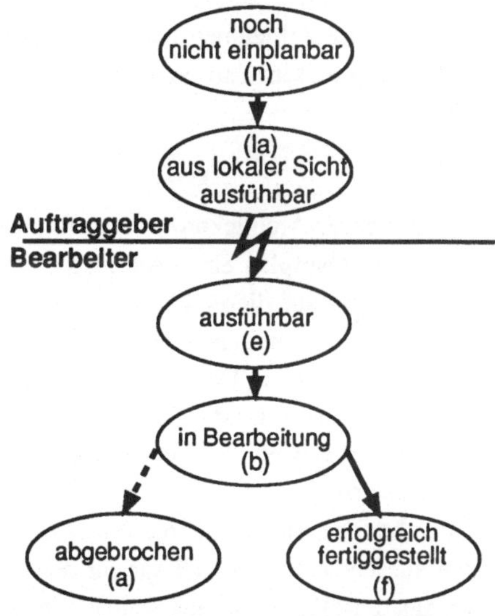

Abb. 3-1: Erweitertes Zustandsmodell eines Teilschritts

3.3 Anwendungsbeispiele

Fertigung

Als Beispiel für *dezentrale* Ablaufsteuerung können viele Bereiche der Fertigung herangezogen werden [10]: Mit dem Rohteil wird die Startanweisung zur Bearbeitung an die Fertigungsmaschine oder den Arbeitsplatz geschickt. Nach der Bearbeitung wird das bearbeitete Teil nicht zum Absender der Startanweisung zurückgebracht, sondern z.B. per Fließband zum nächsten Bearbeitungsplatz transportiert, weiter bearbeitet und weitertransportiert. Der

Auftraggeber, der Kunde, bekommt das fertige Produkt; weder er noch die Auftragsannahme (Initiator I nach Abbildung 4-2) sehen oder koordinieren die zur Fertigstellung notwendigen Teilschritte.

Verwaltung

Beispiele *dezentraler* Ablaufsteuerung sind auch in Verwaltungen anzutreffen: Der eingegangene Antrag bekommt den Eingangsstempel, wird weitergereicht zum Sachbearbeiter A, der nach Prüfung der Vollständigkeit die Unterlagen zur weiteren Bearbeitung an Sachbearbeiter B übergibt. Dieser diktiert ein Antwortschreiben und reicht die Cassette an das Schreibbüro, von wo aus der Antragsteller die Beantwortung seines Antrags zugestellt bekommt. Der Ablaufplan für solche Geschäftsvorgänge ist i.a. in Verwaltungsvorschriften festgelegt.

Speditionen

Zentrale Ablaufsteuerung findet sich z.B. in der Organisation von Speditionen: Nach dem Abladen von Fracht meldet der Fahrer dies an die Zentrale und erfährt von dort, wo er die nächste Ladung aufnehmen und wohin er sie transportieren muß. Dezentrale Ablaufsteuerung würde in diesem Fall bedeuten, daß der Fahrer sich selbst vor Ort um weitere Aufträge bemüht.

Client-Server-Datenverarbeitung

In Client-Server-Architekturen von Rechnern und Rechnernetzen repräsentiert ein Programm den Ablaufplan eines Auftrags. Ein Programm wird unter Kontrolle eines Prozesses ausgeführt, was auf dieser Ebene der Betrachtung als *zentrale* Ablaufsteuerung anzusehen ist: So spricht z.B. bei der Ausführung eines Programms der Prozeß den Datenbank-Server an, um Daten aus einer Datenbank zu bekommen. Der Prozeß setzt die Abarbeitung des Programms fort, indem der die Daten einem „Berechnungs-Server" übergibt. Nach der Berechnung stellt der Prozeß als „Fertigmeldung" die Ergebnisse gemäß Programmanweisung auf dem Bildschirm dar.

Das gleiche Szenario würde mit *dezentraler* Ablaufsteuerung auf Programmebene folgendermaßen aussehen: Ein Prozeß spricht den Datenbankserver an, dieser holt die gewünschten Daten aus der Datenbank und schickt sie zusammen mit dem Berechnungsauftrag zu einem (vom Initiator-Prozeß verschiedenen) Prozeß im Netz, der für die Berechnung zuständig ist. Das Ergebnis wird zur Darstellung an den Initiator-Prozeß zurückgemeldet. Hier wird also der „Berechnungs-Server" vom Datenbank-Server direkt angesprochen.

4 Effekte dezentraler Ablaufsteuerung

4.1 Kommunikationsaufwand

Zur Abschätzung des Kommunikationsaufwands für die Bearbeitung eines Auftrags werden in diesem Abschnitt Formeln zur Berechnung der Anzahl benötigter Meldungen angegeben. Unter „Meldung" ist hier eine Schicht 7 - Nachricht nach dem ISO/OSI-Referenzmodell zu verstehen. Um daraus die tatsächliche Netzbelastung zu bestimmen, sind detaillierte Kenntnisse der Realisierung der darunter liegenden Kommunikationsschichten nötig. Die im folgenden gezählten Meldungen sind trotz unterschiedlichen Inhalts vergleichbar im Hinblick auf die zu erwartende Netzbelastung unter der Voraussetzung, daß im dezentralen Fall mit einer Start-Anweisung nicht der gesamte Ablaufplan eines Auftrags übertragen werden muß (d.h. der Agent kennt den Auftragstyp).

Die Anzahl A_z benötigter Meldungen bei *zentraler* Ablaufsteuerung läßt sich berechnen durch

$$A_z = N + \sum_{i=1}^{N} Z_i \tag{1a}$$

mit

N: Anzahl der auszuführendenTeilschritte des Auftrags (ohne Ende-Schritt) Z_i: Anzahl der benötigten Zustandsmeldungen von Teilschritt S_i

Für jeden Teilschritt ist genau eine Startanweisung nötig, mit der der Auftragskoordinator den Teilschritt zur Bearbeitung an einen Bearbeiter sendet. Die Anzahl der übrigen Meldungen richtet sich danach, von wie vielen verschiedenen Bearbeitungszuständen eines Teilschritts andere Teilschritte abhängen. Eine Zustandsinformationsmeldung vom Bearbeiter zum Koordinator für jede für den weiteren Ablauf des Auftrags relevante Zustandsänderung ist erforderlich.

In dem einfachen, jedoch häufigen Fall, daß Teilschritte nur von der erfolgreichen Fertigstellung anderer Teilschritte abhängen, reduziert sich die Formel auf

$$A_z = N + \sum_{i=1}^{N} 1 = 2N \tag{1b}.$$

Abbildung 4-1 zeigt mit dem aus Abbildung 2-3 bekannten Auftrag ein Beispiel dafür:

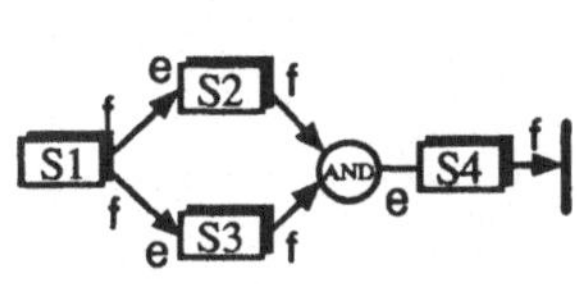

Ablaufplan des Auftrags   Kommunikation im System: 8 Meldungen

Abb. 4-1: Kommunikation bei zentraler Ablaufsteuerung

Bei *dezentraler* Ablaufsteuerung entfällt das Versenden von Fertigstellungsmeldungen, sie werden im Agenten verarbeitet. Eine Start-Anweisung vom Auftragsinitiator für jeden Start-Schritt sowie jeweils eine Start-Anweisung pro im Ablaufplan angegebener direkter Beziehung zwischen Teilschritten (einschließlich des logischen Teilschritts „Ende") muß verschickt werden. Bei dezentraler Ablaufsteuerung berechnet sich die Anzahl A_d der benötigten Meldungen somit:

$$A_d = \text{Anzahl Start-Schritte} + \sum_{i=1}^{N} K_i \tag{2}$$

mit

N: Anzahl der auszuführenden Teilschritte des Auftrags K_i: Anzahl der von Teilschritt S_i direkt abhängigen Teilschritte

Abbildung 4-2 zeigt das mit Abbildung 4-1 vergleichbare Beispiel mit dezentraler Ablaufsteuerung:

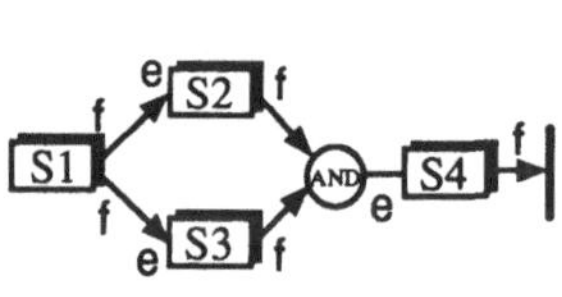

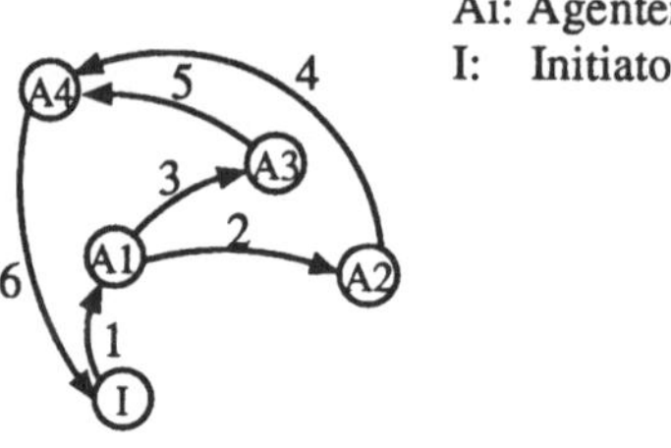

Ablaufplan des Auftrags

Kommunikation im System: 6 Meldungen

Abb. 4-2: Kommunikation bei dezentraler Ablaufsteuerung

Ob durch zentrale oder dezentrale Ablaufsteuerung mehr Kommunikationsaufwand erforderlich wird, hängt nach den Formeln (1a) und (2) von der Auftragskonfiguration ab und läßt sich daher nicht allgemein angeben.

Als Anhaltspunkt für die Aufwandsabschätzung kann gelten, daß dezentrale Ablaufsteuerung nur dann keinen Vorteil gegenüber zentraler Ablaufsteuerung bringt, wenn viele Teilschritte von gleichen Teilschritten abhängen.

So bietet zwar z.B. bei Aufträgen vom Typ B) nach Abbildung 4-3 dezentrale Ablaufsteuerung nur dann Vorteile, wenn gilt:

$$n \cdot m < n + m \quad ,$$

bei Aufträgen vom Typ A) nach Abbildung 4-3 aber bereits dann, wenn der Auftrag aus mehr als einem Teilschritt besteht.

Die Analyse einiger in der Literatur genannter Beispiele (z.B. in [3,8,9,10]) zeigt ebenso wie die beispielhaften Auftragskonfigurationen in Abbildung 4-3, daß durch dezentrale Ablaufsteuerung in den meisten realen Anwendungen ein z.T. erheblich geringerer Kommunikationsaufwand zu erwarten ist.

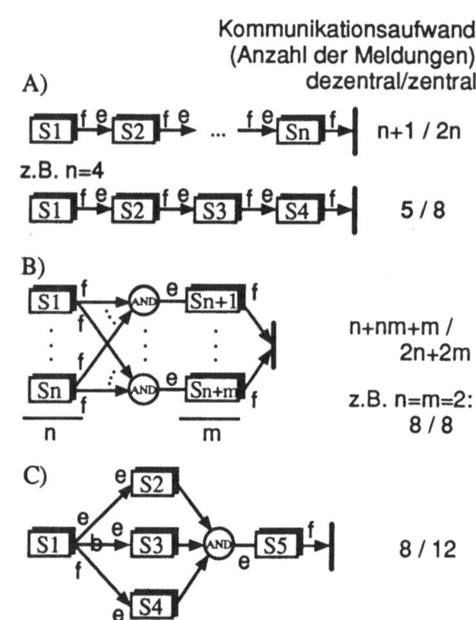

Abb. 4-3: Beispielhafte Auftragskonfigurationen

4.2 Räumliche Verteilung der Kommunikation

Neben der Gesamtzahl benötigter Meldungen für die Bearbeitung eines Auftrags unterscheiden sich zentrale und dezentrale Ablaufsteuerung wesentlich dadurch, daß im zentralen Fall alle Meldungen bei einem Auftragskoordinator eintreffen bzw. von diesem ausgehen (siehe Abbildung 4-1). Damit verbundenen ist ein potentieller Systemengpaß, der sich mit der Anzahl und der Komplexität der vom zentralen Koordinator gesteuerten Aufträge verschärft [13].

Dezentrale Ablaufsteuerung verwendet keinen zentralen Koordinator; die an der Auftragsbearbeitung beteiligten Knoten kommunizieren untereinander. Dadurch verteilt sich der Kommunikationsfluß im Netzwerk und reduziert somit die Anforderungen an die Kommunikationswege und die Kommunikationsschnittstellen einzelner Knoten erheblich.

4.3 Überwachung des Bearbeitungszustands

Dezentrale Ablaufsteuerung erschwert die Überwachung des Gesamtbearbeitungszustands eines Auftrags, da keine zentrale Komponente den Bearbeitungszustand der einzelnen Teilschritte gemeldet bekommt. Auch weiß kein Agent bei der Bearbeitung eines Teilschritts, ob und wo andere parallel ausführbare Teilschritte des Auftrags bearbeitet werden.

Ein Beobachter kann sich diese Informationen durch Nachfrage bei den einzelnen Netzknoten im verteilten System beschaffen (mit den bekannten Problemen bei der Überwachung verteilter Systeme [20,21]).

4.4 Fehlertoleranz

Die Bearbeitung jedes einzelnen Teilschritts eines Auftrags kann durch Fehler (Ausfall von Ressourcen u.ä.) gestört werden, d.h. am (vorgesehenen oder erzwungenen) Ende der Bearbeitung eines Teilschritts weicht das Bearbeitungsergebnis von dem gewünschten ab. Dabei ist es häufig weder akzeptabel noch erforderlich, daß dadurch der gesamte Auftrag abgebrochen wird, da in die erfolgreiche Bearbeitung einzelner Teilschritte u. U. bereits erhebliche Mittel investiert wurden.

Bei *zentraler* Ablaufsteuerung wird im Fehlerfall eine Meldung an den zentralen Auftragskoordinator geschickt, in der angegeben wird, welcher Teilschritt nicht korrekt bearbeitet wurde. Der Auftragskoordinator veranlaßt daraufhin geeignete Maßnahmen, mit denen der ursprünglich gewünschte Zustand erreicht werden kann *(„Reparaturmaßnahmen")*. Diese Maßnahmen können entweder im Ablaufplan des Auftrags bereits angegeben sein, was wegen der Fülle möglicher Fehler zu einem extrem komplexen Ablaufplan führen kann (man denke an den Unterschied zwischen dem Prototypen eines Computerprogramms und der Version, die verkauft wird). Ansätze dazu finden sich z.B. in [8]. Alternativ können solche Maßnahmen beim Auftreten des Fehlers als zusätzliche Teilschritte *(„Reparaturschritte")* dynamisch in den Ablaufplan eingefügt werden.

Reparaturmaßnahmen stellen für sich einen Auftrag nach der Beschreibung von Abschnitt 2 dar: Start-Schritte sind die Teilschritte, die nur vom Zustand „abgebrochen" des fehlerhaften Teilschritts abhängen. Das Reparaturende ist durch ein logisches ODER mit der planmäßig vorgesehenen Teilbedingung zu verknüpfen.

Bei *dezentraler* Ablaufsteuerung können - wie im zentralen Fall - Reparaturmaßnahmen angestoßen werden, die bereits im Ablaufplan vorgesehen sind. Die *dynamische Erweiterung* des Ablaufplans, d.h. das Einfügen von Reparaturschritten durch den Agenten, bei dem der Fehler auftritt, paßt jedoch gut in das Konzept der dezentralen Ablaufsteuerung, da

- in der Regel dort, wo ein Fehler auftritt, auch Wissen über den Fehler und mögliche Reparaturmaßnahmen vorhanden ist und
- andere Teilschritte des Auftrags, die nicht von dem unterbrochenen abhängen, nichts von diesem Fehler zu wissen brauchen, also globales Wissen von der Ablaufplan-Reorganisation des Auftrags nicht benötigt wird.

Schwierigkeiten ergeben sich dadurch, daß ein derart erweiterter Ablaufplan nur dem Agenten bekannt ist, der die Reparaturschritte eingefügt hat. Da die Erweiterungen nicht global bei der Erstellung der Ablaufpläne vorausgeplant werden, können Agenten, die einen der Reparaturschritte ausführen sollen, einen solchen erweiterten Ablaufplan nicht von sich aus kennen.

Für dezentrale Ablaufsteuerung der Reparaturmaßnahmen ist es daher erforderlich, daß der Ablaufplan der Reparaturmaßnahmen (zumindest der noch nicht verarbeitete Teil davon) jeweils mit der Start-Anweisung zu den Agenten übertragen wird, die einen der Reparaturschritte bearbeiten. Zur Synchronisation von Teilschritten aus dem ursprünglich vorgesehenen Ablaufplan und dem der Reparaturmaßnahmen muß die erweiterte Vorbedingung für einen im Originalplan enthaltenen Teilschritt zu dessen Bearbeiter mit übertragen werden. Der Bearbeiter kann durch logische Verknüpfungen der Teilbedingungen aus den verschiedenen ihm bekannten Vorbedingungen eindeutig die gültige ermitteln.

In Abbildung 4-4 ist ein Beispiel für die dynamische Erweiterung des Ablaufplans bei dezentraler Ablaufsteuerung dargestellt: Agent A_3 fügt die Reparaturmaßnahmen (Teilschritt R1) ein, nachdem bei Bearbeitung von S3 ein Fehler aufgetreten ist.

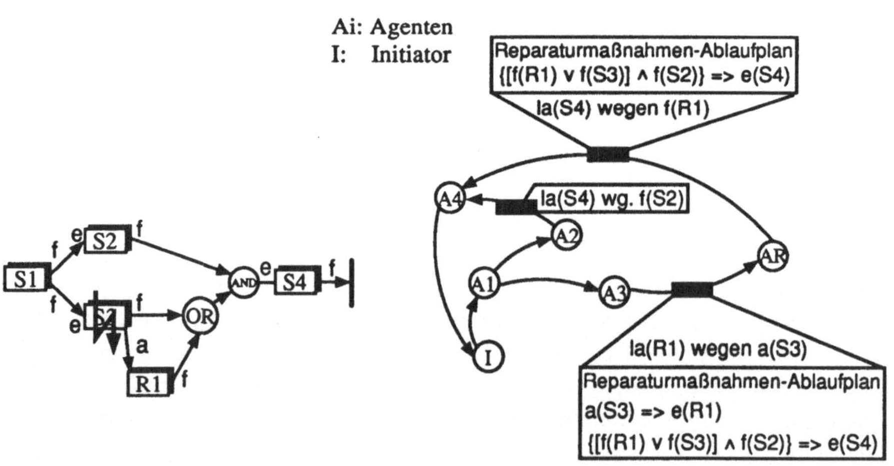

Abb. 4-4: Reparaturmaßnahmen

Nach der Übertragung der Startanweisung von Agent A_3 zum Agenten A_4 zusammen mit dem für Teilschritt S4 relevanten Teil des Reparaturmaßnahmen-Ablaufplans kennt Agent A_4 die folgenden Vorbedingungen für den Zustand e(S4):

Vorbedingung	Auszug aus
f(S3) ∧f(S2) => e(S4)	Originalplan
[f(R1) v f(S3)] ∧f(S2) => e(S4)	Reparaturplan

Agent A_4 wird dann statt der im Original-Ablaufplan genannten Teilbedingungen die entsprechenden erweiterten aus dem Reparaturplan (ggf. aus mehreren Reparaturplänen) als die gültigen ansehen. (Im Beispiel: Statt f(S3) gilt [f(R1) v f(S3)]). Das Verfahren wird analog angewendet, falls bei der Ausführung eines Reparaturschritts ein Fehler auftritt und durch weitere Reparaturmaßnahmen behoben wird.

Dynamische Erweiterung des Ablaufplans ist auch uneingeschränkt anwendbar für die Erweiterung des Reparaturmaßnahmen-Ablaufplans, falls ein Fehler bei der Ausführung eines Reparaturschritts auftritt. Außerdem besteht die Möglichkeit, mehrere zunächst vorgesehene Teilschritte durch Reparaturschritte zu ersetzen.

4.5 Folgen für die Lastbalancierung

Lastbalancierung in verteilten Systemen hat die Aufgabe, eine Arbeitseinheit (hier: einen Teilschritt) einem von *mehreren* potentiellen Bearbeitern nach bestimmten Kriterien zuzuweisen. Die Zuweisungskriterien orientieren sich an globalen oder Teilschritt-individuellen Zielen wie z.B. „für alle Teilschritte eine im Mittel möglichst geringe Wartezeit" oder „termingerechte Fertigstellung eines Teilschritts" [11-18].

Es ist nicht unsere Absicht, hier detailliert einzelne Lastbalancierungsverfahren vorzustellen. Statt dessen soll auf die unterschiedlichen Eigenschaften von Verfahren und die Anforderungen an die Kommunikation in Systemen mit dezentraler Ablaufsteuerung hingewiesen werden.

Zentrale Lastbalancierung

Ohne Einschränkungen sind alle *zentralen* Lastbalancierungsstrategien anwendbar (z.B. [16]): Eine zentrale Komponente für alle Bearbeiter, die den gleichen Dienst anbieten, organisiert die Verteilung der zur Bearbeitung anstehenden Aufträge. Agenten, die eine Teilbedingung für einen Teilschritt erfüllt haben, melden dies der zentralen Komponente der Dienstklasse, die für die Bearbeitung des Teilschritts benötigt wird. Der Vorteil solcher Verfahren ist, daß sich der Bündelungsgewinn mit geringerem Komunikationsaufwand als bei dezentraler Lastbalancierung erreichen läßt. Allerdings läuft dieses Konzept dem der Dezentralisierung aller Funktionen zuwider und bringt ggf. ähnliche Engpässe, Sicherheits- oder Leistungsprobleme durch zentrale Komponenten mit sich wie die, die durch dezentrale Ablaufsteuerung vermieden werden sollen.

Dezentrale Lastbalancierung

Das Prinzip *dezentraler* Lastbalancierung besagt, daß Auftraggeber und Bearbeiter im System sich ohne eine zentrale Lastverteilungskomponente über die Zuordnung eines Teilschritts zu einem Bearbeiter einigen (z.B. [17,18]).

Daher kann es zu folgendem Problem mit dezentraler Ablaufsteuerung kommen: Ein Teil-schritt kann nur dann ausgeführt werden, wenn alle erforderlichen Teilbedingungen erfüllt sind. Informationen über die Erfüllung von Teilbedingungen werden in den Start-Anweisungen übermittelt. Bei dezentraler Ablaufsteuerung ist es, wie in Abschnitt 3.2,b) be-schrieben, Aufgabe des Agenten, der den Teilschritt ausführen wird, die Erfüllung aller Teil-bedingungen zu überprüfen. Folglich müssen alle Start-Anweisungen, die einen Teilauftrag betreffen, beim gleichen Agenten verfügbar sein. Diese Forderung ist im Trivialfall (die Vorbedingung besteht nur aus einer Teilbedingung) erfüllt. Besteht die Vorbedingung aber aus mehreren Teilbedingungen, so ist zu gewährleisten, daß aufgrund von Lastbalan-cierungsentscheidungen Start-Anweisungen für einen Teilschritt nicht zu unterschiedlichen Bearbeitern gesendet werden.

Entsprechend werden geeignete Synchronisierungsprotokolle zwischen Auftraggebern und Bearbeitern im Rahmen der Lastbalancierungsstrategie benötigt. Folgende Möglichkeiten sind dabei denkbar:

a) Statische und quasi-statische Verfahren, die sich an global festgelegten Größen orientieren (z.B. „alle Teilschritte von Aufträgen, die sich auf Namen mit Initialen A-J beziehen, zu Be-arbeiter B_1 schicken, K-P zu Bearbeiter B_2, Q-Z zu Bearbeiter B_3").

b) Informationen über Teilschritte werden an potentielle Bearbeiter geschickt; die Bearbeiter sprechen sich ab, um eine Mehrfachbearbeitung eines Teilschritts zu verhindern.

c) Informationen über Teilschritte werden an potentielle Bearbeiter geschickt; die potentiel-len Bearbeiter melden ihr Interesse an die Auftraggeber, welche nach (einheitlicher, eindeu-tiger) Auswertung der Interessenbekundung den Auftrag einem ausgewählten Bearbeiter übergeben.

Statische und quasi-statische Verfahren können in bestimmten Fällen (insbesondere, wenn der Zeitpunkt der Auftragseingänge im voraus bekannt ist) sehr effizient eingesetzt werden [14,16,17]. Auch die bei Alternative a) benötigten systemweit festgelegten Größen (insbe-sondere Bezeichnungen) zur Synchronisation können in bestimmten Fällen als gegeben be-trachtet werden. Der Vorteil dieser Verfahren liegt darin, daß keine Informationen über den Systemzustand erfaßt und zwischen den Knoten ausgetauscht werden müssen.

In vielen Anwendungsfällen sind dynamische Verfahren den statischen aber durch ihre Fle-xibilität trotz des Aufwands für Messung und Übertragung von Systemzustands-informationen überlegen [16]. Dynamische Verfahren treffen Lastbalancierungs-entscheidungen aufgrund der aktuellen Systemzustandsinformation.

Dezentrale Ablaufsteuerung ergänzt sich daher mit dynamischen Lastbalancierungsverfahren ideal, denn mit der Übertragung von Systemzustandsinformationen können auch Ablaufsteuerungsinformationen ohne nennenswerten zusätzlichen Aufwand übertragen wer-den. Insbesondere ein Protokoll nach Alternative c) gestattet es, Ablaufsteuerung vollständig in ein Lastbalancierungs-protokoll zu integrieren.

Dezentrale Ablaufsteuerung mit dezentraler Lastbalancierung kann aber mehr Kommunika-tionsaufwand mit sich bringen als ein Systemaufbau, in dem entweder Ablaufsteuerung oder Lastbalancierung zentral ausgeführt werden. Dies kann dann eintreten, wenn mehrere Teil-bedingungen für die Bearbeitung eines Teilschritts zu erfüllen sind. In diesem Fall wird jeder Agent, der eine Teilbedingung erfüllt, ein Lastbalancierungsprotokoll abwickeln, um einen geeigneten Bearbeiter für den Teilschritt zu finden. Das bedeutet Mehraufwand, wenn die

Kommunikation für dieses Protokoll teurer ist als die einfache Übertragung der Start-Anweisung (siehe 4.1).

5 Zusammenfassung

In verteilten Systemen, gerade auch in Rechnernetzen mit Client-Server-Architektur, wird die Ablaufsteuerung von Aufträgen vielfach *zentral* durchgeführt: Ein Auftragskoordinator startet und synchronisiert systemweit die verschiedenen Teilschritte, die zusammen den Auftrag bilden.

In vorliegenden Beitrag wurde das Konzept der *dezentralen* Ablaufsteuerung vorgestellt: Jeder Bearbeiter eines Teilschritts übernimmt auch die Aufgabe des Auftragskoordinators. Er überprüft die Erfüllung der Vorbedingungen für die Bearbeitung eines Teilschritts und initiiert in seiner Eigenschaft als Auftraggeber die Bearbeitung von weiteren Teilschritten des Auftrags, die von dem Teilschritt in Bearbeitung abhängen.

Es wurde gezeigt, daß dieses Konzept den im System benötigten Kommunikationsaufwand für die Bearbeitung eines Auftrags erheblich reduzieren kann, da die Anzahl der Meldungen nicht mehr hauptsächlich von der Anzahl der Teilschritte des Auftrags abhängt, sondern im wesentlichen von den direkten Abhängigkeiten zwischen den Teilschritten. Darüberhinaus wird mit diesem Konzept vermieden, daß – wie im zentralen Fall – ein Netzknoten (der zentrale Koordinator) einen erheblich größeren Kommunikationsfluß zu bewältigen hat als andere.

Weiter wurde dargestellt, daß auch Maßnahmen zur Fehlerbehandlung und verschiedene Lastbalancierungsprotokolle sich sehr gut mit dem vorgeschlagenen Konzept vereinbaren lassen. Bei der Fehlerbehandlung wird dabei die häufig nur lokale Auswirkung von Fehlern und den Maßnahmen zur Fehlerbehebung ausgenützt. Durch die Übertragung zusätzlicher Ablaufsteuerungsinformationen lassen sich Protokolle zur Lastbalancierung erweitern, ohne das System mit nennenswertem zusätzlichem Kommunikationsaufwand zu belasten.

Das vorgeschlagene Konzept der dezentralen Ablaufsteuerung wurde im Programmpaket *Dipsi* am Institut für Parallele und Verteilte Höchstleistungsrechner (IPVR) der Universität Stuttgart implementiert. Auch graphische Werkzeuge zur Ablaufplanerstellung und der Systemüberwachung existieren. Die Erfahrungen, die mit verschiedenen Anwendungen unter *Dipsi* bei der verteilten Auftragsbearbeitung im LAN gemacht wurden, sind die Grundlage für die dargestellten Überlegungen und Strategien.

Literatur

[1] C.A.R. Hoare, „Communicating Sequential Processes", Prentice-Hall International, 1985

[2] M.L. Brodie, S. Ceri, „Intelligent and Cooperative Information Systems", Proc. of 2nd International Workshop on Intelligent and Cooperative Information Systems: Core Technology For Next Generation Information Systems, Oktober 1991

[3] J. Gray, „The Transaction Concept: Virtues and Limitations", Proc. VLDB, September 1981, S. 144 - 154

[4] A. Drexl, „Job-Prozessor-Scheduling für heterogene Computernetzwerke", Wirtschaftsinformatik, 32. Jahrgang, Heft 4, August 1990, S. 345 - 351

[5] R. Bruns, H.-J. Appelrath, „Ein universelles Modell für Ablaufplanungsprobleme", Wirtschaftsinformatik, 33. Jahrgang, Heft 6, Dezember 1991, S. 516 - 525

[6] E. De Souza e Silva, „Queueing Network Models for Load Balancing in Distributed Systems", Journal of Parallel and Distributed Computing 12, 24-38 (1991)

[7] G. Altrogge, „Netzplantechnik", Gabler-Lehrbuch, Wiesbaden 1979

[8] H. Wächter, A. Reuter, „Grundkonzepte und Realisierungsstrategien des ConTract-Modells", Informatik Forschung und Entwicklung (1990) 5: 202-212, Springer-Verlag

[9] U. Dayal, M. Hsu, R. Ladin, „Organizing Long-Running Activities with Triggers and Transactions", ACM SIGMOD 1990, S. 204 - 214

[10]P.G. Ranky, „The Design and Operation of FMS (Flexible Manufacuting Systems)", IFS (Publications) Ltd., UK, North Holland Publ.-Group 1983

[11]Y.-T. Wang, R.J.T. Morris, „Load Sharing in Distributed Systems", IEEE Transactions on Computers, No. 3, März 1985, S. 204 - 217

[12]A. Winckler, „Load Balancing and Execution Control - An Approach to Classification", Proc. of ISMM Conference on Parallel and Distributed Computing and Systems, Oktober 1992, S. 140 - 146

[13]M.M. Theimer, K.A. Lantz, „Finding Idle Machines in a Workstation-Based Distributed System", IEEE Transactions on Software Engineering, Vol. 15, No. 11, November 1989, S. 1444 - 1458

[14]A.N. Tantawi, D. Townsley, „Optimal Static Load Balancing in Distributed Computer Systems", Journal of ACM, Vol. 32, No. 2, April 1985, S. 445 - 465

[15]N. G. Shivaratri, M. Singhal, „A Transfer Policy for Global Scheduling Algorithms to Schedule Tasks With Deadlines", Proc. of 11th International Conf. on Distributed Computing Systems, Mai 1991, S. 248 - 255

[16]F. Bonomi, A. Kumar, „Adaptive Optimal Load Balancing in a Nonhomogenous Multiserver System with a Central Job Scheduler", IEEE Transactions on Computers, Vol. 39, No. 10, Oktober 1990, S. 1232 - 1250

[17]J.A. Stankovic, „Simulations on Three Adaptive, Decentralized Controlled, Job Scheduling Algorithms", Computer Networks 8 (1984), S. 199 - 217

[18]H.Y. Chang, M. Livny, „Distributed Scheduling Under Deadline Constraints: A Comparison of Sender-Initiated and Receiver-Initiated Approaches", Proc. of 6th International Conference on Distributed Computing Systems, Mai 1986, S. 175-180

[19]K. Ramamritham, J.A. Stankovic, „Distributed Scheduling of Tasks with Deadlines and Resource Requirements", IEEE Transactions on Computers, Vol. 38, No. 8, August 1989, S. 1110 - 1123

[20]K. Mani Chandy, L. Lamport, „Distributed snapshots: Determining global states of distributed systems", ACM Transactions on Computer Systems, 3(1):63-75, Februar 1985

[21]J. Joyce, G. Lomow, K. Slind, B.W. Unger, „Monitoring distributed systems", ACM Transactions on Computer Systems, 5(2): 121-150, März 1984

Incremental Growth by Threads

Rumen Sainov[1], Sasho Yanev[2], Valeri Rancov[2]

[1]Technical University of Aachen, Informatik IV, Department of Computer Science, Ahornstr. 55, D-51 Aachen, FRG

[2]Bulgarian Academy of Sciences, CICT, Acad. G. Bonchev St. Bl. 25A, BG-1113 Sofia, Bulgaria

Abstract

A vertical functionality growth by processes in micro kernel-based operating systems leads to ineffective solutions due to the growing communication overhead. Properly speaking, the system designer has to deal with the trade-off between the flexibility ensured by the fine-grained operating system modules and the effectiveness, requiring application-tailored and monolithic services. In order to handle this problems we propose a **Dynamic Configuration Facility (DCF)** representing a light-weight server process for run-time specification and binding of threads. DCF provides incremental growth of the operating system modules at two levels: (1) *by threads* providing a low cost shared memory communication and (2) *by processes* providing a high degree of encapsulation and parallelism. Additionally, the DCF allows one and the same module to be implemented as a thread or as a process, so that a run-time varying of the implementation strategy is possible. To provide this a C-language-oriented tool specifies the thread interface in form of movable "remote" data structures, so that the thread environment could be considered as a framework of stubs, where typed threads could be bind in run-time.

1 Motivation

The trade-off between modularity and effectiveness in distributed operating systems becomes a central dilemma for the recent micro-kernel design. [Hutchinson 92, Anderson 92]. On the one hand the micro-kernel in a modular system should provide only a set of basic functions concerning the interprocess communication and the process management. All other high-level operating system functions should be implemented in form of loosely coupled server processes interacting by messages. This concept potentially supports an open system architecture in three aspects:

(S1)   *Incremental growth* of the system functionality by run-time invocation of new server processes.

(S2)   *High degree of parallelism and replication* of the services to achieve an optimal level of performance and fault-tolerance.

(S3)   *Dynamic configuration* of the services and flexibility in meeting the current application demands.

On the other hand the functional integration of fine-grained modules into a new service requires intensive exchange of messages, which can lead to unacceptable communication overhead. The system designer has to deal with the trade-off between the flexibility ensured by the fine-grained operating system modules and the effectiveness, requiring monolithic operating system implementation. The consequences are compromising solutions to the dilemma modularity/performance usually in form of monolithic operating system services providing "useful" and "nearly optimal" abstractions concerning *interprocess communication, co-ordination of process interaction, service management* and *fault-tolerance.* In fact, today´s distributed operating systems are tightly coupled to the underlying kernel, servers and communication mechanism, which leads to a large variety of system-specific solutions. Thus, the system designers have come a long way from building a really open and at the same time effective distributed operating system.

Our approach aims to provide the same flexibility as a fine-grained modular system without compromising the performance and the effectiveness of the monolithic solutions. To provide this we propose incremental growth of the operating system modules at two levels: (1) in the traditional way by processes providing a high degree of encapsulation and parallelism and (2) by threads inside this processes providing a low cost shared memory communication. Properly speaking, the functions of a micro-kernel are provided:

(L1) *at the process level* by a conventional distributed micro-kernel, managing the server processes,

(L2) *at the thread level* by one ore several threads handling like a micro-kernel inside the server process. This thread-level micro-kernel is called **Dynamic Configuration Facility (DCF)** because it provides dynamic configuration of the threads inside the *light weight server process.*

In order to ensure adequacy between this two levels the functions of the DCF are analogous to those provided by a conventional micro-kernel: (1) inter-thread communication on the basis of structured shareable variables and (2) thread management including naming, binding, creation, existence and termination of threads.

To ensure transparency however, a DCF-based server process represents a supplement to the main functions of the conventional kernel: process interaction and service management. The result is a DCF-based communication facility, called the *Active Virtual Port* (AVP) and a DCF-based service management facility, called the *Service Agent.* Thus, instead of calling a specialised server or monolithic kernel functions (in case of a application-tailored programming system), the system designer can provide a fine-grained modularity and therefore flexibility at the thread level and the user can invoke the application specific functions inside the AVP or the service agent. This invocation is made by means of specialised capabilities and is transparently and independent from the conventional kernel.

This paper is organised as follows: Section 2 deals with the problems in using the threads for incremental growth of the system functionality. Sections 3 describes a simple example for designing of a "remote" thread by the developer. Section 4 is devoted to the main features of an active virtual port - a facility for dynamic configuration of the process interactions. Finally, section 5 comes with concluding remarks.

2 The Threads as Configuration Facility

A traditional micro-kernel distributed operating system provides an incremental growth of services at the granularity of heavy weight processes. The increased communication overhead in case of vertically system growth however, encourages as to look for more effective light-weight solutions by means of threads. The threads exist inside a light-weight process and represent an executable program code scheduled by a specialised scheduler. They share the environment, the data and the stack of the processes, which makes them especially effective. Implementing the operating system services in form of a light-weight process brings about following advantages:

(A1) *Effectiveness.* The cost for creation, existence and deletion of threads is an order of magnitude better than of a traditional process [Anderson 92]. The context switching is provided by a separate thread scheduler on the basis of a small *Thread Control Table* with minimal process state information (program counter, stack pointer and registers).

(A2) *Low communication overhead.* The threads share the memory of the light-weight process, and therefore no explicit communication is needed and a synchronisation via semaphore and monitors is possible.

(A3) *Optimistic cooperation in dealing with the common work.* The threads automatically inherit the processes environment (opened files, interprocess communication facilities, timers, signals, etc.), which can be dynamically changed during thread execution. This allows *(1) to avoid unnecessary protection mechanisms* like in the heavy weight processes and (2) *to maintain different parallel interactions with the client,* i.e. thread could wait for the clients response after a remote procedure call, while the other threads proceed the programs execution.

(A4) *Fine granularity.* A client request to the server causes the creation of a new thread to process the request. This thread implements only a request-specific part of the servers functionality, providing in this way a fine-grained parallelism.

This advantages made the threads very attractive programming tool. In order to consider their behaviour as a configuration facility some disadvantages have to be pointed out:

(D1) The threads can be implemented either by the operating system or by user-level library code on the top of the conventional (unithreaded) kernel. The performance of the user level threads is considerable higher than of the kernel-threads. At the same time, some the user level-threads have system integration problems in handling properly the kernel activities like multiprogramming, I/O and page faults. Furthermore a failure in an important thread (e.g. in the configuration manager) leads to a general server failure. By contrast, a group of server processes, organised in a so-called service pool, could ensure both, high performance and fault-tolerance. Here a service pool of light-weight server processes would be a possible solution.

(D2) The lack of protection mechanisms in a multithread environment could lead to unpredictable process states. It is the programers task to ensure the consistency of the process and of the system respectively.

To deal with the first problem (D1) we vary the implementation strategy of the modules. One and the same module can be implemented as a procedure, as a thread, or as a process, so that a thread becomes a unit for configuration (and incremental growth) only when needed.

The system designer has the choice to experiment with different implementation strategies. Furthermore, by dynamically binding of the corresponding libraries, these strategies could be changed in run-time, changing in this way the behaviour and the characteristics of the service.

In order to deal with the problem (D2) we introduce an application specific structure into the light-weight server process, building a framework for server modules (e.g. threads). The modules are typed and they interfere by means of shared data structures (variables). These data variables can be defined as "remote" ones, i.e. they will be protected during their manipulation by a remote process or by a local thread. In our opinion the introduction of a "remote" variable in addition to "local" and "global" ones brings about a suitable abstraction for a coherent process-wide variable. Additionally, the "remote" variable represents a global variable for the procedures inside a thread, solving in this way the global variables problem in a multithreaded environment [Tanenbaum 92]. The next section gives a simple example.

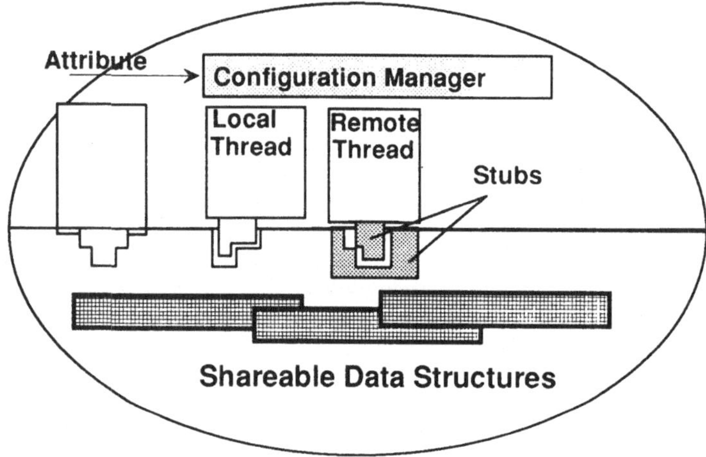

Figure 1: The DCF-based Server Process

3 The Developer Interface

Figure 1 gives an idea of the structure of such a DCF-based server process. In order to support its creation, we provide a C-language-oriented tool, which specifies the type of the modules, as well as the interface between them in form of movable "remote" data structures (Table 1).

	"local" procedure	"remote" procedure
"local" variable	Conventional Library Call	Dynamic Library Call
"remote" variable	Local Thread Library Invocation	Remote Thread Library Invocation

Table 1: The precompiler rules for implementation of manageable modules

On this way the DCF-based server can be considered as a framework of stubs, where typed functional modules can be bind in run-time. For example, after the compilation, the server process will consist of a pool of stubs and of a library of thread code. During the binding a configuration manager is created providing the loading of the light-weight process kernel, i.e. the data structures of the remote variables and the corresponding stubs (Figure 1). During run-time the configuration manager analyses the requests for configuration (the attributes) and activates the corresponding libraries for servicing this request.

Example for using remote variables:

Consider a protected "remote" variable represents the interface to the configurable modules. We assume the "worst case" of a "remote" thread module interacting through stubs with the DCF-kernel.

A "remote" data object states for protected interface variables, "local" ones are shared by the procedures or by threads in an arbitrary way.

The C-precompiler analyses the application code and configures a DCF-kernel by inserting program fragments (so called kernel stubs) into the source, as well as thread stubs into the module library. The following *rules* are used to determine the form of the kernel stubs and the "remote" thread stubs:

(R1) A logical expression, an assignment statement or a procedure call statement, manipulating only "local" objects, will be executed directly by the kernel. No stubs generation takes place.

(R2) A logical expression, an assignment statement or a procedure call statement, with at least one "remote" data object, causes a kernel stub generation. A "remote" thread stub is created by copying the data object declarations and the application statement into the stub's declaration and execution parts.

(R3) If in result of the "remote" operation execution, at least one "local" data object changes its value, a request for "receiving" the results is created.

(R4) An assignment of a "local" data object to "remote" one or a "remote" data object to "local" one causes a creation of a "remote" data object or "receiving" the results.

(R5) The copies of all application procedures used by the "remote" operations are placed into the "remote" thread.

The following program describes the application source before pre-compiling:

```
.  .  .
/* The Application Program */
/* The function asciiadd receives as input two numbers in form
of an ASCII character strings stra and strb and produces as a
result the ASCII string "stra + strb = strc", where a strc is
an ASCII image of the sum of the numerical values of stra and
strb. We assume, the character array stra is big enough to
accommodate the final result. */
```

```
remote int atoi(const char *ascii);
char       *asciiadd(char *stra,char *strb)
{
remote int sum;
int        lsum;
/* row 1 */    sum = atoi(stra) + atoi(strb);   /* Rule (R2) */
/* row 2 */    strcat(stra," + ");              /* Rule (R1) */
/* row 3 */    strcat(stra,strb);               /* Rule (R1) */
/* row 4 */    strcat(stra," = ");              /* Rule (R1) */
/* row 5 */    lsum = sum;                      /* Rule (R4) */
/* row 6 */    strcat(stra,itoa(lsum));         /* Rule (R1) */
/* row 7 */    return(stra);                    /* Rule (R1) */
}
. . .
```

Following the rules (R1) - (R5) the Precompiler modifies the application programme into a DCF-kernel program. This includes:

(N1)   Generating a request `Define` to create two temporary "remote" objects named `tstra` and `tstrb` (row 1a).

(N2)   Generating a request `Init` to copy `stra` into `tstra` and `strb` into `tstrb` (row 1b).

(N3)   Generating a request to evaluate the expression (row 1c). In this case rule (R3) is not valid and therefore, the expression evaluation will be done in parallel with the execution of rows 2, 3 and 4.

(N4)   No stub is generated for rows 2, 3 and 4.

(N5)   Generating a request `Get` to assign the value of `sum` to `lsum` (row 5a).

(N6)   Generating a request `Forget` to delete temporary remote objects `tstra` and `tstrb` (row 5b).

(M7)   No stub is generated for rows 6 and 7.

The program `Kernel` looks like this:

```
/* The Kernel Program */

#define STUBNO 0
remote int atoi(const char *ascii);
char       *asciiadd(char *stra,char *strb)
{
remote int sum;
int        lsum;

/* row 1    sum = atoi(stra) + atoi(strb);    Rule (R2) */
#define STUBNO STUBNO+1
{
remote char tstra[...], tstrb[...];
/* row 1a */    Define(sum,tstra,tstrb);       /* A kernel */
/* row 1b */    Init(tstra,stra,tstrb,strb);   /* stub     */
/* row 1c */    RPC(sum,STUBNO,tstra,tstrb);   /* #: 1     */
```

```
/* row 2   */      strcat(stra," + ");
/* row 3   */      strcat(stra,strb);
/* row 4   */      strcat(stra," = ");

/* row 5            lsum = sum;                              Rule (R4) */
/* row 5a */        Get(sum,&lsum);      /* Synchronization point */
/* row 5b */        Forget(tstra,tstrb);
}

/* row 6   */      strcat(stra,itoa(lsum));
/* row 7   */      return(stra);
}
.  .  .
```

The precompiler have to create the following stub into the "remote" thread based on the rule (R2):

```
.  .  .
#define remote

/* The Thread stub NO: 1 */
/* One possible solution to pass the parameters to the stub is
through list. */

int        stub1(List *Parms)
{

/* Declaration part. */
remote int atoi(const char *ascii);
remote int sum;
char *stra;
char *strb;

/* Initialisation part. The right side of the assignment
statements depend on the release */
        stra = ...;                          /* stra = tstra; */
        strb = ...;                          /* strb = tstrb; */

/* Execution part. */
        sum = atoi(stra) + atoi(strb);

/* Termination part. The left side of the assignment statement
depends on the release */
        ... = sum;
        return(0);
}
.  .  .
```

The features of the DCF have been used to supplement to the main functions of the conventional kernel: process interaction and service management. The corresponding configuration entities are a light-weight communication facility, called the *Active Virtual Port* (AVP) and a light weight service management facility, called the *Service Agent*. Instead of calling a specialised server or monolithic kernel functions, the system designer can provide an incremental growth of the system functionality at the thread level, so that the user can invoke the predefined functions by means of specialised capabilities.

4 The Dynamic Configurable Communication Facility

The active virtual port (AVP) represents an intelligent communication facility. AVP supports a simple communication abstraction, the *ordered message buffer,* which can be considered in two points of view: a communication (user) point of view and a configuration (developer) point of view. From the communication point of view the active port is an intelligent entry to the process owner, that means a *Service Access Point* or a message port in the port-oriented systems. The intelligence is provided by port modules, which can be dynamically configured by port attributes (port capabilities), passed with a message. From configuration point of view the AVP is a data object shared by the dynamically configurable modules. The developer uses that data object at the language level in order to implement an application tailored AVP. A pilot implementation of the AVP was used to provide an adaptive communication protocol system, called DYCE2 [Stainov 92] (Figure 2):

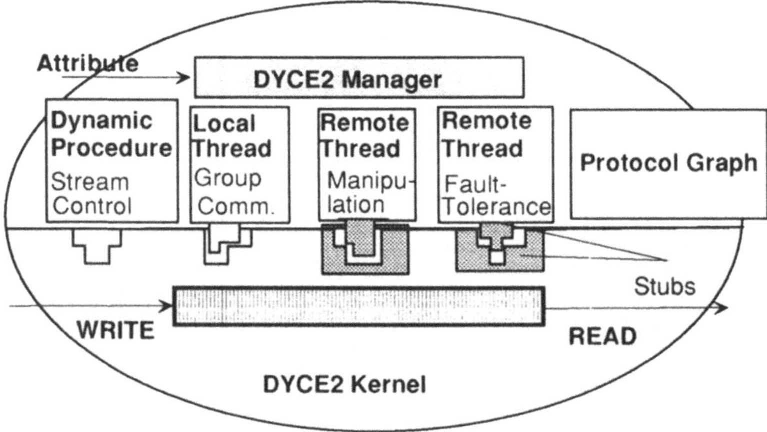

Figure 2: An Implementation of the AVP

The AVP consists of the following main modules:

(M1)*A message queue* building a data structure shareable by all port modules. The data structure includes an attribute field and the message itself.

(M2)*The Configurable Modules.* In the on-going implementation the DYCE2 kernel supports *four types* of configurable modules (Figure 2):

- *Stream-Control modules* (Connection Control, Transmission Manager, Flow Control Manager). This module was initially designed as a high effective Dynamic Procedure.

- *Group Communication modules* (copying, adding, deleting of headers) implemented as a Local Thread.

- *Message Manipulation modules* (Data Conversion, Encryption). The implementation strategy here is Remote Thread.

- *Fault-Tolerance modules* (Error Control, Replication). The implementation strategy here is Remote Thread.

(M3) *A unified port kernel* ensuring the following main functions:

- Implementing the port specific "classic" functions: WRITE (add) a message to the message queue and READ (extract) a message.

- Implementing an implicit synchronisation of the port threads through scheduling rules. In the current realisation the port modules build a linear hierarchical structure, so that the scheduling model implements a logical pipeline in manipulating the ordered messages from the queue. This model allows the messages to be handled in parallel by all port threads, but related to one thread, in the sequence of their receipt and according to the thread's type hierarchy. The pipeline scheduling is implemented by a specialised system thread, so that more sophisticated schedulers reflecting the semantic of the interactions could be designed [Rupprecht 92].

(M4)*A configuration manager* allowing a dynamic configuration of the active virtual port on the basis of port attributes, implemented in form of port capabilities. In order to provide this the port manager is responsible for:

- Analysing the port attributes specifying the functionality of the four port module classes. The port manager maintains a small database with registered attributes and performs the mapping of these attributes to the corresponding module names. The threads are subsequently started into the port environment.

- Mapping by default a set of port attributes. The attributes can determine the port functions in two ways: by including of the attributes in a message of the interacting parties, or by passing the default port attributes with a message by a third party. The latter allows a transparent setting of default port functions. i. e. the communicating partners remain unaware of being serviced by an intelligent port. Examples, where such a transparency would be needed is:

  - Experimentation with different replication schemes of the processes in order to achieve increased fault-tolerance and performance.

  - Negotiation of an appropriate protocol module according to the principles of an interface broker.

5 Some Concluding Remarks

The solution we propose is to provide a facility with varying granularity of the configurable modules in run-time. To allow this, we introduce a new configuration dimension: We change in run-time the implementation strategy and therefore the behaviour of the configuration facility by :

- *varying the encapsulation and the granularity of the configurable modules.* (One and the same module can be implemented as a local procedure. a local thread. a remote procedure, a remote thread or as a process).

- *varying the encapsulation and the granularity of the shareable data objects* building the interface of the configurable modules.

Thus, the unified Dynamic Configuration Facility will be equipped with two interfaces:

- *a user capability interface*, determining in run-time two configuration dimensions - (1) the functionality of the module belonging to a certain class and (2) the implementation strategy of this class of modules.

- *a developer language interface*, allowing to determinate the encapsulation stages of the modules and of the arbitrary shareable data objects and to bind the possible variations of them to the capability system of the configuration facility. In our experimental implementation we designed this interface as a C language precompiler analysing only a new abstract type "remote", so that no language extension is required.

References

[Anderson 92] T. Anderson, B. Bershad, E. Lazowska, H. Levy, *Scheduler Activations: Effektive Kernel Support for the User-Level Management of Parallelism*, ACM Trans. on Comp. Sys., Vol. 10, No. 1, Feb. 1992.

[Hutchinson 92] N. Hutchinson, L. Peterson, *The X-Kernel: An Architecture for Implementing Network Protocols*, IEEE Trans. on Soft . Eng, Vol. 17, No.1, Jan. 1991

[Rupprecht 92] M. Rupprecht and C. Engel, *Concurrent Execution of Communication Protocols in High Speed Networks*, Proc. of SUPERCOM ICC 92, 14-18 Juni, Chicago, USA.

[Stainov 92] R. Stainov, *A Dynamic Configuration Facility For Multimedia Communications*, Aachener Informatik-Berichte Nr. 92-25, RWTH Aachen Fachgruppe Informatik, 1992

[Tanenbaum 92] A. Tanenbaum, *Modern Operating Systems*, Prentice Hall Int., 1992.

Memory Coherence in a
Distributed Persistent Storage Architecture

Peter Brössler
Fachbereich Mathematik und Informatik
Universität Bremen
Bibliotheksstr. 1
D–2800 Bremen 33

Bernd Freisleben
Fachbereich Informatik
Technische Hochschule Darmstadt
Alexanderstr. 10
D–6100 Darmstadt

Abstract. In this paper we investigate the issues involved in providing reliability and availability in a persistent object store based on a distributed virtual memory architecture. Since in this environment all objects, regardless of their sizes and lifetimes, reside in a large, network–wide single–level store and are uniformly accessed via a remote paging protocol, it is important that the persistent store is always in a consistent state. The concurrency of conflicting operations on objects and failures such as node, disk or network crashes threaten the integrity of information contained in the store. The main focus of our work is to architecturally support replication mechanisms at the virtual memory level in order to achieve reliability and availability for all objects in the system. Our solution to the problem of maintaining the mutual consistency of replicated objects is based on a page coherence scheme for synchronizing access to replicas combined with a voting-based checkpointing protocol for ensuring their integrity in the presence of failures. It will be shown how to implement the proposed approach in a network of MONADS-PCs.

1   Introduction

Most software applications require both general–purpose modeling facilities with simple manipulation constructs for transient data and access to possibly large amounts of persistent data. The clear distinction which is usually drawn between the two kinds of data is disadvantageous from both a software engineering and an efficiency viewpoint, because programmers are not only faced with a considerable number of duplicated mechanisms for accessing, protecting and synchronizing the differently treated data objects, but they also have to flatten the transient data structures in order to store them persistently. The lack of uniformity in the treatment of transient and persistent data is the driving force behind the development of *persistent object systems* [3]. In order to reduce the programming effort, simplify the code and enhance the system performance, these systems provide mechanisms which allow uniform access to all data structures, irrespective of their sizes and lifetimes.

One of the major obstacles in implementing persistent object systems in an efficient manner is the traditional two–level storage organization of most computer systems, because the presence of a computational memory (used for temporary data) and a separate file store (treated as a repository for permanent data) necessitates some form of data translation when transferring objects between the two stores. Depending on the particular implementation, this causes costs for traversing (large composite) objects, converting data formats and copying a potentially large number of bytes [4, 8].

A *uniform memory abstraction*, sometimes called a *persistent store*, avoids these problems and is therefore ideally suited for implementing persistent object systems [8, 25]. In such an organization, all objects are represented by identical formats and share a large virtual single–level storage in which primary memory acts as a cache of the whole secondary memory. In addition to a number of problems, particularly in the areas of addressing and protection, which must be solved in order to realize the single–level storage approach efficiently in a centralized environment, there are several issues that have to be considered when the concept is carried over to a distributed system [1, 18]. In this case, a centralized shared memory is emulated on top of the individual memories of the machines in the network, and it is therefore essential to guarantee the integrity, reliability and availability of the information stored in the network–wide virtual memory.

Several proposals have been made to solve these problems, and it is not surprising that in most solutions database concepts for concurrency and recovery control have been adapted to work in a uniform virtual memory environment. For example, it has been suggested to use shadow-paging based checkpointing schemes [12], cache-coherence protocols [18] and transactions [6, 13] to maintain the consistency of a persistent store in the presence of concurrency and failures. The main focus of our work is to investigate the problems associated with total media failures such as disk crashes, and with node crashes. Such failures render some of the objects inaccessible and therefore threaten the availability of the persistent store.

Our solution is based on replicating data at several nodes in order to increase the availability and, as a side effect, also improve the overall system performance. The former is achieved by the ability to access the data on still operating machines and the latter is a consequence of the reduced communication costs resulting from the possibility of using nearby copies instead of distant ones. The disadvantage, however, is the effort required to make a set of physical copies behave like a single logical object, especially when operations happen in parallel and some copies cannot be reached due to failures such as network partitions. The major problem to be solved in this context is to ensure that the concurrent execution of operations on replicated objects is equivalent to a serial execution on non–replicated objects.

Most of the proposals for replication are aimed at more traditional file systems and thus are not directly applicable in a distributed uniform virtual memory, mainly because they fail to provide a sufficient degree of efficiency. By architecturally supporting replication mechanisms at the virtual memory level, the availability and reliability of a wide range of different types of objects is improved. The need for such low-level support has been recognized in the context of replicated storage subsystems of centralized database systems [5, 25]. To the best of our knowledge, no analogous storage organization has yet been developed for the distributed case.

Our solution to the problem of maintaining the mutual consistency of replicated objects is based on a page coherence scheme for synchronizing access to replicas combined with a voting-based checkpointing protocol for ensuring their integrity in the presence of failures. We will show how to implement our approach in a network of MONADS-PCs [1].

The paper is structured as follows. In section 2 the general model of a distributed persistent store is described. Section 3 presents the solutions adopted to guarantee memory coherence in a replicated virtual memory environment. Section 4 sketches implementation details and section 5 concludes the paper.

2   Model of a Distributed Persistent Memory

In a large distributed virtual memory the persistent store provides the illusion of a shared stable memory which is implemented on top of the individual memory spaces of several *nodes* interconnected via a *communication network*.

Each node is assumed to consist of one or more processors, a volatile main memory and zero or more disks. A globally unique node number and a globally unique disk number are used to identify each node in the system and each disk mounted at any node, respectively.

The communication network is assumed to allow the reliable exchange of messages between any pair of nodes, i.e. messages are either received properly or not at all. The speed of transferring a message over the network is supposed to be at least at the order of a local disk access, which is a very realistic assumption when considering today's communication technology.

The distributed virtual memory encompasses the totally available disk memory of all nodes and the main memories act as caches for it. The unit of transfer between the two is the virtual memory page. Any *object* in the system is stored in its own *address space* and identified by a globally unique address space number. In order to use an object, the accessed pages have to be transferred from one of the disks to the main memory of the node where a *process* has requested access to the object. Since a process is a special kind of an object and therefore represented by an address space, it is also paged in from disk.

Each object (or address space) is held exactly once on one of the disks of a so-called *server node* which is responsible for servicing page-fault requests from remote *client nodes*. A remote page-fault is raised whenever a client cannot find a particular page of an address space in its main memory or on its locally mounted disks. If an object is migrated to a disk at another node or if the whole disk containing this object is moved to another node, the target node becomes the new server of this object [7]. In a replicated environment where copies of an address space are stored on multiple disks, several nodes may be servers of an object, because each of them is potentially capable of servicing remote page-faults.

3   Memory Coherence

In order to preserve the integrity of a persistent store, it must be guaranteed that reading an item from memory always returns the last value of the item and that no updates are lost due to failures. This property is known as the *memory coherence property* [18] and is essentially equivalent to the cache-coherence property required for tightly coupled multiprocessor systems with shared physical memory and local caches [2].

The effort necessary to satisfy the memory coherence property in a persistent store depends on the system architecture on which the persistent store is implemented. In a single node system, the memory coherence problem must be solved between the main memory and the disk, whereas in a non–replicated distributed system the problem is extended to several main memories and one disk. A replicated distributed system necessitates memory coherence between several main memories and several disks.

Memory coherence in a single node system may be achieved by suitable semaphore–based mechanisms for synchronizing concurrent accesses to shared virtual memory pages [10, 16] and by shadow-paging schemes for establishing checkpoints in order to recover from node failures [12].

3.1 Coherence in a Distributed Shared Virtual Memory

In a distributed system the problem is more difficult to solve, because several nodes may have obtained the same page from a remote disk and thus have a copy of that page in their local main memories. Since the remote page-fault resolution mechanism essentially establishes a multiple-client/single-server relationship between the requesting nodes and the servicing node, the consistency of the persistent store cannot be guaranteed if one or more of the clients change information contained in the page.

The two basic approaches to page synchronization in this scenario are *invalidation* and *write-back* [18]. Whenever a node writes into a read–only page, then in the invalidation approach the server obtains a copy of that page, invalidates all other copies and grants "write ownership" for the page to the node which caused the write fault until the page ownership is relinquished to some other node. In the write-back approach, the server distributes updates to all copies of the page. Since these updates represent an unacceptably large overhead, most proposals for page synchronization are based on invalidation schemes [1, 13, 18], although these are likely to exhibit some kind of "thrashing" behaviour as a result of having to send pages back and forth when write-faults occur frequently.

We now review one such proposal [1] in more detail, because it is later used as the basis of the page synchronization approach in a replicated environment. This scheme relies on hardware support in the address translation unit of each node, which allows pages in the main memories to be marked as *read-only* and *read-write* and which raises an interrupt if an attempt is made to write into a read-only page. With the assistance of this hardware, the clients can distinguish between page-faults (for absent pages) and write-faults (for currently available read-only pages). In both cases they communicate the appropriate fault to the server, indicating, in the case of a page-fault, whether the program was attempting to read from or write to the page.

The server maintains a table that shows for each page in the virtual memory which clients currently have a copy in their main memory, and a bit indicating whether it is being accessed in read-only or read-write mode. Upon receipt of a message indicating a page-fault, the server examines the appropriate entry in this table and performs the actions shown in figure 1.

In this scheme the server is responsible for distributing the page ownership for write-access among the clients. It allows a single client to modify a page or several clients to read it concurrently, but it can only be applied if page-fault requests for a certain page are always directed to a unique server. A distributed checkpointing protocol which makes the scheme resilient to either the failure of a node or of the network has also been proposed to preserve the memory coherence property in a distributed virtual memory [12].

3.2 Coherence for Replicated Objects

In an environment with replicated objects, copies of a page reside at the disks of multiple server nodes. This implies that two or more clients could request the same page for write access from different servers and hence would be granted the right to update the page independently. In order to prevent these diverging page versions from occuring, additional effort is required to maintain the single-write/multiple-read semantics in this case. Two different problems have to be addressed:

- at most one node must be granted the right to update a page
- the latest version of a page must be transmitted to any requesting node.

> 1. If the page is currently in use in read-only mode and the new request is for read-only access, the page is transmitted to the requesting client.
> 2. If the page is currently in use in read-only mode and the new request is for read-write access, all clients are requested to remove the page from their main memories and address translation units and the requesting client is sent a copy with read-write access.
> 3. If the page is currently in use in read-write mode and the new request is for read-only access, the writing client is requested to return an up-to-date copy to the server and mark its copy as read-only. The server transmits a copy of this page, marked as read-only, to the requesting client.
> 4. If the page is currently in use in read-write mode and the new request is for read-write access, the writing client is requested to return an up-to-date copy of the page to the server and at the same time mark its copy as absent. The server then transmits a copy of this page, marked as read-write, to the requesting client.

Fig. 1. Server Algorithm for Distributed Page-Fault Handling

The situation is complicated by the fact that communication link failures in the underlying network can split the nodes into multiple partitions, i.e. several independently operating subnetworks. Since nodes in different partitions cannot communicate with each other, write/write and read/write conflicts across partitions are hard to prevent without completely disallowing updates anywhere in the system. Several approaches for maintaining the consistency of replicated data in this scenario have been proposed [9], such as the *primary copy approach, mutual exclusion algorithms*, and *quorum consensus protocols*. In the following we briefly review some of them in order to assess their suitability for solving the coherence problem in a replicated virtual memory environment.

1. *Primary Copy*
   In this approach, one of the replicas is designated to represent the unique primary copy and the server responsible for this replica is called the *master*. Page request are either sent directly to the master or are forwarded to the master by other servers to ensure that only one server grants the page in write mode.
2. *Mutual Exclusion*
   Whenever a write request is issued to a server, this server initiates a distributed mutual exclusion protocol [22] among all servers to ensure that only one server grants the page in write mode. Alternatively, when a remote page-fault at a client is raised, the client initiates a distributed mutual exclusion protocol among all clients to ensure that only one client requests the page in write mode.
3. *Quorum Consensus*
   A remote page-fault is resolved by letting the clients collect a number of *votes* from the set of servers. For read access a read quorum R and for write access a write quorum W of votes is required [11]. Since the quorums are defined in such a way that the intersections between the read/write and write/write quorums are never empty ($R + W$ and $2 * W$ exceed the number of votes), this approach is a special case of the mutual exclusion protocol described above.

The primary copy approach is easy to implement, but its disadvantages are obvious: first, the master quickly becomes a bottleneck and is always favoured even if it may be a member of a very small partition; and second, a crashed master stops replica processing completely. Mutual exclusion requires a considerable amount of implementation effort and suffers from the possible large communication overhead as a result of executing the mutual exclusion protocol. It also is very vulnerable to node crashes and usually does not provide an effective solution to the network partitioning problem, because the mutual exclusion algorithms require the participation of all nodes or a particular subset [19, 22]. The quorum consensus protocol is potentially capable of achieving high read availability, but requires a relatively high number of messages even in normal situations when all nodes holding a replica are running and interconnected. Thus, collecting votes for remote page-fault handling seems inappropriate, because an extremely low latency is required in normal (failure-free) situations.

Therefore, we decided to employ another technique which maintains the message efficiency and simplicity of the primary copy approach but avoids overloading a unique master, and nicely copes with reconfiguration aspects when failures have occured. It is based on the idea of letting each remote page-fault at any point in time be serviced by one particular node, the *coordinator* for that page, as proposed for a non–replicated virtual memory environment [17]. In our proposal, this approach is extended to solve the additional problems introduced by replicating pages. In the sequel of this section we present our solution in detail.

Distributed coordinatorship It is assumed that part of each object is a so-called *coordinator table* which contains the number of the coordinating server for each page of the object, including the page(s) containing the table itself. Initially, these node numbers are chosen randomly from the set of servers for this object, such that each server coordinates access to approximately the same number of pages. Since for each replicated page there is a unique server coordinating it, the page coherence scheme for non–replicated objects shown in figure 1 can still be used, provided that page requests issued to a server which is not the coordinator for that page are additionally forwarded by that server to the coordinator.

Assuming that there is a uniform distribution of accesses to the different pages of an object, the algorithm distributes the load equally between the servers. As long as the number of replicas of an object does not change, no server crashes, and no partitioning or re-uniting of servers occurs, the coordinator table remains unchanged during operation. The information stored in this table can then be used to reduce the number of messages for forwarding requests, because clients may retrieve the current coordinators for the requested pages and send them their requests directly.

Since there is always exactly one coordinator for each page, one or more of the servers must be the coordinator(s) for the page(s) containing the coordinator table. Such servers could be regarded as some kind of primary site, but the overloading problems associated with the original primary site approach are reduced, because the scope of the primary site duties is limited to only a subset of all pages.

Our proposal is straightforwardly applicable for synchronizing access to replicated pages in a failure-free environment, but in its present form it does not cope with a number of problems which are addressed in the following:

- writing back pages to disk and checkpointing
- adding a new replica
- removing a replica
- crashes and partitioning failures

333

Writing back pages to disk and checkpointing The stable version of objects on disks may be kept consistent with standard mechanisms such as shadow-paging and checkpointing [24]. To achieve coherency between the multiple stable representations of replicas on disks, distributed checkpoint operations must be executed atomically, for example by using a two-phase commit protocol (see figure 2). The checkpoint operation can be regarded as an atomic write to the set of all accessible replicas on disks, initiated by the *checkpoint coordinator*, which can for example be the coordinator of the first page containing the coordinator table. In order to identify the most recent checkpoint, we assume that a timestamp value, which is part of each object, is incremented at each checkpoint. The distributed checkpoint algorithm we propose for a replicated object is shown in figure 2.

---

1. The checkpoint coordinator sends a message to all coordinators
   - to stop servicing requests for the object
   - to ask all their clients with pages granted for write access to return the up-to-date copies and to mark the pages as read-only
   - to send all modified pages to all other servers (possibly by using broadcasts or multicasts)
2. After all coordinators have acknowledged the receipt of this message, the checkpoint coordinator sends a prepare-to-commit message to all servers of this object, including a new timestamp for the object.
3. All servers now flush modified pages to their local disks (unless this has already happened) and then send the ready-to-commit message to the checkpoint coordinator.
4. The checkpoint coordinator commits its checkpoint, and sends commit messages to all servers.
5. The servers start to service new requests after finishing the commit operation.

Fig. 2. Checkpointing a Replicated Object

Creating a new replica The creation of a replica can be handled as part of the described checkpoint procedure. In step I the checkpoint coordinator sends a message to a node to create a replica of an object and also updates the coordinator table appropriately. Another table, called the replica table, which is also maintained as part of the object, is updated as well. This table contains the set of unique disk numbers on which a replica of this object is stored[1]. This table may also be used to find those replicas at the time of a checkpoint for which coordinator responsibility is not desired (passive backups only). In step II the checkpoint coordinator sends all pages to the server node of the new replica.

Removing a replica Deleting a replica (on user request) may also be performed as part of the checkpoint operation: prior to step II the checkpoint coordinator reassigns the pages coordinated by the node from which the replica is to be removed to other

---

[1] The system maintains mappings from unique disk numbers to the numbers of the nodes where the disks are mounted.

servers, updates the coordinator and the replica table and transmits the pages containing these tables to all servers. In step II the server node of the replica to be removed is sent a prepare-to-remove message instead of the prepare-to-commit message. The replica is then removed on receipt of the commit message.

Crashes and partitioning failures Since we assume clean fail-stop behaviour of nodes, the following failure scenarios are possible:

- one or more server nodes of replicas crash
- a client node looses the connection to the server(s)
- server nodes end up in different network partitions

Any of these situations would be detected (but are not necessarily distinguishable with some network architectures) when a client message does not reach the server and is timed-out, or during the checkpoint protocol. In the latter case the checkpoint coordinator tries to reach the servers in step III and aborts the checkpoint operation if less than half of the number of replicas are available. The abort message is sent to all reachable server nodes. In fact, the checkpoint coordinator starts with step IV as soon as enough (more than half of the total number of) server nodes of replicas have replied in step III. The replies in step III can be regarded as *votes* from the servers.

If the checkpoint coordinator crashes or disappears from a partition, then the other servers reset the object's state to the last checkpoint and attempt to elect a new checkpoint coordinator. This new checkpoint coordinator then rebuilds the coordinator table and corrects the replica table. As usual, the reelection algorithm may be based on the node numbers, such that the server with the smallest node number within a partition becomes the new checkpoint coordinator.

When a previously failed node or a disk is reconciled with the system, all objects with replicas at this disk (or these disks) are checked in the following way. An attempt is made to access the replicated object remotely (even if a local replica exists). If this is successful, the timestamp of the local replica is compared with the timestamp of the remote replicas. The following situations are possible:

- The remote and the local timestamp are equal:
  The local and the other replica(s) have the same version. The node simply adds itself to the set of available replicas by updating the replica table.
- The local timestamp is smaller:
  The local replica is out-of-date. In order to increase availability and utilize storage, this replica is brought up to date by removing the old version and asking the checkpoint coordinator to create a new replica at this node. Alternatively it would be possible to maintain a vector of timestamps per page (a *version vector*) to find out which pages need to be refreshed.
- The local timestamp is larger:
  The local replica is newer then the other(s) in this partition. Similar to the former situation the out-of-date replicas are updated. The local node becomes the checkpoint coordinator.

Reuniting of partitions is handled in a similar way by checking the disks of all united nodes.

An approach similar to *dynamic voting* [20] is used to find out if the number of replicas in a partition is sufficient for write access. To achieve this, objects contain the number of replicas which participated in the last checkpoint operation. On each write request, servers compare this number with the current number of replicas (which can be found by inspecting the object's replica table). Only if a majority of these replicas (a so-called *majority block*) is in the current partition, are updates allowed; otherwise an error is signaled. The advantage of this approach is that the availability (at least for some partition) can be very high, because the majority block may contain as few as one replica due to successive crashes and checkpoints.

Figure 3 shows the structure of a replicated object with all the necessary information discussed in this section. The first page contains information about the object, the current replication state, and the current checkpoint state (uniformly for all servers and clients). The actual object data starts at the second page. The last pages contain data that is specific to each of the replicas, such as the disk page table for the replica itself.

1. page	unique object id
	meta description of the object
	replica table
	number of replicas at last checkpoint
	timestamp
	coordinator table
normal pages	object data
last page(s)	disk page table

Fig. 3. Structure of a Replicated Object

4 Implementation Issues

In this section we describe how the proposed approach for replicating objects in a persistent store may be implemented in a network of MONADS–PC systems [23].

4.1 Architecture of the MONADS-PC

The virtual memory space of the MONADS–PC is decomposed into a set of logically contiguous *address spaces* which are uniquely identified by the first 32 bits of a 60 bit address (the *address space number*) and may each be up to 2^{28} bytes in length[2]. Each object in the system is assigned its own address space, which is never re-used for any other object. All objects have a uniform architectural structure of an information-hiding module [21] with the code, data and other implementation details encapsulated by procedural interfaces. Access to an object is achieved by a two-level capability scheme [15]. A *module capability* is used to uniquely identify the object by the appropriate address space number and contains access rights indicating the interface procedures of the object which may be called by the presenter of the capability. *Segment capabilities* serve to address logical segments of differing length, which are used to store information and code within objects, such as normal data, module capabilities and module call

---

[2] The next version of a MONADS system will have 128 bit virtual addresses

segments. At execution time these are loaded into *capability registers*, containing a full virtual address of the start of the segment, a length field and some status information, including type and access right information. All addresses presented to the address translation unit are taken from capability registers. For efficiency the address translation unit and the virtual memory manager work in terms of fixed-length pages. The paging and segmentation model used [14] allows a single segment to be spread across multiple pages and also permits several segments to coexist in the same page.

The virtual-to-main memory address translation makes use of a hashing mechanism (implemented in very fast RAM) to translate 48-bit virtual page numbers into main memory page-frame numbers, concatenating the 12-bit offset to form a full main memory address. This simulates a large associative memory containing the virtual page number of the page held in each page frame of main memory. If a virtual page is absent from main memory, the address translation unit raises a page-fault interrupt which is resolved by the virtual memory manager by locating the appropriate *page table*. For each address space there is a separate page table, which is in fact part of the address space itself. Unlike most page tables, which typically contain both main memory and disk addresses, the MONADS page tables map virtual page numbers to disk addresses. The separation of the tables needed for translating virtual addresses to main memory addresses and for translating virtual page numbers to disk addresses offers a lot of flexibility, e.g. it is by no means necessary to have a map entry for each page in the virtual memory.

Volumes represent permanent storage media for sets of address spaces and are mounted on disk drives. The first address space on a volume contains a list, also implemented as a hash table, of the disk addresses of page 0 of all other address spaces on the volume. Each page 0 contains (part of) the page table for that address space. Page-fault resolution can thus easily be achieved by interpreting the virtual page number as consisting of the pair <volume number, within volume address space number>. For that reason the original design of centralized MONADS-PC system used a Local Mount Table, showing the disk drive number of each mounted volume and the address of page 0 of its first address space.

4.2 Distributed MONADS-PC System

In order to locate the appropriate node for servicing a remote page-fault in a distributed MONADS–PC system, it was originally envisaged that this could be achieved by extending the virtual address to include the unique processor of the processor which created the address space. Although this scheme is straightforward, it does not work in situations where complete volumes or individual objects are moved to another disk possibly but not necessarily mounted at a different node, because users might still hold module capabilities which contain the previous identifier [7]. The relocation of information is desirable for various reasons, e.g. when a node will be temporarily out of service because of bad tracks on a disk or to minimize network traffic.

The problem of relocating complete volumes is solved by extending the Local Mount Table to contain a mapping from <unique volume number> to <actual disk drive, address of first block>, where unique volume number consists of the two parts <unique processor number, relative volume number> and maintaining a Foreign Mount Table at each node, containing a mapping from <unique volume number> to <processor where mounted>.

The problem of transferring an individual object from one volume to another without changing its unique name is solved by adding an *advisory* location field, consisting of a <processor number, volume number> pair, to module capabilities. Unlike the other fields of module capabilities this information is not privileged, i.e. the owner of the capability can cause the new location information to be placed in it when an object was moved. This information is made available to the page-fault manager to allow it to handle subsequent page-faults for the address space (which arise as a result of addresses in segment capabilities that do not hold the additional information) by means of a Moved Object Table, a local table held at each node. Each entry maps a unique object number to a new location, this information being derived (if it proves to be accurate) from the extended module capability.

4.3 Maintaining the Consistency of Replicated Objects

The information for the dynamic voting-based checkpointing scheme (replica table, number of replicas at last checkpoint, and the timestamp) is stored in the address space header. The replica table contains a mapping from a replica–id to a volume–id. Since each replica is identified by a unique replica–id, the version of a replica itself can easily be found in its address space header.

The solution for the page coherence problem for replicated pages in main memory has been presented in section 3. The solution relied on a distributed coordinator function for pages and atomic checkpointing with voting. Each page is mapped to exactly one server which is in charge of the coherence scheme for this page. If a server disappears from the majority block, some client or another server will eventually detect this and make the appropriate updates to the replica table. At the time of the next checkpoint, the coordinator will redistribute the server function for the pages to account for the new number of servers. The information about clients storing pages that have vanished with the disappeared server has to be recollected by sending enquiry messages to all possible clients. This function is performed by the first server that has recognized the loss of another server. In some cases the enquiry messages may be omitted when the servers can deduce that there cannot be a client storing modified pages. If there are clients that used the disappeared server (due to their advisory fields), then the paging software of these nodes can find another server by using its replica object table. These clients are able to continue their operations without any problems, as long as there are enough other servers (replicas) available.

4.4 Adding or Removing of Replicas

Unique replica identifications are used for solving the problem of dynamically creating and deleting replicas. These are assigned by using a field containing the next free id that is stored in the address space header. Any modification to the address space header (e.g. incrementing this field and inserting an entry for a new replica) requires the majority block. Thus, the page coherence scheme and the majority block rule guarantee a correct and consistent execution of all kind of management operations. Every management operation, such as "remove replica" or "move replica" is treated in the same way as user defined operations are handled. The creation of a replica is in principle a normal copy operation plus updating the replication information of all replicas in the majority block as described in section 3.

5   Conclusions

In this paper we have presented an approach for providing availability and reliability in a persistent store based on a large distributed virtual memory architecture. The basic idea of our proposal was to replicate objects at the virtual memory level, implying that fault tolerance is achieved for all types of objects in an efficient and general manner. A solution to the problem of maintaining the mutual consistency of replicated objects in the presence of concurrency and failures has been described. The solution was based on a suitable page coherence scheme for synchronizing access to replicated objects and a voting-based checkpointing protocol to maintain their integrity in the presence of failures. It was shown how to implement the proposed approach in a network of MONADS-PCs. Due to space limitations, other important aspects of replicated objects, such as transparent/non-transparent addressing or the relationship to transaction management, could not be discussed.

References

1. D. A. Abramson and J. L. Keedy. Implementing a Large Virtual Memory in a Distributed Computing System. In *Proc. of the 18th Hawaii Int. Conference on System Sciences*, pages 515–522, 1985.
2. J. Archibald and J.-L. Baer. Cache Coherence Protocols: Evaluation Using a Multiprocessor Simulation Model. *ACM Transactions on Computer Systems*, 4(4):273–298, 1986.
3. M. Atkinson, P. Bailey, K. Chisholm, W. Cockshott, and R. Morrison. An Approach to Persistent Programming. *The Computer Journal*, 26(4), 1983.
4. M. Atkinson and O. Buneman. Types and Persistence in Database Programming Languages. *ACM Computing Surveys*, 19(2):105–190, 1987.
5. F. Bastani and I.-L. Yen. A Fault Tolerant Replicated Storage System. In *Proc. of the IEEE Int. Conference on Data Engineering*, pages 449–454, 1987.
6. P. Brössler and B. Freisleben. Transactions on Persistent Objects. In *Proc. of the 3rd Int. Workshop on Persistent Object Systems*, pages 19–35, Newcastle, Australia. Workshops in Computing Series, Springer–Verlag, 1989.
7. P. Brössler, F. Henskens, J. Keedy, and J. Rosenberg. Addressing Objects in a Very Large Distributed Virtual Memory. In *Proc. of the IFIP Conference on Distributed Processing*, pages 105–116, Amsterdam, 1987. North Holland.
8. G. Copeland, M. Franklin, and G. Weikum. Uniform Object Management. In *Proc. of the Int. Conference on Extending Database Technology*, pages 253–268, 1990.
9. S. B. Davidson, H. Garcia-Molina, and D. Skeen. Consistency in Partitioned Networks. *ACM Computing Surveys*, 17(3):341–370, 1985.
10. B. Freisleben and J. L. Keedy. Priority Semaphores. *The Computer Journal*, 32(1):24–28, 1989.
11. D. Gifford. Weighted Voting for Replicated Data. In *Proc. of the ACM Symposium on Operating System Principles*, pages 150–162, 1979.
12. F. Henskens, J. Rosenberg, and M. R. Hannaford. Stability in a Network of MONADS–PC Computers. In *Proc. of the Int. Workshop on Computer Architectures to Support Security and Persistence of Information*, Workshops in Computing Series, Springer–Verlag, 1990.
13. M. Hsu and V.-O. Tam. Transaction Synchronization in Distributed Shared Virtual Memory Systems. Technical Report TR-05-89, Harvard University, Aiken Computation Laboratory, 1989.
14. J. L. Keedy. Paging and Small Segments: A memory Management Model. In *Proc. of the 8th IFIP World Computer Congress*, pages 337–342, 1980.
15. J. L. Keedy. An Implementation of Capabilities Without a Central Mapping Table. In *Proc. of the 17th Hawaii Int. Conference on System Sciences*, pages 180–185, 1984.
16. J. L. Keedy, J. Rosenberg, and K. Ramamohanarao. On Synchronization Readers and Writers with Semaphores. *The Computer Journal*, 25(1):121–125, 1982.
17. K. Li. *Shared Virtual Memory on Loosely Coupled Multiprocessors*. PhD thesis, Dept. of Computer Science, Yale University, 1986.

18. K. Li and P. Hudak. Memory Coherence in Shared Virtual Memory Systems. *ACM Transactions on Computer Systems*, 7(4):321–359, 1989.

19. M. Maekawa. A $\sqrt{N}$ Algorithm for Mutual Exclusion in Decentralized Systems. *ACM Transactions on Computer Systems*, 3(2), 1985.

20. J.-F. Pâris and D. Long. Efficient Dynamic Voting Algorithms. In *Proc. of the IEEE Int. Conference on Data Engineering*, pages 268–275, 1988.

21. D. L. Parnas. On the Criteria to Be Used in Decomposing Systems into Modules. *Communications of the ACM*, 15(12):1053–1058, 1974.

22. G. Ricart and A. K. Agerwala. An Optimal Algorithm for Mutual Exclusion in Computer Networks. *Communications of the ACM*, 24(1), 1981.

23. J. Rosenberg and D. Abramson. MONADS-PC: A Capability Based Workstation to Support Software Engineering. In *Proc. of the 18th Hawaii Int. Conference on System Sciences*, 1985.

24. J. Rosenberg, F. Henskens, A. Brown, R. Morrison, and D. Munro. Stability in a Persistent Store Based on a Large Virtual Memory. In *Proc. of the Int. Workshop on Computer Architectures to Support Security and Persistence of Information*, Workshops in Computing Series, Springer-Verlag, 1990.

25. S. M. Thatte. Persistent Memory: A Storage Architecture for Object-Oriented Database Systems. In *Proc. of the IEEE Workshop on Object-Oriented Database Management Systems*, pages 148–159, 1986.

Fehlertoleranz durch dynamische Rekonfiguration verteilter Anwendungen

Alexander Schill, Dietmar Kottmann, Ludwig Keller
Universität Karlsruhe, Institut für Telematik
Zirkel 2, 7500 Karlsruhe 1
e-Mail: [schill/kottmann/keller]@ira.uka.de

Kurzfassung

Verteilte Anwendungsprogramme erfahren zunehmende Verbreitung in Bereichen wie Büroautomatisierung, Fertigungsautomatisierung oder verteilten Informationsdiensten. Ein wichtiges Ziel, oft sogar eine zentrale Anforderung in vielen Gebieten, ist es, solche Anwendungen fehlertolerant in bezug auf Rechner- und Verbindungsausfälle einschließlich Netzpartitionen zu gestalten. Der vorliegende Beitrag stellt ein neues integriertes Systemkonzept zur Erzielung von Fehlertoleranz durch dynamische Rekonfiguration der Modulstruktur einer verteilten Anwendung vor. Als Grundlage werden Mechanismen der strukturellen verteilten Programmverwaltung sowie Kommunikationsmechanismen auf der Basis eines verteilten C++ verwendet. Kernstücke des Beitrags sind ein neuer verteilter Algorithmus zur gezielten automatischen Rekonfiguration im Fehlerfall, ein integriertes Konzept verteilter Sicherungspunkte zur Konsistenzerhaltung bei Rekonfigurationen sowie ein Systemmodell, das durch Replikation von Konfigurationsdaten die erforderliche Redundanz bereitstellt.

Schlüsselwörter: Verteilte Anwendungen, Fehlertoleranz, dynamische Rekonfiguration, verteilte Konfigurationsverwaltung, verteilte Sicherungspunkte, Trading

1 Einleitung

Verteilte Anwendungsprogramme erfahren zunehmende Verbreitung in Bereichen wie Büroautomatisierung, Fertigungsautomatisierung oder verteilten Informationsdiensten. Solche Anwendungen bestehen aus einer Menge kooperierender Software-Module, deren konkrete Instanzen (im folgenden als *Objekte* bezeichnet) auf unterschiedlichen Rechnern plaziert sind. Ein wichtiges Ziel, oft sogar eine zentrale Anforderung in vielen Gebieten, ist es, solche Anwendungen fehlertolerant in bezug auf Rechner- und Verbindungsausfälle (im folgenden kurz: *Ausfälle*) einschließlich Netzpartitionen zu gestalten.

Im Rahmen von Vorarbeiten [13] wurde ein System zur strukturellen Verwaltung verteilter Anwendungen (auch als *verteilte Konfigurationsverwaltung* bezeichnet [14]) entwickelt. Dies umfaßt eine Sprache zur Beschreibung der Objektstruktur einer Anwendung, ein Laufzeitsystem zur Abbildung der Struktur auf ein verteiltes System unter Verwendung einer eigenen verteilten C++-Erweiterung [15] sowie eine Änderungsnotation, um der Dynamik der Objektstruktur gerecht zu werden.

Der vorliegende Beitrag stellt ein neues integriertes Systemkonzept zur Erzielung von Fehlertoleranz durch dynamische Rekonfiguration vor. Das Hauptziel ist es, auf Ausfälle durch automatische Rekonfiguration der Anwendung reagieren zu können. Die Funktionalität einer Anwendung soll dadurch weitgehend erhalten bleiben. Dazu sind zahlreiche neue Teilkonzepte zur Erweiterung der Konfigurationsverwaltung erforderlich.

Grundsätzlich wird im folgenden von der *Fail-Stop-Fehlersemantik* ausgegangen [16]. Weiterhin sei angemerkt, daß im Rahmen der Fehlererkennung generell nicht zwischen

Rechner- und Verbindungsausfällen unterschieden werden kann; ein Zielrechner wird lediglich als nicht mehr erreichbar erkannt.

Es wird zunächst in Abschnitt 2 aufgezeigt, welche Anforderungen an einen Konfigurationsmechanismus zu stellen sind, um automatische Rekonfiguration im Fehlerfall zu ermöglichen. Darauf aufsetzend wird ein erweitertes Systemmodell für eine Konfigurationsverwaltung beschrieben, das vor allem die redundante Konfigurations- und Objektdatenhaltung unterstützt.

Auf der Basis des Modells wird in Abschnitt 3 ein verteilter Algorithmus zur automatischen Durchführung der dynamischen Rekonfiguration beschrieben.

Um bei einer Rekonfiguration nicht einen global inkonsistenten Zustand zu erzeugen, müssen Mechanismen zur Konsistenzerhaltung verfügbar sein. Dies leisten die verteilten Sicherungspunkte aus Abschnitt 4.

Abschnitt 5 beschreibt eine erste prototypische Implementierung. Abschnitt 6 vergleicht den Gesamtansatz mit verwandten Arbeiten und Abschnitt 7 gibt eine abschließende Zusammenfassung und stellt das *Trading* als eine alternative Rekonfigurationsbasis zur Diskussion.

2 Konfigurationsverwaltung und Systemmodell

Dynamische Rekonfiguration im laufenden Betrieb in Folge von Ausfällen ist unmöglich, sofern die Konfiguration Teil der Objektimplementierung ist. Folglich sind indirekte Kommunikation zwischen Objekten und eine explizite Konfigurationsrepräsentation unbedingte Voraussetzungen. Diese Forderungen werden durch eine *verteilte Konfigurationsverwaltung* befriedigt.

2.1 Konfigurationsverwaltung: Grundlagen und Funktionalität

Eine verteilte Konfigurationsverwaltung unterstützt die Programmierung *im Großen* [14]; dies umfaßt die Definition von Objekttypen und -instanzen (*Objekte*) einer verteilten Anwendung, die Plazierung der Objekte sowie ihre Verknüpfung mittels *(logischer) Kommunikationspfade*. Ein Objekt ist dabei eine passive Einheit, die einen lokalen Zustand umfaßt, der durch Operationen gelesen und verändert werden kann.

Die interne Objektimplementierung erfolgt in unserer Umgebung konkret in C++, das um Mechanismen zur entfernten Objektkommunikation und -migration erweitert wurde. Die Objektkommunikation erfolgt ausschließlich über wohldefinierte Kommunikationspfade in Form (potentiell rechnerübergreifender) Objektreferenzen. Eine Folge von geschachtelten Operationsaufrufen auf verschiedenen Objekten wird später als *verteilter Thread* [13] oder auch kurz als *Thread* bezeichnet.

Beispiel für eine Objektkonfiguration: Abb. 1 zeigt ein Beispiel für eine Objektkonfiguration, deren Komponenten auf den Rechnern eines verteilten Systems aus drei gekoppelten Teilnetzen plaziert wurden. Die Objekte $O1 - O8$ sind von drei verschiedenen Typen $T1 - T3$ mit den gezeigten potentiellen Aufrufbeziehungen, die durch Kommunikationspfade repräsentiert sind. Zur Veranschaulichung werden die Objekte syntaktisch konkreter als Komponenten einer CIM-Anwendung mit zwei Typen von Fertigungsmaschinen (*MachineType*1 bzw. 2, entspricht $T1$ bzw. $T2$) und einem Typ "Fertigungskontrolle" (*ControllerType*, entspricht $T3$) repräsentiert. Die Kommunikationspfade sind völlig unabhängig von der physikalischen Netzstruktur. Dies ist durch die lokationsun-

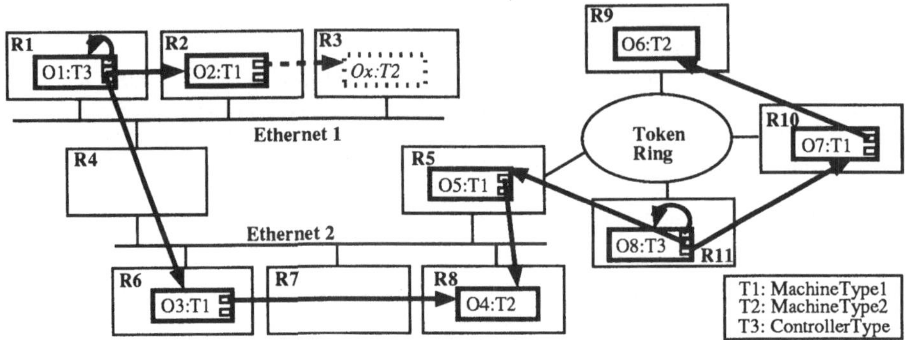

Abbildung 1: Beispiel für die Objektkonfiguration einer verteilten Anwendung

abhängige Kommunikation im verteilten C++ möglich. Ein Kommunikationspfad geht von einer *Referenzvariablen* innerhalb des Quellobjektes aus und referenziert das Zielobjekt als Ganzes. Beim Operationsaufruf benennt das Quellobjekt nur die Referenzvariable, über die systemintern eine global eindeutige Identifikation des Zielobjektes ermittelt wird. Es werden auch Felder und Listen von Referenzvariablen unterstützt, so daß beliebige n:m-Kommunikationsrelationen möglich sind.

Konfigurationssprache: Die Objektkonfiguration wird in einer separaten, deklarativen Konfigurationssprache beschrieben. Die in dieser Sprache verwendeten Typen und Objekte werden dann durch einen Konfigurationsmanager automatisch auf konkrete, in verteiltem C++ implementierte Klassen bzw. Objekte abgebildet. Zur Laufzeit steht außerdem eine explizite Repräsentation der Konfiguration zur Verfügung. Die Notation soll kurz anhand einer Typ-, Objekt- und Kommunikationspfaddefinition für Teile des Beispiels aus Abb. 1 illustriert werden; für Details sei auf die Vorarbeiten [13] verwiesen[1].

```
OBJECT_TYPE ControllerType;                   // Typdef. "Fertigungskontrolle"
  REFERENCES machine[*]: MachineType1;        // Referenzliste auf Maschinen
            controller: ControllerType;       // Ref. auf andere Fert.kontrolle
  OPERATIONS produceRequest (string);         // Fertigungsauftrag
            boolean statusRequest ();         // Statusanfrage
END_OBJECT_TYPE

OBJECT_TYPE MachineType1;                      // Typdef. f. ersten Maschinentyp
  REFERENCES otherMachine: MachineType2;       // Referenz auf spezielle Maschine
            backupMachine: MachineType2;       // 2. Ref. auf spezielle Maschine
  OPERATIONS              .......
END_OBJECT_TYPE

OBJECT_TYPE MachineType2;                       // Typdef. f. zweiten Maschinentyp
  OPERATIONS              .......
END_OBJECT_TYPE

OBJECTS O1: ControllerType;                    // Objekt: Fertigungskontrolle
       O2, O3: MachineType1;                   // Objekte: Maschinen vom Typ1
       O4: MachineType2;                       // Objekt: Maschine vom Typ2
                         .......
END_OBJECTS

OBJECT_LINKS O1.machine[1] WITH O2;            // Fertigungskontrolle -> Maschine O2
            O1.machine[2] WITH O3;             // Fertigungskontrolle -> Maschine O3
            O1.controller WITH O1;             // Fertigungskontrolle auf sich
            O3.otherMachine WITH O4;           // O3 -> O4 (zur Auftragsdelegierung)
                         .......
END_OBJECT_LINKS
```

---

[1]Die hier gezeigte Notation ist eine syntaktische Überarbeitung, entspricht aber semantisch der Beschreibung in der zitierten Literatur.

Nicht gezeigt sind mögliche Ressourcenanforderungen, die ebenfalls einem Objekttyp zugeordnet werden können und bei der Plazierung berücksichtigt werden.

Die Struktur des zugrunde liegenden verteilten Systems, die Basisinformation für die Objektplazierung, wird vereinfacht in ähnlicher Form beschrieben; das verwendete Repräsentationsmodell wird in Abschnitt 2.3 erläutert. Die Objektplazierung kann dann direkt durch Lokationsangabe oder indirekt durch Ressourcen- und Kollokationsanforderungen (gemeinsame Plazierung mehrerer Objekte) bestimmt werden.

Erzeugung der initialen Konfiguration: Die Konfigurationsbeschreibung wird durch den Compiler der Konfigurationssprache in eine interne Repräsentation übersetzt. Diese wird dann vom initialen Konfigurationsmanager geladen und in eine operationale Form transformiert. Die Plazierung von Objekten wird auf der Basis der o.g. Daten (Lokationsangaben und plazierungsbezogene Nebenbedingungen) durch einen heuristischen Algorithmus bestimmt. Dieser ermittelt "Strafpunkte" für die Plazierung auf einzelnen Rechnern, falls dadurch einige der Nebenbedingungen nicht erfüllt werden. Schrittweise wird eine Plazierung mit möglichst wenigen Strafpunkten berechnet, wobei allerdings i.allg. kein Optimum erreicht werden kann[2]. Kommunikationspfade werden anschließend behandelt, indem die dann bekannten globalen Identifikationen der Zielobjekte in die Referenzvariablen der Quellobjekte eingetragen werden.

2.2 Dynamische Rekonfiguration

Die dynamische Rekonfiguration verteilter Anwendungen umfaßt das Löschen und Erzeugen von Objekten und Kommunikationspfaden. Änderung bzw. dynamische Neudefinition von Objekt*typen* wird bisher nicht unterstützt; dies ist nur statisch unter Neustart einer Anwendung möglich. Die dynamische Migration von Objekten ist grundsätzlich möglich, wird aber im folgenden nicht weiter betrachtet[3].

In Abb. 1 oben ist bereits ein Beispiel für eine dynamische Rekonfiguration gestrichelt skizziert; das Objekt Ox vom Typ $T2$ wird hinzugefügt und durch Maschine $O2$ referenziert. Rekonfigurationen können mittels einer Änderungssprache angefordert werden, die ähnlich wie die Konfigurationssprache strukturiert ist.

Rekonfigurationen können in ähnlicher Form auch durch direktes Aufrufen von Änderungsoperationen angefordert werden; dies ist im folgenden Grundlage für ihre systeminterne Durchführung auf Anforderung von Fehlerbehandlungskomponenten. Eine Änderungsanforderung wird von einem Änderungsmanager entgegengenommen, auf Basis der internen Konfigurationsrepräsentation auf die Erfüllung von Konsistenzbedingungen geprüft und im Erfolgsfall in reale Operationen umgesetzt.

Fehlertoleranz durch Rekonfiguration: Durch Rekonfiguration kann nun auf Ausfälle reagiert werden. Ziel dabei ist es, die Anwendungsfunktionalität weitgehend zu erhalten. Genauer: Von einem Ausfall betroffene Objekte oder Kommunikationspfade, die von anderen Objekten oder vom Anwender benutzt werden, sollen möglichst weiterhin für diese zugänglich sein. Bei einem Ausfall werden dazu die von bestimmten Objekten aus benötigten, aber nicht mehr erreichbaren Objekte ermittelt und entsprechende Ersatzobjekte im Rahmen einer Rekonfiguration auf funktionsfähigen Rechnern installiert. Im Falle einer Netzpartitionierung oder Vereinigung von Partitionen wird dieser dezentral aktivierte Ablauf in jeder Partition separat ausgeführt. Hieraus resultieren einige erweiterte Anforderungen an die Konfigurations- und Laufzeitverwaltung:

---

[2]Die Berechnung einer optimalen Plazierung unter den gegebenen Nebenbedingungen ist NP-hart [7].

[3]Allerdings wird die dynamische Parametermigration von beliebigen C++-Datenobjekten feinerer Granularität im Rahmen entfernter Methodenaufrufe eingesetzt.

1. *Redundanz:* Die Konfigurationsdaten und die Objektdaten müssen redundant gespeichert und aktualisiert werden. Art und Umfang der tolerierbaren Ausfälle (insbesondere bei Mehrfachausfällen) hängen vom verwendeten Replikationsgrad ab.
2. *Atomizität von Rekonfigurationen:* Eine Rekonfiguration muß entweder vollständig durchgeführt werden oder darf keine Auswirkungen hinterlassen.
3. *Konsistenz:* Die redundant gesicherten Objektzustände müssen global konsistent sein; dies kann z.B. durch koordinierte verteilte Sicherungspunkte im Rahmen der Objektbearbeitung erreicht werden.
4. *Dezentralisierung:* Der skizzierte Ablauf muß dezentral aktiviert, kontrolliert und synchronisiert werden.

2.3   Erweitertes Systemmodell

Um die erste Anforderung zu erfüllen, wird das bisher beschriebene Systemmodell um redundante Datenhaltung erweitert. Die zweite bis vierte Anforderung wird durch den Rekonfigurationsalgorithmus (Abschnitt 3) behandelt.

Nach dem Fail-Stop-Fehlermodell ist die Partitionierung der allgemeinste Fehlerfall; jede denkbare Kombination von Ausfällen führt zu einer Menge disjunkter Partitionen (bei einfachen Rechnerausfällen bilden die verbleibenden Rechner eine einzige "Partition"). Nun wird aus zu tolerierenden abstrakten *Fehlerszenarien* und der physikalischen Topologie (gegeben durch einen *Topologiegraphen*, s.u.) die Menge der Mengen *potentieller Partitionen* berechnet. Eine einzelne Menge potentieller Partitionen ergibt sich hierbei aus einem bestimmten Einfach- oder Mehrfachausfall.

Basierend auf der Menge von Mengen potentieller Partitionen wird nun eine möglichst kleine Menge von *ausgezeichneten Knoten (AKs)* so berechnet[4], daß in jeder potentiellen Partition mindestens ein ausgezeichneter Knoten vorhanden ist. Ausgezeichnete Knoten dienen der verteilten Replikation von Sicherungsdaten und der Durchführung von Rekonfigurationen. Die Anzahl von AKs bestimmt wesentlich den Laufzeitaufwand, der während des fehlerfreien Betriebs für die Fehlertoleranz zu bezahlen ist. Somit sind Fehlerszenarien ein Mittel, um einen Kompromiß zwischen dem Grad der Fehlertoleranz und dem entstehenden Aufwand zu finden.

Für unser Beispiel aus Abb. 1 ist die Menge von Mengen potentieller Partitionen auszugsweise unter dem Fehlerszenario der Tolerierung einfacher Rechnerausfälle zusammen mit dem (zur Laufzeit replizierten) Topologiegraphen und einer korrespondierenden möglichen Plazierung der AKs in Abb. 2 gezeigt.

 Die Berechnung der AK–Lokationen wird nach jeder Partitionierung oder Vereinigung gemäß dem Fehlerszenario durchgeführt. Dadurch passen sich die Fehlertoleranzmechanismen dynamisch der aktuellen Systemstruktur an, während sie im fehlerfreien Betrieb statisch sind.

Die AKs, in denen ein bestimmtes Objekt seine Sicherungsdaten ablegt, werden durch ein sog. *Schwellwertkonzept* bestimmt. Ein Schwellwert spezifiziert den prozentualen Anteil der Objekte einer *Anwendungsgruppe*, die in einer potentiellen Partition vorhanden sein müssen — gemessen an der maximalen Anzahl von Objekten der Anwendungsgruppe in einer potentiellen Partition —, damit dort mindestens ein AK die Sicherungsdaten des Objekts repliziert. Als Anwendungsgruppe wird hierbei die Menge der Objekte bezeichnet, die zur Erbringung einer vom Benutzer aufrufbaren Funktionalität erforderlich sind. Der Replikationsgrad bestimmt sich somit durch die zu tolerierenden Fehlerszenarien, durch die aktuelle Konfiguration und durch den gewünschten Verfügbarkeitsgrad der Objekte. Zur Konsistenzsicherung existiert für jedes Objekt maximal eine *Primärpartition*; dies

---

[4]Die Berechnung der *minimalen* Menge ist NP-hart [7].

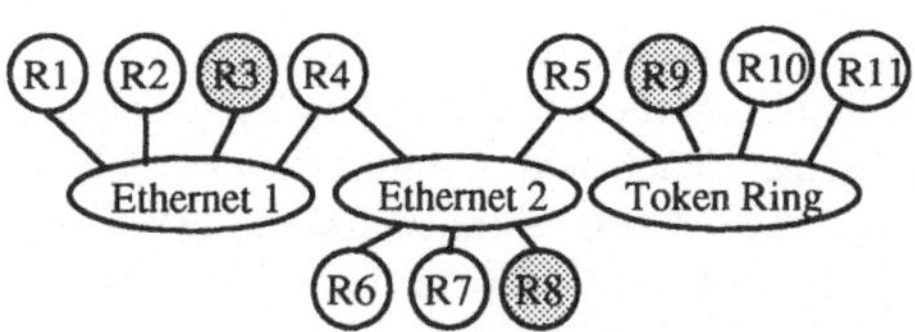

Ausfall	Mengen potentieller Partitionen
R1	(R2, R3, R4, ... , R11)
R2	(R1, R3, R4, ... , R11)
R3	(R1, R2, R4, ... , R11)
R4	(R1, R2, R3) (R5, ... , R11)
R5	(R1, ... , R4, R6, R7, R8) (R9, R10, R11)
R6	(R1, ... , R5, R7, R8, ... , R11)
...	...

Abbildung 2: Topologiegraph mit AKs und Tabelle der potentiellen Partitionen

wird erreicht durch die Attributierung der Objekte mit genau einer *Kennung* und die Attributierung der Rechnerknoten mit einem nichtnegativen Gewicht für jede Kennung. Basierend auf der kennungsspezifischen Gewichtung der Rechnerknoten können durch eine Erweiterung des *Voting Class Algorithmus* nach [18] kennungsspezifische Primärpartitionen berechnet werden. Die Kennung der Objekte dient zur Berücksichtigung von administrativen Randbedingungen, da die uneingeschränkte Funktionalität eines Objekts nur in dessen Primärpartition verfügbar ist. Durch Kennungen kann somit der Ort der Verfügbarkeit an die Benutzungscharakteristika des Objektes angepaßt werden.

Besitze beispielsweise im System aus Abb. 1 jeder Rechner das Gewicht 1 bzgl. der Kennung *K_default*, sowie Rechner R10 das Gewicht 1 bzgl. Kennung *K1* und alle anderen Rechner je das Gewicht 0 bzgl. *K1*. Nach Ausfall von R5 ist dann die Partition (R1, ..., R4, R6, R7, R8) Primärpartition für alle mit *K_default* attributierten Objekte und (R9, R10, R11) Primärpartition für alle mit *K1* attributierten Objekte.

3   Dynamische Rekonfiguration im Fehlerfall

Der Algorithmus zur dynamischen Rekonfiguration gliedert sich grob in fünf Phasen:

1. *Fehlererkennung:* Es werden Ausfälle oder Wiederanläufe erkannt und die Ausdehnung der neuen Partitionen wird dezentral berechnet.
2. *Erzielung eines konsistenten Systemzustandes:* Innerhalb jeder Partition führen die Objekte Operationen durch, um einen definierten Zustand zu erreichen, der beliebige Rekonfigurationen ermöglicht.
3. *Berechnung der Zielkonfiguration:* In jeder Partition wird eine an sie angepaßte Konfiguration berechnet.
4. *Durchführung der Rekonfiguration:* Die im vorhergehenden Schritt errechnete Zielkonfiguration wird in jeder Partition durch Rekonfigurationsoperationen realisiert.
5. *Wiederaufnahme der Systemaktivität:* In jeder Partition wird die Aktivität der Anwendung wieder aufgenommen.

Die Phasen 1, 3 und 4 sind Gegenstand dieses Abschnitts, während die Phasen 2 und 5 in Abschnitt 4 behandelt werden. Ein Ausfall während der Durchführung des Algorithmus führt zu dessen Neustart.

3.1 Fehlererkennung und Wiedervereinigung

Ausfälle resultieren stets in Partitionen (einschließlich dem Trivialfall beim einfachen
Rechnerausfall). Folglich müssen Partitionierungen und Wiedervereinigungen von Partitionen (einschließlich dem einfachen Wiederanlauf eines Rechners) erkannt werden; dies
wird von der Fehlererkennung geleistet. Die Basis bilden zwei spezielle Nachrichtentypen:
sichere Nachrichten und *normale Nachrichten*. Sichere Nachrichten unterscheiden sich von
normalen dadurch, daß sie eine spezielle Instanz zur Partitionierungsbehandlung auf dem
die Nachricht sendenden Knoten anstoßen, sofern ihre Auslieferung fehlschlug. Mittels
sicherer Nachrichten wird jegliche entfernte Kommunikation zwischen Objekten realisiert.

Partitionierung: Ein Ausfall wird durch den Anstoß der Partitionierungsbehandlung
durch eine sichere Nachricht bemerkt, für die die Bestätigung nach einem Timeout
ausblieb[5]. Die Instanz zur Partitionierungsbehandlung suspendiert nun zuerst die Anwen-
dungsaktivität auf ihrem Rechnerknoten und sendet dann an alle potentiell erreichbaren
Knoten sichere Testnachrichten. Als nicht potentiell erreichbar wird hier der Knoten angesehen, an den die sichere Nachricht gerichtet war, die die Partitionierungsbehandlung
eingeleitet hat, sowie alle nur über diesen Knoten erreichbaren weiteren Knoten (gemäß
Topologiegraph).
Jeder Rechnerknoten, der eine derartige Nachricht erhält, suspendiert die Systemaktivität
auf seinem Knoten und antwortet mit den zur Berechnung der Primärpartition nötigen
Daten. Die Instanz zur Partitionierungsbehandlung geht — nach einer eventuellen Wiederholung der Testnachricht — davon aus, daß genau alle antwortenden Knoten in der
neuen Partition liegen. Sie berechnet dann die Kennungen, für die diese Partition die
Primärpartition ist, und verteilt schließlich diese Information zusammen mit dem Umfang
der aktuellen Partition an alle erreichbaren Knoten. Durch die beschriebene Vorgehensweise kann es vorkommen, daß ein Ausfall in einer Menge von Partitionen resultiert, von
denen in einigen die Partitionierung erkannt wurde, in anderen jedoch nicht. Dies muß
bei der Vereinigungsbehandlung berücksichtigt werden.

Vereinigung von Partitionen: Eine Vereinigung kann durch Nachrichten, die ein aus-
gefallener Knoten beim Wiederanlauf sendet, durch eine Meldung von Wächterinstanzen
an als ausgefallen angesehenen Kommunikationsmedien oder durch unerwarteten Nach-
richtenempfang von einem Knoten, der als nicht zur aktuellen Partition gehörend angesehen wird, bemerkt werden. Der letzte Fall ist durch die Unschärfe der Ausfall- bzw.
Wiederanlauferkennung nötig. Seine Erkennung erfordert die Verwaltung von Rückwärts-
verweisen. Durch den Anlauf einer Systemkomponente können sich mehrere Partitionen
verschiedener Arten vereinigen:

- Partitionen, die alle Ausfälle korrekt erkannt haben;
- Partitionen, die einige Ausfälle nicht erkannt haben;
- Partitionen, die nur aus einem (ausgefallenen und nun neu) anlaufenden Knoten be-
  stehen.

Die Vereinigungsbehandlung läuft im wesentlichen wie die Partitionierungsbehandlung
ab. Der Unterschied ist, daß jeder Knoten die Testnachricht nicht nur mit den Daten zur
Berechnung der Primärpartition, sondern mit seiner lokalen Systemsicht — dem Topologiegraphen — beantwortet. Der Initiator der Vereinigungsbehandlung kann an den empfangenen Topologiegraphen erkennen, wieviele Partitionen welches Typs sich vereinigen
und entsprechend unterschiedlich reagieren. Den Abschluß der Vereinigungsbehandlung
bildet dann das Senden der Kennungen, für die die neue Partition die Primärpartition ist,

---

[5]Die Ausfallerkennung kann ggf. durch periodisch gesendete, sichere Testnachrichten zwischen den
AKs beschleunigt werden.

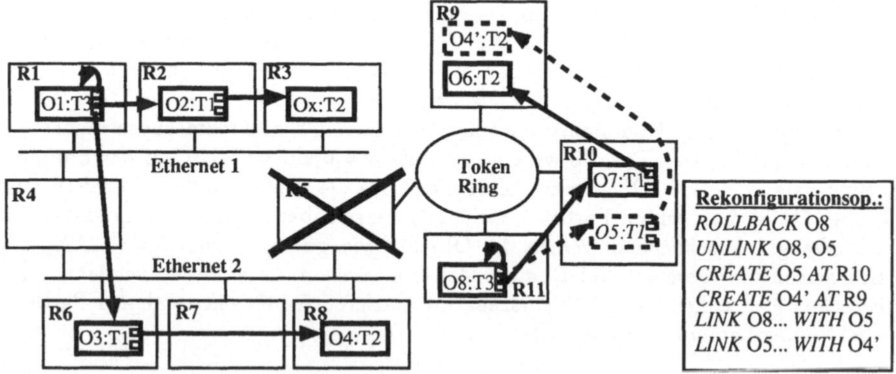

Abbildung 3: Struktur der neuen Objektkonfiguration

des Umfangs der neuen Partition und der *Vereinigungsdaten*, in denen vermerkt ist, welche Partitionsarten mit welchen Mitgliedern sich vereinigten, an alle erreichbaren Knoten.

Spezielle Probleme der konkurrierenden Aktivierung: Die Partitionierungs- oder Vereinigungsbehandlung kann von mehreren Rechnerknoten simultan ausgelöst werden. Zur Koordinierung ist jede Testnachricht mit einem eindeutigen Zeitstempel [8] versehen, so daß jeder der Initiatoren beim Empfang einer fremden Testnachricht konsistent entscheiden kann, ob er weiterarbeitet oder die Kontrolle dem anderen Initiator überläßt. Folglich setzt sich nur einer der Initiatoren in jeder Partition durch, und die weitere Behandlung der Rekonfiguration innerhalb der Partition erfolgt konkurrenzlos.

3.2   Berechnung der Zielkonfiguration

Die Berechnung der Zielkonfiguration pro Partition basiert auf der Neuberechnung der Abbildung der Anwendungskonfiguration auf den Teil der Systemkonfiguration, der die neue Partition bildet. Die Durchführung der Berechnung übernimmt der AK mit der höchsten Rechneradresse der neuen Partition, der nach dem Senden des Umfangs der neuen Partition als Abschluß der Partitionierungs– bzw. der Vereinigungsbehandlung jedem Knoten der Partition bekannt ist. Wird die Berechnung nach einer Vereinigung durchgeführt, so existieren in der neuen Partition i.allg. durch Rekonfigurationen entstandene Objektduplikate (s.u.). Um dem Koordinator diese Information zugänglich zu machen, sendet ihm der AK mit der höchsten Rechneradresse jeder der sich vereinigenden Partitionen die Objektplazierungen und die den abgelegten Sicherungsdaten zugeordneten Zeitstempel. Der Koordinator entscheidet lokal, welches der Objektduplikate in der neuen Konfiguration Verwendung findet, und welche der abgelegten Sicherungsdaten den aktuellsten Zustand darstellen. Dies bildet er auf eine Menge von Änderungsprimitiven der Konfigurationsverwaltung ab, die Read-only-Objektduplikate vernichten und Objekte, basierend auf den abgelegten Sicherungsdaten, neu allokieren.

Sind für ein Objekt in der neuen Partition keine Sicherungsdaten vorhanden, da nach dem Schwellwertkonzept eine Installation des Objekts in der Partition nicht vorgesehen war, so wird für dieses Objekt ein Dummy–Objekt allokiert, das bei Operationsaufrufen im Verlauf der weiteren Systemaktivität mit einer definierten Fehlermeldung reagiert. Zudem bestimmt der Koordinator, welche Objekte in ihrer Funktionaliteingeschränkt sind, da die neue Partition nicht ihre Primärpartition ist. Schließlich berechnet der Koordinator die neue Menge von AKs sowie die Sicherungsdaten, die an jene gemäß dem Schwellwertkonzept zu verteilen sind.

Beispiel: Abb. 3 zeigt die bei unserem Beispiel resultierende Objektstruktur nach einer Rekonfiguration wegen Ausfall von Rechner $R5$ zusammen mit den wichtigsten aufgerufenen Rekonfigurationsoperationen. Zunächst wird $O8$ aus Konsistenzgründen zurückgesetzt (Abschnitt 4). Hierzu wurde die Änderungssprache um eine spezielle *ROLLBACK*-Operation ergänzt. Der Kommunikationspfad zwischen $O8$ und dem ausgefallenen $O5$ wird gelöscht (*UNLINK*). Für $O5$ wird nun ein Ersatzobjekt auf $R10$ auf der Basis der Sicherungsdaten des AK $R9$ generiert (*CREATE*). Da $O4$ wiederum von $O5$ referenziert wird, aber $O4$ in der rechten Partition nicht mehr erreichbar ist, wird ein Duplikat $O4'$ auf $R9$ erzeugt. Anschließend werden die Objekte wie gezeigt verbunden (*LINK*) und die Bearbeitung fortgesetzt. Auf Dummy-Objekte wird an dieser Stelle verzichtet. Die Neuberechnungen aufgrund des Fehlerszenarios plazieren in der entstandenen Partition $R9 - R11$ außerdem einen zweiten AK.

3.3 Durchführung der Rekonfiguration

Die Durchführung der Rekonfiguration basiert auf einer fehlertoleranten Realisierung von Änderungstransaktionen. Es sind im wesentlichen zwei Klassen von Änderungstransaktionen zu unterscheiden, deren Verhalten bei der Unterbrechung der Protokolle divergiert. Zum einen sind dies *kritische* Änderungstransaktionen, die im Rahmen des Änderungsmanagements Konfigurationsdaten modifizieren oder die Neuplazierung von AKs zusammen mit der Eintragung der Plazierung in den Topologiegraphen vornehmen. Zum anderen *unkritische* Änderungstransaktionen, die eine Rekonfiguration durchführen. Kritische Änderungstransaktionen werden als Standard-Zweiphasen–Protokoll durchgeführt. Kommt es während der Protokollausführung zu einer Partitionierung und muß das Zweiphasen–Protokoll in einer der entstandenen Partitionen blockieren, so bleibt in dieser Partition der Systemfortschritt suspendiert, um irreparable Inkonsistenzen zu vermeiden.
Der Hauptteil der Rekonfiguration kann als unkritische Änderungstransaktion durchgeführt werden, da die übertragenen Daten nur in der aktuellen Partition Gültigkeit besitzen und nach einer weiteren Partitionierung oder Vereinigung neu berechnet werden. Deshalb ist hier eine blockierungsfreie Vorgehensweise möglich, die sich in drei Phasen gliedert.
In der ersten Phase erhalten alle Knoten der Partition vom Koordinator die berechneten Rekonfigurationsprimitive, die sie so ausführen, daß sie sowohl auf die alte als auch auf die neue Version umschalten können. Die AKs erhalten die neu berechnete Konfiguration, die sie ebenfalls so ablegen, daß sie sowohl auf die alte als auch auf die neue Version umschalten können. Der Abschluß dieser Aktionen wird dem Koordinator gemeldet. Liegen dem Koordinator alle Vollzugsmeldungen vor, so schickt er in der zweiten Phase an alle Knoten der Partition die Aufforderung, auf die neue Konfiguration umzuschalten, was diese nach Abschluß bestätigen. Nach Erhalt aller Vollzugsmeldungen sendet der Koordinator an alle AKs die Aufforderung, auf die neue Konfiguration umzuschalten und beendet das Protokoll. Dies bildet die dritte Phase.
Nach einer beliebigen Partitionierung während des Protokolls ist es in jeder neu entstandenen Partition möglich, entweder konsistent auf die neue Konfiguration umzuschalten oder die alte beizubehalten, um eine neue Rekonfiguration zu ermöglichen. Diese Entscheidung muß nicht in allen neu entstandenen Partitionen gleich ausfallen, da die Daten partitionsspezifisch sind. Durch diesen Freiheitsgrad wird das bei Commit-Protokollen unvermeidliche Blockierungsproblem [17] für diesen speziellen Fall gelöst.

Operation	in_list$_Q$	out_list$_Q$	in_list$_R$	out_list$_R$
modify call		R	Q	
modify return	R	R	Q	Q
lookup call				
dirty–lookup return	R			Q
clean–lookup return				

Tabelle 1: Einträge bei Aufruf einer Operation des Objekts R von Objekt Q aus

4 Konsistenzsicherung von Objekten

Die in der Behandlung des Rekonfigurationsalgorithmus noch offen gelassenen Basismechanismen zur Konsistenzsicherung beruhen auf verteilten, global konsistenten Sicherungspunkten, die eine Erweiterung zu den im Clouds-System [9] verwendeten darstellen. Diese können grundsätzlich auch mit verteilten Transaktionen integriert werden.

4.1 Verteilte Sicherungspunkte

Ein Sicherungspunkt S wird genau dann als global konsistent angesehen, wenn, sobald eine Änderung A am Zustand eines Objekts in S enthalten ist, alle Änderungen an anderen Objekten, von denen A abhängig ist, ebenfalls in S enthalten sind. Dies wird erreicht, indem die Operationen eines Objektes manuell in *Update-* und *Lookup-Operationen* klassifiziert werden und bei Objektaufrufen *Sicherungs-* und *Rücksetzabhängigkeiten* festgehalten werden. Eine Update-Operation nimmt Änderungen am Zustand des Objektes vor oder ruft eine Update–Operation eines anderen Objektes auf. Eine Lookup–Operation nimmt keine Änderungen am Objektzustand vor und ruft nur Lookup-Operationen auf.

Abhängigkeiten zwischen Objektzuständen: Die Sicherungs- und Rücksetzabhängigkeiten werden in zwei Listen reflektiert: der *in_list* und der *out_list*. Ist ein Objekt in der in_list von Objekt O enthalten, so muß es einen Sicherungspunkt setzen, sobald O einen Sicherungspunkt setzt. Analoges gilt beim Zurücksetzen für die out_list. Eintragungen in die Listen werden nach Tabelle 1 bei Operationsaufrufen bzw. der Rückkehr von Aufrufen vorgenommen. Hierbei bezeichnet ein *dirty–lookup return* die Rückkehr vom Aufruf einer Lookup-Operation auf einem Objekt, auf dem seit dessen letztem Sicherungspunkt Änderungen vorgenommen worden sind. In einem Sicherungspunkt wird der Inhalt der Instanzvariablen von Objekten abgelegt, nicht jedoch die Kontrollstrukturen der ggf. auf dem Objekt aktiven Threads. Um beim Zurücksetzen und nach Partitionierungen die Systemaktivität aufrecht zu erhalten, werden zwei neue Datenstrukturen eingeführt: die *waiting_for_list* und die *working_call_list* (genaue Funktionalität s.u.). Ruft ein Objekt R ein Objekt Q auf, so wird der Aufruf mit allen zu seiner Wiederholung nötigen Daten, der Thread–Identifikation und einem aktuellen Zeitstempel in die waiting_for_list von R eingetragen. Kommt der Aufruf bei Q an, so erfolgt eine entsprechende Eintragung in die working_call_list bei Q. Der aktuelle Zeitstempel dient zur Erkennung von Orphans (s.u.).

Setzen eines Sicherungspunktes: Da keine Kontrollstrukturen verteilter Threads gesichert werden, kann ein Sicherungspunkt nur vom Initiator des verteilten Threads ausgehen und kann nur Objekte enthalten, auf denen momentan kein Thread aktiv ist. In den Sicherungspunkt werden alle Objekte eingeschlossen, die in der reflexiv-transitiven Hülle über die in_lists der Objekte ausgehend vom Initiatorobjekt enthalten sind. Die Details des Algorithmus zur verklemmungsfreien Koordination eines Sicherungspunkts mit Thread-Aktivitäten, der die Beendigung eines Sicherungspunkts garantiert, sind in [7] beschrieben. Die Daten werden von den beteiligten Objekten im Rahmen eines atomaren Zweiphasen–Protokolls an einen AK übermittelt, der nach Abschluß der ersten Phase die Übermittlung der Daten an die AKs koordiniert, die nach Abschnitt 2.3 die Sicherungsdaten erhalten müssen. In der zweiten Phase löschen alle beteiligten Objekte ihre in_list und out_list, da ihr Zustand komplett im Sicherungspunkt enthalten ist. Bei der Bearbeitung eines verteilten Threads kann eine Operation den Thread als persistent attributieren. Sicherungspunkte werden nur für jene Threads durchgeführt, die als persistent attributiert sind.

Zurücksetzen: Das Zurücksetzen erfolgt transitiv über die Rücksetzabhängigkeiten in den out_lists der Objekte. Erhält ein Objekt die Aufforderung zum Zurücksetzen oder propagiert es diese weiter, so löscht es die Eintragungen in der working_call_list sowie die zu diesen korrespondierenden Eintragungen in der waiting_for_list, und das für alle Objekte, mit denen es kommuniziert. Zudem werden die Eintragungen in die in_list und out_list gelöscht und der abgelegte Zustand wieder angenommen. Abschließend werden die verbleibenden Aufrufe in den working_call_lists wiederholt. Dabei kann es zu Orphans kommen, allerdings bedingt durch die Struktur der Abhängigkeiten aus Tabelle 1 nur für Lookup-Aufrufe. Nach den RPC–Fehlerklassen garantiert das Modell Exactly–Once–Semantik für Update-Aufrufe und At–Least–Once–Semantik für idempotente Lookup-Aufrufe.

Möglichkeit zur Integration eines Transaktionsmodells: Ein großer Vorteil des beschriebenen Sicherungspunktmodels ist dessen Integrationsmöglichkeit mit einem Modell verteilter Transaktionen (siehe [4]), die Aufruffolgen und somit Threads umfassen. Dazu müssen Transaktionen und Threads analog zur Synchronisation von Transaktionen ihre Aktivität auf Objekten koordinieren. Dies kann mit den bekannten Zwei–Phasen–Sperrmodellen erreicht werden, führt aber zum Problem der verklemmungsfreien Objektnutzung durch Transaktionen und Threads, was durch den wound–die Algorithmus nach [12] gelöst werden kann und zum Zurücksetzen von Threads oder Transaktionen bei drohenden Verklemmungen führt. Entscheidet der wound–die Algorithmus auf das Zurücksetzen einer Transaktion, so geschieht dies wie üblich. Entscheidet er allerdings auf das Zurücksetzen eines Threads, so kommt es zur zunächst unmöglich erscheinenden Situation, einen nicht transaktionsgeschützten Thread zurückzusetzen. Dies kann aber durch ein Zurücksetzen des Objekts auf den abgelegten Zustand abgebildet werden; die Abhängigkeiten aus Tabelle 1 garantieren, daß alle transitiv aufgerufenen Update-Operationen ebenfalls zurückgesetzt werden und allenfalls Lookup-Aufrufe als Orphans zurückbleiben, die an Hand der waiting_for_list erkannt und vernichtet werden. Der Thread wird nun mindestens bis zu dem Objekt zurückgesetzt, auf dem die Kollision geschah. Mittlerweile hält allerdings die Transaktion das Objekt exklusiv gesperrt und es kommt gemäß dem wound–die Algorithmus zu einem verklemmungsfreien Wartezustand des Threads auf die Transaktion.

Beispiel: Zur Veranschaulichung wird das Beispiel um Aufrufe der Anwender *user*1 und 2 von außen ergänzt. In Abb. 4a ruft *user*1 eine Methode auf *O*1 im Rahmen einer Transaktion auf. Zuvor habe *user*2 bereits einen normalen Update-Aufruf als verteilten Thread auf *O*1 durchgeführt, der inzwischen selbst einen Aufruf auf *O*2 durchgeführt hat. Gemäß dem wound–die Algorithmus verdränge die Transaktion den Thread, so daß Objekt *O*1 und über die skizzierte Rücksetzabhängigkeit auch *O*2 zurückgesetzt werden (Abb. 4b).

4.2   Weiterführung der Anwendungsaktivität

Die Basismechanismen werden beim Algorithmus zur Rekonfiguration an zwei Stellen benötigt: zur Erzielung des konsistenten Systemzustands und zur Wiederaufnahme der

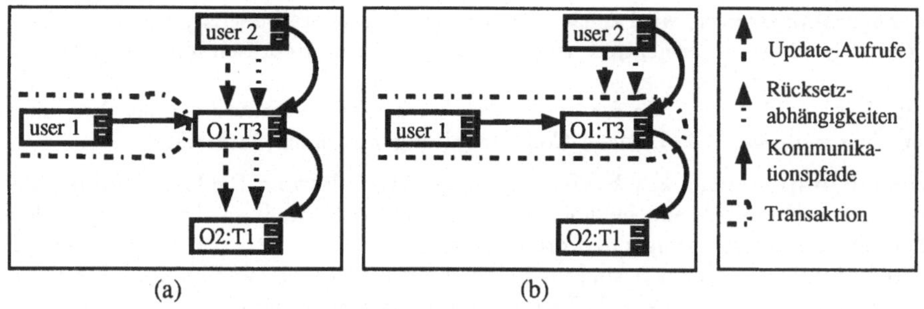

Abbildung 4: Beispiel für das Zurücksetzen verteilter Threads

Systemaktivität.

Nach der Fehlererkennung erhält jeder Knoten die Ausdehnung der aktuellen Partition. Nun werden auf dem Knoten gemäß Abschnitt 4.1 alle die Objekte zurückgesetzt, für die die neue Partition nicht die Primärpartition ist, sowie diejenigen, die Sicherungsabhängigkeiten zu Objekten außerhalb der Partition unterhalten. Da Sicherungsabhängigkeiten symmetrisch zu Rücksetzabhängigkeiten entstehen und erstere im Rahmen eines Sicherungspunktes nur dann gelöscht werden, wenn auch letztere gelöscht werden, werden mindestens die Objekte zurückgesetzt, zu denen Objekte außerhalb der Partition Rücksetzabhängigkeiten unterhalten. Hierdurch werden die Objekte innerhalb einer Partition in einen konsistenten Zustand gebracht. Ist das notwendige Zurücksetzen auf einem Knoten beendet, so wird dies an den Koordinator gemeldet, der nach Vorliegen aller Vollzugsmeldungen die dritte Phase des Algorithmus zur Rekonfiguration anstößt.

Dieses Zurücksetzen wird im Rahmen einer Partitionierungsbehandlung durchgeführt sowie im Rahmen einer Vereinigungsbehandlung, und zwar für die Objekte auf den Knoten, deren Partition vor der Vereinigung einen Ausfall nicht erkannt hatten. Im zweiten Fall wird als Menge der Kennungen, für die die neue Partition die Primärpartition ist, die leere Menge verwendet. Erweitert man dies auf Transaktionen, so müssen alle Transaktionen, die von der Partitionierung betroffen sind, zurückgesetzt werden. In der fünften Phase des Rekonfigurationsalgorithmus werden alle erforderlichen Operationsaufrufe der Objekte gemäß den working_call_lists und waiting_for_lists wiederholt.

5 Implementierung

Verteilte C++-Erweiterung und Konfigurationsverwaltung: Die Implementierung der C++-Erweiterung [15] wurde als C++-Klassenbibliothek unter Unix realisiert. Eine Oberklasse stellt Operationen zum Lokalisieren, zum entfernten Aufrufen, zum Migrieren und zum Fixieren von Objekten auf einem Rechner bereit. Für alle verteilungsrelevanten (also entfernt aufrufbaren bzw. migrierbaren) Objekte einer Anwendung werden Unterklassen hiervon definiert. Mit dem verteilten C++ wurde ein Programmpaket integriert, das nebenläufige Prozesse und auf dieser Basis schließlich die verteilten Threads implementiert.

Nach Laufzeitmessungen auf Basis von DECStations 3100 bzw. 5000 und TCP/IP über Ethernet, liegen die Aufrufzeiten sowie der Zeitaufwand für die Migration kleiner Objekte bei ca. 100 ms, von denen ein erheblicher Teil datenunabhängig auf interne Verwaltungsoperationen und Netzzugangsmechanismen entfällt (daher vergleichsweise günstigere Werte bei größeren Datenmengen). Bei diesen Zahlen werden deutliche Verbesserungen durch eine in Arbeit befindliche UDP/IP-basierte, einfachere Architektur erwartet.

Die Konfigurationssprache wird zunächst mit einem Compiler übersetzt, der mittels LEX und YACC in C++ implementiert wurde und die interne Repräsentation erzeugt. Die Installation der Konfiguration wird durch den initialen Konfigurationsmanager durchgeführt. Der ausführbare Code für die einzelnen Objekte muß zuvor manuell installiert werden; eine weitergehende Laufzeit-Codeverwaltung wird nicht unterstützt.

Spezielle Komponenten zur Erzielung von Fehlertoleranz: Die beschriebenen Mechanismen zur Fehlertoleranz befinden sich momentan im Stadium der prototypischen Validierung. Der Erweiterung des Voting Class Algorithmus und die Algorithmen für die verteilten Sicherungspunkte sind im Rahmen einer Testumgebung implementiert. Die Funktionalität der Sicherungspunkte wurde hierbei in einer generischen Klasse, von der konkrete Testklassen abgeleitet sind, bereits vollständig realisiert. Die in den Testklassen realisierte Funktionalität kann sich somit auf Kommunikationsaspekte beschränken, die einem Benutzer ein emuliertes Kommunikationsmedium bieten, um durch explizit gesteuerte Auslieferung von Nachrichten an die konkreten Testklassen die Funktionalität der generischen Oberklasse zu validieren. Die Implementierung der Testumgebung des erweiterten Voting Class Algorithmus ist analog strukturiert. Somit befinden sich die 2. und 5. Phase des Rekonfigurationsalgorithmus in der konkreten Validierung. Die 1., 3. und 4. Phase werden momentan noch rudimentär emuliert.

6 Vergleich mit existierenden Ansätzen

Verteilte Konfigurationsverwaltung: In [14] wird ein Überblick über existierende Systeme zur verteilten Konfigurationsverwaltung gegeben (z.B. *Durra* [2] oder *Conic* [6]). *Conic* ist der am weitesten entwickelte Ansatz; dieses System stellt eine Konfigurations- und Änderungssprache und ein verteiltes Laufzeitsystem bereit und wurde schon bei umfangreichen Anwendungen eingesetzt. Im Gegensatz zu Conic ist der beschriebene Ansatz objektbasiert, was sich v.a. bei der andersartigen Kommunikation zeigt. Auch mit Conic wurden bereits Mechanismen zur konsistenten Rekonfiguration, begrenzt auch bei Ausfällen, entwickelt. Allerdings wurde dabei ein Ansatz gewählt, bei dem der Entwickler einer Anwendung Rekonfigurationsereignisse steuern muß und anwendungsspezifischen Code zur Konsistenzerhaltung von Objekten implementieren muß. Im System *Durra* ist eine teilweise automatische, ereignisgesteuerte Rekonfiguration möglich, wobei aber der Konsistenzaspekt nicht betrachtet wird.

Verteilte Konsistenzerhaltung und Redundanz: Wie dargestellt, sind einige der hier eingesetzten Mechanismen direkte Erweiterungen und Modifikationen existierender Ansätze. Verteilte Sicherungspunkte basieren auf den entsprechenden Konzepten aus dem *Clouds*-System [9]. Im Rahmen des Clouds-Projektes wurde auch ein fehlertolerantes Verarbeitungsmodell mit Vorwärtsfehlerbehebung auf der Basis replizierter Objekte und replizierter verteilter Threads entwickelt (*PET-Schema* [1]). Bei der Bestimmung der Primärpartition wird der Voting Class Algorithmus aus [18] wegen seiner relativ großen Flexibilität eingesetzt. Für einen Vergleich abstimmungsbasierter Verfahren sei auf [3] verwiesen.

Umfassende verteilte Gesamtsysteme mit der Fehlertoleranz als Hauptzielsetzung existieren bisher nur wenige. Als Beispiel seien die Systeme *Mars* [5] und *Delta-4* [11] genannt. Diese Systeme garantieren neben Fehlertoleranz vor allem auch Realzeiteigenschaften; dies wird primär durch spezielle Kommunikations-Hardware erreicht. Solche Voraussetzungen und Ziele werden bei unseren Arbeiten nicht berücksichtigt. Bei der Fehlertoleranz unterscheidet sich unser Ansatz vor allem bei den verwendeten Verfahren; diese weisen eine feine Granularität der rekonfigurierten Einheiten und einen engen Bezug zur Anwendung auf, der durch die Rekonfiguration der Anwendungsobjektstruktur gegeben ist. Dagegen sind die Fehlertoleranzverfahren in den genannten Systemen deutlich mehr auf Betriebssystemebene angesiedelt und beruhen auf dedizierter Hardware. Eine Übersicht zu Prinzipien fehlertoleranter verteilter Systeme gibt [4].

Insgesamt kann gesagt werden, daß einzelne Teilaspekte des beschriebenen Ansatzes durch andere Systeme ebenfalls umfassend angegangen wurden, daß aber bisher noch kein Versuch der Integration bekannter Mechanismen der verteilten Programmierung mit der verteilten Konfigurationsverwaltung durchgeführt wurde, um Fehlertoleranz flexibel und weitgehend für die Anwendung transparent zu erreichen.

7 Zusammenfassung und Ausblick

Der Beitrag gab einen Überblick über ein neues Systemkonzept zur Erzielung von Fehlertoleranz durch automatische Rekonfiguration verteilter Anwendungen. Es wurde vor allem aufgezeigt, wie die dynamische Konfigurationsverwaltung zur Durchführung struktureller Änderungen, die Replikation von Objektdaten zur Redundanzhaltung, Sicherungspunkte zur Konsistenzerhaltung und der verteilte Kernalgorithmus zur Berechnung erforderlicher Rekonfigurationen integriert zusammenwirken, um verschiedenste Fehlerfälle in einer verteilten Umgebung je nach gewünschtem Grad der Replikation gezielt zu tolerieren.

Analog zu den meisten Fehlertoleranz-Ansätzen für verteilte Systeme weist unser Systemkonzept allerdings auch zwei Problemkreise auf. Zum einen behandelt es die zu einer Anwendung gehörenden Objekte gleich und zieht somit aus einer eventuell vorhandenen Strukturierung keine Vorteile. Damit lassen sich fehlertolerante Maßnahmen nur für die Anwendung als Ganzes isoliert einsetzen. Zum anderen fordert der beschriebene Ansatz globales Wissen über Topologie und Anwendungsgruppen, und ist somit nur für kleinere Systeme praktikabel. Um dem zu begegnen, ist jedoch keine radikale Neukonzeption erforderlich. Den Ansatz hierzu bietet die Diskussion der Erfordernisse an eine explizite Konfigurationsverwaltung in Abschnitt 2. Diese kann unabhängig von der bisherigen Realisierung um einen *Trading–Mechanismus* [10, 19] erweitert werden, der zusätzlich das verbreitetste Architekturkonzept verteilter Systeme berücksichtigt: das Client–Server-Modell.
Basiert die Rekonfiguration auf dem Trading–Mechanismus, so bieten die von mehreren Anwendungen genutzten Server–Objekte einen geeigneten Ansatzpunkt der Entkopplung der Fehlertoleranzmechanismen von der eigentlichen Anwendung, so daß das globale Wissen bzw. die globale Koordination eingeschränkt werden kann. Dazu wird es nötig, die Verfügbarkeit der durch Server erbrachten Dienste unabhängig von der Vorgehensweise über Schwellwerte zu definieren. Dies kann durch Zuordnung der benötigten Dienste in generischen *Fehlertoleranzklassen* erfolgen, die zur Laufzeit sowohl durch Replikation als auch durch automatisch vom Trading-Mechanismus zugewiesenen Ersatzservern erfüllt werden. Bleibt allerdings der Server ein zustandsbehaftetes Objekt, das von mehreren Anwendungsgruppen genutzt werden kann, so können über Sicherungs– und Rücksetzabhängigkeiten Beziehungen zwischen Anwendungsgruppen entstehen, die wiederum eine globale Vorgehensweise implizieren. Eine Entkopplung über Server–Dienste erfordert folglich die Definition von *Konsistenzklassen*, damit nur unvermeidliche anwendungsgruppenübergreifende Abhängigkeiten entstehen. In den anderen Fällen erlaubt es der Ansatz jedoch, das zur Fehlertoleranz notwendige Wissen auf die Anwendungsgruppe zu beschränken.
Die skizzierte Vorgehensweise der Evolution des Rekonfigurationsalgorithmus hin zur Berücksichtigung von Trading-Mechanismen wird den zukünftigen Schwerpunkt unserer

Arbeit bilden. Neben der Architektur des Traders steht auch die konkrete Ausprägung der Fehlertoleranz– und Konsistenzklassen im Vordergrund. Durch die evolutionäre Vorgehensweise, die den zentralen Gedanken der Rekonfiguration unberührt läßt, bietet sich dann eine Zusammenfassung des Trading–Gedankens mit den hier vorgestellten Punkten an. So kann über den Trading–Mechanismus die Verwaltung eines Systems im großen erfolgen, während einzelne Anwendungsgruppen über die hier vorgestellten Konzepte behandelt werden. Speziell wird deshalb z.B. die angesprochene Integration eines Transaktionsmechanismus im Zustand einer detaillierten Konzeptstudie bleiben, die wir erst wieder aufgreifen werden, wenn die Ausprägung der Konsistenzklassen konkret ist, und somit die Erfordernisse des Trading–Ansatzes an Transaktionen geklärt sind.

Literatur

[1] Ahamad M., Dasgupta P., LeBlanc R.J., Wilkes C.T.: Fault Tolerant Atomic Computing in an Object-Based Distributed System; *Distributed Computing, Vol. 4, 1990, pp.69-80*

[2] Barbacci M.R., Doubleday D.L., Weinstock C.B.: Application-Level Programming; *Int. Conf. on Distributed Computing Systems, Paris, 1990,pp.458-465*

[3] Borghoff U.M.: Fehlertoleranz in verteilten Dateisystemen; *Informatik-Spektrum, Vol. 14, 1991, pp.15-27*

[4] Cristian F.: Understanding Fault-Tolerant Distributed Systems; *Comm. of the ACM, Vol. 34, No. 2, Jan. 1991, pp.56-78*

[5] Kopetz H., Damm A., Koza C., Mulazzani M., Schwabl W., Senft C., Zainlinger R.: Distributed Fault-Tolerant Realtime Systems: The MARS Approach; *IEEE Micro, Feb. 1989, pp.25-40*

[6] Kramer J., Magee J., Sloman M.: Constructing Distributed Systems in CONIC; *IEEE Trans. on Software Engineering, Vol. 15, No. 6, Juni 1989, pp.663-675*

[7] Kottmann D.: Fehlertoleranz durch dynamische Rekonfiguration verteilter Anwendungen; *Diplomarbeit, Universität Karlsruhe, Fakultät für Informatik, 1992*

[8] Lamport L.: Time, Clocks and the Ordering of Events in a Distributed System; *Comm. of the ACM, Vol. 21, No. 7, July 1978, pp.558-565*

[9] Lin L., Ahamad M.: Checkpointing and Rollback–Recovery in Distributed Object-Based Systems; *20th Int. Symp. on Fault Tolerant Computing, University of North Carolina, June 1990, pp.97-104*

[10] Popescu-Zeletin R., Tschammer V., Tschichholz M.: 'Y' distributed application platform; *Computer Communications, Vol. 14, No. 6, July/August 1991, pp.366-374*

[11] Powell D., Bonn G., Seaton D., Verissimo P., Waeselynck F.: The Delta-4 Approach to Dependability in Open Distributed Computing Systems; *18th Int. Symp. on Fault-Tolerant Computing, Tokio, Juni 1988, pp.246-251*

[12] Rosenkrantz D.J., Stearns R.E., Lewis II P.M.: System Level Concurrency Control for Distributed Databases; *ACM Trans. on Database Systems, Vol. 3, No. 2, June 1978, pp.178-198*

[13] Schill A.: Verteilte objektorientierte Systeme: Grundlagen und Erweiterungen; *Informatik Forschung und Entwicklung, Nr. 6, Jan. 1991, pp.14-27*

[14] Schill A.: Strukturelle Verwaltung verteilter Programme: Ein Überblick über Konzepte und Systeme; *Wirtschaftsinformatik, Heft 1, 1992, pp.94-106*

[15] Schill A.: Distributed Object Management within a Loosely-Coupled Repository Environment; *OpenForum Technical Conf., Utrecht, Nov. 1992*

[16] Schlichting R.D., Schneider F.: Fail-Stop Processors: An Approach to Designing Fault-Tolerant Computing Systems; *ACM Trans. on Computer Systems, Vol. 3, No. 1, Feb. 1983, pp.15-30*

[17] Skeen D., Stonebaker M.: A Formal Model of Crash Recovery in a Distributed System; *IEEE Trans. on Software Engineering, Vol.SE-9, No.3, May 1983, pp.219-228*

[18] Tang J.: Voting Class – an Approach to Achieving High Availability for Replicated Data; *2nd Int. Symp. on Databases in Parallel and Distributed Systems, Dublin 1990, pp.146-156*

[19] Tschammer V., Wolisz A., Hall J.: Support for Cooperation and Coherence in an Open Service Environment; *2nd IEEE Workshop on Future Trends of Distributed Computing Systems, Cairo 1990, pp.222-228*

Ein Multicast Synchronisationsprotokoll
zur Unterstützung kooperativer Anwendungen

Martin Bever, Erwin Mayer

IBM European Networking Center
Heidelberg, Germany
emayer, bever at dhdibm1.bitnet

Kurzfassung

In kooperativen Anwendungen, wie z.B. Arbeitsplatzrechnerkonferenzen, werden Gruppenereignisse durch Multicast-Nachrichten an alle teilnehmenden Benutzer übertragen. Gleichzeitige Gruppenereignisse erzeugen Nebenläufigkeit innerhalb der Multicast-Kommunikation, welche im Falle der zentralen Komponente Gruppenverwaltung zu inkonsistenten Gruppensichten bei den Teilnehmern führen kann. Es wird ein Synchronisationsprotokoll für Multicast-Nachrichten vorgestellt, das die Gruppenverwaltung bei der Integration und Ausgliederung von Konferenzteilnehmern unterstützt, ohne den Konferenzablauf zu unterbrechen.

1. Einleitung

Arbeitsplatzrechnerkonferenzen (*Workstation Conferences*) sind durch die Vernetzung - oft auch geographisch - verteilter Arbeitsplatzrechner gekennzeichnet. Die Kommunikation der Benutzergruppen wird durch moderne Multimedia-Techniken, wie die digitale Sprachübertragung, die Bereitstellung von Bewegtbildern oder auch die Festbilddarstellung aller Konferenzteilnehmer unterstützt. Beispielsweise können in der Automobilindustrie bei der Diskussion um alternative Entwurfslösungen, die verschiedensten Experten zu Rate gezogen werden, ohne daß diese erst eine Dienstreise unternehmen oder einen speziellen Videokonferenzraum aufsuchen müssen. Darüberhinaus erlauben Arbeitsplatzkonferenzen den Austausch von Objekten mit allen anderen Konferenzteilnehmern [BNRS91] in Realzeit.

Zur Verwaltung von Benutzergruppen in Arbeitsplatzrechnerkonferenzen werden spezielle, als *Gruppenverwaltung (Group Management)* bezeichnete Systemkomponenten bereitgestellt. Sie unterstützten Funktionen zur Veränderung der Gruppenzusammensetzung, verwalten den Auf- und Abbau von Kommunikationsverbindungen und sorgen dafür, daß einem neuen Gruppenmitglied der jeweils aktuelle Zustand der Arbeitsplatzkonferenz mitgeteilt wird. Die die Gruppenverwaltung betreffenden Ereignisse werden zwischen der Konferenzanwendung und der Gruppenverwaltung ausgetauscht. (Abbildung 1).

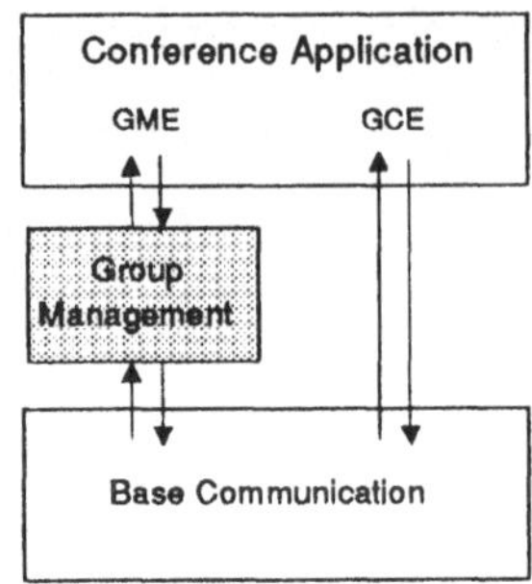

Abbildung 1.   Gruppenverwaltung in Konferenzanwendungen

Zu den wichtigsten *Gruppenverwaltungsereignissen (engl. Group Management Events, GME)* gehören der Beitritt eines neuen Benutzers (*Join*) und das Verlassen (*Leave*) einer Gruppe sowie die Ausstattung eines neuen Gruppenmitglieds mit dem jeweils aktuellen Konferenzzustand (*State Transfer*).

Verschiedene Ansätze aus der Literatur [Hu89][Ch86] unterstützen Gruppenverwaltungsereignisse nur in Form von Aufträgen der Anwendung an die Gruppenverwaltung, die diese transparent für alle anderen Gruppenmitglieder bearbeitet [LC90]. In der Regel reduziert sich die Aufgabe einer Gruppenverwaltung damit auf die Pflege eines Systemkatalogs [AB85]. Im Falle von Konferenzanwendungen sind die Benutzer jedoch meist daran interessiert, zu jedem Zeitpunkt die aktuelle Zusammensetzung einer Gruppe (Gruppensicht) zu kennen [Cr90]. Dazu ist es notwendig, daß die Gruppenverwaltung die Konferenzanwendung aktiv über Verwaltungsereignisse benachrichtigt. (*Group Notifications*).

Neben den Ereignissen der Gruppenverwaltung müssen auch alle anderen Gruppenkooperationsereignisse (*engl. Group Cooperation Events, GCE*) über ein Basiskommunikationssystem an alle Konferenzteilnehmer übermittelt werden (Abbildung 1).

Zur Realisierung der Basiskommunikation kann ein zuverlässiger Multicast-Dienst in einem lokalen oder auch Weitverkehrsnetz verwendet werden (z.B. [Ch86], [CP88]). Da zu einem bestimmten Zeitpunkt Gruppenverwaltungsereignisse und Gruppenkooperationsereignisse von verschiedenen Benutzern ausgehen können, werden an der Schnittstelle zum Kommunikationssystem *nebenläufige* Multicast-Nachrichten erzeugt. Läßt man diese Nebenläufigkeit zu, kann nicht in allen Fällen garantiert werden, daß alle Benutzer stets die gleiche Gruppensicht haben.

Ansätze aus der Literatur ([AGN88], [Cr90]) versuchen Nebenläufigkeitsprobleme zu vermeiden, indem sie eine *Floorpassing*-Komponente einführen, welche zu jedem Zeitpunkt nur einem einzigen Benutzer die Erzeugung von Gruppenereignissen gestattet. Dies kann jedoch eine unzumutbare Einschränkung der Benutzerautonomie darstellen.

In folgenden wird ein Protokoll zur Kontrolle nebenläufiger Multicast-Kommunikation für eine Gruppenverwaltung entwickelt. Diese gestattet allen Konferenzteilnehmern unabhängig voneinander (und auch gleichzeitig) Gruppenereignisse zu initiieren. Die Integration von neuen Teilnehmern oder deren Ausscheiden kann während des Konferenzverlaufs erfolgen, ohne daß dieser unterbrochen werden muß.

2. Probleme nebenläufiger Multicast-Kommunikation

Zwei Multicast-Nachrichten heißen *nebenläufig*, wenn sie von unterschiedlichen Instanzen an eine gemeinsame Empfängergruppe versandt wurden und sich beide gleichzeitig unter der Kontrolle des Kommunikationssystems befinden. Letzteres umschließt, daß

* *beide* Nachrichten an das Kommunikationssystem übergeben wurden, und daß
* noch *keine* der beiden Nachrichten an *alle* Empfänger ausgeliefert wurde.

Durch variierende Netzverzögerungen (z.B. wenn einige Empfänger nur über ein WAN erreichbar sind), ist es möglich, daß nebenläufige Multicast-Nachrichten bei gemeinsamen Empfängern in unterschiedlicher Zeitbeziehung und Ordnung ausgeliefert werden. Dies führt zu Problemen bei der Behandlung von Gruppenereignissen, wie sie im folgenden diskutiert werden.

Zur Konkretisierung der Anforderungen an eine Gruppenverwaltung werden zunächst zwei Begriffe eingeführt.

Als *Gruppensicht (Group View)* eines Benutzers B auf eine Gruppe G soll die Menge aller übrigen Benutzer bezeichnet werden, welche B zu einem bestimmten Zeitpunkt als Mitglieder von G ansieht. Die Gruppensicht eines Benutzers ändert sich mit der Benachrichtigung (Group Notification) über Gruppenverwaltungsereignisse (GMEs), beispielsweise dem *Join* eines neuen Gruppenmitglieds. (Eine Konferenzanwendung kann die aktuelle Gruppensicht eines Benutzers z.B. in Form eines Fensters mit Videobildern aller anderen Teilnehmer präsentieren.)

Die *Empfängermenge* einer Nachricht N sei die Menge aller Benutzer, an welche das Kommunikationssystem N ausliefert.

Die Gruppenverwaltungskomponente ist verantwortlich dafür, daß Group Notifications die Gruppensichten aller Teilnehmer konsistent anpassen. Konkret umfaßt dies 3 Anforderungen:

Anforderung 1:   <u>Konsistente Gruppensicht beim Senden</u>
                   Beim Senden einer Nachricht N durch einen Benutzer B an eine Gruppe G stimmt die Gruppensicht von B auf G überein mit der Empfängermenge für die Nachricht N.

Garantiert eine Gruppenverwaltung Anforderung 1, so kann es beispielsweise nicht geschehen, daß die Nachricht eines Benutzers B an einen neuen Benutzer ausgeliefert wird, *obwohl* B von dessen Beitritt zur Gruppe nicht informiert wurde.

Anforderung 2:   <u>Konsistente Gruppensicht beim Empfangen</u>
                   Beim Empfangen einer Nachricht N für eine Gruppe G durch einen Benutzer B stimmt seine Gruppensicht überein mit der Empfängermenge für die Nachricht N.

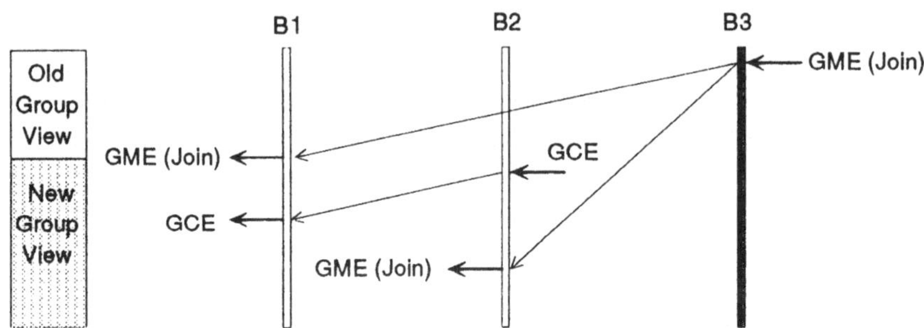

Abbildung 2. Inkonsistente Gruppensicht beim Empfangen

Abbildung 2 zeigt einen Ablauf, der Anforderung 2 verletzt, weil nebenläufige Multicasts nicht synchronisiert werden: Benutzer 1 erhält eine *Join*-Notification, welche ihn darüber informiert, daß Benutzer 3 neues Mitglied der Gruppe ist. Dies modifiziert seine Gruppensicht. Das später eintreffende Gruppenkooperationsereignis (GCE) ist inkonsistent mit dieser Gruppensicht, da es *nicht* an das neue Gruppenmitglied ging. Die Ursache dieser Inkonsistenz liegt darin, daß Benutzer 2 die Multicast-Nachricht mit dem *Join*-Ereignis erst *nach* dem eigenen Gruppenkooperationsereignis (GCE) erhielt.

Beim Gruppenverwaltungsereignis *Join* ist es zusätzlich zu den obigen Anforderungen notwendig, den neuen Konferenzteilnehmer einmalig mit einem aktuellen Konferenzzustand auszustatten (*State Transfer*). Dieser Konferenzzustand muß konsistent sein zu den weiteren Nachrichten, die das neue Gruppenmitglied erhält:

Anforderung 3:   Konsistenter Zustandstransfer
Der übertragene Anwendungszustand repräsentiert *alle* Multicast-Nachrichten, welche das neue Gruppenmitglied B noch nicht erhielt und er repräsentiert *keine* Multicast-Nachrichten, welche B in Zukunft erhalten wird.

Diese Bedingung stellt sicher, daß ein neues Gruppenmitglied nach Integration denselben Anwendungszustand wie alle anderen Gruppenmitglieder besitzt.

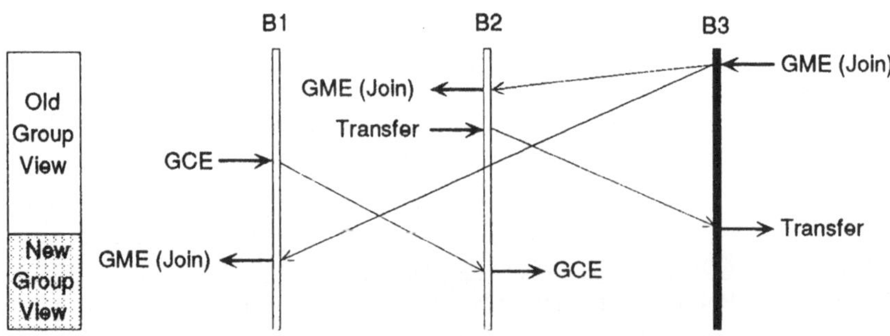

Abbildung 3. Inkonsistenter Zustandstransfer

Abbildung 3 veranschaulicht einen inkonsistenten Zustandstransfer verursacht durch Nebenläufigkeit der Multicast-Kommunikation: Benutzer 3 tritt der Konferenz bei, was zur Versendung eines *Join*-Ereignis an alle anderen Mitglieder führt. Nach Anzeige dieses Ereignisses transferiert Benutzer 2 seinen momentanen Zustand an Benutzer 3, welcher diesen zu seinem Initialzustand macht. Das von Benutzer 1 versandte Gruppenkooperationsereignis (GCE) ist nicht in diesem Zustand enthalten (es war bei Benutzer 2 zum Zeitpunkt des Transfers noch nicht eingetroffen) und Benutzer 3 erhält es ebenfalls nicht als Nachricht, da das *Join*-Ereignis bei Benutzer 1 zum Sendezeitpunkt noch ausstand.

3. Lösungsansatz

Um die in Kapitel 2 definierten Konsistenzanforderungen zu befriedigen, ist es notwendig, die Nebenläufigkeit der Multicast-Kommunikation zu kontrollieren. Dies geschieht durch Einführung einer Multicast-Synchronisationskomponente in die Architektur einer Konferenzanwendung (Abbildung 4).

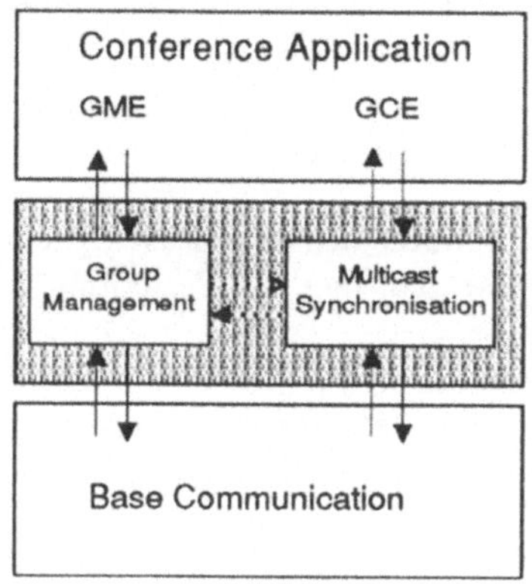

Abbildung 4. Synchronisierte Gruppenverwaltung

Zu ihrer Realisierung bieten sich Multicast-Ordnungsprotokolle (z.B. [BJ87] [GS91] [KT91][Ma92a]) an, welche erzwingen, daß Multicast-Nachrichten bei allen Empfängern in einer bestimmten Reihenfolge ausgeliefert werden. Sie erreichen dies dadurch, daß sie über ein Synchronisationsprotokoll die Auslieferung einzelner Nachrichten bei den Empfängern koordiniert verzögern.

Birman/Joseph schlagen in [BJ87] vor, die ISIS-Protokolle für eine Gruppenverwaltung zu verwenden: Werden alle Multicasts in der gleichen Reihenfolge bei allen Empfängern ausgeliefert (zum Beispiel mit dem ABCAST-Protokoll), so werden dadurch Gruppenverwaltungsereignisse (GMEs) zwangsläufig geordnet im Verhältnis zu allen Gruppenkooperationsereignissen (GCE). Dies kann zur Befriedigung von Anforderung 2 verwendet werden. Der Nachteil von ABCAST [BJ87] oder den in [GS91], [KT91] vorgestellten Protokollen besteht in einem hohen Protokollaufwand, sowohl in Bezug auf die Anzahl von Nachrichten [GS91] als auch bezüglich der induzierten Verzögerung [Ma92b].

[Ra92] diskutiert eine erweiterte kausale Ordnungssemantik zur Synchronisation von Gruppenereignissen. Der Ansatz setzt voraus, daß die Anwendung in der Lage ist, die Abhängigkeit von Nachrichten bereits vor deren Übergabe an das Kommunikationssystem zu spezifizieren. Gleichzeitige, spontane Aktivitäten wie die nebenläufige Erzeugung von GME- und GCE-Ereignissen sind innerhalb einer Gruppenverwaltung deswegen nicht synchronisiert.

Das Multicast Checkpointing [Ma92a] repräsentiert eine Abschwächung der Totalordnungssemantik, welche den Protokollaufwand zur Synchronisation von Multicasts reduziert. Der Ansatz sieht zwei Klassen von Nachrichten vor: *reguläre* Nachrichten, welche von der Anwendung häufig versandt werden aber untereinander keine Synchronisation erfordern - und *Checkpoint*-Nachrichten welche mit geringerer Frequenz auftreten. Zwei Multicasts werden unter dieser Ordnungssemantik nur geordnet (d.h. bei allen Empfängern in derselben Reihenfolge ausgeliefert), wenn mindestens eine der beiden Multicasts eine Checkpoint-Nachricht darstellt.

Geht man davon aus, daß Gruppenverwaltungsereignisse (GCEs) in einer Konferenz sehr viel seltener auftreten als Gruppenkooperationsereignisse (GMEs), so kann das Multicast Checkpointing-Protokoll [Ma92a] durch Abbildung von GCEs auf reguläre Nachrichten und von GMEs auf Checkpoint-Nachrichten zur Grundlage der Multicast-Synchronisation gemacht werden.

Das Zusammenspiel von Multicast-Synchronisationskomponente und Gruppenverwaltung wird in Abbildung 4 beschrieben.

- Die Gruppenverwaltung benutzt den Multicast Synchronisationsdienst um Verwaltungsereignisse (GMEs) geordnet im Verhältnis zu Kooperationsereignissen (GCEs) auszuliefern.
- Die Multicast Synchronisationskomponente benutzt die Gruppenverwaltung, um die eigene Gruppensicht bei Verwaltungsereignissen (GMEs) zu aktualisieren. Dies ist u.a. notwendig, damit die Nachrichten neuer Gruppenmitglieder ebenfalls in die Synchronisation miteinbezogen werden.

Beide Komponenten haben außerdem Schnittstellen zur unterliegenden Basiskommunikationsschicht, für welche ein zuverlässiger Multicast-Dienst mit FIFO-Eigenschaft vorausgesetzt wird. (Letzteres ist bei zuverlässigen, verbindungsorientierten Diensten i.d.R. automatisch gegeben, siehe z.B. [CP88]). Neben der Übermittlung von Gruppenereignissen, benutzen sowohl Gruppenverwaltung als auch Multicast-Synchronisationskomponente die Basiskommunikationsschicht zur Realisierung eines spezifischen Protokolles (siehe Kapitel 5). Veränderungen in der Gruppe können an dieser Schnittstelle zum Aufbau- bzw. Abbau von Transportverbindungen führen.

4. Dienstschnittstelle

Im folgenden sollen die Anforderungen an eine Gruppenverwaltung in Form einer Anwendungsschnittstelle konkretisiert werden. Die Konferenzanwendung als Dienstbenutzer (Abbildung 4) verwendet Dienstprimitive zur Behandlung von Kooperationsereignissen (GCE) und Gruppenverwaltungsereignissen (GME).

4.1 GCE-Dienstprimitive

Mit dem Dienstprimitiv

Data_Request (Group_Identifier, User_Data)

wird ein durch User_Data näher beschriebenes Kooperationsereignis an die Mitglieder der durch Group_Identifier spezifizierten Gruppe versandt. Das Dienstprimitiv kann nur von Benutzern erzeugt werden, welche selbst Mitglied der Gruppe sind. Ein Data_Request erzeugt ein

Data_Indication (Group_Identifier, User_Data)

bei allen in der Gruppe enthaltenen Mitgliedern, ausschließlich des Versenders der Nachricht. Da ein Dienstbenutzer gleichzeitig Mitglied mehrer Gruppen sein kann, identifiziert Group_Identifier, für welche Gruppe die Nachricht bestimmt ist.

4.2. GME-Dienstprimitive für den Gruppenbeitritt

Mit dem Dienstprimitiv

Join_Request (Group_Identifier, Own_ID, Sponsor_ID, User_Data)

beantragt ein Benutzer die Aufnahme in eine bestimmte Gruppe, welche zu diesem Zeitpunkt bereits existieren muß. Er bestimmt außerdem einen Sponsor, welcher schon Mitglied der Gruppe ist und seine Integration unterstützt (Abbildung 5). Der Parameter User_Data überträgt weitere für die jeweilige Anwendung wichtige Kenndaten des neuen Mitglieds (z.B. Betriebsmittelausstattung). Als Resultat des Join_Request erzeugt die Gruppenverwaltung für alle in der Gruppe bereits befindlichen Teilnehmer ein

Join_Indication (Group_Identifier, New_ID, User_Data)

um ihnen den Beginn der Aufnahme eines neuen Gruppenmitgliedes anzuzeigen. Ab dem Zeitpunkt des Join-Indication kann ein Teilnehmer davon ausgehen, daß seine weiteren durch Data_Request erzeugten Nachrichten auch von dem neuen Gruppenmitglied empfangen werden (Anforderung 1). Der Abschluß der Integration wird allen Mitgliedern der Gruppe mittels eines

Join_Confirmation (Group_Identifier, New_ID, Transfer)

angezeigt. Der Gruppenverwaltungsdienst garantiert, daß ein Join_Confirmation die Menge der erhaltenen Nachrichten für jeden Dienstbenutzer gleich partitioniert: Alle vor der Anzeige eines Join_Confirmation empfangenen Nachrichten gingen *nicht* an das neue Gruppenmitglied, alle danach empfangenen Nachrichten werden *ebenfalls* an dieses ausgeliefert (Anforderung 2). Ist der Dienstbenutzer der Sponsor des neuen Mitglieds, so zeigt ihm die boolsche Variable Transfer an, daß er für dessen Ausstattung mit einem aktuellen Anwendungszustand (State) verantwortlich ist. Der Sponsor veranlaßt die Übertragung mit dem Dienstprimitiv

State_Transfer_Request (Group_Identifier, New_ID, State).

Die Struktur des Parameters State muß von der Anwendung bestimmt werden, aus Sicht des Kommunikationssystems ist sie transparent. Die Anwendung muß weiterhin sicherstellen, daß der übergebene Zustand alle vom Kommunikationssystem bis dahin ausgelieferten Nachrichten repräsentiert. Ein State_Transfer Request des Sponsors löst bei dem neuen Mitglied ein

State_Transfer_Indication (Group_Identifier, State)

aus. Die Anwendung benutzt den Parameter State, um ihren Konferenzzustand zu initialisieren. Gleichzeitig - äquivalent zum Dienstprimitiv Join_Confirmation - signalisiert das Dienstprimitiv den Abschluß der Integration. Ab diesem Zeitpunkt erhält das neue Mitglied alle Multicast-Nachrichten, welche auch die anderen Gruppenmitglieder nach ihrer Join_Confirmation erhalten (Anforderung 3).

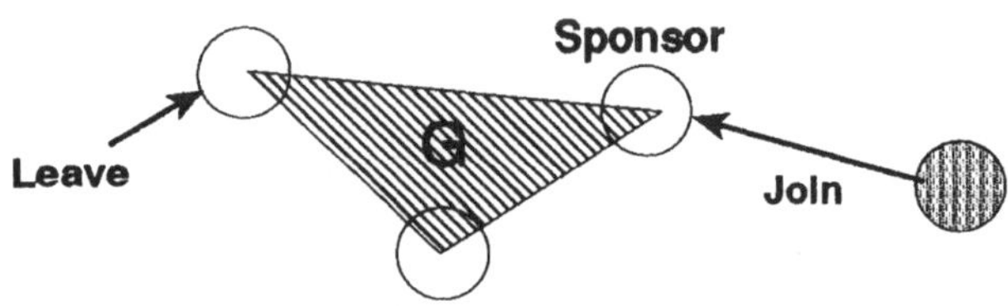

Abbildung 5.   Gruppenverwaltungsereignisse (GME)

4.3. GME-Dienstprimitive für das Verlassen einer Gruppe

Die Verkleinerung einer Gruppe wird wie das *Join* zweiphasig an die restlichen Gruppenmitglieder signalisiert. Mit dem Dienstprimitiv

Leave_Request (Group_Identifier, Own_ID)

verläßt ein Benutzer eine Gruppe, in welcher er sich momentan befindet (Abbildung 5). Ab dem Zeitpunkt des Aufrufs, dürfen keine weiteren Data_Requests mehr abgesetzt werden. Ein Leave_Request führt bei allen Gruppenmitgliedern zur Anzeige eines

Leave_Indication (Group_Identifier, Leave_ID).

Ab dem Zeitpunkt des Leave_Indication werden nachfolgende Data_Requests des Teilnehmers nicht mehr an das durch Leave_ID spezifizierte Mitglied versandt. Das Primitiv

Leave_Confirmation (Group_Identifier, Leave_ID)

signalisiert allen verbleibenden Gruppenmitgliedern das Ende des Ausgliederungsprozesses. Ab diesem Zeitpunkt erhalten diese keine Nachrichten des ausgeschiedenen Mitglieds mehr.

Für das verlassende Gruppenmitglied bedeutet die Anzeige des Leave_Confirmation, daß es alle Nachrichten gesehen hat, welche auch die anderen Gruppenmitglieder vor ihrem jeweiligen Leave_Confirmation erhielten, und daß es ab jetzt keine weiteren Multicast-Nachrichten erhalten wird.

4.4. Benutzung des Dienstes

Nicht alle Anwendungen benötigen sämtliche angebotenen Dienstprimitive. Unter Umständen ist es vermeidbar, ein neues Gruppenmitglied mit dem aktuellen Anwendungszustand zu versehen (z.B. weil alle ausgetauschten Nachrichten kontextunabhängig sind). Für diesen Fall ist der State Transfer nicht notwendig. Umgekehrt kann eine Anwendung die Anzeige von Join_Indications und/oder

Join_Confirmations ignorieren (z.B. weil sie die Zusammensetzung der Gruppe nicht interessiert), den konsistenten State-Transfer aber weiterhin benutzen.

Die Anpassung der Gruppensicht (Kapitel 2) eines Benutzers geschieht in der spezifizierten Schnittstelle zweiphasig: Eine *Indication* modifiziert die Gruppensicht für das Senden, eine *Confirmation* modifiziert dieselbe für das Empfangen. Eine Anwendung kann sich entschließen, Join_Indication und Join_Confirmation für den interaktiven Benutzer zu verschmelzen: In diesem Fall muß sie in dem Zeitintervall zwischen den beiden Dienstprimitiven alle Kooperationsereignisse des Benutzers unterbinden (keine Data_Requests) und beispielsweise eine Meldung *"Group Change Pending"* anzeigen.

5. Protokoll

Im folgenden wird ein aus [Ma92a] abgeleitetes Protokoll spezifiziert, welches die Dienstschnittstelle der Gruppenverwaltung (Kapitel 4) realisiert. Für jeden *Dienstbenutzer* existiert eine *Kommunikationsinstanz* welche das Protokoll abwickelt. Da die Abläufe beim Gruppenbeitritt bis auf den State-Transfer analog sind zum Gruppenaustritt, beschränkt sich die Beschreibung der Protokollelemente auf die *Join*-Dienstprimitive. Folgende Protokollelemente (siehe auch Abbildung 6) bestimmen den Ablauf:

1: Der Join_Request eines neu zu integrierenden Dienstbenutzers B führt zum Übersenden einer *Join*-PDU (*JPDU*) an die Kommunikationsinstanz des im Dienstprimitiv spezifizierten Sponsor. Dieser führt ab jetzt stellvertretend die Integration von B durch.

2: Die Kommunikationsinstanz des Sponsors initiiert einen Multicast-Checkpoint indem er eine *Flush Prepare-Nachricht (FP)*, welche das Gruppenereignis 'Join(B)' enthält, an alle anderen Gruppenmitglieder versendet. Der Sponsor selbst fährt in seinem Protokoll fort, als hätte er ebenfalls ein Flush Prepare empfangen, also mit Protokollelement 3.

3: Die Ankunft eines Flush Prepare wird bei Empfang an den Dienstbenutzer in Form einer Join_Indication angezeigt. Ab dem Zeitpunkt der Join_Indication werden alle nachfolgenden Data_Requests des Benutzers als Data-PDUs auch an das neue Gruppenmitglied B versandt. Ist die Multicast-Kommunikation der Basiskommunikationsschicht verbindungsorientiert, so wird zu diesem Zeitpunkt eine neue Kommunikationsverbindung zur Kommunikationsinstanz von B aufgebaut. Gleichzeitig mit der Join_Indication versendet die bearbeitende Kommunikationsinstanz eine *Flush Signal-Nachricht (FS)* mit dem Gruppenereignis Join(B) an alle anderen Gruppenmitglieder (ausschließlich des neuen Mitgliedes).

4: Solange eine empfangende Kommunikationsinstanz kein Flush Signal erhalten hat, kann sie alle regulären Multicast-Nachrichten (*Data-PDUs*) unverzögert an den Dienstbenutzer ausliefern. Sobald ein Flush Signal von einem Gruppenmitglied B eintritt, puffert die Kommunikationsinstanz alle weiteren Data-PDUs von B, bis sie von allen anderen Gruppenmitgliedern ebenfalls Flush Signals für dasselbe Gruppenereignis erhalten hat. Erst wenn dies der Fall ist, wird eine Join_Confirmation an den Dienstbenutzer erzeugt.

Gleichzeitig mit der Join_Confirmation wird der neue Benutzer in die Flush-Liste der Multicast Checkpointing-Komponente aufgenommen. Ab diesem Zeitpunkt werden zur Synchronisation weiterer Gruppenereignisse auch Flush Signals von der Kommunikationsinstanz des neuen Gruppenmitglieds erwartet.

Ein Dienstbenutzer, der nicht Sponsor ist, erhält unmittelbar nach der Anzeige der Join_Confirmation alle durch Protokollelement 4 zwischengespeicherten Data-PDUs ausgeliefert. Für den Sponsor wird die Auslieferung dieser Nachrichten verzögert, bis der Dienstbenutzer mit einem State-Transfer-Request die Join_Confirmation bestätigt hat. Außerdem gilt für den Sponsor die Einschränkung, daß er ab dem Zeitpunkt der Join_Indication keine Kooperationsereignisse ausführen darf, welche Data_Requests erzeugen.

5: Der Abschluß des Protokolls geschieht zwischen dem Sponsor und B: Der vom Sponsor (in einer anwendungsdefinierten Form) übergebene Zustand (State_Transfer_Request) wird als Teil einer State-Transfer-PDU an das neue Mitglied B versandt.

6: Die Kommunikationsinstanz von B puffert nach Absenden des Join_Requests (Protokollelement 1) alle für B eintreffenden Data-PDUs. Nach Erhalt der State-Transfer-PDU wird eine State-Transfer-Indication erzeugt, welche den Dienstbenutzer veranlaßt, den als Parameter mitübertragenen Zustand als lokalen Anwendungszustand zu übernehmen. Nachfolgend werden alle zwischengepufferten Data-PDUs an den Benutzer ausgeliefert. Dieser ist ab jetzt vollintegriertes Mitglied der Gruppe.

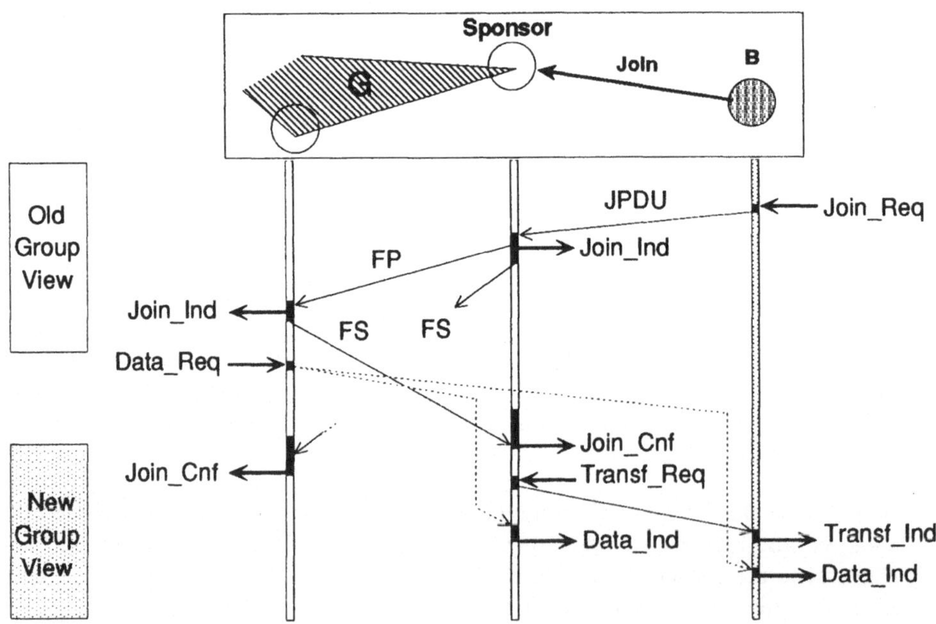

Abbildung 6. Join-Protokoll

Die Protokollelemente 2 - 4 des Protokolls entsprechen dem Multicast Checkpointing Protokoll aus [Ma92a]. Dienstprimitve und Protokolldateneinheiten wurden dabei um ein Datenfeld zur Aufnahme des jeweiligen Gruppenereignisses (z.B. Join(B)) erweitert. Zur Erfüllung der Anforderung 1 wurde das Protokoll um eine Benutzermeldung (Join_Indication) nach Eintreffen des Flush Prepare ergänzt. Außerdem aktualisiert das modifizierte Multicast Checkpointing Protokoll mit den Gruppenereignissen die Adressatenverwaltung der eigenen Kommunikationsinstanzen: Nach Ausführung von Protokollelement 3 werden Flush Signals auch an das neue Mitglied gesandt, nach Ausführung von Protokollelement 4 wird für jedes weitere Gruppenereignis auch ein Flush Signal von diesem erwartet.

Die Kollision unabhängiger Gruppenereignisse ist in obigem Protokoll nicht explizit behandelt. Im einfachsten Fall läßt sich eine Sequentialisierung bei Kollisionen dadurch erreichen, daß nur ein ausgezeichnetes Gruppenmitglied Flush Prepare-Nachrichten versenden darf.

Im Anhang befindet sich ein Ausschnitt des Protokolls als erweiterter endlicher Automat. Dieser umfaßt als Zustandserweiterung für das alte Gruppenmitglied ein boolsches Array *Flush*, dessen Index über alle Gruppenmitglieder läuft. Außerdem existiert für alte und neue Gruppenmitglieder ein lokaler Puffer, welcher Data-PDUs aufnehmen kann und über die Operationen *Store*, *Delete* sowie über das Prädikat *Stored* bedient wird.

6. Korrektheit

Im folgenden wird die Korrektheit des obigen Protokolls in Bezug auf die in Kapitel 2 definierten Anforderungen nachgewiesen.

Die Erzeugung einer Join_Indication ist unmittelbar gekoppelt mit der Aufnahme des neuen Mitglieds in die Liste der Kommunikationsteilnehmer, an welche nachfolgende Data-PDUs versandt werden. Dies befriedigt Anforderung 1.

Um die korrekte Befriedigung von Anforderung 2 zu zeigen, muß für alle Benutzer bewiesen werden:

1. Alle vor der Join_Confirmation ausgelieferten Data-PDUs gehen nicht an B:

Angenommen eine Data-PDU N von Gruppenmitglied B werde vor der Join_Confirmation ausgeliefert und gehe trotzdem an B. Da die Nachricht an B versandt wurde, muß sie von B's Kommunikationsinstanz nach Ausführung von Protokollelement 3 versandt worden sein, daß heißt *nach* Versendung des Flush Signal für das *Join*-Ereignis. Wegen der FIFO-Auslieferung durch die Basiskommunikation müßte die empfangende Kommunikationsinstanz deshalb erst das Flush Signal und danach N verarbeiten. Wegen Protokollelement 4 bedeutet dies aber, daß N entgegen der Annahme bis nach der Join_Confirmation zwischengepuffert wird.

2. Alle nach der Join_Confirmation ausgelieferten Data-PDUs gehen an B:

Wird eine Data-PDU N, welche von Gruppenmitglied B versandt wurde, nach einer Join_Confirmation ausgeliefert, so muß B's Kommunikationsinstanz vor Absenden von N ein Flush Signal für dieses *Join*-Ereignis versandt haben (gemäß Protokollelement 4). Daß heißt N wurde nach Ausführung von Protokollelement 3 versandt. Damit war B aber bereits in der Sendeliste von B.

Wie der Beweis zu Anforderung 2 zeigt, erhält der Sponsor die Join_Confirmation erst, nachdem er zuvor alle Data-PDUs erhalten hat, die nicht an B gehen. Umgekehrt werden beim Sponsor alle Data-PDUs, welche B als Adressaten haben, bis nach dem State_Transfer Request zwischengespeichert. Da es Teil der Dienstspezifikation ist, daß die Anwendung mit dem State_Request einen Zustand übergibt, welcher alle ausgelieferten Data-PDUs berücksichtigt, übergibt der Sponsor damit dem Kommunikationssystem einen Anwendungszustand (State_Transfer-PDU), welcher gleichzeitig der Anforderung 3 genügt: Der Zustand repräsentiert genau die Nachrichten, die B nicht erhält.

Der Beweis für das komplementäre Protokoll zum Gruppenaustritt ist analog.

7. Zusammenfassung

Arbeitsplatzrechnerkonferenzen verfügen als zentrale Systemkomponente über eine Gruppenverwaltung. Die Ereignisse der Gruppenverwaltung, z.B. der Beitritt eines neuen Konferenzteilnehmers, werden nebenläufig zu den übrigen Kooperationsereignissen als Multicast-Nachrichten an alle Teilnehmer übertragen. Auf der Basis des Multicast Checkpointing [Ma92a], wurde ein Synchronisationsprotokoll entwickelt, welches garantiert, daß die Gruppensicht aller Teilnehmer beim Senden und Empfangen von Nachrichten übereinstimmt mit der tatsächlichen Empfängermenge. Außerdem unterstützt das Protokoll die Ausstattung eines neu zu integrierenden Benutzers mit einem Initialzustand, welcher alle vorherigen Kooperationsereignisse repräsentiert. Die Korrektheit des entwickelten Protokolls wurde nachgewiesen.

Danksagung

Für die konstruktiven Kommentare bei der Erstellung des vorliegenden Beitrages möchten wir uns bei U. Schäffer und C. Schottmüller vom IBM European Networking Center bedanken.

Literaturverzeichnis

[AB85]   Ahamad, Bernstein, *Multicast Communication in UNIX 4.2BSD.* Proceedings of the 5th International Conference on Distributed Computing Systems, May 1985, pp.80-87.

[AGN88]   Abdel-Wahab, Guan, Nievergelt, *Shared Workspaces for group collaboration.* IEEE Communications Magazine, Nov. 1988, pp. 10-16.

[BNRS91] Bever, Noll, Rix, Schottmüller, *Kooperative Graphische Anwendungen in Hochgeschwindigkeitsnetzen,* Proceeding GI Jahrestagung 1991, Darmstadt.

[BJ87]   Birman, Joseph, *Reliable communication in the presence of failures.* ACM Trans. Comput. Syst. 5, 1(Feb. 87), pp. 47-76.

[Ch86]   Cheriton, D., *VMTP: a transport protocol for the next generation of communication systems.* Proc. of ACM SIGCOMM 86, pp. 406-415.

[CP88]   Crowcroft, Paliwoda, *A multicast transport protocol,* Proceedings of SIGCOMM 88, Stanford, California, pp. 247-256.

[Cr90]   Crowley et al. *MMConf: An infrastructure for building shared multimedia applications*. Proceedings of the Conference on Computer-Supported Cooperative Work, Oct 1990, Los Angeles, Ca., pp. 329-342.

[GS91]   Garcia-Molina, Spauster *Ordered and Reliable Multicast Communication*. ACM Trans. on Comp. Sys., Vol. 9, 3 (Aug. 1991), pp. 242-271.

[Hu89]   Hughes, L., *A multicast interface for UNIX 4.3*. Software Practice & Experience, 18, 1(Jan 1989), pp. 15-27.

[LC90]   Liang, Chanson, Neufeld, *Process groups and group communication: Classifications and requirements*. COMPUTER 2/1990, pp. 56-66.

[KT91]   Kaashoek, Tanenbaum, *Fault Tolerance Using Group Communication*. ACM Operating System Review, 25, 2(April 1991), pp. 71-74.

[Ma92a]   Mayer, E., *Concurrent Multicast Checkpointing* Proceedings IFIP Upper Layer Architecture and Applications, Vancouver, Canada, May 1992.

[Ma92b]   Mayer, E., *An Evaluation Framework for Multicast Ordering Protocols* Proceedings SIGCOMM 92, Baltimore, USA, August 1992.

[Ra92]   Ravindran, Prasad *Communication Structures and Paradigms for Multimedia Conferencing Applications* Proceedings IEEE International Conf. on Dist. Comp. Syst., Juni 1992, Japan.

[St87]   Stefik et al., *Computer support for collaboration and problem solving in meetings,* Commun. ACM 30, 1(Jan. 87), pp 32-47.

Anhang: Protokollautomaten

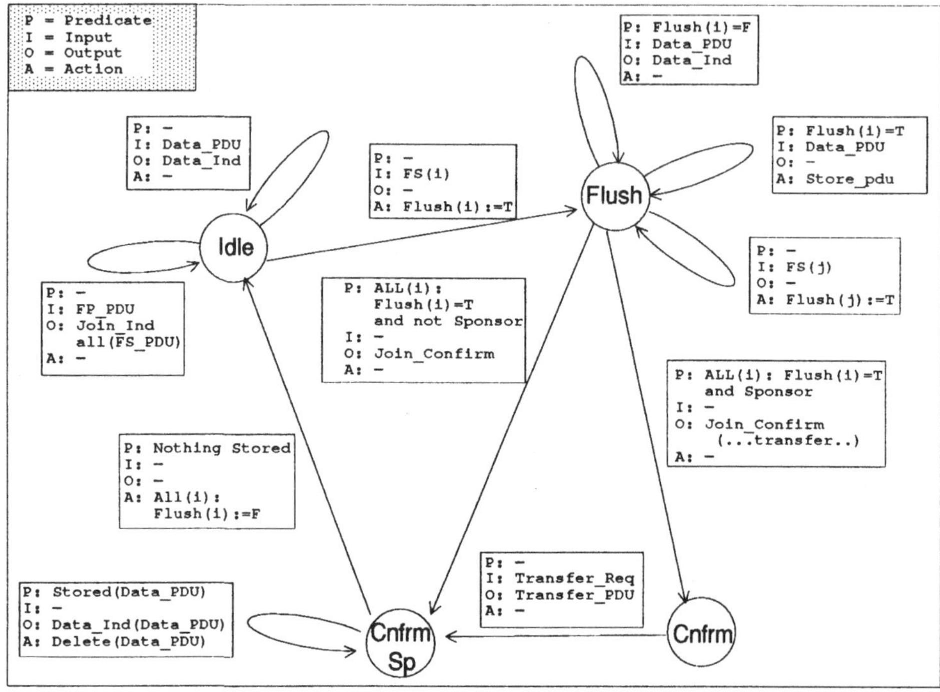

Abbildung 7. Join-Protokoll altes Gruppenmitglied

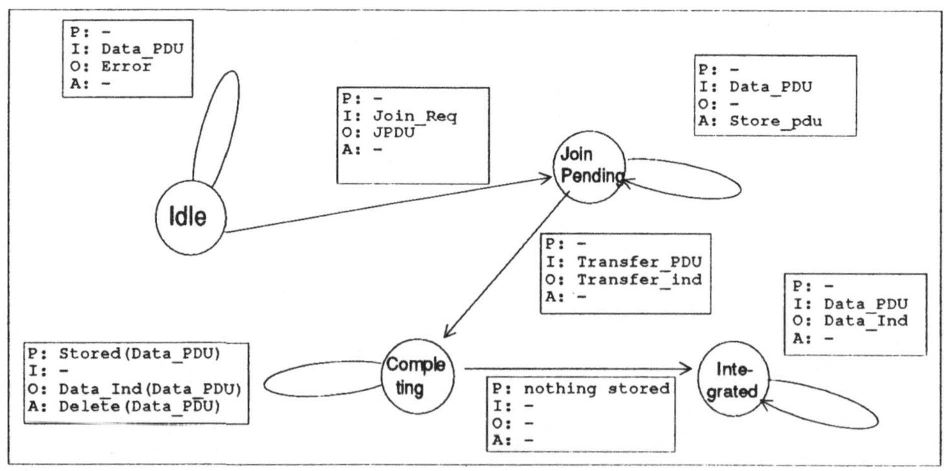

Abbildung 8. Join-Protokoll neues Gruppenmitglied

OPTIMIERUNG VON TRANSFERSYSTEMEN

Bernd Heinrichs, Raschid Karabek, Wolfgang Mers

Lehrstuhl für Informatik IV; RWTH Aachen
Ahornstr. 55, W-5100 Aachen
Tel.: +241/80-21410; FAX: +241/80-21429
e-mail: heibe@informatik.rwth-aachen.de

KURZFASSUNG

Die zunehmende Vielzahl neuer Applikationen motiviert aufgrund ihrer gehobenen Leistungs- und Funktionalitätsanforderungen ein Redesign von Netzwerk-Protokollarchitekturen. Eine angeforderte Dienstgüte (Quality of Service, QoS) soll nicht nur in lokalen homogenen Netzen, sondern auch über Netzwerkgrenzen hinweg in einem globalen heterogenen Netz gewährleistet werden. Eine Analyse der Syntax und Semantik existierender Transfersysteme (TCP/IP, OSI TP4/CLNP und XTP) hat ergeben, daß diese nicht in der Lage sind, für jede Anwendung die geeignete Protokollfunktionalität zur Verfügung zu stellen. Es fehlen vor allem effiziente Protokollmechanismen zur Unterstützung von Gruppenkommunikation und zur Vermeidung und zum Abbau von Überlast. In diesem Artikel werden daher Ansätze zur Realisierung von Multicasting basierend auf dem XTP-Bucket-Algorithmus sowie Erweiterungen und Untersuchungen eines auf Slow-Start/Tri-S basierenden Überlastkontrollverfahrens vorgestellt.

1 MOTIVATION

Existierende und zukünftige Hochgeschwindigkeitsnetze bzw. Medienzugangsprotokolle bieten Übertragungsbandbreiten bis in den Gigabitbereich bei gleichzeitig niedrigen Bitfehlerraten an (wie z.B. FDDI und FDDI II [1,2] mit jeweils 100 Mbit/s, DQDB [3] mit 45 und 150 Mbit/s, HIPPI [4] mit 800 Mbit/s bzw. 1.6 Gbit/s, CRMA II [5] und Metaring [6] im Gigabitbereich). Der SONET-Standard [7] definiert Datenraten im Multigigabitbereich. Da Transfersysteme der OSI- (z.B. TP4/CLNP) und Internet-Welt (TCP/IP) für relativ langsame und unzuverlässige Medien konzipiert worden sind, ist eine Leistungsdiskrepanz zwischen dem Angebot oberhalb Ebene 2a (Medienzugang gemäß OSI-Referenzmodell) und der Ende-zu-Ende-Leistung, die der Applikation zur Verfügung steht, entstanden. Gründe dafür sind neben ineffizienten Implementierungen [8] eine ungeeignete Protokollsyntax und -semantik.

Die **Syntax** eines Protokolls, d.h. das Paketformat, beeinflußt entscheidend den Generierungs- und Parsingaufwand für Protokolldaten. Im Hinblick auf hohe Leistung weisen derzeit viel diskutierte Transport- bzw. Transferprotokoll- Ansätze wie XTP (Xpress Transfer Protocol [9]), VMTP (Versatile Message Transfer Protocol [10]) oder OSI HSTP (High Speed Transport Protocol [11]) eine erheblich modifizierte Syntax auf. Kontrollfelder in Header und Trailer besitzen eine feste Größe und sind auf 4- oder 8-Byte-Grenzen positioniert. Prüfsummen sind so in die Pakete integriert, daß *"on the fly"*-Kalkulation möglich und kein *"Backpatching"* erforderlich ist [12,13].

Weiterhin sollten Header so kurz wie möglich sein, um Leistungseinbußen durch *Protokoll-Overhead* zu minimieren. Insbesondere bei Audio-Anwendungen, die über längere Zeit regelmäßig kurze Pakete (bis zu 120 Bytes) erzeugen, kann die Anzahl der Header-Bytes von bisherigen Protokollen nah an die Anzahl der eigentlichen Datenbytes herankommen oder diese sogar überschreiten (z.B. XTP mit 40 Bytes im Header). Daher schlagen wir ein flexibles Header-

---

Teile der Arbeit wurden im Rahmen des von der Deutschen Forschungsgemeinschaft finanzierten Projektes "PIKOM - Parallelität in Kommunikationsprotokollen" durchgeführt.

Konzept vor, bei dem je nach Anwendung nur die notwendigen Komponenten in den Header integriert werden. Insbesondere bei Anwendungen, die über einen längeren Zeitraum Datenpakete mit zum großen Teil identischen Headern über eine Verbindung mit fester Route senden, können Schlüssel (Keys) zur Identifikation einer Verbindung eingesetzt werden. Über diese Schlüssel kann jedes Zwischensystem die dieser Verbindung zugeordneten Parameter aus einer beim Verbindungsaufbau erstellten Tabelle entnehmen. Das Konzept ist zur Adressierung bereits in XTP integriert und diesbezüglich erweitert werden.

Neben der Syntax hat die *Semantik* entscheidenden Einfluß auf die Einsetzbarkeit und Leistung eines Protokolls in unterschiedlichen Umgebungen. Zum Beispiel erschwert die Verbindung von Medien mit unterschiedlichen Bandbreiten (Kbit/s bis Gbit/s) die Überlastkontrolle, der Verbund von Netzen mit unterschiedlichen Fehler-Charakteristika erschwert die Auswahl einer geeigneten Ende-zu-Ende-Fehlerkontroll-Strategie und die Verbindung einer großen Anzahl von Netzwerken hat zwangsläufig eine implizite Verlängerung der Übertragungszeiten zur Folge, so daß der Übertragungspfad nicht mehr durch den Sequenznummernbereich bzw. die maximale Flußfenstergröße herkömmlicher Transportprotokolle abgedeckt werden kann und somit ein kontinuierlicher Datenstrom nicht möglich ist. Die genannten Probleme können zum einen durch kompatible Erweiterung der Syntax und Semantik existierender Protokolle [14], durch Weiterentwicklung existierender Protokolle ohne Rücksicht auf Kompatibilität oder durch Einsatz vollkommen neuer Protokolle kompensiert werden [15]. Die von uns vorgeschlagene Strategie basiert auf der funktionalen Dekomposition von Protokollen und der Integration unterschiedlicher Protokollmodule in eine gemeinsame Protokollarchitektur, die für sämtliche Protokollfunktionen unterschiedliche Mechanismen bereitstellt [17]. Die funktionale Dekomposition erfolgt durch Spezifikation der Protokolle mittels höherer Petri-Netze (Produktnetze), die in natürlicher Art und Weise die Beschreibung von Nebenläufigkeit in Protokollen unterstützen [16].

Neben der Leistungsdiskrepanz zu den Übertragungssystemen entstehen Anforderungen an die Transfersysteme aufgrund neuer Anwendungen wie Kooperatives Design, Medizinische Bildübertragung und Realzeitvideokonferenzen. Während einige Applikationen z.B. eine hohe Bandbreite für die gesamte Dauer einer Transportdienst-Verbindung beanspruchen, aber eine Dienstgüteabnahme bzgl. Paketverlust und Verzögerungszeit während einer Verbindung tolerieren, fordern andere Anwendungen eine zuverlässige Übertragung ihrer Daten. Die Dienstgüte (Quality of Service, QoS) wird durch funktionale und leistungsbezogene Parameter charakterisiert. Zu den **funktionalen** Anforderungen gehören u.a.

- die Auswahl des Dienstgüte-Konzeptes, das vom Transfersystem erbracht werden soll:
  - verbindlicher Dienst für die Dauer einer Verbindung ohne Option auf Neuverhandlung
  - *"Best-effort"* -Dienst ohne Überwachung der erbrachten Dienstgüte
  - Dienst mit ständiger Kontrolle der Dienstgüte und mit der Option, die Dienstgüte adaptiv einzustellen oder evtl. neu auszuhandeln
- die Auswahl der Verbindungsart (beeinflußt durch die Wahl des Dienstgüte-Konzeptes):
  - schneller verbindungsorientierter Dienst (Punkt-zu-Punkt, Mehrpunkt)
  - transaktionsorientierter Dienst (Punkt-zu-Punkt, Mehrpunkt)
  - verbindungsloser Dienst (Punkt-zu-Punkt, Mehrpunkt)
- die Auswahl Sicherheitsmechanismen (Verschlüsselung oder Zugangsberechtigung)
- die Reservierung von Resourcen (Pufferplatz oder CPU-Zeit)
- die Festlegung unterschiedlicher Multicast-Semantiken, die aufgrund ihres Zuverlässigkeitsgrades (0-, 1-, ...k-,..., komplett zuverlässig) unterschieden werden können
- die Synchronisierung der Datenübertragung zwischen Quelle und Senke
- die Synchronisierung zwischen verschiedenen Medien (z.B. Audio und Video)
- die Art des Verbindungsaufbaus (implizit oder basierend auf Handshakes)

Zusätzlich zu den funktionalen Anforderungen wird eine Kommunikationsverbindung aufgrund von **Leistungskenngrößen** charakterisiert, die von den Zwischensystemen zur Reservierung von Resourcen wie CPU-Zeit und Pufferplatz ausgewertet werden. Wichtige Parameter sind

- der minimal akzeptable Durchsatz zwischen Transportdienst-Nutzern,
- die maximal akzeptable Übertragungsverzögerung (Realzeit-Anwendungen),
- die maximal akzeptable Streuung der Übertragungszeiten (Jitter),
- die Auswahl applikationsabhängiger akzeptabler Fehlerraten (Bit- bzw. Paketfehler),
- die maximal akzeptable Anzahl aufeinanderfolgender Paketverluste,
- die maximale und minimale Nutzdatenfeldlänge,
- die maximal akzeptable Umlaufzeit (2 * Übertragungszeitverzögerung + Bearbeitungszeit beim Empfänger).

Die beiden Anforderungskataloge verdeutlichen, daß zukünftige Protokollarchitekturen ein weit breiteres Dienste-Spektrum abdecken müssen, als sie es bisher können. Zur Realisierung der daraus resultierenden Anforderungen an eine Protokollrealisierung, *Vielseitigkeit* und *hohe Leistung*, sollte man eine Kombination der folgenden Ansätze verfolgen:

- Leistungssteigerung der Hardware ,
- kompatible Erweiterungen existierender Protokolle [14],
- dynamische Optimierung der Parametereinstellung (Timer, Fenster, Raten,...) für spezifische Umgebungen und Applikationen,
- neue Protokollmechanismen (z.B. Bucket-Algorithmus zum Multicasting, [9]),
- effiziente Algorithmen (erfolgsorientiert) [18,19],
- neue Implementierungsstrategien und leistungsstarke Controller [20,21,22],
- Hardware-Unterstützung (VLSI) ausgewählter Protokollfunktionen oder des gesamten Protokolls [23,24],
- Reduktion des Overheads auf höheren Ebenen -> Lightweight-Protokolle,
- Migration der Funktionalität höherer Ebenen in tiefere Ebenen, falls dort die gleiche Funktionalität mit geringerem Overhead erzielt werden kann [25,26],
- flexible Protokoll-Architekturen [27,28] und adaptive Protokolle [29] sowie
- fortschrittliches Betriebssystem-Design [30].

In dieser Arbeit konzentrieren wir uns auf die Optimierung von Protokollfunktionen, die in derzeitigen Protokollarchitekturen nur bedingt oder gar nicht unterstützt werden. Der Artikel wird fortgesetzt mit Vorschlägen für ein effizientes Multicast basierend auf dem XTP-Bucket-Algorithmus. In Kapitel 3 werden Überlastkontrollverfahren mit impliziter Meldung des Überlastzustandes untersucht. Verfahren mit expliziter Meldung werden in dieser Arbeit trotz ihres präventiven Charakters nicht untersucht, da sie von den Zwischensystemen gerade dann zusätzliche Arbeit verlangen, wenn diese eigentlich alle verfügbaren Resourcen dem Pakettransport zur Verfügung stellen sollten. Zudem geht der zur Vermeidung von Überlast mittels expliziter Verfahren notwendige präventive Charakter in Netzen mit langen Übertragungszeiten weitgehend verloren. Der Artikel endet mit Schlußfolgerungen und einem Ausblick auf weitere Arbeiten.

2 MULTICASTING

Gruppenkommunikation ist eines der aktuellen Schlagworte im Bereich der Daten- und Telekommunikation. Sie bezeichnet die Kommunikation zwischen Menschen, die sich an verschiedenen Orten befinden und im Rahmen gemeinsamer Arbeiten Informationen austauschen. Da die weltweite Vernetzung ständig zunimmt, ist diese Kommunikationsform nicht nur auf lokale Umgebungen beschränkt.

Zu den Anwendungen, die Gruppenkommunikation nutzen, gehören u.a. *Electronic Mail*, verteilte Datenbanksysteme, die Verteilung von Routing-Informationen sowie computerunterstützte Gemeinschaftsanwendungen (Cooperative Work). Im weiteren erfordert die derzeit forcierte Verbreitung von Audio- und Videoanwendungen die Realisierung von Video-Konferenzen. Gerade solche Anwendungen benötigen Netzwerke, die in der Lage sind, neben Punkt-zu-Punkt-Verbindungen auch Mehrpunkt-Verbindungen zu unterstützen.

Der Ausdruck *Multicasting* bezeichnet die zeitgleiche Übertragung an eine begrenzte Anzahl Empfänger, die über eine eindeutige Gruppenadresse identifizierbar sind [31]. Was Standardisierung anbelangt, stellt Multicasting ein vergleichsweise neues Feld dar. Die Spezifikation eines Multicast-Transportprotokolls liegt in Form eines RFC [32] vor. Weiterhin ist in Teilen des Internets bereits das von Steve Deering entwickelte 'Distance Vector Multicast Routing Protocol' (DVMRP) implementiert [33]. Diese Protokolle sind momentan jedoch kaum mehr als experimentelle Ansätze. Auch die derzeit diskutierten OSI-Ansätze basieren auf diesen Ideen. Wir wollen im Gegensatz dazu den in XTP eingesetzten Bucket-Algorithmus untersuchen, der als vielversprechende Alternative zu den übrigen Ansätzen zu sehen ist.

2.1 Der XTP Bucket Algorithmus

Multicasting in XTP [9] basiert auf dem 'Bucket Algorithmus'. Ein Sender kann durch Setzen des MULTI-Bits im Header seiner Pakete eine beliebig große Empfängergruppe adressieren und braucht somit nicht n verschiedene Einzelverbindungen aufzubauen. Dies setzt natürlich voraus, daß das unterliegende System Mehrpunkt-Kommunikation unterstützt. Falls der Sender die Möglichkeit hat, die Empfänger zu identifizieren, ist dieser Algorithmus zuverlässig.

Die Empfänger verhalten sich passiv, sie reagieren nur auf Anforderung. Diese Anforderung erfolgt wie bei Punkt-zu-Punkt-Kommunikation in XTP durch Setzen des Status **Request**-Bits (**SREQ**) in einem abzuschickenden Paket durch den Sender. Von den Empfängern wird daraufhin ein entsprechendes Kontrollpaket generiert und übertragen. Der Sender sammelt die ankommenden Kontrollinformationen in einem *Bucket*, und wertet diese aus (Umlaufzeit RTT, Sequenznummern,...). Der Zeitpunkt, an dem der Sender ein SREQ setzt, wird durch den 'XTP Synch Counter' festgehalten. Dieser wird jedesmal um eins erhöht, wenn ein zu dem entsprechenden Kontext gehörendes Paket abgeschickt wird. Jedes empfangene Kontrollpaket enthält einen 'Echo'-Wert, der den zuletzt beim Empfänger registrierten Wert des Synch-Counters widergibt. Dieser Synch/Echo-Mechanismus ermöglicht es dem Sender, die ankommenden Kontrollpakete in Gruppen (Buckets) dem 'Alter' nach zu sortieren. Die Kontrollpakete mit dem selben Echo-Wert werden dem gleichen Bucket zugeordnet und intern aufgrund der feststellbaren Flußparameter-Werte sortiert.

2.2 XTP Damping und Slotting

Die Anzahl der duplizierten Kontrollpakete, die als Reaktion auf ein SREQ oder im Fehlerfall erzeugt werden, wird durch den Einsatz von effizienten Quittungsmechanismen und Pufferstrategien vermindert werden. Falls die Fehlerkontrolle nicht durch Setzen des NOERR-Bits abgeschaltet ist, erzeugt jeder Multicast-Empfänger ein Kontrollpaket, wenn er einen Paketverlust feststellt. Bei diesem Kontrollpaket kann es sich um ein REJECT-Paket, welches auf das erste nicht erhaltene Paket hinweist, oder um ein SELective ACKnowledgement-Paket handeln. Die aktuelle XTP-Version unterstützt ausschließlich die auf REJECT-Paketen basierende *Go-Back-N*- Neuübertragung. Die REJECT-Pakete werden nicht nur an den Sender, sondern an die gesamte Gruppe geschickt. Dadurch wird ermöglicht, daß andere Empfänger auf das Aussenden von Neuübertragungsanforderungen verzichten können, falls sie dieselben oder eine Untermenge der Pakete neu anfordern (**DAMPING**). Dieser Mechanismus reduziert (offensichtlich) die Anzahl überflüssiger Kontrollpakete an den Sender. Die Schwächen dieses Ansatzes sind zum einen seine mangelnde Robustheit und Ineffizienz wegen der extrem unterschiedlichen Antwortzeiten der Empfänger, sowie die u.U. hohe Zahl anonymer Quittungen. Letzteres macht ein zuverlässiges Multicast mit diesem Algorithmus nicht realisierbar. Zur Realisierung eines stabileren Damping-Verfahrens verzögert jeder Empfänger das Absenden von Kontrollpaketen um eine zufälliges Zeitintervall (**SLOTTING**). Durch dieses zeitliche Entzerren der Kontrollpakete steigt die Wahrscheinlichkeit, daß ein Empfänger auf das Abschicken eines Kontrollpaketes verzichten kann, da bereits eines mit ähnlichen Anforderungen von ihm registriert wurde. Dabei ist jedoch auf Verträglichkeit der zusätzlichen Verzögerung mit dem 'Bucket-Algorithmus' zu achten, da die maximal mögliche Verzögerung die 'Bucket'-Lebenszeit nicht überschreiten darf.

Um zuverlässigen Multicast zu realisieren, dürfen die Quittungen nicht anonym sein und alle Mitglieder einer Gruppe müssen dem Sender bekannt sein (ein dazu notwendiger Mechanismus ist in XTP nicht enthalten). Weiterhin darf ein Paket im Puffer des Senders erst dann überschrieben werden, wenn der langsamste Empfänger den Erhalt dieses Paketes quittiert hat.

2.3 XTP - Multicast Erweiterungen

In den folgenden Abschnitt werden einige von uns derzeit untersuchte Erweiterung des XTP Multicast-Algorithmus kurz vorgestellt. Eine ausführliche Beschreibung und spätere Analyse dieser Verfahren würde den Rahmen dieses Artikel sprengen.

2.3.1 Unicast- statt Multicast-Kontrollpakete

In globalen heterogenen Netzwerken ist der Nutzen von Multicast-Kontrollpaketen fraglich. Hier ist die Verwendung herkömmlicher Kontrollpakete, die nur an den Sender und nicht an die gesamte Gruppe geschickt werden, günstiger. Statt die Endsysteme mit Mechanismen wie Damping und Slotting auszustatten, wird diese Funktionalität auf Zwischensysteme übertragen. Diese sammeln eintreffende Kontrollpakete in einem gewissen Zeitintervall an und stellen somit eine dem Damping und Slotting entsprechende Funktionalität zur Verfügung. Schwierigkeiten bereitet wie beim Originalverfahren die Festlegung der Länge dieses Zeitintervalls.

2.3.2 Ein neues Kontrollpaketformat für zuverlässiges Multicasting

Um ein vollständig- bzw. k-zuverlässiges Multicasting bei Einsatz der oben beschriebenen Zwischensystem-Mechanismen zu realisieren, muß gesichert sein, daß alle bzw. k Mitglieder der Gruppe die Daten zuverlässig erhalten. Weiterhin muß der Sender die verschiedenen Empfänger unterscheiden können. Dazu schlagen wir vor, ein zusätzliches Feld in den Header von XTP-Kontrollpaketen zu integrieren, welches die individuellen Adressen der jeweiligen Empfänger enthält. Der Sender baut somit eine Verbindung mit der Gesamtgruppe auf und erhält von jeder lokalen Gruppe ein Kontrollpaket. Weiterhin wird Management-Funktionalität benötigt, die sicherstellt, daß dem Multicast-Sender zu jeder Zeit alle Mitglieder der Multicastgruppe bekannt sind. An solchen Gruppen-Management-Protokollen wird derzeit von vielen Standardisierungs-organisationen und Arbeitsgruppen gearbeitet. Zusätzlich sollte dem Kontrollpaket-Header ein weiteres Feld, welches einen Zeitstempel enthält, hinzugefügt werden, so daß es dem Sender ermöglicht wird, spezifische RTTs zu errechnen.

2.3.3 Der Einsatz eines adaptiven RTT-Schwellenwertes

Ein weiterer Nachteil der XTP Multicasting-Strategie tritt auf, wenn die Gruppenmitglieder über eine große Anzahl von Netzwerken mit verschiedenen Abständen zum jeweiligen Sender verteilt sind: Da mit unterschiedlichen Lastsituationen auf den beteiligten Netzwerken zu rechnen ist, ergeben sich beim Sender sehr unterschiedliche RTTs für die einzelnen Empfänger. Dadurch wird die Leistung der gesamten Multicast-Sitzung erheblich beeinträchtigt. Wir schlagen daher vor, einen Schwellenwert $\mathbf{RTT_{max}}$ (d.h. eine maximale RTT, die den maximal akzeptablen RTT-Wert angibt) einzusetzen. Zu Beginn einer Sitzung wird ein von der jeweiligen Applikation definierter Startwert bestimmt, der auf der in [34] vorgeschlagenen Quittungs-Timer-Berechnung basiert. Der Startwert entspricht somit dem Wert des in XTP eingesetzten Neuübertragungs-Timers (WTIMER). Im Laufe der Sitzung wird $\mathbf{RTT_{max}}$ jeweils am Ende eines Bucket-Intervalls unter Benutzung der durchschnittlichen RTT ($\mathbf{RTT_{mean}}$) und der während des Bucket-Intervalls gemessenen RTTs ($\mathbf{RTT_{actual}}$) aktualisiert [9]. Der entsprechende Quittungs-Timer wird nach [34] berechnet (s. Abschnitt 3). Um jene Empfänger auszugrenzen, deren $\mathbf{RTT_{actual}}$ über dem Schwellenwert $\mathbf{RTT_{max}}$ liegt, führen wir eine von der jeweiligen

Anwendung abhängige Konstante k ein, die die maximal akzeptable Anzahl von (zu stark) verzögerten Antworten eines Empfängers während einer *Bucket*-Lebenszeit angibt. Derzeit wird an einem Algorithmus zur Ermittlung dieser Konstante gearbeitet. Obwohl der Ansatz eine Leistungsteigerung für die Mehrheit der Empfänger bietet, werden die *langsamen Empfänger* nicht diskriminiert: Der Sender überträgt auch weiterhin an diese Empfänger; er wartet nur nicht mehr auf *zu späte* Antworten. Es bleiben somit nicht mehr alle Pakete gepuffert, die u.U. für Neuübertragungen benötigt werden. Wenn die Antwortzeiten eines *langsamen Empfängers* kürzer werden (z.B. durch Nachlassen der Überlast in seinem Netzumfeld), wird er aus der vom Sender angelegten Liste der *langsamen Empfänger* gestrichen. In [46] ist der Algorithmus zur Erkennung von *langsamen Empfängern* genauer skizziert.

3 LASTKONTROLLE

Von zunehmender Bedeutung im Bereich der Hochgeschwindigkeitskommunikation ist das Forschungsgebiet der Lastkontrolle. Das Ziel ist die Vermeidung von Überlast. Aus der Überlast kann ein Kollaps resultieren, bei dem bei geringer Erhöhung der angebotenen Last neben sinkendem Durchsatz längere bzw. unakzeptable Transferzeiten, Paketverluste oder gar der Zusammenbruch von Endbenutzer-Verbindungen auftreten. Ohne Einsatz spezieller lastregulierender Algorithmen kann der Datendurchsatz nicht mehr erhöht werden. Der Überlast-Kollaps ist somit ein unerwünschter stabiler Zustand des Netzes. Die Überlastproblematik resultiert im wesentlichen aus dem ungünstigen Zusammenspiel von dynamischer Variation der Dienstgüte-Parameter, insbesondere der Durchsatzanforderungen, den sehr unterschiedlichen Leistungsmerkmalen von Sendern, Empfängern und Zwischenknoten, den Fehler- und Flußkontrollmechanismen auf Transportebene und den Routing-Verfahren auf Netzwerkebene. Durch die Entwicklung immer schnellerer Übertragungsmedien und Medienzugangsprotokolle nimmt die Diskrepanz zwischen großen (Gbit-Bereich) und kleinen Bandbreiten (kbit-Bereich) in heterogenen Netzwerken ständig zu. Dabei werden Gateways und Router beim Übergang auf ein langsameres Medium schnell überfordert. Als Lösungsansätze zur Reduzierung der Überlast-Kollapsgefahr existieren verschiedene Ansätze (*reaktiv* oder *präventiv*), die jeweils für spezielle Anwendungen und Netze ihre Vor- und Nachteile aufweisen [35,36].

Die Verfahren werden in Strategien mit **impliziter** und Strategien mit **expliziter** Meldung der Überlastsituation unterteilt. Bei Verfahren mit impliziter Meldung des Überlastzustandes (**Slow-Start** [34] bzw. **Slow-Start/Tri-S** [37]) handelt es sich in erster Linie um Verfahren, die ausschließlich senderbasiert arbeiten, d.h. die Überlast wird aufgrund eines ablaufenden Quittungs-Timers festgestellt. Bei Verfahren mit expliziter Meldung werden entweder Flaggen in Paketen gesetzt, die den Engpaß durchlaufen [39] oder spezielle Kontrollpakete generiert [9].

3.1 Überlastkontrolle in Heterogenen Netzen

Bei Betrachtung der Gütekriterien (Stabilität, Robustheit, Oszillation, Konvergenzgeschwindigkeit, Effizienz, Fairness), die man zur Beurteilung von Überlastkontrollverfahren heranzieht, werden die Grenzen des in heterogenen Netzumgebungen eingesetzten *TCP Slow-Start* - Verfahrens ersichtlich. Das urspüngliche TCP Slow Start [34] ist weder ein **stabiles** Verfahren, das auf vergleichsweise geringe Lastschwankungen nicht oder nur sehr zurückhaltend reagieren sollte, noch ist es **robust** gegenüber unkooperativen Benutzern. Andere Nachteile sind die hohe **Oszillation** des Durchsatzes und die große Zahl periodischer Paket-Verluste. Da die Slow-Start-Überlastkontrolle mittels eines ablaufenden Quittungs-Timers realisiert ist, hat die Timereinstellung und die damit verbundene Umlaufzeitmessung entscheidenden Einfluß auf die Funktionalität des Verfahrens. Das Slow-Start-Verfahren startet mit exponentiellem Fensterwachstum (Verdoppelung der Fenstergröße nach jeder erfolgreichen Übertragung), wodurch eine hohe **Konvergenz**geschwindigkeit des Verfahrens erzielt wird. Wird ein ausgehandelter Schwellenwert der Fenstergröße (beim Start implementierungsabhängig, nach Paketverlust gleich der Hälfte der aktuellen Fenstergröße) ohne Verlust erreicht, wechselt der Algorithmus von exponentiellem auf lineares Fensterwachstum. Zur **effizienten** Auslastung eines Hochgeschwindigkeitsnetzes (möglichst 100 % Nutzdatenübertragung, [40]) sind sehr große Empfangspuffer notwendig. Die damit verbundenen großen Flußfenster führen jedoch häufig zur Überlastung von Zwischensystemen, was wiederum unnötige Paketverzögerungen, unnötige Paketneuübertragungen oder Paketverluste zur Folge hat.

In den meisten Fällen laufen die Quittungs-Timer sämtlicher Verbindungen, die den gleichen Engpaß durchqueren, nahezu gleichzeitig ab, so daß jeweils eine Neuübertragung initiiert und das Flußfenster auf 1 zurückgesetzt wird. Folglich geht das Netz direkt in einen Zustand über, in dem nur ein geringer Teil der verfügbaren Bandbreite genutzt wird (insbesondere bei Netzen mit großem Bandbreite-Verzögerungs-Produkt). Eine derart hohe Oszillation der Fenstergröße führt zu beträchtlichen Umlaufzeit- und Warteschlangenlängen-Schwankungen. Der Paketfluß ist bereits unterbrochen, bevor der Timer abgelaufen ist; demzufolge müssen die Pakete des letzten Flußfensters komplett neu übertragen werden. Es wäre vorteilhaft, insbesondere in Überlastsituationen, die bereits aufgrund einer geringen Anzahl von Verbindungen hervorgerufen worden sind, einen Verkleinerungsalgorithmus einzusetzen, der nicht auf eine Kontraktionsgröße von 1 beschränkt ist [41].

Ein möglicher Ansatz zur Reduktion der Oszillation ist der Einsatz von **Slow-Start/Tri-S** [37]. Das Problem der Bestimmung des Quittungs-Timers bleibt jedoch ungelöst. Zur Abschätzung des Einflusses unterschiedlicher Methoden zur Einstellung des Quittungs-Timers auf die Leistung des eingesetzten Überlastkontroll-Verfahrens wurde daher eine Leistungsbewertung mittels unterschiedlicher Simulationsexperimente durchgeführt (s. Kapitel 3.6). Die Berechnung der Länge des Quittungs-Timers ergibt sich aus einer Abschätzung der aktuellen Umlaufzeit sowie der Berücksichtigung von Mittelwert und/oder Varianz von zuvor gemessenen Werten. Zur Erzielung einer fairen Resourcen-Verteilung und zur Minimierung von Wartezeiten von verzögerungssensitiven Daten, insbesondere während Hochlastphasen, sind Bedienstrategien notwendig, deren Einfluß auf einzelne Verbindungen ebenfalls simulativ untersucht worden ist. Bedienstrategien in Zwischensystemen sind nicht dazu konzipiert, das von den Endstationen erzeugte Lastvolumen zu verringern. Die Bedienstrategien bestimmen vielmehr den Fairnessgrad, da sie die Bearbeitungsreihenfolge der ankommenden Pakete festlegen.

Der erfolgreiche Abbau von Überlast bzw. die Vermeidung von Überlast erfordert das Zusammenwirken verschiedener Algorithmen in Zwischen- und Endsystemen. In verbindungslosen Transportdiensten kann beispielsweise mit Routing-Algorithmen dafür gesorgt werden, daß Datenpakete über andere als die gerade überlasteten Pfade zum Empfänger geleitet werden. In diesem Zusammenhang sei auf die von der ISO eingeführte *Management Information Base (MIB)* hingewiesen. Daten bzgl. Leitungsauslastung, mögliche Wegewahl usw. können in ihr gesammelt werden und den Kommunikationspartnern zur Verfügung gestellt werden. Hieraus ergeben sich jedoch Probleme wegen veralteter Datenbestände und zentraler Datenhaltung, die hier nicht weiter betrachtet werden.

Die genannten Verfahren operieren alle in den Ebenen drei und vier gemäß ISO/OSI-Referenzmodell. Sie tragen zwar die Hauptlast für das Funktionieren eines gesicherten Transportdienstes, aber für ein effektives Überlast-Management müssen zusätzlich sowohl Protokolle höherer als auch niedrigerer Ebenen Funktionen zur Lastkontrolle bereitstellen. Die Ebene zwei beispielsweise kann mittels **Backpressure** [35] kurzzeitige Engpässe beseitigen. In Ebene fünf sollten verschiedene Aktionen angestoßen werden, wenn eine Transportverbindung der gewünschten Qualität nicht aufgebaut oder aufrechterhalten werden kann (z.B. durch selbständige Minderung der Dienstgüteanforderungen oder Information der initiierenden Anwendung).

Es ist offensichtlich, daß es zur Lastkontrolle keine Patentlösung geben kann. Jede Kombination der einzelnen Algorithmen hat ihre Stärken und Schwächen. Zunächst muß allerdings beim Entwurf eines Netzes darauf geachtet werden, daß die Kapazitäten auf absehbare Zeit ausreichend sind. Wichtig vor der Entscheidung für eine bestimmte Algorithmenkombination ist daher eine fundierte *Verkehrsanalyse*.

3.2 Einfluß von Quittungs-Timern auf Implizite Überlast-Kontrolle

Quittungs-Timer haben großen Einfluß auf die Effizienz impliziter Verfahren. Ist ein Timer schlecht justiert und läuft deshalb zu früh ab, d.h. bevor eine Quittung empfangen werden konnte, werden Fehlerbehebungsmechanismen unnötigerweise aktiviert und jedes Paket, das seit der letzten Quittierung übertragen wurde, erneut gesendet. Ein Timer sollte also zumindest den Bereich *2 * Übertragungzeit + Bearbeitungszeit beim Empfänger* (entspricht der Umlaufzeit, engl. Round Trip Time, RTT) abdecken. Andererseits darf ein Timer nicht zu lange laufen, damit im Fehlerfall schnell reagiert werden kann.

Da sich im Verlaufe einer Verbindung die RTT ändert, ist ein *adaptiver Quittungstimer* wünschenswert. Wenn jedoch die *RTT-Änderungsrate* größer als die *Timer-Adaptionsrate* ist, besteht die Gefahr von fälschlicherweise initiierten Neuübertragungen [38]. Die Berechnung der Timer nach der **SRTT-** (Smoothed **RTT**) Methode [42] ist den schnellen Wechseln zwischen Hoch- und Niedriglastphasen heutiger Kommunikationsnetze nicht mehr gewachsen. Ein Nachteil dieser Methode ist die fehlende Einbeziehung der RTT-Varianz in die Berechnung des Timer-Wertes. Zumindest ermöglicht die Abschätzung der RTT-Varianz und die darauf basierende Berechnung des Timers die Unterbindung einiger überflüssiger Neuübertragungen [34]. Ein anderes Problem vieler TCP-Implementierungen ist die eindeutige Abbildung einer Quittung auf das Originalpaket oder dessen Kopien. Erste Vorschläge zur Lösung dieses Problems waren zum einen *die Messung der RTT der ersten Übertragung* und zum anderen *die Messung der RTT der aktuellen Übertragung*. Die Zuordnung der Messung zum Originalpaket kann zu einem sehr schnellen Anstieg der RTT-Meßwerte bei Netzen mit hohen Paketverlustraten führen, während die zweite Methode nur dann funktioniert, wenn ein ablaufender Timer den Verlust der vorigen Übertragung impliziert. Leider ist diese Annahme oft falsch, da verspätete Quittungen zumeist kurz nach Ablauf des Timers ankommen. Da der aktuelle Timer demzufolge erst kurz zuvor gestartet wurde, stabilisiert sich die RTT-Abschätzung auf einem unvernünftig kurzen Wert, der wiederum zu unnötigen Paketneuübertragungen und Bandbreiten-Verlust führt. Auf diese Problematik reagierte dann der Karn-Algorithmus [43]. Dabei wird solange auf Messungen von RTTs verzichtet, bis wieder eine Paketübertragung ohne Neuübertragung möglich wird. Zusätzlich zu dieser Strategie setzt Karn einen Backoff-Algorithmus ein, der die Länge des Quittungs-Timers vor dem Neuübertragen eines Paketes ausdehnt. Ausschlaggebend für die Effizienz des Backoff-Algorithmus ist die Größe der Backoff-Intervalle (exponentielles Wachstum, [34]). Um das Anwachsen der Timer nach oben zu beschränken, sehen die meisten Implementierungen eine obere Schranke für diesen Wert vor.

Eine exakte aber leider noch sehr selten in TCP realisierte Option ist der Einsatz von Zeitstempel [14,41]. Diese werden vom Sender in jedes Datensegment (Optionsfeld) plaziert, und der Empfänger kopiert den Zeitwert in seine Quittung. Somit ist eine eindeutige RTT-Messung für jedes Paket möglich, indem der Sender den empfangenen Zeitstempel von der aktuellen Zeit subtrahiert. Diese Strategie wird bereits in Protokollen wie XTP oder RTP [44] eingesetzt.

3.3 Slow-Start/Tri-S

Zur Verdeutlichung der Korrelation zwischen unterschiedlichen Methoden zur RTT-Bestimmung, der daraus resultierenden Quittungstimer-Generierung und fensterbasierten Überlastkontrollverfahren, werden im folgenden Resultate einer Analyse des in [37] vogestellten *Slow-Start/Tri-S*-Verfahrens illustriert. Nach Ergebnissen in [37], die auch durch eigene Resultate unterstützt werden, ergibt sich durch Einsatz von Slow-Start/Tri-S ein gegenüber *Slow-Start* [34] verbessertes *Oszillationsverhalten*. Die Oszillation beschreibt das Durchsatzverhalten in der Nähe des optimalen Arbeitspunktes (des sogenannten *"knees"*, s. Abb. 3.1 a,b,c). Der optimale Arbeitspunkt ist somit gekennzeichnet durch einen hohen Durchsatz bei gleichzeitig kurzer Verzögerungszeit. Eine Verbesserung des Oszillationsverhaltens hat eine Verringerung der RTT-Varianz zur Folge, wodurch die Einstellung des Quittungs-Timers vereinfacht und die Gefahr von Fehlalarmen verringert wird. Zweiwertige Meldeverfahren (egal, ob sender- oder zwischensystembasiert) können nur anzeigen, ob Überlast vorliegt oder nicht. Im Ja-Fall wird die Last vermindert, im Nein-Fall erhöht. Der Adaptions-Algorithmus hat keine Möglichkeit, zu entscheiden, wie nahe der Arbeitspunkt beim Optimum liegt, um gegebenenfalls die Lastmenge nicht zu erhöhen oder zu erniedrigen. Das bedeutet, die meisten Verfahren erhöhen die Last solange, bis sie zu groß wird (außer sie erreichen ein vorher vereinbartes maximales Flußfenster).

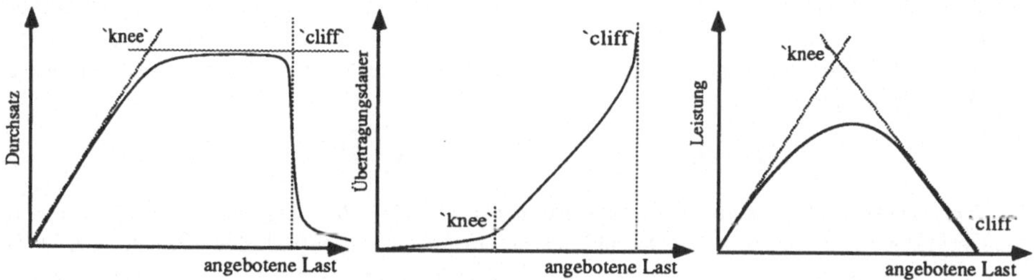

Abb. 3.1a,b,c: Durchsatz/Last-Kurve, Übertragungsdauer/Last-Kurve, Leistung/Last-Kurve

Tri-S basiert auf dem Grundgedanken, nur dann die Flußfenstergröße zu verändern, wenn sich die Last im Netz signifikant ändert. Das ist zum Beispiel dann der Fall, wenn eine zusätzliche Verbindung aufgebaut wird oder eine aktive Verbindung abgebaut wird. Als Entscheidungsgröße dient dem Sender der *normalisierte Durchsatz-Gradient (normalized throughput gradient, NTG)*, mit dem das Lastverhalten berechnet wird und der Algorithmus gesteuert wird. Der Algorithmus teilt sich in drei Phasen:

- *Initialisierungsphase* mit exponentiellem Fensterwachstum: bei Empfang einer Quittung wird die Fenstergröße um eine benutzerdefinierte Basiseinheit (basic adjustment unit, **BAU**) erhöht, die nicht unbedingt einem einzelnen Paket entsprechen muß; die Phase endet bei Erreichen einer vorher ausgehandelten oder festgelegten Fenstergröße,

- *Verkleinerungsphase* mit Verkleinerung des Fensters auf eine BAU, falls der zuständige Quittungs-Timer abgelaufen ist; bei Empfang der nächsten Quittung wird NTG erneut kalkuliert; ist NTG kleiner als ein vordefinierter NTG-Wert, wird die Fenstergröße um BAU verkleinert, andernfalls wechselt der Algorithmus in die *Selektive Phase*,

- *Selektive Phase* mit bedingter linearer Vergrößerung zur Übernahme freier Resourcen und zum Testen der maximal verfügbaren Resourcen: NTG wird kalkuliert, sobald der kumulierte Wert von BAU/aktuelle Fenstergröße größer als 1 BAU ist; ist NTG kleiner als ein weiterer vordefinierter NTG-Wert, wird die aktuelle Fenstergröße um BAU verkleinert, im anderen Fall wird keine Veränderung der Fenstergröße vorgenommen.

Neu im Vergleich zum Slow-Start-Algorithmus ist die Möglichkeit, eine erreichte Fenstergröße zu erhalten oder geringfügig zu verkleinern. Grundlage für die Berechnung des dazu eingesetzten Gradienten ist der Verlauf der Durchsatzkurve (s. Abb. 3.1a) bis zum *"Cliff"*. Der Gradient wird folgendermaßen berechnet: Sei W_n die Größe des n-ten Flußfensters, $T(W_n)$ eine Funktion zur Berechnung des Durchsatzes im n-ten Flußfenster. Dann ist der *Durchsatz-Gradient TG* definiert als

$$TG(W_n) := \frac{T(W_n) - T(W_{n-1})}{W_n - W_{n-1}}$$

Die Größe des 0-ten Flußfensters wird mit 0 vorbesetzt, die Größe des ersten Fensters beträgt eine Basiseinheit. Aus Abb. 3.1a ist ersichtlich, daß bei steigendem Durchsatz, TG gegen 0 strebt. Der *normalisierte Durchsatz-Gradient NTG* berechnet sich dann wie folgt:

$$NTG(W_n) := \frac{TG(W_n)}{TG(W_1)}$$

Nach [37] liegt dieser Wert *"annähernd"* zwischen 0 und 1. In [41] wird analytisch und simulativ gezeigt, daß die NTG-Berechnung in Abhängigkeit vom untersuchten Last- und Netzszenario in der Mehrzahl durchaus Werte ergibt, die außerhalb dieses Intervalles liegen. Werden jedoch geringfügige Modifikationen des Algorithmus durchgeführt, wird der Nutzen von *Slow-Start/Tri-S* nicht beeinträchtigt.

Da der Durchsatz bei geringer Netzlast proportional zur angebotenen Last steigt, liegt er nahe bei 1. Bei hoher Netzlast wird er nahe bei 0 liegen, denn dann ist der Pfad ausgelastet und der Durchsatz kann sich nicht erhöhen. Da die Fenstergröße sich in der Initialisierungsphase von Fenster zu Fenster um höchstens eine BAU verändert, gilt für den normalisierten Durchsatzgradienten

$$NTG(W_n) \quad = \quad \frac{T(W_n) - T(W_{n-1})}{T(W_1)}$$

Der Durchsatz $T(W_n)$ kann ermittelt werden als $T(W_n) = W_n / D_n$, wobei W_n die aktuelle Fenstergröße beschreibt (d.h. die Anzahl der sich im Übergang befindlichen Pakete). D_n ist die Zeit, die vom Sendezeitpunkt des n-ten Paketes bis zum Empfang der entsprechenden Quittung verstreicht. D_n entspricht somit der Umlaufzeit (RTT) für dieses Paket. Damit kann der NTG berechnet werden zu

$$NTG(W_n) \quad = \quad \frac{\dfrac{W_n}{D_n} - \dfrac{W_{n-1}}{D_{n-1}}}{\dfrac{W_1}{D_1}}$$

Die Normalisierung des NTG mit der ersten RTT Messung (möglicherweise ausschließlich bestehend aus der reinen Laufzeit der Nachricht) ist somit so zu verstehen, daß sie Effekte vermeiden soll, die durch verschiedene RTT-Messungen verursacht werden.

3.4 XTP-Ratenkontrolle

Während fensterbasierte Ende-zu-Ende Flußkontroll-Mechanismen die Datenmengen regulieren, die ein Sender überträgt, charakterisieren ratenbasierte Verfahren die zu übertragenden Daten mittels einer maximalen Paketlänge und einem zeitlichen Abstand zwischen den zu übertragenden Paketen. XTP (*Xpress Transfer Protocol*) ist ein Transferprotokoll, das sowohl Funktionalität der Transport- wie auch der Netzwerkebene enthält [9]. Sender, Empfänger und Zwischensysteme handeln beim Verbindungsaufbau die *maximal erlaubte* Senderate aus. Jedes Zwischensystem kann anschließend *jederzeit* ein Paket an den Sender schicken, in dem es eine Raten-Änderung verlangt. XTP arbeitet also mit einem expliziten Meldeverfahren. Die Bestimmung der zulässigen Datenraten für jede Verbindung wird von der XTP-Definition nicht vorgegeben. Es bleibt dem Implementierer überlassen, geeignete Algorithmen zur Bestimmung der optimalen Datenraten einzusetzen (z.B. *Fair Rating* nach [41]). Aufgrund der bereits in der Motivation gemachten Äußerungen bzgl. der Schwierigkeiten einer Realisierung von expliziten Flußkontrollverfahren in heterogenen Netzen und dem Problem, Simulationsergebnisse von fensterbasierten und ratenbasierten Verfahren miteinander zu vergleichen (zu stark implementierungsabhängig), verzichten wir im folgenden auf eine Bewertung des XTP-Ratenkontroll-Verfahrens. Umfangreiche Analysen werden in [41] illustriert.

3.5 Simulationsmodell und Testszenario

Zur Validierung unseres Simulationsmodells und zum Test der von uns eingeführten Veränderungen am Slow-Start/Tri-S-Verfahren wurde das Modell entsprechend dem in [37] vorgestellten Modell konzipiert. Die Simulation verlief zeitdiskret und ereignisgesteuert mithilfe des **ATLAS**-Tools (Analysis Tool for Local Area Network Simulation, [45]). Abb. 3.2 illustriert ein vereinfachtes Modell des zugrundeliegenden Netzszenarios. Die Anzahl der Zwischenknoten kann variiert werden. Sie wird aber in den hier betrachteten Testszenarien auf fünf eingestellt. Es werden die Ergebnisse von drei Szenarien vorgestellt. In Szenario 1 ist eine einzelne

Verbindung auf einem ansonsten unbelasteten Netzwerk simuliert, Szenario 2 simuliert zwei Verbindungen, die nur einen Teilpfad gemeinsam nutzen, während sich zwei Verbindungen in Szenario 3 den gesamten Pfad teilen.

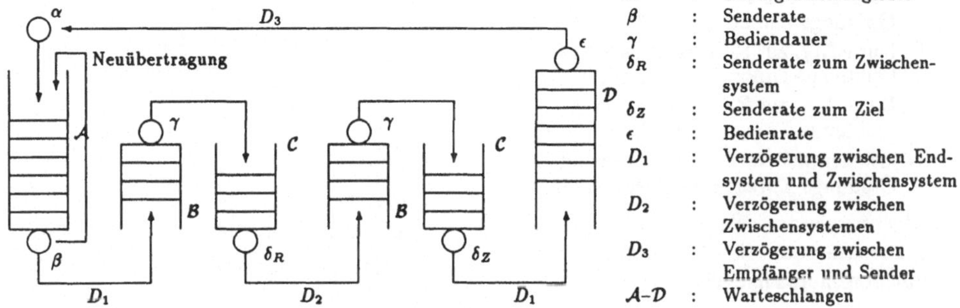

Abb. 3.2: Simulationsmodell mit Eingabeparametern

Die zu übertragenden Daten werden beim Sender mit der Rate α generiert. Die Pakete werden in die Sendewarteschlange eingeordnet, aus der sie mit der Rate β bedient und an das unterliegende Netz weitergeleitet werden. Da das Verhalten der untersuchten Algorithmen in Abhängigkeit von den Leistungskenngrößen des Netzes betrachtet werden soll, werden saturierte Sender eingesetzt. Die Länge der Senderwarteschlangen entspricht der maximal zulässigen Flußfenstergröße, die sich aus dem Pufferplatz beim Empfänger ergibt. Aus der Empfangswarteschlange werden die Pakete mit der Rate ε entnommen. Da nicht der Einfluß des Empfängers auf die Verfahren untersucht wird, sondern der des Netzes, wird die Vereinbarung getroffen, daß die Bedienrate größer als die Übertragungsrate ist.

Im Zwischensystem werden die ankommenden Pakete je nach Simulationslauf unterschiedlich behandelt. Sie werden zum einen nach dem *FIFO*-Prinzip bearbeitet und bei Überlauf wird entweder das jeweils letzte Paket (**Drop-Tail**) oder ein beliebiges Paket aus der Eingangswarteschlange verworfen (**Random-Drop**). Zum anderen werden die Pakete nach dem Round-Robin-Prinzip mit dem **Fair Queueing**-Verfahren bedient.

Bei sämtlichen durchgeführten Simulationsläufen ergibt sich, daß die Bestimmung des Quittungs-Timers basierend auf der Art der Umlaufzeit-Messung von entscheidender Bedeutung für das Verhalten des Slow-Start/Tri-S-Verfahrens ist. Die Umlaufzeitberechnung wurde nach zwei Verfahren durchgeführt. Wir haben TCP zum einen durch einen Zeitstempel-Mechanismus erweitert, so daß die Umlaufzeit eindeutig bestimmt werden kann. Dazu wird im Header jedes Datenpaketes die lokale Sendezeit vermerkt und in der zugehörigen Quittung rückübertragen (s. [14]). Ist diese Möglichkeit nicht gegeben, kann im Falle einer Neuübertragung keine genaue Zuordnung von Datenpaketkopie und Quittung vorgenommen werden. Die gemessene Umlaufzeit wäre nicht eindeutig. Deshalb wird in diesem Fall die letzte eindeutig bestimmte Umlaufzeit als Meßwert beibehalten (Karn-Algorithmus [43]). Auch dieser Algorithmus wurde ins Simulationsprogramm integriert.

Alternativ zum herkömmlich in TCP eingesetzten Verfahren (Jacobson, [34]) ist in unseren Simulationen der Quittungs-Timer über eine Verdoppelung der aktuellen Umlaufzeit gesetzt worden. In den untersuchten Szenarien stellte sich heraus, daß die Timerbestimmung nach [34] nicht geeignet ist, Fehlalarme zu vermeiden. In den von uns untersuchten Szenarien kam es wegen der Variation der aktuellen Verbindungen zu extrem hohen Schwankungen der RTT. Da gleichzeitig die Paketverlustwahrscheinlichkeit sehr gering war, konnte die Wartezeit eines Paketes in den Warteschlangen nicht mehr mit der Varianz der Umlaufzeiten abgedeckt werden. In unseren Szenarien verhindert außerdem der geringe Zeitraum zwischen Original- und erneuter Übertragung den Abbau der Warteschlangen in den Zwischensystemen. Je kürzer die gemessene Umlaufzeit war, um so stärker machten sich geringe Schwankungen nachteilig bemerkbar.

Es wurden vier grundlegende Kombinationen zur Umlaufzeit- und Timerbestimmung mittels unserer Simulationen untersucht.

A Zeitstempel zur RTT-Bestimmung
  Quittungs-Timer: 2 * RTT

B Karn-Alg. zur RTT-Bestimmung
  Quittungs-Timer: Mittelwert/Varianz

C Karn-Alg. zur RTT-Bestimmung
  Quittungs-Timer: 2 * RTT

D Zeitstempel zur RTT-Bestimmung
  Quittungs-Timer: Mittelwert/Varianz

In der folgenden Tabelle 3.1 sind die Eingabeparameter für die durchgeführten Simulationsläufe angegeben.

Parameter	Wert
α,ε	5000 kbit/s
ß	1000 kbit/s
γ	normalverteilt (>0 s) mit $\bar{\gamma}$=1 ms und σ=0.1s
δ_R	500 kbit/s
δ_Z	1000 kbit/s
D_1	0 ms
D_2	50 ms
D_3	205 ms
A,D	85 Pakete
B,C	15 Pakete
Simulationdauer	180 s

Tab. 3.1: Eingabeparameter

3.6 Simulationsergebnisse

Die von uns durchgeführten Simulationen zeigen die Beeinflussung des eigentlichen Lastkontrollverfahrens während der Startphase einer Verbindung durch die für die RTT- und die Quittungs-Timer-Bestimmung zuständigen Algorithmen. In der folgenden Abb. 3.3 ist die Entwicklung des effektiven Durchsatzes (die Datenmenge, die der Sender bis zu einem bestimmten Zeitpunkt erfolgreich gesendet hat) in Abhängigkeit von den unterschiedlichen Kombinationen zur Timer-Bearbeitung dargestellt. Die Entwicklung des Durchsatzes ergibt sich, wenn die jeweilige Verbindung das Netz ausschließlich beansprucht (Szenario 1). Die Kurvenverläufe verdeutlichen, daß eine eindeutige Umlaufzeitmessung zu einer erheblichen Verringerung der Durchsatzoszillation beiträgt (Kombinationen A und D). Kombination A erzielt auch die geringste Paketverlustrate (ein Verlust). Dieser Paketverlust ist notwendig, um den NTG-Mechanismus zu aktivieren, da NTG erstmals nach Eintritt in die Verkleinerungsphase bestimmt wird.

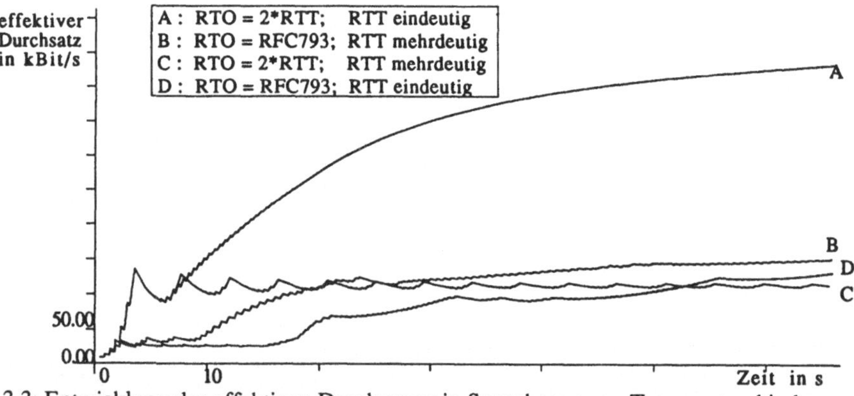

Abb. 3.3: Entwicklung des effektiven Durchsatzes in Startphasen von Transportverbindungen

Bei Verwendung der Kombinationen B und C, die den Karn-Algorithmus einsetzen, funktioniert der NTG-Mechanismus nicht: In der Neuübertragungsphase berechnet sich der NTG immer zu eins, weil kein neuer RTT-Wert bestimmt wird. Damit erhält der Tri-S-Algorithmus immer die Meldung, der Pfad sei frei. Also wird das Flußfenster weiter exponentiell geöffnet. Erst wenn ein Paket wieder erstmalig versendet wird (also nicht als Wiederholung) kann eine neue Umlaufzeit berechnet werden. Aufgrund dieses Sachverhaltes ist auch der Flußfensterverlauf in der Startphase einer Verbindung, der in Abb. 3.4 dargestellt ist, erklärbar.

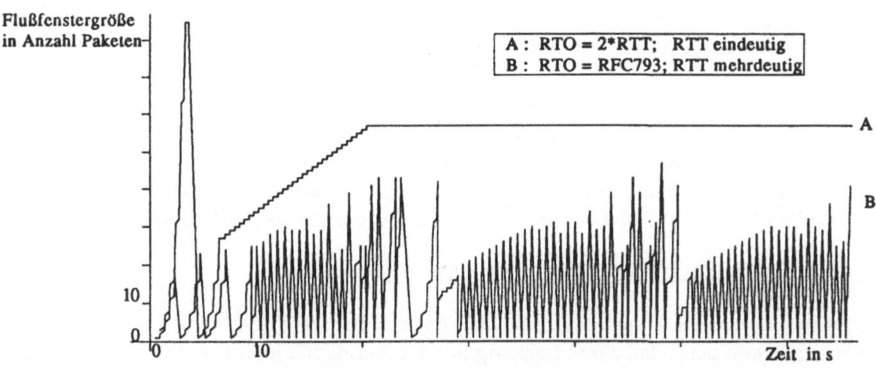

Abb. 3.4: Fenstergrößenentwicklung in Startphasen (Szenario 1)

Der zu kurze Timer bei Kombination B (Mittelwert/Varianz) führt zu einer Neuübertragungsphase. Bei der Kombination A, in der die RTT-Bestimmung eindeutig erfolgte und der Quittungs-Timer auf die doppelte RTT gesetzt wurde, wird die NTG-Berechnung nach dem ersten Paketverlust aktiviert und führt zu einer kontinuierlichen linearen Annäherung an die für diesen Pfad optimale Fenstergröße. Nach Erreichen der maximalen Fenstergröße bleibt diese Größe konstant, die zu einem kontinuierlichen Anstieg des effektiven Durchsatzes in Abb. 3.3 führt.

Da die Verkleinerung der Fenstergröße auf 1 (Kontraktionsgröße 1) nach Auftreten eines Paketverlustes in bestimmten, insbesondere nicht zu sehr belasteten Kommunikationssystemen den Durchsatz sehr stark reduziert, führen wir eine Reduktion der Fenstergröße auf die Hälfte der bei der Überlast aktuellen Fenstergröße durch. Diese Methode ist insbesondere dann vorzuziehen, wenn ein Paketverlust nicht aufgrund einer zusätzlichen Verbindung entsteht, sondern aufgrund des exponentiellen Wachstums in der Startphase von Slow-Start/Tri-S, die zwangsläufig zur Überlast in den Zwischenknoten führt (Abb. 3.5).

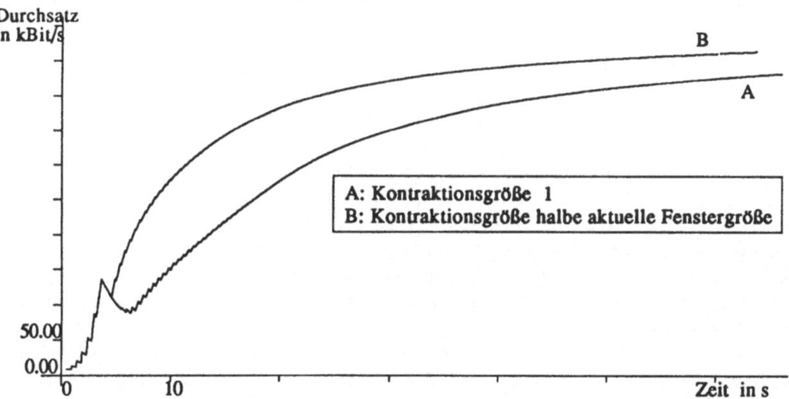

Abb. 3.5: Kontraktionsgröße 1 versus Kontrationsgröße = 1/2 * aktuelle Fenstergröße

Wir unterscheiden beide Situationen durch Berechnung der Umlaufzeit. Ergibt die Umlaufzeitberechnung eine vergleichsweise schwache Zunahme, liegt dies in der Vergrößerung des Fensters der eigenen Verbindung begründet. Abb. 3.5 verdeutlicht, daß bei Reduktion der Fenstergröße auf die halbe Größe, der maximale Durchsatz mittels NTG-Wert-Berechnung weit schneller erreicht wird. Für die NTG-Wert-Berechnung ergeben sich dadurch keinerlei Konsequenzen.

Ergebnisse der Untersuchung des Tri-S-Verfahrens unter Berücksichtigung verschiedener Bedienstrategien in den Zwischenknoten zeigen, daß Fair Queueing das Netzwerk nicht nur fair, sondern auch am effizientesten ausnutzt, alle aktiven Verbindungen gemeinsam betrachtet. Analysen der Bedienstrategien finden sich in [41].

Um ein Netzwerk optimal betreiben zu können, müssen die Sender bereit sein, unterhalb eines für sie optimalen Wertes zu arbeiten. die Verwendung von Random Drop bewirkt kaum Vorteile. Für eine Verbindung mit langer Umlaufzeit, die einen gemeinsamen (Teil-) Pfad mit einer Verbindung kurzer Umlaufzeit teilt, hat Random Drop sogar nachteilige Auswirkungen.

4 SCHLUSSFOLGERUNG UND AUSBLICK

Die Analyse existierender Transfersysteme [12] hat ergeben, daß derzeit eine Vielzahl neuer Protokolle entwickelt wird, daß deren Leistung und Funktionalität jedoch zur adäquaten Unterstützung neuer Anwendungen zumeist nicht ausreicht. Viele Protokolle sind nur für bestimmte Anforderungen entwickelt worden und ausschließlich in dedizierten Umgebungen sinnvoll einsetzbar. Sie sind daher für den Einsatz in komplexen heterogenen Netzen nicht geeignet.

Es ist gezeigt worden, daß Slow-Start/Tri-S den optimalen Arbeitspunkt vorsichtiger und genauer annähert als dies mit Slow-Start möglich ist. Mit zunehmender Bandbreitenstreuung in heterogenen Netzen nimmt die Problematik des Lastmanagements ständig zu. Die schwache Leistung der meisten existierenden Verfahren liegt nicht nur in ihrer reaktiven Natur begründet, sondern hängt ganz entscheidend von ihrer oft unzulänglichen Parametrisierung ab. Alleine die Korrelation zwischen Timer-Einstellung und Algorithmus hat nach unseren Untersuchungen erheblichen Einfluß auf die Güte des Verfahrens. Derzeit untersuchen wir die Erweiterung und den Einsatz von impliziten Kontrollverfahren für eine präventive Lastkontrolle.

Die Nachteile des XTP-Multicast-Algorithmus sind skizziert (Ineffizienz, anonyme Quittungen) und entsprechende Verbesserungsvorschläge gemacht worden (Bildung lokaler Gruppen, RTT-Schwellenwert).

LITERATUR

[1] *FDDI*, International Standard ISO 9314-1, 2, 3, 1989

[2] Peter Martini, Thomas Meuser: *Service Integration in FDDI*, Proceedings of the 15th Conference on Local Computer Networks, Minneapolis, Minnesota, September 30 - October 3, 1990

[3] *DQDB Metropolitan Area Network P.802.6_/D12*, IEEE, Feb. 7, 1990

[4] *HIPPI-FP High Performance Parallel Interface - Framing Protocol*, Preliminary Draft Proposed American National Standard for Information Systems, February 14, 1992

[5] H.R. van As et al.: *CRMA II: A Gbit/s MAC Protocol for Ring and Bus Networks with Immediate Access Capability*, Proceedings EFOC/LAN´91, pp. 262-277, London, 1991

[6] Israel Cidon, Yoram Ofek: *Metaring: A Full-Duplex Ring with Fairness and Spatial Reuse*, Technical Report, T.J. Watson Research Center, Yorktown Heights, 1991

[7] R. Ballart, Y.C. Ching: *SONET: Now it's the standard optical network*, IEEE Communications Magazine, pp. 8-15, March 1989

[8] Bernd Heinrichs, Michael Rupprecht, *High Speed Communication with Standard Protocols*, IEEE Global Telecommunications Conference, GLOBECOM´91, Phoenix, Arizona, December 2-5, 1991

[9] *XTP Protocol Definition*, Revision 3.6, Protocol Engine Incorporated, Januar 1992

[10] *VMTP: Versatile Message Transaction Protocol*, Protocol Spec., Preliminary Version 0.7, Februar 1988

[11] *HSTP: Proposed Working Draft High Speed Transport Protocol*, ISO/IEC JTC1/SC6 Telecommunications and Information Exchange between Systems, Januar 1992

[12] Bernd Heinrichs, Kai Jakobs, Thomas Meuser, *XTP, VMTP or TCP/IP ?*, Silicon Valley Networking Conference´92, 27 - 29 April, 1992

[13] Thomas F. La Porta, Mischa Schwartz, *Architectures, Features, and Implementation of High-Speed Transport Protocols*, IEEE Network Magazine, pp. 14-22, Mai 1991

[14] V. Jacobson, R. Braden, D. Borman: *TCP Extensions for High Performance*, Internet Draft, Februar, 1991

[15] S. O´Malley, L. Peterson: *TCP Extensions Considered Harmful*, RFC 1263, October 1991

[16] C. Engel, B. Heinrichs: *Flexibles Design von Hochleistungsprotokollen mittels höherer Petri-Netze*, Proc. 12. GI/ITG-Fachtagung Architektur von Rechensystemen, Kiel, 23.-25. März 1992

[17] B. Heinrichs: *Versatile Protocol Processing for Multimedia Communications*, Proc. 4th IEEE ComSoc International Workshop on Multimedia Communications, pp.160-170, Monterey, California, April 1-4, 1992 und in ACM Computer Communication Review, vol.22, no.3, July 1992

[18] C. Topolcic, *Experimental Internet Stream Protocol, Version 2 (ST-II)*, Network Working Group, Request for Comments 1190, Oktober 1990

[19] Z. Haas: *A Protocol Structure for High-Speed Communication over Broadband ISDN*, IEEE Network Magazine, pp. 64-70, January 1991

[20] B. Heinrichs: *XTP Specification and Parallel Implementation*, Proc. International Workshop on Advanced Communications and Applications for High Speed Networks, pp. 77-84, Munich, March 16-19, 1992

[21] M. Zitterbart: *High-Speed Transport Components*, IEEE Network Magazine, pp. 54-63, January 1991

[22] S.W. O'Malley, L.L. Peterson: *A Highly Layered Architecture for High-Speed Networks*, Proc. 2nd International Workshop on High-Speed Networks, Palo Alto, November 27-29, 1990

[23] C.M. Woodside, J.R. Montealegre: *The Effect of Buffering Strategies on Protocol Execution Performance*, IEEE Transactions on Communications, vol. 37, no.6, pp.545-554, June 1989

[24] A.C. Weaver, *The Xpress Transfer Protocol*, Proc. International Workshop on Advanced Communications and Applications for High Speed Networks, pp. 253-259, Munich, Germany, March 16-19, 1992

[25] Z. Haas, D.R. Cheriton: *Blazenet: A Packet-Switched Wide-Area Network with Photonic Data Path*, IEEE Transactions on Communications, June 1990

[26] IEEE 802.2: *LLC Type 4 Proposal, Working Draft 1.3: High Performance Stream Transfer Service and Protocol*, January 7, 1992

[27] Ch. Tschudin: *Flexible Protocol Stacks*, Proc. SIGCOMM'91 Conference Communications Architectures & Protocols, Zürich, Switzerland, September 3-6, 1991

[28] S.W. O'Malley, L.L. Peterson: *A Dynamic Network Architecture*, Technical Report, Department of Computer Science, University of Arizona, Tucson, October 1991

[29] B. Stiller: *PROCOM: A Manager for an Efficient Transport System*, Proc. IEEE Workshop on the Architecture and Implementation of High Performance Communication Subsystems, February 1992

[30] N.C. Hutchinson, L.L. Peterson: *The x-Kernel: An Architecture for Implementing Network Protocols*, IEEE Transactions on Software Engineering, vol. 17, no. 1, pp. 64-76, January 1991

[31] K. Paliwoda: *Transactions involving multicast*, Computer Communications Review, vol.11, no.6, pp.313-318, December 1988

[32] S. Armstrong, A. Freier, K. Marzullo: *Multicast Transport Protocol*, RFC 1301, 1992

[33] S. Deering: *Host extensions for IP multicasting*, RFC 1112, 1989

[34] V. Jacobson: *Congestion Avoidance and Control*, SIGCOMM '88 SYMPOSIUM Communications Architectures & Protocols, Stanford, California, August 16-19, 1988

[35] R. Jain: *Congestion Control in Computer Networks: Issues and Trends*, IEEE Network Magazine, May 1990

[36] R. Jain: *Myths About Congestion Management in High-Speed Networks*, DEC-TR-726, Oktober 1990

[37] Z. Wang, J. Crowcroft: *A New Congestion Control Scheme: Slow Start and Search (Tri-S)*, Computer Communication Review, vol.21, no.1, Januar 1991

[38] L. Zhang: *Why TCP Timers don't work well*, Computer Communication Review, vol.16, no.4, 1986

[39] K.K. Ramakrishan, R. Jain: *A Binary Feedback Scheme for Congestion Avoidance in Computer Networks with a Connectionless Network Layer*, SIGCOMM'88 and Computer Communication Review, vol.18, no.4, 1988

[40] G.M. Parulkar: *The Next Generation of Internetworking*, CCR, vol.20, no.1, 1990

[41] W. Mers: *Ratenbasierte versus Fensterbasierte Lastkontrolle*, Diplomarbeit am Lehrstuhl für Informatik IV, RWTH Aachen, 1992

[42] J. Postel, editor: *Transmission Control Protocol Specification*, ARPANET Working Group Requests for Comments 793, DDN Network Information Center, SRI International, Menlo Park, CA, September 1981

[43] P. Karn, C. Partridge: *Improving Round-Trip Estimates in Reliable Transport Protocols*, Computer Communications Review, vol.17, no. 5, 1987

[44] H. Schulzrinne: *A Transport Protocol for Audio and Video Conferences and other Multiparticipant Real-Time Applications*, Internet Draft, October 27, 1992

[45] P. Davids: *ATLAS: Analysis Tool for Local Area Network Simulation*, Version 5.0, Lehrstuhl für Informatik IV, RWTH Aachen, Januar 1992

[46] B. Heinrichs, K. Jakobs: *Timer Handling in High-Performance Transport Systems*, Aachener Informatik-Berichte, Nr.92-32, Dezember, 1992

Application-Driven Flexible Protocol Configuration

Martina Zitterbart[1], Burkhard Stiller[2], and Ahmed N. Tantawy[1]
[1] IBM Research Division, T.J. Watson Research Center
P.O. Box 704, Yorktown Heights, NY 10598, USA
[2] Institute of Telematics, University of Karlsruhe
Kaiserstr. 12, D-7500 Karlsruhe, Germany

Abstract

Many emerging applications require very diverse services from the underlying communication subsystem. Future communication nodes will have to offer some flexibility in selecting service characteristics and efficiency in implementing them. In this paper, we present a model that allows each application to request the communication service that it needs. Based on service requirements and available resources, a suitable protocol machine is configured to serve the application. This configuration is done using the proper combination of protocol functions. The concept of layering is therefore abandoned for both flexibility and efficiency.

1. Introduction

The demand for high performance communication systems has constantly increased during the last few years. The two main driving factors behind this trend are the emergence of applications requiring high performance and service flexibility on one hand, and the development of networks providing data rates in the Gbit/s range, on the other hand. A large variety of emerging applications ranging from simple e-mail text transmission to highly complex multimedia applications are expected to coexist in future machines. It should also be noted that most of the service requirements for some of these applications are not considered by current standard protocols. For instance, OSI does not allow service specifications related to isochronism, synchronization, or real-time. Flexibility in selecting application specific services to be offered by the underlying communication subsystems is needed as a key feature in future communication models. It is neither necessary nor acceptable to use communication models that allow for very little freedom in specifying the characteristics of the communication services required by each application. Greater flexibility should allow applications to efficiently use communication subsystems, tailored to their individual needs. Furthermore, taking advantage of this huge bandwidth implies the need for a model enabling the exploitation of the power of parallel processing platforms.

In this paper, we present F-CSS, a function-based model for a high performance communication subsystem. A salient feature of this model is its application interface which supports the application-driven configuration of efficient protocol machines tailored to the needs of the application. For this purpose, the application interface provides the specification of quantitative (e.g., throughput or delay jitter) as well as qualitative service parameters (e.g., ordered delivery of data). According to the specified application requirements, protocol machines providing communication service are automatically configured using protocol functions as atomic building blocks (cf. Figure 1). Due to this finer granularity, the service offered by the communication subsystem can be adjusted more precisely to individual application requirements, omitting any unnecessary functions and, thus, potentially leading to more efficient implementations. Furthermore, the function-based decomposition overcomes limitations introduced by traditional layered communication models [1]. Strictly hierarchical concepts are avoided and, thus, a higher degree of parallelism can be achieved. Efficient mappings of such a protocol machine on multiprocessor platforms are easily implementable (cf. [2]). Moreover, this fine granular decomposition eases the adaptation

of F-CSS to changing communication environments since only protocol functions have to
be either added or replaced.

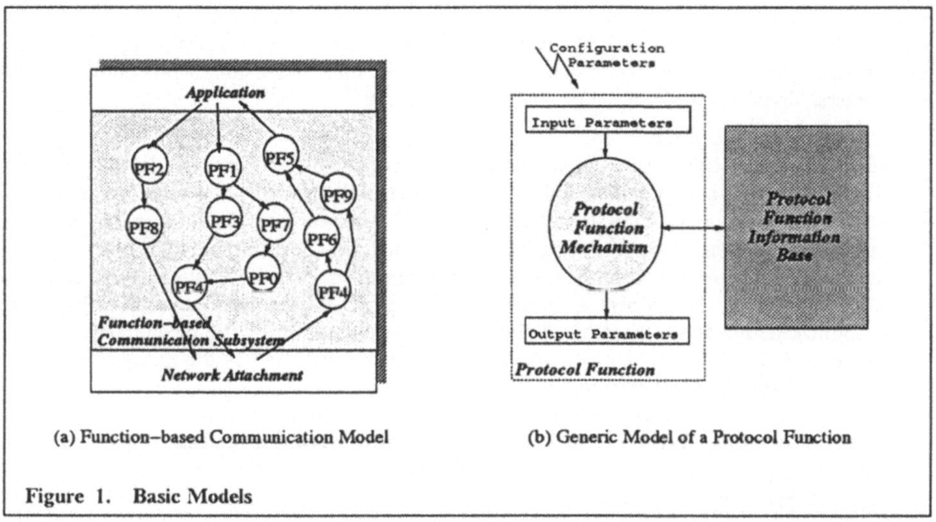

(a) Function–based Communication Model   (b) Generic Model of a Protocol Function

Figure 1.   Basic Models

Several approaches for the development of adequate architectures for high performance
communication systems have been recently proposed. In [3], integrated layer processing is
introduced as an engineering principle. Avoiding sequential processing steps is proposed in
order to minimize inter-layer ordering constraints.   In [4], a horizontal structure is described with the main idea of decomposing the protocol into functions instead of layers,
thus increasing the possible parallelism. This concept also includes a selective functionality
feature, to eliminate unnecessary function processing. A decomposition of a protocol stack
into micro-protocols forming 'micro-layers' is proposed in [5]. The composition of these
micro-protocols into a protocol graph, considering application requirements and enabling
bypassing of micro-protocols, is discussed. Another interesting approach [6] describes a
flexible way of configuring protocol stacks out of complete protocol entities. The design
presented in [7] is based on a small set of application-oriented transport protocols.   In
summary, these approaches try to overcome the burden of layered architectures and attempt to better accommodate the application requirements. However, they do not investigate in sufficient detail the increasing diversity of applications as well as their impact on the
service interface and the underlying protocol architecture. Most of these approaches deal
with traditional applications, such as remote procedure call, but do not specifically address
multi-media applications. Moreover, they do not provide detailed investigation regarding
suitable service interfaces. These are precisely the points that are addressed by the F-CSS
model with its service interface and the application-driven protocol configuration concept.

Section 2 of this paper presents the concepts of the function-based communication model
as well as the architecture supporting its implementation. In section 3, the specification and
classification of service requirements as they are implemented at the application interface
are discussed. Section 4 focuses on the application interface. The conclusions in section 5
finalize the paper.

2. The F-CSS Model and Architecture

The F-CSS is a model for high performance communication subsystems able to serve a wide
variety of current and emerging applications in an efficient and flexible manner.

2.1 Protocol Functions as Atomic Units

Protocol Functions (PFs) are abstractions of the active parts within the F-CSS. Instantiations of PFs form the active parts of the system. In a way, a PF resembles a procedure in common programming languages. A PF can basically be described formally as a triplet: $PF = (PFT, PFM, PFP)$, where PFT defines the protocol function task, PFM specifies a set of protocol function mechanisms, and PFP specifies a set of protocol function parameters. These three elements are defined as follows:

1. *Protocol Function Task*:
   Each PF is associated with a specific task: the protocol function task that it provides. This abstraction is very much similar to what is usually used in programming languages. As an example, a function that sorts a set of numbers can be done using different sorting algorithms. A protocol function task, such as checksum calculation, is associated with a PF. At this level of abstraction, the internal characteristics of the task are not of interest. This allows a high level description of a communication subsystem, without a detailed specification of the internal organization of the mechanism used to implement these PFs. The protocol function task is often used as the name of the PF.

2. *Protocol Function Mechanisms*:
   The protocol function mechanism represents the algorithm implemented to perform the task. For example, in the PF associated with the task acknowledgement, the mechanism may be implementing either cumulative or selective acknowledgement.

3. *Protocol Function Parameters*:
   A PF is associated with a set of parameters that provide control over its operation. They represent information needed by the PF either during the initialization process, to describe the PF in more detail, or during execution, to specify the relationship with other PFs. Some parameters are used to specify a mechanism, others are used to specify the data unit affected by the specified mechanism (e.g., a byte, a packet, or a number of packets to be acknowledged). They may also define the access type to different databases and the types of data to be exchanged with other PFs. The parameters can be subdivided into the following classes:
   a. *Configuration Parameters (CP)*: The set of configuration parameters describes the details of a PF. For instance, the mechanism used has to be specified in order to allow for a correct initialization of the requested protocol stack.
   b. *Input Parameters (IP)*: The input parameters of a PF include protocol control information as well as user data that have to be passed to this PF, either explicitly or implicitly through an information base. In contrast with the configuration parameters, input parameters are needed during protocol execution. Additionally, they are used to determine dependencies among PFs.
   c. *Output Parameters (OP)*: The output parameters are either directly passed to other PFs or used to update/modify protocol control data or user data.
   In summary, the parameters defining a PF can be specified as the union of three subsets: $PFP_{PF} = CP \cup OP \cup IP$. The set of configuration parameters is disjoint from the input and output parameters: $CP \cap IP = CP \cap OP = \phi$. Configuration parameters are used during the configuration phase, whereas input and output parameters are used during the execution phase of the protocol function. Input and output parameters also indicate the dependencies among protocol functions.

   In order to form a communication subsystem, information bases are needed to keep the control and data information required during protocol processing in addition to the above mentioned explicit parameters.

4. *Protocol Function Information Base (PFIB)*:
   A PFIB is an abstract set of information accessed during protocol execution (e.g., a routing table, protocol state information or user data). Access to a PFIB and modification to its contents do not directly imply any dependence or sequential relationship

among PFs. Formally, a PFIB can be defined as a set of information units, including protocol control information and user data.

$$\bigcup_{n=1}^{|PM|} OP_n \; \cap \; PFIB \neq \phi \text{ and } \bigcup_{n=1}^{|PM|} IP_n \; \cap \; PFIB \neq \phi$$

indicate input and output parameters being part of the PFIB. They may be implicitly passed to a protocol function by accessing the corresponding PFIB. Configuration parameters do not represent any information units and thus are not part of PFIBs: $\forall n \; CP_n \in CP: \; CP_n \notin PFIB$.

2.2 F-CSS Architecture

The F-CSS consists of a static part defining the available resources and an active part representing active protocol entities as well as the configuration, maintenance, and termination tools. In the following, the two parts are defined in some more detail:

1. *Protocol Resource Pool*:
   The *static specification* of the F-CSS comprises the sets of all available PFs and PFIBs, which form the protocol resource pool: $PRP = (PF, PFIB)$. The PRP provides protocol resources for the dynamic configuration of protocol machines. Furthermore, the PRP includes every PF and PFIB provided by this system exactly once, i.e., $\forall i,j: \; PF_i \neq PF_j$ and $\forall k, l: \; PFIB_k \neq PFIB_l$. There might, however, be identical information included in different PFIBs, i.e., the following statement might be true: $\exists k,l: \; PFIB_k \cap PFIB_l \neq \phi$. Furthermore, a minimum protocol resource pool required at each communication system is defined to ensure a minimal level of communication between different systems: $\exists PRP_{min}: \; \forall station \; PRP_{min} \subseteq PRP_{station}$.

2. *Protocol Machine (PM)*:
   An instantiation of a number of PFs and PFIBs, combined with a PM management agent (cf. subsection 2.3) forms a PM that satisfies the application requirements as specified at the service interface. Therefore, a PM consists of a subset of PFs and PFIBs, available in the protocol resource pool and requested by the application: $PM = (PF, PFIB, PMMA)$, where $\forall i, k: \; PF_i, \; PFIB_k \in PRP$. The PM management agent is needed for interactions of the PMs with network management entities. A PM specifies an *active part* within an F-CSS that is responsible for protocol processing. PMs can be created, changed, and deleted dynamically once the protocol resource pool is initialized. Note that, for multiple PMs, a protocol function or an information base can be instantiated various times, i.e., the following statement may be true: $\exists i, k: PM_i \cap PM_k \neq \phi$.

2.3 F-CSS Session Model

The F-CSS session[1] model reflects the requirements of complex applications comprising different concurrent types of communications, e.g., voice, video, and data with possibly different service requirements for each communication direction. Before describing the underlying communication concepts more precisely, the basic terminology is clarified:

1. *Application Data Stream*:
   An application data stream is associated with the unidirectional transmission of data from one application to another. Note that a data stream might be associated with multiple destinations, in case of multicasting or broadcasting. A data stream comprises only a single type of data. As a result, an application might have multiple application data streams with semantical relations among them, (e.g., in case of multimedia applications). It is also important to note that multiple streams may be associated with different remote applications. Furthermore, a service is always associated with a single direction of data flow since, for some applications, service requirements might be asymmetrical in the different directions. In this case, the F-CSS configures two different PMs, each of which being tailored to the requirements in one direction.

---

[1] The semantics of an F-CSS session differs from the session notion in OSI

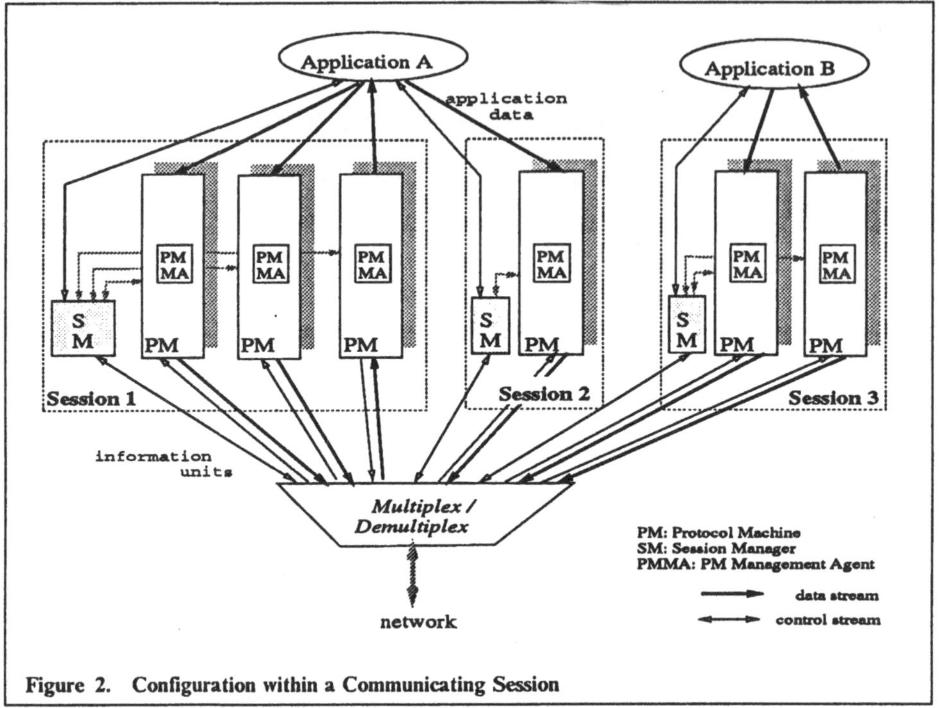

Figure 2.   Configuration within a Communicating Session

2. *Session*:

   A session is an association between two or more communicating applications. It might consist of several application data streams, each of which being associated with a separate PM. The number of data streams within a session might dynamically change during the session lifetime. As an example consider a session which has been established for data and voice communication at the beginning and then dynamically should be upgraded with a video stream. The configuration tools described in subsection 2.4 provide the necessary infrastructure therefore.

3. *Session Manager*:

   Each session comprises a management component, called the Session Manager, which controls all the PMs of that session and manages all its data streams. The session manager is responsible for handling semantical relationships among application data streams belonging to the same session. Moreover, a station manager has to communicate with remote station(s) in case of dynamic changes associated with this session, such as dynamic updates of a PM, e.g., changing allocated resources.

4. *PM Management Agent (PMMA)*:

   In addition to the PFs, each PM comprises a PM Management Agent for handling management issues. This includes those tasks usually referred to as network management. Using the PM Management Agent, a PM can interface to network management entities.

The collaboration among these different parts is shown in Figure 2. In this example, application A maintains two sessions. Session 1 consists of multiple data streams, resulting in the configuration of an equivalent number of PMs. Each PM has two streams connected to the network: a data stream and a control stream. The data stream is either for receiving or for transmitting data and the control stream carries control information in the reverse direction. This allows for a clear distinction between application data and control information transfer. Note that transmitting and receiving data are viewed as two different application data streams, handled by different PMs. Furthermore, each PM comprises a PM

Management Agent. A session manager is available for each session and might exchange control information with remote Session Manager(s). The various data and control streams are multiplexed on the physical network.

2.4 F-CSS tools

A PM can be associated with three different phases:

1. *Configuration Phase*: During this phase, an application specifies its communication service requirements. Then, a PM is configured using the available protocol resource pool.
2. *Operation Phase*: Once the configuration phase of the PM is completed, the PM enters the operation phase, in which the application exchanges data with its communication partners. During the operation phase, the configuration tools are only involved in case of dynamic updates of a PM or in case of ressource reallocations. Therefore, special care is taken to implement correct switching to the new configuration. The session manager is involved to ensure requirements related to the other data streams of the same session.
3. *Termination Phase*: In this phase, an orderly termination of the PM is performed including the release of resources.

Each of these phases is performed by a set of tools in the F-CSS (cf. Figure 3). Following is a brief overview of the different tools and their relations. The *Protocol Configurator* receives configuration requests from the application, through the application interface. These requests represent the service required by the application. The protocol configurator generates accordingly a PM description, which reflects the required PFs and PFIBs as well as their dependencies. The PFs and PFIBs are described with the function-based protocol description language, F-PDL, especially designed for this purpose [8]. In case of pre-defined service classes, all the necessary information is pre-packaged and available to reduce the configuration delay. The PM description is then passed to the *Code Configurator*, which has the task of mapping a PM efficiently on the hardware platform.

The protocol configurator uses the *Protocol Resource Manager* to get access to the protocol resource pool. The Protocol Resource Manager is responsible for providing the separate protocol components -PFs and PFIBs- to the protocol configurator. Additionally, it provides pre-configured PMs for the basic service classes. Moreover, often used PMs which do not map a basic service class can also be provided pre-configured. The protocol configurator has also access to a data base representing system resources and their utilization. This data base is made available from the System Resource Manager, which keeps track of the utilization of system resources (processors, memory, etc.). The System Resource Manager also keeps information about the network utilization and availability. This information might be collected in collaboration with network management entities.

3. Service Classification and Specification

3.1 F-CSS Service Parameters

The service interface of the F-CSS is designed to support flexibility in terms of application service requirements. It offers predefined service classes and a variety of service parameters that directly affect the PM configuration, leading to an efficient subsystem. In general, an application distinguishes between parameters depending whether they are specifying quantitative or qualitative criteria:

1. *Quantitative Criteria*:
   The quantitative criteria are those that can be evaluated in terms of certain measures, such as bits per seconds, number of errors, etc. We briefly define the relevant ones below [9], [10], [11]. Since it is extremely difficult to define exact numbers for these parameters, they are classified according to the three basic categories:

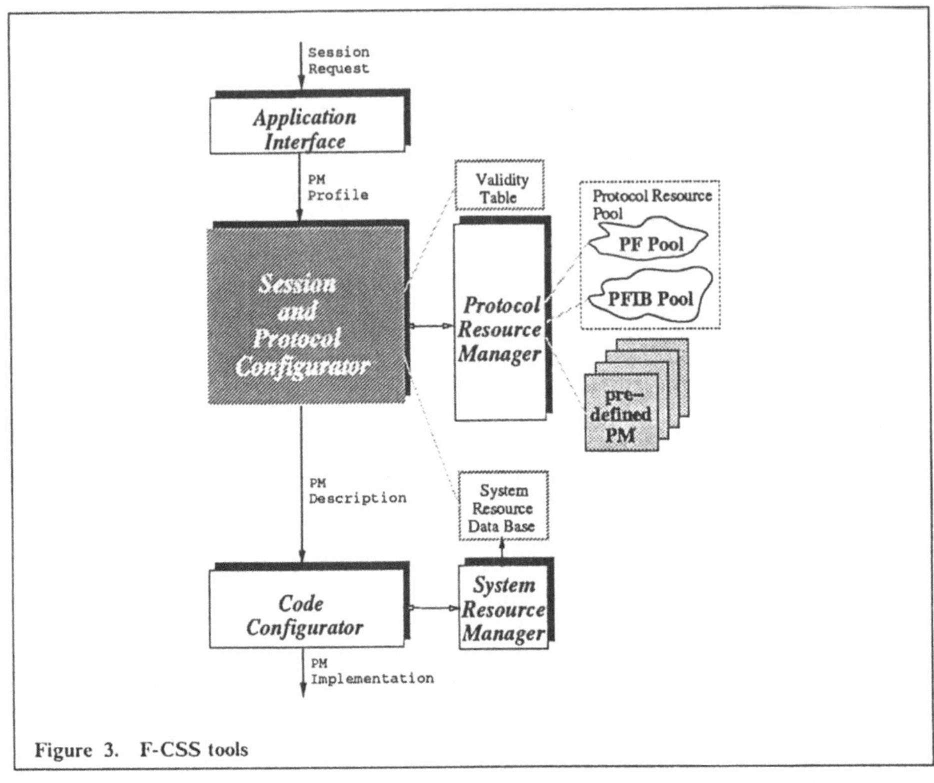

Figure 3.   F-CSS tools

a. *Throughput*: Throughput at the CSS service level is most commonly associated with the number of bits per second exchanged between service users. Other measures, such as transactions per second are used as well.

b. *Delay*: The delay shows the time elapsed between sending a data unit from a service user until it is received by the destination service user.

c. *Response time*: The response time includes the two-way delay as well as the processing time required at the receiver. It is typically required for real time control applications.

d. *Rate*: This measure defines a rate at which consecutive data units have to be delivered to the destination user. For example, the rate of arriving frames in video traffic.

e. *Jitter*: The jitter defines an acceptable rate variation that does not cause any problems to the service user.

f. *Data corruption threshold*: Data corruption is caused by errors occurring during the transmission of a data unit. These errors are discovered by an error detection mechanism, e.g., checksum. The threshold defines an acceptable quantity of data corruption by the service user. The percentage of corrupted data units within a data stream at the application interface gives a measure for this parameter.

g. *Data loss threshold*: This threshold defines a value for the percentage of data loss acceptable at the service interface for a given data stream. Data loss occurs during the transmission across the network; lost data units do not even arrive at the end system.

2. *Qualitative Criteria*:
The qualitative criteria specify the expected quality of service related to session management, stream management and data unit manipulation.

a. **Session Management**:
   Since a session might consist of several data streams related to one another, a session management component is needed and can also be specified by the application.
   1) *Inter-Stream Synchronization*: This parameter specifies whether different data streams belonging to the same application have to be synchronized. An example is the traditional lip synchronization problem between corresponding audio and video streams in multimedia applications [12].
   2) *Session Update*: Within a session, some data streams might redefine their requested service. Others might be established or terminated. These actions have to be supervised by the session manager, which has complete overview of the whole session and the relations among the different data streams.

b. **Stream Management**:
   Stream management parameters deal with the flow of a data stream at the application interface.
   1) *Ordered delivery of data*: The application requires the delivery of data at the destination in the order of their transmission. Functions to support this service are basically connections and resequencing.
   2) *Guaranteed group delivery of data*: In case of broadcast and multicast communications, it is of interest to specify whether transmitted data has to be delivered to all members of the group, to at least one member, or to the majority of group members.
   3) *Error tolerance*:
      a) *Loss of data*: Applications have different characteristics related to loss of data at the service interface. If they cannot be accepted, certain protocol functions to prevent data losses, such as flow control or congestion control might have to be included in the corresponding PM. Additionally, error recovery functions, such as the retransmission function have to be invoked. Some applications might agree to accept loss of data, but only up to a certain threshold value defined within the quantitative parameters.
      b) *Replication of data*: To certain applications, it is important to detect the replication of data, which might occur due to retransmissions either by the source end system or within network nodes. Replication might also be the result of multicasting through different routing paths through the network. If required, a replicate check function will be needed in the PM.
      c) *Corruption of data*: The application can specify, whether it tolerates the delivery of corrupted data at the service interface or not. Corruption detection functions, such as checksum, have to be invoked if corrupted data is not accepted or if it is tolerated within certain limits specified by the data corruption threshold.
   4) *Expedited Data*: Certain applications might want to send urgent data to a communication partner. This means an expedited data transfer service is needed within a stream to bypass usual user traffic.
   5) *Intra-Stream Synchronization*: The intra-stream synchronization is requested by applications that break their session into smaller logical units (cf. the OSI presentation layer [13].
   6) *Syntax Selection*: With the syntax selection parameter, the application requests the functionality of negotiating the transfer syntax used within a data stream. This service is comparable with the OSI presentation service [13]. Different types of syntax are distinguished within communication subsystems, such as the abstract syntax for general representation of application information (e.g., ASN.1) and the transfer syntax used in actual encoding for transmission purposes. The transfer syntax is negotiated between the communicating PMs.
   7) *Security Requirements*:
      a) *Data Security*: Some applications might request a certain security level for their data transmissions.

b) *Access Security*: To ensure that only allowed communication partners can address a secure application, an identification before setting up a session may be required.

c. **Data Unit Manipulation:**
With parameters belonging to this category, the management of single data units can be specified in more detail without considering their relation to other units within a data stream.

1) *Maximum data unit size*: Since the underlying network is completely transparent to the application, no assumptions about the maximum transfer unit size can be made. But the application can request a convenient size, in which it transfers data to the communication subsystem. In case this does not match the maximum transfer unit of the actually used network, a segmentation function has to be invoked in the resulting PM.

2) *Segmented delivery*: The application might require that the data be delivered in the same packaging given at the source service interface. Thus, a reassembly function has to be implemented in case the source network requires segmentation into smaller transfer units.

The choice of qualitative criteria to be supported by the resulting PM highly influences the protocol functions and their mechanisms used for its configuration. We should note here that this choice generally affects the performance of the resulting PM.

3.2 Predefined Service Classes

The F-CSS supports four pre-defined service classes. They are distinguished based on their support for isochronism, real time, and reliability (cf. Figure 4).

1. *Class I: Unreliable real time*:
Class I is characterized by an unreliable service that supports real time requirements. This means that data corruption, loss, and replication are accepted up to a certain threshold defined by the quantitative parameters. Expedited data transfer is not supported by this service class. Applications of class I require guaranteed values for delay, rate, and jitter. Examples of typical class I applications are voice and video transmission. In general they comprise traffic that is often also characterized as isochronous. Class I can be further subdivided internally into three broad subclasses reflecting the requirements on error rates. For example, it includes voice transmission, which can be easily satisfied with moderate error rates. But, high quality applications, such as CD/music or high quality video need guaranteed low error rates.

2. *Class II: Reliable real time*:
Class II does not strictly require guaranteed jitter and rate and, therefore, does not support isochronous traffic. It still meets some real time requirements, expressed with the guaranteed maximum delay. Furthermore, in contrast to class I, it offers a reliable service; errors, such as data corruption, loss, and replication are not accepted. This restriction influences the error control and recovery functions needed in in the PM to be constructed. Typical applications requesting this service class are process-control applications, such as remote robot control.

3. *Class III: Unreliable non-real time*:
Guaranteed rate, jitter, or delay values are not required. Thus, class III does not provide any real time service. It also accepts unordered delivery of data at the service interface. Class III provides an unreliable service and thus tolerates certain errors up to a threshold defined by the corresponding quantitative parameters. In short, class III offers only a basic communication service without any special features. Applications that might use this kind of service are simple text and graphic transmissions. Similarly to class I, class III can be further subdivided into three subclasses, based on the accepted error rates.

Criteria	I	II	III	IV
Ordered Delivery	yes	yes	no	no
Error Tolerance	yes	no	yes	no
Expedited Data	no	yes	no	no
Guaranteed Max. Delay	yes	yes	no	no
Guaranteed Rate	yes	no	no	no
Guaranteed Max. Jitter	yes	no	no	no

Figure 4.   Predefined F-CSS Service Classes

4. *Class IV: Reliable non-real time*:
    In addition to the basic communication service of class III, class IV provides a reliable
    service. No guaranteed values for the quantitative parameters are required. Only loosely
    defined threshold values have to be accommodated.

For each pre-defined service class there exists a default PM supporting the basic requirements of each class. The are also choosen in a way that they reflect differences in the sets
of protocol functions related to the corresponding service class [8]. An application can
refine its service requirements by specifically choosing certain functionalities or defining
performance criteria, such as high, moderate, or low acceptable error rates. Furthermore,
an application can freely choose any particular combination of functions and mechanisms.

Besides increasing the flexibility of the service interface, this approach may also lead to
implementations with higher performance. The reason is that a protocol stack is basically
built using only a *minimal set of protocol functions* implementing appropriate protocol
mechanisms. Functions that are not required are not included, keeping the processing required for each data unit minimal and thus leading to faster implementations. Moreover,
the additional overhead introduced due to the philosophy of transparency between layers
and due to layering itself is reduced by avoiding multiple invocations of the same protocol
functions (e.g., segmentation/reassembly in layers 3 and 4 of the OSI-RM).

3.4 An Application Example

Within this subsection, we briefly show that the service classes of the F-CSS are appropriate
to efficiently support current and emerging applications. To be widely accepted, an easy
mapping of important current applications to service classes should be implemented.
Therefore, we discuss here the *remote procedure call (RPC)* as a demanding application
since it is the predominant communication paradigm applied in emerging distributed systems. It is also believed that efficient transactions (i.e., RPCs) are of particular importance
for multimedia applications [14].

The required communication service for RPC can be characterized as follows. The error
rate should be as low as possible. In particular, data corruption is not acceptable. Error
tolerance in case of loss or replication of data may be higher, since most of the current RPC
systems still work with internal acknowledgements at the RPC level. Nevertheless, from the
performance point of view, an implementation of these mechanisms at the communication
subsystem is desirable. Ordered delivery of data should be guaranteed at the RPC interface
and an expedited data transfer capability is desirable. Group delivery should be selectable
to support the binding process between a client and a server [15] since this can be more
efficient than the use of global directory services. Moreover, this helps implement more efficiently. A reliable multicast service is not needed since most of the RPC systems do not
guarantee such service. Another issue to be considered is the transfer syntax. Most systems
(e.g., DCE-RPC, SUN-RPC) define a universal transfer syntax to be able to transform be-

tween heterogeneous local data formats. Providing such a function under the RPC interface is desirable, but not required. The quantitative service parameters, such as the requirements on throughput, delay, and bounded response time, depend on the specific application.

With respect to the service classes defined above, service class II matches the requirements of RPC based applications. A suitable protocol configuration found in the basic protocol configured for class II services can be expressed as follows: $PM_{basicRPC} = (\{sequence\ ctrl,$ *flow ctrl, congestion ctrl, replicate ctrl, corruption ctrl, sequencing, acknowledgement, retransmission, error correction, expedited data}* $\cup\ PF_k\ \cup\ PF_n,\ PFIB,\ PMMA)$. Additionally, the service can be enhanced with specific group delivery and transfer syntax facilities, if individually required: $PM_{enhRPC} = PM_{basicRPC}\ \cup\ \{group\ ctrl,\ transfer\ syntax\}$. This example shows, that some applications can be mapped easily onto the service classes defined in the F-CSS.

4. Application Interface

The application interface of the F-CSS enables on one hand an efficient use of the specific features -especially the flexibility- offered by this model, on one hand, and it does not require passing a large number of parameters. It provides different levels of usage depending on the applications service definition. Applications that cannot specify any service class are provided with the minimal available communication service, corresponding to the pre-defined service class III. More advanced applications with particular requirements for performance and functions, e.g., real-time or multimedia applications, can use a variety of service parameters to specify them. They can either refer to pre-defined service classes or refine them. More sophisticated applications can negotiate the available communication service with the F-CSS.

4.1 Application Interface Primitives

To define the application interface, service primitives are specified for the communication between application and F-CSS through the application interface. The following are the application service primitives used in both, session control and data transfer phases:

1. SESSION CONTROL:
   a. *Session-Setup*: The session-setup request is issued by the application to request a specific communication service. A session-setup request might include multiple *configuration requests*, each associated with a specific data stream. The remote application receives a corresponding session-setup indication message.
   b. *Session-Update*: The session-update request is used to change the characteristics of individual streams within a session. Establishment and termination of streams are special cases of such requests. They are translated into corresponding configuration requests and configuration termination commands, issued to the associated session manager. A Session-Update indication is received by the remote application.
   c. *Session-Termination*: A session termination request is issued in case the application wants to terminate a complete session.
2. DATA TRANSFER:
   a. *Send*: The send request is used to pass data that has to be sent to the communication partner(s). It is always associated with a specific data stream within a session.
   b. *Receive*: The receive request is issued from the application, if it is ready to receive application data belonging to a certain data stream.

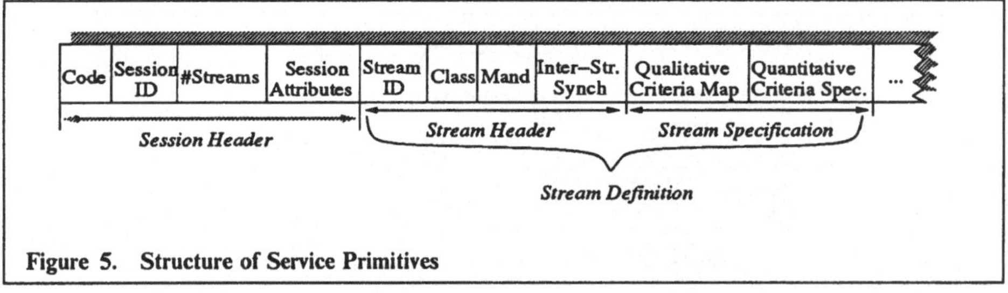

Figure 5. Structure of Service Primitives

These primitives use a well-defined format (cf. Figure 5). The structure of a service primitive is subdivided in two parts: a session header and stream definitions. The *session header* includes the service primitive code, a session ID, the number of streams specified and various session attributes. The session ID is assigned by the session configurator since it has to be globally unambiguous within a station. The application is then informed accordingly and uses the session ID in subsequent requests for that session. Note that the session-setup request does not carry a session ID. The session header is followed by multiple stream definitions each defining the requirements for a single data stream. A *stream definition* is further subdivided into a stream header and a stream specification. The *stream header* includes a stream ID, the selected service class, a field containing information whether this stream is mandatory for a session establishment or not, and an indication to whether inter-stream synchronization is required. In case a non-mandatory stream cannot be established, the rest of the session is established. The stream ID can be assigned by the application and is then combined with the session ID to unambiguously identify a data stream in a station. The *stream specification* defines the requested service in detail. The qualitative service criteria are represented by a bitmap field identifying the requested criteria. Pre-defined service classes are identical to specific mapping patterns within this field and, can be easily identified. If a pre-defined service class forms a subset of the required service, this will also be discovered. The definition of the quantitative service criteria is more complex, since not only their presence or absence but also additional information defining the requirements in greater detail are needed. Special requirements concerning quantitative parameters are defined, based on a triple of three values: $QP_{name} = (QP_{threshold}, QP_{average}, QP_{useful})$, where either $QP_{threshold} \leq QP_{average} \leq QP_{useful}$ or $QP_{threshold} \geq QP_{average} \geq QP_{useful}$. The threshold value represents a necessary requirement for certain quantitative criteria with a semantics related to the specific parameter, e.g., the minimal needed throughput or the maximal tolerated delay. The average value applies to the requirements over a period of time and the useful value shows a limit which bounds the usefulness for applications, e.g., a higher throughput cannot be used by an application. Note that some values do not have to be specified. Most traditional applications might only request a threshold value due to the lack of more specific knowledge about their communication requirements.

4.2 Application Primitive Handling

The different application primitives defined above specify the application interface on the application side. On the other side, the application interface has to communicate with different entities in the F-CSS (cf. Figure 6). Some entities are involved in the active phase of communication (e.g., the PMs and the session managers) and some others are involved in the protocol configuration process (the session configurator and the protocol configurator [8]). Therefore, a multiplexer is used to forward the primitives to the corresponding entities, based on the primitive code, the session ID, and the stream ID.

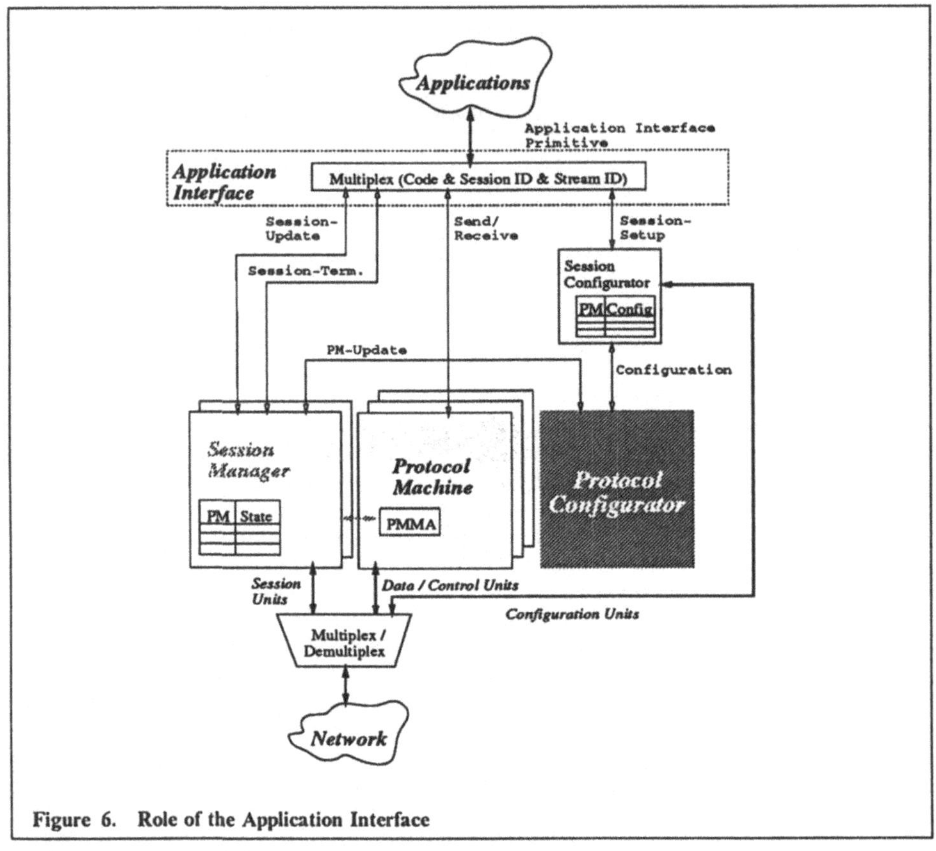

Figure 6.   Role of the Application Interface

A session request issued by a local application is forwarded to the Session Configurator responsible for the coordination of the session establishment. Session requests from remote applications arrive at the Session Configurator in form of configuration units received from the network. The Session Configurator instructs the Protocol Configurator via a configuration request to establish a suitable PM. For sessions consisting of multiple data streams, the Session Configurator keeps track of the configuration results of the different PMs to be initialized locally as well as with the state of remote Session Configurator(s) in the communication partner(s). The final result is then reported to the local application. In case of a request received from a remote station, the Session Configurator constructs a corresponding configuration unit to be sent to the remote communication system. Subsequent Session-Update requests are forwarded from the application interface to the Session Manager handling any changes in established sessions. Therefore, the Session Manager might have to communicate with the local Protocol Configurator if changes in an existing PM are required. It also has to contact involved remote stations using session units. Furthermore, the Session Manager processes session termination requests. Regular user data are exchanged via send and receive requests, which are directly forwarded from the application interface to the corresponding PM.

4.3 Application Primitive Parameter Check

Before starting any configuration procedure, parameters passed with an application primitive are checked, to ensure the configurability of a complete session and the involved PMs. Requested quantitative parameters have to be compared with the current utilization of the system resources. For example, it has to be checked whether the requested bandwidth can be made available to the session. Therefore, the local availability as well as the remote availability have to be determined and based on the result the session configurator decides about the establishment of a session. In sophisticated implementations, the session configurator might negotiate certain parameters with the requesting applications during the parameter check phase. The following scheme can be implemented to check the local availability of network bandwidth. The parameters B defines the bandwidth, S the session, and DS the data stream in a session. First, the available bandwidth has to be calculated:

$$B_{available} = B_{network} - \sum_{i=1}^{|PM|} B_{granted}(PM_i),$$

where $|PM|$ represents the number of currently active PMs. The minimal requested bandwidth of a session-setup request can be calculated as

$$B_{minimal}(S_j) = \sum_{i=1}^{|DS|} B_{threshold}(DS_i),$$

where $mandatory(DS_i, S_j) = true$. The restriction concerning mandatory data streams in a session leads to the condition $mandatory(DS_i, S_j) = true$, since all these bandwidth requests have to be added up. Others with $mandatory(DS_i, S_j) = false$ can be neglected. The following situations regarding the availability of network bandwidth can occur:

1. *Sufficient bandwidth available*:
   In this case, $B_{available} \geq B_{minimal}(S_j)$, the local resources are available and would allow the session to be established without any restrictions related to the minimal requested bandwidth and without affecting other active PMs. For a final decision, the results of the remote station(s) have to be considered.

2. *Available bandwidth is insufficient*:
   If the available bandwidth is not sufficient, i.e., $B_{available} < B_{minimal}(S_j)$, additional conditions including the already granted bandwidth to the active PMs have to be examined:
   a. *Granted bandwidth is not minimal*:
      The bandwidth already granted to active PMs is not minimal if some active PMs received more than their threshold value: $\exists n: B_{granted}(PM_n) > B_{threshold}(PM_n)$ or if bandwidth has been granted to non-mandatory PMs. In this case, it has to be checked whether enough bandwidth can be made available to satisfy the new requirements. This certainly affects already active PMs and downgrades their service. If enough bandwidth can be reallocated, i.e., $B_{reallocated} + B_{available} \geq B_{minimal}(S_j)$, the new session can be established. The reallocatable bandwidth is calculated based on the currently granted bandwidth and the threshold value specified for single PMs:

$$B_{reallocated} = \sum_{n=1}^{|PM|} (B_{granted}(PM_n) - B_{threshold}(PM_n)) + \sum_{i=1}^{|PM|} B_{granted}(PM_i),$$

where $mandatory(PM_i, S_k) = false$. Note that the bandwidth threshold value is always lower than the granted value: $B_{threshold} \leq B_{granted}$.
   b. *Granted bandwidth is minimal*:
      If none of the already active PMs can be downgraded and all active PMs are mandatory to the corresponding session, i.e., $\nexists n: B_{granted}(PM_n) > B_{threshold}(PM_n) \land \nexists i: mandatory(PM_i, S_k) = false$, the requested service cannot be provided by the F-CSS and the application is informed accordingly.

To derive the final value of the bandwidth granted to a session and its PMs, a bandwidth management algorithm is needed. Based on the available bandwidth $B_{available}$ as well as on the values specified in the application primitive: $B_{threshold}$, $B_{average}$, and B_{useful} bandwidth is granted to the requested data streams. The required calculations do not have to be performed for each request, the required values, e.g., $B_{available}$ are pre-calculated and available in the system resources data base. Similar schemes can be used to determine other service parameters, such as the delay. Note that the system resources granted to specific PMs might dynamically change (downgrade or upgrade) depending on the system utilization but always ensuring that they do not violate any of the given threshold, average, and useful values.

5. Conclusion

A model for flexible high performance communication subsystems has been presented. A communication subsystem is statically viewed as a set of protocol functions and protocol function information bases. Subsets of these components can be dynamically combined to configure protocol machines, which are the active parts of the system. The concept of layering is abandoned to allow the configuration of application-specific communication subsystems with higher flexibility and performance. The communication flow is divided into unidirectional data streams in order to enable specifically tailored subsystems. An application is allowed to specify its particular communication service requirements either in detail or as a selection of a pre-defined service class. For the definition of suitable service classes, the application service interface has been studied and a set of important and distinguishing quantitative and qualitative criteria has been extracted. The service classes are defined in a way that reflects both distinct applications requirements and different resulting protocol machines. The application interface, therefore, provides various service primitives to setup, maintain, and terminate sessions. The target implementation platform for F-CSS consists of a multiprocessor system. Due to the fine granularity of the decomposition of a protocol machine, an efficient mapping on multiprocessor platforms is supported. A prototype implementation of the flexible communication subsystem on transputer networks is in progress using a C++ dialect. The object oriented paradigm is used as a basis for the implementation of the protocol resource pool and for the flexible configuration of PMs.

References

[1]   H.E. Meleis and A.N. Tantawy, "High Performance Networking and the Modular Communication Machine (MCM) Approach," *2nd IEEE Workshop on Future Trends on Distributed Computing Systems*, Cairo, Egypt, October 1990.

[2]   M. Zitterbart, "High-Speed Transport Components," *IEEE Network*, pp.54-63, January 1991.

[3]   D. D. Clark and D. L. Tennenhouse, "Architectural Considerations for a New Generation of Protocols," *ACM SIGCOMM '90*, Philadelphia, September 1990.

[4]   Z. Haas, "A Protocol Structure for High-Speed Communication over Broadband ISDN," *IEEE Network*, January, 1991.

[5]   S.W. O'Malley and L.L. Peterson, "A Highly Layered Architecture for High Speed Networks," *Protocols for High Speed Networks II, M. Johnson (ed.)*, Elsevier, 1991.

[6]   Ch. Tschudin, "Flexible Protocol Stacks," *ACM SIGCOMM '91*, Zurich, 1991.

[7]   J.P.G. Sterbenz, G.M. Parulkar, "Axon: Application-oriented Lightweight Transport Protocol Design," *ICCC '90*, New Dehli, November 1990.

[8]   M. Zitterbart, B. Stiller and A. Tantawy, "A Model for Flexible High Performance Communication Subsystems," *IBM Research Report, RC 17801*, February, 1992.

[9]   D. J. Wright, M. To, "Telecommunication Applications of the 1990s and their Transport Protocol Requirements," *IEEE Network Magazine*, March 1990.

[10] D. Hehmann, M. Salmony and H.J. Stuettgen, "Transport Services for Multi-Media Applications on Broadband Networks," *Computer Communications*, 13(4), 1990.

[11] W.P. Lidi, "Data Communication Needs," *IEEE Network*, March 1990.

[12] R. Steinmetz, "Synchronization Properties in Multimedia Systems," *IEEE JSAC*, 8(3), 1990.

[13] B.N. Jain and A.K. Agrawala, *Open Systems Interconnection - Its Architecture and Protocols*, Elsevier Publishers, 1990.

[14] G. Blair, G. Coulson, F. Garcia, D. Hutchison, and D. Shepherd, "Towards New Transport Services to Support Distributed Multimedia Applications," *4th IEEE Workshop on Multimedia Communications*, Monterey, CA, April 1-4, 1992.

[15] S. Mullender (Ed.), *Distributed Systems*, ACM Press, 1989.

Eignung von Routing-Protokollen
für multimediale Kommunikationssysteme

Sabine Neuhauser
RWTH Aachen, Lehrstuhl Informatik IV
Ahornstraße 55, D-5100 Aachen
e-mail: sabine@informatik.rwth-aachen.de

Überblick

Der Entwurf zukünftiger Kommunikationsprotokolle muß sich an den neuartigen Anforderungen multimedialer Dienste orientieren. Die Ausbreitung dieser Dienste über den Bereich lokaler Netze hinaus setzt insbesondere geeignete Konzepte für die Netzwerkebene voraus.
Dieser Beitrag wird Anforderungen an multimedia-fähige Routing-Protokolle darstellen und erstmals die Routing-Protokolle RIP, IGRP, IS-IS, OSPF, BGP, IDPR und ST-II in Bezug auf ihre Verwendbarkeit für multimediale Kommunikationssysteme vergleichen. Im Anschluß an ein neues Konzept zur Koordination von verbindungsorientiertem und verbindungslosem Dienst wird eine flexiblere Wegewahl unter Berücksichtigung von Netztopologie, Service- und Verkehrsparametern auf der Basis neuronaler Netze vorgeschlagen.

1 Motivation

Multimediale Kommunikationssysteme werden Netzdienste wie Video- und Audiokonferenzen, verteilte Arbeit an Dokumenten (CSCW), Telediagnose in der Medizin und Multimedia-Mail ermöglichen. Verteilte multimediale Anwendungen erfordern insbesondere Übertragungsgarantien für zeitempfindliche Datenströme, Mechanismen zur Synchronisation zusammengehöriger Daten, eine effiziente Realisierung der Gruppenkommunikation (Multicast) und eine faire Verteilung der Netzressourcen auf die unterschiedlichen Dienste. Um diesen Erwartungen gerecht zu werden, muß ein Kommunikationssystem Prioritätenregelungen und Protokollvarianten für verschiedene Datenklassen bereitstellen.
Im LAN/MAN-Bereich werden multimediale Kommunikationssysteme in Projekten wie Pandora, MultiG oder BERKOM erprobt [Hop90, Peh92, Pop91]. Während dabei die Netzwerkebene eine untergeordnete Rolle spielt, setzt eine Realisierung multimedialer Dienste auf paketvermittelnden WANs (Abb. 1) geeignete Konzepte zur Netzwerkebene voraus. Im März und November '92 wurden erstmals Konferenzen des IETF (Internet Engineering Task Force) über ein WAN übertragen. Dabei war die Netztopologie vorab festgelegt worden und es gab keine Übertragungsgarantien [CaDe92]. Um solche Dienste generell über ein paketvermittelndes Netz zu ermöglichen, sind weitere Algorithmen zur Wegewahl, zur Einhaltung von Übertragungsgarantien und zum Multicast-Routing erstrebenswert.
Routing-Protokolle beinhalten bislang, daß die Wegewahl in den Routern anhand von Tabellen auf der Basis einer festgelegten Metrik getroffen wird. Sie sind nicht flexibel genug, um multimediale Dienste adäquat zu unterstützen. Dieser Beitrag wird ausgehend von den

Anforderungen dieser Dienste zeigen, wie vorhandene Routing-Protokolle zu modifizieren sind, um für multimediale Kommunikationssysteme einsatzfähig zu werden. Insbesondere ist es nötig, in Routing-Algorithmen außer der Distanz auch Service- und Verkehrsparameter einfliessen zu lassen, um die Wegewahl sowohl an die jeweilige Datenklasse, als auch an die aktuelle Netzlast flexibel anpassen zu können. Eine Idee zur Realisierung ist die Zuhilfenahme neuronaler Netze zum Routing.

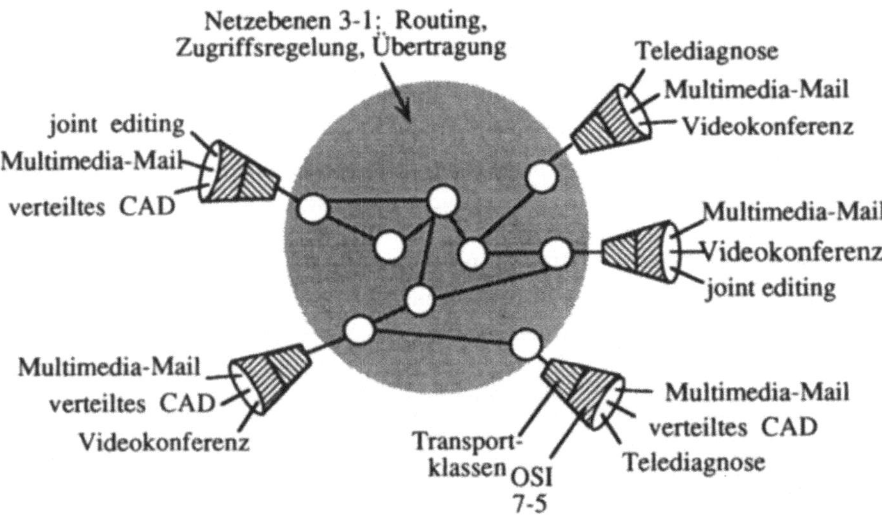

Abb. 1: Integration verschiedener Anwendungen in ein Netz

2 Anforderungen an ein multimedia-fähiges Routing-Protokoll

Ein *Routing-Algorithmus* dient der Ermittlung der Wege für Pakete in einem Rechnernetz. Die Wege werden in Routing-Tabellen festgehalten. Eng damit verknüpft ist das *Routing-Protokoll*, nach welchem die Knotenrechner eines Rechnernetzes Informationen austauschen, um zur Wegewahl benötigte Daten bereitstellen zu können. Ein Routing-Protokoll wird in diesem Beitrag als *multimedia-fähig* bezeichnet, wenn es in multimedialen Kommunikationssystemen einsatzfähig ist. Dies bedeutet, daß es die Übertragung zeitempfindlicher Datenströme wie Sprache und Video **und** herkömmlicher Daten wie Text und Graphiken auf Ebene 3 adäquat unterstützen muß.

Im Gegensatz zur Multimedia-Fähigkeit von Routing-Protokollen wurden Anforderungen an Routing-Protokolle im allgemeinen bereits in der Literatur diskutiert [z.B. Lit89]. Im folgenden werden Kriterien für multimedia-fähige Routing-Protokolle aufgestellt.

2.1 Verbindungsart

Bislang war die Entscheidung für verbindungslosen oder verbindungsorientierten Verkehr auf Netzwerkebene unabhängig von den zu transportierenden Daten, weil Anwendungen wie Dateitransfer oder E-Mail homogene Anforderungen an das Netz stellen. Bei der Übertragung multimedialer Daten entsteht das Problem, daß zeitkritische, dafür bestimmte Verluste tolerierende Datenströme über dasselbe Netz wie zeitunempfindliche, aber absolut sichere Übertragung fordernde Daten geleitet werden sollen.

Der Dienst für zeitempfindliche Datenströme kann Verluste wegen der zeitlichen Beschränkung nicht über die Transportebene durch Wiederholungssendungen von Paketen ausgleichen. Dieser Verkehr muß damit bereits auf Netzwerkebene garantiert sein und läßt sich gut über einen verbindungsorientierten Dienst realisieren. Für die übrigen Daten reicht dagegen ein verbindungsloser Dienst aus. Ein Verbindungsaufbau wirkt sich dabei störend auf die Antwortzeiten aus. In dieser Situation ist es sinnvoll, sowohl verbindungsorientierten, als auch verbindungslosen Dienst anzubieten und in den Routern effizient zu unterstützen.

Es existiert zwar kein Routing-Protokoll, welches beide Verbindungstypen in einem Protokoll vereinigt, aber die Kombination an sich wird bereits praktiziert. Zum Beispiel hält der im Projekt EUROBRIDGE definierte Protokollstack für jede Verbindungsart geeignete Protokolle bereit, die von einem Protokollmanager flexibel ausgewählt werden [Hei93]. In ATM wird der verbindungsorientierte Dienst durch die Bereitstellung eines Datagramm-Servers in der ATM Adaptation Layer (AAL, OSI-Ebene 2) ergänzt [Bou92].

2.2 Übertragungsgarantien für zeitkritische Datenströme

Um den Datenfluß zeitkritischer Datenströme nicht empfindlich zu stören, bedarf es der Einhaltung einiger Garantien, die Echtzeitbedingungen ähnlich sind. Das bedeutet, daß das Netz die Daten gemäß bestimmter Parameter (wie zum Beispiel Verzögerung, Schwankung der Paketverzögerung, Bandbreite, ...) überträgt. Diese Parameter werden mit der Anwendung vereinbart. Im Gegensatz zu leitungsvermittelnden Netzen können die nötigen Garantien auf paketvermittelnden Netzen bislang nicht eingehalten werden. Denkbare Lösungen zur Abhilfe sind:

- Alle benötigten Ressourcen wie Bandbreiten, Speicherplatz und CPU-Zeit werden während des Verbindungsaufbaus reserviert. Reservierte Ressourcen müssen anderweitig nutzbar sein, solange sie nicht benötigt werden [And90]. Diese Art der Verbindung entspricht einer Mischung aus virtueller Verbindung und Leitungsverbindung, da zwar paketorientiert vermittelt, aber dennoch zuvor reserviert wird. MultiG und die HeiProjects verwirklichen diese Variante durch die Verwendung von ST-II für verbindungsorientierten Verkehr [Peh92, Herr92, Top90].

- Die Alternative ist eine Kombination von Zugangskontrolle, Staukontrolle und Priorisierung der Pakete. Die Zugangskontrolle regelt die Zulassung einer weiteren Verbindung auf das Netz, die Staukontrolle dient der Vorbeugung oder Behebung von Staus und die Priorisierung gewährleistet, daß die Netzressourcen zuerst für zeitkritische Pakete zur Verfügung stehen. Der Erfolg dieser Methode hängt im wesentlichen von der Güte der Kontrollmechanismen ab.

2.3 Unterstützung unterschiedlicher Datenklassen

Die Daten aus verschiedenen Medien können gemäß ihren Anforderungen an die Übertragung nach Kriterien wie Bandbreite, geforderter Durchsatz, erwünschte Zuverlässigkeit, usw. klassifiziert werden. Die adäquate Übertragung dieser Daten (mit oder ohne Reservierung, mit oder ohne Retransmission, usw.) über das Netz setzt eine Berücksichtigung der Klassifikation in den Protokollen voraus. Dies ist entweder mit flexiblen Protokollen (z. B. XTP [San90]) oder durch die Bereitstellung und das Management verschiedener Protokolle für die Datenklassen möglich. Beide Varianten werden derzeit zum Beispiel im Projekt EUROBRIDGE erprobt [Hei93].

Für ein flexibles multimedia-fähiges Routing-Protokoll hat die Unterstützung verschiedener Klassen neben der Priorisierung von Paketen eine Abhängigkeit der Wegewahl von der Datenklasse zur Folge. Entsprechend steigt auch der Speicherbedarf in den Routing-Tabellen und der Aufwand für den Austausch von Routing-Informationen zwischen den Routern.

2.4 Anforderungen an den Routing-Algorithmus

Multimedia-fähige Routing-Algorithmen dürfen nicht nur Distanzen und verfügbare Nachbarknoten als Parameter einbeziehen. Die Unterstützung der Übertragungsgarantien für zeitkritische Datenströme erfordert die Berücksichtigung von Verkehrsparametern und die Realisierung der Klasseneinteilung den Einbezug von Serviceparametern. Die Beachtung der Verkehrssituation im Netz bei der Wegewahl trägt außerdem zur Staukontrolle bei, denn einer Überlastung des Netzes kann durch rechtzeitigen Einsatz von Alternativrouten vorgebeugt werden. Schließlich muß die Erweiterbarkeit des Algorithmus zu einem effizienten Multicast-Algorithmus für Anwendungen wie Videokonferenzen beachtet werden.

Die hier gestellten Forderungen an den Routing-Algorithmus werden in Multimedia-Projekten kaum erwähnt. Innerhalb der IETF gibt es jedoch Bestrebungen, den im IP-Header enthaltenen Servicetyp auch beim Routing zu berücksichtigen [Alm92a, Alm92b].

3 Routing - Protokolle im Vergleich

Der Vergleich der Protokolle setzt Kenntnisse über die Bezeichnungen bei Routing-Algorithmen und die Vielfalt der Routing-Protokolle des Internets voraus. Die Begriffe werden im folgenden erläutert. Im Anschluß werden einige Protokolle anhand der in Kapitel 2 angeführten Kriterien verglichen.

3.1 Überblick über Routing-Algorithmen und -Protokolle

Den klassischen Verfahren zum Routing ist gemeinsam, daß sie die Routen anhand einer Metrik, zum Beispiel der Distanz zwischen den Knoten, ermitteln und in Routing-Tabellen eintragen. Dazu kann Dijkstras SPF-Algorithmus (*Shortest Path First*) dienen.

Abb. 2 zeigt eine Klassifikation von Routing-Algorithmen nach [Tan89]. Es gibt nicht-adaptives Routing mit einmal ermittelten statischen Tabellen und adaptives Routing. Bei adaptiven zentralen Algorithmen verwaltet eine netzglobale Routingzentrale die Tabellen, während bei adaptiven isolierten und verteilten Algorithmen jeder Knoten eigene Tabellen generiert. Dabei verwenden verteilte Verfahren im Gegensatz zu isolierten Algorithmen Informationen von Nachbarknoten. Verteilte Algorithmen lassen sich unterteilen in Algorithmen, die lokales Wissen über die Nachbarnetzknoten einbeziehen (Bellman-Ford- oder Abstandsvektor-Algorithmen) und in solche, die globale Informationen über die gesamte Netztopologie besitzen (Verbindungsstatus-Protokolle) [Nar89].

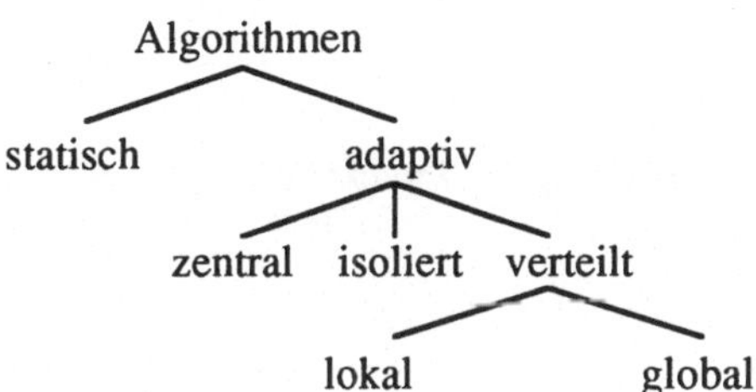

Abb. 2: Klassifikation von Routing-Algorithmen

Aus Effizienzgründen werden große Netze in einzelne Verwaltungsbereiche, die als "autonome Systeme" (Internet) oder "Routing-Bereiche" (OSI) bezeichnet werden, unterteilt. Damit ist es möglich, hierarchisch zu routen und die Größe der Routing-Tabellen überschaubar zu halten. Die einzelnen Zuständigkeitsbereiche sind für sich unabhängig und dürfen damit auch heterogene Protokolle benutzen, solange sie die erforderlichen Schnittstellen zur Vernetzung mit der Außenwelt aufrechterhalten. Im Internet sind dementsprechend Routing-Protokolle innerhalb autonomer Systeme (*Interior Gateway Protocols* IGP oder *Intra-Autonomous System Protocols* Intra-ASP) von Protokollen für den Austausch zwischen autonomen Systemen (*Inter-Autonomous System Protocols* Inter-ASP) zu unterscheiden. OSI sieht nur den Standard IS-IS (*Intermediate System-to-Intermediate-System*) vor. Zwischen den Routing-Bereichen wird statisch geroutet.

Das *Gateway-to-Gateway-Protocol* (GGP) und *HELLO* waren die ersten IGPs. Einige Verbesserungen brachte das *Routing Information Protocol* (RIP), das vor allem durch das Unix-Programm "routed" Verbreitung fand. Im Anschluß an RIP wurde das *Inter-Gateway Routing Protocol* (IGRP) für die Verwendung in größeren Netzen in cisco-Routern implementiert. GGP, HELLO, RIP und IGRP verwenden Abstandsvektor-Algorithmen. Neuere Entwicklungen sind die Verbindungsstatus-Protokolle *Open Shortest Path First* (OSPF) und eine Modifikation von IS-IS, bei welchen verschiedene Servicetypen in das Routing einbezogen werden können [Nar89, Hed88, Hed89, Per91].

Das erste Protokoll für das Routing zwischen autonomen Systemen war das *Exterior Gateway Protocol* (EGP). Zwei neuere Vorschläge dazu sind das *Border Gateway Protocol* (BGP) und *Inter Domain Policy Routing* (IDPR) [Lou91, Est89]. IDPR versucht, bestimmte Strategien über die Vergabe von Ressourcen durch autonome Systeme sowie Informationen über den Servicetyp in das Routing miteinzubeziehen und einen mit den Strategien konsistenten Weg zwischen autonomen Systemen zu finden.

Eine Sonderstellung nimmt das *Internet Stream Protocol II* (ST-II) ein, das für die speziellen Bedürfnisse von Datenströmen entwickelt wurde. Dieses experimentelle Protokoll soll zusätzlich zum Protokoll des Internets abgewickelt werden [Top90].

Abb. 3 stellt die Einteilung der erwähnten Routing-Protokolle dar. Weitere Einführungen zu Routing-Protokollen finden sich in [Com90, Per92].

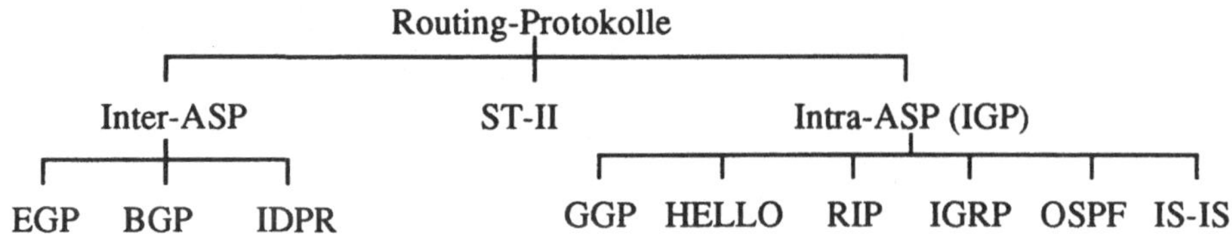

Abb. 3: Einteilung von Protokollen auf Netzwerkebene

3.2 RIP, IGRP, OSPF, IS-IS, BGP, IDPR und ST-II

Der folgende Vergleich verdeutlicht, welche Eweiterungen nötig sind, damit Routing-Protokolle multimedia-fähig werden. Der Vergleich stellt dabei keine Kritik dar, denn keines der Protokolle wurde ursprünglich für den Einsatz in multimedialen Kommunikationssystemen entworfen. Sowohl EGP, als auch die IGPs GGP und HELLO werden hier nicht behandelt, weil sie den neuen Anforderungen am wenigsten genügen.

3.2.1 RIP und IGRP [Hed88, Hed89]

Die Routenermittlung beim *Routing Information Protocol* RIP basiert auf einer festgelegten Metrik, der Anzahl der Verbindungen zwischen den Knotenrechnern. In jedem Knotenrechner gibt es eine Routing-Tabelle, in der für jede Zieladresse die Internet-Adresse, der anzusteuernde Nachbarknoten zusammen mit der physikalischen Adresse der zugehörigen Verbindung, die Metrik und das Alter des Eintrags vermerkt ist. Die Routing-Tabelle wird aufgrund eintreffender Informationen (von der Form (Ziel, Distanz)) durch die Nachbarknoten alle 30 Sekunden erneuert. Das Protokoll sendet für ausgefallene Stationen den Distanzwert "16", Instabilitäten wird mit der Methode "split horizon" vorgebeugt.
Die Routing-Tabellen beinhalten ausschließlich Einträge für Datagramme, also für verbindungslosen Dienst. Es gibt keine Garantien für zeitempfindliche Datenströme und nur eine Datenklasse. RIP verwendet den klassischen Routing-Algorithmus nach Dijkstra. Gruppenadressen haben ein eigenes Adreßformat. Eine Einbindung in multimediale Kommunikationsprotokolle ist bislang nicht vorgesehen. Damit steht fest, daß RIP dem derzeitigen Stand nach für den Einsatz als multimedia-fähiges Protokoll in fast allen erwähnten Punkten erweitert werden muß.
IGRP eignet sich etwas besser, denn es berechnet im Gegensatz zu RIP eine gewichtete Metrik aus dem Vektor (Verzögerung, minimale Bandbreite auf dem Pfad, Last, Zuverlässigkeit). Zudem soll damit in Zukunft auch Servicetyp-Routing möglich sein.

3.2.2 OSPF und IS-IS [Moy91, Ora90]

OSPF wurde für den Datagramm-Verkehr im Internet, IS-IS für den verbindungslosen OSI-Verkehr entwickelt. Damit liefert keines von beiden eine Lösung für zeitempfindliche Datenströme. OSPF kann ausschließlich Internet-Verkehr transportieren. Für IS-IS gibt es eine Variante, "Integrated IS-IS", die geeignet ist, sowohl Internet-, als auch OSI-Verkehr zu routen. OSPF sieht eine Erweiterung zur Gruppenkommunikation vor [Moy92].

Eine Neuerung stellt die Einführung verschiedener Servicetypen dar, die in die Routing-Entscheidung einfliessen. OSPF bezieht sein *ToS-Routing* (Type-of-Service-Routing) auf den im IP-Header angegebenen Servicetyp. IS-IS beinhaltet, angelehnt an die verschiedenen Serviceklassen, 4 verschiedene Metriken: eine Standardmetrik (zum Beispiel die Kapazität der Leitung), eine Verzögerungsmetrik, eine Kostenmetrik und eine Fehlermetrik. Bei beiden bedeutet dies, daß der Routing-Algorithmus für jeden ToS/jede Metrik eine eigene Route berechnen und in der Routing-Tabelle speichern muß.

Um OSPF und IS-IS zu multimedia-fähigen Protokollen zu erweitern, muß die Möglichkeit zur Verbindungsorientierung geschaffen, ein Algorithmus zum Verbindungsaufbau zur Gewähr von Garantien und eine effiziente Realisierung des ToS-Routing gefunden werden.

3.2.3 BGP und IDPR [Lou91, Ste92]

BGP und IDPR liefern gute Ansätze für die Behandlung von unterschiedlichen Serviceklassen. Der Grundgedanke dahinter ist, daß verschiedene autonome Systeme auch unterschiedliche Metriken und Strategien mit sich bringen und daß diese bei der Routenwahl in einem Inter-ASP berücksichtigt werden müssen. So gibt es gegebenenfalls Routen durch verschiedene autonome Systeme, die unterschiedliche Strategien verfolgen, zu einem Ziel.

Bei BGP wird eine Route mit einer Präferenzfunktion aus der Menge der Routen ausgewählt. In IDPR wird besonderer Wert darauf gelegt, daß eine Route nicht verteilt in den Knotenrechnern, sondern als ganzes beim Sender ermittelt und einem Aufbaupaket mitgegeben wird (source routing). Dies hat den Vorteil, daß senderspezifische Strategien die Wahl der autonomen Systeme auf dem Weg mit wenig Aufwand beeinflussen, aber den Nachteil, daß lokale Verkehrsprobleme der einmal gewählten autonomen Systeme unbeachtet bleiben.

Die Protokolle legen explizit weder einen Routing-Algorithmus noch eine Metrik noch einen Verbindungstyp fest und überlassen dies einer Implementierung. Die Voraussetzung für eine multimedia-fähige Implementierung ist die effiziente Realisierung der "policies" zur Unterstützung verschiedener Datenklassen. Es bleibt zu untersuchen, ob ein verteilter Algorithmus dem source routing vorzuziehen ist. Senderspezifische Bedingungen können auch durch Kontrollpakete oder beim Verbindungsaufbau berücksichtigt werden.

Für beide Protokolle ist das Thema Gruppenkommunikation im Anfangsstadium. Für BGP gibt es einen Vorschlag in [Bri92], für IDPR soll eine erste Lösung 1993 vorliegen.

3.2.4 ST-II [Top90]

ST-II ist das einzige Protokoll, das speziell für zeitempfindliche Datenströme und für die Gruppenkommunikation entworfen wurde und Garantien vorsieht. Als verbindungsloser Dienst soll zusätzlich und unabhängig davon weiterhin der Internet-Verkehr abgewickelt werden. Damit ergibt sich eine multimedia-fähige Netzwerkebene, die aus zwei Protokollen besteht und den klassischen Routing-Algorithmus verwendet.

Allerdings erfordert die Zusammenführung der Protokolle auf der Netzzugriffsebene und die Abwicklung zweier Protokolle auf einer Ebene zusätzlichen Aufwand. Darunter fällt zum Beispiel, daß die Router Informationen, die beide Protokolle benötigen, doppelt austauschen, weil jedes Protokoll ein eigenes Kontrollprotokoll beinhaltet (SCMP und ICMP). Deshalb ist es sinnvoller, ein einziges Protokoll, das für verschiedene Datenklassen geeignet ist und auf einem Algorithmus zum Austausch von Kontrollinformationen beruht, zu entwickeln.

3.2.5 Zusammenfassung

Die folgende Tabelle (Abb. 4) faßt die Ergebnisse zusammen. Die Protokollart wurde dabei nur zur Information aufgeführt und stellt kein Kriterium für die Multimedia-Fähigkeit dar.

Auf den ersten Blick ist der Verbindungstyp das einzige Problem. Eine notwendige Ergänzung für verbindungslose Protokolle sind Verbindungsaufbaumechanismen, wie sie in ST-II oder in [Par92] vorgeschlagen werden. Ohne diese Ergänzung sind keine Garantien für zeitkritische Datenströme möglich. ToS-Routing und Multicast-Routing sind in den meisten Protokollen vorgesehen, müssen jedoch erst effizient realisiert werden.

	Verbindungstyp	Garantien	ToS-Routing	Protokollart	Multicast
RIP	vl			AV	X
IGRP	vl		X	AV	?
OSPF	vl		X	VS	X
IS-IS	vl		X	VS	?
BGP	vl		X	VS	(X)
IDPR	vl		X	VS	(X)
ST-II	vo	X	X	?	X

vl: verbindungslos
vo: verbindungsorientiert
AV: Abstandsvektor
VS: Verbindungsstatus
X: Eigenschaft vorhanden oder vorgesehen
?: unbekannt

Abb. 4: Routing-Protokolle im Vergleich

4 Ansatz für ein multimedia-fähiges Routing-Protokoll

Vor allem die effiziente Bereitstellung klassenabhängiger Routen und verschiedener Verbindungsarten innerhalb eines Routing-Protokolls erweist sich als schwierig. Bei den bestehenden Protokollen steigt der Rechen- und Speicherbedarf für das Routing linear mit der Anzahl der für verschiedene Servicetypen angebotenen Metriken. Es ist zu aufwendig, in Routing-Tabellen Patentrezepte für alle verschiedenen Verkehrssituationen bereitzuhalten. Deshalb wäre besser, Routen zumindest teilweise erst auf Anfrage zu berechnen und nur Standardrouten für die

schnelle Bearbeitung von Datagrammen und Kontrollpaketen in Routing-Tabellen bereitzuhalten. Im folgenden wird dazu ein neuer Ansatz vorgestellt, welcher die zuvor diskutierten
Routing-Protokolle geeignet ergänzt (Abb. 5).

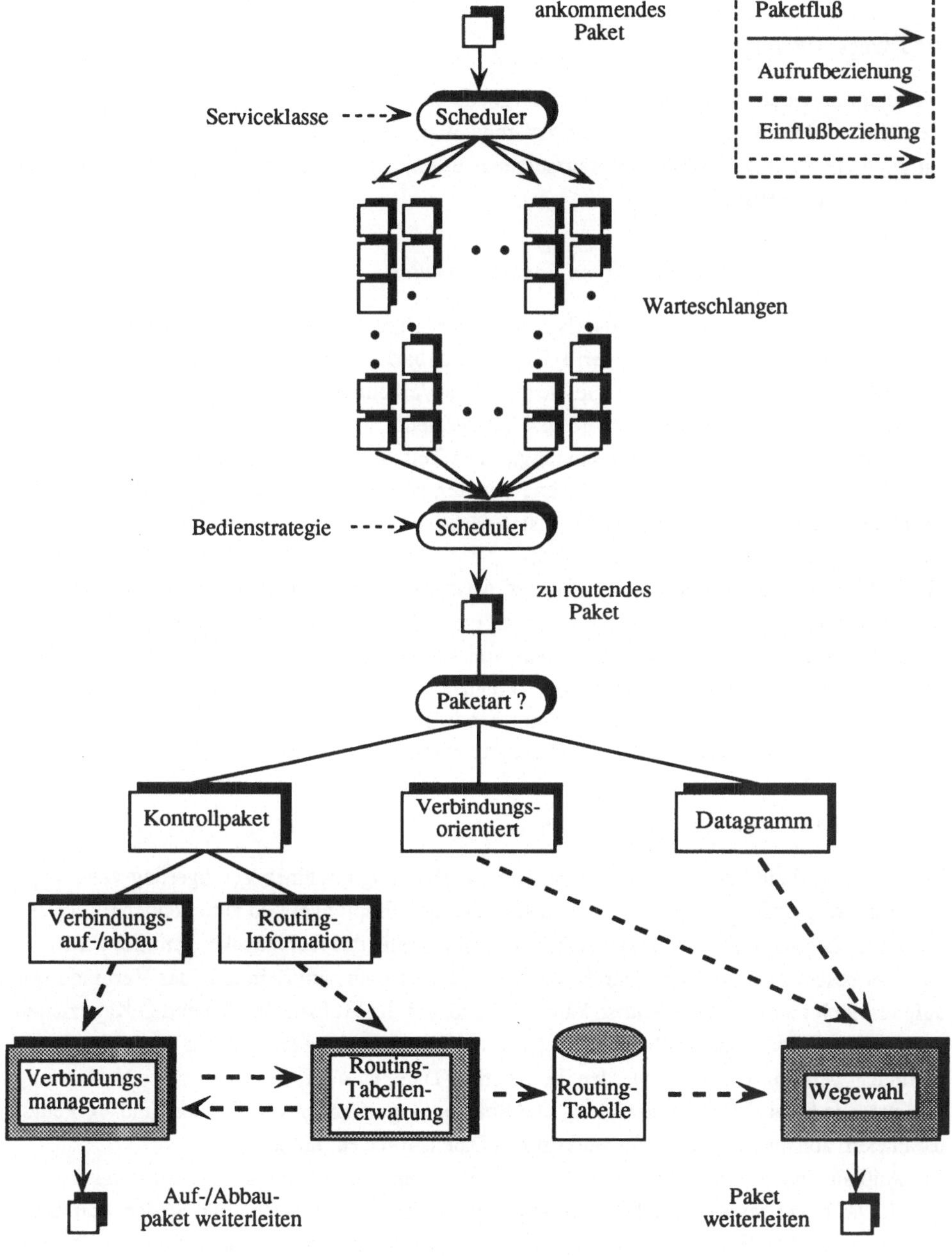

Abb. 5: Ablauf zur Bearbeitung der Pakete in einem Knotenrechner

4.1 Konzept für den Ablauf in den Knotenrechnern

Jeder Knotenrechner benötigt die 3 Module "Wegewahl", "Routing-Tabellen-Verwaltung" und "Verbindungsmanagement", deren Zusammenwirken aus Abb. 5 ersichtlich ist.

4.1.1 Wegewahl für Pakete

Die ankommenden Pakete einer bereits aufgebauten Verbindung oder aus verbindungslosem Verkehr werden in ihrer Klasse entsprechende Warteschlangen eingereiht und prioritätsabhängig bedient. Das schafft die Voraussetzung für eine adäquate Bedienung von Paketen aus zeitkritischen Datenströmen.

4.1.2 Ermittlung und Modifikation von Routing-Tabellen

Zur Routenermittlung dient ein adaptiver verteilter Algorithmus, der als Parameter neben der Adresse des Zielrechners, den verfügbaren Nachbarknoten und den Distanzen auch die Serviceparameter der Datenklasse und die aktuellen Verkehrsparameter berücksichtigt. Die Idee zur Realisierung des Algorithmus wird in 4.2 dargestellt.

Die Routing-Tabelle besteht aus einem temporären Teil, der die Wegewahl der Pakete aus aktuell aufgebauten Verbindungen regelt, und aus den Routen für den Datagrammdienst. Diese Mischung von Einträgen in den Tabellen ist neuartig.

Die Einträge in der Routing-Tabelle werden periodisch und ereignisabhängig erneuert. Periodische Modifikationen ergeben sich aus dem Austausch von Protokoll-Informationen. Auf besondere Änderungen im Netz wie beim Ausfall eines Routers oder dem Belegen oder Freisetzen von Ressourcen durch den Auf- oder Abbau von Verbindungen werden Routingkontrollpakete ausgesendet, die eine (ereignisabhängige) Aktualisierung der Tabellen bewirken. Auch die Umlenkung von Verbindungen erfolgt über eine Modifikation der Routing-Tabellen. Eine Umlenkung ergibt zum Beispiel bei plötzlichem Ausfall eines Routers Sinn.

4.1.3 Auf- und Abbau von Verbindungen

In [Fer90] wird ein Schema zum Aufbau einer Verbindung mit einer Verzögerung von nur einem Rundweg des Aufbaupakets vom Sender über den Empfänger und zum Sender zurück beschrieben. Dieser Ansatz setzt voraus, daß feststeht, wohin das Aufbaupaket geroutet wird.

Der hier beschriebene Ansatz geht davon aus, daß die Route zum Zeitpunkt des Verbindungsaufbaus noch nicht feststeht. Nur so kann ein Scheitern des Aufbaus bei fehlenden Kapazitäten eines eingeplanten Knotenrechners vermieden und eine dem aktuellen Verkehr angepaßte Route gefunden werden. Außerdem werden die Routing-Tabellen nur für die Dauer der Verbindung belastet. Die fortwährende Berechnung und Speicherung mehrerer von Service- und Verkehrsparametern abhängiger Routen für zeitkritische Datenströme entfällt damit.

Der Aufbau einer Verbindung wird durch die Versendung eines Verbindungsaufbaupakets ausgelöst. Das Paket bewirkt eine Reservierung von Bandbreiten, CPU-Zeit und Speicherkapazität auf dem gewählten Weg. Es enthält die Sender- und Empfängeradresse, einen Vermerk über die Richtung des Wegs und eine Quittung auf dem Rückweg.

Scheitert der Verbindungsaufbau an einem Knotenrechner, ist es denkbar, das Aufbaupaket einen Alternativweg suchen zu lassen. Das artet im Extremfall zu einer Backtracking-Suche des

Aufbaupakets durch das Netz aus (Abb. 6). Durch eine Einschränkung der vom Routing-Algorithmus ermittelten Nachbarmenge und der zulässigen Aufbauzeit läßt sich der Aufwand dabei reduzieren.

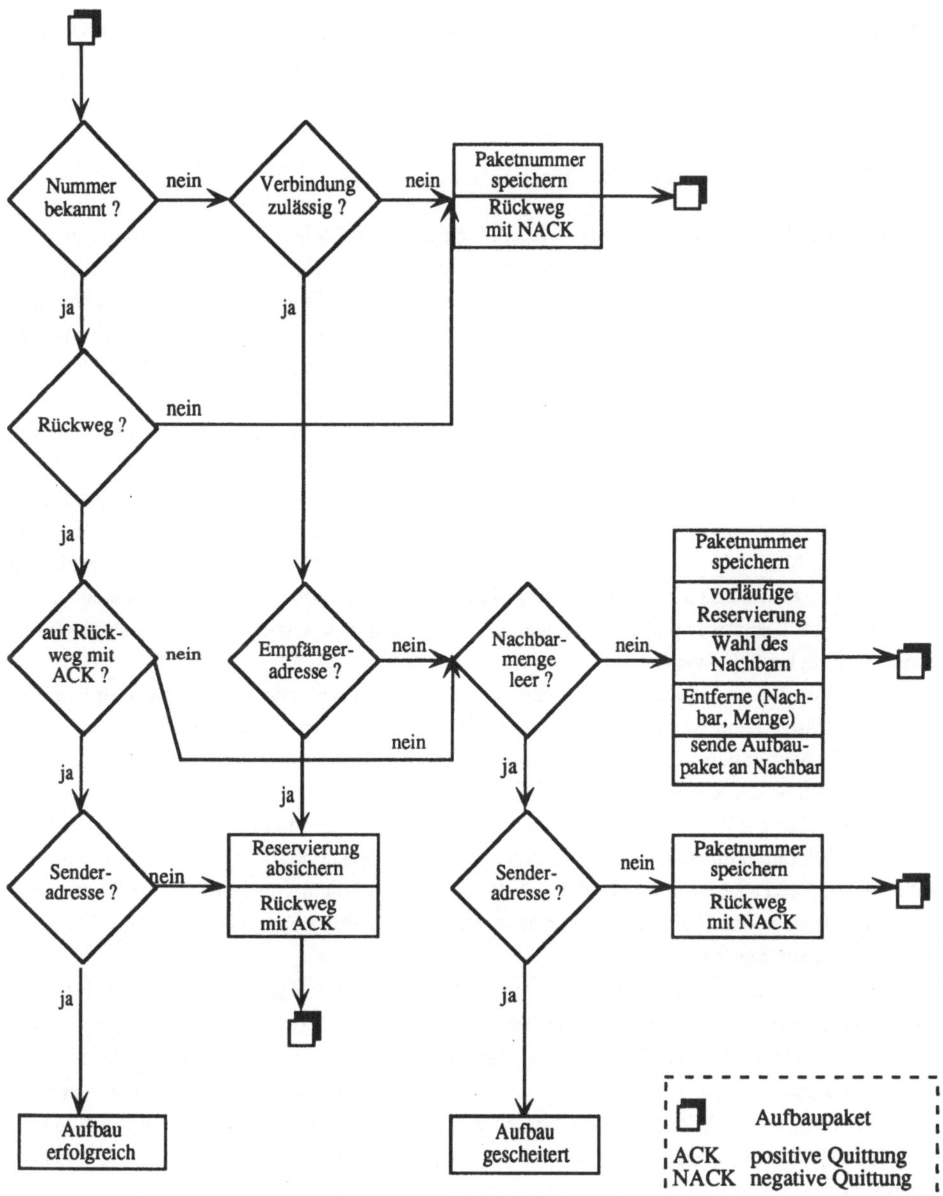

Abb. 6: Algorithmus zur Bearbeitung eines Verbindungsaufbaupakets in einem Knotenrechner

Jeder Knotenrechner speichert die Nummern erhaltener Aufbaupakete für einen vereinbarten Zeitraum, um Schleifen des Pakets vorzubeugen. Probleme beim Verlust des Aufbaupakets entstehen nicht, wenn jeder beteiligte Knoten den Verbindungsaufbau nach einer bestimmten Zeit als gescheitert betrachtet. Nach dem Aufbau können Folgepakete wegen der Einträge in den Routing-Tabellen schnell geroutet werden.

Der Verbindungsabbau ist ungleich einfacher, weil es ausreicht, ein Abbaupaket durch die vordefinierte Route zu schicken. Abhilfe für verlorengegangene Abbaupakete schafft eine Zeitbeschränkung, nach welcher die Knotenrechner eine ungenutzte Verbindung als beendet ansehen.

4.2 Routing-Algorithmus auf der Basis neuronaler Netze

Um schnelle Wegeberechnungen zu ermöglichen und den Rechen- und Speicheraufwand für Wegvarianten aufgrund verschiedener Service- und Verkehrsparameter zu reduzieren, entstand die Idee, einen neuronalen Routing-Algorithmus zu erproben. Für die Realisierung des Vorhabens werden derzeit Versuche mit Backpropagation sowie mit Hopfield-Netzen unternommen. Ein neuronales Netz besteht aus durch gewichtete Kanten miteinander verbundenen Neuronen, denen Aktivitäten zugewiesen werden [Rit90].

Backpropagation kann ein neuronales 3-schichtiges Netz anlernen, die Funktion einer Routing-Tabelle zu übernehmen. Dabei ist vor allem interessant, daß der Speicherplatz für mehrere Servicetypen und Metriken nicht so stark wie bei konventionellen Routing-Tabellen ansteigt und daß das angelernte neuronale Netz eine schnelle Zugriffsmöglichkeit auf die gespeicherten Daten bietet. Nachteile sind die Anlernzeiten des neuronalen Netzes und die Notwendigkeit, die Anlerndaten zumindest auf einem Hintergrundspeicher bereitzuhalten. Bislang besteht keine Aussicht, daß Backpropagation einen Routing-Algorithmus ersetzen kann. Deswegen wurde dieser Ansatz zunächst verworfen.

Hopfield-Netze sind selbstorganisierende Netze, die nach Anlegen von Startwerten in einer Iteration solange neue Aktivitäten berechnen, bis sich ein stabiler Zustand eingestellt hat (d. h. bis sich die Aktivitäten nicht mehr ändern). In diesem Zustand minimieren sie die sogenannte Lyaponov-Funktion, die von den Gewichten des neuronalen Netzes und den Aktivitäten der Neuronen abhängig ist. Transformiert man das Routing-Problem in ein Optimierungsproblem, so lassen sich durch einen Koeffizientenvergleich mit der Lyaponov-Funktion die Gewichte des neuronalen Netzes bestimmen [Tag91]. Die Gewichte sind dann von zum Beispiel Distanzen, Kapazitäten, usw. abhängig und können an Änderungen in der Verkehrssituation des Rechnernetzes angepaßt werden.

In dem derzeit untersuchten Ansatz ist vorgesehen, in jedem Router ein Hopfield-Netz zu implementieren. Dieses soll seine Gewichte ständig anpassen, Routing-Anfragen in Startwerte umsetzen und dann im stabilen Zustand eine geeignete Route enthalten, die direkt aus den Aktivitäten des Hopfield-Netzes entnommen werden kann. Derartige Ansätze existieren bereits [z. B. Ouy90], ihr Funktionieren wird derzeit erprobt. Der Vorteil des neuronalen Routing mit Hopfield-Netzen wäre, daß damit sowohl ein adaptiver, mehrere Servicetypen berücksichtigender Routing-Algorithmus, als auch die Routing-Tabelle ersetzt wird. Genaue Aussagen über den Erfolg der Methode wird ihre Implementierung und anschließende Simulation liefern. Insbesondere ist dabei auch darauf zu achten, daß der Algorithmus nicht zu adaptiv wird, damit Oszillationen im Netz vermieden werden können.

5 Ausblick

Die grundlegende Idee für ein multimedia-fähiges Routing-Protokoll wurde entwickelt. Dazu wurde die Integration zweier Verkehrsarten in eine Routing-Tabelle, ein Algorithmus zum Aufbau von Verbindungen und die Verwendung eines neuronalen Netzes zum Routing vorgeschlagen. Die nächsten Aufgaben beinhalten, den Routing-Algorithmus in verschiedenen Varianten zu implementieren, zu testen, in ein Routing-Protokoll einzubinden und zu einem Multicast-Algorithmus zu erweitern. Im Anschluß daran wird das neue Konzept simulativ bewertet werden.

6 Literatur

[Alm92a] Philip Almquist: "Type of Service in the Internet Protocol Suite", RFC 1349, 7/92

[Alm92b] Philip Almquist: "IESG Deliberations on Routing and Addressing", RFC 1380, 11/92

[And90] D. A. Anderson, S. Tzou, R. Whabe, R. Govindan, M. Andrews: "Support for Continuous Media in the DASH System", Proceedings 10th Conference on Distributed Computer Systems, Paris, May 1990

[Bou92] Jean-Yves Le Boudec: "The Asynchronous Transfer Mode: a tutorial", Computer Networks and ISDN Systems 24 (1992) 279-309

[Bri92] S. Brim, Y. Rekhter: "IP Multicast Communications using BGP", Internet Working Draft, 10/92

[CaDe92] Stephen Casner, Stephen Deering: "First IETF Internet Audiocast", ACM Computer Communication Review 21/3, 7/92, 92 ff

[Com90] Douglas E. Comer: "Internetworking with TCP/IP", Vol. 1 and 2, Prentice Hall, 1990, Second Edition

[Est89] Deborah Estrin, Martha Steenstrup: "Inter Domain Policy Routing: overview of architecture and protocols", ACM Computer Communication Review 19/4, 9/89, 71 ff

[Fer90] Domenico Ferrari, Dinesh C. Verma: "A Scheme for Real-Time Channel Establishment in Wide-Area Networks", IEEE Journal on Selected Areas in Communications, 4/90, 368-379.

[Hed88] C. Hedrick: "Routing Information Protocol", RFC 1058

[Hed89] C. Hedrick: "An Introduction to IGRP", draft igrp.ps auf Merit.edu in /pub/routing, 10/89

[Hei93] Bernd Heinrichs, Kai Jakobs, Klaus Lenßen, Wilko Reinhardt, Arno Spinner: "Das EUROBRIDGE-Projekt: Unterstützung von Multi-Media Kommunikation", KiVS '93, München, 3/93

[Herr92] Ralf Guido Herrtwich: "The HeiProjects: Support for Distributed Multimedia Applications", IBM ENC, Technical Report No. 43.9206, 1992

[Hop90] Andy Hopper: "Pandora - An Experimental System for Multimedia Applications", ACM, Operating Systems Review, 4/90, 19-34

[Lou91]   K. Lougheed: "A Border Gateway Protocol 3", RFC 1267, 10/91

[Lit89]   M. Little: "Goals and Functional Requirements for Inter-Autonomous System Routing", RFC 1126, 10/89

[Moy91]   John Moy: "OSPF Version 2", RFC 1247, 7/91

[Moy92]   John Moy: "Multicast Extensions to OSPF ", Internet Working Draft, 9/92

[Nar89]   Thomas Narten: "Internet Routing", ACM Computer Communication Review 19/4, 9/89, 271-282

[Ora90]   David Oran: "OSI IS-IS Intra-domain Routing Protocol", RFC 1142, 2/90

[Ouy90]   C. Ouyang, A. A. Bhatti: "Neural network based routing in computer communication networks", IEEE International Conference on Systems Engineering, 621-624, 3/90

[Par92]   Craig Partridge: "A Proposed Flow Specification", RFC 1363, 9/92

[Peh92]   Bjorn Pehrson, Per Gunningberg, Stephen Pink: "Distributed Multimedia Applications on Gigabit Networks", IEEE Network Magazine, 1/92, 26-35

[Per91]   Radia Perlman: "A comparison between two routing protocols: OSPF and IS-IS", IEEE Network Magazine, 9/91, 18-24

[Per92]   Radia Perlman: "Interconnections-Bridges and Routers", Addison Wesley, 1992

[Pop91]   Radu Popescu-Zeletin: "From Broadband ISDN to Multimedia Computer Networks", Proceedings GI - 21. Jahrestagung, Darmstadt, 10/91, 35-49

[Rit90]   Ritter, Martinetz, Schulten: "Neuronale Netze - Eine Einführung in die Neuroinformatik selbstorganisierender Netzwerke", Addison Wesley, 1991

[San90]   Robert M. Sanders, Alfred C. Weaver: "The Xpress Transfer Protocol (XTP) - A Tutorial", ACM Computer Communication Review, 20/5, 10/90, 67ff

[Ste92]   Martha Steenstrup: "Inter-Domain Policy Routing Protocol Specification and Usage: Version 1", Internet Working Draft, 5/92

[Tan89]   Andrew S. Tanenbaum: "Computer Networks", Prentice-Hall, 1989

[Tag91]   Tagliarini, Christ, Page: "Optimization Using Neural Networks", IEEE Transactions on Computers, 40/12, 12/91

[Top90]   C. Topolcic: "Experimental Internet Stream Protocol, Version 2 (ST-II)", RFC 1190, 10/90

Intelligent Network´s Management:

Upcoming Requirements and Possible Solutions

T. Magedanz, A. Hauptvogel, T. Eckardt, J. Aronsheim-Grotsch

Technische Universität Berlin
Lehrstuhl für Offene Kommunikationssysteme (OKS)
Franklinstr. 28/29, 1000 Berlin 12
Tel.: (030)25499229, Fax: (030)25499202

Abstract

The Intelligent Network (IN) represents the most attractive network architecture for the uniform provision of future telecommunication services. This paper focuses on the upcoming management requirements of IN-structured telecommunication networks and investigates the application of current Telecommunication Management Network (TMN) concepts for the development of an integrated IN Management Model. Emphasis is put on an analysis of the relationships between network and service management, which is an emerging issue for management service providers due to ongoing deregulation efforts of the European telecommunication environment. After identifying basic issues to be encompassed for a suitable IN management model this paper proposes concepts for an integrated IN management architecture, the related IN management information model and the corresponding management service model.

1. Introduction

Intelligent Networks (IN) represent an architectural concept for the efficient and uniform creation and provision of new telecommunication services such as Freephone, Virtual Private Networks (VPNs) or Universal Personal Telecommunications (UPT). Currently INs are the subject of world wide awareness and strong push in different standardisation bodies, since this network architecture allows through the provision of generic service independent building blocks and the definition of functional network elements with defined interfaces for a variety of different services independent from the underlying network technologies.

In addition the ongoing worldwide deregulation and liberalization of telecommunication environments through concepts like *Open Network Provision (ONP)* pointing towards openness and growing competition among network and service providers, will determine crucial conditions and restraints for this IN environment. The objective of ONP is to set up a uniform telecommunication infrastructure in the European Community, which supports a free market for tele-communication services offered by different private and public organisations. The envisaged common network infrastructure comprises network equipment and so called *exclusive/basic* (bearer) services offered by the traditional (public) network operators. These can be used by private and public service providers via common interfaces with the same usage and tariff conditions in order to create *liberalized/competitive* (enhanced) services. In addition, already existing liberalized services can be reused for the creation of more enhanced services, where INs represent the basic concept for the uniform and efficient creation of (liberalized) future tele-communication services [Maged-92b].

The above scenario results in highly complex management requirements, which have to be solved for a harmonized coexistence between network providers,who are offering the basic network infrastructure, including the functional IN components and basic bearer services, and the various service providers, who are coping with the management of their services. In addition to this situation growing subscriber control requirements of future telecommunication services, the possibility of service hierarchies and the provision of pan-European IN services across several networks, result in additional management interactions [Maged-91].

This necessitates a standardized approch for the definition of IN management services, which comprises both network and service management. Looking for a suitable concept in that domain, one probably recognizes CCITT´s *Telecommunication Management Network (TMN)* recommendations. The purpose of a TMN in general is the management (operation, control and maintenance) of all kinds of telecommunication networks and services. The basic concept behind the TMN is the provision of an organized network structure for achieving the interconnection of various types of management systems (which carry out specific management tasks) with the telecommunications equipment in the underlying managed network. In addition to this generic management architecture the basic ingredients for the TMN are the uniform definition of the necessary management information and the provision of corresponding standardized management services.

So far neither the IN standardization nor the TMN standardization has investigated the management of future IN-structured telecommunication environments, although both concepts have been identified as basic constituents of future telecommunication environments. In particular the upcoming importance of the separation between network and service management although it represents a key issue in future deregulated telecommunication environments is not yet reflected adequately in the international standardization bodies. It is thus now subject of several research projects in the field of future IBC environment definitions.

This paper investigates the upcoming management issues in future deregulated IN-structured telecommunication environments in order to develop an integrated IN management model based on current TMN concepts. This model comprises an appropriate IN management architecture (including the communication aspects), a related IN management information model and a corresponding management service model. In particular the relationships between network and service management will be examined, as they will be of major importance in the light of the ongoing deregulation of the telecommunication market. It is assumed that readers are familiar with current IN [Q.1200] and TMN [M.3010] standards, otherwise they are referred to the corresponding standards. In addition, [Maged-92a] provides a good introduction to both concepts.

2. General Considerations concerning IN Management Issues

Before starting with the analysis it seems worth taking a brief look at the way IN services will be realized in INs, the roles involved in IN management and the relationships between network and service management in INs.

2.1 IN Service Realization

It has to be stated, that there is no such thing as an "IN service" strictly speaking. A service in general may be implemented in an IN way or in another way equally well. A customer of such service does not see or care about how the service is realized in the network, but just how it is provided to him. Nevertheless, there are some services that are typically best realized in an IN fashion, such as Freephone, VPN, UPT, etc. Typical characteristics of IN services are flexible routing, flexible charging and enhanced customer control over specific service parameters.

In an IN a service program is written in the *Service Creation Environment Function (SCEF)*, currently the subject of standardization. A particular service can be created by writing a service program (global service logic) which calls various *service independent building blocks (SIBs)*. SIBs are defined independently from the underlying network and only visible in the SCEF. This means that no knowledge should be required of the structure of the underlying network for service program creation. Note that there is no notion of SIBs as identifiable entities in the network or in the *Distributed Functional Plane (DFP)*.

This means when an IN service has been deployed in the IN and is actually processed, service processing generally corresponds to the DFP, where a service consists of distributed service parts (i.e. service trigger entries in the Service Switching Functions - SSF, service logic in the Service Control Function - SCF, subscriber related data entries in the Specialized Data Function - SDF, and may be specific announcements in the Specialized Resource Function - SRF) requiring interactions between the related IN functional entities (FEs).

2.2 Roles involved in IN Management

The IN infrastructure, comprising numerous IN functional entities which represent logical network resources, has to be implemented on a specific physical (bearer) network, such as a PSTN, ISDN or B-ISDN, where IN services are concerned primarily with the establishment/control of these bearer connections. In contrast to traditional telecommunication environments, where in most cases the network operator is at the same time the provider of telecommunication services, the application of ONP will result in a clear separation of these roles in future deregulated telecommunication environments. IN, which is considered as a key concept for the provision of future telecommunication services is also subject of ONP.

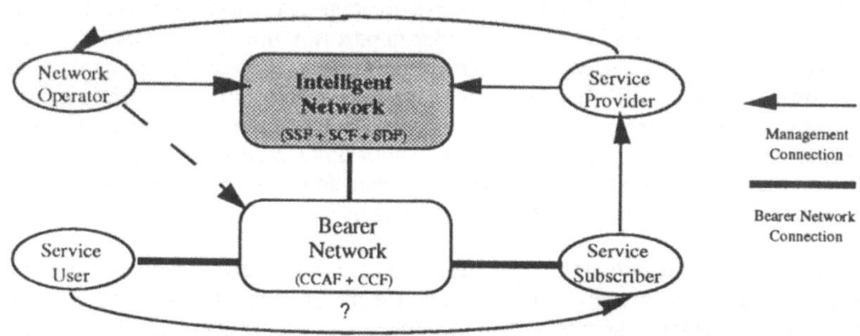

FIGURE 1   Identified Roles involved in IN/TMN Environments

According to ONP the IN will probably form a common (logical) network infrastructure offered as a "reserved service". Thus a public network operator will be responsible for the error-free provision of these components, in order to support the provision of IN services offered by different service providers, which are concerned with the management of their service as described in [Maged-91]. This leads to the following definition of roles involved in IN management, which have different management requirements in that environment (see figure 1):

a) The *network operator (NO)* is responsible for the provision of the common IN infrastructure, namely the IN functional entities in the DFP, representing logical network elements. Note that in the following considerations it will be abstracted from the existence of an underlying bearer network which imposes additional (bearer) network management requirements.

b) The *service provider (SP)* is the organization who provides and manages an IN service.

c) The *service subscriber (SS)* is the person/company who obtains the service from a SP and has to pay the charges to that SP (e.g. called party in the Freephone service).

d) The *service user* is the person who has access to and makes use of a service, but is not necessarily the subscriber (e.g. the calling party in the Freephone service).

2.3 Network and Service Management in Intelligent Networks

So far only a little effort has been spent in studying the IN management issues in both IN and TMN standardization bodies. This situation is going to change in the near future since several RACE and EURESCOM projects have been set up to study the service management issues in the light of future IBC environments, where IN and TMN represent the basic ingredients. Before starting to look at the management requirements of INs it seems worth comparing the current views of service management in IN and TMN.

According to the definition of service management in the CCITT IN recommendations [Q.1200] it is "An activity to support the proper operation of a service and the administration of information relating to the user/customer and/or network operator. Service management can support the following processes: service deployment, service provisioning and service utilization." The corresponding *service management function (SMF)* provides "a set of processes that support the management of user and/or network information, including service data and service logic programs that are required for the proper operation of a service." Thus service management in INs encompasses all activities needed for the management of service related aspects (handling of logic and data).

In the CCITT TMN recommendations [M.3010] management functionality is structured according to the functional TMN hierarchy in order to partition the management functions based on abstraction levels and to indicate the control authorities between components of the management architecture. Within TMN service management is concerned with and responsible for the contractual aspects of services that are being provided to customers or available to potential new customers. Customer facing and interfacing with other administrations and other service providers, interactions with the network management and business management layers and with other services are the primary tasks of that management layer.

Important is the fact that no precise knowledge is present on how a service will technically be provided; the service management layer relies on the network management layer for the technical provision of a service. The network management layer has responsibility for the management of all the network elements and provides the service management layer with a global comprehensive view of the underlying network. So, conceptually the service management functions have no knowledge of the structure of the underlying network. It is the responsibility of the underlying layer (network and network element management) to map the generic service management actions onto (corresponding management functions in) the specific network structure (e.g. onto the IN FEs).

Comparing both views of "service management" this term is used in INs to indicate the purpose of an activity (i.e to operate service related data), whereas in TMN the term is used to indicate the level of authority/responsibility, which is quite different and results in different definitions of service management functions.

For example the alteration of subscriber-specific data in the SDF represents in IN a service management function, whereas in TMN this kind of functionality would be situated in the network (element) management layer as it is concerned with the alteration of data located in a network element. The latter allocation of this functionality seems more appropriate, calling for the provision of more (user-friendly) generic service management functions (e.g. add/modify subscriber data) which abstract from the network architecture, where it is the task of the network management layer to map this generic functionality to appropriate network management functions. This means the service subscriber and even the service provider should not know that this data will be stored in a SDF, so allowing for the definition of generic service management services, suitable for all kind of services and not limited to IN services. The network management layer provides the adaptation to the (IN-)specific network architecture.

In summary one can say, that deregulated IN-structured telecommunication networks impose a scenario with a degree of customer access to telecommunication management capabilities that is much more demanding than the traditional NO offerings of the past. Such a scenario will have a strong impact on the way a NO manages its own infrastructure as a set of network resources providing support to a multitude of customers which is not yet encompassed adequately in the current IN and TMN standardization. The relationship between NO and SP in terms of service provisioning and service management can be described as follows:

- SPs request (IN) network infrastructure (with an adequate QoS level) from the NO who is responsible for the network performance of the infrastructure.
- SPs will be responsible for the service management activities (associated with the service management layer) and may offer management services to the subscribers of their services.
- In order to manage an IN service, the SPs will (most probalbly) request management services from the NO.

In conclusion it is felt that the NO (network) management requirements (as imposed by SPs or directly emerging from the necessary capability of the network to support new services) can be considered to be a result of two kinds of requirements:

- "core" network management requirements that emerge as a result of the responsibility for managing the network as a common infrastructure;
- "support" management requirements that correspond to additional network management capabilities to be provided in order to allow SPs to provide (service) management capabilities to their subscribers.

3. Management Requirements Analysis in Intelligent Networks

In order to define and provide a flexible and powerful IN management architecture and the related management services and data, the TMN concepts should be used for the definition of adequate IN management functions and the corresponding management services, since TMN represents a well established management framework receiving broad acceptance in the telecommunication environment. The TMN functional hierarchy represents a suitable basis for encompassing the different management requirements and responsibilities of the different roles involved in IN service provision. Especially in the light of the liberalization of the telecommunication service market in Europe, which also affect the corresponding management services.

In the following sections a requirements analysis for the provision of TMN-based management services for IN management purposes will be undertaken. This requirements analysis will be subdivided into the following three categories:

- A *Management architecture* is required in order to specify the necessary management building blocks and the related interfaces supporting the management services and the related management information model. In addition, the corresponding communication protocols associated with the architecture must be specified. This architecture provides the basis for the following:

- *Management services & functions* have to be specified in order to detail the various operations required for supporting the different management areas in Intelligent Networks.

- *Management information* associated with the services has to be specified in terms of appropriate Managed Objects, where strong relationships between management information, management services and protocols exist.

3.1 Requirements concerning an IN Management Architecture

When the relationship between IN services and IN networks is examined, it can be seen that basically one network can support several IN services offered by one or several service providers. Additionally IN services can be offered across several networks, resulting in different scenarios for the provision and management of global / pan-European IN services.

Since the IN architecture defines a logical network architecture, the application of TMN concepts seems to be adequate for solving the upcoming management tasks at a basic level. Comparing the functional architectures of the IN and TMN, namely the IN Distributed Functional Plane and the TMN functional architecture together with the TMN functional hierarchy, there is an obvious similarity between both architectures.

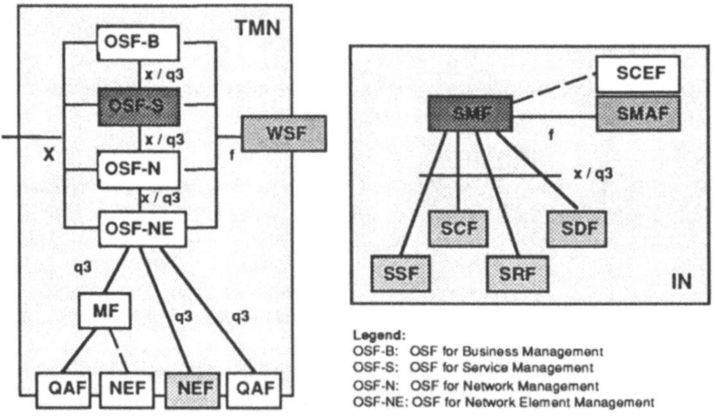

FIGURE 2   Mapping of TMN and IN Functional Architectures

Figure 2 illustrates a mapping of IN and TMN functional architectures as undertaken in [Maged-92b]. Here the IN *functional entities (FEs)* represent *network element functions (NEFs)* to be managed in the TMN terminology. FEs to be managed in this context are only the service execution related FEs, namely the SSF, SRF, SCF and SDF. The CCAF and CCF can also be represented as NEFs but are considered to belong to the basic network, managed by a corresponding TMN.

The IN SMF represents some kind of TMN Operations System Function for service management (OSF-S) which is interconnected via q- or x-type reference points with the IN related

NEFs. Accordingly the IN SMAF corresponds to the TMN *Workstation Function (WSF)* and interacts via an f-type reference point with the SMF. As identified in the previous section there is no clear separation between network and service management in INs as defined in the TMN recommendations, which leads to a fuzzy definition of the SMF. Up to now the SMF has covered mainly service management aspects in the DFP, but due to the internal IN service distribution and the location of service data at the IN functional entities these functions are mixed up with network element management functions. Thus the mapping of SMF to OSF-S and SMAF to WSF requires a reallocation of the already defined management subfunctions in the SMAF and SMF, where some subfunctions of the SMAF (e.g. "System Management" and "Service Management Control Support")) have to be moved to the SMF in order to correspond with the TMN definitions of WSF and OSF-S respectively.Since the IN functional entities are providing a common infrastructure for a variety of services (this means an SCF runs several IN service logic programs in parallel) no direct access to these FEs should be given to different service providers, who are not aware of other services. In addition, it has to be stressed again that the access to service data in the different FEs, which is initiated by the SMF and thus at the service management layer, results in operations on the network and more precisely on the network element management layers, in accordance to the TMN functional hierarchy.

This calls for a separate "*network management function (NMF)*" representing a TMN OSF for network management (OSF-N) not yet defined in the IN standards, which will be controlled by the network operator for managing the core IN and accessing service related data located at the different IN functional entities. This means that the NMF provides the SMF with access to network management data. Note that conceptually in addition to the NMF for each FE a corresponding *Functional Entity Management Function (FEMF)* has to be defined, representing a TMN OSF for Network Element Management (OSF-NE), and providing the FE-type specific management functions.

In order to reflect the different responsibilities of the identified IN roles for each IN network and each IN service there should be a corresponding (administrative) management domain defined by the collection of management information used by the respective IN management functions for managing the network´s operation or service´s operation as indicated in figure 3.

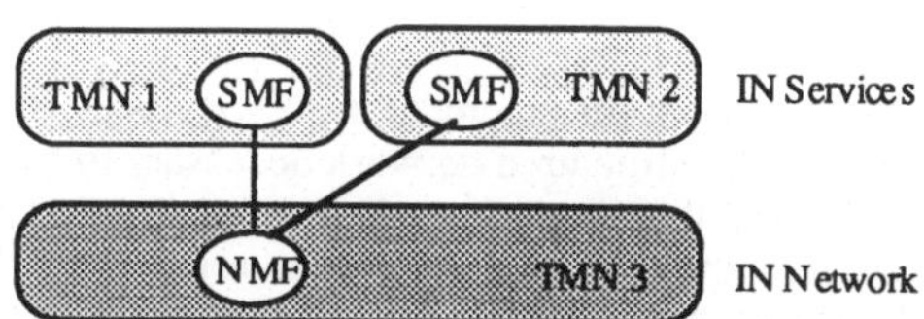

FIGURE 3   IN Service and Network modelled by Management Domains (TMNs)

In order to study the communication relationships in the realm of IN management one has to look at the identified actors and their management requirements related to the different TMN management layers.

Actors present at the service management layer are service providers and service subscribers/ users. Thus a service provider has to provide management capabilities for supporting:

- service subscribers for granting them with access to their specific management data, allowing them to perform adequate control of their subscribed service.

- other service providers because of some interworking between their services and the service managed by the local TMN.

Actors present at the network management layer are network operators. Due to the previously identified requirements a network operator has to provide management capabilities for supporting:

- service providers for the provision of their service management offers, which require access to corresponding network management data.
- other network operators because of some interworking between their resources and the resources managed by the local TMN.

3.2 Requirements concerning IN Management Services

The main management issues relevant in Intelligent Networks are related to both service and network management. Generally service management activities include the activities of service installation (deployment and provisioning and customizing), monitoring, control and billing. Network management is defined as the activity to support the proper operation of an IN-structured network. This includes network configuration and maintenance. Despite the fact that the CCITT IN recommendations explicitly define the topics "service management" and "network management", these management activities are not clearly separated into different layers of management functionality. Note that "service creation" which could be considered as the first service management activity, is a very complex task which will be excluded in the following considerations. Taking a look at the requirements in IN service management the following functionality will be required, corresponding to the different phases of a service lifecycle:

1) <u>service deployment:</u> service data introduction, service testing;
2) <u>service provisioning:</u> subscriber specific data introduction (customization);
3) <u>service monitoring:</u> initiating measurements and collecting measurement data, analysis and reporting of measurement data;
4) <u>service control / maintenance:</u> software maintenance, updating/modification of service data, service reconfiguration, service activation/deactivation, service dismantlement;
5) <u>service billing:</u> generating and storing of charging records, collecting charging records, modifying tariffs.

According to CCITT Q.1200, network management in IN may be defined as the management of the network capabilities of an IN-structured network necessary to support the proper operation of the IN infrastructure. Note that the basic network management functionality required for INs is not different to other network types, only the internal network management coping with the concrete network architecture and the corresponding network elements requires additional, more specific, network (element) management functionality.

In general IN network management comprises primarily the provision of access to FEs representing network elements, including localization of distributed information and the generation of statistics and accounting data. Thus this functionality represents service management supporting network management in order to map generic service management activities to the IN specific network architecture.

Additionally, basic network management activities are required in order to support the network operator for maintaining the network itself. This functionality provides management capabilities for network aspects of both individual network elements and sets of network elements. The management areas of importance are maintenance, configuration (of network elements), performance (for analysis and statistics), and accounting (of bearer services).

3.3 Requirements concerning IN Management Infomation

Object-oriented techniques provide an intuitive and natural way to present network and service entities. Network and service modelling deals with the mapping of management related network and service entities to "objects" in a *management information base (MIB)*. A network and in addition a service, can be represented by an appropriate collection of *managed objects (MOs)*. MOs are characterised by their classes. Each class is placed in an inheritance hierarchy and a class can inherit characteristics from the class which is an ancestor in the inheritance hierarchy. In addition to the inheritance relationship, object instances are organized according to and identified by a containment hierarchy providing the basis for the naming of MOs. Although TMN standards form a basis for information representation, a common management information model has not yet been defined.

This means that according to the envisaged functional architecture for IN management, service management information in the form of MOs holding service-specific data will be processed by a corresponding SMF, and network management information in the form of MOs holding network-specific data will be processed by a corresponding NMF. This calls for an identification of *service-related information* and *network-related information* in order to support the different management requirements. Additionally, there are strong relationships between the two related information models, due to the distributed nature of IN service realization.

MOs may contain information related to different management layers and thus may belong to different management domains. Therefore the MIB concept requires careful interpretation in the case of management applications exchanging information over inter-management domain boundaries. In order to do this, the involved entities must have a common understanding of the resources that are subject to management. This is done by the concept of *Shared Management Knowledge (SMK)* defined in the TMN recommendations [M.3010], consisting of a set of MOs that are accessible by both entities plus additional information. One possible approach to the sharing of information within one management domain is to let the four management layers interact by defining appropriate SMKs between the different layers as illustrated in figure 4.

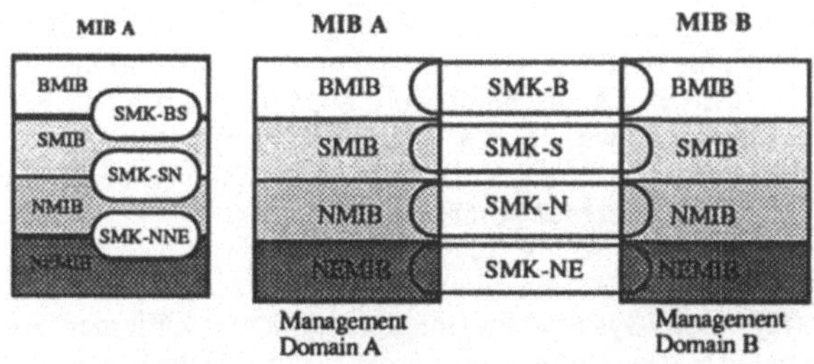

FIGURE 4 SMKs within and between different MIB Layers

Additionally the management functions on the different management layers will need access not only to the MOs of their own management domain but also to MOs outside their own domain. Therefore appropriate SMKs within one management layer (e.g. network layer) in different management domains should be defined in order to handle the two important reference points, namely q- and x-type reference points as shown in figure 4. It can be assumed that the bulk of information exchange will take place at the service and network management layers.

4. Modelling an Integrated IN Management Model

In the following we present the application of TMN concepts for realizing an integrated management in INs. An overall management framework for INs will be presented, taking into account the requirements coming from the ongoing liberalization of the telecommunication services market by ONP. This model comprises three strongly related parts, namely the IN management architecture, an IN management information model and an IN management service model. This separation allows for the concentration on specific aspects of the overall IN management model, somewhat similar to the ODP viewpoint approach (reflecting the information, engineering and computation viewpoint).

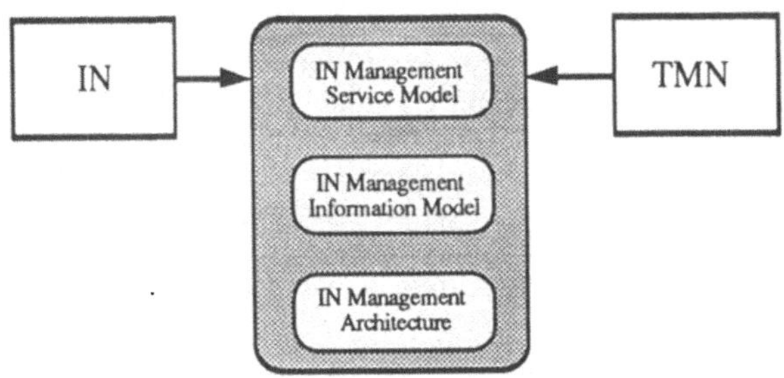

FIGURE 5 Integrated IN Management Model Constituents

4.1 Modelling an IN Management Architecture

Adopting the TMN concepts and terminology for the definition of IN management functions, the following IN management functional architecture can be derived as indicated in figure 6. The two most important functions are the IN *Network Management Function (NMF)*, representing an Operations System for (Intelligent) Network Management (OSF-N), and the IN *Service Management Function (SMF)*, functioning in the role of an Operations System for Service Management (OSF-S). Interactions between these two IN management functions should be based on a q-type or x-type reference point, depending on the ONP decisions as to whether an additional SMF will be in the network operator domain or whether a service provider SMFs can interact directly with the NMF. Additionally direct access for service providers and network operators to the SMFs and NMFs respectively should be allowed to Workstation Functions (WSFs) via f-type reference points.

Within the network, appropriate IN *Functional Entity Management Functions (FEMFs)* are defined representing Operations Systems for (Intelligent) Network Element Management (OSF-NE). These are dedicated to specific IN FEs in order to provide the corresponding management functionality. NMF and FEMF interactions will probably be based on q3-type reference points, since the FEs will probably be owned and administered by the network operator also owning the NMF.

A SMF may support one or more services, where each service may have specific management requirements. Each SMF will have complete knowledge of the MIB data stored at this level, although not all information has to be stored at each SMF. Depending on the number of networks supporting a service the SMF has to interact with the corresponding NMF(s). Interactions in general focus on requests of capacity by the SMF and the granting (or not) by the NMF. Additionally these interactions are primarily concerned with information on performance and usage of the network which is required by the SMF. These interactions are less time-critical.

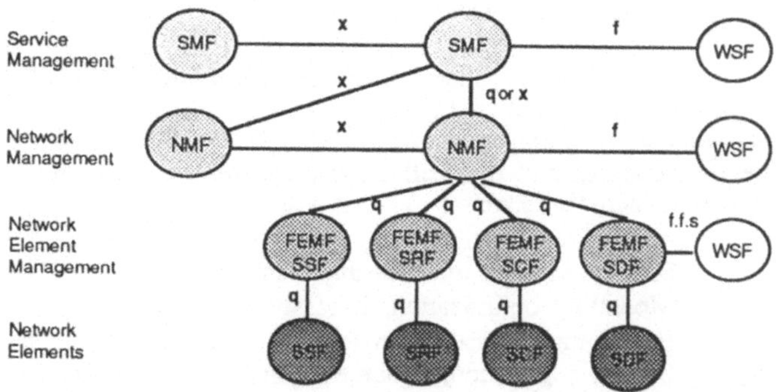

FIGURE 6   Identified IN Management Functions and their Relationships

A NMF will be confined to one IN. Despite duplication for reasons of reliability, small networks may have a single NMF, larger ones may have several, each one responsible for a subnetwork. Each NMF will have complete knowledge of the MIB data stored at this level, although not all information has to be stored at each NMF. In addition the NMF will be accessed by SMFs for the introduction, modification and deletion of the distributed service components on the corresponding IN FEs, since these are network management functions (i.e. changing Trigger-entries in the SSF). This means the NMF will access the FEMFs for processing these operations, where the NMF has the complete knowledge about, which FEs have to be accessed. This is important due to the possible replication of service parts on several FEs.

A FEMF will be confined to one type of IN Functional Entity. This means there is one corresponding FEMF for each of the defined IN FEs, namely SSF, SCF, SDF, and SRF, which provides the FE-type specific management functions. Each FEMF will have complete knowledge of the MIB data stored at this level concerning the corresponding FE.

In order to reflect the possible vertical interactions between SMFs and NMFs, global or pan-European services must be noticed, which will be offered across different networks, calling for the exchange of management information at the service and network management level and resulting in corresponding x-type reference points between these management functions.

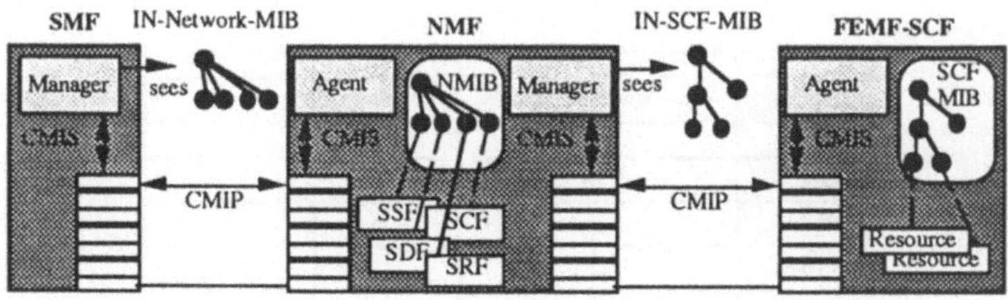

FIGURE 7   Interactions between different IN Management Functions

For the exchange of management information between the identified entities, a suitable set of communication protocols has to be provided. The interface definitions for the reference points introduced in the functional architecture comprise several protocol layers. In general the CMIS/CMIP service and protocol will form the essential part of the X- and Q-type interfaces as indicated in figure 7.

4.2 Modelling IN Management Services

The basis for the definition of IN management services is the following matrix which has received broad acceptance in current international research projects and is shown in Table 1. This matrix contains the management layers, namely business, service, network and network element management, on one axis and 10 socalled *Telecommunication Management Functional Areas (TMFAs)* on the other. These are:

1. Design: Service, network interface and element
2. Planning: Modelling, optimization, forecasting and simulation
3. Installation: Engineering, construction, testing, handover and acceptance
4. Provisioning: Service negotiation, resource assignment, contract and activation
5. Maintenance: Test and monitor, trouble detection, localisation, diagnosis and repair
6. Performance: Monitoring, analysis, optimization and control
7. Security: Access control, authentication, confidentiality, non-repudiation
8. Accounting: Accounting, charging and billing, tariff management
9. Customer Query   Access to subscriber specific service parameters, statistics and
    and Control: accounting data
10. Configuration: Access to routing information, (re)configuration of network resources

These TMFAs are derived from the current RACE projects NETMAN and TERRACE and are somewhat similar to the five ISO OSI *System Management Functional Areas (SMFAs)* although they encompass a wider management context. Basically the traditional SMFA *Configuration* has now been scattered onto the new TMFAs *Installation, Provisioning, Customer Query & Control* and *Configuration,*where "configuration" in this context is limited to (re)configuration activities during the operational phase. They are based on the "lifecycle of networks and services" which identifies the various stages through which a network or service passes during its "life" and provide a well agreed basis for the definition of TMN management services, where one can consider these TMFAs as top level management services. "Pre service" functions are concerned with all those activities which take place prior to a service or network being put in place. "In service" encompasses those activities which apply during the operational life of the service or network. *Design, Planning* and *Installation* are considered to be "Pre Service" management functions, the other more traditional management functions are considered to be "In Service" functions.

TMFA \ Level	Business Management	Service Management	Network Management	Network Element Management
Design				
Planning				
Installation				
Provisioning				
Maintenance				
Performance				
Security				
Accounting				
Customer Query & Control				
Configuration				

TABLE 1   Matrix for the Definition of IN Management Services

In order to fill the individual boxes of this matrix with appropriate management services, the activities concerning IN service and network management identified in the requirements analysis have to be allocated to the different TMFAs. The differentiation into different management layers allows the resulting implications for the definition of a specific management service in the lower management layer(s) to be identified, thus requiring the provision of corresponding lower layer management services. This method is straightforward since specific IN service management services offered by an appropriate SMF concerning the modification of distributed service parts in the DFP require appropriate network management and network element management services in order to locate and access the corresponding IN FEs.

This means, that many (service) management activities will be initiated at the service management layer (by service providers or service subscribers) resulting in many cases in management activities performed by generic service independent functionality within the network, namely within the network and network element management layers. It is determined in the network management layer for which part of the network an activity is relevant. The corresponding data is passed on to the network element management functions at the network element management layer. In the network element management layer the individual IN network elements (FEs) are managed. It is determined for which IN FEs the service data is relevant, resulting in a downloading of the data into the corresponding NEs.

Note that in addition to the definition of network management services for supporting IN service management services, a corresponding procedure has to be executed for the definition of generic IN network management services in order to support the network operator in the "pure" IN network management, e.g. installation of new IN network elements, changing tariffs, etc.

4.3 Modelling IN Management Information

According to the aforementioned ideas, which favors an integrated management of both the IN infrastructure and the services runing on that network infrastructure, a common modelling approach will be applied for both domains. Thus appropriate MO classes have to be defined for a:

- *Network Management Information Model* for IN, comprising all management related information in the DFP, which is necessary for managing a complete IN as a whole, as well as the functional entities and their internal objects, such as SSF, SRF, SCF, SDF, Service Logic Interpreter, Triggertables, etc.; and a

- *Service Management Information Model* for IN, for all management related data related to an IN service. This data comprises global service data apparent in the Service and Global Functional Plane, such as service provider, service subscriber name and account, service charges, relation to other IN services etc. and also internal service data required in the DFP, such as SLPs in SCF, subscriber specific data in SDF, trigger data in SSF, monitoring and accounting data, etc.

Note that the MIMs are designed for their dedicated purposes and handled by the corresponding IN management functions, namely the NMF and the SMF. This means, that service management information in the form of MOs holding service-specific data will be processed by a corresponding SMF and network management information in the form of MOs holding network-specific data will be processed by a corresponding NMF as indicated in figure 8. Each IN management function can be conceived as consisting of a management application function accessing MOs at subordinate or peer IN management functions which provide an agent interface while it provides an agent interface itself to its superior IN management function.

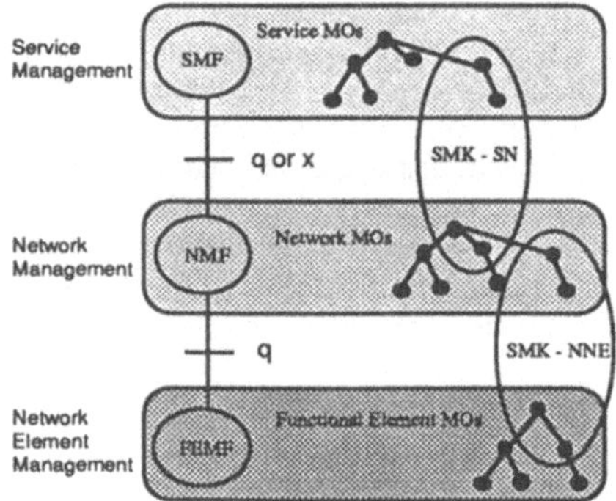

FIGURE 8 Relatioships between IN Management Functions, MIBs and SMKs

As seen in the requirements analysis the concept of SMK is of paramount importance in the context of interactions between different IN management functions belonging to different management domains and relying on different MIBs. As depicted in figure 8, corresponding SMKs are required in order to support interactions between different IN management functions, providing the involved entities with the required protocol knowledge, function knowledge and MO knowledge. This means, that several IN management functions have to support several SMKs since they are involved in many management activities (e.g. NMF supporting several services).

5. Conclusions

This paper has focused on the management requirements in Intelligent Networks and the possible application of current TMN concepts for solving these upcoming issues. Deregulation will lead to an open market of services based on a common infrastructure, offering standardized interfaces for the provision of telecommunication and management services. It will therefore be necessary to share (possibly in the same market place) the management information between an increasing number of partners, calling for a standardized exchange of this information. It will probably be necessary for the network operators to allow other network operators and even service providers to obtain access to parts of their (network) management information.

An appropriate standardized management model is a prerequisite for the succesful provision of these services over public IN-structured networks in order to reflect the different management requirements and responsibilities of the different identified roles. The previous sections have addressed different aspects of modelling such an integrated IN management model. Emphasis was put on reflecting the relationships between service and network management in all three aspects, namely the management architecture, management services and the related management information.

Note that this paper has focused primarily on the short-term to medium-term implementation of an IN management solution based on current TMN concepts. In addition to these efforts it has to be stated, that some international activities are underway to define a more long-term oriented integration of IN and TMN concepts for the definition of future "Information Networking Architectures", which aim for a common implementation platform for future telecommunication and management applications as described in [Maged-93].

Acronyms

IBC	Integrated Broadband Communications
CCAF	Call Control Agent Function
CCF	Call Control Function
CMIS/P	Common Management Information Service/Protocol
DFP	(IN) Distributed Functional Plane
FE	(IN) Functional Entity
FEMF	(IN) Functional Entity Management Function
IN	Intelligent Network
MIB	Management Information Base
MIM	Management Information Model
MO	Managed Object
NEF	(TMN) Network Element Function
NMF	(IN) Network Management Function
NO	Network Operator
ONP	Open Network Provision
OSF	(TMN) Operations System Function
SCE	Service Creation Environment
SCF	Service Control Function
SDF	Specialized Data Function
SIB	Service Independent Building Block
SLP	Service Logic Program
SMAF	Service Management Agent Function
SMF	Service Management Function
SMK	Shared Management Knowledge
SRF	Specialized Resource Function
SP	Service Provider
SS	Service Subscriber
SSF	Service Switching Function
TMN	Telecommunication Management Network
TMFA	Telecommunication Management Functional Area
WSF	(TMN) Workstation Function

References

[M.3010] CCITT Draft Recommendation M.3010: "Principles for a Telecommunications Management Network", Geneva, September 1991

[Maged-91] T. Magedanz: "Management in Intelligent Networks", 5th RACE TMN Conference, London, November 1991

[Maged-92a] T. Magedanz: "Integrating Intelligent Networks and TMN", 3rd TINA Workshop, Narita, Japan, January 1992

[Maged-92b] T. Magedanz, R. Popescu-Zeletin: "Applying Open Network Provision to ISDN and IN", in Computer Networks and ISDN Systems, Volume 24, March 1992

[Maged-93] T. Magedanz: "IN and TMN providing the basis for future information networking architectures", in Computer Communications, May 1993

[Q.1200] CCITT draft Recommendations Q.1200 series: "Intelligent Networks", Geneva, March 1992

Entwurf von virtuell privaten Netzen[*]

Rolf Oppliger
Stephan Weber
Dieter Hogrefe

Institut für Informatik und angewandte Mathematik
Universität Bern
Länggassstrasse 51
CH-3012 Berne

Tel. +41 31 65 49 03
Fax. +41 31 65 39 65

oppliger@iam.unibe.ch
weber@iam.unibe.ch
hogrefe@iam.unibe.ch

Zusammenfassung

Die Wettbewerbssituation auf dem internationalen Telekommunikationsmarkt
verschärft sich zusehends. Die Telekommunikationsanbieter sind aufgefordert, vermehrt auf die individuellen Kommunikationsbedürfnisse ihrer Kunden einzugehen.
Eine Möglichkeit stellen virtuell private Netze (VPN) dar. Allerdings erfordert die
grossräumige Einführung von VPN-Diensten auch eine umfassende Werkzeugsunterstützung beim Entwurf und bei der Optimierung von VPN. In Zusammenarbeit
mit den schweizerischen PTT-Betrieben wird an der Universität Bern ein Expertensystem zum rechnergestützten Netzentwurf entwickelt. Die im Rahmen dieser
Arbeit entwickelten Konzepte sind in diesem Beitrag zusammengestellt.

---

[*]Diese Arbeit wurde ermöglicht dank freundlicher Unterstützung der schweizerischen PTT-Betriebe
unter Vertrag 690.636.2/91

1 Einleitung

Auf nationaler Ebene werden Fernmeldewesen dereguliert, liberalisiert und privatisiert. Auf internationaler Ebene ist eine Globalisierung der Wirtschaftsräume und der Unternehmen zu beobachten. Beide Entwicklungstendenzen haben die Wettbewerbssituation auf dem internationalen Telekommunikationsmarkt in den letzten Jahren dramatisch verschärft.

Die Telekommunikationsanbieter sind heute aufgefordert, vermehrt auf die individuellen Kommunikationsbedürfnisse ihrer Kunden einzugehen. Eine Möglichkeit stellen virtuell private Netze (VPN[1]) dar. Allerdings erfordert die grossräumige Einführung von VPN-Diensten auch eine umfassende Werkzeugsunterstützung beim Entwurf und bei der Optimierung von VPN.

Im Zentrum dieses Beitrages stehen Konzepte und Ansätze zum rechnergestützten Netzentwurf, bzw. deren Anwendung auf VPN. Der Beitrag gliedert sich in sieben Abschnitte. Im zweiten Abschnitt werden VPN von öffentlichen und privaten Netzen abgegrenzt. Anhand eines Referenzmodells für den Netzentwurf sind im dritten Abschnitt die besonderen Probleme erläutert, die sich beim Entwurf und bei der Optimierung von VPN stellen. Im Rahmen des Forschungs- und Entwicklungsprojekts OptiNet wird am Institut für Informatik und angewandte Mathematik (IAM) der Universität Bern ein Expertensystem zum rechnergestützten VPN-Entwurf entwickelt. OptiNet ist im vierten Abschnitt skizziert. In den Abschnitten fünf und sechs werden die beiden Hauptmodule von OptiNet beschrieben. Schlussfolgerungen runden den Beitrag ab.

2 Virtuell Private Netze

Aufgrund unterschiedlicher Zugangsrestriktionen lassen sich private, öffentliche und virtuell private Netze unterscheiden:

- Der Zugang zu einem **privaten Netz** obliegt strengen Restriktionen. In den meisten europäischen Staaten sind nur Teilnehmervermittlungsanlagen (TVA) und lokale Netze (LAN) privat betreibbar. Jede Kommunikation über Grundstücksgrenzen hinaus oder zwischen verschiedenen juristischen Personen hat über öffentliche Netze stattzufinden.

- Dagegen ist der Zugang zu einem **öffentlichen Netz** grundsätzlich nicht beschränkt und für jedermann offen, der Zugang zu einem Netzanschlusspunkt hat und über die nötige Ausrüstung verfügt. In den meisten europäischen Staaten unterstehen öffentliche Weitverkehrsnetze (WAN) der Fernmeldehoheit der nationalen PTT-Betriebe. In anderen Staaten, wie z.B. den USA, dürfen auch private Organisationen öffentliche WAN aufbauen und betreiben.

Private und öffentliche Netze zeichnen sich durch Vor- und Nachteile aus. So können in einem öffentlichen Netz z.B. Installations- und Betriebskosten auf viele Teilnehmer aufgeteilt werden, während private Netze flexiblere und zum Teil auch sicherere Kommunika-

---

[1]Abkürzungen sind am Ende des Beitrages zusammengestellt.

tionslösungen ermöglichen. Mit virtuell privaten Netzen versucht man die Vorteile beider Ansätze zu kombinieren:

- Ein **virtuell privates Netz** (VPN) basiert zwar auf der Telekommunikationsinfrastruktur eines öffentlichen Netzes, steht dem Benutzer aber — wie ein privates Netz — permanent zur Verfügung. Ein **hybrides** VPN basiert auf mehreren öffentlichen Fernmeldenetzen.

Abbildung 1 zeigt ein hybrides VPN. Die in der oberen Figur getrennt dargestellten öffentlichen Netze (Telepac, Mietleitungen, Datel, Swissnet und Megacom) sind in der unteren Figur zu einem hybriden VPN zusammengefasst. Implizit werden im folgenden als VPN stets hybride VPN verstanden.

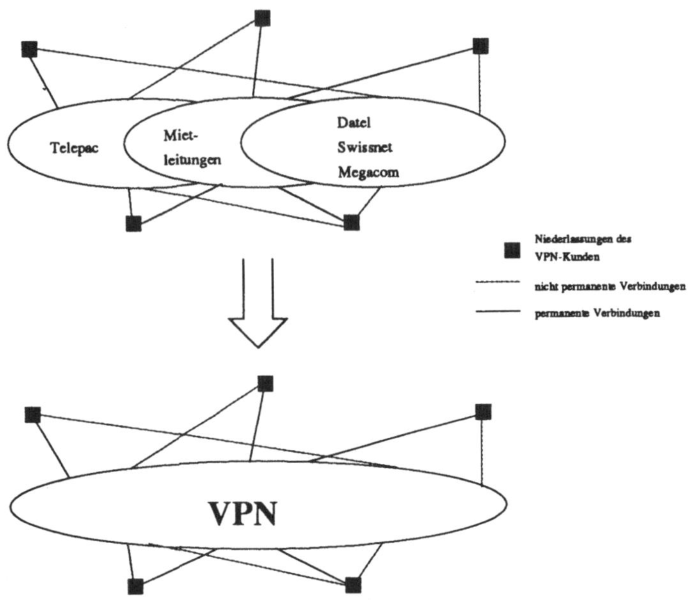

Abbildung 1: Hybrides VPN

Besondere Vorteile für den VPN-Kunden ergeben sich aus dem One Stop Shopping- und One Stop Billing-Konzept: Beim **One Stop Shopping** hat der VPN-Kunde nur mit einem Vertragspartner zu verhandeln. In Analogie zur Pauschalfrankierung der Briefpost ermöglicht **One Stop Billing** die pauschale Verrechnung einer VPN-Lösung und damit eine vereinfachte Budgetierung der Telekommunikationskosten. Mit One Stop Shopping und One Stop Billing können VPN-Kunden wesentliche Teile ihrer Telekommunikationsverwaltungen outsourcen und sich in verstärktem Masse auf die eigentlichen Unternehmensziele konzentrieren.

In den USA bieten die drei grossen Telefongesellschaften AT&T, US Sprint und MCI schon seit 1985 VPN-Dienste für die Sprachübertragung an [1]. Die Integration anderer Telekommunikationsanwendungen (Daten- und Bildübertragungen) steht noch aus. Ein Grund ist auch die Tatsache, dass der Entwurf und die Optimierung von VPN komplexe Aufgaben sind, die bis heute nur schlecht verstanden sind.

3 Entwurf und Optimierung von VPN

Um den Entwurf und die Optimierung von VPN besser verstehen zu können, wird im folgenden ein Referenzmodell für den Netzentwurf eingeführt. Verschiedene Lösungsansätze sind im zweiten Unterabschnitt beschrieben.

3.1 Referenzmodell für den Netzentwurf

Beim Netzentwurf sind auf unterschiedlichen Abstraktionsebenen verschiedene Fragen zu beantworten. Auf niederen Abstraktionsebenen stellt sich z.B. die Frage, wie Übertragungskanäle auf die zur Verfügung stehenden Leitungen zu verteilen sind, bzw. wie die auf öffentlichen Netzen angebotenen Übertragungsdienste am kostengünstigsten einzusetzen sind. Dagegen kann die Frage, ob ein VPN bestimmte Kommunikationsbedürfnisse abzudecken überhaupt in der Lage ist, nur auf einem hohen Abstraktionsniveau beantwortet werden.

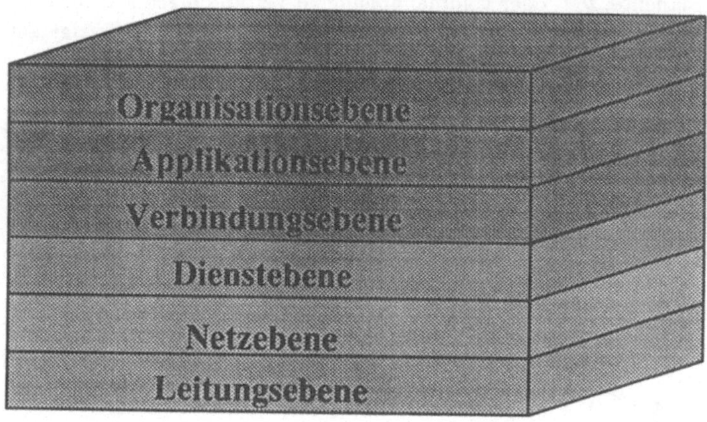

Abbildung 2: Referenzmodell für den Netzentwurf

Insgesamt lassen sich in einem **Referenzmodell für den Netzentwurf** sechs Abstraktionsebenen unterscheiden (vgl. Abbildung 2):

1. **Leitungsebene:** Leitungen sind physikalische Übertragungsmedien, die zwei oder mehr Punkte miteinander verbinden und Signalübertragungen ermöglichen. Als Übertragungsmedien kommen z.B. verdrillte Leitungspaare, Koaxialkabel und Lichtwellenleiter in Frage.

2. **Netzebene:** Aus einer Menge von Leitungen können paket-, meldungs- und leitungsvermittelte Netze aufgebaut werden. Paketvermittelte Netze folgen zumeist den CCITT-Empfehlungen der X.25-Serie. Leitungsvermittelt sind das Telex-Netz, das öffentliche Fernsprechnetz (PSTN), sowie das dienstintegrierte digitale Netz (ISDN). In der Schweiz wird das ISDN als Swissnet bezeichnet. Mietleitungen stellen spezielle Punkt-zu-Punkt-Verbindungen dar.

3. **Dienstebene:** In Netzen können Grund- und Mehrwertdienste angeboten werden:

Grunddienste sind reine Übertragungsdienste. Telex ist der im Telex-Netz angebotene Grunddienst. Er bleibt im folgenden unberücksichtigt. Im PSTN und im Swissnet werden Telefon- und Telefaxdienste angeboten, in ersterem noch der Datenübertragungsdienst Datel. Der von den schweizerischen PTT-Betrieben angebotene X.25-Datenübertragungsdienst heisst Telepac.

Mehrwertdienste fügen einem Grunddienst wesentliche Leistungsmerkmale hinzu. Tele- und Videotex, Videokonferenzen und E-Mail stellen in diesem Sinne Mehrwertdienste dar.

Für den Entwurf von VPN spielen vor allem Grunddienste eine Rolle. Neben Mietleitungen sind dies Telepac, Datel, Swissnet und Megacom. Megacom bezeichnet einen Breitband-Übertragungsdienst, der dereinst durch das Breitband-ISDN (B-ISDN) abgelöst werden soll. Die genannten Grunddienste sind auch in Abbildung 1 wiederzufinden.

4. **Verbindungsebene:** Grund- und Mehrwertdienste haben bestimmte Kommunikationsbedürfnisse abzudecken. Auf der Verbindungsebene werden diese Bedürfnisse als permanente, zeit- oder volumenabhängige Verbindungen spezifiziert und in einer Kommunikationsmatrix (KM) zusammengefasst. Abbildung 3 zeigt auf der linken Seite vier Knoten A, B, C und D und vier Verbindungen c1, c2, c3 und c4. Auf der rechten Seite ist die entsprechende KM dargestellt.

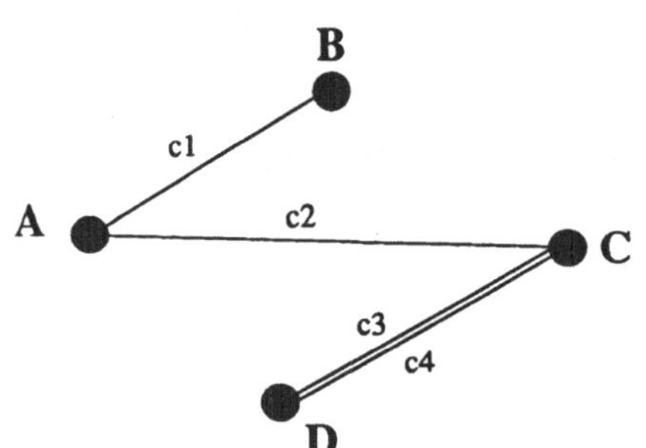
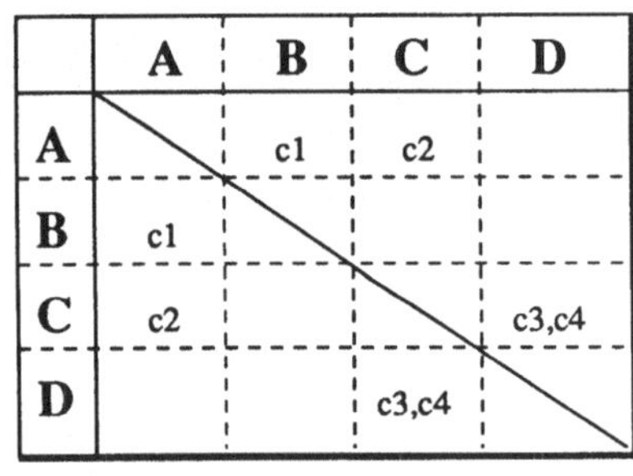

Abbildung 3: Kommunikationsmatrix

5. **Applikationsebene:** Als Applikationen werden im folgenden Telekommunikationsanwendungen verstanden. Dabei kann es sich um synchrone oder asynchrone Sprach-, Daten oder Bildübertragungen handeln. In Abbildung 4 sind entsprechende Beispiele genannt. Die in einem Unternehmen eingesetzten oder einzusetzenden Applikationen werden in einer Applikationsmatrix (AM) zusammengefasst.

6. **Organisationsebene:** Auf der Organisationsebene setzt sich ein Unternehmen aus einer Menge von Niederlassungen zusammen. Diese Niederlassungen sind als Knoten mit den zwischen ihnen relevanten Informationsflüssen so zu modellieren, dass die Applikationen transparent werden. Diese Applikationen hängen auch von der Branche ab, in der das Unternehmen tätig ist. Man denke hier etwa an Flugreservierungssysteme in Reisebüros oder an Geldüberweisungen im Banken- und Versicherungswesen.

Sprache	Daten	Bild	
Telefonie	Prozesssteuerung Terminalbetrieb	Fernzeichnen Videotelefonie Videokonferenz	synchron
Voice-Mail	Dateitransfer E-Mail	Telefax	asynchron

Abbildung 4: Applikationen

Die Leitungs- und Netzebene, sowie die Grunddienste der Dienstebene unterstehen in den meisten europäischen Staaten der Fernmeldehoheit der nationalen PTT-Betriebe. Der VPN-Entwurf beschränkt sich hier auf die oberen vier Abstraktionsebenen.

Der eigentliche Netzentwurf findet beim Übergang von der Verbindungs- auf die Dienstebene statt. Für diese Dienstabbildung stellt sich die Frage, nach welchen Kriterien Optimalität erzielt werden soll. Maximale Leistung, Sicher- und Offenheit wären mögliche Kriterien. Die im folgenden gemachten Aussagen erfahren jedoch keine Einschränkung, wenn die Minimierung der Kommunikationskosten als alleiniges Optimierungskriterium betrachtet wird.

3.2 Lösungsansätze

Der Entwurf von kostenminimalen VPN-Konfigurationen stellt ein Optimierungsproblem dar. Für Optimierungsprobleme bieten sich insbesondere zwei Lösungsansätze an [2]:

1. **Ganzzahlige Programmierung:** Die ganzzahlige Programmierung ist eine Teildisziplin des Operations Research. Rahmenbedingungen werden quantitativ in Form von ganzzahligen Gleichungen ausgedrückt. Eine Zielfunktion wird formuliert und optimiert (minimiert oder maximiert). Zur Lösung einfacherer Probleme kennt man Algorithmen, die beweisbar optimale Lösungen finden [3]. Allerdings ist die Umsetzung von qualitativen Rahmenbedingungen in quantitative a priori nicht gegeben. Sie bedarf subjektiver Annahmen und Einschätzungen, die in ihrer Gesamtheit die Optimalität von gefundenen Lösungen in Frage stellen können. Ein besonderes Problem stellt die Wartung von ganzzahligen Programmen dar. Bewertungskoeffizienten sind an sich verändernde Rahmenbedingungen anzupassen. Dieser Prozess erfordert sehr viel Fachwissen und ist aufwendig. In der Literatur werden Möglichkeiten diskutiert, die Wartung eines ganzzahligen Programmes mithilfe der Expertensystem-Technik zu vereinfachen [4].

2. **Expertensystem-Technik:** Die Expertensystem-Technik der Künstlichen Intelligenz eignet sich in Anwendungsgebieten, in denen exakte Theorien oder korrekt

arbeitende Algorithmen fehlen, komplexes und schlecht strukturiertes Expertenwissen aber vorhanden ist. Diese Situation hat man auch beim VPN-Entwurf vorliegen. Das Fachwissen und die Problemlösungsfähigkeit von Netzentwerfern gilt es in der Wissensbasis eines Expertensystems nachzubilden. Findet das Expertensystem eine Lösung, dann ist diese in der Regel zwar nicht optimal, aber zumindest vernünftig und gut. Beweisbare Optimalität wird für VPN-Konfigurationen nicht verlangt; zu schnell ändern sich Kommunikationstechniken und -bedürfnisse. Die hohe Wartungsfreundlichkeit eines Expertensystem ergibt sich aus der Trennung von Wissens- und Problemlösungskomponente. Weitere Vorteile beziehen sich auf die Möglichkeiten zur Wissenssicherung, -multiplikation und -normierung, sowie auf die Einsparung von Personal und Schulungskosten.

Aufgrund der geführten Diskussion scheint der Entwurf und die Optimierung von VPN ein geeignetes Einsatzgebiet für die Expertensystem-Technik zu sein.

4 OptiNet

In der Einleitung wurde bereits darauf hingewiesen, dass die grossräumige Einführung von VPN-Diensten einer umfassenden Unterstützung beim Entwurf und bei der Optimierung von VPN bedarf. Als rechnergestützter Netzentwurf oder **Computer Aided Network Design** (CAND) wird im folgenden ein Netzentwurfsprozess verstanden, der in wesentlichen Teilen von einem Computer getragen wird.

Alle heute verfügbaren Werkzeuge für CAND eignen sich aus verschiedenen Gründen nicht für den VPN-Entwurf: Entweder beschränken sie sich auf den lokalen Bereich, auf Kostenberechnungen, auf einen Dienst oder auf proprietäre Netze [5],[6].

Aufgrund dieser Erkenntnis haben die schweizerischen PTT-Betriebe das Forschungs- und Entwicklungsprojekt OptiNet ins Leben gerufen. In Zusammenarbeit mit dem IAM der Universität Bern wird ein Expertensystem für den rechnergestützten VPN-Entwurf entwickelt.

4.1 Entwicklungsumgebung

Aufgrund der unter 3.2 geführten Diskussion konnte der strategische Entscheid zur Entwicklung eines Expertensystems schon relativ früh gefällt werden. Genauere Abklärungen betrafen die Wahl einer geeigneten Expertensystem-Schale. Aus verschiedenen Gründen hat man sich in dieser Frage für SMECI von ILOG entschieden.

SMECI basiert auf dem objektorientierten Lisp-Dialekt LE-LISP. Zusammen mit SMECI bietet ILOG ergänzende Entwicklungswerkzeuge an. So steht mit AïDA eine Bibliothek für graphische LE-LISP-Objekte zur Verfügung. MASAï ist ein Entwicklungswerkzeug für graphische Benutzeroberflächen. Abbildung 5 zeigt den hierarchischen Aufbau der Entwicklungswerkzeuge von ILOG.

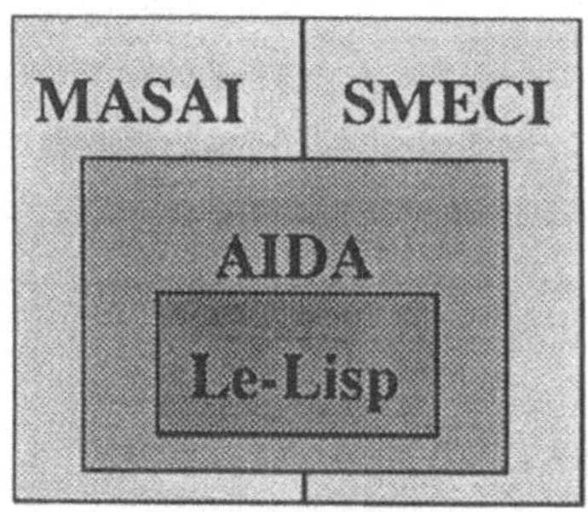

Abbildung 5: Entwicklungswerkzeuge von ILOG

4.2 Modularisierung

Im Referenzmodell für den Netzentwurf trennt die Verbindungsebene die Netzspezifikation vom eigentlichen Netzentwurf. Anhand dieser Trennung wurde auch OptiNet in zwei Module aufgeteilt [7],[8]:

1. Der Modul STOCCON (Specification Tool for Corporate Communications Needs) hat den Netzentwerfer bei der Spezifikation von betrieblichen Kommunikationsbedürfnissen in Form einer KM zu unterstützen. Im Referenzmodell für den Netzentwurf deckt STOOCON die Verbindungs-, Applikations- und Organisationsebene ab.

2. Ausgehend von einer KM hat der Modul NEDEMUS (Network Design for Multiple Services) ein bedürfnisgerechtes und kostengünstiges VPN zu konfigurieren. Im Referenzmodell für den Netzentwurf leistet NEDEMUS die Dienstabbildung, d.h. den Übergang von der Verbindungs- auf die Dienstebene.

Abbildung 6 zeigt den Aufbau von OptiNet. Demnach wird STOCCON gespiesen von Eingabedateien und wird überwacht von einem interaktiven Benutzer. Als Ausgabe generiert STOCCON eine KM. Diese KM stellt die Eingabe von NEDEMUS dar. Die Aufgabe von NEDEMUS besteht nun darin, aus dieser KM ein kostenminimales VPN zu konfigurieren. Das gefundene VPN wird beschrieben und graphisch auf dem Bildschirm ausgegeben. Zudem kann ein interaktiver Benutzer Rückfragen an das System stellen.

Die in Abbildung 6 grau unterlegten Module STOCCON und NEDEMUS sind eingebettet in eine eine graphische Benutzeroberfläche und in den beiden folgenden Abschnitten genauer beschrieben.

5 STOCCON

Der Modul STOCCON hat einen Netzentwerfer bei der Spezifikation von betrieblichen Kommunikationsbedürfnissen zu unterstützen. Dabei sind zwei Probleme zu bewältigen:

1. **Vorhersageproblem:** Künftige Kommunikationsbedürfnisse und entsprechende Verkehrsaufkommen sind nur schwer prognostizierbar. Dieses Vorhersageproblem

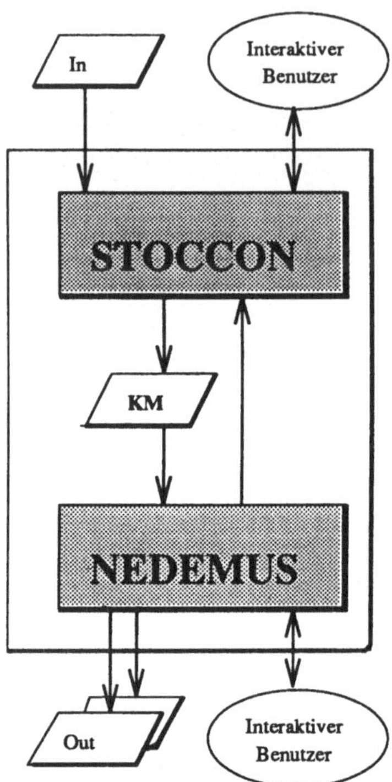

Abbildung 6: Aufbau von OptiNet

kennt eine Analogie im Strassenbau: Wann immer eine Strasse neueröffnet oder
verbreitert wird, nimmt der Verkehr derart schnell zu, dass die Strasse bereits nach
kurzer Zeit überlastet ist. Staufreie Strassen scheint es grundsätzlich nicht zu geben. Ein ähnliches Problem existiert im Datenverkehr. Deckt ein Dienst bestimmte
Kommunikationsbedürfnisse besonders gut ab, dann werden dadurch bestehende
Bedürfnisse intensiviert oder sogar neue Bedürfnisse geschaffen. Ein Benutzer von
E-Mail wird z.B. seine Arbeitskollegen dazu ermutigen, diesen Dienst ebenfalls zu
benutzen, und damit einen Lawineneffekt auslösen. Das Vorhersageproblem wird
noch dadurch erschwert, dass in regelmässigen Abständen neue Dienste auf dem
Markt erscheinen, deren Akzeptanz bei den Benutzern sich nur selten voraussagen
lässt. Wer hat z.B. mit der heutigen Verbreitung von Telefax gerechnet?

2. Effizienzproblem: Das Effizienzproblem entsteht aus der Tatsache, dass die KM
eines Unternehmens mit n Niederlassungen bereits n^2 Zellen umfasst. Einige dieser Zellen werden leer, andere aber mehrfach belegt sein. Insgesamt erfordert die
Spezifikation einer vollständigen KM einen erheblichen Arbeitsaufwand.

In der Praxis sind betriebliche Kommunikationsbedürfnisse nur selten bekannt und können
aufgrund des Vorhersage- und des Effizienzproblems auch nur selten mit einfachen Mitteln
erhoben werden [9],[10]. Der KM-Editor von COMMAT (Communications Matrix Management Tool) ist auf der Applikations- und Organisationsebene jedenfalls durch geeignete
Werkzeuge zu ergänzen:

- Auf der Applikationsebene muss ein AM-Editor die Spezifikation von Applikationen unterstützen. Zudem muss ein AM-KM-Konverter in der Lage sein, aus einer AM eine adäquate KM herzuleiten. Dabei können verschiedene Applikationen zu einer Verbindung zusammengefasst werden. Der AM-Editor und der AM-KM-Konverter sind im Modul AMMAT (Applications Matrix Management Tool) zusammengefasst.

- Auf der Organisationsebene muss ein OS-Editor die Spezifikation von Knoten und die Beschreibung von Oraganisationsstrukturen (OS) unterstützen. Ein OS-AM-Konverter muss in der Lage sein, aufgrund dieser Angaben eine AM herzuleiten. Der OS-Editor und der OS-AM-Konverter sind im Modul DETOS (Description Tool for Organizational Structures) zusammengefasst.

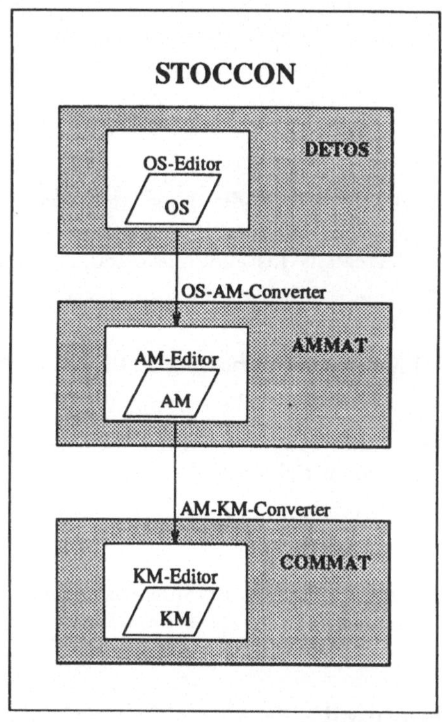

Abbildung 7: Aufbau von STOCCON

Abbildung 7 zeigt den Aufbau von STOCCON. Die Editoren sind eingebettet in die graphische Benutzeroberfläche von OptiNet. Die Konverter zwischen der Organisations- und der Applikations- (AM-KM-Konverter), bzw. zwischen der Applikations- und der Verbindungsebene (OS-AM-Konverter) sind als Expertensysteme realisiert.

6 NEDEMUS

Der Modul NEDEMUS hat sich um eine kostenminimale Dienstabbildung zu kümmern. Diese Aufgabe lässt sich in zwei Teilaufgaben zerlegen: Zum einen sind für jede Verbindung und für jeden möglichen Dienst die Kosten zu berechnen, zum anderen sind für alle

Verbindungen einer KM Dienste so zu wählen, dass die Gesamtkosten minimal werden. Diesen Teilaufgaben liegt ein Kosten- und ein Optimierungsmodell zugrunde.

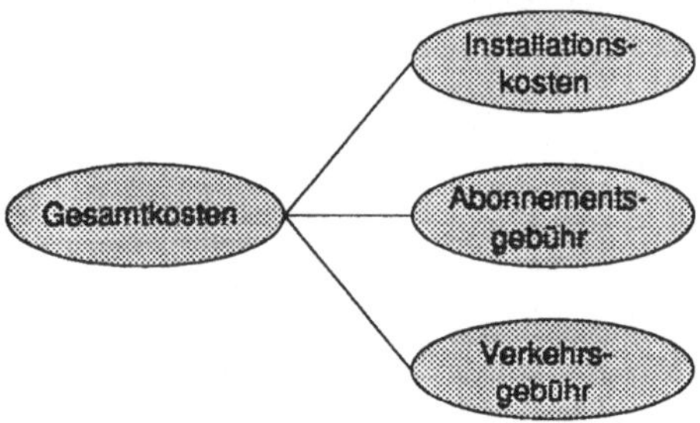

Abbildung 8: Kostenkomponenten

6.1 Kostenmodell

Das Kostenmodell von NEDEMUS erlaubt die Berechnung von Verbindungskosten für die verschiedenen Dienste gemäss den offiziellen PTT-Tarifen. Abbildung 8 zeigt, wie sich die Gesamtkosten eines Dienstes aus Installationskosten, Abonnements- und Verkehrsgebühren zusammensetzen:

Installationskosten sind Kosten für Ausrüstung und Installation von Übertragungseinrichtungen.

Abonnementsgebühren sind konstante Gebühren, die einem Netzbetreiber für die Benutzung seiner Anlagen zu entrichten sind.

Verkehrsgebühren sind variable Gebühren, die bei der Dienstbenutzung anfallen.

Jede Kostenkomponente errechnet sich aus Parametern, die sich aus den Spezifikationen von Verbindungen herleiten lassen.

6.2 Optimierungsmodell

Im Optimierungsschritt von NEDEMUS ist ein kostengünstiges VPN zu entwerfen. Hier stellt sich unter anderem die Frage, wie sich die Kostenkomponenten auf die Knoten und Kanten im Netz verteilen. Abbildung 9 zeigt eine solche Kostenverteilung. Auf den Kanten fallen die Abonnementsgebühren von Mietleitungen und die Verkehrsgebühren von Telepac und Wählleitungen an. An den Knoten sind die Installationskosten und die Abonnementsgebühren von Telepac und Wählleitungen zu berücksichtigen.

Abbildung 10 zeigt das NEDEMUS zugrunde liegende Optimierungsmodell. Demnach wird aus einer KM zunächst einmal eine Basiskonfiguration errechnet (Setup). Diese Basiskonfiguration besteht aus den kostengünstigsten Diensten für jede Verbindung. Offenbar muss zur Berechnung der Basiskonfiguration das Kostenmodell herangezogen werden. Die Optimierung besteht nun darin, dass — ausgehend von dieser Basiskonfiguration — für jede Verbindung derjenige Dienst ausgewählt wird, mit dem die Gesamtkosten minimal

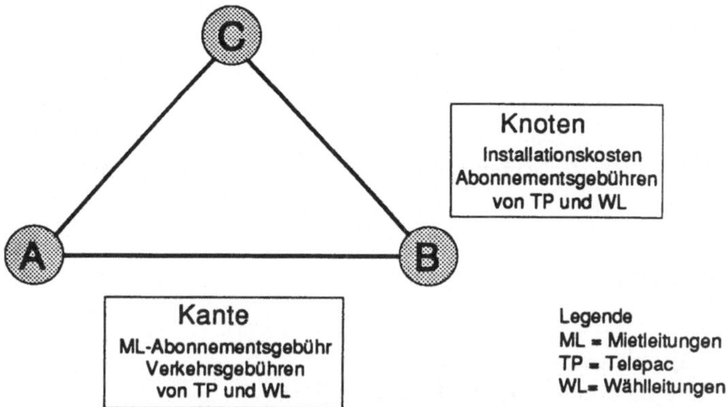

Abbildung 9: Kostenverteilung im Netz

sind. Da die Verkehrsgebühren von Telepac und Wählleitungen und die Installationskosten während der Optimierung als Konstanten betrachtet werden können, besteht der Optimierungsschritt im wesentlichen in einer Minimierung der Abonnementsgebühren.

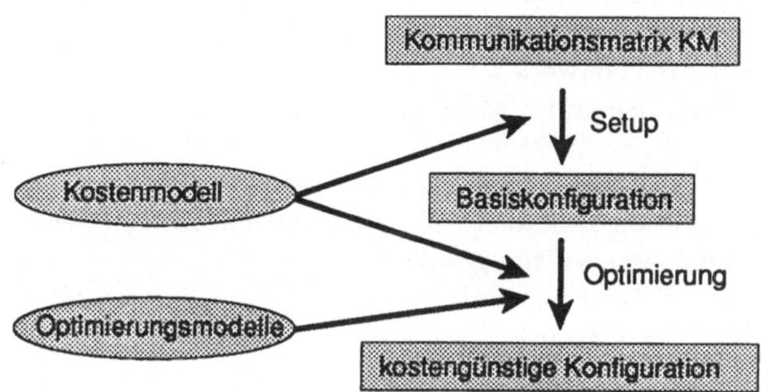

Abbildung 10: Optimierungsmodell

7 Schlussfolgerungen

Der Entwurf und die Optimierung von virtuell privaten Netzen (VPN) sind komplexe Aufgaben, die bis heute nur schlecht verstanden sind und für die strukturierte Lösungsansätze noch weitgehend fehlen.

Auf der Basis eines Referenzmodells für den Netzentwurf wird in diesem Beitrag eine strukturierte Vorgehensweise für den Entwurf und die Optimierung von VPN vorgeschlagen. Die Vorgehensweise wird im Rahmen des Forschungs- und Entwicklungsprojekts OptiNet umgesetzt. Ein Expertensystem wird entwickelt, das VPN-Entwerfer umfassend bei ihren Tätigkeiten unterstützen soll.

Ein erster Prototyp von OptiNet ist in der Lage, Mietleitungsnetze zu optimieren. Hybridaspekte und Backup-Möglichkeiten werden zurzeit untersucht. Bei letzteren stellt sich die Frage, wie Mietleitungen anzuordnen sind, damit bei Ausfällen von einzelnen Leitungen ein bestimmter Minimalverkehr immer noch abgewickelt werden kann.

Danksagung

Die Autoren danken den Herren A. Dürsteler, B. Liver, K. Möri, U. Bünting und R. Eichenberger von den schweizerischen PTT-Betrieben für die gute Zusammenarbeit. Spezieller Dank geht an Dr. A. Scheuing für seine wertvollen Anregungen.

Abkürzungen

AM	Applikationsmatrix
AMMAT	Applications Matrix Management Tool
B-ISDN	Breitband-ISDN
CAND	Computer Aided Network Design
DETOS	Description Tool for Organizational Structures
GUI	Graphical User Interface
IAM	Institut für Informatik und angewandte Mathematik
ISDN	Integrated Services Digital Network
KM	Kommunikationsmatrix
COMMAT	Communications Matrix Management Tool
LAN	Local Area Network
NEDEMUS	Network Dedign for Multiple Services
OS	Organisationsstruktur
PSTN	Public Switched Telephone Network
STOCCON	Specification Tool for Corporate Communications Needs
TVA	Teilnehmervermittlungsanlage
VPN	Virtual Private Network
WAN	Wide Area Network

Literaturverzeichnis

[1] Briere, D.: *Virtual Networks.* Norwood, 1990.

[2] Dhar, V.; Ranganathan, N.: *Integer Programming vs. Expert Systems: An Experimental Comparison.* Communications of the ACM, Vol. 33 (1990), No. 3, pp. 323 – 336.

[3] Magnanti, T.L.; Wong, R.T.: *Network Design and Transportation Planning: Models and Algorithms.* Transportation Science, Vol. 18 (1984), No. 1, pp. 1 – 55.

[4] Chiang, M.K.; Zenois, S.A.: *On the Use of Expert Systems in Network Optimization: With an Application to Matrix Balancing.* Annals of Operations Research, Vol. 20 (1989), J.C. Baltzer AG, Basel.

[5] Dreyfuss, F.; Lesk, M.; Ribeyron, M.: *La planification des réseaux d'entreprise.* L'écho des recherches No. 141, CNET, Paris 3ème trimestre 1990.

[6] Lada, L. (Editor): *Network Planning in the 1990's.* Proceedings of the Fourth International Network Planning Symposium, September 17 – 22, 1989, Palma de Mallorca, Elsevier Science Publishers.

[7] Oppliger, R.; Weber, S.; Liver, B.: *Expertensystem konfiguriert virtuell private Netze.* Output, Mai 1992, pp. 43 – 47.

[8] Weber, S.; Oppliger, R.; Hogrefe, D.: *An Optimization Method for Virtual Private Network Design.* Proceedings of the IEE Second International Conference on Private Switching Systems and Networks, 23 – 25 June 1992, London (UK), IEE Conference Publication No. 357, pp. 31 – 36.

[9] Lesk, M.; Ribeyron, M.: *Forecasting corporate data traffic.* Technical Notice CNET NT/PAA/ATR/ORA/2825, Juni 1991.

[10] Zell, B.; Fetterolf, P.C.: *An Approach To Generating Network Requirements.* Proceeding of the Tenth Annual Joint Conference of the IEEE Computer and Communications Societies, April 7 – 11, 1991, pp. 754 – 763.

Platform for TMN Applications: Processing of Management Information Models

Thomas Bez
Siemens AG, Public Switching Systems Division
ÖV ET S 54
Siemensdamm 50, 1000 Berlin 13, Germany

Abstract

The Siemens Communication Software Department has been working on *Telecommunications Management Network (TMN)* concepts and products for several years. A basic facet of the efforts is the development of a *Platform for TMN Applications (PTA)*. This paper briefly describes the use of a *TMN Database* for supporting TMN applications and development tools, and the design of a *Q3 Configurator* for processing formally defined *CCITT X.722* object models.

Keywords: TMN, Q3, X.722, GDMO, TMN platform.

1 Introduction

CCITT Recommendation M.3010 defines the concept of the *Telecommunications Management Network* (TMN), its architecture, and requirements that have to be met by managed Network Elements (NE). A TMN comprises Operations Systems Functions, Mediation Functions, Work Station Functions, Network Element Functions, and Q Adaptor Functions. Within the scope of the system presented here, only Operations Systems Functions, Mediation Functions, and Work Station Functions are concerned. Implementations of these functions are called *TMN applications*.

Between these communicating functions, reference points and corresponding interfaces are defined. Reference point q3 is defined between Operations Systems (OS) and managed Network Elements (NE). This reference point comprises

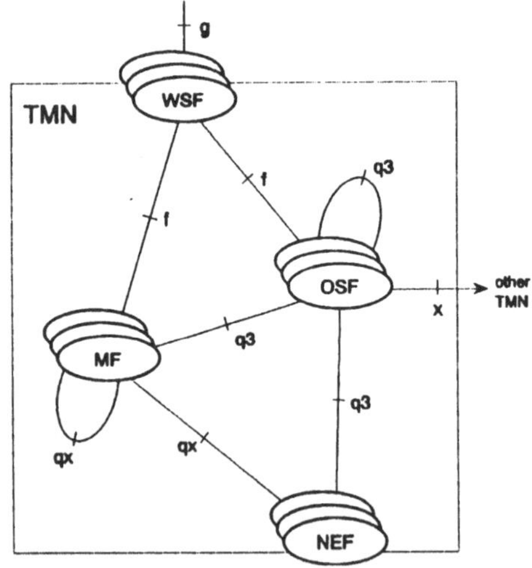

Fig. 1: TMN reference points (from M.3010)

- a protocol stack defined due to the OSI reference model, including the application layer entity *Common Management Information Service Entity* (CMISE) and

- an object-oriented method for describing systems management interfaces.

A Q3 interface is defined by an *object model*, i.e. a set of managed object classes. The applied object model has to be agreed exactly between NE and OS. For the case that one of the partners is unable to provide the required interface, M.3010 allows to introduce a *Mediation Device*. Mediation Functions take care of the interface conversion. In this case, the reference point is called q_x. Nevertheless, Q3 and QX interfaces are defined similarly by means of object models.

2 The Siemens TMN System

A Siemens *Telecommunications Management System* (TMS) is a hardware unit (workstation or personal computer), that runs TMN applications.

An *Operation and Maintenance Center* (OMC) contains TMS of the same or different configuration but may consist of a single TMS as well. All TMS belonging to some OMC are connected by a local area network (LAN).

The set of all information that may be influenced by management operations of the TMN is called *Management Information Base* (MIB). First of all, the MIB is distributed across the managed Network Elements (NE), but since TMS are subject to management themselves they participate in the MIB (TMS-local MIB).

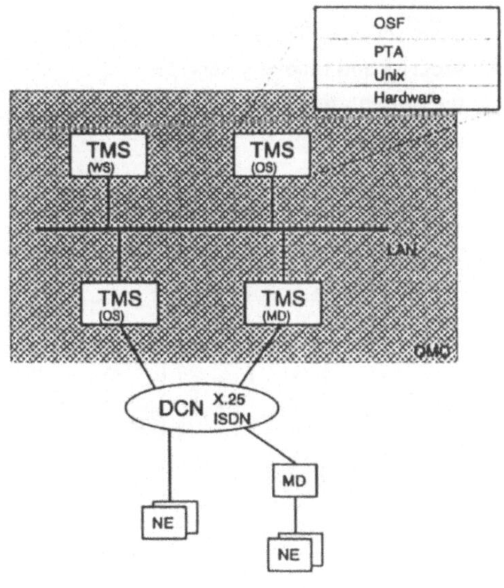

Fig. 2:   TMN functional blocks

2.1 Generic and Specialized Applications

A TMN application is called *"generic"* if it operates on the base of *standardized* object models. E.g. for the application *Alarm Surveillance* object models are defined in the CCITT recommendations X.733 and X.736.

TMN applications that base on NE-specific or customer-specific object models are called *"specialized"*. Examples for specialized applications are Mediation Functions.

The object class *alarmRecord* (defined in CCITT recommendation X.721) shows that also standardized object models provide connections to NE-specific object models. The attribute *probableCause* is an OBJECT IDENTIFIER that can refer to an alarm reason defined specifically for the managed equipment.

For generic applications, changes in the NE-specific part of the underlying object model have to determine the behaviour of the application *automatically* without changing and recompiling the application software itself, i.e. the application software has to be completely data-driven.

2.2 The TMN Platform (PTA)

TMN applications use services of a *Platform for TMN Applications* (PTA). The PTA provides a common set of services that can be used by any application, like

- the *communication service* that satisfies all communication needs of TMN applications. This comprises OMC-external communication via the *data communication network* (DCN) for systems management purposes as well as inter-process communication between applications in the same OMC,
- the *TMN Database* that stores descriptions of the object models supported at the TMS' Q3 interface,
- basic services like event forwarding, logging, printer service,
- security and recovery services,
- the presentation service, including a *Graphical TMN User Interface* based on OSF/Motif,
- and others.

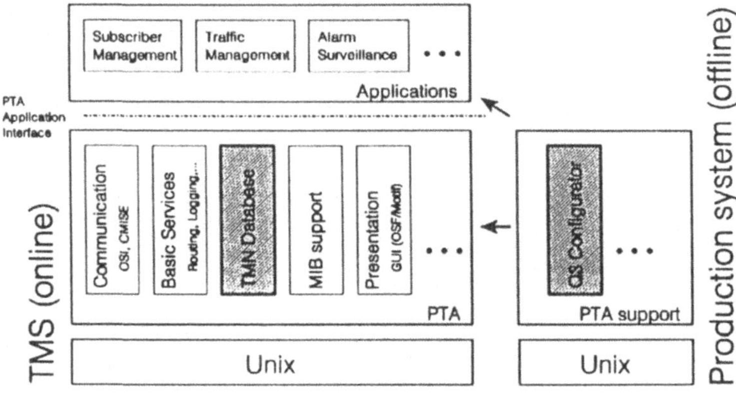

Fig. 3: Platform for TMN Applications (PTA) and PTA Support

The *Q3 Configurator* is part of the *PTA Support*. That means, it is not used by applications directly but serves offline for filling and maintaining the TMN Database. The PTA Support is delivered together with the PTA and will enable the TMS user to capture his own object models and to integrate them into his telecommunications management environment.

A properly defined *Application Interface* (API) of the PTA enables the user to implement his own applications that can use the PTA services.

The TMN platform should not be affected by any changes in the object models that are processed by TMN applications. That means that PTA services have to be generic. For that purpose the PTA services utilize object model information obtained from the TMN Database. E.g., the implementation of encoding and decoding in the OSI presentation layer can be completely data-driven.

2.3 PTA and Distributed Application Development

Cooperating with the British GPT, the Public Networks division of Siemens provides a *common* TMN platform (PTA) for all Siemens TMN application development. This application development is distributed across the areas of Public Switching Networks, Transmission Systems, Mobile Communications and others.

The use of PTA services reduces the development costs for TMN applications, guarantees their compatibility with each other and provides for a common look & feel of all TMN applications at the Graphical User Interface.

The TMN Database described here is designed for integration into this PTA. Together with the Q3 Configurator, the TMN Database can be used also as a support tool for development and verification of X.722 information models, for TMN application software development, and for NE software development. It can be employed in-house, with operation companies and their organizations responsible for support tasks, and with third-party suppliers.

3 Object Model Definition

An object model consists of
- a set of managed object classes with their attributes, their permitted operations, and the notifications that an object of the class can emit,
- the syntax of attributes, operations, and notifications, and
- some additional information, called *"Supplementary data"*, that is used by PTA components.

This object-oriented way of describing systems management interfaces is in correspondence with the OSI service CMIS and the management protocol CMIP.

3.1 X.722 (MODL)

The language defined in CCITT recommendation X.722 ("Guidelines for the Definition of Managed Objects") in conjunction with ASN.1 (recommendation X.208) is the object-oriented language for describing network management interfaces.

For use in the Siemens TMS the language defined in X.722 was extended by some constructs. The resulting language is called *Managed Object Description Language* (MODL).

Besides the full extent of X.722, MODL supports
- modularization and optional registration of MODL sources,
- an import/export concept for restriction of name visibility, and
- formalized conditions for CONDITIONAL PACKAGES.

The BEHAVIOUR is not yet formalized, the use of descriptive languages like SDL (CCITT recommendation Z.100) is under discussion.

3.2 ASN.1

The ASN.1 language used by the Q3 Configurator is a subset of the language defined in the X.208 blue book. It was reduced by expensive features like macros and parts of the subtype notation. Since values may be referred to by MODL class specifications, and values are used to describe *Supplementary data* (see below), the ASN.1 compiler supports the value notation.

3.3 Supplementary Data

Supplementary data complete the MODL and ASN.1 definitions but are outside the scope of currently existing standards. It specifies additional information that cannot be expressed in neither of the languages, but is needed by some PTA components to meet user's requirements.

Supplementary data comprises

- helptexts for MODL and ASN.1 definitions,
- dialog trees,
- mappings of local syntax identifiers (INTEGER values) to global syntax identifiers (OBJECT IDENTIFIER values),
- records about users (i.e. operation/maintenance staff), user groups, access rights, etc.

Helptexts and dialog trees support the user dialog via the *Graphical User Interface*.

3.3.1 Helptexts

When a human acts as source of management operations and as receiver of notifications respectively, he communicates with his TMS (operation and maintenance terminal) via the Graphical User Interface. The information available about managed object classes, attributes, operations, and syntaxes is presented graphically in input forms or in output masks.

Because it must be possible for the user to obtain help information for output elements or input fields, helptexts have to be stored besides object models. These helptexts can be made available for different TMS users in various national languages simultaneously.

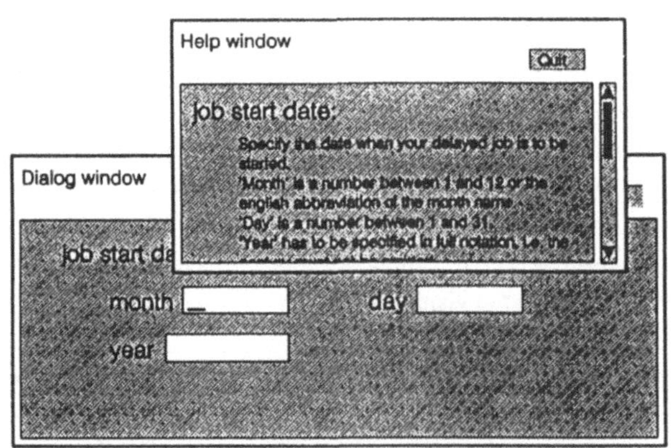

Fig. 4: Example input form

Figure 4 shows an example of an input form. Help information is assigned to each of the input fields. (The displayed names "job start date", "month" etc. are also available in different languages.)

The MODL and ASN.1 definition of the attribute "job start date" and the data items that helptexts may be assigned to are shown in Figure 5.

The boxes symbolize helptexts assigned to the respective definition items. These helptexts may be displayed by the Graphical User Interface and are available in all installed national languages.

Helptexts are captured and delivered together with the definitions of managed object classes. The user may change or expand helptexts in his own OMC environment.

3.3.2 Dialog Trees

Management operations can be initiated either one by one by an operator in immediate dialog or by applications. In the first case, the existence of a user interface controlling the operation construction is required, in the latter case the application could also require some operator dialog. In either case the presentation service of the PTA (the Graphical User Interface) is utilized.

Dialog trees are a means of structuring the dialog. The nodes of the dialog trees represent managed object classes and allow access to the class operations, the vertices menu selections.

On delivery, an object model should contain an original dialog tree that can be adapted by the user to his needs. It is possible to lock parts of dialog trees for certain users or to lock parts of dialog trees for all users except specific ones.

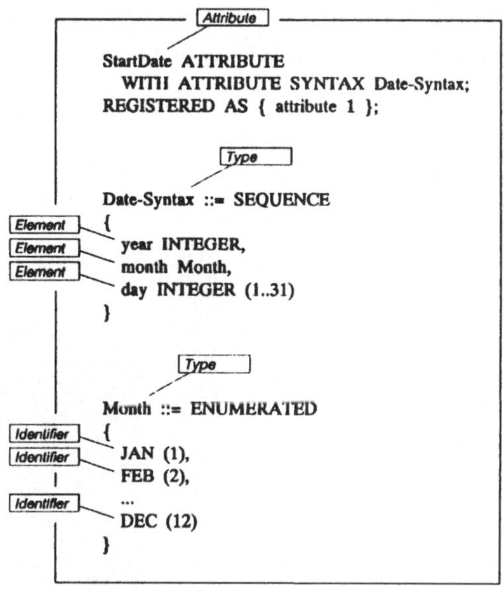

Fig. 5: Assignment of helptexts

3.4 EWSD Man Machine Language

The existing Siemens proprietary interface to EWSD switches, the EWSD Man Machine Language (MML), is completely integrated in the TMS. All important features offered by existing EWSD-specific command interfaces are kept. This is achieved by definition of a vendor-specific EWSD object model and a one-to-one mapping of the EWSD MML (including the existing help information) to that object model. This EWSD object model facilitates the management of EWSD switches at a Qx interface using all benefits of the PTA.

This proceeding does not restrict the management of EWSD switches by genuine Q3 interfaces with non-vendor-specific object models.

4 The TMN Database

The TMN Database stores object models in a binary (compiled) form. The object model information is provided at the Application Interface (API) of the TMN Database.

4.1 Sections of the TMN Database and Database Interfaces

The TMN Database consists of
- a module database that is accessed via the Compiler Interface (CIF),
- a class database that is accessed via the Application Interface (API), and

- an instance database that is accessed via the Instance Access Interface.

The instance database belongs to the TMN *Management Information Base* (MIB), it forms the TMS-local part of the MIB.

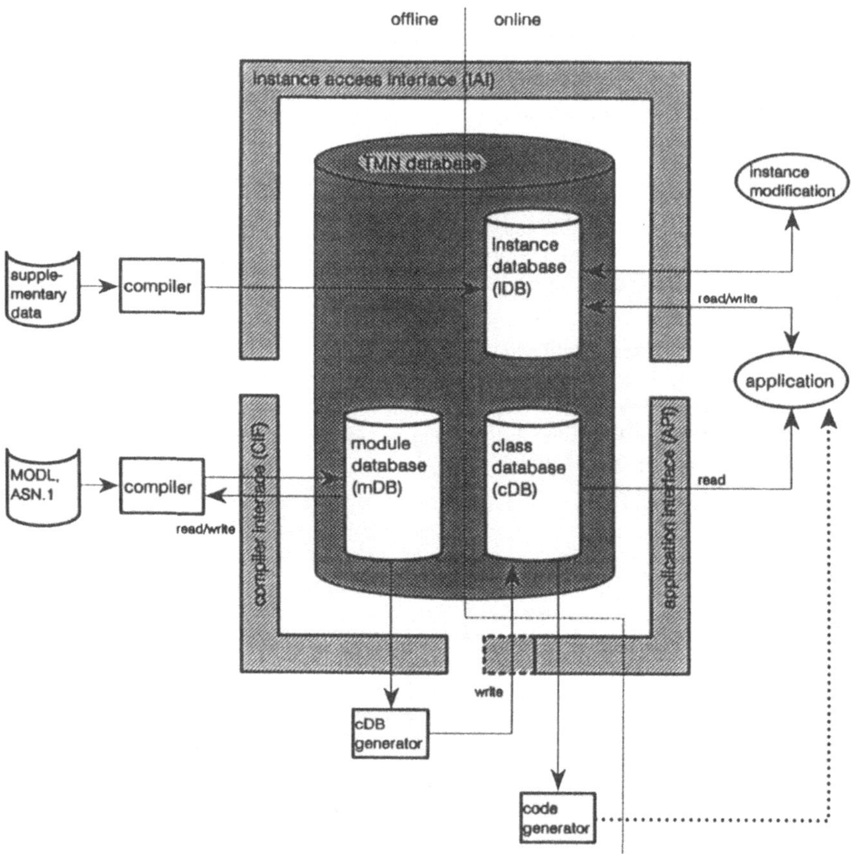

Fig. 6:   Sections of the TMN Database and database interfaces

API and Instance Access Interface are provided equivalently in two languages: C++ and C. They offer the following functions:

- reading [and writing] of an access unit,
- node-by-node traversing of the tree,
- retrieval [and setting] of node kind and node attributes,
- [creation and insertion of new nodes.]

[The text within brackets is valid where the corresponding database-client has write access to the database, e.g. the class database generator with respect to the class database.]

The C++ interface enables object-oriented applications to tailor their own view at the API or the Instance Access Interface. Any node type is represented by a specific C++ class. By subclass derivation, the application may introduce its own methods for traversing the tree or accessing node attributes or doing even more complicated processing. The CIF exists only in a C++ version.

In the following sections the abstract tree structure of the interfaces is depicted briefly and strongly simplified.

4.1.1 Module Database and Compiler Interface

The module database stores the results of MODL and ASN.1 compiler runs.

The contents of a module is stored in form of a tree (syntax tree) with a module-node at its top. Below the module-node the other node types describing the contents of the module are arranged hierarchically. Names are stored per module in a symbol table that is referred to at the corresponding occurrences of the names.

After syntactical and semantical check of a MODL or ASN.1 module, the CIF-tree

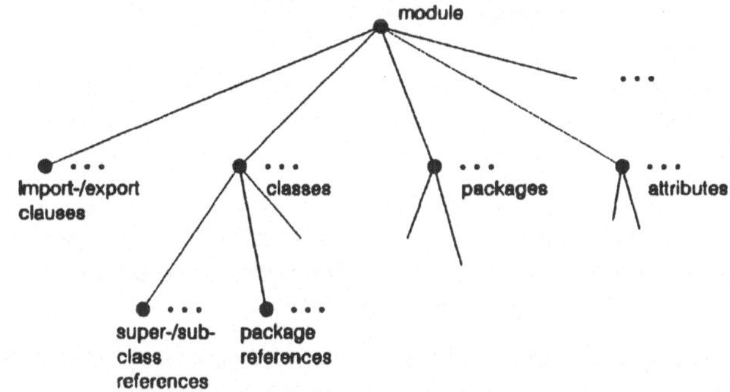

Fig. 7: CIF access to MODL information

is written to the module database by the write function of the CIF. Writing the CIF-tree of a module invokes a linker that resolves external references in the symbol table.

All external references of a module must be satisfied by other modules already written to the module database. The check of external references for existence and semantical correctness is done using the read function of the CIF.

The access unit at the Compiler Interface is a module, i.e. all information belonging to a module is read/written at once from/to the module database. Access to smaller units below the module level is possible only when the entire module-tree is retrieved.

4.1.2 Class Database and Application Interface

The class database provides the data for access by the Application Interface (API).

An application does not need any information about modules. On the other hand, all components forming some class may be scattered across several modules. It would become costly for applications or PTA services to collect all information that belongs to a class. At the API, an application sees a class as it actually is. That means that

- all inheritance relationships to other classes are already resolved (there is no distinction between originally defined and inherited class elements);
- syntaxes that in their definition refer to other syntaxes are seen at the API with these referred syntaxes expanded in-place (exception: recursive inclusion);
- etc.

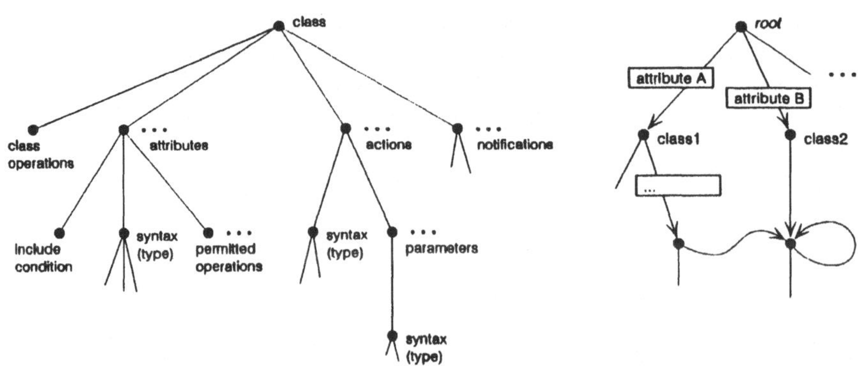

Fig. 8: API access to classes   Access to the name binding

The API is structured similar to the CIF structure. There is one tree per managed object class. To reduce processing overhead at the API, all information that is common to several classes (e.g. common attributes) is multiplied in the class database: a new incarnation at any point of occurrence.

Naming relationships between classes can be obtained from another access graph (really a graph, not a tree) that exists just once. The nodes represent classes, the vertices are labelled with the corresponding naming attributes.

The access unit at the API is a managed object class or the entire name binding graph. Since the class database must not be modified online, the API is a read-only interface. The write function of the API is available only offline for the class database generator.

4.1.3 Instance Database and Instance Access Interface

In the instance database the Supplementary data of object models is stored. The data is stored in form of object instances, i.e. there is a formal description in MODL/ASN.1 of all instance database contents. So there is e.g. a

```
MANAGED OBJECT CLASS Helptext
```

or a

```
MANAGED OBJECT CLASS DialogNode.
```

Reading from the instance database is expressed by GET operations, writing by CREATE, DELETE, or SET operations. Thus the instance database is a part of the TMN Management Information Base (MIB).

The compiler for Supplementary data produces a number of CREATE operations for instantiation of Supplementary data. The input for this compiler, i.e. the Supplementary data in its source form, is a sequence of ASN.1 values of type Instance:

```
Instance ::= SEQUENCE
{
    instance DistinguishedName,
    attributes SET OF InstanceAttributeValue
}
```

```
InstanceAttributeValue ::= SEQUENCE
{
        attribute OBJECT IDENTIFIER,
        value ANY DEFINED BY attribute
}
```

The ASN.1 compiler is used to compile these instances. Access unit at the Instance Access Interface is a single instance. Instances are identified by their distinguished names.

Applications may modify the instance database online. Thus it is made possible for privileged applications to modify Supplementary data (helptexts, dialog nodes).

Besides classes for helptexts, dialog trees, and mapping of syntax identifications there is a number of further object classes whose instances are interpreted by the PTA. These instances do also belong to the Supplementary data, though they are not delivered together with object models. They may be captured by the user and added to the instance database either offline by compilation or online by instance modification.

Examples for such Supplementary data are instances describing

- users and user groups;
- access rights to classes, operations, attributes, and certain ENUMERATED-identifiers. These access rights may be tuned individually for users and user groups;
- range restrictions for certain types or type elements, individually for users and user groups;
- etc.

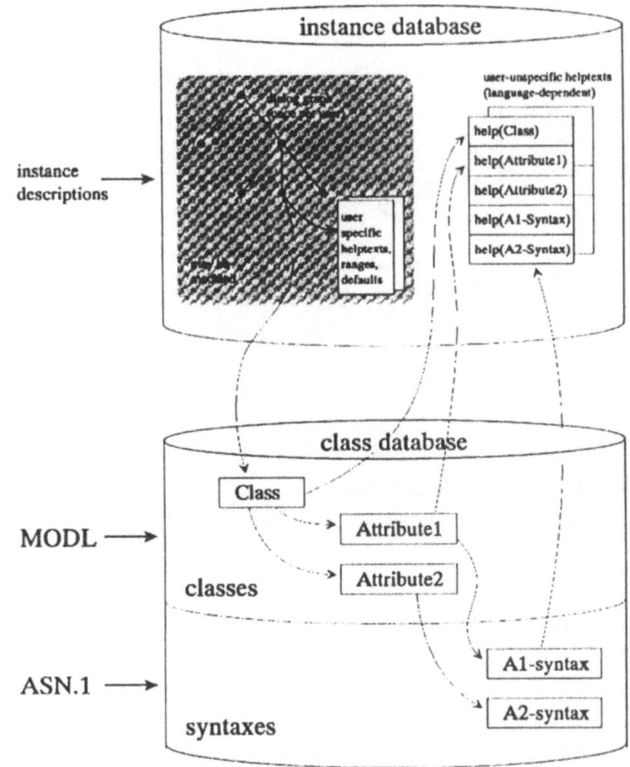

Fig. 9: Supplementary data and internal references in the TMN Database

The instances describing these conditions are read by the PTA at the Instance Access Interface.

At the Instance Access Anterface, applications may retrieve and modify not only Supplementary data. The Instance Access Interface enables applications to create and access local instances of any class whose description is contained in the class database. Thus arbitrary applications can use an universal MIB service of the TMN Database.

4.2 Users of the TMN Database

The TMN Database can be used in two different ways: "online" by generic applications and PTA services, and "offline" by different kinds of code/data generators.

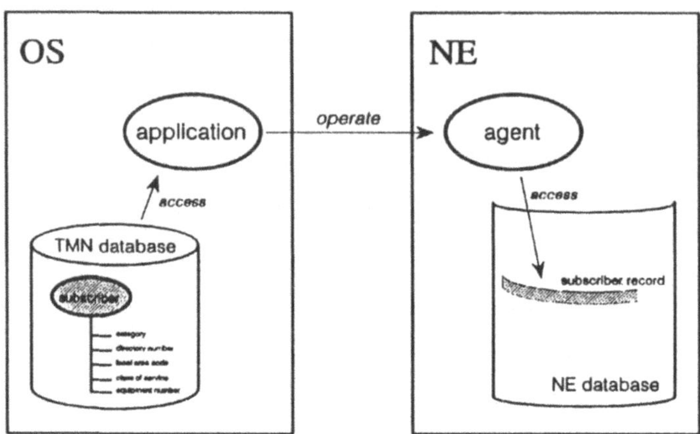

Fig. 10: Online use of the TMN Database in TMS

Platform services that use the TMN Database are e.g.

- the Graphical User Interface,
- encoder and decoder for X.209 basic encoding rules and for local inter-process communication,
- event forwarding and logging.

Currently, there are two fields of use for generators: generation of application code/data and MIB schema generation.

Parts of specialized applications can be generated from the object model information stored in the TMN Database. That applies to functions for encoding and decoding of inter-process communication messages, functions for MIB access etc.

On the other hand, the X.722 support system can be used for generation of software for Network Elements (NE). Particularly the derivation of the MIB database schema for NE and the corresponding access functions from the formally defined object models can be advantageous.

Generators also use the API to access the TMN Database.

5 Q3 Configurator

All the contents of the TMN Database are produced by the Q3 Configurator.

The Q3 Configurator consists of

- MODL and ASN.1 compilers,
- linkers that put the compilation results into the TMN Database and resolve references to other modules already contained in the database,
- a version control that detects dependencies between modules, fixes the order of compilation, validates database contents etc.,

- a tool for conversion from the compiler format of object model information contained in the module database to the format suitable for applications (class database generator),
- generators for application code and data.

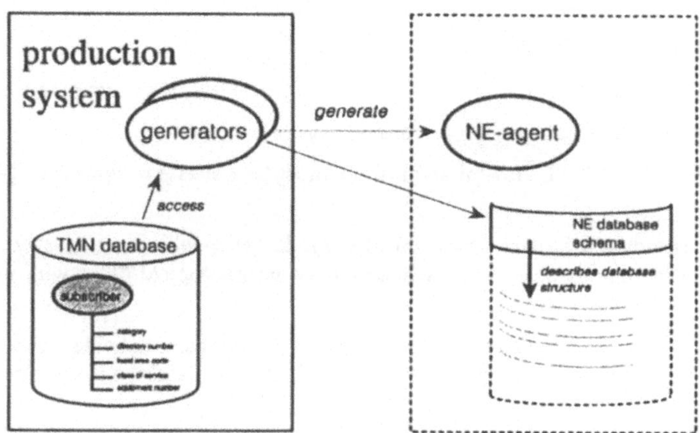

Fig. 11: Offline use of the TMN Database in application production systems

Later versions of the Q3 Configurator will additionally contain a source file management, aids for object model capturing (integrated environment, containing e.g. syntax-driven editors), and a graphical interface for the PTA Support.

5.1 Production Systems and TMS

There are two kinds of production systems:

- a production system for the TMN Database that contains the object model compilers and object model capturing tools and
- production systems for TMN applications that contain the usual application environment for program development and, additionally, the code and data generator tools of the Q3 Configurator.

The TMS does only serve for "online" management operation. For technological reasons both kinds of production systems and TMS are physically different devices. By the help of installation procedures the TMN Database is transferred to these systems.

On application production systems and on TMS the instance database part of the TMN Database can be modified, the other parts of object model information can only be read.

5.2 Compilation

The MODL and ASN.1 compilers perform the lexical and syntactical analysis (first pass) and the semantical analysis (second and third pass). At the first step of semantical analysis (second pass) the correctness local to the module is checked. The second step of semantical analysis (third pass) resolves external references and checks the global semantical correctness. Thus this compiler pass carries out functions similar to a linker for conventional programming languages. A linker in the original sense does not exist in the Q3 Configurator.

The result of the third compiler pass is a syntax tree of the MODL or ASN.1 module according to the Compiler Interface. This syntax tree is written to the module database, using the CIF write function.

Besides basic rules for type integrity like

> "The name expected to refer to an attribute must really denote an attribute."

various complex semantical tests are performed, e.g.

> "The REQUIRED VALUES for an attribute must be a subset of the PERMITTED VALUES."

On change of a module, the transitive closure of all modules depending on it must be re-compiled. Writing to the module database must sequentialized in topological order with respect to the imports.

After changes in the module database, the concerned classes have to be detected. For those as well as for the entire naming graph a regeneration of the class database has to be started.

5.3 Regeneration

The regeneration problem can be described as follows:

1. An object model was delivered and installed in the TMS in version (n).

2. The Supplementary data were changed: helptexts were extended, dialog structures suited to the local requirements, access rights for certain dangerous operations restricted to some selected operators etc.

3. After changes in the Network Element, the object model is newly delivered in version (n+1) with some adaptions.

It is the task of the regeneration to

- preserve changes made locally to the Supplementary data as far as possible,
- adapt old online modifications to Supplementary data to the new object model automatically, whereever possible,
- proceed by user dialog where the problem is too complex for automation.

The regeneration tool belongs to the Q3 Configurator.

6 Implementation

Currently prototypes of TMN Database and Q3 Configurator are implemented on *80386/80486* machines with a Unix System V. The source code consists of 100 KLOC (C++, yacc, and lex code). The prototypes only provide a base functionality. A source code amount of 300 KLOC is estimated for the full functionality as described here (including the expensive regeneration tool).

The PTA will be provided on *Sun* workstations and *80386/80486* machines, both with operating system Unix System V, release 4. It will be completely implemented in C++.

One major requirement to the TMN Database was high performance. Generic PTA services accessing the API, like the communication service with its encoder/decoder, expect response times of a few milliseconds. The API access to C++ class instances stored directly to an object-oriented database system would have been too time-consuming. On the other hand,

- online modifications at the API do not occur,
- all information belonging to a managed object class is generated, stored, and retrieved at once.

So the API access units behave like BLOBs (binary large objects). It is sufficient to utilize an ISAM database for implementation of the class database. The trees consisting of C++ nodes that are generated by the class database generator are sequentialized by the write function of the API and written to an ISAM record. The read function of the API reverses this sequentialization and reproduces the tree of C++ instances.

The module database is implemented similarly.

However, the instance database bases on an object-oriented database system, because:

- the information is accessed in units of single instances; for filter operations even parts of instances can be accessed,
- instances are subject to frequent changes, performed by different parties in parallel, so the multiuser support of database systems is required,
- complex changes to the MIB require a transaction concept.

Acknowledgement

The author wishes to thank his colleagues from the Operation Support Systems group for their work on analysis, design and realization of the X.722 support system. The author also appreciates advice and critical discussion by many others from Siemens, Siemens-Albis, and GPT.

References

[1]   Open Software Foundation
        OSF Distributed Management Environment (DME) Architecture.
        May 1992

[2]   CCITT M.3010
        Principles for a Telecommunication Management Network.
        COM IV-61, Draft Recommendation, August 1991

[3]   S. Nakai et al., NEC Corporation
        A Development Environment for OSI Systems Management.
        Proceedings of the Second IFIP Symposium on Integrated Network Management.
        North-Holland 1991

[4]   Hewlett Packard
        HP Open View. NM Server Technical Evaluation Guide.

[5]   CCITT X.722 (ISO 10165-4) "GDMO"
        Guidelines for the Definition of Managed Objects.
        COM VII-R 27-E, September 1991

Formale Spezifikation und dynamische Analyse verteilter Systeme mit Produktnetzen

Peter Ochsenschläger   Rainer Prinoth

Institut für Telekooperationstechnik der GMD

ochsenschlaeger@darmstadt.gmd.de   prinoth@darmstadt.gmd.de

Einleitung

Hinter dem Begriff "Verteilte Systeme" verbergen sich heutzutage so unterschiedliche Konzepte wie Parallelrechner, Rechnernetze, Telekooperation und Multimedienanwendungen über einem einheitlichen Kommunikations- und Verteilnetz. Hauptanwendungsfeld des in diesem Beitrag geschilderten Angangs ist die Telekooperation; sie ist gekennzeichnet u.a. durch lokale, autonome Systeme, die unter Inanspruchnahme von Kommunikationsdienstleistungen gemeinsame Kooperationsziele verfolgen.

Wegen der Heterogenität der beteiligten Komponenten ist eine einheitliche Modellbildung nützlich, die die Festlegung des Kooperationsziels, die Einbeziehung technischer und anwendungsbezogener Randbedingungen und die Spezifikation der realen Komponenten auszudrücken gestattet. Als formales Beschreibungsmittel zur Präzisierung dieser einheitlichen Modellbildung werden Produktnetze /3/ verwendet.

Produktnetze sind beschriftete Petrinetze mit individuellen Marken, die einerseits eine hinreichende Ausdrucksstärke zur Spezifikation realer Systeme bieten und andererseits auch noch die Berechnung des Erreichbarkeitsgraphen erlauben, der als Basis für die Analyse der Dynamik des spezifizierten Systems dient. Wesentliche Konzepte der Produktnetze werden in Kap. 1 an Beispielen vorgestellt. Kap. 2 zeigt ihre Anwendung auf das ISDN-D-Kanalprotokoll und Kap. 3 diskutiert einige Ergebnisse, die sich aus der dynamischen Analyse dieser Spezifikation ergeben und skizziert hierfür verwendete Verfahren. In Kap. 4 wird die Produktnetzmaschine, ein integriertes Werkzeug zum Entwurf und zur dynamischen Analyse von Produktnetzen, beschrieben.

1. Produktnetze

Die primäre Aufgabe formaler Spezifikationsmethoden ist es, für die Entwurfsphase von Systemen ein exaktes Ausdrucksmittel zur Verfügung zu stellen, mit dem alle Aspekte des gewählten Abstraktionsniveaus unmißverständlich dargestellt werden können. Darüber hinaus müssen sie die Überprüfung der erstellten Spezifikationen auf geforderte Systemeigenschaften ermöglichen, damit Entwurfsfehler möglichst früh erkannt werden können, denn bekanntlich ist die Behebung solcher Fehler nach der Realisierung sehr aufwendig und teuer. Eine derart überprüfte formale Spezifikation bildet dann eine solide Basis für die Realisierungsphase.

Im Bereich der verteilten Systeme, speziell der Kommunikationsprotokolle, erfordert ein solches Vorgehen globale Spezifikationen, denn erst das Zusammenspiel der beteiligten Instanzen zeigt, ob ein verteiltes System das leistet was es soll. Dieses Zusammenspiel kann dann in dynamischen Analysen der formalen Spezifikation des Gesamtsystems untersucht werden.

Charakteristisch für die von uns betrachteten verteilten Systeme sind "lokale Maschinen", die miteinander über "Kanäle" kommunizieren. In aller Regel verfügen die beteiligten Instanzen über gewisse Entscheidungsfreiheiten, und die benutzten Kommunikationsmedien sind fehlerbehaftet /15/. Diese "lose" Kopplung von "eigenständigen" Instanzen verlangt von einem geeigneten Beschreibungsmittel die Ausdrucksfähigkeit von Nebenläufigkeit und Nichtdeterminismus.

Petrinetze sind ein bekanntes graphisches Ausdrucksmittel mit diesen Eigenschaften. Sie bestehen aus <u>Stellen</u> (durch Kreise dargestellt), <u>Transitionen</u> (durch Rechtecke dargestellt) und gerichteten <u>Kanten</u>, die entweder von einer Stelle zu einer Transition oder von einer Transition zu einer Stelle führen. Auf den Stellen können sogenannte <u>Marken liegen</u>, was etwa den "Systemzustand" darstellt. Die Transitionen beschreiben Aktionen, welche die Markierungen verändern. Genauer: Eine Transition ist <u>aktiviert</u>, wenn jede ihrer <u>Eingangsstellen</u> - das sind die Stellen, von denen aus eine Kante zur betrachteten Transition führt - mindestens eine Marke trägt. Eine aktivierte Transition kann <u>schalten</u>, d.h. sie entfernt von jeder Eingangsstelle eine Marke und legt auf jede ihrer <u>Ausgangsstellen</u> - das sind die Stellen, zu denen eine Kante von der betrachteten Transition führt - eine Marke. Ein solcher Schaltvorgang ist als atomare Aktion zu sehen.

Betrachten wir ein Beispiel:

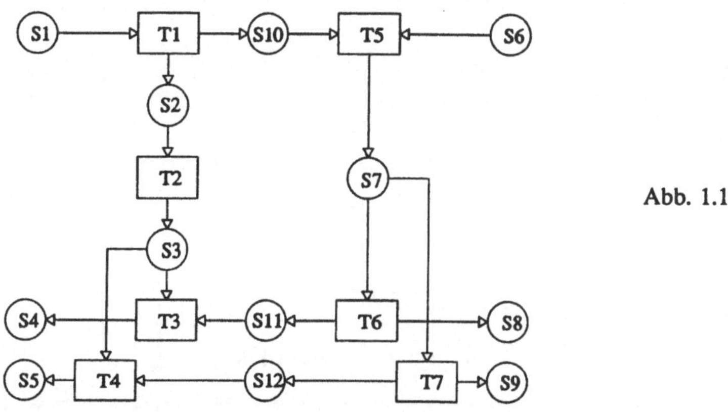

Die Anfangsmarkierung besteht aus je einer Marke auf den Stellen S1 und S6.

Das Netz beschreibt zwei Instanzen, die über die Stellen S10, S11 und S12 miteinander kommunizieren. Die eine Instanz, bestehend aus den Transitionen T1, T2, T3 und T4, schickt mit T1 eine "Anfrage" an die andere Instanz (Marke auf S10 und S2), führt danach mit T2 eine "interne Aktion" aus und wartet dann (mit einer Marke auf S3) auf eine "positive" (Marke auf S11) oder "negative" Antwort (Marke auf S12). Trifft eine derartige Antwort ein, kann sie mit T3 bzw. T4 entgegengenommen werden, und die Instanz geht in einen entsprechenden "lokalen Endzustand" (Marke auf S4 bzw.S5) über. Die andere Instanz, bestehend aus den Transitionen T5, T6 und T7, kann mit T5 eine derartige Anfrage entgegennehmen und hat danach (Marke auf

S7) die Entscheidungsfreiheit diese Anfrage "positv" mit T6 (Marke auf S11) oder "negativ" mit T7 (Marke auf S12) zu beantworten und dabei in einen entsprechenden "lokalen Endzustand" überzugehen (Marke auf S8 bzw. S9).

Die Stellen S10, S11 und S12 beschreiben dabei fehlerfreie Kommunikationsverbindungen.

In diesem Netz sind nach dem Schalten von T1 die Transitionen T2 und T5 <u>nebenläufig</u> aktiviert, d.h. sie können unabhängig voneinander Schalten.

Die antwortende Instanz verhält sich nach dem Schalten von T5 <u>nichtdeterministisch</u>, denn es ist bei der gewählten Abstraktionsstufe keine Ursache für eine "positive" oder "negative" Beantwortung spezifiziert.

In dieser Situation (Marke auf S7) sind innerhalb der antwortenden Instanz die Transitionen T6 und T7 aktiviert. Im Gegensatz zur obigen Situation bei T2 und T5 tritt aber hier ein Konflikt auf, es kann nämlich nur T6 oder T7 schalten, aber nicht beide.

Die vollständige Dynamik dieser Spezifikation läßt sich durch den sogenannten <u>Erreichbarkeitsgraphen</u> beschreiben. Dieser gerichtete Graph enthält als Knoten die Markierungen des Netzes, welche ausgehend von der Anfangsmarkierung durch Schalten von Transitionen erzeugbar sind. Seine Kanten beschreiben diese Schaltvorgänge, d.h. es führt genau dann eine mit T beschriftete Kante von einer Markierung M zu einer Markierung M´, wenn die Transition T unter der Markierung M aktiviert ist und beim Schalten die Markierung M´ erzeugt.

Der Erreichbarkeitsgraph des Beispielnetzes sieht folgendermaßen aus:

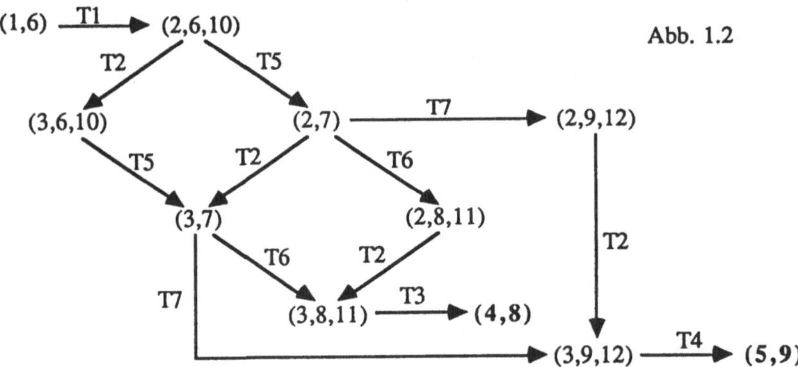

Hierbei sind die verschiedenen Markierungen durch Listen von Nummern der Stellen dargestellt, die je eine Marke enthalten. Das ist in diesem Fall möglich, da bei jeder Markierung auf den einzelnen Stellen maximal eine Marke liegt. Im allgemeinen Fall ist für eine Markierungsdarstellung noch die Anzahl der Marken zu berücksichtigen, die auf den einzelnen Stellen liegen.

Der betrachtete Erreichbarkeitsgraph enthält zwei sogenannte <u>Totmarkierungen</u>, nämlich (4,8) und (5,9). Diese sind dadurch ausgezeichnet, daß sie im Erreichbarkeitsgraphen keine Nachfolger besitzen, d.h. daß unter ihnen keine Transition aktiviert ist. Da keine weiteren Totmarkierungen existieren, ist damit für die Spezifikation nachgewiesen, daß bei allen möglichen Systemabläufen jeweils "zueinander passende lokale Endzustände" erreicht werden.

Wie das Beispiel zeigt, läßt sich mit Petrinetzen zwar recht anschaulich Nebenläufigkeit und Nichtdeterminismus ausdrücken, für die formale Spezifikation realer Systeme sind sie in der oben eingeführten Form allerdings noch zu unhandlich und nicht ausdrucksstark genug. So gibt es z.B. keine direkte Ausdrucksmöglichkeit für eine Bedingung der Form, daß eine Transition nur dann schalten darf, wenn auf bestimmten Stellen keine Marke liegt. Solche Bedingungen motivieren eine Erweiterung der Petrinetze um sogenannte Verbotskanten. Das sind durch einen Doppelstrich an der Pfeilspitze gekennzeichnete Kanten, die von Stellen zu Transitionen führen (siehe Abb. 1.3). Diese Stellen heißen dann Verbotsstellen der entsprechenden Transition. Die Verbotskanten liefern eine Erweiterung der Schaltbedingung derart, daß eine Transition erst dann aktiviert ist, wenn alle Eingangsstellen mindestens eine Marke tragen und wenn zusätzlich keine Verbotsstelle eine Marke trägt.

Wie das nächste Beispiel zeigen wird, sind die Verbotskanten eine sehr sinnvolle Erweiterung der Petrinetze, was die Spezifikation realer Systeme betrifft. Darüber hinaus läßt sich zeigen /1,5/, daß erst die um Verbotskanten erweiterten Petrinetze eine Ausdrucksstärke besitzen, mit der sich alle algorithmischen Vorgänge beschreiben lassen (Turingmächtigkeit).

Eine zweite Erweiterung der Petrinetze bilden die sogenannten Abräumkanten. Das sind durch eine doppelte Pfeilspitze gekennzeichnete Kanten, die von Stellen zu Transitionen führen (siehe Abb. 1.3). Diese Stellen heißen dann Abräumstellen der entsprechenden Transition. Abräumkanten liefern keine zusätzliche Schaltbedingung, bewirken aber beim Schalten einer Transition, daß alle Marken von den zugehörigen Abräumstellen entfernt werden.

Das folgende Beispiel zeigt, wie mit Hilfe von Verbots- und Abräumkanten recht einfach ein verlustbehafteter Kanal mit lokaler Flußkontrolle spezifiziert werden kann. Die Aufgabe des Kanals besteht darin, vom Sender (TS) in SK abgelegte Information einem Empfänger (TE) in EK anzubieten.

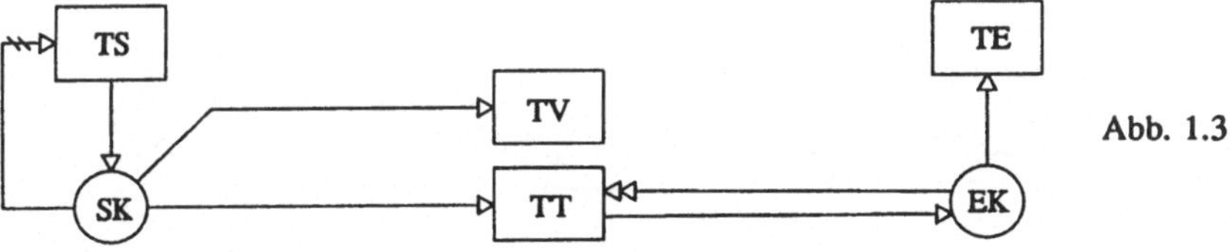

Wenn auf der Stelle SK keine Marke liegt, d.h. wenn der Kanal bereit ist vom Sender eine Nachricht entgegenzunehmen (lokale Flußkontrolle), kann die Transition TS schalten, d.h. eine Nachricht abschicken. Danach kann entweder mit der Transition TV die Nachricht verloren gehen, oder mit der Transition TT zum Empfänger transportiert werden. Dabei bewirkt die Abräumkante von EK nach TT, daß eine im Empfangspuffer EK ggf. noch vorhandene Nachricht überschrieben wird. D.h., wenn die Transition TE die ankommenden Nachrichten nicht schnell genug entgegennimmt, können auch im Empfangspuffer Nachrichten verloren gehen (keine globale Flußkontrolle).

Im Beispiel der Abb.1.1 fällt auf, daß nach Treffen der Entscheidung in der antwortenden Instanz (entweder T6 oder T7) das Verhalten im positiven Fall völlig separat vom Verhalten im negativen Fall modelliert ist, obwohl in beiden Fällen das gleiche Verhaltensmuster vorliegt. Durch <u>Kantenanschriften</u> lassen sich diese Verhaltensweisen "zusammenlegen".

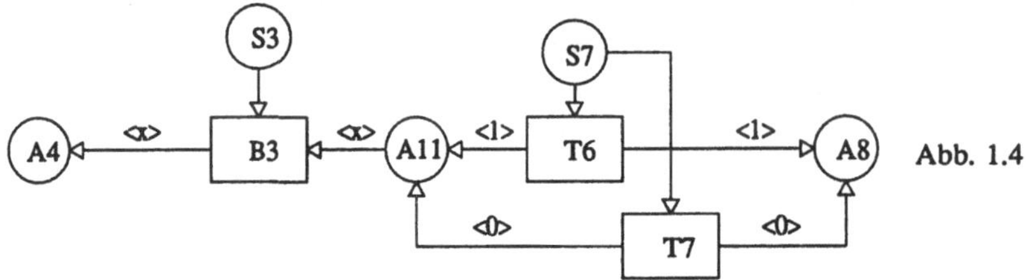

Mit je einer Marke auf S3 und S7 sind in diesem Netz die Transitionen T6 und T7 aktiviert. Schaltet T6, dann wird je eine Marke <1> auf A11 und A8 gelegt; schaltet T7, dann geschieht dies mit je einer Marke <0>. In beiden Fällen ist danach die Transition B3 aktiviert. In einem Fall für die <u>Interpretation</u> 1 der Variablen x, im anderen Fall für x=0. Beim Schalten von B3 wird dann eine Marke <1> oder <0> auf A4 gelegt.

Bei dieser Modellierung sind jeweils die Stellen S4 und S5, S8 und S9 sowie S11 und S12 zusammengelegt worden. Das wurde möglich durch die Einführung <u>individueller</u> Marken, nämlich <0> und <1>. Die Zusammenlegung der entsprechenden Stellen drückt sich im neuen Netz formal dadurch aus, daß die Stellen A4, A8 und A11 den <u>Definitionsbereich</u> {0,1} besitzen. Das Schalten der Transition B3 ersetzt entsprechend der Interpretation der Variablen x das Schalten von T3 oder T4.

Bei den bisher betrachteten Beispielen war in den Nachrichtenkanälen maximal eine Nachricht unterwegs. I.allg. ist dies aber nicht der Fall, und es müssen meistens FIFO-Kanäle betrachtet werden. Das folgende Netz spezifiziert einen derartigen (verlustfreien) FIFO-Kanal:

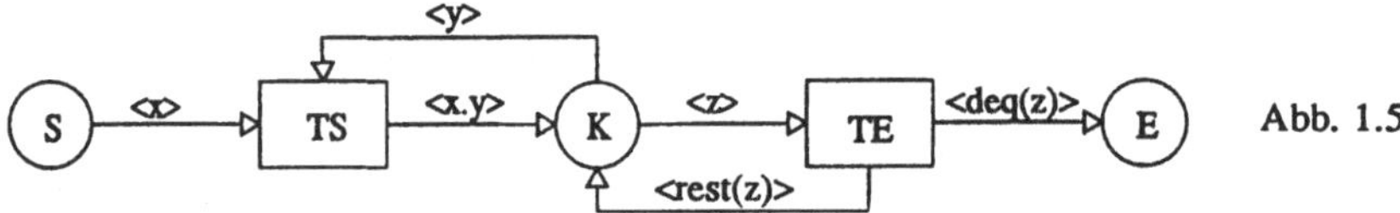

Der Definitionsbereich der Stelle S sowie der Stelle E ist die Menge A, eine gegebene Menge von Nachrichten. Die Stelle K, welche den eigentlichen FIFO-Kanal darstellt, besitzt den Definitionsbereich seq(A). Das ist die Menge aller Folgen von Elementen aus A, einschließlich der durch :: dargestellten leeren Folge. Auf dieser Menge ist eine zweistellige Operation . gegeben, welche die Konkatenation von Folgen darstellt. Bezeichnet seq1(A) die Menge aller nichtleeren Folgen von Elementen von A, also seq1(A) = seq(A) \ {::} , dann sind die Funktionen deq : seq1(A) $\rightarrow$ A und rest : seq1(A) $\rightarrow$ seq(A) durch rest(z).deq(z) = z für alle Folgen z ∈ seq1(A) definiert, d.h. deq bestimmt das letzte (also älteste) Element der Folge z und rest die (ggf. leere) Teilfolge vom ersten bis zum vorletzten Element .

Die Anfangsmarkierung besteht aus Marken auf S, das sind die Nachrichten, die gesendet werden sollen, und der Marke <::> (leerer Kanal) auf K.

Wenn die Transition TS schaltet (Senden einer Nachricht) wird die Folge von Nachrichten, die als Marke auf K liegt, an ihrem Anfang um eine Nachricht, entsprechend der Interpretation von x, verlängert. Diese Nachricht wird dabei aus S entfernt. Schaltet die Transition TE (Empfang einer Nachricht), dann wird die Folge von Nachrichten, die als Marke auf K liegt, an ihrem Ende um eine Nachricht verkürzt und diese Nachricht auf der Stelle E abgelegt. Das ist aber nur für solche Interpretationen von z möglich, für die deq(z) und rest(z) definiert sind, d.h. nur dann, wenn auf K eine nichtleere Folge liegt, aus der das letzte Element entfernt werden kann.

Wenn die algorithmische Ausführung der Schaltungen von Transitionen gewährleistet sein soll dann dürfen, wie dieses Beispiel zeigt, zur Kantenbeschriftung nur Funktionen benutzt werden, die berechenbar sind und deren Definitionsbereich entscheidbar ist. Es muß nämlich bei jedem vorkommenden Funktionsterm entschieden werden, ob er für die gerade betrachtete Interpretation der Variablen definiert ist, und wenn das der Fall ist, dann muß der entsprechende Wert berechnet werden.

Mit Funktionstermen in den Kantenbeschriftungen lassen sich funktionale Beziehungen zwischen den Marken ausdrücken. Zur Beschreibung relationaler Beziehungen dienen Transitionsinschriften. Sie stellen zusätzliche Schaltbedingungen dar.

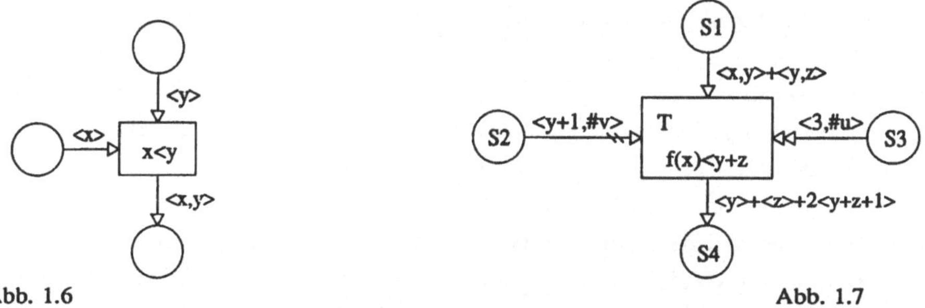

In dem Beispiel der Abb. 1.6 kann die Transition für eine bestimmte Interpretation der Variablen x und y nur dann schalten, wenn neben der üblichen Schaltbedingung auch noch die Bedingung x<y für die betrachtete Interpretation erfüllt ist.

Die soweit vorgestellten Erweiterungen der Petrinetze werden mit den Produktnetzen formal gefaßt. Produktnetze sind also beschriftete, um Verbots- und Abräumkanten erweiterte Petrinetze mit individuellen Marken.

Die Mengen und Funktionen, die zur Beschriftung eines Produktnetzes benötigt werden, müssen in einem sogenannten Vorspann definiert werden. Dazu existiert eine eigene Sprache, die Vorspannsprache, welche auf syntaktischem Weg sicherstellt, daß nur entscheidbare Mengen und totale berechenbare Funktionen definiert werden können. Das ist, wie oben schon erklärt wurde, eine wichtige Bedingung dafür, daß das Schalten von Transitionen berechenbar wird.

Aus Platzgründen kann hier keine formale Definition der Produktnetze gegeben werden, es sei dazu auf /3/ verwiesen. Statt dessen wird an einem kleinen Beispiel in Abb. 1.7 gezeigt, wie die verschiedenen vorgestellten Erweiterungen der Petrinetze bei den Produktnetzen zusammenspielen.

Der Vorspann zu diesem Produktnetz enthält die Mengendefinitionen $A = \{a,b,c\}$ und $B = \{0,1,2\}$ sowie die Funktionsdefinition $f : A \rightarrow NAT$ mit $f(a) = 1$, $f(b) = 0$ und $f(c) = 0$. Die Definitionsbereiche der Stellen sind gegeben durch $D_{S1} = A \times B$, $D_{S2} = B \times A$, $D_{S3} = NAT \times NAT$ und $D_{S4} = NAT$.

Bei der Beschriftung gibt es zwei Arten von Variablen: x, y und z sind die sogenannten <u>gebundenen Variablen</u> von T und #u sowie #v sind die sogenannten <u>freien Variablen</u> von T. Mit den gebundenen Variablen wird das Schalten von Transitionen parametrisiert (durch Wahl von bestimmten Interpretationen). Jede gebundene Variable muß mindestens einmal als einfacher Term (ein Term, der nur aus der Variablen besteht) an einer Eingangskante der Transition auftreten. Die freien Variablen, die nur in den Anschriften von Verbots- und Abräumkanten auftreten dürfen und durch ein # gekennzeichnet sind dienen dazu, nicht einzelne Marken, sondern Markentypen festzulegen. Freie Variable, die in verschiedenen Tupeln vorkommen, müssen verschieden sein. Auch sie müssen einmal als einfacher Term auftreten.

Zusammen mit den oben beschriebenen Bedingungen für die benutzten Mengen und Funktionen gewährleisten diese syntaktischen Bedingungen die Berechenbarkeit der Schaltungen von Transitionen. Es kann also nicht passieren, daß bei einer schrittweisen Berechnung des Erreichbarkeitsgraphen die Überprüfung der Aktiviertheit einer Transition unter einer bestimmten Markierung zwar beginnt aber nicht terminiert.

Die durch
$$M_{S1} = \langle a,2\rangle + \langle a,1\rangle + \langle b,0\rangle \ , \ M_{S2} = \langle 1,a\rangle + \langle 0,b\rangle \ , \ M_{S3} = \langle 1,1\rangle + 2\langle 3,1\rangle \ \text{und} \ M_{S4} = \langle 1\rangle$$
gegebene Markierung M ist eine korrekte Markierung des Produktnetzes, da alle Marken Elemente der Definitionsbereiche der entsprechenden Stellen sind.

Unter dieser Markierung ist die Transition T für die Interpretation x=a, y=1 und z=2 aktiviert, da $\langle a,1\rangle + \langle a,2\rangle$ (interpretierte Anschrift der Eingangskante) auf der Eingangsstelle S1 vorhanden ist, da die Transitionsinschrift für diese Interpretation wahr ist und da die Verbotsstelle S2 keine Marke vom Typ $\langle 2,\#v\rangle$ enthält. Das Schalten von T für diese Interpretation erzeugt dann die Nachfolgemarkierung M′, die durch $M′_{S1} = \langle b,0\rangle$, $M′_{S2} = \langle 1,a\rangle + \langle 0,b\rangle$, $M′_{S3} = \langle 1,1\rangle$ und $M′_{S4} = 2\langle 1\rangle + \langle 2\rangle + 2\langle 4\rangle$ gegeben ist. Das geschieht in den drei Schritten: entfernen von $\langle a,1\rangle + \langle a,2\rangle$ aus der Eingangsstelle S1, entfernen aller Marken vom Typ $\langle 3,\#u\rangle$ aus der Abräumstelle S3 und hinzufügen von $\langle 1\rangle + \langle 2\rangle + 2\langle 4\rangle$ zur Markierung der Ausgangsstelle S4.

Der Name "Produktnetze" stammt daher, daß die Grundstruktur der Definitionsbereiche von Stellen Mengenprodukte sind. Der Zugriff auf deren Komponenten wird durch die Tupelschreibweise in den Kantenanschriften syntaktisch unterstützt, was sich zumindest für das Anwendungsgebiet der Kommunikationsprotokolle als sehr praktisch erwiesen hat. Die Komponenten dieser Mengenprodukte können natürlich entsprechend ihrer Definition im Vorspann noch ganz andere Strukturen tragen.

2. Das D-Kanalprotokoll - ein Spezifikationsbeispiel

Das diensteintegrierende digitale Netz (Integrated Services Digital Network, kurz ISDN) ist das Ergebnis eines längeren Prozesses fortschreitender Digitalisierung des Fernsprechnetzes /16/. Es versucht den Bedürfnissen sowohl der Sprachanwender als auch der Datenanwender (inklusive Fest- und Bewegtbildkommunikation) gerecht zu werden. Aus Sicht der Benutzer des ISDN spielt das D-Kanalprotokoll als Netzzugangsprotokoll eine wesentliche Rolle.

Abb. 2.1 illustriert den Aspekt des Netzzugangs im ISDN über das D-Kanalprotokoll. Teilnehmer A ist über seinen S_0-Bezugspunkt mit der Vermittlungsstelle A (kurz VSt A genannt) verbunden. Das zwischen A und VSt A definierte D-Kanalprotokoll dient der Steuerung der Aktionen zwischen Endgerät und Netz. Entsprechendes gilt für Teilnehmer B.

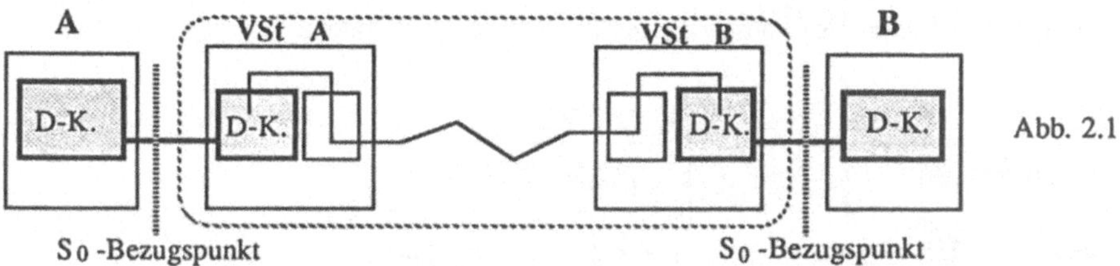

Abb. 2.1 skizziert auch eine Verbindung zwischen den Teilnehmern A und B; es wird ersichtlich, daß es sich beim D-Kanalprotokoll nicht um ein Ende-zu-Ende Protokoll handelt.

Der Aufbau einer Verbindung von Teilnehmer A zum Teilnehmer B äußert sich am A-seitigen Netzzugang durch eine SETUP-Nachricht von A zur VSt A. Die SETUP-Nachricht ist ein Protokollelement des D-Kanalprotokolls der Schicht 3 und enthält in der Parameterliste unter anderem die Adresse des sendenden Systems (Calling party number), die Adresse des Zielsystems (Called party number), die Call reference (**cr**) zur Identifizierung der Transaktion am S_0-Bezugspunkt von A, den von A gewünschten B-Kanal (Channel identification, kurz **ci**) usw. /4/.

Wenn das Netz dem Wunsch entsprechen kann, wird eine SETUP-Nachricht von der VSt B an den Teilnehmer B gesendet.

Der Teilnehmer B antwortet im positiven Fall mit einer CONNECT-Nachricht zur VSt B und eine entsprechende CONNECT-Nachricht wird schließlich dem Teilnehmer A an dessen Netzzugang von der VSt A übermittelt.

Während des Aufbaus können an beiden S_0-Bezugspunkten weitere Nachrichten ausgetauscht werden. Die Nachrichten, ihre Parameter und ihre Abfolgen sind in der CCITT-Empfehlung Q.931 festgelegt und sollen hier nicht weiter erläutert werden.

In einer Diplomarbeit /18/ wurde ein Produktnetzmodell für eine Teilfunktionalität des ISDN-D-Kanalprotokolls der Schicht 3 nach den Vorgaben der CCITT Empfehlung Q.931 spezifiziert und analysiert. Abb. 2.2 zeigt die gewählte Konfiguration.

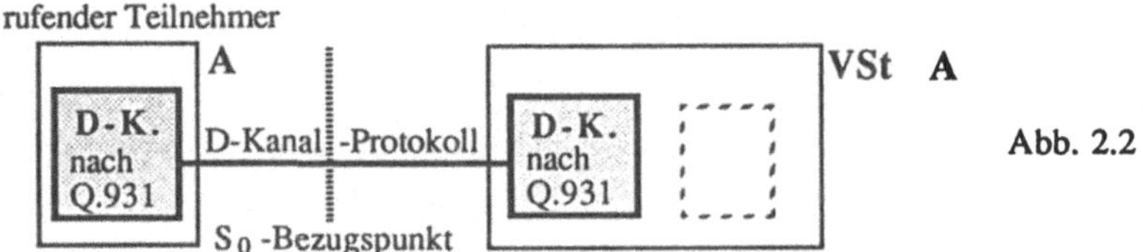

In der Produktnetzspezifikation /18/ wurde die teilnehmerseitige Protokollinstanz "nach oben" durch einen aktiven Benutzer abgeschlossen und die netzseitige Instanz durch einen passiven Benutzer. Der aktive Benutzer initiiert Aufbauwünsche, der passive Benutzer nimmt Aufbauwünsche entgegen und reagiert entsprechend den Möglichkeiten der unterlagerten Protokollinstanz. Ein aus dem Netz zum Teilnehmer A kommender Aufbauwunsch ist nicht modelliert. Abb. 2.3 zeigt die Grobstruktur der Produktnetzspezifikation.

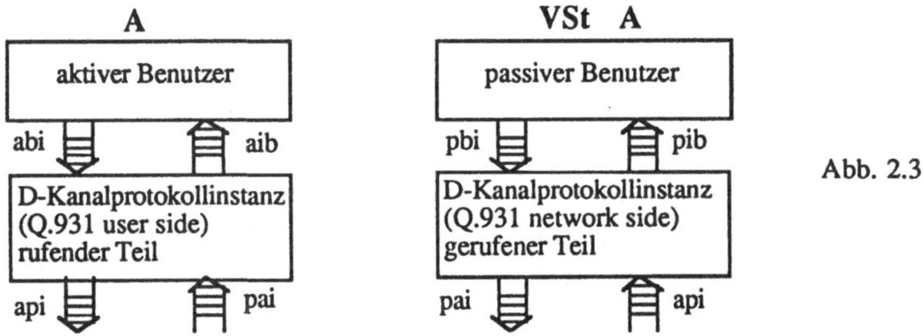

Jede Protokollinstanz und jeder Benutzer wird durch ein Teilnetz spezifiziert. Jeder der vier Blöcke der Abb. 2.3 steht für ein derartiges Teilnetz. Das Teilnetz "D-Kanalprotokollinstanz, rufender Teil" enthält beispielsweise 34 Transitionen. Die Kommunikation zwischen den Teilnetzen verläuft über Stellen, welche FIFO-Kanäle darstellen. In Abb. 2.3 repräsentieren abi, aib, pbi, pib, api und pai diese Kanäle. Die in der Abbildung doppelt vorkommenden FIFO-Kanäle api und pai sind jeweils zu identifizieren.

Ein Aufbauwunsch des aktiven Benutzers äußert sich im FIFO-Kanal abi durch ein SETUP rq. Schnittstellenelement. Wenn die darunterliegende Protokollinstanz dem Wunsch entsprechen kann, signalisiert sie dies der VSt durch eine SETUP-Nachricht in api. Dieser FIFO-Kanal ist auch auf Seite der VSt vorhanden. Die dortige Protokollinstanz reagiert auf den ankommenden SETUP etwa mit Erzeugen eines geeigneten Schnittstellenelements in pib, usw.

In der Produktnetzspezifikation sind SETUP rq. und SETUP Elemente in abi und api, die über eine Transition t miteinander verknüpft sind: t entnimmt dem FIFO-Kanal abi das Element SETUP rq. (dequeue bzgl. abi) und fügt dem Kanal api das Element SETUP hinzu (enqueue bzgl. api). Abb. 2.4 zeigt diese zum Teilnetz "D-Kanalprot.ins., rufender Teil" gehörende Transition.

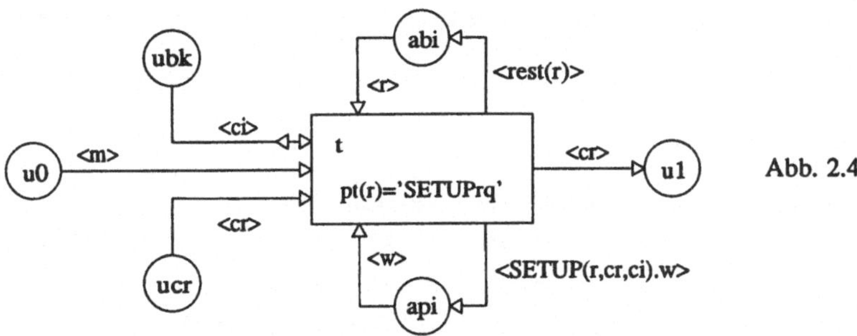

Die mit der Transition t verbundenen Stellen sind u0, u1, ucr, ubk, abi und api. **u0** modelliert den Zustand 0 der user side der CCITT-Empfehlung Q.931 und **u1** den dortigen Zustand 1 (Call initiated).

Stelle **ucr** enthält die Call references, die eine Transaktion kennzeichnen und **ubk** Information zur Identifizierung des B-Kanals (u.a. B1-Kanal oder B2-Kanal gewünscht). Die Lesekante zwischen ubk und t in Abb. 2.4 ist ein graphisches Kürzel für eine Eingangskante und eine Ausgangskante mit gleicher Anschrift.

abi nimmt sämtliche Information auf, die der aktive Benutzer der unterlagerten Protokollinstanz liefert (z.B. SETUP rq., INFO rq., DISC rq. oder REL rq.) und **api** sämtliche Information, die der rufende Teilnehmer der VSt signalisiert (z.B. SETUP, INFORMATION, DISCONNECT oder RELEASE).

Wenn das Element am Ende der in abi abgelegten Folge ein SETUP rq. ist und wenn die Stellen u0 und ucr jeweils mindestens eine Marke enthalten, dann kann Transition t schalten.

Der Schaltvorgang läßt sich kurz wie folgt beschreiben:

- aus abi wird (über die Variable **r**) die vollständige Folge der Elemente entnommen, das Element am Ende entfernt (hier SETUP rq.) und die Restfolge (über die Funktion **rest(r)**) nach abi zurückgelegt,

- aus u0 wird (über die Variable **m**) eine Marke entnommen; dadurch wird überprüft, ob sich die Protokollinstanz im Grundzustand befindet,

- aus ucr wird (über die Variable **cr**) eine keiner Transaktion aktuell zugeordnete Call reference entnommen,

- aus ubk wird (über die Variable **ci**) Information zur Identifizierung des B-Kanals gelesen,

- aus api wird (über die Variable **w**) die vollständige Folge der Elemente entnommen, als erstes Element **SETUP (r,cr,ci)** hinzugefügt und die so verlängerte Folge nach api zurückgelegt,

- nach u1 die für die Transaktion verwendete Call reference abgelegt.

pt(r) = 'SETUP rq' in Transition t prüft, ob das Element am Ende der Folge in abi ein SETUP rq. ist.

Die gesamte Produktnetzspezifikation weist insgesamt ca. 50 Stellen und 130 Transitionen auf. Der Modellierung lag die Annahme zugrunde, daß kein Element verloren geht oder verfälscht wird. Die Liste der modellierten Protokollelemente und Parameter sowie weitere Annahmen sind in /18/ angegeben.

3. Dynamische Analyse

Eine Anfangsmarkierung im betrachteten Modell besteht aus

- je einer leeren Folge auf den sechs Stellen, die die FIFO-Kanäle repräsentieren (also auf den Stellen abi, aib, pbi, pib, api und pai),
- je einer Marke im Zustand 0 der vier Teilnetze (z.B. eine Marke in u0),
- lokalen Kennungen in den Teilnetzen aktiver/passiver Benutzer
- Call references in den beiden Protokollinstanzen (z.B. Marken in ucr),
- Informationen über weitere Parameter (z.B. Marken in ubk mit entsprechender Information).

Unter einer derartigen Anfangsmarkierung ist im aktiven Benutzer eine Transition aktiviert, die ein SETUP rq. Element in abi ablegt. Danach ist u.a. die in Kap. 2 betrachtete Transition t aktiviert, die den SETUP rq. dem FIFO-Kanal abi entnimmt und ein SETUP Protokollelement in api ablegt. Abb. 3.1 zeigt diese beiden Schaltschritte in einem Zeit-/Ereignisdiagramm. Auf Parameterangaben wurde hierbei verzichtet.

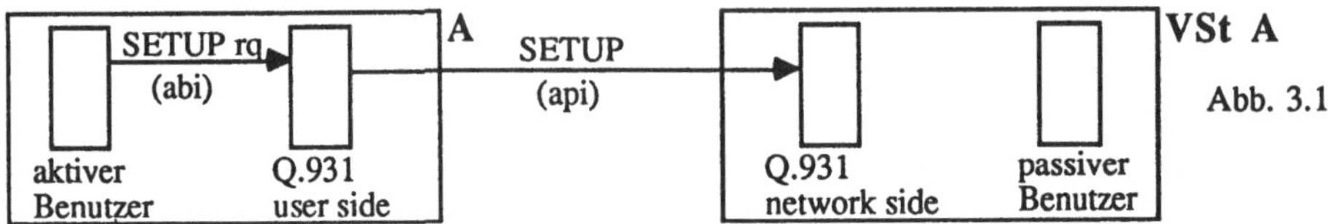

Abb. 3.1

Eine Fortsetzung dieser Schaltfolge führt auf das in Abb. 3.2 gezeigte Diagramm. Hier ist eine Signalisierung für einen geglückten Verbindungsaufbau samt Anbindung an die Benutzer sichtbar. Anschließend ist eine Schaltfolge für einen vom aktiven Benutzer eingeleiteten Abbau dargestellt. Erreichbarkeitsanalysen, die sämtliche Schaltfolgen durchspielten, die sich aus einem von Teilnehmer A initiierten Aufbauwunsch ergaben, führten z.T. auf mehr als 10.000 Markierungen. Diese Zahl spiegelt die Vielfalt der Möglichkeiten für den Aufbau/Abbau von Verbindungen und des Abbaus einer im Aufbau befindlichen Verbindung durch das D-Kanalprotokoll wider. Die Erreichbarkeitsanalyse des Modells lieferte keine Deadlocks. Aus der Inspektion des Erreichbarkeitsgraphen ließen sich mehrere Situationen finden, in denen das Q.931 Protokoll unangemenssen reagiert /18/; beispielsweise reagiert die user side nach Aussenden eines SETUP (also im Zustand "Call initiated") nicht angemessen, wenn sie anschließend eine (nach Q.931 vorgesehene!) DISCONNECT Nachricht von der network side empfängt: diese wird nämlich als "unexpected message" aufgefaßt, was zu einem "STATUS-Handshake" führt; es genügt hier jedoch, den eingeleiteten Abbau der Verbindung fortzusetzen. Diese Fortsetzung ist im D-Kanalprotokoll nach Q.931 jedoch nicht vorgesehen. Aus der beschriebenen und aus anderen Situationen läßt sich folgern, daß der "immer greifende", jedoch zeitaufwendige Mechanismus des

STATUS-Handshake im Fall des Empfangs einer "unexpected message" in manchen Fällen vermieden werden könnte, wenn eine Analyse die Auswirkungen auf den Protokollablauf zuvor ermittelt hätte.

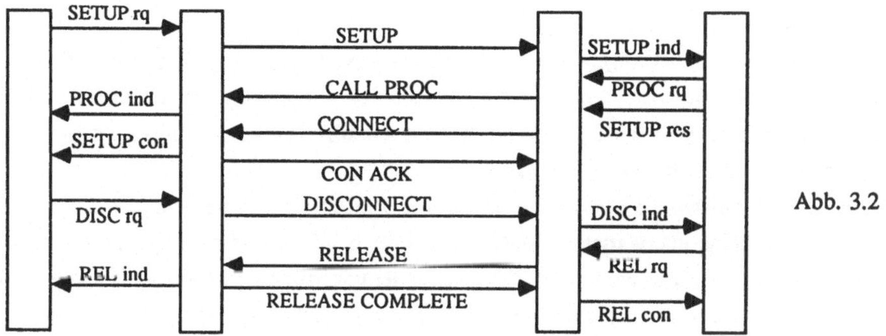

Abb. 3.2

Aus Sicht des Vermittlungsdienstbenutzers A sind in Abb. 3.2 die Elemente SETUP rq, SETUP con und DISC rq von Bedeutung. Diese Elemente lassen sich (unmittelbar) auf die Vermittlungsdienstelemente N-CONNECT rq, N-CONNECT con und N-DISCONNECT rq /7,16/ abbilden. Alle anderen Elemente der Abb. 3.2 haben zu diesen Dienstelementen keinen direkten Bezug (evtl. auch überhaupt keinen Bezug wie beispielsweise CALL PROC). Wenn in der zu Abb. 3.2 gehörenden Schaltfolge alle anderen Schaltschritte ausgeblendet werden und zwar derart, daß Reihenfolgen erhalten bleiben, so ergibt sich eine verkürzte Schaltfolge, die genau "SETUP rq SETUP con DISC rq" repräsentiert.

Derartige Sichtweisen lassen sich auch auf den als Automaten aufgefaßten vollständigen Erreichbarkeitsgraphen anwenden. Das Ergebnis dieser Vorgehensweise ist ein Automat - wie als Beispiel in Abb. 3.3 dargestellt - , der nur noch die zuvor ausgewählten Schaltungen repräsentiert und deswegen in der Regel sehr viel kleiner sein wird, ohne jedoch an den Reihenfolgen etwas geändert zu haben /17/. Abb. 3.3 zeigt, daß jeder Aufbauwunsch des aktiven Benutzers A entweder zum Aufbau der Verbindung führt - mit nachfolgendem Abbau aus der Datenphase heraus (Zustand 3) - oder im Aufbau selbst (Zustand 2) zum Abbau führt. Es treten z.B. keine Deadlocks auf.

Hier stellt sich unmittelbar die Frage nach geeigneten Algorithmen, die - angewendet auf den ursprünglichen Erreichbarkeitsgraphen - formal genau derartige Aufgaben lösen.

Formal werden solche Sichtweisen durch sogenannte Schaltfolgenhomomrphismen /10/ beschrieben. Ausgehend vom Erreichbarkeitsgraphen können mit bekannten Methoden der Automatentheorie für die Bilder der Schaltfolgen minimale Automatendarstellungen bestimmt werden, die sogenannten Traceautomaten.

468

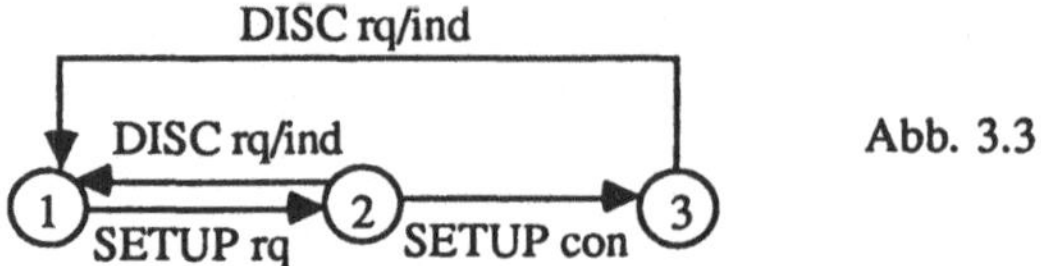

Ein Spezialfall von Schaltfolgenhomomrphismen sind die <u>Modulhomomorphismen</u> /11,13/, bei denen wie im obigen Beispiel nur die Schaltungen von ausgewählten Transitionen betrachtet werden und die restlichen Schaltschritte ausgeblendet werden. Abb. 3.3 stellt den Traceautomaten des betrachteten Modulhomomorphismus dar.

Da die Traceautomaten die Menge aller möglichen Bildfolgen beschreiben, läßt sich mit ihnen feststellen, ob keine unerwarteten Bildfolgen auftreten, d.h. es lassen sich damit sogenannte <u>Sicherheitseigenschaften</u> überprüfen. Dies reicht allerdings für eine Korrektheitsaussage i. allg. nicht aus. Im Erreichbarkeitsgraphen unseres Beispiels gibt es viele Schaltfolgen, welche auf die Bildfolge SETUPrq SETUPcon abgebildet werden. Würden durch einen Spezifikationsfehler einige dieser Folgen, aber nicht alle, derart in "interne Schleifen" geraten, daß sie zwar das Bild SETUPrq erzeugen, aber keine Fortsetzung besitzen, welche eine längere Bildfolge erzeugen, dann würde der gleiche Traceautomat entstehen. D.h. solche sogenannten <u>Lebendigkeitseigenschaften</u> lassen sich mit Traceautomaten nicht überprüfen. Zur formalen Fassung einer allgemeinen Lebendigkeitseigenschaft wurden in /10,11,13/ sogenannte <u>Deadlockautomaten</u> definiert. Das oben beschriebene Fehlverhalten würde sich darin äußern, daß der Deadlockautomat gleich dem Traceautomaten wäre, wobei aber zusätzlich der Zustand 2 als <u>kritischer</u> Zustand ausgezeichnet wäre. Bezüglich der korrekten Produktnetzspezifikation besitzt der Modulhomomorphismus einen leeren Deadlockautomaten, was bedeutet, daß ein Fehlverhalten der obigen Art nicht vorkommt. Zur Beschreibung von spezifischeren Lebendigkeitsbedingungen, in denen nicht nur die Existenz von Fortsetzungen, sondern auch die Art der Fortsetzungen der Bildfolgen betrachtet werden, wird in /14/ der Begriff der <u>Schlichtheit</u> von Homomorphismen eingeführt.

Neben den Modulhomomorphismen wurden als eine weitere spezielle Klasse von Schaltfolgenhomomorphismen in /10/ die sogenannten <u>Projektionen</u> definiert. Mit diesen läßt sich die Dynamik von Dienst- und Protokollspezifikationen unter einer gemeinsamen Sichtweise betrachten und somit durch den Vergleich der entsprechenden Trace- und Deadlockautomaten, bzw. durch die Untersuchung der Schlichtheit der Projektionen, das Protokoll gegen den Dienst verifizieren.

In /10,11,13/ wurde gezeigt, daß zur Berechnung der Trace- und Deadlockautomaten sowie zu Schlichtheitsuntersuchungen /14/ bei Projektionen und Modulhomomorphismen nicht die vollständigen Erreichbarkeitsgraphen berechnet werden müssen, sondern daß sogenannte <u>reduzierte Erreichbarkeitsgraphen</u> ausreichen, die unter gewissen Voraussetzungen wesentlich kleiner sind.

4. Die Produktnetzmaschine

Die Produktnetzmaschine ist ein Werkzeug zum Entwurf und zur Analyse von Produktnetzen /12/. Sie besitzt folgende Grobstruktur:

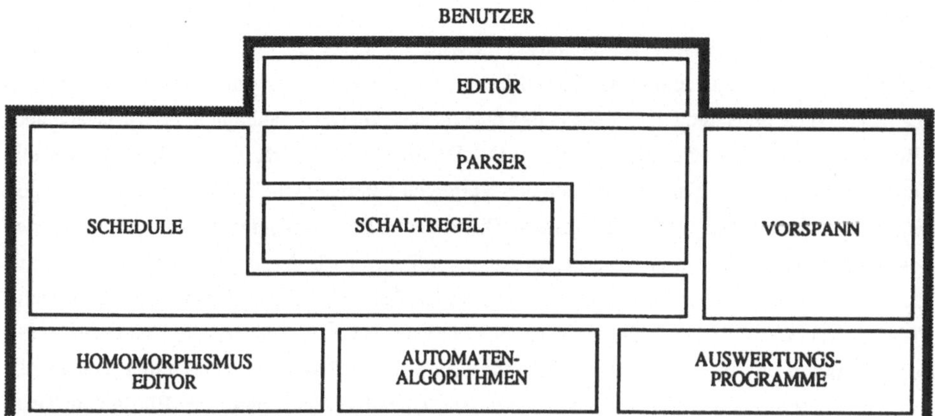

Der Editor unterstützt das Zeichnen und Beschriften von Produktnetzen.

Der Parser überprüft die syntaktische Korrektheit eines vollständigen Produktnetzes und übergibt an den Analysator, bestehend aus Schedule und Schaltregel, syntaktisch korrekte Produktnetze.

Im Vorspann können Mengen und Funktionen zur Beschriftung eines Produktnetzes definiert werden. Dazu steht die Vorspannsprache und ein entsprechender Compiler zur Verfügung.

Die Schaltregel berechnet für ein markiertes Elementarnetz die Menge aller Nachfolgemarkierungen. D.h. es werden alle möglichen Interpretationen der gebundenen Variablen bestimmt, für welche die Transition aktiviert ist und die entsprechenden Schaltschritte ausgeführt.

Der Schedule organisiert die eigentliche Erreichbarkeitsanalyse, d.h. er steuert den Aufruf der Schaltregel und baut den Erreichbarkeitsgraphen auf.

Durch die Benutzung sogenannter Wirkungsbereiche von Transitionen wird die Anzahl der Aufrufe der Schaltregel optimiert. Neben der vollständigen Erreichbarkeitsanalyse besteht auch die Möglichkeit der benutzer- oder zufallsgesteuerten Simulation sowie der reduzierten Erreichbarkeitsanalyse für Projektionen und Modulhomomorphismen.

Mit dem Homomorphismuseditor können beliebige Homomorphismen auf Schaltfolgensprachen definiert werden. Für diese, sowie auch speziell für Projektionen und Modulhomomorphismen, werden mit Automatenalgorithmen Trace- und Deadlockautomaten berechnet.

Zur Auswertung großer Erreichbarkeitsgraphen existieren Programme, die nach Markierungen mit bestimmten Eigenschaften suchen, die eine Schaltfolge von der Anfangsmarkierung zu einer ausgewählten Markierung bestimmen und die alle Marken berechnen, die auf einer ausgewählten Stelle auftreten.

Die Produktnetzmaschine ist in LISP implementiert und läuft auf einer Symbolics 3650, einem Macintosh IIx mit Ivory-Karte oder einer SUN mit UX-Karte unter dem Betriebssystem Genera 8.1.

5. Abschließende Bemerkungen

Die Spezifikation und Analyse verteilter Systeme wird durch Produktnetze als Beschreibungsmittel und die Produktnetzmaschine als Spezifikationshilfe und integriertes Analysewerkzeug in adäquater Weise unterstützt. Die vollständige dynamische Analyse erlaubt nicht nur Aussagen über alle Abläufe einer Spezifikation (z.B. Deadlocks), sondern ermöglicht mittels Schaltfolgenhomomorphismen u.a. auch den Vergleich unterschiedlich abstrakter Darstellungen des gleichen Sachverhalts (z.B. Verifikation "Dienst gegen Protokoll"). Die Leistungsfähigkeit des gesamten Angangs wurde an komplexen Anwendungen /8,18/ demonstriert. Information zur Erzeugung von Implementationen aus Produktnetzspezifikationen mittels der Programmiersprache PENCIL ist in /6/ zu finden; Informationen zur automatischen bzw. rechnergestützten Generierung von Testfällen aus formalen Protokollbeschreibungen mit Produktnetzen finden sich in /2/. Probleme der räumlichen Verteilung von Produktnetzspezifikationen und ihren Einfluß auf Tests werden in /15/ behandelt.

Literatur

/1/ T. Agerwala : A Complete Model for Representing the Coordination of Asynchronous Processes   Hopkins Computer Research Report 32 (1974)

/2/ B. Baumgarten, A. Giessler, C. Paule : Testgenerierung mit Produktnetzen Algorithmus, Implementierung und Benutzeranleitung   Arbeitspapiere der GMD 605 (1991)

/3/ H.J. Burkhardt, P. Ochsenschläger, R. Prinoth : Product Nets A Formal Description Technique for Cooperating Systems   GMD - Studien 165 (1989)

/4/ CCITT Recommendation Q.931: ISDN user-network interface layer 3 specification for basic call control

/5/ M. Hack : Petri Net Languages   Laboratory for Computer Science MIT T.R.159 (1976)

/6/ C. Engel : Entwurf, Entwicklung und Implementierung von Hochleistungskommunikationsprotokollen auf einer parallelen Controller-Architektur mittels Petri-Netzen   KiVS '93 München

/7/ ISO International Standard 8348 : OSI network service definition

/8/ W.Klug : OSI-Vermittlungsdienst und sein Verhältnis zum ISDN-D-Kanalprotokoll Spezifikation und Analyse mit Produktnetzen   Arbeitspapiere der GMD 676 (1992)

/9/ U. Nitsche : Erreichbarkeitsanalyse von Produktnetzen Arbeitspapiere der GMD 521 (1991)

/10/ P. Ochsenschläger : Projektionen und reduzierte Erreichbarkeitsgraphen Arbeitspapiere der GMD 349 (1988)

/11/ P. Ochsenschläger : Modulhomomorphismen   Arbeitspapiere der GMD 494 (1990)

/12/ P. Ochsenschläger : Die Produktnetzmaschine   Petri Net Newsletter 39 (1991) 11-31

/13/ P. Ochsenschläger : Modulhomomorphismen II   Arbeitspapiere der GMD 597 (1991)

/14/ P. Ochsenschläger : Verifikation kooperierender Systeme mittels schlichter Homomorphismen   Arbeitspapiere der GMD 688 (1992)

/15/ R. Prinoth : Beschreibungsmittel und Konzepte zur Realisierung verteilter Syteme GMD-Studien Nr. 192, 1991

/16/ R. Prinoth : ISDN in OSI - a Basis for Multimedia Applications   vde-Verlag, 1991

/17/ R. Prinoth : Product Nets and the OSI Network service: concepts and examples Arbeitspapiere der GMD 694 (1992)

/18/ S. Schremmer : ISDN-D-Kanalprotokoll der Schicht 3 , Spezifikation und Analyse mit Produktnetzen   Arbeitspapiere der GMD 640 (1992)

Entwurf, Entwicklung und Implementierung von Hochleistungskommunikationsprotokollen auf einer parallelen Controller-Architektur mittels Petri-Netzen

Christian Engel

RWTH Aachen, Lehrstuhl für Informatik IV, Ahornstr. 55, W5100 Aachen

Überblick

Zur direkten Herleitung einer Protokollimplementierung aus einer formalen Spezifikation existieren derzeit kaum Verfahren, bei denen man eine für Hochleistungsprotokolle adäquat leistungsstarke und zuden korrekte Implementierung erhält. In diesem Papier wird eine Methode gezeigt, die eine geradlinige Herleitung der Implementierung aus der Spezifikation erlaubt. Auf allen Stufen und Schritten werden als Beschreibungsmittel höhere Petri-Netze verwendet. Eine geeignete parallele Architektur für einen Kommunikations-Controller und eine höhere Implementierungssprache werden etwas näher betrachtet. Da die Dynamik von Petri-Netzen inhärent Nebenläufigkeiten enthält, gewinnt man leicht parallele Implementierungen. Die vorgestellte Entwicklungsmethode wird beispielhaft an Auszügen einer Implementierung des Hochleistungs-Transportprotokolles XTP (eXpress Transfer Protocol) gezeigt.

Schlüsselworte: Petri-Netze, Produktnetze, Hochleistungsprotokolle, Protokollspezifikation, Protokollimplementierung, Netzwerk-Controller, Multiprozessor-Architektur, XTP

1 Einleitung

Gegenwärtige und zukünftige Anwendungen digitaler Kommunikation wie Multimedia, Realzeitkonferenzen, kooperatives Design usw. erfordern immer höhere Leistungen von den benutzten Kommunikationsnetzwerken. Die neuesten verfügbaren und in näherer Zukunft zu erwartenden Medien erbringen bereits die erforderlichen Leistungen von bis über 1 Gigabit/s bei immer geringerer Fehlerrate. Dagegen stehen die verfügbaren Kommunikations-Controller und besonders die Implementierungen von Kommunikationsprotokollen weit hinter dieser Entwicklung zurück. Die Transportsysteme (ebenen 1-4) der OSI- und der TCP/IP-Welt sind für relativ langsame und unsichere Medien konzipiert. Es gibt verschiedene Ansätze, um die beschriebenene Diskrepanz zu beheben. Sie lassen sich u.U. kombiniert anwenden.

- Optimierung der Parameter bereits existierender Protokolle (Timer, Fenster, usw.)
- effizientere Kommunikationsmechanismen

- Hardware-Unterstützung ausgewählter Protokollfunktionen (z.B. in XTP)
- Verminderung des Verwaltungsaufwandes in der Protokollverarbeitung auf höheren Ebenen (*lightweight protocols*, z.B. XTP)
- verbesserte und neue Implementierungs-Strategien und effizientere Algorithmen
- Netzwerk-Controller auf Basis von Multiprozessorsystemen oder speziellen Chipsets, die eine parallele Protokollverarbeitung unterstützen

Die in diesem Papier beschriebene Arbeit zielt in die Richtung der beiden letztgenannten Punkte.

Besonders vorteilhaft ist ein Ansatz, der die folgenden, wesentlichen Teilgebiete der Protokollentwicklung integriert:

- Formale Spezifikation,
- Verifikation,
- Leistungsbewertung und
- Implementierung.

Auch diese Forderung wird von dem hier vorgestellten Konzept umfaßt.

Heutige Kommunikationsnetzwerke und -protokolle haben hohe Komplexität erreicht. Der Einsatz von formalen und computerunterstützten Methoden des Protokolldesigns und der Implementierungsherleitung ist angeraten. Auch der Flexibilität und dem *Rapid Prototyping* kommt man dabei entgegen. Die Implementierung großer Teile des Protokolles in Software wird dabei weiterhin von Bedeutung sein. Insbesondere in einer Designphase, in der die Protokollarchitektur noch sehr variabel ist, aber auch in Hinblick auf die vielfältigen und sich rasch ändernden Anforderungen neuer Anwendungen sind Software-Ansätze reinen Hardware-Lösungen vorzuziehen.

Petri-Netze haben bisher in den Kommunikationsprotokollen und ihrer Entwicklung keine nennenswerte Bedeutung erreicht. Sie wurden aber bereits in Forschungsarbeiten zur Spezifikation [BO89, BWWH88, Dia87], zur Leistungsbewertung [GB82, Chi91, MBC84] und zur Verifikation [BO89] herangezogen und bewiesen dabei ihre Eignung und Zweckmäßigkeit. Unser Projekt setzt Petri-Netze für sämtliche Phasen der Protokollentwicklung ein. Es handelt sich dabei um angewandte Formen der von der GMD Darmstadt in [BO89] definierten Produktnetze, einer Art von höheren Petrinetzen mit individuellen Marken. Sie bilden einen sehr guten Ausgangspunkt für ein solches durchgehendes Konzept, bieten aber auch besondere Vorteile für Übersichtlichkeit, Strukturierung, Leistungsbewertung, Parallelprogrammierung und vieles mehr.

Abbildung 1 zeigt die Entwicklungsstufen, die ein Protokoll bei der vorgeschlagenen Methode durchläuft: die Entwicklung eines Protokolles von der formalen Spezifikation mittels Produktnetzen und eingeschränkten Produktnetzen über die Analyse, Verifikation und Leistungsbewertung mittels der Produktnetzmaschine und anderer Werkzeuge zu einem PENCIL/C-Programm und schließlich die Implementation auf der MDMA-Architektur.

Im folgenden Abschnitt sollen nach einer kurzen Einführung in die Petri-Netze ihre besonderen Vorzüge für den Einsatz bei der Protokollentwicklung genannt werden. In Abschnitt 3 wird die Architektur des Kommunikations-Controllers, auf der die Implementierung der Protokolle stattfindet, informell beschrieben werden. Es folgt eine Einführung in

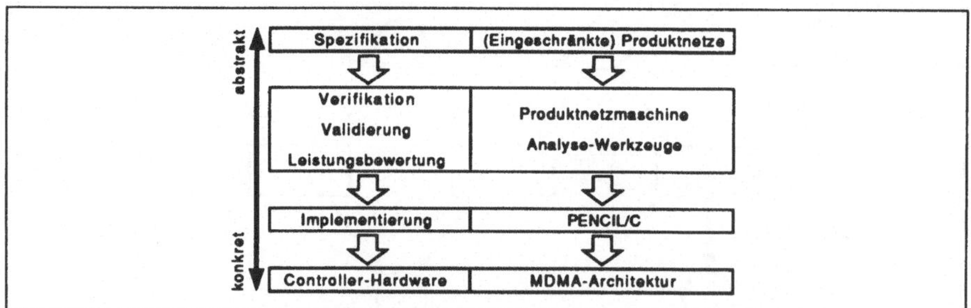

Abb. 1: Die Entwicklung eines Protokolles

die eigens für den Controller definierte höhere Programmiersprache in Abschnitt 4. Einige einfache Beispiele aus einer XTP-Implementierung im Rahmen unseres Projektes verdeutlichen die Möglichkeiten der Protokollentwicklung mithilfe von Petri-Netzen. Abschnitt 6 schließt dieses Papier mit einer Zusammenfassung und einem Überblick über den Stand und die weiteren Planungen unseres Projektes ab.

2 Petri-Netze und Protokollentwicklung

Eine einfache Variante von Petri-Netzen sind die Stellen/Transitions-Netze. Sie bestehen aus *Stellen* (Kreise) und *Transitionen* (Rechtecke) sowie *Kanten* (Pfeile), die jeweils von einer Stelle zu einer Transition oder von einer Transition zu einer Stelle führen. Führt von einer Stelle zu einer Transition eine Kante, nennt man die Kante eine *Eingabekante* und die Stelle eine *Eingabe-* oder *Vorliegerstelle* der Transition. Im umgekehrten Fall spricht man von einer *Ausgabekante* bzw. einer *Ausgabe-* oder *Vorliegerstelle*.

Stellen können als *Markierung* eine beliebige Anzahl von *Marken* (schwarze Punkte) enthalten. Eine Transition ist schaltfähig, wenn ihre Eingabestellen jeweils mindestens eine Marke enthalten. Dies wird als *Schaltbedingung* bezeichnet. Eine schaltfähige Transition kann zu einem beliebigen Zeitpunkt *schalten*. Wenn sie schaltet, entfernt sie aus jeder Eingabestelle jeweils eine Marke und fügt der Markierung jeder Ausgabestelle eine Marke hinzu. In Abb. 2 sind alle drei Transitionen t_1, t_2 und t_3 schaltfähig. Wenn aber z.B. t_2 schaltet, ist anschließend t_1 nicht mehr schaltfähig – genauso wie t_2 selber –, weil die Stelle s_2 keine Marke mehr enthält.

Nun gibt es zwei Aspekte zur Entwicklung und Implementierung von leistungsfähigen Kommunikationsprotokollen, die Petri-Netze als Beschreibungsmittel besonders hervorheben:

- Mit Petri-Netzen lassen sich kooperierende Systeme, darunter auch Kommunikationsprotokolle, formal beschreiben, analysieren, verfeinern und abstrahieren. Dies zeigen zahlreiche Arbeiten, darunter auch der vorangegangene Beitrag [Och93].
- Parallelität wird durch Petri-Netze in natürlicher Weise erfaßt. Man kann Marken als Daten und Transitionen als Programmcode auffassen. Wenn zwei Transitionen gleichzeitig schaltfähig sind und es keine Stelle gibt, die mit beiden Transitionen *inzident* (über eine Kante verbunden) ist, können sich die Transitionen nicht direkt

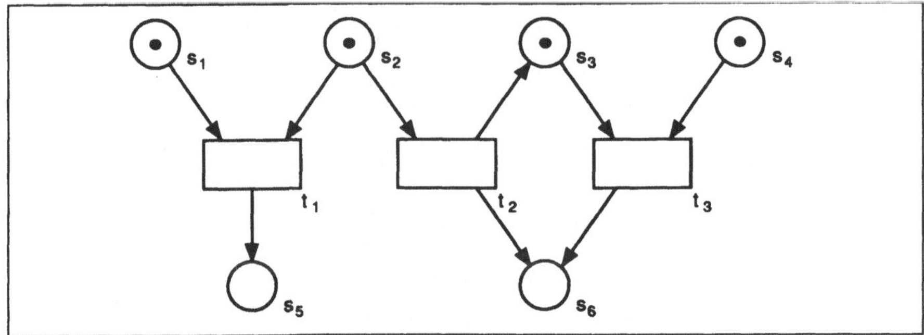

Abb. 2: Ein Stellen/Transitions-Netz

beeinflussen, und ihr Code kann gleicheitig ausgeführt werden. Man nennt diese beiden Transitionen *parallel schaltfähig*. In Abb. 2 ist dies der Fall für die Transitionen t_1 und t_3.

Es gibt eine Reihe anderer Petri-Netze als die Stellen/Transitions-Netze, darunter sogenannte höhere Petri-Netze. Die Produktnetze und Eingeschränkte Produktnetze gehören dazu. Sie zeichnen sich durch folgende zusätzliche Besonderheiten aus:

Individuelle Marken: Die Marken sind typisiert, d.h. sie entstammen einer Menge und sind nicht mehr einfache „schwarze Punkte".

Transitionsbeschriftungen: Die Transitionen werden jeweils mit einem Prädikat versehen.

Kantenbeschriftungen: Die Kanten werden mit sogenannten *formalen Ausdrücken* beschriftet.

Verbotskanten: Diese Kanten können das Schalten einer Transition unterdrücken. Sie führen stets von einer Stelle zu einer Transition.

Abräumkanten: Abräumkanten führen stets von einer Stelle zu einer Transition. Über sie Kante wird die Stelle vollständig entleert, wenn die Transition schaltet.

Erweiterte Schaltbedingung: Die Schaltbedingung einer Transition umfaßt nun, daß den Eingabestellen Marken entnommen werden können, die zu den Beschriftungen der Eingabekanten passen und gleichzeitig das Prädikat erfüllt werden kann.

Eingeschränkte Produktnetze stellen – wie der Name schon andeutet – eine abgewandelte Form der Produktnetze dar. Sie sind so definiert worden, daß einerseits eine Umwandlung einer Produktnetzspezifikation in ein eingeschränktes Produktnetz möglich ist und andererseits Anpassungen an die effiziente Implementierung auf der im folgenden Kapitel erläuterten Controller-Architektur stattfinden.

Es soll an dieser Stelle nicht weiter auf Produktnetze und eingeschränkte Produktnetze eingegangen werden. Es sei nur auf den bei dieser Tagung eingereichten Beitrag [Och93] und auf [BO89, Eng93, Rup92] verwiesen. In Petri-Netze im allgemeinen führt die einschlägige Literatur [Bau90, Pet81, Rei85] ein.

Bei der vorgeschlagenen Methode wird ein Protokoll mit den Produktnetzen spezifiziert. Sie lassen sich auf der Produktnetzmaschine [Och91] editieren, analysieren und verifizieren. Anschließend findet eine Übertragung in ein eingeschränktes Produktnetz [Eng93] statt, das bereits Anpassungen und Optimierungen hinsichtlich der effizienten Implementierung auf dem parallelen Kommunikationskontroller aufweist. Hier muß der Programmierer gezielt Eingriffe vornehmen, um bestmögliche Ergebnisse zu erzielen. Die Spezifikation sollte nämlich keine Details zur verwendeten Controller-Architektur aufweisen. Das eingeschränkte Produktnetz läßt sich automatisch in ein PENCIL/C-Programm übersetzen, wobei aber auch noch Eingriffe vom Programmierer geschehen können. Zuletzt wird von einem Compiler [Gro93] und einem Lader das fertig implementierte Protokoll auf den Controller gebracht, der dann das Protokoll ausführt, indem er das Markenspiel des zugrundeliegenden Petri-Netzes durchführt. Selbstverständlich muß bei der Protokollentwicklung eine Rückkoppelung auf die Spezifikation und Modellierung höherer Stufen stattfinden, wenn auf Implementierungsebene Messungen und Tests auf stattgefunden haben.

Diese hier aufgezeigte direkte Herleitung einer Protokollimplementierung aus der Spezifikation ist noch nicht vollständig durch Werkzeuge unterstützt. Die Methoden sind aber vollständig entworfen und lassen sich, wenn bisher noch nicht automatisch, so doch streng formal durchführen. Der Erfahrungsstand ist daher auch noch unterschiedlich für die diversen Schritte.

3 Die MDMA-Architektur

Um mit Protokollen, die per Software implementiert werden sollen, hohe Durchsatzraten zu erzielen, müssen schnelle, programmierbare Controller-Architekturen zum Einsatz gebracht werden. Wie in anderen Arbeiten [Zit89] greift auch dieses Projekt zu einer parallelen Architektur. Bei der Verwendung von Petri-Netzen liegt es nahe, die Ausführung der Protokolle als Markenspiel des Petri-Netzes aufzufassen. Daher muß der Controller mit einem Petri-Netz programmiert werden und dessen Markenspiel ausführen können. Dabei ist besonders auf hohe Effizienz zu achten. In diesem Sinne ist die MDMA-Architektur (Multiple Decision/Multiple Action) entworfen worden. Abbildung 3 zeigt schematisch den Aufbau der MDMA-Architektur.

Entscheidungseinheit: Die Entscheidungseinheit sucht nach schaltfähigen Transitionen und verwaltet die Markierungen der Stellen. Dazu greift sie auf den Netzspeicher und den Markenspeicher zu.

Aktionseinheit: Die Aktionsmaschinen führen das Schalten der Transitionen aus. Weiterhin erledigen sie wesentliche Aufgaben des Betriebssystemes, z.B. Interrupt-Routinen. Diese Aufgaben können echt parallel ablaufen.

Netzspeicher: Der Netzspeicher enthält Tabellen, die den statischen Teil des Petri-Netzes (Graph des Petri-Netzes, Schaltbedingungen) beschreiben.

Markenspeicher: Der Markenspeicher enthält die Markierungen eines Teiles der Stellen im Petri-Netzes. Nur diese Markierungen werden verwendet, um die Schaltfähigkeit der Transitionen zu bestimmen.

Globaler Speicher: Der globale Speicher enthält die Markierungen der verbleibenden Stellen. Diese können aber nicht zur Entscheidung über die Schaltfähigkeit einer Transition herangezogen werden, sondern nur von den Aktionseinheiten beim Schal-

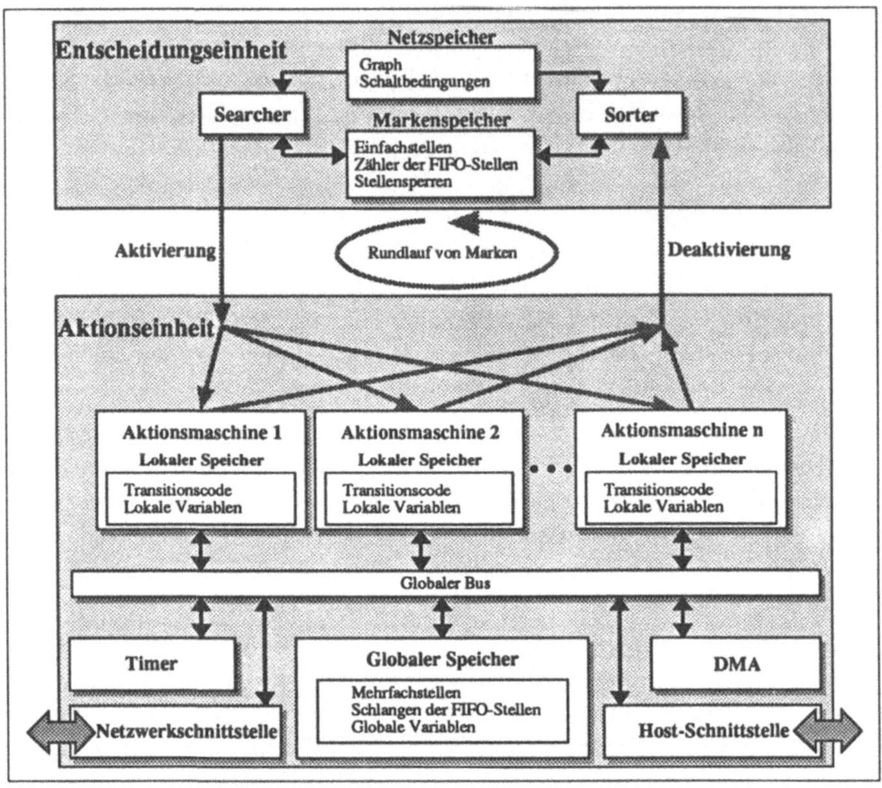

Abb. 3: Die MDMA-Architektur, schematische Übersicht

ten der Transition benutzt werden. Außerdem enthält der globale Speicher statische und globale Variablen.

Lokaler Speicher: Jede Aktionseinheit verfügt über einen lokalen Speicher, in dem lokale Variablen bei der Ausführung von Transitionen abgelegt werden.

Wie in Abschnitt 2 erläutert wurde, lassen sich parallel schaltfähige Transitionen von der MDMA-Architektur parallel ausführen.

In einer implementierungsabhängigen, zyklischen Reihenfolge überprüft der Searcher die Schaltbedingungen der Transitionen. Erkennt er eine Transition als schaltfähig, *aktiviert* er sie. Dazu erzeugt er ein Aktivierungspaket, das die Transition eindeutig identifiziert und die Marken ihrer Eingabestellen enthält. Das Aktivierungspaket wird in eine Schlange gestellt und von einer frei gewordenen Aktionsmaschine abgeholt. Diese führt dann den Code aus, der der aktivierten Transition zugeordnet ist. Nach Abarbeitung dieses Codes wird an die Entscheidungseinheit ein Paket zur Deaktivierung der Transition zurückgesendet. Dabei werden auch die neuen Markierungen der der Transition nachliegenden Stellen übergeben und in den Markenspeicher geschrieben.

Die Entscheidungseinheit besteht aus einem oder mehreren Universal- oder Spezialprozessoren. Die Aktionseinheiten sind jeweils ein Universalprozessor mit lokalem Speicher und Zugriff zum globalen Speicher. Behelfsweise kann auch eine Architektur gewählt werden, die über keinen globalen Speicher, sondern nur über verteilten Speicher verfügt. Dabei muß auf Algorithmen zur Abbildung eines globalen Speichers auf einem verteilten System zurückgegriffen werden [Bod91].

Bei der Programmierung muß man bei der MDMA-Architektur auf zwei Punkte besonders achten, wenn man eine hohe Auslastung der Prozessoren und damit eine hohe Effizienz der Implementierung erzielen will:

Markenfluß: Ein Teil der Marken wird im Markenspeicher abgelegt, der andere im globalen Speicher. Wenn eine Transition schalten soll, werden zur Aktivierung die entsprechenden Marken aus dem Markenspeicher ausgelesen, in ein Aktivierungspaket geschrieben, von einer Aktionsmaschine übernommen. Bei der Deaktivierung werden die neuen Marken an die Entscheidungseinheit zurückgegeben und in den Markenspeicher zurückgeschrieben.

Es ist darauf zu achten, daß nicht zu große Datenmengen diesen Rundlauf machen, da sonst die Kosten für den Transfer zu hoch würden. Wenn z.B. PDUs im Markenspeicher angelegt würden, besteht die Gefahr, daß durch den häufigen Zugriff auch nur auf Komponenten des Paketes die gesamte PDU ständig den Rundlauf zwischen Entscheidungs- und Aktionseinheit machen müßte. Es besteht jedoch die Möglichkeit, diejenigen Stellen, die besonders groß sind und auf die dabei häufig zugegriffen wird, im globalen Speicher anzulegen. Auf sie wird durch die MDMA-Architektur nur dann zugegriffen, wenn der Code einer Transition es explizit erfordert. Allerdings können die Markierungen dieser Stellen nicht benutzt werden, um die Schaltfähigkeit einer Transition zu bestimmen. In [Rup92] wurde gezeigt, wie aus großen Datenstrukturen kleinere Teile extrahiert werden können, für die dann eine Stelle im Markenspeicher liegt, und mit der die gleichen Entscheidungen getroffen werden können, wie wenn die eigentliche Marke im Markenspeicher läge und verwendet werden dürfte.

Granularität: Wenn die Granularität des Petri-Netzes groß ist – d.h. die Anzahl der Transitionen ist groß, und gleichzeitig ist der jeweils beim Schalten einer Transition auszuführende Code gering – , wird die Entscheidungseinheit ständig beschäftigt sein, während die meisten Aktionsmaschinen untätig sind.

Dagegen führt geringe Granularität dazu, daß nur selten Transitionen schalten bzw. parallel schaltfähig sind. Im Grenzfall bedeutet dies, daß nur eine Aktionsmaschine beschäftigt ist, während die Entscheidungseinheit meistens unbeschäftigt ist, weil sie nur selten eine veränderte Markierung vorliegen hat und neu über die Schaltfähigkeit von Transitionen entscheiden muß.

Folglich hat man in Abhängigkeit von der Anzahl der Aktionsmaschinen und der Leistungsfähigkeit der Entscheidungseinheit die Granularität so zu wählen, daß eine möglichst gute Auslastung aller Einheiten stattfindet.

In [Rup92] wurde gezeigt, wie die Granularität verändert und optimiert werden kann. In [Her92] wurden auf einem Emulator erste Analysen zur Auslastung der Prozessoren in Abhängigkeit von der MDMA-Konfiguration und der Protokollimplementierung gemacht. In diesen Versuchen bestätigte sich, daß bei geeigneter Implementierung ein der Prozessorenanzahl adäquates *Speed Up* erzielbar ist.

Bei diesen Betrachtungen ist zu beachten, daß durch den Einsatz unterschiedlicher Architekturen für den Searcher mit unterschiedlichen Leistungen zu rechnen ist. Solange ein einzelner einfacher Prozessor die Aufgabe des Searchers übernimmt, stellt er in der Regel den Engpaß dar, nachdem der Markenfluß und die Granularität optimiert wurden. Es ergibt sich dabei eine maximale Anzahl von Aktionsmaschinen, die vom Searcher günstigstenfalls mit Aktivierungen ausgelastet wird. Dies führt weiter zu einem maximalen *Speed Up*, das erzielbar ist, vorrausgesetzt die Protokollimplementierung enthält hinreichend parallelisierbare Transitionen. Daher kann der Einsatz eines Searchers mit einer speziellen Prozessorarchitektur und/oder mehreren Prozessoren zu einer weiteren Leistungssteigerung führen. Im Rahmen dieses Papieres soll nicht weiter auf die Architektur des Searchers eingegangen werden.

4 PENCIL/C

Um die MDMA-Architektur programmieren zu können, wurde eine höhere Programmiersprache geschaffen, die einerseits Petri-Netze umfaßt und andererseits einen direkten Eingriff auf die Programmierung der Hardware erlaubt. Dazu wurde die Sprache ANSI-C [KR88] erweitert und PENCIL/C (**Petri Net Communication Protocol Implementation Language / based on C**) genannt. In PENCIL/C kann man Transitionen und Stellen definieren, und man kann festlegen, in welchem Speicher der MDMA-Architektur welche Daten bzw. Stellen angelegt werden.

Stellen sind Variablen im Sinne einer Programmiersprache. Daher haben sie einen Typ. Lediglich das für sie zur Geltung kommende Speicher- und Zugriffsverfahren weicht von dem sonstiger Variablen ab. Jeder Stellendeklaration wird eines der Schlüsselworte **splace**, **mplace** oder **qplace** vorangestellt. Diese drei Klassen von Stellen werden als *Einfachstellen* (*single places*) bzw. *Mehrfachstellen* (*multiple places*) bzw. *FIFO-Stellen* (*queue places*) bezeichnet.

Einfachstellen liegen im Markenspeicher, Mehrfachstellen im globalen Speicher. FIFO-Stellen sind komplexer strukturiert. Sie beinhalten eine Schlange von Marken. Benutzt eine Transition eine FIFO-Stelle als Eingabestelle, steht ihr beim Schalten nur die vorderste Marke der Schlange zur Verfügung. Benutzt sie sie als Nachliegerstelle, kann sie während des Schaltens Marken ans Ende der Schlange anfügen. Für die Entscheidungseinheit ist ein Zähler im Markenspeicher greifbar, der stets genau die Anzahl der in der Schlange befindlichen Marken angibt. Die Schlange selber liegt im globalen Speicher. FIFO-Stellen könnten zwar allein mit Hilfe der anderen beiden Klassen nachgebildet werden, aus Gründen der Effizienz und der Komfortabilität der Programmierung wurden sie aber eigens definiert. Außerdem werden sie zur Implementierung und Handhabung von Interrupts und Timern verwendet – was aber hier nicht weiter behandelt werden soll [EH92].

Vereinfacht kann eine Stellendeklaration in PENCIL/C eine der drei folgenden Formen haben:

```
splace type identifier ;
mplace type identifier ;
```

qplace *type identifier* ;

Transitionen ähneln sehr stark Prozeduren[1], nur daß sie nicht explizit durch einen Aufruf zur Ausführung gebracht werden. Jede Transition besitzt einen (Boole'schen) Ausdruck (*expression*), der als Schaltbedingung benutzt wird. Sie wird implizit aufgerufen, wenn dieser Ausdruck erfüllt ist. Es gibt auch keine Parameter wie bei Funktionen und Prozeduren, sondern eine *Inzidenzliste* (*incidence-list*), in der diejenigen Stellen aufgezählt werden, die zur Transition inzident sind. Eingabestellen wird dabei das Schlüsselwort **in** und Ausgabestellen das Schlüsselwort **out** vorangestellt.

Die Entscheidungseinheit der MDMA-Architektur sucht nach schaltfähigen Transitionen, d.h. sie wertet die Schaltbedingungen der Transitionen aus. Jede Transition besitzt einen Anweisungsteil (*compound-statement*), auch Rumpf genannt. Fällt die Auswertung einer Schaltbedingung positiv aus, wird dieser Anweisungsteil von einer Aktionsmaschine ausgeführt.

Somit ergibt sich mitsamt dem einleitenden Schlüsselwort **trans** und einem Bezeichner (*identifier*) der folgende Aufbau für eine Transitionsdefinition:

trans *identifier* (*incidence-list*) (*expression*) *compound-statement*

Innerhalb der Schaltbedingung und des Anweisungsteiles können natürlich nur solche Marken zur Anwendung kommen, die aus Stellen stammen, die zur Transition inzident sind. Dabei gelten für die Schaltbedingung zwei zusätzliche Einschränkungen: Sie müssen seiteneffektfrei sein und es dürfen von FIFO-Stellen nur die Zähler und keine Mehrfachstellen verwendet werden.

Die Grammatik von PENCIL/C ist im Anhang gegeben. Eine detaillierte Definition der Sprache PENCIL/C und einige Anwendungsbeispiele werden in [EH92] gegeben.

5   Beispiele aus einer Implementierung von XTP

XTP (eXpress Transfer Protocol) ist ein Kommunikationsprotokoll für Hochgeschwindigkeitsnetze [XTP92]. Es umfaßt die Ebenen 3 und 4 des ISO-Referenzmodells (Transport und Netzebene) und wurde entwickelt, um aktuellen Anforderungen gerecht zu werden. Dazu zählt zum Beispiel die Bereitstellung einer Verbindung mit garantierten Übertragungszeiten für Audio- oder Videosignale.

Die Definition von XTP ist auf erweiterten endlichen Automaten (EEA) aufgebaut. Die in der Definition *Status-Maschinen* genannten 11 Automaten übernehmen dabei unterschiedliche Aufgaben im Protokoll. Einige der EEA werden werden beim Wechsel des Kontextes oder beim Neuaufbau einer Verbindung dupliziert. Die Zustandsübergänge werden durch Ereignisse ausgelöst. Es gibt vier verschiedene Ereignisse: **Network**, **Timer**, **Internal** (Signale zwischen EEA) und **External** (Signale vom Protokollnutzer). In Abbildung 4 sind die Zustandsübergänge eines dieser Automaten, der *Context Manager State Machine* (CMSM) illustriert. Die Ausgabe des Automaten ist zwecks besserer Lesbarkeit

---

[1]In ANSI-C sind Funktionen vom „Typ" **void** (Funktionen ohne Rückgabe eines Wertes) als Prozeduren aufzufassen.

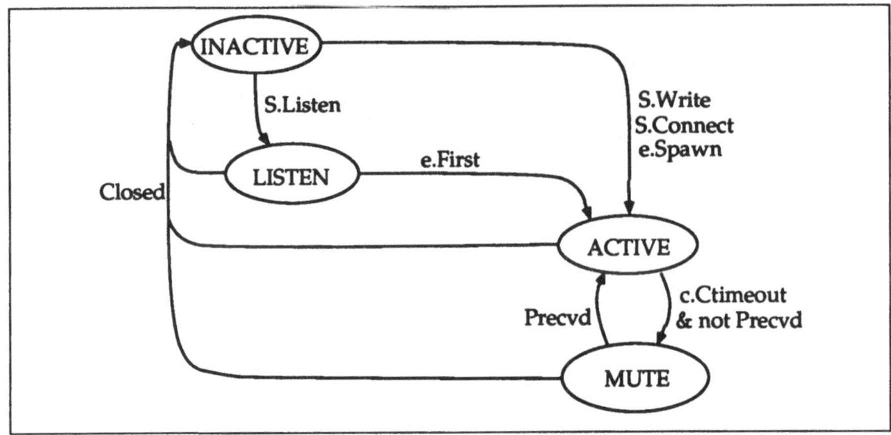

Abb. 4: Zustandsübergänge der *XTP Context Manager State Machine*

weggelassen worden. Die CMSM steuert die anderen EEA des Protokolles in Abhängigkeit vom gerade gültigen Kontext.

Die Beschreibung des Protokolles mit EEA ist zwar recht kompakt, aber bei den Bemühungen, eine effiziente, parallele Implementierung herzuleiten, zeigte sich, daß sie sich lediglich dazu eignet, ein globales Verständnis für die Funktionsweise des Protokolles zu geben. Es gibt keine formale Herleitung einer Implementierung aus einer Spezifikation mit EEA.

Dagegen sind Produktnetze und eingeschränkte Produktnetze für die Beschreibung des Protokolles und die Herleitung einer effizienten parallelen Implementierung geeignet. Es gibt eine systematische Methode, einen EEA in ein Produktnetz zu übertragen. Dieses kann dann verfeinert und hinsichtlich der Granularität und Parallelisierung verbessert werden, um dann in ein PENCIL/C-Programm und somit in eine Implementierung übersetzt zu werden [Rup92]. Es gibt andere formale Spezifikationstechniken, die ebenfalls auf EAAs aufbauen, wie z.B. SDL oder ESTELLE. Spezifikationen dieser Art können also ebenfalls übertragen werden.

Abb. 5 zeigt einen kleinen Auszug aus einem eingeschränkten Produktnetz, das sich direkt aus dem EEA in Abb. 4 herleiten läßt [Hei92]. Zu sehen sind alle Transitionen, die den Übergängen des EEA aus dem Zustand **INACTIVE** bilden. Die Stellen und ihre Definitionsbereiche werden in Übereinstimmung mit der Semantik des Protokolles gewählt. Auf den ersten Blick mag diese Darstellung in Form eines eingeschränkten Produktnetzes recht kompliziert aussehen, man beachte jedoch, daß sie hier durch schematische Übertragung des EEA gewonnen wurde. Spezifiziert man ein Protokoll von vorneherein mittels Produktnetzen, ist die Darstellung kompakt und übersichtlich bei gleichzeitig großer Aussagekraft und wesentlich weiterreichenden Ausdrucksmöglichkeiten als bei EEA.

In Abb. 6 sieht man ein PENCIL/C-Programm, das sich direkt aus dem eingeschränkten Produktnetz in Abb. 5 herleiten läßt.

Das hier gezeigte Beispiel wurde einfach gehalten, um in der Kürze noch verständlich zu bleiben. Es wird von vielen Mitteln, die für Protokolle unabdinglich sind, kein Gebrauch gemacht: Timer und andere Betriebssystemaufrufe, Ereignisse, Interrupts, Arithmetik,

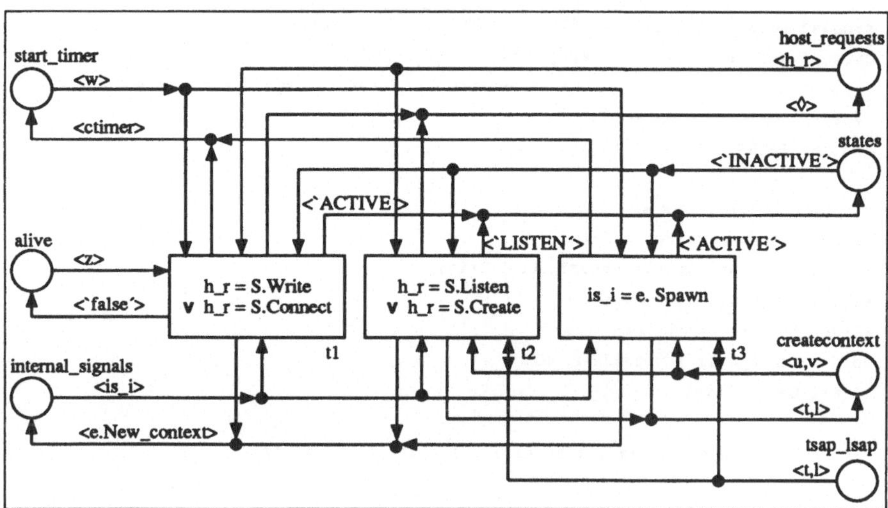

Abb. 5: Context Manager State Machine: Transitionen vom Ausgangszustand
INACTIVE

Schleifen usw. Selbstverständlich stehen sie aber auf allen Ebenen der Protokollentwicklung zur Verfügung: Auf der MDMA, in PENCIL/C, in eingeschränkten Produktnetzen und in Produktnetzen.

In [Con92] wurde die XTP-Spezifikation in ein Produktnetz übertragen, um eine Bewertung mit der Produktnetzmaschine möglich zu machen. Die Ergebnisse zeigten mögliche Parallelisierungen. Bis zu zehn Transitionen konnten gefunden werden, die unabhängig voneinander schalten können. Andererseits wurden aber auch Schwächen in der Spezifikation hinsichtlich der Parallelisierung aufgedeckt. Dies wohnt der Spezifikation mittels EEA inne.

+ (A) Die elf verschiedenen Automaten zeigen, daß Aktionen nebenläufig stattfinden können. Durch die Spezifikation mittels mehrerer EEA wird Parallelisierung begünstigt.

− (B) Die EEA greifen auf gemeinsame Daten zu. In XTP sind das z.B. einige Zustandsvariablen. Sie werden von allen EEA gelesen und ggf. auch verändert. Dies führt zum Problem der Synchronisation des Zugriffs und schränkt die Parallelisierung ein. Leider ist dies in der Spezifikation mittels EEA nicht stets offensichtlich erkennbar.

− (C) Ein EEA arbeitet ereignisorientiert. Das bedeutet, daß zu jedem Zeitpunkt nur maximal ein Zustandsübergang stattfindet und bei einem Zustandsübergang jeweils mit einer Folge von sequentiellen Aktionen reagiert wird. Daher kann häufig nur geringfügig innerhalb eines EEA parallelisiert werden.

Es befindet sich bereits ein Emulator für die MDMA-Architektur im Einsatz [Her92]. Auf ihm lassen sich die Prozesse auf dem Controller ausführen bzw. nachbilden. Nebenläufigkeiten und Auslastungen der Prozessoren und anderer Bestandteile werden sichtbar. Teile der o.g. Produktnetz-Spezifikation von XTP wurden in eine Implementierung übertragen.

```c
typedef enum { INACTIVE, ACTIVE, LISTEN, MUTE } t_states;
typedef enum { ctimer /*...*/ } t_timer;
typedef enum { No_Req, S_Write, S_Connect, S_Listen, S_Create } t_request;
typedef unsigned char bool;
#define FALSE    0


/* place definitions */
splace t_states states = INACTIVE;
splace t_context createcontext, tsap_lsap;
splace t_request host_requests;
splace t_timer start_timer = w;
splace t_isignals internal_signals;
splace bool alive;


/* Context Manager: transitions from the state INACTIVE */

trans t1 (in out host_requests, in out states, out start_timer, out alive,
          out internal_signals)
(states == INACTIVE && (host_requests == S_Write || host_requests == S_Connect))
{
    states = ACTIVE;
    host_requests = No_Req;
    internal_signals = e_New_context;
    alive = FALSE;
    start_timer = ctimer;
}


trans t2 (in out host_requests, in out states, out createcontext, in tsap_lsap,
          out internal_signals)
(states == INACTIVE && (host_requests == S_Listen || host_requests == S_Create))
{
    states = LISTEN;
    host_requests = No_Req;
    internal_signals = e_New_context;
    createcontext = tsap_lsap;
}


trans t3 (in out states, out createcontext, in tsap_lsap, out start_timer,
          out internal_signals)
(states == INACTIVE && internal_signals == e_Spawn)
{
    states = ACTIVE;
    internal_signals = e_New_context;
    createcontext = tsap_lsap;
    start_timer = ctimer;
}
```

Abb. 6: Auszug aus einem PENCIL/C-Programm mit Transitionen für den Zustand
INACTIVE

Dabei wurden erste Messungen vorgenommen, welche Leistungssteigerungen durch die Parallelisierung erzielt werden können. Es wurden direkt Synchronisationsprobleme wie unter (B) aufgedeckt. Durch eine Modifikation der XTP-Spezifikation und eine Änderung der Implementierung konnten diese Probleme vermindert oder sogar behoben werden.

Die einzelnen EEA arbeiten weitgehend zueinander parallel. Hier stehen noch genauerer Meßwerte für den *Speed Up* aus, weil noch nicht das gesamte XTP implementiert wurde.

Innerhalb eines EEA wurde ein maximales *Speed Up* von 1,5 für 3 und mehr Aktionsmaschinen erzielt. Dieser zunächst überraschend niedrig erscheinende Wert ist auf die Herleitung aus der Spezifikation mit EEA und Punkt (C) zurückzuführen.

6 Zusammenfassung und Ausblick

Auf Basis von Produktnetzen läßt sich ein integriertes System zum flexiblen Design von Kommunikationsprotokollen konstruieren. Die Produktnetze, die eingeschränkten Produktnetze, PENCIL/C-Programme und die MDMA-Architektur zeigen, wie leistungsfähig dieses Konzept ist. Die Protokollentwicklung von der Spezifikation über die Modellierung, Verifikation und Leistungsbewertung bis hin zur Implementierung ist damit nicht nur geradlinig und übersichtlich, sondern die erzielte Implementierung auf der parallelen MDMA-Architektur ist auch Leistungskriterien moderner und zukünftiger Kommunikationsmethoden gewachsen. Aus der Verifikation der Produktnetzspezifikation können unter bestimmten Voraussetzungen Aussagen über die Korrektheit der Protokollimplementierung gefolgert werden.

Im Rahmen unseres Projektes wurden die eingeschränkten Produktnetze und PENCIL/C definiert und die MDMA-Architektur entworfen. Es wurden Methoden entwickelt und bewiesen, die – teilweise automatisiert – die Darstellung eines Protokolles von der einen Form in die nächste überführen. Somit ist der direkte Weg zur Protokollimplementierung anhand eines durchgehenden Konzeptes ermöglicht.

Eine Implementierung von XTP mit Hilfe der vorgeschlagenen Methode wurde in Teilen durchgeführt und soll noch vervollständigt werden.

Die Produktnetzmaschine wird bereits benutzt, um Protokolle zu spezifizieren, verifizieren und analysieren. Dabei kann sofort die Reduzierung auf eingeschränkte Produktnetze erfolgen. Diese sollen dann mit einem weiteren noch zu entwickelnden Werkzeug in PENCIL/C übersetzt werden. Ein Compiler für die Übersetzung von PENCIL/C-Programmen in MDMA-Code wird demnächst fertiggestellt.

Leider steht noch keine echte Controller-Hardware für die MDMA-Architektur zur Verfügung. Die Implementierung muß daher auf Fremdrechnern nachgebildet werden. Eine Emulation auf einem Einprozessor-Rechner mit künstlicher Zeitnachbildung eines parallelen Systemes wird verwendet. Die MDMA-Architektur soll als nächstes auf einen parallelen Rechner, den parytec-SuperCluster (inmos Transputer) gebracht werden. Dabei müssen lediglich die vom Netz kommenden Ereignisse durch stochastische Prozesse künstlich nachgebildet werden.

Anhang: Eine Grammatik für PENCIL/C

Die folgende Grammatik versteht sich als Erweiterung der in [KR88] Seite 234ff gegebenen Grammatik.

Neue Schlüsselwörter:

mplace, splace, trans, rdonly, in, out

Neue Nichtterminalsymbole:

transition-definition, transition-header, incidence-list, incidence, place-declaration, place-class-specifier

Erweiterte Regeln:

external-declaration:
  function-definition
  declaration
  transition-definition
  place-declaration

Neue Regeln:

transition-definition:
  transition-header compound-statement

transition-header:
  trans *identifier* **(** *incidence-list$_{opt}$* **)** **(** *expression* **)**

incidence-list:
  incidence
  incidence-list **,** *incidence*

incidence:
  in$_{opt}$ **out**$_{opt}$ *identifier*
  rdonly *identifier*

place-declaration:
  storage-class-specifier$_{opt}$ place-class-specifier type-specifier init-declarator-list **;**

place-class-specifier:
  splace
  mplace
  qplace

Literatur

[Bau90]   BERND BAUMGARTEN. *Petri-Netze: Grundlagen und Anwendungen.* BI Wissenschaftsverlag, Mannheim, Wien, Zürich 1990.

[BO89]   H.J. BURKHARDT, P. OCHSENSCHLÄGER. *Product Nets: A Formal Description Technique for Cooperating Systems.* GMD-Studien 165, Gesellschaft für Mathematik und Datenverarbeitung, Bonn Dezember 1989.

[Bod91]   ARNDT BODE (Ed.). *Distributed Memory Computing,* Nr. 487 in Lecture Notes In Computer Science. Springer-Verlag 1991.

[BWWH88] J. BILLINGTON, G.R. WHEELER, M.C. WILBUR-HAM. Protean: A high-level petri net tool for the specification and verification of communication protocols. In *IEEE Transactions on Software Engineering,* S. 301–316 März 1988. Vol 14, No. 3/88.

[Chi91]   G. CHIOLA. GreatSPN 1.5 Software Architecture. In *Proceedings of Modelling Techniques and Tools for Computer Performance Emulation*, Turin (Italy) 1991.

[Con92]   FRANK CONRADS. Formale Spezifikation und Analyse von XTP mittels Produktnetzen. Diplomarbeit, RWTH Aachen 1992.

[Dia87]   M. DIAZ. Petri net based models in the specification and verification of protocols. In W. BRAUER, W. REISIG, G. ROZENBERG (Ed.), *Petri Nets: Applications and other Models of Concurrency*, S. 134–170 1987.

[EH92]   CHRISTIAN ENGEL, BERND HEINRICHS. *PENCIL/C – A Language for Concurrent Programming of High Speed Communication Protocols on a Petri Net Based Multiprocessor Controller Architecture.* Aachener Informatik-Berichte 10/92, RWTH Aachen 1992.

[Eng93]   CHRISTIAN ENGEL. *Restricted Product Nets.* Aachener Informatik-Berichte, RWTH Aachen 1993. (wird demnächst erscheinen).

[GB82]   R. TERRAT G. BERTHELOT. Petri nets theory for the correctness of protocols. In C. SUNSHINE (Ed.), *Protocol Specification, Testing and Verification.* Elservier Science Publishers B.V. (North Holland) 1982.

[Gro93]   RAPHAEL GROCHTMANN. Entwurf eines Compilers zur Parallel-Programmierung von Hochleistungs-Kommunikationsprotokollen. Diplomarbeit, RWTH Aachen 1993.

[Hei92]   BERND HEINRICHS. *XTP Specification and Parallel Implementation.* In *Proceedings of International Workshop on Advanced Communications and Applications for High Speed Networks,* Munich März 1992.

[Her92]   THOMAS HERMENS. Emulation und Bewertung einer parallelen Controller-Architektur für Hochgeschwindigkeitsprotokolle. Diplomarbeit, RWTH Aachen 1992.

[KR88]   BRIAN W. KERNIGHAN, DENNIS M. RITCHIE. *The C Programming Language.* Prentice Hall, Zweite Auflage 1988.

[MBC84]   M.A. MARSAN, G. BALBO, G. CONTE. A class of generalized stochastic petri nets for the performance evaluation of multiprocessor systems. In *ACM Transactions on Computer Systems*, S. 93–122 1984.

[Och91]   PETER OCHSENSCHLÄGER. Die Produktnetzmaschine. Bericht GMD-Studien Nr.505, Gesellschaft für Mathematik und Datenverarbeitung, Bonn Januar 1991.

[Och93]   PETER OCHSENSCHLÄGER. Analyse von Kommunikationsprotokollen mittels Produktnetzen. In *Kommunikation in Verteilten Systemen,* München 1993. Springer Verlag.

[Pet81]   JAMES L. PETERSON. *Petri Net Theory and the Modelling of Systems.* Prentice Hall 1981.

[Rei85]   WOLFGANG REISIG. *Petrinetze - Eine Einführung.* Springer-Verlag, Berlin, Heidelberg, New York 1982.

[Rup92]   MICHAEL RUPPRECHT. *Implementierung und Parallele Verarbeitung von Kommunikationssoftware.* Dissertation, RWTH-Aachen 1992.

[XTP92]   Protocol Engine Incorporated. *XTP Protocol Definition Revision 3.6, PEI 92-10.* Oktober 1992.

[Zit89]   M. ZITTERBART. A parallel architecture for transport systems and gateways. In *Proceeding of Kommunikation in verteilten Systemen, Informatik-Fachberichte,* Nr. 205 in Informatik-Fachberichte, Stuttgart Februar 1989. ITG/GI-Fachtagung, Springer-Verlag.

Qualitative and Quantitative Analysis of Timed SDL Specifications

Falko Bause, Peter Buchholz

Informatik IV
Universität Dortmund
Postfach 50 05 00
4600 Dortmund 50
Germany

Abstract. Timed SDL (TSDL) is a modified version of SDL designed for the examination of qualitative and quantitative system aspects within one model description. Because realistic communication protocols tend to be very large a program package was developed, which transforms a TSDL model into an internal representation of an equivalent Finite State Machine (FSM). This FSM representation can be efficiently analyzed by algorithms for qualitative and quantitative protocol analysis. In particular algorithms for partial state space exploration have shown to be very suitable. One of these algorithms is described in detail and is slightly improved. It is shown, that this kind of analysis leads to reasonable results, even for large models.

1 Introduction

For the description and specification of communication protocols formal description techniques (FDTs) are widely used. Several FDTs have been standardized by the ISO or CCITT (see [7, 9, 10, 11]) among them SDL, which is the FDT we will focus on in this paper. FDTs were originally developed to allow the application of (partially) automated methods for protocol analysis. Typically FDTs describe only the logical behavior, quantitative aspects related to the performance of a protocol are not considered. However, protocol analysis ideally covers both, qualitative and quantitative aspects. Qualitative analysis has to ensure the correct behavior of the protocol. Quantitative analysis provides results on the performance and indicates if the expected quality of service can be obtained.

Quantitative analysis of a formal description requires timing information. This motivates the recent extension of SDL to Timed SDL in [4]. Timing information can be included in different ways, however, the most common one is the assumption of exponentially distributed times, such that the protocol describes a Markov chain. This assumption allows to use efficient analysis techniques from the area of Markov chains for protocol analysis. Since many temporal aspects are rather constant than exponentially distributed, results of a protocol analysis based on Markov chains have to be carefully interpreted. Nevertheless, Markov chains have shown to be suitable for protocol analysis. A classical problem is consistency between the implementation of a protocol and its low level Markov model. Starting from a SDL specification the confidence in consistency increases significantly, if tools support at least a semi-automatic transformation into a low level Markov chain and executable implementation. Furthermore the importance of model based protocol analysis increases, since qualitative and quantitative aspects are analyzed with the same model.

Although the idea of integrating timing information in FDTs and analyzing the resulting low level Markov chain sounds rather simple, there are still several practical and methodological problems. The integration of timing information in FDTs has to be done carefully to be consistent with the standardization of the FDT. Software support of the whole analysis process is absolutely necessary, since this is the only way to ensure consistency in all steps and allow a protocol designer to use the techniques without being an expert in protocol analysis. This is also important, because most analysis algorithms are developed from a rather low level point of view. Furthermore a principle problem of protocol analysis is complexity. The Markov chain resulting from a realistic protocol often exceeds the limits of modern supercomputers, let alone standard workstations. Therefore an exhaustive analysis is often not possible, and one has to think about alternative solution techniques yielding not exact, but reasonably accurate results.

In this paper we present an approach for the integrated qualitative and quantitative analysis of a formally specified protocol. We introduce a timed version of SDL, an improved algorithm for protocol analysis and a tool based on these concepts. The usability of the approach is shown by means of an example.

The structure of the paper is as follows. In Sect. 2 TSDL and a tool for the analysis of TSDL models are briefly introduced. Section 3 describes an improved algorithm for protocol analysis in detail. In Sect. 4 an example protocol specification is analyzed.

2 Timed SDL (TSDL) and Tool Support

Timed SDL (TSDL) [4] enriches SDL [7] with timing aspects, which is the basis for performance evaluation. The SDL version of CCITT is a real subset of TSDL and only slight modifications are introduced, so that TSDL remains close to the standard. This simplifies the expansion of existing SDL models to their timed version in TSDL.

Quantitative aspects are introduced by extending the specification of SDL processes. An SDL process is an Extended Finite State Machine (EFSM) [5, 9], and timing aspects are added with respect to transitions. At a particular point in time an SDL process is in a certain state. A state of the entire SDL model comprises values of global variables, states of all processes, values of their local variables and messages of their input queues. For integration of quantitative information to the dynamic behavior of an SDL model, it is necessary to define the amount of time the system will remain in a particular state and/or the probabilities of transitions to other states. Adding such information to an SDL model appropriately leads to a stochastic process (SP). Typically two types of states occur in such a SP (cf. [1, 2]):

- tangible states in which the SP remains for a particular amount of time and
- vanishing states which the SP leaves immediately.

For every transition of a process either a time or a probability has to be specified. This is achieved by the following modification to SDL syntax.

```
<transition> ::= { <transition string> [<terminator statement>] }  |
                          <terminator statement>
<terminator statement> ::= [<label>] [<valuation>] <terminator> <end>
<valuation>                ::= TRATE <expression> <end> |
                          TTIME <expression> <end> |
                          TPROB <expression> <end>
```

The *valuation*-expression contains the modified part of SDL's syntax.
$<expression>$ is a valid SDL expression (cf. [7]), which should be of type real.
TPROB $<expression>$ is the probability for this transition. *TTIME* $<expression>$
and *TRATE* $<expression>$ are specifying the duration of the transition. These constructs can be used alternatively, because *TTIME a* is equivalent to *TRATE 1/a*.
The following TSDL code illustrates the use of the $<valuation>$-expression.

```
STATE wait_event;
     INPUT message(frame_nr, ack, address);
          TPROB prob_of_error;
          NEXTSTATE -;
     INPUT message(frame_nr, ack, address);
          DECISION (frame_nr = frameexpected);
             (TRUE):   OUTPUT mess(frame_nr) via channel TO host;
                       TPROB 1.0 - prob_of_error;
                       NEXTSTATE prove_ack;
             (FALSE):  TPROB 1.0 - prob_of_error;
                       NEXTSTATE prove_ack;
          ENDDECISION;
     INPUT timer_signal;
          TASK nextframetosend := ackexpected;
          TPROB 1.0;
          NEXTSTATE retransmit_messages;
ENDSTATE wait_event;
```

TSDL additionally offers certain constructs (*QUEUELEN,INSTATE,INQUEUE*)
for inspecting the input queue and the state of a process. This was done for two reasons:

modelling convenience SDL offers no other possibility of inspecting the messages
in a queue than reading them. These constructs allow a straightforward description of collisions and improve readability ([4]).

evaluation of performance figures E.g. the throughput of a protocol can be calculated by determining the flow out of a process state, e.g. the sender's "sending state".

The above mentioned constructs can be used in expressions and are described below:

- *QUEUELEN* returns the number of elements in a process' queue.
- *INSTATE(<state>)* is true if the specified process is in state *<state>*.
- *INQUEUE(<signal name>)* is true if the queue contains the
  signal *<signal name>*.

Example:

```
STATE collision_on_net;
   PROVIDED (queuelen > 1);
      NEXTSTATE empty_queue;
   PROVIDED (queuelen = 1);
      NEXTSTATE read_mess;
ENDSTATE collision_on_net;

STATE empty_queue;
   PROVIDED (queuelen = 0);
     NEXTSTATE wait_event;
   INPUT *;
     NEXTSTATE -;
ENDSTATE empty_queue;
```

Validation and performance evaluation of protocols is only feasible with suitable tool support. Parallel to the development of TSDL we have also implemented a tool (cf. Fig. 1) for the analysis of TSDL models, which is based on the TSDL's corresponding FSM description. This form of description was chosen because most of the analysis algorithms are described for FSMs ([8, 15, 16]).

The most important module of the TSDL-Tool is the *TSDL-Parser and State Generator*. Given a TSDL description in textual form (like SDL/PR) and a Control File (mainly containing additional information necessary for performance evaluation), the TSDL-Parser creates an internal representation of an equivalent FSM. This module supports the analysis modules by exporting some functions especially for calculating the initial state and the successor states of a given state.

The *TSDL-Parser and State Generator* provides analysis modules with further information on the nature of a state. A state description also incorporates information whether the state is vanishing or tangible. Furthermore it gives relative probabilities, resp. times, of all transitions leaving this state. A different set of functions deals with the translation of warnings and error messages into a TSDL-like form. The TSDL-Parser encodes all generated TSDL states into an integer vector, assigns an integer number to all transitions and exports this information to the analysis modules. In case of an error or a warning the analysis modules can inform the protocol analyst in a form according to the TSDL description using these functions. Presently the TSDL-Tool offers three non-exhaustive analysis algorithms. An improved algorithm based on *Probabilistic Validation and Performance Evaluation* [8] (as described in Sect. 3), an algorithm for *Non-Exhaustive Validation* by West [16], and *Non-Exhaustive Performance Evaluation* as published by Rudin [15]. Furthermore a prototype version of a simulation module has been implemented. The integration of exhaustive analysis based on the numerical analysis of a finite Markov chain is underway. Appropriate analysis algorithms are described in [12]. Additional

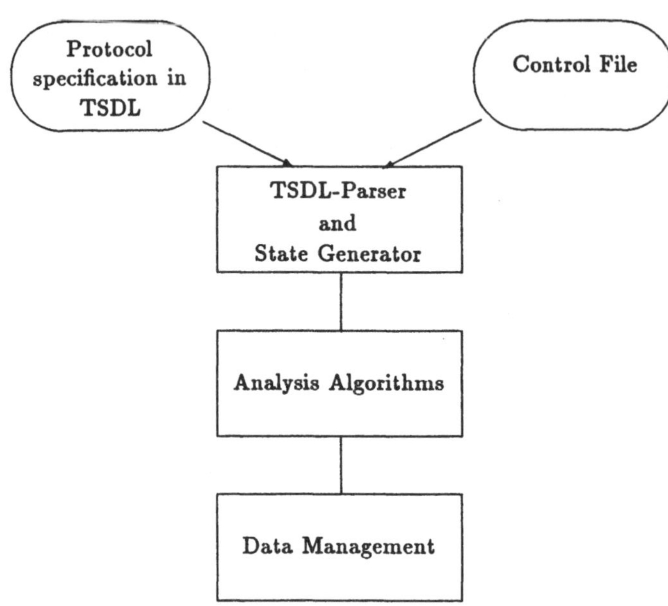

Fig. 1. Main Modules of the TSDL-Tool

analysis algorithms can be integrated without much effort, since the interfaces of the *State Generator* and the *Data Management* are well defined and easy to handle.

The *Data Management Module* offers several operations for manipulation of the reachability tree. The efficiency of these operations have an impact on the efficiency of the overall analysis process. Thus tuning reasons justify a separate module.

To complete the description of an analysis experiment the user must also specify additional parameters, e.g. initial values for global variables and some parameters for analysis algorithms. This additional information is specified by a second input file, the *Control File*. A typical Control File looks like the following.

```
SDL-FILE        token_ring.sdl;
RESULTFILE      token_ring.result;
QUEUE-LENGTH    10;
EXPERIMENT      experiment1;              /* name of the experiment */
VARLIST;
REAL            timeout 0.125;            /* parameters of */
REAL            prob_of_error 0.0001;  /* the experiment */
MASK            block station1 / process sender
                                instate (message_transmitted);
                ...
                /* specification of analysis dependent parameters */
```

The entry *QUEUE-LENGTH* specifies an upper bound for the queue length of any TSDL-process. This restriction is essential for most TSDL models to keep state space finite, which is a precondition of exhaustive analysis algorithms. If a message is sent to a saturated queue, it is discarded, and a warning is printed.

The entry *MASK* describes the mask for specifying the class of marked states (cf. Sect. 3). The expression for describing such a mask must be an extended SDL-expression, which evaluates to a boolean value. States in which the boolean expression is *TRUE* are marked by the *State Generator*. Performance results on state level are computed with respect to marked states.

3 TSDL Model Analysis by non-exhaustive State Space Exploration

Although qualitative and quantitative analysis of Markov chains is conceptually simple, realistic protocols yield chains with an enormous number of states often far beyond the capacity of contemporary computers. Therefore an exact analysis is often hopeless, which causes a need for alternatives. One common approach is simulation, which can be used regardless of the size of the state space. However, simulation has some serious drawbacks. Results are statistical in nature and a protocol normally includes states which are reached very rarely, e.g. the loss or duplication of a message. Nevertheless, these rare events are often responsible for an abnormal behavior. Performing a straightforward simulation the number of events to be simulated including also rare events is very large. It is not transparent which part of the state space has been visited during simulation and which states have never been entered. The problem of rare events is not new and also not restricted to the area of protocols. Especially from reliability analysis several papers have been published dealing with this problem. However, all approaches use knowledge about process behavior and consider only quantitative aspects, the qualitative behavior is assumed to be known. In order to detect an error in the protocol specification by simulation, on the one hand the error state has to be entered. On the other hand it must be recognized. The latter is not trivial in general.

An alternative to simulation is numerical analysis restricted to a subset of the state space. Obviously analyzing only a subset of all states can give results only about the states in the subset. Behavior beyond this subset remains unknown. But in contrast to a simulative analysis the detection of errors is much easier. The number of states which have been considered is known and, most important, the results are more detailed. Appropriate techniques yield lower bounds for the mean time to failure (MTF) and for the time (T_0) between two visits of the initial state s_0. Such results are of practical importance, since they show that the protocol will be error-free on the average, at least for a time equal to the lower bound of MTF. If the lower bound is large enough, i.e., in the range of the mean time between other failures like hardware errors, this result is sufficiently secure. The common approach of Markov chain based analysis is to generate the state space or a part of the state space and afterwards analyze the behavior on this generated part. If only a subset of states is analyzed, the major problem of the two-step approach is to decide which states are important and have to be included in the subset and which states can be neglected. Such decisions normally need a lot of user experience and are therefore not suitable for integration in a tool for semi-automatic protocol analysis. Even more promising is the integration of state space generation and analysis in one step, which is done in [8]. A similar idea is used in [13] for the analysis of steady state availability in repairable computer system models. The former approach has been used for the analysis of TSDL models in [4]. In this section we present a modified version, which, is based on continuous time Markov chains instead of discrete time chains and is more efficient in terms of memory and time requirements, if we focus on specific results.

Although the protocol is analyzed on the level of a Markov chain, errors in the SDL specification can be detected during the analysis (e.g., if a state is generated which describes a strange situation at the SDL level). Performance results can also be directly interpreted on the SDL specification of the protocol. These are additional advantages of an approach that integrates high level specifications with efficient analysis algorithms instead of analyzing an isolated low level model.

Using TSDL for protocol specification, two different kinds of transitions exist: immediate and timed. Immediate transitions describe probabilistic choices, needing a negligible amount of time. Timed transitions need an exponentially distributed amount of time for the transition to occur. We assume that immediate transitions have priority over timed transitions and that the choice among activated transitions of the same priority level (immediate/timed) is done in a probabilistic way, i.e., each immediate transition is valued with a probability and each timed transition with a rate. The probability of firing a specific transition is given by the probability/rate of this transition, divided by the sum of probabilities/rates of all activated transitions of the same priority level. Thus the state space of the stochastic process described by the TSDL model contains to types of states: vanishing states and tangible states (cf. Sect. 2). The analysis of TSDL models is similar to the analysis of Generalized Stochastic Petri Nets [2]: during calculation of the steady state distribution of the underlying Markov chain, vanishing states are eliminated. This can cause a sometimes significant reduction in the size of the state space. In [4] an algorithm is presented to delete vanishing states during state space generation. This yields to a model with only tangible states, i.e., to each state s_i a value μ_{ij} describing the transition rate to state s_j can be directly generated. The state generator of the TSDL tool provides a function which generates all successor states s_j of a state s_i and the transition rates μ_{ij}. Vanishing states are implicitly eliminated. If the elimination of vanishing states yields an error, this indicates a so called "timeless trap", which is an error in the model specification [3]. The following informal description of this algorithm abstracts from any details of generating successor states with the help function $Succ$.

The main idea of the algorithm is to partition the set of all states S of the protocol into three subsets:

1. S_e the set of "explored states", including all states which have been completely analyzed by generating all successor states.
2. The set of unexplored states S_u, containing all states which have been detected as successors of explored states, but which have not been further analyzed.
3. $\bar{S}$ including all states, which have not even been detected. $\bar{S}$ can be finite or infinite.

During analysis, states are transferred from S_u to S_e by generating all successor states and inserting them into S_u, if necessary, and by updating the analysis on the set S_e.

If we interpret all states from $S_u \cup \bar{S}$ as an absorbing set and the set S_e as a transient set of states, then analysis of the system can be performed with techniques based on absorbing Markov chain analysis. Using this approach, we can detect deadlocks on S_e described by a closed subset of S_e with no possibility of leaving this subset. Performance results can be computed by determining the mean time the process stays in S_e after starting in s_0. If we assume the worst case scenario that each state outside is an error state, then the sojourn time in S_e is the mean time to failure, in other scenarios it is a lower bound to the mean time to failure. The time between two visits of s_0 can also be computed. This value describes the turnaround time of s_0 if we assume the best case scenario, that the process returns immediately to s_0 after leaving S_e. In all other scenarios this value is a lower bound for the turnaround time. An upper bound for the turnaround time also would be important to know, but is unfortunately infinite until $S_e = S$, since one of the non-explored states might yield a deadlock with an infinite sojourn time. More general performance results can be computed by marking states using the MASK in the Control File (e.g., all states after a successful transmission of a message can be marked). Considering the explored state space $S_e \subseteq S$, we can calculate the time the process stays in marked states and the throughput of these states. Both quantities are approximations or in some special cases bounds for the results on the complete state space.

3.1 The Analysis Algorithm

After the informal introduction of our algorithm we give a formal specification and start with the definition of some necessary notations. Let $|S|$ be the number of states in the set S. Let $\underline{M}$ be a matrix of order $|S_e| \times |S_e|$ and $\underline{W}$ a matrix of order $|S_e| \times |S_u|$. Element $M(i,j)$ later includes the mean time the process will stay in state j before leaving S_e, if the actual state is i. $W(i,k)$ is the probability that the process will enter k as the first state after leaving S_e, if the actual state is i. The values in the matrices are updated during analysis. We use two notations for states here, s_i describes the state as given from the state generator, including the decoded specification of all states of the TSDL processes. Inside the sets S_e and S_u each state gets a unique number ranging from 1 to $|S_e|$ or $|S_u|$ resp. States are numbered consecutively, i.e. a state added to a set receives the last number. If a state j is deleted from S_u, then all state numbers larger than j are decremented by 1. Nevertheless, the state description s_i has to be stored to compare newly generated states with the states from the sets S_e and S_u. We refer to a state either by its state description s_i or by the unique number i in the sets S_e or S_u depending on the context. The algorithm, as given in [4, 8] for discrete time chains, consists of the steps described below. We do not give the proofs here, since they are similar to the original work.

Algorithm 1 *Partial state space exploration*

I) Initialization:
   $S_u := \{s_0\}, S_e := \emptyset$.
II) Choose next state to be explored:
   If $|\, S_u\, | > 1$ then choose $s_i \in S_u$ such that $W(0,i) \geq W(0,j), \forall s_j \in S_u$.

III) State exploration for state s_i:

Define $Succ(s_i)$ as the set of successor states of s_i. $Succ(s_i)$ and the transition rates μ_{ij} are generated by the *State Generator*. Define $\mu_i := \sum_{s_j \in Succ(s_i)} \mu_{ij}$.

    a) $S_u := S_u - \{s_i\}, S_e := S_e + \{s_i\}$.

        Add a new row and column i to $\underline{M}$ with

        $M(i,i) := \frac{1}{\mu_i}, M(i,j) := 0, M(j,i) := W(j,i) * M(i,i), \forall s_j \in S_e, i \neq j$.

        If $|S_e| > 0$ then

            delete column i from $\underline{W}$ and add row i initialized with 0.

    b) $\forall s_j \in Succ(s_i)$:

        if $s_j \in \bar{S}$ then

            $S_u := S_u + \{s_j\}$.

            Add a new column j to matrix $\underline{W}$ by setting

$$W(k,j) := M(k,i) * \mu_{ij}, \forall s_k \in S_e. \tag{1}$$

        else if $s_j \in S_u$ then

$$W(k,j) := W(k,j) + M(k,i) * \mu_{ij}, \forall s_k \in S_e. \tag{2}$$

        else if $s_j \in S_e$ then

        if $1 - M(j,i) * \mu_{ij} \neq 0$ then

$$\begin{aligned}
M(k,l) &= M(k,l) + \frac{M(k,i)\mu_{ij}}{1-M(j,i)\mu_{ij}} M(j,l), \\
W(k,t) &= W(k,t) + \frac{M(k,i)\mu_{ij}}{1-M(j,i)\mu_{ij}} W(j,t) \\
&\forall s_k, s_l \in S_e, s_t \in S_u.
\end{aligned} \tag{3}$$

        else s_j was the last unexplored state and the

            whole state space has been explored (exhaustive analysis).

IV) Calculate Results

$$MTF = \sum_{s_i \in S_e} M(0,i) \tag{4}$$

$$VAR(MTF) = 2.0 \sum_{s_i \in S_e} \left(M(0,i) \sum_{s_j \in S_e} M(i,j)\right) - MTF \tag{5}$$

$$V_i = M(0,i)\mu_i \qquad\qquad T_i = \frac{1}{M(i,i)\mu_i} * \sum_{s_j \in S_e, s_j \neq s_i} M(i,j) \tag{6}$$

        Stop, if termination condition is satisfied, see below.

    Goto step II.

Matrix $\underline{W}$ is stochastic after the complete exploration of a state, which can be verified using results from the theory of absorbing Markov chains. If in (3) the denominator of the fraction equals zero, this indicates a closed set of states which can never be left. Therefore this situation occurs if j is the last unexplored state and the analysis becomes exhaustive. This case can be easily handled to get exact results by defining a vector $\underline{\pi}$ on S_e with $\pi(i) = \sum \mu_{jk}/\mu_j * M(k,i)$ for $i \neq j$ and

$\pi(j) = 1.0/\mu_j$. $\underline{\pi}$ normalized to 1.0 is the stationary vector of the Markov chain underlying the whole protocol. $\underline{\pi}$ is the basis for determining performance quantities like throughputs and sojourn time. Since the complete Markov chain is irreducible, this shows a correct protocol at the level of the state space. On the other hand, if a closed set of states is detected and the analysis has not completely explored the state space, this indicates a specification error because the system will never return to the initial state s_0. Since the state description includes the states of the TSDL processes, error states can be indicated to the user at the level of his protocol specification, rather than on the level of some Markov chain underlying the protocol.

Results of protocol analysis can be computed after each newly added explored state. MTF (eq. (4)) is a lower bound for the mean time to failure and equals the mean time before the first exit from S_e after starting in s_0. The variance of the time before the first exit from S_e $(= VAR(MTF))$ (eq. (5)) provides some additional information about the protocol behavior on the set of explored states. A large variance indicates that there are still several situations where the process leaves the set S_e quite rapidly compared with the mean value and it might be necessary to explore some more states. A small variance shows that the time of the first exit from S_e is likely to be close to the mean.

For performance analysis T_i, a lower bound for the time between two visits to a state $s_i \in S_e$, and the mean number of visits V_i in s_i between the start in s_0 and leaving S_e are also important (eq. (6)) results. Using appropriate states (often s_0 is appropriate) the duration of a message transmission or the message throughput can be bounded.

Termination of the algorithm is ensured by user-given limits to the number of explored states (rather unsatisfactory but possibly necessary due to space or time restrictions), the values of MTF, $VAR(MTF)$, V_i or T_i and any combination of these values.

3.2 Example

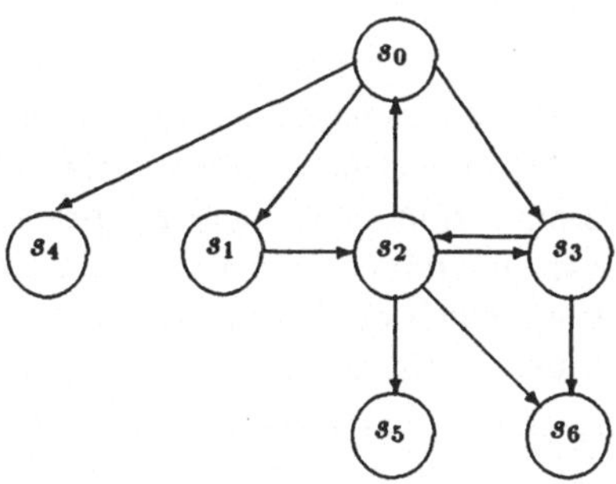

Fig. 2. State transition diagram

The following example illustrates two steps of the algorithm for a state space whose first seven states are depicted in Fig. 2.

Let μ_{ij} be the transition rate from state s_i to state s_j.

Initialization: $S_u := \{s_0\}, S_e := \emptyset$.

II) Choose s_0. It is the only possible state.

III) $Succ(s_0) = \{s_1, s_3, s_4\}, \mu_0 = \mu_{01} + \mu_{03} + \mu_{04}$

  a) $S_u = \emptyset, S_e = \{s_0\}, \underline{M} = \left(\frac{1}{\mu_0} \right)$

  b) $\forall s_j \in Succ(s_0) :$

$$s_j = s_1 \in \bar{S} : S_u = \{s_1\}, \underline{W} = \left(\frac{\mu_{01}}{\mu_0} \right)$$

$$s_j = s_3 \in \bar{S} : S_u = \{s_1, s_3\}, \underline{W} = \left(\frac{\mu_{01}}{\mu_0} \quad \frac{\mu_{03}}{\mu_0} \right)$$

$$s_j = s_4 \in \bar{S} : S_u = \{s_1, s_3, s_4\}, \underline{W} = \left(\frac{\mu_{01}}{\mu_0} \quad \frac{\mu_{03}}{\mu_0} \quad \frac{\mu_{04}}{\mu_0} \right)$$

IV) $MTF = \frac{1}{\mu_0}$

Next iteration:

II) Assume $\mu_{01} > \mu_{03}$ and $\mu_{01} > \mu_{04}$ thus choosing state s_1.

III) $Succ(s_1) = \{s_2\}, \mu_1 = \mu_{12}$

  a) $S_u = \{s_3, s_4\}, S_e = \{s_0, s_1\}, |S_u| = 2, |S_e| = 2,$

$$\underline{M} = \begin{pmatrix} \frac{1}{\mu_0} & \frac{\mu_{01}}{\mu_0 \mu_1} \\ 0 & \frac{1}{\mu_1} \end{pmatrix}, \quad \underline{W} = \begin{pmatrix} \frac{\mu_{03}}{\mu_0} & \frac{\mu_{04}}{\mu_0} \\ 0 & 0 \end{pmatrix}$$

  b) $\forall s_j \in Succ(s_1) :$

$$s_j = s_2 \in \bar{S} : S_u = \{s_2, s_3, s_4\}, |S_u| = 3,$$

$$\underline{W} = \begin{pmatrix} \frac{\mu_{01}\mu_{12}}{\mu_0\mu_1} & \frac{\mu_{03}}{\mu_0} & \frac{\mu_{04}}{\mu_0} \\ \frac{\mu_{12}}{\mu_1} & 0 & 0 \end{pmatrix} = \begin{pmatrix} \frac{\mu_{01}}{\mu_0} & \frac{\mu_{03}}{\mu_0} & \frac{\mu_{04}}{\mu_0} \\ 1 & 0 & 0 \end{pmatrix}$$

IV) $MTF = M(0, 0) + M(0, 1) = \frac{1}{\mu_0} + \frac{\mu_{01}}{\mu_0\mu_1}.$

  Note that only the entries $M(0, i)$ for newly explored states have to be added to the MTF-value of the previous iteration.

If s_2 is the next state to be explored, states s_5 and s_6 will be detected yielding the state transition diagram depicted in Fig. 2. Notice that transitions originated in non-explored states are not detected yet.

3.3 Time and Space Requirements

Obviously it is necessary to store two matrices of order $|S_e| \times |S_e|$ and $|S_e| \times |S_u|$, a data structure including the state descriptions s_i and for each state of $S_e \cup S_u$ the information in which set it is located. If we assume $|S_e|$ to be not much smaller than $|S_u|$, which is a realistic assumption, then space requirements are in $O(|S_e|^2)$.

  Time requirements for the introduction of a new transition depend on the location of the destination state (i.e., which of the formulas (1) - (3) are used). (1) and (2) require $|S_e|$ operations, whereas (3) needs $|S_e|^2 + |S_e||S_u|$ operations. The whole number of operations can be approximated by $\sum_{n=1}^{|S_e|} O(n^2) = O(|S_e|^3)$. Since the number of transitions originated in a fixed state depends on the number of TSDL processes, rather than on the number of states, the analysis effort lies in $O(|S_e|^3)$.

3.4 Modifications and Improvements

Normally it is not necessary to compute all values V_i and T_i. The computation of MTF, V_0 and T_0 is often sufficient for protocol analysis. In this case the time and space complexity of the algorithm can be decreased significantly. We define two vectors $\underline{m}_\Sigma$ and $\underline{m}_0$ each of order $|S_e|$ by

$m_\Sigma(i) := \sum_{s_k \in S_e} M(i, k)$ and $m_0(i) := M(i, 0)$. The required results can be expressed using these vectors.

$$MTF = m_\Sigma(0) \qquad V_0 = m_0(0)\mu_0 \qquad T_0 = (m_\Sigma(0) - m_0(0))/V_0 \qquad (7)$$

For the exploration of a new state s_i and the update of the vectors and matrix $\underline{W}$ we temporarily need a third vector $\underline{m}_i$ including the i-th column of $\underline{M}$. Step II) of the algorithm proceeds as previously, only the matrix elements $M(k, i)$ are substituted by $m_i(k)$. The same is done with equations (1) and (2). In equation (3) the different vectors and matrix $\underline{W}$ are used. The new equation is given below, the situation is the same as in (3), s_i is the state to be explored and a transition to $s_j \in S_e$ is newly introduced.

$$m_\Sigma(k) = m_\Sigma(k) + \frac{m_i(k)\mu_{ij}}{1-m_i(j)\mu_{ij}} m_\Sigma(j), \; m_0(k) = m_0(k) + \frac{m_i(k)\mu_{ij}}{1-m_i(j)\mu_{ij}} m_0(j)$$

$$m_i(k) = m_i(k) + \frac{m_i(k)\mu_{ij}}{1-m_i(j)\mu_{ij}} m_i(j), \quad W(k,t) = W(k,t) + \frac{m_i(k)\mu_{ij}}{1-m_i(j)\mu_{ij}} W(j,t), \quad (8)$$

$$\forall s_k \in S_e, s_t \in S_u$$

The proofs for the formula above are based on a straightforward summation in (3). With the above transformation the storage requirement for matrix $\underline{M}$ is reduced from $|S_e|^2$ to $3|S_e|$. The same holds for the number of operations. If results V_i and T_i have to be computed for other states than s_0 we can proceed in exactly the same way. For each state a new vector $\underline{m}_i$ is needed.

The algorithm can be further improved, if we can assure that for a state $s_i \in S_e$ ($s_i \neq s_0$) no state $s_j \in S_u \cup \bar{S}$ exists with a transition from s_j to s_i. In this case s_i can be simply eliminated. However, to verify this condition, state generation has to be run in reverse order.

4   Analysis of an Example Protocol

For illustrating the suitability of the algorithm presented in Sect. 3, we choose a token ring protocol described in [6, 14].

In our model the token ring consists of three stations communicating via the ring and a monitor station for error detection. Typical errors are loss of a token, multiple circulation of a busy token and duplication of a free token. For our example we only consider loss of tokens. The monitor can detect a lost-token error, if it has not seen a free or busy token for a certain period of time. It will then transmit a special shut-off signal for cleaning the ring. When this special signal returns to the monitor, which implies that all stations have received it, the monitor generates a new free token.

Messages to transmit arrive at each station according to a Poisson distribution specified by parameter λ. The length of each message is described by an exponential distribution determining its transmission time. For simplicity we consider only one class (type) of messages. Transmission of a message is completed in 43 time units in the average, where a time unit is the signal delay between two neighboring stations. Each station is assumed to have an unlimited buffer capacity for arriving messages. Thus the state space of the model is not limited and an exhaustive state space analysis is not feasible in principle.

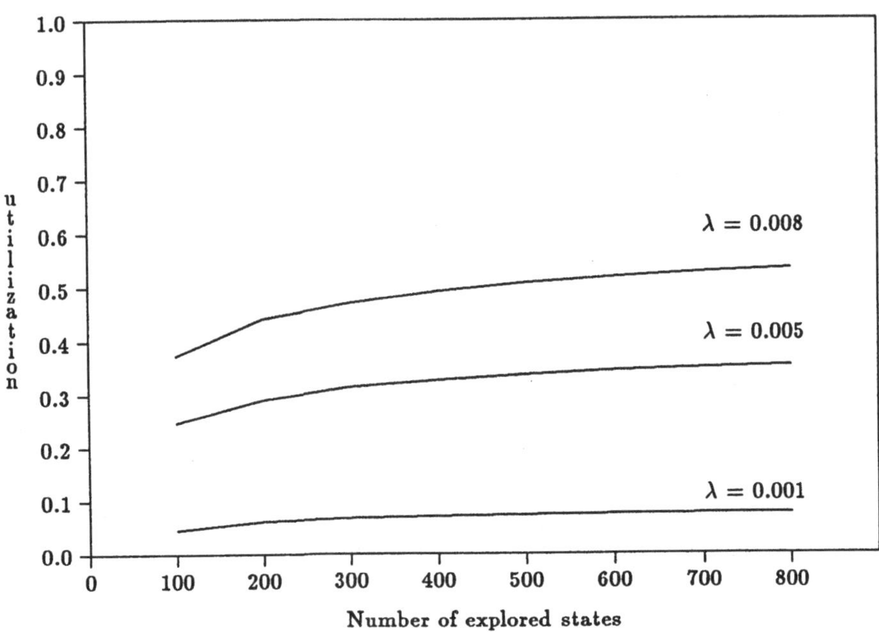

Fig. 3. Utilization of one station of the token ring

Parameters	Simulation			Numerical analysis		
	CPU time	simulated model time	#visited states	CPU time	MTF	#explored states
$\lambda = 0.001$	519.8	1.34631×10^5	86	400.2	3.30623×10^5	800
$\lambda = 0.005$	526.1	1.59401×10^5	190	546.7	1.09079×10^5	800
$\lambda = 0.008$	519.6	1.98084×10^5	248	698.5	0.67446×10^5	800

Table 1. Comparison of both analysis methods

Figure 3 shows the utilization at a certain station of the token ring for different arrival rates of messages at this station and for different number of explored states. The arrival rate of the two other stations is kept fixed to 0.005. Utilization only

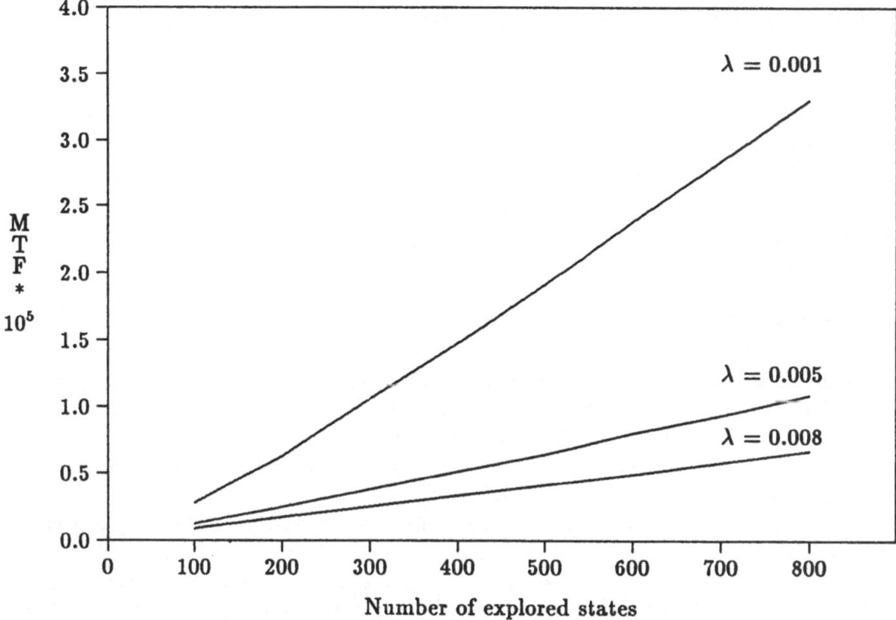

Fig. 4. Lower bound for Mean Time to Failure

slightly changes after exploration of 600 states, so a further increase of the number of explored states will not lead to significant different results.

Figure 4 shows the lower bound of the Mean Time to Failure (MTF) for the experimental series shown in Fig. 3. For a low utilization of the chosen station, MTF increases significantly with the number of explored states, because error states will be explored more frequently. Increasing the arrival rate of one station implies that the corresponding events are more probable, thus decreasing the slope of MTF.

Table 1 illustrates the advantages of the non-exhaustive state space exploration algorithm compared with a simulation of the Markov chain. Although CPU time is approximately the same for both analysis techniques, there is a significant difference in the number of explored and visited states resp. Furthermore the reader should note, that the simulated model time cannot be directly compared with the MTF, because the simulation might be in an error state not yet detected, whereas in the algorithm of Sect. 3 an error, e.g. a livelock, has been surely detected.

5   Conclusions

We have presented an integrated approach for protocol specification, qualitative and quantitative analysis based on an extended version of SDL (TSDL). The approach has motivated the implementation of a prototype version of a tool which allows the formal specification of communication protocols and their subsequent analysis using techniques which originally have been described on a rather low level. One of these techniques, the *Probabilistic Validation and Performance Evaluation* has been improved in terms of space and time requirements and is presented in some more detail.

The environment introduced so far, is extendable towards other analysis algorithms and allows the use of all these algorithms from a common interface even for an inexperienced user. In particular non-exhaustive analysis techniques seem to be a suitable approach for protocol analysis, since they can be used for models with a very large or infinite state space, which cannot be analyzed by exhaustive techniques. Furthermore they provide more accurate results than simulation.

References

1. M. Ajmone-Marsan. *Stochastic Petri Nets: an Elementary Introduction*. Advances in Petri Nets. G. Rozenberg (ed.), Lecture Notes in Computer Science 424, 1989, pp. 1-29.
2. M. Ajmone-Marsan, G. Balbo, G. Conte. *A Class of Generalized Stochastic Petri Nets for the Performance Evaluation of Multiprocessor Systems*. ACM Transactions on Computer Systems, Vol. 2, No. 2, Mai 1984, pp. 93-122.
3. F. Bause: *No Way Out ∞ The Timeless Trap*. Petri Nets Newsletters 37, December 1990, pp. 4-8.
4. F. Bause, P. Buchholz: *Protocol Analysis Using a Timed Version of SDL*, Proceedings of the IFIP TC/WG 6.1 Third International Conference on Formal Description Techniques for Distributed Systems and Communications Protocols, FORTE'90, November 1990, pp. 239-254.
5. F. Belina, D. Hogrefe: *The CCITT-Specification and Description Language SDL*, Computer Networks and ISDN Systems, September 1989.
6. W. Bux et al: *A Local-Area Network Based on a Reliable Token-Ring System*, Proc. Int. Symposium on Local Computer Networks, (ed.) P. Ravasio, G. Hopkins, N. Naffah, North Holland 1982.
7. CCITT Z.100: *CCITT SPECIFICATION AND DESCRIPTION LANGUAGE SDL*, COM X - R 15 - E, Genf, March 1988.
8. D. D. Dimitrijevic, M.-S. Chen: *An Integrated Algorithm for Probabilistic Protocol Verification and Evaluation*, IBM Research Report RC 13901, August 1988.
9. D. Hogrefe: *ESTELLE, LOTOS and SDL*, Springer-Verlag, 1989.
10. ISO DIS9074 *Estelle: A Formal Description Technique based on an Extended State Transition Model*, 1987.
11. ISO DIS8807: *Lotos: A Formal Description Technique*, 1987.
12. U. Krieger, M. Sczittnick, B. Müller-Clostermann: *Modeling and Analysis of Modern Telecommunication Networks by Markovian Techniques: Foundations, Algorithms and an Example*, IEEE Trans. on Comm., special issue on Computer-aided Modeling, 1990.
13. J. C, S. Lui, R. R. Muntz: *Evaluating Bounds on Steady State Availability of Repairable Systems from Markov Models*, Proc. of the First Int. Workshop on the Numerical Solution of Markov Chains, Raleigh, 1990, pp. 469-489.
14. H. Rudin: *Validation of a Token-Ring Protocol*, Proc. Int. Symposium on Local Computer Networks, (ed.) P. Ravasio, G. Hopkins, N. Naffah, North Holland 1982.
15. H. Rudin: *An Improved Algorithm for Estimating Protocol Performance*, IBM Research Report, RZ 1314, April 1984.
16. C. H. West: *Protocol Validation by Random State Exploration*, IBM Research Reports, RZ 1482, Zürich, 1986 (also in: Proceedings of the 6th Int. Workshop on Protocol Specification, Testing and Verification, (ed.) B. Sarikaya, G. V. Bochmann).

HeiRAT: The Heidelberg Resource Administration Technique
Design Philosophy and Goals

Carsten Vogt, Ralf Herrtwich
IBM ENC
Vangerowstr. 18
D-6900 Heidelberg

Ramesh Nagarajan
Dept. of Electronics
Univ. of Massachusetts
Amherst 01003, U.S.A.

HeiRAT, the Heidelberg Resource Administration Technique, is a resource management subsystem being developed and implemented as part of a distributed multimedia platform for networked workstations.

HeiRAT supports both a guaranteed and a "best-effort" quality-of-service (QoS) for multimedia connections. For this purpose, techniques for QoS negotiation, its computation and resource reservation are introduced. Further algorithms for scheduling the resources in accordance to the QoS requirements of multimedia streams are specified.

The implementation of HeiRAT in a networked computer environment is currently under way; this report provides a general overview of the system.

1 Introduction

In distributed multimedia systems, communication *quality-of-service (QoS)* requirements depend upon the types of data to be transferred and the nature of applications to be supported. For this purpose, a multimedia transport system has to *guarantee* a certain QoS.

The *HeiProjects* at the ENC are aimed at providing a distributed multimedia platform for networked workstations [Herr92]. They include *HeiTS* (the Heidelberg Transport System) for the "raw" transport of multimedia data over networks, and *HeiCoRe* (the Heidelberg Continuous Media Realm), which is a real-time environment for handling multimedia data within workstations. The functions of HeiCoRe can be used by HeiTS and other system components.

The support of connections with a guaranteed QoS is a central issue of HeiCoRe and HeiTS. To guarantee a certain QoS, it is necessary to allocate some fraction of system resource capacity to a connection and to schedule the resources appropriately. The resources involved in multimedia communications are typically end-system resources such as CPU and memory as well as network resources such as link bandwidth, switch processing capacity and queueing buffers.

Depending on a connection's needs, resource reservation could either be *pessimistic* or *optimistic* [Herr91]. A pessimistic method avoids resource conflicts by making reservations for the worst case, potentially leading to an underutilization of resources. However, it results in a *guaranteed* QoS. The optimistic method, on the other hand, overbooks resources with some chance of packet losses to occur. Reservations are made e.g. for the average or minimum workload only. This leads to a *best-effort* QoS.

HeiCoRe includes *HeiRAT* (the Heidelberg Resource Administration Technique), a Resource Management Subsystem (RMS) addressing these issues. HeiRAT allows the establishment of connections with the following associated QoS requirements:

- maximum end-to-end delay,
- minimum throughput, and
- reliability.

When establishing a connection, an application specifies its workload (i.e. amount of traffic it will generate on this connection) and the QoS it expects from the system while carrying this load. During the connection establishment phase, HeiRAT verifies that these requirements can be met and returns a QoS assurance. The resource capacities needed to provide this QoS are correspondingly reserved. HeiRAT supports both a guaranteed and a best-effort QoS.

When messages are transmitted across a connection the system resources involved must be scheduled such that the given QoS assurances are not violated. HeiRAT provides appropriate scheduling algorithms for this purpose.

Currently, HeiRAT is used only by HeiTS to reserve capacities of local and network resources and thus to provide QoS guarantees for end-to-end transport connections. However, HeiRAT can also be applied outside the transport system to support QoS management for any time-critical multimedia software.

2 Overall QoS Management Architecture

In this section we discuss HeiRAT's position within the transport system and give an overview of its functionality. The subsequent sections will cover these issues in greater detail.

2.1 QoS Management within the Transport System

HeiTS and HeiCoRe enable applications residing on different hosts to communicate via message streams. A sending application generates such a continuous stream by reading data from an input device (e.g. disk, camera, microphone), possibly processing them (e.g. compressing video data) and then forwarding them across the transport layer interface to the transport system. The transport system possibly segments the stream, i.e. generates packets of a certain size, and transfers these packets through one or more networks and intermediate nodes to the target's host where they are reassembled and moved up to the application level. The application might do some further processing before the messages arrive at an output device.

When sending messages, an application requires a certain QoS (in terms of e.g. throughput, end-to-end delay, reliability) to be satisfied by the system. In particular, the application desires

- to negotiate its QoS demands with the system at connection establishment time, and
- to have this negotiated QoS satisfied when messages are transferred across this connection.[1]

Hence, the mechanisms for connection establishment and release and for data transfer must have an enhanced functionality. Connection establishment must include negotiation of the QoS and reservation of resource capacities (e.g. CPU and network bandwidth, buffer space) so that the QoS demands are satisfied during the actual data transfer. For this, the resources have to be appropriately scheduled. When a connection is terminated the resources must be released.

The fact that the network is one of the resources used by message streams has two important consequences:

- The connection establishment phase reserves capacities on a specific sequence of nodes and intermediate networks. This implies *static routing* during the packet transfer phase.
- QoS management must be integrated in the *network layer* of the transport system, as higher layers have no information about the network resources.

---

1. We only consider QoS management for connection-oriented communication.

The *ST-II internet protocol* [Topo90], the network layer protocol of HeiTS, serves as a framework for the negotiation of QoS parameters for end-to-end connections across one or more networks. ST-II allows a sending *origin* to establish a multicast connection in the form of a *routing tree* to one or more receiving *targets*. Nodes in the tree represent *ST-II agents* executing the ST-II protocol, links of the tree are called *hops*. The origin can emit a continuous *stream* of packets which are forwarded by the ST-II agents following the static routes defined by the tree.

Apart from data packets, ST-II agents exchange control packets of the *ST Control Message Protocol (SCMP)*. SCMP serves to create, modify, and delete routing trees. As part of establishing a connection, SCMP negotiates the connection's QoS parameters, which are collected in a *flow specification*. Three kinds of entities participate in the negotiation (see Fig. 1):

- origin and targets as the service users,
- ST-II agents, and
- local resource managers.

The origin supplies an initial flow specification defining its QoS demands for the new connection. This QoS request is mapped by the transport layer on a QoS request in terms of network layer units and becomes part of a connection establishment message that is sent hop-by-hop on the paths to the targets. Each local resource manager on the path receiving the message computes the QoS its resources can provide and reserves the corresponding resource capacities.

If the reservation fails (either due to resource overload or insufficient resources for a given QoS requirement), an *SCMP refuse message* is sent back to the origin releasing all reservations made so far. Otherwise, the ST-II agent updates the flow specification (e.g. keeping track of the accumulated delay) and passes the connection establishment message downstream.

On each branch of the routing tree, the final flow specification, i.e. the end-to-end QoS of the branch, is communicated to the target. This end-to-end QoS results from the QoS guarantees computed for the individual resources as follows: The throughput of a connection is the minimum of the resource throughputs, the delay equals the sum of the resource delays, and the reliability is the "worst" reliability of those provided by respective resources.

The target may base its acceptance decision on this flow specification. If it accepts the connection, the flow specification is propagated back to the origin. The origin can then compute the QoS of a multiple target connection from the QoS returned from the individual branches.

After the connection has been established, the origin may send an *SCMP change message* to the targets modifying the QoS guarantees and thus adjusting the reservations. This is especially useful when the QoS computed in the connection establishment phase exceeds the origin's QoS requirements. Here one could e.g. lower the throughput or loosen the delay bounds.

When a connection is terminated, the corresponding resource reservations are released.

The specification of ST-II [Topo90] does not determine how resource managers compute the QoS and make reservations and how resources are scheduled according to these reservations; ST-II provides only a preliminary definition of the flow specification which can be altered. HeiRAT is the system component to provide the required functions.

2.2 Functionality of HeiRAT

The resources involved in an end-to-end communication are on the one hand those used by the applications to move the data from or to the transport system interface (I/O devices, CPU to execute application software, buffer storage) and on the other hand those needed by the transport system to transfer the messages across the network. The latter include

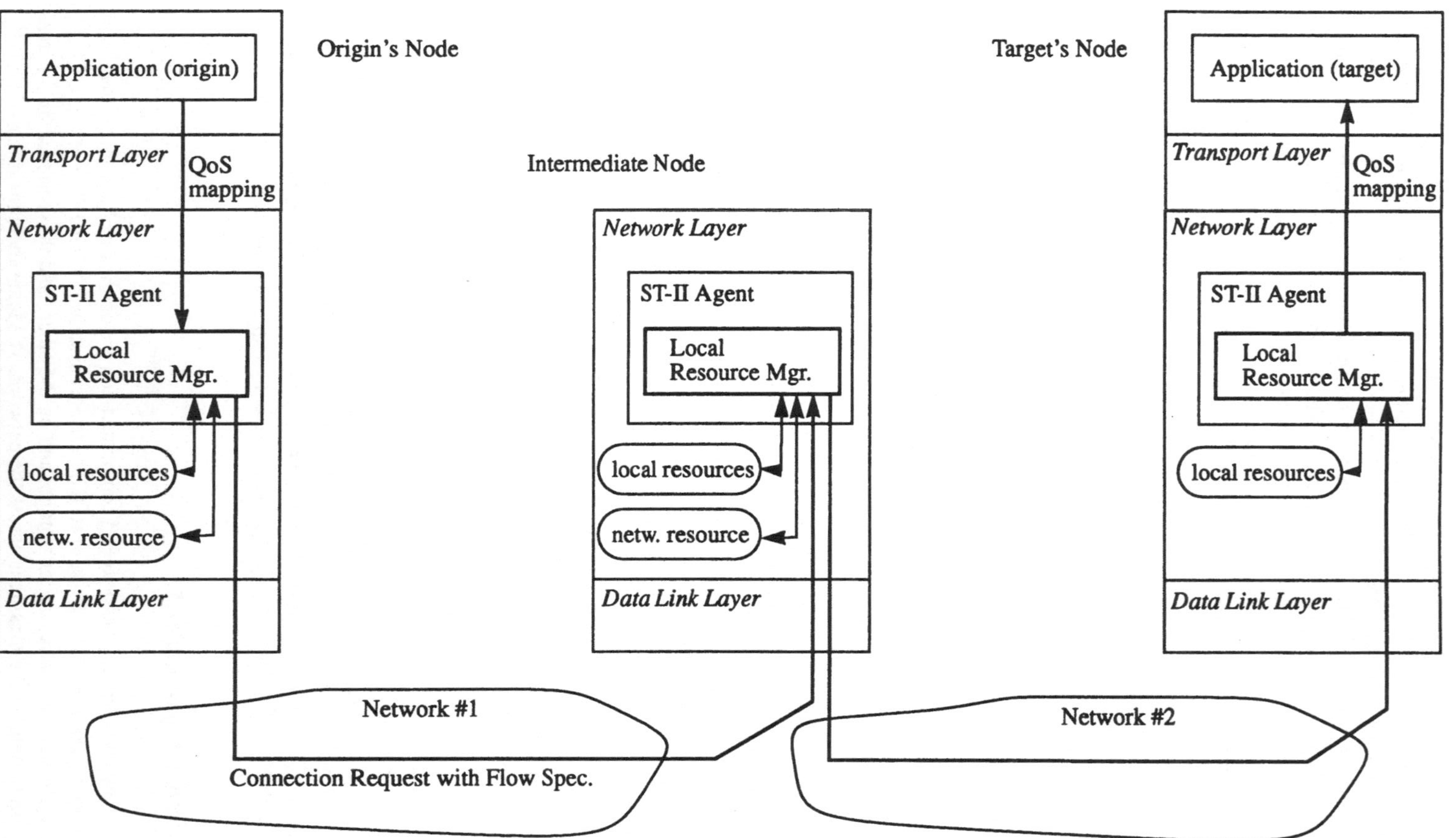

Figure 1: Distributed QoS computation with ST-II and HeiRAT

- adapters and network resources to transfer packets from one node to another,
- CPUs to execute the protocol software,
- main memory space for this software (code should be pinned in main memory, as swapping it out would have detrimental effects on system performance), and
- buffer space to store the packets passing through the nodes.

For each active resource (CPU, network with adapters), the following functionality is required:

- *Throughput test*: This test checks whether there is enough free resource bandwidth left to handle the new connection. To do this, information from local data structures is used that describe the QoS guarantees currently existing for the individual resources. If the test fails the connection establishment request must be rejected.
- *QoS computation:* This computes the best possible performance (i.e. a QoS guarantee or a best-effort QoS) the resource can provide for the new connection.
- *Resource reservation*: This function reserves the resource capacities required to meet the local QoS guarantees. This is done by updating the local data structures. The reservation of buffer space is described in Section 4.1.4.
- *Resource scheduling*: This function schedules the "processing" of packets sent across the connections such that the QoS guarantees are satisfied.

Currently, HeiRAT is embedded in ST-II, i.e. in HeiTS, and thus is concerned only with the resources needed by the transport system. That means that QoS negotiation and enforcement affects only those resources that are required to transfer packets down from one transport layer interface up to another. The management of the resources needed in the upper layers currently lies outside the scope of HeiRAT, but HeiRAT can be easily applied in this domain as well.

The QoS demands submitted to HeiRAT and the QoS guarantees returned are specified in terms of network layer units – e.g. the throughput rate is defined in terms of NPDUs. Higher layers must be able to map their QoS demands on a HeiRAT QoS specification and vice versa.

3 QoS Specification

Before getting into the details of HeiRAT's functionality, we must specify what is meant by "quality-of-service". In this section, we will discuss the aspects of pessimistic and optimistic resource management, present the underlying workload model, describe its QoS parameters, and outline the approach to QoS optimization.

3.1 Pessimistic vs. Optimistic Resource Management

When negotiating the QoS and reserving resources, one can either follow a *pessimistic* or an *optimistic* approach. In the pessimistic case, the application defines a bound to the workload that will never be exceeded and specifies "hard" QoS demands, which are to be satisfied by the transport system throughout the data transfer phase. To be able to provide the required "hard" guarantees the system must reserve the resource capacities for the worst possible scenario.

The guaranteed approach is expensive. The variance of the actual load and uncertainties about the exact amount of resource capacities required will lead to an "over-reservation" and hence to a poor utilization of resources and to the needless rejection of reservation requests. This problem is most severe for applications with greatly varying data rates (e.g. compressed video streams) whereas applications with regular rates (e.g. audio streams) are not so critical.

In order to avoid these problems, an optimistic approach to resource management is proposed: Here, the application specifies only the average workload it will generate (or any other value below the peak load) and defines soft bounds to its QoS requirements. HeiRAT in turn reserves only the capacities needed for this average load and returns a "soft" QoS specification – a description of the QoS it can yield provided that the reality conforms with the optimistic assumptions. However, this returned QoS specification is not a guarantee but only a description of the *best-effort* system performance.

This optimistic approach can result in conflicts when things run worse than expected – e.g. if the application's workload is higher than specified. Then, packets must be delayed or even dropped. The decision which packet to discard could depend on the relative importance of the connections or packets or on the connections' ages, preferring old connections over new ones.

Optimistic resource management cannot completely replace resource management with a guaranteed QoS as for some types of connections a performance degradation cannot be tolerated. Hence, both types of connections will coexist (called *best-effort connections* and *guaranteed connections*, respectively). The functions for resource reservation and scheduling are designed to always meet the QoS specification for guaranteed connections and to fairly treat best-effort connections (see Sections 4.1.1 and 4.2.2).

3.2 Workload Model

HeiRAT uses the *Linear Bounded Arrival Process (LBAP)* [Cruz91] as its workload model. Data are assumed to be sent as a stream of discrete *packets* characterized by three parameters:

- S = maximum packet size,
- R = maximum packet rate (i.e. maximum number of packets per time unit), and
- W = maximum workahead.

The workahead parameter W allows for short-term violations of the rate R. In any time interval of duration t at most $W + t*R$ packets may arrive. This is necessary to model input devices that generate short bursts of packets, e.g. disk blocks with multiple multimedia data frames, as also to account for any clustering of packets as they proceed towards their destination. A useful concept with regard to the LBAP is that of the *logical arrival time* $l(m_i)$, which is defined as:

$$l(m_1) = a_1 = \text{actual arrival time of the first packet} \quad \text{and} \quad l(m_{i+1}) = \max \{a_{i+1}, l(m_i) + 1/R\}$$

A packet whose logical arrival time has passed is called *critical*, otherwise it is referred to as *workahead*. Workahead packets can be delayed until they become critical. in order to smooth out traffic bursts. A system component that does this smoothing is called *regulator*.

The output stream of a resource serving an input LBAP is itself an LBAP [Andr89]. This enables one to "push" the LBAP workload model from the origin through to the target.

In addition to the three LBAP parameters defined above, the application must also specify for each resource the maximum processing time per packet such that resource capacities can be correspondingly reserved (see also Footnote 2.).

3.3 QoS Parameters

When requesting the establishment of a connection, the application must specify the required QoS and the transport system returns a corresponding QoS guarantee. For the computation of this guaranteed QoS, earlier systems like SRP [AHS90] were limited to the optimization of one specific QoS parameter (e.g. delay) for a workload specified by the application. HeiRAT generalizes this approach by including the workload specification in the QoS description and allowing the application to determine which of the QoS parameters should be optimized.

The QoS specification consists of *throughput*, *delay* and *reliability* parameters – in terms of network layer units (see Section 2.2).

- Throughput is specified in terms of *packet rate* (packets/sec.) and *workahead* (number of packets) along with the *packet size* (bytes). The specification of the required throughput can be viewed as a definition of the workload generated by the origin. In case of a guaranteed connection, the throughput defines the *maximum* throughput the origin may ever demand, i.e. a hard upper bound to its workload. For best-effort connections, it defines the *average* throughput the origin needs (or some other value below the maximum throughput). Temporary throughput requirements may exceed this value (and may, hence, not be serviceable).
- Delay is specified in terms of minimum *actual transit time*, which is a lower bound to the packet transfer time on the connection, and maximum *regular transit time*, which is the time at which a packet arrives at the target at the latest with respect to its logical arrival time (*regular delay*). Also here, guaranteed and best-effort delay assurances are distinguished.
- The specification of reliability distinguishes between bit errors and packet errors, e.g. single bits flipped in a packet or complete loss of a packet. This is motivated by the observation that one would not necessarily discard a whole multimedia packet (e.g. a video frame) when only a few bits are corrupted. Reliability classes define how these two types of error shall be handled by the transport system, i.e. whether they shall be ignored, indicated, or corrected.

  The fact that the error handling functions (e.g. retransmission) are implemented in the transport layer but the QoS parameters specify the QoS on the network layer leads to the following interpretation of the reliability parameter: The parameter specifies the best error treatment the network layer can provide without any additional effort as compared with error-free transmission, i.e. without increasing the required throughput or the delay of packets. For example, some Token Ring adapters can immediately detect (and thus indicate) the unsuccessful delivery of packets but they cannot correct errors without retransmission.

  The overhead for error handling has to be considered by the transport layer when transforming a higher layer QoS specification into a network layer specification, or vice versa.

3.4 QoS Optimization

When specifying its QoS demands for a new connection the origin can either fix all three QoS parameters or it can define which of them shall be optimized:

- *Throughput optimization*: The origin wishes to transfer a stream of packets within a given delay bound and with a given reliability. It queries the system as to the maximum workload that can be carried by this stream while satisfying these delay and reliability requirements.

  This approach can e.g. be used for video applications with fixed delay bounds and variable rate coding. Here, optimization of throughput implies optimization of video quality which depends on both packet rate and packet size.
- *Delay optimization*: The origin wishes to transmit a stream of packets as fast as possible, observing a given reliability. The required throughput of the stream is defined by the origin.

  Delay optimization is useful e.g. for audio applications that require the fast delivery of data and whose throughput requirements are predetermined by the encoding scheme.

- *Reliability optimization*: The origin wants to transfer a stream of packets with a given throughput and within a maximum delay bound. The network layer is required to specify the reliability that can be achieved without any additional effort (see Section 3.3).

  Reliability optimization can e.g. be used for audio applications when throughput and delay requirements are known or are not so significant as compared to reliability.

The origin must supply a *target value* (the desired performance) and a *worst-case value* (the worst acceptable performance) for the parameter to be optimized. The values of the other two parameters are fixed by the origin and not modified by HeiRAT.

If the transport system cannot even guarantee the worst acceptable performance the connection establishment request is turned down. On the other hand, performance guarantees will in general not be in excess of the target value even if such a guarantee could be provided.

The change phase after the connection establishment phase further reduces the reservations on each resource to the end-to-end QoS (see Section 2.1). In particular, throughput rate and reliability are set to the respective minimum values of all resources and an *excess delay* (i.e. the difference between desired and optimal delay) is distributed among the resources. This approach avoids excessive reservation of resource capacities for a single connection.

4 QoS Computation and Enforcement

In this section, we address the issues of QoS computation, reservation and scheduling for both local resources (esp. CPU) and the network resource (Token Ring). Afterwards, we discuss the management of data streams with multiple targets and the handling of delay jitter.

4.1 Local Resource Management

The local resources managed by HeiRAT are the node CPUs, as far as they are used for protocol processing[2], and buffer space to store the passing packets. Whereas the reservation of buffer space requires only the computation of the amount of storage needed and a corresponding static buffer allocation at connection establishment time (this is discussed in detail in [AHS90]), CPU management must include the full set of functions defined in Section 2.2.

4.1.1 CPU Scheduling

The algorithms for CPU scheduling are based on classical approaches for real-time processing, namely *earliest-deadline-first* (EDF) and *rate-monotonic* (RM) scheduling [LiLa73]. EDF scheduling assumes each process to have a deadline at which its processing must be finished. The process with the earliest deadline among waiting processes is executed first. RM scheduling is defined in the context of processes that require CPU processing periodically, as specified in Section 3.2. Here, the process with the highest rate (smallest period) is given the highest priority. In HeiTS, both of these approaches have been extended to account for the two classes of guaranteed and best-effort connections as well as for workahead packets.

---

2. A reservation for application software is not yet supported. Anyway, because of the real-time requirements of multimedia communication a user should not be allowed to write his own applications but only to combine predefined software modules. Here, the required QoS parameters could be provided by the system with the modules.

[Ande90] suggests a method of *workahead scheduling* which dynamically classifies packets with respect to whether they are currently critical or workahead. Within this scheme, we can easily account for guaranteed and best-effort QoS. Packets (or rather the corresponding processes) are preemptively scheduled according to the following multi-level priority scheme:

1. Critical guaranteed processes
2. Critical best-effort processes
3. Processes not executing transport system software (e.g. application processes)
4. Workahead processes (both guaranteed and best-effort)

Scheduling within these priority classes is RM (except for priority 3 where any strategy can be used), or – as an alternative – EDF, the deadline of a packet being its logical arrival time plus the delay bound computed for this connection. The priority of a process is switched from 4 to 1 or 2, resp., as soon as it becomes critical, possibly preempting the currently executing process.

The cost of priority-driven scheduling is determined by several factors. Besides the scheduling decision itself (i.e. the selection of the process to be executed) the scheduling overhead includes the assignment of priorities to the processes, context switching and the use of timers, as needed in the above scheduling schemes. Hence, it has to be decided whether the process priorities are assigned statically or dynamically and at which instants process contexts may be switched including the decision about preemptive or non-preemptive scheduling [MeTo91].

The CPU scheduler currently used in the AIX version of HeiTS is based on preemptive fixed-priority RM scheduling. To avoid the overhead incurred by the processing of workahead packets, the scheduler can choose to leave these packets in a wait state until their logical arrival time comes, i.e. till they become critical. Hence, priority 4 may have no significance. Future versions of the scheduler might implement a non-preemptive scheduling scheme.

4.1.2 CPU Throughput Test

A new connection can be accepted for the CPU (i.e. no overload condition occurs) if the following inequality holds [LiLa73]:

$$\sum_i R_i \cdot P_i \le U$$

Index i runs through all connection IDs, R_i denotes the maximum packet rate of connection i, P_i its processing time per packet, and U a positive real number of at most 1 for EDF and $\ln(2)$ for RM scheduling. It is advisable to restrict the utilization U to values smaller than 1 in order to provide some residual CPU capacity to processes other than transport related processes.

The P_i's, i.e. the execution times of a piece of protocol software on a CPU, can be measured once the software is installed, and this time should not vary much with changing inputs. The overhead for preemptions must be included in the P_i's.

4.1.3 Quality-of-Service Computation for the CPU

The optimization of one QoS parameter, values given for the other two, proceeds as follows:

* *Throughput*: Given the current CPU utilization owing to existing connections and the maximum allowed CPU utilization as defined in the throughput test, the maximum additional throughput rate that can be supported by the CPU is computed easily. This throughput value is then used to compute the local delay bound (see below). At the target host, the sum of

these local delay bounds is used to check whether the application's end-to-end delay requirements can be met (see Section 4.3). The maximum allowed packet size is obtained by a simple table look-up, as well as the minimum actual transit time.

- *Delay*: Under both EDF and RM scheduling, the regular delay of a packet will never exceed $1/R$, R being the throughput rate of the corresponding connection [LiLa73].
  For EDF scheduling, *worst-case simulation* is an alternative way to compute delay bounds (cf. [Andr89]), but currently not being implemented in HeiRAT. Under RM scheduling, worst-case simulation is not useful for delay bound computation at connection establishment time since the subsequent establishment of other connections with higher rates causes the delay to increase for lower-rate connections.
- *Reliability*: If sufficient buffer space to store all incoming packets is reserved, no loss due to buffer overflow can occur for guaranteed connections. It is assumed that no errors due to memory corruption or internal bus transfers occur. Hence, even the most restrictive reliability requirements (i.e. to correct all errors) will trivially be met.

4.1.4 Reservation of CPU Capacity

CPU bandwidth is reserved by storing the throughput, processing time per packet and delay specification for all existing connections in a local data structure along with the current overall CPU utilization. It is also stored whether a connection is guaranteed or best-effort. This information is used by HeiRAT when executing throughput tests and QoS computation functions and (indirectly) by the CPU scheduler for scheduling the processing of packets.

Additionally, on each node, sufficient buffer space must be allocated to avoid packet loss due to buffer overflow. The amount of buffer space to be reserved for a connection depends on the parameters of the input LBAP, the maximum packet size and the maximum delay of a packet on this node (see [AHS90] for details). Additional buffer space must be reserved on the target host to avoid delay jitter (see Section 4.5). If there is not enough buffer space available, it can be attempted to reduce any of these parameters within the bounds given by the target and the worst-case values. If this fails, the establishment request must be rejected.

4.2 Network Resource Management

In this section, we develop a scheme for the reservation and management of the Token Ring bandwidth to meet the QoS metrics defined in Section 3.3. However, we will give only a brief description of our approach and refer the reader to [NaVo92] for further details.

4.2.1 Token Ring Operation

The basic Token Ring access mechanism, which is based on a rotating token, is supplemented by a priority mechanism. Stations that receive a token with a certain priority can only transmit packets of equal or higher priority. Furthermore, reservations can be made in passing packets for a pending packet of a certain priority, thus preventing stations from transmitting lower-priority packets when there is a waiting higher-priority packet.

It is clear that in order to provide time-constrained services on the Token Ring, it is necessary to bound the transmission time of a node on receipt of the token. Although the Token Ring

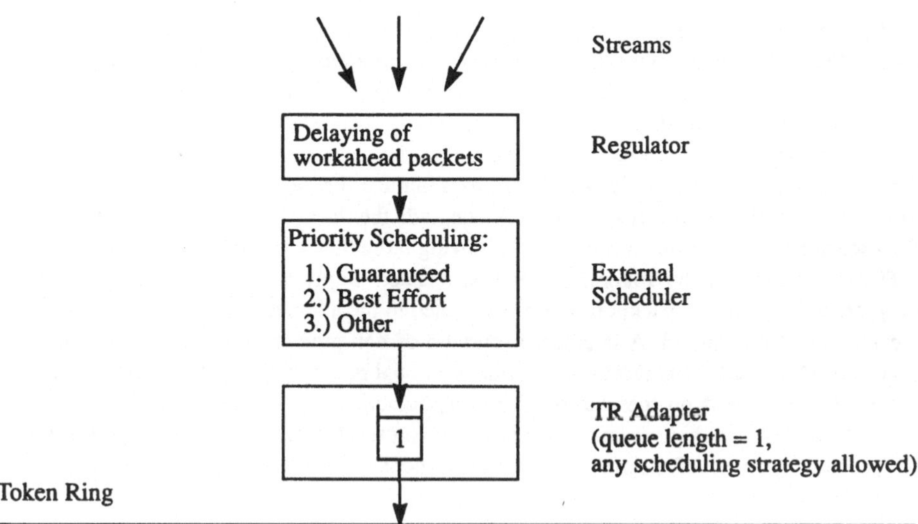

Figure 2: Token Ring adapter and external scheduler

MAC protocol provides a limit of 10 ms on the transmission time per node, we consider this value too high to support multimedia services and propose the choice of a smaller value T. T can easily be imposed by restricting the packet sizes submitted to the adapter.

Note that small values of T result in small packet sizes and hence introduce delays in disassembly and assembly of e.g. large disk blocks as well as an increasing overhead of adapter operations. Hence, it should be ensured that T is not too small. A value of approx. 2 msec appears reasonable, which is the transmission time for 4 KByte on a 16 MBit/sec Token Ring.

We will now discuss the scheduling of packet transfer across the Token Ring and show how, based on the scheduling algorithms and the transmission time T, the QoS can be computed.

4.2.2 Scheduling of Token Ring Access

We assume that there is only one kind of station on the ring, namely the so-called multimedia (MM) station. We define a MM station as one wherein access to the Token Ring for applications is only through the mechanisms proposed in this paper. A scenario, which also includes other stations, is, however, easily incorporated in our analysis, as described in [NaVo92][3].

The scheduling mechanism for Token Ring access consists of two stages (cf. Fig. 2). The adapter itself implements a simple scheduling strategy that depends on the actual adapter architecture used and can e.g. be simple FIFO. A MM station submits all[4] its traffic at a higher MAC priority to the ring than other stations. External to the adapter, we incorporate a scheduling mechanism that determines the packet to be submitted to the adapter for transmission. This scheduler implements a strategy similar to the CPU scheduling described in Section 4.1.1, i.e.

---

3. It should be noted that this can lead to considerably longer access delays for the MM stations if the transmission times of these other stations is only limited by the 10 msec bound. In [NaVo92] it is shown that even if the other stations send at a lower MAC priority than MM stations, in the worst case two other stations may send before a token reservation for a MM station becomes effective.
4. If normal traffic on the adapter of a MM station had a low MAC priority, it could block multimedia traffic from the same station for a longer time.

gives preference to guaranteed packets over best-effort packets and best-effort packets over other traffic. Scheduling within these classes is rate-monotonic or deadline-based. There is no processing of workahead packets as a regulator delays these packets until they become critical.

If there exist guaranteed connections, the scheduler currently does not submit a new packet until the previous one has been transmitted across the ring. This is done to give the external scheduler a maximum flexibility and hence to minimize the delay of guaranteed QoS traffic. However, in special cases this approach may degrade the throughput of the Token Ring. Best-effort schemes can relax this limitation by allowing more than one packet on the adapter.

The architecture of the Token Ring and its adapters imply that the scheduling strategy is non-preemptive – once a packet has been submitted to the adapter, its transmission should not or even cannot be aborted. A detailed discussion of non-preemptive EDF and RM schemes appears in [NaVo92]. This discussion includes throughput tests for both schemes as well as QoS guarantees based on these tests. The computation of QoS is described in some detail below. As both test and computation are based on knowledge about the incoming streams and the "processing times" of the packets, we discuss the issue of processing times next.

4.2.3 Computation of Processing Times

The time interval from packet submission to the adapter and its transmission completion is composed of four components:

- the time to copy the packet to the adapter C,
- the time to access the token A,
- the time for transmission of the packet T, and
- the packet propagation delay τ across the ring.

We will refer to this total time as the *processing time* of the packet. This term is chosen to highlight the similarities between the CPU scheduling schemes discussed previously and the scheme used for the Token Ring:

$$Processing\ Time = C + A + T + \tau$$

τ includes the signal propagation delay around the ring and the bit delays introduced at each station. T and τ in the above expression are fixed given the ring configuration and the maximum packet size. A, which reflects the impact of other stations, is variable. The worst-case access delay needed to compute a guaranteed QoS occurs when a packet is copied to the adapter and the token has just passed. As many as N-1 stations could transmit, N being the number of MM stations, before the token returns. This implies a worst-case access delay of

$$A = (N{-}1)*T + \tau$$

The processing time for best-effort packets is not computed on a worst-case basis. The goal here is to obtain lower estimates of the processing times in order to support large traffic loads and, hence, offer an inexpensive, but reasonable QoS. To achieve this goal, the best-effort scheduler could maintain an estimate of the Token Rotation Time for best-effort packets. This estimate is then employed in the computation of the processing time for best-effort streams.

Thus, we have for the Token Ring station a well-defined local scheduling problem with known periodic streams, deadlines and processing times with the constraint that the scheduling be non-preemptive. In [NaVo92], we derived a throughput test and algorithms for QoS computation under non-preemptive scheduling and refer the reader to this publication for any details.

4.2.4 QoS Computation

In this section, we sketch only briefly the computation of throughput and delay guarantees under RM and EDF scheduling.

- *Delay optimization*: Here, the throughput rate and the reliability are specified and the delay is to be minimized. The minimum delay can be computed using the formulae derived in [NaVo92]. These formulae are also employed to compute the maximum throughput rate. The throughput test is performed by comparing this maximum rate with the required rate.
- *Throughput optimization*: In this case, the end-to-end delay and the reliability are specified. Here, we have to compute the maximum local throughput and, also, the minimum local delay in order to verify at the target that the end-to-end delay requirements of the application can be satisfied. Delay and throughput values are obtained as indicated above. If the maximum supportable rate is larger than the target rate R then we guarantee a rate of R. If, however, the throughput value that can be supported lies between target and worst-case value, then this throughput value is guaranteed. Finally, if it is smaller than the worst-case value, the connection is rejected.
- *Reliability optimization*: The IBM Token Ring Busmaster adapter can indicate the successful or unsuccessful delivery of packets to the transmitting adapter without requiring any additional ring bandwidth. The receiving adapter can be provided with such an indication through the use of sequence numbers. Errors can be corrected only by retransmission.

4.3 QoS Aggregation

ST-II forwards a flow specification across the hops of a connection which aggregates the QoS guarantees given so far on the individual resources and finally yields the end-to-end QoS (see Section 2.1). This aggregate is defined as follows:

- *Throughput*: The packet rate is the minimum of the rate guarantees given by the individual resources. The same holds for the packet size. The maximum workahead going into the next resource depends on the incoming workahead and the delay bound on the hop; its computation is described in [Andr89].
- *Delay*: Minimum actual delay and maximum regular delay are the sums of the respective delay bounds on the individual resources.
- *Reliability*: The reliability is the infimum of the reliabilities of the individual resources.

As stated in Section 3.4, the QoS guarantees (except for the maximum regular delay, which, however, can be relaxed in a second phase) are never better than the desired QoS as specified by the origin. There is no need to provide better service (at the same cost) than requested.

4.4 Multiple Target Streams

ST-II supports the establishment and use of one-to-many connections. Thus, HeiRAT must provide a concept for the QoS management for a connection with multiple branches.

The reservation function starts at the origin's site and performs the operations as described in Section 2. When a connection splits to reach two or more different targets, for each of these routes a separate reservation function with a separate flow specification can be executed. However, the branching node requires a special treatment, depending on how the splitting is done:

- If a multicast facility of the underlying network resource is exploited (i.e the ability to transmit one single copy of a packet to multiple receivers), nothing special has to be done. The QoS parameters of the network resource are computed as described above and the same flow specification is sent to all receiving ST-II agents.
- If all packets have to be forwarded across the same network that does not support multicast, packets have to be copied. Hence, the network resource has to be reserved for a higher throughput rate (defined by the rate of the stream multiplied by the number of receiving adapters) and the receiving adapters can possibly get flow specifications with different delay guarantees, depending on the order in which the copies of a packet are sent to them.
- If the targets are reached over different networks, the connection establishment request is explicitly split after the last common resource (usually the CPU). The flow specification returned by this resource is used to perform separate reservations for all networks affected.

If the establishment request fails on some of the routes, ST-II will turn down only that part of the connection request that affects the targets to be reached on these routes.

The QoS of a multiple-target connection, which is computed by the origin after return of all SCMP accept packets, is defined as follows:

- The overall maximum regular delay is the maximum delay bound of any of the end-to-end connections between the origin and a target.
- The overall throughput is the minimum throughput of any of the end-to-end connections. To ensure that the packets will reach all targets properly the stream generated by the origin must not exceed this value.
- The overall reliability is the "worst" reliability of any of the connections.

The modification of the QoS in ST-II's change phase can take into account the overall QoS value computed as described above. If one wants the same QoS on the routes to all targets, all the QoS values can be relaxed to the worst QoS of any of the routes. This is easily done for throughput and reliability. Relaxing delay is more complex, as the excess delays (see Section 3.4) allowed for the various targets can be different. When distributing these excess delays, special care must be taken that on no route the guaranteed end-to-end delay is exceeded.

If different QoS guarantees on different routes are desired – e.g. for providing on each of the routes the smallest delay possible or to support various degrees of video resolution depending on the abilities of the receivers' displays – for each of the routes the functions described in Section 3.4 for one-to-one connections (with minor modifications) can be used.

4.5 Delay Jitter

One essential aspect of the transfer of multimedia data is delay jitter, i.e. the variance in the end-to-end delay of packets. Limiting the jitter provides limited distortions in the presentation of data to the receiver.

The current version of HeiRAT follows a conservative approach. On the target node, messages are buffered for a certain time duration before they are made available to the receiving application. This ensures that there will always be a message waiting at the target when a message must be presented to the application. The length of this time interval is given by $D_{max}-D_{min}$, D_{max} and D_{min} being the maximum regular and minimum actual end-to-end delay, respectively, as computed during the connection establishment phase [Ande90].

However, this approach is expensive in terms of buffer space and additional transmission delay incurred by the buffering on the target node. Alternative schemes are considered.

5 Summary

In this article, we have outlined the structure and functionality of HeiRAT, the resource management subsystem developed within the framework of the HeiProjects. HeiRAT supports the processing and transmission of multimedia data with quality-of-service (QoS) requirements, given in terms of throughput, delay and reliability. For this, it provides functions

- to negotiate and optimize QoS parameters during the connection establishment phase and
- to enforce the QoS guarantees during the data transfer phase.

These functions are implemented in HeiTS to supplement the ST-II network layer protocol but are directly applicable within other contexts. Currently, QoS management for the CPU, local buffer space and the Token Ring is supported. Further networks will follow.

Acknowledgment

We would like to thank our colleagues at the ENC for their contributions to HeiRAT, especially Wolfgang Burke, Frank Hoffmann, Marcel Graf, Derick Jordaan, Sandhya Nagarajan, Martin Paterok, Barbara Twachtmann, and Lars Wolf.

References

[AHS90] D.P. Anderson, R.G. Herrtwich, C.Schaefer: *SRP: A Resource Reservation Protocol for Guaranteed-Performance Communication in the Internet.* TR-90-006, International Computer Science Institute, Berkeley, February 1990.

[Ande90] D.P. Anderson: *Meta-Scheduling For Distributed Continuous Media.* Rep. UCB/ CSD 90/599, Univ. of California, Berkeley, October 1990.

[Andr89] M. Andrews: *Guaranteed Performance for Continuous Media in General-Purpose Distributed Systems.* Masters Thesis, Univ. of California, Berkeley, October 1989.

[Cruz91] R.L. Cruz: *A Calculus for Network Delay, PART I: Network Elements in Isolation.* IEEE Transactions on Information Theory, Vol.37, No. 1, January 1991.

[Herr91] R.G. Herrtwich: *The Role of Performance, Scheduling, And Resource Reservation in Multimedia Systems.* Operating Systems for the 90's and Beyond, Dagstuhl Workshop, Lecture Notes of Computer Science, Springer, July 1991.

[Herr92] R.G. Herrtwich: *The HeiProjects: Support for Distributed Multimedia Applications.* IBM Tech. Rep. No. 43.9206, 1992.

[LiLa73] C. L. Liu, J. W. Layland: *Scheduling Algorithms for Multiprogramming in a Hard Real-Time Environment.* Journal of ACM, Vol. 20, No. 1, January 1973.

[MeTo91] C.W. Mercer, H. Tokuda: *Priority Consistency in Protocol Architectures.* Second International Workshop on Network and Operating System Support for Digital Audio and Video, Heidelberg, Lecture Notes in Computer Science, Springer, Heidelberg, Nov. 1991.

[NaVo92] R. Nagarajan, C. Vogt: *Guaranteed-Performance Transport of Multimedia Traffic over the Token Ring.* IBM Tech. Rep. No. 43.9201, 1992.

[Topo90] C. Topolcic (Ed.): *Experimental Internet Stream Protocol, Version 2 (ST-II).* RFC 1190, October 1990.

Das *EuroBridge*-Projekt:

Unterstützung von Multimedia-Kommunikation

Bernd Heinrichs[1], Kai Jakobs[1], Klaus Lenßen[1], Wilko Reinhardt[1], Arno Spinner[2]

[1]Rheinisch-Westfälische Technische Hochschule Aachen
Lehrstuhl für Informatik IV
Ahornstrasse 55
W-5100 Aachen
email: heibel|jakobs|klaus|wilko@informatik.rwth-aachen.de

[2]Ericsson Eurolab Deutschland
Ericsson Allee 1
W-5120 Herzogenrath 3

eedasp@aachen.ericsson.se

Zusammenfassung

Der Artikel beschreibt einige der Aspekte, die im Rahmen des RACE II Projekts EuroBridge untersucht werden. Basierend auf realen Benutzeranforderungen werden Anforderungen speziell an Multimedia-Kommunikationssysteme definiert. Zur Realisierung der geforderten erweiterten Funktionalität werden neue unterstützende Mechanismen in den unteren Ebenen benötigt. Anhand von Beispielen werden solche Mechanismen erläutert. Neben dieser Funktionalitätserweiterung spielt auch die Effektivität der Protokollimplementierung eine wesentliche Rolle. Es werden Vorschläge gemacht, wie eine gegebene Implementierung deutlich verbessert werden kann, ohne daß ihre Funktionalität eingeschränkt werden muß. Um solche Verbesserungen zu verifizieren, wurde ein Software-Monitor entworfen und implementiert.

1. Einleitung und Motivation

Im Jahr 1985 wurde von der EG-Kommission das Programm RACE (**R**esearch & Development in Advanced Communications Technologies in Europe) ins Leben gerufen. Ziel diese Programms war und ist es, „eine neue Generation innovativer (Kommunikations-) Dienste einzuführen sowie die Güte und das Preis/Leistungsverhältnis der klassischen Dienste zu verbessern" [RACE 92]. RACE II, die zweite Phase von RACE, begann 1992. Im Projekt *EuroBridge* arbeiten 10 Partner aus fünf Ländern zusammen. Im Einzelnen sind das in Deutschland: *Ericsson Eurolab Deutschland, RWTH Aachen, Teles GmbH, Detecon*, in Irland: *Broadcom Éireann Research Ltd., Siemens-Nixdorf Software Centre* und *CTS Technology Ltd.*, in Finnland: *Technical Research Centre of Finland, VTT* , in Portugal: *CET* und in Griechenland: *Intracom S.A* .

Analysen der Entwicklung des Marktes für Kommunikationssysteme sagen ein Wachstum von 25-30% pro Jahr voraus. Zur Zeit dominieren schmalbandige Dienste den Markt, doch ist in Zukunft eine deutliche Verlagerung hin zu breitbandigen Netzen zu erwarten. Eine der wesentlichen Triebfedern dieser Entwicklung ist in der kontinuierlich steigenden Zahl von Multimedia-Anwendungen zu sehen. Typische Beispiele solcher Anwendungen finden sich etwa im Bereich der Computer Supported Cooperative Work (CSCW). Hierbei werden einerseits Daten in Form von beispielsweise Text, Graphiken oder Tabellen ausgetauscht, andererseits müssen Audio- und Videoverbindungen zwischen allen Beteiligten bestehen. Neben der benötigten hohen Bandbreite zeichnen sich solche Anwendungen durch Echtzeit-Anforderungen und durch die Notwendigkeit von Multipoint-Verbindungen aus.

Bei der Entwicklung neuer Kommunikationsdienste ist die Betrachtung von Benutzeranforderungen unerläßlich. Solche Betrachtungen helfen, nur solche Dienste (weiter) zu entwickeln, die auch wirklich benötigt werden. Vor der Spezifizierung von Diensten hat *EuroBridge* daher intensiv die Anforderungen unterschiedlicher Anwendungen untersucht.

Generelles technisches Ziel des Projektes ist die Schaffung einer einheitlichen Kommunikationsplattform. Diese Plattform bietet dem Benutzer eine universelle Schnittstelle sowohl für die Daten- als auch für die Audio/Video-Kommunikation. Sie integriert erweiterte OSI-Anwendungsdienste mit einem Videokonferenz-System. Beide Dienstarten setzen auf einer neuartigen und extrem flexiblen Protokollarchitektur auf. Die „baukastenartige" Struktur der Plattform ermöglicht durch adaptive Kombination verschiedener Dienstelemente die rasche und effiziente Erstellung von neuen, leistungsfähigen Kommunikationsdiensten.

Die *EuroBridge*-Kommunikationsplattform ermöglicht somit, daß

- neue, leistungsfähige Kommunikationsdienste schneller entwickelt und eingeführt werden können,
- heterogene Netzwerke für neue Dienste und Anwendungen transparent genutzt werden können,
- eine einheitliche Schnittstelle für zukünftige Multimedia-Anwendungen geschaffen wird,
- bereits bestehende leistungsfähige Dienste auch zukünftig über die einheitliche Schnittstelle genutzt werden können und daß eine Erweiterung ihrer Funktionalität. wie z.B. die Unterstützung von Multipoint-Verbindungen, möglich ist.

Um einem möglichst breiten Benutzerkreis die Nutzung der *EuroBridge*-Kommunikationsplattform zu ermöglichen, wird eine Vielzahl unterschiedlicher Netzwerke unterstützt. Hierzu gehören DQDB, ATM und ISDN im MAN/WAN-Bereich ebenso wie FDDI und Ethernet in lokalen Umgebungen.

Die weiteren Kapitel der Arbeit gliedern sich wie folgt:

Kapitel zwei beschreibt einige exemplarische Benutzeranforderungen an Dienste der OSI-Anwendungsebene, insbesondere an MHS und den Directory Dienst. Entsprechende Erweiterungen dieser Dienste werden vorgeschlagen. Welche Konsequenzen diese Erweiterungen für die zu erbringende Funktionalität der unterliegenden Ebenen haben, wird in Kapitel drei untersucht. Hier wird eine geeignete Anpassung an die erweiterten Anforderungen diskutiert. Diese Anpassung beinhaltet sowohl die Integration neuer Protokollmechanismen als auch Strategien für eine effiziente Implementierung, die in Kapitel vier diskutiert werden. Im fünften Kapitel wird ein neuer Software-Monitor vorgestellt, mit dessen Hilfe die erzielten Verbesserungen der Implementierung verifiziert werden können. Kapitel sechs gibt abschließend einen Ausblick auf die zukünftigen Arbeiten im Rahmen von *EuroBridge*.

2. Benutzeranforderungen

Ein wesentliches Ziel von *EuroBridge* läßt sich am besten mit dem Schlagwort „Benutzer-freundlichkeit" beschreiben. Dieses Ziel soll auf verschiedenen Ebenen erreicht werden:

* Es werden nur solche Anwendungsdienste angeboten, für die Bedarf vorhanden ist.
* Basierend auf Anforderungen von Benutzerseite werden diese Dienste um neue Leistungs-merkmale ergänzt.
* Die unterliegenden Ebenen werden um solche Funktionen ergänzt, die erforderlich sind, um die erweiterten Anwendungsdienste zu unterstützen. Dies schließt insbesondere eine Unter-stützung des Video/Audio-Dienstes ein.
* Den Benutzern wird eine einheitliche Schnittstelle angeboten, über die alle Dienste angespro-chen werden. Es darf nicht Aufgabe des Benutzers sein, die für bestimmte Anwendungen notwendigen Kommunikationsdienste festzulegen.

Dieses Kapitel geht auf die beiden ersten Punkte näher ein.

Um einen definierten Ausgangspunkt zu haben, wurde bei Projektbeginn zunächst festgelegt, daß die OSI-Anwendungsdienste FTAM, RDA, MHS und DS, zusammen mit einem Video/Audio-Dienst in der *EuroBridge*-Dienstplattform integriert werden sollen. Eine Auswertung von Untersuchungen, die im Rahmen des ESP-Projektes durchgeführt wurden [ESP 91], sowie weitere, im Rahmen von *EuroBridge* durchgeführte Umfragen bei ausgewählten Benutzern [EB 92] haben gezeigt, daß die ursprüngliche Auswahl die Anforderungen der Benutzer bereits sehr gut widerspiegelt.

Im folgenden wird am Beispiel des e-mail-Dienstes aufgezeigt, wie sich Benutzeranforderungen auf die Weiterentwicklung vorhandener Anwendungsdienste auswirken. Folgende vier Schwer-punkte werden im Rahmen der Untersuchung des *EuroBridge* Mail-Dienst bearbeitet und sollen im folgenden thematisiert werden:

* Entwicklung eines multimedialen „User Agents" auf der Basis des MHS-Standards.
* Abbildung von sowohl Multimedia Nachrichten als auch standardisierten oder produkt-spezifischen Dokumentformaten auf die Formate des MHS-Standards.
* Bereitstellung einer Menge von Transformationen zwischen den Austauschformaten für die einzelnen Medien.
* Verlustfreie Konvertierung der Nachrichten von/in Formate von bereits komerziell weit verbreiteten e-mail Systemen.

Zum einen soll der „Multimedia User Agent" (MUA) direkt durch den Benutzer verwendbar sein, zum anderen soll er auch z.B. durch Programme benutzt werden können, welche beispielsweise bei einer Betriebsstörung die Koordination der notwendigen Maßnahmen unterstützen. Dabei können vordefinierte Nachrichtenschablonen verwendet werden, die z.B. eine bestimmte Gruppe von Spezialisten zur Behebung der Störung identifizieren und benachrichtigen.

Die Erstellung und Übertragung von 3 Nachrichtenklassen wird unterstützt:

* Multimediale Nachrichten, die aus einer Menge von monomedialen Informationskomponenten bestehen.
* Hypermediale Nachrichten, in denen Beziehungen (Hyperlinks) zwischen den einzelnen Informationskomponenten hergestellt werden können.
* Nachrichten, die extern durch kommerzielle Textverarbeitungssysteme oder standardisierter Systeme (ODA-Editoren) erzeugt werden.

Das elektronische Nachrichtensystem muß den Zugang zu einer sehr großen Benutzergruppe gewährleisten. Diese Forderung impliziert die Verwendung eines internationalen Standards, im

Gegensatz zu vorhandenen Multimedia-Mail Produktinseln wie etwa Andrew /BoTh91/. *EuroBridge* benutzt als Basis seiner Entwicklungen den ISO X.400 Standard. Hier können Nachrichten zwar mehrere Teile enthalten (Text, Graphik, Video ....), allerdings fehlt jegliche weitere Unterstützung von Seiten des Standards. Ein weiteres Problem stellt die Adressierung in X.400 dar. Wünschenswert ist, daß das Konzept der „Descriptive Names" benutzt wird. Dies sind Namen, die nicht an das Schema der jeweiligen Domain gebunden sind, sondern frei wählbare Komponenten enthalten.

Die Forderung nach einer großen Benutzergruppe führt zu den zwei verbleibenden Arbeits-schwerpunkten:

Erstens muß eine Menge von Konvertierungsfunktionen bereitgestellt werden. Abhängig von der Mächtigkeit der User Agents - das Profil des UAs kann im Directory abgelegt werden - ist u.U. die Transformation zwischen verschiedenen Austauschformaten erforderlich. Auch die Unter-stützung der zumeist verlustbehafteten Konvertierung der Daten eines Mediums in ein anderes (z.B. einer Video-Sequenz in ein einzelnes Bild) ist erforderlich.

Zweitens muß die Kommunikation mit anderen Mail-Systemen möglich sein. *EuroBridge* wird die verlustfreie Transformation zwischen X.400 und MIME (Multipurpose Internet Mail Exten-sion) Nachrichten anbieten. Da Mime /Bore92/ eine zum RFC822 kompatible Erweiterung für multimediale Nachrichten darstellt, ist somit die Verbindung zur „Internet-Welt" gegeben.

Da die Funktionalität von e-mail (inklusive der eines X.500 Auskunftsdienstes) sich weitgehend im Rahmen dessen bewegt, was der Benutzer, wenn auch in anderer Form, aus seinem Arbeitsalltag bereits kennt (Brief, FAX, Telex etc.), kann man drei Anforderungsklassen definieren, an denen sich X.400 messen lassen muß [Jak 92]:

Die bereits bekannten Dienste werden in gleicher Qualität erbracht.

Z.B. sollte die Übertragungszeit einer Nachricht nicht über der eines Telefaxes liegen. Auch sollte die Benutzung des Dienstes weitgehende Ähnlichkeit mit bekannten Diensten haben; Adressie-ren und Schreiben eines elektronischen Briefes muß dem Benutzer völlig vertraut erscheinen.

Die bereits bekannten Dienste werden in verbesserter Qualität erbracht.

Hierzu kann beispielsweise die schnellere Übertragung, ein zuverlässiger Bestätigungs-mechanismus (daß der Brief auch wirklich beim Empfänger angekommen ist) oder ein integrier-tes Informationssystem zählen.

Zusätzliche Dienste werden angeboten, die von anderen Diensten in dieser Form nicht erbracht werden

Dies beinhaltet beispielsweise die schnelle Übertragung von Multimedia-Nachrichten, Verfah-ren zum Schutz gegen unerlaubte (aktive und/oder passive) Manipulation der Nachrichten oder Funktionen zur Unterstützung von Gruppenkommunikation.

Innerhalb dieser drei Klassen lassen sich nun verfeinerte Anforderungen so angeben, daß sie auf einzelne X.400 Dienstelemente abgebildet werden können.

Tabelle 1 faßt zusammen, inwieweit MHS diesen Benutzeranforderungen gerecht wird.

Für X.400 lassen sich folgende Erweiterungen ableiten:

Adressierung

Die Adressierung in X.400 ist nicht benutzerfreundlich. O/R Namen beinhalten Routing-Informationen, wodurch eine echte Benutzerfreundlichkeit unmöglich gemacht wird. Directory-Namen stehen zum einen praktisch nicht zur Verfügung (aufgrund des fehlenden Dienstes), sind zum anderen auch nur bedingt benutzerfreundlich. Das Konzept der „Descrip-tive Names", in einem alten X.500 Entwurf schon einmal enthalten und später wieder entfernt, könnte hier helfen.

Multimedia Nachrichten
Interpersonal Messages können zwar mehrere Teile enthalten, in denen auch unterschiedliche Informationsarten enthalten sein können (Text, Graphik, Audio, Video, etc.). Zur Zeit sind beispielsweise Strukturierung und Codierung dieser Message-Elemente nicht standardisiert.

Unterstützung von Gruppenkommunikation
MHS unterstützt lediglich statische Gruppen in Form von Verteilerlisten. Dies gilt im wesentlichen auch für den Directory Dienst. Mehr Flexibilität in Form von (semi)-dynamischen Gruppen [Jak 91], etwa für CSCW Anwendungen, wird hier gefordert. Entsprechende Funktionen des Directories werden definiert.

Dienstintegration
Die Integration des Directories ist im MHS-Standard vorgesehen. Darüberhinaus wäre auch die Integration mit weiteren OSI-Anwendungsdiensten wünschenswert. Hier ist speziell an FTAM und RDA zu denken. Es bleibt zu überlegen, inwieweit diese Integration eine rein lokale Aufgabe ist.

Kriterium	Bewertung
Zugang zum Dienst	+-
Anzahl Benutzer	
Zuverlässigkeit	+
Adressierung	(+)-
Auskunftssystem	(+)
Auslieferungsgeschw.	+(-)
Benachrichtigung	+
Editieren, ordnen...	+ (MS)
Multimedia Nachrichten	+-
Sicherheit	+
Gruppenunterstützung	+-
Dienstintegration	+-

Tabelle 1: MHS und Benutzerkriterien

Aus der Diskussion des derzeitigen *EuroBridge* Mail-Dienstes ergeben sich zwei Konsequenzen:
- Entsprechende Modifizierungen des Dienstes müssen in den einschlägigen Gremien weiter diskutiert werden.
- Die unterliegenden Ebenen müssen entsprechende Mechanismen bereitstellen, welche die geforderten neuen Funktionalitäten unterstützen.

Im folgenden Kapitel wird auf die letztere Problematik näher eingegangen.

3. Funktionale Erweiterung von Protokollarchitekturen

Insbesondere zur Übertragung von kontinuierlichen Datenströmen (Audio/Video) müssen die unterliegenden Protokollarchitekturen nicht nur einen Mindest-Durchsatz, sondern auch eine maximale Ende-zu-Ende-Verzögerung und begrenzte Varianz über die Verzögerung (Jitter) garantieren. Lange Verzögerungen führen z.B. zu nicht tolerierbaren Reaktionszeiten bei interaktiven Applikationen. Große Varianzen der Verzögerungszeiten, die beim Empfänger eliminiert werden müssen, erfordern große Puffer und erzeugen zusätzliche Verzögerungen (der Empfänger muß eine bestimmte zusätzliche Verzögerung einbauen, bevor die Informationen an die Applikation geleitet werden können, damit zu spät ankommende Pakete bei ihrer Ankunft nicht verworfen werden). Es ist sehr problematisch, die zusätzliche Verzögerung festzulegen. Zwar wird durch eine lange zusätzliche Verzögerung die Anzahl der „Nachzügler" minimiert, der Anwender jedoch kann diese zusätzliche Verzögerung aufgrund nachlassender Qualität nicht dulden. Ist die zusätzliche Verzögerung zu kurz, nimmt die Anzahl der zu verwerfenden Pakete zu.

Um das Problem der unterschiedlichen Anforderungen verschiedener Anwendungen in den Griff zu bekommen, verwendet die *EuroBridge*-Protokollarchitektur adaptiv konfigurierbare Stacks anstelle einer klassischen, statischen Architektur. Basierend auf den Dienstgüte-Anforderungen der jeweiligen Anwendung können so die Protokolle der einzelnen Ebenen optimal zusammengefügt werden (Abb. 1).

Wie die Analyse der Anforderungen zukünftiger Anwendungen und die Untersuchung der resultierenden Datenstromcharakteristiken gezeigt hat, sind neben Dienstelementen zur Unterstützung der zeitlichen Anforderungen vor allem die folgenden Dienste noch ungenügend in existierenden Protokollarchitekturen berücksichtigt:

- zeitliche Synchronisation zwischen verschiedenen Datenströmen einer Multimedia-Applikation,
- vereinfachtes Verbindungs-Management,
- zuverlässige und effiziente Gruppenkommunikation.

Auf den letzten Punkt wird im folgenden detaillierter eingegangen.

Die Kommunikationsformen „Einer an Viele" bzw. „Viele an Einen" oder „Viele an Viele" nehmen ständig an Bedeutung zu. Diese drei Formen kann man alle unter dem Begriff Gruppenkommunikation (Multicasting) zusammenfassen. Eine typische Anwendung ist z.B. Kooperatives Design: Mehrere Personen an verschiedenen Orten bearbeiten gemeinsam ein Dokument und verständigen sich per Videokonferenz. Die ISO hat derzeit Diskussionen über die Realisierung von Multicastfunktionalitäten reaktiviert. Die meisten der vorgestellten und in der ISO/IEC JTC1/SC6 diskutierten Vorschläge basieren auf den in [Dee 89] vorgestellten Multicast-Erweiterungen des IP-Protokolles. Somit wird in keinem der vorgestellten Verfahren versucht, eine zuverlässige Gruppenkommunikation zu unterstützen. Sämtliche Vorschläge für eine OSI-Gruppenkommunikation basieren auf dem verbindungslosen Netzwerkprotokoll [ISO 88] und daher auf den folgenden Konzepten:

a) Ausschließlicher Einsatz von verbindungslosen Protokollen zur Gruppenkommunikation

b) Gruppenziele werden mittels Gruppen-NSAP- (Network Service Access Point) Adressen identifiziert

c) Jedes Endsystem in der OSI-Umgebung erkennt sämtliche NSAP-Gruppenadressen

d) Empfängergruppen sind dynamisch und unbegrenzt

e) Sender brauchen nicht gleichzeitig Empfänger zu sein

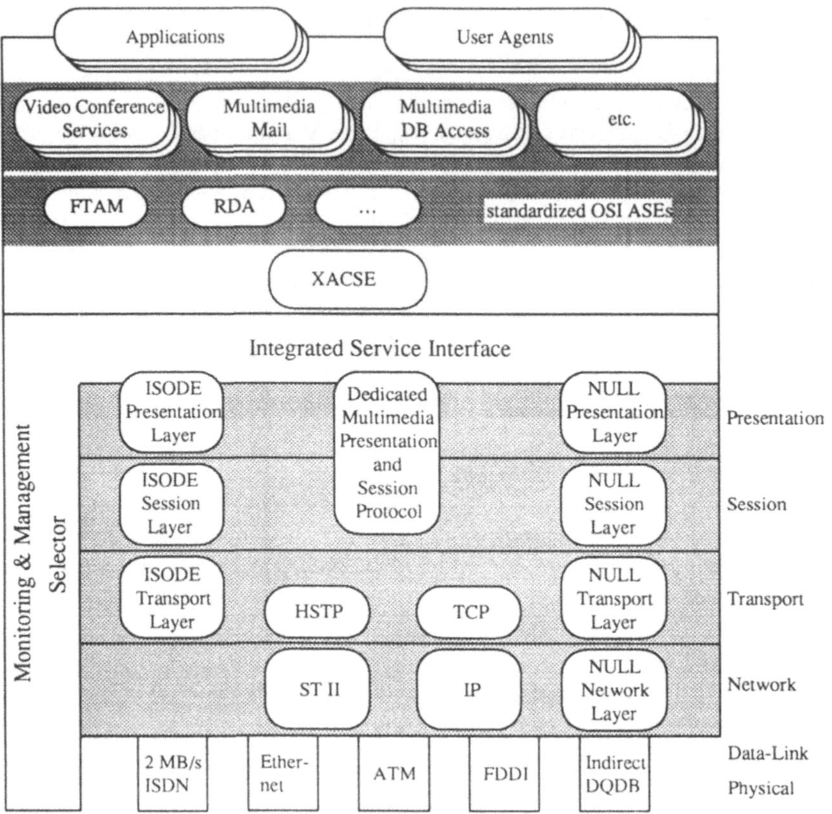

Abb. 1: Die EuroBridge Protokoll Architektur

Unser eigener Ansatz basiert auf dem in XTP (Xpress Transfer Protocol [XTP 92]) eingesetzten Multicast-Algorithmus, der auch in das neue OSI HSTP (High Speed Transport Protocol [ISO 92]) integriert wird. Im Gegensatz zu den anderen Ansätzen gehören Sender und Empfänger der gleichen Gruppe an. Der Sender indiziert durch Setzen eines Bits im Header, daß er an eine beliebig große Empfängergruppe sendet. Sämtliche Empfänger sind passiv, d.h. sie senden keine Daten ohne dazu aufgefordert worden zu sein. Der Sender benötigt nicht n Einfachverbindungen, sondern ersetzt alle diese durch eine einzelne Mehrfachübertragung. Dies ist natürlich nur oberhalb eines Übertragungssystems mit Broadcast- oder Multicast-Eigenschaft möglich. Falls der Sender die Empfänger identifizieren kann, ist der vorgeschlagene Algorithmus zuverlässig.

Zur Reduktion des Multicast-Overheads bei einer großen Anzahl von Empfängern, wird die Anzahl der als Antwort auf eine Senderanforderung generierten duplizierten Kontrollpakete mittels effizienter Quittungsmechanismen und Pufferkontroll-Strategien verkleinert. Falls die Fehlerkontrolle nicht ausgeschaltet ist, generieren die Empfänger auf Anforderung des Senders Kontrollpakete. Solche Kontrollpakete kennzeichnen das jeweils erste fehlende Paket oder beinhalten eine positive Quittung. Derzeit ist keine blockweise Quittierung mit selektiver Neuübertragung vorgesehen.

In *EuroBridge* werden derzeit Erweiterungen dieses Multicast-Algorithmus untersucht [Hein 93]. Hierzu gehören unter anderem:

- zusätzlich zu den Empfängern werden auch die Zwischensysteme zur Reduktion des Multicast-Kontrollflusses eingesetzt,
- Höher-Priorisierung von Kontrollpaket-Verkehr,
- Erweiterung um Möglichkeiten zur selektiven Neuübertragung,

Ein großes Problem bei der Realisierung neuer Dienste ist das Geben von Garantien für gewisse Anwendungen. Die meisten existierenden Netze sind dazu nicht in der Lage. Deshalb sollten Methoden untersucht werden, die Multimedia-Dienste mit wenig oder ohne jegliche Änderung existierender Netze unterstützen. Dazu nutzen wir neue Raten-, Fluß- und Überlastkontrollverfahren in Kombination mit flexiblen Verkehrs- und Anwendungsabhängigen Prioritäten-Schemata.

Die Realisierung sämtlicher Anforderungen neuer Applikationen kann unserer Meinung nach nicht durch einen einzigen Protokollstack geschafft werden. Wir schlagen eine flexible Protokoll-struktur vor, in der für jede Protokollfunktion ein Vektor von Mechanismen bereitgestellt wird. Die Protokollmodulen können von verschiedenen Applikationen ausgewählt werden. Dazu müssen die Applikationen dazu in der Lage sein, dem unterliegenden Protokollstack detaillierte Informationen über den geforderten Dienst zu übermitteln, so daß dort die richtigen Resource-Entscheidungen beschlossen werden können. Es sollte z.B. möglich sein, den passenden Fehlerkontroll-Algorithmus in Abhängigkeit vom unterliegenden Netz und der Art des Daten-stromes auszuwählen:

- Blockweises Quittieren mit selektiver Neuübertragung ist sinnvoll in Netzwerken mit langen Übertragungszeiten und großer mittlerer Bitfehlerrate,
- Go-Back-N-Neuübertragung ist hingegen in Netzen mit großer Bandbreite aufgrund der geringeren Komplexität vorzuziehen,
- für fehler-insensitive Anwendungen kann die Fehlerkontrolle ausgeschaltet werden,
- eine aggressive Fehlerkontrolle (Senden von Fehlerreports direkt nach Feststellung eines fehlenden Paketes) ist sinnvoll für kurze Datagram-Dienste wenn eine falsche Reihenfolge verlorene Daten impliziert.

4.Implementierungsstrategien

Anforderungen neuer Anwendungen haben zur Entwicklung einer Vielzahl von Implementierungsstrategien geführt. Sämtliche dieser Ansätze haben das Ziel, den Protokollverarbeitungs-Overhead (z.B. Anzahl der Paketsendungen, Anzahl der Interaktionen zwischen den Protokollebenen, Pufferstrategien, Timer-Management, Interrupts und Schreib/Lese-Zugriffe auf den Speicher) zu minimieren. Bevor wir einige Strategien vorstellen, definie-ren wir den Begriff Effizienz einer Implementierung:

Die Effizienz einer Implementierung ist eine Funktion über die Befehlspfadlänge zur Ausführung spezifischer Protokollfunktionen, über die Anzahl der Datenbewegungen in den Kommu-nikationsknoten und über die Verzögerungen, die aufgrund des Kopierens von Daten zwischen benachbarten Ebenen entstehen. Die Effizienz einer parallelen Implementierung ist folgenderma-ßen definiert:

$$Effizienz := \frac{\textit{worst-case Laufzeit der schnellsten sequentiellen Realisierung}}{\textit{Anzahl Prozessoren * Laufzeit der parallelen Realisierung}}$$

Die Effizienz einer parallelen Realisierung wird demnach trivialerweise durch einen Wert charakterisiert, der zwischen 0 und 1 liegt. Optimal ist eine Effizienz von 1, d.h. die Anzahl n der eingesetzten Prozessoren führt zu einer n-fachen Beschleunigung der auszuführenden Algorithmen.

Zur Optimierung von Protokollimplementierungen sind unter anderem die folgenden Strategien zu beachten, die zur Leistungssteigerung des in *EuroBridge* zu optimierenden ISODE-Protokollstacks untersucht werden:

- Die durch das ISO/OSI-Referenzmodell vorgegebene vertikale Struktur von Protokoll-Architekturen ist in den meisten existierenden Implementierungen reflektiert. Dabei ist jede Ebene mittels eines oder mehrerer Prozesse realisiert. Diese Prozesse kommunizieren miteinander durch Austausch von Nachrichten. Diese asynchrone Kommunikation führt zu Wartezeiten, welche die Leistung des Systems reduzieren. Oft finden beim Transfer von Datenblöcken zwischen Ebenen zeitaufwendige Kopiervorgänge statt. Um diesen Overhead zu reduzieren sind einige Ansätze entwickelt worden, die auf synchroner Kommunikation zwischen Protokollebenen aufbauen. In [Clark 85] beispielsweise wird ein Ansatz vorgestellt, der die Realisierung einer Kommunikationsebene durch eine Menge von Unterprogrammen vorsieht, die von Programmen höherer oder niedrigerer Ebenen aufgerufen werden. Diese sogenannten ‚Multi-Task-Module‘, die auf einem gemeinsamen Speicher operieren, übernehmen verschiedene Protokollaufgaben (‚tasks‘). Die gesamte Kommunikation in einem solchen System wird durch Routinenaufrufe realisiert.
- Zur Minimierung von Kopieroperationen werden verschiedene Puffer- und Speicherorganisationsmechanismen vorgeschlagen, die den Transfer von Daten zwischen Ebenen durch Pointerübergabe realisieren (z.B. BCT ‚Buffer Cut Through‘ - Methode [Clark 85]). Daten und Header werden dabei getrennt verwaltet, da die einzige auszuführende Aktion oft nur der Aufbau und die Integration des Headers ist. Dadurch wird ein Großteil der sonst üblichen Speicheroperationen überflüssig. In [Zhan 90, Wood 89] werden Implementierungen des TCP/IP-Protokolles vorgestellt, in denen die in [Clark 85] vorgeschlagenen Verbesserungen berücksichtigt wurden.
- Weitere Vorschläge basieren auf der Reduktion der Anzahl von Kommunikationsebenen bei Beibehaltung der gesamten Funktionalität der jeweils entsprechenden OSI-Schichten. Ein solcher Ansatz wird in [Haas 91] vorgestellt. Ziel solcher Strategien ist die Verminderung von Paketbearbeitungszeiten und eine Steigerung des Durchstatzes. Unnötige Bearbeitungsschritte (replicated functions) können durch einen übergeordneten Steuerprozeß eliminiert werden.
- Für Multiprozessorbasierte Kommunikationsarchitekturen läßt sich die Bearbeitung ankommender Pakete durch den Einsatz von mehreren Paketpuffern pro Prozessor effizienter gestalten. Dabei führt ein freier Prozessor unabhängig von einer speziellen Verbindung an einem eintreffenden Paket alle notwendigen Protokolloperationen mit Ausnahme der Erzeugung von Quittungen durch. Um die Reihenfolge der erhaltenen Pakete zu wahren, werden die dazu nötigen Informationen in sogenannten Quittungs-Warteschlangen (‚ACK-Queues‘) zwischengespeichert. Dabei wird jeder Verbindung eine solche Warteschlange zugeordnet. Die Verwaltung dieser Warteschlange wird durch einen eigenen Prozessor durchgeführt, der weiterhin darüber entscheidet, ob Quittungen verschickt werden oder nicht [Jain 90].
- Den Einsatz eines Mehrprozessorsystems zur Protokollverarbeitung versuchen wir derzeit durch Modularisierung der Protokollsoftware weiter voranzutreiben. Protokollarchitekturen werden mittels sogenannter Mikroprotokolle realisiert: Die resultierende Implementierung besitzt einen hochgradig modularen Aufbau - es ergeben sich in der Tat mehr „Ebenen“ als dies durch das OSI-Referenzmodell bereits gegeben ist [Hein 92]. Der Vorteil einer solchen Methode ergibt sich aus der resultierenden Flexibilität zur Konfigurierung des Kommunikationssystems. Damit kann dediziert auf Applikationsanforderungen eingegangen werden; es besteht

die Möglichkeit, nur die von der Anwendung benötigten „Ebenen" auszuwählen und unnötige Funktionalitäten zu eliminieren. Derzeit wird eine modulare Beschreibung des OSI HSTP [ISO 92] erstellt.

5. Software-Monitor für ISODE

Für die klassischen OSI-Dienste setzt *EuroBridge* den ISODE-Protokollstack [ISODE] ein. Im Hinblick auf die durch Multimedia-Anwendungen geänderten Anforderungen ist eine abwärts-kompatible Erweiterung dieses Stacks unabdingbar. So muß beispielsweise in allen Ebenen die Möglichkeit geschaffen werden, auch die extrem großen Files, die typischerweise bei Multimedia-Anwendungen (z.B. Video-Mail, Bildübertragungen, etc.) auftreten, effektiv zu übertragen. In einem zweiten Schritt ist eine Erweiterung von Presentation-, Session- und Transport-Layer zur Unterstützung von Multipoint-Verbindungen geplant. Es ist zunächst herauszufinden, wie die Implementierungen der Schichten mit Segmentierung und Pufferung die Übertragung von langen Nachrichten beeinflußt. Ferner ist zu überprüfen, ob die möglichen Engpässe in der Protokoll-definition oder deren Implementierung liegen. Durch verschiedene Experimente soll eine optimale Einstellung der ISODE-Konfigurationsfiles gefunden werden, um dann eventuelle Implementierungsschwächen zu identifizieren. Bei diesen Untersuchen kann ein Monitor wertvolle Erkenntnisse liefern.

Die wesentlichen Aufgaben dieses Monitors sind

* eine gemäß eines vorgegebenem Szenarios modellierte Last zu erzeugen,
* während des Versuchsablaufs die Messungen durchzuführen,
* die Messungen auszuwerten und
* abschließend die Ergebnisse in geeigneter Form anzuzeigen.

Der prinzipielle Aufbau des Monitors besteht zunächst aus zwei Maschinen (in Zukunft ist eine Erweiterung auf mehrere Maschinen geplant, um Multi-Point-Verbindungen zu untersuchen), die als Master- und Remote-Monitor bezeichnet werden. Auf beiden Maschinen ist die ISODE-Software installiert. Die im Projekt vereinbarten Testnetze (Ethernet, DQDB, FDDI, 2 MBit/s, ATM) bilden jeweils die Verbindung zwischen den Maschinen. Der Master-Monitor initiiert und kontrolliert die Experimente; hier werden die gemessenen Daten gespeichert und nach Ablauf der Versuche ausgewertet. Er stellt ferner die Schnittstelle zum Testingenieur bereit. Der Remote-Monitor ist für die Verzögerungsmessung einer Einweg-Übertragung und zur Generierung von Antwortpaketen erforderlich.

Um bei den Versuchen störende - von anderen Netzstationen erzeugte - Last auszuschließen, werden beide Stationen zunächst durch ein exklusiv genutztes Ethernet-Segment verbunden. Dort kann bei Bedarf ein verfügbarer LAN-Analyser für eine kontrollierbare und reproduzierbare Grundlast auf dem Testsegment sorgen, um das Verhalten von ISODE hinsichtlich verschiedener Lasten im zugrundeliegenden Netz untersuchen zu können. Im Anschluß daran sind Versuche auf allen verfügbaren Testnetzen geplant.

Bei den Untersuchungen soll zunächst das Peer-to-Peer-Verzögerungsverhalten der Transport-, Session- und Presentation-Ebene betrachtet werden. Dazu ist es möglich, die Dienstprimitive jeder einzelnen Schicht direkt anzusprechen, sowie die Verzögerungszeit bis zum Eingang des entsprechenden Indication-Primitives beim Peer-User in der Remote-Station zu ermitteln. Andererseits können auch die Verzögerungen innerhalb einer einzelnen Schicht gemessen werden. In diesem Fall ruft der Monitor ebenfalls ein Primitiv auf, mißt jedoch nur die Zeit, die bis zum Aufruf der darunterliegenden Schicht benötigt wird. Diese Versuchsreihen sind auf den einzelnen, von ISODE bereitgestellten Schichten zu wiederholen. Neben den Betrachtungen der einzelnen Primitive soll auch die Übertragungszeiten von größeren Files gemessen werden. Hierzu gehören sowohl der Verbindungsaufbau als auch die komplette Übertragung des Files selbst.

Der Monitor verfügt über vordefinierte Experimenttypen, die der Testingenieur abrufen kann. Er muß lediglich die einzelnen Parameter wie Versuchsdauer, Ankunfts- und Längenverteilung der Pakete usw. festlegen. Es ist prinzipiell zwischen drei Experimentgrundtypen zu unterscheiden:

1. Experiment mit ‚einfachen Nachrichtentypen‘

Mit diesem Experiment wird der reine Datentransfer über das Netzwerk untersucht, d.h., Verbindungsauf- und -abbau finden hierbei keine Berücksichtigung. Der Monitor mißt die Übertragungszeit der Nachricht vom Dienstaufruf durch den Master-User bis hin zum Diensteingang beim Remote-User.

2. Experiment ‚Nachrichten mit Antwortgenerierung‘

Dieser Experimenttyp analysiert das Systemverhalten, wenn die Remote-Station eine Antwortnachricht generieren muß. Es ist dabei die Denkzeit, die der Remote-User zur Generierung einer Antwort benötigt, als Verzögerungsfaktor zu berücksichtigen. Dieser Wert ist bei der Festlegung des Experiments einstellbar.

3. Experiment ‚File-Transfer‘

Dieser Testfall untersucht das Verhalten bei Übertragung einer kompletten Datei. Diese Untersuchung beginnt mit dem Verbindungsaufbau und endet mit der Ankunft des letzten korrekt übertragenen Paketes. Dieser Fall liefert ein realistisches Szenario, wie es in der Praxis häufig vorkommt.

Alle Experimenttypen können auf Presentation, Session und Transport-Schicht angewendet werden, wobei jeweils das Peer-to-Peer-Verhalten der Schicht betrachtet wird. Die Experimente bezüglich der einzelnen Schichten führt der Monitor unter Berücksichtigung der darunterliegenden Schichten durch.

Um die Bedienung des Monitor möglichst komfortabel zu gestalten verfügt er über eine menügesteuerte Graphikoberfläche. Mit ihrer Hilfe sind die Experimente interaktiv konfigurierbar und können im Anschluß an das Experiment in graphisch aufgearbeiteter Form präsentiert

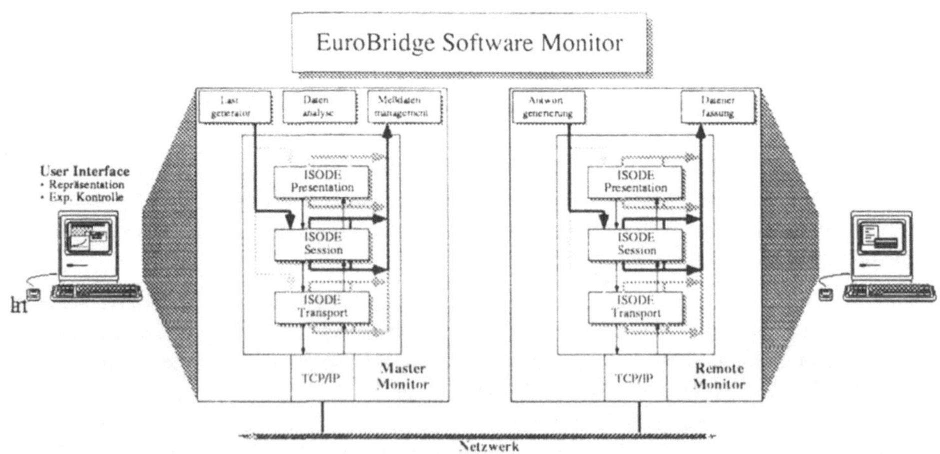

Abb. 2: Prinzipielle Architektur der Software-Monitors

werden. Der Monitor speichert und verwaltet die Ergebnisse der einzelnen Experimente, um hieraus vergleichende Analysen durchzuführen.

Da der Monitor als zusätzlicher Prozeß zu dem zu untersuchenden Softwarepaket auf der gleichen Maschine läuft, bedarf es der sorgfältigen Implementierung des Werkzeugs, um den Einfluß auf die Messungen möglichst gering zu halten. So speichert beispielsweise der Remote-Monitor die Meßdaten der Einweg-Verzögerungen und übermittelt sie erst im Anschluß an den Versuch an den Master. Sämtliche Experimente wertet der Master erst nach Versuchsende aus. Während der laufenden Experimente stößt der Monitor lediglich vorgefertigte Pakete zur Übertragung an. Dazu versieht er die Pakete mit einer Zeitmarke, die anzeigt, wann das Paket in das System eintritt. Auf der Peer-Seite ist mit Hilfe der Marke und der dortigen aktuellen Zeit die benötigte Übertragungszeit zu bestimmen. Dies sind alles Operationen, die nur geringe Ressourcen verbrauchen.

Es ist zu untersuchen, ob ISODE hinsichtlich der Anforderungen von Multimedia-Anwendungen eine ausreichende Leistung aufweist. Im Bezug auf die Fähigkeit zur Unterstützung von Multipoint-Verbindungen ist eine entsprechende Frage von vornherein zu verneinen. Offen bleibt diese Frage zunächst bezüglich des Leistungsverhaltens der derzeitigen Implementierung. Hier wird der Software-Monitor entsprechende Erkenntnisse liefern.

6. Ausblick

Schon die bisherigen Arbeiten im Rahmen von *EuroBridge* haben gezeigt, daß die derzeitg verfügbaren Kommunikationsdienste in vielen Punkten nicht den Anforderungen der Benutzer genügen. Die erweiterte Funktionalität der Anwendungsdienste, die zur Erfüllung der Anforderungen von Multi-Media, Multi-Point-Anwendungen erforderlich ist, bedingt neue bzw. erweiterte Protokollmechanismen auch in den unteren Ebenen. Die *EuroBridge*-Dienstplattform wird dem Nutzer sowohl erweiterte Anwendungsdienste als auch eine flexible unterliegende Kommunikationsarchitektur zur Verfügung stellen. Dieses Kommunikationssystem kann sich flexibel auf die unterschiedlichsten Anforderungen einstellen. Durch eine dynamische Integration neuer Dienstelemente und Protokollmechanismen werden dem Benutzer jeweils genau die aktuell benötigten Dienste zur Verfügung gestellt. Weiterhin wird das Antwortzeitverhalten durch eine effiziente Implementierung deutlich verbessert.

7. Literatur

[BoTh91]   Borenstein, N; Thyberg, C.: „Power, Ease of Use, and Cooperative Work in a Practical Multimedia Message System", International Journal of Man-Machine Studies, April, 1991

[Bore92]   Nathaniel S. Borenstein: „Internet Multimedia Mail with MIME: Emerging Standards for Interoperability", ULPAA'92 Conference, Vancouver, May, 1992

[Clark 85]   D.D. Clark: The Structuring of Systems using Upcalls, Proc. of the 10th ACM Symposium on Operating System Principles, pp. 171-180, Washington, Dec. 1985

[Dee 89]   S. Deering: Host Extensions for IP Multicasting, Request for Comments 1112, August 1989

[EB 92]   EuroBridge Consortium: Requirements for the EuroBridge Service Platform

[ESP 91]   ESP Consortium: Exploitation and Recommendation on Communication Standards and Profiles

[Haas 91]   Z. Haas: A Protocol Structure for High-Speed Communication over Broadband ISDN, IEEE Network, pp. 64-70, vol. 5, no. 1, January 1991

[Hein 92]   B. Heinrichs: XTP Specification and Parallel Implementation, Proc. International Workshop on Advanced Communications and Applications for High Speed Networks, pp. 77-84, March 16-19, 1992

[Hein 93]   B. Heinrichs, R. Karabek, W. Mers: Optimierung von Transfersystemen, Proc. der ITG/GI-Fachtagung Kommunikation in Verteilten Systemen 93, München, März 93

[ISO 92]   HSTP: Proposed Working Draft High Speed Transport Protocol, ISO/IEC JTC1/SC6 Telecommunications and Information Exchange between Systems, Januar 1992

[ISO 88]   ISO 8473: Protocol for Providing the Connectionless-mode Network Service (Internetwork Protocol), December 1988

[ISODE]   ISODE-8.0 Documentation Set Department of Computer Science UCL, Gower Street, London, WC1E 6BT, UK (or ftp "isode-8-doc.tar.Z" from uu.psi.com [136.161.128.3]).

[Jain 90]   N. Jain, M. Schwartz, T.R. Bashkow: Transport Protocol Processing at GBPS Rates, SIGCOMM 90 Symposium Communications Architectures & Protocols, pp. 188-199, September 24-27, 1990

[Jak 91]   K. Jakobs: Beyond the Interface - Group Communication Services Supporting CSCW, Proc. IFIP Work. Conf. on Support Functionality in the Office Environment, MEOW-91

[Jak 92]   K. Jakobs: Matching X.400 Services Against User Requirements, Proc. Silicon Valley Networking Conference, SVNC-92

[RACE92]   RACE II Programme Description, CEC

[Wood 89]   C.M. Woodside, J.R. Montealegre: The Effect of Buffering Strategies on Protocol Execution Performance, IEEE Transactions on Communications, vol. 37, no. 6, pp. 545-554, June 1989

[XTP 92]   XTP Protocol Definition, Revision 3.6, Protocol Engine Incorporated, Januar 1992

[Zhan 90]   X. Zhang, A.P. Seneviratne: An Efficient Implementation of a High-Speed Protocol without Data Copying, Proc. 15th Conference on Local Computer Networks, pp. 443-450, Sep.30 - Oct. 3, 1990

XTP und Multimedia ?

Markus Steffens

Johann Wolgang Goethe-University of Frankfurt
Fachbereich Informatik, Institut für Telematik
Robert-Mayer-Strasse 11-15,
6000 Frankfurt

Jochen Sandvoss, Thomas Schütt, Ralf Steinmetz

IBM European Networking Center,
Tiergartenstr. 8, Postfach 10 30 68,
6900 Heidelberg

Zusammenfassung

Dieser Beitrag untersucht die Eignung der in XTP (Xpress Transfer Protocol) eingesetzten Protokollfunktionalitäten zur Kommunikation von Audio- und Videodaten. Ausgehend von den Anforderungen multimedialer Anwendungen werden die vorhandenen XTP-Mechanismen kurz erläutert. Anschließend werden für die wichtigsten Teilaspekte des Kommunikationsprotokolls (Verbindungsmanagement, Prioritätssteuerung,Flußsteuerung etc.) jeweils im Einzelnen die Anforderung von Seiten der Übertragung kontinuierlicher Medien und mögliche Lösungen im Kontext von XTP diskutiert. Es zeigt sich, daß zur Unterstützung multimedialer Kommunikationsformen sowohl geeignete Interpretationen vorhandener XTP-Protokollmechanismen wie auch Protokollerweiterungen erforderlich sind.

Abstract

This paper analyzes the requirements of multimedia communications in terms of XTP (Xpress Transfer Protocol). In a first step, multimedia communication requirements are described. Subsequently individual features of XTP relevant for audio and video data transfer are presented. We describe the multimedia requirements and provide a possible way to satisfy them using XTP. It turns out that a multimedia capable XTP requires new interpretations of existing mechanisms as well as some extensions.

1. Einleitung

Integrierte Multimedia-Systeme bieten Möglichkeiten zur rechnergestützten Erzeugung, Verarbeitung, Darstellung, Speicherung und Kommunikation unabhängiger diskreter Medien wie Text oder Graphik sowie kontinuierlicher Medien wie Ton oder Bewegtbild [23]. Solche lokalen Systeme sind heute als Produkte auf dem Markt. Verteilte Multimedia Systeme sind die Basis für eine Menge interessanter Anwendungen. Neben Multimedia-Dialogsystemen entstehen hier auch Verteildienste, Multimedia-Konferenzsysteme [2], oder beispielsweise eine individuelle Zeitung [7]. Diese Anwendungen erfordern als wesentliches Merkmal ein Kommunikationssystem, daß den Anforderungen für Multimedia-Daten genügt.

Das ISO Transportprotokoll kann zur Unterstützung eines solchen multimediafähigen Systems erweitert werden [30]. Auch TCP kann mit einigen Veränderungen kontinuierliche Medien übertragen [3]. Jedoch sind diese Protokolle nicht per se den Eigenschaften von Audio und Video angepaßt, sie wurden nachträglich erweitert. Weitere interessante Entwicklungen sind NetBLT (Network Block Transfer Protocol) vom MIT [16], VMTP (Versatile Message Transfer Protocol) aus der Stanford University [15], TP++ von Bellcore [20] und XTP (Xpress Transfer Protocol) [14; 29; 37]. XTP bietet dabei die Möglichkeit einer Zusammenfassung der Vermittlungs- und Transportschicht.

Im HeiTS-Projekt am Europäischen Zentrum für Netzwerkforschung der IBM verwenden wir zur Zeit zwei alternative Vermittlungsprotokolle: ein modifiziertes X.25 Protokoll sowie das im amerikanischen DoD Kontext definierte *Internet Stream Protocol* ST-II. Die Implementierung erfolgte auf OS/2 bzw. AIX Plattformen. In der nächsten Stufe wird ST-II [33] in das OS/2-System integriert. Aus den mit dem erweiterten X.25 gewonnenen Erfahrungen sollen dabei ggf. Vorschläge für Erweiterungen des ST II Protokolles abgeleitet werden. In diesem Kontext wurde XTP als ein mögliches Transportprotokoll untersucht. In diesem Bericht werden die ersten Erfahrungen hierüber zusammengefaßt.

Ausgehend von den Anforderungen multimedialer Anwendungen wird in den Kapiteln 3 und 4 ein kurzer Überblick zu XTP gegeben. Die folgenden Kapitel 5 bis 10 betrachten einzelne Aspekte des Kommunikationsgeschehens, indem jeweils zuerst der XTP-Mechanismus erläutert wird. Anschließend werden jeweils die Anforderungen an einen solchen Mechanismus aus Sicht der Übertragung kontinuierlicher Medien und eine mögliche Lösung im Kontext von XTP aufgezeigt.

2. Anforderungen multimedialer Anwendungen

Im folgenden Abschnitt werden anhand von zwei Beispielanwendungen typische Anforderungen abgeleitet, die multimediale Anwendungen an ein Kommunikationssystem stellen. Hierbei wird besonders auf die benötigte Funktionalität bezüglich der Transportschicht eingegangen (siehe auch [4; 21; 24; 36]).

Das **ersten Beispiel** einer Anwendung besteht aus **Dialogdiensten** nach [11]. Eine Punkt-zu-Punkt Kommunikationsverbindung überträgt Daten, Graphiken, Sprache und Bewegtbilder zwischen den beiden Anwendungsinstanzen. Zusammenfassend lassen sich folgende Anforderungen ableiten:

1. **Daten:** Bei der Übertragung der Daten muß die Fehlerfreiheit auf Bitebene gewährleistet sein. Die benötigte Bandbreite und Ende-zu-Ende-Verzögerung hängen vom Datenvolumen und wesentlich vom Anwendungskontext ab [32]. Ein Dateitransfer benötigt keine reservierte Bandbreite und keine garantierte Ende-zu-Ende-Verzögerung; er sollte nur möglichst schnell erfolgen. Sind diese Daten beispielsweise aber der Status und die Koordinaten eines Zeigers auf einem gemeinsamen Fenster, dann bestehen Forderungen bezüglich der maximalen Ende-zu-Ende-Verzögerung. Hieraus läßt sich zusammen mit

der charakteristischen Datenrate eine untere Schranke der benötigten Bandbreite ableiten.

2. **Einzelbilder und Graphiken:** Für die Übermittlung von unkomprimierten Einzelbildern ist die Korrektheit aller Bits im Allgemeinen nicht entscheidend. Ein verfälschter, einzelner Farbwert stört den optischen Eindruck nicht in einem Bild, das aus beispielsweise 1000 mal 1000 Bildpunkten aufgebaut ist. Geht hingegen eine ganze Zeile eines Bildes verloren, dann kann dies gegebenenfalls schon untragbar sein. Bei manchen Anwendungen, beispielsweise Röntgenaufnahmen in der Medizin, ist dagegen häufig jedoch jeder Bildpunkt relevant. Bei komprimierten Einzelbildern besitzen unterschiedliche Bits und Bytes in einem Datenstrom verschiedene Relevanz. So sind beispielsweise im JPEG-Format nach einer sequentiellen Kompression die DCT-Koeffizienten mit den niedrigsten zwei-dimensionalen Frequenzen sehr wichtig, während die DCT-Koeffizienten mit den höchsten Frequenzen relativ unwichtig sind. Der benötigte Bandbreitenbedarf sowie die maximal tolerierbare End-zu-End-Verzögerung sind wie bei Daten stark anwendungsabhängig. Für die zur Übertragung eines graphischen Objektes benötigte Bandbreite sind außerdem das gewählte Darstellungsverfahren, die Größe, Auflösung pro Pixel, Kodierung (beispielsweise 9-bit YUV) und Kompression wesentlich.

3. **Bildsequenzen:** Bei der Übermittlung von Bewegtbildern muß zwischen komprimierter und unkomprimierter Bildübertragung unterschieden werden. Die Zuverlässigkeitsanforderungen für unkomprimierte Bewegtbildübertragung sind geringer als für komprimierte Bewegtbildübertragung. Bei der unkomprimierten Bildübertragung sind TPDU-Verluste erträglich, da innerhalb von Sekundenbruchteilen das Folgebild den Fehler überlagert. Nicht so bei komprimierter Bewegtbildübertragung. Die meisten Kompressionsverfahren (wie MPEG-1, DVI-PLV-Mode) basieren auf einer Redundanzreduktion von zeitlich aufeinander folgenden Bildern. Hier folgt meist einem „interframe" komprimiertem Einzelbild (in MPEG das „I-Frame") mehrere „intraframe" komprimierte Bilder (in MPEG die „P und B-Frames"). Datenverlust und -verfälschungen wirken sind somit unterschiedlich aus. Der benötigte Durchsatz liegt bei komprimierter Bewegtbildübertragung im Bereich von 1 - 2 MBit/s, bei unkomprimierter Übertragung im Bereich bis zu 140 MBit/s (Bei HDTV-Qualität geht dies bis in den GBit/s-Bereich hinein). Da Bewegtbilder zeitkritische (kontinuierliche) Daten darstellen und es sich hier um eine Dialoganwendung handelt, ist eine maximale Übertragungsverzögerung von 600 ms unbedingt einzuhalten. Günstiger sind Werte um die 200 ms [32]. Auch die Schwankung der Übertragungsverzögerung „Jitter" ist zu beachten. Diese äußert sich insbesondere in den Speicherplatzanforderungen.

4. **Sprache:** Für Sprache gelten wegen der hier betrachteten Dialoganwendung und den zeitkritischen (kontinuierlichen) Daten die gleichen Anforderung bezüglich der maximalen Übertragungsverzögerung wie bei den Bewegtbildern. Die aus den maximalen Schwankungen der Übertragungsverzögerung abgeleiteten Speicherplatzanforderungen sind meist ca. um den Faktor 5-10 geringer als bei Bewegtbildern. Hier sind die erforderliche Qualität zusammen mit dem verwendeten Kompressionsalgorithmus die bestimmenden Faktoren. Der vom Benutzer akzeptierbare Jitter ist aber im Vergleich zur Bewegtbildübertragung geringer, weil das menschliche Ohr empfindlicher als das Auge ist. Der benötigte Durchsatz liegt ohne Kompression, in Abhängigkeit der Tonqualität, im Bereich von 64 kBit/s (Telefon) bis 173 kByte/s (Stereo in CD-Qualität).

5. **Medienmix:** Zwischen den Kommunikationspartnern (Transportdienstbenutzern) bestehen oft verschiedene Verkehrsströme für Daten, Einzelbild, Audio und Bewegtbilder.

Deshalb sollte das Kommunikationssystem eine Möglichkeit zur gemeinsamen Verwaltung solcher voneinander abhängiger Kommunikationsbeziehungen bieten.

An dieser Stelle sei nochmals explizit auf die Konsequenz der betrachteten interaktiven Kommunikationsbeziehung eingegangen: Es kommt nicht nur bei der Bewegtbild- und Sprachübertragung auf die Übertragungsverzögerung an, sondern auch bei den anderen Medien. So können beispielsweise die zu übertragenden Daten einen Maus*pointer* darstellen, der gleichzeitig, zu einem gesprochenen Kommentar, auf ein Detail in einer Graphik zeigen soll.

Im einem **zweiten Beispiel** sei ein **multimedialer Verteildienst** (Punkt-zu-Mehrpunkt) betrachtet. Hier sollen die Daten von einem Sender möglichst gleichzeitig zu verschiedenen Benutzern übertragen werden. Zusammenfassend lassen sich folgende, vom ersten Beispiel abweichende, Anforderungen ableiten:

- Die Übertragung der Daten zu den verschiedenen Benutzern sollte nicht durch mehrfaches Senden an die einzelnen Empfänger nachgebildet werden, da der Aufwand proportional mit der Anzahl der Empfänger steigt. Das Transportsystem sollte *Multicasting* unterstützen, damit mit einer einzigen TPDU möglichst viele Empfänger erreicht werden können.

- Beim *Multicast* müssen die Empfängergruppen festgelegt und verwaltet werden. Hierzu gehören alle Operationen, die den Status der Gruppe betreffen wie das Erzeugen und das Vernichten von *Multicast*-Gruppen, der Eintritt in die Gruppe und das Verlassen der Gruppe, Operationen im Zusammenhang mit Fehlererkennung und -behebung. Das Transportsystem sollte entsprechende Funktionalität enthalten oder einen extern verfügbaren *Directory*-Dienst verwenden.

- Das Transportsystem sollte dem Dienstbenutzer ermöglichen, einen Zuverlässigkeitsgrad entsprechend der Antwort-Semantik anzugeben (siehe [25]).

- Die maximale End-zu-End-Verzögerung ist wiederum anwendungsabhängig, es lassen sich jedoch meist höhere Werte im Bereich von maximal 1 Sek. tolerieren.

Klasse	Bitfehler	TSDU-Fehler
0	keine Sicherung	keine Sicherung
1	keine Sicherung	Sicherung mit Anzeige
2	Sicherung mit Anzeige	Sicherung mit Anzeige
3	keine Sicherung	Sicherung mit Behebung
4	Sicherung mit Behebung	Sicherung mit Behebung

Tabelle 1. Zuverlässigkeitsklassen zur Fehlerbehebung

Über die folgenden Dienste und Dienstgüte-Parameter können die Anforderungen an ein Transportsystem aus Sicht der multimedialen Anwendung befriedigt werden:
Neben der Punkt-zu-Punkt-Kommunikation ist eine Gruppen-Kommunikation notwendig. Der Dienstgüte-Parameter „Durchsatz" kann über die TSDU-Rate (TSDUs/s) zusammen mit einer mittleren Datenrate (Bytes/s) und maximalen TSDU-Größe (Bytes/TSDU) spezifi-

ziert werden. Die maximale Übertragungsverzögerung wird mit dem *delay*-Parameter (ms) angegeben. Die Schwankung der Übertragungsverzögerung werden durch den Jitterparameter (ms) spezifiziert. Die Zuverlässigkeitsklasse wird über eine Klasse nach obiger Tabelle ([23]) ausgedrückt. Die Eckdaten des Gruppenmanagements sind über *max_member*, *min_member* und den Zuverlässigkeitsgrad anzugeben.

3. Xpress Transfer Protocol XTP

XTP [37] ist ein leichtgewichtiges, echtzeitfähiges Transferprotokoll und wurde als Teil des *Protocol Engine Projects* [13] bei der Firma *Protocol Engines Incorporated* entwickelt. Eines der wichtigsten Entwurfsziele von XTP war, eine Implementierung des Protokolls in VLSI-Technik zu ermöglichen bzw. zu erleichtern. Durch Zusammenfassung der Transport- und Vermittlungsschicht und Ausnutzung der hohen Geschwindigkeit und Parallelität moderner VLSI Implementierungen soll XTP in der Lage sein, die Datenübertragungsrate moderner Hochgeschwindigkeitsnetze Ende-zu-Ende zu unterstützen. Dieses Ziel soll erreicht werden, ohne einen Kompromiß bezüglich der Zuverlässigkeit und Funktionalität eingehen zu müssen.

Bestehende Protokolle wie TCP/IP oder ISO/TPx wurden nicht für Hochgeschwindigkeits-Netze entwickelt. Annahmen und Einschränkungen über Anwendungen und Netzcharakteristik, wie sie bei dem Entwurf dieser Protokolle gemacht wurden, treffen hier nicht mehr allgemein zu. Obwohl sie viele notwendige Funktionen wie Fehlererkennung, Flußregelung und Reihenfolgesicherung bereits enthalten, fehlen wichtige Mechanismen. Beispielsweise unterstützen sie keine *rate-control* oder selektive Übertragungswiederholung. Ein zuverlässiger *Multicast*-Dienst wird nicht angeboten. Das TPDU-Format ist komplex und erfordert umständliches *parsing* durch variable *Header*-Längen und Mehrfachbelegungen von Feldern. Das Erreichen eines hohen Parallelitätsgerades einer Implementierung ist aufgrund der verwendeten Protokollmechanismen nur bedingt möglich.

Neben der Möglichkeit, XTP in Hardware zu implementieren, werden in XTP Protokollmechanismen verwendet, die eine zuverlässige, realzeitähnliche Datenübertragung auch in Hochgeschwindigkeitsnetzen unterstützen. Unter realzeitähnlicher Verarbeitung wird nach der XTP Protokoll Definition die Fähigkeit verstanden, die Bearbeitungszeit für TPDUs in den Protokollinstanzen auf Sender- und Empfängerseite auf einen Zeitwert kleiner der TPDU-Übertragungsdauer zu begrenzen (bzw. NPDU-Übertragungsdauer bei Verwendung von XTP als Transferprotokoll - siehe [37], Seite 6).

Daneben bietet XTP einen *Multicast*-Dienst, sowie Fehler-, Fluß- und *Rate*-Kontrollmechanismen - ähnlich denen in anderen modernen Transportprotokollen[1]

Um die geforderte, realzeitähnliche Verarbeitung von PDUs zu ermöglichen wurde einerseits das PDU-Format optimiert, andererseits die Idee [12] aufgegriffen, die Funktionalität der Schichten 3 und 4 des ISO-OSI-Referenzmodells in einer Schicht, dem sog. *transfer layer* zusammenzufassen.

Durch diese Integration kann die Protokollbearbeitungszeit verkürzt werden, da in Transport- und Vermittlungsschicht redundant auftretende Funktionen wie beispielsweise Flußre-

---

[1] siehe beispielsweise TP++, VMTP, NETBLT.

gelung und Fehlerbehandlung vermieden werden können. Diese Zusammenfassung von Schicht 3 und Schicht 4 dürfte im Umfeld von Weitverkehrsnetzen jedoch nur schwer zu realisieren sein, da hier die Funktionen der Vermittlungsschicht im Allgemeinen vom Netzbetreiber zur Verfügung gestellt werden. Aufgrund dieser Tatsache werden im folgenden primär Protokollfunktionen mit End-zu-Endsignifikanz (Transportprotokollfunktionen) untersucht.

4. TPDU-Format

Eine XTP TPDU besteht aus einem XTP *Header*, einem mittleren Segment und einem XTP *Trailer*. Das mittlere Segment besteht entweder aus einem Informationssegment oder aus einem Kontrollsegment. Die Syntax für den XTP *Header* und *Trailer* ist grundsätzlich für alle TPDUs gleich: 40 Byte *Header* und 4 Byte *Trailer*. Die Längen der Informations- bzw. Kontrollsegmente sind variabel. Die Länge jedes dieser Segmente - *Header*, *Trailer* und mittleres Segment - ist immer ein Vielfaches von 4 Bytes (*4 byte alignment*). Hierdurch ist eine besonders effiziente Implementierung auf Systemen mit 32-Bit Wortbreite möglich.

Der XTP Header enthält Informationen zur Steuerung folgender Vorgänge und Protokollfunktionen:

- Identifizierung von TPDUs (*key*)
- Vermittlung von TPDUs durch ein Internet (*route*)
- Begrenzung der Lebensdauer von TPDUs (*ttl*)
- Verwaltung der Reihenfolgenummern (*seq*, *dseq*)
- Durchführung von *Scheduling* (*sort*)
- Segmentierung (*dlen*)
- Fehlerbehandlung (*hcheck*, *sync*)

XTP PDU		
XTP Header(40)	Information or Control Segment	XTP Trailer(4)

Header:

route(4)	ttl(4)	cmd(4)	key(4)	sync(4)	seq(4)	dseq(4)	sort(4)	dlen(4)	hcheck(4)

Control Segment

rate	burst	rsvd	echo	time	techo	xkey	xroute	rsvd	alloc	rseq	nspan	spans

Abbildung 1. XTP-PDU Format

TPDUs, die ein Kontrollsegment beinhalten (sog. Kontroll-TPDUs) dienen dem Austausch von Zustandsinformation zwischen XTP-Protokollinstanzen.

Informationssegmente können sowohl Benutzerdaten eines Transportdienstbenutzers wie auch Protokolldaten (z.B. Adressegment oder Informationen zur Fehlerdiagnose) enthalten. In Informationssegmenten wird neben dem herkömmlichen Datenfeld zusätzlich ein *btag*-Feld (8 Byte) zur Verfügung gestellt, in dem Kontrollinformationen des Dienstbenutzers getrennt von den sonstigen Benutzerdaten übertragen werden können. Die Informationenen im *btag*-Feld werden von XTP wie die übrigen Benutzerdaten transparent übertragen.

Bei den hier betrachteten multimedialen Anwendungen könnte dieses *btag*-Feld vom Benutzer beispielsweise zur Synchronisation mehrerer voneinander abhängiger Kommunikationsbeziehungen verwendet werden. Ebenfalls wäre denkbar, daß der Dienstbenutzer das *btag*-Feld zur Übertragung von Zeitstempeln benutzt. Anhand solcher Zeitstempel könnte der Transportdienstbenutzer bei zeitkritischen Daten feststellen, ob die maximal zulässige Übertragungsdauer einer PDU überschritten wurde.

Aufgrund des Anforderungsprofils in Kapitel 2 ist jedoch für die Überwachung bzw. Einhaltung der Grenzwerte für Übertragungsverzögerung und Jitter das Transportsystem zuständig und nicht der Transportdienstbenutzer: Garantierte Grenzwerte für die End-zu-End-Übertragungsverzögerung können nur in Schicht 3 unterstützt werden, da nur hier die benötigten Informationen über die an der Übertragung beteiligten Teilnetze zur Verfügung stehen. So hat beispielsweise die Wegewahl (*routing*) großen Einfluß auf die Übertragungsverzögerung. Die Sicherstellung der geforderten Bandbreite kann ebenfalls nur in Schicht 3 erfolgen, da es nur hier möglich ist, die entsprechenden Netzressourcen in allen beteiligten Teilnetzen zu reservieren.

Neben der absoluten End-zu-End-Verzögerung spielt bei der Unterstützung multimedialer Anwendungen die Varianz der Verzögerung - auch als Jitter bezeichnet - eine wichtige Rolle. Transportsysteme sollten in der Lage sein, den Jitter durch geeignete Kompensationsmechanismen zu reduzieren. Jitter-Kompensation kann durch Zwischenspeichern der empfangenen Benutzerdaten erreicht werden. Hierzu wird zum einen ein Zwischenspeicher mit ausreichender Größe und zum anderen die Kenntnis über die aktuelle Verzögerung übertragener PDUs benötigt. Die Ermittlung der aktuellen End-zu-End-Übertragungsverzögerung kann grundsätzlich nur mit Hilfe von Zeitstempeln in den übertragenen TPDUs erfolgen.

Soll die Jitter-Kompensation in Schicht 4 erfolgen, müßte das XTP Protokoll um diese Funktion erweitert werden [1]: Das TPDU Format könnte um ein entsprechendes Feld ergänzt oder ein bereits vorhandenes Feld zweckentfremdet werden. Zur Zweckentfremdung bietet sich das bereites erwähnte *btag*-Feld an, das dem Dienstbenutzer dann nicht mehr zur Verfügung stehen würde oder alternativ das *sort*-Feld, das bei nicht gesetztem SORT-Bit bisher unbenutzt ist. Zusätzlich müßte XTP um eine Pufferverwaltung mit entsprechendem Timer-Mechanismus erweitert werden. Grundsätzlich könnte die Jitter-Kompensation auch in Schicht 3 erfolgen - jedoch sprechen folgende Argumente für eine Kompensation in Schicht 4:

Der für Jitter-Kompensation benötigte Speicherbedarf in Endsystemen wächst proportional mit der Anzahl der Transportverbindungen die eine Jitter-Kompensation benötigen. Wenn eine Kompensation nach jeder Teilstrecke erfolgt, wird zwar der benötigte Zwischenspeicher pro Netzverbindung in Schicht 3 kleiner sein (die zu glättenden Zeiten sind geringer), diese Einsparrung kann in einem Vermittlungsknoten (*Gateway*) jodoch schnell zunichte gemacht werden, wenn mehrere (z.B. hunderte) Netzverbindungen eine Jitter-Kompensation benötigen.

5. Verbindungsmanagement

Beginnend mit dem Verbindungsmanagement werden in den folgenden sechs Kapiteln die wichtigsten Aspekte eines Kommunikationsprotokolls am Beispiel XTP für Multimedia im Detail diskutiert.

Verbindungen werden in XTP grundsätzlich implizit [35] mit der Übertragung der ersten TPDU (sog. FIRST-TPDU) zwischen den beteiligten Transportprotokollinstanzen aufgebaut. Die FIRST-TPDU enthält ein Adreßsegment und optional zusätzlich ein Datensegment. Das Adreßsegment beinhaltet Adressierungsinformationen der Sender- und Empfängerinstanz. Es werden unterschiedliche Adressierungsformate, z.B. Internet -, ISO-, XNS-, IEEE 802 Source Route Address -, IP Source Routes Address - und XTP Direct (*locally-defined*) Address - Format unterstützt. Aufgabe des Adreßsegments ist neben der Adressierung von Sender- und Empfängerinstanz die Festlegung des Diensttyps, die Etablierung eines Pfades für Daten- und Kontroll-TPDUs sowie die Festlegung der vom Sender gewünschten Dienstgütewerte für *rate, burst* und *maxdata* (siehe Flußkontrolle und Flußsteuerung sowie Dienstgüte).

XTP erlaubt dem Dienstbenutzer, schon während der Verbindungsaufbauphase Daten zu übertragen. Das bedeutet, daß der Dienstbenutzer mit der Übertragung sofort beginnen kann, ohne zuvor auf eine Bestätigung der Verbindungsaufbauanforderung warten zu müssen. Hierdurch können zusätzliche Wartezeiten beim Verbindungsaufbau vermieden werden.

Nach dem Verbindungsaufbau erfolgt die Zuordnung einzelner TPDUs zu einer Verbindung mit Hilfe des *key*-Wertes im Header-Segment. Hierduch kann zum einen Bandbreite (Adress-Segment nur in der FIRST-TPDU enthalten) eingespart und zum anderen die erforderliche Verarbeitungszeit (*context lookup*) verkürzt werden.

Um die Bearbeitungszeit weiter zu verkürzen, sieht XTP beim Sender die Segmentierung von TSDUs in mehrere TPDUs vor. Der Sender kennt nach erfolgreicher Übertragung der FIRST-TPDU die maximale Größe (*maxdata*) einer TPDU die - ohne zusätzliche Segmentierung - durch alle, auf dem gesamten Pfad zur Empfängerseite beteiligten Netze unterstützt wird. Hierdurch wird eine sonst ggf. erforderliche mehrmalige Segmentierung an Netzwerkgrenzen vermieden.

Im Dienst-Feld kann vom Benutzer der geforderte Diensttyp festgelegt werden. Mögliche Diensttypen sind:

- Verbindungsorientierter Dienst
- Transaktion
- unbestätigtes Datagramm
- bestätigtes Datagramm
- isochroner Strom
- Massendaten

Durch die Festlegung des Diensttyps werden die an der Übertragung beteiligten Systemkomponenten über das zu erwartende Kommunikationsmuster informiert. Ensprechend können die benötigten Kommunikationsressourcen reserviert werden. Beispielsweise muß beim isochronen Strom garantiert werden, daß die angeforderte Bandbreite (ensprechend der *rate* und *burst* Werte im Adreß-Segment) als konstanter Wert anzusehen ist und nicht - wie z.B. beim normalen verbindungsorientierten Dienst möglich - im Überlastfall kurzzeitig reduziert werden kann.

Kann die Partnerinstanz die gewünschten Anforderungen nicht garantieren, wird dies dem Sender der FIRST-TPDU durch eine entsprechende Diagnose-TPDU (DIAG TPDU) angezeigt und der Verbindungsaufbau wird abgelehnt.

Die Festlegung des Diensttyps beim Verbindungsaufbau mit den entsprechenden Dienstgüteparametern (*rate-*, *burst-* und *maxdata*-Werte) eignet sich grundsätzlich auch für **multimediale** Anwendungen. Um eine praxisgerechte Aushandlung der Dienstgüte zu ermöglichen, sollte jedoch neben der Angabe der im ungünstigsten Fall noch akzeptierbaren Werte auch die Angabe der vom Dienstbenutzer gewünschten Dienstgütewerte möglich sein (z.B. *des_rate_req, des_burst_req*). Entspechend dem Anforderungsprofil in Kapitel 2 sollten zur Unterstützung multimedialer Anwendungen noch weitere Parameter eingeführt werden (z.B. *end to end delay* und *jitter*), um eine präzisere Spezifikation der geforderten Dienstgüte zuzulassen.

6. Prioritätsverfahren

XTP unterstützt ein prioritätsgesteuertes Planungsverfahren (*priority scheduling*) um die Bearbeitungsreihenfolge empfangener bzw. zu sendender TPDUs unterschiedlicher Verbindungen kontrollieren zu können. Zu diesem Zweck sieht XTP ein *sort*-Feld (32-Bit) im *Header* vor, das nur dann interpretiert wird, wenn das SORT-Bit (*cmd*-Feld im *Header*) gesetzt ist. Durch das *sort*-Feld werden 2^{32} unterschiedliche Prioritätsklassen festgelegt, wobei *sort* = 0 die höchste und *sort* = 2^{32} - 1 die niedrigste Klasse darstellt. TPDUs mit höherer Priorität werden vor TPDUs mit niedrigerer Priorität bearbeitet. TPDUs, in denen das SORT-Bit nicht gesetzt ist, werden erst nach TPDUs mit gesetztem SORT-Bit bearbeitet. Die Interpretation des *sort*-Feldes ist optional, XTP-Implementierungen müssen das Feld nicht zwingend bei der Bearbeitung berücksichtigen.

Bei der Verarbeitung der TPDUs sollte grundsätzlich nach 2 Klassen unterschieden werden:

1. **Daten mit Echtzeitanforderungen:** Bearbeitung gemäß eines Echtzeitplanungsverfahrens wie beispielsweise *earliest deadline first* oder *rate monotonic*.
2. **Daten ohne Echtzeitanforderungen:** Die nach der Verarbeitung übrigbleibende Verarbeitungskapazität soll für die Bearbeitung dieser Daten verwendet werden. Hier kann ein prioritätsgesteuertes Verfahren über das *sort*-Feld verwendet werden.

Die Wahl der Prioritätswerte erfolgt in XTP lokal bei der Senderinstanz. Die Abbildung der Dienstanforderungen auf die Prioritätswerte kann jedoch nur bei Kenntnis der Netzauslastung in allen an der Kommunikation beteiligten Teilnetze erfolgen und sollte daher in der Vermittlungsschicht erfolgen. In XTP sind die dazu erforderlichen Funktionen - auch bei Betrachtung des Gesamtfunktionsumfangs (Schicht 3 und 4) - nicht enthalten. Die Verwendung der Prioritätsmechanismen zur Sicherstellung der Echtzeitanforderungen *multimedialer* Anwendungen ist daher aus unserer Sicht nicht möglich.

7. Fehlerbehandlung

Wenn die Zuverlässigkeitsanforderungen der Transportdienstbenutzer nicht bereits durch den Vermittlungsdienst erfüllt werden, dann müssen in der Transportschicht Mechanismen zur Fehlererkennung, -meldung und -behebung bereitgestellt werden.

Fehlererkennung
Bitfehler werden in XTP mit Hilfe von zwei unterschiedlichen Prüfsummen erkannt. Eine der Summen wird über dem *Header*, die andere über dem mittleren Segment gebildet. Die *Header*-Prüfsumme wird grundsätzlich immer berechnet, die Berechnung der Prüfsumme über dem mittleren Segment kann mit Hilfe des NOCHECK-Bits im *cmd*-Feld des *Headers* kontrolliert werden.

Die Erkennung von **TPDU-Verlusten, Duplikaten oder Reihenfolgevertauschungen** erfolgt mit Hilfe von Reihenfolgenummern. XTP·numeriert die übertragenen Datenbytes modulo 2^{32}. Das *seq*-Feld des *Header* enthält die Reihenfolgenummer des ersten Bytes im Daten-Segment. Zusammen mit dem *dlen*-Feld können die bisher empfangenen Benutzerdaten identifiziert und Lücken erkannt werden. Die Überwachung der Reihenfolgenummern kann durch das NOERR-Bit im *cmd*-Feld des Headers gesteuert werden.

Fehlermeldung
Mechanismen für die Fehlermeldung ermöglichen dem Empfänger, den Sender über erkannte Fehler zu unterrichten. XTP bietet hierzu zwei unterschiedliche Verfahren an: *go-back-n* und *selective reject*. Beim *go-back-n* Verfahren unterrichtet der Empfänger den Sender über die Reihenfolgenummer, von der an Daten verloren gingen oder vermißt werden. Detailliertere Informationen werden beim *selective reject* mitgeteilt. Hier werden alle vermißten Daten dem Sender durch Bereichsangaben (*gaps*) mitgeteilt.

Grundsätzlich fordert in XTP die Senderinstanz die Empfängerinstanz auf, Fehler zu melden. Dies geschieht durch Senden einer TPDU mit gesetztem *sreq*- oder *dreq*-Bit. Neben dieser Methode existiert noch das *fast-negative-acknowledgment* Verfahren (*FASTNAK*-Bit im *cmd*-Feld des *Headers* gesetzt). Hierbei informiert die Empfängerinstanz die Senderinstanz unmittelbar nach Erkennung eines Fehlers.

Fehlerbehebung
XTP verwendet zur Fehlerbehebung ausschließlich die Übertragungswiederholung. Dabei wird die Information über verlorene bzw. verfälscht empfangene Daten verwertet. Wenn der Empfänger nicht in der Lage ist, Daten, die außerhalb der Reihenfolge empfangen wurden, zwischenzuspeichern, kann in XTP das *go-back-n* Verfahren benützt werden. Hierbei werden alle Daten ab einer bestimmten Reihenfolgenummer nochmals übertragen. Obwohl dieses Verfahren die Protokollbearbeitung vereinfachen kann, führt es leicht zur Verschwendung von Bandbreite, insbesondere bei Netzen mit einer hohen Übertragungskapazität und einer großen Übertragungsverzögerung (z.B. Satelitennetzwerke) [20]. Neben diesem Verfahren bietet XTP auch noch die *selektive* Übertragungswiederholung an. Dabei werden nur diejenigen Daten nochmals gesendet, die der Empfänger nicht korrekt oder garnicht empfangen hat. Durch Tupel von Reihenfolgenummern wird dem Sender mitgeteilt, welche Daten korrekt empfangen wurden. Der Sender hat dann die Aufgabe, aufgrund dieser Information, diejenigen Daten zu bestimmen, die nochmals übertragen werden müssen. Dieses Verfahren spart Bandbreite ein, benötigt aber beim Empfänger große Zwischenspeicher und erhöht insgesamt die Komplexität des Protokolls.

Durch die beschriebenen Mechanismen eignet sich XTP prinzipiell auch zur Unterstützung multimedialer Anwendungen. Aufgrund seiner hohen Flexibilität können alle in Kapitel 2 aufgeführten Zuverlässigkeitsklassen unterstützt werden.

Da im allgemeinen die zu übertragenden Daten multimedialer Anwendungen zeitkritische Datenströme darstellen, kann jedoch unter Umständen das Verfahren der Fehlerbehebung durch Übertragungswiederholung nicht angewendet werden. Die maximale, vom Dienstbenutzer akzeptierte End-zu-End-Übertragungsverzögerung kann gegebenenfalls eine erneute Datenübertragung im Fehlerfall unmöglich machen. Zur Vermeidung dieses Problems bietet sich eine *forward error correction* Methode an. Hier können in Abhängigkeit der zu erwartenden Fehlercharakreristik (Bitfehler-, Bitbündelfehlerrate, TPDU Verlustrate) unterschiedliche Verfahren zum Einsatz kommen (z.B. das der *Cross Interleaved Reed Solomon Code* aus der CD-DA-Technologie oder andere fehlerkorrigierende Codes [6]). Alle diese Mechanismen verbrauchen jedoch zusätzliche Bandbreite und Rechenzeit.

Zusätzlich zu den genannten Fehlerarten sollten im Umfeld multimedialer Anwendungen auch Fehler durch verspätet eintreffende TSDUs erkannt und ggf. dem Benutzer angezeigt werden. Die hierzu erforderlichen Protokollerweiterungen wurden bereits im Abschnitt „TPDU-Format" beschrieben.

8. Flußregelung und Flußsteuerung

Flußregelung bzw. Flußsteuerung ist ein wichtiger Gesichtpunkt in Hochgeschwindigkeitsnetzen, da ein erhöhtes Risiko besteht, daß ein Empfänger bzw. ein Vermittlungsrechner durch die hohe Übertragungsgeschwindigkeit mit Daten überflutet wird. In diesem Zusammenhang wurde beobachtet, daß der Hauptgrund für Datenverluste in Hochgeschwindigkeitsnetzen eben in einer solchen Überlastung von Vermittlungsrechnern zu sehen ist.

XTP bietet zwei verschiedene, sich ergänzende Mechanismen zur Flußsteuerung. Dies ist zum einen das klassische Schiebefensterverfahren, in dem der Datenempfänger, ausgehend von seinem vorhandenen Empfangspufferplatz Senderechte explizit durch Übermittlung von Sequenznummern an den Sender vergibt.

Der zweite Mechanismus, in XTP als *rate control* bezeichnet, betrachtet nicht den Pufferplatz, sondern die Verarbeitungsleistung des Empfängers [byte/s] als kritische Größe (bei Einsatz als *Transfer*-Protokoll wird der im Netz realisierbare Durchsatz als weitere Größe hinzugenommen). Die protokollinterne Realisierung erfolgt über drei Variable *credit*, *burst* und *refresh-timer*. Ausgehend von einem zyklischen Verhalten, wie es im Multimediakontext meist anzutreffen ist, bezeichnet *refresh-timer* die Länge eines Zyklus [s], *burst* die maximale Menge der in einem Zyklus zu übertragenden Daten [byte] an. Die lokale Variable *credit* gibt zu jedem Zeitpunkt die bis zum nächsten Ablauf des *refresh-timer* noch übertragbare Datenmenge in Bytes an.

Die beiden Parameter *burst* und *refresh-timer* werden beim Verbindungsaufbau zwischen Sender und Empfänger ausgehandelt. Während der laufenden Übertragung wird die Einhaltung der Absprachen jedoch allein durch den Sender ohne Mitwirkung des Empfängers erzwungen[2].

---

[2] Erläuterung: Mit jeder übertragenen TPDU wird der Wert von *credit* um die Anzahl der in der TPDU enthaltenen Benutzerdaten verringert. Die Datenübertragung hält an, wenn der Wert von *credit* kleiner oder gleich Null wird. Nach jeder Periode des *refresh-timer* wird der Wert von *credit* wieder auf den ursprünglichen Wert von *burst* gesetzt. Ein Wert von Null für *burst* bedeutet, daß keine Flußsteuerung stattfindet, wohingegen ein

Wird XTP als *Transfer Layer Protocol* zur Erbringung von Vermittlungs- und Transportfunktionen eingesetzt, dürfen Vermittlungsrechner die Werte für *rate* und *burst* in Kontroll-TPDUs verändern. Zudem brauchen Vermittlungsrechner nicht auf eine passierende Kontroll-PDU zu warten, sondern können zu jeder Zeit eine sog. *Route-Control*-PDU (RCNTL-PDU) mit entsprechenden Werten für *rate* und *burst* ausgeben. Wenn ein Vermittlungsrechner *rate*- und *burst*-Werte in passierenden PDUs für sämtliche Verbindungen registriert, so ist er in der Lage, die Summe dieser Werte zu bilden. Diese Summe bestimmt den Bandbreitenbedarf des Vermittlungsrechnes. Durch Modifikation der Kontroll-PDUs und der Fähigkeit der Summenkontrolle, ist der Vermittlungsrechner in der Lage, Bandbreite zu verwalten.

Da die erforderliche Bandbreite und das zeitliche Verhalten der einzelnen zu übertragenden TSDUs in multimedialen Anwendungen vorgegeben sind, ist eine Flußregelung mittels Schiebefenster zwischen den Partnerinstanzen nicht sinnvoll anwendbar, sondern nur eine Flußsteuerung via *rate control*. In dieser Beziehung eignet sich XTP, da die Flußregelung ausgeschaltet werden kann („NOFLOW" Steuerfeld gesetzt) und eine Flußsteuerung protokollintern vorhanden ist. Für multimediale Anwendungen sollte jedoch auch eine Flußsteuerung am Dienstzugangspunkt vorgesehen werden, da ein „Wohlverhalten" des Dienstbenutzers am TSAP im allgemeinen nicht angenommen werden kann. Unter „Wohlverhalten" wird hier verstanden, daß ein Dienstbenutzer periodisch auftretende Daten dem Transportsystem stets auch absprachegemäß mit derselben Periode übergibt.

9. Gruppenkommunikation

XTP definiert einen *Multicast*-Modus, in dem ein Sender TPDUs gleichzeitig zu einer Gruppe von Empfängern überträgt (unidirektionales *one-to-many*).

Der *Multicast*modus gleicht in vieler Hinsicht dem Modus für einen einzelnen Empfänger. Der Sender gibt eine FIRST-TPDU und nachfolgend Daten-TPDUs aus. Eine Fehlerbehandlung ist vorgesehen. Für die Übertragungswiederholung wird das Verfahren *go-back-n* eingesetzt. Selektive Übertragungswiederholung wird nicht unterstützt. Da in der Menge der Empfänger die Größe der verfügbaren Empfangspuffer sehr unterschiedlich sein kann, wird die Datenübertragung mit der Verarbeitungsgeschwindigkeit des langsamsten Empfängers durchgeführt. Entdeckt ein Empfänger eine TPDU außerhalb der Reihenfolge, so wird eine Kontroll-TPDU (sog. *reject packet*) ausgegeben. Diese Kontroll-TPDU wird an die Menge aller an der Verbindung beteiligten Instanzen inklusive aller Empfänger übertragen, um sie über das Auftreten eines Fehlers zu informieren. Würden alle Fehler grundsätzlich von jedem Empfänger gemeldet bei dem sie erkannte wurden, ließe sich die Überschwemmung des Senders mit ankommenden Kontroll-TPDUs (*reject packets*) kaum vermeiden. Um diesen Effekt einzudämmen, dürfen die Empfänger keine Kontroll-TPDU senden, wenn sie davon ausgehen können, daß der Sender bereits über den Fehler informiert wurde. Während ein Empfänger eine Kontroll-TPDU erstellt und auf die Übertragung wartet, horcht er das Netz nach anderen Kontroll-TPDUs ab. Kommt eine andere Kontroll-TPDU für denselben Sender an, vergleicht der Empfänger seinen Wert für die Übertragungswiederholung mit dem Wert in der gerade empfangenen TPDU. Wird sein Wert durch den der TPDU abgedeckt, kann er seine eigene Kontroll-TPDU verwerfen (sog. *damping* Verfahren). Andernfalls schickt er seine Kontroll-TPDU zum Sender.

Wert von Null für *rate* die Datenübertragung anhält. Kontroll-TPDUs dürfen jedoch auch in diesem Fall weiter ausgegeben werden. Die Werte für *rate* und *burst* gelten jeweils für eine Richtung der Datenübertragung. So sind in Abhängigkeit der Übertragungsrichtung unterschiedliche Übertragungsraten möglich.

Neben diesem Verfahren bietet XTP auch eine unzuverlässige Datenübertragung im Multicast Modus. Bei diesem *no error* Modus verwirft ein Empfänger jene TPDUs die verfälscht sind. Er informiert lediglich den Dienstbenutzer über das Ereignis.

Aufgrund der oben beschriebenen Verfahren bietet XTP folgende Zuverlässigkeitsgrade für die Gruppenkommunikation [17]:

Zuverlässigkeitsgrad k = 0, die *Multicast*-Datenübertragung wird als erfolgreich angesehen, auch wenn kein Empfänger die TPDUs korrekt erhalten hat.

Zuverlässigkeitsgrad k = 1, die *Multicast*-Datenübertragung wird als erfolgreich angesehen, wenn mindestens 1 Empfänger die TPDUs erhalten hat

Die Fehlerkorrektur erfolgt durch wiederholtes Senden der verlorenen TPDUs an die gesamte *Multicast*-Gruppe.

Da in XTP keine Mechanismen für die Festlegung und Verwaltung von *Multicast*-Gruppen vorgesehen sind, ist eine Erweiterung des Zuverlässigkeitsgrads auf k = 2 bis k = Gruppengröße nicht ohne Änderung des Protokolls möglich [25]. XTP beinhaltet zwar einen Mechanismus, der es einem Empfänger ermöglicht, an einer bestehenden *Multicast*-Kommunikationsbeziehung teilzunehmen (*join group* Funktion). Das Eintreten eines weiteren Empfängers in die Gruppe wird jedoch nicht verwaltet. Zudem müssen beim Sender ankommende Kontroll-TPDUs eindeutig dem jeweiligen Initiator zugeordnet werden können (z.B. zur Feststellung ob ein Empfänger ausgefallen ist). Das bedeutet, daß das *damping* Verfahren nicht angewandt werden kann und, daß die Kontoll-TPDUs eine Identifikation des jeweiligen Initiators enthalten müssen. Zudem muß jede dynamische Veränderung der Gruppe dem Sender mitgeteilt werden.

Der von XTP erbrachte *Multicast*-Dienst eignet sich für reines *Broadcast* (z.B. Nachrichtenverteildienst, Zuverlässigkeitsgrad k = 0) und zur Suche einer bestimmten Information in einem verteilten System (z.B. finde einen freien Rechner, Zuverlässigkeitsgrad k = 1).

Ein großer Nachteil ist jedoch die nur unidirektionale *one-to-many* Kommunikationsbeziehung. XTP sollte neben den oben aufgeführten Erweiterungen auch bezüglich eines bidirektionalen *one-to-many Multicast* modifiziert werden.

10. Dienstgüteparameter

XTP unterstützt verschiedene Dienstgüteparameter, die nicht immer für die Multimedia-Kommunikation ausreichen. Im Folgenden seien die wichtigsten kurz aufgeführt:

Dienstgüte-Parameter	*Anmerkungen*
Verzögerung	In XTP werden nur Durchschnittswerte für die End-zu-End-Verzögerung festgelegt. Es sind keine Garantien bzw. Mechanismen vorgesehen um die angegebenen Wert einzuhalten. Dies ist somit nicht für die Kommunikation von Audio- und Videodaten geeignet. Man beachte hier insbesondere die Anfor-

derungen von Seiten eines Dialogdienstes (wie in Abschnitt 2 beschrieben).

Zuverlässigkeitsklasse   Der Dienstbenutzer gibt beim Verbindungsaufbau eine Zuverlässigkeitsklasse an. Die entsprechende Fehlerbehandlung wird durchgeführt. (Siehe Abschnitt zur Fehlerbehandlung, in dem die Implikation bezüglich Multimedia beschrieben wurden).

TPDU Größe   XTP kennt nach Übertragung der FIRST-PDU die maximale TPDU-Größe, die ohne zusätzliche Fragmentierung an Subnetzgrenzen übertragen werden kann. Hier sehen wir bisher keine Problematik im Kontext von Audio- und Videokommunikation.

impl. Verbindungsaufbau   XTP ermöglicht dem Dienstbenutzer bereits während des Verbindungsaufbaus Benutzerdaten zu übertragen. Diese Daten sind nur bedingt für ein kontinuierliches Medium einzusetzen, weil die Dauer der Übertragungsverzögerung zwischen der ersten PDU und den folgenden stark variieren kann.

Übertragungsrate   Der Dienstbenutzer gibt seine gewünschte Sendedatenrate (*rate*- und *burst*-Werte) an, XTP führt entsprechend Ratenkontrolle durch. (Anmerkungen hierzu siehe Abschnitt zur Flußkontrolle und Flußsteuerung.

Empfangspuffer   Der Dienstbenutzer gibt Empfangspuffergröße an. XTP führt entsprechend Flußkontrolle auf Anwendungsebene durch (*Reservation*-Modus). Dies muß mit dem Buffermanagement des Multimedia-Systems geeignet zusammenarbeiten.

11. Ausblick

XTP eignet sich nach dem in diesem Bericht aufgezeigten Punkten in seiner jetzigen Form nur bedingt zur Kommunikation kontinuierlicher Daten. Als Beispiele für Problembereiche seien hier noch einmal die Überwachung der End-zu-End Verzögerung und des Jitters erwähnt. Als wünschenswerte, und ab einer gewissen Gruppengröße notwendige, Erweiterung sehen wir im Hinblick auf *Multicast* auch eine eigene Gruppenverwaltung oder eine geeignete Schnittstelle zu externen *Directory*-Diensten an.

Mit den in diesem Papier aufgezeigten Erweiterungen ist jedoch im wesentlichen eine multimediale Kommunikation möglich. Wegen des konkreten Mangels an einem globalen Reservierungsmechanismus für netzinterne Betriebsmittel, wie er beispielsweise bei ST II geboten wird, haben wir uns entschieden weiter ST II in der Vermittlungsschicht als grundlegendes Protokoll zu verwenden. An der Definition von XTP als reinem Transportprotokoll, das dann oberhalb ST II eingesetzt wird, wird zur Zeit am ENC gearbeitet.

Literaturverzeichnis

[1]   *G. Anastasi, M. Conti, E.Gregori;* **TPR: A Transport Protocol for Real Time Services in an FDDI Environment;** In: M. Johnson (Hrsg.); Protocols for High-Speed Networks; Elsevier Science Publishers B.V. (North Holland), IFIP, 1990

[2]   *S. R. Ahuja, J. Robert Ensor, David N. Horn;* **The Rapport Multimedia Conferencing System;** Proceedings of the Conference on Office Information Systems, Palo Alto CA, March 1988, pp. 1-8.

[3]   *David P. Anderson, Ralf Guido Herrtwich;* **Internet Communication with End-to-End Performance Guarantees;** Informatik-Fachberichte, no. 293, Springer Verlag, 1991.

[4]   *Heinrich Armbrüster, Hans Jörg Rothamel;* **Breitbandanwendungen und -dienste: Qualitative und quantitative Anforderungen an künftige Netze;** ntz, vol. 43, no. 3, 1990, pp. 150-159.

[5]   *Bell Telephone Labs.;* **Engineering and Operations in the Bell System;** AT&T Bell Labs, 1984.

[6]   *Ernst W. Biersack;* **Performance Evaluation of Forward Error Correction in ATM** Computer Communication Review, ACM SIGCOMM, Vol.22, No.1, Januar 1992.

[7]   *Steward Brand;* **The Media Lab, Inventing the Future at MIT;** Viking Penguin, 1987.

[8]   *Timothy S. Balraj, Yechiam Yemini;* **PROMPT - A Destination Oriented Protocol for High Speed Networks;** M. Johnson (Hrsg.); Protocols for High-Speed Networks; Elsevier Science Publishers B.V. (North Holland), IFIP, 1990

[9]   *E.W. Biersack, C.J. Cotton, D.C. Feldmeier, A.J. McAuley;* **An Overview of the TP + + Transport Protocol Project;** submitted for publication

[10] *Ernst W. Biersack;* **Connection Management using Synchronized Clocks;** Proc. of Third IFIP WG 6.4 Conference on High Speed Networking, Berlin, March 1991, pp.225-238

[11] *International Telegraph and Telephone Consultative Committee;* **B-ISDN Service Aspects;** CCITT Study Group XVIII, Draft Recommendation I.211, Geneva, 23-25 May 1990.

[12] *CELAR (Centre d'Electronique de L'Armement);* **Military real time local area network;** Rennes, France, Februar 1987

[13] *Greg Chesson;* **The Protocol Engine Project;** UNIX Review, Vol.5, No.9, September 1987, pp.70-77

[14] *Greg Chesson;* **The Evolution of XTP;** Proc. of Third IFIP WG 6.4 Conference on High Speed Networking, Berlin, March 1991, pp.15-24.

[15] *David R. Cheriton, Erik Nordmark;* **Experiences from VMTP: How to achieve low response time;** H. Rudin, R. Williamson (Hrsg.); Protocols for High-Speed Networks; Elsevier Science Publishers B.V. (North Holland), IFIP, 1989, pp.43-56

[16] *David D. Clark, Mark L. Lambert, Lixia Zhang;* **NETBLT: A High Throuput Transport Protocol;** Proc. SIGCOMM'87, ACM, August 1987, pp.353-359

[17] *J. Crowcroft, K. Paliwoda;* **A Multicast Transport Protocol;** Trans. SIGCOMM, ACM, August 1988, pp.247-256

[18] *S. Deering;* **Host Extensions for IP Multicasting** Network Working Group, RFC 1112, August 1989

[19] *Willibald Doeringer, Doug Dykeman, Matthias Kaiserswerth, Bernd Meister, Harry Rudin, Robin Williamson* **A Survey of Light-Weight Transport Protocols for High-Speed Networks** IEEE Transactions on Communications, Vol.38, No.11, November 1990, pp.2025-2039

[20] *David C. Feldmeier, Ernst W. Biersack;* **Comparison of Error Control Protocols for High Bandwith-Delay Product Networks** In: M. Johnson (Hrsg.); Protocols for High-Speed Networks; Elsevier Science Publishers B.V. (North Holland), IFIP, 1990

[21] *Domenico Ferrari;* **Client Requirements for Real-Time Communication Services;** International Computer Science Institute, Technical Report 90-007, Berkeley, March 1990.

[22] *G. D. Flinchbaugh, P. L. Martinez, D. S. Rouse;* **Network Capabiltities in Support of Multimedia Applications;** IEEE Global Telecommunications Conference & Exhibition (GLOBECOM), Conference Record vol. 1, San Diego, Dec. 2-5, 1990, pp. 322-326.

[23] *Lutz Henckel, Heiner Stüttgen;* **Transportdienste in Breitbandnetzen;** E. Effelsberg, H.W. Meuer, G. Müller (Hrsg.); Proceedings zur GI/ITG Fachtagung "Kommunikation in verteilten Diensten" in Mannheim; Springer Verlag; Februar 1991; pp.96-111

[24] *Dietmar Hehmann, Michael Salmony, Heinrich Stüttgen;* **Transport Services for Multimedia Applications;** Proceedings of the IFIP WG 6.1/WG 6.4 Workshop on Protocols for High Speed Networks, North Holland, 1989, 303-321

[25] *Larry Hughes;* **Multicast Response Handling Taxonomy;** Computer Communications, vol. 12 No 1, Feb. 1989, pp. 39-46.

[26] *Information Processing Systems - Open Systems Interconnection* **Transport service definition;** ISO 8072, 1986

[27] *Information Processing Systems - Open Systems Interconnection* **Transport protocol specification;** ISO 8073, 1986

[28] *Mark G.W. Jones, Soren-Aksel Sorensen, Steve R. Wilbur;* **Protocol design for large group multicasting: the message distribution protocol;** Computer Communications, Vol.14, No.5, June 1991, pp.287-297

[29] *Robert M. Sanders, Alfred C. Weaver;* **The Xpress Transfer Protocol (XTP) - A Tutorial** ACM Computer Communications Review, Vol.20, No.5, October 1990, pp.67-88

[30] *Thomas Schütt, Manny Farber;* **The Heidelberg High Speed Transport System: First Performance Results;** In: 3rd International IFIP WG6.1/6.4 Workshop on Protocols for High-Speed Networks, Stockholm, May 13-15, 1992 pp. 35-50.

[31] *Ralf Steinmetz,* **Multimedia Synchronization Techniques: Experiences Based on Different System Structures;** IEEE Multimedia Workshop '92, Monterey, CA, USA, April, 1992.

[32] *Ralf Steinmetz, Thomas Meyer;* **Modelling Distributed Multimedia Applications;** IEEE Int. WS on Advanced Communications and Applications for HS Networks, München, March 1992.

[33] *Claudio Topolcic;* **Experimental Internet Stream Protocol, Version 2 (ST-II);** RFC 1190, Oct. 1990.

[34] *R.W. Watson;* **Timer-Based Mechanisms in Reliable Transport Protocol Connection Management** Computer Networks, No.5, 1981, pp.47-56

[35] *R.W. Watson;* **The Delta-t Transport Protocol: Features and Experience;** H. Rudin, R. Williamson (Hrsg.); Protocols for High-Speed Networks; Elsevier Science Publishers B.V. (North Holland), IFIP, 1989, pp.3-18

[36] *David J. Wright, Michael To;* **Telecommunication Applications of the 1990s and their Transport Requirements;** IEEE Network Magazine, vol.4, no.2, March 1990, pp.34-40.

[37] *Protocol Engines Incorporated;* **XTP Protocol Definition Revision 3.6;** PEI 92-10, Protocol Engines Incorporated, Santa Barbara, CA 93101, Januar 92

Formale Beschreibungstechniken für Kommunikationsprotokolle: Probleme ihrer praktischen Anwendung

Hartmut König
Institut für Rechnerverbund und Betriebssysteme

Peter Neumann
Institut für Automatisierungstechnik

TU "Otto von Guericke" Magdeburg
Postfach 4120
O-3010 Magdeburg

Zusammenfassung

Formale Beschreibungstechniken für Kommunikationsprotokolle sind ein wichtiges und attraktives Forschungsgebiet im Umfeld der Kommunikationssysteme. In den letzten 10 Jahren sind viele markante Forschungsergebnisse erzielt worden. Die wichtigsten Techniken Estelle, LOTOS und SDL wurden standardisiert. Trotz der unbestrittenen Vorteile formaler Beschreibungstechniken stagniert ihre breite praktische Anwendung. Im vorliegenden Beitrag sollen die Gründe für diese Situation diskutiert und Schlußfolgerungen für eine breite praktische Anwendung gezogen werden. Anhand eines Fallbeispiels - der Formalisierung der deutschen Feldbusnorm PROFIBUS - soll über Erfahrungen bei der Anfertigung formaler Beschreibungen und ihrer Nutzung bei der (semi-) automatischen Implementierung und zum Konformitätstest berichtet werden.

1. Einleitung

Formale Beschreibungstechniken (FDTs) für Kommunikationsprotokolle sind ein wichtiges und attraktives Forschungsgebiet im Umfeld der Kommunikationssysteme. Die vielen Veröffentlichungen zu diesem Gebiet, vor allem im Rahmen der Konferenzen PSTV und Forte, sowie der Zuspruch zu diesen Konferenzen bzw. zu diesbezüglichen Sektionen in anderen Tagungen, belegen dies. Im Rahmen der Forschungsarbeiten zu formalen Beschreibungstechniken wurde ein breites Spektrum bemerkenswerter Forschungsergebnisse erzielt. Die markantesten Meilensteine sind die Standardisierung der Sprachen Estelle /ISO 9074/, LOTOS /ISO 8807/, SDL /CCITT 89/ und ASN.1 /ISO 8824/ sowie die Ausarbeitung der Standards zur Konformitätstestung. Daneben wurden eine Reihe von inhouse-Lösungen realisiert und erfolgreich eingesetzt /Holzmann 88/, /König 90/, /Schneider 92/.

Die Vorteile der Verwendung formaler Beschreibungstechniken sind unumstritten. Als Hauptvorteile gelten:
- Entwicklung eindeutiger, klarer und präziser Spezifikationen
- Möglichkeit der rechnergestützten Bearbeitung.

Sie begegnen damit dem generellen Nachteil der bis heute gültigen Standardisierungspraxis für Kommunikationsprotokolle, die auf der Verwendung verbaler Spezifikationen ergänzt durch Graphiken und Zustandstabellen beruht. Solche Spezifikationen lassen mehrdeutige Interpretationen des Textes zu, was zu Fehlern, unerwartetem und unerwünschtem Protokollverhalten und nichtadäquaten Implementierungen führen kann. Sie gestatten keine rechnergestützte Bearbeitung. Obwohl in der Praxis auf der Grundlage dieser Spezifikationen viele Protokolle erfolgreich implementiert worden sind, zeigt die Erfahrung, daß die Zahl der Fehler und Inkompatibilitäten unnötig hoch ist /Bochmann 90a/.

* Das diesem Beitrag zugrundeliegende Vorhaben wurde mit Mitteln des Bundesministers für Forschung und Technologie unter dem Förderzeichen 13I10090 gefördert.

Für die rechnergestützte Bearbeitung der Spezifikation sind folgende Ansätze gegeben:

- Verifikation der Spezifikation (z.B. Erreichbarkeitsanalysen, Rapid Prototyping, Petri-Netzanalysen, Beweisverfahren)
- Rechnergestützte Implementierung (automatische Ableitung ausführbaren Kodes aus der Spezifikation)
- Leistungsvoraussagen
- Automatische Ableitung von Testfolgen und Testauswertung (Trace Analysis)

Die Erfahrung zeigt weiterhin /König 91/, daß die Ausarbeitung formaler Beschreibungen ein nicht zu unterschätzender Know-how-Aufbau ist, da formale Spezifikationen auf der Grundlage der heutzutage zumeist verwendeten konstruktiven Techniken Quasiimplementierungen darstellen. Dieses Wissen ist eine wertvolle Unterstützung für die folgenden Bearbeitungsetappen. Auch wird durch die nochmalige "Überarbeitung" der Spezifikation die Fehlerwahrscheinlichkeit gesenkt. Dabei sollte man sich nicht daran stören, daß für einige der oben aufgeführten Ansätze, z.B. die rechnergestützte Implementierung, noch keine umfassenden Lösungen existieren. Hier zeigt die Erfahrung ebenfalls, daß durch Anwendung dieser Methoden eine gute Unterstützung der Implementierung gegeben wird.

Trotz der überzeugenden Vorteile und der Vielzahl der erzielten Forschungsergebnisse stagniert die breite praktische Anwendung dieser Techniken. Die Ursachen hierfür und mögliche Ansätze zu ihrer Überwindung sollen in diesem Beitrag auf der Grundlage eigener Arbeiten und Erfahrungen diskutiert werden. Anhand eines Fallbeispiels - der Formalisierung der deutschen Feldbusnorm PROFIBUS /König 92/ - soll über Erfahrungen bei der Anfertigung formaler Beschreibungen und ihrer Nutzung bei der (semi-) automatischen Implementierung und zum Konformitätstest berichtet werden.

Der Beitrag ist wie folgt gegliedert. Im 2. Abschnitt werden die Probleme diskutiert, die derzeitig die Anwendung formaler Beschreibungstechniken behindern. Der 3. Abschnitt stellt als Fallbeispiel die Formalisierung der PROFIBUS-Norm vor. Ausgehend von einer kurzen Beschreibung der Norm wird über die Erfahrungen bei der Anfertigung der Beschreibung und ihrer Nutzung bei der (semi-) automatischen Implementierung und zum Konformitätstest berichtet. Der abschließende 4. Abschnitt faßt die Erfahrungen zusammen und zieht Schlußfolgerungen für die weitere Unterstützung der Anwendung formaler Beschreibungstechniken.

2. Probleme der Anwendung von FDT

Einleitend wurde bereits darauf hingewiesen, daß die formalen Beschreibungstechniken nicht die breite praktische Anwendung finden, die ihren Vorteilen und ihrem Entwicklungsstand entspricht. Die Gründe hierfür sind sehr vielfältig. Sie sollen in diesem Abschnitt als Ausgangspunkt für die folgenden Betrachtungen zusammengefaßt werden. Im einzelnen sind folgende Ursachen zu nennen (die Reihenfolge stellt dabei keine Wertung dar):

* *Nutzerakzeptanz*
  Für viele potentielle Anwender ist der Nachweis des Nutzens von FDT und ihre Anwendbarkeit noch nicht überzeugend erbracht. Sie scheuen deshalb den nicht zu unterschätzenden Einarbeitungsaufwand. Zu dieser Entwicklung hat natürlich auch beigetragen, daß von den Standardisierungsgremien ISO und CCITT gleich 3 Sprachen Estelle, LOTOS und SDL für diesen Zweck definiert und standardisiert worden sind. Für spezielle Probleme (Datenstrukturen, Testfolgen) stehen mit ASN.1 und TTCN weitere Techniken zur Verfügung. Dies hat selbstverständlich zu einer Teilung der Anwenderschaft geführt. Dabei zeigt auch hier die Erfahrung, daß die Techniken so verschieden sind, daß es schwerfällt, gleichzeitig mehrere zu beherrschen und sich somit Spezialisten herausbilden. Dieser Prozeß wird durch die unterschiedliche Akzeptanz der

Sprachen bei den Nutzern unterstützt. Estelle und SDL finden aufgrund ihrer stärkeren Implementierungsnähe bei Praktikern häufig mehr Anklang als das abstraktere LOTOS.

* *Komplexität der zu beschreibenden Dienste / Protokolle*
Der Gegenstand der Formalisierung - die Dienste und Protokolle der einzelnen Schichten der Kommunikationsarchitektur - sind in der Regel sehr komplex. Spezifikationsumfänge von 2000 - 10.000 Zeilen sind keine Seltenheit. Das führt zu Problemen bei der Erstellung und Handhabung der Spezifikation, besonders bei sehr abstrakten Techniken. Die Komplexität der Dienste und Protokolle war es letztlich auch, an der viele der vorgeschlagenen Spezifikationstechniken gescheitert sind.

* *Mängel und Probleme der FDT*
Die Probleme der Anwendung von FDT sind z.T. auch in den Sprachen selber zu suchen. Generell ist erst einmal sehr positiv zu bewerten, daß es standardisierte Techniken gibt, denn ohne solche Techniken ist internationale Dienst- und Protokoll-Standardisierung nicht durchführbar. Mit dem Abschluß der Definitions- und Standardisierungsarbeiten haben diese Sprachen eine gewisse Stabilität erreicht. Eine wichtige Voraussetzung für eine breite Anwendung. Es ist klar, daß Sprachkonzepte, die in einem solchen internationalen Standardisierungsprozeß entstanden sind, kaum alle Anforderungen optimal abdecken können. Es sind eine Reihe von Vorschlägen zur Verbesserung der Sprachen gemacht worden /Courtiat 88/, /Brinksma 92/, die verschiedene Aspekte der Sprachen betreffen. Inwieweit diese Konzepte in die Sprachen integriert werden, bleibt abzuwarten. Für die Datendarstellung zeichnet sich eine "Integration" von ASN.1 ab /Bochmann 90b/, /Kubitschek 92/.

* *Vorhandensein anwendbarer Werkzeuge*
Grundlage für die erfolgreiche Anwendung der FDT ist das Vorhandensein anwendbarer Werkzeuge. Für in-house-Lösungen war dies zumeist gegeben. Bei den standardisierten FDT ist dieser Prozeß bedingt durch den Standardisierungsvorgang erst gegen Mitte bzw. Ende der 80-er Jahre richtig in Gang gekommen. In der Zwischenzeit sind eine ganze Reihe von Werkzeugen für diese Sprachen entwickelt worden. Ihre Zahl wächst ständig /Loureiro 92/. Allerdings ist der Anteil der kommerziell entwickelten Werkzeuge noch zu gering /Bochmann 90a/.

* *Verfügbarkeit formaler Beschreibungen*
Grundvoraussetzung dafür, daß die Vorteile formaler Beschreibungstechniken überhaupt zum Tragen kommen, ist die Verfügbarkeit formaler Beschreibungen. Die Erarbeitung formaler Beschreibungen ist in der Regel ein langwieriger und aufwendiger Prozeß, der sich über mehrere Monate erstrecken kann. Er benötigt Erfahrung und Feingefühl, um subjektive Einflüsse zu begrenzen. Folglich können die aus der Anwendung von FDT zu erwartenden Vorteile nur dann erzielt werden, wenn frühzeitig durch die Protokollentwickler authorisierte Spezifikationen bereitgestellt werden. In der Praxis ist das jedoch nicht der Fall. Von den Standardisierungsgremien sind erst wenige Protokollspezifikationen formalisiert worden. Die meisten der existierenden formalen Spezifikationen sind in Forschungseinrichtungen entstanden, besonders in jenen, die an der Entwicklung der FDT beteiligt waren. Diese Spezifikationen können nicht immer als Referenzspezifikationen verwendet werden, da sie häufig unvollständig sind und ihre Übereinstimmung mit der informalen Spezifikation nur selten überprüft wurde. Mit der fehlenden frühzeitigen Erstellung der formalen Beschreibungen entfallen letztlich auch die Vorteile, die sich aus der Verwendung der Sprachen bereits während des Protokollentwurfs ergeben.

3. Ein Fallbeispiel: Formalisierung der PROFIBUS-Norm

Die im vorangegangenen Abschnitt aufgeführten Probleme sind nicht neu, sondern bestimmen die Situation auf dem Gebiet der formalen Beschreibungstechniken schon seit mehreren Jahren. Ausgehend von dieser Situation wurde von uns u.a. die Schlußfolgerung gezogen, daß es notwendig ist, Fallbeispiele zu schaffen, die die Vorteile der Anwendung formaler Beschreibungstechniken überzeugend demonstrieren. Als ein solches Fallbeispiel bot sich die Formalisierung der deutschen Feldbusnorm /DIN 19245/ an. Im Rahmen des BMFT-Projekts "Infrastrukturmaßnahmen" wurden an der TU Magdeburg formale Beschreibungen der PROFIBUS-Norm erarbeitet. Diese Arbeiten waren gekoppelt mit dem Aufbau eines Konformitätstestzentrums für die PROFIBUS-Schicht 7 zusammen mit dem IITB Karlsruhe. Mit der Erarbeitung der formalen Beschreibungen für den PROFIBUS-Standard wurden folgende Zielstellungen verbunden:

- Unterstützung der Standardisierung
- Analysen und experimentelle Untersuchungen der Dienste und Protokolle
- Formale Spezifikation von Profilen
- Ableitung von Testfolgen

Die Ergebnisse und Erfahrungen, die bei diesem Projekt gewonnen worden, sollen im folgenden vorgestellt werden. Dazu wird einleitend ein Überblick über den PROFIBUS gegeben. Daran schließt sich die Diskussion der einzelnen Phasen an.

3.1. Der offene deutsche Feldbus PROFIBUS

Der PROFIBUS /DIN 19245/, /Bender 90/ ist ein offenes Kommunikationssystem im Feldbereich. Er realisiert die Kommunikation zwischen Feldgeräten (Sensoren, Aktoren) und übergeordneten Steuereinheiten (SPS, PC, ...). Feldbusse stellen die unterste Stufe in der Kommunikationshierarchie der Fertigungs- und Prozeßtechnik dar. Die Kommunikation in Feldbussen ist gekennzeichnet durch die Übertragung vieler kurzer Nachrichten, kurze garantierte Übertragungszeiten, Störsicherheit und geringe Anschaltkosten.

Der PROFIBUS stellt physisch eine Feldbusleitung dar. Als Übertragungsmedium wird eine geschirmte, verdrillte Zweidrahtleitung verwendet. Grundlage ist eine Multimaster-Architektur. Die aktiven Stationen bilden einen logischen Ring (siehe Abb. 1).

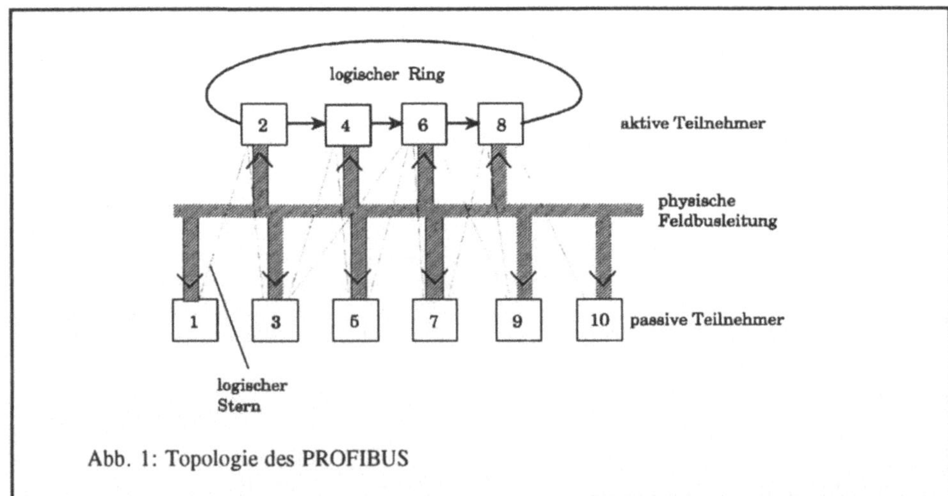

Abb. 1: Topologie des PROFIBUS

Die passiven Stationen sind den aktiven im logischen Stern zugeordnet. Als Zugriffsverfahren werden entsprechend das Tokenpassing- und das Pollingverfahren benutzt. Die Übertragungsraten liegen zwischen 500 kBit/s bei 200 m und 9,6 kBit/s bei 1200 m. Die Schnittstelle entspricht der EIA RS 485. Als Signalformat wird die NRZ-Bitkodierung verwendet. Die maximale Zahl der Teilnehmer ist 32 Busstationen je Segment (adressierbare Stationen: 127).

Die PROFIBUS-Schichtenstruktur (siehe Abb. 2) basiert auf dem OSI-Referenzmodell. Zur Gewährleistung der Echtzeitanforderungen werden ähnlich dem Mini-MAP nur die Schichten 1, 2 und 7 definiert. Die Schicht 2, die Fieldbus Data Link (FDL), ist wie in anderen Kommunikationsarchitekturen für die Realisierung des Zugriffsverfahrens und die logische Verbindungssteuerung verantwortlich. Die 7. Schicht unterteilt sich in 2 Subschichten: das Lower Layer Interface (LLI) und die Fieldbus Message Spezifikation (FMS). Das LLI kompensiert die fehlenden Schichten 3-6. Es paßt die nutzerorientierten FMS-Dienste an die FDL-Dienste an. Dazu stellt es selbst Dienste bereit, die vom FMS genutzt werden. Zu den Funktionen des LLI gehören u.a. die Flußkontrolle, Verbindungsaufbau und -abbau, Master-Slave-Kommunikation, immediate Response und Broadcast / Mulitcast. Das LLI besitzt somit eine zentrale Bedeutung innerhalb der PROFIBUS-Architektur. Die LLI-Spezifikation ist deshalb relativ umfangreich.

Das FMS beschreibt die Kommunikationsobjekte und die zugehörigen Dienste aus der Sicht des Kommunikationspartners und realisiert lediglich die korrekte Abbildung der FMS-Dienste auf die Dienste des LLI anhand der entsprechenden Dienstmodelle mittels Zustandsmaschinen. Die feldbus-spezifischen Funktionen werden durch das FMS völlig verdeckt. So sind z.B. zyklische und azyklische Kommunikationsbeziehungen nicht mehr unterscheidbar. Die Dienste, die das FMS bereitstellt, orientieren sich an einer Untermenge des MMS. Zusätzlich existiert das Netzmanagement FMA (Fieldbus Management), das die Steuerfunktionen für alle Schichten übernimmt.

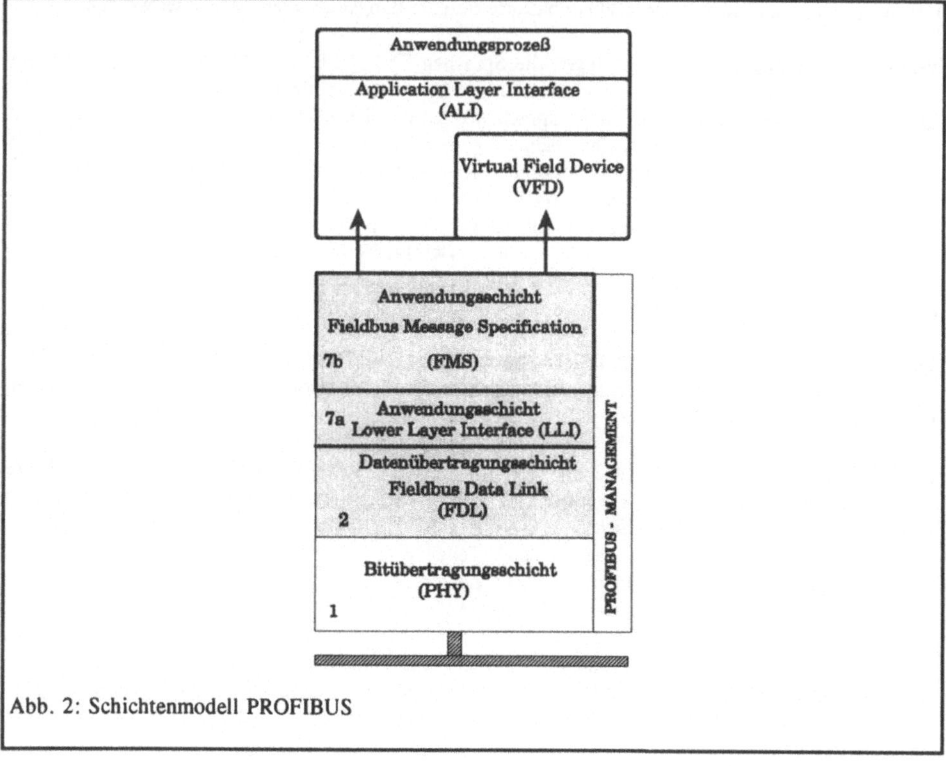

Abb. 2: Schichtenmodell PROFIBUS

Das Application Layer Interface (ALI) ist kein integraler Bestandteil von PROFIBUS, definiert aber die Schnittstelle zum darüberliegenden Anwendungsprozeß. Hierbei wird eine objektorientierte Betrachtungsweise angenommen. Es wird für jeden Kommunikationsteilnehmer mindestens ein virtuelles Feldgerät (VFD - Virtual Field Device) definiert, das den Teil eines Anwendungsprozesses beschreibt, der durch die Kommunikation sichtbar ist (also die Kommunikationsobjekte). Unter einem virtuellen Gerät wird eine dem Anwender dargebotene Abstraktion einer bestimmten Klasse von realen Geräten (Speicher, Terminals, Feldgeräte) verstanden. Jede virtuelle Geräteklasse zeichnet sich durch die Festlegung bestimmter Klassenmerkmale aus, deren Beschreibung (symbolischer Namen, Kurzadresse, Datentyp, Zugriffsrechte u.a.) objektorientiert erfolgt. Für das ALI werden in der Norm nur die erforderlichen Elemente definiert und spezifiziert. Die Funktionalität ist vom Nutzer selbst festzulegen. An einer formalen Beschreibung eines Interfaces Layers für Feldbussysteme wird gearbeitet /Neumann 92b/.

3.2. Formale Beschreibung

Im Rahmen des genannten Projekts stand die Aufgabe, formale Beschreibungen für die Protokolle der Schichten 2 und 7 zu erarbeiten.

Dazu war es zuerst erforderlich, zu bestimmen, welche Spezifikationstechnik zweckmäßig angewendet werden sollte. Aus heutiger Sicht kommt nur die Verwendung einer der 3 für Kommunikationsprotokolle international standardisierten Sprachen ESTELLE, LOTOS und SDL in Frage, da wie eingangs bereits festgestellt, die Ziele einer nationalen und internationalen Standardisierung nur erfüllt werden können, wenn auch standardbasierte Beschreibungstechniken verwendet werden.

Von den 3 genannten Sprachen verfügen die Sprachen ESTELLE und SDL über das gleiche Beschreibungsmodell: das erweiterte Zustandstransitionsmodell. Sie unterscheiden sich jedoch in den sprachlichen Darstellungsmitteln. Beide Sprachen zeichnen sich durch ihre Ähnlichkeit zu höheren Programmiersprachen aus und finden dadurch eine relativ hohe Akzeptanz bei Praktikern. Die Sprache LOTOS basiert auf einem algebraischen Ansatz, der einen sehr hohen Formalisierungsgrad aufweist. LOTOS unterstützt die Verifikation von Kommunikationsprotokollen und die Testfolgenableitung. Ihre Nutzung als Grundlage für Implementierungsarbeiten ist Gegenstand aktueller Forschungsprojekte. Für die Beschreibung der Dienstprimitive und Protokolldateneinheiten ist darüber hinaus die Verwendung der abstrakten Syntaxnotation ASN.1 zu empfehlen, die in diesem Bereich international zunehmend eingesetzt wird.

Für die Spezifikation der PROFIBUS-Norm wurde die Sprache ESTELLE ausgewählt. Ausschlaggebend dafür war ihre größere Praxisnähe sowie die Erfahrung, die mit dieser Sprache an unserer Einrichtung vorlag.

In ESTELLE wurden die Schicht 2 und die Schicht 7 der PROFIBUS-Norm spezifiziert /Henke 92/, /Held 92/, /Födisch 92a/ /Henniger 92/. Die Spezifikationen haben im einzelnen folgenden Umfang:

MAC	-	Subschicht	2366 Zeilen
FDL	-	Subschicht	2637 Zeilen
FMS	-	Subschicht	5139 Zeilen
LLI	-	Subschicht	29450 Zeilen.

Zusätzlich zu diesen Spezifikationen wurde ein Spezifikation von Untermengen der Anwendungsschicht (Protokollspezifikation FMS, Dienstspezifikation LLI) in LOTOS angefertigt /Ulrich 92a/. Damit sollen die Arbeiten zur Ableitung von Testfolgen unterstützt werden.

Welche Erfahrungen können aus der Erarbeitung dieser Spezifikationen gezogen werden. Zuerst zu den positiven:

551

* *Formale Beschreibungen werden Arbeitsmittel*
Das wertvollste Ergebnis der durchgeführten Arbeiten besteht darin, daß die formalen Beschreibungen jetzt zur Verfügung stehen und für zukünftige Arbeiten als Arbeitsmittel genutzt werden können. Die Bereitstellung formalisierter Beschreibungen der PROFIBUS-Norm in ESTELLE und LOTOS bringt einen weiteren wichtigen Vorteil. Die formalen Beschreibungen bilden eine eindeutige und allgemein interpretierbare Grundlage für die Diskussion der internationalen Feldbusnorm. Vergleichbare Arbeiten für das französische Feldbusprojekt FIP liegen vor /Baretto 90/. (Wesentliche Teile der Schicht 2-Spezifikation des internationalen Feldbussystems, das sich gerade in der Entwurfsphase des IEC (SC 65C/WG6) befindet, liegen in Estelle vor. Diese Spezifikationen werden gegenwärtig unter Nutzung der eigenen Spezifikationen auf Richtigkeit und Implementierbarkeit untersucht.)

* *Anwendung FDT-basierter Methoden*
Das Vorhandensein formalisierter Beschreibungen ermöglicht bei zukünftigen Entwicklungen den Einsatz FDT-basierter Werkzeuge, z.B. zur (semi-) automatischen Implementierung, Testfolgenableitung und Leistungsvoraussage (siehe unten).

* *Know how-Aufbau*
Die Entwicklung und spätere Nutzung der formalen Beschreibungen erfordert eine sehr intensive Auseinandersetzung mit der Spezifikation, der verbalen und der formalen. Das führt zu einem beträchtlichen Erkenntnisgewinn über das zu bearbeitende Problem sowohl bei den Entwicklern als auch bei den Anwendern /Ulrich 91/, /Foedisch 91/.

* *Sorgfältige Auswahl der Spezifikationsstile*
Die Anfertigung der formalen Beschreibungen hat die bekannte Erfahrung bestätigt, daß der Auswahl der Spezifikationsstruktur (geeignete Modulstruktur in Estelle) und des Spezifikationsstils (monolithisch, constraint-orientiert usw. in LOTOS) große Sorgfalt zukommt, um nicht durch subjektive Einflüsse die Spezifikation und damit nachfolgende Entwicklungsphasen unnötig kompliziert zu gestalten.

* *Notwendigkeit von Validierungsmaßnahmen*
Die Spezifikationen sind so komplex, daß es auch für den Spezifierer kaum möglich ist, alle Details stets zu überblicken. Deshalb ist eine Validation der formalen Spezifikation unerläßlich, um Fehler und Inkonsistenzen vor der weiteren Bearbeitung zu erkennen. Die Estelle-Spezifikationen wurden mit einem Rapid Prototyping-Tool /Foedisch 92b/ validiert, das eine simulative Ausführung der Spezifikationen gestattet. Die LOTOS-Spezifikation wurde mit den ESPRIT / SEDOS-Tools verifiziert. Problematisch bleibt die Überprüfung der Übereinstimmung mit der verbalen Spezifikation. Dies ist durch die Spezifizierer schwerlich zu realisieren. Dazu wäre ein unabhängiges Gremium erforderlich.

Zu den weniger positiven Erfahrungen dieser Entwicklung gehören:

* *Formalisierung erfolgte zum falschen Zeitpunkt*
Die Formalisierung begann erst nach Abschluß der Definition der PROFIBUS-Norm. Damit konnten die Erfahrungen und Erkenntnisse, die sich aus einer frühzeitigen Anwendung der Techniken ergeben hätten, nicht in den Entwurfsprozeß einfließen. Auch sind in der Zwischenzeit auf der Grundlage der verbalen Spezifikation eine Reihe praktischer Realisierungen vorgenommen worden, so daß die formalen Beschreibungen auch für diesen Bereich eigentlich zu spät kommen. Der Hauptinteressenkreis liegt vor allem im Umfeld der Entwickler der Spezifikation. (Allerdings war dieser Umstand von Beginn an klar und einkalkuliert. Es handelt sich ja bei diesen Arbeiten um eine begleitende Pilotlösung, mit der zukünftige Anwendungen vorbereitet werden sollen.)

* *Beträchtlicher Aufwand für die Erstellung der formalen Beschreibungen*
Der Aufwand für die Erstellung von formalen Beschreibungen war beträchtlich. Es werden zwischen 3 und 9 Monaten benötigt (wobei von den Spezifierern auch noch andere Aufgaben innerhalb des Lehr- und Forschungsbetriebs zu lösen waren). Mehr als die Hälfte der Zeit wurde für das Verständnis der Protokolle benötigt, während die eigentliche Erstellung der Spezifikation relativ schnell vollzogen wurde. Eine Universität ist eigentlich nicht das geeignete Umfeld für die Erstellung solcher Spezifikationen, da die Bewältigung von aktuellen Aufgaben im Universitätsbetrieb die Arbeiten beträchtlich verzögert. Kompliziert und aufwendig gestalten sich vor allem die Spezifikation von Protokolldetails und -varianten (Vollständigkeit) und die ausreichende Kommentierung der Spezifikation, um die Beziehung zur verbalen Spezifikation herzustellen.

3.3. Semiautomatische Implementierung

Eines der wichtigsten und attraktivsten Anwendungsgebiete ist die semiautomatische Ableitung von Implementationen aus der formalen Beschreibung.

Die prinzipielle Herangehensweise bei der rechnergestützten Implementierung ist in allen Ansätzen ähnlich. Die formale Beschreibung wird durch einen "Compiler", genauer gesagt einen Transformator, in eine höhere Programmiersprache (vorrangig C, PASCAL und CHILL) überführt. Der erzeugte Programmkode wird durch handkodierte Routinen ergänzt, die die Funktionen realisieren, die nicht aus der formalen Beschreibung abgeleitet werden können. Das sind vor allem Funktionen der Implementierungsumgebung, die die Einbindung in das Betriebssystem und die Implementierungsumgebung umfassen. Der Anteil, der automatisch generiert werden kann, schwankt zwischen 40 - 70 % in Abhängigkeit vom verwendeten Protokoll.

Der Hauptvorteil dieses Ansatzes liegt vor allem in dem wesentlichen Effizienzgewinn innerhalb des Implementierungsprozesses, was zur Folge haben kann, daß Implementierungen, die sich sonst über einen längeren Zeitraum erstrecken, in einem kurzen Zeitraum von wenigen Tagen realisiert werden können. Aber auch andere Vorteile (Reduzierung der Fehlerwahscheinlichkeit, Vermeidung von Inkompabilitäten, Unterstützung der Konformität der Implementierung u.a.) sind durchaus in vielen Fällen relevant. Die Erfahrung belegt außerdem, daß generierte Implementierungen infolge des sorgfältigen Designs der Implementierungslösung besser strukturiert sind als handkodierte.

Die Technologie der rechnergestützten Implementierung wurde im Zusammenhang mit weiterführenden Arbeiten auch auf die formale PROFIBUS-Norm angewendet. Für diese Arbeiten wurde der NIST-Estelle-Compiler eingesetzt /NIST 87/.

Es war von Beginn an klar, daß aufgrund der Echtzeitanforderungen an das PROFIBUS-System eine direkte Anwendung der Technologie nicht möglich war. Die Probleme ergaben sich dabei weniger aus der geringeren Effizienz des automatisch erzeugten Kodes, weil diese durch die steigende Leistungsfähigkeit der zugrundeliegenden Hardware mehr und mehr an Bedeutung verliert. Vielmehr sind es die Anforderungen, die Buscontroller-Implementationen für sehr einfache, preisgünstige Automatisierungsgeräte erfordern. Aus diesem Grunde war eine modifizierte Anwendung der Technik erforderlich /Neumann 92b/. Aus der Sicht der Portierbarkeit der Implementation und der Subsetbildung in Profilen waren folgende einschränkende Maßnahmen erforderlich, die eine Einschränkung der Notationsvielfalt von Estelle in der Implementierungsspezifikation zur Folge hatten:

- Verzicht auf ein Betriebssystem, in welches die Kommunikationssoftware eingebettet wird
- Verzicht auf dynamische Speicherverwaltung
- sparsamer Umgang mit vorhandenen Speicherressourcen
- Vermeidung bestimmter Estelle-Klauseln, z.B. *any, delay, priority.*

Die Konsequenzen der Berücksichtigung dieser Einschränkung der Notationsvielfalt werden anhand von Abb. 3 deutlich. Die Abbildung zeigt am Beispiel der FMS-Spezifikation eines PROFIBUS-Slave die Modulstruktur des FMS bei Anwendung des vollen ESTELLE-Umfanges (Abb. 3a) und des reduzierten ESTELLE-Umfanges (Abb. 3b).

Eine solche Vorgehensweise ist legitim, da es sich hierbei um die Ausarbeitung der Implementierungsspezifikation handelt und die Implementierung durch die Spezifikation nicht vorgeschrieben wird. Sie bedarf jedoch großer Sorgfalt, da gewährleistet werden muß, daß die Übereinstimmung mit der Spezifikation bewahrt bleibt. Deshalb kann man diese Vorgehensweise nicht generell verallgemeinern. Beim PROFIBUS hat sie sich als gangbar erwiesen.

Ausgehend von dieser Methodik konnten folgende Erfahrungswerte bei der rechnergestützten Implementierung für eine portierbare, modulare Schicht 7-Implementation für einen PROFIBUS-Slave im Aktor/Sensor-Profil, bei der alle in der DIN 19245 definierten Schnittstellen explizit nutzbar sind, erzielt werden:

1. ESTELLE Laufzeitsystem mit allen Funktionen
   (angepaßt für MS-DOS):   5   KByte
   reduziertes Laufzeitsystem: 0,5   KByte

2. Umfang der reduzierten ESTELLE Spezifikation einschließlich Konstantendefinition und Kommentare (ca. 15 %)
   FMS und FMA: ca. 3700 Zeilen
   LLI: ca. 2400 Zeilen

3. Umfang des generierten C-Quellkodes
   Programmgröße je nach Prozessortyp
   FMS und FMA: 5.247 Zeilen
   LLI: 3.991 Zeilen

4. Anteile der Methoden der Quellkodeerzeugung
   (bedingt durch zugrundeliegende Restriktionen):
   handkodiert   ca. 20 %
   automatisch erzeugt   ca. 80 %

5. Zeitdauer für die Ausarbeitung der Implementationsspezifikation
   (Voraussetzung: Grundwissen in ESTELLE und PASCAL-Programmierung;
                      keine Restriktionen durch die Anwendung
                      Die Zeitangaben schließen die Interpretation der Norm ein.)

                      FMA: ca. 8 Wochen
                      LLI: ca. 12 Wochen

6. Zeitdauer für die rechnergestützte Erarbeitung des ausführbaren Kodes im Zielprozessor (Testzeiten nicht berücksichtigt):

   ESTELLE --> C (Sparc Workstation, Unix):   ca. 1 min
   Portierung der C-Quellen auf MS-DOS-
   Rechner (über Netzwerk):   ca. 2 min
   Vorbereitung Compilerlauf für
   Zielprozessor: ca. 5 min
   Notwendiger Zeitbedarf für Änderung im
   Zielprozessor, ausgehend von einer Änderung
   der ESTELLE-Spezifikation: ca. 10 min

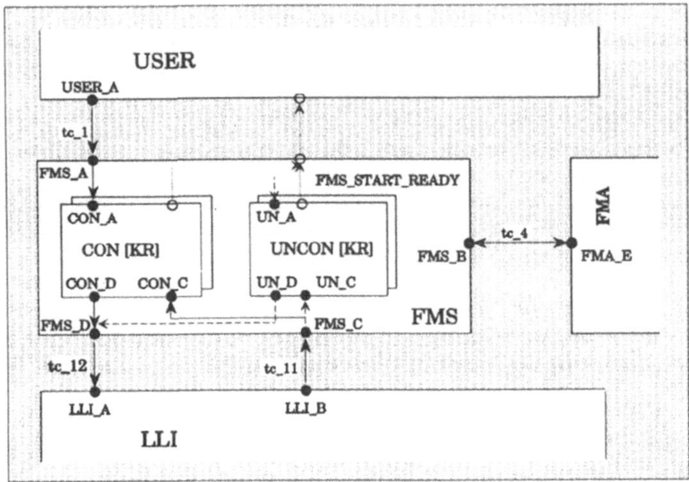

a) voller ESTELLE-Umfang

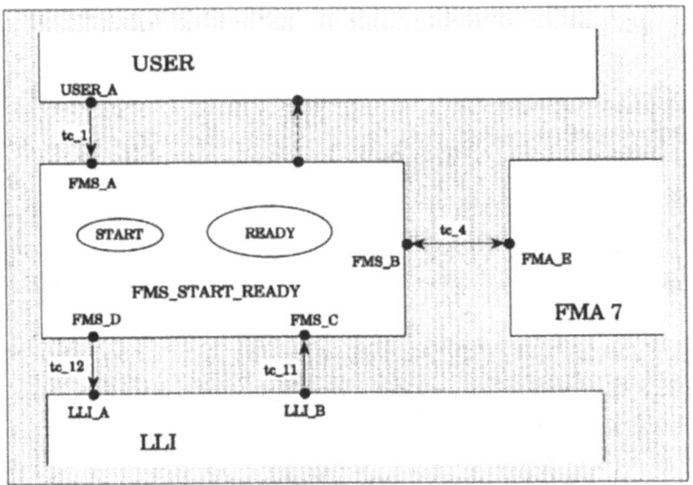

b) reduzierter ESTELLE-Umfang

Abb. 3: ESTELLE-Modulstruktur des FMS für einen PROFIBUS-Slave /Lindenblatt 92/

Anhand dieser Erfahrungswerte wird der Effizienzgewinn für die ingenieurtechnische Arbeit bei der Produktentwicklung deutlich. Dieser Gewinn ist besonders wirksam, wenn die Spezifikationsarbeiten und die Entwicklung der Werkzeuge zur Subsetbildung, Testung und Portierung an einer Stelle für viele Nutzer durchgeführt werden.

Das Fallbeispiel zeigt, daß die rechnergestützte Implementierung eine wichtige Anwendung formaler Beschreibungstechniken bildet, die letztlich wesentlich zu ihrem Durchbruch beitragen kann. Die Technologie ist trotz aller ermutigenden Ergebnisse noch nicht für eine breite Anwendung aufbereitet. Die meisten bisher vorliegenden Systeme tragen experimentellen Charakter. Die Probleme, die in diesem Zusammenhang vorrangig zu lösen sind, sind folgende:

* Die Technologie ist nicht für alle Sprachen verfügbar. Die meisten Systeme wurden für Estelle und SDL entwickelt. Für LOTOS ist auf längere Sicht kaum eine praktikable Lösung zu erwarten.

* Das Wesen der Implementierungsspezifikation ist genauer zu bestimmen. Die Bereitstellung derartiger "Compiler" überführt ja quasi die Spezifikationssprache in eine "Programmiersprache". Das erfordert, daß der Unterschied zwischen der Protokoll- und Implementierungsspezifikation stärker bestimmt wird. Hier könnte sich z.B. die Verwendung getrennter Sprachebenen mit unterschiedlichem Darstellungsumfang als zweckmäßig erweisen /König 90/.

* Der Erfolg solcher Systeme wird wesentlich von ihrem Automatisierungsgrad abhängen. Das erfordert die Erarbeitung von Implementierungsmodellen, die eine breite Akzeptanz finden, und die Bereitstellung zweckmäßiger Mechanismen für die Einbindung in die Betriebssystemumgebung.

* Die genannten Effizienzgewinne können nur dann erzielt werden, wennn formale Beschreibungen vorliegen. Müssen sie erst erarbeitet werden, kann dies u.U. ebenso lange dauern, wie die unmittelbare Umsetzung der informalen Spezifikation in eine hand-kodierte Implementierung.

3.4. Formale Profil-Beschreibungen

Die Nutzung des PROFIBUS durch ein breites Spektrum von Feldgeräten ist nur durch die Definition von Geräteprofilen effizient beherrschbar. Ein solches Geräteprofil ist durch eine Untermenge der im Standard definierten Funktionen und durch die gerätespezifischen Parameter bestimmt. Die Geräteprofile werden ebenfalls formal beschrieben /Neumann 92a/. Die Spezifikation umfaßt die notwendigen Teilfunktionen, spezifiziert in Estelle, und die ausgewählten gerätespezifischen Parameter. Letztere werden mit ASN.1 dargestellt. Weiterhin sind auch anwendungsspezifische Definitionen enthalten. Die formalen Geräteprofil-Beschreibungen werden genutzt für:

- die Erzeugung von anbieter-unabhängigen Geräte-Master-Files für den Konfigurationsprozeß
- die Erzeugung von anwendungsspezifischen Testdaten.

Letztere dient der Unterstützung des Konformitätstests der PROFIBUS-Schicht 7 (siehe unten). Hierfür wird eine spezielle Syntax (beschrieben in ASN.1) genutzt, in der alle Profil- und Produktdaten (Objektattribute, Busparameter, Kommunikationsrelationen) erfaßt werden. Aus diesen Daten werden automatisch Testdatensätze erzeugt, die in die PICS/PIXIT-Beschreibung des Testkandidats eingehen.

3.5. Konformitätstest

Die Bereitstellung von Testfolgen für den Konformitätstest ist eine weitere wichtige Anwendung formaler Beschreibungstechniken. Für den Konformitätstest der PROFIBUS-Schicht 7 ist an der TU Magdeburg, wie eingangs erwähnt, ein solches Testzentrum implementiert worden. Die Ableitung von Testfolgen aus der formalen Beschreibung ist deshalb ein gegebenes Forschungsthema. Am Rande sei vermerkt, daß gerade diese Anwendung formaler Beschreibungstechniken bei den Praktikern die größte Akzeptanz findet.

Folgende Methoden der Testfolgengenerierung sind möglich:

- Manuelle Ableitung aus der informalen Dienst- und Protokollspezifikation (intuitiv durch Interpretation des Standardtexts),
- Automatische Ableitung aus endlichen Zustandsautomaten-Darstellungen mittels der bekannten Methoden, z.B. Transition-Tour, W-Methode, UIO-Verfahren, Rural Chinese Postmann,
- Direkte Ableitung aus der formalen Beschreibung.

Die direkte Ableitung aus der formalen Beschreibung ist zweifellos die günstigste Lösung, da keine Neuinterpretation der Spezifikation durch ein anderes Modell erforderlich ist. Sie ist aber in dieser direkten Form nicht praktizierbar, da die Semantik der FDT wesentlich komplexer ist als die der Modelle, die die Grundlage der derzeit bekannten Verfahren der Testfolgenableitung bilden. Für die Testfolgenableitung müssen deshalb die formalen Beschreibungen in wohldefinierte Zwischendarstellungen überführt werden, die die Anwendung der bekannten Methoden gestattet. Diese Überführung ist nicht unproblematisch, da durch die Veränderung der Semantik Informationen aus der formalen Beschreibung für die Testung verloren gehen. Beispiele für solche Zwischendarstellungen sind die Normalform-Repräsentation in Estelle /Sarikaya 86/ und der Kanonische Tester für LOTOS /Brinksma 88/. Die Problematik der Testfolgenableitung ist nach wie vor Forschungsgegenstand. Es gibt keine geschlossene Theorie zur Testfolgenableitung. Da insgesamt das Problemfeld der Testfolgenableitung zu komplex ist, können immer nur Teilaspekte theoretisch beschrieben werden. Offene Probleme der Testfolgenableitung sind weiterhin die Berücksichtigung von Datenabhängigkeiten und die Selektion zweckmäßiger Testfolgen.

Für den PROFIBUS-Konformitätstest wird die automatische Bereitstellung von Testfolgen angestrebt. Zu diesem Zweck wurden mehrere Testableitungsverfahren Transition-Tour, UIO-Sequence Verfahren, Rural Chinese Postman Tours /Henniger 91/ und die W-Methode /Brückmann 92/ implementiert. Gegenwärtig wird als weiterer Ausgang des Estelle-Compilers /Foedisch 92b/ die Normalform-Representation bereitgestellt, an den die oben genannten Verfahren angebunden werden sollen. Ähnliche Arbeiten werden für LOTOS durchgeführt, die das Ziel verfolgen, Datenabhängigkeiten zu berücksichtigen /Ulrich 92b/.

4. Schlußfolgerungen

Formale Beschreibungstechniken sind ein wichtiges Mittel für eine effiziente und qualitätsgerechte Entwicklung von Kommunikationssoftware. Ihre Entwicklung hat in der Zwischenzeit einen Stand erreicht, der ihren Einsatz für praktische Anwendungen rechtfertigt. Das Fallbeispiel PROFIBUS hat diesbezüglich ermutigende Resultate gezeigt. Es konnten wesentliche Effizienzgewinne erzielt werden. Die Qualität des Endprodukts wurde erhöht. Dabei sollte man sich nicht davon abhalten lassen, daß bestimmte Verfahren noch nicht den gewünschten Entwicklungsstand erreicht haben. Durch eine differenzierte Herangehensweise, wie im Fallbeispiel demonstriert, können wesentliche Vorteile der formalen Beschreibungstechniken genutzt werden.

Der erfolgreiche Einsatz formaler Beschreibungstechniken setzt in erster Linie die Bereitschaft für ihre Anwendung voraus. Diese Bereitschaft ist im Umfeld der Entwickler bzw. an Universitäten stärker gegeben als anderswo. Um die Attraktivität und Akzeptanz der FDT zu erhöhen, sind eine Reihe unterstützender Maßnahmen erforderlich. Auf einen Teil von ihnen wurde bereits eingegangen. Sie sollen unter dem Aspekt der geschilderten Erfahrungen zusammengefaßt werden:

* *Rechtzeitige Bereitstellung formaler Beschreibungen*

Die entscheidende Voraussetzung ist die rechtzeitige Bereitstellung formaler Beschreibungen, damit ihre Vorzüge während des gesamten Entwicklungsprozesses genutzt werden können. Wenn dies nicht gewährleistet ist, werden die meisten praktischen Realisierungen nicht von den formalen Beschreibungen profitieren. Sie kommen zu spät /Bochmann 90a/. Davon ausgehend kann man folgendes formulieren:

> Solange es nicht gelingt, die formalen Beschreibungen gleichzeitig mit den Standards bereitzustellen, werden die formalen Beschreibungstechniken keinen praktischen Durchbruch erzielen.

* *Einsatz im gesamten Protokollebenszyklus*

Formale Beschreibungstechniken müssen in allen Phasen des Protokollebenszyklus zur Anwendung kommen, um ihre Vorteile voll zum Tragen zu bringen. Das ist heute nicht immer gewährleistet. Deshalb ist häufig nur eine Kombination von Techniken möglich.

* *Schaffung von Fallbeispielen*

Zweifellos ist es erforderlich weitere Fallbeispiele zu schaffen, die Vorzüge und Defizite der Anwendung von FDT besser ausloten. Von Interesse dürfte auch die Anwendung von FDT in neuen Bereichen sein, z.B. bei Protokollen für Hochgeschwindigkeitsnetze.

* *Bereitstellung praktikabler Tools*

Die zügige Bereitstellung praktikabler Tools wird entscheidend sein für die Akzeptanz der FDT. Von Interesse sind vor allem Tools zur Unterstützung der Erstellung von formalen Beschreibungen, Validationstools, Compiler und Testfolgengeneratoren. Dabei ist es häufig zweckmäßig, auf einfachere Tools zu orientieren, die von reduzierten Modellen ausgehen, als komplexere Tools anzustreben /Bochmann 90a/.

* *Verbesserung der FDTs*

Die formalen Beschreibungstechniken bieten, wie oben diskutiert, eine Reihe von Ansatzpunkten für Verbesserungen, Abgesehen von den konkreten Teilproblemen sind für weitere Verbesserungen vor allen zwei Aspekte von Interesse:

  . die Verwendung intuitiver Sprachelemente, die dem Nutzer leicht verständlich sind,
  . die Unterstützung der Anwendung im gesamten Lebenszyklus.

Inwieweit Änderungen der Standard-FDTs diesen Forderungen Rechnung tragen, muß die Zukunft zeigen. Die Definition einer neuen Standard-FDT wird aufgrund der damit verbundenen Probleme kaum zu erwarten sein.

* *Ausbildung in FDTs*

Ein entscheidender Faktor der Akzeptanz der FDT ist selbstverständlich die Ausbildung darin. Neben der Ausbildung potentieller Anwender sollten diese Techniken verstärkt im Studium eingeführt werden, um damit schrittweise den Kreis möglicher Anwender zu vergrößern.

Literatur

/Baretto 90/   Baretto, M.L.; Courtiat, J.P.; Saqui-Sannes: Experience in Using Estelle for the Specification and Verification of a Fieldbus Protocol: PIP. in Csaba, L. et al. (eds.): Computer Networking. Noth Holland, 1990, pp. 295-304

/Bender 90/   Bender, K.: PROFIBUS. Carl Hanser Verlag, München, 1990

/Bochmann 90a/   Bochmann, G.v.: Formal methods for describing systems: A discussion of the experience in OSI standardization. Université de Montréal, Départment d'informatique et de recherche opérationelle. Publication # 712, Jan. 1990

/Bochmann 90b/   Bochmann, G.v.; Ouimet, D.; Neufeld, G.: Implementation supports tools for OSI application layer protocols. Université de Montréal, Départment d'informatique et de recherche opérationelle. Publication # 720, March 1992

/Brinksma 87/   Brinksma, E.: On the existence of canonical testers. Memorandum Inf-87-5, University of Twente, Jan. 1987

/Brinksma 92/   Brinksma, E.; Leih, G.: Enhancements of LOTOS. Proc. 3. LOTOSPHERE Workshop, Pisa, Sept. 1992

/Brückmann 92/   Brückmann, Chr.: Implementierung eines Testfolgengenerators für ESTELLE-Spezifikationen. Diplomarbeit, TU Magdeburg, Fakultät Informatik, 1992

/Courtiat 88/   Courtiat, J.P.: Estelle*: a powerful dialect of Estelle for OSI protocol description. Proc. IFIP Symposium on Prot. Spec., Verif. and Testing, Atlantic City, 1988

/CCITT 89/   CCITT: Functional Specification and Description Language (SDL). Recommendation Z. 100-Z. 104, Geneva, 1989

/DIN 19245/   PROFIBUS-Norm DIN 19245, Teil 1 und 2, Beuth Verlag, Berlin, 1990

/Foedisch 91/   Födisch,R.; Held, Th.; König,H.: Rechnergestützte Verarbeitung von Protokoll-spezifikationen - dargestellt an der PROFIBUS-Norm. messen-steuern-regeln (1991) 9, 345-348, enthalten in atp 33 (1991) 9

/Födisch 92a/   Födisch, R.: Spezifikation der PROFIBUS-FMS-Schicht in Estelle. Forschungsbericht TUMD-IRB/PB-030, TU Magdeburg, Inst. für Rechnerverbund u. Betriebssysteme, 1992

/Foedisch 92b/   Foedisch, R.; Held, T.; Koenig, H.: A Protocol Engineering Environment Based on ESTELLE. Information Network and Data Communication, IV. North Holland, Proceedings of the IFIP TC 6 International Conference INDC '92, Helsinki, March 1992

/Held 92/   Held, Th.: Spezifikation der PROFIBUS-FDL-Schicht in Estelle. Forschungsbericht TUMD-IRB/PB-020, TU Magdeburg, Inst. für Rechnerverbund u. Betriebssysteme, 1992

/Henke 92/   Henke, R.: Spezifikation der MAC-Subschicht des PROFIBUS in Estelle. Forschungsbericht TUMD-IRB/PB-010, TU Magdeburg, Institut für Rechnerverbund und Betriebssysteme, 1992

/Henniger 91/   Henniger, O.: Automatisierte Testfolgenableitung für Konformitätstests. Diplomarbeit, TU Magdeburg, Institut für Automatisierungstechnik, 1991

/Henniger 92/   Henniger, O.: Formale Spezifikation des PROFIBUS-LLI. Dokumentation, TU Magdeburg, Institut für Automatisierungstechnik, 1992

/Holzmann 88/   Holzmann, G.J.: "An Improved Protocol Reachability Analyses Technique", Software-Practice and Experience, 18 (1988) 2, pp. 137-161

/ISO 8807/   ISO IS 8807: LOTOS - A Formal Description Technique Based on the Temporal Ordering of Observational Behaviour, 1988

/ISO 8824/   ISO, Information Processing Systems - Open Systems Interconnection - Specification of Abstract Syntax Notation One (ASN.1). IS 8824

/ISO 9074/   ISO IS 9074: Estelle - A Formal Description Technique Based on an Extended State Model, 1989, 179 S.

/König 90/   König, H.: Kommunikationsprotokolle (224S.). Akademie-Verlag, Berlin, 1990

/König 91/   König, H.: Rechnergestützte Entwicklung von Kommunikationsprotokollen. Online '91, Hamburg, Congressband III, Löffler, H. (ed.): Kommunikations-Netzwerke und offene Systeme (OSI): Stand und Entwicklungstrends. S. 05.03 - 05.17

/König 92/   König, H.; Neumann, P.: Formale Beschreibung der PROFIBUS-Norm. in Tagungsberichte STAK'92, VDI-Berichte 937, Düsseldorf, 1992, S. 77-91

/Kubitschek 92/   Kubitschek, K.: A LOTOS / ASN.1 Based Test Derivation Approach. Diplomarbeit, TU Magdeburg, Fakultät Informatik, 1992

/Lindenblatt 92/   Lindenblatt, N: Formale Spezifikation des FMS mit Hilfe der Sprache Estelle. Diplomarbeit, TU Magdeburg, Institut für Automatisierungstechnik, 1992

/Loureiro 92/   Loureiro, A.A.F.; Chanson, S.T.; Voung, S.T.: FDT Tools for Protocol Development. Tutorial Forte '92, pp. 38-78, Lannion, 1992

/Neumann 92a/   Neumann, P.; Diedrich, Chr.: Profilbildung für offene Kommunikationssysteme. in Tagungsberichte STAK`92, VDI-Berichte 937, Düsseldorf, 1992, S. 65-76

/Neumann 92b/   Neumann,P.; Diedrich,Chr.; Hähniche,J.: Rechnergestützte Profilbildung und Implementation von Feldbussen auf formaler Basis. Vortrag iNet'92, Sindelfingen, Juni 1992

/NIST 87/   User Guide for the NBS Prototype Compiler for Estelle - Final Report. National Institute of Standards and Technologies, Report No. ICST/SNA-87/3, Okt. 87

/Sarikaya 86/   Sarikaya, B.; Bochmann, G.v.: Obtaining Normal Form Specifications for Protocols. in Csaba, L.; Tarnay, K.; Szentivanyi, T. (eds.): COMPUTER NETWORK USAGE: Recent Experiences. North-Holland, Amsterdam, 1986, pp. 601-612

/Schneider 92/   Schneider, J.M.: Protocol Engineering - A Rule-Based Approach. Vieweg, Braunschweig-Wiesbaden, 1992

/Ulrich 91/   Ulrich,A.; König,H.: Beschreibung der Anwendungsdienste im Profibus. messen-steuern-regeln (1991) 9, 338-342, enthalten in atp 33 (1991) 9

/Ulrich 92a/   Ulrich, A.: Spezifikation der PROFIBUS-Schicht 7 in LOTOS. Forschungsbericht TUMD-IRB/PB 040, TU Magdeburg, Institut für Rechnerverbund und Betriebssysteme, 1992

/Ulrich 92b/   Ulrich, A.: Methoden der Testfolgenableitung aus formalen Spezifikationen. Diplomarbeit, TU Magdeburg, Fakultät Informatik, 1992

Integration von Darstellungs- und Kommunikationssteuerungsschicht in Estelle

Bernd Hofmann

Lehrstuhl für Praktische Informatik IV
Universität Mannheim
hofmann@pi4.informatik.uni-mannheim.de

Abstract. Herkömmliche Implementierungen von OSI-Protokollen orientieren sich an der Schichteneinteilung des OSI-Referenzmodells. Dadurch wird die Leistung vor allem in den anwendungsorientierten Schichten durch die Kommunikation zwischen den Schichten beeinträchtigt. Der vorliegende Artikel beschreibt, wie durch eine Integration benachbarter Protokollschichten sowohl Nachrichtenaustausch als auch Zustandswechsel eingespart werden können. Erste Erfahrungen mit einer integrierten Implementierung der Darstellungs- und Kommunikationssteuerungsschicht liegen bereits vor und ergeben signifikante Geschwindigkeitssteigerungen.

1 Einleitung

Zur Kommunikation von Rechnern in offenen Netzen wurden von der ISO das Basisreferenzmodell und die zugehörigen Protokolle standardisiert [ISO84a]. Dabei wurde von relativ langsamen Übertragungsmedien ausgegangen, so daß die Abwicklung komplexer Protokolle im Vergleich zur Übertragungszeit nicht ins Gewicht fiel und dadurch möglich und sinnvoll war.

Mittlerweile aber sind schnellere Übertragungsmedien wie z. B. Glasfaserkabel verfügbar. Dadurch verschiebt sich der Engpaß vom Netz zum Host, da die Verarbeitung der Protokolle nicht mehr in einer dem Netz angepaßten Geschwindigkeit erfolgen kann. Es muß daher nach Wegen gesucht werden, wie die Protokolle – wenn man sie beibehalten will – effizienter implementiert werden können.

Häufig wird die schichtenweise Implementierung als eine Quelle für Effizienzverlust genannt [Svo89, Web91, Sok91]. Insbesondere bei den anwendungsorientierten Schichten müssen oft Dienste, die schon in tiefergelegenen Schichten angeboten werden, durchgereicht werden, um sie einer höhergelegenen Schicht anbieten zu können. Tragen die dazwischenliegenden Schichten nichts zu diesen Diensten bei, könnte einiger Kommunikationsaufwand eingespart werden, wenn ein schichtenübergreifender Dienstzugriff möglich wäre. Dies wird aber durch die strenge Schichteneinteilung in einer Implementierung unmöglich gemacht.

Diese – für den Entwurf durchaus sinnvolle Einteilung – muß bei der Implementierung nicht unbedingt beibehalten werden. Die gerade geschilderten Nachteile können durch die Integration benachbarter Schichten bei der Implementierung vermieden werden. Dabei werden die Protokollmaschinen der betreffenden

Schichten zu einer einzigen zusammengefaßt, die die äußeren Schnittstellen beibehält, sich also für die restlichen Schichten wie die ersetzten verhält. Intern werden aber weniger Zustandswechsel vorgenommen, da nun ein schichtenübergreifender Dienstzugriff möglich ist.

In diesem Artikel wird exemplarisch die Integration der Darstellungsschicht (presentation layer) und der Kommunikationssteuerungsschicht (session layer) gezeigt. Da zum einen die Protokolle in Form von endlichen Automaten standardisiert sind, zum anderen sich die Integration sehr gut mit den Mitteln der Automatentheorie beschreiben läßt, wird als Spezifikationssprache die automatenorientierte Sprache Estelle verwendet. Dies hat darüberhinaus den Vorteil, daß bestehende Estelle-Spezifikationen als Referenz zur Verfügung stehen. Die Implementierung erfolgt werkzeuggestützt mithilfe eines Estelle-C-Compilers. Erste vergleichende Messungen der Laufzeiten ergaben Geschwindigkeitssteigerungen um den Faktor 2. Dies ist aber lediglich eine untere Schranke, der tatsächliche Speedup läßt sich erst durch genauere Messungen ermitteln.

Der Artikel gliedert sich wie folgt: Im nächsten Abschnitt werden die Nachteile einer schichtenweisen Implementierung genauer erörtert und an einigen Beispielen belegt. Die Integration zweier Automaten wird in Abschnitt 3 beschrieben. In Abschnitt 4 wird die Implementierung der integrierten Darstellungs- und Kommunikationssteuerungsschicht vorgestellt. Hier werden auch die ersten Ergebnisse von Laufzeitmessungen angegeben. Schließlich werden im letzten Abschnitt die bisherigen Ergebnisse zusammengefaßt und ein Ausblick auf zukünftige Arbeiten gegeben.

2 Schichtenweise Implementierung

Der schichtenweise Aufbau des Architekturmodells legt eine schichtenweise Implementierung, d. h. unter Beibehaltung der Schnittstellen zwischen den Schichten, nahe. Es gibt im wesentlichen zwei Methoden: das *server model* und das *activity thread model* [Svo89]. Beim *server model* wird jede Schicht durch einen oder mehrere Prozesse implementiert, die durch Interprozeßkommunikation miteinander kommunizieren. Beim *activity thread model* hingegen werden mehrere Schichten durch einen Prozeß implementiert, die Kommunikation zwischen den Schichten erfolgt durch Prozeduraufrufe. In jedem Fall aber bleibt die schichtenweise Aufteilung in der Implementierung erhalten, und die Kommunikation zwischen benachbarten Schichten wird gemäß dem Standard abgewickelt.

Vorteile dieser Vorgehensweise sind zum einen die Möglichkeit, eine neue Implementierung einer Schicht oder sogar ein ganz neues Protokoll einfach in das Gesamtsystem einfügen zu können. Hierbei muß nur darauf geachtet werden, daß die Schnittstelle beibehalten wird. Zum anderen ist gar keine andere Implementierung möglich, wenn ein Teil der Protokolle in Hardware, ein anderer in Software realisiert ist (z. B. physikalische und MAC-Schicht auf einer Karte, Rest in Software). Auch wenn benachbarte Schichten aus systemtechnischen Gründen in verschiedenen Adreßräumen laufen sollen, z. B. im Anwender- und im Kernel-Adreßraum, ist es sinnvoll, die ISO-konforme Dienstschnittstelle beizubehalten.

Für die anwendungsorientierten Schichten gilt dies aber nicht uneingeschränkt. So haben z. B. die Kommunikationssteuerungs- und die Darstellungsschicht „ähnliche" Protokollautomaten. Betrachtet man nämlich den gesamten Protokollturm, so steht den Kommunikationspartnern erstmals ab der Transportschicht eine Ende-zu-Ende-Verbindung zur Verfügung, die darunterliegenden Netze und Netzarchitekturen sind verdeckt.

An dieser grundsätzlichen Ende-zu-Ende-Struktur ändert sich bis in die Anwendungsschicht nichts, es kommen lediglich neue Funktionen wie beispielsweise Dialogmanagement, Synchronisation, Umwandlung unterschiedlicher Datenrepräsentationen etc. hinzu. Diese Funktionen sind letztlich nur Prozeduren, die bei Zustandsübergängen der Protokollautomaten aufgerufen werden.

Daneben sind diese Schichten bereits semantisch verzahnt, denn $(N + 1)$-PDUs werden direkt auf entsprechende (N)-PDUs abgebildet und nicht – wie in tieferen Schichten – transparent als (N)-DATA übertragen (z. B. beim Verbindungsaufbau).

Hinzu kommt, daß Dienste, die schon in Schichten unterhalb der Anwendungsschicht voll zur Verfügung stehen, wegen der Schichtenarchitektur nur dadurch der Anwendung zugänglich gemacht werden können, indem sie von allen dazwischenliegenden Schichten unverändert durchgereicht werden.

Ein Beispiel hierfür ist die einfache Datenübertragung nach dem Verbindungsaufbau. Dieser Dienst steht bereits an der Transport-Schnittstelle zur Verfügung (T-DATA.request). Er ist aber wegen der strengen Schichteneinteilung nicht direkt an der Dienstschnittstelle der Kommunikationssteuerungsschicht verfügbar, sondern nur über ein entsprechendes Dienstprimitiv dieser Schicht (S-DATA.request). Der Protokollautomat der Kommunikationssteuerungsschicht reagiert auf den Empfang dieses Dienstprimitivs mit dem Senden eines T-DATA.-requests. Außer der PDU-Kodierung fallen keine spezifischen Aufgaben der Kommunikationssteuerungsschicht an. Der Vorgang wiederholt sich analog in der Darstellungsschicht (s. Abb. 1).

Weitere Beispiele wären Verbindungsaufbau und Expedited Data (ab Transportschicht) sowie geordneter Verbindungsabbau, Typed Data, Capability Data, Dialogmanagement, Synchronisation, Aktivitätenmanagement und Ausnahmebehandlung (ab Kommunikationssteuerungsschicht).

Dieses Durchreichen von Dienstprimitiven erzeugt zweierlei Mehraufwand: zum einen müssen in jeder beteiligten Schicht zusätzliche Zustandsübergänge durchgeführt werden, zum anderen Parameter weitergereicht oder – je nach Implementierung – sogar kopiert werden. Im Hinblick auf eine effiziente Implementierung bietet die Beseitigung dieses Mehraufwands ein Potential zur Geschwindigkeitssteigerung.

3 Integration

Der schichtenweise Aufbau des ISO/OSI-Basisreferenzmodells ermöglicht erst die Spezifikation eines komplexen Kommunikationsubsystems, indem das Problem in kleinere, in sich geschlossene Teilprobleme mit klaren Schnittstellen zerlegt

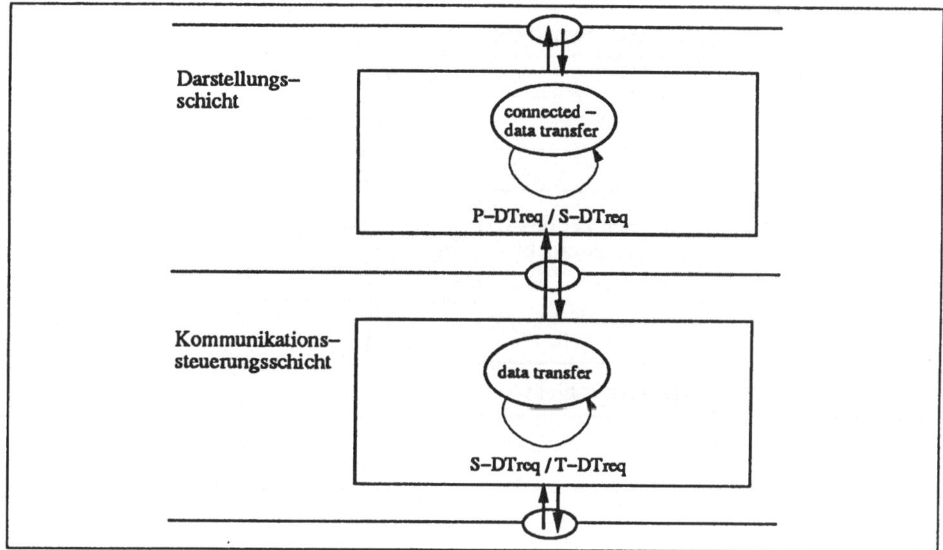

Abb. 1. Durchreichen eines Dienstes

wird. Für die Implementierung ist eine solche Aufteilung aber nicht zwingend vorgeschrieben [Svo89].

Das oben beschriebene Durchreichen von Dienstprimitiven und die damit verbundenen Effizienzverluste lassen sich durch die Integration benachbarter Schichten vermeiden. Das ist natürlich nur bei einer beschränkten Anzahl von Schichten sinnvoll, um die Vorteile der Modularisierung nicht ganz aufzugeben. Deshalb bietet sich eine solche Vorgehensweise besonders bei Schichten mit „ähnlichen" Protokollautomaten wie z. B. Darstellungs- und Kommunikationssteuerungsschicht an. Dieser Artikel beschränkt sich auf die Integration dieser beiden Schichten, es ist aber auch eine Einbeziehung von ACSE denkbar und für die Zukunft geplant.

Die Integration von Darstellungs- und Kommunikationssteuerungsschicht resultiert in einer Protokoll-Instanz, die den Darstellungs-Dienst auf der Basis des Transport-Dienstes erbringt. Die „äußeren" Schnittstellen der integrierten Schichten werden dabei gemäß dem Standard eingehalten (s. Abb. 2).

Allgemein ist der Automat[1] einer integrierten Protokoll-Instanz der Produktautomat der zu integrierenden Automaten im Sinne der Automatentheorie (s. Def. 1) mit bestimmten Vereinfachungen. Diese nutzen die Tatsache aus, daß

---

[1] Aus Vereinfachungsgründen werden im folgenden nur Endliche Automaten und nicht *Erweiterte* Endliche Automaten beschrieben, wie sie eigentlich zur Abbildung von OSI-Protokollen nötig wären. Dies stellt keine Einschränkung dar, da die Aussagen unabhängig von der Verwendung von Variablen und Parametern sind und sich daher direkt auf Erweiterte Endliche Automaten übertragen lassen.

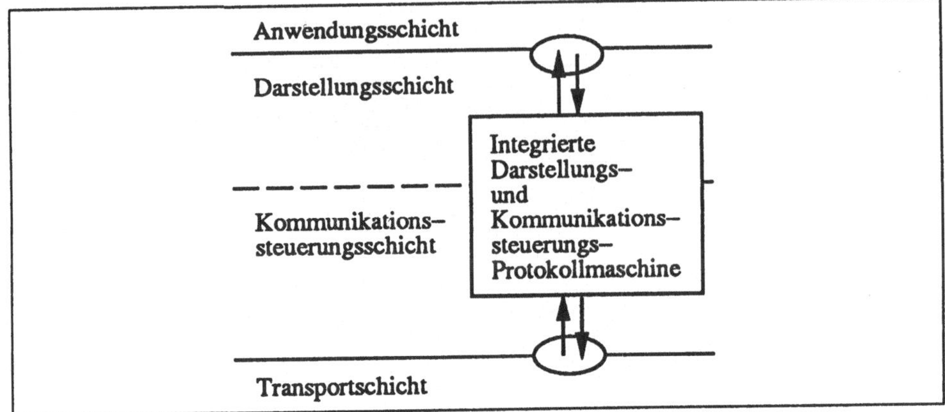

Abb. 2. Integration von Darstellungs- und Kommunikationssteuerungsschicht

die Ausgangsautomaten Protokollmaschinen *benachbarter* Schichten sind.

Definition 1 Produktautomat. Seien $\alpha_j = (Z_j, E_j, A_j, \delta_j, \lambda_j, i_j)$, $j \in \{1,2\}$ zwei endliche Automaten mit den Zustandsmengen Z_j, den Eingabealphabeten E_j mit $E_1 \cap E_2 = \emptyset$, den Ausgabealphabeten A_j, den Zustandsübergangsfunktionen $\delta_j : Z_j \times E_j \to Z_j$, den Ausgabefunktionen $\lambda_j : Z_j \times E_j \to A_j$ sowie den Startzuständen i_j. Dann ist

$$\alpha_1 \times \alpha_2 := (Z_1 \times Z_2, E_1 \cup E_2, A_1 \cup A_2, \delta, \lambda, (i_1, i_2))$$

mit

$$\delta : (Z_1 \times Z_2) \times (E_1 \cup E_2) \to (Z_1 \times Z_2),$$

$$\delta((z_1, z_2), e) := \begin{cases} (\delta_1(z_1, e), z_2) & \textit{falls} \quad e \in E_1 \\ (z_1, \delta_2(z_2, e)) & \textit{falls} \quad e \in E_2 \end{cases}$$

und

$$\lambda : (Z_1 \times Z_2) \times (E_1 \cup E_2) \to (A_1 \cup A_2),$$

$$\lambda((z_1, z_2), e) := \begin{cases} \lambda_1(z_1, e) & \textit{falls} \quad e \in E_1 \\ \lambda_2(z_2, e) & \textit{falls} \quad e \in E_2 \end{cases}$$

Kann nun davon ausgegangen werden, daß – wie das bei Protokollautomaten benachbarter Schichten der Fall ist – Ausgaben des einen Automaten Eingaben des anderen sind, dann kann eine Transition des einen Automaten direkt eine Transition des anderen Automaten auslösen. Dieser Fall tritt ein, wenn das Ausgabezeichen der ersten und das Eingabezeichen der zweiten Transition identisch sind. Diese beiden Transitionen, die im integrierten Automaten direkt hintereinander kommen, können dann durch eine Transition ersetzt werden:

Satz 1 *Seien α_1, α_2 zwei endliche Automaten mit $A_1 \cap E_2 \neq \emptyset$. Sei weiter*

$$z_1 \xrightarrow{e_1/\lambda_1(z_1,e_1)} \delta_1(z_1,e_1)$$

eine Transition von α_1 und

$$z_2 \xrightarrow{e_2/\lambda_2(z_2,e_2)} \delta_2(z_2,e_2)$$

eine Transition von α_2, dann ist

$$(z_1,z_2) \xrightarrow{e_1/\lambda_1(z_1,e_1)} (\delta_1(z_1,e_1),z_2) \xrightarrow{e_2/\lambda_2(z_2,e_2)} (\delta_1(z_1,e_1),\delta_2(z_2,e_2))$$

eine Transitionenfolge von $\alpha_1 \times \alpha_2$.

Ist nun $e_2 = \lambda_1(z_1,e_1) \in A_1 \cap E_2$, dann läßt sich diese Folge ersetzen durch die Transition

$$(z_1,z_2) \xrightarrow{e_1/\lambda_2(z_2,\lambda_1(z_1,e_1))} (\delta_1(z_1,e_1),\delta_2(z_2,e_2)).$$

Darüberhinaus sind in dem Produktautomaten Transitionen vorhanden, die nie ausgeführt werden können. Genaugenommen ist das neue Eingabealphabet nämlich nicht die Vereinigung von E_1 und E_2, sondern eine echte Teilmenge davon. Das rührt daher, daß bei der Integration die Dienstprimitive der zwischenliegenden Schicht entfallen.

Unterscheidet man also zwischen Eingaben vom Dienstbenutzer E^U und Eingaben vom darunterliegenden Diensterbringer E^P, so gilt $E = E^U \cup E^P$ und $E^U \cap E^P = \emptyset$. Ebenso läßt sich das Ausgabealphabet partitionieren in Ausgaben an den Dienstbenutzer A^U und Ausgaben an den Diensterbringer A^P.

Dann gilt aber bei benachbarten Protokollautomaten α_1, α_2: $E_1^P = A_2^U$ und $E_2^U = A_1^P$. Da diese Zeichen beim integrierten Automaten nicht mehr gesendet bzw. empfangen werden, ist das Eingabealphabet des integrierten Automaten $E = E_1^U \cup E_2^P$, das Ausgabealphabet entsprechend $A = A_1^U \cup A_2^U$ (s. Abb. 3). Dadurch entfallen im Produktautomaten sämtliche Transitionen, deren Eingabezeichen in E_2^U oder E_1^P liegen.

Ein Beispiel soll dies anhand der Darstellungs- und Kommunikationssteuerungsschicht verdeutlichen. Seien $E_P = E_P^U \cup E_P^P$ und $E_S = E_S^U \cup E_S^P$ die Eingabealphabete von Darstellungs- und Kommunikationssteuerungsschicht, $A_P = A_P^U \cup A_P^P$ und $A_S = A_S^U \cup A_S^P$ die entsprechenden Ausgabealphabete. Beim Verbindungsaufbau schickt der Darstellungsdienst-Benutzer das Dienstprimitiv P-CONNECT.request an die Darstellungs-Protokollmaschine. Diese sendet daraufhin das Dienstprimitiv S-CONNECT.request an die Protokollmaschine der Kommunikationssteuerungsschicht, was dort die Übergabe eines T-CONNECT.-requests an die Transportschicht zur Folge hat (s. Abb. 4).

Im Produktautomaten entsprechen diese Transitionen dem in Abb. 5 gezeigten Ausschnitt.

Da nun S-CONNECT.request sowohl in E_S^U als auch in A_P^P liegt, können nach Satz 1 die Transitionen 1 und 2 ersetzt werden durch die Transition 1' (s. Abb. 6).

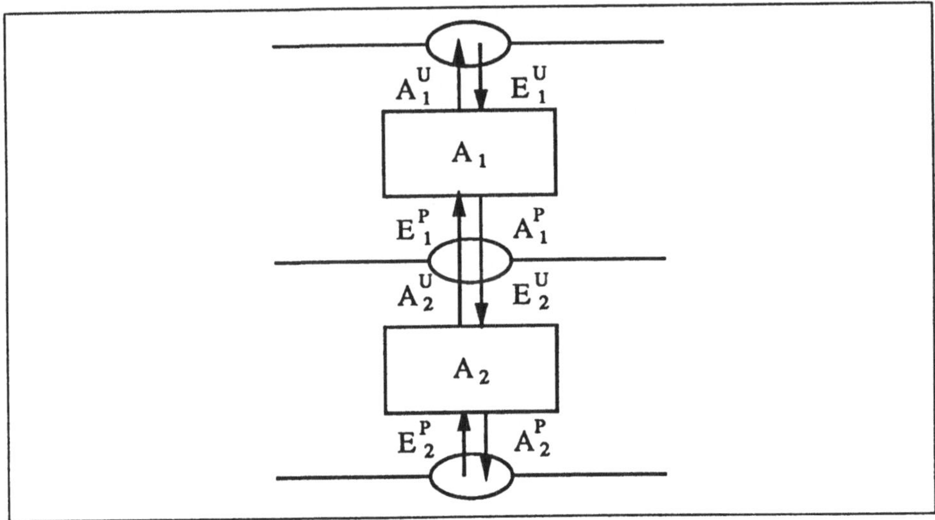

Abb. 3. Partitionierung der Alphabete benachbarter Protokollautomaten

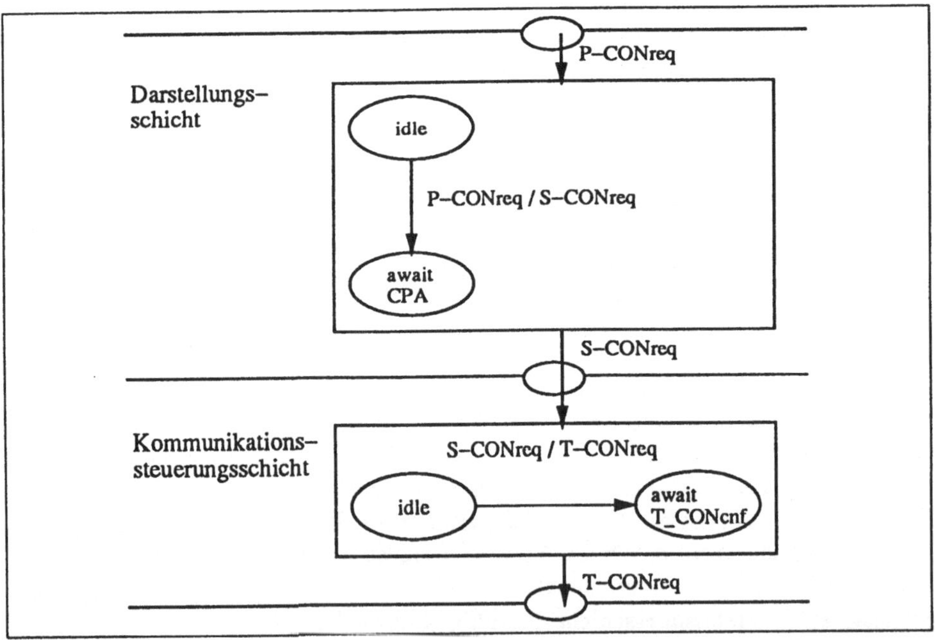

Abb. 4. Verbindungsaufbau bei Darstellungs- und Kommunikationssteuerungsschicht

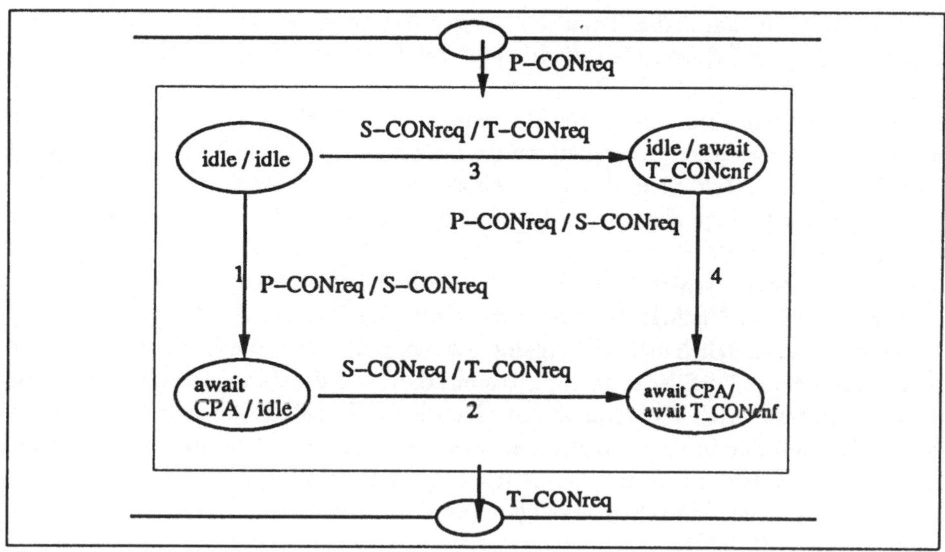

Abb. 5. Verbindungsaufbau beim Produktautomaten aus Darstellungs- und Kommunikationssteuerungsschicht

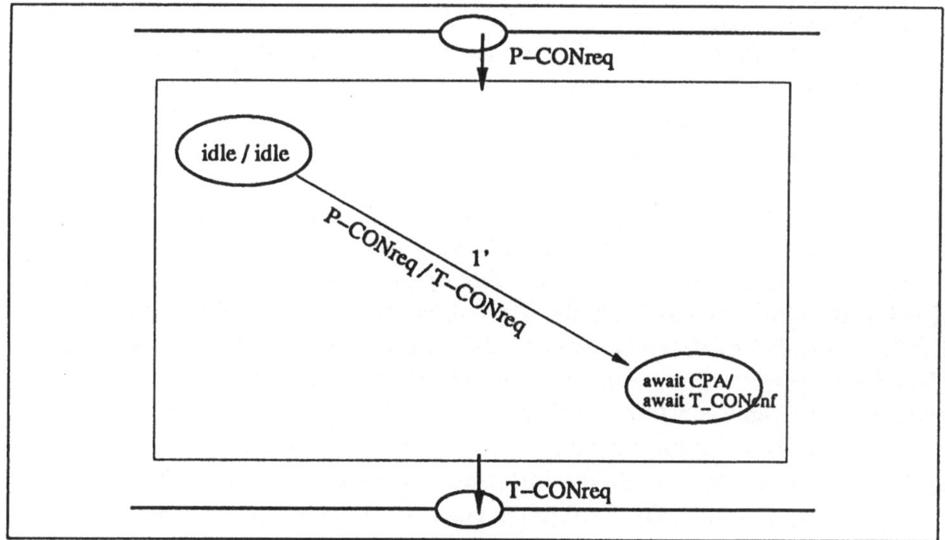

Abb. 6. Verbindungsaufbau beim integrierten Automaten

Des weiteren kann die Tatsache ausgenutzt werden, daß S-CONNECT.request nicht in E_S^P liegt, also auch nicht im Eingabealphabet des integrierten Automaten $E = E_P^U \cup E_S^P$. Da der integrierte Automat dieses Zeichen also gar nicht empfangen kann, kann die Transition 3 in Abb. 5 auch nie ausgeführt werden. Sie kann daher gestrichen werden. Dadurch wird der Zustand *idle/await T-CONcnf* unerreichbar und kann ebenfalls gelöscht werden.

Abbildung 6 zeigt also die endgültige Situation, wie sie sich im integrierten Automaten darstellt. Aus den zwei Transitionen bei Darstellungs- und Kommunikationssteuerungsschicht wurde also durch die Integration eine einzige, darüberhinaus konnte ein Nachrichtenaustausch eingespart werden.

Dies setzt natürlich stillschweigend voraus, daß durch die Integration zweier Automaten keine Verfälschungen auftreten, d. h. daß das Ein-/Ausgabeverhalten nicht verändert wird. Es ist aber auf Grund der Konstruktionsvorschrift leicht einsichtig, daß der integrierte Automat und die Kombination der Ausgangsautomaten äquivalent im Sinne der Automatentheorie sind, also für gleiche Eingabefolgen gleiche Ausgaben erzeugen (zum Äquivalenzbegriff s. zum Beispiel [Sal69, Bra84, Hof91]).

4 Integrierte Implementierung

Um quantitative Aussagen über die Effizienzsteigerung durch die Integration benachbarter Schichten machen zu können, wurde damit begonnen, eine integrierte Implementierung zunächst der Darstellungs- und Kommunikationssteuerungsschicht zu erstellen.

Als Spezifikationssprache wurde Estelle [ISO89, BD87, Hog89] gewählt. Estelle bietet mehrere Vorteile: Da es eine von der ISO genormte Sprache ist, ist die Verwendung von und die Anbindung an bestehende Spezifikationen leicht möglich. Sie ist sehr eng an das Modell der Erweiterten Endlichen Automaten angelehnt und ermöglicht dadurch eine einfache Umsetzung von Verfahren, die mit Hilfe der Automatentheorie formuliert wurden. Des weiteren existiert eine Reihe von Werkzeugen für Estelle-Spezifikationen, unter anderen auch der Estelle-C-Compiler des *National Institute of Standards and Technology (NIST)* [FHSW89, NIS87]. Dieser erlaubt die halbautomatische Implementierung von Estelle-Spezifikationen. Dabei werden die automatenspezifischen Teile direkt in C-Code umgesetzt, für die benutzerspezifischen Teile werden Prozedurrahmen generiert, die dann von Hand ergänzt werden müssen.

Unsere Entwicklungsumgebung an der Universität Mannheim ist ein DEC-system 5400 unter Ultrix 4.0, die Implementierungssprache ist C [KR83].

Ausgangspunkt für die Erstellung einer integrierten Spezifikation und einer Vergleichsimplementierung waren die Spezifikationen der Darstellungs- und Kommunikationssteuerungsschicht, die freundlicherweise [Web91] entnommen werden durften. Sie gehen letztlich auf [FLGL89] und [MM89] zurück. Die Kommunikationssteuerungsschicht umfaßt das *Basic Combined Subset*, der Funktionsumfang der Darstellungsschicht beschränkt sich auf die Funktionseinheit *kernel* ohne ASN.1-Encoding/Decoding.

Die Implementierung der ASN.1-Codierung kann prinzipiell auf zwei Arten erfolgen: in der Darstellungsschicht als Routine, die alle möglichen ASN.1-Datenstrukturen verarbeiten kann, oder mittels spezieller, ausschließlich auf die von der Anwendungsschicht verwendeten Datenstrukturen beschränkter Umwandlungsprozeduren. Letztere werden meistens aus ASN.1-Spezifikationen automatisch generiert. Im ersten Fall müssen die der Darstellungsschicht zur Laufzeit übergebenen Daten zusätzliche Typ-Informationen enthalten, um eine Codierung zu ermöglichen. Da dies im zweiten Fall entfallen kann, ist diese Variante wesentlich effizienter und wird auch in den meisten Implementierungen verwendet, so z. B. in ISODE [Ros90a] und in [Web91]. In diesem Fall werden die Codierungsroutinen von der Anwendung aus aufgerufen, und die Darstellungsschicht erhält die bereits umgewandelten Daten, die dann nur noch transparent übertragen werden müssen. Daher wurde in der vorliegenden Implementierung die ASN.1-Codierung nicht als interner Bestandteil der Darstellungsschicht angesehen.

Zunächst wurde ein Testrahmen erstellt, in den sowohl die Vergleichsspezifikation als auch die integrierte Spezifikation eingebettet werden können. Er ermöglicht Simulation und Test von Darstellungs- und Kommunikationssteuerungs-Instanzen zweier verschiedener Netzknoten. Der eigentliche Datentransfer geschieht durch ein Estelle-Modul, das den Transportdienst (Klasse 0) [ISO84b] beschreibt. Auf dieses setzen die beiden Kommunikationssteuerungs- und auf diesen wiederum die beiden Darstellungs-Instanzen auf. Die beiden Darstellungs-Dienstzugangspunkte werden durch das Modul shell dem Benutzer am Terminal zugänglich gemacht. Er kann also die Darstellungs-Dienstprimitive auf beiden Seiten abschicken und erhält ankommende Darstellungs-Dienstprimitive am Bildschirm angezeigt (s. Abb. 7a).

Im zweiten Schritt wurden die Darstellungs- und die Kommunikationssteuerungs-Module der einen Seite ersetzt durch das integrierte Darstellungs-/Kommunikationssteuerungs-Modul, die andere Seite dient als Referenz sowohl in Bezug auf Interoperabilität als auch für Laufzeiten (s. Abb. 7b). Für eine erste prototypische Spezifikation wurde der integrierte Automat zunächst nur auf Zeichenebene spezifiziert, d. h. es werden nur Dienstprimitive berücksichtigt, nicht jedoch ihre Parameter (ein Eingabezeichen im Sinne der formalen Beschreibung Endlicher Automaten entspricht einer eintreffenden Protokolldateneinheit bzw. einem eintreffenden Dienstprimitiv einer OSI-Spezifikation). Damit lassen sich erste Vergleiche mit der Referenzspezifikation ziehen, da hier ebenfalls die Parameterbehandlung ausgeblendet werden kann.

Für die Laufzeitmessungen wurde der NIST-Compiler erweitert [Lie92]. Er setzt jetzt in jede generierte Prozedur am Anfang und am Ende des Prozedurrumpfs Befehle, die einen Zeitstempel mit Angabe des Prozedurnamens auf Platte schreiben. Solche Befehle wurden auch in sämtliche Routinen des Laufzeitsystems eingefügt, so daß beim Ablaufen einer mit dem erweiterten Compiler übersetzten Spezifikation eine Datei erzeugt wird, in der sämtliche Prozeduraufrufe protokolliert sind. Daneben ist ein weiteres Werkzeug in Arbeit, das eine übersichtliche Auswertung dieser Protokolldatei in Form von Statistiken und

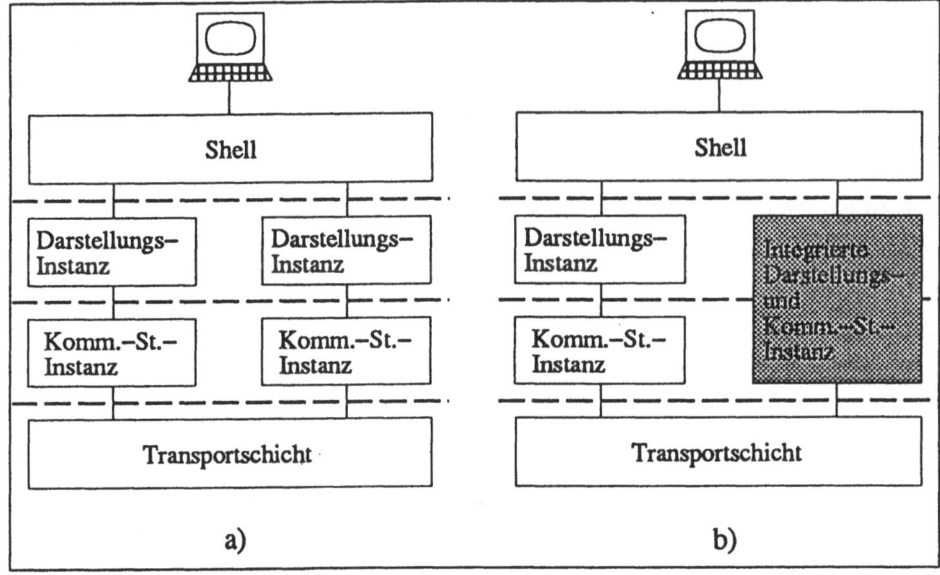

Abb. 7. Testrahmen für die integrierte Spezifikation

Diagrammen erlaubt [Far92].

Das Schreiben der Zeitstempel beeinflußt zwar die Messung, bei einem Vergleich zweier Implementierungen werden jedoch beide gleichermaßen beeinflußt. So sind zwar keine exakten Angaben über die tatsächliche Laufzeit möglich, die Größenordnung der Effizienzsteigerung ist aber dennoch erkennbar.

Die Messungen zeigen, daß weitaus die meiste Zeit vom Scheduler des Estelle-Laufzeitsystems aufgebracht wird; die Ausführungszeiten der einzelnen Transitionen fallen demgegenüber kaum ins Gewicht. Dies hat seine Ursache darin, daß der Scheduler als zentrale ausführende Einheit sämtliche Module nach ausführbaren Transitionen absuchen muß. Das bedeutet, daß Zustandstabellen durchsucht und Prädikate über Variablen berechnet werden müssen, um die schaltbaren Transitionen ermitteln zu können. Daher steigt der Aufwand des Schedulers mit der Anzahl der Transitionen einer Spezifikation.

Eine durch unseren Ansatz erreichte Reduzierung der Anzahl der Transitionen hat demnach nicht nur eine Vereinfachung der Transitionsroutinen im Automaten zur Folge, sondern verkürzt zugleich die von Scheduler zu durchsuchende Liste der aktivierbaren Routinen. Erste Messungen zeigen, daß der letztere Effekt erheblich größere Laufzeitverbesserungen bewirkt als der erstere.

Da die im Moment erstellte integrierte Spezifikation noch nicht ganz vollständig ist, sind zur Zeit noch keine genauen Zahlen verfügbar. Außerdem muß der Scheduler bei der vorliegenden Implementierung der Testanordnung als *ein* Betriebssystemprozeß die schaltbaren Transitionen aller Module ermitteln und führt so zu verfälschten Meßergebnissen. Es wird daher im Moment daran gearbeitet, die Testanordnung so aufzuteilen, daß die beiden Protokolltürme in zwei verschiedenen Prozessen ablaufen. Der Transportdienst wird dann von Interprozeßkommunikationsmechanismen (sockets) erbracht. Durch diese Anordnung sind dann separate Messungen der beiden Protokolltürme möglich, da dann ein Scheduler jeweils nur einen Protokollturm bearbeitet.

Es kann aber jetzt schon festgestellt werden, daß die Integration von Darstellungs- und Kommunikationssteuerungsschicht eine Effizienzsteigerung in der Größenordnung Faktor 2 bringt.

5 Zusammenfassung und Ausblick

In diesem Artikel wurde die integrierte Implementierung benachbarter Protokollinstanzen als Möglichkeit vorgeschlagen, effizientere Implementierungen von Kommunikationsprotokollen zu erzielen. Eine prototypische Implementierung der Darstellungs- und Kommunikationssteuerungsschicht zeigt, daß sich auf diesem Weg die Nachteile einer schichtenweisen Implementierung umgehen lassen. So sind einerseits weniger Zustandswechsel der Instanzen nötig, andererseits entfällt die gesamte Kommunikation der durch die Integration überbrückten Schnittstelle.

Wegen der noch ungenauen Messungen sind nur grobe Angaben über die zu erwartende Effizienzsteigerung möglich, es läßt sich aber jetzt schon ein Speedup von mindestens 2 erkennen. Dieser Wert zeigt, daß die Integration ein Schritt in die richtige Richtung ist. Um genauere Zahlen zu erhalten, wird im Moment daran gearbeitet, die Testanordnung so aufzuteilen, daß die beiden Protokolltürme in zwei verschiedenen Prozessen ablaufen.

Daneben ist die Anbindung des integrierten Moduls an ISODE [Ros90a, Ros90b] in Arbeit. Dadurch sind weitere Tests auf Interoperabilität und Laufzeitvergleiche möglich.

Als Nachteil der Integration wäre zu nennen, daß es nun nicht mehr ohne weiteres möglich ist, eine Implementierung einer Schicht durch eine andere oder sogar durch ein vollkommen neues Protokoll zu ersetzen. Hier müssen bei der integrierten Implementierung alle beteiligten Schichten komplett ersetzt werden. Es ist daher geplant, ein Werkzeug zu entwickeln, das die Integration zweier Automaten vollautomatisch vornimmt. Als Basis dienen dabei die Estelle-Spezifikationen der einzelnen Automaten. Dann kann aus dem neuen Protokoll zusammen mit dem Protokoll der beizubehaltenden Schicht die neue, integrierte Schicht generiert werden.

Für die Zukunft ist vorgesehen, weitere Funktionseinheiten der verwendeten Protokolle, wie z. B. Synchronisation, zu implementieren. Dabei soll versucht werden, diese von dem eigentlichen Protokollautomaten zu trennen (s. [Sok91]) und als Prozedursammlung der Anwendung zur Verfügung zu stellen. Dadurch bleibt der Protokollautomat weitgehend unverändert, so daß keine Effizienzeinbußen durch hinzukommende Zustandswechsel etc. eintreten. Darüberhinaus soll versucht werden, ACSE [ISO88] in die Integration mit einzubeziehen. Auf diese

Weise entsteht aus den anwendungsorientierten Schichten eine monolithische Implementierung, eine sog. Anwendungskomponente (s. a. [Zit90]), in der die Protokollaspekte sich im Automaten widerspiegeln und die Funktionseinheiten als Prozeduren verfügbar sind.

Danksagung

Meinen besonderen Dank möchte ich an dieser Stelle den Herren Prof. Dr. W. Effelsberg von der Universität Mannheim und Prof. Dr. H. Krumm von der Universität Dortmund ausprechen, die mir immer als kritische Diskussionspartner zur Verfügung standen. Dank gebührt auch Herrn S. Weber von der Universität Bern für die freundliche Überlassung der Estelle-Spezifikationen. Weiter möchte ich mich bei Frau C. Farrenkopf und Herrn R. Lienhart bedanken, deren tatkräftige Mitarbeit die Messungen erst ermöglichten sowie bei Herrn Dr. R. Gotzhein von der Universität Hamburg für die Weitergabe des NIST-Compilers.

References

[BD87]   S. Budkowski und P. Dembinski. An Introduction to Estelle: A Specification Language for Distributed Systems. *Computer Networks and ISDN Systems*, 14(1):3–23, 1987.

[Bra84]   W. Brauer. *Automatentheorie*. B. G. Teubner, Stuttgart, 1984.

[FHSW89]   J. Favreau, M. Hobbs, B. Strausser und A. Weinstein. User Guide for the NIST Prototype Compiler for Estelle. Interner Bericht No. ICST/SNA–87/3, Institute for Computer Science and Technology, National Institute of Standards and Technology, February 1989.

[FLGL89]   J.-P. Favreau, R. J. Linn, J. Gargulio und J. Lindley. A Test System for Implementations of FTAM/FTP Gateways. National Institute for Standards and Technology, USA, 1989.

[Far92]   C. Farrenkopf. Implementierung eines Werkzeugs zur Analyse von Trace-Dateien. Studienarbeit, Lehrstuhl für Praktische Informatik IV, Universität Mannheim, 1992.

[Hof91]   B. Hofmann. Analyse und Optimierung von Protokoll-Spezifikationen. In W. Effelsberg, H. W. Meuer und G. Müller, Hrsg., *Kommunikation in verteilten Systemen*, Seiten 568–584, Mannheim, Februar 1991. GI/ITG-Fachtagung, Springer Verlag.

[Hog89]   D. Hogrefe. *Estelle, LOTOS und SDL. Standard-Spezifikationssprachen für Verteilte Systeme*. Springer Verlag, Berlin, Heidelberg, New York, 1989.

[ISO84a]   Information processing systems – Open Systems Interconnection – Basic Reference Model. International Standard ISO 7498, 1984.

[ISO84b]   Information processing systems – Open Systems Interconnection – Transport Service Specification. International Standard ISO 8072, 1984.

[ISO88]   Information processing systems – Open Systems Interconnection – Protocol specification for the Association Control Service Element. International Standard ISO 8650, 1988.

[ISO89]   Information processing systems – Open Systems Interconnection – Estelle: A formal description technique based on an extended state transition model. International Standard ISO 9074, 1989.

[KR83]   B. W. Kernighan und D. M. Ritchie. *Programmieren in C.* Carl Hanser Verlag München Wien, 1983.

[Lie92]   R. Lienhart. Erweiterung des NIST-Estelle-Compilers zur Analyse des Laufzeitverhaltens übersetzter Module. Studienarbeit, Lehrstuhl für Praktische Informatik IV, Universität Mannheim, 1992.

[MM89]   P. Mondain-Monval. Estelle Description of the ISO Session Protocoll. In M. Diaz, J.-P. Ansart, J.-P. Courtiat, P. Azema und Vijaya Chari, Hrsg., *The Formal Description Technique Estelle*, Seiten 229–269. Elsevier Science Publishers B. V., Amsterdam, 1989.

[NIS87]   Internals Guide for the NIST Prototype Compiler for Estelle. Report No. ICST/SNA-87/4, U.S. Department of Commerce, National Institute of Standards and Technology, September 1987.

[Ros90a]   M. T. Rose. *The ISO Development Environment: User's Manual.* Performance Systems International, Inc., February 1990.

[Ros90b]   M. T. Rose. *The Open Book.* Prentice Hall, Englewood Cliffs, New Jersey, 1990.

[Sal69]   A. Salomaa. *Theory of Automata.* Pergamon Press, Oxford, 1969.

[Sok91]   Gerd Sokolies. Effiziente Implementierung der Kommunikationssteuerungsschicht des ISO/OSI-Referenzmodells. Diplomarbeit, Lehrstuhl für Informatik IV, Universität Dortmund, 1991.

[Svo89]   L. Svobodova. Implementing OSI Systems. *IEEE Journal on Selected Areas in Communications*, 7(7):1115–1130, September 1989.

[Web91]   S. Weber. Spezifikation und Implementation eines Datenkommunikationssystems mit Estelle. Diplomarbeit, Institut für Informatik und angewandte Mathematik, Universität Bern, April 1991.

[Zit90]   M. Zitterbart. *Funktionsbezogene Parallelität in transportorientierten Kommunikationsprotokollen.* Dissertation, Universität Karlsruhe, 1990.

Eine Estelle-Spezifikation des Dienstes der ISO-Norm

"Distributed Transaction Processing"

Ludger Walther, H. Rüdiger Wiehle
Universität der Bundeswehr München
Fakultät für Informatik
8014 Neubiberg

I. Einleitung

Dieser Bericht beschreibt eine Anwendung der formalen Beschreibungstechnik (FDT : Formal Description Technique) Estelle auf das ISO-Normungsprojekt **ISO Distributed Transaction Processing** (ISO TP). Da durch dieses Projekt die FDT Estelle in einer vergleichsweise frühen Entwurfs-Phase der ISO-TP-Norm angewandt wurde, konnten viele Fehler und Inkonsistenzen zu einem frühen Zeitpunkt entdeckt und beseitigt werden.

Es erwies sich als möglich, die komplexen Sachverhalte des ISO-TP-Dienstes mittels Estelle darzustellen. Allerdings kann man kaum behaupten, daß es gelungen sei, die intuitive Bedeutung schwieriger Eigenarten des ISO-TP-Dienstes in der Estelle-Version dem Leser ohne unangemessene Belastung aus der Formalisierung zu vermitteln. Die Autoren glauben, daß dieses unbefriedigende Ergebnis großenteils zurückzuführen ist auf Defizite der Spezifikationssprache bei der Erfassung eines solchen verteilten Systems, wie es ISO TP ist. Daraus ergibt sich unseres Erachtens die Forderung, daß an Estelle selbst noch weitere Entwicklungsarbeit geleistet werden sollte; Vorschläge dazu finden sich in einem späteren Kapitel. Eine andere Lösung ergäbe sich, wenn die ISO für solche Aufgaben noch andere genormte Spezifikationsmittel bereitstellen würde.

Im folgenden werden einige Grundkenntnisse über Estelle vorausgesetzt (eine gute tutorielle Einführung in Estelle bietet [1], eine vollständige Darstellung dieser Sprache findet sich in [2]). In bezug auf den ISO-TP-Dienst [3] beschränken wir uns hier auf die Darstellung solcher Charakteristika, die diesen Dienst gegenüber anderen OSI-Diensten auszeichnen.

I.1   ISO TP als ein Standard der Anwendungsschicht

Um die verteilte Verarbeitung auf unterschiedlichen, miteinander vernetzten Rechensystemen zu ermöglichen, wird von der **International Organization of Standardization (ISO)** eine Reihe von Normen unter dem Leitbegriff **Open Systems Interconnection (OSI)** entwickelt. Die Komplexität dieser Standardisierung erforderte eine Aufspaltung in mehrere Problemkreise. So wurde das allgemein bekannte ISO/OSI-

Referenz-Modell entwickelt, in dem die Architektur offener Systeme funktional in Schichten aufgeteilt wurde.

Während die Schichten 1 - 6 anwendungsunabhängig definiert sind, ist die Schicht 7, die sogenannte **Anwendungsschicht**, anwendungsabhängig. Die Instanzen der Anwendungsschicht stellen den Verarbeitungsprozessen ihre Dienste zur Verfügung, damit diese untereinander kommunizieren können. Im Falle von ISO TP trägt dieser Dienst die Bezeichnung TP-Service. Ein besonderes Merkmal des ISO-TP-Dienstes - neben der Tatsache, daß er eine Reihe von Funktionsgruppen zur Realisierung der partner-zu-partner-orientierten (peer to peer) Kommunikation enthält - ist die Definition einer speziellen Funktionsgruppe zur verbindungsübergreifenden Koordination, die sogenannte **Commit Functional Unit**. Wie an späterer Stelle noch erklärt wird, resultieren diese Forderungen aus der Tatsache, daß die Kooperation in ISO TP multi-partner-orientiert und nicht nur partner-zu-partner-orientiert ist.

Da die Instanzen der oben erwähnten Anwendungsschicht Bestandteile des TP-Protokolls sind, werden sie im TP **Protokoll** Dokument definiert und können deshalb in diesem Bericht nicht weiter betrachtet werden. Wir werden uns speziell mit der Spezifikation des TP-**Dienstes** befassen, d.h. den Interaktionen zwischen dem sogenannten "TP Service **provider**" und den "TP Service **users**". Unter diesen Umständen sind sowohl der **provider** als auch die **user** soweit wie möglich als "black boxes" zu betrachten.

Zur Zeit entwickelt die ISO eine ganze Reihe von Normen zur Anwendungsschicht; **Distributed Transaction Processing** ist nur eine davon. Im Mai 1992 hat der sogenannte **Basis-Standard** von ISO TP de facto den **IS-Status** (IS : International Standard) erreicht, d.h. auf der SC21-Sitzung in Ottawa wurde eine entsprechende Empfehlung an die ISO-Leitungsgremien beschlossen.

I.2   Die Anwendung von Estelle auf Spezifikationen von OSI-Normen

Formale Darstellungen komplexer Systeme können, gemessen an den (nicht formal erfaßten) Zielen der Systemerfinder, ebenso unvollständig und fehlerhaft sein wie verbale Beschreibungen. Das Erstellen formaler Systemdarstellungen bietet trotzdem einigen Nutzen. Wir haben dabei an die folgenden drei Ziele gedacht (es sind gewiß noch andere Ziele vorstellbar wie die Ableitung von Implementierungen oder von Konformitätsprüfungen [6]).

1) Es beginnt mit der Erfahrung, daß die Personen, während sie die Darstellung planen und ausführen, Fehler der verschiedensten Art in ihrem (bisher nur verbal dargestellten) Systementwurf finden.

2) Innerhalb einer Gruppe von Systemerfindern kann eine formale Darstellung helfen, den vermuteten Konsens über den Systementwurf abzusichern.

3) Schließlich kann man sich, von einer formalen Systemdarstellung ausgehend, von rechnergestützten Werkzeugen in der einen oder anderen Weise bei der Fehlersuche und Qualitätsverbesserung des Systementwurfs unterstützen lassen.

Aus den genannten Gründen sind einige Formale Beschreibungstechniken (FDTs) entwickelt und auf OSI-Dienste und -Protokolle angewandt worden. Drei verschiedene FDTs stehen zur Zeit als internationale Normen zur Verfügung: **Estelle, LOTOS** und **SDL** ([10]). Die Anwendung der häufig benutzten 'state tables' ist wohl deswegen nicht genormt, weil man sie für eine Lehrbuchtechnik hält, ausgereift und wohltradiert.

In diesem Bericht soll keine vergleichende Bewertung der drei genormten Techniken vorgenommen werden.

Soweit den Autoren bekannt ist, wurde Estelle bisher u.a. benutzt um Teile der Dienste und Protokolle der ISO/OSI Schichten 3 - 6 sowie den FTAM-Standard aus der Anwendungsschicht zu spezifizieren. Diese Spezifikationen umfassen oft nur Teile der Normen, und es ist oft nicht sicher, in welchem Maße sie fehlerfrei sind (weitere Einzelheiten finden sich in [1]). Weiterhin ist eine Estelle-Spezifikation für die Norm "Virtual Terminal" aus der Anwendungsschicht bekannt (vgl.[4]). Seit neuesten gibt es in der im vorigen Abschnitt erwähnten IS-Version von ISO-TP als informativen Anhang ebenfalls eine Estelle-Beschreibung des ISO-TP-Protokolls ([3], Part3, Annex G).

Die Charakteristika derjenigen Systeme, die durch die gerade zitierten Estelle-Spezifikationen (außer der letzten) dargestellt werden sollen, lassen sich wie folgt zusammenfassen:

- Die systembildenden Instanzen vollführen eine partner-zu-partner-orientierte Kommunikation.

- Dynamisches Erzeugen und Zerstören von Instanzen ebenso wie von Kommunikationsverbindungen sind von untergeordneter Bedeutung.

Im Gegensatz dazu werden wir später erläutern, daß die nachfolgend aufgezählten Eigenschaften von besonderer Bedeutung für den TP-Dienst sind:

- <u>Mehr-Instanzen-Koordination</u> zur Erfüllung der Kooperationsanforderungen der TP-Dienstbenutzer,

- Dynamisches <u>Hervorbringen und Beseitigen von Instanzen</u> sowie der sie verbindenden <u>Nachrichtenwege</u>.

I.3   Die Anwendung von Estelle auf ISO TP

Die hier beschriebene Estelle-Spezifikation des TP-Service wurde erstellt als Beitrag des DIN (Deutsches Institut für Normung) zu den Arbeiten an der ISO-TP-Norm, als dieser sich noch im DIS-Stadium (Draft International Standard) befand (die vollständige Spezifikation befindet sich in [8]). Der zweite Autor hat als Mitglied der TP-Rapporteur-Gruppe das TP-Normungsprojekt von Anfang an mitentwickelt. (Die Möglichkeit, sich intensiv an einem so umfangreichen internationalen Normungsvorhaben zu beteiligen, eröffnete sich durch eine Kooperation mit der Siemens AG).

Während der Arbeit an dieser Spezifikation wurden viele Fehler in der TP-Dienstbeschreibung entdeckt, so daß erhebliche Verbesserungen des DIS-Textes möglich wurden. Alleine schon diese Verbesserungen in einer relativ frühen Phase des Norm-Entwurfs hätten den Aufwand der weiteren Präzisierung gerechtfertigt.

II Einsatz formaler Methoden im Umfeld von OSI

In den meisten der existierenden OSI-Norm-Dokumente ist ein Ansatz zur Formalisierung nur in Form von **Zustandsübergangs-Tabellen** (state tables) gegeben. Es ist in der Tat möglich, wichtige Aspekte der partnerorientierten Kommunikation durch Anwendung dieser Tabellen präzise darzustellen. Weil sie leicht verständlich und aus anderen Bereichen vertraut ist, wird diese Methode auch von einigen Protokollentwicklern gerne benutzt.

Was jedoch die TP-Normung betrifft, so sind die Grenzen dieser Zustandsübergangs-Tabellen offensichtlich: TP geht weit über die paarweise partnerorientierte Kommunikation hinaus!

Die heutige Realität innerhalb des TP-Dokumentes ist ein Nebeneinander von Zustandsübergangs-Tabellen, Estelle-Spezifikationen und LOTOS-Spezifikationen (vgl. die Anhänge von [3], Part 3). Die Estelle-Semantik basiert zu einem erheblichen Teil auf dem Modell der **erweiterten endlichen Automaten**. Das ist wahrscheinlich ein Grund, daß Estelle leichter verständlich ist für solche Protokollentwickler, die an zustandsorientierte Beschreibungen, speziell an Zustandsübergangs-Tabellen gewöhnt sind. Die Semantik von LOTOS erweist sich dagegen als vergleichsweise abstrakt und ungewohnt. Hinzu kommt, daß die Zustandsübergangs-Tabellen routinemäßig in Estelle-Transitionen übertragen werden können.

III Die Kommunikationsstruktur von ISO TP und ihre Estelle-Realisierung

Der ISO-TP-Dienst folgt dem bekannten Dienstbenutzer-Diensterbringer-Paradigma der OSI-Architektur. Während die **Dienstbenutzer** (user) hauptsächlich mit den anwendungsspezifischen Aspekten einer Transaktion beschäftigt sind, ist der **Diensterbringer** (provider) verantwortlich für alle Kommunikations- und Koordinationsfragen.

Man betrachte eine spezielle Transaktion zu einer bestimmten Zeit, wobei unter Transaktion eine Menge von Operationen verstanden wird, die verteilt ist über verschiedene **Autonome Offene Systeme** (und die außerdem die sogenannten ACID-Eigenschaften erfüllt [3], [9]). In diesem Fall sind in dem Kontext des TP-Dienstes eine Menge von **Transaction Processing Service User Invocations** (TPSUIs; das sind die an der verteilten Transaktion beteiligten Dienstbenutzerinkarnationen) zusammen mit dem **Transac-**

tion Processing Service Provider (TPSP) an dieser Transaktion beteiligt (Fig. 1 zeigt ein typisches Gerüst).

Die **Globale TP-Dienstgrenze** (TP Service Boundary) ist die Menge all jener Übergabepunkte, an denen der TP-Dienst durch den TPSP für die jeweilige TPSUI erbracht wird. Unsere Spezifikation muß genau alle **Sequenzen von Ereignissen an der TP-Dienstgrenze** (im folgenden : Übergabeereignisse) spezifizieren, die durch den TP-Dienst zugelassen werden, wobei ein Übergabeereignis der Aufruf eines **Dienstelementes** ist. Bei der Beschränkung auf eine **lokale Dienstgrenze** (d.h. zwischen einer TPSUI und dem TPSP) ist die folgende Regel von großer Bedeutung: Zu jedem Zeitpunkt darf **höchstens ein** Übergabeereignis eintreten. Diese generelle Forderung gilt für alle OSI-Dienstgrenzen [7].

Die Menge aller TP-Dienstelemente wird in zwei Untermengen eingeteilt:

- dialogbezogene Dienstelemente

- nicht-dialogbezogene Dienstelemente.

Solange eine Transaktion noch nicht ihre Entscheidungsphase erreicht hat, kommunizieren alle TPSUIs untereinander mit Hilfe der dialogbezogenen Dienstelemente. Auf der anderen Seite dienen die nicht-dialogbezogenen Dienstelemente vor allem der Entscheidung und Beendigung der Transaktion.

Ein besonders wichtiges Beispiel für ein dialogbezogenes Dienstelement ist der TP-BEGIN-DIALOGUE request, der während einer Transaktion von einer TPSUI aufgerufen wird, falls diese TPSUI die Unterstützung einer anderen TPSUI benötigt, um ihren Anteil an der Verarbeitungsleistung der Transaktion zu erfüllen. Dadurch wird der TPSP beauftragt, eine neue TPSUI (typischerweise in einem anderen offenen System) zu kreieren und einen **Dialog** zwischen den beiden TPSUIs zu eröffnen. Da Dialoge eröffnet und beendet werden können, entsteht dynamisch ein Dialogbaum.

III.1 Die Eigenarten des TP-Dienstes

Es wäre völlig verfehlt, sich vorzustellen, der TP-Dienst erschöpfe sich in Ereignissen, die in einfacher Weise der reihenfolgeerhaltenden Übertragung von Datenobjekten auf den Verbindungen entsprechen, d.h. man könne nur Abgänge und etwas später entsprechende Ankünfte an der Zieldienstgrenze sehen.

Der TP-Dienst macht Aussagen über notwendige und zulässige Ereignismengen an vielen Dienstgrenzen, dergestalt, daß man auf der Ebene des Dienstes über die dazugehörigen Nachrichtenflüsse nur spekulieren kann. Folgt man dem bekannten Ziel, daß eine Spezifikation nicht konkreter als nötig sein soll, so sollten in einer formalen Spezifikation am besten nicht einmal Anspielungen auf ein mögliches oder naheliegendes Protokoll enthalten sein.

III.2 Der Spezifikationsmodul

Anders als bei bisherigen Spezifikationen von OSI- Protokollen - die in der Regel nur die Protokollmaschine spezifizieren und den Benutzer des zugehörigen Dienstes ebenso wie den Diensterbringer des unmittelbar darunterliegenden Dienstes (im Sinne der Schichtung) dadurch unspezifiziert lassen, daß sie diese Moduln als **external** deklarieren - ist eine solche Praxis bei einer Dienstbeschreibung nicht anwendbar. Der Grund dafür ist darin zu suchen, daß ein korrektes Verhalten im Sinne des Dienstes eine Forderung sowohl an den Diensterbringer als auch an die Dienstbenutzer ist. Daher befinden sich in unserer Spezifikation weder unspezifizierte Modulrümpfe noch unspezifizierte Funktionen oder Prozeduren.

Die Architektur unserer Spezifikation wird dargestellt in Fig.2 (man vergleiche mit Fig.1). Alle Moduln und Verbindungen, die in der Spezifikation auftauchen, werden dort dargestellt. Wir werden die Aufgabe jedes Moduls und jeder Verbindung vorstellen: top-down entsprechend der Modulhierarchie, einerseits im Hinblick auf den TP-Dienst und andererseits in bezug auf ihre Realisation mittels Estelle. Wir werden darüber hinaus einige spezielle Probleme diskutieren, die sich durch die Eigenheiten von Estelle selbst ergeben.

Der **Spezifikationsmodul** enthält als direkte Kindmoduln den TPSP sowie ein Feld (feste Länge N, N = **any integer**) von TPSUI-Moduln. Entsprechend der Estelle-Syntax muß der Spezifikationsmodul an der Spitze der Modul-Hierarchie entweder ein

- **System-Modul** (Alternative A), oder ein

- **unattributierter Modul** (Alternative B) sein.

Die Vorteile der Alternative A zeigen sich vor allem in der Möglichkeit der dynamischen Erzeugung und Beendigung eines Kindmoduls vom Typ TPSUI sowie in der Herstellung und Auflösung von Verbindungen externer Interaktionspunkte der TPSUIs und des TPSP. Dieses spiegelt das Wachsen und Schrumpfen eines Dialogbaumes gut wider. Jedoch - wiederum bedingt durch Estelle selbst - zeigen sich bei der Alternative A zwei große Nachteile:

Solange der Spezifikationsmodul arbeitet (z.B. an den Kommunikationsverbindungen) halten alle Kindmoduln an: das bedeutet z.B., daß während des Aufbaus einer Modul-Verbindung, initiiert durch einen TP-BEGIN-DIALOGUE request, kein weiteres TP-Dienstereignis stattfinden kann. Selbst nicht an anderen "weit entfernten" TPSUIs.

Der andere, noch schwerer wiegende und wiederum aus Estelle selbst resultierende Nachteil besteht in der Konsequenz, daß alle Moduln innerhalb des Systemmoduls **Spezifikation** simultan arbeiten müssen, gesteuert durch einen "Zyklus", der vom Spezifikationsmodul vorgeschrieben wird. Vom Standpunkt des Entwicklers eines Computersystems - eigentlich für jeden Betrachter - erscheint diese Idee, daß alle an einer Transaktion beteiligten und möglicherweise über den ganzen Erdball verteilten TPSUIs in der oben beschriebenen Weise arbeiten, als bizarr!

Nach diesen Überlegungen erscheint es zwingend, den Spezifikationsmodul als **unattributiert** und gleichzeitig damit die Kindmoduln TPSUI und TPSP als Systemmoduln zu deklarieren. **Systemprozesse** anstelle von Systemaktivitäten haben den Vorzug, daß die Kindmoduln eines Systemprozesses parallel zueinander arbeiten können. Die Kindmoduln einer Systemaktivität dürfen nur sequentiell zueinander arbeiten.

Nach diesen Entwurfsentscheidungen waren folgende Konsequenzen unausweichlich: Neben dem TPSP gibt es eine feste Anzahl N von TPSUI-Moduln. Alle Verbindungen zwischen externen Interaktionspunkten von TPSP und TPSUIs werden installiert während der Initialisierungsphase der Spezifikation (und später nie mehr geändert).

Was die Semantik des TP-Dienstes betrifft, so muß dies folgendermaßen interpretiert werden: Eine TPSUI (obwohl schon zu Beginn initialisiert im Sinne der FDT Estelle) wird "existent" im Sinne von TP erst durch einen TP-BEGIN-DIALOGUE request einer anderen bereits existenten TPSUI. Bei dieser Gelegenheit wird auch die Kommunikationsverbindung zwischen zwei TPSUIs aktuell hergestellt, indem die zwei korrespondierenden TPPM-Moduln innerhalb des TPSP verbunden werden.

Die Funktion der TPPMs (Transation Processing Protocol Machine) wird im Abschnitt IV.1 näher erläutert. An dieser Stelle sei aber schon gesagt, daß die TPPMs i.w. als Erzeuger und Gedächtnis für lokale Übergabeereignisse fungieren. Man könnte sie anschaulich auch als "lokalen Vertreter des TPSP bezogen auf jeweils eine TPSUI" bezeichnen.

Die TPPMs sind als eigenständige Kindmoduln des TPSP eingerichtet worden, um gleichzeitige Ereignisse an den verschiedenen Übergabepunkten zu ermöglichen; eine Sequentialisierung solcher Ereignisse hätte nicht den Absichten des TP-Dienstes entsprochen.

III.3 Zwei Kanäle zur Darstellung der Dienstgrenze

Das nächste ernsthafte Problem, das gelöst werden mußte, war die Modellierung einer lokalen Dienstgrenze.

In Estelle kann die Kommunikation zwischen Moduln auf zwei Arten realisiert werden:

- durch **exportierte Variablen** oder

- durch **Kanäle (Channels)**.

Exportierte Variable dürfen nur benutzt werden für die Kommunikation zwischen Vater- und Kindmodul. Im Hinblick auf die Dienstgrenze, die sich mit der Kommunikation zwischen den Systemprozessen TPSUI und TPSP befassen muß, können daher nur Kanäle in Betracht gezogen werden.

Zu berücksichtigen ist dann allerdings, daß die Benutzung der Estelle-Kanäle einer Disziplin folgt, die man als **asynchrone Kommunikation** bezeichnet. Eine synchrone Kommunikation -wie beispielsweise beim Rendezvouskonzept in **Ada** oder wie in LOTOS -fehlt in Estelle. Im Grunde bedeutet dieses, daß die zwei

Moduln an den Enden eines Kanals sich einander über diesen Kanal Nachrichten **gleichzeitig** zusenden können, wobei von Estelle selbst keine zeitliche oder mengenmäßige Disziplinierung des Senderverhaltens ausgeht. Diese Nachrichten werden auf der Empfängerseite gepuffert in einer FIFO-Warteschlange unendlicher Kapazität, bis der Empfänger sie dort abholt. Wie schon im Abschnitt III ausgeführt, gibt es aber an einer Dienstgrenze zu jedem Zeitpunkt **höchstens ein** Übergabeereignis !

Daraus folgt, daß ein spezieller rendezvousartiger **Synchronisationsmechanismus** zwischen TPSUI und TPSP -genauer: zwischen TPSUI und der zugeordneten TPPM - programmiert werden muß, wodurch synchrone Kommunikation (d.h. maximal ein Übergabe-Ereignis zu einem bestimmten Zeitpunkt und dessen sofortige Annahme durch den Empfänger) **simuliert** wird über den ursprünglich asynchronen Estelle-Kanal.

Um dieses zu erreichen, was einen nicht geringen Aufwand an "Implementierungsdetails" (normalerweise zu Recht verpönt) bedeutete, wurde die bekannte **Token**-Technik verwandt, obwohl auch andere Techniken denkbar gewesen wären.

Dieses Token, das zwischen TPSUI und TPPM über einen speziellen Estelle-Kanal mit Namen **Service-Boundary-Control** (s. Figur 2) ausgetauscht wird, vergibt das exklusive Recht, den Service-Boundary-Channel zu benutzen. Das Ergebnis der vorausgehenden Diskussion zeigt, daß wir gezwungen waren, spezielle Implementierungsdetails aufzunehmen, um die Anforderungen des TP-Dienstes durch die Mittel der Estelle-Kommunikationsmechanismen zu realisieren. (Die vor einiger Zeit vorgeschlagene Sprache Estelle* [11], die ein Rendezvous enthält, ist weder eine Erweiterung von Estelle noch ist sie bis heute zu Spezifikationszwecken innerhalb der ISO zugelassen).

III.4 Die TPSUI und ihre D-Moduln

Wir haben bereits ausgeführt, daß das Kommunikationsverhalten einer TPSUI während einer Transaktion teilweise dialogorientiert, teilweise nicht-dialogorientiert ist.

Die TPSUI muß Zustandsinformationen festhalten für jeden ihrer Dialoge, wobei die Anzahl der aktuellen Dialoge variabel ist.

Die Handhabung dieser umfangreichen Informationen innerhalb der TPSUI auf der Grundlage von Modul-Zuständen bzw. in Form von Pascal-Datenstrukturen (wie z.B. Feldern) ist schwierig bzw. nicht komfortabel. Als sinnvollste Lösung bot sich an, alle dialog-orientierten Aktivitäten an Sub-Moduln zu delegieren, die sogenannten D-Moduln, und zwar pro Dialog ein Modul. Jedes D-Modul implementiert dabei im wesentlichen eine Zustandsübergangs-Tabelle. Die Verantwortung für nicht-dialogorientierte Kommunikation behält der TPSUI-Modul selbst.

Obwohl diese Aufgabenteilung im großen und ganzen zu funktionieren scheint, gibt es noch ein weiteres

Problem zu lösen: Gemäß dem TP-Dienst existieren strenge Abhängigkeiten zwischen den erlaubten nicht-dialog-orientierten Aktivitäten der TPSUI und den Zuständen ihrer Dialoge (beispielsweise darf die TPSUI nur dann für das "Commit" der Transaktion stimmen, wenn kein offener Handshake-Versuch in bezug auf irgendeinen der Dialoge vorliegt). Die Konsequenz daraus ist, daß der TPSUI-Modul gewisse Zustandsinformationen eines jeden einzelnen D-Modul-Kindes beobachten muß.

Die augenscheinlichste Lösung, nämlich eine Erlaubnis für den Vatermodul, die Estelle-**Zustände** seiner Kinder zu lesen, ist leider versperrt durch das Prinzip des **information hiding**, das in Estelle rigoros eingehalten wird. Damit müssen die bereits erwähnten Techniken des Informationsaustausches zwischen Moduln erneut herangezogen werden: Kanäle oder exportierte Variablen.

Die erste Alternative ist hier nicht anwendbar, da das Kind nicht weiß, wann der Vater eine Nachricht mit Informationen über den Dialog-Zustand benötigt. Daher muß diese Information über den Dialog-Zustand codiert werden mit Hilfe von exportierten Variablen. Auf diese Weise taucht abermals die in mehrfacher Hinsicht häßliche Alternative auf:

Da der Zugriff auf die Estelle-eigenen Strukturierungsmittel, d.h. die Modul-Zustände, ziemlich unflexibel ist, muß entweder doppelte Buchhaltung geführt werden (in Form von Modul-Zuständen **und** exportierten Variablen) oder man muß diese Estelle-eigenen Strukturierungsmittel (die Modul-Zustände) insgesamt aufgeben und damit letztendlich "monolithische" reine Pascal-Programme schreiben, um die Arbeitsweise eines Estellemoduls darzustellen.

IV Die globalen Aussagen des TP-Dienstes

Spätestens während der Entscheidungs- bzw. Terminierungsphase einer Transaktion t, muß der TPSP sich mit **nicht-dialogorientierten** ("globalen") Diensten befassen und dabei Multi-Partner-Koordination durchführen.

Das folgende charakteristische Beispiel soll dies verdeutlichen. Es befaßt sich mit der Ausgabe der TP-COMMIT indication durch den TPSP, um alle an t beteiligten TPSUIs anzuweisen, das "Commit" für diese Transaktion auszuführen. (Hinweis : Die hier verwendeten Bezeichnungen der Dienstelemente entsprechen der aktuellen IS-Version der ISO-TP Norm [3]; die Bezeichnungen der Estelle-Spezifikation [8] weichen z.T. davon ab.)

Es sei S die Menge aller TPSUIs, die gegenwärtig mit der Transaktion t befaßt sind. In einem ersten Schritt nehmen wir an, daß die Menge S während der Laufzeit von t konstant bleibt.

Wenn (1) an jeder Dienstgrenze von S ein TP-COMMIT request während des Ablaufes von t stattgefunden hat und

   (2) zu jeder dialogorientierten Dienst-Anforderung (request) an einer Dienstgrenze von S, die ab-

zielt auf die Dienstgrenze eines Dialog-Partners, die entsprechende Dienst-Anzeige (indication) dort bereits stattgefunden hat,

dann **kann** nach einer endlichen Zeit an einer (oder mehreren) Dienstgrenzen von S eine TP-COMMIT indication auftreten und dann wird eine TP-COMMIT indication schließlich an allen beteiligten Dienstgrenzen auftreten (oder eine TP-ROLLBACK indication wird auftreten).

Die Bedingungen für das Erscheinen der TP-COMMIT indication werden noch komplizierter, wenn dynamische Modifikationen von S während der Ausführung von t erlaubt sind.

Um eine Vorstellung davon zu vermitteln, betrachte man nur folgende Zusatzbedingung:

(3) Es gibt keine (aus der Sicht des Initiators) noch unentschiedenen Versuche, neue Dienstgrenzen zu kreieren (z. B. durch die Errichtung neuer Dialoge), die von den TPSUIs in S während t gestartet wurden.

Der TP-Dienst spezifiziert keine Kommunikationsschemata, wie der TPSP feststellen soll, daß die baumweiten Bedingungen (1) und (2) bzw. (3) wahr geworden sind.

IV.1 Der TPSP und seine Untermoduln

Während der "Laufzeit" der Spezifikation sind verschiedene TPSUIs an wachsenden und schrumpfenden Dialog-Bäumen beteiligt. Da es aus der Sicht des TP-Dienstes absurd erschien, alle TPSUIs schon bei Initialisierung miteinander zu verbinden, werden diese Verbindungen (und deren Auflösung) durch den Systemmodul TPSP durchgeführt und zwar zum Zeitpunkt der jeweiligen Anforderung wie am Ende von Abschn. III.2 bereits angedeutet.

Weit wichtiger noch als dieses "Verbindungsmanagement" ist die globale **Überwachungs / Entscheidungs-Akivität**. Dieser Begriff bedeutet folgendes :

Das Geschehen an einer Vielzahl von Interaktionspunkten verschiedener Moduln und ebenso die Änderungen an exportierten Variablen müssen von einer übergeordneten Stelle **überwacht** werden, um globale Zustände in einem Modulgeflecht zu erkennen und danach in entscheidender Weise einwirken zu können. Eine Realisierung dieser Tätigkeit in Estelle-Programmlogik der beobachteten Moduln und durch Nachrichtenfluß auf den vorhandenen oder zusätzlichen Estelle-typischen Wegen ist ausdrücklich nicht vorgesehen.

Angewandt auf eine "interkontinentale" Transaktion bedeutet diese Hierachieregel schließlich, daß in einem Estelle-Fortschaltschritt **entweder** TPSPs globale Überwachungs/Entscheidungs-Aktivität zum Zuge kommt **oder** die TPPMs - verteilt über die ganze Welt - die Gelegenheit haben, die dialog-orientierte Kommunikation zu unterstützen, simultan arbeitend und überwacht durch denselben Zyklus. Falls man in dem von Estelle vorgegebenen Zeitverhalten irgendeine Anspielung auf die spezifizierte Realität sehen will, darf man das gerade beschriebene Verfahren getrost als bizarr bezeichnen ! Es ist uns bewußt, daß die Erfinder von Estelle sagen würden, man solle sich das Zeitverhalten der Estelle-Moduln nicht so konkret in die Realität übertragen vorstellen, denn es handle sich bei Estelle nur um irgendeine Maschinerie, um Ereignismengen in Modulgeflechten zu definieren. Wir hingegen halten es für eine hervorragende Qualität eines formalen Beschreibungsmittels, das formal beschriebene System möglichst nahe an der vom Leser mitgebrachten intuitiven Vorstellung von dem System zu belassen.

Die TPPMs, je eine TPPM pro TPSUI, sind verantwortlich für dialog-orientierten Nachrichtenausstausch zwischen den TPSUIs. Diese Nachrichten werden im wesentlichen unmodifiziert übertragen mit Ausnahme von Fehlersituationen, wo bestimmte Nachrichten von den TPPMs untergedrückt werden. Darüber hinaus müssen die TPPMs dafür Sorge tragen, daß sie einige Informationen über Dialogzustände festhalten, die sie selbst benötigen und die auch vom TPSP gebraucht werden während dessen Überwachungs/ Entscheidungs-Aktivität.

Der DELAYER Modul erbringt, wie der Name besagt, eine zufällige Verzögerungsfunktionalität für den Nachrichtenaustausch. Zusätzlich ist er in der Lage, eine als Störung aufzufassende Unterbrechung der Kommunikationsverbindungen zwischen den TPSUIs zu bewirken.

Wir haben bereits dargestellt, daß der TPSP vom Standpunkt des TP-Dienstes aus betrachtet seine Überwachungs/Entscheidungs-Aktivität permanent ausüben sollte. Entsprechend der **Hierarchieregel** von Estelle muß der TPSP sich selbst von Zeit zu Zeit von seinen Aktivitäten suspendieren, um seinen Kindmoduln die Gelegenheit zu geben, eigene Transitionen zu feuern. Der einzige Weg der späteren Reaktivierung des Vatermoduls, damit er seine Überwachungs/Entscheidungs-Aktivität fortsetzen kann, besteht darin, daß ein Kindmodul die Kontrolle wieder an den TPSP abgibt, d.h. eine spezielle exportierte Variable wird geschaltet, auf die wiederum zugegriffen wird durch **"provided clauses"** der TPSP-Transitionen. In unserem Programm wurde diese Aufgabe einem speziellen Kindmodul mit Namen "ACTIVATOR" übertragen. Im folgenden betrachten wir die Hauptaufgabe des TPSP, nämlich seine Überwachungs-/Entscheidungs-Aktivität, welche die Menge der nichtdialogorientierten Aussagen des TP-Dienstes realisiert.

Da die TPPMs originär alle Dialogzustandsinformationen verwalten, scheint es nicht sinnvoll zu fordern, daß der TPSP diese Menge an Informationen durch entsprechende eigene Datenstrukturen dupliziert. Der einzig praktizierbare Weg besteht darin, alle für den TPSP relevanten Informationen in Form von exportierten Variablen der TPPMs zu halten, mit der Konsequenz, daß die TPPMs nur einige wenige **Modulzustände** benutzen. Der TPSP zieht all sein Wissen aus diesen exportierten Variablen durch permanente Beobachtung der TPPMs. Da die meisten Aussagen des TP-Dienstes sich nicht mit einer bestimmten Anordnung der TPPMs beschäftigen, selektiert der Beobachtungsprozeß die TPPMs, die zum selben Dialogbaum gehören, **zufällig** für seine Überwachung. Der Zugriff auf die TPPM-Zustandsinformationen durch den TPSP weist dieselben Nachteile auf, die wir oben schon diskutiert haben im Hinblick auf die Beziehungen zwischen TPSUI und den D-Moduln: der Vatermodul kann auf die Zustände seiner Kindmoduln nicht zugreifen. Im Fall des TPSP jedoch erweist sich dieser Tatbestand als schlimmer, weil hier größere Mengen von Informationen vorliegen. Dieses erzwingt die Zurückweisung der TPPM-Modulzustände als Strukturierungsprinzip zugunsten der Wahl von exportierten Variablen.

Da die gesamte Zustandsinformation, die von den Überwachungs/ Entscheidungs-Aktivität des TPSP bearbeitet wird, mit Hilfe von exportierten Variablen der Kindmoduln codiert ist, haben wir auf Modulzustände des TPSP ganz verzichtet. Daraus folgt, daß die gesamte Überwachungs/Entscheidungs-Aktivität des TPSP in einer einzigen großen "monolithischen" Transition zusammengefaßt ist.

Wir fassen nochmals zusammen: die globale Überwachungs/Entscheidungs-Aktivität des TPSP muß Bedingungen überprüfen, in denen die Ereignisse bzw. daraus kondensierte Zustandsgrößen bzgl. mehrerer oder sogar aller Dienstgrenzen des betrachteten Dialogbaums vorkommen. Zur fortlaufenden Überprüfung solcher Bedingungen ist uns nichts anderes eingefallen als die beschriebene Vorgehensweise des TPSP: gewissermaßen zufällig in Zeit und Raum zu arbeiten, d.h konkreter: zufällig auf eine TPPM im Gesamtbestand zuzugreifen und von dort aus weitere (benachbarte) TPPMs und so fort in die Überprüfung einzubeziehen. Dieses Verfahren tritt an die Stelle der Wahr / Falsch-Abfragen geeigneter Prädikate über dem fraglichen Zustandsraum. Fazit: Der TPSP in unserer Estelle-Spezifikation ist aus Gründen, die im Sprachmittel liegen, übermäßig detailliert und konkret ausgefallen. Andererseits wird wohl kaum ein Leser auf die Idee kommen, darin ein Implementierungsvorbild zu sehen.

In der obigen Diskussion unseres TP-Dienst-Beispiels aus dem Abschn. IV haben wir schon betont, daß der TPSP etwas über die Nachrichten innerhalb der Kommunikationsverbindungen der TPPMs weiß, z.B. im Hinblick auf die Frage, ob zu allen Nachrichten, die in Form von dialogorientierten Dienst-Anforderungen von einer TPSUI an ihre TPPM abgesetzt wurden, schon die dazugehörigen Dienst-Anzeigen aufgetreten sind, erteilt jeweils durch die adressierte TPPM an deren TPSUI. Aber die Inhalte der Estelle-Kanäle sind in keiner Weise einsehbar für den umgebenden Modul! Selbst die Moduln, die aktuell Zugang zur Warteschlange des Kanals haben, können Einsicht in die Warteschlange nur erreichen, wenn sie gleichzeitig den Inhalt der Warteschlange entleeren!

Beide Einschränkungen zwangen uns zu **Überspezifizierungen**. Wir beschränken unsere Diskussion auf die erste Einschränkung: Eine Lösung auf die oben gestellte Frage hätte darin bestanden, daß die TPPMs alle ankommenden und ausgehenden Nachrichten **zählen**, was wiederum erhebliche Implementierungsdetails innerhalb der TPPMs bedeutet hätte. Wir haben deswegen sogenannte "Abschlußnachrichten" eingeführt, um dieses Problem zu lösen. Sie werden nur zwischen den TPPMs ausgetauscht, erscheinen aber nicht an den Dienstgrenzen. Wir schließen daraus, daß die Spezifikation der komplexen Überwachungs/Entscheidungs-Aktivitäten nur möglich ist durch die Benutzung eines klassischen Pascal-Programmierstiles; d.h. daß diese Aufgabe durch Estelle gar nicht unterstützt wird. Die Estelle-spezifischen Sprachkonstrukte sind hauptsächlich interessant für (dynamische) partnerorientierte Kommunikationsverbindungen.

V Fehlende Strukturkonzepte in Estelle

Wir haben in den vorausgehenden Abschnitten gezeigt, daß es mittels Estelle möglich ist, den ISO-TP-Dienst zu spezifizieren, obwohl dafür oft der Preis von zusätzlichen Implementierungsdetails zu zahlen ist. Der Spezifikationstext nimmt dadurch an Umfang wesentlich zu. Es lassen sich jedoch etliche Verbesserungsvorschläge für Estelle-Strukturierungstechniken angeben, von denen wir folgende fünf hier noch einmal zusammen auflisten wollen:

1. Einführung eines geeigneten rendezvousartigen Synchronisationsmechanismus zur besseren Darstellung einer OSI-Dienstgrenze.

2. Anreicherung des Estelle-**Kanal**-Konzeptes:

Einführung neuer Funktionen, die es dem Besitzer der Warteschlange sowie seinem Vatermoduls erlauben, nicht-zerstörend zu lesen (**transparent channels**).

3. Weiterreichende Zugangsmöglichkeiten zu den **Modulzuständen**:

Abmilderung des Prinzips des "information hiding" in Bezug auf die Zustände mit der Erlaubnis, daß der Vatermodul die gegenwärtigen Zustände der Kindmoduln wenigstens lesen kann.

4. **Parallelarbeit von Vater- und Kindmoduln** und ein differenzierterer wechselseitiger Ausschluß bei Zugriff auf die exportierten Variablen.

5. Einführung von Sprachkonstrukten zur Formulierung **prädikatenlogischer Ausdrücke** über Zustände mehrerer Moduln und Inhalte mehrerer Warteschlangen. Diese Ausdücke sollen dann in Bedingungen für weitere Aktionen auftreten.

VI Zusammenfassung

In dieser Arbeit wurde die Anwendung der formalen Spezifikationstechnik Estelle auf den ISO-TP-Dienst (Distributed Transaction Processing) beschrieben. Die Strukturierungsmittel und die Semantik von Estelle wurden bewertet anhand der Anforderungen, die vom TP-Dienst an eine Spezifikationsmethode gestellt werden. Eine erhebliche Erweiterung und Verbesserung der Strukturierungsmöglichkeiten von Estelle erscheint unbedingt erforderlich, wenn mit dieser Spezifikationssprache komplexe Systeme wie der ISO-TP-Dienst beschrieben werden sollen. Ohne an dieser Stelle in eine detaillierte Diskussion über die Estelle-Beschreibung des TP-Protokolls (s. Abschnitt I.2) eintreten zu wollen, kann man angesichts der vorliegenden Estelle-Beschreibung wohl die Feststellung wagen, daß Architektur und Funktionsweise einer einzelnen TP-Protokollmaschine durch Estelle einfacher und angemessener beschrieben werden können als das Geschehen an der globalen TP-Dienstgrenze. Allerdings halten wir diese Estelle-Beschreibung nicht in allen Teilen für gelungen: einige Eigenschaften der TP-Protokollmaschine hätte man mit anderen Estelle-Konstrukten zutreffender beschreiben können.

Bezüglich der Ziele, die wir uns zu Beginn der Arbeiten an dieser Estelle-Spezifikation des ISO-TP-Dienstes selbst gesetzt hatten (vgl. I.2), ist im Ergebnis folgendes zu sagen:

1) Dieses Ziel wurde erreicht. Ein gewichtiger Anteil der gefundenen Fehler betraf fehlende Regeln für seltene, d.h. sehr spezielle Ereigniskonstellationen, die man beim Entwurf bis dahin unabsichtlich außer Acht gelassen hatte.

2) Dieses Ziel wurde wahrscheinlich nicht erreicht. Die ca. 9000 Zeilen Estelle-Text konnten von anderen TP-Experten aus verschiedenen Gründen kaum nachgeprüft werden. Die Spezifikation, eine zeitlang informativer Anhang der DIS-Version (Draft International Standard) von ISO TP, konnte mit unseren Mitteln nicht rechtzeitig aktualisiert werden und mußte daher aus der IS-Version gestrichen werden.

3) Auch hier gab es nur wenig Erfolg : eine umfassende und damit aussagekräftige Anwendung rechnergestützter Werkzeuge etwa in Gestalt von Simulationsläufen konnte mit den hier verfügbaren Mitteln - Programme, Personal - nicht erreicht werden.

Literaturhinweise

[1] M.Diaz, J.-P.Ansart, J.-P.Courtiat, P.Azema, V.Chari (eds.): "The Formal Description Technique Estelle"; Elsevier Science Publishers B.V. (North-Holland), 1989

[2] ISO 9074: "Information Processing Systems - Open Systems Interconnection-ESTELLE-A FDT Based on an Extended State Transition Model"; 1989

[3] ISO/IEC 10026-1, 10026-2, 10026-3: "Information Technology - Open Systems Interconnection-Distributed Transaction Processing - Part 1:Model, Part 2:Service Definition, Part 3: Protocol Specification"; 1992

[4] P.D.Amer, F.Ceceli: "Estelle Formal Specification of ISO Virtual Terminal"; Computer Standards & Interfaces 9 (1989), pp. 87-104

[5] J.M.Janas, H.R.Wiehle: "On the State of Affairs in OSI Transaction Processing"; Proc. of the IEEE Computer Networking Symposium, Washington, D.C., April 11-13, 1988, pp. 53-61

[6] M.Phalippou, R.Groz: "Using Estelle for Verification - An Experience with the T.70 Teletex Transport Protocol"; Formal Description Techniques, K.J.Turner (ed.), Elsevier Science Publishers B.V. (North-Holland), 1989

[7] ISO/IEC JTC 1/SC 21 N 6341, " Revised Text of CD 10731, Information Technology - Open Systems Interconnection - Conventions for the Definition of OSI Services"; 1991

[8] L.Walther, H.R.Wiehle, J.M.Janas, H.Niebergall: "An ESTELLE Description of the ISO Distributed Transaction Processing Service"; Univ. d. Bundeswehr, Fakultät f. Informatik, Bericht Nr. 8906, Sept.89.

[9] M.W.Austen, J.M.Janas, H.R.Wiehle: "Über das ISO Norm-Projekt zur Verteilten Transaktionsverarbeitung: Stand und Technische Alternativen"; Kommunikation in verteilten Systemen, ITG/GI-Fachtagung, Stuttgart, Februar 1989, Springer-Verlag, Informatik-Fachberichte 205

[10] G.v.Bochmann: "Protocol Specification for OSI"; Computer Networks and ISDN Systems 18 (1989/90) 167-184

[11] J.-P.Courtiat: "Introducing a Rendez-Vous Mechanism in Estelle : Estelle*"; enthalten in [1]

Service Boundary

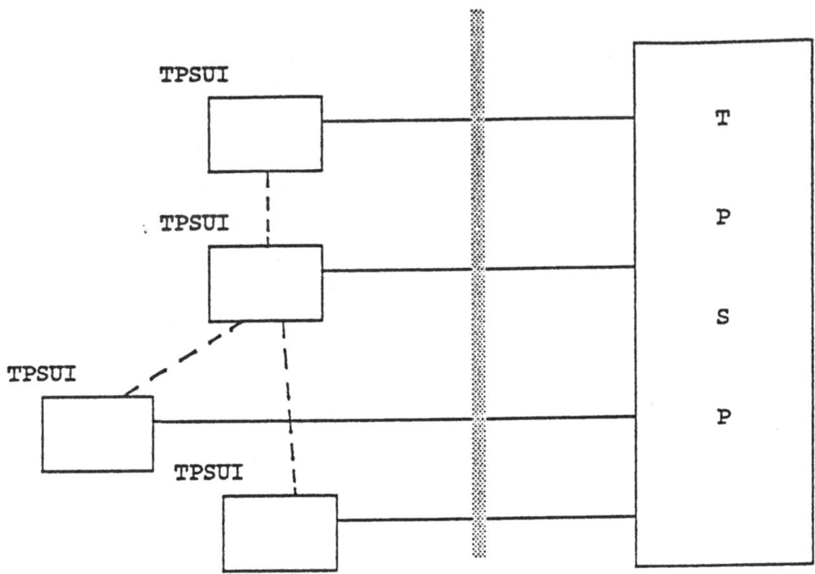

Figur 1

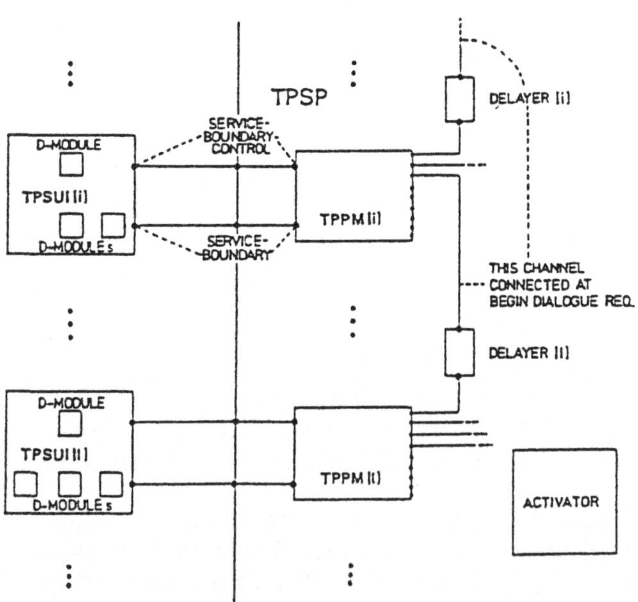

Figur 2

Erweiterung des X11-Servers zur digitalen Bewegtbilddarstellung

Ralf Keller
Lehrstuhl für Praktische Informatik IV
Universität Mannheim

Kurzfassung
In dieser Arbeit wird eine Erweiterung von X11 für die Bewegtbilddarstellung in einer verteilten Umgebung vorgestellt. Sie ermöglicht den benutzerkontrollierten Ablauf von Filmen in Fenstern, die von X zur Verfügung gestellt werden. Nach einer Einführung in die Problematik der Bewegtbilddarstellung und -übertragung wird die Erweiterung des X-Window-Systems detailliert beschrieben. Der Schwerpunkt liegt dabei auf der Funktionalität der Benutzerschnittstelle und der Verarbeitung von Filmaufträgen im X-Server. Außerdem werden verschiedene Leistungsmessungen präsentiert, die zur Engpaßanalyse des Systems durchgeführt wurden.

1. Einleitung

Um Benutzern und Programmierern den Umgang und Zugriff auf Audio und Video zu erleichtern, sollten diese in bestehende Umgebungen eingebettet werden. Da Fenstersysteme wie das X-Window-System (X, [SGN88]) von modernen Arbeitsplatzrechnern nicht mehr wegzudenken sind, liegt es nahe, eine Integration von X und zeitabhängigen Medien anzustreben. Ein erster Schritt in diese Richtung ist die digitale Bewegtbilddarstellung in einem Fenster. Dem Benutzer wird es ermöglicht, in seiner gewohnten Rechnerumgebung Filme zu betrachten. Dazu ist es wünschenswert, auf spezielle Hardware zur Speicherung, Übertragung und Darstellung von Bewegtbildern zu verzichten, um die leichte Portierbarkeit auch des erweiterten X-Window-Systems zu gewährleisten.

Dieser Artikel ist wie folgt strukturiert: In Kapitel 2 werden die Darstellungsformate digitaler Bilder und Bildsequenzen und die Anforderungen der Bewegtbildübertragung an das Rechnernetz erläutert. Auf der Basis dieser Anforderungen werden dazu in Kapitel 3 die notwendigen Erweiterungen des X-Window-Systems beschrieben. Auf einige Einzelheiten der Implementierung wird in Kapitel 4 genauer eingegangen. Über Erfahrungen, die bei der Entwicklung und bei verschiedenen Tests gesammelt wurden, wird in Kapitel 5 berichtet. Eine Zusammenfassung und ein Ausblick bilden den Abschluß dieser Arbeit.

2. Digitale Bewegtbildübertragung

2.1 Digitale Bilder und Filme

2.1.1 Formate digitaler Einzelbilder

Moderne Arbeitsplatzrechner können z.B. 1280 × 1024 Pixel große Bilder darstellen. Dafür werden bei 24 Bit pro Pixel (Echtfarben, [Lut89]) ca. 3,9 MByte pro Bild benötigt. Bei solchen Datenmengen ist Kompression erforderlich, um die Speichermedien und die Übertragungswege zu entlasten.

Um den Speicherverbrauch zu begrenzen, verwenden moderne Arbeitsplatzrechner meist Farbtabellen mit 256 möglichen Einträgen. Dabei wird für jedes Pixel nur ein Byte benötigt, welches einen Index auf eine Farbzelle in der Farbtabelle enthält. Jede dieser Farbzellen beinhaltet die eigentlich darzustellende Farbe. Damit können zwar pro Bild nur 256 verschiedene Farben gleichzeitig verwendet werden, die aber aus einer Palette von mehr als 16 Millionen ausgewählt werden können. Durch die Farbtabellentechnik wird der Speicherbedarf pro Bild auf ein Drittel gesenkt. Zu jedem Bild muß aber zusätzlich die Farbtabelle mit abgespeichert werden. Treten in einem Originalbild mehr als 256 verschiedene Farben auf, so entsteht in der digitalen Darstellung ein Qualitätsverlust. Dieser ist jedoch für viele Anwendungen akzeptierbar.

2.1.2 Formate digitaler Filme

Bei der Darstellung von digitalen Filmen liegt es nahe, zunächst die von der Einzelbilddarstellung bekannten und bewährten Techniken zu untersuchen, d.h. entweder mit 24 Bit/Pixel in Echtfarben oder mit 8 Bit/Pixel als Index auf eine Farbtabelle. Generell entsteht aber noch in erheblich verschärfter Form das Problem der großen Datenmenge, da 25 Bilder pro Sekunde bereitgestellt werden müssen. Die Verwendung einer Farbtabelle für jedes Bild stellt zwar schon eine beträchtliche Einsparung dar, doch kann durch die Anwendung geeigneter Kompressionsverfahren das Datenvolumen weiter vermindert werden.

2.1.3 Filme und Farbtabellen

Werden die Einzelbilder eines Films mit je einer Farbtabelle kodiert, so zeigt sich bei der Übertragung folgendes Problem: Besitzt jedes Bild eine eigene Farbtabelle, so muß diese vor den Bilddaten geladen werden. Das zuvor angezeigte Bild wird dadurch kurzfristig in Falschfarben sichtbar. Selbst wenn die beiden Bilder ähnliche Farben besitzen, bleibt dieser Effekt für den Betrachter unangenehm, da sich die Indizes der Farben unterscheiden können.

Eine Lösung dieses Problems besteht darin, alle Bilder eines Films auf eine einzige Farbtabelle umzurechnen. Dann können allerdings im ganzen Film nicht mehr als 256 Farben verwendet werden. Die Qualität leidet dadurch erheblich, denn die Farbtabelle kann nicht mehr für den Farbinhalt jedes einzelnen Bildes optimiert werden.

Um einem Film mehr als 256 Farben zur Verfügung zu stellen und dabei dennoch Fehlfarben zu vermeiden, wird in [LEM92] eine dynamische Anpassung der Farbtabelle während des Filmlaufs vorgeschlagen.

2.2 Übertragungsprotokolle für Bilder und Filme

Die Übertragung von Filmen muß so gestaltet werden, daß ein isochroner Datenfluß und ein hoher Durchsatz bis zur Anwendungsebene erreicht wird. Dazu muß einerseits das verwendete Transportprotokoll sowohl eine hohe Bandbreite als auch eine konstante Verzögerung garantieren. Andererseits müssen auch die höheren Schichten diese Dienstgüte sicherstellen, die in heutigen Systemen einen erheblichen Engpaß darstellen [CT90].

Schon beim Netzzugangsprotokoll zeigt sich, daß das Problem bei der Übertragung von kontinuierlichen Multimedia-Datenströmen sehr groß ist. Das in lokalen Netzen weit verbreitete CSMA/CD-Protokoll kann weder eine konstante Verzögerung noch eine konstante Datenrate garantieren. Die Zugangsprotokolle in Tokenring-Netzen und im Hochgeschwindigkeitsnetz FDDI [RHF91] garantieren immerhin eine maximale Verzögerung. Innerhalb bestimmter Grenzen kann mit diesen Protokollen ein isochroner Dienst durch Puffern verfrühter Datenpakete simuliert werden [Cou91].

Doch auch die heutigen Transportprotokolle sind für isochrone Datenübertragung ungeeignet. Sowohl TCP als auch ISO TP4 benutzen eine Fehlerkorrektur durch Zeitschranken und Wiederholung. Dadurch kann natürlich nicht garantiert werden, daß alle Pakete mit einer konstanten Verzögerung übertragen werden. Eine isochrone Datenübertragung wird erst mit dem zukünftigen DQDB-Protokoll oder dem kanalvermittelten Breitband-ISDN auf der Basis von

ATM für Glasfaser-Netze zur Verfügung stehen [HH91]. Für diese Hochgeschwindigkeits-netze werden auch neue Transportprotokolle entwickelt [DDK+90].

2.3 Vom Standbild zum Bewegtbild in Fenstersystemen

Fenstersysteme wie X erlauben neben der Darstellung von einfachen Graphiken auch die Einzelbildübertragung aus einer Anwendung heraus an das Fenstersystem. Der Schritt vom Stand- zum Bewegtbild wurde daher zunächst mittels Anwendungen versucht, die ihre Bilder schnell über das Netz beziehen und an den X-Server weiterreichen, der diese dann darstellt [Lof90]. Für die notwendigen Mechanismen zur Bewegtbildübertragung ist die Anwendung jedoch selbst zuständig. Außerdem werden die Bilder unter Umständen zweimal über das Netz transportiert.

Deshalb haben wir stattdessen im XMovie-System eine Erweiterung von X-Server und X-Client um das neue Objekt "Film" entworfen und prototypisch implementiert.

2.4 Das XMovie-System

Das System XMovie ist eine verteilte Testumgebung für digitale Bewegtbilddarstellung in einem Netz aus UNIX-Rechnern an der Universität Mannheim. Es kommt ohne spezielle Hardware aus und benutzt herkömmliche Netztechnik zur Übertragung und handelsübliche Graphik-Adapterkarten zur Darstellung von Bewegtbildsequenzen [LE91]. In XMovie übernimmt der X-Server die Rolle eines Movie-Client. Die Architektur des XMovie-Systems zeigt Abb. 1.

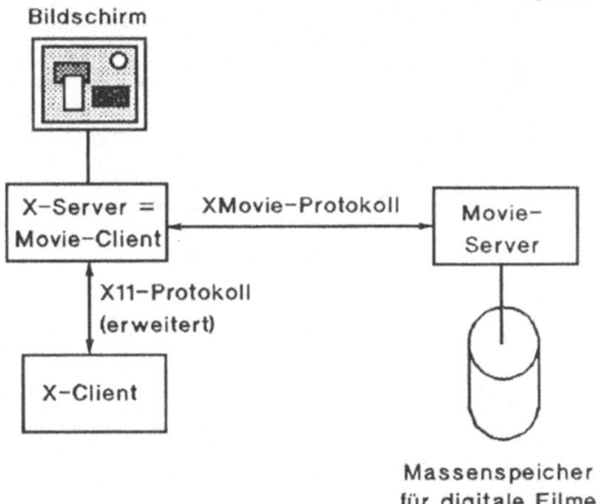

Abb. 1: Die Architektur des XMovie-Systems

Der Movie-Client kommuniziert mit dem Movie-Server, der die Filme bereithält, und stellt die empfangenen Bilder in einem Fenster dar. Das XMovie-Protokoll ermöglicht es, mit mehreren Servern gleichzeitig Verbindungen zu unterhalten. Da sowohl der Übertragungs- als auch der Darstellungsaufwand bei der Bewegtbildübertragung aufgrund der großen Datenmenge beachtlich ist, muß die Implementierung vor allem an Effizienzkriterien gemessen werden.

Bei Experimenten wurde festgestellt, daß die mit TCP erreichbaren Datenraten völlig unzureichend sind [LE91]. Daher wurde die Kommunikation mit dem Movie-Server über eine UDP-Verbindung zu realisiert. Das Aufsetzen auf eine Transportschnittstelle (Schicht 4) schirmt zugleich die Implementierung des XMovie-Systems von den Details der tieferen Schichten ab, so daß neue Netztechnologien wie FDDI, DQDB und später auch ATM dem XMovie-System mit minimalen Anpassungsarbeiten unmittelbar zugute kommen.

3. Bewegtbilder mit X

3.1 X-Client

3.1.1 Erweiterte Xlib-Schnittstelle

Um den Bewegtbildservice für den Anwendungsprogrammierer zugänglich zu machen, wurde eine Anfrageschnittstelle zum X-Server mit den folgenden Befehlen entworfen:

- *<init>*
- *<open>*
- *<stop>*
- *<play>*
- *<update>*
- *<show picture>*
- *<close>*

3.1.2 Befehlsfolgen

Vorbereitung

Die Arbeitsweise der Programmierschnittstelle des erweiterten X-Clients läßt sich mit Hilfe des Zustands-/Übergangsdiagramms in Abb. 2 beschreiben. Der X-Client befindet sich vor der Bewegtbilddarstellung im Zustand *<Idle>*. Er muß zunächst ein *<init>* durchführen, um das Filmfenster vorzubereiten. Dazu wird eine eigene Farbtabelle erzeugt und dem Fenster zugeordnet. Diese Vorgehensweise ist notwendig, damit die Farbtabelle des Films abgespeichert werden kann, ohne die Standard-Farbtabelle von X zu überschreiben.

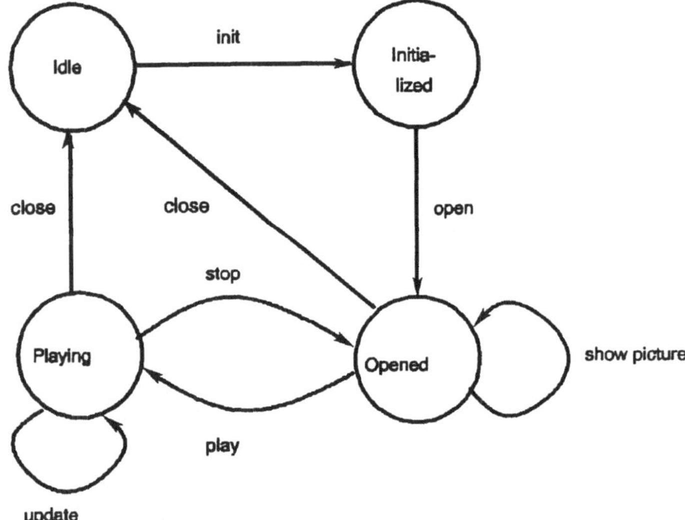

Abb. 2: Zustands-/Übergangsdiagramm der Xlib-Erweiterung

Im Zustand *<Initialized>* angekommen, kann ein Filmauftrag mittels *<open>* abgesetzt werden. Falls kein Fehler auftritt, ist nach diesem Aufruf der Auftrag eröffnet, und die Bewegtbilddarstellung kann beginnen (im Zustand *<Opened>*).

Durch ein *<open>* erhält die Anwendung die Identifikationsnummer des Films (Movie-ID). Nur mit dieser können alle weiteren Funktionen aufgerufen werden. Die Movie-IDs sind für jede Kombination von Film und Anzeigefenster eindeutig.

Filmlauf

Im Zustand *<Opened>* stehen zwei Bilddarstellungsoptionen zur Verfügung: *<play>* und *<show picture>*. Durch ein *<play>* wird die Darstellung des durch die Movie-ID angegebenen Films gestartet. Dabei können verschiedene Parameter gesetzt werden, die den genauen Ablauf bestimmen. Es kann der ganze Film angefordert werden oder nur eine bestimmte Bildfolge. Sowohl die Laufrichtung als auch die Bildwiederholfrequenz lassen sich angeben. Diese Parameterwerte lassen sich beliebig kombinieren.

Durch ein *<play>* gelangt die Anwendung in den Zustand *<Playing>*, aus dem sie entweder mit einem expliziten *<stop>* oder durch das Ende des Films wieder in den Zustand *<Opened>* zurückkehrt.

Alternativ zu einem *<play>* kann im Zustand *<Opened>* auch ein *<show picture>* verlangt werden. Dieses bewirkt die Darstellung genau eines Bildes.

Während eines Filmlaufs können die beim Start gesetzten Parameter durch ein *<update>* geändert werden. So läßt sich die Laufrichtung umkehren, die gewählte Bildfolge verlängern oder verkürzen und die Geschwindigkeit erhöhen oder erniedrigen.

Der Filmlauf kann jederzeit durch ein *<stop>* angehalten werden. Dabei wird die Nummer des zuletzt angezeigten Bildes zurückgegeben. Läuft der Film dagegen bis zum letzten Bild ohne Unterbrechung, so wird das Filmende durch eine Ereignismeldung angezeigt, welche ebenfalls die Nummer des letzten Bildes als Information mitführt.

Mit *<close>* wird der X-Server aufgefordert, alle Ressourcen freizugeben, die für diesen Filmauftrag von ihm verwaltet werden. Läuft der Film noch, so wird er gestoppt. Nach einem *<close>* befindet sich die Anwendung wieder im Zustand *<Idle>*.

3.2 X-Server

3.2.1 Filmaufträge

Der X-Server wurde dahingehend erweitert, daß er Filmaufträge verwalten kann. Ein Filmauftrag (*Order*) spielt die Vermittlerrolle zwischen den Wünschen des X-Client, die über das X-Protokoll an den X-Server herangetragen werden, und der Abarbeitung dieser Wünsche durch die Kommunikation mit dem Movie-Server über das XMovie-Protokoll (siehe Abb. 3).

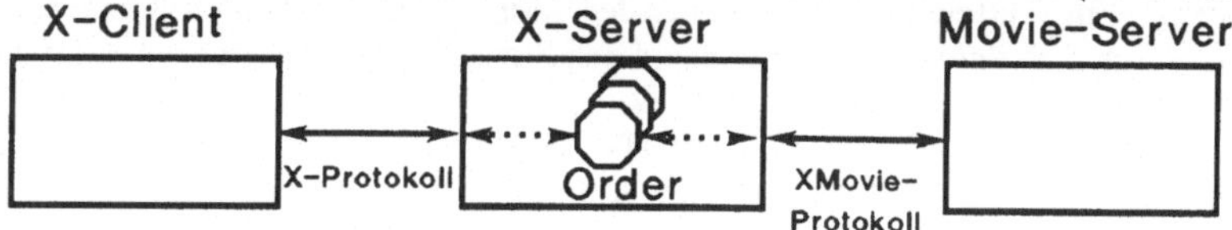

Abb. 3: Funktion eines Auftrags

Der X-Server verwaltet eine Auftragsliste. Jeder dieser einzelnen Aufträge enthält Informationen über den jeweils darzustellenden Film. Diese umfassen den Auftraggeber, den Filmnamen und den Movie-Server, von dem der Film angefordert werden soll. Darüber hinaus werden das Filmfenster, genaue Daten über die darzustellenden Bilder sowie verschiedene Zustandsinformationen gespeichert.

3.2.2 Verarbeitung eines Auftrags

Trifft eine *<open>*-Anforderung beim X-Server ein, so wird ein neuer Auftrag eröffnet. Dieser neue Auftrag befindet sich im Zustand *<New Order>*. Der Zustand *<Idle>* ist gleichbedeutend mit nicht existent; erst beim Eröffnen wird der benötigte Speicherplatz belegt.

Im neuen Auftrag werden die in der Anforderung enthalten Informationen abgelegt. Außerdem wird ein neuer UDP-Socket für den XMovie-Service eröffnet. Gelingt das nicht, so wird eine Fehlermeldung an den X-Client gesandt, und der Auftrag geht in den Zustand *<Order Fault>* über. Andernfalls wechselt er in den Zustand *<Wait For Format>*.

Hier wird versucht, eine Verbindung zum Movie-Server aufzubauen. Für den X-Server ist ein Verbindungsaufbau erfolgreich, sobald er vom Movie-Server ein Format-Paket empfängt. Dieses enthält Daten über den angeforderten Film, die für die Übertragung und Darstellung wichtig sind (z.B. die Größe des Einzelbildes und die Gesamtlänge des Films). Weiterhin sind in diesem Paket Informationen über das Format enthalten, in dem die Bilder über das Netz fließen, d.h. in wieviele Pakete ein Einzelbild zur Übertragung zerlegt werden muß und wieviele Pixel in einem Paket abgelegt sind.

Schon ab einer relativ geringen Größe muß ein Bild auf mehrere Pakete verteilt werden. Durch Experimente wurde festgestellt, daß das UDP-Protokoll auf den verwendeten IBM PS/2 unter AIX nur eine maximale Paketgröße von 2 KByte ermöglicht. Damit könnten nur sehr kleine Bilder auf einmal übertragen werden.

Schlägt der Verbindungsaufbau fehl, weil der Movie-Server sich entweder nicht meldet oder den Verbindungsaufbau durch ein Fehler-Paket ablehnt, so wechselt der Auftrag in den Zustand *<Order Fault>*. Andernfalls befindet er sich im Zustand *<Wait For Packet>*. In diesem Zustand kann zu jeder Zeit eines der folgenden Pakete vom Movie-Server eintreffen:

- Bildpaket: Dieses enthält einen Teil des angeforderten Bildes, der sofort für die Ausgabe im Filmfenster weiterverarbeitet wird.

- Farbtabellen-Paket: Hiermit werden Farbtabelleneinträge übertragen, die sofort in die dem Filmfenster zugeordnete Farbtabelle eingetragen werden. Dadurch kann die Farbtabelle während des Filmlaufs geändert werden.

- Fehler-Paket: Mit diesem signalisiert der Movie-Server, daß er keine weiteren Bilder mehr senden kann und die Verbindung als abgebrochen betrachtet. Dem X-Client wird eine Fehlermeldung geschickt, und der Auftrag geht in den Zustand *<Order Fault>* über.

Während sich ein Auftrag im Zustand *<Wait For Packet>* befindet, kann der X-Client die Ablaufparameter durch eine *<update>*-Anforderung ändern oder den Film stoppen und ihn anschließend wieder starten. Ebenso kann er durch eine *<close>*-Anforderung anzeigen, daß dieser Auftrag nicht mehr benötigt wird. Daraufhin wird der Auftrag aus der Auftragskette entfernt und in den Zustand *<Idle>* übergegangen.

Aus den drei Zuständen *<New Order>*, *<Wait For Format>* und *<Wait For Packet>* gelangt der Auftrag beim Eintreten eines Fehlers in den Zustand *<Order Fault>*. Aus diesem kann er entweder durch eine *<close>*-Anforderung in den Zustand *<Idle>* übergehen, oder der Auftrag wird vom Server automatisch gelöscht, wenn er entdeckt, daß der X-Client nicht mehr existiert. In diesem Fall gibt der X-Server alle Ressourcen frei, die dieser Anwendung zugeordnet sind (z.B. Fenster, Farbtabellen, Film-Aufträge).

3.2.3 Realisierung der Bildwiederholfrequenz

Der X-Server versucht, für jeden Filmauftrag die geforderte Bildwiederholfrequenz so weit wie möglich zu erreichen, ohne daß die Bildqualität zu stark absinkt. Dies wird durch die Verwaltung von Timern und mehreren Zustandsvariablen erreicht.

Einer dieser Timer legt z.B. fest, wieviel Zeit für den Empfang und die Darstellung eines Bildes verbraucht werden darf. Treffen innerhalb dieses Intervalls keine Bildpakete ein, so fordert der X-Server ein neues Bild beim Movie-Server an. Andernfalls werden zunächst die eingetroffenen Pakete verarbeitet und die Bildteile dargestellt. Erst nachdem keine neuen Bildteile mehr eintreffen und dieser Timer abgelaufen ist, wird das nächste Bild angefordert[1].

3.2.4 Bildaufbau

Das verwendete UDP-Protokoll für die Kommunikation mit dem Movie-Server ist ein Datagramm-Protokoll; es garantiert nicht die Ablieferung aller gesendeten Pakete. Dies ist für die Bewegtbilddarstellung aber nicht relevant, da fehlende Bildteile beim nächsten Bild überschrie-

---

[1] Die Entscheidung, jedes Bild einzeln anzufordern, wurde bei einer Prototyp-Implementierung getroffen, um das Protokoll möglichst einfach zu halten. Da aber der Kommunikationsaufwand dabei sehr hoch ist, arbeiten wir zur Zeit an einem verbessertem Protokoll.

ben werden. Dabei treten keine Fehlfarben auf, falls die schon erwähnte dynamische Anpassung der Farbtabelle angewendet wird.

Wie schon erwähnt, stellt der X-Server jeden ankommenden Bildteil sofort dar. In jedem Paket befindet sich ein rechteckiger Bildausschnitt in voller Bildbreite und eine Information darüber, an welche Stelle des Gesamtbildes dieser Teil gehört. Der X-Server erstellt das Gesamtbild aus den Einzelteilen.

3.3 Der Movie-Server

Die Aufgabe des Movie-Servers ist es, die vom X-Server angeforderten Einzelbilder von dem Speichermedium zu lesen, vorzuverarbeiten und an den X-Server zu senden. Das für die Kommunikation zwischen X-Server und Movie-Server von uns entwickelte hybride XMovie-Protokoll wird im folgenden kurz beschrieben.

Nach dem Erhalt des Bilddateinamens vom Movie-Client prüft der Movie-Server, ob eine Datei mit diesem Namen vorhanden ist. Falls dies zutrifft, werden die Daten über das Bildformat an den Movie-Client gesendet. Ohne auf eine Bestätigung zu warten, überträgt der Server danach die Farbtabelle in zwei Teilen. Nach jedem Teil wartet der Server auf eine Empfangsbestätigung vom Client. Nach dem Senden der Farbtabelle geht der Server in den Zustand über, in dem er Bildanforderungen bearbeiten kann.

Der Server liest jeweils einen Paketteil ein und sendet ihn an den Client, ohne auf eine Bestätigung zu warten. Dies wird solange wiederholt, bis das ganze Bild sequentiell abgearbeitet ist. Danach wartet er auf eine erneute Anforderung.

Die Übertragung der Farbtabelle erfolgt also gesichert (mit Bestätigung), während die Bildinhalte ungesichert übertragen werden; daher der Name Hybrid-Protokoll. Wir halten es generell für sehr wichtig, daß für die schnelle Übertragung isochroner Datenströme sowohl ein ungesicherter als auch ein gesicherter Übertragungsmodus bereitgestellt wird.

4. Implementierung

4.1 Implementierungsumgebung

Die Implementierung erfolgte zunächst auf einem IBM PS/2 Modell 80 (80386 Prozessor) mit 12 MB Hauptspeicher und dem Betriebssystem AIX. Der PS/2-Rechner war mit einem Bildschirmadapter 8514a ausgestattet. Als Software-Entwicklungsumgebung diente X11 Rel. 4, und als Programmiersprache wurde C verwendet. Die benutzte Arbeitsstation besaß einen Ethernet-Anschluß, über den u.a. mit einem DECsystem 5400 unter dem Betriebssystem Ultrix kommuniziert werden konnte.

Inzwischen erfolgte die Portierung auf eine DECstation 5000/120 CX (R3000 RISC-Prozessor) mit 16 MB Hauptspeicher, dem Betriebssystem ULTRIX und X11 Rel. 5 und anschließend auf SPARCstation IPX (SPARC-Prozessor) mit 16 MB Hauptspeicher, dem Betriebssystem SunOS und ebenfalls X11 Rel.5.

4.2 Einbettung der Erweiterung in X

Um die in Kapitel 3 beschriebene Funktionalität in das X-Window-System einzufügen, waren Erweiterungen in der Xlib, im X-Protokoll und im X-Server nötig (siehe [Kel91]).

In die Xlib wurden neue Stub-Routinen eingefügt, um die Anfragen an den X-Server zu senden und Antworten zu verarbeiten. Für die Verwaltung der Erweiterung, insbesondere für die neuen Ereignis- und Fehlermeldungen, mußte ebenfalls gesorgt werden.

In das X-Protokoll wurden die neuen Protokolldateneinheiten (PDUs) hinzugefügt, die zwischen dem X-Server und einem X-Client, der die XMovie-Erweiterung anspricht, ausgetauscht werden.

Den größten Implementierungsaufwand erforderte der Ausbau des X-Servers. Hier mußte dafür gesorgt werden, daß die neuen PDUs des X-Protokolls richtig empfangen, verarbeitet bzw. gesendet werden. Außerdem mußte die Verwaltung der Aufträge geregelt und insbesondere die zur Kommunikation mit dem Movie-Server notwendige Funktionalität eingefügt werden.

4.3 Der Movie-Server

Der Movie-Server wurde parallel auf IBM PS/2 und DECsystem 5400 entwickelt, um Bildübertragungen von unterschiedlich schnellen Maschinen zu testen. Von der Universität Karlsruhe wurden uns dankenswerterweise Filmausschnitte zur Verfügung gestellt, die mit dem VERA-Raytracing-System [LMS91] erzeugt wurden. Diese Filmausschnitte wurden vorab in das oben beschriebene Farbtabellenformat umgewandelt und auf der Festplatte abgelegt. Der Movie-Server kann auf jeden Film mit normalen Dateioperationen zugreifen. Er wurde inzwischen auch auf die DECstation 5000/120 CX und die SPARCstation IPX portiert.

5. Erfahrungen

5.1 Leistungsanalyse

In der ersten Implementierung standen für Tests zwei Filme zur Verfügung. Der erste Film mit Namen *Schwarm* hatte das Bildformat 128×128 und bestand aus 50 Bildern. Im zweiten Film (*DNA*) waren mehr (72) und größere (220×220) Bilder abgespeichert[2]. Es fanden mehrere verschiedene Testreihen statt:

1. Ein lokaler Movie-Server sendete den Schwarm-Film, d.h. der X-Server und der Movie-Server liefen beide auf demselben IBM PS/2 Modell 80.

2. Ein lokaler Movie-Server sendete den DNA-Film.

3. Ein Movie-Server auf einer schnelleren Maschine (DEC 5400) sendete den Schwarm-Film über das Netz.

4. Ein Movie-Server auf einer gleich schnellen Maschine sendete den Schwarm- oder den DNA-Film über das Netz.

Bei diesen Tests wurde u.a. gemessen, wieviel Zeit zwischen den Bildanforderungen und der Ankunft der einzelnen Bildpakete verging. In jeder Testreihe wurde der Film mit unterschiedlichen Bildwiederholfrequenzen abgespielt. Dabei stellten wir fest, daß sich der Schwarm-Film nicht schneller als mit 6 und der DNA-Film nicht schneller als mit 2 Bildern pro Sekunde abspielen ließ.

Neben der Bildwiederholfrequenz interessierte uns natürlich auch die Filmqualität. Dabei wurde festgestellt, daß bei einer lokalen Übertragung fast keine Bildpakete verloren gingen. Bei der Testreihe 3 jedoch mußte zuerst die Geschwindigkeit des Movie-Servers gebremst werden, mit der er die Bildpakete auf das Netz schickt, um den Verlust von Datenpaketen zu minimieren. Doch selbst dann gingen teilweise mehr als die Hälfte der Pakete verloren. Dieses Ergebnis war nicht befriedigend.

Wie oben erwähnt, portierten wir das XMovie-System auf einen schnelleren Rechner (DECstation 5000/120). Bei der Portierung konnte neben der CPU ein weiterer Engpaß beseitigt werden: unter ULTRIX können größere UDP-Pakete versendet werden. Dadurch wurde der X-Server beim Lesen der Bildpakete von der Netzschnittstelle entlastet und die maximale Bildwiederholfrequenz wurde erheblich gesteigert. Der Schwarm-Film ließ sich jetzt mit max.

---

[2] Die Namen der Filme ergaben sich aus ihren Inhalten. Im ersten Film kreiste ein Schwarm Schmetterlinge um eine Lampe, im zweiten Film rotierte eine DNA-Doppelhelix über einem Schachbrett.

17 Bildern pro Sekunde und der DNA-Film mit max. 7 Bildern pro Sekunde abspielen. Die Leistungsmessungen auf der SPARCstation IPX brachten nur leicht verbesserte Ergebnisse.

Die geringste Anzahl verlorengegangener Pakete wurde erreicht, wenn Movie-Client und Movie-Server auf verschiedenen DECstations liefen, da dann für jede der beiden Seiten mehr CPU-Zeit zur Verfügung stand; im Schnitt ging weniger als ein Paket pro Bild verloren.

5.2 Engpässe

Die vom X-Server erreichbare Bildwiederholfrequenz hängt von der Auslastung der beteiligten Systemkomponenten ab. Dies hat zwei Ursachen: Erstens verwendet der X-Server bei der Abarbeitung eintreffender Ereignisse eine *Round-Robin*-Strategie ohne Prioritäten. Die XMovie-Erweiterung fügt sich in diesen Mechanismus ein, um Portierungen einfach zu machen. Da der X-Server mehrere Filmaufträge gleichzeitig verarbeiten kann und in der Regel mehrere X-Clients Verbindungen zu ihm haben, vergeht zwischen den einzelnen Nachfragen, ob inzwischen Pakete vom Movie-Server eingetroffen sind, eine nicht exakt bestimmbare Zeitspanne.

Die andere Ursache ist, daß neben dem X-Server und einigen X-Clients auch noch andere Programme auf demselben Rechner ablaufen (z.B. der Movie-Server) und die Prozessorzeit gleichmäßig auf diese Prozesse verteilt wird.

Daher sinkt sowohl mit steigender Prozeßzahl als auch mit mehr Filmaufträgen die erreichbare Bildwiederholfrequenz, da einfach nicht genügend Zeit vorhanden ist, die Bilder schnell genug anzufordern, zu empfangen und darzustellen.

Bei weiteren Leistungstests wurde festgestellt, daß das langsamste Glied in der Kette der physikalischen Übertragungsmittel die verwendete Netzadapterkarte darstellte. Obwohl auf unserem Ethernet theoretisch eine Übertragungsrate von 10 MB/s möglich ist, konnte die zunächst eingesetzte Karte nicht mehr als 2 MB/s verarbeiten [LE91].

Daraus folgerten wir, daß sich die Leistung des XMovie-Systems durch schnellere Hardware für CPU und Netzadapterkarten erheblich verbessern läßt. Dies wurde auch durch die Portierung auf eine schnellere Hardware nachgewiesen. Die Netzadapterkarte der DECstation stellt zwar immer noch den Engpaß dar, sie kann aber immerhin 4 MB/s verarbeiten. Dies führte zu der oben erwähnten Steigerung der Bildwiederholfrequenz.

Wir installieren zur Zeit einen FDDI-Ring zur Verbindung der Arbeitsplatzrechner und rechnen damit, daß mit der nächsten Generation der Arbeitsplatzrechner-Hardware und mit FDDI eine Bildwiederholfrequenz von 25 Bilder/s erreicht werden wird.

5.3 Portabilität

Die vorgenommene Erweiterung des X-Servers ist zum größten Teil portabel, da beim Benutzen der Systemeigenschaften von X auf Routinen zurückgegriffen wurde, die ihrerseits portabel sind. Einzig die Erweiterungen, die für die Kommunikation mit dem Movie-Server eingebracht wurden, sind nicht ohne weiteres auf einen anderen Rechner übertragbar.

Insgesamt erforderte es nur einen geringen Aufwand (etwa einen Mann-Monat), die XMovie-Erweiterung von X11 Rel. 4 auf einem IBM PS/2 Modell 80 mit dem Betriebssystem AIX auf X11 Rel. 5 auf einer DECstation 5000/120 mit dem Betriebssystem ULTRIX zu portieren und das XMovie-System an die neue und schnellere Umgebung anzupassen.

6. Zusammenfassung und Ausblick

Die Erweiterung des X11-Servers zur Bewegtbilddarstellung ermöglicht den benutzerkontrollierten Ablauf von Filmen in Fenstern, die von X zur Verfügung gestellt werden. Diese neue Funktionalität wurde in das System eingefügt, ohne dessen Handhabung und Erscheinungsbild ("Look and Feel") zu verändern. Für den Programmierer wurde eine komfortable Programmierschnittstelle auf Xlib-Basis bereitgestellt, die es ihm ermöglicht, einen oder mehrere Filme von Movie-Servern anzufordern und den Filmablauf zu steuern.

Nach einer Einführung in die Problematik der Bewegtbildübertragung wurde die Erweiterung des X-Window-Systems vertieft vorgestellt. Dabei wurde besonderer Wert auf die Beschreibung der Funktionalität der Benutzerschnittstelle und die Verarbeitung von Filmaufträgen im X-Server gelegt. Es zeigte sich deutlich, daß eine signifikante Leistungsverbesserung des XMovie-Systems durch schnellere Hardware für die CPU und die Netzadapterkarten zu erwarten ist. Diese Erwartung wurde auch durch die Portierung auf eine DECstation 5000/120 bestätigt.

Als nächstes ist der Anschluß von zwei DECstations an einen bereits vorhandenen FDDI-Ring geplant, um eine schnellere und zuverlässigere Übertragung von Bewegtbilder zu erreichen. Im weiteren Ausbau des Systems wird die Einbeziehung der Tonübertragung und -ausgabe angestrebt.

Dank

Ich danke dem Betreuer meiner Diplomarbeit, Herrn Bernd Lamparter, für viele hilfreiche Anregungen und gute Diskussionen. Herrn Professor Dr. Effelsberg danke ich für die Anregung, mich mit dem Thema der digitalen Filmübertragung zu befassen, und für seine ständige Diskussionsbereitschaft. Meinen Kollegen am Lehrstuhl Praktische Informatik IV und insbesondere Herrn Walter Müller danke ich für ihre Geduld, die sie für meine ständigen Fragen und bei gelegentlichen Systemabstürzen aufgebracht haben.

Literaturverzeichnis

[Cou91]   B. Cousin. Digital Video Transmission and the FDDI Token Ring Protocol. In *Proc. 2nd International Workshop on Network and Operating System Support for Digital Audio and Video*, Springer-Verlag, Heidelberg, 1991, S. 375-387

[CT90]   D. C. Clark and D. L. Tennenhouse. Architectural Considerations for a New Generation of Protocols. *Computer Communication Review*, 20(4): 200-208, September 1990

[DDK+90]   T. W. Doeringer, D. Dykeman, M. Kaiserswerth, B. Meister, H. Rudin und R. Williamson. A Survey of Light-Weight Transport Protocols for High-Speed Networks. *IEEE Transactions on Communications*, 38(11): 2025-2039, November 1990

[HH91]   R. Händler und M. N. Huber. *Integrated Broadband Networks: An Introduction to ATM-Based Networks*. Addison-Wesley, Wokingham, England, 1991

[Kel91]   R. Keller. *Erweiterung des X11-Servers zur Bewegtbilddarstellung*. Diplomarbeit, Lehrstuhl für Praktische Informatik IV, Universität Mannheim, 1991

[LE91]   B. Lamparter und W. Effelsberg. X-MOVIE: Digitale Filmübertragung und Darstellung im X-Window-System. In *Telekommunikation und multimediale Anwendungen der Informatik, Tagungsband GI-21. Jahrestagung, Darmstadt, 1991*, Informatik-Fachbericht 293, Springer-Verlag, Berlin Heidelberg, 1991, S. 343-352

[LEM92]   B. Lamparter, W. Effelsberg und N. Michl. MTP: A Movie Transmission Protocol for Multimedia Applications. In *Computer Communication Review*, 22:71-72, July 1992

[LMS91]   W. Leister, H. Müller und A. Stößer. *Fotorealistische Computeranimation*. Springer-Verlag, Heidelberg, Berlin, 1991

[Lof90]   G. Loff. *Konzeption, Entwurf und Implementierung eines netzweiten Videodienstes*. Diplomarbeit, Universität Karlsruhe, 1990

[RHF91]   F. E. Ross, J. R. Hamstra und R. L. Fink. FDDI - A LAN among MANs. *Computer Communications Review*, 20(3): 16-31, July 1991

[SGN88]   R. W. Scheifler, J. Gettys und R. Newman. *X Window System: C Library and Protocol Reference*. Murray Printing Company, 1988

Approximative Analyse der Transferzeit in ATM-Netzen

Markus Eberspächer

Institut für Nachrichtenvermittlung und Datenverarbeitung
Universität Stuttgart, Seidenstraße 36, D – 7000 Stuttgart 1
E-mail: eberspaecher@nvdv.e-technik.uni-stuttgart.dbp.de

Das zukünftige Breitband-ISDN soll eine Vielzahl verschiedener Dienste mit verschiedenen Bitraten und Dienstgüteanforderungen unterstützen. Der asynchrone Transfermode (ATM) bietet hier bezüglich der Bitratenanforderungen einen sehr flexiblen Übertragungsmechanismus. Trotzdem bleiben die Dienstgüteparameter eine kritische Größe in ATM-Netzen. Ein wesentlicher Dienstgüteparameter für Dienste, die Realzeitanforderungen an die Übertragung stellen, ist der variable Anteil der Verzögerung, der durch die Verteilung der Durchlaufzeit (Transferzeit) durch ein ATM-Netz charakterisiert wird. In dieser Arbeit wird ein analytischer Ansatz zur Berechnung dieser Verteilung sowohl für einzelne Netzknoten, als auch für eine komplette Referenzverbindung vorgestellt.

1 Einleitung

ATM wurde wegen seiner hohen Flexibilität vom CCITT als Übertragungsmethode für das zukünftige Breitband-ISDN gewählt. Einige Dienste wie Sprache, Video oder Multi-Media verlangen Datenübertragung in Echtzeit. Allerdings entstehen durch die paketorientierte Informationsübertragung neben der unvermeidbaren Leitungslaufzeit zusätzliche Verzögerungen: Zell-Paketierzeit, Zell-Übertragungszeit und die Wartezeit in den Puffern. Besonders wichtig ist der variable Anteil der Transferzeit, der als Verzögerungs-Jitter bezeichnet wird. Für einige Dienste ist eine Kompensation des Verzögerungs-Jitters innerhalb der ATM-Adaptationsschicht erforderlich, um einen kontinuierlicher Datenstrom ohne variable Verzögerungen auf der Empfängerseite wiederzugewinnen. Die Kenntnis des Verzögerungs-Jitters erlaubt die Dimensionierung des Puffers am Ende der Übertragungsstrecke (Depaketierspeicher), in dem diese Kompensation stattfindet. Wenn die Transferzeit eine bestimmte Grenze überschreitet, können die Nutzdaten für die Rückgewinnung des ursprünglichen Signals nutzlos werden.
Zur Dimensionierung des Depaketierspeichers ist das hintere Ende der Durchlaufzeitverteilung von Interesse. Da wir es hier mit extrem kleinen Wahrscheinlichkeiten zu tun haben, sind Standard-Simulationstechniken nicht anwendbar, und eine analytische Betrachtung wird notwendig.

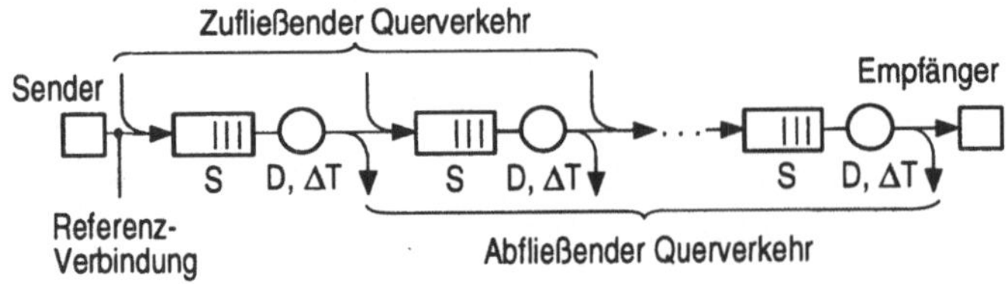

Abbildung 1: Netzmodell für die Analyse der Gesamt-Verzögerung

2 Modelle

Ein ATM-Netz, das aus Multiplexern und Koppelelementen mit Ausgangspuffern besteht, kann als einfaches Warteschlangennetz modelliert werden. In diesem Warteschlangennetz entsprechen die Warteschlangensymbole den Puffern und die Bedieneinheiten den Übertragungsleitungen im ATM-Netz.

Jedes Warteschlangensystem besteht aus einem Puffer mit endlicher Länge S und einer Bedieneinheit mit deterministischer Bedienzeit ΔT, die der Übertragungszeit einer Zelle entspricht. Diese Zeit liefert den zugrundeliegenden Zeitmaßstab in einem ATM-Netz und wird als Zeitschlitz bezeichnet. Der Systemzustand kann nur zu ganzzahligen Vielfachen der Zeitbasis ΔT wechseln. Daher werden zeitdiskrete Warteschlangenmodelle benötigt.

Aus Platzgründen wird hier nur ein Knotenmodell für viele (N) ungefähr gleichartige Verbindungen betrachtet.

Die Analyse erfolgt für eine Referenzverbindung durch das Netz, die durch eine Kette von Warteschlangensystemen modelliert wird. An jedem Warteschlangensystem können Verbindungen abzweigen oder neu hinzukommen, wie in Abb. 1 gezeigt und mit „Querverkehr" bezeichnet.

Der Verkehr auf der Referenzverbindung wird durch das bekannte Burst-Silence Modell dargestellt und repräsentiert zum Beispiel eine Sprachverbindung mit eingebauter Sprechpausen-Unterdrückung. Eine Verkehrsquelle von diesem Typ generiert alle m Zeitschlitze eine Zelle, solange die Quelle im Burst-Zustand ist. Solange die Quelle im Silence-Zustand ist, werden keine Zellen generiert. Sowohl die Anzahl der Zellen, die in einem Burst ankommen, als auch die Dauer der Silence-Periode sind entsprechend einer um ΔT verschobenen geometrischen Verteilung verteilt (d.h. einer geometrischen Verteilung mit Minimalwert ΔT). Die mittlere Burst-Dauer und die mittlere Silence-Dauer in Zeitschlitzen werden mit EB und ES bezeichnet.

3 Analyse

Im allgemeinen ist die Analyse eines Warteschlangennetzes eine komplizierte Angelegenheit. Eine exakte Lösung für die mittlere Verzögerungszeit ist möglich, wenn das Netz die Voraussetzung für eine Produktformlösung erfüllt. Die mittlere Verzögerungszeit von allgemeineren Netzen kann durch eine Approximation berechnet werden, die auf einer von Kühn entwickelten Dekompositions-Methode beruht [10]. Für ein ATM-Netz benötigen wir allerdings die Verteilung der Gesamt-Verzögerungszeit, nicht nur deren Mittelwert.

Erste Ergebnisse für den variablen Anteil der Gesamt-Verzögerungszeit, den Verzögerungs-Jitter, werden zum Beispiel in [2, 5, 6, 12, 13] angegeben. In [2] und [12] wurde eine Kette von Warteschlangensystemen analysiert, wobei geometrisch verteilte Abstände der Ankunftszeitpunkte und die Unabhängigkeitsannahme für die Verzögerungszeiten in verschiedenen Knoten verwendet wurden. Von Grünenfelder wurden der Mittelwert und die Varianz der Gesamt-Verzögerung für verschiedene Ankunftsprozesse hergeleitet, wobei davon ausgegangen wurde, daß die Durchlaufzeiten in aufeinander folgenden Knoten 'wide sense stationary' sind [5]. Weiterhin wurde in [6] eine Perturbations-Analyse für diese Größen durchgeführt.

Resing hat eine Kette aus zwei Warteschlangensystemen mit Querverkehr betrachtet, wobei die Zellankunftsprozesse Markoff-modulierten Bernoulli-Prozessen entsprechen [13]. Eine exakte Lösung wurde für den Fall angegeben, daß der Querverkehr am zweiten Knoten dazukommt und kein Verkehr abzweigt.

3.1 Grundlagen

In ATM-Netzen enthält der Zell-Ankunftsstrom starke Korrelationen, die durch das Verhalten der Quellen auf Burst-Ebene hervorgerufen werden. Diese Korrelationen spielen eine wichtige Rolle für das Verhalten der Warteschlangen von Multiplexern und Koppelelementen und erfordern eine genaue Analyse des Warteschlangensystems der einzelnen Netzknoten [7]. Andererseits werden die statistischen Eigenschaften eines Verkehrsstroms, einschließlich seines Korrelationsverhaltens, innerhalb des Netzes nur leicht modifiziert. Daher ist es möglich, jeden Knoten für sich zu analysieren und das Resultat für das gesamte Netz aus den von der betrachteten Verbindung durchlaufenen Knoten zu berechnen. Die Herleitung der Wahrscheinlichkeitsverteilung der Gesamt-Verzögerung erfolgt folgendermaßen:

- Analyse eines isolierten Knotens der Referenzverbindung

- Analyse der Referenzverbindung, basierend auf den Ergebnissen der isolierten Knoten

Die gesamte Warteschlangen-Analyse eines Puffers wird über eine Fluid-Flow-Approximation, die die langfristigen Fluktuationen der Ankunfts- und der damit verbundenen Warteprozesse beschreibt [1, 14], und ein $M/D/1$-S-Modell, das die kurzzeitigen Fluktuationen beschreibt, hergeleitet. Dieser Ansatz entspricht einer Dekomposition in verschiedene Zeitmaßstäbe. Da wir am hinteren Ende der komplementären Verteilungsfunktion der Verzögerung interessiert sind, müssen auch sehr kleine Zellverlustwahrscheinlichkeiten berücksichtigt werden. Die Analyse muß daher für endliche Puffergröße vorgenommen werden.

3.1.1 Fluid-Flow-Modell

Wegen der kleinen und festen Größe von ATM-Zellen kann der diskrete Zellfluß durch einen kontinuierlichen und gleichförmigen Informationsfluß approximiert werden. Allerdings berücksichtigt diese Approximation nur die langfristigen Änderungen der Ankunfts- und Warteprozesse, die dem Quellverhalten auf Burstebene zuzuordnen sind. Kollisionen durch gleichzeitige Ankünfte von Zellen werden in diesem Modell vollständig ignoriert.

Die Burst- und Silence-Dauer sind negativ exponentiell verteilt mit den Mittelwerten EB und ES. Es werden N solcher Verkehrsströme mit identischer Charakteristik an einer Warteschlange überlagert.

Die Analyse des Fluid-Flow-Modells führt auf ein System von $N+1$ Differentialgleichungen erster Ordnung, das von Anick, Mitra und Sondhi [1] für ein System mit unendlicher Pufferkapazität gelöst wurde. Tucker hat diese Analyse für den Fall von endlichen Puffern erweitert [14].

Die charakteristischen Leistungsmerkmale wie Verlustwahrscheinlichkeit, Verteilung der Warteschlangenlänge, Durchlaufzeit-Verteilung, etc., können aus der Verteilungsfunktion der Warteschlangenlänge $F_i(x)$ berechnet werden, wobei i die Anzahl momentan aktiver Quellen bezeichnet. Im folgenden werden wir uns auf die Formeln beschränken, die die Charakteristik der Durchlaufzeit des Systems beschreiben.

Aufgrund der zeitdiskreten Natur des ursprünglichen Warteschlangenmodells wird die Verzögerung in ganzzahligen Vielfachen der Zeitbasis ΔT ausgedrückt. Für die weitere Analyse muß die bedingte Verteilung der Wartezeit $d_{\text{ff}}(k|i)$ für die Durchlaufzeit im Intervall $((k-1)\cdot\Delta T, k\cdot\Delta T]$ und eine gegebene Anzahl aktiver Quellen i berechnet werden.

3.1.2 M/D/1-S Modell

Das M/D/1-S Modell beschreibt ein Warteverlustsystem mit Pufferlänge S und einem Poisson-Ankunftsprozeß (M).

Für die Herleitung der Charakteristik des stationären M/D/1-S-Systems sei auf [4] verwiesen. Die Wahrscheinlichkeit, daß x Anforderungen direkt nach einem Bedienende im System verbleiben, wird als π_x bezeichnet. Wenn Ankünfte und Bedienenden einzeln auftreten, gibt π_x auch die Wahrscheinlichkeit, daß eine ankommende Zelle x Zellen im Puffer antrifft, an. Daher ist die Wahrscheinlichkeit $d_{\text{M/D/1-}S}(k)$, daß die Durchlaufzeit im Intervall $((k-1)\cdot\Delta T, k\cdot\Delta T]$ liegt, gleich der Wahrscheinlichkeit π_{k-1}.

3.1.3 Gesamtmodell

Die Resultate der oben beschriebenen Teilmodelle können zusammengefaßt werden, um die Wartecharakteristik eines einzelnen Warteschlangensystems zu erhalten. Die Verlustwahrscheinlichkeit kann durch einfache Addition der entsprechenden Resultate der beiden Teilmodelle approximiert werden [7, 9]. Weiterhin ist die gesamte Durchlaufzeit eines Warteschlangensystems durch die Summe der Wartezeit des Fluid-Flow-Modells und der Durchlaufzeit des M/D/1-S-Teilmodells gegeben. Wenn wir eine vollständige Trennung der zu Kurz- und Langzeiteffekten gehörenden Teilmodelle annehmen, dann sind die Resultate aus diesen Teilmodellen statistisch unabhängig voneinander. Dieser einfache Ansatz führt zu einer Faltung der Verteilungen der Wartezeit des Fluid-Flow-Modells und der Durchlaufzeit des M/D/1-S-Modells.

Allerdings gibt es eine Obergrenze für die gesamte Durchlaufzeit, die durch $(S + 1) \cdot \Delta T$ gegeben ist. Daher hängen die von Kurz- und Langzeiteffekten herrührenden Durchlaufzeiten voneinander ab. Der Faltungsansatz wird daher abgewandelt, um diese Randbedingung zu erfüllen. Für einen gegebenen Systemzustand j des Fluid-Flow-Modells stehen für die kurzzeitigen Fluktuationen des Zellankunftsprozesses nur $S - j$ Warteplätze zur Verfügung. Dies führt auf ein M/D/1-$(S - j)$ Warteverlustsystem. Daher kann die bedingte Verteilung der Durchlaufzeit für eine gegebene Anzahl aktiver Quellen approximiert werden durch

$$d(k|i) = \sum_{j=0}^{k-1} d_{\text{ff}}(j|i) \cdot d_{\text{M/D/1-}(S\text{-}j)}(k - j) \, , \text{ für } k = 1, 2, \ldots, S+1 \, . \tag{1}$$

3.2 Analyse der Referenzverbindung

Die Durchlaufzeiten in aufeinanderfolgenden Knoten sind korreliert, daher liefert die Faltung der Durchlaufzeitverteilungen aller Knoten einer Referenzverbindung (vgl. [12]) nur eine grobe Abschätzung der Verzögerungsschwankungen. Diese Korrelationen stammen hauptsächlich von den Langzeitfluktuationen des Zellankunftsprozesses, die normalerweise in einem längeren Zeitmaßstab auftreten als die Verzögerungsschwankungen innerhalb einer Verbindung. Falls also einige Quellen gleichzeitig am ersten Knoten im Burst-Zustand sind, dann werden sie auch gleichzeitig an allen Knoten der Verbindung im Burst-Zustand angenommen und umgekehrt. Die Übertragungsverzögerung hat keinen Einfluß auf dieses Verhalten, da Zellen aller Verbindungen dieselben Verzögerungen zwischen zwei aufeinanderfolgenden Knoten erfahren.

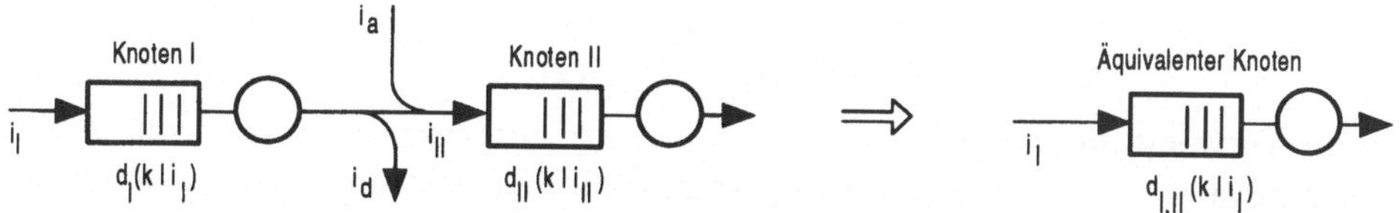

Abbildung 2: Netzbeispiel für zwei Knoten und dem äquivalenten Ein-Knoten-Netz

Zuerst betrachten wir nur zwei Warteschlangensysteme (vgl. Abb. 2), wobei N_I Verbindungen über den ersten Knoten und N_{II} Verbindungen über den zweiten Knoten gehen. Die betrachtete Referenzverbindung geht durch beide Knoten, N_d Verbindungen verlassen diesen Pfad nach Knoten I und N_a Verbindungen kommen vor Knoten II dazu. Die Anzahl aktiver Verbindungen an Knoten I und II wird mit den Variablen i_I bzw. i_{II}, die Anzahl der aktiven abzweigenden und hinzukommenden Verbindungen mit i_d bzw. i_a bezeichnet. Da diejenigen Verbindungen, die durch beide Knoten gehen, denselben Quellzustand an beiden Knoten haben, also an beiden Knoten entweder im Burst- oder

Silence-Zustand sind, hängt die Zufallsvariable i_{II} von der Zufallsvariable i_I ab. Die bedingte Wahrscheinlichkeit, daß i_{II} Verbindungen an Knoten II aktiv sind, vorausgesetzt daß i_I Verbindungen an Knoten I aktiv sind (einschließlich der Referenzverbindung), wird mit $p(i_{II}|i_I)$ bezeichnet. Die Anzahl aktiver Quellen am zweiten Knoten umfaßt zwei voneinander statistisch unabhängige Teile.

- Die Anzahl aktiver Verbindungen i_a, die nur durch Knoten II gehen
- Die Anzahl aktiver Verbindungen $i_I - i_d$, die durch beide Netzknoten gehen

Die Wahrscheinlichkeit für i_a aktive Verbindungen an Knoten II, $p_1(i_a)$, ist durch eine Binomialverteilung gegeben.

Eine der Verbindungen durch beide Knoten ist die Referenzverbindung, die in aktivem Zustand sein muß, damit überhaupt eine Verzögerung ihrer Zellen auftritt. Damit kann die bedingte Wahrscheinlichkeit, daß $i_I - i_d$ Verbindungen in Knoten I und II aktiv sind, gegeben daß i_I Verbindungen (einschließlich der Referenzverbindung) in Knoten I aktiv sind, durch eine hypergeometrische Verteilung $p_2(i_I - i_d|i_I)$ beschrieben werden.

Da die Größen i_a und $i_I - i_d$ statistisch unabhängig sind, kann die bedingte Wahrscheinlichkeit $p(i_{II}|i_I)$ aus einer Faltungsoperation berechnet werden:

$$p(i_{II}|i_I) = \sum_{i_a=\max(0,i_{II}-i_I,i_{II}-N_I+N_d)}^{\min(N_a,i_{II}-1)} p_1(i_a) \cdot p_2(i_{II} - i_a|i_I) , \qquad (2)$$

$$\text{für } 1 \leq i_{II} \leq \min(N_a + i_I, N_{II}) .$$

Unter Verwendung einer Faltung und dem Gesetz der totalen Wahrscheinlichkeit kann die bedingte Verteilung der Durchlaufzeit dieses Zwei-Knoten-Systems geschrieben werden als

$$d_{I,II}(k|i_I) = \sum_{i_{II}=1}^{\min(N_a+i_I,N_{II})} p(i_{II}|i_I) \cdot \sum_{j=1}^{k-1} d_I(j|i_I) \cdot d_{II}(k - j|i_{II}) . \qquad (3)$$

Unter Verwendung dieses Resultats können wir nun einen weiterer Knoten vor den äquivalenten Knoten anordnen und erhalten wiederum ein Zwei-Knoten-System. Dieses System kann wieder mit den angegebenen Formeln gelöst werden. Aus diesem Grund kann das gesamte, aus mehreren Warteschlangensystemen bestehende Netz iterativ analysiert werden, indem fortgesetzt Knoten zu dem äquivalenten Ein-Knoten-System hinzugefügt werden.

Die gesamte Durchlaufzeitverteilung kann aus den bedingten Durchlaufzeitverteilungen unter Verwendung des Gesetzes der totalen Wahrscheinlichkeit berechnet werden, wobei Zellverluste am ersten Knoten berücksichtigt werden:

$$d_{I,II}(k) = \frac{\displaystyle\sum_{i_I=1}^{N_I} \binom{N_I-1}{i_I-1} q^{i_I-1} \cdot (1-q)^{N_I-i_I} \cdot (1-B_{i_I}) \cdot d_{I,II}(k|i_I)}{\displaystyle\sum_{i_I=1}^{N_I} \binom{N_I-1}{i_I-1} q^{i_I-1} \cdot (1-q)^{N_I-i_I} \cdot (1-B_{i_I})} . \qquad (4)$$

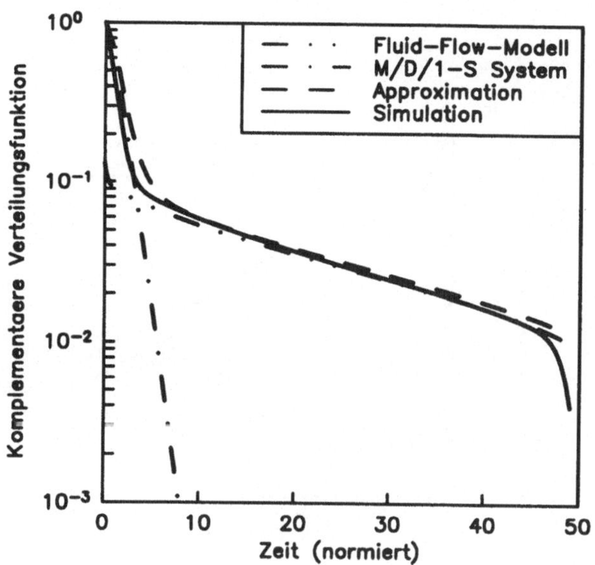

Abbildung 3: Ergebnis für einen einzelnen Knoten

Es sollte bemerkt werden, daß die vorgeschlagene Methode, eine Kette von Warteschlangensystemen zu analysieren, weder auf die Verwendung von Burst-Silence-Quellen noch auf die beschriebene Analyse eines isolierten Netzknotens beschränkt ist. Dieser Ansatz ist sehr allgemein gehalten und kann in allen Fällen verwendet werden, in denen die Analyse eines isolierten Netzknotens die bedingte Durchlaufzeitverteilung für eine gegebene Anzahl aktiver Quellen liefert. Dieser Ansatz kann unter anderem auch dann verwendet werden, wenn das Quellmodell ein GMDP (generally modulated deterministic process) ist.

4   Ergebnisse

In diessem Abschnitt werden einige einfache Beispiele für Verzögerungszeiten für isolierte Knoten und Netze betrachtet.
Für alle Ergebnisse gilt eine Pufferlänge von 50 in jedem Knoten. Es sollte zudem beachtet werden, daß alle Verzögerungszeiten auf die Zeitbasis ΔT normiert sind und alle Ergebnisse als komplementäre Verteilungsfunktionen dargestellt werden.

4.1   Isolierter Knoten

Die Approximation wird durch Ergebnisse verifiziert, die von Simulationen des in Abb. 1 gezeigten Systems stammen. Die Parameter der Quellen sind $EB = 500 \cdot \Delta T$, $ES = 2000 \cdot \Delta T$ und $m = 10$. Diese Parameter führen zu einer Last von 0,02 jeder Quelle und einer Burstiness von 5, wenn die Burstiness als das Verhältnis von maximaler zu mittlerer Bitrate definiert ist.

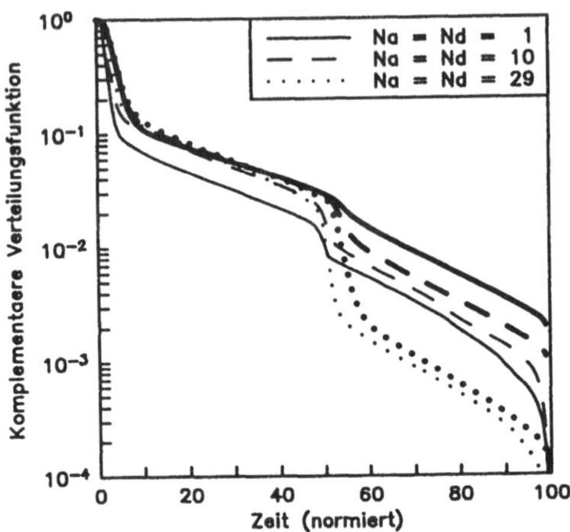

Abbildung 4: Ergebnis für zwei Knoten (dicke Linien zeigen die Analyse)

Abb. 3 zeigt das Ergebnis für einen einzelnen Knoten mit 30 gemultiplexten Burst-Silence-Verkehrsströmen. Die Ergebnisse bestätigen das Vorhandensein von Kurz- und Langzeitkorrelationen im Warteprozeß, die durch zwei verschiedene Teilmodelle beschrieben werden können, speziell durch ein $M/D/1$-S Warteverlustsystem, das die Kurzzeit-Korrelationen berücksichtigt, und durch ein Fluid-Flow-Modell, das die Langzeit-Korrelationen beschreibt. Für Verzögerungen im Bereich der maximalen Verzögerungszeit kann man einige kleine Unterschiede bemerken. Diese Unterschiede können wiederum durch die asynchronen Zellankünfte erklärt werden, die zusätzliche Fluktuationen der Warteschlangenlänge zur Folge haben: Falls die Warteschlange voll ist und die Ankunftsrate die Bedienrate übersteigt, existiert daher trotzdem eine gewisse Wahrscheinlichkeit, daß die Warteschlange im nächsten Zeitschlitz nicht vollständig gefüllt sein wird. Eine Erweiterung der hier vorgestellten Analyse, die wieder auf einem $M/D/1$-S System basiert, liefert eine gute Beschreibung dieses Verhaltens (vgl. [3]).

4.2 Mehrere Knoten

Abb. 4 zeigt Ergebnisse für zwei aufeinanderfolgende Knoten, wobei der Anteil des Querverkehrs variiert wird. Die Analyseergebnisse zeigen eine gute Übereinstimmung mit der Simulation. Weitere Überprüfungen der hier getroffenen Approximation wurden von Kröner et al. in [8] angestellt und bestätigten die getroffenen Annahmen. Für eine steigende Anzahl durch beide Knoten gehender Verbindungen, d.h. kleiner werdendes N_a und N_d, nimmt die Verzögerung wegen der Langzeitvariationen des Ankunftsprozesses, die eine starke positive Korrelation der Verzögerung in aufeinanderfolgenden Knoten verursachen, zu. Andererseits ist das Ergebnis für $N_a = N_d = 29$ gleich dem Ergebnis, das man durch eine einfache Faltung der Verzögerungen aufeinanderfolgender Knoten erhält, da die Korrelation der Verzögerungen in diesem Fall vernachlässigbar ist.

Die Kurz- und Langzeitfluktuationen führen zu einem stufenweisen Abfall der komplementären Verteilungsfunktion, wobei die Weite einer Stufe der maximalen Wartezeit eines Knotens entspricht. Der erste Schritt erfolgt bei unterschiedlichen Werten der Verzögerung für Simulation und Approximation. Dies ist die Folge der in Abschnitt 4.1 beschriebenen Unterschiede. Weiterhin überschätzt die Analyse die Verzögerung, da für die Analyse des zweiten Knotens die Verluste am ersten Knoten vernachlässigt werden.

Wenn der Umfang des Querverkehrs sehr klein ist (z.B. für $N_a = N_d = 1$), führt die Serialisierung der Zellen am ersten Knoten zu einer sehr kleinen Verzögerung am zweiten Knoten (für $N_a = 0$ müssen Zellen an Knoten II nie warten). Da dieses Verhalten durch die Analyse nicht berücksichtigt wird, wird die Verzögerung in diesem Fall signifikant durch die Analyse überschätzt. Trotzdem sollte betont werden, daß es sich hierbei nicht um einen realistischen Fall handelt, da der Querverkehr normalerweise viel stärker als der durch beide Knoten gehende Verkehr ist.

In [8] wird gezeigt, wie aus der komplementären Verteilungsfunktion der Verzögerung die Dimensionierung des Depaketierspeichers einer ATM-Verbindung erfolgen kann.

5 Zusammenfassung

Es wurde ein Modell für Netzknoten in ATM-Netzen vorgestellt, das viele ungefähr gleichartige Verbindungen beschreibt.

Für dieses Modell wurde ein sehr allgemeiner Ansatz für die approximative Analyse der Gesamt-Verzögerung in ATM-Netzen mit Burst-Silence-Verkehren präsentiert. Die Analyse eines isolierten Knotens wurde in zwei Teilmodelle aufgespalten: ein Fluid-Flow-Modell approximiert das Langzeitverhalten der Warteschlange, und ein M/D/1-S Modell beschreibt das Kurzzeitverhalten. Eine Kombination beider Ergebnisse liefert die Verzögerung an einem einzelnen Knoten.

Für die Durchlaufzeitverteilung einer kompletten Referenzverbindung spielt die positive Korrelation der Durchlaufzeiten in aufeinanderfolgenden Knoten eine grundlegende Rolle. Daher müssen der Weg jeder einzelnen Verbindung und die resultierenden positiven Korrelationen der Durchlaufzeiten berücksichtigt werden. Die Validierung der Ergebnisse durch Simulationen zeigt die große Genauigkeit dieses Ansatzes.

Literatur

[1] D. Anick, D. Mitra, M.M. Sondhi: Stochastic theory of a data-handling system with multiple sources. *The Bell System Technical Journal*, vol. 61, no. 8, October 1982, pp. 1871–1894.

[2] P. BOYER, J. BOYER, J.R. LOUVION, L. ROMOEUF: Modelling the ATD transfer technique. *International Teletraffic Congress Seminar*, Lake Como, May 1987.

[3] M. EBERSPÄCHER: Mathematische Analyse der Durchlaufzeitverteilung in ATM-Netzen. *Diplomarbeit am Institut für Nachrichtenvermittlung und Datenverarbeitung der Universität Stuttgart*, März 1991.

[4] D. GROSS, C.M. HARRIS: *Fundamentals of Queueing Theory*, New York, Wiley, 1985.

[5] R. GRÜNENFELDER: Statistical modelling of the cell queueing delay in an ATM node. *Proceedings of the International Conference on Computer Communications '90*, New Delhi, November 1990, pp. 284–288.

[6] R. GRÜNENFELDER: A correlation based end-to-end cell queueing delay characterization in an ATM network. *Proceedings of the 13th International Teletraffic Congress, Vol. on Queueing, Performance and Control in ATM*, Copenhagen, June 1991, pp. 59–64.

[7] H. KRÖNER: Statistical multiplexing of sporadic sources — exact and approximate performance analysis. *Proceedings of the 13th International Teletraffic Congress*, Copenhagen, June 1991, pp. 787–793.

[8] H. KRÖNER, M. EBERSPÄCHER, T.H. THEIMER, P.J. KÜHN, U. BRIEM: Approximate Analysis of the End-to-End Delay in ATM Networks. *Proceedings of the IEEE Infocom 1992*, Florence, May 1992, pp. 978–986.

[9] H. KRÖNER, T.H. THEIMER, U. BRIEM: Queueing models for ATM systems — a comparison. *Proceedings of the 7th ITC Specialist Seminar*, Morristown, October 1990, paper 9.1.

[10] P.J. KÜHN: Approximate analysis of general queueing networks by decomposition. *IEEE Transactions on Communications*, vol. COM-27, no. 1, January 1979.

[11] I. NORROS, J.W. ROBERTS, A. SIMONIAN, J.T. VIRTAMO: The superposition of variable bit rate sources in an ATM multiplexer. *IEEE Journal on Selected Areas in Communications*, vol. 9, no. 3, April 1991, pp. 378–387.

[12] G.H. PETIT, E. DESMET: Delay jitter in ATM switching networks: a closed-form expression applicable for planning purposes. *Proceedings of the RACE Workshop on ATM Network Planning and Evolution*, London, April 1991.

[13] J.A.C. RESING: ATM cell streams through tandem queues. *Proceedings of the Mini Symposium on Performance Aspects of ATM Networks*, Leidschendam, October 1991.

[14] R.C.F. TUCKER: Accurate method for analysis of a packet-speech multiplexer with limited delay. *IEEE Transactions on Communications*, vol. 36, no. 4, April 1988, pp. 479–483.

Leistungsbewertung eines prioritätengesteuerten Realzeit-Kommunikationssystems

Andreas Fasbender
Lehrstuhl für Informatik IV
Rheinisch-Westfälische Technische Hochschule Aachen
Ahornstr. 55, 5100 Aachen
Tel.: 0241/80-21410; FAX: 0241/80-21429;
e-mail: andreas@informatik.rwth-aachen.de

Einleitung

Die ständig wachsende Anzahl von Automobilen in den letzten Jahrzehnten sowie Prognosen über Wachstumsraten im Personen- und Güterverkehr zeigen, daß eines der Hauptprobleme der heutigen Zeit in der Verhinderung des drohenden Verkehrskollapses liegt. Vor einigen Jahren entstandene europäische Forschungsprojekte wie PROMETHEUS (**Pro**gramme for an **E**uropean **T**raffic with **h**ighest **E**fficiency and **u**nprecedented **S**afety) oder DRIVE (**D**edicated **R**oad **I**nfrastructure for **V**ehicle Safety in **E**urope) arbeiten an der Verwirklichung eines computerunterstützten Kontroll- und Kooperationssystems für den Straßenverkehr, das im wesentlichen folgende Zielsetzungen erfüllen soll:

- Erhöhung der Verkehrssicherheit,
- Verringerung von Umweltbelastungen,
- Verbesserung der Leistungsfähigkeit und Wirtschaftlichkeit des Verkehrsnetzes,
- Bereitstellung zusätzlicher Dienste (Erhöhung des Fahrerkomforts).

Die diesem Beitrag zugrundeliegende Diplomarbeit [1] beschäftigt sich mit einem wichtigen Baustein des in der Entwicklung stehenden Systems: Sie umfaßt die Vorstellung und Leistungsbewertung einer Kommunikationsarchitektur, die den permanenten Datenaustausch zwischen Fahrzeugen sowie zwischen Fahrzeugen und ortsfesten Stationen realisieren soll.

1 Kommunikationsarchitektur

Zur Verwirklichung der obengenannten Ziele wurden verschiedene Applikationen (z.B. Abstandskontrolle und Unfallwarnung) definiert [2]. Neben der Verwendung von Sensoren sollen sie hauptsächlich durch den ständigen Austausch von Statusdaten zwischen Fahrzeugen sowie zwischen Fahrzeugen und ortsfesten Stationen mittels Mobilfunk unterstützt werden. Die Anwendungen laufen im Bordcomputer teilweise parallel ab und generieren unabhängige Datenströme mit unterschiedlichen Realzeitanforderungen.

Das verwendete Kommunikationskonzept sieht vor, daß jedes Fahrzeug seine Datenpakete, die z.B. Position, Geschwindigkeit oder Fahrtrichtung enthalten, an alle Stationen innerhalb einer bestimmten vorgegebenen Zone verteilt und umgekehrt möglichst alle Daten dieser Stationen sammelt. Als Medium dient ein dezentral organisiertes Funknetz, mit dem Entfernungen von wenigen hundert Metern überbrückt werden. Eingebunden in dieses Fahrzeug-Fahrzeug-Netzwerk werden ortsfeste Stationen (Baken und Verkehrsleitzentralen), die Informationen wie Warnungen vor Glatteis, Unfällen oder Staus per Funk (Mikrowelle oder Infrarot) an passierende Fahrzeuge übertragen und ihrerseits von diesen wichtige Informationen empfangen. Über ortsfeste Leitungen können zudem Nachrichten wie z.B. Notrufe an Verkehrsleitzentralen weitergeleitet werden. Dieses Netz ist jedoch nicht Gegenstand der Arbeit.

Nachrichten müssen zuverlässig innerhalb vorgegebener Zeitschranken an alle Partner verteilt werden, zudem ist die Gültigkeitsdauer der Meldungen beschränkt. Die Sequentialisierung der Daten aus den verschiedenen Applikationen auf den gemeinsamen Datenkanal erfolgt nach Prioritäten; der Nachricht einer Vollbremsung etwa wird höhere Priorität eingeräumt als einer Unfallmeldung.

Diese Anforderungen (hoher Realzeit-Anspruch; parallele, priorisierte Anwendungen) spiegeln sich im Aufbau des Protokollstacks wieder, dessen Struktur nach einem reduzierten ISO/OSI-Schichtenmodell vorgeschlagen wurde. Ein möglicher Aufbau wird in der Arbeit beschrieben: Durch die unidirektionale Punkt-zu-Mehrpunkt-Übertragung zwischen direkt benachbarten Stationen kann auf die Implementierung einer Transportebene verzichtet werden. Das Multiplexen wird ebenso von der Applikationsebene übernommen wie die Aufgaben der Darstellungsebene (Formatierung und Codierung der Daten). Die Implementierung einer Sitzungsebene ist nicht notwendig, da die Applikationsdaten in einem Paket versendet werden können. In dieser Untersuchung wird auf Netzwerkebene ein neues Routingverfahren eingesetzt, das auf gerichtetem Flooding aufbaut und so ohne globale Adressierung auskommt. Der zusätzlich entstehende Verkehr wird dadurch verringert, daß eine Station ein Routingpaket nur dann weiterleitet, wenn sie den niedrigsten Sendezeitpunkt würfelt. Im Mittel werden gegenüber idealisiertem Routing nur 0,6 zusätzliche Pakete pro Hopzone erforderlich, um ein Paket zum Ziel zu leiten [3]. Das LLC-Protokoll verwendet zur Vermeidung hohen Overheads durch den ständigen Austausch von positiven Quittungen negative Acknowledgements. Wesentlich ist die Verwendung eines auf die speziellen Realzeitanforderungen zugeschnittenen Medienzugangsprotokolls. Die Entwicklung geeigneter Protokolle ist Gegenstand der aktuellen Forschung [3, 4]. Die Untersuchungen in dieser Arbeit basieren auf einem Protokoll, das zur Vermeidung von Kollisionen auf den Funkkanälen Parallelkanäle zum Sperren der benutzten Frequenz verwendet. Die Leistungsbewertung des Systems (siehe Abschnitt 4) liefert Anhaltspunkte zur besseren Eignung von 60 GHz als Trägerfrequenz gegenüber 6 GHz.

2 Modellierung durch Tandem-Warteschlangennetze

Die simulative und analytische Leistungsbewertung der Architektur setzt eine geeignete Modellierung des Systems voraus. Die Modellierung des gesamten Mobilfunknetzes erweist sich aufgrund ständiger Konnektivitätsänderungen im Netz als unpraktikabel. Daher werden die Sende- und Empfangsvorgänge bei einer Station geeignet abgebildet. Das verwendete Modell eines offenen Tandemnetzes resultiert aus dem unidirektionalen Datenfluß zwischen Sender und Empfängern, wodurch sich im Gegensatz zur verbindungsorientierten Kommunikation keine unmittelbaren zeitlichen Interdependenzen zwischen den Partnerinstanzen ergeben. Wegen der variierenden Kundenanzahl im System wird ein offenes Modell benutzt.

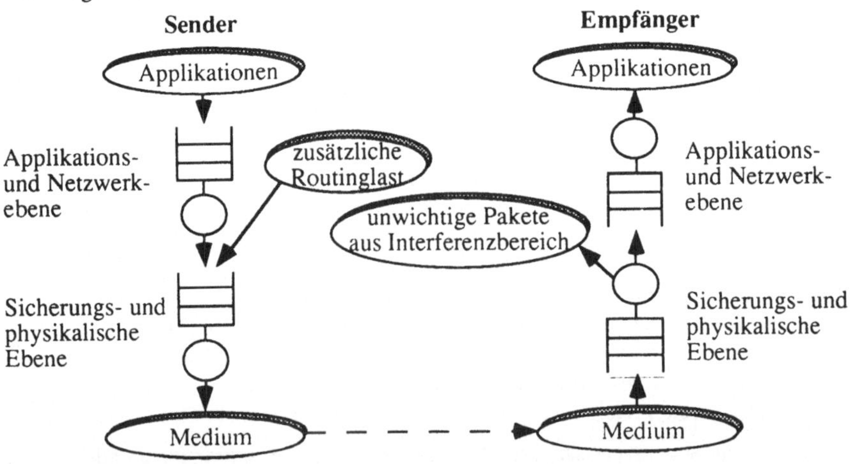

<u>Bild 1</u>: Modellierung von Sende- und Empfangsteil des Kommunikationssystems

Die Prioritätsklassen werden auf R Auftragsklassen abgebildet. Parallel implementierbare Protokollteile werden durch je einen G/G/1-Knoten mit R Eingangsströmen modelliert. Die Anzahl der Pufferplätze in den Warteschlangen wird als unbeschränkt angenommen; Ankunfts- und Bedienprozesse genügen beliebigen Verteilungen. Zur Durchführung einer mathematischen Analyse werden hier exponentialverteilte Zwischenankunftszeiten benötigt. Die Simulationen können jedoch mit z.B. deterministischen Ankunftsströmen durchgeführt werden, welche die periodische Nachrichtengenerierung der Anwendungen modellieren; oder es können Bedienzeiten verwendet werden, die einer aus Meß- und Simulationsergebnissen erhaltenen Mehrpunktverteilung für die Kanalzugriffszeiten genügen.

Die Modelle für die Sende- und Empfangsseite der vorgestellten Architektur werden also durch ihre Tandemkonfiguration und prioritätengesteuerten Bedienstrategien in den Servern charakterisiert. Dies führte auf den Namen Tandem-Prioritäts-Warteschlangennetze (Tandem Priority Networks, kurz TPNs).

3 Leistungsbewertung

Mögliche Methoden der Leistungsbewertung des Gesamtsystems beschränken sich auf simulative und analytische Auswertungen, da Feldmessungen aus Gründen der Nichtverfügbarkeit von Systemteilen und aus Kostengründen noch nicht realisierbar sind.

Das Problem bei der mathematischen Analyse von TPNs liegt darin, daß die Markoff-Eigenschaft der Ankunftsströme nach dem ersten Knoten verloren geht. Die Zustandswahrscheinlichkeiten im stationären Fall können daher nicht aus Produktformlösungen bestimmt werden; möglicherweise existiert überhaupt kein stationärer Zustand des Wartenetzes. Die exakte Analyse solcher Netze scheidet also aus.

In der Literatur sind verschiedene Verfahren bekannt, Nichtproduktformnetze mit Hilfe von Approximationstechniken zu analysieren. Die **M**ean **V**alue **A**nalysis-**P**riority **A**pproximation (MVA-PA, [5]) ist die einzige Methode, die die Analyse von Netzen mit Prioritätsknoten ermöglicht. Das Verfahren stellt eine Erweiterung der Mittelwertanalyse zur näherungsweisen Analyse von Netzwerken mit HOL- und preemptive-HOL-Knoten bei exponentialverteilten Bedienzeiten dar. Hohe Toleranzfehlerwerte insbesondere für die mittleren Prioritätsklassen und der Wunsch, auch Systeme mit beliebigen Bedienzeitverteilungen analysieren zu können, führten zur Entwicklung eines neuen Approximationsverfahrens: Die **T**andem **P**riority **Net**work **A**pproximation (TPNA) überträgt die Idee der Analyse eines einzelnen HOL-Knotens nach Cobham auf Tandemnetze. Das Verfahren nutzt die spezielle Struktur des zugrundeliegenden Modells aus und ist im Gegensatz zu bisherigen Näherungsverfahren darauf ausgelegt, Systemzeiten und Durchsatz bzgl. des gesamten Netzes zu berechnen, statt durch die Isolierung einzelner Knoten einen Produktformansatz zu verwenden.

4 Ergebnisse

Umfangreiche vergleichende Analysen bzgl. der Toleranzfehlerraten beider Verfahren zeigen, daß TPNA insbesondere bei geringer Knotenanzahl wesentlich bessere Ergebnisse liefert als MVA-PA. Die folgende Grafik zeigt exemplarisch die über vier Kundenklassen gemittelten prozentualen Abweichungen von den exakten Systemzeiten bei einem Zwei-Knoten-TPN:

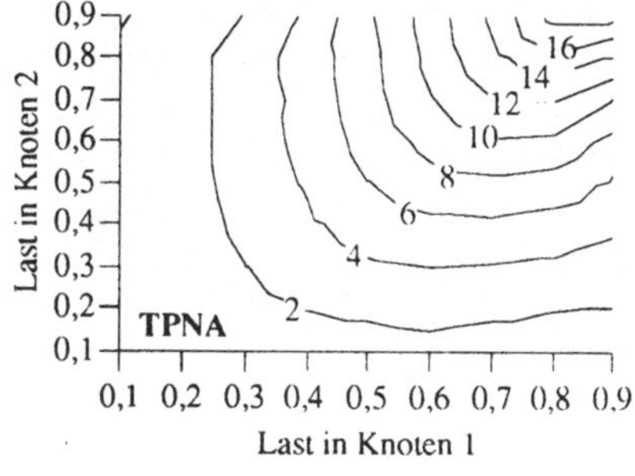

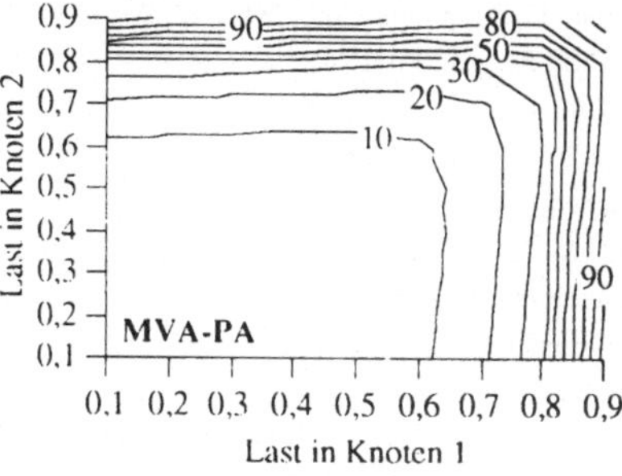

<u>Bild 2:</u> Mittlere Toleranzfehlerwerte in % bei einem Zwei-Knoten-TPN

Für die höchste Prioritätsklasse liefern die Verfahren identische Ergebnisse; es werden maximale Fehlerraten von unter 2 % für alle Lastfälle erreicht. TPNA zeigt beim Zwei-Knoten-Netz für alle anderen drei Klassen und alle Lastfälle deutlich bessere Ergebnisse als MVA-PA. Im Vergleich dazu die Ergebnisse bei einem Vier-Knoten-TPN:

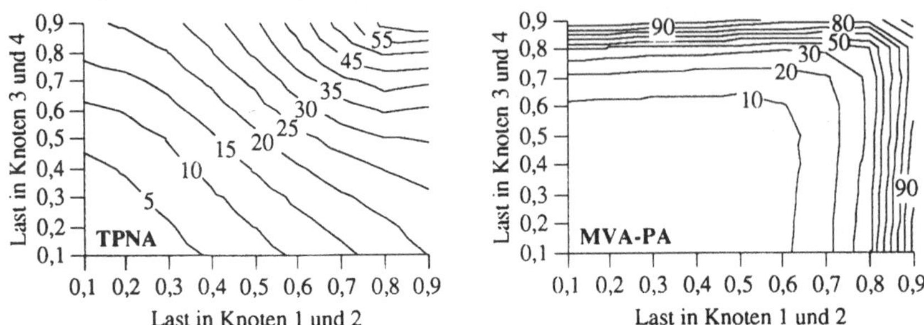

<u>Bild 3:</u> Mittlere Toleranzfehlerwerte in % bei einem Vier-Knoten-TPN

Es ist zu erkennen, daß sich mit steigender Knotenanzahl die mittleren Fehlerraten für TPNA erhöhen, während sie bei MVA-PA konstant bleiben. Bei den mittleren Prioritätsklassen bleibt jedoch TPNA überlegen. Dies gilt auch für die maximalen Toleranzfehler in allen Auftragsklassen. Auch für M/D/1-Systeme liefert das neue Näherungsverfahren akzeptable Fehlerraten von unter 20 % für fast alle betrachteten Fälle bei einem Zwei-Knoten-TPN. Bei beiden Methoden ergibt sich die exakte Analyse nach Cobham als Spezialfall eines Knotens.

Angewandt auf das in Abschnitt 2 vorgestellte Modell mit deterministischen Ankunftsströmen und Bedienzeiten aus einer Mehrpunktverteilung liefert die Analyse jedoch nur noch tendenziell richtige Systemzeiten. Daher wurde bei der Beurteilung der Realzeitfähigkeit des Systems auf einen simulativen Ansatz zurückgegriffen. Es zeigte sich, daß zur Vermeidung häufiger Nachrichtenverluste durch Zeitüberschreitungen eine weitgehende Überdimensionierung des Systems erforderlich wird: es kann nur zu etwa 25-30 Prozent ausgelastet werden. Bei hohen Stationsdichten (etwa im Stau) wirkt sich die niedrigere Interferenzreichweite des 60 GHz-Kanals positiv gegenüber der 6 GHz-Variante aus, das System ist bei 6 GHz nur halb so hoch belastbar. Zudem ist erkennbar, daß die Systemzeiten der niedrigen Prioritätsklassen weit besser als notwendig ausfallen, obwohl dort keine Realzeitansprüche bestehen. Dieses Ergebnis führt zur Frage nach Multiplexstrategien, die hohe Prioritätsklassen deutlicher bevorzugen. Betrachtungen bzgl. des benötigten Speicherumfangs ergaben, daß dort selbst bei sparsamer Dimensionierung kein Engpaß zu erwarten ist.

Literaturverzeichnis

[1]   Fasbender A.: "Leistungsbewertung eines prioritätengesteuerten Realzeit-Kommunikationssystems"; Diplomarbeit an der RWTH Aachen, 1991

[2]   Fasbender A., Kremer We., Kremer, Wo.: "A Communication Architecture for Real Time Applications in Short Range Mobile Radio Networks", 41st IEEE Vehicular Technology Society Conference, St. Louis, 1991

[3]   Reichert F.: "Dezentrale Koordination mobiler Stationen in Datenfunknetzen", Dissertation an der RWTH Aachen, 1990

[4]   Hoff S., Hübner D., Reichert F., Scunio A.: "Leistungsbewertung von Verfahren der Mobil-Kommunikation: Dezentrale Paketsynchronisation und Kanalzugriff", GI/ITG-Fachtagung Messung, Modellierung und Bewertung von Rechnersystemen, 1991

[5]   Bryant R.N., Kresinski A.E.: "The MVA Priority Approximation", ACM Transactions on Computer Systems", Vol. 2, No. 4, 1984

DEOS: Ein Kernsystem für verteilte, ereignisgesteuerte, objekt-orientierte Simulation

Martin G. Staib
Universität Karlsruhe
Institut für Telematik, Bereich Telekooperation
Postfach 6980, 7500 Karlsruhe 1

1 Einführung und Motivation

Im Rahmen einer Diplomarbeit wurde in der Arbeitsgruppe Telematik der Universität Kaiserslautern unter Leitung von Professor Mühlhäuser (jetzt Universität Karlsruhe) ein Kernsystem zur verteilten Simulation entwickelt und in der objekt-orientierten Programmiersprache und Entwicklungsumgebung Trellis/DOWL (siehe [ACHA91]) implementiert. Zusammen mit einem parallel dazu entwickelten Benutzersystem (siehe [SELI92]) kann das Gesamtsystem DEOS (Distributed event-driven object-oriented Simulation) sowohl zur Durchführung von ereignisgesteuerten Simulationsexperimenten als auch zur Evaluierung verschiedener Strategien der verteilten Simulation verwendet werden.

Wie *Mattern* und *Mehl* (vgl. [MAME89]) ausführen, wächst der Resourcenbedarf von Computersimulationen überproportional zur Entwicklung der Leistungsfähigkeit von Prozessoren. Dadurch können Computersimulationen auf einzelnen Rechnern nur unter ständig wachsenden Kosten durchgeführt werden. Bei der verteilten Simulation kann dagegen die Leistungsfähigkeit mehrerer Rechner gemeinsam genutzt werden, um komplexe Systeme zu simulieren.

DEOS unterstützt mit seinem objekt-orientierten Ansatz zur verteilten Simulation die Dekomposition eines realen System in unabhängige, miteinander kommunizierende Objekte, und erleichtert dadurch die Implementierung eines verteilten Simulationsmodells. Außerdem können mit DEOS einige der während der letzten Jahre in der Literatur vorgestellten Algorithmen zur verteilten Simulation miteinander verglichen werden. Die leitende Grundidee dabei ist, **ein** Modell mit **n** Verfahren simulieren zu können. Dies stellte besondere Anforderungen an das entwickelte Objektmodell.

2 Neue Ansätze für verteilte Simulation

Verteilte Simulation bezeichnet die Durchführung von Simulationsexperimenten auf einem verteilten System von Workstations bzw. Prozessoren. Mit DEOS wird auf jedem Rechner (im folgenden **physischer Knoten** genannt) ein Teil des realen Systems simuliert. Das reale System wird hierzu in sequentielle, selbständige Objekte zerlegt und diese als sogenannte **Simulationsmodule** modelliert. Die Simulationsmodule kommunizieren untereinander durch den Austausch von **Simulationsereignissen**. Der Ablauf des Simulationsexperiments wird durch die auf jedem physischen Knoten vorhandenem **Simulationscontroller** synchronisiert.

Der zentrale Punkt bei Algorithmen für verteilte Simulation ist die Beachtung der zeitlichen Abhängigkeiten zwischen den Simulationsmodulen. Falls die Module nicht korrekt synchronisiert werden, tritt eine sog. *Preemption* auf. Während der letzten Jahre sind in der Literatur verschiedene neue Ansätze zur verteilten Simulation vorgestellt worden, die sich prinzipiell in zwei Klassen einteilen lassen, in **konservative** (bzw. **pessimistische**) und in **optimistische** Strategien. Bei konservativen Strategien wird eine *Preemption* durch Synchronisationsalgorithmen **verhindert**, bei optimistischen Strategien lassen die Algorithmen eine *Preemption* zu, beseitigen aber die resultierenden Inkonsistenzen durch **Roll-back**-Verfahren oder andere geeignete Maßnahmen.

Beim einfachsten Synchronisationsalgorithmus (sog. **enge Kopplung**) wird nur das Ereignis bearbeitet, das den niedrigsten Simulationzeitpunkt im gesamten System besitzt. Dadurch wird jedoch eine potentielle Parallelbearbeitung weitgehend ausgeschlossen. Von *Mühlhäuser* [MÜHL90] wurden eine Reihe von konservativen Synchronisationsalgorithmen zusammengetragen, verbessert oder neu entwickelt, die eine *Preemption* dadurch verhindern, daß die Simulationsmodule nur um einen bestimmten Differenzbetrag in der Simulationszeit abweichen dürfen.

Die beiden wichtigsten Optimalitätskriterien für Synchronisationsalgorithmen sind (1) eine möglichst hohe Ausnutzung der Parallelität und (2) ein möglichst geringer Aufwand zur Synchronisation.

3 DEOS-Systemarchitektur

Das Gesamtsystem DEOS besteht aus zwei Komponenten, dem nachfolgend beschriebenen Kernsystem und dem Benutzersystem zum Aufbau des Simulationsmodells durch den Modellierer.

Das DEOS Kernsystem besteht aus dem eigentlichen Kern, der das Simulationsexperiment durchführt, verschiedenen grafischen Tools sowie vordefinierten Objekttypen, mit denen einfache Systeme ohne großen Programmieraufwand modelliert werden können.

Im Gegensatz zu den oben aufgeführten Grundlagen wird in DEOS neben den Simulationsmodulen und den physischen Knoten eine weitere Aggregationsebene, nämlich **logische Knoten**, benutzt. Jedem logischen Knoten ist ein Simulationscontroller und ein oder mehrere Simulationsmodule zugeordnet. Ein oder mehrere logische Knoten werden zu einem physischen Knoten zusammengefasst. Dadurch können logisch zusammengehörige Simulationsmodule, die untereinander intensive Kommunikationsbeziehungen unterhalten, auch im Simulationsexperiment als Einheit modelliert werden.

Für die Synchronisation der Simulationsmodule existieren zwei Ebenen, auf denen **verschiedene** Algorithmen Anwendung finden können, nämlich die Synchronisation **innerhalb** eines logischen Knotens und die Synchronisation **zwischen** logischen Knoten. So kann es zum Beispiel Sinn machen, bei bestimmten Modellen die häufig kommunizierenden Module innerhalb eines logischen Knotens eng zu koppeln, und andere, aufwendigere Verfahren für die globale Synchronisation einzusetzen.

DEOS stellt dem Modellierer verschiedene grafische Tools zur Entwicklung, Verifikation und Validation des Simulationsmodells sowie zur Auswertung der Simulationsexperimente zur Verfügung. Das wichtigste Tool dient zur Steuerung des Experiments. Mit ihm werden die Synchronisations- und Simulationsalgorithmen spezifiziert und der Ablauf des Experiments überwacht. Außerdem können damit während des Simulationsexperiments einzelne Simulationsmodule sowie gesamte logische Knoten zwischen den physischen Knoten umverteilt werden. Durch diese Migration kann wegen der gleichmäßigeren Lastverteilung der Ablauf des Experiments beschleunigt werden. Als Grundlage für die – momentan noch manuell auszuführenden – Migrationsentscheidungen dient der Fortschritt der Simulationszeit in den einzelnen Modulen.

4 Evaluierung von Simulationsverfahren

Zur Evaluierung der verschiedenen Verfahren wird von DEOS automatisch der Zeitbedarf und die verbrauchte CPU-Zeit der Simulationsexperimente ermittelt. Weitere Kriterien, wie Art, Umfang und Anzahl der für die Synchronisation notwendigen Nachrichten können über die zur Verfügung gestellten Tools verfolgt werden.

Als aktuelles Arbeitsgebiet arbeiten wir jetzt hauptsächlich an der Klassifikation von Simulationsmodellen zu Problemklassen, um die Anwendbarkeit von verschiedenen Strategien auf unterschiedliche Typen von Modellen zu untersuchen. Kriterien für die Klassifikation sind dabei unter anderem die Art der Beziehungen zwischen den Modulen, die Ankunfts- und Abfertigungsströme und die gegebenen Garantien.

Als Ziel der Evaluierung soll ermittelt werden, welche Verfahren zur verteilten Simulation in welcher Kombination für welche Problemklasse am besten geeignet sind. Die Problemklasse wird dabei sowohl durch Eigenschaften des zu simulierenden Systems (bzw. des Simulationsmodells) als auch durch Eigenschaften des verteilten Systems, auf dem das Experiment durchgeführt wird, determiniert. Insbesondere profitieren einige Simulationsverfahren sehr stark vom Vorhandensein von *Broadcast*-Primitiven auf dem benutzten Kommunikationssystem. Das verbleibende Problem bei der Evaluierung ist die Bewertung verschiedener Optimalitätskriterien und damit die Wahl der "besten" Strategie für ein gegebenes Simulationsmodell.

5 Schlußbemerkungen und Ausblick

Die durch DEOS geschaffenen Grundlagen können auf verschiedene Weise zur Entwicklung leistungsfähiger Simulationssoftware genutzt werden. Zum einen können aufgrund der durch DEOS gewonnenen Evaluierungsergebnisse Heuristiken entwickelt werden, die es erlauben, Simulationsexperimente mit möglichst guten Verfahren durchzuführen. Dabei sollen zukünftig auch optimistische Simulationsverfahren berücksichtigt werden können.

Zum anderen können verteilte Simulationsexperimente dadurch beschleunigt werden, daß die Last möglichst gleichmäßig auf alle beteiligten Prozessoren verteilt wird. Ansätze für ein solches **Load-balancing** sind in DEOS durch die Erfassung der CPU- und Echtzeitdaten, sowie durch die Migrationsprimitive bereits implementiert.

Somit bildet DEOS eine leistungsfähige Basis für den Aufbau eines umfassenden Simulationssystems für die verteilte, objekt-orientierte Simulation.

Literatur

[ACHA91]   Bruno Achauer. 1991: *Distribution in Trellis/DOWL*. Proceedings of Tools USA, pp.49–58. Santa Barbara, USA, 1991.

[MAME89]   F. Mattern and H. Mehl. 1989: *Diskrete Simulation – Prinzipien und Probleme der Effizienzsteigerung durch Parallelisierung*. Informatik Spektrum, 12. Jahrgang, 4/1989; Seite 198–209.

[MÜHL90]   Max Mühlhäuser. 1990. *Distributed Simulation Techniques for the Simulation of Distributed Computing Systems*. Proceedings of SCS European Simulation Multiconference, pp.707–712. Nürnberg, 10.–13.6.1990.

[SELI92]   Tobias Selinger. August 1992. *Der Aufbau grafischer Benutzeroberflächen in Trellis/DOWL*. Diplomarbeit im Fachbereich Informatik an der Universität Kaiserslautern.

Mein Dank gilt Prof. M. Mühlhäuser für seine hilfreiche und konstruktive Kritik während der Vorbereitung der Manuskripte und Vortragsunterlagen.

Springer-Verlag und Umwelt

Als internationaler wissenschaftlicher Verlag sind wir uns unserer besonderen Verpflichtung der Umwelt gegenüber bewußt und beziehen umweltorientierte Grundsätze in Unternehmensentscheidungen mit ein.

Von unseren Geschäftspartnern (Druckereien, Papierfabriken, Verpackungsherstellern usw.) verlangen wir, daß sie sowohl beim Herstellungsprozeß selbst als auch beim Einsatz der zur Verwendung kommenden Materialien ökologische Gesichtspunkte berücksichtigen.

Das für dieses Buch verwendete Papier ist aus chlorfrei bzw. chlorarm hergestelltem Zellstoff gefertigt und im ph-Wert neutral.